Ettinger (Hrsg.) · Wegzugsbesteuerung

Zusätzliche digitale Inhalte für Sie!

Zu diesem Buch stehen Ihnen kostenlos folgende digitale Inhalte zur Verfügung:

Online-Version

Die digitale Version dieses Buches finden Sie mit vielen hilfreichen Verlinkungen zur komfortablen Recherche in der NWB Datenbank.

Schalten Sie sich das Buch inklusive Mehrwert direkt frei.

Scannen Sie den QR-Code **oder** rufen Sie die Seite **www.nwb.de** auf.
Geben Sie den Freischaltcode ein und folgen Sie dem Anmeldedialog. Fertig!

Ihr Freischaltcode

BZPM–WASP–GWWJ–QLUR–KBSH–RS

www.nwb.de

Wegzugsbesteuerung

Steuerlich motivierter Wegzug natürlicher Personen

Herausgegeben von

Dr. Jochen Ettinger

Rechtsanwalt, Steuerberater und Fachanwalt für Steuerrecht
Partner
Dissmann Orth Rechtsanwaltsgesellschaft
Steuerberatungsgesellschaft GmbH, München

Unter Mitarbeit von

Dr. Nico H. Burki

Rechtsanwalt und diplomierter schweizerischer Steuerexperte
Burki Rechtsanwälte,
Zürich-Zollikon

Mag. Roland Fugger

Steuerberater
Partner
LeitnerLeitner, Linz

Dipl.-Kfm. Gerald R. Brix

US-Wirtschaftsprüfer und Steuerberater
(Certified Public Accountant)
Trust and Estate Practitioner
Gründungspartner
Brix + Partners LLC, New York

Dr. Sabine Hellwege

Rechtsanwältin/Abogada,
Anwaltskanzlei Dr. Sabine Hellwege,
Osnabrück/Palma de Mallorca

Dr. Manfred Psaier

Wirtschaftsprüfer/Steuerberater,
Kanzlei Psaier Geier Partner, Brixen

Dr. Johannes Suttner

Diplom-Volkswirt, Steuerberater,
Manager WTS Group, München

Prof. Dr. Axel Bader

Steuerberater, Tegernsee

Ricardo da Palma Borges

Fachanwalt für Steuerrecht, geschäftsführender Gesellschafer RPBA, Lissabon

5. überarbeitete Auflage

nwb

ISBN 978-3-482-**64325**-5

5. Auflage 2023

Satz: PMGi Agentur für intelligente Medien GmbH, Hamm
Druck: CPI books, Leck

VORWORT

Eine Wohnsitzverlegung ins Ausland ist in Zeiten einer globalisierten Wirtschaft ein häufiges Phänomen geworden. Für vermögende Privatpersonen birgt ein Wegzug jedoch eine Vielzahl potentieller steuerlicher Fallstricke, die vor einem Umzug geprüft werden müssen. Dadurch, dass Deutschland als Flächenstaat im internationalen Steuerwettbewerb nie mit kleineren, aber wohlhabenden Ländern mithalten kann, stellt sich aus Sicht von „High Net Worth Individuals" die Wegzugsfrage immer auch unter dem Blickwinkel der steuerlichen Optimierung. Die in § 6 AStG angesiedelte „Wegzugsbesteuerung" wurde durch das ATAD-UmsG neu gefasst.

Dieses Buch will die wesentlichen steuerlichen Problembereiche sowie bestehende Gestaltungsspielräume für Wegzügler aus Deutschland darstellen. Des Weiteren wird in den Länderteilen (Österreich, Schweiz, Großbritannien, USA, Spanien, Italien und Portogal) überblicksartig die dortige Besteuerung, so für Zuzügler relevant, behandelt. Die genannten Länder sind als beliebte Ziele deutscher Wegzügler in diesem Zusammenhang besonders bedeutsam. In den Länderteilen wird auch die wesentliche Verknüpfung zwischen dem deutschen und dem jeweiligen ausländischen Steuerrecht hergestellt, d. h. es werden wesentliche Fragen aus den einschlägigen Doppelbesteuerungsabkommen aufgegriffen, die für die Steuergestaltung besonders beachtenswert sind.

Das Werk ist von erfahrenen Praktikern geschrieben. Es soll vermögenden Privatpersonen wie auch deren Beratern, Rechtsanwälten, Steuerberatern, Wirtschaftsprüfern, Notaren, aber auch Unternehmensjuristen inhabergeführter Unternehmensgruppen, eine umfassende Darstellung der mit einem Wegzug aus Deutschland verbundenen steuerlichen Themen an die Hand geben.

Die Autoren danken Herrn Gerski vom NWB Verlag für die verlagsseitige Betreuung.

München u. a., im Okober 2022 — Herausgeber und Autoren

INHALTSÜBERSICHT

INHALTSVERZEICHNIS

Anhänge

ÜBER DIE AUTOREN

Dr. Jochen Ettinger ist Rechtsanwalt, Steuerberater und Fachanwalt für Steuerrecht in München. Er ist Partner bei der Dissmann Orth Rechtsanwaltsgesellschaft Steuerberatungsgesellschaft GmbH, München (www.dolaw.de). Herr Dr. Ettinger berät vorwiegend mittelständische Unternehmen und Unternehmer sowie vermögende Privatpersonen in den Bereichen Gesellschaftsrecht, deutsches und internationales (Struktur-)Steuerrecht, Umstrukturierungen, Unternehmenskauf, Vermögensplanung und Vermögensnachfolge. Herr Dr. Ettinger ist Autor verschiedener Fachbeiträge auf den Gebieten des Gesellschafts- und Steuerrechts und referiert regelmäßig zu diesen Themenbereichen.

Dr. Nico H. Burki, Burki Rechtsanwälte, Zürich-Zollikon, ist Rechtsanwalt und diplomierter schweizerischer Steuerexperte. Er berät einerseits schweizerische und ausländische Privatpersonen in den Bereichen des schweizerischen und internationalen Steuerrechtes und Erbrechtes, insbesondere auch beim Wegzug aus Deutschland oder anderen Staaten und Zuzug in die Schweiz. Anderseits befasst sich Dr. Burki mit der Betreuung von Unternehmen und deren Eigentümern in den Bereichen des Steuerrechtes, Sozialversicherungsrechtes, Gesellschaftsrechtes, Vertragsrechtes und angrenzender Rechtsgebiete. Er ist Autor verschiedener Fachbeiträge und spricht regelmäßig an Fachveranstaltungen für Steuerrecht.

Herr Mag. Roland Fugger ist Steuerberater. Er ist seit 2009 Partner bei LeitnerLeitner und an den Standorten in Linz und Ried im Innkreis tätig. Seine Beratungsschwerpunkte liegen im Bereich der steuerlichen Beratung natürlicher Personen in grenzüberschreitenden Sachverhalten, vor allem Wohnsitzverlegungen und Nachfolgeplanung. Weiter berät er Unternehmen bei Umstrukturierungen, Holdingstrukturen und anderen österreichischen und internationalen steuerlichen Fragestellungen. Er ist regelmäßig Autor von Beiträgen in einschlägigen Fachzeitschriften.

Herr Gerald R. Brix ist US-Wirtschaftsprüfer und Steuerberater (Certified Public Accountant) und Trust and Estate Practitioner. Er ist Gründungspartner der Steuerberatungskanzlei Brix + Partners LLC in New York/USA. Herr Brix berät mittelständische Unternehmen und vermögende Privatpersonen aus dem deutschsprachigen Europa in allen Bereichen des US-amerikanischen und internationalen Steuerrechts. Er ist Autor diverser Fachbeiträge und spricht regelmäßig bei Fachveranstaltungen das US-amerikanische Steuerrecht betreffend. Für die Unterstützung bei der umfangreichen Überarbeitung des US-Teils dankt Herr Brix seinem Kollegen, Herrn Dana Atchley, Attorney at Law, LL.M., sowie seinen Assistentinnen, Frau Janine Penka und Frau Angelika Lignell.

Dr. Sabine Hellwege ist Rechtsanwältin und Abogada mit Zulassung in Spanien. Sie berät überwiegend deutsche vermögende Privatpersonen im Bereich des spanischen Immobilienrechts sowie der Nachlassplanung bzw. Vermögensnachfolge und Nachlassabwicklung und Erbschaft- und Schenkungsteuerrecht. Sie ist Autorin diverser Fachbeiträge und spricht regelmäßig bei Fachveranstaltungen zur Vermögensnachfolge.

Dr. Manfred Psaier ist Gründer der Kanzlei Psaier Geier Partner; Studium der Handels- und Wirtschaftswissenschaften in Verona mit anschließender Fachausbildung in Mailand (Master in italienischem Steuerrecht) und Amsterdam (internationales Steuerrecht); Seit 1999 eingetragener Wirtschaftsprüfer und Steuerberater. Verschiedene Publikationen in Fachbüchern und Fachzeitschriften; Referent bei Seminaren im In- und Ausland.

Dr. Johannes Suttner, Diplom-Volkswirt, ist Steuerberater und Senior Manager bei der WTS Group AG in München. Er berät insbesondere multinationale Unternehmensgruppen. Seine fachlichen Schwerpunkte liegen im internationalen und europäischen Steuerrecht sowie im Außensteuerrecht.

Prof. Dr. Axel Bader lehrte von 1998 bis 2021 als Professor für Internationale Steuerlehre und Externe Rechnungslegung an der Technischen Hochschule Ingolstad. Er ist Steuerberater in Tegernsee mit Schwerpunkt Beratung vermögender Privatpersonen.

Ricardo da Palma Borges, geschäftsführender Gesellschafter bei RPBA – Ricardo da Palma Borges & Accociados, Sociedarde de Avocados, S.P., R.L. Hochschulabschluss in Rechtswissenschaften (1995) und Master in Steurrecht (2003). Fachanwalt für Steuerrecht bei der Portugiesischen Anwaltskammer seit 2004. Steuerschiedsrichter (mit Schwerpunkt Körperschaftsteuer und internationales Steuerrecht) des portugiesischen Zentrums für administrative Schiedsgerichtsbarkeit seit 2011. Dozent für Internationales Steuerrecht für den Master in Steuerrecht der Portugiesischen Katholischen Universität Lissabon seit 2013. Zuvor war er von 1994 bis 2007 Lehrbeauftragter für Wirtschaftswissenschaften und Internationales Steuerrecht an der Juristischen Fakultät der Universität Lissabon.

A. Einleitung[1]

Die Thematik „Wegzug ins Ausland“ hat naturgemäß viele Facetten, von denen die Steuer nur eine ist. Erfahrungsgemäß erfolgt in der Praxis kaum ein Wegzug aus rein steuerlichen Motiven. Die steuerlichen Rahmenbedingungen, Begleiterscheinungen und Gestaltungsmöglichkeiten im Zusammenhang mit einem Wegzug bilden aber in jedem Fall einen wesentlichen Teil der Überlegungen und Planungen im Vorfeld eines Wegzugs.[2] Dass insbesondere wohlhabende, in Deutschland lebende Privatpersonen immer wieder derartige Überlegungen anstellen, wird wohl ein **„Dauerbrenner“** bleiben, trotz oder gerade wegen permanenter Reformierungsaktivitäten im deutschen Steuerrecht. Deutschland als großer Flächenstaat wird im internationalen Steuerwettbewerb mit kleinen, wohlhabenden Ländern wie der Schweiz, aber auch mit dynamischeren und bzgl. ihrer Steuerpolitik tendenziell wirtschaftsfreundlicher agierenden Ländern wie England oder Irland, oder den aufstrebenden, jüngeren EU-Mitgliedstaaten in Zentral- und Osteuropa wie z. B. Estland und Lettland auf absehbare Zeit in einem Steuerstandortwettbewerb nicht mithalten können.

Neben diesem allgemeinen Befund treten regelmäßig (steuerliche und außersteuerliche) **„Trendthemen“**, die der Diskussion und der öffentlichen Aufmerksamkeit des Themas mal mehr und mal weniger Auftrieb geben. Die in einer breiteren Öffentlichkeit diskutierten Fälle des Wegzugs von bekannten Unternehmern wie Theo Müller und prominenten Sportlern wie Boris Becker oder Michael Schumacher oder des Ex-Postchefs Klaus Zumwinkel oder des Schauspielers Gérard Depardieu (von Frankreich nach Russland) fallen in diese Kategorie. Gleiches galt für die in Deutschland mit Wirkung ab dem 1.1.2007 eingeführte sog. „Reichensteuer“, oder die seit dem 1.1.2009 geltende Abgeltungsteuer, in deren Folge Aktienkursgewinne in Deutschland (im Gegensatz z. B. zu Luxemburg) unabhängig von der Haltedauer steuerpflichtig wurden. Auch die sich stetig weiter verschärfenden Entwicklungen zum grenzüberschreitenden automatisierten Informationsaustausch[3] inklusive grenzüberschreitenden, koordinierten Außenprüfungen[4] und der internationalen Erosion der Bankgeheimnisse, die erfolgte Einführung

1 Dieser Teil wurde durch Dr. Jochen Ettinger bearbeitet.

2 Zu den steuerlichen Zielen einer Wohnsitzverlagerung vgl. auch Schönwetter, Wohnsitzverlagerung nach Österreich und in die Schweiz, 2009, S. 10 ff.

3 Zunehmend auch mit Steueroasen, z. B. Steuertransparenzabkommen zwischen der EU und Monaco vom 22.2.2016, siehe dazu PIStB 2016 S. 57.

4 Vgl. BMF, Schreiben v. 9.1.2017 - IV B 6 - S 1315/16/10016: 002, BStBl 2017 I S. 89, PIStB 2017 S. 91, in dem Simultanprüfungen sowie „Joint-Audits“, z. T. unter Entsendung deutscher Steuerbeamter ins Ausland beschrieben ist.

eines UBO-Registers[5] oder die eventuelle Einführung eines europäisches Vermögensregisters[6] können zu Überlegungen führen, aus Deutschland wegzuziehen und sozusagen „seinem Geld hinterher zu ziehen".

Schließlich werden vermögende Privatpersonen insbesondere in Anbetracht der schwierigen Haushaltslagen in Deutschland und anderen EU-Staaten die **politischen und wirtschaftlichen Entwicklungen** genau beobachten; „Schreckgespenster" wie drohende Inflation, Zerrüttungen im Euro-Raum, Wiedereinführung bzw. „Wiederbelebung" der Vermögensteuer[7], drohende Abschaffung der Abgeltungsteuer, Wahlsiege von Linksparteien, politische Destabilisierung und Änderung der - realen oder gefühlten - Sicherheitslage durch Flüchtlingszustrom etc. sind immer auch eng mit Wegzugsüberlegungen verknüpft. Vermögende Privatpersonen werden auch befürchtete fiskalische und steuerliche Repressalien in Gefolge der Corona-Krise und der Ausweitung der Staatsverschuldung genau beobachten und ggf. durch Wegzug ins Ausland reagieren müssen bzw. sich darauf strukturell vorbereiten.

5 Nationalstaatliche Register (in Deutschland das Transparenzregister), die in Umsetzung der 4. EU-Geldwäsche-Richtlinie den wirtschaftlichen Eigentümer („Ultimate Beneficial Owner") von Unternehmen, Trusts und Stiftungen ausweisen soll, vgl. dazu Zillmer, DB 2016 S. 2509; Fisch, NZG 2017 S. 408; Goette, DStR 2020 S. 453.

6 Focus Online vom 25.8.2021, „Kommission lässt Machbarkeit prüfen, Kommt das Vermögensregister? EU will uns bis zum letzten Cent durchleuchten."

7 Siehe dazu ausführlich von Oertzen/Bärsch/Kühn/Lindermann, DStR 2021 S. 1841.

B. Wahl des Zuzugslandes[1]

Literatur: *Ettinger/Brix*, Typische Ertragsteuerfragen beim Wegzug aus Deutschland in die USA – Teil 1, PIStB 2013 S. 90 sowie Teil 2, PIStB 2013 S. 127; *Ettinger/Frei*, Wegzug nach Italien – Steuerfolgen und Gestaltungsmöglichkeiten, PIStB 2006 S. 122; *Ettinger/Hergeth/Psaier*, Die neue italienische Pauschalsteuer, Wirkung für Wegzügler aus Deutschland aus Sicht des deutschen Außensteuerrechts, IWB 2/2018 S. 47; *Ettinger/Wieder*, Steuerfolgen beim Wegzug nach Großbritannien, PIStB 2005 S. 282; *Frank-Fahle*, Mitarbeitereinsatz in den Vereinigten Arabischen Emiraten, PIStB 2018 S. 250; *Frank-Fahle/Morstadt*, Außensteuerliche Fragestellungen bei deutschen Investitionen in Thailand - Teil 2, PIStB 2018 S. 53; *Göttsche*, Wohnsitzverlagerung natürlicher Personen ins Ausland, 1997; *Mennel/Förster*, Steuern in Europa, Amerika und Asien, 129. Erg-Lfg. 2021; *Plattes*, Die spanische Vermögensteuer für deutsche Nichtresidenten, PIStB 2018 S. 313; *Schönwetter*, Wohnsitzverlagerung nach Österreich und in die Schweiz, 2009; *Strunk/Plattes*, PIStB 2015 S. 10, Die spanische Steuerreform ab dem 1.1.15 und ihre Auswirkungen für deutsche Investoren; *Wassermeyer*, DBA, 155. Erg.-Lfg. 2021.

In den seltensten Fällen erfolgt ein Wegzug allein aus steuerlichen Gründen. Bei der Auswahl des Zuzugsstaates spielen vielmehr immer auch eine Reihe weiterer, **außersteuerlicher Kriterien** eine wichtige Rolle. Da der Wegzug grds. die tatsächliche Aufgabe des bisherigen Wohnsitzes in Deutschland voraussetzt[2] und somit eine erhebliche Umstellung der persönlichen Verhältnisse bedeutet, sind hier insbesondere Sprache und Kultur des Zuzugsstaates, aber auch das wirtschaftliche Umfeld und die infrastrukturelle Anbindung von erheblicher Bedeutung. Darüber hinaus sind bis zu einer gewissen Größe des Vermögens auch die Lebenshaltungskosten im Zuzugsstaat zu beachten, die beispielsweise in der Schweiz rund 30 bis 40 % über den Lebenshaltungskosten in Deutschland liegen. In Monaco sind speziell die Immobilienpreise so hoch, dass ein Zuzug trotz der günstigen Steuersituation wohl erst ab einem hohen zweistelligen Millionenvermögen insgesamt sinnvoll erscheint.[3]

Auf der anderen Seite ist regelmäßig eine **aufenthaltsrechtliche Aufnahme** durch das Zuzugsland erforderlich. Im Hinblick auf das EU-Ausland haben in diesem Zusammenhang ausländerrechtliche Aspekte zwar ihre Bedeutung weitgehend verloren, für Nicht-EU-Zuzugsstaaten sind solche Gesichtspunkte allerdings nach wie vor relevant.

Auch die Schweiz ist bei der Vergabe von Aufenthaltserlaubnissen aufgrund des im Jahr 2002 in Kraft getretenen Freizügigkeitsabkommens allerdings weniger restriktiv als früher. Für eine Aufenthaltserlaubnis sind beispielsweise für nicht erwerbstätige Zuzügler lediglich ausreichende finanzielle Mittel (Bankbestätigung!) sowie der Abschluss einer Krankenversicherung nachzuweisen. Zudem hat die Schweiz für Bürger der Euro-

1 Dieser Teil wurde durch Dr. Jochen Ettinger bearbeitet.

2 Vgl. dazu unten Teil C Ziffer 1.

3 Zu weiteren Parametern, die bei der Wahl des Zuzugslands von Bedeutung sein können, vgl. Schönwetter, Wohnsitzverlagerung nach Österreich und in die Schweiz, 2009 S. 15 ff.

päischen Union auch die Vorschriften für eine Arbeitsaufnahme gelockert; seit dem Jahr 2007 sind auf der Schweizer Seite nämlich die vormals bestehenden Kontingente für arbeitssuchende EU-Ausländer aufgehoben und die Schweiz führte die vollständige Personenfreizügigkeit gegenüber der EU ein. Sie darf die Kontingente aber einseitig wieder anordnen, falls die Einwanderungsquote aus dem EU-Raum ein bestimmtes Maß überschreitet. Ferner ist in diesem Zusammenhang abzuwarten, wie die Schweiz den Volksentscheid aus Februar 2014, der die Zuwanderung in die Schweiz bremsen soll, im Verhältnis zur EU umsetzen kann. Im Dezember 2016 hat das Schweizer Parlament ein entsprechendes Umsetzungsgesetz beschlossen, das weder Höchstzahlen noch Kontingente vorsieht, sondern Arbeitsämter resp. Unternehmen verpflichtet, Arbeitskräfte zuerst im Inland zu suchen, ein Inländervorrang "light" sozusagen. Damit entspricht das Gesetz wohl nicht den Forderungen des damaligen Referendums, hält sich aber an die Vorgaben des Freizügigkeitsabkommens mit der Europäischen Union. Aufgrund der sogenannten „Guillotine-Klausel" würde eine Kündigung oder ein Bruch eines der bilateralen Verträge durch die Schweiz rechtlich im Grundsatz dazu führen, dass auch alle anderen für die schweizerische Wirtschaft wichtige Abkommen entfallen würden (was die Schweizer Wirtschaft naturgemäß nicht will). Das Thema schien damit vorerst erledigt; allerdings wurde in einer Art „zweitem Anlauf" am 31.8.2018 die Volksinitiative „Für eine maßvolle Zuwanderung (Begrenzungsinitiative)" eingereicht. Am 27.9.2020 haben die Schweizer Stimmberechtigten diese Volksinitiative jedoch abgelehnt.[4]

Im Falle eines steuerlich motivierten Wegzugs, ist eines der wichtigsten Auswahlkriterien die **steuerliche Situation im Zuzugsstaat** und das mit diesem bestehende DBA-Netz. Generelle Aussagen über das steuergünstigste Zuzugsland lassen sich freilich nicht treffen. Vielmehr sind aus der Verschiedenartigkeit der nationalen Steuerrechtssysteme[5] diejenigen herauszufiltern, die zur jeweils individuell unterschiedlichen Einkünfte- und Vermögensstruktur des Steuerpflichtigen am besten passen. Zu beachten ist ferner, ob das avisierte Wegzugsziel auf der sog. „schwarzen Liste" der EU steht und ggf. unter das Steueroasenabwehrgesetz (StAbwG) fällt.[6]

Schließlich müssen der Wegzugswillige und seine Berater beim Thema Wegzug auch die **mittel- bis langfristige Zukunftsplanung** im Auge behalten, einerseits im Hinblick auf die Ausgestaltung einer (vorweggenommenen) Erbfolge; andererseits im Hinblick

4 Vgl. dazu auch unten Teil G Ziffer 1.2.2.

5 Überblicksweise zur Ausgestaltung einzelner Steuerrechtsordnungen siehe z. B. Wassermeyer, DBA, Vorbemerkung zu den jeweiligen DBAs und Mennel/Förster, Steuern in Europa, Amerika und Asien.

6 So z. B. die Seychellen oder Panama; in diesen Fällen sind bei weiterhin zu Deutschland bestehenden wirtschaftlichen Verknüpfungen die sich ergebenden Nachteile (Betriebsausgaben- bzw. Werbungskostenabzugsverbote, verschärfte Hinzurechnungsbesteuerung, Quellensteuern u. a.) zu beachten, vgl. Loose, PIStB 2021 S. 217.

auf eine Wegzugsbesteuerung im jeweiligen Zuzugsland selbst: Eine Wegzugsbesteuerung besteht derzeit z. B. in Dänemark, Österreich, der USA und den Niederlanden.

Typische Wegzugsziele:[7] Weit oben auf der Beliebtheitsskala der Zuzugsstaaten stehen für Bundesbürger nach wie vor die **Schweiz**[8] **und Österreich**[9], die eine zum Teil (aber längst nicht immer bzw. für alle Steuerarten!) günstigere Besteuerung mit einem ebenso hohen Lebensstandard und einer sehr ähnlichen Lebenskultur verbinden. Insbesondere Italien und mit Einschränkungen Spanien ziehen ebenfalls Wegzügler an. **Italien**[10] bietet eine Kapitalertragssteuer mit Abgeltungscharakter[11]. Die Erbschaftsteuer, die Italien im Jahr 2001 abgeschafft hatte, wurde zwar zum 1.1.2007 wieder eingeführt, dies allerdings mit vergleichsweise moderaten Sätzen zwischen 4 % und 8 % je nach Verwandtschaftsgrad. Der Spitzensteuersatz liegt in Italien bei 43 %, wohingegen die Kapitalertragsteuer bei grds. 26 % bzw. bei europäischen Staatsanleihen bei 12,5 % liegt (Abgeltungsteuer). Italien hat mit Wirkung ab dem Jahr 2017 eine Non-Dom-Besteuerung ähnlich dem Vorbild Großbritanniens eingeführt (Besteuerung von Einkommen und Erbschaften in Italien nur nach dem Territorialitätsprinzip um den Preis von pauschal 100.000 € p. a., plus 25.000 € pro weiterem Familienmitglied; Erstreckung auch auf die Erbschaft- und Schenkungsteuer).[12] **Spanien**[13] bietet den Vorteil einer vergleichsweise niedrigen Steuer auf Einkünfte aus Kapitalvermögen (inkl. Dividenden) von zwischen 19 und 26 % (je nach Höhe der Kapitaleinkünfte)[14]. Spanien hat jedoch den Nachteil, dass die Erbschaftsteuerbelastung dort vergleichsweise hoch ist. Die Vermögenssteuer hat Spanien, nachdem sie zunächst abgeschafft worden war, wieder befristet eingeführt und immer wieder verlängert und nunmehr auf Geltung für unbestimmte Zeit umgestellt, mit Sätzen von 0,2 % bis zu 3,5 % je nach Höhe des Vermögens, aber Geltung von Freibeträgen je nach Region von grds. um die 500.000 € bis 1 Mio. €.[15] **Portugal**[16] hat seine Erbschaftsteuer ebenfalls abgeschafft (es gibt aber eine „stamp duty" auf Immobilienschenkungen- bzw. -vererbungen außerhalb der direkten Familie) und bietet den Vorteil mediterranen Klimas bei vergleichsweise moderaten Lebenshaltungskosten. Seit 2013 werden ausländische Rentner, die mehr als 183 Tage im

7 Einen guten Überblick bietet Göttsche, Wohnsitzverlagerung natürlicher Personen ins Ausland, 1997, S. 7 ff.

8 Siehe dazu den Länderteil Schweiz in Teil G.

9 Siehe dazu den Länderteil Österreich in Teil H.

10 Siehe dazu den Länderteil Italien in Teil L.

11 Vgl. dazu Ettinger/Frei, Wegzug nach Italien - Steuerfolgen und Gestaltungsmöglichkeiten, PIStB 2006 S. 122.

12 Siehe dazu Ettinger/Hergeth/Psaier, IWB 2/2018 S. 47 NWB EAAAG-70479.

13 Siehe dazu den Länderteil Spanien in Teil K.

14 Vgl. Strunk/Plattes, PIStB 2015 S. 10.

15 Vgl. zur spanischen Vermögensteuer Plattes, PIStB 2018 S. 313.

16 Siehe dazu den Länderteil Portugal in Kapitel M.

Jahr in Portugal verbringen, dort - befristet auf zehn Jahre - von der portugiesischen Einkommensteuer befreit („Residente não habitual")[17] bzw. seit 2020 pauschal besteuert mit 10 % der Renteneinkünfte. Kryptogewinne sind in Portugal steuerfrei. Es gibt aber eine relativ hohe jährliche Grundsteuer. **Malta** bietet den Vorteil einer Vorzugsbesteuerung für bestimmte High Net Worth Individuals, die sich stark an eine Remittance-Basis-Besteuerung anlehnt (Steuer von 15 % auf das Auslandseinkommen, soweit dieses nach Malta transferiert wird, mindestens aber 20.000 € pro Steuerperiode, anders als Großbritannien ohne zeitliche Beschränkung). Daneben sind die sog. „Steueroasen" zu nennen, in denen grds. keinerlei oder nur eine geringfügige Einkommensteuer erhoben wird (z. B. **Monaco, Andorra, VAE/Dubai**)[18]. **Großbritannien**[19] **und Irland** bieten den Vorteil der sog. „Remittance-Base-Besteuerung"; hier werden die im Ausland erzielten Erträge nicht besteuert, es kommt grds. auf die nach Großbritannien bzw. Irland überwiesenen Beträge bzw. die dort erzielten Erträge an[20]. Dadurch, dass Steuerpflichtige, die mindestens sieben Steuerjahre die Remittance-Base-Besteuerung genutzt haben, eine jährliche Pauschalsteuer von 30.000 GBP bezahlen müssen, die sich nach zwölf Steuerjahren auf 60.000 GBP (und bis April 2017 nach 17 Steuerjahren auf 90.000 GBP) pro Jahr erhöht, ist die Nutzung dieses speziellen Steuerregimes tendenziell nur für Bezieher hoher Einkünfte attraktiv. Außerdem entfällt die Remittance-Basis-Option für langjährige Residents (mehr als 15 Steuerjahre) für die Zeit ab April 2017 (und die entsprechende Person gilt danach als „deemed domiciled" für Schenkung- und Erbschaftsteuerzwecke). Der **Brexit** konnte ebenfalls Steuerfolgen für Wegzügler haben[21]; der deutsche Gesetzgeber hat hier unilateral gegengesteuert (Stichwort Brexit-Steuerbegleitgesetz[22]). **Thailand** ist aufgrund der niedrigen Lebenshaltungskosten attraktiv.[23] **Griechenland** hat befristete Steuervergünstigungen (Nachlass von 50 % auf die Einkommensteuer für sieben Jahre nach Zuzug für „digitale Nomaden" d. h. Selbständige der IT-Branche) eingeführt und hat ein Steuerpaket verabschiedet, das den Zuzug von Ausländern fördern soll:

---

17 Vgl. dazu z. B. Offerhaus/Greite, NWB Nr. 23/2019 S. 1672 NWB LAAAH-15618.

18 Göttsche, Wohnsitzverlagerung nach Österreich und in die Schweiz, 2009, S. 7. Zur Besteuerung natürlicher Personen, die in den VAE arbeiten siehe Frank-Fahle, PIStB 2018 S. 250.

19 Siehe dazu den Länderteil Großbritannien in Teil I.

20 Vgl. zum Wegzug nach Großbritannien Ettinger/Wieder, PIStB 2005 S. 253.

21 Peykan/Hanten/Gegusch u. a., DB 2016 S. 1526: Z.B. Keine Stundung der Wegzugssteuer mehr nach § 6 Abs. 5 AStG. Siehe auch unten Länderteil Großbritannien, I.

22 Siehe das BREXIT-StBG, das am 29.3.2019 in Kraft trat (BGBl 2019 I S. 357) und in dem Themenbereiche wie § 22 UmwStG, § 4g EStG und § 6 Abs. 8 AStG geregelt sind. Siehe dazu Kahlenberg, PIStB 2019 S. 105.

23 Zu Thailand siehe Frank-Fahle/Morstadt, PIStB 2018 S. 53.

Zuziehende Rentner müssen für 15 Jahre in Griechenland nur 7 % Steuern zahlen. Zuziehende sonstige Personen sollen ein besonderes Steuerregime wählen können, das ihnen gegen Zahlung einer jährlichen Pauschalsteuer, die von der Höhe der in Griechenland getätigten Investitionen abhängt, ebenfalls die Steuerbefreiung auf die globalen Einkünfte von griechischer Steuer ermöglicht.[24]

24 Handelsblatt vom 11.11.2019 und vom 17.11.2020 („Steuersparen in Griechenland: Ein Homeoffice in der Sonne? Griechenland wirbt um „digitale Migranten": Wer nach Hellas umsiedelt, um von dort mobil zu arbeiten, braucht nur die Hälfte seines Einkommens zu versteuern.")

C. Wegzug aus ertragsteuerlicher Sicht[1]

Literatur: *Bader*, Wohnsitzverlegung ins Ausland, INF 2002 S. 523; *Baßler*, Anteile aus Einbringungen im Anwendungsbereich des § 6 AStG, FR 2008 S. 218; *Baßler*, Wer ist Steuerpflichtiger in § 6 Abs. 1 Satz 2 Nr. 1 AStG?, IStR 2013 S. 22; *Benecke*, Entstrickung und Verstrickung bei Wirtschaftsgütern des Privatvermögens, NWB 38/2007 S. 3325; *Bron*, Ertragssteuerliche Praxisfragen aus der Wegzugsbesteuerung, IWB 9/2009 S. 421; *Bron*, Zum Risiko der Entstrickung durch den Abschluss bzw. die Revision von DBA, IStR 2012 S. 904; *Bron/Seidel*, Mögliche Inlandsbesteuerung aufgrund der Abschaffung der Besteuerung nach Aufwand (Pauschalbesteuerung) in der Schweiz, IStR 2009 S. 312; *Eich*, Grenzen der beschränkten Steuerpflicht von Flugpersonal, EStB 2011 S. 269; *Deutschländer*, Die Besteuerung des Vermögenszuwachses in Beteiligungen an Kapitalgesellschaften (§ 6 AStG), IWB 2/2021 S. 56; *Ditz/Tcherveniachki*, Zuordnung von Beteiligungen an KapGes. zur Betriebsstätte einer Holding-PersGes., DB 2015 S. 2897; *Dötsch/Pung*, Zuordnung von Kapitalbeteiligungen zu einer inländischen Betriebsstätte einer PersGes. bei Vorhandensein ausländischer Mitunternehmer, DB 2019 S. 146; *Escher/Grzella*, Aktuelles zur Wegzugbesteuerung gem. § 6 AStG, BB 2020 S. 540; *Ettinger*, Wegzugsbesteuerung nach § 6 AStG und Gemeinschaftsrecht, IStR 2006 S. 747; *Ettinger*, So dokumentieren Sie gegenüber dem Finanzamt Ihren Wegzug ins Ausland richtig, PIStB 2006 S. 127; *Ettinger*, Zur Frage der Wegzugsbesteuerung des Wertzuwachses von Gesellschaftsanteilen, Zerb 2007 S. 12; *Ettinger/Brix*, Typische Ertragsteuerfragen beim Wegzug aus Deutschland in die USA – Teil 1, PIStB 2013 S. 90 sowie Teil 2, PIStB 2013 S. 127; *Ettinger/Eberl*, Die deutsche Wegzugsbesteuerung nach der EuGH-Rechtsprechung und wesentliche Gestaltungsüberlegungen in Zusammenhang mit einem Wegzug ins Ausland, GmbHR 2005 S. 152; *Ettinger/Beuchert*, Wegzugsbesteuerung – Gestaltungsüberlegungen im Hinblick auf § 6 AStG, IWB 4/2014 S. 126; *Göttsche*, Wohnsitzverlagerung natürlicher Personen ins Ausland, 1997; *Haag*, Ertragsteuerliche Fragen bei Zuzug und Wegzug natürlicher Personen, DB 2018 S. 1303; *Haase*, Erweiterte beschränkte Steuerpflicht nach § 2 AStG und Abgeltungssteuer, BB 2008 S. 2555; *Häck*, Stundung der Vermögenszuwachssteuer (§ 6 AStG) bei Wegzug in die Schweiz, IStR 2011 S. 797; *Haun/Schneider*, Entwurf zu § 6 AStG und Beteiligung an Immobilienkapitalgesellschaften, IWB 6/2020 S. 214; *Happe/Stingl*, Geplante Reform der Wegzugsbesteuerung und vorsorgliche Abwehrstrategien, PIStB 2020 S. 312; *Hecht/Gallert*, Ungeklärte Rechtsfragen der Wegzugsbesteuerung gemäß § 6 AStG, BB 2009 S. 2396; *Helbing/Steffens/Streule/Zöller*, Wegzug des Mitunternehmers einer GmbH & Co. KG aus Deutschland in die Schweiz – Entstrickung, Doppelbesteuerung und AHV, IWB 22/2019 Heurung/Engel/Thiedemann, Die Entstrickungsbesteuerung im Lichte des Europarechts, EWS 2011 S. 228; *Hruschka*, Die Zuordnung von Beteiligungen zu Betriebsstätten von Personengesellschaften, IStR 2016 S. 437; *Jahn*, Wegzugbesteuerung bei teilentgeltlicher Übertragung von Kapitalgesellschaftsanteilen, PIStB 2019 S. 270; *Kahlenberg*, Aktuelle Entwicklungen im Bereich der Wegzugbesteuerung nach § 6 AStG, IStR 2020 S. 378; *Kahlenberg*, Wegzugbesteuerung auch ohne Ausschluss oder Beschränkung des deutschen Besteuerungsrechts, FR 2019 S. 820; *Kahlenberg*, Praxisfälle: Änderungen durch das BREXIT-StBG, PIStB 2019 S. 105; *Kahlenberg*, Unbeschränkte Steuerpflicht bei inländischem Wohnsitz trotz Lebensmittelpunkt im Ausland, PIStB 2019 S. 194; *Kahlenberg*, Zuzug mit Anteilen an Kapitalgesellschaften im Privatvermögen, PIStB 2020 S. 321; *Kahlenberg*, Aktuelle Entwicklungen

1 Dieser Teil wurde durch Dr. Jochen Ettinger bearbeitet.

im Bereich der Wegzugsbesteuerung (§ 6 AStG) – Zugleich Anmerkungen zu dem Referentenentwurf eines ATADUmsG, IStR 2020 S. 378; *Keuper/Kölbl*, Wegzugbesteuerung im Lichte des DBA Spanien, IWB 4/2019 S. 160; *Klein/Rippert*, Die Entstrickungsbesteuerung von Kapitalgesellschaftsanteilen im Privatvermögen – Folgen einer Wohnsitzverlagerung ins Ausland, IWB 12/2018 S. 457; Koller, Wegzugsbesteuerung und Entstrickung stiller Reserven im Deutschen Steuerrecht, 2007; *Kraft/Hohage*, Zuordnung von Beteiligungen zu einer Holdinggesellschaft nach nationalem Recht und DBA-Recht, DB 2017 S. 2565; *Kramer*, Wohnsitz versus ständige Wohnstätte?, DStR 2019 S. 2573; *Krumm*, Einkommensteuerrechtliche Wertzuwachsbesteuerung bei grenzüberschreitender Vererbung von Kapitalgesellschaftsanteilen des Privatvermögens, FR 2012 S. 509 und S. 624; *Kühn/Weiss*, Die geplante Reform der Wegzugbesteuerung nach § 6 AStG – Verschärfung der Wegzugsbesteuerungsregeln im privaten Bereich, IWB 2/2020 S. 46; *Lausterer*, Die Wegzugsbesteuerung nach dem Regierungsentwurf des SEStEG, BB 2006, BB-Spezial 8 zu Heft 44 S. 80; *Libbach*, Die Wegzugsbesteuerung gemäß § 6 AStG, 2010; *Liekenbrock*, „Steuerfreie" Entstrickung oder § 50i EStG? Besteuerung von Personalgesellschaften nach AmtshilfeRLUmsG, IStR 2013 S. 690; *Linn/Pignot*, Neues zur Wegzugbesteuerung – Jüngere Entscheidungen und neue Perspektiven, IWB 3/2018 S. 114; *Loose/Wittkowski*, Folgen der aktuellen BFH-Rechtsprechung zu gewerblich geprägten Personengesellschaften für Wegzugsfälle nach § 6 AStG, IStR 2011 S. 68; *Nacke/Intemann*, Ausgewählte Probleme des Halbeinkünfteverfahrens, DB 2002S. 756; *Nürnberg*, Grenzen des § 6 AStG im Verhältnis zur Schweiz, IWB 10/2019 S. 417; *Offerhaus/Greite*, Fallstricke des (steuerlichen) Wegzugs von Inländern und zugleich steuerliche Vorteile ausgesuchter Zielländer – Attraktive Steuerregime in Costa Rica, Italien und Portugal, NWB 6/2019 S. 1672; *Plewka/Watrin*, Steuerliche Strukturierung internationaler Vermögensnachfolgen, ZEV 2002 S. 253; *Podewils*, Wegzugsbesteuerung durch die Hintertür – Anwendung von § 3c EStG auf Wegzugsfälle, DStZ 2011 S. 238; *Pohl*, Die „vermögensverwaltende" Personengesellschaft im Abkommensrecht – Rechtsänderungen durch den neuen § 50i EStG, IStR 2013 S. 699; *Prinz*, Der neue § 50i EStG: Grenzüberschreitende „Gepräge-KG" zur Verhinderung einer Wegzugsbesteuerung, DB 2013 S. 1378; *Reich*, Die Entnahmefiktion des § 4 Abs. 1 Satz 3 EStG und ihre Auswirkungen auf die Vermögensplanung, IStR 2011 S. 913; *Rein*, Passive Ent- und Verstrickung von Anteilen an Immobiliengesellschaften, PIStB 2021 S. 225; *Schenke/Mohr*, Auswirkungen des europäischen Gemeinschaftsrechts auf das deutsche Steuerrecht, DStZ 2009 S. 439; *Schönfeld*, Keine „Wegzugsbesteuerung" bei Wegzug mit einer Beteiligung an einer gewerblich geprägten Personengesellschaft, IStR 2011 S. 142; *Schönwetter*, Wohnsitzverlagerung nach Österreich und in die Schweiz, 2009; *Schütz*, Wegzugsbesteuerung bei natürlichen Personen – Steuerliche Gestaltungsmöglichkeiten, SteuK 2013 S. 331; *Siemers/Claussen*, Wegzugsbesteuerung: Behandlung von Verlustvorträgen im Rahmen des § 6 Abs. 5 AStG, PIStB 2013 S. 13; *Stein*, Wegzug als Instrument der Unternehmensnachfolge bei Inlandsvermögen, ErbStB 2004 S. 116; *Strahl*, Wegzugsproblematik bei Personengesellschaften und ihren Gesellschaftern, FR 2007 S. 665; *Töben*, § 50i EStG n. F. – Fälle und Unfälle – Wegzugsbesteuerung nach neuen Regeln außerhalb des § 6 AStG, IStR 2013 S. 682; *Vogl*, Die Wegzugsbesteuerung des § 6 AStG in der Neufassung des SEStEG, 2009; *von der Hellen*, Wegzugbesteuerung in Drittstaaten – Der Brexit verdeutlicht den Nachbesserungsbedarf, IWB 1/2019 S. 44; *von Oertzen/Bärsch/Kühn/Lindermann*, Der Wegzug von Unternehmer und Unternehmensholding ins Ausland zur Begrenzung deutscher Ertrags- und zukünftig deutscher Substanzsteuern in Form einer deutschen Vermögensteuer, DStR 2021 S. 1841; *von Oertzen/Reich*, Die Rückabwicklung einer Schenkung aufgrund vertraglich vorbehaltenen Rückforderungsrechts und deren Auswirkung auf die Wegzugsteuer nach § 6 Abs. 1 Satz 2 Nr. 1 AStG, IStR 2013 S. 463; *Wassermeyer*, Merkwürdigkeiten bei der Wegzugsbesteuerung, IStR 2007 S. 833; *Wassermeyer*, Der

Meinungsstreit um die Wegzugsbesteuerung i. S. des § 6 AStG, IStR 2013 S: 1; *Weiss*, Wegzugbesteuerung nach § 6 AStG – Neue Entwicklungen in Gesetzgebung und Rechtsprechung, EStB 2020 S. 230; *Weiss*, Zur Anwendung der Wegzugbesteuerung des § 6 AStG im Verhältnis zur Schweiz, StuB 2019 S. 392.

1. Voraussetzungen eines Wegzugs in ertragsteuerlicher Hinsicht

Anknüpfungspunkt der Wegzugsbesteuerung ist grds. das Ende der unbeschränkten Steuerpflicht durch **Aufgabe des Wohnsitzes und/oder des gewöhnlichen Aufenthaltes in Deutschland**.[2]

Da weder Wohnsitz (§ 8 AO) noch gewöhnlicher Aufenthalt (§ 9 AO) eine ausschließliche Zuordnung treffen und ein Doppelwohnsitz ohne weiteres möglich ist,[3] führt die Begründung eines ausländischen Wohnsitzes oder gewöhnlichen Aufenthaltes nicht notwendigerweise zum Verlust der deutschen unbeschränkten Steuerpflicht. Ein Steuerpflichtiger kann nämlich einen Wohnsitz sowohl im Inland als auch im Ausland haben und gegebenenfalls in beiden Staaten unbeschränkt steuerpflichtig sein.[4] Darauf ist in der Beratung potenzieller Wegzügler ganz besonders zu achten. Die Sichtweise der Finanzverwaltung zur Problematik ist im AEAO zusammengefasst.[5]

1.1 Wohnsitz und gewöhnlicher Aufenthalt

Ob eine (beibehaltene) Wohnung im Inland einen **Wohnsitz** im steuerlichen Sinne darstellt,[6] mithin der Steuerpflichtige im Inland eine Wohnung unter Umständen innehat, die darauf schließen lassen, dass er die Wohnung beibehalten und benutzten wird (§ 8 AO), ist primär eine Tatsachenfrage und jeweils im Einzelfall zu würdigen.[7]

Maßgeblich sind bei der Beurteilung des Innehabens einer Wohnung immer die Gesamtumstände des Einzelfalles, wie z. B. die Dauer der tatsächlichen Nutzung, Ausstattung und Einrichtung, Anlass des Aufenthalts, Vorhandensein einer Zweitwohnung, Familienstand, persönliche Bindung zum Wohnort.[8] Die objektiven Wohnverhältnisse

2 Zu den Voraussetzungen eines Wohnsitzes bzw. eines gewöhnlichen Aufenthalts im Einzelnen siehe z. B. Häck in Flick/Wassermeyer/Baumhoff/Schönfeld, Außensteuerrecht, § 6 AStG-Anhang D sowie Gersch in Klein, AO, 15. Aufl. 2021, § 8 und 9 AO und Avvento in Gosch, AO/FGO, Stand Mai 2022, § 8 und 9 AO.

3 Vgl. BFH, Urteil v. 28.1.2004 - I R 56/02 NWB GAAAB-21049.

4 Vgl. etwa BFH, Urteil v. 19.3.2002 - I R 15/01 NWB BAAAA-68107, IStR 2002 S. 707; BFH, Urteil v. 23.10.2018 - I R 74/16 NWB JAAAH-10189.

5 Siehe AEAO vor §§ 8 und 9.

6 Zum Wohnsitzbegriff des § 8 AO und seinen Abgrenzungsschwierigkeiten, vgl. Eich, EStB 2011 S. 269, 272 f.

7 BFH, Urteil v. 19.3.2002 - I R 15/01, IStR 2002 S. 707 m.w.N.; FG Hamburg, Urteil v. 5.4.2005 - I 94/02 NWB OAAAB-57224, BeckRS 2005 S. 26018177.

8 Vgl. König in König, AO, 4. Aufl. 2021, § 8 Rz. 13.

müssen prinzipiell so geartet sein, dass die Möglichkeit eines längeren Wohnens besteht.[9]

Ein Wohnsitz besteht jedenfalls dann nicht mehr, wenn sämtliche inländischen Wohnungen aufgegeben werden. Das ist z. B. der Fall bei Kündigung und Auflösung einer Mietwohnung, bei nicht nur kurzfristiger Vermietung der Wohnung im eigenen Haus bzw. der Eigentumswohnung.[10] Der Wohnsitz endet auch, wenn die inländische Wohnung zur bloßen Vermögensverwaltung zurückgelassen wird. Bloße Vermögensverwaltung liegt z. B. vor, wenn ein im Ausland lebender Steuerpflichtiger seine Wohnung/sein Haus verkaufen oder langfristig vermieten will und dies in absehbarer Zeit auch tatsächlich verwirklicht.[11]

Schädlich kann aber schon die Beibehaltung einer ehemals selbst genutzten Immobilie sein, selbst wenn diese nach dem Wegzug möbliert leer steht oder nur kurzfristig vermietet wird.[12] Ebenso ist von der Vermietung an Angehörige abzuraten. Auch die berühmte Zahnbürste in der Wohnung von in Deutschland zurückgebliebenen Angehörigen sollte vermieden werden. Persönliche Habseligkeiten des Steuerpflichtigen in der Wohnung einschließlich persönlicher Gegenstände, Medikamente, Schreiben, die an den Steuerpflichtigen unter der deutschen Adresse gerichtet waren, etc. sind Indizien für eine wohnsitzbegründende Nutzung der Wohnung durch den Steuerpflichtigen.

Verallgemeinerungen – insbesondere hinsichtlich der zeitlichen Nutzungskomponente – verbieten sich, wie ein Blick auf die einschlägige Rechtsprechung zeigt: so etwa FG Baden-Württemberg:[13] Nutzung einer Wohnung mit gewisser Regelmäßigkeit für die Dauer von jeweils acht bis zehn Wochen im Jahr bei Beibehalten eines stets nutzungsbereiten Zustands ist ein steuerlicher Wohnsitz in Deutschland; dagegen FG Baden-Württemberg:[14] Der Aufenthalt in einer inländischen Ferienwohnung für die Dauer von jährlich sechs bis acht Wochen zu nicht näher benannten Zeiten genügt nicht, um einen inländischen Wohnsitz zu begründen oder beizubehalten, oder FG Hessen:[15] Stand-by-Wohnung einer Flugbegleiterin ist auch dann eine Wohnung im steuerlichen Sinne, wenn sie nur für zwei bis drei Übernachtungen im Monat benutzt wird,[16] dagegen liegt dann kein „Innehaben" einer Wohnung wegen fehlender uneingeschränkter Ver-

9 Vgl. BFH, Beschluss v. 27.12.2011 - III B 14/10 NWB XAAAE-02922.

10 AEAO zu § 8 Tz. 6.

11 AEAO zu § 8 Tz. 6.

12 BFH, Urteil v. 17.5.1995 - I R 8/94, BStBl 1996 II S. 2.

13 FG Baden-Württemberg, Urteil v. 22.7.2008 - 4 K 1296/08 NWB GAAAC-87769, EFG 2008 S. 1626.

14 FG Baden-Württemberg, Urteil v. 29.10.2008 - 2 K 1986/07 NWB YAAAC-96673, EFG 2009 S. 139.

15 FG Hessen v. 13.12.2010 - 3 K 1060/09 NWB XAAAD-62548, PIStB 2011 S. 55.

16 Siehe zu dieser Entscheidung des FG Hessen auch Eich, EStB 2011 S., 269, 269 ff.

fügungsmacht vor, wenn sich mehrere Piloten eine Stand-by Wohnung teilen, um der Forderung des Arbeitgebers nachkommen zu können, den Dienst auch kurzfristig anzutreten.[17] Zuletzt BFH: Zur Verfügung stehende Zweizimmerwohnung (51 qm) der Mutter im Inland dient nicht der Beibehaltung eines inländischen Wohnsitzes bei Fortzug mit der vierköpfigen Familie wegen Berufstätigkeit im Ausland trotz gelegentlicher Aufenthalte im Inland für den Arbeitgeber.[18] In einer Entscheidung vom 11.3.2020 hat das FG Hessen[19] einen bestehen bleibenden deutschen Wohnsitz bei einer Familie bejaht, bei der der Ehemann für 3 Jahre beruflich nach China entsandt wurde, wohin ihn die Ehefrau und die Kinder begleiteten, und wo die Familie in den Sommerferien jeweils ca. zwei Monate im Jahr sowie noch im Frühjahr Zeit in Deutschland in einem möblierten Haus verbrachten, das im Eigentum einer GmbH stand, deren Gesellschafter-Geschäftsführer der Ehemann war.

Grundsätzlich gefährlich – und eher in der Grauzone liegend – sind Gestaltungen, wonach Wegzügler ihre deutsche Wohnimmobilie behalten und möbliert **an Familienangehörige vermieten** (zugunsten der Steuerpflichtigen ging insoweit ein Grenzfall des FG Hamburg vom 18.6.2014[20] aus, den man aber auch hätte anders entscheiden können, in dem die Eltern ihr Haus nachweislich an ihre volljährigen Söhne vermietet hatten und sich bei Deutschlandbesuchen nachweislich nur im Hotel aufhielten).

Minderjährige **Kinder**, die im Ausland in die Schule gehen, aber noch in den elterlichen Hausstand in Deutschland eingebunden sind und dort z. B. die Schulferien verbringen, haben nach wie vor einen deutschen Wohnsitz.[21] Anders kann dies bei volljährigen Kindern sein, die im Ausland studieren und nur noch unregelmäßig in Deutschland zu Besuch sind.[22] Zum mehrjährigen Auslandsaufenthalt von Kindern zu Zwecken der Berufsausbildung hat der BFH entschieden, dass ein Kind seinen deutschen Wohnsitz im Haus der Eltern grds. dann beibehält, wenn es u. a. diese Wohnung zumindest in den ausbildungsfreien Zeiten überwiegend nutzt.[23]

Bei verheirateten Steuerpflichtigen mit Kindern ist für die Aufgabe des inländischen Wohnsitzes grds. der Mitwegzug des Ehepartners und der minderjährigen Kinder erforderlich, wenn es sich nicht um getrennt lebende oder geschiedene Ehegatten handelt

17 Vgl. BFH, Urteil v.13.11.2013 - I R 38/13 NWB AAAAE-64994.

18 BFH, Beschluss v. 14.10.2011 - III B 202/10 NWB TAAAD-99015, BFH/NV 2012 S. 226.

19 FG Hessen, Urteil v. 11.3.2020 - 3 K 1554/19 NWB XAAAH-54248, PIStB 2020 S. 308; betraf einen Kindergeldfall.

20 FG Hamburg, Urteil v. 18.6.2014 - 1 K 134/12 NWB GAAAE-82251, PIStB 2015 S. 1.

21 FG München, Urteil v. 13.3.2014 - 5 K 3450/12 NWB DAAAE-70523, PIStB 2015 S. 2.

22 FG München, Urteil v. 13.3.2014 - 5 K 3450/12 NWB DAAAE-70523, PIStB 2015 S. 2.

23 BFH, Urteil v. 23.6.2015 - III R 38/14, BStBl 2016 II S. 102, DStRE 2015 S. 1363.

(Problematik des „**Familienwohnsitzes**"[24]). Die Wohnsitzzurechnung eines Familienwohnsitzes kann sich auch bei gleichgeschlechtlichen Lebenspartnern stellen.[25]

Der BFH hat die maßgeblichen Grundlinien hinsichtlich des wohnsitzbegründenden zeitlichen Nutzungsumfangs der inländischen Wohnung (insbesondere bei einem auf mehr als ein Jahr angelegten – längerfristigen – Auslandsaufenthalt) jedenfalls dahingehend bestimmt, dass einerseits eine Nutzung der Wohnung erforderlich ist, die über bloße Besuche, kurzfristige Ferienaufenthalte, kurzfristige Aufenthalte zu Berufszwecken und das Aufsuchen der Wohnung zu Verwaltungszwecken hinausgeht,[26] andererseits die Nutzung aber weder regelmäßig noch über längere Zeit erfolgen muss.[27]

Auch zur Frage, wann in Deutschland noch ein **gewöhnlicher Aufenthalt** i. S. von § 9 AO vorliegt, besteht im Einzelfall Abgrenzungsunsicherheit und sollten bei der Gestaltung eher konservativ beraten werden. Seinen gewöhnlichen Aufenthalt hat jemand nach § 9 AO dort, wo er sich unter Umständen aufhält, die erkennen lassen, dass er an diesem Ort oder in diesem Gebiet nicht nur vorübergehend verweilt. Von einem gewöhnlichen Aufenthalt ist nach der gesetzlichen Fiktion in § 9 S. 2 AO stets und von Beginn an ein zeitlich zusammenhängender Aufenthalt von mehr als sechs Monaten Dauer anzusehen; kurzfristige Unterbrechungen bleiben unberücksichtigt. Die Sechsmonats-Frist gilt gem. § 9 S. 3 AO nicht, wenn der Aufenthalt ausschließlich Besuchs-, Erholungs-, Kur- oder ähnlichen privaten Zwecken dient und nicht länger als ein Jahr dauert. Klar ist zunächst, dass Wochenendpendler durch das Verlassen Deutschlands und das Zurückfahren zu ihrer Familie nur an Wochenenden den gewöhnlichen Aufenthalt nicht vermeiden können,[28] während konsequente Tagespendler, die jeden Tag zu ihrer Familie außerhalb Deutschland zurückkehren, keinen gewöhnlichen Aufenthalt im Inland begründen.[29] Es ist jedoch auch darauf zu achten, dass eine erfolgreiche Wohnsitzaufgabe nicht durch Besuche in Deutschland, welche die Dauer von sechs Monaten überschreiten obsolet wird. Die Frist von sechs Monaten muss hierbei nicht in einem Kalenderjahr erfüllt werden.[30]

---

24 Kritisch zum Familienwohnsitz („überholtes Konzept"): Haag, DB 2018 S. 1303.

25 Vgl. AEAO zu § 8 Tz. 5.2.

26 Vgl. etwa BFH, Beschluss v. 30.6.2004 - VIII B 132/04 NWB IAAAB-26718, BFH/NV 2004 S. 1639; Beschluss v. 31.5.2006 - I B 79/05 NWB QAAAC-09322; Beschluss v. 14.10.2011 - III B 202/10 NWB TAAAD-99015, BFH/NV 2012 S. 226; Avvento in Gosch, AO/FGO, Stand Mai 2022, § 8 AO Rz. 18 ff., m. w. N.

27 BFH, Urteil v. 28.1.2004 - I R 56/02 NWB GAAAB-21049, m. w. N.

28 Siehe zuletzt BFH, Urteil v. 22.6.2011 - I R 26/10 NWB NAAAD-93376, BFH/NV 2011 S. 2001.

29 Vgl. Nachweise in FG Köln, Urteil v. 2.3.2010 - 15 K 4135/05 NWB RAAAD-47977, EFG 2010 S. 921; bestätigt durch BFH, Urteil v. 22.6.2011 - I R 26/10 NWB NAAAD-93376, BFH/NV 2011 S. 2001; ferner Göttsche, Wohnsitzverlagerung natürlicher Personen ins Ausland, 1997, S. 37 ff.

30 FG Baden-Württemberg, Urteil v. 7.9.1990 - IX K 96/88, EFG 1991 S. 102.

Die Verlagerung des Wohnsitzes und/oder des gewöhnlichen Aufenthaltes ist eine persönliche Lebensentscheidung, die dann faktisch/tatsächlich umgesetzt werden muss und dann, aber auch nur dann, steuerliche Auswirkungen hat. Raum dafür, die Verlagerung des Wohnsitzes und/oder des gewöhnlichen Aufenthaltes als „missbräuchlich" einzustufen und anhand von **§ 42 AO** zu prüfen, besteht daher m. E. nicht.[31] Es ist in der Praxis jedoch nicht auszuschließen, dass Finanzverwaltung und Rechtsprechung in einschlägigen Fällen die Frage, ob dann der Wohnsitz oder der gewöhnliche Aufenthalt auch wirklich aufgegeben wurden, Umstände des Einzelfalls kritisch würdigt (z. B. eine nur sehr kurzfristige Wohnsitzaufgabe mit der Absicht der kurzfristigen Wiederbegründung des deutschen Wohnsitzes).[32]

Bei der professionellen Planung eines Wegzugs sind insbesondere folgende Punkte zu beachten und die entsprechenden Unterlagen im Rahmen einer **Beweisvorsorge** für eine ggf. später erfolgende Betriebsprüfung aufzubewahren:[33] Abmeldung in Deutschland, Anmeldung im Ausland, Meldebescheinigungen; Mietzahlungsnachweise; Gas-, Wasser- und Stromabrechnungen, Höhe des Verbrauchs; Umzugskostenbelege; Telefonabrechnungen etc. Bei verheirateten Steuerpflichtigen mit Kindern ist für die Aufgabe des inländischen Wohnsitzes grds. der Mitzug des Ehepartners und der minderjährigen Kinder erforderlich, wenn es sich nicht um getrennt lebende oder geschiedene Ehegatten handelt.

1.2 Doppelwohnsitz

Ergibt sich aufgrund der nationalen Steuerrechtsordnungen, dass eine natürliche Person sowohl im Inland als auch im Ausland einen Wohnsitz hat (**Doppelwohnsitz**), erfolgt eine Wegzugsbesteuerung gem. § 6 Abs. 1 Satz 2 Nr. 2 AStG, wenn sich aufgrund der Regelungen im DBA (vgl. Art. 4 OECD-MA) eine Ansässigkeit der natürlichen Person im Ausland ergibt.[34] Die Zuweisung einer vorrangigen Ansässigkeit durch DBA bezieht sich nur auf das Besteuerungsrecht und hat keine Auswirkung auf die persönliche Steuerpflicht.[35]

Besonderheiten bei der Ansässigkeit gelten ggf. nach einem einschlägigen DBA; so z. B. für die Schweiz nach Art. 4 DBA-Schweiz, das von dem OECD-MA deutlich abweicht. Danach hat sich Deutschland gem. Art. 4 Abs. 3 DBA-Schweiz ein sog. **überdachendes Be-**

31 Ebenso Kamps, ErbR 2020 S. 855, 856.

32 Siehe z. B. BFH, Urteil v. 26.7.1972 - I R 138/70, BStBl 1972 II S. 949.

33 Vgl. Ettinger, PIStB 2006 S. 127 ff.; siehe ferner Göttsche, Wohnsitzverlagerung natürlicher Personen ins Ausland, 1997, S. 33 ff.

34 Vgl. hierzu auch Göttsche, Wohnsitzverlagerung natürlicher Personen ins Ausland, 1997, S. 29 ff.

35 AEAO vor §§ 8, 9 Nr. 1 Satz 7, d. h. unbeschränkte Einkommensteuerpflicht bleibt in Doppelwohnsitzfällen bestehen.

steuerungsrecht bei gleichzeitiger Anrechnung der in der Schweiz erhobenen Steuern vorbehalten, wenn ein Steuerpflichtiger nach Art. 4 Abs. 2 DBA-Schweiz als in der Schweiz ansässig anzusehen ist, in Deutschland allerdings eine ständige Wohnstätte oder einen gewöhnlichen Aufenthalt von mehr als sechs Monaten behält.[36] Darüber hinaus hat sich Deutschland durch Art. 4 Abs. 4 DBA-Schweiz für in der Schweiz ansässige, nicht-schweizer Staatsbürger ein in Zusammenhang mit der erweiterten beschränkten Steuerpflicht nach den §§ 2 ff. AStG stehendes befristetes Besteuerungsrecht vorbehalten, wobei die in der Schweiz erhobenen Steuern auch hier weitgehend auf die deutschen Steuern angerechnet werden.

Ob man bei ungeplanten Wohnsitzverlusten oder Wohnsitzbegründungen infolge von **Corona-Beschränkungen** andere Prüfungsmaßstäbe anzulegen hat als sonst, ist unklar. Der Gesetzgeber bzw. die Finanzverwaltungen haben insoweit nur punktuelle Billigkeitsregelungen getroffen, deren Verallgemeinerbarkeit ungeklärt ist.[37]

2. Ertragsteuerliche Entstrickungstatbestände der Wegzugsbesteuerung

2.1 Allgemeines

Seit der Neufassung durch das SEStEG im Jahr 2006 enthält das deutsche Steuerrecht systematisch zusammengefasste **Entstrickungsregelungen**. Diese sollen nach der Zielsetzung der Gesetzesbegründung die Aufdeckung und Besteuerung der stillen Reserven in folgenden Fällen gewährleisten:

- Rechtsträgerwechsel (durch Einzel- oder Gesamtrechtsnachfolge)
- Entnahme zu betriebsfremden Zwecken
- Ende der persönlichen Steuerpflicht
- Ausschluss oder Beschränkung des deutschen Besteuerungszugriffs

Die zentralen Entstrickungstatbestände sind in § 4 Abs. 1 Sätze 3 und 4 EStG sowie in § 12 Abs. 1 KStG geregelt. Sie ordnen bei Verlust des deutschen Besteuerungsrechts hinsichtlich des Gewinns aus der Veräußerung eines Wirtschaftsgutes oder dessen Nutzung die Rechtsfolgen einer Entnahme oder einer Veräußerung zum gemeinen Wert an.

36 Vgl. dazu Hardt/Hamminger in Wassermeyer, DBA, 157. Erg.-Lfg. 2022, Art. 4 DBA Schweiz Rz. 95 ff.; im Übrigen siehe Näheres hierzu unten Teil H Ziffer 1.4.

37 Siehe z. B. die Fiktionsregelungen in diversen Konsultationsvereinbarungen zu Homeoffice und Homeoffice-Betriebsstätten wie z. B. mit Österreich, BMF, Schreiben v. 25.1.2021 - IV B 3 - S 1301-AUT/20/10001 :002, BStBl 2021 I S. 148.

Im Folgenden werden diejenigen Entstrickungsregelungen thematisiert, die im Zusammenhang mit dem Wegzug von Privatpersonen ins Ausland relevant sein können.

2.2 § 6 AStG i. d. F. des ATADUmsG (Geltung für Wegzüge ab dem 1.1.2022): Besteuerung des Vermögenszuwachses in Beteiligungen an Kapitalgesellschaften

2.2.1 Gesetzgebungsverfahren der Neuregelung

Am 10.12.2019 hatte das Bundesministerium der Finanzen (BMF) einen Referentenentwurf für ein Gesetz zur Umsetzung der Anti-Steuervermeidungsrichtlinie (ATAD-Umsetzungsgesetz – ATADUmsG) veröffentlicht. Dies stellte den ersten Schritt der Umsetzung der ATAD-I-Richtlinie der EU (Anti Tax Avoidance Directive) im Rahmen des BEPS-Projekts (Base Erosion and Prot Shifting) der OECD in nationales Recht dar. Am 24.3.2020 hatte das BMF den zweiten Referentenentwurf zur Umsetzung der Anti-Steuervermeidungsrichtlinie (ATADUmsG II) veröffentlicht. Am 21.5.2021 hat der Bundestag das ATADUmsG beschlossen. Der Bundesrat hat am 25.6.2021 zugestimmt und am 30.6.2021 wurde das Gesetz verkündet.[38] Neben der Umsetzung der Art. 9 und 9b der Richtlinie (Hybride Gestaltungen) sowie einer Reform der Hinzurechnungsbesteuerung brachte das Gesetzesvorhaben – ohne dass die sich ausschließlich an Körperschaften richtende Richtlinie das erfordern würde[39] – drastische Verschärfungen der Wegzugsbesteuerung (§ 6 AStG) bei EU-/EWR-Sachverhalten mit sich.

2.2.2 Zeitliche Anwendung der Neuregelung

Die Neuregelung der Wegzugsbesteuerung trat mit Wirkung zum 1.1.2022 in Kraft. Für Wegzüge, die noch bis zum 31.12.2021 erfolgt sind, gilt noch § 6 AStG i. d. F. des SEStEG (inkl. der Möglichkeit der zeitlich unlimitierten Stundung bei Wegzug bei EU-/EWR-Sachverhalten).[40]

2.2.3 Persönlicher Anwendungsbereich

Nach dem Wortlaut des § 6 Abs. 1 S. 1 AStG ist die Neuregelung nur für unbeschränkt Steuerpflichtige anwendbar; bei lediglich beschränkter Einkommensteuerpflicht ist § 6

38 BGBl 2021 I S. 2035.

39 Kahlenberg, IStR 2020 S. 378, 381.

40 Weiss, EStB 2020 S. 230, 231; von Oertzen/Bärsch/Kühn/Lindermann, DStR 2021 S. 1841; und so auch die Gesetzesbegründung BT-Drucks. 19/28652 S. 67, auch wenn der Wortlaut von § 21 Abs. 2 Satz 1 AStG n. F. („... auf am 31.12.2020 laufende Stundungen ...") insoweit etwas verunglückt erscheint, worauf Salzmann in IStR 2021 S. 759 und Häck, in Flick/Wassermeyer/Baumhoff/Schönfeld, Außensteuerrecht, § 6 Anm. 246 ff. zurecht hinweisen.

Abs. 1 S. 1 AStG nicht einschlägig.[41] Jedoch werden durch die gesetzgeberische Definition des „unbeschränkt Steuerpflichtigen" in § 6 Abs. 2 Satz 1 AStG wieder de facto bestimmte Fälle der unbeschränkten Einkommensteuerpflicht erfasst.[42]

Für die maßgebliche Dauer der unbeschränkten Steuerpflicht, die zur Auslösung der Wegzugsbesteuerung führt, haben sich weitreichende Änderungen ergeben: Die Neuregelung sieht die Verkürzung der Dauer der erforderlichen unbeschränkten Steuerpflicht von vormals zehn auf **sieben Jahre** bei gleichzeitiger Begrenzung des Betrachtungszeitraums auf die letzten **zwölf Jahre** vor (§ 6 Abs. 2 AStG).

Zum einen verschärft sich somit die Regelung, da nunmehr bereits bei einer unbeschränkten Steuerpflicht, die nur noch sieben Jahre umfassen muss,§ 6 Abs. 2 AStG greift, und damit deutlich schneller Anwendung findet[43]. Auch hier muss der Zeitraum nicht zusammenhängend vorliegen. Einzelne Aufenthalte werden ggfs. addiert, was insbesondere bei Personen, die beruflich zwar nicht dauerhaft aber immer wieder für ein paar Jahre in Deutschland ansässig sind, nachteilig wirkt. Auf der anderen Seite wird aber auch der administrative Aufwand (Dokumentationsaufwand) auf Seiten des Steuerpflichtigen dadurch erleichtert, dass der Betrachtungszeitraum auf einen Zeitraum der letzten zwölf Jahre vor Wegzug eingeschränkt wird.[44]

Bei unentgeltlichen Anteilsübergängen werden Zeiträume der unbeschränkten Einkommensteuerpflicht eines Rechtsvorgängers mitgezählt (§ 6 Abs. 2 Sätze 2 und 3 AStG).

Es ergibt sich aus dem expliziten Verweis auf § 1 Abs. 1 EStG wohl, dass es nur auf die **originäre unbeschränkte Steuerpflicht** ankommt, d. h. dass Fälle der unbeschränkten Steuerpflicht auf Antrag (§ 1 Abs. 3 EStG) oder Fälle der fiktiv-unbeschränkten Steuerpflicht (§ 1a EStG) nicht zur Anwendung von § 6 AStG n. F. führen.[45]

Falls zwar die unbeschränkte Steuerpflicht in Deutschland vorliegt, aber ein ausländischer Staat den Steuerpflichtigen als in seinem Staat im Sinne des DBA als ansässig qualifiziert, dürfte die Rechtsfolge des § 6 Abs. 1 AStG wohl leerlaufen.[46]

Ergänzend fingiert § 6 Abs. 2 Satz 4 AStG die unbeschränkte Steuerpflicht für Zwecke des § 6 AStG, wenn die Regelung des § 6 Abs. 3 AStG (vorübergehende Abwesenheit) in Anspruch genommen wird. Ziel des Gesetzgebers ist es offenbar, Gestaltungen zu unterbinden, bei denen durch Nutzung des § 6 Abs. 3 AStG die zunächst erfüllte Wegzugsbesteuerung wieder zu Fall gebracht wird, nach Rückzug aber ein neuer Beobachtungs-

41 Kahlenberg, IStR 2020 S. 378, 382; Weiss, EStB 2020 S. 230, 233.
42 Häck in Flick/Wassermeyer/Baumhoff/Schönfeld, Außensteuerrecht, § 6 Anm. 36.
43 Deutschländer, IWB 2/2021 S. 56, 58 NWB FAAAH-69298.
44 Vgl. Kühn/Weiss, IWB 2020 S. 46, 48 NWB PAAAH-40569.
45 Kahlenberg, IStR 2020 S. 378, 382.
46 Kahlenberg, IStR 2020 S. 378, 382.

zeitraum anlaufen würde, so dass bei erneutem „Wegzug“ dann keine Wegzugssteuer mehr anfallen würde.[47]

2.2.4 Sachlicher Anwendungsbereich und Rechtsfolgen

Die eine Wegzugsbesteuerung nach § 6 AStG auslösenden Sachverhalte sollen ausweislich der Gesetzesbegründung im „Grundkonzept“ beibehalten werden. Es kommt somit nach wie vor primär auf die Beendigung der unbeschränkten Steuerpflicht an und nicht allein auf den Ausschluss oder die Beschränkung des deutschen Besteuerungsrechts.[48]

Die folgenden unter § 6 Abs. 1 Satz 1 Nr. 1 bis 3 AStG aufgezählten Tatbestände lösen einen **fiktiven Veräußerungstatbestand** für Zwecke des § 17 EStG aus:

§ 6 Abs. 1 Satz 1 Nr. 1 AStG: die Beendigung der unbeschränkten Steuerpflicht infolge der Aufgabe des Wohnsitzes oder des gewöhnlichen Aufenthalts (= **Grundtatbestand**).

§ 6 Abs. 1 Satz 1 Nr. 2 AStG: die unentgeltliche Übertragung auf eine nicht unbeschränkt steuerpflichtige Person (**Ergänzungstatbestand 1**).

§ 6 Abs. 1 Satz 1 Nr. 3 AStG: der Ausschluss (**Ergänzungstatbestand 2**) oder die Beschränkung (**Ergänzungstatbestand 3**) des Besteuerungsrechts Deutschlands hinsichtlich des Gewinns aus der Veräußerung der Anteile (subsidiär zum Grundtatbestand und Ergänzungstatbestand 1)[49].

Die bislang in § 6 Abs. 1 S. 2 Nr. 3 AStG a. F. ausdrücklich geregelte **Einlage der Anteile in einen ausländischen Betrieb** oder eine ausländische Betriebsstätte sowie der in § 6 Abs. 1 Satz 2 Nr. 2 AStG a. F. normierte Ergänzungstatbestand des **Ansässigkeitswechsels** sind in der Neufassung nicht mehr enthalten. Beide Vorgänge lösen bereits eine Wegzugsbesteuerung nach § 6 Abs. 1 Satz 1 Nr. 3 AStG n. F. aus, weshalb eine gesonderte Regelung dieser Fälle nach der Neuregelung entfällt.[50] Offensichtlich soll die Wegzugsbesteuerung aber auch nach der Neuregelung nicht einen Ausschluss des deutschen Besteuerungsrechtes an den Anteilen erfordern; sondern sie soll wie gehabt z. B. im Falle eines Wegzugs (§ 6 Abs. 1 Satz 1 Nr. 1 AStG n. F.) unabhängig davon anfallen.[51]

47 Kahlenberg, IStR 2020 S. 378, 382.

48 Vgl. ATADUmsG Gesetzesbegründung BT-Drucks. 19/28652 S. 48.

49 Dies umfasst wie bisher die sog. passive Entstrickung z. B. bei Änderungen von DBAs, und in dem Zusammenhang auch das Inkrafttreten von Änderungs-DBA nach dem Mehrseitigen Übereinkommen (MsÜ) bzw. dem Multilateralen Instrument (MLI), insbesondere zu Immobiliengesellschaftsklauseln, vgl. Rein, PIStB 2021 S. 225.

50 Deutschländer, IWB 2/2021 S. 56, 61 NWB FAAAH-69298.

51 Kahlenberg, IStR 2020 S. 378, 381; dazu kritisch, da überschießend, Häck in Flick/Wassermeyer/Baumhoff/Schönfeld, Außernsteuerrecht, § 6 Anm. 38.

Die **Konzeption als fiktive „Veräußerung“** ist in der Deutlichkeit neu. Es stellt sich daher die Frage, ob dann ein Wegzug (oder ein gleichgestellter Vorgang) mit Anteilen, die Sperrfristen z. B. nach § 22 UmwStG unterliegen, zu einem „Reißen“ der Sperrfristen führt. Dies dürfte kaum so beabsichtigt sein und gegen ein derartiges Verständnis spricht, dass § 6 Abs. 1 Satz 1 AStG die Regelungen des UmwStG explizit als vorrangig einstuft.[52] Und auch das weite Verständnis des Veräußerungsbegriffs von Finanzverwaltung und BFH im Bereich des § 22 UmwStG[53] dürfte die Anwendungsfälle des § 6 AStG wohl nicht erfassen (da beispielsweise ein bloßer Wegzug keine Anteilsverfügung im Sinne des § 22 UmwStG darstellt).

Teilentgeltliche Übertragungen sind für Zwecke der Anwendung des § 6 AStG in einen entgeltlichen und einen unentgeltlichen Anteil aufzuteilen; auf den unentgeltlichen Teil findet § 6 AStG Anwendung (auf den entgeltlichen § 17 EStG).

Die Rechtsfolgen der fiktiven Veräußerung nach § 6 AStG wurden gegenüber der Vorgängerfassung konzeptionell neu geregelt. Es erfolgt im Zuge der Wegzugsbesteuerung eine **Aufstockung der Anschaffungskosten**, dies aber nur, soweit auch die auf den Vermögenszuwachs nach § 6 AStG geschuldete Steuer tatsächlich entrichtet wird. Wird die Steuer demnach gestundet, gelten die Anteile weiterhin als zu den ursprünglichen Anschaffungskosten erworben. Die spätere Entrichtung der nach § 6 AStG geschuldeten Steuer stellt insoweit ein rückwirkendes Ereignis im Sinne des § 175 AO für einen der Wegzugsbesteuerung nachfolgenden Veräußerungsvorgang durch den Steuerpflichtigen dar. Gemäß § 6 Abs. 1 Satz 3 AStG sind die Anschaffungskosten jährlich um 1/7 des gemeinen Wertes im Zeitpunkt des § 6 Abs. 1 Satz 2 AStG n. F. aufzustocken, wenn die ratierliche Steuerstundung beantragt wurde.[54]

Von der Wegzugsbesteuerung nach § 6 AStG sind (unverändert) nur **Anteile i. S. von § 17 EStG** erfasst, also insbesondere Anteile an **Kapitalgesellschaften** wie Aktiengesellschaften (AG) und Gesellschaften mit beschränkter Haftung (GmbH). Anteile an Mitunternehmerschaften wie Personenhandelsgesellschaften sind dagegen von § 6 AStG nicht erfasst.[55]

Streubesitzaktien sind trotz der grundsätzlichen Steuerbarkeit von Veräußerungsgewinnen und dem damit einhergehendem Systemwechsel ebenfalls nicht von der Wegzugssteuer erfasst; auch die Ersatztatbestände des § 20 Abs. 2 Satz 2 EStG lösen insoweit keine Abgeltungsteuer bei Beendigung der unbeschränkten Steuerpflicht aus.[56]

52 Kahlenberg, IStR 2020 S. 378, 382.

53 Vgl. z. B. BFH, Urteil v. 30.5.2018 - I R 31/16, BStBl 2019 II S. 136.

54 Kahlenberg, IStR 2020 S. 378, 383.

55 Weber-Grellet in Schmidt, EStG, 41. Aufl. 2022, § 17 Rz. 20 ff.; Schönwetter, Wohnsitzverlagerung nach Österreich und in die Schweiz, 2009, S. 56.

56 Vgl. Endres/Freiling, PIStB 2009 S. 72.

Auch **Anwartschaftsrechte** im Sinne des § 17 Abs. 1 Satz 3 EStG fallen in den sachlichen Anwendungsbereich.[57]

§ 6 AStG fingiert eine Veräußerung i. S. von § 17 EStG, während für die Steuerbarkeit die übrigen Tatbestandsvoraussetzungen des § 17 EStG aber erfüllt sein müssen.

BEISPIEL: Y hält 0,78 % an der börsennotierten X-AG. Die Aktien hat er vor vielen Jahren gekauft und es sind entsprechende Kurssteigerungen eingetreten. Er will im Jahr 2022 nach Monaco verziehen.

Abwandlung: Y hatte – ebenso wie sein Bruder und seine Schwester – die Beteiligung schenkweise im Jahr 2008 (alternativ: im Jahr 2019) im Wege der vorweggenommenen Erbfolge von seinem Vater erhalten. Ddieser war mit insgesamt 9,37 % an der X-AG beteiligt gewesen.

Lösung: Es ist jeweils wie bei „klassischen" Veräußerungsfällen zu untersuchen, ob im maßgeblichen Fünfjahreszeitraum beim Wegzügler oder seinem Rechtsvorgänger eine Beteiligung von 1 % oder mehr vorlag.

Erfasst von § 6 AStG sind **auch Anteile an Kapitalgesellschaften mit Sitz oder Geschäftsleitung im Ausland**, die nach dem Typenvergleich einer deutschen Kapitalgesellschaft entsprechen.[58]

BEISPIEL: X hält je 20 % an der maltesischen A-Ltd. sowie an der deutschen B-GmbH. Er ist im März 2022 weggezogen.

Lösung: Die Wegzugsbesteuerung fällt auch bzgl. der Anteile an der ausländischen Kapitalgesellschaft an.

2.2.5 Anteilsbewertung, Gewinnermittlung

Die Bestimmung des zu besteuernden Wertzuwachses hinsichtlich der Anteile erfolgt anhand des **gemeinen Werts** der Anteile zum Zeitpunkt des die Besteuerung auslösenden Ereignisses. Die nach § 6 AStG erfassten Wertsteigerungen bestimmen sich im Grundsatz als Differenz zwischen dem gemeinen Wert der Anteile und deren ursprünglichen Anschaffungskosten (§ 6 Abs. 1 Satz 1 AStG i.V. mit § 17 Abs. 1 Satz 1 EStG). Für Kapitalgesellschaftsanteile, die der Person bereits im Zeitpunkt der Begründung der deutschen unbeschränkten Steuerpflicht gehörten und (kumulative Bedingung!) bei denen vor dem Zuzug nach Deutschland eine Wegzugsbesteuerung im Ausland erfolgt ist, ist statt der historischen Anschaffungskosten der Wert zugrunde zu legen, den der ausländische Staat bei der Berechnung seiner Wegzugssteuer angesetzt hat (§ 17 Abs. 2 Satz 3 EStG, Obergrenze jedoch auch hier gemeiner Wert im Zuzugszeitpunkt). Analog

57 Vgl. FG Schleswig-Holstein, Urteil v. 12.9.2019 - 4 K 113/17 NWB NAAAH-38663, EFG 2020 S. 37 (Rev. eingelegt BFH: I R 52/19) zur Frage der Surrogatsforderung des Verleihers bei Wertpapierdarlehen. Die Entscheidung erging zur Vorgängerfassung, kann aber auf die Neuregelung ohne Weiteres übertragen werden.

58 Zum Typenvergleich siehe BFH, Urteil v. 23.6.1992 - IX R 182/87, BStBl 1992 II S. 972 und BFH, Urteil v. 30.3.1993 - VIII R 44/90 NWB WAAAB-34112, BFH/NV 1993 S. 597.

zu den insoweit regulär bei § 17 EStG geltenden Grundsätzen (BVerfG vom 7.7.2010, BStBl. II 2011, 16) sind auch hier ggf. Wertsteigerungen, die vor 1999 eingetreten waren, aufgrund des Absinkens der Schwellenwerte der maßgeblichen Beteiligungsquote steuerfrei.[59]

Die **Ermittlung des gemeinen Werts** erfolgt nach § 11 BewG. D. h. primär maßgeblich ist der Börsenkurs, soweit es sich um notierte Anteile handelt (§ 11 Abs. 1 BewG). Handelt es sich dagegen um nicht börsennotierte Anteile, gilt § 11 Abs. 2 Sätze 2 ff. BewG. Maßgeblich sind daher zum einen Referenzgeschäfte aus Verkäufen unter fremden Dritten, die weniger als ein Jahr zurückliegen. Ansonsten ist der gemeine Wert unter Berücksichtigung der Ertragsaussichten der Kapitalgesellschaft oder einer anderen anerkannten, auch im gewöhnlichen Geschäftsverkehr für nicht steuerliche Zwecke üblichen Methode zu ermitteln, wobei hier aus Sicht eines gedachten Erwerbers bei der Bemessung eines (Unternehmens-)Kaufpreises auszugehen ist. Damit ist eine Wertermittlung durch WP-Gutachten gemeint und der beauftragte Wirtschaftsprüfer kann entsprechende Grundsätze (IDW S1 Standard, aber aufgrund der Formulierung des Gesetzes auch übliche Branchen-Multiples) heranziehen. Zu beachten ist die Regelung in § 11 Abs. 2 Satz 3 BewG, wonach der Substanzwert als Mindestwert nicht unterschritten werden darf. Sodann ist § 11 Abs. 2 Satz 4 zu beachten, wonach „die §§ 199 bis 203 BewG zu berücksichtigen sind" (d. h. vom Steuerpflichtigen könnte der gemeine Wert auch nach dem vereinfachten Verfahren ermittelt werden, was aber derzeit in vielen Fällen zu höheren Werten als IDW S1 führen wird). Die genannten Vorschriften des Bewertungsgesetzes gelten explizit auch für ertragsteuerliche Zwecke[60].

Der **Gewinn i. S.v. § 6 Abs. 1 AStG unterliegt dem Teileinkünfteverfahren** (§ 3 Nr. 40 Satz 1 Buchst. c EStG).

Im Falle eines **Veräußerungsverlusts** galt schon zu § 6 AStG in der Fassung vor SEStEG, dass unter Hinweis auf ein Urteil des BFH vom 28.2.1990[61] die Berücksichtigung von Wertverlusten verneint wurde. Zu § 6 AStG in der Fassung des SEStEG hat der BFH[62] entschieden, dass es unter Verweis auf diese alte Rechtsprechung ebenfalls zu **keiner Berücksichtigung fiktiver Wertminderungen** im Rahmen des § 6 AStG in der Fassung des SEStE kommt. Dies dürfte auch für die Neuregelung des § 6 AStG in der Fassung des ATADUmsG identisch auszulegen sein (also nach wie vor keine Berücksichtigung fiktiver Wertminderungen).[63]

59 Happe/Stingl, PIStB 2020 S. 312, 314.

60 Vgl. BMF, Schreiben v. 22.9.2011 - IV C 6 - S 2170/10/10001, BStBl 2011 I S. 859.

61 BFH, Urteil v. 28.2.1990 - I R 43/86, BStBl 1990 II S. 615.

62 Vgl. BFH, Urteil v. 26.4.2017 - I R 27/15, BStBl 2017 II S. 1194.

63 Pohl in Brandis/Heuermann, Ertragsteuerrecht, 161. Aufl. 2022, § 6 AStG Rz. 69.

Als Gestaltung kann es sich in solchen Fällen anbieten, anstelle einer Realisierung durch Wegzug vorab eine verdeckte Einlage in eine Auslandskapitalgesellschaft vorzunehmen, die nach § 17 Abs. 1 Satz 2 EStG ebenfalls zu einer Realisierung führt, bei der aber die Verlustberücksichtigung durch unmittelbare Anwendung von § 17 EStG von der Finanzverwaltung nicht bestritten werden könnte.

Sollten die Anteile von Beginn an in einer Holding gehalten werden, an welcher der Wegzügler beteiligt ist, dann wäre ebenfalls eine Saldierung von Wertsteigerungen und Wertminderungen erreichbar..[64]

Diese Vorgehen stellen u. E. grds. keinen Missbrauch von Gestaltungsmöglichkeiten (§ 42 AO) dar.

2.2.6 Vorübergehende Abwesenheit

Im Rahmen der sog. **Rückkehrklausel** gelten im Rahmen der Neuregelung im Vergleich zur Vorgängerfassung Erleichterungen, indem der Rückkehrzeitraum von bisher fünf auf **sieben Jahre** verlängert wird, § 6 Abs. 3 AStG. Zusätzlich besteht weiterhin die Möglichkeit der antragsgebundenen Verlängerung des Rückkehrzeitraumes um höchstens fünf Jahre auf insgesamt bis zu **zwölf Jahre**, sofern die Rückkehrabsicht unverändert fortbesteht. Ob berufliche oder sonstige Gründe dem Wunsch nach Fristverlängerung zugrunde liegen, spielt nach der Neuregelung keine Rolle mehr[65].

Nach wie vor wird auf eine „vorübergehender Abwesenheit" abgestellt. Die inhaltliche Unbestimmtheit dieses Tatbestandsmerkmals hat bereits das FG Münster zur alten Fassung festgestellt.[66] Nach der Neuregelung kommt es auf eine Glaubhaftmachung der Rückkehrabsicht nicht mehr an.[67] Die bloße Absicht zur Rückkehr und eine hinreichende Wahrscheinlichkeit sollen genügen.[68] Ob dies zu mehr Rechtsklarheit beiträgt, bleibt zu bezweifeln.

Die Rückkehroption findet in den Fällen des **Ausschlusses** des Besteuerungsrechts und der Übertragung auf eine nicht unbeschränkt steuerpflichtige natürliche Person entsprechend Anwendung. Eine **Beschränkung** des Besteuerungsrechts oder Übertragung auf eine ausländische juristische Person eröffnen somit grds. keine Rückkehroption.

Um von der Rückkehrregelung Gebrauch zu machen, gelten für die Anteile weiterhin bestimmte Behaltensregelungen (§ 6 Abs. 3 Satz 1 AStG).

64 Vgl. hierzu, Linn/Pignot, IWB 3/2018 S. 114, 115 NWB HAAAG-71758.

65 Deutschländer, IWB 2/2021 S. 56, 60 NWB FAAAH-69298.

66 FG Münster, Urteil v. 31.10.2019 - 1 K 3448/17-E NWB RAAAH-37856, DStRE 2020 S. 265.

67 Deutschländer, IWB 2/2021 S. 56, 60 NWB FAAAH-69298.

68 ATADUmsG Gesetzesbegründung BT-Drucks. 19/28652 S. 49.

Erstmalig eingeführt wurde in dem Zusammenhang eine **Ausschüttungsbeschränkung** in § 6 Abs. 3 Satz 1 Nr. 2 AStG, wonach die Wegzugsteuer nur dann entfällt, soweit keine Gewinnausschüttungen oder keine Einlagenrückgewähr von insgesamt mehr als 25% des gemeinen Wertes i. S. des § 6 Abs. 1 AStG n. F. erfolgt sind. Diese Regelung soll ausweislich der Gesetzesbegründung verhindern, dass die Wegzugsbesteuerung dazu genutzt wird, um wegzuziehen und dann substanzielle Gewinnausschüttungen zu beziehen, die im Inland nicht vollumfänglich besteuert werden können. Werden schädliche Überausschüttungen vorgenommen, entfallen die Rechtsfolgen der Rückkehroption nicht „binär" komplett, sondern nur anteilig („soweit"; es dürfte ähnlich zu rechnen sein wie etwa im Rahmen des § 20 Abs. 2 Satz 2 UmwStG hinsichtlich sonstiger Gegenleistungen, die die Unschädlichkeitsschwellen überschreiten).

2.2.7 Stundung des Steueranspruchs

Die bedeutsamste Veränderung der Neuregelung ergibt sich bei der Stundungsregelung. Die Regelung in § 6 Abs. 5 AStG a. F. zur zinslosen und zeitlich unbeschränkten Stundung bei Wegzug in einen EU/EWR-Staat ist entfallen.

Stattdessen wird auf Antrag des Steuerpflichtigen lediglich eine **zinslose und zeitliche Streckung der Steuerentrichtung gegen Sicherheitsleistung** in sieben gleichen Jahresraten gewährt, § 6 Abs. 4 AStG. Die neue Stundungsregelung gilt **unterschiedslos** sowohl **für EU/EWR Wegzüge als auch für Wegzüge ins Drittland**.

Für die **Sicherheitsleistung** gelten die §§ 241 ff. AO. Die Finanzverwaltung muss grds. nur die in § 241 AO aufgeführten Sicherheiten (z. B. Hinterlegung von Zahlungsmitteln nach § 241 Abs. 1 Nr. 1 AO) annehmen.[69] Die Annahme anderer Sicherheiten (wie z. B. die Anteile an der Kapitalgesellschaft selbst, auf die sich die Wegzugsbesteuerung bezieht) steht nach § 245 AO im Ermessen der Finanzverwaltung.[70]

Damit soll der angeblich geänderten Rechtsprechung des EuGH Rechnung getragen werden.[71] Zur Frage der EG-Konformität der Neuregelung siehe unten unter Ziffer 5.1.

Für die **Fälle der vorübergehenden Abwesenheit** (Rückkehroption) gelten die neuen Stundungsregelungen zwar entsprechend, d. h. zinslose und zeitliche Streckung der Steuerentrichtung gegen Sicherheitsleistung in **bis zu 12 gleichen Jahresraten** auf Antrag; sodann besteht hier die Besonderheit, dass der Steuerpflichtige per Antrag auf die

69 Häck/Oertel ISR 2021 S. 286, 292; Pohl in Brandis/Heuermann, Ertragsteuerrecht, 161. Aufl. 2022, § 6 AStG Rz. 101.

70 Häck/Oertel ISR 2021 S. 286, 292; Pohl in Brandis/Heuermann, Ertragsteuerrecht, 161. Aufl. 2022, § 6 AStG Rz. 101.

71 ATADUmsG Gesetzesbegründung BT-Drucks. 19/28652 S. 47 f.

Entrichtung der Jahresraten ganz verzichten kann[72] – jedoch unter Inkaufnahme einer Verzinsung, wenn und sobald die Steuer nicht mehr entfallen kann, § 6 Abs. 4 Sätze 7 und 8 AStG. Dies soll eine ungerechtfertigte Inanspruchnahme der Rückkehroption verhindern.

2.2.8 Keine Berücksichtigung (mehr) von Wertminderungen

Die in § 6 Abs. 6 AStG a. F. geregelte Möglichkeit der Berücksichtigung nachträglicher Wertminderungen wurde ersatzlos gestrichen, und zwar mit Wirkung ab dem 01.01.2022 auch für Altfälle[73]. Diese Regelung ist verständlich, wenn man bedenkt, dass dem Wegzugsstaat lediglich die Besteuerungshoheit bis zum maßgebenden Entstrickungszeitpunkt obliegt und keine EU-rechtliche Verpflichtung für die Mitgliedstaaten besteht, ihr jeweiliges nationales Recht an das Recht eines anderen Mitgliedstaates auszurichten.[74]

2.2.9 Mitteilungspflichten

Die vormals in § 6 Abs. 7 AStG gefassten Mitteilungspflichten finden sich aufgrund der konzeptionellen Systematik nunmehr in § 6 Abs. 5 AStG. Eine Neuerung betrifft hier die Frist für die jährliche Meldung über die Anteilsinhaberschaft unter Angabe der aktuellen Anschrift: Diese muss nunmehr jährlich bis zum 31.7. erfolgen, anstatt – wie früher – bis zum Ablauf des 31.1. eines Jahres.

2.3 § 6 AStG i. d. F. des SEStEG (Geltung für Wegzüge bis zum 31.12.2021): Besteuerung des Vermögenszuwachses in Beteiligungen an Kapitalgesellschaften

2.3.1 Zeitlicher Anwendungsbereich

§ 6 AStG a. F. bleibt für Altfälle relevant. § 6 AStG a. F. gilt noch für Wegzüge, die bis zum 31.12.2021 erfolgt sind (inkl. der Möglichkeit der zeitlich unlimitierten Stundung bei Wegzug bei EU-/EWR-Sachverhalten).[75]

---

72 Pohl in Brandis/Heuermann, Ertragsteuerrecht, 161. Aufl. 2022, § 6 AStG Rz. 119.

73 Happe/Stingl, PIStB 2020 S. 312, 316.

74 Vgl. Kahlenberg, IStR 2020 S. 378, 387.

75 Weiss, EStB 2020 S. 230, 231; von Oertzen/Bärsch/Kühn/Lindermann, DStR 2021 S. 1841; und so auch die Gesetzesbegründung BT-Drucks. 19/28652 S. 67, auch wenn der Wortlaut von § 21 Abs. 2 Satz 1 AStG n. F. („... auf am 31.12.2020 laufende Stundungen ...") insoweit etwas verunglückt erscheint, worauf Salzmann in IStR 2021 S. 759 zurecht hinweist.

2.3.2 Persönlicher Anwendungsbereich

Der persönliche Anwendungsbereich des § 6 AStG a. F. erstreckt sich nur auf **natürliche Personen**. Die Staatsangehörigkeit ist für Abs. 1 (im Gegensatz zu Abs. 5, zinslose Stundung) ohne Belang. Die Regelung erfordert jedoch, dass die natürliche Person insgesamt mindestens **10 Jahre im Inland unbeschränkt steuerpflichtig** i. S. des § 1 Abs. 1 EStG gewesen ist.

Wie sich aus der ausdrücklichen Bezugnahme auf § 1 Abs. 1 EStG ergibt, sind hierbei weder das Vorliegen einer unbeschränkten Steuerpflicht i. S. des § 1 Abs. 2 EStG noch Fälle des § 1 Abs. 3 und § 1a EStG ausreichend.[76] Die unbeschränkte Steuerpflicht muss nicht in einem Stück zehn Jahre bestanden haben, sondern nur insgesamt. Mehrere Zeiträume sind ungeachtet der Dauer einer zwischenzeitlichen nur beschränkten Steuerpflicht zusammenzurechnen.[77] Nach § 6 Abs. 2 AStG a. F. sind im Falle einer unentgeltlichen Rechtsnachfolge die Zeiten der unbeschränkten Steuerpflicht des Rechtsvorgängers mitzuzählen.

2.3.3 Sachlicher Anwendungsbereich

Von der Wegzugsbesteuerung nach § 6 AStG a. F. sind nur **Anteile i. S. von § 17 EStG** erfasst, also insbesondere Anteile an Aktiengesellschaften und Gesellschaften mit beschränkter Haftung im Privatvermögen. Anteile an Mitunternehmerschaften wie Personenhandelsgesellschaften fallen nicht unter die Norm.[78] Streubesitzaktien sind dagegen trotz der grundsätzlichen Steuerbarkeit von Veräußerungsgewinnen und dem damit einhergehendem Systemwechsel nicht von der Wegzugssteuer erfasst; auch die Ersatztatbestände des § 20 Abs. 2 Satz 2 EStG lösen insoweit keine Abgeltungsteuer bei Beendigung der unbeschränkten Steuerpflicht aus.[79] Die Beteiligung an der Kapitalgesellschaft muss zudem unmittelbar bestehen.

Auch Anwartschaftsrechte i. S. des § 17 Abs. 1 Satz 3 EStG fallen in den sachlichen Anwendungsbereich.[80]

§ 6 AStG fingiert eine Veräußerung i. S. von § 17 EStG, während für die Steuerbarkeit die übrigen Tatbestandsvoraussetzungen des § 17 EStG aber erfüllt sein müssen.

---

76 Vgl. Pohl in Brandis/Heuermann, Ertragsteuerrecht, 161. Aufl. 2022, § 6 AStG Rz. 34; Häck in Flick/Wassermeyer/Baumhoff/Schönfeld, Außensteuerrecht, § 6 Anm. 36.

77 Vgl. Vgl. Pohl in Brandis/Heuermann, Ertragsteuerrecht, 161. Aufl. 2022, § 6 AStG Rz. 34.

78 Vgl. hierzu Weber-Grellet in Schmidt, EStG, 41. Aufl. 2022, § 17 EStG Rz. 20 ff.; Schönwetter, Wohnsitzverlagerung nach Österreich und in die Schweiz, 2009, S. 56.

79 Vgl. Endres/Freiling, PIStB 2009 S. 72 ff.

80 Vgl. FG Schleswig-Holstein, Urteil v. 12.9.2019 - 4 K 113/17 NWB NAAAH-38663, EFG 2020 S. 37 (Rev. eingelegt BFH: I R 52/19) zur Frage der Surrogatsforderung des Verleihers bei Wertpapierdarlehen

BEISPIEL: Y hält 0,78 % an der börsennotierten X-AG. Die Aktien hat er vor vielen Jahren gekauft und es sind entsprechende Kurssteigerungen eingetreten. Er ist im Jahr 2021 nach Monaco verzogen.

Abwandlung: Y hatte – ebenso wie sein Bruder und seine Schwester – die Beteiligung schenkweise im Jahr 2005 (alternativ: im Jahr 2017) im Wege der vorweggenommenen Erbfolge von seinem Vater erhalten; dieser war mit insgesamt 9,37 % an der X-AG beteiligt gewesen.

Lösung: Es ist jeweils wie bei „klassischen" Veräußerungsfällen zu untersuchen, ob im maßgeblichen Fünfjahreszeitraum beim Wegzügler oder seinem Rechtsvorgänger eine Beteiligung von 1 % oder mehr vorlag.

Erfasst von § 6 AStG a. F. sind **auch Anteile an Kapitalgesellschaften mit Sitz oder Geschäftsleitung im Ausland**; die insoweit vorher einmal bestehende Einschränkung auf inländische Kapitalgesellschaften wurde mit dem SEStEG fallengelassen. Die Wegzugsbesteuerung umfasst daher auch Wertzuwächse in ausländischen Gesellschaften, die nach einem Typenvergleich einer deutschen Kapitalgesellschaft entsprechen.[81] Diese Änderung greift ein für ab dem 1.1.2007 erfolgte Wegzüge.

BEISPIEL: X hält je 20 % an der maltesischen A-Ltd. sowie an der deutschen B-GmbH. Er war im Dezember 2006 in die Schweiz verzogen. Abwandlung: Er ist erst im März 2021 weggezogen.

Lösung: Bei einem Wegzug noch im Jahr 2006 wurde nur eine Wegzugssteuer bzgl. der Anteile an der deutschen GmbH ausgelöst. Der Wegzug in 2021 dagegen führt zu einer Wegzugsbesteuerung auch bzgl. der Anteile an der ausländischen Kapitalgesellschaft.

2.3.4 Tatbestände der Wegzugsbesteuerung

§ 6 Abs. 1 AStG a. F. erfasst in Satz 1 den Grundtatbestand der Wegzugsbesteuerung – den physischen Wegzug des Steuerpflichtigen ins Ausland. Satz 2 normiert insgesamt vier Ersatzrealisationstatbestände.

2.3.4.1 Wegzug ins Ausland

Grundtatbestand ist der physische **Wegzug** des Steuerpflichtigen ins Ausland. Nach § 6 Abs. 1 Satz 1 AStG a. F. wird dieser ausgelöst durch das Ende der unbeschränkten Steuerpflicht wegen Aufgabe des deutschen Wohnsitzes (§ 8 AO) oder des gewöhnlichen Aufenthaltes (§ 9 AO) in Deutschland.[82] Dem Wortlaut nach wird die Wegzugsbesteuerung unabhängig davon ausgelöst, ob der Wegzug des Steuerpflichtigen durch ein anwendbares DBA zu einem Entfallen des deutschen Besteuerungsrechts hinsichtlich einer späteren Besteuerung der Anteile führt oder nicht. Der Tatbestand des § 6 Abs. 1

81 Zum Typenvergleich siehe BFH, Urteil v. 23.6.1992 - IX R 182/87, BStBl 1992 II S. 972 und BFH, Urteil v. 30.3.1993 - VIII R 44/90 NWB WAAAB-34112, BFH/NV 1993 S. 597

82 Zum Grundtatbestand des § 6 Abs. 1 und 2 AStG siehe Vogl, Die Wegzugsbesteuerung des § 6 AStG in der Neufassung des SEStEG, 2009, S. 23 ff.; zu den Tatbestandsvoraussetzungen vgl. ferner Libbach, Die Wegzugsbesteuerung gemäß § 6 AStG, 2010, S. 7 ff.

Satz 1 AStG a. F. wird u. E. hingegen nicht ausgelöst von Personen, die nur eine Komponente des Tatbestandes erfüllen, mithin zwar ihren inländischen Wohnsitz aufgeben, aber nach § 1 Abs. 2 oder Abs. 3 EStG i.V. mit § 1a EStG unbeschränkt steuerpflichtig bleiben. In den Fällen des § 1 Abs. 3 EStG ist dann wiederum zu bedenken, dass das Ende der unbeschränkten Steuerpflicht nicht durch Aufgabe des Wohnsitzes oder des gewöhnlichen Aufenthaltes, sondern durch eine fehlende Antragstellung bzw. in den Fällen des § 1 Abs. 2 EStG mit Beendigung des Dienstverhältnisses eintritt und somit der Tatbestand des § 6 Abs. 1 Satz 1 AStG a. F. ebenfalls nicht erfüllt ist.[83]

2.3.4.2 Ersatzrealisationstatbestände

Es liegt auf der Hand, dass der Grundtatbestand nicht alle Fallkonstellationen abdeckt, die nach der Intention des Gesetzgebers erfasst werden sollen, um das Besteuerungsrecht Deutschlands zu sichern. Aus diesem Grund statuiert das Gesetz Ersatztatbestände für Situationen, in denen Deutschland Gefahr läuft, das Besteuerungsrecht an einem bisher erfolgten Wertzuwachs von Anteilen i. S. des § 17 EStG zu verlieren.[84] Durch die **Ersatztatbestände** in § 6 Abs. 1 Satz 2 Nr. 1–4 AStG a. F. werden neben dem Fall des Wegzugs auch die Fälle der

- unentgeltlichen Übertragung der Anteile (Schenkung oder Erbfall) auf nicht unbeschränkt steuerpflichtige Personen,[85]
- Begründung einer vorrangigen Ansässigkeit nach DBA in einem anderen Staat,
- Einlage der Anteile in einen Betrieb oder eine Betriebsstätte im Ausland sowie
- Ausschluss des deutschen Besteuerungsrechts aus anderen Gründen erfasst.[86]

Ungeklärt ist derzeit, ob die Ersatztatbestände des § 6 AStG a. F. auch Fälle von **beschränkter Einkommensteuerpflicht** erfassen.[87] Zutreffend ist wohl die Auffassung, dass bei einer durch Wegzug ausgelösten Wegzugsbesteuerung nach dem Grundtatbestand bei späterer Erfüllung der Ersatztatbestände nur dem Wortlaut nach keine erneute Wegzugsbesteuerung eingreifen kann (z. B. Fälle, in denen der zuvor unbeschränkt Steuerpflichtige nach Wegzug und nach Auslösen von § 6 Abs. 1 Satz 1 AStG a. F. die Anteile später an einen ebenfalls im Ausland ansässigen Steuerpflichtigen verschenkt). Hat der Steuerpflichtige die Anteile i. S. von § 17 EStG dagegen erst nach dem Wegzug erworben, sollte eine Festsetzung von Wegzugssteuer nach den Ersatztat-

83 Vgl. Wassermeyer, IStR 2013 S. 1, 2.

84 Vgl. Kraft in Kraft, AStG, § 6 Rz. 340.

85 Zur Frage der Auswirkungen einer Rückabwicklung der Schenkung aufgrund eines vertraglich vorbehaltenen Rückabwicklungsrechts vgl. Oertzen/Reich, IStR 2013 S. 463.

86 Zu den Ersatztatbeständen siehe Libbach, Die Wegzugsbesteuerung gemäß § 6 AStG, 2010, S. 11 ff.

87 Vgl. Hecht/Gallert, BB 2009 S. 2396, 2396 ff; Bron/Seidel, IStR 2009 S. 312 ff.

beständen regelmäßig aufgrund entgegenstehender DBAs[88] scheitern. Anders wäre dies jedoch im Nicht-DBA-Fall zu beurteilen.

Der BFH[89] hat im Fall einer Immobilienkapitalgesellschaft entschieden, dass auch eine teilentgeltliche Übertragung hinsichtlich des unentgeltlichen Teils der Besteuerung nach § 6 Abs. 1 Satz 2 Nr. 1 AStG a. F. unterliegt.[90] Die un- bzw. teilentgeltliche Übertragung von Anteilen i. S. von § 17 EStG an eine in Deutschland nicht unbeschränkt steuerpflichtige Person löst die Wegzugsbesteuerung aus, selbst wenn das Vermögen der Gesellschaft überwiegend aus in Deutschland belegenen Immobilien besteht. § 6 Abs. 1 S. 2 Nr. AStG a. F. ist laut BFH nicht einschränkend dahingehend auszulegen, dass durch die unentgeltliche Anteilsübertragung auf den beschränkt Steuerpflichtigen das Recht Deutschlands zur Besteuerung der in den unentgeltlich übertragenen Anteilen ruhenden stillen Reserven ausgeschlossen oder beschränkt werden müsste, damit die Wegzugssteuer greift.

Auf welche Weise der deutsche Fiskus im **Ersatztatbestand des Vererbens und Vermachens** (§ 6 Abs. 1 Satz 2 Nr. 1 2. Alt. AStG a. F.) seinen Steueranspruch gegenüber im Ausland lebenden Personen durchsetzen will, ist fraglich.[91] Dies gilt insbesondere für Fälle der Wegzugsbesteuerung bzgl. ausländischer Beteiligungen, wo vielfach gar kein Inlandsbezug mehr bestehen wird. Bei dem Tatbestand des § 6 Abs. 1 Satz 2 Nr. 1 Alt. 2 AStG a. F. ist des Weiteren nach wie vor unklar, wer überhaupt Steuerpflichtiger im Sinne des Gesetzes ist (Erblasser oder Erbe).[92]

BEACHTE

Eine Anrechnungsmöglichkeit gezahlter Schenkungs- oder Erbschaftsteuer auf die Wegzugssteuer ist in § 6 AStG a. F. selbst nicht vorgesehen. Sieht man den Erblasser als Steuerpflichtigen im Sinne dieses Ersatztatbestandes an, mindert die Wegzugsteuer als Nachlassverbindlichkeit die Bemessungsgrundlage der Erbschaftsteuer (§ 10 Abs. 5 Nr. 1 ErbStG). Andernfalls kommt eine Steuerermäßigung bei Belastung mit Erbschaftsteuer nach § 35b EStG in Betracht.[93]

Zum **Ersatztatbestand der Einlage in ein ausländisches Betriebsvermögen (§ 6 Abs. 1 Satz 2 Nr. 3 AStG a. F.)** ist anzumerken, dass diese Regelung unabhängig davon eingreift, ob das deutsche Besteuerungsrecht an den Anteilen durch die Einlage verloren geht oder nicht.

88 Vgl. Art. 13 Abs. 5 OECD-MA.

89 Vgl. BFH, Urteil v. 8.12.2021 - I R 30/19 NWB FAAAI-62445, DStR 2022 S. 1094.

90 Vgl. hierzu Jahn, PIStB 2019 S. 270; Kahlenberg, FR 2019 S. 820.

91 Zu Recht kritisch Lausterer, BB 2006, BB-Special 8 zu Heft 44 S. 80, 81.

92 Baßler, FR 2008 S. 218 ff.; ders, IStR 2013 S. 22; Wassermeyer, IStR 2013 S. 1, 2 ff,; zu weiteren Zweifelsfragen siehe Schönwetter, Wohnsitzverlagerung nach Österreich und in die Schweiz, 2009, S. 54 f. sowie Wassermeyer, IStR 2013 S. 1.

93 Häck in Haase, AStG/DBA, 3. Aufl. 2016, § 6 AStG Rz. 74; vgl. Krumm, FR 2012 S. 624.

Daneben tritt **§ 6 Abs. 1 Satz 2 Nr. 4 AStG a. F.**, der einen **Auffangtatbestand** enthält. Danach kommt es auch dann zur Wegzugsbesteuerung, wenn das Besteuerungsrecht der Bundesrepublik Deutschland hinsichtlich des Gewinns aus der Veräußerung der Anteile **aufgrund sonstiger Ereignisse** verloren geht. Denkbar wäre hier z. B. der nachträgliche Abschluss oder die Revision eines DBA in Doppelwohnsitzfällen, wenn danach das Besteuerungsrecht auf den ausländischen Staat übergeht.[94]

Keine Wegzugsbesteuerung tritt dagegen ein, wenn Steuerneutralität nach dem UmwStG erreicht werden kann (insbesondere Fälle des Anteilstauschs nach § 21 UmwStG).

2.3.5 Anteilsbewertung, Gewinnermittlung

Mangels eines Veräußerungspreises erfolgt die Bestimmung des zu besteuernden Wertzuwachses anhand des **gemeinen Werts** der Anteile zum Zeitpunkt des die Besteuerung auslösenden Ereignisses. Die nach § 6 AStG a. F. erfassten Wertsteigerungen bestimmen sich im Grundsatz als Differenz zwischen dem gemeinen Wert der Anteile und deren ursprünglichen Anschaffungskosten (§ 6 Abs. 1 Satz 4 AStG a. F. i. V. mit § 17 Abs. 2 EStG). Hierbei sind bei Beteiligungen i. H. von mindestens 10 % aber höchstens 25 % die Grundsätze der Entscheidung des BVerfG vom 7.7.2010 (2 BvR 748/05, BStBl II 2011, 86) und des hierzu ergangenen BMF-Schreibens[95] zur rückwirkenden Absenkung der Beteiligungsgrenzen in § 17 Abs. 1 S. 4 EStG i. V. mit § 52 Abs. 1 S. 1 EStG zu berücksichtigen. Für Kapitalgesellschaftsanteile, die der Person bereits im Zeitpunkt der Begründung der deutschen unbeschränkten Steuerpflicht gehörten und (kumulative Bedingung!) bei denen vor dem Zuzug nach Deutschland eine Wegzugsbesteuerung im Ausland erfolgt ist, ist statt der historischen Anschaffungskosten der Wert zugrunde zu legen, den der ausländische Staat bei der Berechnung seiner Wegzugssteuer angesetzt hat (§ 17 Abs. 2 Satz 3 EStG, Obergrenze jedoch auch hier der gemeine Wert im Zuzugszeitpunkt).

Die **Ermittlung des gemeinen Werts** erfolgt nach § 11 BewG. D. h. primär maßgeblich ist der Börsenkurs, soweit es sich um notierte Anteile handelt (§ 11 Abs. 1 BewG). Handelt es sich dagegen um nicht börsennotierte Anteile, gilt § 11 Abs. 2 Sätze 2 ff. BewG. Maßgeblich sind daher **Referenzgeschäfte** aus Verkäufen unter fremden Dritten, die weniger als ein Jahr zurückliegen. Ansonsten ist der gemeine Wert unter Berücksichtigung der Ertragsaussichten der Kapitalgesellschaft oder einer anderen anerkannten, auch im gewöhnlichen Geschäftsverkehr für nichtsteuerliche Zwecke üblichen Methode zu ermitteln, wobei hier aus Sicht eines gedachten Erwerbers bei der Bemessung

94 Grotherr, IWB 2/2007 S. 65, 67 NWB MAAAC-35401 mit weiteren Beispielsfällen.

95 BMF vom 20.12.2010, BStBl 2011 I S. 16.

eines (Unternehmens-)Kaufpreises auszugehen ist. Die Vorschrift hat diese Fassung erst kürzlich anlässlich der Erbschaftsteuerreform, und mit Wirkung für ab dem 1.1.2009 durchzuführende Bewertungsvorgänge erhalten. Es ist davon auszugehen, dass damit unverändert eine Wertermittlung durch **WP-Gutachten** gemeint ist, und der Wirtschaftsprüfer entsprechende Grundsätze (IDW S1 Standard, aber aufgrund der Formulierung des Gesetzes auch übliche Branchen-Multiples) heranziehen kann. Neu ist allerdings die Regelung in § 11 Abs. 2 Satz 3 BewG, wonach der **Substanzwert** als Mindestwert nicht unterschritten werden darf. Sodann ist § 11 Abs. 2 Satz 4 zu beachten, wonach das **vereinfachte Ertragswertverfahren** gem. §§ 199 bis 203 BewG angewendet werden kann, wenn dieses nicht zu offensichtlich unzutreffenden Ergebnissen führt. Bei Ermittlung des gemeinen Werts ist eine vorhandene Gewinnrücklage nach aktueller Rechtsprechung und Literaturmeinung regelmäßig zu berücksichtigen.[96] Eine entsprechende Anwendung der §§ 11, 95 bis 109 und 199ff BewG in der Fassung des ErbStRG hat die Finanzverwaltung für ertragsteuerliche Zwecke bei der Bewertung von Anteilen an Kapitalgesellschaften ausdrücklich zugelassen.[97]

Der Gewinn i. S. von § 6 Abs. 1 AStG unterliegt dem **Teileinkünfteverfahren** (§ 3 Nr. 40 Satz 1 Buchst. c EStG).

Im Falle eines **Veräußerungsverlusts** galt schon zu § 6 AStG in der Fassung vor dem SEStEG, dass unter Hinweis auf die Rechtsprechung des BFH[98] die Berücksichtigung von Wertverlusten verneint wurde.[99] Nach § 6 AStG in der Fassung des SEStEG hat der BFH[100] ebenfalls entschieden, dass es unter Verweis auf die alte Rechtsprechung zur Vorgängernorm zu **keiner Berücksichtigung fiktiver Wertminderungen** im Rahmen des § 6 AStG a. F. kommt.

Als Gestaltung kann es sich anbieten, anstelle einer Realisierung durch Wegzug vorab eine verdeckte Einlage in eine Auslandskapitalgesellschaft vorzunehmen, die nach § 17 Abs. 1 Satz 2 EStG ebenfalls zu einer Realisierung führt, bei der aber die Verlustberücksichtigung durch unmittelbare Anwendung von § 17 EStG von der Finanzverwaltung nicht bestritten werden könnte. Als damit vergleichbare Gestaltungsalternative könnte es sich anbieten, die Anteile in einer Holding zu halten, an der der Wegzügler beteiligt ist. Dann wäre effektiv ebenfalls eine Saldierung von Wertsteigerungen und Wertminderungen der Beteiligungsgesellschaften erreichbar.[101]

96 Vgl. BFH vom 8.2.2011, BStBl 2011 I S. 684. W. N. bei Haase/Geils, IStR 2016, 662.

97 Vgl. BMF vom 22.9.2011, BStBl 2011 I S. 859.

98 Vgl. BFH vom 28.2.1990, BStBl 1990 II S. 615.

99 Vgl. BMF vom 14.5.2004, BStBl 2004 I Sondernummer 1/2004, Tz. 6.1.3.3.

100 Vgl. BFH vom 26.4.2017, I R 27/15, BStBl 2017 II S. 1194.

101 Vgl. hierzu Linn/Pignot, IWB 3/2018 S. 114, 115 NWB HAAAG-71758.

2.3.6 Vorübergehende Abwesenheit

Nach § 6 Abs. 3 Satz 1 AStG a. F. entfällt der Steueranspruch, wenn der weggezogene Steuerpflichtige innerhalb von **fünf Jahren** ab Wegzug wieder in Deutschland unbeschränkt steuerpflichtig wird **(Rückzug nach Deutschland).**[102]

Der Anwendungserlass zum Außensteuergesetz[103] wie auch die Rechtsprechung des FG Münster[104] (Rev. eingelegt[105]) legen das Merkmal der „vorübergehenden Abwesenheit" im Sinne einer subjektiven Betrachtungsweise dergestalt aus, dass diese nur dann anzunehmen sei, wenn bereits im Zeitpunkt des Wegzugs die Rückkehrabsicht bestand. Demnach sei es erforderlich, dass der Steuerpflichtige substantiiert Tatsachen darlegt und glaubhaft macht, nach denen das Bestehen einer Rückkehrabsicht bei Wegzug als überwiegend wahrscheinlich anzusehen ist.[106] Diese Auffassung ergibt sich jedoch nicht aus dem Gesetzestext. Die vorübergehende Abwesenheit dokumentiert der Gesetzgeber vielmehr mit der 5-Jahres-Frist, d. h. vorübergehend ist die Abwesenheit immer dann, wenn sie weniger als 5 Jahre beträgt. Diese Auslegung des § 6 Abs. 3 AStG a. F. wird auch von wesentlichen Vertretern der Literatur geteilt.[107]

Das Entfallen des Steueranspruchs muss darüber hinaus nach teleologischer Auslegung des § 6 Abs. 3 Satz 1 AStG a. F. grds. auch gelten, wenn innerhalb von fünf Jahren die DBA-rechtliche Ansässigkeit wieder in Deutschland begründet wird, nachdem diese gem. § 6 Abs. 1 Satz 2 Nr. 2 AStG a. F. wegen eines Wechsels der abkommensrechtlichen Ansässigkeit zu einer Wegzugsbesteuerung geführt hat.[108]

BEISPIEL: Die im Inland wohnende, unbeschränkt steuerpflichtige Arbeitnehmerin B hatte am 1.1.2015 eine GmbH als Alleingesellschafterin gegründet. Die Anschaffungskosten betrugen 100.000 €. Mit Wirkung vom 1.1.2021 verlegte sie unter Beibehaltung ihres deutschen Wohnsitzes ihren Lebensmittelpunkt nach Österreich. Der gemeine Wert der GmbH-Anteile beträgt zu diesem Zeitpunkt 1 Mio. €. Nach Ablauf von vier Jahren verlegt B aus familiären Gründen erneut ihren Lebensmittelpunkt zurück nach Deutschland.

Lösung: DBA-rechtlich handelt es sich bei dieser Konstellation um einen Fall der sog. Doppelansässigkeit. Diese wird im DBA Deutschland-Österreich in Art. 4 Abs. 2 Buchst. a dahingehend aufgelöst, dass eine Person zunächst in dem Staat als ansässig gilt, zu dem sie die engeren persönlichen und wirtschaftlichen Beziehungen hat (Mittelpunkt der Lebensinteressen). Die Verlegung des Lebensmittelpunktes nach Österreich am 1.1.2004 führt somit zu einer Ansässigkeitsverlagerung nach Österreich und löst eine Wegzugsbesteuerung nach § 6 Abs. 1 Satz 2

102 Vgl. hierzu Vogl, Die Wegzugsbesteuerung des § 6 AStG in der Neufassung des SEStEG, 2009, S. 26.

103 Vgl. AEAStG: BMF v. 14.5.2004, IV B 4 – S – 1340 – 11/04, BStBl 2004 I, Sondernummer 01, Tz. 6.4.

104 Vgl. FG Münster vom 31.10.2019, 1-K-3448/17-E, DStRE 2020, 265.

105 Rev. eingelegt unter BFH I R 55/19.

106 FG Münster vom 31.10.2019, 1-K-3448/17-E, DStRE 2020, 265, unter 2.b)bb)3)c).

107 so z. B. Pohl Brandis/Heuermann, Ertragsteuerrecht, 161. Aufl. 2022, § 6 AStG Rz. 73, Weber-Grellet, DStR 2007, Beihefter zu Heft 39, 43.

108 Vgl. hierzu Häck, in: Haase, AStG/DBA, 2016, § 6 Rn. 135.

Nr. 2 AStG a. F. aus. Die Rückverlegung des Lebensmittelpunktes nach Deutschland hat abkommensrechtlich die Konsequenz, dass auch die ursprüngliche Ansässigkeit in Deutschland wiederauflebt. Entsprechend der Beendigung der unbeschränkten Steuerpflicht und der Wiederbegründung der unbeschränkten Steuerpflicht in Deutschland nach vorübergehender Abwesenheit, muss unter verfassungskonformer teleologischer Reduktion des § 6 Abs. 3 Satz 1 AStG a. F. auch die Wiederbegründung der abkommensrechtlichen Ansässigkeit in Deutschland die Wegzugsbesteuerung nach dem Ersatzrealisationstatbestand des § 6 Abs. 1 Satz 1 Nr. 2 AStG a. F. rückwirkend entfallen lassen.

Der Steueranspruch entfällt jedoch nur dann, wenn der Steuerpflichtige die Anteile nicht zwischenzeitlich veräußert oder verschenkt/vererbt/vermacht oder in ein Betriebsvermögen eingelegt hat. Des Weiteren reicht es nicht aus, wenn der Steuerpflichtige zwar nach nationalem deutschen Steuerrecht (§ 8 AO) einen Wohnsitz in Deutschland begründet, nach den Ansässigkeitsregelungen eines DBA aber im Ausland ansässig bleibt.

Diese Frist von fünf Jahren kann vom Finanzamt um höchstens fünf weitere Jahre auf insgesamt **zehn Jahre** verlängert werden, wenn der Steuerpflichtige glaubhaft macht, dass **berufliche Gründe** für seine Abwesenheit maßgeblich sind und seine Absicht zur Rückkehr unverändert fortbesteht (§ 6 Abs. 3 Satz 2 AStG a. F.). Hier wird gefordert, dass der Steuerpflichtige von Anfang an (d. h. im Wegzugszeitpunkt) Rückkehrabsicht hat.[109] Die Fristverlängerung steht im Ermessen der Finanzverwaltung („kann"), und es bedarf hierzu eines Antrags, der grds. nicht form- oder fristgebunden ist. In der Praxis würde es sich empfehlen, den Antrag bereits vorweg, jedenfalls vor Ablauf der ersten fünf Jahre nach Wegzug zu stellen, um entsprechende Planungssicherheit zu haben.

BEISPIEL: C hält rd. 70 % an der deutschen A-AG. Er ist auch Mitglied des Vorstands der Gesellschaft. Diese hat eine US-Tochter-Gesellschaft, die A-Inc., deren Geschäft sich noch im Aufbau befindet. C soll mit samt seiner Familie in die USA ziehen, um das US-Geschäft anzukurbeln. Er denkt, dass er um die fünf bis sieben Jahre dort leben wird.

Lösung: Hier hilft § 6 Abs. 3 Satz 2 AStG a. F. In der entsprechenden Dokumentation (AR-Beschluss etc.) ist die Rückkehrabsicht festzuhalten und das Finanzamt ist hierüber optimalerweise bereits bei Wegzug zu informieren.

Nicht geklärt ist, ob § 6 Abs. 3 Satz 2 AStG a. F. berufliche Gründe beim Steuerpflichtigen selbst voraussetzt, oder ob etwa auch mit ins Ausland ziehende Ehepartner oder andere Familienmitglieder vom Schutz dieser Vorschrift erfasst sind. Dem Wortlaut ist nicht zu entnehmen, dass es sich zwingend um eigene berufliche Gründe des Steuerpflichtigen handeln muss, so dass es ausreichen sollte, dass der Mit-Wegzug durch plausible Gründe erklärt werden kann.[110]

109 Tz. 6.4.1. Anwendungserlass AStG; insoweit hat sich der Wortlaut der Norm gegenüber der alten Fassung nicht geändert.

110 Häck, in: Haase, AStG/DBA, 2016, § 6 AStG, Rn. 150.

Des Weiteren entfällt der Steueranspruch nach § 6 Abs. 3 Satz 3 AStG a. F. auch dann, wenn beim Erwerb von Todes wegen der Rechtsnachfolger des verstorbenen Steuerpflichtigen **innerhalb von fünf Jahren nach dem Erbfall in Deutschland unbeschränkt steuerpflichtig** wird.[111] Im Falle der Anteilsschenkung gilt dies jedoch nach dem Gesetzeswortlaut nicht, und diese Frist ist auch nicht um weitere fünf Jahre verlängerbar.

Verfahrensrechtlich geschieht die Umsetzung von § 6 Abs. 3 AStG a. F. durch eine Korrektur des Bescheides der die Festsetzung der Wegzugssteuer beinhaltet nach § 172 Abs. 1 d) AO i.V. mit § 6 Abs. 3 AStG bzw. über § 175 Abs. 1 Nr. 2 AO aufgrund eines rückwirkenden Ereignisses.

Für Wegzüge in einen **anderen Mitgliedstaat der EU oder des EWR** entfällt eine festgesetzte und zunächst gestundete Wegzugssteuer **fristunabhängig**, d. h. unabhängig von der Fünf- oder der Zehnjahresfrist des § 6 Abs. 3 AStG a. F., wenn der Steuerpflichtige (oder im Fall des § 6 Abs. 1 Satz 2 Nr. 1 AStG a. F. sein Rechtsnachfolger) wieder unbeschränkt steuerpflichtig wird oder wenn das Besteuerungsrecht der Bundesrepublik Deutschland hinsichtlich des Gewinns aus der Veräußerung der Anteile aufgrund eines anderen Ereignisses wieder begründet oder nicht mehr beschränkt wird (§ 6 Abs. 3 Satz 4 AStG a. F.).

2.3.7 Stundung des Steueranspruchs

Auf Antrag des Steuerpflichtigen wird die Wegzugssteuer für einen Zeitraum von höchstens **fünf Jahren** seit Eintritt der ersten Fälligkeit gegen Sicherheitsleistung gestundet, wenn ihre alsbaldige Einziehung mit erheblichen Härten für den Steuerpflichteigen verbunden wäre (§ 6 Abs. 4 Satz 1 AStG a. F.).[112] Die Stundung erfolgt in der Weise, dass eine Zahlung in regelmäßigen Teilbeträgen erfolgen muss. Die Stundung ist zu widerrufen, wenn die Anteile veräußert werden oder wenn sie verdeckt eingelegt werden oder wenn die Kapitalgesellschaft aufgelöst wird oder eine Kapitalherabsetzung o. ä. erfolgt.[113]

In den **Fällen der beruflichen Abwesenheit** bestimmt sich die Länge der Stundung nach der aufgrund § 6 Abs. 3 Satz 2 AStG a. F. eingeräumten Frist und die Stundung erfolgt ohne Leistung von Teilbeträgen. Das Finanzamt kann (Ermessensentscheidung) davon absehen Sicherheitsleistung zu verlangen, wenn der Steueranspruch nicht gefährdet erscheint.

---

111 Vgl. Schönwetter, Wohnsitzverlagerung nach Österreich und in die Schweiz, 2009, S. 57 f.

112 Vgl. dazu näher Vogl, Die Wegzugsbesteuerung des § 6 AStG in der Neufassung des SEStEG, 2009, S. 27 ff.; Libbach, Die Wegzugsbesteuerung gemäß § 6 AStG, 2010, S. 22 ff.

113 Zu Details siehe § 6 Abs. 4 Satz 2 AStG i.V. mit § 17 Abs. 4 EStG.

Die nach § 6 Abs. 4 AStG a. F. gestundete Steuer ist grds. gem. § 234 AO i.V. mit § 238 Abs. 1 Satz 1 AO mit 6 % p. a. zu verzinsen,[114] wobei in Fällen des § 6 Abs. 3 Satz 2 AStG a. F. auch die Zinsen gestundet werden können. Kehrt der Steuerpflichtige tatsächlich zurück, stellt dies ein rückwirkendes Ereignis i. S. von § 175 Abs. 1 Satz 1 Nr. 2 AO dar, so dass die ursprünglich festgesetzte Steuer entfällt und der entsprechende Steuerbescheid zu ändern ist.[115] Für gezahlte Steuern ist hier jedoch § 233a Abs. 2a AO zu beachten.[116] Danach beginnt der Zinslauf erst 15 Monate nach Ablauf des Kalenderjahres, in dem das rückwirkende Ereignis (hier: Rückzug des Steuerpflichtigen nach Deutschland) eingetreten ist. Dies bedeutet, dass der Steuerpflichtige keine Verzinsung eines etwaigen Guthabens vom Finanzamt verlangen kann.[117]

2.3.8 Sonderregelungen für die Steuerstundung bei einem Wegzug innerhalb der EU oder des EWR

2.3.8.1 Stundungsregeln im Grundtatbestand der Wegzugsbesteuerung

Für Wegzüge in einen anderen Mitgliedstaat der EU oder des EWR gelten für die Stundung der Wegzugssteuer Sonderregeln (§ 6 Abs. 5 AStG a. F.).[118] Nach § 6 Abs. 5 Satz 1 AStG a. F. wird die festgesetzte Steuer von Amts wegen zinslos und ohne Sicherheitsleistung gestundet, wenn der Steuerpflichtige in einen anderen Mitgliedstaat der EU oder des EWR verzieht und (kumulativ) er Staatsangehöriger eines Mitgliedstaates der EU oder des EWR ist und (kumulativ) er im neuen Wohnsitzstaat einer der deutschen Einkommensteuerpflicht vergleichbaren Steuerpflicht unterliegt. Die Stundung steht in diesem Fall nicht im Ermessen der Finanzbehörden und setzt keinen Antrag des Steuerpflichtigen voraus, sondern ist von Amts wegen auszusprechen.

Die zinslose Stundung erfolgt allerdings nur in den Fällen, in denen die Amtshilfe und die Beitreibung der Steuerforderung durch den anderen Staat gewährleistet ist (§ 6 Abs. 5 Satz 2 AStG a. F.), was im Verhältnis zu den Mitgliedstaaten der EU aufgrund der EG-Amtshilferichtlinie und der EG-Beitreibungsrichtlinie immer anzunehmen ist. Diese Richtlinien gelten jedoch nicht im Verhältnis zu den EWR-Staaten. Hier ist daher zu differenzieren: Das DBA Norwegen enthält Regelungen, die wohl eine ausreichende Amtshilfe und Beitreibungsunterstützung gewährleisten.[119] Das DBA Island enthält zumin-

114 Gegenschluss zu § 6 Abs. 5 Satz 1 AStG, der eine zinslose Stundung vorsieht.

115 Siehe oben Ziffer 2.2.5, dazu auch Rüsken in Klein, AO, 15. Aufl. 2021, § 175 AO Rz. 50 ff.

116 Vgl. Rüsken in Klein, AO, 15. Aufl. 2021, § 233a AO Rz. 30 ff.

117 Bron, IWB 9/2009 S. 421, 425 NWB XAAAD-20583.

118 Dazu Schönwetter, Wohnsitzverlagerung nach Österreich und in die Schweiz, 2009, S. 58 ff.

119 Vgl. Lausterer in Blumenberg/Schäfer, Das SEStEG, 2007, S. 232.

de!st eine sog. kleine Auskunftsklausel, was u. E. auch ausreichen würde.[120] Liechtenstein hat bereits mit Deutschland ein Abkommen über den Informationsaustausch entsprechend Art. 26 OECD-MA unterzeichnet,[121] so dass im – praktisch freilich nicht sehr relevanten – Falle eines Wegzugs nach Liechtenstein die Stundung nach § 6 Abs. 5 Satz 1 AStG a. F. gewährt werden müsste.

Nicht ausdrücklich geregelt ist die Verzinsungsfrage im Falle des Widerrufs der Schenkung. Aber auch in diesem Fall sollte im Lichte des Europarechts der festgesetzte Steueranspruch nicht rückwirkend auf den Zeitpunkt des Wegzugs zu verzinsen sein.[122]

2.3.8.2 Stundung bei den Ersatztatbeständen der Wegzugsbesteuerung

In § 6 Abs. 5 Satz 3 AStG a. F. sind die Stundungsvoraussetzungen für die Ersatzrealisationstatbestände der Wegzugsbesteuerung geregelt:[123]

- Im Fall der Schenkung oder des Vererbens/Vermachens (§ 6 Abs. 1 Satz 2 Nr. 1 AStG a. F.) muss der Rechtsnachfolger in einem EU- oder EWR-Staat einer der deutschen unbeschränkten Einkommensteuerpflicht vergleichbaren Steuerpflicht unterliegen (§ 6 Abs. 5 Satz 3 Nr. 1 AStG a. F.). Auf die Staatsangehörigkeit des Rechtsnachfolgers kommt es dabei nicht an.
- Im Fall der Wegzugsbesteuerung nicht durch kompletten Wegzug, sondern durch Verlagerung der DBA-mäßigen Ansässigkeit ins Ausland (§ 6 Abs. 1 Satz 2 Nr. 2 AStG a. F.) muss der Steuerpflichtige Staatsangehöriger eines Mitgliedstaates der EU oder des EWR sein und (kumulativ) in einem Mitgliedstaat der EU oder des EWR einer der deutschen Einkommensteuerpflicht vergleichbaren Steuerpflicht unterliegen (§ 6 Abs. 5 Satz 3 Nr. 2 AStG a. F.).
- Im Fall der Einlage der Anteile in ein ausländisches Betriebsvermögen (§ 6 Abs. 1 Satz 2 Nr. 3 AStG a. F.) muss die Einlage in einen Betrieb oder eine Betriebsstätte des Steuerpflichtigen in einem Mitgliedstaat der EU oder des EWR erfolgen (§ 6 Abs. 5 Satz 3 Nr. 3 AStG a. F.).
- Es ist bemerkenswert – und kritisch zu sehen –, dass das Gesetz für den neugeschaffenen **Auffangtatbestand** der Wegzugsbesteuerung bei Verlust des Besteuerungsrecht aufgrund sonstiger Ereignisse (§ 6 Abs. 1 Satz 2 Nr. 4 AStG a. F.) **keine Stundungsvorschrift** für Wegzüge in einen anderen Mitgliedstaat der EU oder des EWR bereitstellt. In einem solchen Fall muss der Steuerpflichtige sich daher auf den

120 Strittig: Ebenso Grotherr, IWB 2/2007 S. 65, 78 NWB MAAAC-35401; anderer Ansicht: Häck in Haase, AStG/DBA, § 6 AStG Rz. 187.

121 Vgl. Abkommen zwischen der Regierung der Bundesrepublik Deutschland und der Regierung des Fürstentums Liechtensteinüber die Zusammenarbeit und den Informationsaustausch in Steuersachen v. 2.9.2010.

122 Hierzu ausführlich Loritz/Sessig, IStR 2013 S. 288.

123 Libbach, Die Wegzugsbesteuerung gemäß § 6 AStG, 2010 S. S. 25 f.

Standpunkt stellen, dass eine europarechtskonforme Auslegung zu einem Anspruch auf Stundung auch in solchen Fällen führt.

2.3.8.3 Auswirkungen des Brexit-Steuerbegleitgesetz (Brexit-StBG)

- Durch das Brexit-StBG[124] wurde ein neuer § 6 Abs. 8 AStG a. F. eingeführt, der klarstellt, dass der Brexit nicht zum Widerruf der Stundung führt, wenn allein aufgrund dessen für den Steuerpflichtigen die Stundungsvoraussetzungen nicht mehr vorliegen würden. Eine bereits gewährte Stundung wird gem. § 6 Abs. 5 AStG a. F. somit allein wegen des Brexits nicht unwirksam.

2.3.9 Widerruf der Stundung

Die zunächst erfolgte Stundung wird vom Finanzamt nach § 6 Abs. 5 Satz 4 AStG a. F. zwingend (kein Ermessen) widerrufen, d. h. die Steuer wird sofort fällig, wenn einer der folgenden Fälle eintritt:[125]

- Soweit der Steuerpflichtige oder sein Rechtsnachfolger i. S. des § 6 Abs. 5 Satz 3 Nr. 1 AStG a. F. Anteile veräußert oder verdeckt in eine Gesellschaft i. S. des § 17 Abs. 1 Satz 1 EStG einlegt oder einer der Tatbestände des § 17 Abs. 4 EStG erfüllt wird;
- soweit Anteile auf eine nicht unbeschränkt steuerpflichtige Person übergehen, die nicht in einem Mitgliedstaat der Europäischen Union oder einem Vertragsstaat des EWR-Abkommens einer der deutschen unbeschränkten Einkommensteuerpflicht vergleichbaren Steuerpflicht unterliegt;
- soweit in Bezug auf die Anteile eine Entnahme oder ein anderer Vorgang verwirklicht wird, der nach inländischem Recht zum Ansatz des Teilwerts oder des gemeinen Werts führt;
- wenn für den Steuerpflichtigen oder seinen Rechtsnachfolger i. S. des § 6 Abs. 5 Satzes 3 Nr. 1 AStG a. F. durch Aufgabe des Wohnsitzes oder gewöhnlichen Aufenthalts keine Steuerpflicht nach § 6 Abs. 5 Satz 1 AStG a. F. mehr besteht.

2.3.10 Antrag auf weitere Stundung in Umwandlungsfällen

Als Ausnahme zu der Regelung des § 6 Abs. 5 Satz 4 AStG regelt § 6 Abs. 5 Satz 5 AStG a. F., dass in den Fällen, in denen aufgrund von Umwandlungsvorgängen die Anteile untergehen und der Steuerpflichtige neue Anteile erhält (Anteilstausch z. B. durch Ver-

124 Brexit-Steuerbegleitgesetz (Brexit-StBG) – Gesetz über steuerliche und weitere Begleitregelungen zum Austritt des Vereinigten Königreicht Großbritannien und Nordirland aus der Europäischen Union vom 25.3.2019, BStBl 2019 I S. 223.

125 Zum Widerruf der Stundung vgl. Vogl, Die Wegzugsbesteuerung des § 6 AStG in der Neufassung des SEStEG, 2009, S. 28 f.; Libbach, Die Wegzugsbesteuerung gemäß § 6 AStG, 2010, S. 27 f.

schmelzung), auf **Antrag** des Steuerpflichtigen kein Widerruf erfolgt, sofern der Umwandlungsvorgang bei einem unbeschränkt steuerpflichtigen Anteilsinhaber nach den §§ 13 Abs. 2, 21 Abs. 2 UmwStG steuerneutral unter Buchwertfortführung hätte stattfinden können. Die erhaltenen neuen Anteile ersetzten in diesem Fall die alten, mit der latenten, gestundeten Wegzugssteuer behafteten Anteile (§ 6 Abs. 5 Satz 5 letzter Halbsatz AStG a. F.).[126]

2.3.11 Berücksichtigung von Wertminderungen nach Wegzug

Es erfolgt eine Korrektur des zunächst im Rahmen der Wegzugsbesteuerung angesetzten gemeinen Wertes, wenn die Anteile gegenüber dem damals maßgeblichen Zeitpunkt bis zum Zeitpunkt der tatsächlichen Realisation eine Wertminderung erfahren haben.

BEISPIEL Ein Steuerpflichtiger zieht ins Ausland und verkauft dort die Anteile zwei Jahre nach Wegzug zu einem Preis, der unter dem gemeinen Wert der Anteile bei Wegzug liegt.

Hier wird die Wertminderung nach § 6 Abs. 6 Satz 1 AStG a. F. nur dann berücksichtigt, wenn sie nicht bei der Einkommensbesteuerung durch den Zuzugsstaat berücksichtigt wird (eine doppelte Berücksichtigung soll ausgeschlossen werden).[127] Eine Nichtberücksichtigung von Wertminderungen nach Wegzug durch den Zuzugsstaat kann zum einen dann der Fall sein, wenn der Zuzugsstaat bei der Berechnung eines späteren Veräußerungsgewinns die historischen Anschaffungskosten zugrunde legt. Sodann sind hier die Fälle gemeint, in denen der Zuzugsstaat den Veräußerungsgewinn gar nicht besteuert. Es ergeben sich jedoch in bestimmten Fällen **Doppelbesteuerungsprobleme** (vgl. Beispiel 1):[128]

BEISPIEL 1: Die historischen Anschaffungskosten von Anteilen, die der Steuerpflichtige X im Wegzugszeitpunkt an einer von ihm gegründeten deutschen GmbH hält, betragen 200 €, der gemeine Wert der Anteile beträgt im Wegzugszeitpunkt 300 €. Zwei Jahre nach Wegzug werden die Anteile von X zum dann realistischen Verkehrswert von 250 € an Dritte verkauft. Der Zuzugsstaat besteuert auf der Grundlage der historischen Anschaffungskosten einen Gewinn von 50 €.

Lösung: Im Zuzugsstaat wird der tatsächlich realisierte Veräußerungsgewinn von 50 € besteuert. Deutschland berücksichtigt daher die eingetretene Wertminderung von 50 € (300 € - 250 €) und besteuert damit im Ergebnis ebenfalls 50 € (250 € - 200 €). Daher unterliegt der von X geschaffene Wertzuwachs von effektiv 50 € aufgrund seines Wegzugs einer doppelten Steuerbelastung.

126 Vgl. hierzu ausführlich: Lohmann/Heerdt, IStR 2014 S. 153.

127 Vgl. Vogl, Die Wegzugsbesteuerung des § 6 AStG in der Neufassung des SEStEG, 2009, S. 30 ff., 37 ff.; Libbach, Die Wegzugsbesteuerung gemäß § 6 AStG, 2010, S. 28 ff.

128 Vgl. Lausterer in Blumenberg/Schäfer, Das SEStEG, 2007, S. 236 f.

BEISPIEL 2: Die historischen Anschaffungskosten von Anteilen, die der Steuerpflichtige X im Wegzugszeitpunkt an einer von ihm gegründeten deutschen GmbH hält, betragen 200 €, der gemeine Wert der Anteile beträgt im Wegzugszeitpunkt 300 €. Zwei Jahre nach Wegzug werden die Anteile von X zum dann realistischen Verkehrswert von 250 € an Dritte verkauft. Der Zuzugsstaat kennt keine Veräußerungsgewinnbesteuerung bei privat gehaltenen Beteiligungen; der Vorgang bleibt dort steuerfrei und auch die zwischenzeitlich eingetretene Wertminderung in der Beteiligung kann im Zuzugsstaat nicht steuerlich verwertet werden.

Lösung: Im Zuzugsstaat wird ein Veräußerungsgewinn überhaupt nicht besteuert, auch hierin liegt eine Nichtberücksichtigung im Sinne der Vorschrift. Deutschland berücksichtigt daher die eingetretene Wertminderung von 50 € (300 € - 250 €) und besteuert damit im Ergebnis wiederum 50 € (250 € - 200 €).

Die Berücksichtigung von nachträglichen Wertminderungen erfolgt jedoch nur dann, wenn der Steuerpflichtige nachweist, dass die Wertminderung der Anteile nach dem Wegzug **betrieblich veranlasst** ist und nicht auf gesellschaftsrechtlichen Maßnahmen, insbesondere auf Gewinnausschüttungen beruht, § 6 Abs. 6 Satz 2 AStG a. F. Ebenfalls als gesellschaftsrechtliche Maßnahmen anzusehen sind Kapitalherabsetzungen mit anschließender Auskehrung des freiwerdenden Kapitals oder die Auflösung einer Kapitalrücklage und ihre Auskehrung an die Gesellschafter.[129] Für die betriebliche Veranlassung trägt nach der Formulierung der Neuregelung der Steuerpflichtige die Feststellungslast. Ist die Wertminderung auf Gewinnausschüttungen zurückzuführen und wird sie bei der deutschen Einkommensbesteuerung dementsprechend nicht berücksichtigt, erlaubt § 6 Abs. 6 Satz 4 AStG a. F. jedoch zumindest eine Anrechnung einer etwaigen deutschen Kapitalertragsteuer auf die deutsche Wegzugssteuer.

Offen ist, ob die Norm voraussetzt, dass der Steuerpflichtige im Ausland die Verlustberücksichtigung in seiner dortigen Steuererklärung erfolglos beantragt hat und ob eine bloße Verlustfeststellung im Ausland, ohne konkrete Verrechnung (mangels verrechenbarer positiver Einkünfte) eine „Berücksichtigung" darstellt[130]. Die Berücksichtigung von nachträglichen Wertminderungen erfolgt jedoch nur dann, wenn der Steuerpflichtige nachweist, dass die Wertminderung der Anteile nach Wegzug **betrieblich veranlasst** ist und nicht auf gesellschaftsrechtlichen Maßnahmen, insbesondere auf Gewinnausschüttungen beruht. Ebenfalls als gesellschaftsrechtliche Maßnahmen anzusehen sind Kapitalherabsetzungen mit anschließender Auskehrung des freiwerdenden Kapitals oder die Auflösung einer Kapitalrücklage und ihre Auskehrung an die Gesellschafter[131]. Für die betriebliche Veranlassung trägt nach der Formulierung der Neuregelung der **Steuerpflichtige die Feststellungslast**. Ist die Wertminderung auf Gewinnaus-

129 Vgl. Häck in Haase, AStG/DBA, § 6 AStG Rz. 240.

130 Vgl. Revisionsverfahren unter dem Az. I R 39/20; Vorinstanz FG Münster, Urteil v. 17.9.2020 - 5 K 3356/17 E NWB KAAAH-61820, DB 2021 S. M13.

131 Häck in Haase, AStG, 3. Aufl. 2016, § 6 AStG Rz. 238.

schüttungen zurückzuführen und wird sie bei der deutschen Einkommensbesteuerung dementsprechend nicht berücksichtigt, erlaubt § 6 Abs. 6 Satz 4 AStG a. F. jedoch zumindest eine Anrechnung einer etwaigen deutschen Kapitalertragsteuer auf die deutsche Wegzugssteuer.

Die Wertminderung ist schließlich höchstens im Umfang des besteuerten Vermögenszuwachses zu berücksichtigen, d. h. es erfolgt auch in diesen Fällen keine Verlustberücksichtigung.

Zu beachten ist, dass nur im Falle einer Anteilsveräußerung oder einer der Veräußerung nach § 6 Abs. 5 Satz 4 Nr. 1 AStG a. F. gleichgestellten Transaktion eingetretene Wertminderungen berücksichtigt werden, nicht aber etwa in den anderen Fällen eines Widerrufs der Stundung nach § 6 Abs. 5 Satz 4 Nr. 2–4 AStG a. F.

Streichung auch für Altfälle: Die in § 6 Abs. 6 AStG a. F. geregelte Möglichkeit der Berücksichtigung nachträglicher Wertminderungen wurde im Zuge des ATADUmsG ersatzlos gestrichen, und zwar mit Wirkung ab dem 1.1.2022 auch für Altfälle.[132]

2.3.12 Mitteilungspflichten des Steuerpflichtigen

§ 6 AStG a. F. regelt umfangreiche Mitwirkungspflichten für den Fall der Stundung aufgrund eines Wegzugs innerhalb der Europäischen Union bzw. des Europäischen Wirtschaftsraums (§ 6 Abs. 7 AStG a. F.).[133] Der Steuerpflichtige oder sein Rechtsnachfolger hat zum einen dem Finanzamt **jährlich bis zum 31.1. eines jeden Jahres** schriftlich seine am 31.12. des vorangegangenen Kalenderjahres geltende Anschrift mitzuteilen und zu bestätigen, dass er oder im Falle einer Schenkung der Anteile sein Rechtsnachfolger weiterhin Inhaber der Anteile ist und diese z. B. nicht bereits veräußert sind. Sodann hat der Steuerpflichtige unaufgefordert mitzuteilen, wenn er die ebenfalls zum Widerruf der erfolgten Stundung führenden Tatbestände des § 6 Abs. 5 Satz 4 AStG a. F. verwirklicht.

2.4. Wegzugsbesteuerung bezüglich Anteile, die auf Einbringungen nach § 20 UmwStG oder Anteilstauschvorgängen nach § 21 UmwStG entstanden sind

Die vor dem SEStEG bestehenden Sonderregelungen für die Wegzugsbesteuerung bei sog. einbringungsgeborenen Anteilen in § 21 Abs. 2 Satz 1 Nr. 2 UmwStG a. F. wird zwar für Altfälle fortgeführt,[134] **für Anteile aus Einbringungsvorgängen und Anteilstausch-**

132 Happe/Stingl, PIStB 2020 S. 312, 316.

133 Vgl. Vogl, Die Wegzugsbesteuerung des § 6 AStG in der Neufassung des SEStEG, 2009, S. 32 ff.

134 Siehe dazu unten Ziffer 2.7.

vorgängen nach dem Rechtsstand des SEStEG gibt es jedoch **keine** dem § 21 Abs. 2 Satz 1 Nr. 2 UmwStG a. F. entsprechende **Sonderregelung mehr**. Auch solche Anteile fallen daher ausschließlich unter die Vorschrift des § 6 AStG. § 6 AStG betrifft nunmehr also auch Anteile, die auf vor Wegzug erfolgten Einbringungen von Betrieben, Teilbetrieben oder Mitunternehmeranteilen in Kapitalgesellschaften (Fall des § 20 Abs. 1 UmwStG) oder aufgrund der Einbringung einer mehrheitsvermittelnden Beteiligung an einer anderen Kapitalgesellschaft (Fall des qualifizierten Anteilstausches nach § 21 Abs. 1 Satz 2 UmwStG) entstanden sind. Insoweit gelten die gleichen Wegzugsbesteuerungstatbestände wie bei „normalen" Anteilen an Kapitalgesellschaften.

Dies galt für § 6 AStG i. d. F. des SEStEG und dies gilt ebenso für § 6 AStG i. d. F. des ATADUmsG.

Aufgrund des Wortlauts des § 6 AStG (i. d. F. des SEStEG und ebenso i. d. F. des ATADUmsG), der ausdrücklich allein auf Anteile „gem. § 17 Abs. 1 Satz 1 EStG" verweist, könnte allerdings fraglich sein, ob § 6 AStG auch auf aus Einbringungen herrührende Anteile unter 1 % -Beteiligungsquote anwendbar ist, die nach § 17 Abs. 6 EStG im Veräußerungsfall noch steuerverhaftet wären. Nach dem Sinn und Zweck der genannten Vorschriften ist dies wohl der Fall. Die Gesetzesformulierung ist jedoch unklar.[135]

Das Zusammenspiel zwischen § 6 AStG und der Regelung über die nachträgliche Besteuerung des Anteilseigners in § 22 UmwStG ist kompliziert. Erfolgt z. B. im Jahr 2017 eine Einbringung nach § 20 Abs. 1 UmwStG und erfolgt genau zwei Jahre später im Jahr 2019 der Wegzug des Anteilseigners ins Ausland, greift nur die Wegzugsbesteuerung nach § 6 AStG ein, sei es in Form der Stundung bei einem Wegzug z. B. nach Österreich, oder sei es in Form einer sofort fällig werdenden Besteuerung bei einem Wegzug z. B. nach Brasilien. Der Gewinn wird nach dem Teileinkünfteverfahren besteuert oder eben gestundet. § 22 UmwStG findet zu diesem Zeitpunkt keine Anwendung. Wenn dann aber z. B. 2022 der ins Ausland verzogene Anteilsinhaber seine Anteile veräußert, erfolgt in einem ersten Schritt eine Nachbesteuerung des Einbringungsvorgangs für 2017 nach § 22 Abs. 1 UmwStG (d. h. 4/7 der steuerneutral übertragenen stillen Reserven werden dann voll steuerpflichtig). In einem zweiten Schritt erhöhen sich dann die Anschaffungskosten bzgl. der Anteile des Gesellschafters. In einem dritten Schritt wird dann bei einem Wegzug innerhalb der Europäischen Union/des Europäischen Wirtschaftsraums die Wegzugssteuer nach § 6 AStG fällig gestellt, wobei eine Änderung des Steuerbescheids aufgrund der nachträglich erhöhten Anschaffungskosten erfolgt. Die Wegzugssteuer vermindert sich daher entsprechend. Im Falle des Wegzugs in Drittstaaten, wo schon eine volle Besteuerung nach § 6 AStG erfolgt ist, ist der Steuer-

135 Vgl. dazu näher Baßler, FR 2008 S. 218 ff.

bescheid ebenfalls zu ändern und die Steuer nach § 6 AStG ist entsprechend zu vermindern.

Im Falle des Wegzugs nach dem 1.1.2022 unter Geltung des **§ 6 AStG i.d.F. des ATADUmsG** erfolgt sowohl beim Wegzug in einen EU/EWR-Staat wie auch beim Wegzug in einen Drittstaat dieselbe steuerliche Behandlung. Der Wegzug löst die Wegzugsbesteuerung aus, die bei sofortiger voller Bezahlung sofort, bei Bezahlung in Raten sukzessive die Anschaffungskosten auf die betreffende Beteiligung erhöht. Eine Sperrfristverletzung bzgl. § 22 UmwStG liegt im bloßen Wegzug jedoch nicht vor.[136] Kommt es später zu einer Anteilsverfügung, die die Sperrfrist des § 22 UmwStG verletzt, erfolgt in einem ersten Schritt eine Nachbesteuerung des Einbringungsvorgangs für den VZ der Einbringung nach § 22 Abs. 1 oder 2 UmwStG. In einem zweiten Schritt erhöhen sich dann die Anschaffungskosten bzgl. der Anteile des wegziehenden Gesellschafters nach § 22 Abs. 1 Satz 4 bzw. Abs. 2 Satz 4 UmwStG, und dies ebenfalls rückwirkend zum Einbringungszeitpunkt und damit zeitlich dem Wegzugszeitpunkt vorhergehend.[137] In einem dritten Schritt ist dann insoweit, als schon eine Besteuerung nach § 6 AStG erfolgt ist, ist der Steuerbescheid des VZ des Wegzugs ebenfalls zu ändern und die Steuer nach § 6 AStG ist entsprechend zu vermindern.

2.5 § 4 Abs. 1 Satz 3 EStG: Allgemeiner Entstrickungstatbestand für natürliche Personen

§ 4 Abs. 1 Satz 3 EStG wurde durch das SEStEG eingeführt und sieht vor, dass der Ausschluss oder die Beschränkung des Besteuerungsrechts Deutschlands hinsichtlich des Gewinns aus der Veräußerung oder der Nutzung eines **einzelnen Wirtschaftsgutes** als Entnahme für betriebsfremde Zwecke gilt. Durch das JStG 2010 wurde die Regelung durch einen neuen Satz 4 ergänzt, wonach ein Ausschluss oder eine Beschränkung des Besteuerungsrechts hinsichtlich des Gewinns aus der Veräußerung oder der Nutzung des Wirtschaftsguts insbesondere dann vorliegt, wenn ein bisher einer inländischen Betriebsstätte des Steuerpflichtigen zuzuordnendes Wirtschaftsgut einer ausländischen Betriebsstätte zuzuordnen ist. Eine entsprechende Neuregelung findet sich für den Bereich der Betriebsaufgabe in **§ 16 Abs. 3a EStG**, wonach einer Aufgabe des Gewerbebetriebs der Ausschluss oder die Beschränkung des Besteuerungsrechts der Bundesrepublik Deutschland hinsichtlich des Gewinns aus der Veräußerung **sämtlicher Wirtschaftsgüter des Betriebs oder eines Teilbetriebs** gleichsteht. Die fiktive Entnahme bzw. fiktive Betriebsaufgabe führt zur **Aufdeckung der stillen Reserven** in den betreffenden Wirtschaftsgütern, § 6 Abs. 1 Nr. 4 Satz 1 EStG und § 16 Abs. 3 Satz 7 EStG.

136 Häck in Flick/Wassermeyer/Baumhoff/Schönfeld, Außensteuerrecht, § 6 Anm. 77.
137 Häck in Flick/Wassermeyer/Baumhoff/Schönfeld, Außensteuerrecht, § 6 Anm. 80.

2.5.1 Neuregelung des Bereichs der sog. finalen Entnahmetheorie des BFH

Vor Inkrafttreten des SEStEG kam es nach der sog. „finalen Betriebsaufgabenlehre" bzw. „finalen Entnahmetheorie" des BFH zu einer Entstrickungsbesteuerung nach Betriebsaufgabegrundsätzen, wenn ein gewerblicher Betrieb oder ein freiberufliches Unternehmen ins Ausland verlegt wurde und dadurch – insbesondere aufgrund Freistellung durch DBA – das deutsche Besteuerungsrecht an den stillen Reserven verloren ging. In Wegzugsfällen war diese Thematik immer dann relevant, wenn nicht nur der Inhaber ins Ausland zog (und eine deutsche Betriebsstätte oder feste Einrichtung zurückließ), sondern der Betrieb sozusagen „mitzog".

Dieser Bereich wird nach dem Willen des Gesetzgebers seit dem SEStEG vom **allgemeinen Entstrickungstatbestand in § 4 Abs. 1 Satz 3 EStG** erfasst.[138] Dies ist nicht unproblematisch, weil der BFH zwischenzeitlich mit Urteil vom 17.7.2008,[139] seine Rechtsprechung zur finalen Entnahme bei der Übertragung von Einzelwirtschaftsgütern aufgegeben hatte, die ja ausweislich des Gesetzgebers die Grundlage der Regelung des § 4 Abs. 1 Satz 3 EStG darstellen sollte. Zudem wurde mit Urteil des BFH vom 28.10.2009[140] auch die frühere BFH-Rechtsprechung zur Betriebsaufgabe bei Wohnsitzverlegung eines Freiberuflers ins EU-Ausland aufgegeben, so dass also mit den genannten beiden BFH-Urteilen sowohl die finale Entnahmetheorie als auch die finale Betriebsaufgabetheorie obsolet geworden sind. Die Finanzverwaltung reagierte zunächst durch Nichtanwendungserlass.[141] Vor diesem Hintergrund wurde mit dem Jahressteuergesetz 2010 die ergänzende Regelung in § 4 Abs. 1 Satz 4 EStG eingeführt, die „klarstellen" soll, dass die Verbringung von Wirtschaftsgütern in eine ausländische Betriebsstätte den Hauptanwendungsfall des Entstrickungstatbestands in Satz 3 darstellt.[142] Flankiert wird diese Regelung durch die Aufnahme eines entsprechenden Verweises in § 6 Abs. 5 Satz 1 EStG.

138 Vgl. BT-Drucks. 16/2710 S. 28. Siehe zum allg. Entstrickungstatbestand nach § 4 Abs. 1 Satz 3 EStG näher Heinicke in Schmidt, EStG, 36. Aufl. 2017, § 4 EStG, Rn. 329; Koller, Wegzugsbesteuerung und Entstrickung stiller Reserven im Deutschen Steuerrecht, 2007, S. 18 ff. sowie Heurung/Engel/Thiedemann, EWS 2011 S. 228, 229.

139 BFH, Urteil v. 17.7.2008 - I R 77/06 BStBl 2009 II S. 464, FR 2009 S. 22.

140 BFH, Urteil v. 28.10.2009 – I R 99/08, EFG 2009 S. 259.

141 BMF, Schreiben v. 20.5.2009, IV C 6 – S 2134/07/10005, BStBl 2009 I S. 671.

142 So BT-Drucks. 17/3549 S. 15; Heinicke in Schmidt, EStG, 41. Aufl. 2022, § 4 EStG Rz. 329; vgl. auch Bode in Kirchhof, EStG, 16. Aufl. 2017, § 4 EStG Rz. 107 f.; kritisch zuletzt wegen europarechtlicher Bedenken der Neuregelungen: FG Köln, Beschluss v. 16.11.2011 - 10 V 2336/11 NWB BAAAD-98600, IStR 2012 S. 184; hierzu auch Kessler/Philipp, DStR 2012 S. 267.

2.5.2 Wertansatz

Nach § 4 Abs. 1 Satz 3 EStG steht einer Entnahme der Ausschluss oder die Beschränkung des Besteuerungsrechts der Bundesrepublik Deutschland hinsichtlich des Gewinns aus der Veräußerung eines Wirtschaftsguts ins Ausland gleich. Die Entstrickung erfolgt dabei anders als bei Entnahmen im Inland nicht zum Teilwert, sondern grds. zum **gemeinen Wert** (§ 6 Abs. 1 Nr. 4 Satz 1 2. HS EStG). Gegenüber dem Teilwert bedeutet dies ausweislich der Gesetzesbegründung, dass auch ein Gewinnaufschlag erfasst wird.[143] Nach **§ 4g EStG** kann bei einer Überführung von Wirtschaftsgütern des Anlagevermögens ins EU- bzw. EWR-Ausland ein wirtschaftsgutbezogener **Ausgleichsposten** gebildet werden, der allerdings zwingend auf fünf Jahre verteilt aufzulösen ist.[144]

2.5.3 Kodifizierung der Theorie der „finalen Betriebsaufgabe"

Die Wegzugsproblematik wird auch immer dann relevant, wenn nicht nur der Inhaber ins Ausland zieht, sondern er das wesentliche Betriebsvermögen ins Ausland „mitnimmt", so dass der Betrieb aus der deutschen Besteuerung ausscheidet. Hier gilt die ebenfalls durch das Jahressteuergesetz 2010 eingefügte **Spezialregelung des § 16 Abs. 3a EStG**, der die oben beschriebene Aufgabe der Rechtsprechung zur finalen Betriebsaufgabe kompensieren soll und quasi einen **gesetzlichen Sondertatbestand einer fingierten Betriebsaufgabe** wegen Umzugs ins Ausland darstellt.[145] Nach **§ 36 Abs. 5 EStG** kann im Falle einer Betriebsverlegung in einen anderen EU- bzw. EWR-Staat zumindest per Antrag erreicht werden, dass die festgesetzte Steuer in fünf gleichen Raten entrichtet werden kann, die nicht verzinst werden müssen.[146]

BEISPIEL: ▸ C ist als Unternehmensberater im Bereich der internationalen M&A-Beratung tätig. Er ist als Einzelunternehmer i. S. von § 15 EStG in Deutschland seit mehr als zehn Jahren erfolgreich tätig. Er zog aus privaten Gründen zum 30.06.2021 in die USA.., zumal er sein Geschäft auch von dort betreiben kann.

Lösung: Der Wegzug von C selbst und die Verlegung seines Unternehmens ins Ausland führen dazu, dass es nach § 16 Abs. 3a EStG zu einer Entstrickungsbesteuerung bzgl. des Einzelunternehmens des C kommt. Sämtliche Wirtschaftsgüter, einschließlich eines Firmenwertes, sind zum gemeinen Wert zu bewerten. § 36 Abs. 5 EStG kommt nicht zum Tragen (da Wegzug in Drittstaat).

143 Vgl. BT-Drucks. 16/2710 S. 28.

144 Hierzu ausführlich Crezelius in Kirchhof, EStG, 16. Aufl. 2017, § 4g EStG Rz. 1 ff.; siehe ferner Koller, Wegzugsbesteuerung und Entstrickung stiller Reserven im Deutschen Steuerrecht, 2007, S. 20 f.; Heurung/Engel/Thiedemann, EWS 2011 S. 228, 229 und 231 f.; beachte hierzu auch durch das Brexit-StBG eingeführte Ergänzung in § 4g Abs. 6 EStG.

145 Vgl. Heurung/Engel/Thiedemann, EWS 2011 S. 228, 229 und 232 f.; Wacker in Schmidt, EStG, 36. Aufl. 2017, § 16 EStG, Rn. 175; vgl. auch Reiß in Kirchhof, EStG, 16. Aufl. 2017, § 16 EStG Rz. 207 f.

146 Vgl. Loschelder in Schmidt, EStG, 41. Aufl. 2022, § 36 EStG Rz. 28.

U. E. erfasst § 16 Abs. 3a EStG nach seinem Sinn und Zweck und der Gesetzgebungshistorie (Ersatz für die finale Betriebsaufgabenrechtsprechung) nicht Fälle, in denen aufgrund eines Wegzugs des Steuerpflichtigen[147] ein vor dem Wegzug bestehendes deutsches Besteuerungsrecht an einem ausländischen Betriebsvermögen endet, obgleich der ausländische Betrieb nicht „bewegt" wird.[148]

Änderungen durch ATADUmsG: § 36 Abs. 5 EStG wurde dahingehend geändert, dass die Streckung der Besteuerung auf fünf Jahre für die Zeit ab dem 1.1.2022 i. d. R. nur gegen **Sicherheitsleistung** erfolgt; eine Verzinsung erfolgt weiterhin nicht. Der Gedanke einer „One-Fits-All"-Lösung wurde hier aber vom Gesetzgeber nicht aufgegriffen. Die Streckung gilt nicht bei Betriebsverlagerungen in Drittstaaten.

BEISPIEL: D ist als Unternehmensberater im Bereich der internationalen M&A-Beratung tätig. Er ist als Einzelunternehmer i. S. von § 15 EStG in Deutschland seit mehr als zehn Jahren erfolgreich tätig. Er zog aus privaten Gründen zum 30.6.2022 in die Niederlande, zumal er sein Geschäft auch von dort betreiben kann.

Lösung: Der Wegzug von D selbst und die Verlegung seines Unternehmens ins Ausland führen dazu, dass es nach § 16 Abs. 3a EStG zu einer Entstrickungsbesteuerung bzgl. des Einzelunternehmens des D kommt. Sämtliche Wirtschaftsgüter, einschließlich eines Firmenwertes, sind zum gemeinen Wert zu bewerten. § 36 Abs. 5 EStG kommt in der Fassung nach ATADUmsG zum Tragen (Streckung der Besteuerung auf fünf Jahre grds. gegen Sicherheitsleistung aber ohne Verzinsung).

2.6 § 22 Abs. 1 Satz 6 Nr. 6 UmwStG

Für Anteile, die aufgrund einer Sacheinlage i. S. des **§ 20 UmwStG** unter dem gemeinen Wert erworben werden, ist der sperrfristschädliche „Wegzugstatbestand" des **§ 22 Abs. 1 Satz 6 Nr. 6 UmwStG** zu beachten, wenn der Einbringende ins Ausland (Drittstaat) verzieht (Verlust der Voraussetzungen des § 1 Abs. 4 UmwStG[149]). Die dadurch ausgelöste Besteuerung des Einbringungsgewinns I wirkt auf den Einbringungszeitpunkt zurück. Als Reflex der rückwirkenden Besteuerung auf den Einbringungszeitpunkt erhöhen sich die nachträglichen Anschaffungskosten um die Höhe des Einbringungsgewinns I. Aufgrund dieser Rückwirkung geht die durch die Verwirklichung des Wegzugstatbestandes i. S. des § 22 Abs. 1 Satz 6 Nr. 6 UmwStG ausgelöste Besteuerung des Einbringungsgewinns I einer Wegzugsbesteuerung i. S. des § 6 AStG zeitlich voraus. Die reflexartige Erhöhung der Anschaffungskosten mindert daher im Ergebnis den zu

147 Z. B. in einen Nicht-DBA-Staat, oder wenn zuvor die Anrechnungs- nicht die Freistellungsmethode galt.

148 Anders wohl Heinz/Scheuch/Schiefer, PIStB 2016 S. 15, 19.

149 Vgl. hierzu die Ergänzungen des § 22 Abs. 8 UmwStG durch das Brexit-StBG.

besteuernden Vermögenszuwachs i. S. d. § 6 AStG.[150] Der im Rahmen des Einbringungsgewinns I nachversteuerte Wertzuwachs bleibt im Gegensatz zu § 6 AStG unabhängig von einer Rückkehr ins Inland bestehen.

2.7 § 21 UmwStG a. F.: Besteuerung der stillen Reserven in nach altem Recht einbringungsgeborenen Anteilen

Aufgrund der zeitlichen Anwendungsvorschrift des SEStEG in § 27 Abs. 3 Nr. 3 UmwStG gelten für einbringungsgeborene Anteile nach altem Recht auch die Entstrickungsregelungen des § 21 Abs. 2 Satz 1 Nr. 2 UmwStG a. F. unverändert fort. Dies gilt ohne zeitliche Limitierung, weil auch der Status von Anteilen als „einbringungsgeboren nach altem Recht" unlimitiert fortgilt.[151]

§ 21 Abs. 2 Satz 1 Nr. 2 UmwStG a. F. sieht bei **einbringungsgeborenen Anteilen** unabhängig von einer Veräußerung dieser Anteile – eine Endbesteuerung vor, wenn

das im Zeitpunkt der Einbringung gegebene deutsche Besteuerungsrecht später wegfällt. Ein solcher Wegfall droht stets dann, wenn mit dem Zuzugsstaat ein DBA besteht, das eine Art. 13 Abs. 5 OECD-MA entsprechende Regelung enthält.

Neben dem Wegzug des Steuerpflichtigen durch Verlegung von Wohnsitz oder gewöhnlichem Aufenthalt (bzw. Sitz oder Geschäftsleitung) kann auch das Verschenken, Vererben oder Vermachen zu einem Wegfall des Besteuerungsrechts führen, wenn die deutsche Besteuerung beim Empfänger nicht sichergestellt ist. Die Gewinnrealisierung tritt hier beim unbeschränkt steuerpflichtigen Zuwendenden ein.

Darüber hinaus werden schließlich auch die Fälle des nachträglichen Abschlusses oder der Änderung eines DBA erfasst.

Obwohl auch bei der Veräußerung von einbringungsgeborenen Anteilen alten Rechts nach Ablauf der siebenjährigen Sperrfrist das Teileinkünfteverfahren grds. anwendbar ist (§ 3 Nr. 40 S. 4 Buchst. a EStG), gilt dies nach wohl herrschender Meinung zum alten Recht jedoch nicht für den Sondertatbestand des

§ 21 Abs. 2 UmwStG, denn hier liegt keine Veräußerung vor.[152] Diese Überlegungen gelten im Rahmen des § 27 Abs. 3 Nr. 3 UmwStG wohl unverändert fort. Gemäß § 27 Abs. 3 Nr. 3 Satz 2 UmwStG galten auch in solchen Fällen zumindest die speziellen Stundungs-

150 Klein/Rippert, IWB 12/2018 S. 457, 461 (inkl. Beispiel) NWB EAAAG-86336.

151 Häck in Flick/Wassermeyer/Baumhoff/Schönfeld, Außensteuerrecht, § 6 Anm. 51.

152 Widmann/Mayer, UmwR, 198. Aktualisierung 2022, Rechtsstand vor SEStEG, Grüne Seiten, § 21 UmwStG Rz. 11.1, eine Ausnahme gilt nur für den hier nicht relevanten Ersatztatbestand in § 21 Abs. 2 Satz 1 Nr. 3 UmwStG; anderer Ansicht jedoch Herrmann/Heuer/Raupach, EStG/KStG, Rechtsstand vor SEStEG, § 3 Nr. 40 EStG Rz. R 93 sowie Nacke/Intemann, DB 2002 S. 756, 756 ff. und Häck in Flick/Wassermeyer/Baumhoff/Schönfeld, Außensteuerrecht, § 6 Anm. 57.

regeln des § 6 Abs. 5 AStG i. d. F. des SEStEG, sofern es sich um einen Wegzug in einen EU- bzw. EWR-Staat handelt, der in der Zeit bis zum 31.12.2021 erfolgte. Für Wegzüge ab dem 1.1.2022 gilt diese Stundungsregelung wohl weiter, da es sich bei § 27 Abs. 3 Nr. 3 Satz 2 UmwStG um einen starren Verweis auf den Rechtszustand vor ATADUmsG handelt.[153] Dass dies nicht der Intention des Gesetzgebers entspricht, dürfte naheliegen.

3. Inländische Besteuerung trotz Wegzug

Der Wegzug des Steuerpflichtigen führt selbst bei Aufgabe des inländischen Wohnsitzes bzw. gewöhnlichen Aufenthalts im Inland nicht zwangsläufig dazu, dass eine Besteuerung im Inland in jedem Fall entfällt. Eine weitere inländische Besteuerung steht jedenfalls in den Fällen einer beschränkten Steuerpflicht mit inlandsradizierten Einkünften (§ 1 Abs. 4 EStG) sowie der erweitert beschränkten Einkommensteuerpflicht (§ 2 AStG) im Raum.

3.1 Beschränkte Einkommensteuerpflicht

Gem. § 1 Abs. 4 EStG sind natürliche Personen, die im Inland weder einen Wohnsitz noch ihren gewöhnlichen Aufenthalt haben beschränkt einkommensteuerpflichtig, wenn sie inländische Einkünfte i. S. des § 49 EStG haben (**beschränkte Einkommensteuerpflicht**). Auch nach einem Wegzug unterliegen daher die beschränkt steuerpflichtigen inländischen Einkünfte nach Maßgabe des Katalogs des § 49 EStG (**„inländische Einkünfte"**) weiter der deutschen Besteuerung, soweit nicht das Besteuerungsrecht durch ein DBA dem neuen Ansässigkeitsstaat des Wegzüglers zugewiesen wird. Inländische Einkünfte sind solche Einkünfte, die einen konkreten Bezug zum Inland aufweisen. Verlustvorträge nach § 10d EStG, die vor dem Wegzug entstanden sind, können noch nach dem Wegzug genutzt werden, wobei sich seit einer Änderung des § 50 EStG durch das Jahressteuergesetz 2009 für beschränkte Steuerpflichtige insofern keine weitergehenden Verlustverrechnungsbeschränkungen mehr ergeben als für unbeschränkt Steuerpflichtige.[154] Die persönlichen Verhältnisse des Steuerpflichtigen (Familienstand, Sonderausgaben etc.) bleiben grds. unberücksichtigt, Betriebsausgaben bzw. Werbungskosten sind nur insoweit abzuziehen, als sie mit den inländischen Einkünften in wirtschaftlichem Zusammenhang stehen, § 50 Abs. 1 EStG. Dem liegt die Vorstellung zugrunde, dass die persönlichen Verhältnisse bei der Besteuerung im Wohnsitz- oder Ansässigkeitsstaat des Steuerpflichtigen zu berücksichtigen sind, wo dieser im Zweifel seinen wirtschaftlichen Schwerpunkt hat.[155]

153 Häck in Flick/Wassermeyer/Baumhoff/Schönfeld, Außensteuerrecht, § 6 Anm. 57.
154 Vgl. Bron, IWB 9/2009 S. 421, 428 NWB XAAAD-20583.
155 Vgl. Stapperfend in: Herrmann/Heuer/Raupach EStG/KStG, 2017, Vorbemerkungen zu §§ 1, 1a Rz. 1.

3.2 Erweiterte beschränkte Einkommensteuerpflicht

§ 49 EStG wird durch die Regelungen der §§ 2 ff. AStG (**erweiterte beschränkte Einkommensteuerpflicht**) ergänzt.[156] Eine natürliche Person bleibt danach bis zum Ablauf von zehn Jahren nach Ende des Jahres des Wegzugs in Deutschland mit bestimmten Einkünften steuerpflichtig, wenn sie

- in den letzten zehn Jahren vor ihrem Wegzug als Deutscher mindestens **fünf Jahre unbeschränkt einkommensteuerpflichtig** war,
- nach wie vor **wesentliche wirtschaftliche Interessen in Deutschland** hat (§ 2 Abs. 3 AStG) und
- nach dem **Wegzug in einem Niedrigsteuerland** ansässig ist (§ 2 Abs. 2 AStG).

Wesentliche wirtschaftliche Interessen liegen gem. § 2 Abs. 3 AStG vor, wenn

- **betriebsbezogenen Interessen** nach § 2 Abs. 3 Nr. 1 AStG vorliegen: der Wegzügler zu Beginn des Veranlagungszeitraums Unternehmer oder Mitunternehmer eines im Geltungsbereich des AStG belegenen Gewerbebetriebs ist oder als Kommanditist mit mehr als 25 % Gewinnbeteiligung oder zu mindestens 1 % an einer inländischen Kapitalgesellschaft beteiligt ist

oder

- **einkünftebezogene Interessen** nach § 2 Abs. 3 Nr. 2 AStG vorliegen: die Einkünfte aus inländischen Quellen im Veranlagungszeitraum mehr als 30 % der insgesamt bezogenen Einkünfte betragen oder den Betrag von 62.000 € übersteigen

oder

- **vermögensbezogene Interessen** nach § 2 Abs. 3 Nr. 3 AStG vorliegen: das inländische Vermögen des Wegzüglers, dessen Erträge bei unbeschränkter Steuerpflicht nicht ausländische Einkünfte wären, zu Beginn des jeweiligen Veranlagungszeitraums mehr als 30 % des Gesamtvermögens oder 154.000 € ausmacht.

Versuche, diese Voraussetzungen zu umgehen werden durch § 5 AStG (zwischengeschaltete Gesellschaften) erschwert.

Eine **niedrige Besteu**erung im Zielstaat liegt nach § 2 Abs. 2 AStG vor, wenn

- Nr. 1: das allgemeine Einkommensteuerniveau bei einer im Ausland ansässigen unverheirateten natürlichen Person, die ein Einkommen von 77.000 € bezieht, um mehr als ein Drittel geringer ist, als die Belastung unter gleichen Bedingungen nach dem EStG

oder

156 Dazu Loschelder in Schmidt, EStG, 41. Aufl. 2022, § 49 EStG Rz. 5 m. w. N.

- Nr. 2: die Belastung der Person durch einen Zuzugstaat erhobene Einkommensteuer aufgrund einer gegenüber der allgemeinen Besteuerung eingeräumten Vorzugsbesteuerung erheblich gemindert sein kann.

Im Rahmen einer konkret-individuellen Vergleichsrechnung besteht für den Steuerpflichtigen aber grds. die Möglichkeit, einen Nachweis zu erbringen, dass die Einkommensteuerbelastung im Zuzugstaat mindestens zwei Drittel der Einkommensteuer in Deutschland beträgt.

Als **Folge** dieser erweiterten beschränkten Steuerpflicht unterliegen über die reguläre beschränkte Einkommensteuerpflicht hinaus die sog. **„erweiterten Inlandseinkünfte"** der Besteuerung. D. h. **alle Einkünfte, die bei unbeschränkter Einkommensteuerpflicht nicht ausländische Einkünfte i. S. von § 34d Abs. 1 EStG wären**. Hierunter fallen z. B. alle aus dem Inland bezogenen Zinsen. D. h. nicht nur solche aus dinglich gesicherten Forderungen, sowie auch private Renten, wenn der Zahlungsverpflichtete unbeschränkt steuerpflichtig ist, oder auch dauernde Lasten, die ein inländischer Schuldner zahlt. Zusätzlich sind §§ 2 Abs. 4 und 5 AStG zu beachten. Auch die §§ 2 ff. AStG werden allerdings für Länder, mit denen ein DBA i. d. R. besteht, weitgehend entschärft, da solche Einkünfte und Vermögensteile grds. nicht der erweiterten beschränkten Steuerpflicht unterliegen, für die nach einem DBA dem ausländischen Staat das ausschließliche Besteuerungsrecht zugewiesen ist. Die Regelungen der DBA auf dem Gebiet der Ertragsteuern über die Zuweisung der Besteuerungsrechte verdrängen nämlich grds. die Vorschriften der §§ 2 ff. AStG.[157] Besonderheiten gelten hier z. B. für die Schweiz, vgl. Art. 4 Abs. 4 DBA Schweiz („überdachende Besteuerung"). Art. 4 Abs. 4 Satz 1 DBA Schweiz lässt den durch die allgemeinen Vorschriften des DBA Schweiz zunächst erfolgten Ausschluss der erweiterten beschränkten Einkommensteuerpflicht nach § 2 AStG für einen Zeitraum von fünf Jahren (nach § 2 AStG: 10 Jahre) wieder zu. Nach Art. 4 Abs. 4 Satz 4 DBA Schweiz scheidet eine überdachende deutsche Besteuerung wiederum aus, wenn die Person in der Schweiz ansässig geworden ist, um hier eine echte unselbständige Arbeit für einen Arbeitgeber auszuüben, an dem sie über das Arbeitsverhältnis hinaus weder unmittelbar noch mittelbar durch Beteiligung oder in anderer Weise wirtschaftlich wesentlich interessiert ist.[158]

Bei der erweiterten beschränkten Steuerpflicht ist zu beachten, dass die hier erfassten Einkünfte **mit dem für das gesamte Welteinkommen des Steuerpflichtigen geltenden Steuersatz** zu versteuern sind (§ 2 Abs. 5 AStG). Für Einkünfte aus Kapitalvermögen wurde insoweit durch das Jahressteuergesetzes 2013 in § 2 Abs. 5 AStG klargestellt, dass auch bei erweitert beschränkt Steuerpflichtigen Einkünfte aus Kapitalvermögen,

157 Vgl. Baßler in Flick/Wassermeyer/Baumhoff/Schönfeld, Außensteuerrecht, § 2 AStG Rz, 32.

158 Vgl. hierzu zuletzt BFH, Urteil v. 19.10.2010 - I R 109/09, BStBl 2011 II S. 443, RIW 2011 S. 334.

auf die der gesonderte Steuersatz des § 32d Abs. 1 EStG anzuwenden ist, vom Progressionsvorbehalt ausgenommen werden und die Abgeltungswirkung des Steuerabzugs vom Kapitalertrag auch im Rahmen der erweitert beschränkten Steuerpflicht erhalten bleibt.[159]

4. Gestaltungsüberlegungen im Hinblick auf die ertragsteuerlichen Wegzugstatbestände

4.1 Wohnsitzmanagement

Die wesentlichste Gestaltungsüberlegung ist ein konsequentes Wohnsitzmanagement.[160] Dieses hat sich an der Einschätzung, wann ein Wohnsitz nach nationalem Recht und wann eine Ansässigkeit nach einem ggf. einschlägigen DBA vorliegt, in allen betroffenen Rechtsordnungen (also Deutschland und der in Aussicht genommene Wegzugsstaat sowie ggf. andere ausländische Staaten) zu orientieren. Handelt es sich um Steuerpflichtige, für die mehrere potenzielle Wohnsitze in Betracht kommen, oder die sich permanent auf Reisen befinden, muss überlegt werden, in welchem Staat aus steuerlicher Sicht sinnvollerweise, aber gleichzeitig verifizierbar und nachweisbar, ein Wohnsitz begründet werden kann und sollte. In vielen Fällen kann auch damit gearbeitet werden, dass zwar dem Wunsch des Mandanten, einen weiteren Wohnsitz zu begründen oder beizubehalten, entsprochen wird, dass aber die DBA-mäßige Ansässigkeit entweder bewusst ins Ausland verlagert oder bewusst in Deutschland belassen wird.

BEISPIEL: ▸ Der deutsche Staatsangehörige X und seine Ehefrau Y sind Südafrika-Fans. Sie kommen zu ihrem Steuerberater, und tragen den Wunsch vor, nach Südafrika auszuwandern. Der Steuerberater kennt die Verhältnisse von X und Y und weiß, dass Y aufgrund ihrer familiären Herkunft substanzielle Unternehmensbeteiligungen an GmbHs und Aktiengesellschaften hält. Er weiß auch, dass X und Y nach der vor einigen Jahren erfolgten Pensionierung des X viel reisen, gleichzeitig auch an der Familie in Deutschland (zwei erwachsene Kinder und mittlerweile bereits drei Enkelkinder) hängen.

Lösung: Der Steuerberater kann versuchen, X und Y anzubieten, dass diese sich zwar ein Feriendomizil in Südafrika anschaffen und dort auch einen substantiellen Teil des Jahres verbringen, dass sie jedoch einen Wohnsitz nach§ 8 AO sowie den Lebensmittelpunkt nach Art. 4 Abs. 2 a) DBA Südafrika unverändert in Deutschland behalten. Dies erfordert, dass X und Y nach wie vor ihren deutschen Wohnsitz beibehalten, etwas mehr als die Hälfte des Jahres in Deutschland verbringen, die in Deutschland belegenen oder dort verwalteten Vermögensgegenständen (Beteiligungen, Immobilien, Bankdepots, etc.) dort belassen, und im Übrigen in Südafrika – trotz des langen jährlichen Aufenthalts – wie Touristen leben. Ziel der Gestaltung ist es, dass X und Y nach wie vor in Deutschland versteuert werden und eine Wegzugssteuer nach § 6 AStG durch Fortbestehen der DBA-mäßigen Ansässigkeit in Deutschland vermieden

159 Vgl. Regierungsentwurf JStG 2013 vom 28.5.2012, S 88, 110 f.

160 Vgl. Häck i: Flick/Wassermeyer/Baumhoff/Schönfeld, Außensteuerrecht, § 6 Anm. 193.

wird. Nachdem der Steuerberater antizipiert, dass X und Y ihre „Entscheidung“ in ein paar Jahren u.U. auch wieder revidieren, präferiert er diese einfache, jederzeit wieder „auflösbare“ Gestaltung.

Zu beachten ist beim Wohnsitzmanagement, ob das Wegzugsziel bzw. einer von mehreren Wohnsitzen auf der sog. „schwarzen Liste der EU steht und ggf. unter das Steueroasenabwehrgesetz (StAbwG) fällt.[161]

4.2 Gezielte Vermögensstrukturierung

Da das deutsche Steuerrecht eine Wegzugsbesteuerung nicht generell, sondern nur in ausdrücklich normierten Fällen kennt, hängt die Frage, ob und gegebenenfalls in welcher Höhe beim Wegzug aus Deutschland eine Besteuerung eingreift, von Art und Gestaltung des Vermögens des Wegziehenden ab. Bereits durch eine entsprechende Vermögensstrukturierung lässt sich eine Wegzugsbesteuerung zumindest reduzieren.[162] Aber auch wenn bestimmte Vermögensgegenstände bei einem Wegzug ins Ausland keine Wegzugsbesteuerung auslösen, heißt dies noch nicht, dass der Steuerpflichtige dann auch für die Zukunft von allen deutschen Steuern befreit ist. Während nämlich nach einem Eingreifen der Wegzugsbesteuerung der steuerliche Zugriff Deutschlands regelmäßig vollständig verloren geht, kann bei einem Nicht-Eingreifen der Vermögensgegenstand dauerhaft in Deutschland steuerverstrickt bleiben.

So unterliegt **Grundbesitz** in Deutschland beispielsweise bei einem Wegzug des Steuerpflichtigen ins Ausland zwar keiner Wegzugsbesteuerung, Erträge und ggf. auch Wertzuwachs bleiben jedoch unter den Voraussetzungen des § 49 EStG (und dies regelmäßig auch bei Eingreifen eines DBA, vgl. Art. 6 OECD-MA) unabhängig vom Wohnsitz des Eigentümers in Deutschland steuerverhaftet. Bei wegzugsbedingten Umschichtungen ist die Rechtsprechung des BFH zum gewerblichen Grundstückshandel zu beachten. Ähnliches gilt für in Deutschland belegenes **Betriebsvermögen**, da auch hier der Wegzug des Inhabers oder Mitunternehmers per se keine Wegzugsbesteuerung auslöst (vorbehaltlich der in Ziffer 2.3 beschriebenen Fälle).

Damit stehen diese Vermögensgruppen einer Wegzugsbesteuerung sozusagen **„wegzugsneutral“** gegenüber. Ein Wegzug bedeutet hier für den Steuerpflichtigen zwar keinen unmittelbaren steuerlichen Vorteil, auf der anderen Seite erschweren sie seinen

161 So z. B. die Seychellen oder Panama; in diesen Fällen sind bei weiterhin zu Deutschland bestehenden wirtschaftlichen Verknüpfungen die sich ergebenden Nachteile (Betriebsausgaben- bzw. Werbungskostenabzugsverbote, verschärfte Hinzurechnungsbesteuerung, Quellensteuern u. a.) zu beachten, vgl. Loose, PIStB 2021 S. 217. Bereits ein Zweitwohnsitz in einem der einschlägigen Länder kann die schädlichen Steuerfolgen auslösen.

162 Vgl. Ettinger/Eberl, GmbHR 2005 S. 152 ff.

Wegzug auch nicht durch eine zusätzliche, als Opportunitätskosten anzusetzende Wegzugssteuerbelastung.

Eine günstige Steuerwirkung kann sich für den Steuerpflichtigen dagegen bei solchen Vermögensgegenständen ergeben, die nicht nur keiner Wegzugsbesteuerung unterliegen, sondern die mit dem Wegzug auch dem steuerlichen Zugriff Deutschlands entzogen werden, so dass eine endgültige steuerliche Entstrickung (in Deutschland) eintritt und eine womöglich günstigere laufende Besteuerung der Erträge dieses Vermögens im Zuzugsstaat erfolgen kann.

Hier ist besonders **bewegliches Privatvermögen** zu nennen, beispielsweise Kunstsammlungen, Schmuck, Bargeld, Gold und Silber, Wertpapiervermögen und sonstiges Kapitalvermögen. Soweit bewegliches Privatvermögen nicht unter § 49 EStG fällt oder durch ein DBA von der Besteuerung in Deutschland ausgenommen wird, kann es durch die Verbringung ins Ausland einer deutschen Steuerverstrickung entzogen werden. Grundsätzlich sind Wertsteigerungen im Privatvermögen zwar steuerfrei, in Ausnahmefällen wie z. B. beim nachhaltigen stückweisen Verkauf größerer (auch ererbter) Sammlungen besteht aber durchaus das Risiko, in die Gewerblichkeit zu geraten.[163] Auch wenn im Hinblick auf Ertrag, Sicherheit, Wertentwicklung und Fachkunde eine Umstrukturierung des Vermögens in Richtung Kunstsammlungen jedenfalls wohlüberlegt sein will, kann doch eine Ausrichtung auf Wertpapiervermögen durchaus interessant sein. Je nach den steuerlichen Verhältnissen im Zuzugsstaat bietet sich eine Umschichtung deutschen Kapitalvermögens in ausländisches Kapitalvermögen an.

Eine gezielte Vermögensstrukturierung bietet sich als planerische Maßnahme im Zusammenhang mit einem Wegzug auch im Hinblick auf die erweiterte beschränkte Einkommensteuerpflicht nach § 2 AStG an: Zum einen kann durch eine Umschichtung von Inlands- in Auslandsvermögen das Vorliegen von wesentlichen wirtschaftlichen Interessen in Deutschland (§ 2 Abs. 3 AStG) ggf. ganz vermieden werden. Zum anderen kann deutsches Inlandsvermögen so in Auslandsvermögen umgeschichtet werden, dass die nicht ausländischen Einkünfte i. S. von § 34d EStG minimiert werden.

BEISPIEL: Der deutsche Staatsangehörige D will mit seiner Ehefrau in die Schweiz ziehen. Sein Vermögen besteht aus Festgeldern bei einer deutschen Bank sowie einer Stiftung in Liechtenstein, bei der ausschließlich er und seine Ehefrau bezugsberechtigt sind. Das Stiftungsvermögen ist in festverzinslichen Wertpapieren (deutsche sowie andere internationale Staatsanleihen) angelegt.

Lösung:[164] Unter der Annahme, dass D in der Schweiz niedrig besteuert wird oder der Pauschalierung unterliegt, fällt das inländische Bankguthaben unter die erweiterte beschränkte Einkommensteuerpflicht. Unter Anwendung von § 5 AStG i.V. mit § 15 AStG unterliegen des Wei-

163 Vgl. Bode in Blümich, EStG/KStG/GewStG, § 15 EStG Rz. 33.

164 Nach Pohl in Grundmann/Drüen, Jahrbuch der Fachanwälte für Steuerrecht 2007/2008, S. 469 ff.

teren auch die Einkünfte der Stiftung in Liechtenstein – je nach Ausgestaltung der Stiftung – der deutschen erweiterten beschränkten Einkommensteuerpflicht, soweit diese aus deutschen Staatsanleihen erzielt werden. Es empfiehlt sich daher, dass D selbst wie auch – jedenfalls vorsorglich – die Stiftung in entsprechende ausländische Investments umschichtet.

4.3 Umwandlung von Kapitalgesellschaften in Personengesellschaften vor Wegzug

Soweit der wegzugswillige Steuerpflichtige über Beteiligungen i. S. von § 17 EStG verfügt, kann die Wegzugsbesteuerung nach § 6 AStG dadurch vermieden werden, dass die jeweilige Kapitalgesellschaft, an der die Beteiligung besteht, vor Wegzug in eine Mitunternehmerschaft (praktikablerweise eine GmbH & Co. KG) formgewechselt wird.[165] Auf Ebene der Gesellschaft ist dies steuerneutral möglich (§§ 9, 3 ff. UmwStG). Auf Ebene der Gesellschafter ist allerdings zu beachten, dass der **Formwechsel** zu einer Besteuerung der offenen Rücklagen der formwechselnden Kapitalgesellschaft als Einkünfte aus Kapitalvermögen und einem entsprechenden Liquiditätseffekt aufgrund der auf Gesellschaftsebene einzubehaltenden Kapitalertragsteuer führt (§ 7 UmwStG); dies wird in der Praxis zuweilen zum KO-Kriterium dieser Gestaltungsüberlegung. Daneben ergibt sich u. U. ein Übernahmegewinn oder -verlust bei den Gesellschaftern (§§ 4 Abs. 4-7, 5 UmwStG).[166]

Ein derartiger Formwechsel bewirkt, dass der Wegzug des Steuerpflichtigen, der dann Betriebsvermögen in Form von Kommanditanteilen hält, insoweit keine Besteuerung nach § 6 AStG nach sich zieht. Die im Inland gewerblich tätige Personengesellschaft führt zu beschränkt steuerpflichtigen Einkünften nach § 49 Abs. 1 Nr. 2 Buchst. a EStG. Wenn die Gesellschaft selbst nach dem Wegzug des Steuerpflichtigen (der Kommanditist ist) in Deutschland bestehen bleibt und ein in Deutschland ansässiger (weiterer) Geschäftsführer vorhanden ist, erfolgt in diesem Fall u. E. auch keine Entstrickung nach § 4 Abs. 1 Satz 3 EStG. Anders könnte dies sein, wenn der Steuerpflichtige z. B. alleiniger Geschäftsführer der KG oder deren Komplementärin ist und aus dem Ausland maßgebliche Geschäftsaktivitäten für die KG entfaltet.[167]

165 Vgl. Happe/Stingl, PIStB 2020 S. 312, 317; Weiss, EStB 2020 S. 230, 233; Plewka/Watrin, ZEV 2002 S. 253, 254; Bron, IWB 9/2009 S. 421, 430 NWB XAAAD-20583; Vogl, Die Wegzugsbesteuerung des § 6 AStG in der Neufassung des SEStEG, 2009, S. 36 f.; Koller, Wegzugsbesteuerung und Entstrickung stiller Reserven im Deutschen Steuerrecht, 2007, S. 58 ff.; Libbach, Die Wegzugsbesteuerung gemäß § 6 AStG, 2010, S. 30 f.; Schütz, SteuK 2013 S. 331, 334.

166 Vgl. Ettinger/Schmitz, Umstrukturierungen im Bereich mittelständischer Unternehmen, 4. Aufl. 2019, Rz. 291 i. V. mit Rz. 85 ff.

167 Im Ergebnis ebenso Strahl, FR 2007 S. 665, 672.

Ein solcher Formwechsel stellt keinen Anwendungsfall von § 42 AO dar, da das Besteuerungsrecht gerade in Deutschland verbleibt.[168] Dies gilt u. E. selbst dann, wenn der Formwechsel unmittelbar vor einem Wegzug durchgeführt wird. Vorsichtshalber sollten dennoch auch außersteuerliche Gründe für einen Formwechsel dokumentiert werden.

Diese Gestaltung bot sich bis zum VZ 2021 besonders bei einem Wegzug ins außereuropäische Ausland an, da hier sonst § 6 AStG i. d. F. des SEStEG ohne die besonderen Stundungsmöglichkeiten des § 6 Abs. 5 AStG i. d. F. des SEStEG galt. Für Wegzüge ab dem VZ 2022, die unter die Neufassung des § 6 AStG i. d. F. des ATADUmsG fallen (siehe dazu oben Ziffer 2.2), ist diese Gestaltungsvariante umso relevanter geworden.

4.4 Einbringung von Anteilen i. S. von § 17 EStG in ein deutsches Betriebsvermögen

Beteiligungen an Kapitalgesellschaften können vor dem Wegzug steuerneutral in ein deutsches Betriebsvermögen (das eine Betriebsstätte i. S. des § 12 AO darstellt) eingebracht werden (**verdeckte Einlage** nach § 6 Abs. 1 Nr. 5 Satz 1 Buchst. b EStG)[169] und somit vom Privatvermögen in das Betriebsvermögen transferiert werden. § 17 EStG ist für Anteile an Kapitalgesellschaften im (Sonder-)Betriebsvermögen nicht mehr einschlägig, mithin entfällt auch die Wegzugsbesteuerung nach § 6 AStG. Nach nationalem Recht bleibt das deutsche Besteuerungsrecht nach dem Wegzug in Form einer beschränkten Steuerpflicht gem. § 49 Abs. 1 Nr. 2 Buchst. a EStG bestehen. Die Steuerverstrickung der Anteile an der Kapitalgesellschaft bleibt Deutschland somit für künftige Wertsteigerungen sowie laufende Erträge grds. erhalten. Eine sofortige Wegzugsbesteuerung nach § 6 AStG ohne Zufluss einer entsprechenden Liquidität im Wegzugszeitpunkt kann dadurch aber prinzipiell vermieden werden.[170]

Dieses Vorgehen stellt u. E. grds. keinen Missbrauch von Gestaltungsmöglichkeiten (§ 42 AO) dar.[171] Eine solche Einlage kann aber im praktischen Regelfall etwas schwerer mit Gründen, die nichts mit dem geplanten Wegzug des Steuerpflichtigen ins Ausland zu tun haben, erklärt werden als der in Ziffer 4.3 beschriebene Formwechsel. Eine solche Gestaltung sollte daher unbedingt möglichst langfristig vor einem Wegzug ins Auge gefasst werden.

---

168 So auch Stein, ErbStB 2004 S. 116, 117. Das wird – zu Recht – von den meisten Autoren überhaupt nicht problematisiert, siehe z. B. Schütz, SteuK 2013 S. 331, 334 (Autor ist Ministerialbeamter); Helbig/Steffens/Streule/Zöller, IWB 22/2019 S. 883 NWB QAAAH-35428.

169 Dazu Koller, Wegzugsbesteuerung und Entstrickung stiller Reserven im Deutschen Steuerrecht, 2007, S. 60 ff.; vgl. ferner Kulosa in Schmidt, EStG, 41. Aufl. 2022, § 6 EStG Rz. 553, BMF, Schreiben v. 11.7.2011 - IV C 6 -S 2178/09/10001, BStBl 2011 I S. 713, unter II. 2. b.; Liekenbrock, IStR 2013 S 690.

170 Happe/Stingl, PIStB 2020 S. 312, 318 ff.

171 Vgl. Häck in Flick/Wassermeyer/Baumhoff/Schönfeld, Außensteuerrecht, § 6 Anm. 198.

Sodann muss hier weiter danach differenziert werden, ob der Wegzug in einen DBA-Staat oder in einen Nicht-DBA-Staat erfolgt.

Beim Wegzug in einen **DBA-Staat** ergibt sich das Problem, dass das deutsche Besteuerungsrecht an Dividenden aus den eingebrachten Beteiligungen, an Zinsen aus etwaigen der Mitunternehmerschaft gewährten Gesellschafterdarlehen seitens des Wegzüglers sowie schließlich an einem Veräußerungsgewinn einer etwaigen späteren Veräußerung der Beteiligungen durch die Mitunternehmerschaft nach DBA-Recht möglicherweise nach dem Wegzug nicht mehr Deutschland zuzuordnen ist, so dass in der Folge eine Entstrickung wenn nicht nach § 6 AStG, so doch möglicherweise nach § 4 Abs. 1 Satz 3 EstG, die Folge wäre. Die mittlerweile gefestigte Rechtsprechung des BFH legt folgende Sichtweise zugrunde[172]: Die Einlage in eine rein gewerblich geprägte GmbH & Co. KG führt nicht zu einer DBA-rechtlichen Zugehörigkeit der eingebrachten Anteile, wozu eine funktionale Verknüpfung zu einer deutschen Betriebsstätte notwendig ist.[173] Dies führt daher grds. zu einer Entstrickung bei Wegzug nach **§ 4 Abs. 1 Satz 3 EStG**. Seit einiger Zeit hat auch die Finanzverwaltung in der Praxis in solchen Fällen die Auffassung angenommen, dass die Entstrickung im DBA-Fall durch Einbringung in eine bloß gewerblich geprägte GmbH & Co. KG nicht vermieden werden kann[174]. Diese Sichtweise ist jedoch durchaus nicht eindeutig, denn anders als die übrigen Betriebsstättenvorbehalte in den dem OECD-MA nachgebildeten Doppelbesteuerungsabkommen spricht die hier maßgebliche Vorschrift des Art. 13 Abs. 2 OECD-MA explizit nur von einer Zugehörigkeit zum „Betriebsvermögen", nicht dagegen von einer „tatsächlichen" Zugehörigkeit. Hier könnte man durchaus mit dem Argument, dass in Ermangelung einer Definition im DBA dann das deutsche Steuerrecht zum Tragen kommt[175], dazu kommen, dass derart eingelegte Kapitalgesellschaftsanteile zu einer deutschen DBA-Betriebsstätte auch in DBA-rechtlicher Hinsicht „gehören"[176]. Dafür spricht auch, dass insbesondere in dem Fall, dass nur einer der Mitunternehmer ins Ausland verzieht, andere Mitunternehmer und insbesondere auch geschäftsführende Gesellschafter oder angestellte Geschäftsführer in Deutschland zurückbleiben, es vom Lebenssachverhalt

172 Vgl. BFH, Urteil v. 17.10.2007 - I R V/06, BStBl 2009 II S. 356; BFH, Urteil v. 17.7.2008 - I R 77/06, BStBl 2009 II S. 464; FG Hamburg, Urteil v. 12.6.2003 - VI 6/01, IStR 2004 S. 205; FG Köln, Urteil v. 13.8.2009 - 15 K 2900/05 NWB DAAAD-29495, EFG 2009 S. 1819; Brandenberg, BB 2008 S. 864, 868 sowie Debatin in Wassermeyer, DBA, Art. 7 OECD-MA Rz. 85.

173 Vgl. BFH v. 4.5.2011, DStR 2011 S. 1004 und BFH v. 28.4.2010, DStR 2010 S: 1220.

174 BMF v. 26.9.2014 - IV B 5 - S 1300/09/10003, BStBl 2014 I S. 1258, Tz. 2.3.3. Dies bedeutet, dass die Finanzverwaltung von ihrer früheren Auffassung, dass eine gewerblich geprägte inländische GmbH & Co. KG abkommensrechtlich ein Unternehmen, das Unternehmensgewinne i. S. des Abkommensrechts erzielt, ist, abgerückt ist, anders seinerseits noch BMF, Schreiben v. 16.4.2010 - IV B 2 - S 1300/09/10003, BStBl 2010 I S. 354, Tz. 2.2.1 (überholt durch Neufassung des Schreibens).

175 Wassermeyer, DBA, Art. 13 OECD-MA Rz. 77a.

176 So überzeugend Schönfeld, IStR 2011 S. 142, 143.

her eher für die rechtliche Annahme spricht, dass die Kapitalgesellschaftsbeteiligung tatsächlich auch – und dies geht ja auch tatsächlich nur einheitlich – aus der deutschen Betriebsstätte heraus verwaltet wird, und man daher insoweit nicht sagen kann, der wegziehende Mitunternehmer würde seinen Bruchteil an dem eingebrachten Kapitalgesellschaftsanteil in einer ausländischen – faktisch auch gar nicht bestehenden – eigenen Betriebsstätte verwalten[177]. Die von der Finanzverwaltung heute vertretene Auffassung hat jedoch zur Folge, dass die Finanzverwaltung – anders als früher – auch keine verbindlichen Auskünfte mehr in diese Richtung erteilt.[178] Dies wird in der Literatur zu Recht kritisiert, denn dadurch, dass die verbindliche Auskunft nach § 89 Abs. 2 AO ein bindender, im Einzelfall rechtssetzender Verwaltungsakt ist[179], kann die Finanzverwaltung sich in derartigen Fällen hinreichend schützen, wenn sie – wie auch in der Vergangenheit – eine verbindliche Auskunft erst dann erteilen würde, wenn sie sich eine Bestätigung des Zuzugsstaats vorlegen lässt, wonach dieser kein Besteuerungsrecht auf einen etwaigen späteren Veräußerungsgewinn betreffend die Veräußerung der eingebrachten Kapitalgesellschaftsanteile beansprucht[180].

Die Finanzverwaltung sah sich also in Folge der neuen BFH-Rechtsprechung und als Folge des eigenen Umschwenkens auf deren Linie in bestimmten Altfällen vor dem Dilemma, dass eine Wegzugsbesteuerung, nach vorheriger Einlage von Beteiligungen in gewerblich geprägte Personengesellschaften, im Wegzugszeitpunkt nicht durchgeführt wurde, ggf. sogar insoweit eine verbindliche Auskunft erteilt worden war, und sich Steuerpflichtige nun, unter Hinweis auf die BFH-Rechtsprechung, darauf berufen könnten, dass bei einer späteren Veräußerung der eingebrachten Beteiligung kein deutsches Besteuerungsrecht nach Art. 7, 13 Abs. 2 OECD-MA besteht, sondern ein Besteuerungsrecht ausschließlich des neuen Wohnsitzstaates nach Art. 13 Abs. 5 OECD-MA. Um dies zu vermeiden, hat die Finanzverwaltung beim Gesetzgeber die neu eingeführte Regelung des **§ 50i EStG** „bestellt“[181]. Mit dieser Regelung soll der Finanzverwaltung die Be-

---

177 Schönfeld, IStR 2011 S. 142, 143.

178 Brandenberg, BB 2008 S. 864, 868 sowie BMF, Schreiben v. 16.4.2010 - IV B 2 - S 1300/09/10003, BStBl 2010 I S. 354, Tz. 2.2.4.1.

179 Näher dazu Brockmeyer in Klein, AO, 15. Aufl. 2021, § 89 AO Rz. 6.

180 Schönfeld, IStR 2011 S. 142, 144.

181 § 50i EStG wurde durch das AmtshilfeRLUmsG vom 26.6.2013, BGBl 2013 I S. 1809 eingeführt und durch das Gesetz zur Anpassung des nationalen Steuerrechts an den Beitritt Kroatien zur EU und zur Änderung weiterer steuerlicher Vorschriften vom 25.7.2014, BGBl 2014 I S. 1266 um einen weiteren Absatz erweitert. Vgl. dazu Ettinger/Beuchert, IWB 18/2014 S. 680 NWB FAAAE-73055. Durch das Gesetz zur Umsetzung der Änderungen der EU-Amtshilferichtlinie und von weiteren Maßnahmen gegen Gewinnverkürzungen und -verlagerungen vom 20.12.2016, BGBl 2016 I S. 3000 wurde die Vorschrift erneut geändert, und zwar bezüglich des neugefassten § 50i Abs. 2 EStG rückwirkend für Einbringungen nach dem 31.12.2013 (§ 52 Abs. 48 Satz 4 EStG). Damit ersetzt die Neufassung den alten § 50i Abs. 2 EStG rückwirkend und umfassend, so dass dieser nie zur Anwendung kam. Mit BMF-Schreiben v. 5.1.2017, BStBl 2017I S. S. 32, wurde auch das BMF-Schreiben v. 21.12.2015 aufgehoben.

steuerung späterer Veräußerungsgewinne ermöglicht werden in Fällen, in denen aufgrund des bisherigen Rechtsverständnisses der Finanzverwaltung im Zeitpunkt des Wegzuges keine Wegzugssteuer festgesetzt wurde. Hier handelt es sich zwar um einen Treaty Override, jedoch ist nunmehr geklärt, dass ein solcher zulässig ist.[182] Zum Teil wird die Vorschrift jedoch als unionsrechtswidrig angesehen.[183] Jedenfalls und in allen Fällen bezieht sich die heutige Neufassung des § 50i EStG nur (noch) auf Sachverhalte, bei denen ein Ausschluss oder eine Beschränkung des deutschen Besteuerungsrecht vor dem 1.1.2017 eingetreten ist.[184] Auf spätere Vorgänge ist § 50i nicht mehr anwendbar; die Besteuerung richtet sich dann nach den allgemeinen Regeln (§§ 4 Abs. 1 Satz 3 und 16 Abs. 3a EStG).[185]

Bei der Frage, wie das Kriterium der tatsächlichen Zugehörigkeit der Beteiligung auszulegen ist, ist noch wie folgt zu differenzieren:

Für die DBA, die die uneingeschränkte Selbständigkeitsfiktion des AOA (Authorized OECD-Approach) umgesetzt haben[186], gelten die neuen Zurechnungsregelungen von Beteiligungen im Rahmen des AOA-Ansatzes auch für den Betriebsstättenvorbehalt nach OECD-MA. Nach dem Verständnis der OECD gehört eine Beteiligung dann zu einer Betriebsstätte, wenn sie tatsächlich zum Betriebsstättenvermögen gehört.[187] Maßgeblich hierfür ist das wirtschaftliche Eigentum („economic ownership"), das durch Funktionsanalyse auf der Grundlage der wesentlichen relevanten Personalfunktionen („significant people function") in der Holding-Betriebsstätte zuzuordnen ist. Wie dies genau erfolgen soll, ist derzeit unklar.[188] Möglicherweise wird auf die Leitungsfunktion oder das Beteiligungsmanagement abzustellen sein.[189]

Für die DBA, die die uneingeschränkte Selbständigkeitsfiktion des AOA (Authorized OECD-Approach) noch nicht umgesetzt haben, gelten die bisherigen Kriterien der Zuordnung von Beteiligungen zu Betriebsstätten nach funktionalen Kriterien.[190]

182 BVerfG, Beschluss v. 15.12.2015 - 2BvL 1/12 NWB YAAAF-66859, DStR 2016 S. 359; BFH v. 25.5.2016 - I R 64/13 BStBl 2017 II S. 1185.

183 So der VRiFG am FG Köln Thomas Müller, vgl. seine Urteilsanmerkung zu EuGH, Urteil v. 21.12.2016 - Rs. C-503/14 „Kommission/Portugal" NWB KAAAG-39344, DB 2017, 96. S.

184 Loschelder in Schmidt, EstG, 41. Aufl. 2022, § 50i Rz. 2.

185 Loschelder in Schmidt, EStG, 41. Aufl. 2022, § 50i Rz. 2.

186 Z. B. DBA mit Liechtenstein, Luxemburg, Niederlande und Japan.

187 Vgl. Art. 10 Nr. 32 Satz 3 OECD-MK 2010 „... holdings forming part of the assets of the permanent establishment or otherwise effectively connected with that establishment."

188 Kraft/Hohage, DB 2017 S. 2565, 2569.

189 Kraft/Hohage, DB 2017 S. 2565, 2570.

190 Kraft/Hohage, DB 2017 S. 2565, 2569.

Zum Teil wird in der Literatur auch noch danach differenziert, ob es sich im DBA-Fall um Beteiligungen handelt, die in einem der Vertragsstaaten ansässig sind oder um Beteiligungen, die in einem Drittstaat ansässig sind.[191]

Zum Teil wird in der Literatur speziell bei einem Wegzug nach **Portugal** aufgrund der besonderen Ansässigkeitsfiktion des Art. 4 Abs. 4 DBA Portugal die Auffassung vertreten, dass in diesem Fall die Einlage von Kapitalgesellschaftsanteilen auch in eine deutsche gewerblich geprägte GmbH & Co. KG ausreichen solle, sofern der wegziehende Kommanditist im Ausland keine weitere gewerbliche Tätigkeit entfaltet und die KG in Deutschland über eine feste Geschäftseinrichtung verfüge.[192]

Zur Vermeidung einer Entstrickung muss die Personengesellschaft, in die Anteile eingebracht werden, daher eine **originär gewerbliche Tätigkeit** ausüben, etwa in Form einer geschäftsleitenden Holding mit aktiver Beteiligungsverwaltung, damit DBA-rechtlich eine deutsche Betriebsstätte angenommen werden kann, und die entsprechenden – aktiv verwalteten – Beteiligungen müssen der Mitunternehmerschaft (und damit der deutschen Betriebsstätte) als aktiv verwaltete Beteiligungen zugeordnet werden können.[193] Bei einer solchen Gestaltung sollte u. E., je nach Einzelfall, eine DBA-mäßige Zuordnung der eingebrachten Beteiligungen in die gewerbliche Personengesellschaft i. S. der Art. 5, 7, 13 Abs. 2 OECD-MA erreicht werden können, und es sollte dadurch eine Entstrickung nach § 4 Abs. 1 Satz 3 EStG vermieden werden können. Es sollte aber von steuerlichen Beratern im neuen DBA-Ansässigkeitsstaat des Wegzüglers geprüft werden, ob auch aus deren Sicht die Beteiligungen steuerlich einer deutschen Betriebsstätte zugeordnet werden oder ob Qualifikationsprobleme/Doppelbesteuerungsrisiken und dann als Folge ggf. langwierige Verständigungsverfahren drohen.

Erfolgt der Wegzug in einen **Nicht-DBA-Staat**, gilt folgendes: Für Zwecke des nationalen Steuerrechts vermittelt eine den obenstehenden Anforderungen an eine geschäftsleitende Holding genügende Personengesellschaft eine gewerbliche Betriebsstätte i. S. des § 12 AO, § 49 Abs. 1 Nr. 2 Buchst. a EStG, die den Gesellschaftern der Personengesellschaft gem. § 15 Abs. 1 Satz 1 Nr. 2 EStG zugerechnet wird.[194] Dieser Betriebsstätte ist die sich im Gesamthandsvermögen der Personengesellschaft befindende GmbH-Betei-

191 Dötsch/Pung, DB 2019 S. 146.

192 Klein/Rippert, IStR 2019 S. 439, 443 f. („Portugalmodell").

193 Vgl. Klein/Rippert, IStR 2019 S. 439, 443; Dötsch/Pung, DB 2019 S. 146; Loose/Wittkowski, IStR 2011 S: 68, 71; Ditz/Tcherveniachki, DB 2015 S. 2897; Hruschka, IStR 2016 S. 437; Wiese/Lukas, GmbHR 2016 S. 803. Das BMF-Schreiben zur Anwendung der DBA auf Personengesellschaften (BMF, Schreiben v. 26.9.2014 - IV B 5 - S 1300/09/10003, BStBl 2014 I S. 1258) äußert sich zu dieser Frage nicht konkret (während im Entwurf des Schreibens noch ein Beispiel zur geschäftsleitenden Holding enthalten war, vgl. Hruschka, IStR 2016 S. 437, 438). Offengelassen in FG Münster, Urteil v. 15.12.2014 - 13 K 624/11 F NWB VAAAE-88889, DStRE 2016 S. 1293 (rkr., Revision unter dem Az. I R 10/15 wurde zurückgenommen).

194 BFH, Urteil v. 29.11.2017 - I R 58/15 NWB YAAAG-80016, DStR 2018 S. 657.

ligung grds. auch für steuerliche Zwecke zuzuordnen. Eine Ausnahme besteht nach allgemeinen Grundsätzen lediglich dann, wenn es sich bei der Beteiligung um notwendiges Privatvermögen handelt.[195] Auch auf die Abgrenzungskriterien des § 7 Betriebsstätten-Gewinnaufteilungsverordnung (BsGaV), der bei der Zuordnung von Beteiligungen zwischen verschiedenen Betriebsstätten derselben Personengesellschaft auf den funktionalen Zusammenhang mit der Geschäftstätigkeit der Betriebsstätte abstellt, sollte es in Fällen wie vorliegend, in dem die Personengesellschaft lediglich eine einzige (Geschäftsleitungs-)Betriebsstätte unterhält, nicht ankommen.

Die oben dargestellte - sich im DBA-Fall stellende Frage - der funktionalen Zuordnung der Anteile zur Personengesellschaft sollte sich somit im Kontext ohne Doppelbesteuerungsabkommen grds. nicht stellen.[196] Der BFH hatte hierzu einen Nicht-DBA-Fall, bei dem die ausländischen Gesellschafter einer vermögensverwaltenden deutschen gewerblich geprägten GmbH & Co. KG, die die Anteile einer deutschen GmbH hielt, selbst über eigene Betriebsstätten im Ausland verfügte, zu entscheiden; der BFH hat dabei eine Betriebsstätte nach § 12 AO bejaht, aber ausgeführt, dass zu prüfen sei, ob die deutsche GmbH-Beteiligung – dies aus Sicht des deutschen Steuerrechts – der deutschen Betriebsstätte oder anteilig den ausländischen eigenen Betriebsstätten der beiden ausländischen Kommanditisten zuzuordnen sei, was nach dem Veranlassungsprinzip zu entscheiden sei.[197] Dies legt die Schlussfolgerung nahe, dass dann, wenn ein ausländischer Gesellschafter in einem solchen Fall keine eigene Betriebsstätte im Ausland hat, die Anteile eindeutig der deutschen Betriebsstätte zuzuordnen sind.

U. E. sollten diese Grundätze im Nicht-DBA-Fall für Inlands- wie auch für Auslandsbeteiligungen gelten.[198]

Diese Gestaltung bot sich bis zum VZ 2021 besonders bei einem Wegzug ins außereuropäische Ausland an, da hier sonst § 6 AStG i. d. F. des SEStEG ohne die besonderen Stundungsmöglichkeiten des § 6 Abs. 5 AStG i. d. F. des SEStEG galt. Für Wegzüge ab dem VZ 2022, die unter die geplante Neufassung des § 6 AStG i. d. F. des ATADUmsG fallen (siehe dazu oben Ziffer 2.2), ist diese Gestaltungsvariante umso relevanter geworden.

---

195 Vgl. Bode in Blümich, EStG/KStG/GewStG, § 15 EStG Rz. 451.

196 So etwa FG Bremen, Urteil v. 25.6.2015 - 1 K 68/12 6 NWB FAAAF-04023, EFG 2016 S. 88, zum insoweit vergleichbaren Fall der gewerblich geprägten GmbH & Co. KG im Nicht-DBA-Fall; zustimmend Töben, FR 2016 S. 543.

197 BFH, Urteil v. 29.11.2017 - I R 58/15 NWB YAAAG-80016, DStR 2018 S. 657; („Chile-Urteil"); siehe dazu Weiss, PIStB 2018 S. 126 und Happe/Stingl, PIStB 2020 S. 312, 318.

198 Was aber teilweise angezweifelt wird: Vgl. Töben, IStR 2013 S. 682,688.

4.5 Frühzeitige Anteilsübertragungen

Ferner ist die frühzeitige Veräußerung der Kapitalgesellschaftsanteile an eine neu gegründete/vorhandene **ausländische Kapitalgesellschaft**, die vom Steuerpflichtigen gehalten wird, in Erwägung zu ziehen.[199] Dies wurde vor Inkrafttreten des SEStEG insbesondere dann erwogen, wenn in der Zeit zwischen Veräußerung der Anteile und Wegzug ins Ausland mit weiteren Wertsteigerungen in den Anteilen zu rechnen war. Die Veräußerung erfolgte dann häufig zu einem Kaufpreis, der sich am Wert der Anteile nach Stuttgarter Verfahren orientierte. Da nach § 6 Abs. 1 Satz 1 AStG i. d. F. des SEStEG sowie nach der Neufassung des § 6 AStG i. d. F. des ATADUmsG auch Wertsteigerungen in ausländischen Kapitalgesellschaften erfasst werden, macht diese Gestaltung heutzutage keinen Sinn mehr, da eine ausländische Kapitalgesellschaftsholding nicht mehr vor der deutschen Wegzugsbesteuerung abschirmt.

Zu prüfen ist aber die Veräußerung oder die **Einbringung von Anteilen in ein ausländisches Betriebsvermögen**, etwa eine ausländische Personengesellschaft. Das löst zwar Wegzugssteuer im Einlagezeitpunkt aus (§ 6 Abs. 1 Satz 2 Nr. 3 AStG i. d. F. des SEStEG bzw. § 6 Abs. 1 Satz 1 Nr. 3 AStG i. d. F. des ATADUmsG), dies aber zumindest zu einem bewusst gewählten Zeitpunkt (vor dem Wegzug). Ein späterer Wegzug sollte dann auch nach der Neuregelung nicht noch mal Wegzugssteuer auslösen. Dies sollte jedenfalls im DBA-Fall mit Freistellung der ausländischen Betriebsstätte gelten.[200]

Auch hier sind die rechtlichen Grenzen in Form des Missbrauchs von Gestaltungsmöglichkeiten zu beachten. Solange der Steuerpflichtige in Deutschland ansässig ist, müssen für die Übertragung der Anteile auf die ausländische Gesellschaft wohl wirtschaftlich nachvollziehbare Gründe dokumentiert werden. Weitere Voraussetzung für die steuerliche Anerkennung ist jedoch, dass die eingebrachten Beteiligungen im DBA-Fall auch nach DBA-Grundsätzen der ausländischen Personengesellschaft funktional zuzuordnen sind.

Überdies kann der Steuerpflichtige versuchen, rechtzeitig vor einem Wegzug durch entsprechende **Anteilsübertragungen im familiären Umfeld** wie z. B. Schenkungen im Wege der Vermögensnachfolge zu erreichen, dass die Voraussetzungen des § 17 EStG nicht mehr vorliegen. § 6 AStG betrifft nur Anteile i. S. des § 17 EStG, nicht auch solche nach § 20 Abs. 2 EStG, sodass die Wegzugsbesteuerung nicht eingreift, wenn eine natürliche Person zu weniger als 1 % an einer in- oder ausländischen Kapitalgesellschaft beteiligt ist.

199 Vgl. Bader, INF 2002 S. 523, 526; Koller, Wegzugsbesteuerung und Entstrickung stiller Reserven im Deutschen Steuerrecht, 2007, S. 62 ff.

200 Im Nicht-DBA-Fall oder bei einer Anrechnungsbetriebsstätte müsste im Wegzugszeitpunkt noch geprüft werden, ob § 16 Abs. 3a EStG eingreift (u. E. nicht der Fall, wohl anders Heinz/Scheuch/Schiefer, PIStB 2016 S. 15, 19).

BEISPIEL: C hält 2,5 % an der deutschen A-AG. Er hat zwei Kinder, die volljährig sind und in Deutschland leben. C und seine Frau möchten mittelfristig vollständig in die USA auswandern. C trägt sich schon seit längerem mit dem Gedanken, seinen Kindern im Wege einer vorweggenommenen Erbfolge etwas zukommen zu lassen.

Lösung: C kann Anteile an seine Frau und seine Kinder so verschenken, dass er und seine Frau jeweils weniger als 1 % halten. Nach Ablauf der Fünfjahresfrist des § 17 Abs. 1 Satz 1 EStG können C und seine Frau Deutschland komplett verlassen, ohne eine Wegzugsbesteuerung auszulösen. Bis dahin können sich C und seine Frau schon in gewissem Umfang in den USA aufhalten (Nebenwohnsitz), aber noch einen deutschen (Haupt-)Wohnsitz beibehalten und ihre DBA-mäßige Ansässigkeit noch in Deutschland belassen.

Stiftungslösungen: Die unentgeltliche Übertragung von Anteilen i. S.von § 17 EStG vor einem Wegzug des Gesellschafters auf eine ausländische **Stiftung** hilft grds. nicht weiter, da dies nach § 6 Abs. 1 Satz 2 Nr. 1 AStG i. d. F. des SEStEG bzw. § 6 Abs. 1 Satz 1 Nr. 2 AStG i. d. F. des ATADUmsG einen Wegzugstatbestand aktiviert. Zudem löst ein solcher Vorgang grds. vorbehaltlich der schenkungsteuerlichen Begünstigungen nach den §§ 13a, b ErbStG Schenkungsteuer aus, welche nicht auf die Wegzugsbesteuerung angerechnet wird. Die Übertragung auf eine deutsche Stiftung (z. B. eine Familienstiftung) löst grds. keinen Wegzugstatbestand aus; und da es für die schenkungsteuerlichen Begünstigungen nach den §§ 13a, b ErbStG egal ist, wer Empfänger des übertragenen Betriebsvermögen ist, kann auch eine schenkungsteuerlich begünstigte Übertragung auf eine Stiftung gestaltet werden.

4.6 Begründung von zwei Auslandswohnsitzen

Zur Ausnutzung der Stundungsregelung konnte es sich bei einem Wegzug bis zum 31.12.2021 unter Geltung des SEStEG in ein Drittland anbieten, zwei Auslandswohnsitze zu wählen, wovon einer in einem EU/EWR-Staat lag.

Denn nach § 6 Abs. 5 AStG i. d. F. des SEStEG wurde die Stundung der Wegzugssteuer gewährt, wenn der Wegzug in einen EU/EWR-Staat erfolgte. Die Frage ist, ob es einem Wegzügler, der eigentlich in einen Drittstaat wie z. B. die Schweiz wegziehen will, half und bei bis zum 31.12.2021 erfolgten Wegzügen weiterhin hilft, wenn er aus Deutschland verzogen war, und einen Wohnsitz z. B. sowohl in Österreich wie auch in der Schweiz begründet hatte und diesen EU-Wohnsitz aufrechterhält. Nach dem Wortlaut des Gesetzes dürfte dies der Fall sein. Es liegt allerdings auf der Hand, dass diese Gestaltung nur im Einzelfall praktikabel war und zusätzliche Strukturkosten (tatsächliches und nachweisbares Begründen von zwei Auslandswohnsitzen) mit sich bringt.

Da die Steuerstundung nach der Änderung von § 6 Abs. 4 AStG i. d. F. des ATADUmsG über sieben bzw. bis zu 12 Jahren nicht mehr davon abhängt, ob der Wegzug in einen EU/EWR-Staat erfolgt, spielt die vorstehend beschriebene Gestaltung für ab dem 1.1.2022 (=Inkrafttreten der Änderungen) erfolgte Wegzüge keine Rolle mehr.

Altfälle: Wegzügler, die nach derzeitigem Recht und bis zum Inkrafttreten der geplanten Änderungen verzogen sind und die Gestaltung über den Doppelwohnsitz gewählt haben, profitieren weiterhin von der zeitlich unlimitierten Stundung der Wegzugssteuer nach § 6 Abs. 5 AStG i. d. F. des SEStEG, solange sie ihren Wohnsitz in dem (oder u. E. einen anderen) EU/EWR-Staat aufrechterhalten.

4.7 Wegzug und „Leerschüttung"

Diese Gestaltungsidee basierte auf der Überlegung, dass ein Steuerpflichtiger, der Anteile an deutschen oder ausländischen Kapitalgesellschaften hat, nach dem bis zum 31.12.2021 geltenden Rechtszustand ins EU/EWR-Ausland verziehen konnte, ohne einer liquiditätsmäßigen Belastung mit einer deutschen Wegzugssteuer ausgesetzt zu sein, da insoweit die Stundung nach § 6 Abs. 5 AStG gegriffen hat. Solange der Wegzügler die Beteiligungen nicht veräußerte, änderte sich in Bezug auf die beim Wegzug festgesetzte deutsche Steuer zunächst nichts. Der Wegzügler konnte entsprechende Ausschüttungen aus den Gesellschaften vornehmen, die nach DBA grds. dem neuen Wohnsitzstaat zugewiesen sind, sofern es sich hierbei um einen DBA-Staat handelt (vgl. Art. 10 Abs. 1 und 2 OECD-MA). Kapitalertragsteuern, die der Sitzstaat der ausschüttenden Gesellschaft abziehen darf, werden regelmäßig im neuen Wohnsitzstaat angerechnet. Der Vorteil für den Wegzügler konnte darin bestehen, dass der neue Wohnsitzstaat eine **niedrigere Steuerbelastung auf Ausschüttungen** aus Kapitalgesellschaften vorsieht als die Bundesrepublik Deutschland.[201]

BEISPIEL: ▸ Der kinderlose A ist Gesellschafter-Geschäftsführer der A-GmbH mit Sitz in München. Er ist 65 und will sich aus der operativen Geschäftsleitung zurückziehen und in einen anderen EU-Staat ziehen, wo er bereits ein größeres Feriendomizil besitzt. Der Fall spielte im Jahre 2021.

Lösung: A wird die Geschäftsführung an einen Fremdgeschäftsführer übertragen. Der Wegzug ins EU-Ausland im Jahr 2021 löste zwar Wegzugssteuer aus, die jedoch nach § 6 Abs. 5 AStG zeitlich unbeschränkt und unverzinslich gestundet wird und für A daher keine Liquiditätsbelastung darstellt. A kann sich die Gewinne der deutschen GmbH ausschütten lassen, wo diese Art von Kapitaleinkünften nach dem Steuerrecht des neuen Wohnsitzstaates günstiger als in Deutschland besteuert werden. A könnte später auch wieder nach Deutschland zurückkehren um den Steueranspruch erlöschen zu lassen. Da die GmbH durch die Vollausschüttung an Substanz einbüßen würde, könnten die Anteile unter Umständen sogar mit Verlust verkauft werden, der dann unter den Voraussetzungen des § 17 Abs. 2 S. 6 EStG bei der deutschen Besteuerung nutzbar gemacht werden könnte.[202]

Eine wirtschaftlich doppelte Besteuerung kann jedoch eintreten, wenn bei Ermittlung des fiktiven Veräußerungsgewinns im Rahmen des § 6 Abs. 1 AStG eine vorhandene Ge-

201 Z. B. Malta, Spanien, Griechenland, osteuropäische EU-Mitgliedstaaten.

202 So auch Schütz, Steuk 2013 S. 331.

winnrücklage werterhöhend berücksichtigt wird, und bei späterer **Liquidation** der Gesellschaft die Ausschüttung der Gewinnrücklage (regelmäßig im Ansässigkeitsstaat) besteuert wird, ohne dass vorher eine Stundung nach § 6 Abs. 5 AStG und/oder eine wertmäßige Anpassung nach § 6 Abs. 6 AStG (mangels Nachweis der Wertminderung aus betrieblichen Gründen) greift. In diesem Fall wäre es ratsam, die Gewinnrücklage bereits vor dem Wegzug ins Ausland auszuschütten, damit diese nicht bei der Ermittlung des fiktiven Veräußerungsgewinns nach § 6 Abs. 1 AStG berücksichtigt werden kann.[203]

Da die Steuerstundung nach § 6 Abs. 4 AStG i. d. F. des ATADUmsG nunmehr nur limitiert über sieben bzw. bis zu zwölf Jahren gewährt wird, und entweder Raten gezahlt werden müssen oder eine Verzinsung erfolgt, und die Steuerstundung i. d. R. überdies nur gegen Sicherheitsleistung gewährt wird, dürfte die Relevanz dieser Gestaltungsidee unter dem neuen Recht gering geworden sein.

Altfälle: Wegzügler, die bis zum Inkrafttreten der Neuregelung verzogen sind und die Gestaltung gewählt haben, profitieren weiterhin von der zeitlich unlimitierten Stundung der Wegzugssteuer nach § 6 Abs. 5 AStG i. d. F. des SEStEG, solange sie ihren Wohnsitz in dem (oder u. E. einen anderen) EU/EWR-Staat aufrechterhalten, und können unverändert bei fortbestehender Stundung der Wegzugssteuer nach altem Recht die Dividendenausschüttungen tätigen.

4.8 „Hinauswachsen" aus der deutschen Besteuerung durch Umwandlungsvorgänge nach Wegzug

Ausgangskonstellation dieser Gestaltungsüberlegung ist der Fall, dass ein Steuerpflichtiger an einer Kommanditgesellschaft beteiligt ist (oder Anteile an einer anderen Mitunternehmerschaft hält). Zieht er ins Ausland, greift weder die deutsche Wegzugssteuer nach § 6 AStG noch die Entstrickungsbesteuerung nach § 4 Abs. 1 Satz 3 EStG, wenn die Kommanditgesellschaft eine Betriebsstätte in Deutschland darstellt. Wird die Mitunternehmerschaft nach erfolgtem Wegzug nach §§ 25, 20 UmwStG steuerneutral in eine Kapitalgesellschaft (z. B. GmbH oder AG) formgewechselt, so löst dies zunächst – wie bei einer rein nationalen Umwandlung auch – die Siebenjahressperrfrist nach § 22 Abs. 1 UmwStG aus.

Damit der Formwechsel steuerneutral vollzogen werden kann, müssen freilich die regulären Voraussetzungen des § 1 Abs. 3 Nr. 3 UmwStG i.V. mit § 1 Abs. 4 UmwStG erfüllt werden.[204] Zum einen muss der aus dem Formwechsel hervorgehende Rechtsträger

203 Vgl. hierzu ausführlich: Haase/Geils, IStR 2016 S. 662.

204 Siehe dazu z. B. Haritz/Menner/Bilitewski, UmwStG, § 1 UmwStG Rz. 75 ff.

neuer Rechtsform eine Gesellschaft i. S. des § 1 Abs. 2 Satz 1 Nr. 1 UmwStG sein (vgl. § 1 Abs. 4 Satz 1 Nr. 1 UmwStG). Sodann müssen (entweder) die Gesellschafter der formwechselnden Personengesellschaft die Voraussetzungen von § 1 Abs. 2 Satz 1 Nr. 1 bzw. 2 UmwStG erfüllen, d. h. sie müssen EU/EWR-Gesellschafter sein. Diese Voraussetzung wäre bei einem Wegzug in einen EU/EWR-Staat erfüllt (nicht dagegen bei Wegzug in einen Drittstaat!). Und zudem muss die formwechselnde Personengesellschaft selbst eine EU/EWR-Gesellschaft sein, was erfüllt wäre, wenn es um den Formwechsel einer deutschen Personengesellschaft geht. Diese beiden vorgenannten Voraussetzungen entfallen, wenn (alternativ) nach § 1 Abs. 4 Satz 1 Nr. 2 Buchst. b UmwStG das Recht der Bundesrepublik Deutschland hinsichtlich der Besteuerung des Gewinns aus der Veräußerung der erhaltenen Anteile an der aus dem Formwechsel hervorgehenden Kapitalgesellschaft nicht ausgeschlossen oder beschränkt ist. Diese (alternative) Voraussetzung wäre beim Wegzug in einen DBA-Staat typischerweise jedoch nicht erfüllt (z. B. bei Wegzug in die USA[205]). Sie wäre jedoch bei Wegzug in einen Nicht-DBA-Staat (z. B. bei Wegzug nach Monaco) erfüllt, wenn es sich um den Formwechsel z. B. in eine deutsche GmbH handelt[206] (wobei dann damit allein kein Hinauswachsen aus der deutschen Besteuerung verbunden wäre).

Nach Ablauf der Siebenjahressperrfrist nach UmwStG unterliegen die vom Wegzügler gehaltenen Kapitalgesellschaftsanteile in Deutschland jedoch keinem besonderen Steuerregime mehr; sie stellen vielmehr „normale" Kapitalgesellschaftsanteile dar, für die im DBA-Fall das Besteuerungsrecht an einem Veräußerungsgewinn grds. nicht der Bundesrepublik Deutschland, sondern dem neuen Sitzstaat zusteht (Art. 13 Abs. 5 OECD-MA). Im Nicht-DBA-Fall verbleibt dann jedoch grds. ein Besteuerungsrecht der Bundesrepublik Deutschland an einem späteren Veräußerungsgewinn (ein Hinauswachsen wäre dann nur unter den weiteren Voraussetzungen des § 6 Abs. 2 AStG i. d. F. des ATADUmsG denkbar.

Diese Gestaltung zeigt freilich einen **Wertungswiderspruch** zur – in EU-Wegzugsfällen – zeitlich unbegrenzt bestehenden Wegzugsbesteuerung auf, wenn ein solcher Formwechsel vor Wegzug erfolgen würde.[207] Dieser Umstand schließt jedoch nicht aus, dass ein Steuerpflichtiger eine entsprechende Gestaltung grds. vornehmen kann. Erfolgt die Umwandlung nicht unmittelbar nach erfolgtem Wegzug, sind wohl auch keine Anhaltspunkte dafür erkennbar, dass die Gestaltung als Missbrauch von Gestaltungsmöglichkeiten angesehen werden könnte. Vorsorglich sollten trotzdem außersteuerliche Gründe dokumentiert werden.

205 Vgl. Art. 13 Abs. 5 DBA USA.

206 Vgl. § 49 Abs. 1 Nr. 2 Buchst. e Doppelbuchst. aa EStG.

207 Brandenberg, BB 2008 S. 864, 868.

Der vorstehenden Gestaltungsüberlegung hat der Gesetzgeber durch die Einführung von **§ 50i Abs. 2 EStG** insoweit einen Riegel vorgeschoben, als derartige Gestaltungen dann nicht mehr funktionieren, wenn es sich um fiktiv gewerbliche Personengesellschaften i. S. von § 15 Abs. 3 EStG handelt (insbesondere **gewerblich geprägte Personengesellschaft**). § 50i Abs. 2 EStG[208] regelt in seiner heute geltenden Fassung, dass im Rahmen von Einbringungen i. S. von § 20 UmwStG eingebrachte Wirtschaftsgüter und Anteile i. S. von § 50i Abs. 1 EStG abweichend von den Bewertungswahlrechten des UmwStG mit dem gemeinen Wert anzusetzen sind, soweit das Recht der Bundesrepublik Deutschland hinsichtlich der Besteuerung der im Zuge der Einbringung ausgegebenen neuen Anteile (erhaltenen Anteile) ausgeschlossen oder beschränkt wird. Die Vorschrift ist schwer verständlich und erschließt sich nur unter Zuhilfenahme der Gesetzeshistorie und -begründung. Laut der ursprünglichen Gesetzesbegründung geht es letztlich darum, die vorstehend beschriebene, erst durch den **„Fall Wolfgang Porsche"** pressebekannt gewordene Steuergestaltung zu verhindern[209]:

BEISPIEL: X, wohnhaft in Deutschland und alleiniger Kommanditist der Y GmbH & Co. KG, einer gewerblich geprägten Personengesellschaft, hat vor seinem Wegzug nach Österreich diverse Beteiligungen an deutschen GmbHs steuerneutral in die Kommanditgesellschaft eingebracht. Die Einbringungen erfolgten Anfang des Jahres 2013. Mitte 2013 ist Y nach Österreich verzogen. Die Finanzverwaltung hat, auf der Grundlage der damals von ihr vertretenen Auffassung, weder einen Fall von § 6 AStG noch einen Fall von § 4 Abs. 1 Satz 3 EStG angenommen. Auf Anraten seines Steuerberaters beschließt X im Jahr 2016 den Formwechsel der Y GmbH & Co. KG in der Rechtsform einer Aktiengesellschaft unter der Firma Y Holding AG und beantragt für diesen Formwechsel Buchwertfortführung gem. § 25 Satz 1 in Verbindung mit § 20 Abs. 2 UmwStG. Nach Ablauf der siebenjährigen Sperrfrist des § 22 Abs. 1 Satz 1 UmwStG würde bei einem Verkauf ausschließlich Österreich das Besteuerungsrecht auf einen Veräußerungsgewinn gem. Art. 13 Abs. 5 DBA Österreich haben. Nach § 50i Abs. 2 Satz 2 EStG wird Y jedoch zum Ansatz der gemeinen Werte gezwungen, mit der Rechtsfolge, dass schon zum Zeitpunkt des Formwechsels die stillen Reserven im Betriebsvermögen der Y GmbH & Co. KG, d. h. die stillen Reserven in den Beteiligungen an den deutschen GmbHs, aufzudecken sind.

Unserer Auffassung nach ist § 50i Abs. 2 EStG eine punktuelle Missbrauchsverhinderungsvorschrift, die § 50i Abs. 1 EStG ergänzt und somit nur auf fiktiv gewerbliche Personengesellschaften **nicht dagegen auf originär gewerbliche Personengesellschaften** anzuwenden ist. Dies legt der Wortlaut, der sich auf „Anteile im Sinne des Abs. 1"

208 Eingefügt durch das Gesetz zur Anpassung des nationalen Steuerrechts an den Beitritt Kroatiens zur EU und zur Änderung weiterer steuerlicher Vorschriften vom 25.7.2014, BGBl 2014 I S. 1266. Durch das Gesetz zur Umsetzung der Änderungen der EU-Amtshilferichtlinie und von weiteren Maßnahmen gegen Gewinnverkürzungen und -verlagerungen vom 20.12.2016, BGBl 2016 I S. 3000 wurde die Vorschrift erneut geändert, und zwar bezüglich des neugefassten § 50i Abs. 2 EStG rückwirkend für Einbringungen nach dem 31.12.2013 (§ 52 Abs. 48 Satz 4 EStG). Damit ersetzt die Neufassung den alten § 50i Abs. 2 EStG rückwirkend und umfassend, so dass dieser nie zur Anwendung kam. Mit BMF-Schreiben v. 5.1.2017, BStBl 2017 I S. 32, wurde auch das BMF-Schreiben vom 21.12.2015 aufgehoben.

209 Vergleiche BT-Drucks. 18/1995 S. 116.

bezieht, nahe.[210] Die Umwandlung von originär gewerblichen Mitunternehmerschaften ist daher nicht erfasst. Jedenfalls und in allen Fällen bezieht sich die heutige Neufassung des § 50i EStG nur (noch) auf Sachverhalte, bei denen ein Ausschluss oder eine Beschränkung des deutschen Besteuerungsrecht vor dem 1.1.2017 eingetreten ist.[211] Auf spätere d. h. heute verwirklichte Vorgänge ist § 50i nicht mehr anwendbar; die Besteuerung richtet sich dann nach den allgemeinen Regeln (§§ 4 Abs. 1 Satz 3 und 16 Abs. 3a EStG).[212]

4.9 Erwerb von Beteiligungen über ausländische Betriebsstätten in DBA-Staaten

Diese Gestaltungsidee ist als langfristige Maßnahme vor einem Wegzug gedacht. Die Grundidee ist, dass Erwerbe von Beteiligungen i. S. von § 17 Abs. 1 EStG, die bei einem späteren Wegzug unter die Wegzugssteuer fallen würden, nicht durch den Steuerpflichtigen selbst oder eine in- oder ausländische Holding-Kapitalgesellschaft, sondern durch eine ausländische Personengesellschaft bzw. über eine ausländische Betriebsstätte in einem DBA-Staat erworben werden.[213] Wenn die Beteiligung der **ausländischen Betriebsstätte funktional und daher auch DBA-rechtlich zugeordnet** werden kann (vgl. oben Ziffer 4.4), sind entstehende stille Reserven in den Beteiligungen bei einem späteren Wegzug von der Anwendung des § 6 AStG ausgeschlossen, wenn für die ausländische Betriebsstätte die Freistellungsmethode (Art. 13 Abs. 2 OECD-MA) gilt.[214]

4.10 Fristenüberwachung

Bei der Beratung von Ausländern, die sich vorübergehend z. B. zu Studienzwecken oder zum Aufbau von deutschen Tochtergesellschaften ausländischer Unternehmensgruppen im Inland aufhalten, die aber aufgrund ihrer familiären Herkunft (z. B. durch vorweggenommene Erbfolge) bereits Anteile i. S. von § 17 EStG halten oder z. B. als Manager eine entsprechende Beteiligung zugewendet bekommen, ist auf eine effiziente **Fristenkontrolle** bzgl. der **„Sieben aus Zwölf"-Jahresregel des § 6 Abs. 2 Satz 1 AStG** i. d. F. des ATADUmsG zu achten (bzw. war in Altfällen die Zehnjahresfrist des § 6 Abs. 1 Satz 1 AStG i. d. F. des SEStEG zu beobachten). Nur zu häufig kommt es in der Praxis dazu, dass erst nach Ablauf dieser Frist über einen Wegzug aus Deutschland nachgedacht

210 Vgl. insoweit zur ursprünglichen Fassung des § 50i Abs. 2 EStG Ettinger/Beuchert, IWB 4/2014 S. 680, 684 NWB XAAAE-55696; Paintner, DStR 2014 S. 1621,1626; Prinz, GmbHR 2014, R241, R242.

211 Loschelder in Schmidt, EStG, 41. Aufl. 2022, § 50i Rz. 2.

212 Loschelder in Schmidt, EStG, 41. Aufl. 2022, § 50i Rz. 2

213 Müller-Gosoge, in Haase, AStG/DBA, § 6 AStG Rz. 28.

214 Vgl. Libbach, Die Wegzugsbesteuerung gemäß § 6 AStG, 2010, S. 31.

wird, der dann in voller Höhe Wegzugssteuer kostet, während der Wegzug ein oder zwei Jahre vorher ohne Wegzugssteuer möglich gewesen wäre.

BEISPIEL: Frau F, schweizerische Staatsangehörige, hat zum 1.9.2016 in München einen Wohnsitz genommen, um ein BWL-Studium an der Universität München zu beginnen. Ihr gehörten bei Zuzug bereits umfangreiche Beteiligungen an schweizerischen Aktiengesellschaften, die ihr in Zürich ansässiger Vater ihr im Wege der vorweggenommenen Erbfolge übertragen hatte. Sie schließt ihr Studium im Frühjahr 2020 ab und erhält ein Jobangebot bei einer Unternehmensberatung in München. Nach einigen Jahren Berufstätigkeit möchte F wieder in die Schweiz zurückkehren, alternativ plant sie aber auch, in naher Zukunft Berufserfahrung in London zu sammeln.

Lösung: Vorausschauende Beratung durch den deutschen Steuerberater von Frau F sollte dahingehen, rechtzeitig vor Ablauf der Siebenjahresfrist des § 6 Abs. 2 Satz 1 AStG auf die drohende Wegzugssteuer hinzuweisen. Da F beim Wegzug aus der Schweiz nicht mit einer der dortigen Wegzugssteuer vergleichbaren Steuer belegt wurde – die Schweiz kennt keine Wegzugssteuer – würden sämtliche stillen Reserven in den Schweizer Beteiligungen, auch soweit diese ja bereits vor dem Zuzug nach Deutschland entstanden sind, bei Wegzug der deutschen Wegzugssteuer unterliegen. Die dadurch entstehende Steuerbelastung kann betragsmäßig substantiell sein, und sie ist jedenfalls den Beteiligten psychologisch kaum vermittelbar, so dass F daran denken muss, ihre Lebensplanung an diesem Faktum auszurichten, ggf. bewusst vor Ablauf der Siebenjahresfrist Deutschland zu verlassen.

Zu beachten ist zudem, dass bei der Berechnung der Siebenjahresfrist **sämtliche Zeiträume addiert**, in denen eine natürliche Person innerhalb der letzten zwölf Jahre vor den in § 6 Abs. 1 Satz 1 Nr. 1–3 genannten Tatbestände unbeschränkt steuerpflichtig i. S. des § 1 Abs. 1 des EStG gewesen ist; und dies unabhängig davon, ob in diesen Zeiträumen bereits die Beteiligung gehalten wurde, die Person minderjährig war, eine wirtschaftliche Tätigkeit ausgeübt hat oder überhaupt Einkünfte erzielt hat. In diesem Zusammenhang ist insbesondere an Fälle zu denken, in denen eine natürliche Person, die eine wesentliche Beteiligung an einer ausländischen Kapitalgesellschaft hält, bereits als Kind längere Zeit in Deutschland wohnte und in dieser Zeit einen steuerlichen Wohnsitz in Deutschland begründet hatte.[215]

Vice versa ist daran zu denken, dass eine unbeschränkte Steuerpflicht nach § 1 Abs. 1 EStG unter Umständen im Einzelfall bereits durch ein intensiv genutztes **Feriendomizil** oder einen **Zweitwohnsitz** in Deutschland begründet wird. Soweit dadurch eine insgesamt mehr als sieben Jahre umfassende unbeschränkte Steuerpflicht in Deutschland begründet wurde, besteht die Gefahr, dass diese unbeschränkte Einkommensteuerpflicht durch die Aufgabe des Ferienwohnsitzes in Deutschland endet und somit grds. eine Wegzugsbesteuerung ausgelöst wird. In diesen Fällen kommt es insbesondere dann zu einer wirtschaftlich völlig ungerechtfertigten Besteuerung der gesamten stil-

215 Vgl. Arlt, IStR 2008 S. 216, 217 zum alten Recht aber auch für die heutige Fassung nicht anders zu beurteilen.

len Reserven, in denen ein Bezug zur deutschen Volkswirtschaft mangels Haupt- bzw. Familienwohnsitzes in der Bundesrepublik und Innehaben lediglich ausländischer Kapitalgesellschaftsbeteiligungen fehlt.[216] Wenn es sich dabei um einen DBA-Fall handelt, sollte § 6 AStG jedenfalls in dieser Konstellation – unabhängig von der Diskussion zum Abkommensschutz in der klassischen Wegzugs-Situation – nicht den ja durchgehend vom Zuzug bis zum „Wiederwegzug" bestehenden Abkommensschutz aufgrund einer durchgängigen DBA-Ansässigkeit im ausländischen Staat der DBA-Ansässigkeit überwinden können.[217]

4.11 Begründung einer atypisch stillen Beteiligung

Idee dieser Gestaltungsüberlegung ist es, auf möglichst unkomplizierte und am wenigsten in die Struktur der operativ tätigen Kapitalgesellschaft eingreifende Weise für einen wegziehenden Gesellschafter die Wegzugssteuer zu vermeiden.[218] Beteiligt sich der Gesellschafter einer Kapitalgesellschaft an deren Unternehmen als stiller Gesellschafter, entsteht dann eine atypisch stille Gesellschaft, wenn der sich so beteiligende Gesellschafter Mitunternehmerinitiative entfalten kann und Mitunternehmerrisiko trägt, wobei das Gesamtbild entscheidet, d. h. beide Merkmale auch unterschiedlich ausgeprägt sein können.[219] Der Gesellschafter erzielt dann Einkünfte aus Gewerbebetrieb und seine Beteiligung an der GmbH stellt regelmäßig **Sonderbetriebsvermögen** II bei der GmbH & Still dar.[220]

Zieht der Gesellschafter nach Begründung der atypisch stillen Gesellschaft ins Ausland weg, scheidet § 6 AStG aus, weil er zu diesem Zeitpunkt nicht mehr Kapitalgesellschaftsanteile i. S.von § 17 EStG in seinem steuerlichen Privatvermögen hält.[221] Sodann ist aber weiter zu prüfen, inwieweit eine Entstrickung nach § 4 Abs. 1 Satz 3 EStG droht.

Im **Nicht-DBA-Fall** sollte eine Entstrickung ausscheiden, wobei hier ähnliche Erwägungen gelten wie in der Ziffer 3.4.4 dargestellt.

Bei dem Wegzug im **DBA-Fall** ist zu prüfen, ob das deutsche Besteuerungsrecht beim Wegzug dadurch gesichert ist, dass Unternehmensgewinne i. S.von Art. 7 OECD-MA vorliegen und die Anteile an der Kapitalgesellschaft einer Betriebsstätte in Deutschland zuzuordnen sind. Betriebsstätten einer atypischen stillen Gesellschaft werden deren

216 Vgl. Arlt, IStR 2008 S. 216, 219; Pohl in Blümich, EStG/KStG/GewStG, § 6 AStG Rz. 37, der in diesen Fällen für eine teleologische Reduktion plädiert.

217 So überzeugend Pohl in Blümich, EStG/KStG/GewStG, § 6 AStG Rz. 37. Der Wortlaut der Vorschrift könnte aber auch für eine andere Deutung (dann insoweit ein Treaty Overriding) offenstehen.

218 Vgl. zu dieser Gestaltungsidee ausführlich Bron, IStR 2016 S. 26 und Happe/Stingl, PIStB 2020 S. 312, 319.

219 Bode in Blümich, EStG/KStG/GewStG, § 15 EStG Rz. 317 und 320.

220 BFH v. 18.6.2015, DStR 2015 S. 2229; Bode in Blümich, EStG/KStG/GewStG, § 15 EStG Rz. 320.

221 Vgl. Bron, IStR 2016 S. 26, 27.

Gesellschaftern (anteilig) wie eigene Betriebsstätten zugerechnet.[222] Unternehmensgewinne im Sinne des Abkommensrechts liegen dann vor, wenn die Kapitalgesellschaft nicht nur vermögensverwaltend, sondern gewerblich tätig ist (was bei normalen operativ tätigen gewerblichen Unternehmen grds. der Fall ist, und was aber bei GmbHs, die reine Holding-Gesellschaften sind, nur dann der Fall ist, wenn diese aktiv gewerblich tätige, geschäftsleitende Holding-Gesellschaften sind).[223] Daneben ist zu prüfen, inwieweit die nach nationalem Recht Sonderbetriebsvermögen II darstellende Beteiligung an der Ausgangs-Kapitalgesellschaft aus Sicht des Wegziehenden atypisch still Beteiligten auch der durch die atypische Gesellschaft anteilig vermittelten **deutschen Betriebsstätte im DBA-rechtlichen Sinne zuzuordnen** ist. Nicht abschließend geklärt ist, inwieweit in diesen Fällen eine tatsächliche Zugehörigkeit der Beteiligung im Sinne eines funktionalen Zusammenhangs erforderlich ist bzw. ob dies bei einer atypisch stillen Beteiligung überhaupt vorliegen kann.[224] Laut *Bron* ist die notwenige Zuordnung zur Betriebsstätte auf Basis der BFH-Rechtsprechung zur Betriebsstättenzugehörigkeit von Komplementär-GmbH-Anteilen bei Kommanditgesellschaften zu bejahen, wenn die Tätigkeit der Komplementär-GmbH (bzw. hier der Ausgangs-Kapitalgesellschaft) sich ausschließlich oder fast ausschließlich auf die Geschäftsleitung der Personengesellschaft (bzw. hier der stillen Gesellschaft) beschränkt[225]. Außerdem wird der wegziehende Gesellschafter, wenn es z. B. ein rein vermögensmäßig beteiligter Minderheitsgesellschafter eines größeren Familienunternehmens ist, der aus privaten Gründen ins Ausland verzieht, im Ausland typischerweise nicht über eine sonstige Betriebsstätte verfügen, weshalb laut *Bron* eine Zugehörigkeit der Kapitalgesellschaftsanteile zur Innlandbetriebstätte kaum verneint werden kann.[226] Dem ist u. E. zuzustimmen. Außerdem ist zu beachten, dass nach **§ 50d Abs. 10 EStG** Sondervergütungen des wegziehenden Gesellschafters bei der unstreitig nach nationalem deutschen Steuerrecht bestehenden und in Deutschland verbleibenden Mitunternehmerschaft in Form der stillen Beteiligung in Deutschland steuerverhaftet bleiben, was sowohl für Ausschüttungen wie auch grds. für Veräußerungsgewinne[227] gilt. Jedenfalls sollte diese unilaterale Sicherstellung der Besteuerung durch § 50d Abs. 10 EStG hinreichend sein, um die Entstrickungsbesteuerung nach § 4 Abs. 1 Satz 3 EStG zu vermeiden.[228] Wie *Bron* zutreffend ausführt, ist kein Grund zu sehen, warum der deutsche Fiskus sich die Vorschrift des

222 BFH, Urteil v. 13.2.2008 - I R 75/07, BStBl 2010 II S. 1028; BMF, Schreiben v. 26.9.2014 - IV B 5 - S 1300/09/10003, BStBl 2014 I S. 1258, Tz. 2.2.3.

223 Bron, IStR 2016 S. 26, 28.

224 Bron, IStR 2016 S. 26, 28; Goebel/Boller/Ungemach, IStR 2008 S. 643, 648.

225 Bron, IStR 2016 S. 26, 28 ff.; BFH, Urteil v. 26.02.1992 - I R 85/91, BStBl 1992 II S. 937.

226 Bron, IStR 2016 S. 26, 29.

227 Gosch in Kirchhof, EStG, § 50d Rz. 45a, wobei jedoch nicht eindeutig ist, inwieweit Erträge aus dem Sonderbetriebsvermögen II unter die Vorschrift fallen, vgl. Schulz-Trieglaff, IStR 2015 S. 155, 157.

228 Bron, IStR 2016 S. 26, 29.

§ 50d Abs. 10 EStG, die das deutsche Besteuerungsrecht sichern soll, nicht in gleicher Weise bei Anwendung der Entstrickungsbesteuerung nach § 4 Abs. 1 Satz 3 EStG entgegenhalten lassen muss.

Alles in allem ist aber zu konstatieren, dass diese Gestaltung derzeit nicht als abgesichert angesehen werden kann. Außerdem ist zu berücksichtigen, dass durch diese Gestaltung u.U. Doppelbesteuerungsprobleme im Zuzugsstaat heraufbeschworen werden: So ist es nicht unwahrscheinlich, dass beispielsweise spätere Dividendenausschüttungen aus der deutschen GmbH vom Zuzugsstaat unter den Dividendenartikel des entsprechenden DBA subsumiert und dort voll besteuert werden.

4.12 Nießbrauchslösungen

Grundüberlegung dieser Gestaltungsvariante ist, dass der wegzugswillige Gesellschafter seine von § 6 AStG potentiell betroffenen Kapitalgesellschaftsanteile vor dem Wegzug unentgeltlich auf einen (oder mehrere) in Deutschland unbeschränkt steuerpflichtige(n) Angehörige(n) (insbesondere im Rahmen der vorweggenommenen Erbfolge), aber je nach Einzelfall ggf. auch auf Dritte, unter **Nießbrauchsvorbehalt** überträgt.[229] Zieht er dann ins Ausland weg, hält er nicht mehr Anteile i. S. von § 17 EStG, sondern hat nur noch seine Rechtsposition aus dem Vorbehaltsnießbrauch. Ein solches Nießbrauchsrecht stellt grds. auch nicht seinerseits eine „ähnliche Beteiligung" an einer Kapitalgesellschaft i. S. von § 17 Abs. 1 Satz 3 EStG dar.[230] Der Wegzug des Nießbrauchers löst daher grds. keine Wegzugssteuer nach § 6 AStG aus.

Die schenkweise Übertragung ausschließlich unter Nießbrauchsvorbehalt[231] wird **ertragsteuerlich** nicht etwa als teilentgeltliches, sondern vielmehr als voll unentgeltliches Rechtsgeschäft angesehen[232]. Ertragsteuerlich werden spätere Dividendenausschüttungen dann grds. dem Nießbraucher zugerechnet. Denn der Dividendenanspruch steht zivilrechtlich bereits im Augenblick seiner Entstehung, ohne Zwischenerwerb des Gesell-

229 Vgl. Schütz, SteuK 2013 S. 331,334.

230 Weber-Grellet in Schmidt, EStG, 41. Aufl. 2022, § 17 Rz. 53; GmbH-Centrale GmbHR 97 S. 303; Götz/Hülsmann, Nießbrauch im Zivil- u. Steuerrecht, 9. Aufl. 2013, Rz. 667. Denn grds. ist der Gesellschafter und nicht der Nießbraucher der wirtschaftliche Eigentümer i. S. von § 39 Abs. 2 Nr. 1 Satz 1 AO der betroffenen Anteile; anders je nach Einzelfall z. B. dann, wenn der Nießbraucher auch nach § 185 BGB ermächtigt ist, auf eigene Rechnung über die belasteten Anteile zu verfügen (Dispositionsnießbrauch), oder wenn der Nießbraucher nach dem Inhalt der getroffenen Abreden alle mit der Beteiligung verbundenen wesentlichen Rechte (Vermögens- und Verwaltungsrechte) nach wie vor ausüben und im Konfliktfall effektiv durchsetzen kann (vgl. BFH ZEV 2012 S. 284).

231 D. h. ohne weitere Gegenleistungen wie etwa eine Übernahme von Verbindlichkeiten oder von Zahlungsverpflichtungen.

232 Weber-Grellet in Schmidt, EStG, 41. Aufl. 2022, § 17 Rz. 99 und 105.

schafters, dem Nießbraucher zu.[233] Dem folgt grds. auch das Steuerrecht. Die Finanzverwaltung geht davon aus, dass im Falle des Vorbehaltsnießbrauchs für die ertragsteuerliche Betrachtung eine Zurechnung der Erträge aus dem Kapitalvermögen beim Nießbraucher erfolgt.[234]

Für Zwecke der **Schenkungsteuer** ist der vorbehaltene, kapitalisierte Nießbrauch ein Abzugsposten, der den Wert der Bereicherung mindert.[235] Im Übrigen kann die Übertragung ggf. nach den §§ 13 a, b ErbStG begünstigt gestalten werden.

Zum Teil wird hierbei die Gestaltung als Übertragung unter Nießbrauchsvorbehalt mit Rückkaufs- oder Rücktrittsrechten (z. B. an die Rückkehr nach Deutschland gekoppelt) empfohlen.[236]

233 § 1030 Abs. 1 BGB, vgl. Ekkenga in Münchener Kommentar GmbHG, 2. Aufl. 2015, § 29 Rz. 125; Barry, RNotZ 2014 S. 401, 408.

234 BMF, Schreiben v. 23.11.1983 - IV B 1 -S 2253 - 90/83, BStBl 1983 I S. 508 Tz. 55 (Nießbrauchserlass).

235 Meincke, ErbStG, § 7 Rz. 57; Gebel in Troll/Gebel/Jülicher, ErbStG, § 7 Rz. 232.

236 Happe/Stingl, PIStB 2020 S. 312, 319.

D. Wegzug aus erbschaft- und schenkungsteuerlicher Sicht[1]

Literatur: *Ettinger/Eberl*, Die deutsche Wegzugsbesteuerung nach der EuGH-Rechtsprechung und wesentliche Gestaltungsüberlegungen in Zusammenhang mit einem Wegzug ins Ausland, GmbHR 2005 S. 152; *Jülicher*, Der deutsch-britische Erbfall, PIStB 2015 S. 335 und PIStB 2016 S. 21; *Jülicher*, Aktuelle Entwicklungen bei der unilateralen Anrechnung ausländischer Steuer nach § 21 UmwStG, PIStB 2022 S. 114; *Kamps*, Erb- und Schenkungsfälle mit Auslandsberührung, ErbStB 2003 S. 92; *Kamps*, Wegzug und Beendigungen der deutschen Erbschaftsteuerpflicht, ErbR 2020 S. 855; *Knauf*, Determinanten und Gestaltungsansätze der internationalen Nachfolgeplanung, 2008; *Kussmaul/Cloß*, Die erweiterte beschränkte Erbschaft- und Schenkungsteuerpflicht des § 4 AStG, StuB 2010 S. 704; *Rennar*, Ansässigkeitsfiktion bei deutscher Staatsangehörigkeit in Erbschaft- und Schenkungsteuerfällen, IWB 1/2020 S. 29; *Stein*, Wegzug als Instrument der Unternehmensnachfolge bei Inlandsvermögen, ErbStB 2004 S. 116; *Wachter*, Beschränkte Erbschaftsteuerpflicht, ErbStB 2004 S. 25; *Wachter*, Freibeträge bei beschränkter Erbschaftsteuerpflicht und europäische Kapitalverkehrsfreiheit, IStR 2004 S. 361; *Wachter*, Vertragsgestaltung im Zivil- und Steuerrecht – Festschrift für Sebastian Spiegelberger zum 70. Geburtstag, 2009.

1. Voraussetzungen eines Wegzugs in erbschaft- und schenkungsteuerlicher Hinsicht

Erbschaft- und schenkungsteuerlich ist ein Wegzug ins Ausland mit einigen Hürden versehen. Dies liegt vor allem an den Regelungen zur persönlichen Steuerpflicht in § 2 ErbStG, die eine Steuerpflicht bereits dann annehmen, wenn entweder der Zuwendende bzw. Erblasser oder der Erwerber Inländer im Sinne des Gesetzes sind. Einen steuerlichen Vorteil bietet ein Wegzug deshalb grds. nur dann, wenn auf „beiden Seiten" kein Inländer beteiligt ist. Zieht hingegen nur der Erblasser ins Ausland und bleiben die Erben in Deutschland zurück, wirkt sich der Wegzug erbschaftsteuerlich grds. nicht aus. Aber sogar wenn keiner der Zuwendungsbeteiligten ihren Wohnsitz oder gewöhnlichen Aufenthalt in Deutschland haben, wird ein Vermögensanfall dann relevant, wenn es sich um den Übergang von inländischem Vermögen i. S. von § 121 BewG handelt.

1.1 Unbeschränkte Erbschaftsteuerpflicht, § 2 Abs. 1 Nr. 1 Satz 2 Buchst. a ErbStG

Gemäß § 2 Abs. 1 Nr. 1 ErbStG ist eine **unbeschränkte Erbschaft- bzw. Schenkungsteuerpflicht** schon dann vorgesehen, wenn der **Erblasser/Schenker oder der Erwerber Inländer** sind, d. h. insbesondere nach § 2 Abs. 1 Nr. 1 Satz 2 Buchst. a ErbStG im Inland

1 Dieser Teil wurde durch Dr. Jochen Ettinger bearbeitet.

einen Wohnsitz oder gewöhnlichen Aufenthalt haben.[2] In diesem Fall unterliegt das **vererbte/übertragene Weltvermögen** insgesamt der deutschen Erbschaftsteuer.

BEISPIEL: Das Ehepaar E ist aus Deutschland weggezogen und hat seinen neuen Wohnsitz im Kanton Schwyz in der Schweiz genommen. 15 Jahre nach dem Wegzug aus Deutschland kommen beide bei einem Autounfall ums Leben. Sie hinterlassen als Alleinerben eine Tochter, die mit ihrer Familie in Deutschland lebt und arbeitet.

Losung: Die Tatsache, dass in der Schweiz keine Erbschaftsteuer anfällt, wirkt sich hier nicht aus. Nach § 2 Abs. 1 Nr. 1 Satz 2 Buchst. a ErbStG unterliegt nämlich der gesamte Nachlass, soweit er an in Deutschland wohnende Angehörige vererbt wird, der deutschen Erbschaftsteuer.

Modifizierungen dieses Grundsatzes zu Gunsten der Steuerpflichtigen können sich theoretisch aufgrund von Erbschaft-/Schenkungsteuer-DBAs ergeben. Dies war im Verhältnis zu Österreich der Fall: Art. 5 ErbSt-DBA-Österreich sah bereits dann, wenn nur der Erblasser im Todeszeitpunkt entweder seinen Wohnsitz nur in Österreich oder bei einem Doppelwohnsitz den Mittelpunkt seiner Lebensinteressen in Österreich hatte, vor, dass der Nachlass – vorbehaltlich der deutschen beschränkten Erbschaftsteuerpflicht für bestimmtes Inlandsvermögen – der österreichischen Erbschaftsteuer unterfällt. Nachdem das ErbSt-DBA-Österreich nach Abschaffung der Erbschaftsteuer in Österreich jedoch zum Jahresende 2007 gekündigt wurde, trat es am 1.1.2008 außer Kraft. Eine derartige Regelung findet sich aber im ErbSt-DBA-Schweden.[3]

1.2. Beschränkte Erbschaftsteuerpflicht, § 2 Abs. 1 Nr. 3 ErbStG

Sind weder Erblasser/Schenker noch Erwerber Inländer i. S. des § 2 Abs. 1 Nr. 1 ErbStG so kommt es nach § 2 Abs. 1 Nr. 3 ErbStG zu einer **beschränkten Erbschaftsteuerpflicht** für das gesamte Inlandsvermögen i. S. des § 121 BewG.[4] Damit unterliegen insbesondere inländisches Grundvermögen, inländisches Betriebsvermögen, mindestens 10-%ige Beteiligungen an unbeschränkt steuerpflichtigen inländischen Kapitalgesellschaften, grundstücksgleiche Rechte an inländischem Grundbesitz und stille Gesellschaften/partiarische Darlehen an inländischen Gesellschaften der deutschen Erbschaftsteuer. Einschränkungen ergeben sich auch hier z. T. aus den Erbschaft-/Schenkungsteuer-DBA; nämlich durch entsprechende Zuweisung der Besteuerungsrechte auf die betroffenen Staaten. Auch bei beschränkter Steuerpflicht bleiben die Bewertungsvorschriften der § 12 ErbStG i. V. mit BewG und §§ 13a, b ErbStG anwendbar.

2 Näher dazu Meincke, ErbStG, 18. Aufl. 2021, § 2 ErbStG Rz. 5 f.

3 Vgl. FG Baden-Württemberg v. 05.08.2020 - 7 K 2777/18, DStRE 2021 S. 612 (Rev. eingelegt BFH: 7 K 2777/18).

4 Dazu Meincke, ErbStG, 18. Aufl. 2021, § 2 ErbStG Rz. 10 ff.; Riedel in Daragan/Halaczinsky/Riedel, 3. Aufl. 2017, ErbStG/BewG, § 2 ErbStG Rz. 35 ff.

Neuerungen ergaben sich in diesem Bereich aufgrund der EuGH-Rechtsprechung sowie der Vorgaben der EU-Kommission durch das Steuerumgehungsbekämpfungsgesetz (StUmgBG)[5], in dem die **Freibeträge bei beschränkter Steuerpflicht** sowie die Regelungen zum Versorgungsausgleich bei beschränkter Steuerpflicht an die EU-Vorgaben angepasst werden. Davor ergab sich ein Nachteil bei beschränkter Erbschaftsteuerpflicht im Hinblick auf die Freibeträge i. S. von § 16 ErbStG, da sämtliche Freibeträge, die zumindest für nahe Angehörige eine Entlastung brächten, auf ein eher symbolisches Minimum von € 2.000 reduziert waren, § 16 Abs. 2 ErbStG a. F. Durch das StUmgBG wurde nunmehr die fiktive unbeschränkte Erbschaftsteuerpflicht nach § 2 Abs. 3 ErbStG a. F. abgeschafft und die Freibetragsregelung in § 16 ErbStG angepasst.

Nach § 37 Abs. 14 ErbStG n. F. sind diese Neuregelungen in § 16 ErbStG nur auf Erwerbe anzuwenden, für die die Steuer nach dem Tag der Verkündung des StUmgBG am 24.6.2017 entstanden ist. Eine Rückwirkung ist nicht vorgesehen.

Für Altfälle (Erwerbe vor dem 24.6.2017) gilt die Möglichkeit des § 2 Abs. 3 ErbStG a. F., also der Antrag auf fiktive unbeschränkte Erbschaft- und Schenkungsteuerpflicht.

1.3. Erweiterte unbeschränkte Erbschaft- und Schenkungsteuerpflicht, § 2 Abs. 1 Nr. 1 Satz 2 Buchst. b ErbStG

Die unbeschränkte Erbschaft- und Schenkungsteuerpflicht i. S. von § 2 Abs. 1 Nr. 1 Satz 1 Buchst. a ErbStG wird durch eine Ausdehnung des Inländerbegriffs in § 2 Abs. 1 Nr. 1 Satz 2 Buchst. b ErbStG noch erweitert.[6] Danach gelten **deutsche Staatsangehörige** auch ohne inländischen Wohnsitz als Inländer, wenn sie sich nicht länger als **fünf Jahre** dauernd im Ausland aufgehalten haben.[7] Dadurch wird eine unbeschränkte Erbschaftsteuerpflicht auch auf solche Übertragungsvorgänge erstreckt, die innerhalb von fünf Jahren nach einem Wegzug von Erblasser/Schenker bzw. Erwerber erfolgen. Im Ergebnis heißt dies, dass grds. sowohl der Erblasser/Schenker wie auch der oder die Erwerber schon länger als fünf Jahre ins Ausland verzogen sein müssen, um die deutsche erweiterte unbeschränkte Erbschaft- oder Schenkungsteuerpflicht zu vermeiden.

Im Spezialfall **USA** wurde die Fünfjahresfrist durch Art. III des Zustimmungsgesetzes zum Ergänzungsprotokoll ErbSt-DBA-USA vom 15.9.2000 auf **10 Jahre** ausgedehnt. Dies betrifft z. B. deutsche Arbeitnehmer, die in die USA entsandt werden, deren Nachlass

5 Gesetz zur Bekämpfung der Steuerumgehung und zur Änderung weiterer steuerlicher Vorschriften - Steuerumgehungsbekämpfungsgesetz – StUmgBG – vom 23.6.2017, BGBl 2017 I S. 1682, Art. 4.

6 Vgl. näher Riedel in Daragan/Halaczinsky/Riedel, ErbStG/BewG, § 2 ErbStG Rz. 10 f.

7 Vgl. hierzu Rennar, IWB 1/2020 S. 29, 31 NWB NAAAH-39593: Erfasst sind auch sog. Doppelstaatler unter Einschluss der deutschen Staatsangehörigkeit.

daher erst ab dem elften Jahr der Ansässigkeit von den USA besteuert werden darf, und für die davor ausschließlich deutsches Erbschaftsteuerrecht gilt.

Eingeschränkt wird die erweiterte unbeschränkte Erbschaft- und Schenkungsteuerpflicht allerdings zu DBA-Staaten durch die Regelungen in den Erbschaft-/Schenkungsteuer-DBA; diese Einschätzung gilt im Ergebnis aber wegen Art. 4 Abs. 4 ErbSt-DBA-Schweiz nicht für die Schweiz.

Zum Ablauf der Fünfjahresfrist ist zu beachten, dass diese durch **„Rückzugsphasen"** in Deutschland unterbrochen werden kann, d. h. dann von neuem zu laufen beginnt.[8] Dies ist bei der Beratung von wegzugswilligen Steuerpflichtigen unbedingt zu beachten.

Zur Frage der EU-Rechtskonformität der deutschen Vorschriften über die erweiterte unbeschränkte Erbschaft- und Schenkungsteuerpflicht siehe unten Teil F Ziffer 4.

1.4. Erweiterte beschränkte Erbschaft- und Schenkungsteuerpflicht, § 4 AStG

Darüber hinaus gilt auch im Bereich der Erbschaft- und Schenkungsteuer nach § 4 AStG eine sog. **erweiterte beschränkte Erbschaft- und Schenkungsteuerpflicht**. Sind die Voraussetzungen der erweiterten beschränkten Einkommensteuerpflicht nach § 2 Abs. 1 Satz 1 AStG erfüllt, wird die beschränkte Erbschaft- und Schenkungsteuerpflicht i. S. des § 2 Abs. 1 Nr. 3 ErbStG über das in § 121 BewG genannte Inlandsvermögen hinaus auch auf das gesamte übrige Vermögen ausgedehnt, dessen Erträge bei unbeschränkter Einkommensteuerpflicht „nicht ausländische Einkünfte" i. S. des § 34c Abs. 1 EStG wären (sog. **„erweitertes Inlandsvermögen"**).

Nach herrschender Meinung kann die erweiterte beschränkte Steuerpflicht gem. § 4 AStG nur dann eingreifen, wenn zum Erwerb zumindest auch Inlandsvermögen i. S. des § 121 BewG gehört.[9] Dies ergibt sich aus dem Gesetzeswortlaut, der insoweit die „Erbschaftsteuerpflicht nach § 2 Abs. 1 Nr. 3 ErbStG" voraussetzt.

Für die Frage, ob erbschaft- oder schenkungsteuerrechtlich ein Wegzug in ein Niedrigsteuerland im Sinne des Gesetzes erfolgt, ist auf erster Prüfungsebene allein die einkommensteuerliche Einordnung maßgeblich. Daneben ist jedoch die erbschaftsteuerliche Einordnung des Zuzugsstaates als „erbschaftsteuerliches Niedrigsteuerland" nach § 4 Abs. 2 AStG insoweit maßgeblich, als dass die erweiterte beschränkte Erbschaft- und Schenkungsteuerpflicht nicht eingreift, wenn die tatsächliche Erbschaftsteuerbe-

8 Vgl. Jülicher in Troll/Gebel/Jülicher, ErbStG, 63. Aufl. 2022, § 2 Rz. 21.

9 Vgl. ausführlich und kritisch hierzu Baßler in Flick/Wassermeyer/Baumhoff/Schönfeld, Außensteuerrecht, § 4 Rz. 41 ff.; Ostertun in Ostertun/Reimer, Wegzugsbesteuerung, § 12 Rz. 347.

lastung für das von § 4 Abs. 1 AStG erfasste Vermögen mindestens 30 % der deutschen Erbschaftsteuer beträgt. Die Feststellungslast für diesen Entlastungsbeweis trifft jedoch den Steuerpflichtigen.

BEISPIEL: Die Familie S zieht in die Schweiz und nimmt einen Wohnsitz im Kanton Schwyz. Mit der kantonalen Steuerverwaltung wird eine Einkommensbesteuerung nach dem Aufwand i. H. von 120.000 CHF p. a. vereinbart. In Deutschland hat er bei seiner alten Hausbank umfangreiche Festgeldanlagen und unterhält dort auch einen Safe, in dem sich wertvoller Schmuck und Gold befinden.

Losung: Diese Art der Besteuerung stellt eine Vorzugssteuer i. S. des § 2 Abs. 2 Nr. 2 AStG dar, so dass aus ertragsteuerlicher Sicht der Wegzug in ein Niedrigsteuerland erfolgt ist. § 4 Abs. 1 AStG ist daher einschlägig. Da es im Kanton Schwyz keine Erbschaft- oder Schenkungsteuer gibt, gelingt auch nicht der Gegenbeweis nach § 4 Abs. 2 AStG. Sofern die Familie daher in Deutschland wesentliche wirtschaftliche Interessen i. S. des § 2 Abs. 3 AStG zurücklässt, greift die erweiterte beschränkte Erbschaft- und Schenkungsteuerpflicht hinsichtlich des zurückgelassenen deutschen erweiterten Inlandsvermögens ein, und zwar sowohl im Erbfall wie auch bei Schenkungen solcher Vermögensgegenstände.

Vom erweiterten Inlandsvermögen und damit von der erweiterten beschränkten Erbschaftsteuerpflicht erfasst sind beispielsweise sonstigen Kapitalforderungen gegen Schuldner im Inland (insbesondere Spareinlagen und Bankguthaben bei inländischen Geldinstituten sowie Lebensversicherungen bei inländischen Versicherern), alle Anteile an inländischen Kapitalgesellschaften unabhängig von der Beteiligungshöhe, Ansprüche auf wiederkehrende Leistungen (Renten, dauernde Lasten) gegen inländische Schuldner, Nießbrauchs- und Nutzungsrechte an inländischen Vermögensgegenständen, im Inland verwertete Erfindungen und Urheberrechte (auch wenn sie nicht die spezifischen Anforderungen des § 121 Nr. 5 BewG erfüllen) sowie im Inland befindliche bewegliche Wirtschaftsgüter (Schmuck, Kunstgegenstände, Gold und Silber, etc.).[10] Zusätzlich ist § 5 Abs. 1 Satz 2 a. E. AStG zu beachten. Auch durch die Zwischenschaltung einer ausländischen Kapitalgesellschaft kann daher die erweiterte beschränkte Erbschaftsteuerpflicht für Vermögen mit Inlandsbezug regelmäßig nicht vermieden werden, da den Gesellschaftern die Vermögenswerte entsprechend ihrer Beteiligung zugerechnet werden.[11]

Der Anwendungsbereich von § 4 AStG wird allerdings im Verhältnis zu DBA-Staaten wiederum durch den Anwendungsbereich der Erbschaft-/Schenkungsteuer-DBA beschränkt.[12] Die Verteilungsnormen der Erbschaft-/Schenkungsteuer-DBA stellen näm-

10 Vgl. Ettinger in Haase, AStG/DBA, § 4 AStG Rz. 41; Kamps, ErbR 2020 S. 855, 857.

11 BMF, Schreiben v. 14.5.2004 - IV B 4 – S 1340 – 11/04 (AEAStG), BStBl 2004 I Sondernummer 1/2004 S. 3, Tz. 5.1.2.

12 Vgl. Baßler in Flick/Wassermeyer/Baumhoff/Schönfeld, Außensteuerrecht, § 4 Rz. 9e.

lich spezielle Verteilungsnormen dar, die die nationale Regelung des § 4 AStG grds. verdrängen.

Die erweiterte beschränkte Erbschaft- und Schenkungsteuerpflicht gilt nach den §§ 4 i.V. mit 2 AStG grds. für alle Übertragungsvorgänge innerhalb von **10 Jahren** nach dem Wegzug in ein erbschaft- und schenkungsteuerliches Niedrigsteuerland. Soweit allerdings bereits die erweiterte unbeschränkte Erbschaft- und Schenkungsteuerpflicht nach § 2 Abs. 1 Nr. 1 Satz 2 Buchst. b ErbStG eingreift, geht die erweiterte beschränkte Erbschaft- und Schenkungsteuerpflicht ins Leere, da ja dann ohnehin das gesamte Nachlassvermögen (weltweit) der deutschen Erbschaft- und Schenkungsteuerpflicht unterliegt. Die erweiterte beschränkte Erbschaft- und Schenkungsteuerpflicht ist dann im Ergebnis nur für die **Jahre 6 bis 10** nach dem Wegzug in ein Niedrigsteuerland von Bedeutung.

Zur möglichen EU-Rechtswidrigkeit der deutschen Vorschriften über die erweiterte beschränkte Erbschaft- und Schenkungsteuerpflicht siehe unten Teil F Ziffer 5.

2. Gestaltungsüberlegungen im Hinblick auf die Erbschaft- und Schenkungsteuer

2.1 DBA-Fall vs. Nicht-DBA-Fall

Die aus Sicht des Wegzüglers anzustellenden Gestaltungsüberlegungen hängen zum einen davon ab, ob zum in Aussicht genommenen Zuzugsstaat ein **DBA auf dem Gebiet der Erbschaft- und/oder Schenkungsteuer** besteht oder nicht. Insbesondere mit dem für deutsche Wegzügler beliebten Zuzugsland Schweiz besteht ein DBA auf dem Gebiet der Erbschaftsteuer[13]. Es gilt jedoch grds. nur für die Erbschaftsteuer, einschließlich Schenkungen auf den Todesfall, nicht jedoch für die Schenkungsteuer. Weitere DBA bestehen derzeit mit Dänemark, Griechenland, Schweden, Frankreich und den USA. Das ErbSt-DBA-Österreich vom 4.10.1954 wurde von Deutschland mit Wirkung zum 31.12.2007 aufgrund des Auslaufens der Erbschaftsteuer in Österreich zum 31.7.2008 gekündigt. Aus gestalterischer Sicht knüpfen die Überlegungen insbesondere daran an, inwieweit ein ggf. bestehendes DBA die deutschen Vorschriften zur erweiterten unbeschränkten sowie zur erweiterten beschränkten Erbschaft- und Schenkungsteuerpflicht zu Gunsten des Steuerpflichtigen und seiner Nachkommen modifiziert.

Ohne Bestehen von ErbSt-DBAs kann es zu einer Doppelbesteuerung (bzw. Anrechnungslücken)[14] kommen, weil eine im Ausland gezahlte Erbschaftsteuer nach der deut-

13 ErbSt-DBA-Schweiz vom 30.11.1978, BStBl 1980 I S. 243.

14 Jülicher, PIStB 2022 S. 114, 118.

schen Anrechnungsvorschrift des § 21 ErbStG insbesondere dann problematisch ist, wenn der Erblasser zur Zeit seines Todes aus deutscher Sicht (jedenfalls auch!) Inländer war. In diesem Fall ist nämlich nur die Erbschaftsteuer auf solche Vermögensgegenstände der in § 121 BewG genannten Art, die auf den entsprechenden ausländischen Staat entfallen, anrechenbar. Insbesondere bei Kapitalvermögen (Bankguthaben und festverzinslichen Wertpapieren) kann es hier zu einer Situation der Doppelbesteuerung kommen. Diese muss im Grundsatz hingenommen werden, sie verstößt nicht gegen höherrangiges Recht, im Einzelfall hat der Steuerpflichtige bei einer übermäßigen Steuerbelastung jedoch Anspruch auf Billigkeitsmaßnahmen[15].

BEISPIEL K ist Erbin ihrer verstorbenen Großtante, die auch einen Wohnsitz in Deutschland hatte, und die über weltweites Vermögen, u. a. hohes Kapitalvermögen in Frankreich, verfügte. Die Großtante verstarb im Jahr 2000, als das deutsch-französische DBA-ErbSt noch nicht abgeschlossen war. Frankreich erhob auf das Kapitalvermögen Erbschaftsteuer von 55 %.

Losung: Der Erbfall ist in Deutschland unbeschränkt erbschaftsteuerpflichtig. Das französische Kapitalvermögen zählt nicht zum Auslandsvermögen i. S.von § 21 Abs. 2 Nr. 1 ErbStG. Eine Anrechnung nach § 21 Abs. 1 ErbStG der französischen auf die deutsche Erbschaftsteuer unterbleibt. Es bleibt nur, eine Billigkeitsmaßnahme (Erlass oder Teilerlass) der deutschen Erbschaftsteuer zu beantragen.

2.2 Umstrukturierung von Vermögenswerten

Auch hier ist wiederum an eine entsprechende **Umstrukturierung des Vermögens** zu denken. Ziel ist es hier, Katalog-Wirtschaftsgüter i. S.von § 121 BewG zu vermeiden,[16] soweit in Deutschland nur noch beschränkte Erbschaft- bzw. Schenkungsteuerpflicht besteht. Besteht in Deutschland erweiterte beschränkte Erbschaft- bzw. Schenkungsteuerpflicht nach § 4 AStG, so ist auch das übrige erweiterte Inlandsvermögen, soweit dies praktikabel ist, in ausländisches Vermögen umzuschichten. Bei jeglichen Umstrukturierungsmaßnahmen sind immer die ertragsteuerlichen Folgen (Entnahme, Entstrickung, Betriebsaufgabe, gewerblicher Grundstückshandel, private Veräußerungsgeschäfte etc.) zu beachten. Sodann ist im Falle von Schenkungen oder Vermögensübertragungen im Wege der vorweggenommenen Erbfolge ebenfalls auf die Art des übertragenen Vermögens zu achten: Auch hier ist es im Hinblick auf eine Vermeidung deutscher Schenkungsteuer anzustreben, kein Inlandsvermögen i. S.von § 121 BewG zu übertragen. Läuft noch die Zehnjahresfrist der erweiterten beschränkten Schenkung-

15 BFH, Urteil v. 19.6.2013 - II R 10/2012, BStBl 2013 II S. 746, DB 2013 S. 1700 ff.; hiergegen wurde Verfassungsbeschwerde eingelegt (Az. 1 BvR 2488/13).

16 Vgl. Wachter, ErbStB 2004 S. 25, 26; Ettinger/Eberl, GmbHR 2005 S. 152, 152 ff., beachte hierzu R E 2.2. Abs. 3 Satz 6 und 7 ErbStR 2011 bzgl. Beteiligung an einer inländischen Kapitalgesellschaft über ausländische Kapitalgesellschaft.

steuerpflicht nach § 4 AStG, sollte vermieden werden, erweitertes Inlandsvermögen zu übertragen.

Andererseits kann es bei (weiterhin bestehender) unbeschränkter deutscher Erbschaftsteuerpflicht (z. B. Erwerber ist Inländer) sinnvoll sein, nur solche Vermögenswerte im Ausland zu halten, die bei inländischer Belegenheit Inlandsvermögen i. S. des § 121 BewG wären, um Anrechnungslücken bei der Anrechnung ausländischer Erbschaftsteuer nach § 21 ErbStG zu vermeiden.[17]

2.3 Einbringung von Wirtschaftsgütern in ausländische Kapitalgesellschaften

Des Weiteren ist zu überlegen, inländische **Wirtschaftsgüter** i. S. von § 121 BewG (z. B. Grundstücke, Mietshäuser, Erfindungen, u. U. auch Betriebe/Betriebsstätten) ggf. rechtzeitig und zu dann ggf. niedrigeren steuerlichen Werten in ausländische Kapitalgesellschaften **einzubringen.**[18] Im Falle des Todes des weggezogenen Steuerpflichtigen werden dann nämlich keine deutschen Vermögensgegenstände i. S. von § 121 BewG, sondern Anteile an einer ausländischen Kapitalgesellschaft mit Sitz im Zuzugsstaat hinterlassen und dort der Erbschaftsteuer unterworfen. Die ausländische Kapitalgesellschaft „stirbt" nämlich nicht. Allerdings ist hier § 5 Abs. 1 Satz 2 a. E. AStG zu beachten. Die deutsche beschränkte Erbschaftsteuerpflicht entfällt dann grundsätzlich. Ein solches Vorgehen könnte eventuell von der deutschen Finanzverwaltung als Missbrauch von Gestaltungsmöglichkeiten angesehen werden, wenn keinerlei wirtschaftliche oder sonst beachtliche Gründe für die Einbringung angeführt werden können und die Kapitalgesellschaft auch keine eigene wirtschaftliche Tätigkeit entfaltet.[19] Ähnliche Gestaltungsüberlegungen gelten hinsichtlich des erweiterten Inlandsvermögens für den Zeitraum des Bestehens der erweiterten beschränkten Erbschaft- und Schenkungsteuerpflicht nach § 4 AStG. Aber auch hier sind die ertragsteuerlichen Konsequenzen solcher Umstrukturierungen ins Kalkül zu ziehen.

2.4 Aufgabe der deutschen Staatsangehörigkeit

Bei Steuerpflichtigen, die von Haus aus über eine doppelte Staatsangehörigkeit verfügen, kann sich zur Aushebelung der erweiterten unbeschränkten Erbschaftsteuer-

17 Vgl. hierzu BFH v. 19.6.2013 - II R 10/2012, BStBl 2013 II S. 746, DB 2013 S. 1700 ff.; siehe auch von Oertzen in Scherer, Münchener Anwaltshandbuch Erbrecht, § 34 Rz. 76.

18 Vgl. Werz in FS Spiegelberger, 2009, S. 584, 589.

19 Vgl. R E 2.2. Abs. 3 Satz 6 und 7 ErbStR 2019; ferner Stein, ErbStB 2004 S. 116, 118; und zu den Substanzanforderungen von Oertzen/Bärsch/Kühn/Lindermann, DStR 2021 S. 1841, 1846 f.

pflicht im Einzelfall auch die **Aufgabe der deutschen Staatsangehörigkeit** anbieten.[20] Denn § 2 Abs. 1 Nr. 1 Buchst. b ErbStG gilt nur für „deutsche Staatsangehörige". Da § 2 Abs. 1 Nr. 1 Satz 2 Buchst. b ErbStG alternativ sowohl auf den Erblasser/Schenker oder den/die Erwerber abstellt, muss der Staatsangehörigkeitswechsel hier jedoch sowohl auf Seiten des Erblassers/Schenkers wie auch auf Seiten des/der Erwerber erfolgen. Eine solche Gestaltung wird in der Praxis freilich eher die Ausnahme bleiben.

2.5 Minderung der deutschen erbschaft- und schenkungsteuerlichen Bemessungsgrundlage

Im Rahmen der „Feinsteuerung" können Maßnahmen erwogen werden, um zumindest die erbschaft- und schenkungsteuerliche **Bemessungsgrundlage** von verbleibendem Inlandsvermögen/erweitertem Inlandsvermögen **zu minimieren.** So kann es beispielsweise Sinn machen, in Deutschland verbleibende Immobilien fremdfinanziert zu halten, und zwar möglichst durch Aufnahme eigener Darlehen und klarer Dokumentation des Zusammenhangs der jeweiligen Fremdmittel mit der Anschaffung oder Modernisierung o. ä. der in Deutschland belegenen Immobilien, um einen entsprechenden Abzug nach § 10 Abs. 6 Satz 2 ErbStG zu erreichen. Idee dieser Gestaltungsüberlegung ist die Tatsache, dass der Auswanderer im neuen Zuzugsstaat womöglich keiner oder einer viel geringeren Erbschaftsteuer unterliegt, so dass er sein im Zuzugsstaat gehaltenes Vermögen für Erbschaftsteuerzwecke optimalerweise tendenziell mit eigenen Mitteln und das in Deutschland verbleibende Vermögen zur Minimierung der (höheren) deutschen Erbschaftsteuer tendenziell eher mit Fremdmitteln finanziert. Rein erbschaftsteuerlich gedacht muss also die internationale Allokation von Fremd- versus Eigenkapital unter dem Gesichtspunkt der jeweiligen zu erwartenden Erbschaftsteuerbelastung geprüft werden.

BEISPIEL: Herr und Frau M leben seit vielen Jahren schon in Österreich. In Deutschland haben sie keinen Wohnsitz mehr. Ihr einziger Sohn lebt und studiert in den USA. Die Eheleute haben in Deutschland jedoch noch bestimmte Vermögenswerte wie insbesondere mehrere fremdvermietete Immobilien. Diese sind überwiegend fremdfinanziert. Die Eheleute fragen, ob aus erbschaftsteuerlicher Sicht die Fremdfinanzierung aufrechterhalten werden sollte oder eine Ablösung der Darlehen erfolgen sollte.

Losung: Nach § 10 Abs. 6 Satz 2 ErbStG könnte im Erbfall ein Schuldenabzug der Darlehensverbindlichkeiten erfolgen; dadurch könnte die bestehende deutsche Erbschaftsteuer reduziert werden. Das von den Eheleuten in Österreich gehaltene Vermögen kann dagegen zum Zwecke der Erbschaftsteueroptimierung z. B. in österreichische Kapitalanlagen investiert werden. Auf Grund des Auslaufens der Erbschaftsteuer in Österreich unterliegt dieses Vermögen keiner österreichischen Erbschaftsteuer mehr.

20 Vgl. Kamps, ErbR 2020 S. 855, 857; Kamps, ErbStB 2003 S. 92, 93; vgl. ferner Riedel in Daragan/Halaczinsky/Riedel, ErbStG/BewG, 3. Aufl. 2017, § 2 ErbStG Rz. 11.

Zur möglichen EU-Rechtswidrigkeit der Beschränkung des § 10 Abs. 6 Satz 2 ErbStG siehe unten Teil F Ziffer 6.

Des Weiteren sollte die **testamentarische Nachfolgeplanung** dann die erbschaftsteuerlichen Rahmenbedingungen berücksichtigen.

BEISPIEL: Herr und Frau M leben seit vielen Jahren schon in Österreich, in Deutschland haben sie keinen Wohnsitz mehr. Ihr einziger Sohn lebt und studiert in den USA. Die Eheleute haben in Deutschland jedoch noch bestimmte Vermögenswerte wie insbesondere mehrere fremdvermietete Immobilien. Vererben sie diese an den Sohn, besteht insoweit wegen § 121 Nr. 2 BewG beschränkte Erbschaftsteuerpflicht. Dies gilt auch für Vermächtnisse, die sich auf Inlandsvermögen i. S. des § 121 BewG beziehen, und die dinglich wirken[21]. Alternativen sind zu bedenken.

2.6 Beibehaltung eines weiteren Wohnsitzes in Deutschland bzw. Antrag auf fiktive unbeschränkte Steuerpflicht gem. § 2 Abs. 3 ErbStG bzw. anteiliger Freibetrag nach § 16 Abs. 2 ErbStG n. F.

Sodann kann es in bestimmten Konstellationen (insbesondere kleinere Vermögen) ratsam sein, bewusst einen **weiteren Wohnsitz in Deutschland beizubehalten**. Denn dadurch können die Voraussetzungen der unbeschränkten Erbschaft- und Schenkungsteuerpflicht in Deutschland aufrechterhalten werden (§ 2 Abs. 1 Nr. 1 Buchst. a ErbStG), dies unabhängig davon, ob im Ausland ein weiterer Wohnsitz durch „Wegzug" begründet worden ist. Hintergrund ist der, dass durch die Beibehaltung der unbeschränkten Erbschaft- und Schenkungsteuerpflicht im Inland die persönlichen Freibeträge der §§ 16, 17 ErbStG in jedem Fall und ohne Einschränkungen erhalten bleiben. Dabei muss es sich bei dem inländischen Wohnsitz nicht etwa um einen Hauptwohnsitz handeln, der inländische Wohnsitz muss auch nicht den Mittelpunkt der Lebensinteressen darstellen.[22]

Altfälle bis zum Inkrafttreten des StUmgBG: Ein ähnliches (aber nicht ganz deckungsgleiches) Ergebnis ließ sich zwischenzeitlich auch aufgrund der Neuregelung zur fiktiven unbeschränkten Steuerpflicht gem. § 2 Abs. 3 ErbStG (siehe oben Ziffer 1.3.) allein durch Antragstellung erzielen, wenn einer der Zuwendungsbeteiligten seinen **Wohnsitz im EU/EWR-Ausland** hat. Diese Regelung wurde durch das Steuerumgehungsbekämpfungsgesetz – StUmgBG[23] mit Wirkung für die Zukunft gestrichen. In Altfällen können

---

21 Dinglich wirken Vermächtnisse auf deutsche Immobilien für internationale Erbfälle, die unter die EuErbVO fallen, wenn ein nach der EuErbVO maßgebliches ausländisches Recht das so anordnet (so z. B. EuGH, Urteil v. 12.10.2017 - Rs. C-218/16 „Kubicka", zu einem Vindikationslegat das nach polnischem Erbrecht angeordnet worden war). Anders ist dies nach h. L. für nur schuldrechtlich wirkende Vermächtnisse (a. A. FG München, Urteil v. 10.7.2019 - 7 K 1253/17 NWB PAAAH-42821, DB 2019 S. 2214 mit zu Recht kritischer Anmerkung Wachter).

22 Vgl. Wachter, IStR 2004 S. 361, 366.

23 Steuerumgehungsbekämpfungsgesetz – StUmgBG vom 24.6.2017, BGBl 2017 I S. 1682.

sich Steuerpflichtige aber unverändert auf sie berufen. Das Wahlrecht hatte nach dieser Vorschrift der Erwerber. Es wird nicht von der Staatsangehörigkeit abhängig gemacht, Anknüpfungspunkt ist vielmehr ausschließlich der Wohnsitz zu einem bestimmten Zeitpunkt.[24] Diese muss sich entweder beim Erblasser zur Zeit seines Todes, beim Schenker zur Zeit der Ausführung der Schenkung oder beim Erwerber zur Zeit der Entstehung der Steuer (§ 9 ErbStG) aufgrund eines Wohnsitzes in einem EU- bzw. EWR Mitgliedstaat ergeben. Da die Kapitalverkehrsfreiheit auch den Kapitalverkehr in Bezug auf Drittstaaten schützt,[25] erweist sich die Regelung diesbezüglich als zu kurz.[26] Für **Drittstaaten-Sachverhalte** blieb (vorbehaltlich der direkten Berufung auf das Europarecht und die entsprechende EuGH- Rechtsprechung[27]) nach wie vor nur die Alternative der Beibehaltung eines Wohnsitzes in Deutschland. Diese sind von der Neuregelung nicht erfasst. Im Übrigen bleibt momentan die erstgenannte Alternative der Beibehaltung eines Wohnsitzes in Deutschland.

Das **Antragsrecht lag beim Erwerber** eines an sich nur beschränkt steuerpflichtigen „Vermögensanfalls". Die Norm gilt somit gleichermaßen für den **Erwerb von Todes wegen als auch für Schenkungen unter Lebenden**.

Konsequenz des Antrags war zwar einerseits die Anwendung der **persönlichen Freibeträge nach § 16 Abs. 1 ErbStG**, andererseits wird aber der gesamte Erwerb – nicht nur der inländische gem. § 121 BewG – der unbeschränkten Steuerpflicht unterworfen.[28] Der Gesetzentwurf rechtfertigt dies damit, dass eine Besserstellung des Steuerpflichtigen vermieden werden soll: Könnte ein Erwerber den höheren persönlichen Freibetrag nach § 16 Abs. 1 ErbStG auch bei nur beschränkter Steuerpflicht in Anspruch nehmen, wäre er infolge der Beschränkung der Steuerpflicht auf das Inlandsvermögen i. S. von § 121 BewG regelmäßig besser gestellt als ein vergleichbarer Erwerber, dessen Erwerb nach § 2 Abs. 1 Nr. 1 ErbStG der unbeschränkten Steuerpflicht unterliegt; er muss sich daher den vollständigen Regelungen der unbeschränkten Steuerpflicht unterwerfen.[29]

Der Antrag bezieht sich zwar grds. nur auf den einzelnen Vermögensanfall, hat aber gem. § 2 Abs. 3 S. 2 ErbStG n. F. zur Folge, dass auch mehrere innerhalb von zehn Jahren **vor** dem Vermögensanfall **und** innerhalb von zehn Jahren nach dem Vermögensanfall

24 Vgl. Schulte/Sedemund, BB 2010 S. 2080, 2081.

25 Vgl. Grabitz/Hilf, Das Recht der EU, 75. Aufl. 2022, Art. 63 AEGV Rz. 102.

26 Vgl. EuGH, Urteil v. 17.10.2013 - Rs. C-181/12 „Yvon Welte" NWB EAAAE-50293, ABl EU 2013 Nr. C 367 S. 11 siehe hierzu auch Ausführungen unter F.3.

27 EuGH, Urteil v. 17.10.2013 - Rs. C-181/12 „Yvon Welte" NWB EAAAE-50293, ABl EU 2013 Nr. C 367 S. 11 und EuGH, Urteil v. 8.6.2016 - Rs. C-479/14 „Sabine Hünnebeck" NWB SAAAF-75424, DStR 2016 S. 1360.

28 Vgl. Schulte/Sedemund, BB 2010 S. 2080, 2081.

29 Vgl. BeitrRLUmsG Gesetzentwurf v. 22.6.2011, BT-Drucks. 17/6263,S. 108.

von derselben Person anfallende Erwerbe als unbeschränkt steuerpflichtig zu behandeln und nach Maßgabe des § 14 ErbStG **zusammenzurechnen** sind.[30] Der Gesetzgeber hat ausweislich der Argumentation im Gesetzesentwurf mit dieser Zusammenrechnung seinen durch den EuGH eingeräumten Spielraum[31] genutzt, um Umgehungen der Freibetragsregelung durch in mehrere Teile aufgespaltene Schenkungen zwischen denselben Personen zu verhindern.[32] In diesem Zusammenhang ist auch darauf hinzuweisen, dass die höchstrichterliche Rechtsprechung[33] eine Anrechnung ausländischer Schenkungsteuer im Rahmen mehrerer zusammengerechneter Erwerbe gem. § 14 ErbStG nur hinsichtlich des Letzterwerbs und nicht auch hinsichtlich der Vorerwerbe stattfindet und somit eine Doppelbesteuerung mit in- und ausländischer Schenkungsteuer im Raum steht. Zur Ausschöpfung des Anrechnungspotentials sollten daher statt einer Vielzahl kleinerer Schenkungen wenige größere, d. h. insbesondere den persönlichen Freibetrag überschreitende (und daher zu einer Steuerfestsetzung führende) Zuwendungen vorgenommen werden.[34]

Neufälle nach dem 24.6.2017: Für Fälle, bei denen die Erbschaft- oder Schenkungsteuer nach dem 24.6.2017 entsteht[35], gilt statt des aufgehobenen § 2 Abs. 3 S. 2 ErbStG ein modifizierter **anteiliger Freibetrag** nach § 16 Abs. 2 ErbStG. Danach gelten auch in den Fällen der beschränkten Erbschaft- oder Schenkungsteuerpflicht grds. die regulären Freibeträge nach § 16 Absatz 1 ErbStG, jedoch mit folgender Modifikation: Der nach dem jeweiligen Näheverhältnis maßgebliche Freibetrag (z. B. Freibetrag von 400.000 € für Kinder) wird um einen Teilbetrag gemindert. Dieser Teilbetrag entspricht dem Verhältnis der Summe der Werte des in demselben Zeitpunkt erworbenen, nicht der beschränkten Steuerpflicht unterliegenden Vermögens und derjenigen, nicht der beschränkten Steuerpflicht unterliegenden Vermögensvorteile, die **innerhalb von zehn Jahren von derselben Person** angefallen sind, zum Wert des Vermögens, das insgesamt innerhalb von zehn Jahren von derselben Person angefallenen ist. Die früheren Erwerbe sind mit ihrem früheren Wert anzusetzen. U. E. wirkt diese Zehn-Jahres-Frist nur vergangenheitsgewandt (und nicht in beide Richtungen auch zukunftsbezogen).[36] Die Neuregelung gilt für EU- bzw. EWR-Sachverhalte, aber daneben auch für Drittstaaten-Sachverhalte.

30 Zur Kritik an dieser Regelung vgl. unten Teil F Ziffer 3.

31 Vgl. EuGH, Urteil v. 22.4.2010 - Rs. C 510/08 „Mattner“ NWB OAAAD-42479, DStR 2010 S. 861.

32 Vgl. BeitrRLUmsG Gesetzentwurf v. 22.6.2011, BT-Drucks. 17/6263 S. 108.

33 Zuletzt BFH, Urteil v. 7.9.2011 - II R 58/09 BStBl 2012 II S. 40, IStR 2011 S. 850.

34 Vgl. hierzu Wefers, ErbStB 2011 S. 304; Werz/Sager, ErbStB 2010 S. 304.

35 § 37 Abs. 14 ErbStG i. d. F. des StUmgBG.

36 Troll/Gebel/Jülicher/Gottschalk, ErbStG, § 16 Rz. 21.

Die Neuregelung kann in bestimmten Konstellationen für die Betroffenen zu ungünstigeren Effekten als eine Beibehaltung eines zusätzlichen deutschen Wohnsitzes führen (z. B. Konstellationen, in denen nicht der deutschen beschränkten Steuerpflicht unterliegendes Auslandsvermögen vorhanden ist, und die ungemilderten Freibeträge des § 16 Abs. 1 ErbStG betragsmäßig zur Vermeidung von deutscher Erbschaft- oder Schenkungsteuer ausreichen und im Ausland keine Erbschaft- oder Schenkungsteuerpflicht besteht). Es muss also weiterhin im Einzelfall entschieden werden, ob ggf. die proaktive Beibehaltung eines zusätzlichen deutschen Wohnsitzes erbschaft- und schenkungsteuerlich Sinn macht.

Das FG Düsseldorf hatte mit Beschluss vom 20.7.2020 dem EuGH die Frage vorgelegt, ob die aktuelle Fassung des § 16 Abs. 2 ErbStG (Konzept der anteiligen Freibeträge) unionsrechtmäßig ist.[37] Der EuGH hat dazu am 21.12.2021 entschieden, dass diese anteilige Freibetragsminderung unionsrechtmäßig ist.[38]

2.7 Berücksichtigung deutscher „Abwehrmechanismen" bei der Vermögens- und Nachfolgeplanung nach Wegzug ins Ausland

Schließlich sind die **Abwehrmechanismen** des deutschen Erbschaftsteuerrechts auch bei **Nachfolgeplanungen im Anschluss an einen Wegzug** zu **beachten**: Plant der Wegzügler beispielsweise Vermögensübertragungen im Wege der vorweggenommenen Erbfolge an seine mitziehenden Familienangehörigen, muss selbst dann, wenn das übertragene Vermögen Auslandsvermögen darstellt (z. B. Depot bei einer Bank in Zürich), die Fünfjahresfrist der erweiterten unbeschränkten Erbschaft- und Schenkungsteuerpflicht abgewartet werden. Dies gilt ebenfalls bei der Nachfolgeplanung mit ausländischen Stiftungen oder Trusts. Diese können zwar unproblematisch auch innerhalb der Fünfjahresfrist mit minimaler Grundausstattung errichtet werden, eine Ausstattung mit Vermögensgegenstanden oder Finanzmitteln durch unentgeltliche Vermögensübertragung in der Fünfjahresfrist führt jedoch grds. zu einer deutschen Schenkungsteuerpflicht.

2.8 Steuerfreie Zugewinnausgleichsforderung

Die Steuerfreiheit der Zugewinnausgleichsforderung nach § 5 ErbStG ist unabhängig davon, ob beschränkte oder unbeschränkte Erbschaft- und Schenkungsteuerpflicht in Deutschland vorliegt, denn der Gesetzeswortlaut enthält im Gegensatz zu anderen Vorschriften gerade keine Einschränkung oder Sonderregelung für den Fall der be-

37 FG Düsseldorf, Beschluss v. 20.07.2020 - 4 K 1095/20 Erb NWB LAAAH-57956; ZEV 2020 S. 647.

38 EuGH v. 21.12.2021 - Rs. C-394/20 „XY/FA V" NWB GAAAI-03101, DStRE 2021 S. 30.

schränkten Erbschaftsteuerpflicht.[39] Der sich aus § 5 ErbStG ergebende Quasifreibetrag ist insbesondere dann bedeutsam, wenn sich aufgrund der beschränkten Steuerpflicht nur ein minimaler Freibetrag gem. § 16 Abs. 2 ErbStG i. H. von momentan 2.000 € ergibt.[40]

Im Einzelnen ist hier jedoch vieles strittig (Spielt die Frage des familienrechtlichen Ehegüterrechtsstatuts eine Rolle oder nicht? Kommt es nur zu einer quotalen Steuerfreiheit der Zugewinnausgleichsforderung im Verhältnis vom Inlandsvermögen zum gesamten Vermögen?).

39 Vgl. Werz in FS Spiegelberger, 2009, S. 584, 585.
40 Vgl. hierzu ausführlich Jeremias, ZEV 2005 S. 414, 418.

E. Europarechtliche Aspekte im Hinblick auf die einkommensteuerlichen Tatbestände der Wegzugsbesteuerung[1]

Literatur: *Blumenberg/Schäfer*, Das SEStEG, 2007; *Bron*, Das van Hilten-Urteil des EuGH und die (Un-)Anwendbarkeit der Wegzugsbesteuerung im Verhältnis zu Drittstaaten, IStR 2006 S. 296; *Dannecker*, Unternehmensnachfolge bei Kapitalgesellschaften: erbschaftsteuerliche und ertragsteuerliche Aspekte, DStR 2020 S. 853; *Hecht/Gallert*, Ungeklärte Rechtsfragen der Wegzugsbesteuerung gemäß 3 6 AStG, BB 2009 S. 2396; *Heurung/Engel/Thiedemann*, Die Entstrickungsbesteuerung im Lichte des Europarechts, EWS 2011 S. 228; *Intemann*, Wegzugsbesteuerung nach der Änderung durch das SEStEG europarechtskonform, NWB 51/2008 S. 4797; *Jesic/Leucht*, Der § 6 AStG idF des ATAD-Umsetzungsgesetzes – Unionsrechtskonformität trotz des Wegfalls des bisherigen § 6 Abs. 5 bzw. 6 AStG?, DStR 2021 S. 1913; *Keller*, Die Fortentwicklung der Wegzugsbesteuerung nach § 6 AStG, 2006; *Kinzl/Goerg*, Wegzugsbesteuerung – Abhilfe durch Schreiben des BMF vom 8. Juni 2005?, IStR 2005 S. 450; *Koller*, Wegzugsbesteuerung und Entstrickung stiller Reserven im Deutschen Steuerrecht, Hamburg 2007; *Kraft*, Anteilswertminderungen in Wegzugfällen – eine steuersystematische und unionsrechtliche Würdigung im Lichte der EuGH-Entscheidung Jacob/Lassus, IStR 2018 S. 289; *Libbach*, Die Wegzugsbesteuerung gemäß § 6 AStG, 2010; *Loritz/Sessig*, Europarechtliche Schranken für die Verzinsung von Steuerforderungen bei Widerruf nach § 6 Abs. 5 Satz 4 AStG, IStR 2013 S. 288; *Micker/Schwarz*, Europarechtskonforme Entstrickung von Privat- und Betriebsvermögen, IWB 9/2017 S. 344; *Mitschke*, Nochmals: das EuGH-Urteil in der Rs. DMC - Ende der Diskussionen um die Wegzugssteuer?, IStR 2014 S. 214; *Rehfeld*, Die Vereinbarkeit des Außensteuergesetzes mit den Grundfreiheiten des EG-Vertrages, 2008; *Richter/Escher*, Deutsche Wegzugsbesteuerung bei natürlichen Personen nach dem SEStEG im Lichte der EuGH-Rechtsprechung, FR 2007S. 674; *Schenke/Mohr*, Auswirkungen des europäischen Gemeinschaftsrechts auf das deutsche Steuerrecht, DStZ 2009 S. 439; *Schönfeld/Erdem*, § 6 AStG idF ATADUmsG im Fokus des Unionsrechts: Ist ein Ratenzahlungskonzept mit der EuGH-Rechtsprechung vereinbar?, IStR 2021 S. 527; *Siemers/Claussen*, Wegzugsbesteuerung: Behandlung von Verlustvorträgen im Rahmen des § 6 Abs. 5 AStG, PIStB 2013 S. S. 13; *Söffing/Bron*, Die Wegzugsbesteuerung im Verhältnis zur Schweiz unter Berücksichtigung des Freizügigkeitsabkommens, RIW 2009 S. 358; *Thömmes/Linn*, Verzinsung und Sicherheitsleistung bei aufgeschobener Fälligkeit von Steuern im Wegzugsfall, IStR 2012 S. 282; *Vogl*, Die Wegzugsbesteuerung des § 6 AStG in der Neufassung des SEStEG, 2009; *Wacker*, Hat der EuGH seine Rechtsprechung zu den unionsrechtlichen Grenzen der Wegzugsbesteuerung geändert? IStR 2017 S. 926; *Wassermeyer*, Steuerliche Konsequenzen aus dem EuGH-Urteil Hughes des Lasteyrie du Saillant, GmbHR 2004 S. 613; *Weigell*, Geltung der Niederlassungsfreiheit auch im Verhältnis zur Schweiz, IStR 2006 S. 190; *Weiss*, Wegzugsbesteuerung nach § 6 AStG – Neue Entwicklungen in Gesetzgebung und Rechtsprechung, EStB 2020 S. 230.

1 Dieser Teil wurde durch Dr. Jochen Ettinger bearbeitet.

1. Bereich des § 6 AStG

Die Frage ist, inwieweit der neugefasste § 6 AStG nunmehr europarechtskonform ist oder nicht. Im Grundsatz dürfte dies der Fall sein, denn der deutsche Fiskus sichert sich durch das Stundungskonzept die in der Zeit der Ansässigkeit des Anteilseigners in Deutschland entstandenen stillen Reserven. Diese Aufteilung der Besteuerungsbefugnis hinsichtlich der stillen Reserven in Gesellschaftsanteilen nach dem Territorialprinzip hatte der EuGH in der Entscheidung Lasteyrie du Saillant[2] den Mitgliedstaaten ausdrücklich zugesprochen. Man muss also im Ergebnis davon ausgehen, dass § 6 AStG i. d. F. des SEStEG grds. europarechtskonform ausgestaltet wurde.[3] Die Rechtslage dürfte hier jedenfalls für Zwecke der Praxis als geklärt anzusehen sein.

Allerdings hatte EuGH hat diesbezüglich einhellig klargestellt, dass sich die sofortige Besteuerung im Zeitpunkt des Wegzugs als unverhältnismäßig darstellt.[4] Die durch das SEStEG eingeführten Stundungsregelungen bei Wegzug in ein EU/EWR Staat in § 6 Abs. 5 AStG i. d. F. des SEStEG waren die Reaktion auf des deutschen Gesetzgebers auf die EuGH-Entscheidung de Lasteryrie de Saillant. Diese Regelungen mit der zeitlich unbefristeten und zinslosen Stundung bis zum tatsächlichen Verkauf der Anteile sind nach allgemeiner Auffassung ebenfalls im Großen und Ganzen europarechtskonform.

Im Hinblick auf die erfolgten Änderungen durch das ATADUmsG für die Zeit ab dem 1.1.2021 und der erfolgten Abschaffung des § 6 Abs. 5 AStG i. d. F. des SEStEG stellt sich die Frage nach den europarechtlichen Implikationen der Neuregelung,.. die nur noch eine zeitliche Streckung der Steuerzahlung auf sieben Jahre vorsieht. Bemerkenswerterweise werden in der Gesetzesbegründung zur Begründung vornehmlich EuGH-Urteile zitiert, die Betriebsvermögen betrafen[5] und der Gesetzgeber sieht dabei ausweislich

2 EuGH v. 11.3.2004 - Rs. C-9/02 „Hughes de Lasteyrie du Saillant" NWB KAAAB-72877, DStR 2004 S. 551. Zu Sachverhalt und Würdigung der Entscheidung vgl. näher Keller, Die Fortentwicklung der Wegzugsbesteuerung nach § 6 AStG, 2006, S. 146 ff.; Vogl, Die Wegzugsbesteuerung des § 6 AStG in der Neufassung des SEStEG, 2009, S. 11 ff.; Koller, Wegzugsbesteuerung und Entstrickung stiller Reserven im Deutschen Steuerrecht, 2007, S. 38 ff.; Libbach, Die Wegzugsbesteuerung gemäß § 6 AStG, 2010, S. 37 ff. sowie Schönwetter, Wohnsitzverlagerung nach Österreich und in die Schweiz, 2009, S. 65 ff.

3 Ebenso BFH, Beschluss v. 23.09.2008 - I B 92/08, BStBl 2009 II S. 524, RIW 2008 S. 884; BFH, Beschluss v. 25.8.2009 - III B 202/10 NWB TAAAD-99015, DStR 2009 S. 2295; Intemann, NWB 51/2008 S. 4797 10101; Richter/Escher, FR 2007 S. 674, 681; Keller, Die Fortentwicklung der Wegzugsbesteuerung nach § 6 AStG, 2006, S. 154; Rehfeld, Die Vereinbarkeit des Außensteuergesetzes mit den Grundfreiheiten des EG-Vertrages, S. 226 ff.; Schönwetter, Wohnsitzverlagerung nach Österreich und in die Schweiz, 2009, S. 70. Zur Vergleichbarkeit der franz. Regelungen mit der deutschen Vorschrift zur Wegzugsbesteuerung siehe die Übersicht bei Koller, Wegzugsbesteuerung und Entstrickung stiller Reserven im Deutschen Steuerrecht, 2007, S. 42 f.

4 Vgl. die jüngere EuGH Rechtsprechung: Rs. C-9/02 „de Lasteyrie du Saillant"; Rs. C-0371/10 „National Grid Indus"; Rs. C-269/09 „Kommission gegen Spanien"; Rs. C-162/12 „DMC"; Rs. C-657/13 „Verder LabTec"; Rs .C-503714 „Kommission gegen Portugal"; Rs. C-581/17 „Wächtler".

5 Nämlich die EuGH, Urteil v. 21.05.2015 - Rs. C-657/13 „DMC" NWB YAAAE-91181; und die EuGH, Urteil v. 21.05.2015 - Rs. C-657/13 „Verder LabTec NWB YAAAE-91181.

der Gesetzesbegründung bereits den Widerspruch zum EuGH-Urteil „Wächtler“[6], welches schon in der inhaltsgleichen, bisherigen deutschen Regelung zum Wegzug in die Schweiz und der damit einhergehenden Besteuerung der latenten Wertzuwächse bereits im Zeitpunkt des Wegzugs einen Verstoß gegen den unionsrechtlichen Gleichbehandlungsgrundsatz festgestellt hatte. Eine befristete Steuerstundung nach § 6 Abs. 4 AStG i. d. F. des SEStEG hatte der EuGH hier ausdrücklich als nicht verhältnismäßig eingeordnet und brachte damit zum Ausdruck, dass eine Umstellung des § 6 AStG auf eine Befristung der Steuerstundung nicht mit dem Unionsrecht kompatibel ist.[7]

Hierzu ist festzustellen, dass die jüngere EuGH-Rechtsprechung tatsächlich eine zeitliche Streckung der Steuerzahlung über einen Zeitraum von fünf Jahren als ausreichend erachtet hat. Dies aber in Urteilen die Anteile im Betriebsvermögen zum Gegenstand hatten. Explizit unterscheidet der EuGH zwar nicht zwischen Betriebsvermögen und Privatvermögen. Der EuGH hat sich aber auch in keiner seiner nachfolgenden Entscheidungen von seiner Lysteyrie-Rechtsprechung ausdrücklich distanziert.[8] Vielmehr hat er in seinem letzten Urteil in der Rs. „Wächtler“ betont, dass auch eine nach § 6 Abs. 4 AStG i. d. F. des SEStEG vorgesehenen Möglichkeit der ratierlichen Entrichtung der Steuer europarechtswidrig ist, da hierdurch der Liquiditätsnachteil des Wegziehenden zum Inländer nicht beseitigt werde. Die durch das ATADUmsG eingeführte Neufassung der Stundungsregelungen bei Wegzug sieht aber genau das vor und ist daher u. E. EG-rechtlich fragwürdig.[9]

Des Weiteren sind die umfassenden Mitteilungspflichten, die § 6 AStG vorsieht, europarechtlich zumindest bedenklich, da diese Belastungen bei einem reinen Inlandsumzug nicht eingreifen.[10] Auch die Ausgestaltung der Berücksichtigung von nach Wegzug eintretenden Wertminderungen § 6 Abs. 6 AStG i. d. F. des SEStEG ist aus Sicht des Steuerpflichtigen derart mit Unschärfen und Problemen belastet, dass sie geeignet ist, einen Steuerpflichtigen bei der Ausübung seines Rechts auf Freizügigkeit zu behindern.[11] Die Fassung des § 6 AStG nach ATADUmsG sieht gar keine Berücksichtigung mehr von Verminderung vor, was Umzüge ebenfalls erschwert.

6 EuGH, Urteil v. 26.2.2019 - Rs. C-581/17 „Wächtler“ NWB BAAAH-11395, DStR 2019 S. 425; vgl hierzu auch Nürnberg, IWB 10/2019 S. 417 NWB SAAAH-15620; Weiss, StuB 2019 S. 392.

7 Kahlenberg, DStRK 2019 S. 93; Schönfeld/Erdem, IStR 2021 S. 527.

8 Micker/Schwarz, IWB 9/2017 S. 344 NWB UAAAG-44250.

9 So z. B. auch Escher/Grzella, BB 2020 S. 540, 543; Schönfeld/Erdem, IStR 2021 S. 527, 532; Jesic/Leucht, DStR 2021 S. 1913, 1918 und Kahlenberg, IStR 2020 S. 378, 384; anders die Auffassung des Gesetzgebers in ATADUmsG Gesetzesbegründung BT-Drucks. 19/28652 S. 47 f.

10 Häck in Haase, AStG/DBA, § 6 AStG Rz. 19; Lausterer in Blumenberg/Schäfer, Das SEStEG, 2007, S. 239; Vogl, Die Wegzugsbesteuerung des § 6 AStG in der Neufassung des SEStEG, 2009, S. 33 f.; Schönfeld in Flick/Wassermeyer/Baumhoff/Schönfeld, Außensteuerrecht, § 6 Anm. 27.1.

11 Lausterer in Blumenberg/Schäfer, Das SEStEG, 2007, S. 237; Richter/Escher, FR 2007 S. 674, 681.

2. Drittstaatenthematik, insbesondere das Verhältnis zur Schweiz

Die Frage ist, ob die Grundsätze der EuGH-Entscheidungen Rs. Lasteyrie du Saillant[12] und Rs. N.[13] auch in Bezug auf Wegzüge in Drittstaaten durchschlagen. Im Hinblick auf einen **Wegzug in Nicht-EU-Staaten** gibt es zahlreiche Stimmen, die dies unter Hinweis auf die **Kapitalverkehrsfreiheit nach Art. 63 AEUV** und deren Drittwirkung bejahen.[14] Der EuGH hat allerdings in der Rs. van Hilten[15] festgestellt, dass die bloße Wohnsitzverlegung noch keinen Kapitalverkehr i. S. von Art. 63 AEUV darstellt.[16] Die Kapitalverkehrsfreiheit bleibt daher u. E. im Verhältnis zu Drittstaaten bei Wegzugsfällen grds. ohne Wirkung gegenüber § 6 AStG.[17]

Speziell im **Verhältnis zur Schweiz** kann jedoch damit argumentiert werden, dass aufgrund der zwischen den Mitgliedstaaten der EU und der Schweiz abgeschlossenen bilateralen Abkommen (insbesondere aufgrund des Freizügigkeitsabkommens) vergleichbare Freizügigkeitsrechte bestehen wie in der Europäischen Union.[18] Aus innerstaatlicher Sicht wäre daher eine analoge Anwendung von § 6 Abs. 5–7 AStG i. d. F. des SEStEG anzunehmen.[19] Aus Sicht des wegzugswilligen Steuerpflichtigen, der nach dem Wegzug Kapitalgesellschaftsanteile veräußern möchte, ist dies deshalb bedenkenswert, weil die Schweiz Kapitalgewinne aus der Veräußerung von Privatvermögen in aller Regel weder auf Bundes- noch auf Kantonsebene besteuert.[20]

Der EuGH hat in der **Rs. „Wächtler"**[21] in diesem Sinne entschieden, dass eine Wegzugsteuer unter analoger Anwendung des § 6 Abs. 5 AStG zinslos und zeitlich unbegrenzt

12 EuGH, Urteil v. 11.3.2004 - Rs. C-9/02 „Hughes de Lasteyrie du Saillant" NWB KAAAB-72877, DStR 2004 S. 551.

13 EuGH, Urteil v. 7.9.2006 - Rs. C-470/04 „N" NWB DAAAD-22700, IStR 2006 S. 702. Siehe dazu auch Vogl, Die Wegzugsbesteuerung des § 6 AStG in der Neufassung des SEStEG, 2009, S. 15 f.; ferner Libbach, Die Wegzugsbesteuerung gemäß § 6 AStG, 2010, S. 39 f. und Heurung/Engel/Thiedemann, EWS 2011 S. 228, 230.

14 Vgl. Kinzl/Goerg, IStR 2005 S. 450, 450 ff.; Wassermeyer, GmbHR 2004 S. 613, 613 ff. sowie Libbach, Die Wegzugsbesteuerung gemäß § 6 AStG, 2010, S. 41 f.

15 EuGH, Urteil v. 23.2.2006 - Rs. C-513/03 „van Hilten", IStR 2006 S. 309.

16 Vgl. dazu Schönwetter, Wohnsitzverlagerung nach Österreich und in die Schweiz, 2009, S. 71 f.

17 Ebenso Häck in Haase, AStG/DBA, 3. Aufl. 2016, § 6 AStG, Rz. 20. Schönfeld in Flick/Wassermeyer/Baumhoff/Schönfeld, Außensteuerrecht, § 6 Anm. 27.4; Ausnahme in Bezug auf § 6 Abs. 1 Satz 2 Nr. 3 AStG, vgl. Kraft, AStG, 2009, § 6 Rz. 100 ff.

18 Vgl. zu dieser Thematik Söffing/Bron, RIW 2009 S. 358, 358 ff.; Weigell in Weigell/Brand/Safarik, Investitions- und Steuerstandort Schweiz, 3. Aufl. 2012, S. 129, 154; Weigell, IStR 2006 S. 190, 190 ff.; Bron, IStR 2006 S. 296, 296 ff.; Hecht/Gallert, BB 2009 S. 2396, 2396 ff.

19 Vgl. Häck, IStR 2011 S. 797, 799.

20 Art. 16 Abs. 3 des Gesetzes über die direkten Bundessteuern – DBG bzw. Art. 7 Abs. 4 Buchst. b des Gesetzes über die Harmonisierung der direkten Steuern der Kantone und Gemeinden – StHG.

21 EuGH, Urteil v. 26.2.2019 - Rs. C-581/17 „Wächtler" NWB BAAAH-11395, DStR 2019 S. 425.

zu stunden ist. Der Fall handelte von einem deutschen Geschäftsführer einer Schweizer GmbH an der er auch zu 50% beteiligt ist. Im Jahr 2011 verlegte er seinen Wohnsitz in die Schweiz. Aufgrund des Wegzugs veranlagte das Finanzamt den Geschäftsführer nach § 6 AStG i. d. F. des SEStEG i.V. mit § 17 EStG zur sofortigen Wegzugssteuer in Höhe der latenten Wertzuwächse seiner Gesellschaftsanteile bis zu seinem Umzug in die Schweiz. Dagegen wehrte sich der Geschäftsführer und berief sich auf die Unwirksamkeit der Wegzugsteuerfestsetzung, da es in seinem Fall keine dem § 6 Abs. 5 AStG i. d. F. des SEStEG entsprechende Stundungsregelung für den Wegzug in die Schweiz gebe.

Nach Auffassung des EuGHs verstößt § 6 AStG i. d. F. des SEStEG insoweit gegen das Unionsrecht, als eine zeitlich unbeschränkte Stundung der Besteuerung der latenten Wertzuwächse im Falle des Wegzugs eines Selbständigen in die Schweiz nicht möglich ist. Dadurch ist aufgrund des unionsrechtlichen Gleichbehandlungsgrundsatzes das Niederlassungsrecht des Freizügigkeitsabkommens mit der Schweiz beschränkt. Zur Herstellung einer Vereinbarkeit mit dem Unionsrecht hat nach dem Freizügigkeitsabkommen im Fall des Wegzugs in die Schweiz eine zeitlich unbefristete Stundung ggfs. unter Berücksichtigung einer Sicherheitsleistung zu erfolgen, wenn der persönliche und sachliche Anwendungsbereich des Freizügigkeitsabkommens (FZA) eröffnet ist.

Im Hinblick auf die Anwendung des FZA ist dieser Fall von dem EuGH-Urteil[22] in der Rs. „Picart" abzugrenzen. Dieses Urteil betraf den Fall eines französischen Nichtunternehmers der in die Schweiz verzog. Der EuGH sah hieran keinen Anwendungsfall des Freizügigkeitsabkommens und folgerte daher, dass in diesem Fall die französische Wegzugsbesteuerung ohne Stundungsmöglichkeit rechtmäßig ist. Im Unterschied zur Rs. Wächtler handelte es sich dort bei dem Geschäftsführer aufgrund der gleichzeitigen 50%igen Gesellschafterstellung mangels Unterordnungsverhältnis um keinen Arbeitnehmer, sondern um einen Selbständigen, welchem das Recht auf Niederlassungsfreiheit nach dem FZA zusteht. Eine Beeinträchtigung der Niederlassungsfreiheit nach FZA wiederum führt dazu, dass bei Vergleichbarkeit des Sachverhalts mit einem Inlandssachverhalt der unionsrechtliche Gleichbehandlungsgrundsatz verletzt wird und damit zu einer Unionsrechtswidrigkeit der Vorschrift führt.[23]

Für die bis zum 31.12.2021 (d. h. vor ATADUmsG) geltende Rechtslage in Deutschland im Verhältnis zur Schweiz bedeuten diese Urteile, dass die Beurteilung der Anwendung der Stundungsregelung nach § 6 Abs. 5 AStG i. d. F. des SEStEG davon abhängig ist, ob der persönliche und sachliche Anwendungsbereich des FZA eröffnet ist. Für den Fall, dass dieser nicht eröffnet ist, ist eine sofortige Erhebung der Wegzugsteuer zulässig.

22 EuGH, Urteil v. 26.2.2019 - Rs. C-581/17 „Wächtler" NWB BAAAH-11395, DStR 2019 S. 425.

23 Vgl. hierzu ausführlich: Nürnberg, IWB 10/2019 S. 417 NWB SAAAH-15620.

Für den andere Fall, dass der Anwendungsbereich des FZA eröffnet ist und damit der unionsrechtliche Gleichbehandlungsgrundsatz greift, hat das BMF[24] eine Weisung getroffen, die entgegen des EuGHs in der Rs. „Wächter" folgendes regelt:

„Abweichend von § 6 Absatz 4 Satz 1 AStG ist eine Stundung auf Antrag des Steuerpflichtigen

a. in fünf gleichen Jahresraten vorzunehmen, die nach § 234 AO zu verzinsen sind,

b. ohne dass es auf eine erhebliche Härte bei alsbaldiger Einziehung ankommt und

c. ohne Sicherheitsleistung, es sei denn, der Steueranspruch erscheint - zum Beispiel mangels Beitreibungshilfe - gefährdet."

Das BMF zieht aus der EuGH-Entscheidung lediglich die Schlussfolgerungen, dass die Gewährung der ratierlichen Stundung nicht mehr von „erheblichen Härten" abhängig gemacht und eine Sicherheitsleistung nur bei Gefährdung des Steueranspruchs (z. B. mangels Unterstützung bei der Steuerbeitreibung) verlangt werden kann. ...

Eine befristete Steuerstundung nach § 6 Abs. 4 AStG hatte der EuGH jedoch ausdrücklich als nicht verhältnismäßig eingeordnet.[25] Die für die Praxis entscheidende Passage des EuGH Urteils, wonach eine Ratenzahlung den durch § 6 AStG ausgelösten Liquiditätsnachteil nicht beseitigt, wird somit durch das BMF schlichtweg übergangen. ..

Das FG Köln[26] hat im AdV-Verfahren unter Berufung auf die EuGH-Entscheidung in der Rs. Wächtler entschieden, dass § 6 Abs. 5 AStG der Festsetzung von Stundungszinsen gem. § 234 AO und Nachzahlungszinsen gem. § 233a AO auch bei einem Wegzug in die Schweiz entgegen steht.

Ob die Neufassung von § 6 AStG i. d. F. des SEStEG in Bezug auf Wegzüge in Drittstaaten bzw. die Schweiz EG-rechtskonform ist, erscheint offen bzw. im Verhältnis zur Schweiz sehr zweifelhaft.[27]

24 BMF, Schreiben v. 13.11.2019 - IV B 5 – S 1325/18/10001, BStBl 2019 I S. 1212.

25 Vgl. auch Weiss, StuB 2019 S. 392; Nürnberg, IWB 10/2019 S. 417 NWB SAAAH-15620.

26 FG Köln, Beschluss v. 11.5.2021 - 2 V 1929/20 NWB YAAAH-85363, DStRE 2022 S. 449, rkr.

27 Vgl. ATADUmsG Gesetzesbegründung BT-Drucks 19/28652 S. 47 f.; zur Einschätzung der geplanten Stundungsregelungen im Lichte der ATAD und der EuGH Rechtsprechung siehe Jesic/Leucht, DStR 2021 S. 1913, 1918; Kühn/Weiss, IWB 2/2020 S. 46, 53 NWB PAAAH-40569; Haun/Schneider, IWB 6/2020 S. 214, 221 ff. NWB QAAAH-44753 insbesondere zu Immobiliengesellschaften.

3. Bereich der allgemeinen Entstrickungstatbestände

Es war vor dem Hintergrund der EuGH-Entscheidungen **Rs. Lasteyrie du Saillant**[28] und **Rs. N.**[29] nicht nachvollziehbar, warum sich der Gesetzgeber bei EU- bzw. EWR-Sachverhalten nicht jedenfalls für den Bereich der fingierten Betriebsaufgabe (§ 16 Abs. 3a EStG) für eine vollständige und unlimitierte Stundungslösung entschieden hat, die über die Regelungen des § 36 Abs. 5 EStG hinausgeht.[30] Bestärkt wird diese Einschätzung durch die EuGH-Entscheidung vom 29.11.2011 in der **Rs. National Grid Indus**[31], in welcher der EuGH die niederländischen Entstrickungsregelungen aufgrund ihrer Sofortbesteuerung bei grenzüberschreitendem Wegzug von Gesellschaften als Verstoß gegen die Niederlassungsfreiheit (Art. 49 AEUV) angesehen hat. Zu Recht hat der EuGH hier auch einen gesteigerten Verwaltungsaufwand bei aufgeschobener Besteuerung nicht als Rechtfertigung für eine unbedingte Sofortbesteuerung gelten lassen.[32] Es wäre allerdings laut EuGH in diesem Zusammenhang gerechtfertigt, weil zumutbar, dem Steuerpflichtigen eine Wahlmöglichkeit zwischen Sofortbesteuerung und aufgeschobener Besteuerung zzgl. Zinsen bzw. Bankbürgschaft und Nachweisverpflichtung für das entstrickte Vermögen anzubieten.

Das FG Düsseldorf hatte dann jedoch mit Vorabentscheidungsersuchen vom 5.12.2013 die Frage der Europarechtskonformität des § 4 Abs. 1 Satz 3 EStG dem EuGH vorgelegt[33]. Entsprechend seiner Linie in der **Rs. DMC** vom 23.1.2013, wo der EuGH die nach § 20 UmwStG 1995 seinerzeit geltende Fünftel-Regelung für die Aufdeckung stiller Reserven bei grenzüberschreitender Einbringung von Mitunternehmeranteilen für EG-Rechts-konform erklärt hat[34], ist aus der am 21.5.2015 ergangenen Entscheidung des EuGH zum Vorabentscheidungsersuchen des FG Düsseldorf in der **Rs. Verder LabTec** zu entnehmen, dass der EuGH die Fünftel-Regelung auch im Bereich des § 4 Abs. 1 Satz 3 EStG i.V. mit § 4g EStG bzw. bei der parallelen Regelung des § 36 Abs. 5 EStG als EG-rechtskonform erachtet.[35] Allerdings kann hinterfragt werden, ob diese Anforderungen einer grundsätzlichen Sicherheitsleistung nach § 36 Abs. 5 Satz 3 EStG in der Fassung des ATADUmsG rechtswidrig ist.

28 EuGH, Urteil v. 11.3.2004 - Rs. C-9/02 „Hughes de Lasteyrie du Saillant" NWB KAAAB-72877, DStR 2004 S. 551.

29 EuGH, Urteil v. 7.9.2006 - Rs. C-470/04 „N" NWB DAAAD-22700, IStR 2006 S. 702.

30 Vgl. auch Schenke/Mohr, DStZ 2009S. 439, 441; Thömmes, IWB 23/2011 S. 896 NWB SAAAD-97644.

31 EuGH, Urteil v. 29.11.2011 - Rs. C-371/10 „National Grid Indus" NWB LAAAE-00703, IStR 2012 S. 27.

32 EuGH, Urteil v. 29.11.2011 - Rs. C-371/10 „National Grid Indus" NWB LAAAE-00703, Rz. 85, IStR 2012 S. 27.

33 PIStB 2014 S. 1.

34 EuGH, Urteil v. 23.1.2013 - Rs. C-164/12 „DMC" DB 2014 S. 265 m. Anm. Sydow.

35 Vgl. EuGH, Urteil v. 21.5.2015 - Rs. C-657/13 „Verder LabTec" NWB YAAAE-91181, IStR 2015 S. 440, m. Anm. Mitschke.

U. E. ist damit die Rechtslage in diesem Bereich grds. geklärt, sodass die deutschen Entstrickungsregelungen des § 4 Abs. 1 Satz 3 EStG, einschließlich der Regelungen in § 4g EStG ebenso wie die Regelung des § 36 Abs. 5 EStG als EG-rechtskonform anzusehen sind.[36]

36 Ebenso Mitschke, IStR 2015 S. 440.

F. Europarechtliche Aspekte im Hinblick auf erbschaft- und schenkungsteuerliche Vorschriften[1]

Literatur: *Bachem*, Erbschaftsteuer und Kapitalverkehrsfreiheit: eine „never ending story"?, ZEV 2022 S. 189; *Busch*, Deutsches Erbschaftsteuerrecht im Lichte der europäischen Grundfreiheiten, IStR 2002 S. 448; *Dehmer*, Einmal erben, mehrfach zahlen – Gestaltungsansätze zur Vermeidung doppelter Erbschaftsteuerbelastung, IStR 2009 S. 454; *Dürrschmidt*, Antrag auf Behandlung als unbeschränkt steuerpflichtig nach § 2 Abs. 3 Satz 1 ErbStG im System des deutschen Internationalen Erbschaftsteuer- und Schenkungsteuerrechts, IStR 2012 S. 410; *Dürrschmidt*, Antrag auf Behandlung als unbeschränkt steuerpflichtig nach § 2 Abs. 3 Satz 1 ErbStG und Besteuerung in anderen Staaten, IStR 2012 S. 572; *Ettinger*, Die Bestimmung des deutschen Steuerrechts durch die Rechtsprechung des Europäischen Gerichtshofs, RIW 2006 S. 94; *Ettinger*, Erbschaft- und Schenkungsteuer beim Wegzug ins Ausland und danach, ZErb 2006 S. 41; *Frenz*, Erbschaftsteuer und europäische Grundfreiheiten, DStZ 2009 S. 334; *Hey*, Erbschaftsteuer: Europa und der Rat der Welt – Zur Europarechtskonformität der ErbStG n. F. insbesondere im Hinblick auf Drittstaatensachverhalte, DStR 2011 S. 1149; *Jahn*, Abzug von Pflichtteilen als Nachlassverbindlichkeit auch bei beschränkter Steuerpflicht, PIStB 2022 S. 125; *Lüdicke/Schulz*, Konzeptionelle Mängel des Antragsrechts auf Behandlung als unbeschränkt steuerpflichtig nach § 2 Abs. 3 ErbStG, IStR 2012 S. 417; *Milatz/Kämper*, Reichweite der Kapitalverkehrsfreiheit bei erbschaft- und schenkungsteuerlichen Übertragungen, IWB 16/2010 S. 605; *Rennar*, Ansässigkeitsfiktion bei deutscher Staatsangehörigkeit in Erbschaft- und Schenkungsteuerfällen, IWB 1/2020 S. 29; *Schaumburg*, Problemfelder im Internationalen Erbschaftsteuerrecht, RIW 2001 S. 161; *Schnitger*, Geltung der Grundfreiheiten des EG-Vertrags im deutschen internationalen Erbschaftsteuerrecht, FR 2004 S. 185; *Wachter*, Das Erbschaftsteuerrecht auf dem Prüfstand des Europäischen Gerichtshofs, DStR 2004 S. 540; *Wachter*, Verstoß gegen den freien Kapitalverkehr bei unterschiedlicher schenkungsteuerlicher Behandlung von Schenkungen bebauter Grundstücke bei Gebietsansässigen und Gebietsfremden, DB 2010 S. 931.

1. Grundsätzliches

Mit dem Bereich der Erbschaft- und Schenkungssteuern hat der EuGH sich erstmalig im Urteil vom 11.12.2003 in der Rs. Erben von Barbier[2] sowie in jüngerer Zeit erneut in der Rs. van Hilten,[3] in der Rs. Jäger[4], in der Rs. Mattner[5] sowie zuletzt in den Rs. Scheunemann[6], Welte[7] und De La Tour[8] befasst.

1 Dieser Teil wurde durch Dr. Jochen Ettinger bearbeitet.

2 EuGH, Urteil v. 11.12.2003 - Rs. C-364/01 „Erben von Barbier" NWB TAAAB-79432, DStRE 2004 S. 93.

3 EuGH, Urteil v. 23.2.2006 - Rs. C-513/03 „van Hilten", IStR 2006 S. 309.

4 EuGH, Urteil v. 17.1.2008 - Rs. C-256/06 „Jäger" NWB KAAAC-69725, IStR 2008 S, 144.

5 EuGH, Urteil v. 22.4.2010 - Rs. C-510/08 „Mattner" NWB OAAAD-42479, DStR 2010 S. 861.

6 EuGH, Urteil v. 19.7.2012 - Rs. C-31/11 „Marianne Scheunemann" NWB AAAAE-14394, PIStB 2012 S. 256.

7 EuGH, Urteil v. 17.10.2013 - Rs. C-180/12 „Yvon Welte", IStR 2013 S. 954.

8 EuGH, Urteil v. 21.12.2021 - Rs. C-394/20 „De La Tour" NWB GAAAI-03101, DStRE 2021 S. 30; siehe dazu Bachem, ZEV 2022 S. 189 und Jahn, PIStB 2022 S. 125.

Bereits in der Rs. Erben von Barbier ging der EuGH bereits wie selbstverständlich davon aus, dass die **europäischen Grundfreiheiten uneingeschränkt auch für den Bereich der Erbschaft- und Schenkungsteuer gelten** und die Gegenargumentation, dass Erbschaften und Schenkungen mangels wirtschaftlicher Betätigung nicht in den Anwendungsbereich des EG-Vertrages fielen, nicht stichhaltig sei. Auch in der Entscheidung der Rs. van Hilten führt der EuGH in Tz. 42 aus, dass es sich beim Erwerb von Todes wegen um Kapitalverkehr im Sinnedes EG-Vertrags handelt. Es ist daher Fakt, dass der EuGH auch künftig auf dem Gebiet der Erbschaft- und Schenkungsteuer nachhaltig in die nationalen Rechtsordnungen eingreifen wird.[9] Allerdings hat der EuGH in seinem Urteil vom 12.2.2009[10] in der Rs. Block entschieden, dass beim gegenwärtigen Entwicklungsstand des Gemeinschaftsrechts kein Anspruch auf Vermeidung jeglicher Doppelbesteuerung im Bereich der Erbschaftsteuern bestehe, so dass es durchaus – wie im Urteilsfall – aufgrund bekannter Unzulänglichkeiten der nationalen Anrechnungsvorschriften (in Deutschland § 21 ErbStG) zu Doppelbesteuerungen kommen kann.[11]

Den Entscheidungen Scheunemann und Welte lagen jeweils Drittstaatensachverhalte zugrunde. Der EuGH hat in der Rs. Scheunemann[12] klargestellt, dass auf dem Gebiet des Erbschaftsteuerrechts neben der Kapitalverkehrsfreiheit (Drittwirkung) auch die Niederlassungsfreiheit (keine Drittwirkung) Anwendung findet. Gemäß seiner Rechtsprechung zum Ertragsteuerrecht geht der EuGH davon aus, dass die Niederlassungsfreiheit jedenfalls dann Vorrang vor der Kapitalverkehrsfreiheit hat, wenn die nationale Bestimmung, hier die Begünstigung nach § 13a ErbStG a. F., Beteiligungen betrifft, die dem Inhaber der Anteile einen gewissen Einfluss auf die Verwaltung und Kontrolle gewähren und sicherstellen, dass er die Anteile nicht in der alleinigen Absicht der Geldanlage hält. In der Rs. Welte hat der EuGH die unterschiedliche Höhe des persönlichen Freibetrags für beschränkt und unbeschränkt Steuerpflichtige (§ 16 ErbStG) auch in Bezug zu Drittstaaten als Verstoß gegen die Kapitalverkehrsfreiheit angesehen.

2. Vergünstigungen für Betriebsvermögen

Die Begünstigungen für Betriebsvermögen in §§ 13a, b ErbStG gelten nunmehr auch für Betriebsvermögen in Mitgliedstaaten der Europäischen Union oder Staaten des EWR bzw. für ausländische Kapitalgesellschaften, die Sitz oder Geschäftsleitung in ei-

9 Vgl. dazu auch Bachem, ZEV 2022 S. 189; Ettinger, RIW 2006 S. 94, 94 ff.

10 EuGH, Urteil v. 12.2.2009 - Rs. C-67/08 „Block" NWB KAAAD-10610, IStR 2009 S. 175.

11 Vgl. dazu Dehmer, IStR 2009 S. 454, 454 ff.; ferner Jüptner in Fischer/Jüptner/Pahlke/Wachter, ErbStG, 2012, § 2 ErbStG Rz. 35 f.; vgl. hierzu auch BFH, Urteil v. 7.9.2011 - II R 58/09, BStBl 2012 II S. 40.

12 Vgl. EuGH, Urteil v. 19.7.2012 - Rs. C-31/11 „Marianne Scheunemann" NWB AAAAE-14394, PIStB 2012 S. 256.

nem Mitgliedstaat der Europäischen Union oder einem EWR-Staat haben (§ 13b Abs. 1 Nrn. 1, 2 und 3 ErbStG). Der Gesetzgeber hat die Erbschaftsteuerreform zum 1.1.2009 in diesem Punkt konsequent dazu genutzt, vormals bestehende europarechtliche Probleme der Vorgängerregelung des § 13a ErbStG a. F. zu lösen.

Zum Teil wird jedoch problematisiert, ob nicht die langen Haltefristen für Unternehmen nach einem Erbfall im Rahmen der neuen erbschaftsteuerlichen Begünstigungen dazu führen, dass betroffene Erben davon abgehalten werden, ins Ausland zu verziehen, und damit deren Grundfreiheiten beeinträchtigt werden könnten.[13] Ob diese Argumentation durchgreift, erscheint u. E. fraglich, da es sich hier möglicherweise um eine – EU-rechtlich grds. unbeachtliche – reine Inländerdiskriminierung handelt.

Der Ausschluss der Begünstigung für Kapitalgesellschaften, die Sitz oder Geschäftsleitung in einem Drittstaat haben, ist nach der neueren EuGH-Rechtsprechung (Rs. Scheunemann)[14] europarechtskonform (siehe auch oben Ziffer 1). Der Entscheidung lag ein Fall der Vererbung einer 100%-Beteiligung an einer Kapitalgesellschaft mit Sitz und Geschäftsleitung in Kanada zugrunde. Maßgebend war, dass die Begünstigung voraussetzt, dass der Anteilseigner einen sicheren Einfluss auf die Entscheidungen der Gesellschaft ausüben und deren Tätigkeiten bestimmen kann und die Anteile nicht in der alleinigen Absicht der Geldanlage gehalten werden (Mindestbeteiligungswert i. H. von mehr als 25 %), Damit war ausschließlich der Anwendungsbereich der Niederlassungsfreiheit betroffen, welcher sich nicht auf Drittstaaten-Sachverhalte erstreckt.

3. Persönliche Freibeträge gem. §§ 16, 17 ErbStG

Bei der unbeschränkten Erbschaft- und Schenkungsteuerpflicht können nach § 16 Abs. 1 ErbStG im Vergleich zu anderen Staaten hohe persönliche Freibeträge abgezogen werden. Bei beschränkter Erbschaft- oder Schenkungsteuerpflicht blieben früher die persönlichen Verhältnisse zwischen Erblasser/Schenker und Erwerber dagegen unberücksichtigt und es bestand **lediglich** ein Freibetrag von **2.000 €**. Auch der besondere Versorgungsfreibetrag nach § 17 ErbStG für den überlebenden Ehegatten kommt lediglich bei unbeschränkter Erbschaftsteuerpflicht zur Anwendung.[15] Hier wurde seit langem in der Literatur vertreten, dass dies jedenfalls dann eine EU-rechtlich unzulässige Beschränkung der europäischen Grundfreiheiten darstellt, wenn das in Deutschland

13 So Frenz, DStZ 2009 S. 334, 334 ff.

14 EuGH, Urteil v. 19.7.2012 - Rs. C-31/11 „Marianne Scheunemann" NWB AAAAE-14394, PIStB 2012 S. 256.

15 Vgl. Halaczinsky in Daragan/Halaczinsky/Riedel, ErbStG/BewG, § 17 ErbStG Rz. 2.

belegene Vermögen den gesamten oder überwiegenden Teil des Weltvermögens darstellt.[16]

Der EuGH hat mit Urteil vom 22.4.2010 in der **Rs. Mattner**[17] für den Fall einer Schenkung einer in den Niederlanden lebenden deutschen Staatsangehörigen an ihre ebenfalls in den Niederlanden lebende Tochter, die von ihrer Mutter ein in Deutschland belegenes Grundstück geschenkt bekam, entschieden, dass die Gewährung des niedrigeren Freibetrags im Rahmen der beschränkten Schenkungsteuerpflicht europarechtswidrig sei. Da daraufhin auch im JStG 2010 keine Änderung des § 16 Abs. 2 ErbStG durch den deutschen Gesetzgeber erfolgte, leitete die EU-Kommission ein Vertragsverletzungsverfahren ein. Deutschland ist hierin von der Kommission aufgefordert worden, „seine Erbschaft- und Schenkungsteuerbestimmungen zu ändern, weil damit Bewohner anderer EU-Mitgliedstaaten diskriminiert werden, was einen Verstoß gegen das EU-Recht auf freien Kapitalverkehr darstellt".[18]

Der Gesetzgeber hatte dann im Gesetz zur Umsetzung der Beitreibungsrichtlinie sowie zur Änderung steuerlicher Vorschriften (BeitrRLUmsG) vom 7.12.2011[19] reagiert und zur Beseitigung der Europarechtswidrigkeit eine **unbeschränkte Erbschaftsteuerpflicht auf Antrag** eingeführt.[20] Dem Erwerber eines an sich nur beschränkt steuerpflichtigen Vermögensanfalls wurde darin ein Antragsrecht eingeräumt, wenn einer der Zuwendungsbeteiligten oder beide Zuwendungsbeteiligte ihren Wohnsitz in einem EU- oder EWR-Mitgliedstaat haben. Mit dem Antrag unterwirf der Erwerber seinen Erwerb den Regelungen der unbeschränkten Steuerpflicht. Dadurch konnte er auch den höheren Freibetrag nach § 16 Abs. 1 ErbStG in Anspruch nehmen, der sich nach seinem persönlichen Verhältnis (Steuerklasse) zum Erblasser oder Schenker ergab.

Um zugleich sicherzustellen, dass die für unbeschränkt steuerpflichtige Erwerbe geltenden Steuervorschriften nicht durch in mehrere Teile aufgespaltene Schenkungen zwischen denselben Personen umgangen werden können, erfolgt gem. § 2 Abs. 3 S. 2 ErbStG n. F. auch eine Zusammenrechnung mehrerer Erwerbe innerhalb von zehn Jahren vor und nach dem Vermögensanfall nach Maßgabe des § 14 ErbStG.

16 Busch, IStR 2002 S. 448, 452; Schaumburg, RIW 2001 S. 161, 165. In diese Richtung auch FG Baden-Württemberg, Beschöiss v. 6.6.2006 - 9 V 14/06 NWB QAAAC-35563, sowie als obiter dictum BFH, Urteil v. 21.9.2005 - II R 56/03, BStBl 2005 II S. 875: Es spreche vieles dafür, die 90-% -Schwelle aus der zur Einkommensteuer ergangenen Schumacker-Entscheidung des EuGH auch auf das erbschaftsteuerliche Fragen zu übertragen, soweit es um die Berücksichtigung persönlicher Verhältnisse geht; ebenso Ettinger, ZErb 2006 S. 41, 46.

17 EuGH, Urteil v. 22.4.2010 - Rs. C-510/08 „Mattner" NWB OAAAD-42479, DStR 2010 S. 861.

18 Vgl. EU Kommission, Pressemitteilung v. 14.3.2011, IP/11/294.

19 Gesetz zur Umsetzung der Beitreibungsrichtlinie sowie zur Änderung steuerlicher Vorschriften (BeitrRLUmsG) v. 7.12.2011, BGBl 2011 S. 2562.

20 Vgl. hierzu D.1.3. und D. 2.6.

Die seinerzeitige Regelung in § 2 Abs. 3 ErbStG war wiederum bedenklich, als dem deutschen Fiskus durch den Antrag die Möglichkeit eingeräumt wurde, jenseits der Grenzen seiner Steuerhoheit liegende Erwerbe über einen Zeitraum von bis zu 20 Jahren zu besteuern (10 Jahre vor und 10 Jahre nach dem Vermögensanfall).[21] Zudem wurde das Wahlrecht in § 2 Abs. 3 ErbStG n. F. von dem Wohnsitz mindestens eines Zuwendungsbeteiligten in einem EU- oder EWR Mitgliedstaat abhängig gemacht. Damit griff die Regelung unter dem Gesichtspunkt, dass die Kapitalverkehrsfreiheit nach Art. 63 AEUV weder auf die Ansässigkeit in einem Mitgliedstaat noch auf die Staatsangehörigkeit abstellt und damit auch im Drittland ansässige Personen begünstigt[22], zu kurz.[23] So auch dann der EuGH in seinen Entscheidungen in den **Rs. Welte**[24], und **Sabine Hünnebeck**[25].

Der Gesetzgeber war damit erneut in der Pflicht nachzubessern. Er hat dies durch die **Neufassung des § 16 Abs. 2 ErbStG** (anteiliger Freibetrag) getan. Nach § 37 Abs. 14 ErbStG n. F. sind diese Neuregelungen in § 16 ErbStG nur auf Erwerbe anzuwenden, für die die Steuer nach dem Tag der Verkündung des StUmgBG am 24.06.2017 entstanden ist. Eine Rückwirkung ist nicht vorgesehen. Für **Altfälle** (Erwerbe vor dem 24.06.2017) gilt die Möglichkeit des § 2 Abs. 3 ErbStG a. F., also der Antrag auf fiktive unbeschränkte Erbschaft- und Schenkungsteuerpflicht oder das Berufen auf die EuGH-Rechtsprechung.

Zur Neuregelung hat auf eine EuGH-Vorlage des FG Düsseldorf vom 20.7.2020[26] der EuGH am 21.12.2021[27] (**Rs. De La Tour**) entschieden, dass eine anteilige Freibetragsminderung unionsrechtmäßig ist.

4. Erweiterte unbeschränkte Erbschaft- und Schenkungsteuerpflicht

Die erweiterte unbeschränkte Erbschaft- bzw. Schenkungsteuerpflicht nach § 2 Abs. 1 Nr. 1 Buchst. b ErbStG bewirkt bei einem Wegzug in das Ausland, dass trotz der fehlenden oder niedrigen Besteuerung von Erwerbsvorgängen im Zuzugsstaat **für die Dauer**

21 Vgl. im Einzelnen hierzu Lüdicke/Schulz, IStR 2012 S. 417; Billig, UVR 2011 S. 182.

22 Vgl. Grabitz/Hilf/Nettesheim, Das Recht der EU, 75. Aufl. 2022, Art. 63 Rz. 102.

23 Vgl. Dürrschmidt, IStR 2012 S. 410; Schulte/Sedemund, BB 2010 S. 2080, 2081.

24 Vgl. EuGH, Urteil v. 17.10.2013 - Rs. C-180/12 „Yvon Welte", ABl EU 2013 Nr. C 367 S. 11; vgl. hierzu auch Anm. von Brocke, IWB 23/2013 S. 861 NWB QAAAE-50477. Zum Schutzbereich der Kapitalverkehrsverkehrsfreiheit in Bezug auf Drittstaatensachverhalte vgl. auch EuGH, Urteil v. 3.10.2013 - Rs. C-282/12 „Itelcar" NWB EAAAE-46535, ABl EU 2013 Nr. C 344 S. 30.

25 EuGH, Urteil v. 8.6.2016 - Rs. C-479/14 „Sabine Hünnebeck" NWB SAAAF-75424, DStR 2016 S. 1360.

26 EuGH-Vorlage, FG Düsseldorf, Beschluss v. 20.7.2020 - 4 K 1095/20 Erb NWB LAAAH-57956, ZEV 2020 S. 647.

27 EuGH, Urteil v. 21.12.2021 - Rs. C-394/20 „De La Tour" NWB GAAAI-03101, DStRE 2021 S. 30; siehe dazu Bachem, ZEV 2022 S. 189.

von fünf Jahren nach dem Wegzug der gesamte Erbfall noch nach deutschem Erbschaftsteuerrecht besteuert wird bzw. Schenkungen von Vermögensgegenständen unabhängig von deren Belegenheit im genannten Zeitraum noch der deutschen Schenkungsteuerpflicht unterliegen. Im Ergebnis erfolgt hier also eine „Hinaufschleusung" des ausländischen auf das deutsche Steuerniveau, manchmal sogar eine echte Doppelbesteuerung.

Auch hierzu wird bei einem Wegzug in einen anderen EU-Staat vertreten, dass diese nachlaufende Besteuerung EU-rechtswidrig sei, weil sie die **Kapitalverkehrsfreiheit** bzw. die Freizügigkeit der Person unzulässig beschränke.[28] Dazu kommt auch ein Verstoß gegen die Arbeitnehmerfreizügigkeit bzw. gegen die Niederlassungsfreiheit in Betracht (wenn der Wegzug aufgrund eines Berufswechsels als Arbeitnehmer oder zur Aufnahme einer von der Niederlassungsfreiheit geschützten Tätigkeit erfolgt). Argument für die mögliche EU-Rechtswidrigkeit ist die Diskriminierung des Wegzüglers allein wegen der Staatsangehörigkeit, da § 2 Abs. 1 Nr. 1 Buchst. b ErbStG nur deutsche Staatsangehörige, nicht aber Angehörige anderer EU-Staaten, die sich in Deutschland aufhalten und danach wegziehen, erfasst. Das FG München[29] hat hierzu jüngst Stellung genommen und sowohl eine Verfassungs- wie auch Europarechtswidrigkeit verneint. Gegen das Urteil wurde Revision eingelegt.[30]Entsprechende Steuerbescheide sollten somit unter Verweis auf die anhängige Revision durch Einspruch offen gehalten werden.

Der EuGH hat in der Entscheidung in der **Rs. van Hilten** einen Verstoß der niederländischen Vorschrift gegen Gemeinschaftsrecht verneint.[31] Der entschiedene Sachverhalt betraf aber den Spezialfall einer niederländischen Staatangehörigen, die innerhalb der nach niederländischem Recht maßgeblichen Zehnjahresfrist zunächst nach Belgien und sodann von dort in die Schweiz gezogen war. Der EuGH argumentiert in seiner Entscheidung damit, dass eine Ungleichbehandlung von Gebietsansässigen mit der Staatsangehörigkeit des betreffenden Mitgliedstaats und solchen mit der Staatsangehörigkeit eines anderen Mitgliedstaats keine EU-rechtswidrige Behinderung darstelle, denn die betreffenden Vorschriften des niederländischen Steuerrechts gelten – wie auch die deutsche Vorschrift des § 2 Abs. 1 Nr. 1 lit. b ErbStG – nur für Staatsangehörige der Niederlande (Tz. 46 und 47 der Urteilsgründe). Letztlich bezieht sich der EuGH hier wohl auf den altbekannten Grundsatz, dass eine Inländerdiskriminierung EU-rechtlich nicht verboten ist. Die Entscheidung lässt sich u. E. aber dennoch nicht verallgemeinern und

28 Schaumburg, RIW 2001 S. 161, 165; Schnitger, FR 2004 S. 185, 189; Ettinger, ZErb 2006 S. 41, 46; vgl. hierzu auch Ausführungen bei Jüptner in Fischer/Jüptner/Pahlke/Wachter, ErbStG, 2012, § 2 ErbStG Rz. 35.

29 Vgl. hierzu auch FG München, Urteil v. 3.7.2019 - 4 K 1286/18 NWB YAAAH-49788, EFG 2020 S. 684

30 Anhängiges Verfahren beim BFH: II R 5/20.

31 EuGH, Urteil v. 23.2.2006 - Rs. C-513/03 „van Hilten", IStR 2006 S. 309.

es dürfte weiterhin offen sein, ob der EuGH nicht anders entscheiden würde, wenn es sich um einen Wegzugsfall ausschließlich innerhalb der EU gehandelt hätte.

5. Erweiterte beschränkte Erbschaft- und Schenkungsteuerpflicht

Auch für den Bereich der erweiterten beschränkten Erbschaft- und Schenkungsteuerpflicht nach § 4 AStG wird vertreten, dass diese EU-rechtswidrig sei.[32] Insoweit wird ein Verstoß gegen die allgemeine Freizügigkeit oder auch die Kapitalverkehrsfreiheit gesehen. Der Sachverhalt stellt sich hier ähnlich dar wie bei der erweiterten unbeschränkten Erbschaft- und Schenkungsteuerpflicht und die Entscheidung in der Rs. van Hilten dürfte auch hier Folgen haben, d. h. dass das Pendel sich eher in Richtung einer EU-rechtlichen Zulässigkeit des § 4 AStG bewegt.[33] Auch hier gelten jedoch gegenüber der Entscheidung des EuGH die oben angesprochenen Vorbehalte.

6. Ansatz von Verbindlichkeiten/Schuldenabzug

In der **Rs. Erben von Barbier** hat der EuGH entschieden, dass die Beschränkung des Schuldenabzugs für beschränkt Steuerpflichtige im Rahmen der niederländischen Vermögensübertragungssteuer eine nicht gerechtfertigte Beschränkung der europäischen Kapitalverkehrsfreiheit darstelle, da für in den Niederlanden unbeschränkt steuerpflichtige Personen ein unbegrenzter Schuldenabzug zur Anwendung kommt.[34] Diese Entscheidung hat wohl unmittelbare Auswirkungen auf das deutsche Erbschaft- und Schenkungsteuerrecht, da auch in Deutschland **nur für unbeschränkt steuerpflichtige** Erblasser der Abzug von Nachlassverbindlichkeiten **uneingeschränkt** zulässig ist (nämlich nach § 10 Abs. 5 ErbStG). Im Falle der beschränkten Erbschaftsteuerpflicht ist der Abzug von Schulden und Lasten dagegen nur insoweit zulässig, als sie mit den der Besteuerung unterliegenden Vermögensgegenständen in wirtschaftlichem Zusammenhang stehen (§ 10 Abs. 6 Satz 2 ErbStG). Die Situation ist daher mit dem niederländischen Fall vergleichbar und es ist wohl davon auszugehen, dass auch § 10 Abs. 6 Satz 2 ErbStG EU-rechtswidrig ist.[35] Die Erbschaftsteuerreform zum 1.1.2009 hat in diesem Punkt keine Abhilfe gebracht, so dass Steuerpflichtigen insoweit nichts anderes bleibt, als sich unmittelbar auf die vorgenannten Argumente zu berufen. Dies dürfte so wie bei EU- bzw. EWR-Sachverhalten, wie auch bei Drittsaatenfällen erfolgverspre-

32 Vgl. Schaumburg, RIW 2001 S. 161, 167.

33 Vgl. hierzu ausführlich Rehfeld, Die Vereinbarkeit des Außensteuergesetzes mit den Grundfreiheiten des EG-Vertrages, 75. Aufl. 2022, S. 145 ff.

34 EuGH, Urteil v. 11.12.2003 - Rs. C-364/01 „Erben von Barbier" NWB TAAAB-79432, DStRE 2004, 93.

35 Vgl. Wachter, DStR 2004 S. 540, 542 sowie Ettinger, ZErb 2006 S. 41, 46; a. A. Hey, DStR 2011 S. 1149, 1153.

chend sein. Zu dieser Frage hat nämlich auf eine EuGH-Vorlage des FG Düsseldorf vom 20.07.2020[36] der EuGH am 21.12.2021[37] (**De La Tour**) entschieden, dass der begrenzte Abzug von Nachlassverbindlichkeiten unionsrechtswidrig ist, und damit im Ergebnis erneut die EuGH-Entscheidung in der Rs. Erben von Barbier bestätigt.

7. Bewertung von ausländischem Immobilienvermögen

Während vor der Erbschaftsteuerreform inländisches Immobilienvermögen durch die Bedarfsbewertung gegenüber ausländischem Betriebsvermögen (dort Ansatz des gemeinen Werts) benachteiligt wurde,[38] wird nunmehr jegliches Immobilienvermögen, gleich ob im Inland oder im Ausland, grds. mit dem tatsächlichen Verkehrswert bewertet. Problematisch ist allerdings, dass nach § 12 Abs. 7 ErbStG für ausländischen Grundbesitz auf § 31 BewG verwiesen wird, während für inländisches Grundvermögen die Regelungen der §§ 176 ff. BewG gelten. Die bisherigen europarechtswidrigen Unterschiede zwischen dem Ansatz ausländischen Grundbesitzes zum gemeinen Wert gegenüber einer niedrigeren Bewertung des Grundbesitzes im Inland ist aber weitgehend beseitigt aufgrund der verkehrswertorientierten Bewertung inländischer Grundstücke nach der Erbschaftsteuerreform.[39]

Andererseits gilt der Wertabschlag von 10 % gem. § 13c Abs. 1 ErbStG für zu Wohnzwecken vermietete Grundstücke auch für Immobilien, die in einem Mitgliedsstaat der EU oder des EWR gelegen sind. Insoweit kann daher im Ergebnis davon ausgegangen werden, dass zukünftig eine im Wesentlichen gleiche Behandlung von in- mit EU-/EWR-ausländischen Grundvermögen erfolgt.

Problematisch erscheint jedoch, dass der Wertabschlag von 10 % gem. § 13c Abs. 1 ErbStG nicht für Immobilien in **Drittstaaten** gilt; dies stellt u. E. auf der Grundlage der jüngeren EuGH-Rechtsprechung[40] einen EG-Rechtsverstoß dar, denn insoweit sollte die Kapitalverkehrsfreiheit eingreifen. Siehe dazu die EuGH-Vorlage des FG Köln vom 2.9.2021.[41]

---

36 EuGH-Vorlage, FG Düsseldorf, Beschluss v. 20.7.2020 - 4 K 1095/20 Erb NWB LAAAH-57956, ZEV 2020 S. 647.

37 EuGH, Urteil v. 21.12.2021 - Rs. C-394/20 „De La Tour" NWB GAAAI-03101, DStRE 2021, S. 30.

38 EuGH, Urteil v. 17.1.2008 - Rs. C-256/06 „Jäger" NWB KAAAC-69725 DStRE 2008 S. 174.

39 Vgl. auch Hecht/Cölln, BB 2009 S. 1212; Hey, DStR 2011 S. 1149, 1154.

40 Z. B. EuGH, Urteil v. 17.10.2013 - Rs. C-181/12 „Welte" NWB EAAAE-50293, DB 2013 S. 2485.

41 EuGH-Vorlage, FG Köln, Beschluss v. 2.9.2021 - 7 K 1333/19 NWB IAAAH-95622, Rs. C-670/21, PIStB 2022 S. 1 und Bachem, ZEV 2022 S. 189, 194.

G. Überblick über die Besteuerung in der Schweiz[1]

AUSFÜHRUNGSVORSCHRIFTEN:

- Konkordat über den Ausschluss von Steuerabkommen vom 10.12.1948 (SR 671.1);
- Botschaft zum Bundesgesetz über die Besteuerung nach dem Aufwand vom 29.6.2011;
- Bundesgesetz über die Besteuerung nach dem Aufwand vom 28.9.2012;
- Verordnung über die Besteuerung nach dem Aufwand bei der direkten Bundessteuer vom 20.2.2013 (SR 642.123);
- Kreisschreiben Nr. 44 der Eidgenössischen Steuerverwaltung vom 24.7.2018 zur Verordnung über die Besteuerung nach dem Aufwand bei der direkten Bundessteuer (zit: KS 44);
- Wegleitung 2013 der Eidgenössischen Steuerverwaltung zur Steuererklärung für die Besteuerung nach dem Aufwand.

Literatur: *Arter*, Die Aufwandbesteuerung, AJP 2/2007, S. 156 ff; *Bernasconi*, Die Pauschalbesteuerung, 1983; *Beusch*, Aufwandbesteuerung – Privileg für reiche Ausländer oder aus praktischen Gründen gebotene Art der Ermessensveranlagung, ZSIS 2005, Monatsflash 10; *Blank*, Besteuerung nach dem Aufwand. Wie sehen die neuen rechtlichen Bestimmungen aus? Schweizer Treuhänder 2015, S. 394 ff.; *Cavelti*, Besteuerung nach dem Aufwand, IFF Forum für Steuerrecht 2010, S. 144 ff; *Glauser/Epitaux*, La portée de l'interdiction de l'exercice d'une activité lucrative dans le contexte du forfait fiscal, Archiv für Schweizerisches Abgaberecht, 2020, Band 88, S. 623 ff. (zit: Glauser); *Kolb/Baumgartner*, Neues Steuerabkommen zwischen Deutschland und der Schweiz, IWB 23/2010 S. 886; *Kolb/Kubaile*, Kompaktkommentar zum Doppelbesteuerungsabkommen Deutschland-Schweiz, 2015; *Lambrecht/Gehweiler*, Die Europäische Erbrechtsverordnung und ihre Wechselwirkungen mit der Schweiz in: Erbschaftsratgeber Deutschland-Schweiz, Herausgeber Handelskammer Deutschland-Schweiz, 2014, S. 81 ff.; *Locher/Meier/von Siebenthal/Kolb*, Doppelbesteuerungsabkommen Schweiz-Deutschland 1971 und 1978; *Maurer/Scartazzini/Hürzeler*, Bundessozialversicherungsrecht, 2009; *Lüthi*, Die Besteuerung nach dem Aufwand in der Schweiz, 2017; *Matteotti/Wingeier*, Analyse der Bundesgerichtlichen Rechtsprechung zur internationalen Amtshilfe in Steuerangelegenheiten aus dem 1. Halbjahr 2019, Archiv für schweizerisches Abgaberecht, Band 88, S. 527 ff.; *Metz*, Aufwandbesteuerung 2011/2012 – Was ändert sich in Zukunft? StR 2013 S. 100 ff.; *Richner*, Pauschalbesteuerung, ZStP 2000 S. 1 ff; *Richner/Frei/Kaufmann/Meuter*, Handkommentar zum DBG, 2016; *Schmidt*, Neue Konsultationsvereinbarung mit Österreich zur Besteuerung von Abfindungen, PIStB 2011 S. 65; *Simonek*, Rechtsgutachten zur Besteuerung nach dem Aufwand an die Eidgenössische Finanzkontrolle, 2019 (zit: Simonek); *Suter*, Die Pauschalbesteuerung, StR 2021 S. 86 ff.; *Schönwetter*, Wohnsitzverlagerung nach Österreich und in die Schweiz, 2009; *Übersax/Rudin/Yar/Geiser*, Ausländerrecht, 2009 (zit: Ausländerrecht); *Stober*, Der deutsch-schweizerische Erbfall, 2009; *Zwahlen/Nyffenegger* in Martin Zweifel/Michael Beusch, Kommentar zum schweizerischen Steuerrecht, Bundesgesetz über die Direkte Bundessteuer (DBG), 2017 (zit: Kommentar DBG); *Zwahlen/Nyffenegger* in Martin Zweifel/Michael Beusch, Kommentar zum schweizerischen Steuerrecht, Bundesgesetz über die Harmonisierung der direkten Steuern der Kantone und Gemeinden (StHG), 2017 (zit: Kommentar StHG).

1 Dieser Teil wurde durch Dr. Nico H. Burki bearbeitet.

1. Bewilligung der Wohnsitznahme in der Schweiz

1.1. Grundsätzliche gesetzliche Regelung

Die Aufenthalts- und Niederlassungsbewilligungen für Ausländer werden grds. im **Bundesgesetz über die Ausländerinnen und Ausländer** vom 16.12.2005 (AuG) geregelt. Ergänzend zum Gesetz ist die Verordnung über Zulassung, Aufenthalt und Erwerbstätigkeit vom 24.10.2007 (VZAE) maßgeblich. Staatsvertragliche Regelungen, wie beispielsweise das **Personenfreizügigkeitsabkommen** zwischen der Schweiz und der EU vom 21.6.1999 und das Abkommen vom 21.6.2001 zur Änderung des Übereinkommens vom 4.1.1960 zur Errichtung der Europäischen Freihandelsassoziation gehen dem Ausländergesetz bezüglich der darin geregelten Tatbestände vor.

Nachdem die Aufwandbesteuerung nur nicht erwerbstätigen Ausländern mit Wohnsitz in der Schweiz gewährt wird, konzentriert sich dieser Abschnitt ausschließlich auf Aufenthaltsbewilligungen für Nichterwerbstätige. Art. 28 AuG sieht diesbezüglich für Ausländer vor, dass eine Aufenthaltsbewilligung erteilt werden kann, sofern:

- ein vom Bundesrat festgelegtes Mindestalter vorliegt;
- besondere persönliche Beziehungen zur Schweiz bestehen;
- die notwendigen finanziellen Mittel vorliegen.

Diese Bedingungen werden in Art. 25 VZAE näher präzisiert. Darin legt der Bundesrat ein **Mindestalter von 55 Jahren** fest und definiert die **besonderen persönlichen Beziehungen** folgendermaßen:

- Längere frühere Aufenthalte in der Schweiz (Ferien, Ausbildung oder Erwerbstätigkeit);
- enge Beziehungen zu nahen Verwandten in der Schweiz (Eltern, Kinder, Enkelkinder oder Geschwister);
- Gemäß Art. 25 Abs. 3 VZAE darf mit Ausnahme der Verwaltung des eigenen Vermögens im In- oder Ausland keine Erwerbstätigkeit ausgeübt werden.

Art. 32 VZAE führt als weiteren Grund für die Erteilung einer Aufenthaltsbewilligung an Ausländer wichtige öffentliche Interessen auf. Bei der Beurteilung sind insbesondere zu berücksichtigen:

- Bedeutende kulturelle Anliegen: Erwerbstätigkeit kann bewilligt werden;
- staatspolitische Gründe: Erwerbstätigkeit kann bewilligt werden;
- erhebliche kantonale fiskalische Interessen.

Aufgrund dieser Bestimmung können auch sehr wohlhabende Ausländer, **welche das Alter von 55 Jahren noch nicht erreicht** haben, eine Aufenthaltsbewilligung in der Schweiz wegen **erheblicher kantonaler fiskalischer Interessen** erlangen. Die Praxis der Kantone zum Begriff „erhebliche kantonale fiskalische Interessen" ist unterschiedlich. Während beispielsweise im Kanton Zürich und der Gemeinde St. Moritz eine jährliche Steuer in der Größenordnung von 1 Mio. CHF erwartet wird, liegen die Beträge in anderen Kantonen bei einigen 100.000 CHF.

Diese Sonderbestimmung ist vor allem für nicht EU-Staatsangehörige attraktiv, welche noch nicht 55 Jahre alt sind und dennoch in der Schweiz leben möchten. In den Kantonen, in welchen die Möglichkeit einer Aufwandbesteuerung besteht, können entsprechende Personen auch aufgrund des Lebensaufwandes besteuert werden, sofern sie in der Schweiz nicht erwerbstätig sind. Dies gilt auch für die direkte Bundessteuer.

1.2. Regelung für Staatsangehörige der EU / EFTA

1.2.1 Geltendes Recht

Die Rechtsstellung der Staatsangehörigen von EU-Mitgliedstaaten in der Schweiz basiert auf dem **Abkommen über die Freizügigkeit** vom 21.6.1999[2] zwischen der Europäischen Gemeinschaft und ihren Mitgliedstaaten einerseits und der Schweizerischen Eidgenossenschaft anderseits. Analog ist die Rechtsstellung von Staatsangehörigen der EFTA-Staaten aufgrund des Abkommens vom 21.6.2001 zur Änderung des Übereinkommens vom 4.1.1960 zur Errichtung der Europäischen Freihandelsassoziation.[3]

EU/EFTA-Staatsangehörige, die in der Schweiz **keine Erwerbstätigkeit** ausüben, haben Anspruch auf eine Aufenthaltsbewilligung, wenn sie nachweisen, dass sie:

- über genügend finanzielle Mittel verfügen und
- eine Kranken- und Unfallversicherung abgeschlossen haben, welche den schweizerischen Anforderungen entspricht.

Die finanziellen Mittel gelten als genügend, wenn sichergestellt ist, dass die entsprechenden Personen in der Schweiz keine Sozialleistungen beanspruchen werden. In aller Regel wird von den Behörden vor der Erteilung einer Aufenthaltsbewilligung eine relativ allgemein gehaltene **Bankbestätigung bezüglich der Vermögenssituation** verlangt.

2 Bundesblatt 1999 7027.
3 SR 0.632.31.

Bei der Krankenversicherung wird überprüft, ob deren Leistungen den schweizerischen gesetzlichen Anforderungen entsprechen. Sofern dies nicht der Fall ist, ist eine schweizerische Krankenversicherung abzuschließen.[4]

Staatsangehörige eines Mitgliedstaates der EU/EFTA mit unselbständiger oder selbständiger **Erwerbstätigkeit in der Schweiz** haben Anspruch auf Erteilung einer Aufenthaltsbewilligung, sofern sie den Nachweis der Ausübung einer Erwerbstätigkeit erbringen. Damit profitieren sie von der vollen Personenfreizügigkeit.

1.2.2 Begrenzungsinitiative

Am 31.8.2018 wurde die Volksinitiative „Für eine maßvolle Zuwanderung (Begrenzungsinitiative)" eingereicht. Ziel dieser Verfassungsinitiative war es, das Personenfreizügigkeitsabkommen mit der EU nach Annahme der Initiative außer Kraft zu setzen. Damit sollte die Schweiz nach Meinung der Initianten die Einwanderung selbst steuern und die unkontrollierte und maßlose Zuwanderung unterbinden. In der Volksabstimmung vom 27.9.2020 lehnten die Stimmberechtigten die Begrenzungsinitiative mit 59,49 % deutlich ab. Damit gilt das Personenfreizügigkeitsabkommen mit der EU auch weiterhin.

2. Erwerb von Liegenschaften in der Schweiz durch Ausländer

In der Vergangenheit bestanden äußerst strikte Beschränkungen für den Erwerb von Liegenschaften in der Schweiz durch Ausländer. Eine erste Lockerung erfolgte vor einigen Jahren, als der Erwerb von **betrieblichen Liegenschaften** auch Ausländern ohne Wohnsitz in der Schweiz offen stand. Inzwischen erfolgte eine weitere Lockerung für **EU-Staatsangehörige mit Wohnsitz in der Schweiz**, welche nun unbeschränkt Betriebsliegenschaften und Wohnliegenschaften erwerben können. Dabei gelten als Wohnliegenschaften nicht nur das eigene Haus, sondern auch Kapitalanlageliegenschaften.[5]

In diesem Zusammenhang ist darauf hinzuweisen, dass sich nach schweizerischem Recht der Wohnsitz einer Person an dem Ort befindet, wo sie sich mit der Absicht dauernden Verbleibens aufhält. Dabei kann niemand an mehreren Orten zugleich seinen Wohnsitz haben.[6]

4 Ausländerrecht, N. 4.34 ff.

5 Bundesgesetz über den Erwerb von Grundstücken durch Personen im Ausland vom 16.12.1983 („Lex Koller"); Bundesamt für Justiz, Erwerb von Grundstücken durch Personen im Ausland, Merkblatt 2009 (Stand ..12.5.2021).

6 Art. 23 Schweizerisches Zivilgesetzbuch („ZGB").

In der Praxis kommt es vor, dass Ausländer in der Schweiz mit dem einzigen Ziel eine oder mehrere Liegenschaften zu erwerben sich einen Wohnsitz nehmen. Im Übrigen behalten sie aber ihren primären Wohnsitz im Ausland bei. In solchen Fällen ist der Liegenschaftenkauf unter dem schweizerischen Recht **nichtig**, und es **droht eine Rückabwicklung** im Falle der Entdeckung mit allen negativen Folgen.[7]

3. Erbrecht

Für **Personen mit Wohnsitz in der Schweiz** gilt grds. unabhängig von der Staatsangehörigkeit **schweizerisches Erbrecht**. Für das Nachlassverfahren und erbrechtliche Streitigkeiten sind gem. Art. 86 des Bundesgesetzes über das Internationale Privatrecht (IPRG) die schweizerischen Gerichte oder Behörden am Wohnsitz des Erblassers zuständig.

Art. 90 Abs. 2 IPRG sieht jedoch vor, dass ein Ausländer mit Wohnsitz in der Schweiz durch letztwillige Verfügung oder Erbvertrag im Sinne einer **Rechtswahl** den Nachlass einem seiner Heimatrechte unterstellen kann. Dies bedeutet, dass ein deutscher Staatsangehöriger seinen Nachlass aus schweizerischer Sicht weiterhin dem deutschen Erbrecht unterstellen kann.

Seit dem 17.8.2015 gilt die **Europäische Erbrechtsverordnung** für Staatsangehörige der Europäischen Union und damit auch für deutsche Staatsangehörige mit gewöhnlichem Aufenthalt in der Schweiz, welche in Art. 21 das **Aufenthaltsprinzip** einführte. Dies bedeutet, dass jeweils das Erbrecht des Staates anwendbar ist, in dem der Verstorbene seinen letzten gewöhnlichen Aufenthalt hatte. In Art. 22 sieht die Erbrechtsverordnung sodann vor, dass im Rahmen einer **Rechtswahl** in der letztwilligen Verfügung das **Recht der Staatsangehörigkeit gewählt werden kann**, die der Erblasser zur Zeit der Rechtswahl oder zur Zeit seines Todes besitzt. Im Prinzip unterliegt ein deutscher Staatsangehöriger mit Wohnsitz in der Schweiz damit dem schweizerischen Erbrecht. Dabei wird davon ausgegangen, dass der begriffliche Unterschied zwischen dem letzten Wohnsitz nach Schweizer Recht und dem gewöhnlichen Aufenthalt nach der europäischen Erbrechtsverordnung eine eher untergeordnete Rolle spielt. Einem deutschen Staatsangehörigen mit Wohnsitz in der Schweiz steht jedoch weiterhin die Möglichkeit offen, das deutsche Recht als Recht seiner Staatsangehörigkeit zu wählen.[8]

7 Ausländerrecht, N. 19.64 ff.

8 Lambrecht/Gehweiler, Die Europäische Erbrechtsverordnung und ihre Wechselwirkungen mit der Schweiz in Handelskammer Deutschland-Schweiz, Erbschaftsratgeber Deutschland-Schweiz, 2014, S. 81 ff.

4. Einkommen- und Vermögenssteuern

4.1. Ordentliche Besteuerung

Die direkten Steuern werden in der Schweiz auf Ebene des Bundes gestützt auf das Bundesgesetz über die Direkte Bundessteuer vom 14.12.1990 (DBG) und **auf Ebene der Kantone und Gemeinden** aufgrund von 26 verschiedenen kantonalen Steuergesetzen erhoben. Die kantonalen Steuergesetze sind aufgrund des Bundesgesetzes über die Harmonisierung der Direkten Steuern der Kantone und Gemeinden vom 14.12.1990 (StHG) formell harmonisiert. Demnach müssen die Art der erhobenen Steuern und die Grundsätze für die kantonale Gesetzgebung in allen Kantonen gleich gehandhabt werden. Es besteht jedoch keine materielle Steuerharmonisierung zwischen den schweizerischen Kantonen. Dies bedeutet insbesondere, dass die Steuersätze und damit die **Höhe der Besteuerung in den einzelnen Kantonen höchst unterschiedlich** sind.

Auf Gemeindeebene sind üblicherweise die kantonalen Steuergesetze anwendbar. Die Gemeindesteuer wird dadurch ermittelt, dass von der Gemeinde ein so genannter Gemeindesteuerfuß, d. h. ein Vielfaches der kantonalen Steuer festgelegt wird. Durch Multiplikation des Gemeindesteuerfußes mit der einfachen kantonalen Steuer wird sodann die Höhe der Gemeindesteuer berechnet.

4.2. Steuerpflicht

4.2.1 Unbeschränkte Steuerpflicht

Eine natürliche Person wird in der Schweiz aufgrund persönlicher Zugehörigkeit unbeschränkt steuerpflichtig, wenn sie in der Schweiz ihren **Wohnsitz oder steuerrechtlichen Aufenthalt** hat. Ein Wohnsitz in der Schweiz liegt vor, wenn sich eine Person in der Schweiz mit der Absicht dauernden Verbleibens aufhält (zivilrechtliche Definition). Einen steuerrechtlichen Aufenthalt in der Schweiz hat eine Person, wenn sie in der Schweiz während mindestens 30 Tagen verweilt und eine Erwerbstätigkeit ausübt oder während mindestens 90 Tagen verweilt und keine Erwerbstätigkeit ausübt.[9]

Eine Person, welche in der Schweiz unbeschränkt steuerpflichtig ist, bezahlt Einkommenssteuern auf Bundes-, Kantons- und Gemeindeebene auf ihr **weltweites Einkommen**. Ausgenommen von der schweizerischen Besteuerung unter Progressionsvorbehalt sind Grundstücke und Betriebsstätten im Ausland (beispielsweise Beteiligungen an gewerblich tätigen, jedoch nicht Beteiligungen an gewerblich geprägten Personengesellschaften).[10] Im Weiteren wird auf Kantons- und Gemeindeebene auch eine Ver-

9 Art. 3 DBG / Art. 3 StHG.

10 Art. 6 Abs. 1 DBG.

mögenssteuer auf dem weltweiten Vermögen erhoben. Von der Vermögenssteuer werden Grundstücke und Betriebsstätten im Ausland unter Progressionsvorbehalt ausgenommen.

Einkünfte aus Erwerbstätigkeit wie auch Vermögenserträge (Dividenden, Zinsen etc.) unterliegen in der Schweiz der **ordentlichen Besteuerung**. Sofern jedoch eine natürliche Person mindestens 10 % des Grundkapitals einer Kapitalgesellschaft in ihrem Privatvermögen hält, sind Dividenden bei der direkten Bundessteuer nur im Umfang von 70 % steuerbar[11]. Gewisse Kantone besteuern entsprechende Dividenden sogar nur zu 50 %.

Kapitalgewinne aus der Veräußerung von beweglichem Privatvermögen werden in der Schweiz **grds. nicht besteuert**.[12] Vorbehalten bleiben Fälle der Transponierung und Teilliquidation. Demgegenüber werden Veräußerungsgewinne auf Schweizer Grundstücken von der Grundstückgewinnsteuer der Kantone erfasst. Der Steuersatz ist meistens von der Haltedauer und vom Kanton und der Gemeinde abhängig, in der das Grundstück gelegen ist.

4.2.2 Beschränkte Steuerpflicht

Natürliche Personen ohne steuerrechtlichen Wohnsitz oder Aufenthalt in der Schweiz sind aufgrund wirtschaftlicher Zugehörigkeit steuerpflichtig, wenn sie:

- Inhaber, Teilhaber oder Nutznießer von Geschäftsbetrieben in der Schweiz sind;
- in der Schweiz Betriebsstätten unterhalten;
- an Grundstücken in der Schweiz Eigentum, dingliche oder diesen wirtschaftlich gleichkommende persönliche Nutzungsrechte haben;
- in der Schweiz gelegene Grundstücke vermitteln oder damit handeln.[13]

Im Weiteren sind natürliche Personen ohne steuerrechtlichen Wohnsitz oder Aufenthalt in der Schweiz aufgrund wirtschaftlicher Zugehörigkeit steuerpflichtig, wenn sie:

- in der Schweiz eine Erwerbstätigkeit ausüben;
- als Mitglieder der Verwaltung oder Geschäftsführung von juristischen Personen mit Sitz oder Betriebsstätte in der Schweiz Vergütungen beziehen;
- Gläubiger oder Nutznießer von Forderungen sind, die durch Grund- oder Faustpfand auf Grundstücken in der Schweiz gesichert sind;

11 Art. 20 Abs. 1 DBG.
12 Art. 16 Abs. 3 DBG / Art. 7 Abs. 4 Buchst. b StHG.
13 Art. 4 DBG / Art. 4 Abs. 1 StHG.

- Pensionen oder andere Leistungen erhalten, die aufgrund eines früheren öffentlich-rechtlichen Arbeitsverhältnisses von einem Arbeitgeber oder einer Vorsorgeeinrichtung mit Sitz in der Schweiz ausgerichtet werden;
- Leistungen aus schweizerischen privatrechtlichen Einrichtungen der beruflichen Vorsorge oder aus anerkannten Formen der gebundenen Selbstvorsorge erhalten;
- Für Arbeit im internationalen Verkehr an Bord eines Schiffes oder eines Luftfahrzeuges oder bei einem Transport auf der Straße Lohn oder andere Vergütungen von einem Arbeitgeber mit Sitz oder Betriebsstätte in der Schweiz erhalten.[14]

Ähnliche Bestimmungen für die beschränkte Steuerpflicht gelten auf kantonaler Ebene im Rahmen des Steuerharmonisierungsgesetzes.

Bei beschränkter Steuerpflicht in der Schweiz aufgrund wirtschaftlicher Zugehörigkeit unterliegen gem. Art. 6 Abs. 2 DBG grds. nur diejenigen Teile des Einkommens und Vermögens den schweizerischen Steuern, für welche eine beschränkte Steuerpflicht gemäß Gesetz besteht, wobei das gesamte Einkommen und Vermögen für die Berechnung des Steuersatzes maßgeblich ist. Zu beachten ist auch, dass gem. Art. 6 Abs. 2 DBG mindestens das in der Schweiz erzielte Einkommen steuerbar ist. Damit können ausländische Verluste grds. nicht mit schweizerischem Einkommen verrechnet werden. Die Regelungen in Doppelbesteuerungsabkommen gehen jedoch der Mindestbesteuerung gem. Art. 6 Abs. 2 DBG vor.

4.3. Steuersätze

Die direkte **Bundessteuer** ist stark progressiv ausgestaltet und weist einen maximalen Steuersatz von 11,5 % für die Einkommenssteuer auf. Eine Vermögenssteuer wird auf Bundesebene nicht erhoben.

In den **Kantonen (inkl. Gemeinden)** bewegen sich die Einkommensteuersätze zwischen etwa **11 – 35 %** (ohne Kirchensteuer). Günstige Gemeinden in der Schweiz sind zurzeit beispielsweise Wollerau im Kanton Schwyz und Zug mit einem maximalen Gesamtsteuersatz (inkl. direkte Bundessteuer) von rund 22 %, während beliebte Orte wie Zürich, Genf und Lugano relativ teuer (40 % - 46 %) sind. Die jährlichen Vermögenssteuern liegen je nach Kanton und Gemeinde in der Größenordnung von 0,1 - 1 %.

14 Art. 5 DBG / Art. 4 Abs. 2 StHG.

5. Aufwandbesteuerung

5.1. Einführung

5.1.1 Historische Entwicklung

Die ersten gesetzlichen Bestimmungen über die Besteuerung nach dem Aufwand in der Schweiz sind im Interkantonalen Konkordat über den Ausschluss von Steuerabkommen vom 10.12.1948 enthalten. Mit ihrem Beitritt zum Konkordat verpflichteten sich die Kantone, keine Steuerabkommen mit Steuerpflichtigen mehr abzuschließen und von einer allfälligen durch Gesetz oder Verordnung eingeräumten Kompetenz zum Abschluss solcher Abkommen keinen Gebrauch mehr zu machen. Das Konkordat sieht aber auch vor, dass die Kantone bestimmten, im Konkordat eng umschriebenen Gruppen von Steuerpflichtigen gesetzlich geregelte Steuererleichterungen gewähren dürfen. Bei diesen Gruppen handelt es sich einerseits um Unternehmen, deren Niederlassung für den entsprechenden Kanton von wirtschaftlichem Interesse ist und andererseits um natürliche Personen, die nicht Schweizer Staatsbürger sind und in der Schweiz keine Erwerbstätigkeit ausüben.

Natürlichen Personen werden Steuererleichterungen in der Praxis in der Form der sogenannten Aufwandbesteuerung eingeräumt. Erstmals führte der Kanton Waadt die Aufwandbesteuerung im Jahre 1862 ein, was auf eine lange Tradition schließen lässt. Eine generelle Regelung der Aufwandbesteuerung in der Schweiz erfolgte mit dem Erlass des DBG und des StHG am 14.12.1990. Dabei wurde die Aufwandbesteuerung in Art. 14 DBG und Art. 6 StHG geregelt. Der Wortlaut von Art. 6 StHG wurde in der Folge in den Steuergesetzen sämtlicher Kantone sinngemäß übernommen. Zur Präzisierung der gesetzlichen Regeln wurde am 15.3.1993 die Verordnung über die Besteuerung nach dem Aufwand bei der direkten Bundessteuer erlassen (revidiert durch die Verordnung vom 20.2.2013). Sodann erließ die Eidgenössische Steuerverwaltung am 3.12.1993 das Kreisschreiben Nr. 9 zur Verordnung über die Besteuerung nach dem Aufwand, welches damals weitgehend als Basis für die Durchführung der Aufwandbesteuerung diente. Zurzeit nehmen **etwa 4.000 bis 5.000 Ausländer** die Aufwandbesteuerung in der Schweiz in Anspruch. Die Kantone Wallis, Waadt, Genf und Tessin weisen die höchste Anzahl von Personen auf, die der Aufwandbesteuerung unterliegen.

Es ergibt sich, dass in der Schweiz keine willkürlichen Steuerabkommen zwischen den Kantonen und ausländischen Steuerpflichtigen abgeschlossen werden. Vielmehr besteht für die **Aufwandbesteuerung eine klare gesetzliche Basis**, welche in der Verordnung und im Kreisschreiben detailliert ausgeführt ist. Im Rahmen dieser Regelungen besteht dennoch ein gewisser Ermessensspielraum für den Wohnsitzkanton des Steuerpflichtigen, welcher sich auf die Festlegung des der Besteuerung zugrunde liegenden Lebensaufwandes des Steuerpflichtigen bezieht.

5.1.2 Neuere Entwicklungen auf Bundesebene

5.1.2.1 Gesetzgebung

Nachdem in den Kantonen Appenzell-Ausserrhoden, Basel-Landschaft, Basel-Stadt, Schaffhausen und Zürich in den Jahren 2009–2012 die Aufwandbesteuerung abgeschafft und in verschiedenen anderen Kantonen verschärft worden war, befasste sich der Bundesrat mit dem Thema der Aufwandbesteuerung auf eidgenössischer Ebene. Er kam dabei zum Schluss, dass die Aufwandbesteuerung ein wichtiges steuerpolitisches Instrument mit erheblicher volkswirtschaftlicher Bedeutung und langer Tradition sei. Sie solle deshalb beibehalten, aber reformiert werden. Ziel der Reform solle es sein, die Anwendung der Besteuerung nach dem Aufwand zu verbessern, um deren Akzeptanz zu stärken.[15]

Im Rahmen dieser Reform wurden die Bestimmungen bezüglich Aufwandbesteuerung im Bundesgesetz über die Besteuerung nach dem Aufwand von 28.9.2012 verschärft. Im Rahmen dieses Gesetzes wurden Art. 14 DBG und Art. 6 StHG revidiert. Im Weiteren wurde in Art. 72 q des Bundesgesetzes festgelegt, dass die Kantone, welche die Besteuerung nach dem Aufwand vorsahen, ihre Gesetzgebung innerhalb von zwei Jahren nach Inkrafttreten des Bundesgesetzes über die Aufwandbesteuerung vom 28.9.2012 dem geänderten Art. 6 StHG anzupassen hätten. Nach Ablauf dieser Frist würde Art. 6 StHG für diese Kantone direkt Anwendung finden, wenn das kantonale Recht ihm widerspräche. Im Weiteren wurde in Art. 78 e des Bundesgesetzes eine Übergangsfrist festgelegt, indem für natürliche Personen, welche im Zeitpunkt des Inkrafttretens des Bundesgesetzes über die Aufwandbesteuerung nach dem Aufwand besteuert würden, für weitere fünf Jahre das bisherige Recht gelten solle.

Nach der Annahme des Gesetzesentwurfes durch Nationalrat und Ständerat im Jahre 2012 trat das Bundesgesetz vom 28.9.2012 über die Besteuerung nach dem Aufwand ab dem 20.2.2013 gestaffelt in Kraft. Die Bestimmungen des StHG traten dabei auf den 1.1.2014 in Kraft. Die Kantone, die die Besteuerung nach dem Aufwand vorsehen, hatten ihre Gesetzgebung innerhalb von zwei Jahren seit dem Inkrafttreten der Bestimmungen des StHG und damit zum 1.1.2016 anzupassen.

Die neuen Bestimmungen für das DBG gelten seit 1.1.2016.

Durch die neue Gesetzesbestimmung über die Aufwandbesteuerung wurde **die Bemessungsbasis für die Aufwandbesteuerung angehoben**. Im Weiteren wurde der Anwendungsbereich der Aufwandbesteuerung auf ausländische Staatsangehörige beschränkt. Ehepaare können neu nur dann der Aufwandbesteuerung unterliegen, wenn beide Ehegatten sämtliche gesetzlichen Voraussetzungen erfüllen. Im StHG wurde zudem für die

15 IFF Forum für Steuerrecht, Gesetzgebungs-Agenda 2012/2, 2012, S. 153.

kantonalen Steuern festgelegt, dass die Kantone zu bestimmen hätten, wie die Vermögenssteuer im Rahmen der Aufwandbesteuerung abzugelten sei, und damit eine obligatorische Besteuerung des Vermögens in das Gesetz eingeführt.

5.1.2.2 Volksinitiative

Am 19.10.2012 wurde eine **Eidgenössische Volksinitiative** „Schluss mit den Steuerprivilegien für Millionäre (**Abschaffung der Pauschalbesteuerung**)" lanciert.

Inhaltlich sollte ein neuer Art. 127 bis Abs. 2 BV eingeführt werden, wonach Steuerprivilegien für natürliche Personen unzulässig seien und die Besteuerung nach dem Aufwand untersagt werde. Der Bund wäre verpflichtet gewesen, im Falle der Annahme der Initiative innerhalb von drei Jahren die Ausführungsgesetzgebung zu erlassen. Ansonsten sollte die neue Bestimmung der Bundesverfassung direkt Anwendung finden.[16]

In der Volksabstimmung vom 30.11.2014 wurde die Initiative zur Abschaffung der Pauschalbesteuerung mit nahezu 60 % der Stimmen abgelehnt. Damit bleiben die revidierten Art. 14 DBG und Art. 6 StHG in Kraft und Ausländer haben bei Erfüllung aller gesetzlichen Voraussetzungen weiterhin das Recht, die Aufwandbesteuerung in Anspruch zu nehmen.

5.1.3 Entwicklungen in den Kantonen

5.1.3.1 Abschaffung der Aufwandbesteuerung

In den Kantonen, in welchen die Aufwandbesteuerung abgeschafft wurde, können Ausländer, die die Voraussetzungen für die Aufwandbesteuerung für die direkte Bundessteuer erfüllen, weiterhin die direkte Bundessteuer gestützt auf ihren Lebensaufwand entrichten. Bei den Kantons- und Gemeindesteuern unterliegen sie demgegenüber der ordentlichen Besteuerung.

5.1.3.2 Übrige Kantone

In den übrigen Kantonen steht Ausländern, welche die entsprechenden Voraussetzungen erfüllen, weiterhin das Recht zu, aufgrund ihres Lebensaufwandes besteuert zu werden. Die Kantone nahmen jedoch im Einklang mit dem StHG Gesetzesänderungen bezüglich der Aufwandbesteuerung vor, welche generell ab dem 1.1.2016 zu einer Erhöhung der Bemessungsbasis für die Einkommenssteuer führten. Die Mehrzahl der Kantone folgte bei der Gesetzesrevision dem Wortlaut des StHG. Gewisse Kantone führten insbesondere für die minimale Bemessungsbasis tiefere oder höhere Beträge

16 Bundesblatt 2011,S. 3553.

als die bei der direkten Bundessteuer vorgesehenen 400.000 CHF ein. Generell führte die Gesetzesrevision zu einer Erhöhung der Steuerlast der Personen, welche der Aufwandbesteuerung unterliegen.

5.2. Voraussetzungen für die Aufwandbesteuerung

Aufgrund von Art. 14 DBG und Art. 6 StHG haben natürliche Personen, die nicht das Schweizer Bürgerrecht haben und **erstmals** oder nach **mindestens 10-jähriger Landesabwesenheit** in der Schweiz steuerrechtlichen Wohnsitz oder Aufenthalt nehmen und **in der Schweiz keine Erwerbstätigkeit** ausüben, das Recht, anstelle der ordentlichen Einkommen- und Vermögenssteuer eine Steuer nach dem Aufwand zu entrichten. Wer früher nach dem Aufwand besteuert wurde und nach einer Landesabwesenheit wieder in die Schweiz zurückkehrt, kann ungeachtet der 10-Jahresfrist wieder nach dem Aufwand besteuert werden.[17]

Wesentlich für die Gewährung der Aufwandbesteuerung ist, dass keine entgeltliche Erwerbstätigkeit in der Schweiz ausgeübt wird. Abgestellt wird dabei auf den **Ausübungsort** und nicht auf den Wirkungsort der Erwerbstätigkeit.[18] Die Ausübung einer Erwerbstätigkeit in der Schweiz im Zusammenhang mit ausländischen Vermögenswerten (beispielsweise Beteiligungen) gilt entsprechend für die Aufwandbesteuerung als Erwerbstätigkeit in der Schweiz, sofern dafür eine Vergütung bezogen wird. Dies gilt unabhängig davon, ob die Tätigkeit für eine schweizerische oder ausländische Unternehmung ausgeübt wird.[19] Anderseits wäre die Ausübung einer Tätigkeit im Ausland mit Wirkung in der Schweiz nicht schädlich für die Gewährung der Aufwandbesteuerung.[20]

Schwierig zu beurteilen sind Fälle, in welchen Personen im Wesentlichen digital kommunizieren und entsprechend Erwerbstätigkeiten ohne Weiteres von zu Hause aus erledigt werden können. In solchen Fällen ist grds. genau zu klären, ob eine Erwerbstätigkeit in der Schweiz stattfindet. Rein nebensächliche Tätigkeiten, wie gelegentliche Geschäftstelefonate, Videokonferenzen oder das Schreiben von E-Mails aus der Schweiz gelten als nicht schädlich. Zu erwähnen ist weiter die Problematik des selbständigen (nebenberuflichen) Liegenschafts-, Wertschriften- oder Kunsthändlers. Sofern solche Tätigkeiten die Grenze der normalen privaten Vermögensverwaltung überschreiten und sich in der Schweiz abspielen, sind die entsprechenden Personen als erwerbstätig

17 KS 44, Ziffer 2.3.

18 Kommentar StHG, N. 21 zu Art. 6.

19 StE 2001 B 29.1 Nr. 6 Bundesgericht vom 15.5.2000.

20 Kommentar DBG, N. 19 zu Art. 14.

in der Schweiz zu qualifizieren und können damit nicht mehr der Aufwandbesteuerung unterliegen. Die Abgrenzung ist in solchen Fällen schwierig.[21]

In der Vergangenheit führten in diesem Zusammenhang auch Fälle von Künstlern und Sportlern, welche in der Schweiz gegen Entgelt auftraten, zu Diskussionen. Theoretisch wurde in diesem Zusammenhang festgehalten, dass **Künstler und Sportler** in der Schweiz nur auftreten dürfen, wenn sie für Ihre Auftritte kein Honorar entgegennehmen. In der Praxis wurde diese Bestimmung jedoch in der Vergangenheit nicht immer strikt gehandhabt, da sonst berühmteste Musiker (beispielsweise Herbert von Karajan, Tina Turner, Phil Collins) dem schweizerischen Publikum nur deshalb vorenthalten worden wären, weil sie in der Schweiz in den Genuss der Aufwandbesteuerung kamen. Immerhin ist im KS 44 neu festgehalten, dass die Aufwandbesteuerung ausgeschlossen ist, wenn solche Personen in der Schweiz persönlich zu Erwerbszwecken tätig sind.[22]

Ein heikles und mehr und mehr umstrittenes Thema in diesem Zusammenhang ist die Ausübung von **Verwaltungsratsmandaten bei einer schweizerischen Gesellschaft**. In aller Regel wurde dies in der Vergangenheit toleriert, sofern für das Verwaltungsratsmandat keine Vergütung (außer Ersatz tatsächlicher Unkosten) bezahlt wurde. Nachdem die Praxis zu diesem Thema in den Kantonen unterschiedlich war, gab die Eidgenössische Finanzkommission ein Gutachten bei Prof. Madeleine Simonek in Auftrag. Fast gleichzeitig beauftragte die Steuerverwaltung des Kantons Waadt Prof. Pierre-Marie Glauser sich mit der Frage auseinander zu setzen, ob in gewissen Fällen auch eine unentgeltliche Verwaltungsratstätigkeit als Erwerbstätigkeit qualifiziert werden könnte.[23]

Die beiden Gutachten kommen für folgende Fälle zum gleichen Schluss:

- Eine unentgeltliche Verwaltungsratstätigkeit für einen Dritten stellt keine Erwerbstätigkeit dar und ist damit für die Pauschalbesteuerung unschädlich.
- Die unentgeltliche Verwaltungsratstätigkeit bei einer Gesellschaft, an der die pauschalbesteuerte Person bloß eine Minderheitsbeteiligung hält, ist mangels Kontrolle der entsprechenden Person über die Gesellschaft ebenfalls zulässig.

Beim Vorliegen einer Mehrheitsbeteiligung gehen die Meinungen der Gutachten auseinander. Nach Meinung von Prof. Madeleine Simonek profitiert der Aktionär, der gleichzeitig Verwaltungsrat ist, immer von seinem eigenen Beitrag an die Gesellschaft, da durch diesen Beitrag der Unternehmenswert vergrößert wird. Die Vergrößerung des Unternehmenswertes stelle eine Nutzungseinlage dar, weshalb die Verwaltungsrats-

21 Kommentar: DBG N. 22 zu Art. 14.

22 KS 44, Ziffer 2.3.

23 Suter Claudia, StR 2021 S. 93.

tätigkeit für die Besteuerung nach dem Aufwand schädlich sei.[24] Glauser/Épitaux lehnen demgegenüber in ihrem Gutachten ein solches fiktives Einkommen ab. Sie verlangen, dass keine Ausdehnung des Begriffs des Erwerbseinkommens über den gesetzlich vorgesehenen Rahmen erfolge. Eine Zurechnung von Erwerbseinkommen an ein Verwaltungsratsmitglied könne höchstens im Falle einer Steuerumgehung angängig sein.[25] Es ergibt sich, dass ausschließlich ein unentgeltliches Verwaltungsratsmandat bei einer Gesellschaft, an welcher das Verwaltungsratsmitglied mehrheitlich beteiligt ist, zur Annahme einer Erwerbstätigkeit führen könnte. Es ist davon auszugehen, dass die beiden genannten Gutachten die Basis für die künftige Praxis bilden werden, wobei sich gewisse Kantone eher an die Meinung von Prof. Madeleine Simonek und andere Kantone eher an die Meinung von Prof. Pierre-Marie Glauser halten werden.

Zu fordern ist, dass die Erwerbstätigkeit einer Person erst nach dem Zuzug in die Schweiz für die Anwendung der Aufwandbesteuerung schädlich ist. Eine Erwerbstätigkeit in der Schweiz im Rahmen einer beschränkten Steuerpflicht vor der Wohnsitznahme kann keinen Einfluss auf das Recht der Beanspruchung der Aufwandsteuer haben.[26]

Ausschließlich ausländische Staatsangehörige können in den Genuss der Aufwandbesteuerung gelangen. Sobald ein ausländischer Staatsangehöriger die schweizerische Staatsangehörigkeit annimmt oder eine Erwerbstätigkeit in der Schweiz aufnimmt, fällt das Recht auf Aufwandbesteuerung ab Beginn der entsprechenden Steuerperiode dahin, auch wenn er Doppelbürger ist.[27] Nicht mehr möglich ist es, die Aufwandbesteuerung in Anspruch zu nehmen, wenn bei einem verheirateten Paar ein Ehegatte Schweizer Bürger ist.[28] Unterlag ein solches Ehepaar am 1.1.2016 der Aufwandbesteuerung, so hatte es aufgrund der Übergangsbestimmungen das Recht, die Aufwandbesteuerung bis 31.12.2020 weiterzuführen.[29]

5.3. Bemessungsgrundlage

5.3.1 Lebensaufwand

Die Steuer nach dem Aufwand wird aufgrund der **jährlichen Kosten der Lebenshaltung** des Steuerpflichtigen und der von ihm unterhaltenen, in der Schweiz und im Ausland lebenden Personen berechnet (Prinzip des weltweiten Aufwands). Dabei sind sämtliche

24 Simonek, S. 12.
25 Glauser/Épitaux, S. 627 ff.
26 Blank, Schweizer Treuhänder, 2015, S. 395.
27 KS 44, Ziffer 2.2.
28 Art. 6 Abs. 2 StHG / Art. 14 Abs. 2 DBG.
29 Art. 205 Buchst. d DBG.

Kosten zu berücksichtigen, unabhängig davon, ob sie im In- oder Ausland anfallen. Zu den Lebenshaltungskosten gehören insbesondere:

- Kosten für Verpflegung und Bekleidung;
- Kosten für Unterkunft inklusive Heizung, Reinigung, Gartenunterhalt usw.;
- Steuern und Sozialversicherungsabgaben;
- Gesamte Aufwendungen (Geld- und Naturalleistungen) für Personal im Dienste der steuerpflichtigen Person;
- Unterhaltsbeiträge;
- Ausgaben für Bildung inklusive Schulkosten der Kinder im Ausland, Freizeit, Sport usw.;
- Ausgaben für Reisen, Ferien, sportliche Aktivitäten und andere Unterhaltung, Kuren usw.;
- Kosten für die Haltung aufwändiger Haustiere (Reitpferde usw.);
- Unterhalts- und Betriebskosten von Automobilen, Motorbooten, Yachten, Flugzeugen usw.[30]

Ebenfalls zum steuerbaren Aufwand sind die Lebenshaltungskosten zu rechnen, die der Ehegatte der steuerpflichtigen Person und die Kinder unter elterlicher Sorge aus eigenen Mitteln bestreiten.

Der so ermittelte weltweite Aufwand entspricht dem Betrag, der nach dem ordentlichen Tarif besteuert wird, wenn er nicht niedriger ist als einer der in Art. 14 DBG Ziffer 3 genannten Mindestbeträge (Ziffer 5.3.2.).[31]

5.3.2 Mindestbeträge

Die Summe der tatsächlichen Lebenshaltungskosten als Basis für die Einkommenssteuer muss bei der direkten Bundessteuer für den einen eigenen Haushalt führenden Steuerpflichtigen **mindestens dem Siebenfachen des Mietzinses bzw. Mietwertes** der Wohnung oder des Hauses entsprechen.[32] Gemäß Praxis wird dabei der höchste Mietwert oder der Mietwert des Hauses angesetzt, in welchem der Steuerpflichtige seinen Wohnsitz hat, sofern mehrere Wohnungen oder Häuser im Eigentum des Steuerpflichtigen stehen. Die Mietwerte der übrigen Wohnungen oder Häuser werden bei der Berechnung der Lebenshaltungskosten berücksichtigt. Den Kantonen steht es frei, auch eine höhere Bemessungsbasis festzulegen.

30 KS 44, Ziffer 3.2.

31 KS 44, Ziffer 3.2.

32 Art. 14 Abs. 3 Buchst. b DBG / Art. 6 Abs. 3 Buchst. b StHG.

Führt der Steuerpflichtige keinen eigenen Haushalt, entspricht der Mindestbetrag für die Bemessung für die direkte Bundessteuer und die Kantonssteuern dem Dreifachen des jährlichen Pensionspreises für Unterkunft und Verpflegung am Ort des Aufenthaltes.[33]

Für die direkte Bundessteuer muss die Bemessungsgrundlage mindestens 400.000 CHF betragen.[34] Gemäß StHG müssen auch die Kantone einen Mindestbetrag für die Bemessung der Einkommensteuern festlegen.[35] Die meisten Kantone sehen in ihren Steuergesetzen **Mindestbeträge für das steuerbare Einkommen** in der Größenordnung von 400.000 bis 600.000 CHF vor. Diese Mindestbeträge sind jährlich an den Landesindex der Konsumentenpreise anzupassen.[36]

In der Praxis ist bei Vereinbarung der Höhe des steuerbaren Einkommens im Rahmen der Aufwandbesteuerung in den meisten Kantonen eine **Liste mit den geschätzten Lebenshaltungskosten** einzureichen. Aufgrund der Lebenshaltungskosten, des maßgeblichen Eigenmietwertes der Wohnung und der allgemeinen Vermögens- und Einkommensverhältnisse des Steuerpflichtigen wird sodann in Verhandlungen mit den kantonalen Steuerbehörden die Höhe des steuerpflichtigen Einkommens festgelegt. Vom steuerpflichtigen Einkommen sind lediglich Unterhaltskosten für Liegenschaften und Vermögensverwaltungskosten abzugsfähig. Für ausländische Quellensteuern wird keine Steueranrechnung gewährt. Für die **Ermittlung des steuerbaren Vermögens** wird das steuerbare Einkommen in den meisten Kantonen mit einem Satz von 5 % kapitalisiert.

Der Steuerbetrag für Personen mit einem Vermögen von bis zu 100 Mio. CHF bewegt sich erfahrungsgemäß zwischen 150.000 CHF bis 300.000 CHF pro Jahr, wobei neuerdings gewisse Kantone Staffelungen des minimalen steuerbaren Lebensaufwandes abhängig von der Höhe des tatsächlichen Vermögens oder auch der gewählten Wohnsitzgemeinde vornehmen. Bei sehr hohen Vermögen wird die Steuer im Rahmen von Verhandlungen festgelegt und kann auch mehrere Millionen Schweizer Franken betragen.

5.3.3 Kontrollrechnung

Ein Hauptgrund, welcher für die Gewährung des Privilegs der Aufwandbesteuerung an Ausländer genannt wird, liegt in deren geringer Beanspruchung der Infrastruktur in der Schweiz. Dies traf in der Vergangenheit sicher zu, da aufgrund der strengen Bestimmungen für die Erteilung einer Aufenthaltsbewilligung praktisch ausschließlich auslän-

33 Art. 14 Abs. 3 Buchst. c DBG/Art. 6 Abs. 3. Buchst. c StHG.

34 Art. 14 Abs. 3 Buchst. a DBG.

35 Art. 6 Abs. 3 Buchst. c StHG.

36 Lüthi, Die Besteuerung nach dem Aufwand in der Schweiz, 2017, S. 72.

dische Staatsangehörige mit einem Alter von über 55 Jahren eine Aufenthaltsbewilligung in der Schweiz erhielten und die Aufwandbesteuerung in Anspruch nehmen konnten. Auch wenn dies heute insbesondere für EU-Staatsangehörige nicht mehr gilt, blieb im Rahmen der Aufwandbesteuerung die Regelung erhalten, wonach die aufgrund des Lebensaufwandes ermittelte Steuer **mindestens gleich hoch sein muss wie die ordentliche Steuer auf Einkünften aus schweizerischen Quellen, Einkünften mit DBA-Begünstigung und auf schweizerischen Vermögenswerten.**

Konkret sieht Art. 6 Abs. 6 StHG vor, dass die Steuer nach dem Aufwand des Steuerpflichtigen mindestens gleich hoch sein muss, wie die Summe der nach den ordentlichen Tarifen berechneten Einkommens- und Vermögenssteuern vom gesamten Bruttobetrag:

- des in der Schweiz gelegenen unbeweglichen Vermögens und von dessen Einkünften;
- der in der Schweiz gelegenen Fahrnis und von deren Einkünften;
- des in der Schweiz angelegten beweglichen Kapitalvermögens, einschließlich der grundpfändlich gesicherten Forderungen, und von dessen Einkünften;
- der in der Schweiz verwendeten Urheberrechte, Patente und ähnlichen Rechte und von deren Einkünften;
- der Ruhegehälter, Renten und Pensionen, die aus schweizerischen Quellen fließen;
- der Einkünfte, für die der Steuerpflichtige aufgrund eines von der Schweiz abgeschlossenen Abkommens zur Vermeidung der Doppelbesteuerung gänzliche oder teilweise Entlastung von ausländischen Steuern beansprucht.

Art. 14 Abs. 3 Buchst. d DBG ist identisch mit Art. 6 Abs. 6 StHG mit Ausnahme des Fehlens von Verweisen auf das Vermögen, da die direkte Bundessteuer keine Vermögenssteuer kennt.

Damit die Kontrollrechnung bei einem Steuerpflichtigen nicht zu einer höheren Steuer als die aufgrund des Lebensaufwandes festgesetzte Steuer führt, ist die **Asset Allocation** entsprechend auszugestalten. Nach Möglichkeit sind entsprechend Einkünfte aus schweizerischen Quellen, DBA-begünstige Einkünfte und schweizerische Vermögenswerte zu minimieren.

Es bleibt darauf hinzuweisen, dass ein Wertschriftendepot bei einer schweizerischen Bank nur in dem Umfange als schweizerischer Vermögenswert qualifiziert, als Konten und schweizerische Wertpapiere darin enthalten sind. Als schweizerische Wertpapiere gelten beispielsweise Aktien von schweizerischen Gesellschaften (Novartis, UBS, etc.) und Obligationen von schweizerischen Schuldnern, auf deren Dividenden und Zinsen auch die schweizerische Verrechnungssteuer erhoben wird, welche von Steuerpflichtigen jedoch bei korrekter Deklaration zurückgefordert werden kann (keine Abgeltungssteuer). Dabei gilt eine Obligation, welche beispielsweise von Novartis AG, Schweiz, ausgegeben wird, als schweizerischer Vermögenswert. Demgegenüber gilt eine Obligation, welche von Novartis, Niederländische Antillen, ausgegeben wird, nicht als schweizerischer Vermögenswert, auch wenn die Obligation von der schweizerischen Muttergesellschaft garantiert wird. Es empfiehlt sich entsprechend vor allem für Zinstitel die Anlage in quellensteuerfreie Anleihen im Ausland.

5.3.4 Einbezug Vermögenssteuer

Gemäß Art. 6 Abs. 5 StHG bestimmen die Kantone, wie die Besteuerung nach dem Aufwand die Vermögenssteuer abgilt.

Vor der Revision des StHG wurde die Vermögenssteuer im Rahmen der Aufwandbesteuerung in den Kantonen unterschiedlich gehandhabt. Während in gewissen Kantonen keine Berücksichtigung des Vermögens für die Besteuerung erfolgte und damit auch die Deklaration schweizerischer Vermögenswerte (trotz Kontrollrechnung) oft unterbleiben konnte, wurde in anderen Kantonen zumindest das schweizerische Vermögen erfasst. In vielen Kantonen wurde dabei eine Kapitalisierung des steuerbaren Einkommens aufgrund des Lebensaufwandes zu einem Satz von 5 % für die Ermittlung des steuerbaren Vermögens vorgenommen. Damit entsprach die Bemessungsbasis für die Vermögenssteuer dem 20-fachen Betrag des steuerbaren Einkommens.

Gemäß heutiger Rechtslage sind die Kantone seit 1.1.2016 gesetzlich verpflichtet, eine Regelung zu treffen, in welcher Form die Vermögenssteuer zusätzlich zur Einkommensteuer abgegolten wird. Die Wahl der Abgeltungsmethode ist Sache der Kantone. Meist wird in den Kantonen entweder die Bemessungsgrundlage für die Einkommensteuer angemessen erhöht oder basierend auf dem Lebensaufwand mittels Kapitalisierung ein Vermögen errechnet.[37]

5.4. Verfahren bei der Aufwandbesteuerung

Der Steuerpflichtige, welcher der Besteuerung nach dem Aufwand unterliegt, hat jährlich eine besondere Steuererklärung für die Besteuerung nach dem Aufwand und ein Wertschriftenverzeichnis einzureichen. Diese weist den vereinbarten Lebensaufwand aus und enthält die notwendigen Angaben für die Kontrollrechnung. Deklariert werden müssen jedoch ausschließlich das schweizerische Kapitalvermögen und die daraus fließenden Einkünfte sowie ausländische Einkünfte, bei welchen eine Quellensteuerentlastung aufgrund eines DBA erfolgt. Zinsen aus einer quellensteuerfreien Anleihe, welche von einem Schuldner mit Sitz im Ausland bezahlt werden, müssen entsprechend nicht

37 Kommentar StHG N. 52 zu Art. 6.

deklariert werden, sofern kein Doppelbesteuerungsabkommen beansprucht wird. Abschließend erfolgt eine ordentliche Veranlagungsverfügung der zuständigen Steuerverwaltung.[38]

Gemäß Praxis ist ein **Wechsel** zwischen Aufwandbesteuerung und ordentlicher Besteuerung für jede Steuerperiode möglich. Wer jedoch nach einer Besteuerung nach dem Aufwand auf diese Besteuerungsart verzichtet und ordentlich besteuert wird, kann i. d. R. nicht wieder nach dem Aufwand besteuert werden.[39] Die Praxis der Kantone in dieser Hinsicht ist unterschiedlich. Insbesondere lassen verschiedene Kantone bei einem Wohnsitzwechsel in ihren Kanton die Aufwandbesteuerung auch dann zu, wenn im Wegzugskanton eine Aufwandbesteuerung rechtlich nicht vorgesehen war und entsprechend eine ordentliche Besteuerung erfolgte. Das im Rahmen der Aufwandbesteuerung steuerbare Einkommen und Vermögen, welches mit den Steuerbehörden festgesetzt wird, ist grds. für eine Steuerperiode (1 Jahr) gültig. In der Praxis werden die festgelegten Werte für den Lebensaufwand jedoch oft erst nach mehreren Jahren angepasst, sofern sich beim Steuerpflichtigen nicht substanzielle Änderungen ergeben (z. B. Einzug in ein viel wertvolleres Haus).

5.5. Steuertarife

Die Aufwandbesteuerung erfolgt **nach den ordentlichen Steuertarifen** der direkten Bundessteuer sowie der Kantons- und Gemeindesteuer.[40] Die in der Steuererklärung korrekterweise nicht deklarierten Auslandeinkünfte werden für die Berechnung des Steuersatzes nicht berücksichtigt.

6. Modifizierte Aufwandbesteuerung

6.1. Einführung

Die Doppelbesteuerungsabkommen mit Belgien, Deutschland,[41] Italien, Kanada, Norwegen, Österreich und den USA gewähren einer natürlichen Person mit Wohnsitz in der Schweiz nur dann die Abkommensvorteile, wenn sämtliche nach schweizerischem Recht in der Schweiz steuerbaren Einkünfte, die aus dem entsprechenden Vertragsstaat stammen, so behandelt werden, wie wenn sie in der Schweiz der ordentlichen Besteuerung zu den allgemein gültigen Einkommenssteuersätzen des Bundes, der Kantone und der Gemeinden unterlägen. Sofern die Einkünfte aus den genannten Staaten nicht

38 Kommentar DBG N. 5 zu Art. 14.
39 KS 44, Ziffer 2.5.
40 Art. 14 Abs. 4 DBG / Art. 6 Abs. 4 StHG.
41 Art. 4 Abs. 6 DBAD.

der ordentlichen Besteuerung in der Schweiz unterliegen, finden die entsprechenden **Doppelbesteuerungsabkommen** mangels Ansässigkeit in der Schweiz gemäß DBA **keine Anwendung**. Diese Regelungen führen dazu, dass im Falle einer normalen Aufwandbesteuerung die Doppelbesteuerungsabkommen mit den oben genannten Staaten nicht in Anspruch genommen werden können.

Insbesondere in den Fällen großer Vermögen kann das fehlende Recht, maßgebliche Doppelbesteuerungsabkommen in Anspruch nehmen zu können, zu erheblichen steuerlichen Nachteilen führen. Um für natürliche Personen, welche sich in dieser Situation befinden, eine Lösung zu finden, ist in der Schweiz neben der normalen Aufwandbesteuerung die sogenannte **modifizierte Aufwandbesteuerung** gem. Art. 14 Abs. 5 DBG und Art. 6 Abs. 7 StHG vorgesehen. Unter dem System der modifizierten Aufwandbesteuerung, welche für jeden einzelnen Staat gewählt oder nicht gewählt werden kann, werden die Einkünfte aus Quellen der entsprechenden Staaten in der Schweiz der ordentlichen Besteuerung gem. der in Ziffer 6.2. beschriebenen Methode unterworfen.

6.2. Methode der modifizierten Aufwandbesteuerung

Vorerst ist aufgrund der Vermögensstruktur des Steuerpflichtigen festzustellen, welche Doppelbesteuerungsabkommen für die Optimierung der Steuersituation beansprucht werden müssen. Im Vordergrund steht dabei jeweils für deutsche Auswanderer das Doppelbesteuerungsabkommen zwischen Deutschland und der Schweiz für die Einkommens- und Vermögenssteuern (DBAD).

Die Berücksichtigung der Einkünfte aus den Staaten, für welche die modifizierte Aufwandbesteuerung gewählt wurde, erfolgt im Rahmen der **Kontrollrechnung**, welche bei der normalen Aufwandbesteuerung nur die Einkünfte aus schweizerischen Quellen, DBA-begünstigte Einkünfte und schweizerische Vermögenswerte umfasst. Im Falle der modifizierten Aufwandbesteuerung bezüglich Deutschlands sind in der Kontrollrechnung demnach zusätzlich sämtliche Einkünfte aus Deutschland zu berücksichtigen, welche in der Schweiz bei ordentlicher Besteuerung steuerbar wären. Erfahrungsgemäß reicht für die USA eine modifizierte Aufwandbesteuerung und damit eine Aufnahme sämtlicher US-Einkünfte in die Kontrollrechnung für die Ansässigkeit in der Schweiz gemäß DBA nicht aus. Vielmehr müssen sämtliche US-Einkünfte separat der ordentlichen Besteuerung in der Schweiz unterworfen werden.

Für eine modifizierte Aufwandbesteuerung bezüglich Deutschland bedeutet dies, dass beispielsweise Dividenden und Zinsen aus deutschen Quellen unabhängig davon in die Kontrollrechnung aufzunehmen sind, ob im Zusammenhang mit diesen Einkünften das DBAD beansprucht wird. Anderseits müssen private Kapitalgewinne auf beweglichem Vermögen (Wertpapiere), Einkünfte aus Betriebsstätten oder unbeweglichem Vermögen im Ausland sowie allenfalls weitere von den schweizerischen Steuern unilateral befreite Einkünfte aus deutschen Quellen nicht in die Kontrollrechnung aufgenommen werden.

Im Ergebnis führt die modifizierte Aufwandbesteuerung bezüglich Deutschland dazu, dass die **ordentlichen schweizerischen Steuern** zumindest **auf sämtlichen Einkünften aus der Schweiz und Deutschland** sowie den schweizerischen Vermögenswerten zu entrichten sind. Sofern die vereinbarte Steuer auf dem Lebensaufwand höher als die Steuer auf den genannten Einkünften und den schweizerischen Vermögenswerten liegt, hat die modifizierte Aufwandbesteuerung keinen Einfluss auf die Höhe der Steuer. Andernfalls ist davon auszugehen, dass im Rahmen der modifizierten Aufwandbesteuerung die schweizerischen und deutschen Einkünfte sowie die schweizerischen Vermögenswerte in der Schweiz ordentlich besteuert werden. Die Steuerbefreiung und damit der Steuervorteil der Aufwandbesteuerung bezieht sich in diesem Fall ausschließlich auf die Vermögenswerte und die daraus resultierenden Einkünfte aus sämtlichen anderen ausländischen Staaten. Diese werden in der Schweiz unter dem System der Aufwandbesteuerung nicht besteuert.

Für Einkünfte, welche der modifizierten Aufwandbesteuerung unterliegen, kann eine Anrechnung der ausländischen Quellensteuer vorgenommen werden. Im Weiteren sind für diese Einkünfte auch Gewinnungskosten abzugsfähig.[42]

6.3. Entwicklungen in Frankreich

Gemäß Art. 4 Abs. 6 des Doppelbesteuerungsabkommens zwischen Frankreich und der Schweiz bezüglich der Steuern vom Einkommen und vom Vermögen gilt eine natürliche Person nicht als ansässig in einem Vertragsstaat, sofern sie in diesem Staat nur auf einer pauschalen Grundlage besteuert wird, die nach dem Mietwert der Wohnstätte oder der Wohnstätten bemessen wird, über die sie in diesem Staat verfügt.

Im Zusammenhang mit dieser Bestimmung entwickelte sich eine zwischen Frankreich und der Schweiz **im Jahre 1967 vereinbarte Praxis**, wonach die Ansässigkeit einer Person in der Schweiz und damit auch die Berechtigung, das Doppelbesteuerungsabkommen zwischen Frankreich und der Schweiz zu beanspruchen, in den Fällen bejaht wurde, in welchen ein Zuschlag von rund 30 % zum fünffachen Mietzins bzw. Mietwert der Wohnung als Bemessungsgrundlage erfolgte.

Am 26.12.2012 **widerrief** die französische Steuerverwaltung diese Vereinbarung und erklärte, dass sie ab dem Jahre 2013 Personen, welche der schweizerischen Aufwandbesteuerung unterlägen, nicht mehr als ansässig in der Schweiz unter dem Doppelbe-

42 Kommentar DBG, N. 43 a zu Art. 6.

steuerungsabkommen zwischen Frankreich und der Schweiz betrachte. Die entsprechenden Personen könnten das Doppelbesteuerungsabkommen zwischen Frankreich und der Schweiz nicht mehr in Anspruch nehmen und einzig die Kriterien des französischen Rechtes seien maßgeblich für die Bestimmung des Wohnsitzes und die Besteuerung in Frankreich.

Dies bedeutet, dass für die Bestimmung des Wohnsitzes Art. 4 B-1 des (französischen) Code général des impôts anwendbar ist. Wohnsitz in Frankreich hat demnach eine Person, welche ihren gewöhnlichen Wohnort (foyer), ihren hauptsächlichen Aufenthaltsort (séjour principal von mindestens sechs Monaten) eine Erwerbstätigkeit (exercice d'une activité professionnelle) oder den Mittelpunkt der wirtschaftlichen Interessen (centre des intérêts économiques) in Frankreich hat. Die Staatsangehörigkeit ist nicht entscheidend.

Diese einseitige Auslegung von Art. 4 Abs. 6 Buchst. b des Doppelbesteuerungsabkommens zwischen Frankreich und der Schweiz durch Frankreich erscheint aus schweizerischer Sicht nicht angängig zu sein. Das Doppelbesteuerungsabkommen sieht nämlich lediglich vor, dass keine Ansässigkeit gegeben sei, wenn als Steuerbemessungsgrundlage der Mietwert der schweizerischen Wohnstätte diene. In vielen Fällen wird jedoch nicht der Mietwert, sondern der gesamte Lebensaufwand als Bemessungsbasis verwendet. In diesen Fällen müsste das DBA zwischen Frankreich und der Schweiz aufgrund des Vorranges des Völkerrechts weiterhin anwendbar sein.[43]

7. Doppelbesteuerungsabkommen zwischen Deutschland und der Schweiz für die Einkommens- und Vermögenssteuern („DBAD")

7.1. Bestimmung der Ansässigkeit und Doppelwohnsitz

Art. 4 Abs. 1 DBAD definiert eine in einem Vertragsstaat ansässige Person als eine Person, die nach dem in diesem Staat geltenden Recht dort unbeschränkt steuerpflichtig ist.

Art. 4 Abs. 2 DBAD befasst sich sodann mit den Fällen, in welchen eine Person gleichzeitig in Deutschland und der Schweiz ansässig ist. Dies kann sich beispielsweise daraus ergeben, dass der Mittelpunkt der Lebensinteressen in der Schweiz liegt, in Deutschland aber eine ständige Wohnstätte zur Verfügung steht, welche einen deutschen Wohnsitz begründet. In den Fällen eines Doppelwohnsitzes wird aufgrund der folgen-

43 Kommentar DBG, N. 42 b zu Art. 14.

den Kriterien in der angegebenen Rangfolge festgestellt, in welchem Staat ein Steuerpflichtiger unter dem DBAD ansässig ist:

- ständige Wohnstätte;
- Mittelpunkt der Lebensinteressen;
- gewöhnlicher Aufenthalt;
- Staatsangehörigkeit;
- Regelung zwischen den zuständigen Behörden der Vertragsstaaten.

Die steuerliche Ansässigkeit gemäß DBAD wird dem Staat zugewiesen, der das jeweils oberste Kriterium der Liste alleine erfüllt. Dies führt zur unbeschränkten Steuerpflicht im entsprechenden Staat.

7.2. Überdachende deutsche Steuerpflicht

Art. 4 Abs. 3 DBAD regelt die Situation, in welcher der Wohnsitz gestützt auf Art. 4 Abs. 1 bzw. Art. 4 Abs. 2 DBAD der Schweiz zugewiesen wurde, in Deutschland jedoch eine **ständige Wohnstätte oder ein gewöhnlicher Aufenthalt von mindestens 6 Monaten im Kalenderjahr** vorliegt. Dabei gelten in der Praxis die Kriterien für die Annahme einer ständigen Wohnstätte in Deutschland auch bei wenig Substanz in Deutschland als erfüllt. In beiden Fällen kann Deutschland eine Person nach den Regeln der unbeschränkten Steuerpflicht in Deutschland besteuern. Die Doppelbesteuerung wird in diesen Fällen dadurch vermieden, dass die schweizerische Steuer zwar erhoben, aber weitgehend auf die deutsche Steuer angerechnet wird.

Diese Norm erfasst auch Schweizer Staatsangehörige, welche die Voraussetzungen der Norm erfüllen. Eine ständige Wohnstätte in Deutschland, welche ein Schweizer Staatsangehöriger mit Wohnsitz in der Schweiz hält, führt damit für diesen zur unbeschränkten Steuerpflicht in Deutschland.[44]

7.3. Erweitert beschränkte Steuerpflicht in Deutschland

Art. 4 Abs. 4 DBAD sieht vor, dass Deutschland eine Person, welche in der Schweiz ansässig und nicht schweizerische Staatsangehörige ist, in dem Jahr, in dem die unbeschränkte Steuerpflicht in Deutschland zuletzt geendet hat, und in den **folgenden fünf Jahren** für alle aus Deutschland stammenden Einkünfte besteuern darf. Auch unter dieser Bestimmung wird die Doppelbesteuerung dadurch vermieden, dass die schweizerischen Steuern, welche auf den entsprechenden Einkünften aus deutschen Quellen

44 Kolb/Kubaile, Konzeptkommentare zum Doppelbesteuerungsabkommen Deutschland-Schweiz, 2015, S. 20.

ebenfalls erhoben werden, weitgehend an die deutschen Steuern angerechnet werden können.

Diese Bestimmung gilt nicht, wenn eine natürliche Person in der Schweiz ansässig geworden ist, um hier eine **echte unselbständige Arbeit** für einen Arbeitgeber auszuüben, an dem sie über das Arbeitsverhältnis hinaus weder unmittelbar noch mittelbar durch Beteiligung oder in anderer Weise wirtschaftlich wesentlich interessiert ist.

7.4. Gewinne aus der Veräußerung von Vermögen

Gemäß Art. 13 Abs. 1–3 DBAD werden Gewinne aus der Veräußerung von **unbeweglichem Vermögen und Betriebsvermögen** in Deutschland bei schweizerischem Wohnsitz des Steuerpflichtigen Deutschland zur Besteuerung zugewiesen. Demgegenüber unterliegen Gewinne aus der Veräußerung von **beweglichem Vermögen** den schweizerischen Steuern und sind von den deutschen Steuern befreit.

Diese generelle Regel wird in Art. 13 Abs. 4 DBAD insoweit eingeschränkt, als Gewinne aus der **Veräußerung einer wesentlichen Beteiligung** an einer deutschen Gesellschaft in Deutschland besteuert werden dürfen, sofern der Veräußerer mit Wohnsitz in der Schweiz im Laufe der fünf Jahre vor der Veräußerung in Deutschland ansässig war und der Veräußerungsgewinn in der Schweiz keiner Steuer unterliegt. Eine wesentliche Beteiligung ist dabei gegeben, wenn der Veräußerer unmittelbar oder mittelbar zu **mehr als einem Viertel** am Kapital der Gesellschaft beteiligt war.

Art. 13 Abs. 5 DBAD befasst sich sodann mit der **Wegzugsbesteuerung**. Sofern in Deutschland eine Wegzugsteuer erhoben wurde, wird bei der späteren Besteuerung eines Kapitalgewinnes in Deutschland der Betrag als Anschaffungskosten zugrunde gelegt, den Deutschland im Zeitpunkt des Wegzuges als Erlös angenommen hat.

Sofern beispielsweise im Zeitpunkt des Wegzuges der Verkehrswert einer Beteiligung von mehr als 25 % sich auf 1 Mio. € belief und die Differenz zum Anschaffungswert von 500.000 €- beim Wegzug in Deutschland besteuert wurde, wird im Falle eines Verkaufserlöses von 2 Mio. € ein Kapitalgewinn von 1 Mio. € in Deutschland steuerbar sein, sofern der Verkauf innerhalb von fünf Jahren seit dem Wegzug erfolgt.

7.5. Ansässigkeit unter dem DBAD

Gemäß Art. 4 Abs. 6 DBAD gilt als nicht in einem Vertragsstaat ansässig eine natürliche Person, die in dem Vertragsstaat, in dem sie nach den vorstehenden Bestimmungen ansässig wäre, nicht mit allen nach dem Steuerrecht dieses Staates allgemein steuerpflichtigen Einkünften aus dem anderen Vertragsstaat den allgemein erhobenen Steuern unterliegt.

Diese Bestimmung führt faktisch dazu, dass eine **Person mit normaler Aufwandbesteuerung** in der Schweiz unter dem DBAD als **nicht in der Schweiz ansässig** gilt. Entsprechend kann eine solche Person das DBAD nicht in Anspruch nehmen. Dies führt unter anderem zu einer Verlängerung der erweitert beschränkten Steuerpflicht in Deutschland von fünf auf zehn Jahre und zur deutschen Besteuerung von Kapitalgewinnen auf maßgebliche Beteiligungen (mindestens 1 %) sowie Streubesitzbeteiligungen (insoweit mit der Abgeltungssteuer) an deutschen Gesellschaften vor und nach Ablauf der fünfjährigen Frist gem. Art. 13 Abs. 4 DBAD.

8. Internationale Amtshilfe

Im Jahre 2019 ergingen Entscheide des Bundesgerichtes aufgrund von Amtshilfegesuchen aus Frankreich, Spanien und Schweden. In den entsprechenden Entscheiden gelangten die genannten Staaten mit Amtshilfegesuchen an die Eidgenössische Steuerverwaltung und verlangten Informationen über die Steuersituation der betroffenen Personen in der Schweiz. Im französischen Fall [45] ging es um die Frage, ob die betroffene Person wegen ständigen Wohnsitzes in der Schweiz von den schweizerischen Steuerbehörden als in der Schweiz ansässige Person betrachtet werde. Unter anderem wollte Frankreich in Erfahrung bringen, ob in der Schweiz sinngemäß eine Besteuerung aufgrund des Lebensaufwandes vorgenommen werde.

Im spanischen Fall[46] wurde die Frage nach der Aufwandbesteuerung zwar nicht explizit gestellt. Ähnlich wie im französischen Fall wollten die spanischen Steuerbehörden jedoch Informationen darüber, aus welchen Gründen und ab welchem Datum die betroffenen Personen als in der Schweiz steuerlich ansässig betrachtet würden und welche Anforderungen die Steuerbehörden an diese stellten, um diesen steuerlichen Status zu erhalten. Zudem wollten die spanischen Steuerbehörden wissen, welche steuerlichen Pflichten die betroffenen Personen in der Schweiz zu erfüllen hätten und ob sie Steuererklärungen einreichen müssten. Im Weiteren wurde auch danach gefragt, aus welchen Quellen die realisierten Erträge und/oder Kapitalgewinne, welche in den Steuererklärungen deklariert würden, stammten und welcher Steuerbetrag bezahlt worden sei.

In beiden Fällen legte die Eidgenössische Steuerverwaltung offen, dass die betroffenen Personen nach dem Aufwand besteuert würden. Das Bundesverwaltungsgericht bestätigte grds. die Entscheide der Eidgenössischen Steuerverwaltung, ordnete jedoch an, dass keine Informationen über die Höhe des Aufwandes, welche als Bemessungsgrundlage für die Aufwandbesteuerung diente, weitergeleitet werden dürften.

45 BGE 145 II 112.

46 Bundesgerichtes, Urteil v. 7.6.2019 - 2C_764/2018.

Das Bundesgericht führte in seinen Entscheiden generell aus, dass die zuständigen Behörden der Vertragsstaaten diejenigen Informationen austauschten, welche voraussichtlich erheblich seien. Die Voraussetzung der voraussichtlichen Erheblichkeit sei erfüllt, wenn im Zeitpunkt der Gesuchstellung eine vernünftige Möglichkeit bestehe, dass sich die angefragten Angaben als erheblich erweisen würden. Die Beurteilung der voraussichtlichen Erheblichkeit der Informationen komme in erster Linie dem ersuchenden Staat zu.

Im Frankreich-Fall stützte sich das Bundesgericht auf Art. 4 Abs. 6 Buchst. b DBA Schweiz-Frankreich, wonach eine natürliche Person, die in einem Vertragsstaat nur auf einer pauschalen Grundlage besteuert wird, die nach dem Mietwert der Wohnstätte bemessen wird, über die sie in diesem Staat verfügt, nicht als ansässige Person gilt. Daraus folgt gemäß Bundesgericht, dass die Information zur Art der Besteuerung der entsprechenden Person in der Schweiz eine voraussichtlich erhebliche Information darstellt, wenn das Amtshilfegesuch zum Ziel hat, den steuerlichen Wohnsitz der betroffenen Person zu ermitteln.

Im Spanien-Fall ging es um die Frage, auf welcher Grundlage die betroffenen Personen in der Schweiz besteuert würden. Mit der Feststellung, dass diese auf der Grundlage ihres Aufwandes besteuert würden, wurde darauf hingewiesen, dass deren effektive Einkünfte gerade nicht besteuert wurden, was für die ersuchende Behörde im Zusammenhang mit der Feststellung des steuerlichen Wohnsitzes in der Schweiz eine relevante Information darstelle. Die konkrete Höhe des Aufwandes als Bemessungsgrundlage wurde demgegenüber als voraussichtlich nicht erheblich beurteilt.

Aufgrund dieser Argumentation entschied das Bundesgericht, die Amtshilfe an Frankreich und Spanien im Wesentlichen zu gewähren. Diese Entscheide des Bundesgerichtes wurden von der Lehre analysiert und teilweise heftig kritisiert. Nachdem inzwischen jedoch bereits mehrere Bundesgerichtsentscheide vorliegen, dürften die genannten Entscheide als bestätigt gelten und Grundlage für die gegenwärtige Praxis in der Schweiz bilden.[47]

9. Schweizerische Sozialversicherungsbeiträge

9.1. Erwerbstätige Personen

Personen, die in der Schweiz erwerbstätig sind, müssen von ihrem Lohn Beiträge an die Alters- und Hinterlassenenversicherung, Invalidenversicherung, Erwerbsersatzordnung

47 Matteotti/Wingeier, Analyse der Bundesgerichtlichen Rechtsprechung zur internationalen Amtshilfe in Steuerangelegenheiten aus dem 1. Halbjahr 2019, Archiv für schweizerisches Abgaberecht, Band 88, S. 527 ff.

und Arbeitslosenversicherung entrichten. Für **Unselbständigerwerbende** beträgt der Sozialversicherungsbeitrag (exkl. Arbeitslosenversicherung) **10.6 %** des maßgeblichen Lohnes. Dabei wird die Hälfte vom Arbeitsgeber und die Hälfte vom Arbeitnehmer getragen. Während diese Sätze im internationalen Verhältnis tief erscheinen, ist darauf hinzuweisen, dass **kein** so genannter **Cap** vorgesehen ist. Selbst wenn ein Arbeitnehmer ein Einkommen aus unselbständiger Erwerbstätigkeit von 10 Mio. CHF erzielte, würde er auf seinem vollständigen Einkommen Sozialversicherungsbeiträge von 1.060.000 CHF entrichten.[48]

Zusätzlich ist von unselbständig Erwerbstätigen die Arbeitslosenversicherung zu entrichten, welche ebenfalls zur Hälfte vom Arbeitgeber und Arbeitnehmer zu tragen ist. Derzeit beträgt der Beitragssatz 2,2 % bis zu einem Einkommen von 148.200 CHF und 1 % für Lohnanteile über 148.200 CHF (**ohne Cap**). In den letzten Jahren wurden die Beiträge an die Arbeitslosenversicherung je nach Bedürfnissen erhöht oder wieder reduziert.

Für **Selbständigerwerbende** beträgt der Sozialversicherungsbeitrag maximal **10,0 %** des Erwerbseinkommens, wobei keine Beiträge für die Arbeitslosenversicherung erhoben werden.

9.2. Personen ohne Erwerbstätigkeit in der Schweiz

Auch Personen mit Wohnsitz in der Schweiz, welche in der Schweiz keine Erwerbstätigkeit ausüben, unterstehen der schweizerischen Sozialversicherung und müssen Beiträge an diese entrichten. Die Beiträge werden aufgrund des 20-fachen jährlichen Renteneinkommens und in einem Teil der Kantone zusätzlich aufgrund des Vermögens ermittelt. Dabei gilt der für die Besteuerung veranlagte Lebensaufwand als maßgebliches Renteneinkommen.[49] Der **jährliche Höchstbetrag** beträgt zurzeit **25'150.00 CHF**. Bei Ehepaaren wird dieser Beitrag von jedem Ehegatten erhoben, wobei das 65. Altersjahr die Altersgrenze für die Beitragspflicht darstellt.

Abgrenzungsprobleme ergeben sich, wenn jemand in der Schweiz keine Erwerbstätigkeit ausübt, jedoch **in EU-Ländern erwerbstätig** ist. Erwerbstätigkeit bedeutet dabei eine Tätigkeit, für welche eine Vergütung bezogen wird. Sofern eine Person der Aufwandbesteuerung unterliegt, werden ausschließlich die oben genannten Beiträge für Nichterwerbstätige erhoben. In allen anderen Fällen wäre aufgrund der detaillierten Fakten eine Abklärung vorzunehmen, in welchem Staat eine Sozialversicherungspflicht besteht.

48 Bundessozialversicherungsrecht, N. 133 ff. zu § 11.
49 Art. 28 Abs. 5 AHVV.

10. Schweizerische Erbschaft- und Schenkungsteuern

10.1. Einführung

Erbschaft- und Schenkungsteuern werden in der Schweiz nicht vom Bund, sondern ausschließlich von den Kantonen und teilweise Gemeinden nach eigenen Gesetzen erhoben. Die Erbschaft- und Schenkungsteuern der Kantone sind im Gegensatz zu den Einkommens- und Vermögenssteuern **nicht harmonisiert**.

Die **Kantone Schwyz** und Obwalden erheben weder eine Erbschaft- noch eine Schenkungsteuer. Im **Kanton Luzern** wird grds. keine Schenkungsteuer erhoben. Sofern der Schenkgeber jedoch innerhalb von fünf Jahren seit der Schenkung verstirbt, unterliegt die entsprechende Schenkung der Erbschaftsteuer. Alle anderen Kantone besteuern sowohl die Erbschaften als auch die Schenkungen.

Zur Erhebung der Erbschaftsteuer auf bewegliches Vermögen ist grds. derjenige Kanton berechtigt, in welchem der Erblasser seinen letzten Wohnsitz hatte. Sofern sich Grundstücke in einem anderen Kanton als dem Wohnsitzkanton befinden, ist derjenige Kanton zu deren Besteuerung berechtigt, in welchem die Grundstücke liegen. Dieselbe Regelung gilt für die Schenkungsteuer.

Maßgeblich für die unbeschränkte Erbschaftsteuerpflicht in der Schweiz ist ausschließlich der Wohnsitz des Erblassers, während der Wohnsitz des Erben sich nicht auf die schweizerische Erbschaftsteuerpflicht auswirkt. Wohnt der Erblasser beispielsweise in Monaco und hinterlässt seinem Erben mit Wohnsitz in der Schweiz ein großes Portfolio-Vermögen, so ist die Schweiz nicht berechtigt, auf dem Erbanfall eine Erbschaftsteuer zu erheben. Wohnt hingegen der Erblasser in der Schweiz und hinterlässt seinem Erben in Monaco ein großes Portfolio-Vermögen, so unterliegt der Erbe in Monaco der schweizerischen Erbschaftsteuer.

Generell kann festgehalten werden, dass die Steuersätze bei der Erbschaftsteuer mit Abnahme des Verwandtschaftsgrades zunehmen. So sind heute in den meisten Kantonen die **Nachkommen** und **Ehegatten** vollständig von den Erbschaft- und Schenkungsteuern **befreit**, während Zuwendungen an Drittpersonen je nach Kanton und Höhe der Zuwendung Erbschaftsteuern von bis zu über 50 % unterliegen können.

10.2. Zuwendungen an Stiftungen oder Trusts

Üblicherweise werden Zuwendungen an unwiderrufliche Trusts oder Stiftungen in der Schweiz **als Schenkungen** qualifiziert und unterliegen damit der Schenkungsteuer. Dies gilt auch für Zuwendungen an ausländische gemeinnützige Stiftungen, sofern zwischen dem Wohnsitzkanton und dem Sitzstaat der Stiftung oder des Trusts nicht ein besonderes Steuerabkommen abgeschlossen wurde.

Zuwendungen an Stiftungen und Trusts werden in vielen Kantonen als Zuwendungen an „übrige Destinatäre" qualifiziert und unterliegen damit dem höchsten Steuersatz. Sofern substanzielle Vergabungen an ausländische gemeinnützige Stiftungen geplant sind, empfiehlt es sich, eine schweizerische Stiftung zu errichten, deren Hauptbegünstigte die entsprechende ausländische gemeinnützige Institution ist. Im Rahmen von Verhandlungen mit den Steuerbehörden lassen sich auf diese Weise oft vernünftige Ergebnisse erzielen, wobei in aller Regel ein gewisser Betrag des Stiftungsvermögens an kantonale oder zumindest schweizerische Institutionen zu entrichten ist.

Im Rahmen der Nachfolgeplanung wird oft gewünscht, substanzielle Mittel in Stiftungen oder Trusts einzubringen, damit im Falle eines frühen Todes des Erblassers zu einem Zeitpunkt, da dessen Kinder noch nicht über erhebliche Vermögenswerte verfügen sollten, eine professionelle Verwaltung des Vermögens erzielt werden kann. In manchen Kantonen ist es möglich, in solchen Situationen zu verhandeln, dass für die Bemessung der Schenkungsteuer nicht das Verhältnis zwischen Schenkgeber und Stiftung/Trust zum höchsten Steuersatz, sondern das Verhältnis zwischen Schenkgeber und dem Begünstigten der Stiftung/des Trusts der Besteuerung zugrunde gelegt wird. Dies bedeutet, dass die steuerfreie Errichtung einer solchen Struktur aufgrund von Verhandlungen mit den Steuerbehörden oft möglich ist, sofern einzig Nachkommen begünstigt sind.

11. Doppelbesteuerungsabkommen zwischen Deutschland und der Schweiz auf dem Gebiete der Nachlass- und Erbschaftsteuer („EDBAD")

11.1. Geltungsbereich

Das EDBAD gilt für **Erbschaften** und nicht für Schenkungen. Als Ausnahme von dieser Regel wird das Doppelbesteuerungsabkommen aufgrund einer Verständigungsvereinbarung gestützt auf Art. 12 Abs. 3 EDBAD in Deutschland auch für die schenkungsweise Übertragung von Geschäftsbetrieben und wesentlichen Anteilen an einer deutschen GmbH angewendet. Eine schenkungsweise Übertragung von diesen Vermögenswerten wird entsprechend nur in Deutschland besteuert und von den schweizerischen Steuern freigestellt.[50]

Das Abkommen gilt gem. Art. 1 EDBAD für Nachlässe von Erblassern, die im Zeitpunkt ihres Todes einen Wohnsitz in Deutschland und/oder der Schweiz hatten.

50 Locher/Meier/von Siebenthal/Kolb, DBA Schweiz-Deutschland 1971 und 1978, Nr. 4-6 12.3.

11.2. Wohnsitz – Wohnstätte

11.2.1. Wohnsitz

Einen Wohnsitz in Deutschland hatte der Erblasser gem. Art. 4 Abs. 1 Buchst. a EDBAD, wenn er Inländer im Sinne des Erbschaftsteuerrechts der Bundesrepublik war. Ein Wohnsitz in der Schweiz liegt gem. Art. 4 Abs. 1 Buchst. b EDBAD vor, wenn eine Person im Sinne des schweizerischen Erbschaftsteuerrechts Wohnsitz oder ständigen Aufenthalt in der Schweiz hatte oder wenn in der Schweiz der Erbgang zu eröffnen ist.

11.2.2. Ständige Wohnstätte des Erblassers in Deutschland im Zeitpunkt des Todes

Sofern ein Erblasser seinen Wohnsitz in der Schweiz hatte, im Zeitpunkt seines Todes aber seit **mindestens fünf Jahren in Deutschland über eine ständige Wohnstätte** verfügte, unterliegt das Nachlassvermögen gem. Art. 4 Abs. 3 EDBAD der deutschen Erbschaftsteuer im Rahmen der erweiterten unbeschränkten Steuerpflicht. Die schweizerischen Erbschaftsteuern, welche bei dieser Sachlage ebenfalls erhoben werden können, werden an die deutschen Erbschaftsteuern angerechnet.

11.2.3. Frühere Wohnstätte des Erblassers in Deutschland

Gemäß Art. 4 Abs. 4 EDBAD unterliegt das Nachlassvermögen der unbeschränkten deutschen Erbschaftsteuerpflicht, wenn ein Erblasser im Zeitpunkt seines Todes seinen Wohnsitz in der Schweiz hatte und in den letzten **zehn Jahren** vor der Aufgabe seiner letzten Wohnstätte in Deutschland mindestens fünf Jahre über eine solche Wohnstätte verfügt hatte und sein Tod im Jahr, in dem er zuletzt über eine solche Wohnstätte verfügt hatte, oder in den folgenden fünf Jahren eingetreten ist.

Art. 4 Abs. 4 EDBAD ist jedoch nicht anwendbar, sofern der schweizerische Wohnsitz wegen **Aufnahme einer echten unselbständigen Tätigkeit** in der Schweiz oder wegen **Eheschließung** mit einem schweizerischen Staatsangehörigen begründet wurde.

11.2.4. Wohnstätte der Erben in Deutschland

Art. 8 Abs. 2 EDBAD sieht vor, dass das Nachlassvermögen eines Erblassers mit Wohnsitz in der Schweiz der deutschen Erbschaftsteuer unterworfen wird, wenn der **Erbe** im Zeitpunkt des Todes des Erblassers in Deutschland über eine ständige Wohnstätte verfügte oder dort seinen gewöhnlichen Aufenthalt hatte.

Nachdem der Schweiz in diesem Fall aufgrund des Wohnsitzes des Erblassers in der Schweiz ein konkurrierendes Besteuerungsrecht zusteht, wird die Doppelbesteuerung in diesen Fällen vermieden, indem die schweizerische Erbschaftsteuer auf die deutsche Erbschaftsteuer angerechnet wird.

Diese Bestimmung gilt nicht, wenn im Zeitpunkt des Todes des Erblassers dieser und der Erbe schweizerische Staatsangehörige sind.

11.3. Zuteilungsnormen

Im Wesentlichen gilt gem. Art. 8 Abs. 1 EDBAD das Wohnortprinzip, wonach das Vermögen nur in dem Vertragsstaat besteuert werden kann, in dem der Erblasser im Zeitpunkt des Todes seinen Wohnsitz hatte. Allerdings kann unbewegliches Vermögen (Art. 5 EDBAD) und das bewegliche Vermögen einer Betriebsstätte oder festen Einrichtung (Art. 6 EDBAD) in dem Staat besteuert werden, in dem das unbewegliche Vermögen beziehungsweise die Betriebsstätte liegt. Dies gilt auch für Beteiligungen an Personengesellschaften (Art. 6 Abs. 9 EDBAD).

Gemäß Art. 9 Abs. 1 EDBAD sind Schulden, die mit einem bestimmten Vermögensgegenstand in wirtschaftlichem Zusammenhang stehen, vom Wert dieses Vermögens abzuziehen. Art. 9 Abs. 2 EDBAD sieht vor, dass alle anderen Schulden vom Wert des Vermögens abgezogen werden, das nur im Wohnsitzstaat des Erblassers besteuert werden kann.

Bei der Steuerausscheidung weicht das Doppelbesteuerungsabkommen von der schweizerischen interkantonalen Praxis insofern ab, als die Schuldenzuweisung proportional zur Lage der Aktiven teilweise einer objektmäßigen Zuweisung weicht.

11.4. Vermeidung der Doppelbesteuerung

Die Schweiz vermeidet die Doppelbesteuerung gem. Art. 10 Abs. 2 EDBAD durch **Steuerbefreiung** für deutsche Liegenschaften und Betriebsstätten unter Progressionsvorbehalt.

In Deutschland gilt gem. Art. 10 Abs. 1 EDBAD grds. die **Anrechnungsmethode**. Als Ausnahme von dieser Regel werden schweizerische Liegenschaften eines in Deutschland verstorbenen Schweizer Staatsangehörigen von der deutschen Steuer unter Progressionsvorbehalt befreit.

H. Überblick über die Besteuerung in Österreich[1]

Literatur: *Doralt*, EStG-Kommentar, Band I (Loseblatt); *Gassner/Lang/Lechner*, Das neue Doppelbesteuerungsabkommen Österreich-Deutschland, Wien 1999; *Huemer*, Die unbeschränkte Steuerpflicht natürlicher Personen, Wien 1996; *Kanduth-Kristen/Marschner/Peyerl/Ebner/Ehgartner*, Jakom Einkommensteuergesetz 2022, 15. Aufl. 2022; *Lang/Schuch/Staringer*, Die Ansässigkeit im Recht der Doppelbesteuerungsabkommen, 2008; *Philipp/Loukota/Jirousek*, Internationales Steuerrecht, Band I (Loseblatt); *Ritz/Koran*, BAO-Kommentar, 7. Aufl. 2021; *Vogel/Lehner*, DBA-Kommentar, 7. Aufl. 2021; *Wassermeyer/Kaeser/Lang/Schuch*, DBA-Kommentar, 3. Aufl. 2015; Model Tax Convention on Income and on Capital 2017.

1. Einleitung

Der Zuzug von natürlichen Personen ist aus österreichischer steuerlicher Sicht eine Thematik, bei der es eine Vielzahl von Aspekten zu berücksichtigen gilt. Steuerliche Erwägungen des Abgabepflichtigen sind oftmals Auslöser dafür, sich mit einem Wohnsitzwechsel auseinanderzusetzen. Spätestens im Rahmen der Erörterung der tatsächlichen Umsetzung zeigt sich allerdings regelmäßig, dass die damit gewünschte Änderung der Steuersituation des Einzelnen nur über eine tatsächliche, substanzielle Veränderung der persönlichen und wirtschaftlichen Verhältnisse erreicht werden kann. Ein Zuzug, der lediglich „am Papier" stattfindet, funktioniert somit aus Sicht der österreichischen Steuerrechtspraxis nicht. Im Rahmen der Beratung des Mandanten ist daher frühzeitig neben den steuerlichen Rahmenbedingungen auch auf die Ebene des „Faktischen" einzugehen. Vielfach zeigt sich dann, dass außersteuerliche Gründe für die Mandanten oftmals ebenso hohe Bedeutung haben wie die Veränderung der persönlichen Steuerbelastung. Aus Gründen der Individualität jedes Einzelfalles ist es für die Beratungspraxis schwierig, eine generelle „Roadmap" für einen Zuzug zu entwerfen. Die für einen Zuzug entscheidenden Aspekte sind somit immer im Einzelfall zu identifizieren, und zwar sowohl, was die faktischen Umstände, als auch die steuerlichen Beweggründe betrifft. Nicht unbeachtet in der Zuzugsberatung sollte dabei stets ein mögliches „Exit-Szenario" bleiben, also die Möglichkeit, ohne prohibitive Steuerbelastung aus dem neuen Heimatstaat wieder wegzuziehen. Die Auseinandersetzung mit den steuerlichen Implikationen eines Zuzuges sollte daher stets auch „wegzugsteuerliche" Erwägungen einschließen.

Nachfolgender Beitrag soll an die in diesem Band dargestellten Ausführungen zum Wegzug aus Deutschland anschließen und die österreichischen steuerlichen Implikationen aus der Sicht von Österreich als Zuzugsland darstellen. Nicht unerwähnt sollen je-

1 Dieser Teil wurde durch Mag. Roland Fugger bearbeitet.

doch auch Wegzugsaspekte bleiben, die dann Relevanz gewinnen, wenn sich der Abgabepflichtige für einen Rückzug nach Deutschland oder Weiterzug in ein anderes Land entscheidet.

Was die einkommensteuerlichen Implikationen des Zuzuges betrifft, sollen nach vorheriger Darstellung der relevanten innerstaatlichen Rechtslage die einschlägigen Regelungen des Doppelbesteuerungsabkommens Österreich-Deutschland (DBA Österreich) aus der österreichischen Perspektive erörtert werden. Da sich das „Anforderungsprofil" an die Anerkennung eines steuerlichen Zuzuges nach Österreich erheblich danach unterscheidet, ob mit dem Zuzug die Aufgabe aller Wohnsitze im bisherigen Heimatstaat (hier: Deutschland) einhergeht oder dort ein Nebenwohnsitz aufrechterhalten werden soll (somit „bloße" Verlagerung des Mittelpunkts der Lebensinteressen), soll im DBA-rechtlichen Abschnitt eine Unterteilung in diese beiden Szenarien erfolgen. Neben den einkommensteuerlichen Aspekten werden sonstige für natürliche Personen typischerweise relevante Abgaben erörtert und wird auch auf – für den Zuzugswilligen oftmals unerwartete – österreichische Spezifika, wie die Normverbrauchsabgabe für PKW oder die Gebührenpflicht für bestimmte Rechtsgeschäfte, hingewiesen.

Die Ausführungen spiegeln den Rechtsstand per Ende Juni 2022 wider und beinhalten die Änderungen des Ökosozialen Steuerreformgesetzes 2022[2].

2. Einkommensteuerliche Aspekte in Bezug auf den Zuzug nach Österreich

2.1 Persönliche Anknüpfungspunkte für die Begründung der unbeschränkten Steuerpflicht

2.1.1 Vorbemerkungen

Damit ein Zuzug nach Österreich für einkommensteuerliche Zwecke anerkannt wird, muss der Zuzugswillige zunächst in persönlicher Hinsicht einen gesetzlich definierten Anknüpfungspunkt zu Österreich begründen, um nach österreichischem Recht in die sog. „unbeschränkte Einkommensteuerpflicht", d. h. in eine Welteinkommensbesteuerung, einzutreten. Das österreichische Recht sieht diesbezüglich alternativ die Tatbestände des „Wohnsitzes" oder des „gewöhnlichen Aufenthaltes" vor (siehe dazu unten Ziffer 2.1.2 und 2.1.3). Abgabepflichtige, die aus Deutschland zuziehen, werden mit diesen Tatbeständen vertraut sein, da das deutsche Recht insoweit idente (wenngleich in der Interpretation nicht völlig deckungsgleiche) Anknüpfungspunkte vorsieht.

2 BGBl I 2022/10.

Aus Sicht der Beratungspraxis ist gleichwohl zu erwähnen, dass für Abgabepflichtige, die aus anderen Jurisdiktionen zuziehen, diese Tatbestände erhöhten Erklärungsbedarf auslösen können. Denn die Anknüpfungspunkte für eine Welteinkommensbesteuerung sind international sehr unterschiedlich. Zieht eine Person aus einem Staat zu, dessen Steuerrecht die unbeschränkte Einkommensteuerpflicht an den Umfang des Aufenthalts in diesem Staat knüpft, ist es vielfach für diese Person erstaunlich, dass nach österreichischem Recht das bloße Innehaben einer Wohnung die unbeschränkte Steuerpflicht nach sich zieht (siehe dazu unten Ziffer 2.1.2). Weiter mag es für manche Personen überraschend sein, dass die Staatsangehörigkeit für österreichische steuerliche Zwecke überhaupt nicht von Belang ist. Für den Berater erscheint es daher wichtig, aufbauend auf dem Wissensstand des Mandanten gemeinsam die erforderlichen Maßnahmen für die Begründung und Aufrechterhaltung einer unbeschränkten Einkommensteuerpflicht abzustimmen und sicherzustellen.

Freilich müssen neben der österreichischen nationalen Rechtslage auch die Regelungen des jeweils anzuwendenden Doppelbesteuerungsabkommens zwischen dem Wegzugsstaat und Österreich berücksichtigt werden. Bei Zuzug aus Deutschland ist das DBA Österreich einschlägig (siehe dazu Ziffer 3).

2.1.2 Wohnsitz

Für die Praxis der weitaus bedeutendste Tatbestand, dessen Erfüllung zur unbeschränkten Einkommensteuerpflicht in Österreich führt, ist der „Wohnsitz".

Ein Wohnsitz im Inland besteht nach den allgemeinen Abgabenvorschriften[3] dann, wenn jemand in Österreich eine **Wohnung innehat** unter Umständen, die darauf schließen lassen, dass die Wohnung beibehalten und benützt wird.

Aus der gesetzlichen Definition ist bereits ableitbar, dass dem Begriff „Wohnsitz" ein äußerst weites Verständnis beizulegen ist. Für die Beratungspraxis sind auf Basis der bisherigen Rechtsprechung folgende Eckpunkte zu berücksichtigen:

- Unter **„Wohnung"** sind alle Räumlichkeiten zu verstehen, die nach objektiven Grundsätzen geeignet sind, für Wohnzwecke genutzt zu werden. Die Wohnung muss weder „standesgemäß" sein noch eine gewisse Mindestausstattung und Größe aufweisen (diese Aspekte spielen jedoch bei der Würdigung der Verlagerung des Mittelpunkts der Lebensinteressen eine Rolle; siehe dazu Ziffer 3.1.3). Auch Ferienwohnungen, Jagdhäuser oder dauerhaft zur Verfügung stehende Zimmer begründen daher regelmäßig einen Wohnsitz (es sei denn, die Voraussetzungen für die Anwendung der Zweitwohnsitzverordnung sind gegeben; dann liegt – nur – für ein-

3 § 26 Abs. 1 BAO.

kommensteuerliche Zwecke kein Wohnsitz vor; siehe dazu unten Ziffer 2.1.2.1). Die Räumlichkeiten müssen aber ein Mindestmaß an privater Atmosphäre und Rückzugsmöglichkeit bieten, reine Schlafstellen, die mit anderen geteilt werden müssen, stellen keine Wohnung dar.[4] Leerstehende (unmöblierte) Wohnungen erfüllen mangels „Benutzbarkeit" ebenfalls nicht die Voraussetzungen eines Wohnsitzes.[5]

► Wichtig ist, dass der Begriff „Wohnsitz" eine gewisse **Dauerhaftigkeit der Innehabung** in sich trägt (d. h. die grundsätzliche Benutzbarkeit muss von längerfristiger Natur sein; nach Finanzverwaltungspraxis grds. sechs Monate[6]). Die ununterbrochene tatsächliche Nutzung der Wohnung ist daher nicht erforderlich. Zur Frage, ob ein gewisses Mindestausmaß der Nutzung einzuhalten ist, um die Voraussetzung für einen abgabenrechtlichen Wohnsitz zu erfüllen, gibt es keine gesetzlichen Regelungen. In der jüngeren, vor allem erstinstanzlichen Judikatur war durchgehend die Auffassung vertreten worden, dass eine tatsächliche Nutzung in der Tat erforderlich sei, um einen Wohnsitz zu begründen. Als Mindestnutzungsdauer wurde ein Aufenthalt von mehreren Wochen[7] bzw. zwei bis drei Monate[8] pro Jahr als erforderlich angesehen. Ein Zeitraum von zwei Wochen wurde für nicht ausreichend erachtet.[9] Der VwGH[10] sprach sich in einem im Jahr 2020 ergangenen Erkenntnis dahingehend aus, dass es nicht entscheidend sei, in welchem zeitlichen Ausmaß eine Wohnung tatsächlich genutzt wird. Nach Ansicht des VwGH sei es jedenfalls unrichtig, anzunehmen, dass ein Wohnsitz erst bei mindestens 60 dort absolvierten Nächtigungen pro Jahr vorläge (wie in diesem Fall die Vorinstanz behauptete). Daraus den generellen Schluss zu ziehen, dass für die Wohnsitzbegründung die tatsächliche Benutzung nicht (mehr) relevant sei, sondern nur die Möglichkeit der Nutzung, ist nach Meinung des Autors aber verfehlt. Eine gewisse wiederkehrende Nutzung, wenn auch über einen längeren Beobachtungszeitraum, wird in der Tat erforderlich sein.[11] In einem jüngst ergangenem Erkenntnis bekräftigte der VwGH[12] seine Rechtsprechung und stellte klar, dass die Annahme eines Wohnsitzes auch bei geringer Nutzung der Wohnung für Wohnzwecke nicht ausgeschlossen sei. Entscheidend ist laut VwGH, dass objektive Umstände darauf schließen lassen, dass der Steuerpflichtige die Wohnung beibehalten und benutzen wird. Eine Wohnung, welche rein für Zwecke

4 BFG v. 25.6.2021 - RV/5101392/2015.

5 Vgl. EStR 2000 Rz. 21 ff.

6 Vgl. Loukota, SWI 2004 S. 53.

7 BFG v. 10.11.2015 - RV/6100644/2013.

8 VwGH v. 4.12.1969 - 310/69; v. 20.6.1990 - 89/16/0020; v. 17.9.1992 - 91/16/0138; UFS v. 12.12.2006 - RV/3046-W/02; v. 27.6.2008 - RV/0172S/06; v. 17.5.2011 - RV/0181-L/07.

9 BFG v. 12.9.2017 - RV/3101107/2016.

10 VwGH v. 5.3.2020 - 2019/15/0145.

11 Vgl. in diesem Sinne Zorn, RdW 2020 S. 294.

12 VwGH v. 21.7.2021 - 2021/13/0080.

der Kapitalanlage angeschafft worden ist und keine Umstände abgeleitet werden können, die darauf schließen lassen, dass der Steuerpflichtige die Wohnung beibehalten und benutzen wird, kann – wenngleich eine Innehabung vorliegt – keinen Wohnsitz begründen.[13] Ist es steuerplanerisch entscheidend, dass gesichert ein Wohnsitz und damit die unbeschränkte Steuerpflicht in Österreich begründet wird, wird man weiterhin vorsorglich für einen regelmäßigen und umfangmäßig nicht zu knapp bemessenen Aufenthalt Sorge tragen müssen.

- Punkto **Verfügungsgewalt** über die Wohnung ist die tatsächliche und nicht die rechtliche Verfügungsmacht entscheidend. Verfügungsgewalt erfordert, dass die Wohnung jederzeit für den eigenen Bedarf benützt werden kann (sog. „Schlüsselgewalt" über die Wohnung).[14] Fremdvermietete Wohnungen begründen daher keinen Wohnsitz,[15] ebenso wenig ein sporadisch überlassenes Gästezimmer.[16] Bei Vermietungen an nahe Angehörige ist freilich erhöhte Beweisvorsorge zu treffen, dass tatsächlich keine Verfügungsgewalt mehr für den Vermieter besteht.
- In der Praxis stets Quelle von Missverständnissen auf Seiten der Mandantschaft ist die Tatsache, dass die **polizeiliche Anmeldung** in Österreich (bzw. die korrespondierende Abmeldung im Wegzugstaat) materiellrechtlich keine Bedeutung hat. Eine fälschlicherweise vorgenommene Anmeldung kann daher genauso wenig einen steuerlichen Wohnsitz begründen, wie die Abmeldung allein das Vorliegen eines Wohnsitzes beenden kann. Die An- und Abmeldung kann allerdings Indizwirkung dafür haben, welcher Sachverhalt für steuerliche Zwecke zu Grunde zu legen ist.[17] So ist in der Beratungspraxis anzuraten, vor allem für die Dokumentation des gewünschten Zeitpunktes der Ansässigkeitsverlagerung eine entsprechend zeitgerechte An- und Abmeldung zu veranlassen. Dies kann ein Baustein für eine reibungslose Abwicklung einer Ansässigkeitsverlagerung sein. Zu berücksichtigen ist in diesem Zusammenhang, dass die Abgabenbehörden im Rahmen von etwaigen Nachforschungen regelmäßig zuerst die meldebehördlichen Daten erheben. Diese Daten können daher einen ersten (eventuell missverständlichen) Eindruck über den Sachverhalt vermitteln.
- Eine Besonderheit ist der sog. **„abgeleitete Wohnsitz"**, der Ausfluss der österreichischen Rechtsprechung ist. Demnach gilt die Vermutung, dass Ehegatten bei aufrechter Ehe einen voneinander abgeleiteten Wohnsitz haben. Die Rechtsprechung[18]

13 Vgl. Kampitsch, immo aktuell 2021 S. 43.
14 Z. B. VwGH v. 19.12.2006 - 2005/15/0127; v. 4.9.2014 - 2011/15/0133.
15 VwGH v. 4.9.2014 - 2011/15/0133; v. 23.5.1990 - 89/13/0015.
16 BFG v. 11.12.2020 - RV/7102028/2013.
17 Z. B. VwGH v. 3.7.2003 - 99/15/0104; v. 7.9.2006 - 2004/16/0001.
18 Z. B. UFS v. 1.7.2008 - RV/0985-W/08; v. 20.10.2009 - RV/1127-W/09; v. 29.6.2010 - RV/2331-W/09.

zum abgeleiteten Wohnsitz ist bislang nur zu Sachverhalten mit Ehegatten ergangen. Meines Erachtens muss Analoges bei eheähnlichen Gemeinschaften gelten.[19] Dasselbe Prinzip gilt für minderjährige Kinder.[20] Volljährige Kinder mit eigenem Hausstand haben einen eigenen Wohnsitz, so dass der Wohnsitz der Eltern keinen abgeleiteten Wohnsitz für die Kinder begründet. Es kann allerdings gegebenenfalls bei den Eltern ein weiterer Wohnsitz der Kinder bestehen, wenn ihnen am elterlichen Wohnsitz ein Zimmer zur Verfügung steht.[21] Am Studienort wohnhafte Studenten, die wirtschaftlich vom Elternhaus abhängig sind, behalten bei fortdauernder Wohnmöglichkeit bei den Eltern den Wohnsitz der Eltern als abgeleiteten Wohnsitz bei.[22]

Obig angeführte Aspekte treten vorwiegend in jenen Situationen auf, in denen ein Abgabepflichtiger unerwünscht einen Wohnsitz begründet und damit der unbeschränkten Einkommensteuerpflicht in Österreich unterliegt. Für das hier zu Grunde liegende Szenario – Zuzug nach Österreich – stellt sich freilich die umgekehrte Situation. In diesem Fall ist es geboten, das Bestehen eines Wohnsitzes „wasserdicht" zu machen, um letztlich der österreichischen Finanzverwaltung Argumentationspotential zu verschaffen, allfällige Abgabenansprüche ausländischer Abgabenbehörden abzuwehren. Die dafür erforderlichen Maßnahmen richten sich nach den individuellen Umständen des Mandanten. Personen, die auch nach dem Zuzug die meiste Zeit des Jahres – beruflich oder privat – auf Reisen sind, ist anzuraten, einen Wohnsitz in der Weise zu errichten, die für einen fremden Dritten (insb. für die Finanzverwaltung im Rahmen eines Lokalaugenscheins) zweifelsfrei erkennen lässt, dass diese Person den Wohnsitz regelmäßig nutzt. Auch die grundsätzliche Benutzbarkeit muss dokumentierbar von längerfristiger Natur sein. Ein beispielsweise auf wenige Monate begrenzter Mietvertrag wird im Zweifel nicht ausreichend sein, um einen Wohnsitz in Österreich zu begründen.[23]

2.1.2.1 Exkurs: Zweitwohnsitzverordnung

Wenngleich der Fokus dieses Beitrages im Zuzug nach Österreich liegen soll – und deshalb gerade nicht die Begründung eines Zweitwohnsitzes – soll nachfolgend dennoch kurz die sog. Zweitwohnsitzverordnung[24] dargestellt werden. Oftmals wird im Rahmen des Zuzuges nämlich der bisherige Nebenwohnsitz zum „Hauptwohnsitz". In der Praxis

19 So auch Loukota, Internationale Steuerfälle, 1989, S. 12.
20 EStR 2000 Rz. 22; vgl. auch EAS 1963 v. 3.12.2001.
21 BFG v. 27.4.2021 - RV/4100052/2018.
22 EStR 2000 Rz. 22.
23 So auch Loukota, SWI 2004 S. 53.
24 BGBl II 2003/528.

gewinnt daher die Verordnung Bedeutung für die steuerliche Würdigung der Situation bis zum Zuzug.

Die Anwendung der Zweitwohnsitzverordnung führt dazu, dass eine Wohnung, die nach den allgemeinen Abgabenvorschriften (siehe oben Ziffer 2.1.2) einen steuerlichen Wohnsitz darstellen würde, dennoch **nicht zur unbeschränkten Einkommensteuerpflicht** führt. Folgende Voraussetzungen müssen dafür kumulativ gegeben sein:[25]

- der Mittelpunkt der Lebensinteressen des Steuerpflichtigen befindet sich länger als fünf Jahre im Ausland;
- die inländische Wohnung wird nicht länger als 70 Tage im Kalenderjahr benützt;
- der Steuerpflichtige führt für Zwecke der Zweitwohnsitzverordnung ein Verzeichnis über seine Aufenthaltstage in seiner inländischen Wohnung;
- es wird kein inländischer Wohnsitz eines in Österreich unbeschränkt einkommensteuerpflichtigen Ehepartners (oder Lebenspartner bei eheähnlicher Gemeinschaft) benutzt; d. h. es liegt kein von einer unbeschränkt steuerpflichtigen Person abgeleiteter Wohnsitz vor.

Zum Tatbestandsmerkmal **Mittelpunkt der Lebensinteressen**: Als solcher gilt jener Ort, zu dem der Steuerpflichtige nach dem Gesamtbild der persönlichen und wirtschaftlichen Verhältnisse die engste Beziehung hat (siehe dazu Ziffer 3.1.3). Es ist nicht erforderlich, dass die Person ihren Mittelpunkt der Lebensinteressen in einem DBA-Partnerstaat hat (denn gerade für Personen ohne DBA-Schutz wurde die Zweitwohnsitzverordnung eingeführt[26]). Ebenfalls meines Erachtens nicht erforderlich ist der Nachweis, in welchem ausländischen Staat der Mittelpunkt der Lebensinteressen liegt.[27] Bei Personen, die Anknüpfungspunkte zu mehreren Staaten haben (nicht jedoch Österreich), kann diese Feststellung oft schwierig sein. Die Verordnung sieht aus meiner Sicht nur eine Negativabgrenzung dahingehend vor, dass der Mittelpunkt der Lebensinteressen dokumentierbar nicht in Österreich liegen darf. In zeitlicher Hinsicht sind zwei Aspekte zu berücksichtigen: Zum einen muss der Mittelpunkt der Lebensinteressen mehr als fünf Jahre lang im Ausland gelegen sein bzw. liegen, um in der Lage zu sein, für den österreichischen Nebenwohnsitz die Verordnung anwenden zu können.[28] Zum anderen ist zu beachten, dass bei einer Hereinverlagerung des Lebensmittelpunktes nach Österreich die Verordnung letztmalig bis zum Ende des dem Zuzugszeitpunktes vorhergehenden Kalenderjahres anwendbar ist. Bei einer Verlagerung des Mittelpunktes der

25 Vgl. zu weiterführenden Erläuterungen z. B. Loukota, SWI 2004 S. 53 ff.

26 Vgl. dazu Doralt, RdW 2004 S. 51; Loukota, SWI 2004 S. 57.

27 Denn dieser muss lediglich „im Ausland" liegen; vgl. dazu den Wortlaut des § 1 Abs. 1 der Zweitwohnsitzverordnung.

28 Vgl. bestätigend EAS 3212 v. 18.4.2011, wonach bei Auswärtsverlagerungen relevant ist, dass sich der Lebensmittelpunkt für mehr als fünf Jahre ins Ausland verlagern wird.

Lebensinteressen ins Ausland treten die Wirkungen der Zweitwohnsitzverordnung bei Vorliegen der oben angeführten Voraussetzungen erst mit Beginn des der Verlagerung folgenden Kalenderjahres ein.[29]

Zum Tatbestandsmerkmal **Aufenthaltszeit** (70 Tage): Für die Fristenberechnung zählen alle Tage, an denen die Wohnung benützt wird, d. h. es sind auch Tage zu berücksichtigen, an denen die Wohnung nur stundenweise benützt wird (eine Übernachtung ist nicht erforderlich). Stehen mehrere Wohnungen im Inland zur Verfügung, sind die Nutzungstage in sämtlichen Wohnungen zusammenzufassen. Aufenthalte an anderen Orten (z. B. im Hotel) sind nicht in die Frist einzubeziehen, so dass der gesamte Aufenthalt in Österreich durchaus mehr als 70 Tage betragen kann, solange die Nutzungsdauer des Wohnsitzes diese Grenze nicht überschreitet (bei erheblichem Aufenthalt in Österreich kann sich allerdings die Frage nach dem Vorliegen eines gewöhnlichen Aufenthaltes stellen;[30] siehe dazu Ziffer 2.1.3).[31] Bei Ehepaaren oder eheähnlichen Partnerschaften ist eine separate Berechnung der Aufenthaltszeit für jeden der beiden (Ehe-)Partner erforderlich. Zu beachten ist jedoch, dass das Überschreiten der 70-Tage-Grenze durch einen Ehepartner die Anwendung der Zweitwohnsitzverordnung für den anderen Ehepartner ausschließt.[32]

Zum Tatbestandsmerkmal **Verzeichnisführung**: Die Zweitwohnsitzverordnung kommt nur dann zur Anwendung, wenn der Steuerpflichtige ein Verzeichnis führt, aus dem die Tage der inländischen Wohnungsbenutzung ersichtlich sind. Diese als materiellrechtliches Tatbestandsmerkmal ausgestaltete Anforderung ist durch den Telos der Verordnung erklärbar: Die Verordnung soll eine begünstigende Norm für den Abgabepflichtigen darstellen, die es ihm ermöglicht, der unbeschränkten Einkommensteuerpflicht zu „entkommen“. Dass dies tatsächlich Wille des Abgabepflichtigen ist, soll durch entsprechende Verzeichnisführung nach außen hin in Erscheinung treten. Für die Praxis bedeutet dies einerseits, dass das Unterlassen der Verzeichnisführung – gewollt oder ungewollt – dazu führt, dass die Person jedenfalls der unbeschränkten Einkommensteuerpflicht in Österreich unterliegt, wenn sie einen (Neben-)Wohnsitz in Österreich unterhält.[33] Andererseits kann die Wirkung der beschränkten Einkommensteuerpflicht auch nicht gegen den Willen der Person eintreten,[34] so dass beispielsweise bloß zufällig geführte Kalendereinträge nicht als Verzeichnis für Zwecke der Anwendung der Zweit-

29 § 2 der Zweitwohnsitzverordnung.

30 Vgl. EAS 2933 v. 25.1.2008.

31 Vgl. Loukota, SWI 2004 S. 53.

32 § 3 der Zweitwohnsitzverordnung.

33 Vgl. Loukota, SWI 2004 S. 53 ff.; vgl. bereits Erläuternde Bemerkungen zur RV der Zweitwohnsitzverordnung.

34 Vgl. EAS 3149 v. 21.4.2010.

wohnsitzverordnung gewertet werden können. Konkrete Regelungen zur Form der Verzeichnisführung oder zur Frage, wann das Verzeichnis erstellt werden muss, fehlen aber. In der Literatur wurde dazu jüngst die Auffassung vertreten, dass das Verzeichnis bis spätestens Ende des Kalenderjahres zu erstellen sei, da es sonst keine Wirkungen mehr entfalten könne. Diese Auffassung birgt aber eine Reihe praktische Probleme in sich..[35] Die höchstgerichtliche Rechtsprechung dazu ist abzuwarten.

Zum Tatbestandsmerkmal **abgeleiteter Wohnsitz**: Benutzt ein (Ehe-)Partner einen inländischen Wohnsitz länger als 70 Tage im Jahr (oder wendet dieser die Zweitwohnsitzverordnung nicht an) und unterliegt dieser daher in Österreich der unbeschränkten Einkommensteuerpflicht, kann der andere (Ehe-)Partner (aufrechte Ehe/Lebensgemeinschaft vorausgesetzt) die Zweitwohnsitzverordnung grds. nicht anwenden, d. h. beide (Ehe-)Partner unterliegen diesfalls in Österreich der unbeschränkten Einkommensteuerpflicht.[36]

Abschließend sei angemerkt, dass in der Literatur Zweifel an der Gesetzmäßigkeit der Verordnung gehegt werden.[37] Es bleibt abzuwarten, ob der Verfassungsgerichtshof Gelegenheit erhält, die Rechtmäßigkeit der Verordnung zu überprüfen.[38] Aus Sicht der Praxis stellt die Verordnung aber seit jeher ein von der Finanzverwaltung anerkanntes Instrument dar, um die unbeschränkte Einkommensteuerpflicht zu vermeiden.

2.1.3 Gewöhnlicher Aufenthalt

Der Tatbestand des gewöhnlichen Aufenthaltes ist in der Praxis regelmäßig nur in jenen Fällen von Bedeutung, in denen kein DBA anwendbar ist. Die Erfüllung dieses Tatbestandes führt – gleichermaßen wie der Wohnsitz – zum Eintritt der unbeschränkten Einkommensteuerpflicht.

Einen gewöhnlichen Aufenthalt im Sinne der Abgabenvorschriften hat jemand dort, „wo er sich unter Umständen aufhält, die erkennen lassen, dass er an diesem Ort oder in diesem Land nicht nur vorübergehend verweilt".[39] Der gewöhnliche Aufenthalt verlangt die körperliche Anwesenheit des Betreffenden sowie eine sachlich-räumliche Be-

35 Vgl. Fiala/Riedl, SWI 2022 S. 31 ff.

36 § 3 der Zweitwohnsitzverordnung. Offen ist, ob dies auch dann gilt, wenn ein (Ehe-)Partner die Wohnung des anderen – unbeschränkt Steuerpflichtigen – (Ehe-)Partners überhaupt nicht benutzt. Der Wortlaut der Verordnung legt nahe, dass eine tatsächliche Benutzung erforderlich ist, um einen abgeleiteten Wohnsitz i. S. des § 3 der Zweitwohnsitzverordnung zu begründen.

37 Vgl. Doralt, RdW 2004 S. 51; Doralt, RdW 2004 S. 374; Doralt, RdW 2004 S. 572; vgl. auch Millauer in Doralt/Kirchmayr/Mayr/Zorn, EStG-Kommentar, 9. Erg.-Lfg, 2005, § 1 Rz. 27/3; offenbar gleicher Ansicht, aber ohne explizite Äußerung Ritz, BAO-Kommentar, 7. Aufl. 2021 § 26 Rz. 28.

38 Vgl. zu einem aktuellen Verfahren die Aussage von Zorn, RdW 2020 S. 380.

39 § 26 Abs. 2 BAO.

ziehung zum Aufenthaltsort. Eine natürliche Person kann zwar mehrere Wohnsitze, aber nur einen gewöhnlichen Aufenthalt haben.[40] Der gewöhnliche Aufenthalt ist somit rein nach objektiven Merkmalen zu prüfen, die subjektive Absicht des Steuerpflichtigen ist nicht entscheidend.

Bei einem durchgehenden Aufenthalt von **mehr als sechs Monaten** besteht im Sinne der allgemeinen Abgabenvorschriften jedenfalls unbeschränkte Steuerpflicht.[41] Die unbeschränkte Steuerpflicht tritt (rückwirkend) ein, wenn der Aufenthalt im Inland länger als sechs Monate andauert. Der Sechsmonatszeitraum kann auch kalenderjahrübergreifend sein.[42]

Vorübergehende Abwesenheiten im Inland unterbrechen den gewöhnlichen Aufenthalt nicht, sondern wirken sich nur hemmend auf den Fristenlauf aus. Maßgebend dafür ist, ob aus den Umständen des Einzelfalles (Dauer, Umstände der Abwesenheit, Wiederholung, Entfernung, etc.) auf einen Rückkehrwillen geschlossen werden kann.[43] Ein Aufenthalt am selben Ort ist nicht erforderlich, sondern es genügt auch der länger andauernde Aufenthalt an verschiedenen Orten in Österreich.[44]

Personen, die täglich zwischen dem (ausländischen) Wohnort und dem (inländischen) Arbeitsort pendeln, begründen nach der Rechtsprechung keinen gewöhnlichen Aufenthalt im Inland.[45] Übernachtet die Person an den Arbeitstagen jedoch im Inland, wird ein gewöhnlicher Aufenthalt begründet.[46]

Beachtung sollte in diesem Zusammenhang auch die deutsche Rechtsprechung[47] finden, die in einem Fall den gewöhnlichen Aufenthalt unbeachtlich zwischenzeitiger monatelanger Abwesenheiten im Inland bejaht hatte. Entscheidend sei nach dem vorerwähnten Urteil, ob ein äußerlich erkennbarer Zusammenhang zwischen den einzelnen Aufenthalten bestehe. In diese Richtung geht auch die österreichische Rechtsprechung, demzufolge vorübergehende (isolierte) Aufenthalte zusammenzurechnen seien, sofern der Wille erkennbar ununterbrochen auf Fortsetzung des Aufenthaltes gerichtet ist.[48] Beachtenswert ist darüber hinaus die Rechtsprechung des Obersten Gerichtshofes

---

40 Vgl. EStR 2000 Rz. 23; Stoll, BAO, § 26 Rz. 13 m. H. a.; VwGH v. 28.11.2007 - 2007/15/0055; v. 22.4.2009 - 2008/15/0323; v. 17.12.2009 - 2009/16/0221.

41 § 26 Abs. 2 BAO.

42 Vgl. EStR 2000 Rz. 23a.

43 VwGH v. 9.12.2004 - 2004/14/0023.

44 Vgl. EStR 2000 Rz. 24.

45 VwGH v. 14.4.1972 - 457/71; v. 25.10.1972 - 401/72; UFS v. 20.7.2011 - RV/0941-I/10; vgl. auch Ritz, BAO, § 26 Rz. 15.

46 EStR 2000 Rz. 24.

47 BFH, Urteil v. 22.6.2011 - I R 26/10 NWB NAAAD-93376.

48 VwGH v. 5.7.1983 - 82/14/0178; EStR 2000 Rz. 24; LStR 2002 Rz. 5.

zur EU-Erbrechtsverordnung, derzufolge ein krankheitsbedingter Aufenthalt auch dann nicht zur Begründung eines neuen gewöhnlichen Aufenthaltes führt, wenn er über längere Zeit anhält.[49]

2.2 Besteuerung von Einkünften nach österreichischem Recht und ausgewählte Sonderaspekte

2.2.1 Systematik und Steuersätze

Personen, die einen Zuzug nach Österreich in Erwägung ziehen, werden sich zunächst für das steuerliche Umfeld, das sie in Österreich erwartet, interessieren.

Was die einkommensteuerliche Sphäre betrifft, wird sich eine bisher in Deutschland steuerpflichtige Person relativ rasch auch in Österreich zurechtfinden. Denn punkto Systematik ist das österreichische Recht ähnlich gestaltet wie das deutsche Recht. Nichtsdestotrotz sei dennoch davon abgeraten, mit einer „deutschen" Brille getroffene Würdigungen unbesehen auch für das österreichische Recht als zutreffend anzunehmen. Im Detail sind die österreichischen Regelungen nämlich fallweise substanziell verschieden zum deutschen Pendant.

Wie das deutsche Recht, kennt das österreichische Recht sieben verschiedene Einkunftsarten mit jeweils eigenen Regelungen. Das solcherart ermittelte Gesamteinkommen unterliegt einem **progressiven Einkommensteuertarif** wie folgt:[50]

Einkommen	Steuersatz
für die ersten 11.000 €	0 %
für Einkommensteile über 11.000 € bis 18.000 €	25 %
für Einkommensteile über 18.000 € bis 31.000 €	30 %
für Einkommensteile über 31.000 € bis 60.000 €	42 %[51]
für Einkommensteile über 60.000 € bis 90.000 €	48 %
für Einkommensteile über 90.000 €	50 %
für Einkommensteile über 1.000.000 €	55 %

49 OGH 26.5.2021 - 2 Ob 48/21d.

50 § 33 Abs. 1 EStG.

51 Mit 1.7.2023 wird der Steuersatz von 42 % auf 40 % gesenkt.

Separat zu behandeln sind jene Einkünfte, die einer **Vorzugsbesteuerung** unterliegen. Es handelt sich hierbei im Wesentlichen um folgende Einkünfte:

- **Sonstige Bezüge aus einem Arbeitsverhältnis** (Fixsteuersatz von 6 %)[52]
  - Basierend auf den jeweils anwendbaren Kollektivverträgen erhalten Arbeitnehmer in Österreich neben den laufenden Vergütungen üblicherweise ein 13. und 14. Monatsgehalt (sog. Urlaubs- und Weihnachtsgeld). Diese Sonderzahlungen unterliegen einer begünstigten Besteuerung von 6 %. Die Gesamtsteuerbelastung des Jahressalärs sinkt damit – unter Annahme eines 50 %igen Steuersatzes – von 50 % auf 43,72 %. Diese Sonderbesteuerung kann analog auch für in Österreich steuerpflichtige Bezüge aus ausländischen Dienstverhältnissen und Firmenpensionen angewandt werden. Dies bedingt nach gegenwärtiger Finanzverwaltungspraxis jedoch, dass die Auszahlung von 14 Gehältern p. a. schriftlich (im Vorhinein) vereinbart und tatsächlich so gehandhabt wird.[53] Alternativ dazu kann der Sondersteuersatz beispielsweise auf einmalige Jahresprämien Anwendung finden, wobei diese Begünstigung der Höhe nach auf ein Sechstel des laufenden Jahresbezuges begrenzt ist. Sonstige Bezüge bleiben bis zu einem Betrag von 620 € steuerfrei, für jenen Bezugsteil bis 25.000 € kommt die begünstigte Besteuerung i. H. von 6 % zur Anwendung. Für darüber liegende Gehaltsanteile kommen gestaffelt höhere Steuersätze zur Anwendung.[54]
- **Einkünfte aus Kapitalvermögen** (Steuersatz von 27,5 % bzw. 25 %)[55]
  - Einkünfte, die aus Kapitalvermögen erzielt werden, nehmen im Rahmen der Besteuerung eine Sonderstellung ein. Für diese ist in weiten Bereichen ein besonderer Steuersatz von 27,5 % bzw. 25 % anwendbar. Da Kapitaleinkünfte in der Praxis eine große Rolle in der Zuzugsberatung spielen, wird darauf nachfolgend in Ziffer 2.2.4 näher eingegangen.
- **Veräußerungsgewinne aus Liegenschaften** (Fixsteuersatz von 30 %)
  - Einkünfte, die aus der Veräußerung von Liegenschaften im Privatvermögen erzielt werden, unterliegen seit 1.1.2016 einem Sondersteuersatz von 30 % (siehe dazu näher Ziffer 2.2.5).[56]

In Bezug auf die **Abgabenerhebung** gelten folgende Grundsätze: Wie in Deutschland wird die Einkommensteuer grds. im Rahmen eines Veranlagungsverfahrens erhoben. Das bedeutet, dass der Abgabepflichtige eine Jahressteuererklärung einzureichen hat,

52 § 67 Abs. 1 EStG.

53 LStR 2002 Rz. 1050.

54 Es sei darauf hingewiesen, dass bis 2012 der Steuersatz für 620 € übersteigende Beträge generell 6 % betrug. Seit dem Jahr 2013 kommt eine progressive Besteuerung der sonstigen Bezüge zur Anwendung.

55 § 27a Abs. 1 EStG.

56 § 30a Abs. 1 EStG.

auf Basis derer die Behörde einen Abgabenbescheid erlässt. In manchen Fällen, vor allem im Bereich der nichtselbständigen Einkünfte und der Einkünfte aus Kapitalvermögen, wird die Steuer zusätzlich oder stattdessen (d. h. endbesteuert) im Abzugswege eingehoben. Ist der Abgabepflichtige zur Einreichung einer Jahressteuererklärung verpflichtet, hat er vierteljährliche Einkommensteuervorauszahlungen zu leisten, die auf die endgültige Steuerbelastung laut Jahressteuerbescheid angerechnet werden.

2.2.2 Verwertung von Auslandsverlusten

Erzielt der Steuerpflichtige ausländische Verluste, sind diese ausländischen Verluste gem. § 2 Abs. 8 EStG mit inländischen positiven Einkünften auszugleichen. Dies gilt auch im Anwendungsbereich eines DBAs mit Befreiungsmethode, sofern der Verlust nicht bereits im Ausland verwertet wurde (das österreichische Recht kennt keinen negativen Progressionsvorbehalt). Der Verlust ist stets auf österreichisches Recht umzurechnen, wobei die Verlustverwertung in Österreich auf die nominelle Höhe des Verlustes nach ausländischem Recht beschränkt ist.[57]

Zur Vermeidung einer Verlustdoppelverwertung hat in Folgejahren, in denen der Verlust im Wege eines Verlustvortrags im Ausland verwertet wird bzw. verwertet werden könnte, eine Nachversteuerung in Österreich zu erfolgen. Die Nachversteuerung erfolgt höchstens in jenem Ausmaß, in welchem die Verluste in Österreich verwertet wurden bzw. im Ausland mit Gewinnen ausgleichsfähig sind. Eine Nachversteuerung hat zwingend spätestens im dritten Jahr nach der Verlustverwertung in Österreich zu erfolgen, wenn mit dem ausländischen Staat keine umfassende Amtshilfe besteht.[58]

Diese Regelung kommt sowohl bei betrieblichen als auch bei außerbetrieblichen Verlusten zur Anwendung, so dass in der Praxis insbesondere auch im Ausland nicht verwertete Verluste aus Vermietung und Verpachtung in Österreich zu berücksichtigen sind.

2.2.3 Sonderregimes: Zuzugsbegünstigung und Sportlerverordnung

Ist der potenzielle Zuzügler Künstler, Wissenschaftler oder Sportler, kann sich im Einzelfall die Beantragung steuerlicher **Zuzugsbegünstigungen nach § 103 EStG** beim Bundesministerium für Finanzen anbieten. Gemäß § 103 EStG kann das BMF steuerliche Begünstigungen für diesen Personenkreis aussprechen, sofern deren Zuzug im (besonderen) öffentlichen Interesse gelegen ist und seit dem letzten Wegzug aus Österreich

57 § 2 Abs. 8 Ziffer 3 EStG.

58 § 2 Abs. 8 Ziffer 4 EStG; eine Liste aller Staaten und Territorien, mit denen derzeit (Stand: 16.5.2022) eine Vereinbarung zur umfassenden Amtshilfe besteht, wurde vom BMF veröffentlicht; BMF-Info v. 25.5.2022 – BMF-2022-0.383.246, Umfassende Amtshilfe im Bereich Steuern vom Einkommen (16.5.2022).

mehr als 10 Jahre bzw. bei Wissenschaftlern und Forschern mehr als 5 Jahre verstrichen sind. Die Entscheidung über den Antrag liegt im Ermessen des BMF.

Die Zuzugsbegünstigung steht nur jenen Personen offen, die tatsächlich „zuziehen", also ihren Lebensmittelpunkt nach Österreich verlagern. Die Begründung eines (Neben-)Wohnsitzes allein reicht nicht aus.[59] Sportlern, die ihre aktive Karriere bereits eingestellt haben, können diese Begünstigung nicht mehr in Anspruch nehmen.[60]

Die Zuzugsbegünstigung kann sachlich einerseits in einer Maßnahme liegen, die die zuzugskausale steuerliche Mehrbelastung beseitigt, wobei ein pauschaler Durchschnittsteuersatz von mindestens 15 % zur Anwendung gelangen muss.[61] Der anzuwendende pauschale Steuersatz ergibt sich aus dem Verhältnis zwischen der ausländischen Steuer der letzten drei Kalenderjahre und dem nach österreichischem Steuerrecht ermittelten im Ausland erwirtschafteten Einkommen des selbigen Zeitraumes. Die Begünstigung erstreckt sich lediglich auf ausländische Einkünfte. Die österreichischen Quelleneinkünfte i. S. des § 98 EStG unterliegen der „normalen" Besteuerung in Österreich. Die Begünstigung kann für zehn Jahre ab dem Zuzug in Anspruch genommen werden, danach erhöht sich der pauschale Steuersatz jährlich um 2 Prozentpunkte bis maximal 48 %.[62]

Für Wissenschaftler und Forscher (nicht jedoch für Sportler) besteht andererseits daneben die Möglichkeit einen pauschalen Freibetrag zu beantragen.[63] Der Freibetrag beträgt 30 % der zum Tarif besteuerten Einkünfte aus in- und ausländischer wissenschaftlicher Tätigkeit und kann für fünf Jahre ab Zuzugszeitpunkt in Anspruch genommen werden. Für die Bemessungsgrundlage ist das berufliche Gesamtbild maßgeblich, die Förderung von Wissenschaft und Forschung muss dabei im Mittelpunkt stehen. Bei Gewährung des Freibetrages können keine Betriebsausgaben, Werbungskosten oder außergewöhnliche Belastungen, die im Zusammenhang mit dem Zuzug stehen, geltend gemacht werden. Der Freibetrag kann für fünf Jahre ab Zeitpunkt des Zuzuges in Anspruch genommen werden.

Um eine Zuzugsbegünstigung in Anspruch zu nehmen, ist spätestens sechs Monate nach erfolgtem Zuzug ein Antrag beim BMF einzubringen.[64] Die Antragsvoraussetzungen sowie das Verfahren sind in einer eigenen Verordnung[65] geregelt. Der Antrag auf

59 VwGH v. 26.2.2020 - 2017/13/0018.

60 VwGH v. 18.12.2020 - 2020/15/0088.

61 § 103 Abs. 3 Satz 3 EStG; § 5 ZBV 2016.

62 § 5 Abs. 3 und § 6 Abs. 1 ZBV 2016.

63 § 103 Abs. 1a EStG.

64 6-Monats-Frist gemäß § 1 Abs. 2 ZBV 2016 rechtlich gedeckt; VfGH v. 23.9.2019 - E 1360/2018 und E 3721/2018.

65 Zuzugsbegünstigungsverordnung (ZBV) 2016, BGBl II 2016/261.

Zuerkennung der Zuzugsbegünstigung ist nur einmalig beim BMF einzubringen. Das zuständige Finanzamt überprüft im Rahmen der Veranlagung jedoch jährlich, ob die Voraussetzungen für die Zuerkennung der Zuzugsbegünstigung weiterhin erfüllt sind.

Ungeachtet der Zuzugsbegünstigung gelten die begünstigten Personen technisch als unbeschränkt einkommensteuerpflichtig, so dass auch deren steuerliche Ansässigkeit in DBA-rechtlicher Hinsicht aufrecht bleibt. Dieser Aspekt ist von entscheidender Bedeutung, da anderenfalls kein Schutz vor Abgabenansprüchen ausländischer DBA-Partnerstaaten bestünde.

Neben der Zuzugsbegünstigung nach § 103 EStG sei auch die sog. Sportlerverordnung[66] erwähnt. Diese Verordnung ist für Sportler anwendbar, die im Kalenderjahr überwiegend an Sportveranstaltungen im Ausland teilnehmen. Gegenstand der Begünstigung ist die pauschale Festlegung der steuerpflichtigen Einkünfte aus der Tätigkeit als Sportler einschließlich Werbetätigkeit i. H. von 33 % der Gesamteinkünfte.

2.2.4 Steuerliche Aspekte bei Einkünften aus Kapitalvermögen

2.2.4.1 Vorbemerkung

Bei nahezu jedem geplanten Zuzug nach Österreich spielt die Besteuerung von im Privatvermögen gehaltenen Kapitalvermögen eine erhebliche Rolle. Einerseits gibt es vielfach jene Fallkonstellation, dass der Steuerpflichtige noch vor seinem Wegzug sein Unternehmen veräußert hat und nach Österreich mit erheblichem Wertpapiervermögen zuzieht. Andererseits kann das Unternehmen – oftmals in der Form einer Kapitalgesellschaft – noch Teil des Vermögens des Zuzüglers sein, so dass die Besteuerung von Einkünften aus Kapitalbeteiligungen größte Relevanz haben kann.

In diesem Zusammenhang ist zunächst zu erwähnen, dass Einkünfte aus Kapitalvermögen im Privatvermögen nach österreichischem Recht in weiten Bereichen einer sog. „Endbesteuerung" unterliegen. Diese sieht – ähnlich der deutschen „Abgeltungssteuer" – im Grundsatz die Besteuerung der laufenden Einkünfte sowie Vermögenszuwächse mit einem besonderen Steuersatz von 27,5 % bzw. 25 %[67] vor.[68] Kehrseite des im Vergleich zum allgemeinen Tarif (Spitzensteuersatz 55 %) niedrigen Steuersatzes ist, dass die mit den Einnahmen zusammenhängenden Kosten (sog. „Werbungskosten") nicht abzugsfähig sind.[69] Einkünfte aus Kapitalvermögen haben damit eine Sonderstellung

66 BGBl II 2000/418.

67 Dem begünstigten Steuersatz von 25 % unterliegen nur Geldeinlagen und nicht verbriefte Forderungen bei Kreditinstituten (ausgenommen davon sind jedoch Ausgleichszahlungen und Leihgebühren); typischerweise sind damit Zinsen aus Bankeinlagen (inkl. dem „Sparbuch") erfasst.

68 § 27a Abs. 1 EStG.

69 § 20 Abs. 2 EStG.

im Rahmen der Besteuerung, die ansonsten auf Basis einer Nettobetrachtung (d. h. Einnahmen minus Ausgaben) unter Anwendung des progressiven Einkommensteuersatzes (siehe dazu oben Ziffer 2.2.1) erfolgt.

Technisch kann die Endbesteuerung in zweierlei Hinsicht umgesetzt werden: Handelt es sich um Gewinnausschüttungen österreichischer Kapitalgesellschaften und/oder wird das Vermögen bei einer Bank in Österreich gehalten, wird die Steuer i. H. von 27,5 %[70] vom Schuldner der Erträge im Abzugsweg einbehalten.[71] Der Anleger hat in diesem Fall grds. keinen weiteren Handlungsbedarf (d. h. er muss diese Erträge nicht mehr in seiner Einkommensteuererklärung offenlegen). In allen anderen Fällen, insbesondere dann, wenn das Kapitalvermögen bei einer Bank im Ausland liegt, sind diese Erträge in der Einkommensteuererklärung des Anlegers anzugeben und werden im Rahmen der Steuerveranlagung mit 27,5 %[72] besteuert (sog. „Veranlagungsendbesteuerung").

Seit dem 1.4.2012[73] gelten für die Besteuerung von Einkünften aus Kapitalvermögen folgende Grundsätze:

- Grundsätzlich identische steuerliche Behandlung von laufenden Einkünften und Substanzgewinnen;
- Einführung einer „Vermögenszuwachsbesteuerung", d. h. Steuerpflicht von Substanzgewinnen unbeachtlich einer Halteperiode;
- Erweiterung des Verlustausgleiches.

Das alte Recht enthielt noch die Begünstigung, dass Gewinne aus der Veräußerung von Kapitalvermögen (mit Ausnahme von Kapitalanteilen mit einer Beteiligung von mind. 1 %), nach Ablauf einer einjährigen Halteperiode (sog. „Spekulationsfrist"), nicht einkommensteuerbar waren. Diese Begünstigung ist nach neuem Recht nicht mehr vorgesehen, sie ist allerdings auf Basis einer Übergangsregelung für den „Altbestand" an Wertpapieren weiterhin anwendbar. Die „Altbestandsregelung" lautet kurz gefasst wie folgt:[74]

- Aktien und Investmentfondsanteile, die bis zum 31.12.2010 entgeltlich erworben wurden, können weiterhin nach Ablauf der Einjahresfrist steuerfrei veräußert werden. Wurden diese jedoch im Zeitraum zwischen 1.1.2011 und 31.3.2012 entgeltlich erworben, ist zu unterscheiden: (i) wurden diese spätestens am 31.3.2012 mit Ge-

70 Für Zinsen aus Bankeinlagen 25 %; Formular E1d.

71 § 93 ff. EStG.

72 Für Zinsen aus Bankeinlagen 25 %; Formular E1d.

73 Budgetbegleitgesetz 2011 (BGBl I 2010/111), Abgabenänderungsgesetz 2011 (BGBl I 2011/76).

74 Siehe dazu auch die Übersicht in EStR 2000 Rz. 6103.

winn veräußert, unterliegt dieser Gewinn dem progressiven Steuersatz; (ii) wurden bzw. werden diese nach diesem Zeitpunkt veräußert, kommt die Endbesteuerung mit 27,5 % zur Anwendung.

- Anleihen, Zertifikate und Derivate, die im Zeitraum 1.1.2011 bis 31.3.2012 entgeltlich angeschafft wurden, gelten „technisch" als Altbestand, wobei nur mehr für Anschaffungen bis 30.9.2011 die einjährige Spekulationsfrist anwendbar bleibt; Anschaffungen zwischen 1.10.2011 und 31.3.2012 sind nicht mehr begünstigt: Sie unterliegen bei Veräußerung bis 31.3.2012 dem progressiven Steuersatz, danach dem Sondersteuersatz von 27,5 %.
- Wesentliche Kapitalanteile[75] gelten unabhängig von ihrem Erwerbszeitpunkt stets als steuerhängiges Vermögen und fallen nicht unter die Sonderregelungen des „Altbestandes".

Solange im Vermögen „Altbestand" vorhanden ist, und das kommt in der Praxis durchaus noch vor, sind daher parallel (zeitlich unbegrenzt) die neue und alte Rechtslage zu berücksichtigen. Das hat unter anderem Auswirkungen auf die Frage des Verlustausgleichs (siehe dazu unten Ziffer 2.2.4.4).

2.2.4.2 Einkünfte, die der Endbesteuerung unterliegen

Das österreichische Steuerrecht sieht vier Kategorien vor, auf die die Endbesteuerung[76] Anwendung findet:[77]

1. **Einkünfte aus der Überlassung von Kapital:** Dazu gehören u. a.:
   - Gewinnausschüttungen aus in- und ausländischen Kapitalgesellschaften;
   - Gleichartige Bezüge und Rückvergütungen aus Genussrechten und Bezüge aus Partizipationskapital i. S. des Bankwesengesetzes oder des Versicherungsaufsichtsgesetzes;
   - Zinsen und andere Erträgnisse aus Kapitalforderungen jeder Art, bspw. aus Darlehen, Anleihen, Hypotheken, Einlagen, Guthaben bei Kreditinstituten;
   - Gewinnanteile aus der Beteiligung an einem Unternehmen als stiller Gesellschafter, soweit diese nicht zur Auffüllung von einer durch Verluste herabgeminderten Einlage zu verwenden sind.

75 Nach § 31 Abs. 1 EStG i. d. F. vor BBG 2011 liegt eine wesentliche Beteiligung vor, wenn der Veräußerer innerhalb der letzten fünf Jahre zu mindestens einem Prozent an der (in- oder ausländischen) Kapitalgesellschaft beteiligt war.

76 § 97 Abs. 1 EStG.

77 §§ 27, 27a sowie 27b EStG.

2. **Einkünfte aus realisierten Wertsteigerungen** von Kapitalvermögen („Vermögenszuwachsbesteuerung"), und zwar aus der Veräußerung, Einlösung oder sonstigen Abschichtung von Wirtschaftsgütern, deren Erträge als Einkünfte aus der Überlassung von Kapital gelten.

3. **Einkünfte aus Derivaten:** Dazu gehören der Differenzausgleich, die Stillhalterprämie sowie Einkünfte aus der Veräußerung und der sonstigen Abwicklung bei Termingeschäften (Optionen, Futures und Swaps) sowie bei sonstigen derivativen Finanzinstrumenten; Indexzertifikate gelten ex lege als Derivate.

   Einschränkend gilt in allen Fällen die Endbesteuerung nur, wenn die zu Grunde liegende Kapitalforderung bzw. das Finanzinstrument ein „public placement" darstellt.[78] Diese Voraussetzung spielt in der Praxis insbesondere dann eine Rolle, wenn der Abgabepflichtige in seinem Wertpapierdepot auf ihn maßgeschneiderte Finanzinstrumente hält. Überdies sind unverbriefte Derivate von der Endbesteuerung ausgenommen. Nach aktueller Erkenntnis des VwGH ist das Erfordernis einer Verbriefung allerdings jedenfalls für die Rechtslage vor dem Ökosozialen Steuerreformgesetz 2022[79] EU-rechtswidrig.[80]

   Anteile an Investmentfonds sind in aller Regel vom Anwendungsbereich der Endbesteuerung erfasst. Soweit Anteile an ausländischen Investmentfonds gehalten werden, ist in Bezug auf die Bemessungsgrundlage allerdings auf Sonderregelungen des Investmentfondsgesetzes[81] (InvFG) zu achten. Jene Fonds, die ihre Erträgnisse nicht über einen steuerlichen Vertreter an die österreichische Kontrollbank (ÖKB) melden, gelten als sog. „Nichtmeldefonds" („schwarze Fonds"). Deren Einkünfte werden gem. § 186 Abs. 2 Z. 3 InvFG grds. pauschaliert ermittelt, und zwar i. H. von 90 % der Differenz zwischen Rücknahmepreis per Ende und Anfang des Kalenderjahres. Es ist allerdings mindestens ein Betrag von 10 % des Rücknahmepreises per Ende des Kalenderjahres zu versteuern. Diese „Pauschalbesteuerung" unterstellt somit eine Mindestrendite von 10 % p. a. unabhängig von der tatsächlichen Performance des Investmentfonds. Der Abgabepflichtige hat zwar die Möglichkeit, im Rahmen seiner Einkommensteuererklärung die tatsächlichen Erträge des Investmentfonds nachzuweisen.[82] Aufgrund der dafür erforderlichen Informationen (vor

78 Von einem öffentlichen Angebot ist dann auszugehen, wenn das Produkt bei der Begebung in rechtlicher und tatsächlicher Hinsicht einem unbestimmten Personenkreis angeboten wird. Nach Auffassung des BMF liegt ein öffentliches Angebot dann vor, wenn sich das Angebot an mehr als 100 Personen richtet, Prospektpflicht nach dem Kapitalmarktgesetz besteht oder das Wertpapier an geregelten Märkten gehandelt wird; EStR 2000 Rz. 6225a.

79 BGBl I 2022/10.

80 VwGH v. 8.3.2022 - 2019/15/0184; Vgl. Hofstätter/Brünner, SWI 2022 S. 234.

81 BGBl I 2011/77.

82 Formular E1d.

allem Rechenschaftsbericht) kann dies im Einzelfall bei komplexen Strukturen, insbesondere bei Dachfonds, sehr aufwendig bzw. fallweise unmöglich sein. Als Praxistipp sei somit angeraten, das Wertpapiervermögen des Zuzugswilligen noch vor seinem Zuzug einer Analyse zu unterziehen, um jene Produkte, die nach österreichischem Abgabenrecht einer ungünstigen Besteuerung unterliegen, zu identifizieren und gegebenenfalls gegen „verträgliche" Produkte auszutauschen. Bei Investmentfonds sollten aus steuerlicher Sicht „Nichtmeldefonds" weitestgehend vermieden und stattdessen „Meldefonds" (dies sind Fonds, die ihre Erträge an die ÖKB melden) gehalten werden. Abgesehen von Publikumsfonds fallen in der Praxis weitgehend auch Private-Equity- oder Venture-Capital-Beteiligungen unter das Investmentfondssteuerregime. Auch hier empfiehlt sich eine Einzelfallanalyse bereits vor dem Zuzug.

In der Praxis treten daneben Fälle auf, in denen das „private" Wertpapiervermögen in eigenen Gesellschaften (zumeist GesbR oder Personengesellschaft) gehalten und verwaltet wird. In diesen Fällen kann sich die Frage stellen, ob diese Gesellschaften gegebenenfalls „ausländische" Investmentfonds darstellen, mit der Folge der Anwendung der Sonderregelungen des InvFG.[83]

4. **Einkünfte aus Kryptowährungen:** Mit der Erlassung des Ökosozialen Steuerreformgesetzes 2022[84] wurde ein eigenes Besteuerungsregime für Kryptowährungen[85] geschaffen. Demnach unterliegen sämtliche Einkünfte aus Kryptowährungen, welche nach dem 28.2.2021 entgeltlich angeschafft wurden, dem System der Kapitaleinkünftebesteuerung.

   Einkünfte aus Kryptowährungen, die nach dem 28.2.2021 entgeltlich erworben wurden (sog. „Neuvermögen"), sind mit dem besonderen Steuersatz i. H.von 27,5 % zu versteuern.[86] Kryptowährungen, welche vor dem 1.3.2021 angeschafft wurden, gelten als „Altvermögen" und können nach Ablauf einer einjährigen Spekulationsfrist steuerfrei veräußert werden. Wurde die Spekulationsfrist von einem Jahr nicht eingehalten, sind die Einkünfte mit dem progressiven Steuertarif zu veranlagen.

   Zu den Einkünften aus Kryptowährungen zählen laufende Einkünfte, wie Entgelte für die Überlassung sowie der Erwerb von Kryptowährungen durch einen technischen Prozess, bei dem Leistungen zur Transaktionsverarbeitung zur Verfügung

83 Vgl. § 188 Abs. 1 Z 3 InvFG, der einen breiten Auffangtatbestand für Kapitalanlagevehikel abseits von OGAW-Fonds und AIFs normiert.

84 Ökosoziales Steuerreformgesetz 2022 Teil I, BGBl I 2022/10.

85 § 27b EStG.

86 Ausgenommen von der Anwendung des besonderen Steuersatzes sind Einkünfte aus dem gewerblichen Handel mit Kryptowährungen sowie Einkünfte aus der Überlassung von Kryptowährungen, die keinem unbestimmten Personenkreis angeboten wurden.

gestellt werden. Weiter zählen die Einkünfte aus realisierten Wertsteigerungen aus der Veräußerung oder dem Tausch gegen andere Leistungen, einschließlich gesetzlich anerkannter Zahlungsmittel. Ein Tausch einer Kryptowährung gegen eine andere stellt jedoch keine steuerpflichtige Realisierung dar.[87] Auf Antrag können Einkünfte aus realisierten Wertsteigerungen von Kryptowährungen, welche zwischen 1.1.2022 und 28.2.2022 erzielt wurden, bereits als steuerpflichtige Kapitalerträge (anstatt Spekulationsgewinne) behandelt werden. Dadurch wird die Anwendung des Sondersteuersatzes i. H. von 27,5 % bzw. ein Verlustausgleich mit anderen Kapitaleinkünften im Jahr 2022 ermöglicht. Ein verpflichtender KESt-Abzug tritt ab 1.1.2024 in Kraft.[88]

Bei Depotübertragungen von Kapitalvermögen, das „Neubestand"[89] darstellt, wird grds. der Tatbestand der fiktiven Veräußerung ausgelöst. Hierbei gelten sämtliche Wertsteigerungen aus Kapitalvermögen im Zeitpunkt der Depotübertragung ertragsteuerlich als realisiert. In bestimmten Fällen kann jedoch unter Beachtung bestimmter Dokumentations- und Mitteilungspflichten die Veräußerungsfiktion unterdrückt werden. Diese Fälle umfassen beispielsweise Übertragungen von einer ausländischen depotführenden Stelle auf ein Depot desselben Steuerpflichtigen bei einer inländischen depotführenden Stelle, unentgeltlichen Übertragungen auf das Depot eines anderen Steuerpflichtigen, etc. Es sei angemerkt, dass in vielen Fällen innerhalb eines Monats nach erfolgter Übertragung eine Meldung an das zuständige Finanzamt zu erstatten ist, die unter anderem die übertragenen Wirtschaftsgüter, deren Anschaffungskosten sowie jene depotführende Stelle, auf die die Übertragung erfolgte, zu beinhalten hat. Erfolgt diese Meldung nicht oder nicht rechtzeitig (Fallfrist), bleibt es bei der Veräußerungsfiktion.

2.2.4.3 Einkünfte, die nicht der Endbesteuerung unterliegen

Wie in Ziffer 2.2.4.1 angeführt, steht das Endbesteuerungssystem nicht für sämtliche Einkünfte aus Kapitalvermögen zur Verfügung.[90] Nicht begünstigt, sondern zum progressiven Steuertarif zu versteuern, sind insbesondere:

- Einkünfte aus „Privatdarlehen"; d. s. unverbriefte Forderungen ohne zu Grunde liegendes Bankgeschäft; diese Regelung hat somit bspw. für das gewöhnliche Gesellschafterdarlehen Relevanz, da die daraus fließenden Zinsen auf Ebene des Anteils-

87 § 27b EStG.

88 Ein freiwilliger KESt-Abzug kann bereits für die Jahre 2022 und 2023 durchgeführt werden.

89 Zur Abgrenzung zwischen „Neubestand" und „Altbestand" siehe die Ausführungen zu Ziffer 2.2.4.1 sowie die Ausführungen zu Kryptowährungen in Ziffer 2.2.4.2.

90 § 27a Abs. 2 EStG.

inhabers der Normalbesteuerung unterliegen; gleiches gilt bei Privatdarlehen im eigentlichen Sinne, d. h. Darlehen im Familienverband und ähnliche Gestaltungen;

- Einkünfte aus Finanzinstrumenten, z. B. Anleihen, Zertifikate, und der Überlassung von Kryptowährungen, die keinem unbestimmten Personenkreis angeboten werden (siehe oben);
- Einkünfte aus nicht verbrieften Derivaten, ausgenommen bei freiwilligen KESt-Abzug durch die inländische oder ausländische[91] depotführende oder auszahlende Stelle;
- Einkünfte aus stillen Beteiligungen;
- Diskontbeträge von Wechseln und Anweisungen;
- Ausgleichszahlungen und Leihgebühren aus Pensionsgeschäften (Wertpapierleihe), wenn der Entleiher kein Kreditinstitut ist;
- Einkünfte, die aus Kapitalversicherungen erzielt werden, sowohl bei Ablauf als auch realisierte Wertsteigerungen aus der Veräußerung des Versicherungsanspruches;
- Einkünfte aus Immobilienfonds, die keinem öffentlichen Angebot unterliegen.

2.2.4.4 Verlustausgleichsregelungen

Negative Einkünfte aus Kapitalvermögen können sowohl aus der Fruchtziehung als auch aus der Veräußerung des Vermögensstammes resultieren. Es stellt sich somit die Frage, ob und unter welchen Bedingungen solche negativen Einkünfte mit positiven Einkünften ausgeglichen werden können. Die gegenwärtigen Regelungen zum Verlustausgleich[92] sind aufgrund der Tatsache, dass sie sich mit den früheren Regelungen teilweise überlappen und somit zwei Regelungen parallel Anwendung finden können, äußerst komplex und bedürfen einer sorgfältigen Untersuchung. Eine Grundregel im neuen Recht ist, dass positive und negative Erträge aus den oben dargestellten drei Kategorien von Kapitaleinkünften (siehe dazu oben Ziffer 2.2.4.2) miteinander verrechenbar sind. Das bedeutet, dass beispielsweise positive laufende Einkünfte mit Veräußerungsverlusten verrechenbar sind, jedoch mit folgenden Einschränkungen:

- Zinseinkünfte aus Altbestands-Forderungswertpapieren und aus Bankeinlagen sowie Zuwendungen aus Privatstiftungen und vergleichbaren ausländischen Stiftungen (die ebenfalls Einkünfte aus Kapitalvermögen darstellen) können generell nicht mit negativen Kapitalerträgen saldiert werden.

---

91 Begünstigt sind nur Staaten, die gegenüber Österreich umfassende Amtshilfe gewähren (vgl. dazu Fn. 72); zusätzlich ist ein inländischer steuerlicher Vertreter zu bestellen; § 27a Abs. 2 Ziffer 7 i.V. mit § 95 Abs. 2 Ziffer 2 Buchst. c EStG.

92 § 27 Abs. 8 EStG.

- Verluste, die aus stillen Beteiligungen erlitten werden, sind nur mit künftigen Gewinnen aus derselben Beteiligung verrechenbar.
- Generell können Verluste aus Kapitalvermögen, das in den Anwendungsbereich der Endbesteuerung (27,5 % Steuersatz) fällt, nicht mit positiven progressiv besteuerten Kapitalerträgen (siehe dazu oben Ziffer 2.2.4.3) verrechnet werden.
- Ergibt der Verlustausgleich im Bereich des Kapitalvermögens einen Verlustüberhang, darf dieser nicht mit anderen Einkünften ausgeglichen werden.

Technisch ist der Verlustausgleich grds. im Rahmen der Steuererklärung vorzunehmen. Bei im Inland veranlagtem Kapitalvermögen wird ein automatischer Verlustausgleich durch die depotführende Bank durchgeführt.

Ein Verlustvortrag für Einkünfte aus Kapitalvermögen ist gesetzlich nicht vorgesehen und dagegen bestehen auch keine verfassungsrechtlichen Bedenken.[93]

2.2.4.5 Aufwertung der Anschaffungskosten bei Zuzug („step up")

Ein ganz wesentliches Element der Besteuerung von Kapitalvermögen liegt darin, dass im Zeitpunkt des Eintretens dieses Vermögen in die österreichische Besteuerungshoheit eine Aufwertung der Anschaffungskosten auf den gemeinen Wert gewährt wird.[94] Damit wird dem durchgängig in allen österreichischen ertragsteuerlichen Rechtsvorschriften enthaltenen Grundsatz Rechnung getragen, dass die im Ausland entstandenen stillen Reserven nicht besteuert werden sollen. Diese Aufwertung gilt auch für Portfolio-Kapitalvermögen (Neuvermögen) und Kryptowährungen, welche nach dem 28.2.2021 entgeltlich angeschafft wurden (Neuvermögen).

Auslöser der Aufwertung ist im klassischen Fall der Zuzug des Abgabepflichtigen nach Österreich: Durch den Zuzug tritt dieser in die österreichische unbeschränkte Steuerpflicht ein, so dass von nun an die Einkünfte aus dem Kapitalvermögen in Österreich der Besteuerung unterliegen (DBA schränken in aller Regel diese Besteuerungshoheit nicht ein, sondern verpflichten nur zur Anrechnung ausländischer Steuern in begrenztem Ausmaß). Die Aufwertung wird jedoch nicht nur in diesem Beispiel, sondern in allen Fällen gewährt, in denen das Kapitalvermögen in das Besteuerungsrecht Österreichs eintritt, wie z. B.:

- Die in Deutschland ansässige Person A schenkt/vererbt einen Kapitalanteil an die in Österreich ansässige Person B; Aufwertung bei B;
- Die in Deutschland ansässige Person A hält einen 1 %igen Anteil an einer österreichischen Kapitalgesellschaft; sie zieht in einen Staat weg, mit dem Österreich kein

93 VfGH v. 2.3.2021 - E 1722/2020; BFG v. 10.6.2021 - RV/7101216/2021.

94 § 27 Abs. 6 Ziffer 1 Buchst. e EStG.

DBA geschlossen hat (z. B. Monaco); Aufwertung im Zeitpunkt des Wegzuges, weil von da an Österreich den Kapitalanteil im Rahmen der beschränkten Einkommensteuerpflicht erfassen kann.

Die Aufwertung hat zum „gemeinen Wert" zu erfolgen. Der **„gemeine Wert"** ist ein Begriff aus dem österreichischen Bewertungsgesetz.[95] Er entspricht bei notierten Anteilen grds. dem Börsenwert, bei nicht gelisteten Unternehmen ist der gemeine Wert primär aus zeitnahen Drittverkäufen zu ermitteln (Fremdvergleichspreisen), subsidiär ist der Wert zu schätzen, wobei das sog. „Wiener Verfahren"[96] weiterhin grds. anerkannt ist.[97] Aus Sicht der Praxis ist die Anwendung des – vergangenheitsorientierten – Wiener Verfahren allerdings als kritisch zu sehen, wenn dieses im Vergleich zu einem ertrags- oder cashfloworientierten Verfahren offenkundig zu völlig unsachgemäßen Ergebnissen führt und diese Divergenzen über die im Wiener Verfahren vorgesehenen Zu- und Abschläge nicht aufgefangen werden (können). In der Praxis ist deshalb durchaus häufig der Bewertung nach anerkannten Bewertungsmethoden (gem. Fachgutachten KFS/BW 1[98]) der Vorzug zu geben oder eine Bewertung über Multiplikatoren kann auch eine sachgerechte Schätzungsmethodik darstellen (besonders für Unternehmen in der Wachstumsphase). Da das Gesetz keine Methode vorschreibt, sind grds. alle Methoden, die zu einer sachgerechten Schätzung des gemeinen Wertes führen, gültig. Das Gesetz sieht lediglich vor, dass die Methodik im Rahmen der Wertbestimmung zwingend den Ertrags- und den Substanzwert berücksichtigen muss, lässt aber offen, in welcher Weise.[99] Führt der Umzug im bisherigen Heimatstaat zu einer Wegzugsbesteuerung, ist in der Praxis die Bewertungsmethodik auch stets bilateral zu diskutieren, damit Wegzugs- und Zuzugswert aufeinander abgestimmt sind.

Die Gewährung der Aufwertung ist in keiner Weise davon abhängig, ob der Wegzugstaat eine korrespondierende „Wegzugsteuer" erhebt. Zieht somit eine Person mit Portfolio-Kapitalvermögen aus Deutschland weg und gelangt auf dieses Vermögen in Deutschland keine Wegzugsbesteuerung zur Anwendung, wird unbeachtlich dessen in Österreich die Aufwertung gewährt. Dies hat zur Folge, dass Wertsteigerungen, die bis zum Zuzug nach Österreich entstanden sind, endgültig steuerentstrickt werden.

95 § 10 BewG.

96 BMF-Erlass v. 13.11.1996 - 08 1037/1-IV/8/96, Richtlinien zur Ermittlung des gemeinen Wertes von inländischen nicht notierten Wertpapieren und Anteilen (Wiener Verfahren 1996).

97 BMF-Erlass v. 5.10.2009 - BMF-010203/0542-VI/6/2009, Salzburger Steuerdialog 2009 – Einkommensteuer; vgl. auch VwGH v. 18.6.2001 - 1999/13/0217.

98 Fachgutachten des Fachsenats für Betriebswirtschaft zur Unternehmensbewertung v. 26.3.2014.

99 § 13 Abs. 2 BewG.

2.2.5 Besteuerung von Veräußerungsgewinnen aus Liegenschaften im Privatvermögen

Die ungebrochen hohen Wertsteigerungen bei Immobilien in Toplagen, insbesondere in Ferienregionen wie Salzburg oder Tirol, führen in der Praxis vermehrt dazu, dass Zuzügler aus Deutschland neben ihrem neuen Wohnsitz auch weitere Immobilieninvestments in Österreich tätigen. In diesem Zusammenhang interessiert die Besteuerung von Gewinnen, die anlässlich der späteren Veräußerung von Liegenschaften erzielt werden. Abgesehen davon besteht häufig bereits umfangreicher Immobilienbesitz in verschiedenen Ländern und ist daher die steuerliche Behandlung der Veräußerung dieser Immobilien nach erfolgtem Zuzug auf dem Boden des österreichischen Rechts maßgeblich. Beispielsweise sind Veräußerungsgewinne aus in Italien, UK oder den USA belegenen Immobilien nach erfolgtem Zuzug in Österreich steuerpflichtig, da die jeweiligen Doppelbesteuerungsabkommen Österreichs mit diesen Ländern für Veräußerungsgewinne nicht die Freistellungs-, sondern die Anrechnungsmethode vorsehen.

Gewinne aus Liegenschaftsveräußerungen sind generell steuerpflichtig (mit Ausnahme der Hauptwohnsitzbefreiung – siehe unten – und der Befreiung für selbst hergestellte Gebäude). Es kommt hierfür der besondere Steuersatz i. H. von 30 % zur Anwendung. Für sog. Altvermögen gilt aber eine begünstigende pauschale Ermittlung des Veräußerungsgewinnes.[100] In der Praxis ist daher stets zunächst festzustellen, ob begünstigter Altbestand vorliegt. Für in Österreich belegene Liegenschaften sind das jene, die am 31.3.2012 bereits außerhalb der (früheren) Spekulationsfrist gehalten wurden; somit i. d. R. Liegenschaften, die vor dem 31.3.2002 entgeltlich erworben wurden.[101] Immobilien außerhalb Österreichs, die am 31.3.2012 bereits im Eigentum des Zuzüglers standen, gelten stets als Altbestand, sofern der Zuzügler zu diesem Zeitpunkt in Österreich nur beschränkt einkommensteuerpflichtig war[102].[103] Für ausländisches Immobilienvermögen stellt sich überdies die Frage, ob anlässlich des Zuzuges, sofern dadurch die Immobilien in Österreich steuerverstrickt werden (also Fälle ohne DBA-Schutz), eine Aufwertung der Anschaffungskosten der Liegenschaft auf den gemeinen Wert greift. Anders als für Kapitalvermögen (Ziffer 2.2.4.5) ist für Liegenschaften im Privatvermögen

100 Grundsätzlich i. H. von 14 % des Veräußerungserlöses (dies entspricht einer effektiven Steuerbelastung von 4,2 %; bei Liegenschaften, die nach dem 31.12.1987 in Bauland umgewidmet wurden, grds. 60 % des Veräußerungserlöses (dies entspricht einer effektiven Steuerbelastung von 18 %).

101 Im Regelfall kam nach altem Recht die zehnjährige Spekulationsfrist zur Anwendung, im Ausnahmefall eine fünfzehnjährige Frist (für solche Liegenschaften wäre der Stichtag der 31.3.1997); EStR 2000 Rz. 6654.

102 Also in der Praxis keinen Nebenwohnsitz in Österreich unterhielt oder nur einen Nebenwohnsitz, für den die Zweitwohnsitzverordnung angewandt wurde (das Vorliegen eines gewöhnlichen Aufenthaltes in Österreich würde ebenfalls die unbeschränkte Einkommensteuerpflicht vermitteln, ist aber in diesem Szenario kaum denkbar).

103 EStR 2000 Rz. 6631 und 6654.

keine gesetzliche Aufwertungsregelung vorgesehen. Nach älterer Auffassung der Finanzverwaltung könne eine Aufwertung aber auf Basis des Doppelbesteuerungsabkommens mit dem Wegzugsstaat geboten sein.[104]

Bedingt durch die Anwendung des fixen Steuersatzes von 30 % ist der Abzug von Werbungskosten weitestgehend ausgeschlossen.

Zieht der Abgabepflichtige innerhalb Österreichs um und veräußert er zu diesem Zweck seinen bisherigen (österreichischen) Hauptwohnsitz, ist der dabei erzielte Gewinn steuerfrei, sofern die Immobilie seit der Anschaffung und mindestens zwei Jahre durchgehend oder innerhalb der letzten 10 Jahre vor der Veräußerung mindestens fünf Jahre durchgehend als Hauptwohnsitz gedient hat.[105] Hinsichtlich der Anwendung der Hauptwohnsitzbefreiung auf Grund und Boden des Eigenheims (bzw. Garten oder Nebenfläche bei Eigentumswohnungen) ist die Rechtslage nicht völlig geklärt. Nach Rechtsprechung[106] ist jene Fläche, welche „üblicherweise als Bauplatz" erforderlich ist, von der Hauptwohnsitzbefreiung umfasst, wobei die Beurteilung hierfür nach der Verkehrsauffassung zu erfolgen hat.[107] Die Finanzverwaltung hatte schon bisher angenommen, dass die Befreiung i. d. R. nur auf eine Grundstücksfläche von max. 1.000 m^2 (bezogen auf die Gesamtgrundstücksfläche und nicht auf den reinen Gartenanteil) anwendbar sei und hält weiterhin an dieser Auffassung fest.[108] In Anbetracht jüngster erstinstanzlicher Judikatur hat sich für die Steuerpraxis die 1.000 m^2-Grenze weiter verfestigt.[109] Die Hauptwohnsitzbefreiung hat beispielsweise auch dort Bedeutung, wo der Abgabepflichtige nach Österreich zuzieht und danach seinen bisherigen Hauptwohnsitz veräußert und Österreich den Gewinn aus der Veräußerung grds. besteuern dürfte, weil das einschlägige Doppelbesteuerungsabkommen keine Freistellung dieser Gewinne vorsieht (z. B. Italien, UK, USA) oder kein Doppelbesteuerungsabkommen verfügbar ist (z. B. Zuzug aus Monaco).

Selbst hergestellte Gebäude (ohne Grund und Boden) sind ebenfalls von der Besteuerung ausgenommen, soweit sie innerhalb der letzten 10 Jahre nicht zur Erzielung von Einkünften gedient haben.[110]

104 EAS 2984 v. 23.6.2008.

105 Hauptwohnsitzbefreiung gem. § 30 Abs. 2 Ziffer 1 EStG.

106 VwGH v. 29.3.2017 - 2015/15/0025.

107 Vgl. VwGH v. 29.3.2017 - 2015/15/0025.

108 EStR 2000 Rz. 6634.

109 BFG v. 13.7.2021 - RV/7104068/2017; v. 22.6.2020 - RV/4100407/2017; v- 10.2.2020 - RV/2100879/2018; v. 23.2.2019 - RV/7101984/2019; v. 18.3.2019 - RV/5101362/2017.

110 § 30 Abs. 2 Ziffer 2 EStG; nach Finanzverwaltungspraxis nur dann anwendbar, wenn der Steuerpflichtige Bauherreneigenschaft besaß und die Herstellung des Gebäudes einem ins Gewicht fallenden Baurisiko unterlag; EStR 2000 Rz. 6649.

2.2.6 Nicht steuerbare Veräußerungen

Es sei erwähnt, dass nach österreichischem Recht nicht alle Veräußerungsgewinne, die im Privatvermögen erzielt werden, der Besteuerung unterliegen. Ist für „private" Veräußerungsgewinne keine besondere Regelung vorgesehen (wie es z. B. für Kapitalvermögen oder Liegenschaften der Fall ist), gilt weiterhin die sog. „Spekulationsfrist" von einem Jahr.[111] Demnach sind Veräußerungsgewinne nicht einkommensteuerbar, wenn die Veräußerung nach Ablauf eines Jahres nach der Anschaffung erfolgte. Praktisches Anwendungsbeispiel ist physisch gehaltenes Edelmetall (der klassische Goldbarren; nicht jedoch Zertifikate oder derivative Instrumente auf Edelmetalle), das nach Ablauf der Einjahresfrist ohne Steuerbelastung veräußert werden kann. Aber auch der Verkauf eines privaten PKWs oder von Kunstgegenständen mit Gewinn fällt unter diese Regelung. Bei Abverkauf von privaten Sammlungen stellt sich in der Praxis aber regelmäßig das Thema, ob darin eine gewerbliche Tätigkeit zu erblicken ist.[112] Bejahendenfalls kommt die 1-jährige Spekulationsfrist nicht zur Anwendung.

Gewinne aus einer Veräußerung vor Ablauf der Einjahresfrist unterliegen der Besteuerung zum progressiven Einkommensteuertarif.[113] Verluste aus Spekulationsgeschäften sind mit im selben Kalenderjahr erzielten Spekulationsgewinnen ausgleichsfähig, nicht jedoch mit anderen Einkünften. Ein Verlustvortrag ist nicht vorgesehen.

3. Zwischenstaatliche Aspekte im Verhältnis zu Deutschland (DBA Österreich)

3.1 Anerkennung des Zuzuges dem Grunde nach

3.1.1 Vorbemerkungen

Bevor nachfolgend einige wesentliche „technische" Aspekte des Zuzuges nach Österreich beleuchtet werden, sollen folgende Grundsatzüberlegungen getroffen werden:

Zunächst muss für nahezu alle Zuzugsszenarien berücksichtigt werden, dass ein Zuzug in einkommensteuerlicher Hinsicht (und korrespondierend dazu der Wegzug aus dem bisherigen Heimatstaat, bspw. Deutschland) in der Praxis nur dann gelingen wird, wenn der Abgabepflichtige auch gewillt ist, insbesondere seine persönlichen Lebensverhältnisse entscheidend zu ändern. Der Grund liegt darin, dass die ertragsteuerlichen

111 § 31 Abs. 1 EStG.

112 Vgl. BFG v. 9.5.2019 - RV/5100075/2013 zum Verkauf einer Antiquitätensammlung durch einmalige Handlung (keine unternehmerische Tätigkeit i. S. des UStG); Zur Abgrenzung Gewerbebetrieb vs. Privatbereich EStR 2000 Rz. 5409, 5413.

113 Betragen die Einkünfte aus Spekulationsgeschäften im Kalenderjahr höchstens 440 €, so bleiben diese steuerfrei. Die Überschreitung des Betrages führt zur Steuerpflicht der gesamten Spekulationseinkünfte.

Regelungen in Österreich (und Deutschland) grds. an die tatsächlichen Verhältnisse und nicht an formelle Gegebenheiten anknüpfen. So wird die bloße Anmeldung eines Wohnsitzes in Österreich (und Abmeldung des bisherigen Wohnsitzes in Deutschland) ohne Änderung der faktischen Gegebenheiten genauso wenig zum gewünschten „steuerlichen Umzug" führen, wie halbherzig in Österreich getroffene Maßnahmen zur Wohnsitzbegründung, ohne dass die bisherigen Anknüpfungspunkte zu Deutschland entsprechend gelockert bzw. aufgegeben werden.

Im Rahmen der steuerlichen Beratung eines Umzuges sollten zu allererst die Vorstellungen des Abgabepflichtigen über den Umzug besprochen werden. Im Besonderen ist zu klären, welche Fallgestaltung vorliegt:

- **Szenario 1:** Zuzug nach Österreich unter Aufgabe des (aller) Wohnsitze(s) in Deutschland;
- **Szenario 2:** Zuzug nach Österreich unter Beibehaltung des (der) Wohnsitze(s) in Deutschland als Nebenwohnsitz(e) (Verlagerung des Mittelpunkts der Lebensinteressen).

Wie nachfolgend gezeigt, wird der Umfang der Maßnahmen, die vom Abgabepflichtigen zu treffen sind, in Szenario 2 regelmäßig größer sein als in Szenario 1. In der Praxis treten auch Fälle auf, in denen man nach sorgfältiger Erörterung der konkreten Umstände zur Auffassung gelangt, dass für den Abgabepflichtigen nur die „Radikallösung" des Szenarios 1 in Betracht kommt, um ausreichend gesichert das verfolgte Ziel eines steuerlichen Umzuges zu erreichen. Dies kann dann der Fall sein, wenn ungeachtet der Wohnsitznahme in Österreich weiterhin maßgebliche persönliche und/oder wirtschaftliche Anknüpfungspunkte zu Deutschland aufrecht bleiben (müssen).

Davon abgesehen sollte der Zuzugswillige darüber aufgeklärt werden, dass sich durch seinen persönlichen Umzug nach Österreich nicht unbedingt eine wesentliche Änderung in seiner Besteuerungssituation einstellen muss. In der Praxis unterliegen Abgabepflichtige nämlich oftmals der fälschlichen Vorstellung, dass sie dadurch völlig aus der Besteuerungshoheit Deutschlands ausscheiden (was für manche die entscheidende Triebfeder des Umzuges darstellt). Welche Besteuerungsrechte nach dem Umzug an Österreich fallen bzw. welche – trotz Umzuges – bei Deutschland verbleiben, hängt jedoch einzig und allein von der Art und Zusammensetzung der Einkünfte und des Vermögens des Abgabepflichtigen und der daraus resultierenden Aufteilung der Besteuerungsrechte gemäß DBA Österreich ab.

3.1.2 Zuzug unter Aufgabe des deutschen Wohnsitzes

Als „sicherster" Weg, einen steuerlich anzuerkennenden Umzug durchzuführen, gilt, wenn die abgabenrechtlichen Anknüpfungspunkte zu Deutschland aufgegeben und korrespondierend solche zu Österreich begründet werden. Diese „Radikallösung" ist vielfach ohnedies gewünscht, kann allerdings fallweise auch eine Notwendigkeit darstellen, sofern die Verlagerung des Mittelpunkts der Lebensinteressen (Szenario 2, siehe unten Ziffer 3.1.3) alleine nicht in ausreichendem Maße dokumentiert werden kann.

In faktischer Hinsicht bedeutet dies, dass sämtliche Wohnsitze in Deutschland endgültig aufgegeben werden müssen. Korrespondierend dazu muss ein „steuerlicher" Wohnsitz in Österreich begründet werden (siehe dazu oben Ziffer 2.1.2). Technisch hat dies zur Folge, dass bei diesem Sachverhaltsbild nunmehr Österreich als Ansässigkeitsstaat für Zwecke des DBA Österreich gilt, während dessen Deutschland als „Quellenstaat" nur mehr ein auf deutsche Quelleneinkünfte eingeschränktes Besteuerungsrecht verbleibt. Der Grund für diesen „Ansässigkeitswechsel" liegt im Regelungsmechanismus des Art. 4 DBA Österreich. Demzufolge gilt eine Person dort als ansässig, wo sie – vereinfachend gesprochen – einer unbeschränkten Einkommensteuerpflicht unterliegt (Art. 4 Abs. 1 DBA Österreich). Ist letztere Voraussetzung sowohl nach deutschem als auch nach österreichischem Recht erfüllt, entscheidet über die Ansässigkeit als erster „Tie-Breaker" das Vorliegen einer „ständigen Wohnstätte" (Art. 4 Abs. 2 Buchst. a DBA Österreich).

Gibt der Abgabepflichtige seinen Wohnsitz in Deutschland auf und begründet er künftig auch keinen gewöhnlichen Aufenthalt in Deutschland,[114] scheidet er aus der deutschen unbeschränkten Einkommensteuerpflicht aus. Es verbleibt somit nur mehr die unbeschränkte Einkommensteuerpflicht in Österreich, die gemäß Art. 4 Abs. 1 DBA Österreich über die Ansässigkeit entscheidet. Sollte der Abgabepflichtige in Deutschland dennoch einen gewöhnlichen Aufenthalt haben und daher „technisch" weiter in der unbeschränkten deutschen Einkommensteuerpflicht verbleiben, schadet dies für die Ansässigkeitsverlagerung nicht, da in diesem Fall die einzige „ständige Wohnstätte" (der Wohnsitz in Österreich) die Ansässigkeit nach Österreich zieht.

An dieser Stelle sei kurz auf Unterschiede in den Definitionen hingewiesen. Während dessen sowohl das deutsche[115] als auch das österreichische[116] Recht vom „Wohnsitz" sprechen, verwendet das DBA Österreich den Begriff der „ständigen Wohnstätte". Nach der Kommentarliteratur sind diese beiden Begriffe nicht deckungsgleich[117], was auch durch die Judikatur bestätigt ist.[118] Die Anforderungskriterien an eine „ständige Wohnstätte" sind höher als für die Begründung eines Wohnsitzes. So sind Fälle denkbar, dass

114 § 1 Abs. 1 dEStG i.V. mit §§ 8 und 9 dAO.

115 § 1 Abs. 1 dEStG i.V. mit § 8 dAO.

116 § 1 Abs. 2 EStG.

117 Vgl. dazu ausführlich Wassermeyer in Debatin/Wassermeyer, DBA, Art. 4 OECD-MA Rz. 55 ff.; Vogel/Lehner, DBA, 7. Aufl. 2021, Art. 4 OECD-MA Rz. 180; Huemer, Die unbeschränkte Steuerpflicht natürlicher Personen, 1996, S. 123 ff.

118 BFG v. 3.12.2020 - RV/7103140/2013.

eine Wohnung zwar einen Wohnsitz i. S. der einschlägigen nationalen Vorschriften (§ 8 dAO bzw. § 26 Abs. 1 BAO) darstellt, jedoch keine ständige Wohnstätte i. S. des DBA Österreich. Dieser Aspekt kann beispielsweise dann Relevanz gewinnen, wenn eine Wohnung bloß gelegentlich genutzt wird, da das Tatbestandselement „ständig" sich nicht auf die tatsächliche Verfügungsmacht über die Wohnstätte, sondern auf deren regelmäßige Verwendung als Wohnung bezieht.[119] Je nach Sachverhaltskonstellation könnte auf diesen Überlegungen im Bedarfsfall eine Verteidigungslinie gegen eine seitens der Finanzverwaltung unterstellte Ansässigkeit i. S. des DBA Österreich aufgebaut werden. Dies wird vor allem dann zielführend sein, wenn die Würdigung des Mittelpunkts der Lebensinteressen gem. Art. 4 Abs. 2 Buchst. a DBA Österreich[120] mit unsicherem Ausgang behaftet ist. In der Praxis muss jedoch damit gerechnet werden, dass die österreichische Finanzverwaltung i. d. R. die Begriffe „Wohnsitz" und „ständige Wohnstätte" als identisch beurteilt,[121] wenn auch nunmehr durch Judikatur[122] klargestellt ist, dass beide Tatbestände nicht deckungsgleich sind. Somit bieten diese Begriffsunterschiede für die Praxis grds. kein ausreichendes Fundament, um darauf eine steuerliche Zuzugsplanung aufsetzen zu können.

3.1.3 Zuzug unter Beibehaltung des deutschen Wohnsitzes als Nebenwohnsitz – Verlagerung des Mittelpunkts der Lebensinteressen

Behält der Abgabepflichtige seinen Wohnsitz in Deutschland bei und liegt somit die Situation vor, dass sowohl in Deutschland als auch in Österreich eine „ständige Wohnstätte" i. S. des Art. 4 Abs. 2 Buchst. a DBA Österreich unterhalten wird, entscheiden die im DBA Österreich geregelten Kriterien (sog. **„Tie-Breakers"**) darüber, ob die Ansässigkeit in steuerlicher Hinsicht tatsächlich in Österreich liegt, somit der „steuerliche Umzug" vollzogen wurde:

1. Mittelpunkt der Lebensinteressen;
2. Gewöhnlicher Aufenthalt;

---

119 BFG v. 3.12.2020 - RV/7103140/2013; vgl. Vogel/Lehner, DBA, 7. Aufl. 2021, Art. 4 OECD-MA Rz. 181; Lechner in Gassner/Lang, Besteuerung und Bilanzierung international tätiger Unternehmen, 1998, S. 258 f.; vgl. weiters BFH, Urteil v. 23.11.1988 - II R 139/87, BStBl 1989 II S. 182 zu einem Fall einer regelmäßig zweimal jährlichen Nutzung einer Doppelhaushälfte, die jeweils über mehrere Wochen andauerte, zit. bei Wassermeyer in Debatin/Wassermeyer, DBA, Art. 4 OECD-MA Rz. 63. Nach Wassermeyer beziehe sich die Ständigkeit nicht auf die Dauer der tatsächlichen Nutzung, sondern auf das ständige Zur-Verfügung-Stehen; darüber hinaus muss die Art und Intensität der Nutzung dergestalt sein, dass sie die Wohnstätte als eine in den allgemeinen Lebensrhythmus einbezogene und nicht nur als eine hin und wieder aufgesuchte Anlaufstelle erscheinen lässt (Wassermeyer in Debatin/Wassermeyer, DBA, Art. 4 OECD-MA Rz. 55).

120 Dieses Kriterium ist entscheidend, wenn in beiden Staaten eine „ständige Wohnstätte" besteht.

121 Vgl. EStR 2000 Rz. 7593, wo undifferenziert für den Begriff „ständige Wohnstätte" auf die Definition des Wohnsitzes in § 26 Abs. 1 BAO verwiesen wird.

122 BFG v. 3.12.2020 - RV/7103140/2013.

3. Staatsangehörigkeit;
4. Einvernehmliche Regelung der Ansässigkeit zwischen den Finanzbehörden (Verständigungsverfahren).

Obiger Kriterienkatalog ist „top-down" zu verstehen, d. h. das jeweils nachgelagerte Kriterium kommt nur in Betracht, wenn die Ansässigkeit nicht bereits aufgrund eines zuvor genannten Kriteriums entschieden werden konnte.

In der Steuerpraxis das mit Abstand wichtigste Kriterium ist der **Mittelpunkt der Lebensinteressen**. Gemäß Art. 4 Abs. 2 Buchst. a DBA Österreich gilt als Mittelpunkt der Lebensinteressen jener Ort, zu dem der Steuerpflichtige nach dem Gesamtbild der persönlichen und wirtschaftlichen Verhältnisse eine engere Beziehung hat. Dies ist keine steuertechnische Frage, sondern bestimmt sich einzig und allein nach den tatsächlichen persönlichen Umständen und Verhältnissen des Abgabepflichtigen, welche nach objektiven Kriterien zu bestimmen sind. Hierbei ist zu beachten, dass für die Ermittlung des Mittelpunktes der Lebensinteressen nicht nur auf die Verhältnisse eines Jahres, sondern auf einen längeren Beobachtungszeitraum abzustellen ist.[123]

In Bezug auf die persönlichen Umstände können die Gestaltung des Familienlebens, Betätigungen religiöser und kultureller Art, Tätigkeiten zur Entfaltung persönlicher Interessen und Neigungen sowie der Freundes- und Bekanntenkreis bedeutend sein. Der Begriff „wirtschaftliche Verhältnisse" nimmt i. d. R. auf die beruflichen Aktivitäten und die Einkommens- und Vermögenslage Bezug. Bei Vorliegen besonderer Umstände können die beruflichen Aktivitäten auch zu den persönlichen Anknüpfungspunkten zählen.[124]

In diesem Zusammenhang ist aus österreichischer Sicht zu berücksichtigen, dass grds. die persönlichen und die wirtschaftlichen Anknüpfungspunkte gleichermaßen in die Prüfung des Mittelpunkts der Lebensinteressen einfließen. Allerdings hat der VwGH in seiner Grundsatzentscheidung aus 1970[125] sowie vielfach in Folgejudikatur[126] festgehalten, dass dann, wenn die engeren persönlichen Beziehungen in einem Staat, die wirtschaftlichen Beziehungen jedoch in einem anderen Staat liegen, den persönlichen Beziehungen grds. das höhere Gewicht beizumessen ist. Vor diesem Hintergrund ist da-

123 So etwa VwGH v. 25.7.2013 - 2011/15/0193; v. 15.9.2016 - Ra 2016/15/0057; v. 17.10.2017 - Ra 2016/15/0008.

124 So bereits VwGH v. 25.2.1970 - 1001/69; v. 20.2.2008 - 2005/15/0135; v. 25.7.2013 - 2011/15/0193; v. 29.1.2015 - Ra 2014/15/0059.

125 VwGH v. 25.2.1970 - 1001/69.

126 So etwa VwGH v. 30.1.1990 - 89/14/0054; v. 22.3.1991 - 90/13/0073; v. 20.2.2008 - 2005/15/0135; v. 25.7.2013 - 2011/15/0193; v. 29.1.2015 - Ra 2014/15/0059; v. 16.12.2015 - 2013/15/0117; v. 15.9.2016 - Ra 2016/15/0057; v. 23.1.2020 - 2019/15/0160; dem folgt auch die finanzgerichtliche Judikatur, z. B. BFG v. 6.5.2019 - RV/1100229/2018.

her im Rahmen der angestrebten Verlagerung der steuerlichen Ansässigkeit in besonderer Weise darauf Augenmerk zu legen, dass sich die **persönlichen Lebensumstände** des Abgabepflichtigen nachweislich ändern.

Welche Aspekte in besonderem Maße die persönlichen und wirtschaftlichen Anknüpfungspunkte einer Person ausmachen und daher zwecks Dokumentation der Verlagerung des Mittelpunkts der Lebensinteressen zu ändern sind, ist im Einzelfall zu entscheiden. Manche Aspekte können in einem Fall unbedeutend sein, im anderen Fall jedoch ganz entscheidend das für den Umzug maßgebliche Gesamtbild prägen. In diesem Zusammenhang wird der Berater gefordert sein, gemeinsam mit dem Abgabepflichtigen die wesentlichen Eckpunkte des persönlichen und beruflichen Umfeldes, die es zu berücksichtigen gilt, zu erheben und daraus künftig zu beachtende „Verhaltensregeln" für den Mandanten zu entwickeln. Einschnitte in die bisherigen Gewohnheiten können dabei i. d. R. nicht vermieden werden.

Aus Sicht der Praxis ist im Rahmen der Dokumentation der Ansässigkeitsverlagerung auch auf folgenden Aspekt Bedacht zu nehmen: Für steuerliche Zwecke ist gemäß § 120 Abs. 1 BAO binnen eines Monats ab Verlagerung des Mittelpunktes der Lebensinteressen eine **Meldung** an das zuständige Wohnsitzfinanzamt zu erstatten. Durch diese Meldung erlangt die Finanzbehörde zeitnah Kenntnis über den Zuzug. Es ist daher möglich, dass die Abgabenbehörde bereits relativ kurzfristig nach dem Umzug prüft, ob tatsächlich eine Ansässigkeitsverlagerung stattgefunden hat bzw. sich die Prüfung für einen späteren Zeitpunkt vormerkt. Nicht zuletzt aus diesem Grund ist eine sorgfältige Strukturierung und Dokumentation der Ansässigkeitsverlagerung von entscheidender Bedeutung. In diesem Zusammenhang ist auch anzuraten, rechtzeitig inhaltlich konsistente Sachverhaltsdarstellungen sowohl gegenüber der Behörde des bisherigen Heimatstaates (Deutschland) als auch der österreichischen Steuerbehörde zu erstatten.

3.2 Abkommensrechtliche Verteilung der Besteuerungsrechte im Verhältnis zu Deutschland – Ausgewählte Fragestellungen aus der Praxis

Überwindet der Abgabepflichtige die Hürden für einen Ansässigkeitswechsel nach Österreich nach Maßgabe der oben in Ziffer 3.1.3 angeführten Kriterien, stellt sich in der Folge die Frage, welchen Einfluss die Ansässigkeitsverlagerung auf die Besteuerungssituation seiner Einkünfte hat. Wie oben in Ziffer 3.1.1 bereits angemerkt, muss eine Ansässigkeitsverlagerung nach Österreich nicht zwingend bedeuten, dass sich dadurch die Besteuerungssituation gravierend ändert. Je mehr deutsche Quelleneinkünfte der Zuzügler behält, desto weniger wird sich an seiner Gesamtsteuerbelastung ändern. Welche Einkünfte nach dem Zuzug letztlich von Österreich oder Deutschland oder beiden Staaten besteuert werden dürfen, hängt von der Verteilung der Besteuerungsrechte gemäß dem DBA Österreich ab.

Da eine Gesamtkommentierung des DBA Österreich den Rahmen dieses Beitrages sprengen würde, sollen nachfolgend exemplarisch auf oftmals in der Praxis auftretende Einkunftsarten eingegangen und kurze Hinweise auf allfällige österreichische Besonderheiten in der Auslegung der Vorschriften gegeben werden.

3.2.1 Artikel 6: Einkünfte aus unbeweglichem Vermögen

Erzielt der Zuzügler **Einkünfte aus Vermietung und Verpachtung** von in Deutschland belegenen Immobilien, hat Deutschland weiterhin das Besteuerungsrecht auf diese Einkünfte. Österreich hat diese Einkünfte freizustellen.[127] Insoweit ändert sich durch den Zuzug nichts an der Besteuerungssituation hinsichtlich dieser Einkünfte. Zu berücksichtigen ist allerdings, dass Österreich diese „deutschen" Einkünfte für Zwecke des Progressionsvorbehaltes berücksichtigt. Diese Progressionseinkünfte sind – ungeachtet der Steuerfreistellung – für Zwecke der österreichischen Steuerveranlagung nach österreichischem Recht zu ermitteln.[128] Dies führt in aller Regel zu Unterschieden in den Bemessungsgrundlagen. Bei entsprechend hohem Einkommen ist der Progressionseffekt unbedeutend, so dass in diesem Fall meines Erachtens keine allzu hohen Anforderungen an die Umrechnung auf österreichisches Recht gefordert werden sollten. Aus Sicht der Praxis wird die Umrechnung oftmals auf die Adaptierung auf österreichische Abschreibungssätze (1,5 % p. a.[129]) sowie die Bereinigung allfälliger offenkundiger Unterschiede in der Bemessungsgrundlage (z. B. was Sofortabsetzung oder Verteilung von Ausgaben anbelangt) beschränkt. In der Praxis ist aber eine zunehmend strengere Haltung der Finanzbehörden zu bemerken. Bei Verlusten, die auf Basis von § 2 Abs. 8 EStG unmittelbar von der österreichischen Bemessungsgrundlage abgesetzt werden würden (siehe oben Ziffer 2.2.2), ist der Anforderungsgrad an die Umrechnung der Einkünfte naturgemäß höher.

Schwierig ist oftmals die Behandlung von **Beteiligungen an deutschen Immobilienfonds**, da hierfür die Sondervorschriften des österreichischen Immobilieninvestmentfondsgesetzes[130] (ImmoInvFG) zu berücksichtigen sind. Das ImmoInvFG sieht eine transparente Behandlung des ausländischen Immobilienfonds vor, mit der Folge, dass auch vom Fonds thesaurierte Einkünfte auf Ebene des Fondsanteilsinhabers zur Be-

127 Art. 6 i.V. mit Art. 23 Abs. 2 Buchst. a DBA Österreich.

128 EStR 2000 Rz. 7591 mit Verweis auf VwGH v. 6.3.1984 - 83/14/0107.

129 § 16 Abs. 1 Ziffer 8 Buchst. d EStG.

130 BGBl I 2003/80.

steuerung gelangen (in Form sog. „ausschüttungsgleicher Erträge"). Das ImmoInvFG unterscheidet hinsichtlich der Art Einkünfte zwischen (i) Bewirtschaftungsgewinnen (ii) Aufwertungsgewinnen und (iii) Wertpapier- und Liquiditätsgewinnen.[131] Für die Bereiche (i) und (ii) normiert das ImmoInvFG eine Steuerbefreiung, sofern die Immobilien in einem DBA-Partnerstaat Österreichs gelegen sind, und das anwendbare DBA die Befreiungsmethode vorsieht (dies wäre bei einem Immobilienfonds mit deutschen Liegenschaften der Fall). Für Wertpapier- und Liquidationsgewinne beansprucht Österreich jedoch sein Besteuerungsrecht, da solche Einkünfte unter Art. 10 bzw. Art. 11 DBA Österreich subsumiert werden.[132] Aufgrund dieser unterschiedlichen Behandlung ist für die Praxis daher die Kenntnis der Zusammensetzung der Einkünfte von wesentlicher Bedeutung. Fatal kann die Besteuerungssituation dann werden, wenn der Immobilieninvestmentfonds Liegenschaften in Staaten hält, mit denen Österreich kein DBA oder ein DBA mit Anrechnungsmethode geschlossen hat, wie es z. B. bei Immobilienfonds in den USA oder UK der Fall ist (DBA Österreich-USA und DBA Österreich UK folgen der Anrechnungsmethode). In diesem Fall fließen alle Einkünfte aus dem Investment unmittelbar in das in Österreich steuerpflichtige Einkommen ein. Im Hinblick auf die Ermittlung der Einkünfte sind die nachteiligen Pauschalbesteuerungsregelungen des ImmoInvFG zu beachten, sofern ein ausländischer Immobilienfonds gehalten wird, der seine Erträge nicht meldet (sog. „schwarzer" Fonds).[133] Diese Pauschalbesteuerung kann zwar durch entsprechenden Nachweis der Einkünfte („die ausschüttungsgleichen Erträge") durch den Abgabepflichtigen vermieden werden. In diesem Zusammenhang stößt man in der Praxis jedoch oftmals auf Schwierigkeiten in Bezug auf die Erhebung der relevanten Daten. Besonders bei Verlusten aus solchen Beteiligungen, die grds. gemäß § 2 Abs. 8 EStG unmittelbar die österreichische Bemessungsrundlage kürzen würden, ist seitens der Finanzverwaltung in der Praxis eine zunehmend einschränkende Haltung und eine hohe Anforderung in der Nachweisführung der Einkünfteermittlung zu beobachten. Es ist daher ratsam, bereits vor dem Zuzug das Portfolio des Abgabepflichtigen auf potenziell nachteilige oder schwierig handhabbare Investments durchzusehen. Die Thematik Immobilieninvestmentfonds stellt sich nicht nur bei typischen öffentlich angebotenen Fonds, sondern auch in jenen Fällen, in denen der Abgabepflichtige seinen Immobilienbesitz in einer oder mehreren ausländischen Gesellschaften gebündelt hat, da es für die Qualifikation als ausländischer Immobilieninvestmentfonds genügt, wenn die Gesellschaft ihr Vermögen nach dem Grundsatz der Risikostreuung veranlagt und der Tatbestand der Niedrigbesteuerung vorliegt (sofern nicht ohnedies bereits ein Immobilienfonds nach den aufsichtsrechtlichen Kriterien des

131 § 14 Abs. 2 ImmoInvFG.

132 Vgl. EAS 2972 vom 26.5.2008.

133 § 40 Abs. 2 Ziffer 2 ImmoInvFG.

AIFMG[134] vorliegt).[135] Zu beachten ist, dass für Einkünfte aus nicht öffentlich angebotenen Immobilienfonds der begünstigte Steuersatz von 27,5 % nicht anwendbar ist.[136]

3.2.2 Artikel 7: Unternehmensgewinne

Grundsätze

Der Zuzugswillige, der bisher betriebliche Aktivitäten ausgeübt hat und diese auch künftig weiterführen will, wird an der steuerlichen Behandlung seiner daraus erzielten Einkünfte in Österreich interessiert sein. Ob Österreich diese Einkünfte tatsächlich besteuern oder nur für den Progressionsvorbehalt berücksichtigen kann, ist nach dem DBA Österreich vor allem danach zu entscheiden, wo der Steuerpflichtige seine Betriebsstätte bzw. feste Einrichtung unterhält, durch die er seine Tätigkeit ausübt. Erzielt der Abgabepflichtige Einkünfte aus einer betrieblichen Tätigkeit in Deutschland, sei es als Einzelunternehmer oder im Wege einer Personengesellschaft, wird i. d. R. Deutschland sein Besteuerungsrecht auf diese Einkünfte behalten und Österreich diese (unter Progressionsvorbehalt) freizustellen haben. Die oben zu Art. 6 DBA Österreich angestellten Ausführungen zur Umrechnung der Einkünfte nach österreichischem Recht gelten hier analog. Das Besteuerungsrecht Deutschlands besteht allerdings nur dann, wenn in Deutschland eine Betriebsstätte nach Art. 5 DBA Österreich unterhalten wird und nur insoweit dieser Betriebsstätte Einkünfte nach Art. 7 DBA Österreich zugerechnet werden können.

Mögliche Qualifikationskonflikte bei Personengesellschaften

In Deutschland ansässige Unternehmer haben oftmals ihr Unternehmensvermögen über beteiligungsverwaltende GmbH & Co. KG organisiert. Diese Personengesellschaften fungieren als „Holding“ und üben oftmals selbst keine operative Tätigkeit aus. Nach deutscher Finanzverwaltungspraxis[137] erzielen solche Gesellschaften auf Basis der „Geprägetheorie“ gewerbliche Einkünfte, die gehaltenen Beteiligungen stellen Betriebsvermögen dar. Zieht der Anteilseigner nach Österreich zu, ist zu berücksichtigen, dass das österreichische Recht die Geprägetheorie nicht kennt. Ist die Personengesellschaft lediglich vermögensverwaltend tätig, kann sie nach österreichischem Verständnis keine (deutsche) Betriebsstätte vermitteln, der die oben angeführten Einkünfte zu-

134 BGBl I 2013/135.

135 § 42 ImmoInvFG; nach der Verwaltungspraxis ist Risikostreuung – neben anderen Kriterien – dann gegeben, wenn eine Veranlagung in mindestens 10 Immobilien innerhalb von vier Jahren objektiv angestrebt wird und nach Verstreichen von vier Jahren die 10-Immobilien-Grenze tatsächlich erreicht wird (vgl. InvFR 2018 Rz. 121).

136 Siehe dazu Ziffer 2.2.4.3.

137 BMF, Schreiben v. 26.9.2014 - IV B 5 – S 1300/09/10003, BStBl 2014 I S. 1258, Tz. 2.3.1.

zuordnen sind. Folglich würden aus österreichischer Sicht Dividendeneinnahmen auf Ebene der Holding-KG direkt beim Anteilseigner als Einkünfte aus Kapitalvermögen der Besteuerung unterliegen. Veräußerungsgewinne aus den – über die Personengesellschaft gehaltenen – Anteilen an den Tochtergesellschaften würden gleichsam in den Händen des Anteilseigners der Besteuerung unterliegen.

Deutschland reklamierte nach früherer Finanzverwaltungspraxis sein Besteuerungsrecht unter der Argumentation, dass ausgehend von der nationalen Qualifikation für Zwecke des DBA Österreich deutsche Betriebsstätteneinkünfte vorliegen würden.[138] Dass diese Sichtweise für Zwecke des DBA unrichtig ist, hat der BFH[139] in einer Reihe von Erkenntnissen in den Jahren 2010 und 2011 bestätigt. Deutschland hat daraufhin durch Einführung neuer Vorschriften versucht, die bisherige Verwaltungspraxis für „alte" Wegzugsfälle zu kodifizieren.[140] Für die Steuerpraxis bestehen in Einzelfragen weiterhin Unsicherheiten und drohen Besteuerungskonflikte im österreichisch-deutschen Verhältnis. Österreich anerkennt die Steuerfreistellungsverpflichtung aktuell nur mehr, wenn einerseits auch DBA-rechtlich die Personengesellschaft Betriebsstättenvermögen i. S. des DBA Österreich[141] vermittelt und andererseits die von der Personengesellschaft gehaltenen Beteiligungen dieser funktional zuzurechnen sind.[142] Diese Sichtweise ist nunmehr auch durch Rechtsprechung abgesichert.[143]

Neben dem hier ausgewählten Fall der gewerblich geprägten GmbH & Co. KG stellen sich analoge Fragen im Falle von „Betriebsaufspaltungen"[144] im deutschen einkommensteuerlichen Sinne sowie bei Anteilen an einer Komplementär-GmbH einer GmbH & Co. KG. Die in diesen Fällen angewandten Gewerblichkeitsfiktionen bzw. Vermögenszuordnungen zu Betriebsvermögen nach deutschem Recht sind dem österreichischen Recht ebenso fremd und führen potenziell zu Qualifikationskonflikten[145].

Sondervergütungen bei Personengesellschaften

Bemerkt sei abschließend die Regelung des Art. 7 Abs. 7 DBA Österreich, wonach Sondervergütungen aus einer Personengesellschaft Unternehmensgewinne darstellen. Da-

138 Vgl. vorhin zitiertes dBMF-Schreiben vom 26.9.2014.

139 BFH, Urteil v. 28.4.2010 - I R 81/09, BStBl 2014 II S. 754; BFH, Beschluss v. 19.5.2010 - I B 191/09, BStBl 2011 II S. 156; BFH, Urteil 4.5.2011 - II R 51/09, BStBl 2014 II S. 751; BFH, Urteil 25.5.2011 - I R 95/10, BStBl 2014 II S. 760; BFH, v. 24.8.2011 - I R 46/10, BStBl 2014 II S. 764.

140 § 50i dEStG.

141 Vgl. unmissverständlich EAS 3256 v. 27.1.2012; ebenso EAS 3308 v. 21.12.2012.

142 Vgl. nunmehr gefestigte Finanzverwaltungspraxis, z. B. EAS 3421 v. 25.3.2020 und EAS 3403 vom 8.6.2018; für Zwecke der KöSt ebenso KStR 2013 Rz. 433 und 1487.

143 VwGH v. 15.10.2020 - 2019/13/0007; v. 18.10.2017 - 2016/13/0014.

144 Vgl. dazu explizit BFH, Urteil v. 25.5.2011 - I R 95/10, BStBl 2014 II S. 760.

145 Zur Betriebsaufspaltung vgl. VPR 2021 Rz. 401 und EAS 3209 v. 11.5.2011; zu den Anteilen an der Komplementärgesellschaft vgl. EAS 3403 v. 8.6.2018.

mit ist der im deutschen und österreichischen Recht enthaltenen Besonderheit der Sondervergütungen, wonach dieser Teil der Einkünfte aus der Mitunternehmerschaft sind,[146] auch DBA-rechtlich Rechnung getragen.

Art. 7 Abs. 7 DBA Österreich kommt allerdings nur bei Beziehungen zwischen Gesellschaft und Gesellschaftern zur Anwendung, nicht hingegen bei Darlehen zwischen den Gesellschaftern einer Personengesellschaft.[147]

3.2.3 Artikel 10 und 11: Dividenden und Zinsen

Mit der Ansässigkeitsverlagerung geht eine erhebliche Änderung in der Besteuerung von Dividenden und Zinsen einher. Das bis zum Wegzug bestandene umfassende Besteuerungsrecht Deutschlands wird an Österreich abgegeben. Deutschland verbleibt in Bezug auf Dividenden von in Deutschland ansässigen Gesellschaften an eine natürliche Person ein auf 15 % beschränktes Besteuerungsrecht.

Zu beachten ist, dass die Dividendendefinition des Art. 10 Abs. 3 DBA Österreich keinen Bezug zu „Gesellschaftsanteilen“ herstellt und daher insoweit vom OECD-Musterabkommen abweicht. Für die Praxis hat dies zur Auswirkung, dass auch Zuwendungen von eigentümerlosen Gebilden, wie Zuwendungen von österreichischen Privatstiftungen (an in Deutschland ansässige Begünstigte), von Art. 10 DBA Österreich erfasst sind und daher vom Sitzstaat dieser Entität einer Quellensteuer unterzogen werden können.[148]

Bei Zinsen entfällt das Quellenbesteuerungsrecht grds. gänzlich. Davon ausgenommen sind jedoch Einkünfte als stiller Gesellschafter sowie aus partiarischen Darlehen und Gewinnobligationen i. S. des Art. 11 Abs. 2 DBA Österreich, an denen der Ansässigkeitsstaat des Schuldners der Zinsen ein unbeschränktes (Quellen-)Besteuerungsrecht erhält. Die Abgrenzung des Art. 11 Abs. 2 DBA Österreich zur Generalnorm des Art. 11 Abs. 1 DBA Österreich hat daher in der Praxis große Bedeutung.[149] In einem – bislang einmaligen – Schiedsverfahren vor dem EuGH wurde entschieden, dass Genussscheine, die keine echte Beteiligung am Gewinn des Emittenten vermitteln (nur einen jährlichen Zinsertrag i. H. eines festen Prozentsatzes), nicht unter die Ausnahmeregelung des Art. 11 Abs. 2 DBA Österreich fallen.[150]

146 § 23 Ziffer 2 EStG bzw. § 15 Abs. 1 Ziffer 2 und 3 dEStG.

147 Vgl. EAS 2983 v. 23.6.2008.

148 Vgl. Schuch/Fürnsinn in Wassermeyer/Kaeser/Lang/Schuch, DBA-Kommentar, 3. Aufl. 2015, Art. 10 DBA Österreich Rz. 7.

149 Siehe dazu EAS 3104 v. 25.11.2009; vgl. auch BFH, Urteil v. 26.8.2010 - I R 53/09, BStBl 2019 II S. 147.

150 EuGH, Urteil 12.9.2017 - Rs. C-648/15 „Österreich/Deutschland“ NWB EAAAG-58219.

Eine Anrechnung deutscher Quellensteuern auf Zins- und Dividendeneinkünfte ist nur im DBA-rechtlichen Ausmaß möglich, darüber hinausgehende Steuerabzüge sind in Deutschland im Erstattungswege zurückzufordern.

3.2.4 Artikel 13: Gewinne aus der Veräußerung von Vermögen

Die Grundsätze der Verteilung der Besteuerungsrechte bei Veräußerungsgewinnen lassen sich aus der österreichischen Perspektive als Zuzugsland im Wesentlichen so zusammenfassen:

- Veräußerungsgewinne aus deutschen Liegenschaften dürfen in Deutschland besteuert werden, Österreich stellt unter Progressionsvorbehalt frei. Gleiches gilt bei der Veräußerung von Betriebsvermögen (Art. 13 Abs. 1 und 3 DBA Österreich).
- Dieser Grundsatz gilt jedoch nicht für Anteile an Gesellschaften, deren überwiegendes Vermögen in deutschem Grundbesitz besteht (Art. 13 Abs. 2 DBA Österreich). In diesem Fall dürfen beide Staaten besteuern, Österreich rechnet die deutsche Steuer an. Dass in diesem Fall die Anrechnungsmethode (und nicht die Freistellung) greift, wird in der Praxis oft übersehen. Was als „Liegenschaftsgesellschaft" gilt, bestimmt sich gemäß dem Schlussprotokoll zu Art. 13 Abs. 2 DBA Österreich – eigenartigerweise – nicht nach Maßgabe von Verkehrswerten, sondern nach den Buchwerten der letzten vor der Veräußerung zu erstellenden Handelsbilanz. Im Fall einer liquidationsvorbereitenden Grundbesitzveräußerung soll es nach österreichischer Verwaltungsauffassung hingegen auf die Gegebenheiten im Zeitpunkt des Liquidationsabschlusses ankommen.[151] Unter Berücksichtigung der Tatsache, dass ansonsten bei Gesellschaftsanteilen Österreich das alleinige Besteuerungsrecht zustünde (Art. 13 Abs. 5 DBA Österreich), ist die Qualifikation, ob eine Liegenschaftsgesellschaft vorliegt oder nicht, von entscheidender Bedeutung. Ist eine solche gegeben, hat Deutschland weiterhin ein unbeschränktes Besteuerungsrecht. Aus dem insoweit eindeutigen Wortlaut des Art. 13 Abs. 2 Österreich ist zu schließen, dass die Vorschrift nur die direkt vom in Österreich ansässigen Abgabepflichtigen gehaltene Gesellschaft anspricht. Hält die Person eine Liegenschaftsgesellschaft nur mittelbar über eine (nicht unter Art. 13 Abs. 2 DBA Österreich fallende) Zwischengesellschaft, ist Art. 13 Abs. 2 DBA Österreich nicht anwendbar.[152] Überdies ist zu berücksichtigen, dass von Seiten der österreichischen Finanzverwaltung auch Substanzgenussrechte an einer Immobiliengesellschaft im Anwendungsbereich des Art. 13 Abs. 2 DBA Österreich abgedeckt sind.[153]

151 Vgl. EAS 3326 v. 4.6.2013.

152 Vgl. Staringer in Gassner/Lang/Lechner, Das neue DBA Ö-D, 1999, S. 106 f.

153 EAS 3083 v.28.8.2009.

- Alle nicht unter Art. 13 Abs. 1 bis 4 DBA Österreich fallenden Veräußerungsgewinne sind ausschließlich in Österreich zu versteuern (Art. 13 Abs. 5 DBA Österreich). Darunter fallen die Gewinne aus der Veräußerung von Kapitalanteilen. Damit kann freilich die Besteuerung der in Deutschland angewachsenen stillen Reserven nicht vermieden werden, weil anlässlich des Wegzuges im Grundsatz die Wegzugsbesteuerung in Deutschland greift (siehe dazu Teil C Ziffer 1 und 2). Wie oben in Ziffer 2.2.4.5 angemerkt, gewährt Österreich – ungeachtet der Anwendung einer Wegzugsbesteuerung in Deutschland – anlässlich des Zuzuges eine steuerneutrale Aufwertung der Anschaffungskosten auf den gemeinen Wert im Zeitpunkt des Zuzuges. In der Praxis wird zur Bestimmung des Zuzugswertes der „Wegzugswert" für deutsche Besteuerungszwecke vielfach eine erste wichtige Orientierung bieten. Das DBA enthält in Art. 13 Abs. 6 Satz 2 DBA Österreich in diesem Zusammenhang eine Wertverknüpfungsklausel, wonach bei späterer Veräußerung der Anteile in Österreich im Rahmen der Ermittlung des Veräußerungsgewinnes zumindest jene Anschaffungskosten abzuziehen sind, die Grundlage für die Wegzugsbesteuerung in Deutschland waren. Da das DBA allerdings nur einschränkende Wirkung haben kann, ist daraus zu schließen, dass auch ein höherer Wert in Abzug gebracht werden kann, sofern sich dieser nach Maßgabe der österreichischen Regelungen des § 27a Abs. 5 EStG ergibt. Technisch führt daher die Klausel des Art. 13 Abs. 6 Satz 2 DBA Österreich nicht zwingend zu einer tatsächlichen Wertverknüpfung, sondern zieht lediglich eine Untergrenze hinsichtlich der Anschaffungskosten ein, um die Doppelbesteuerung zu vermeiden.[154] Bemerkenswert ist darüber hinaus, dass Art. 13 Abs. 6 Satz 1 DBA Österreich die Vornahme einer Wegzugsbesteuerung dem Grunde nach auf Personen einschränkt, die mindestens fünf Jahre in einem Vertragsstaat ansässig waren. Von Seiten der österreichischen Finanzverwaltung wurde in der Vergangenheit die Vorschrift so interpretiert, dass diese Norm einer Wegzugsbesteuerung in Österreich entgegensteht, wenn der Abgabepflichtige noch nicht 5 Jahre lang in Österreich ansässig war und nach Deutschland (zurück-)zieht.[155] Diese Auffassung ist aktuell jedoch Gegenstand von Konsultationsgesprächen mit Deutschland. Es ist zu erwarten, dass von der bisher vertretenen Rechtsauffassung abgegangen wird und Österreich somit auch bei einer Ansässigkeitsdauer von unter 5 Jahren Wegzugsteuer erhebt (aber mit Möglichkeit eines Steueraufschubes).

154 Vgl. Stefaner in Wassermeyer/Kaeser/Lang/Schuch, DBA-Kommentar, 3. Aufl. 2015, Art. 13 DBA Österreich Rz. 18.

155 EAS 2079 v. 17.6.2002.

3.2.5 Artikel 15: Einkünfte aus unselbstständiger Arbeit

In der Praxis kommt häufig die Situation vor, dass eine Person aus persönlichen Überlegungen nach Österreich zieht, dessen ungeachtet jedoch weiterhin ihrer beruflichen Tätigkeit in Deutschland nachgeht. Bezieht diese Person **Einkünfte aus einem Arbeitsverhältnis zu einem deutschen Unternehmen**, können sich bei näherer Betrachtung durchaus wesentliche Änderungen in der Besteuerungssituation ergeben.

Ob diese Einkünfte in Österreich überhaupt besteuert (oder nur für den Progressionsvorbehalt berücksichtigt) werden können, hängt vor allem davon ab, wo diese Tätigkeit physisch ausgeübt wird und wo der Arbeitgeber seinen Sitz hat. Art. 15 DBA Österreich ist – konform mit dem OECD-Musterabkommen – so ausgestaltet, dass dem Grunde nach dem Ansässigkeitsstaat (Österreich) das Besteuerungsrecht eingeräumt wird. Deutschland hingegen verbleibt nur das Besteuerungsrecht für jene Einkünfte, die auf in Deutschland ausgeübte Tätigkeiten entfallen. Letzteren Teil der Einkünfte hat Österreich unter Progressionsvorbehalt freizustellen. Aus dieser Systematik folgt, dass Österreich das Besteuerungsrecht für jene Einkünfte zusteht, die auf physische Tätigkeiten in Österreich oder in Drittstaaten (es sei denn, dass sich nach Maßgabe eines DBAs zwischen Österreich und dem Drittstaat eine Steuerfreistellungsverpflichtung ergibt) entfallen. In der Praxis ist vielfach zu beobachten, dass diese – durch den Zuzug nach Österreich bedingte – Besonderheit unberücksichtigt bleibt.

Unter die Einkünfte aus nichtselbständiger Arbeit fallen auch Einkünfte, die aus besonderem Anlass bezogen werden, wie beispielsweise **Abfindungen, Golden Handshakes** und Ähnliches. Die österreichische und deutsche Finanzverwaltung haben sich in einer auf Basis des Art. 25 DBA Österreich geschlossenen Konsultationsvereinbarung[156] dazu abgestimmt, dass das Besteuerungsrecht jenem Staat zusteht, der auch das Besteuerungsrecht an den Zahlungen der zugrundeliegenden aktiven Tätigkeit innehatte, auch wenn im Zeitpunkt des Zuflusses der Abfindung der Einkünfteempfänger seine Ansässigkeit bereits in den anderen Staat verlagert hat. Anderes soll nur dann gelten, wenn die Zahlung Versorgungscharakter hat und daher in die Sondernorm des Art. 18 DBA-Österreich fällt.[157] Der BFH[158] verfolgte in seiner Rechtsprechung eine gegenteilige Auffassung. In Österreich hat der VwGH[159] hingegen die Verwaltungspraxis der deutschen und der österreichischen Finanzverwaltung bestätigt. Der deutsche Gesetzgeber hat

156 BMF-Erlass v. 21.12.2010 - BMF-010221/3371-IV/4/2010, Zusammenfassung der im Ergebnisprotokoll vom 13.8.2010 abgestimmten Auslegungsfragen zum DBA-Deutschland, BGBl III 2002/182.

157 Vgl. den zuvor zitierten BMF-Erlass v. 21.12.2010 - BMF-010221/3371-IV/4/2010, BGBl III 2002/182.

158 BFH, Urteil 18.7.1973 - I R 52/69, BStBl 1973 II S. 757; BFH, Urteil v. 24.2.1988 - I R 1537/84; BFH, Urteil v. 10.7.1996 - I R 83/95, BStBl 1997 II S. 341; BFH, Urteil v. 2.9.2009 - I R 111/08 NWB LAAAD-31013; BFH, Urteil v. 24.7.2013 - I R 8/13, BStBl 2014 II S. 929.

159 VwGH v. 23.2.2017 - Ro 2014/15/0050.

für Zeiträume ab 1.1.2017 eine explizite Regelung in § 50d Abs. 12 dEStG eingeführt, wonach das Besteuerungsrecht für Abfindungszahlungen, die anlässlich einer Beendigung des Arbeitsverhältnisses gezahlt werden, demjenigen Staat zusteht, in dem der Arbeitnehmer (früher) tätig war. Damit sollten mögliche Qualifikationskonflikte zwischen Deutschland und Österreich beigelegt sein. Zu beachten ist, dass eine Doppelnichtbesteuerung durch eine spezielle subject-to-tax Klausel im DBA Österreich ausgeschlossen ist. Im Fall des Zuzüglers nach Österreich könnte daher Österreich besteuern, wenn Deutschland – zulässigerweise – nicht besteuert.[160]

Ein „Signing bonus" wird nach österreichischer Verwaltungspraxis als kausal zur künftigen Tätigkeit betrachtet und daher den Regelungen des Art. 15 OECD-MA unterworfen. Die Verteilung der Besteuerungsrechte zwischen beteiligten Staaten hat daher nach Maßgabe der zu erwartenden Verteilung der Arbeitstage zu erfolgen.[161] Damit liegt die Finanzverwaltung auf Linie des BFH[162] und es sind daher im österreichisch-deutschen Verhältnis keine Qualifikationskonflikte zu erwarten.

Nicht unerwähnt bleiben sollen **Einkünfte aus Mitarbeiterbeteiligungsprogrammen**. Hier stellt sich in der Praxis zunächst regelmäßig die Frage, wann ein steuerlich relevanter Tatbestand erfüllt wird. Dies ist nach nationalem Recht zu entscheiden. Nach derzeitiger österreichischer Rechtslage ist im Fall von Aktienausgabeprogrammen die Einräumung des Rechtes, in der Zukunft Aktien zu erhalten, regelmäßig noch kein steuerlich relevantes Ereignis. Erst die Ausgabe der Aktie selbst ist steuerlich relevant und stellt einen geldwerten Vorteil aus dem Dienstverhältnis dar.[163] Das österreichische Recht sieht dafür lohnsteuerliche Anreize vor (Lohnsteuerfreibetrag von 3.000 €).[164] Bei anschließender Veräußerung der Aktien richten sich die steuerlichen Konsequenzen nach den Regelungen für Einkünfte aus Kapitalvermögen im Privatvermögen (siehe unten Ziffer 2.2.4).

Analog zu sehen sind typischerweise **Aktienoptionen**, die zum Erwerb einer Aktie zu einem bestimmten späteren Zeitpunkt zu einem festgelegten Preis berechtigen. Die Einräumung der Option selbst – sofern sie nicht handelbar ist – führt regelmäßig noch nicht zur Besteuerung des Vorteils, da in diesem Fall noch keine Übertragung eines Wirtschaftsgutes erfolgt ist.[165]

160 Subject-to-tax Klausel Art. 15 Abs. 4 DBA Österreich; vgl. auch Art. 28 Abs. 1 Buchst. a DBA Österreich.

161 EAS 2678 v. 23.1.2006.

162 BFH, Urteil v. 11.4.2018 - I R 5/16, BStBl 2018 II S. 761.

163 Vgl. zur Finanzverwaltungspraxis LStR 2002 Rz. 216; vgl. zur identen deutschen Rechtslage BFH, Urteil v. 20.11.2008 - VI R 25/05, BStBl 2009 II S. 382.

164 § 3 Abs. 1 Ziffer 15 Buchst. b EStG.

165 VwGH v. 15.12.2009 - 2006/13/0136.

Neben der Beurteilung nach österreichischem Recht ist jedoch zu prüfen, ob das Besteuerungsrecht Österreichs allenfalls zu Gunsten anderer Staaten auf DBA-rechtlicher Grundlage eingeschränkt werden kann. Erhält der Abgabepflichtige nach dem Umzug nach Österreich Vorteile aus solchen Mitarbeiterbeteiligungsprogrammen, sind damit automatisch grenzüberschreitende Fragen eröffnet, deren Analyse in der Praxis komplex sein können. Dies ist insbesondere dann der Fall, wenn – wie oftmals gegeben – diese Bezüge kausal mit einer jahrzehntelangen Tätigkeit in verschiedenen Staaten und bei verschiedenen Konzerngesellschaften zusammenhängen. Hier ist nach dem jeweils anwendbaren DBA stets zu prüfen, zu welchem Anteil dem nunmehrigen Heimatstaat (Österreich) bzw. anderen Staaten ein Besteuerungsrecht zusteht. Nach dem Kommentar zum OECD-MA ist für diese Zwecke grds. nach dem Kausalitätsprinzip vorzugehen und eine Aufteilung der Bezüge nach den jeweiligen Tätigkeiten im Zeitraum zwischen „Granting" und „Vesting" der Vorteile vorzunehmen.[166] Das BMF teilt diese Anwendungsgrundsätze.[167] Werden Aktienoptionen erst nach Zuzug nach Österreich ausgeübt, ist jener Anteil der Einkünfte, der der Tätigkeit im Ausland vor dem Zuzug zuzuordnen ist, DBA-rechtlich freizustellen.[168] Unterschiede in der praktischen Handhabung von Aktien- oder Optionsprogrammen der beteiligten Staaten sind in der Praxis jedoch eher die Regel als die Ausnahme, da sich fallweise bereits die Beurteilung hinsichtlich der steuerlich relevanten Zeitpunkte unterscheidet. Dies macht die praktische Umsetzung der Besteuerung solcher Bezüge im grenzüberschreitenden Kontext oftmals schwierig. Droht aus einer unterschiedlichen DBA-rechtlichen Behandlung eine Doppelnichtbesteuerung, gewährt Österreich keine DBA-Freistellung der Einkünfte.[169]

Abschließend bleibt zu erwähnen, dass auf Basis einer Reihe von Konsultationsvereinbarungen zwischen Österreich und Deutschland für die Besteuerung von Arbeitseinkünften während der COVID-Pandemie Sonderregelungen getroffen wurden, was die Verteilung der Besteuerungsrechte anbelangt. Diese Sonderregelungen sind für Arbeitstage bis zum 30.6.2022 anwendbar.[170]

3.2.6 Artikel 16: Aufsichtsrats- und Geschäftsführervergütungen

Im Zusammenhang mit Einkünften aus einer Organstellung in einer Gesellschaft ist zunächst zu erwähnen, dass nach gefestigter Verwaltungspraxis, gedeckt durch Judikatur,

166 Rz. 12.7. und 12.8. OECD-MK zu Art. 15.

167 Vgl. BMF-Erlass v. 15.12.2008 - BMF-010221/3364-IV/4/2008, Zweifelsfragen zum Außensteuerrecht und Internationalen Steuerrecht 2008; EAS 2552 v. 5.1.2005; EAS 2710 v. 10.3.2006; etwas undifferenziert EAS 2994 v. 23.7.2008; vor der Überarbeitung des OECD-MK stellte das BMF noch auf den Beschäftigungszeitraum bis zur tatsächlicher Optionsausübung ab (EAS 2041 v. 24.4.2002).

168 EAS 2710 v. 10.3.2006; EAS 2532 v. 6.12.2004.

169 EAS 3366 v. 28.10.2015.

170 Vgl. BMF-Info v. 17.6.2022 - GZ 2022-0.433.029, Punkt 1.2. mit Verweisen auf die Vereinbarungen.

aus österreichischer Sicht Art. 16 OECD-MA nur für Einkünfte aus überwachenden Tätigkeiten anwendbar ist.[171] Einkünfte aus einer Exekutivfunktion, wie das typische Geschäftsführer- oder Vorstandsgehalt, fallen demnach grds. unter Art. 15 oder bei wesentlich beteiligten Gesellschafter-Geschäftsführern unter Art. 14 (bzw. Art. 7) OECD-MA. Diese Auffassung kann durchaus von der Anwendungspraxis anderer Staaten abweichen.[172] In einem derzeit anhängigen Verfahren steht aber die Frage zur Klärung an, ob Art. 16 OECD-MA tatsächlich nur auf überwachende Tätigkeiten anwendbar ist.[173] Die Finanzverwaltung könnte daher je nach Ausgang des Verfahrens gehalten sein, die langjährige Praxis zu ändern.

Im Verhältnis Österreich-Deutschland stellt sich diese Problematik allerdings nicht, denn das DBA Österreich enthält die Sonderregelung des Art. 16 Abs. 2 DBA Österreich, wonach auch für Einkünfte aus diesen Exekutivfunktionen das Sitzstaatprinzip greift.[174] Somit sind Einkünfte eines Geschäftsführers oder Vorstandes einer deutschen Kapitalgesellschaft stets in Deutschland zu versteuern, und zwar unabhängig davon, wo die Tätigkeit physisch ausgeübt wird. Österreich hat korrespondierend unter Progressionsvorbehalt freizustellen. Es ist darauf hinzuweisen, dass Art. 16 Abs. 2 DBA Österreich allerdings nur für den Fall anwendbar ist, dass der Ansässigkeitsstaat der Gesellschaft und des Einkünftebeziehers verschieden sind. Bekleidet beispielsweise eine in Österreich ansässige Person die Geschäftsführung einer in Österreich ansässigen Gesellschaft, ist Art. 16 Abs. 2 DBA Österreich nicht anwendbar, selbst wenn dieser als Betriebsstättenleiter einer deutschen Betriebsstätte dieser Gesellschaft fungiert. Das Sitzstaatsprinzip greift ebenso nicht, wenn zwar der Sitz der Gesellschaft in Deutschland ist, deren Geschäftsleitungsort durch die Aktivitäten des Geschäftsführers in Österreich aber nach Österreich verlagert wurde (und damit abkommensrechtlich eine in Österreich ansässige Gesellschaft vorliegt[175]).[176] In diesen Fällen richtet sich die Verteilung

171 Vgl. VwGH v. 31.7.1996 - 92/13/0172; EAS 3355 v. 14.10.2014; vgl. dazu auch Stefaner in Wassermeyer/Kaeser/Lang/Schuch, DBA-Kommentar, 3. Aufl. 2015, Art. 16 DBA Österreich Rz. 3; Urtz in Gassner/Lang/Lechner, Das neue DBA Ö-D, 1999, S. 145 ff.; Drummer/Fink/Miladinovic, SWI 2017 S. 239 ff.; EAS 3431 v. 12.4.2021; EAS 3377 v. 16.3.2017; EAS 3355 v. 14.10.2014.

172 Grund dafür ist, dass die in der englischsprachigen Version des OECD-MA verwendete Formulierung „directors fees" mit dem deutschen Pendant der „Aufsichtsrats- oder Verwaltungsratsvergütungen" nicht exakt übereinstimmt. In Verbindung mit der Tatsache, dass in anderen Staaten gesellschaftsrechtlich das monistische System gebräuchlicher ist und daher der „board of directors" i. d. R. sowohl überwachende als auch geschäftsführende Funktionen innehat, haben andere Staaten oftmals ein unterschiedliches Begriffsverständnis zum Regelungsgehalt des Art. 16 OECD-MA; vgl. z. B. jüngst EAS 3431 v. 12.4.2021 zum Qualifikationskonflikt im Verhältnis zur Slowakei. Die österreichische Finanzverwaltung sieht sich dennoch bis dato nicht angehalten, die Praxis zu ändern; vgl. Klokar, SWI 2022 S. 77.

173 Der VwGH trug in seiner Erkenntnis v. 10.5.2021 - 2019/15/0095 dem BFG auf, im fortgesetzten Verfahren diese Frage zu klären; vgl. dazu Bendlinger, BFGjournal 2021 S. 257.

174 Zur Thematik vgl.. z. B. Lang, SWI 2015 S. 538 ff.

175 Art. 4 Abs. 3 DBA Österreich.

176 EAS 3433 v. 2.7.2021.

der Besteuerungsrechte nach Art. 15 DBA Österreich. Einkünfte eines in Deutschland ansässigen Geschäftsführers einer österreichischen GmbH dürfen hingegen in Österreich besteuert werden, selbst wenn sich die Tätigkeit des Geschäftsführers auf eine in Deutschland befindliche Betriebsstätte der GmbH beschränkt.[177]

Bezieht die in Österreich ansässige Person Aufsichtsratsvergütungen einer in Deutschland ansässigen Gesellschaft, räumt das DBA das Besteuerungsrecht Deutschland ein und verpflichtet Österreich zur korrespondierenden Freistellung (Achtung: im reziproken Fall würde Deutschland die Anrechnungsmethode anwenden).

3.2.7 Artikel 18: Private Ruhebezüge

Für die Praxis weiter interessant sind Einkünfte aus privaten Ruhebezügen, d. h. die klassischen betrieblichen Pensionszusagen. Die steuerliche Behandlung dieser Einkünfte erfährt durch den Zuzug nach Österreich eine erhebliche Änderung. Auch wenn die Pension auf einer Zusage eines deutschen Arbeitgebers basiert und diese in jahrzehntelanger Arbeit in Deutschland „erdient" wurde, dürfen diese Bezüge nicht mehr in Deutschland (sondern nur in Österreich) besteuert werden, wenn die Bezüge nach erfolgter Ansässigkeitsverlagerung des Pensionsbeziehers nach Österreich zufließen. Denn Art. 18 Abs. 2 DBA Österreich räumt Österreich das ausschließliche Besteuerungsrecht an solchen Bezügen ein.

Vor diesem Hintergrund ist verständlich, dass die Abgrenzung des Anwendungsbereiches des Art. 18 Abs. 2 DBA Österreich zu jenem des Art. 15 DBA Österreich in der Praxis eine erhebliche Rolle spielt. Denn auf Basis des Art. 15 DBA Österreich bliebe das Besteuerungsrecht des bisherigen Tätigkeitsstaates i. d. R. aufrecht, auch wenn die Einkünfte bereits nach Beendigung der Tätigkeit zufließen (Kausalitätsprinzip). Die Frage, in welchem Fall eine Pension unter Art. 18 Abs. 2 DBA Österreich fällt, war schon vielfach Gegenstand von veröffentlichten Auffassungen des BMF, insbesondere in Bezug auf Einmal-Zahlungen. Zusammengefasst war aus diesen Erledigungen die Linie erkennbar, dass es für die Anwendung des Art. 18 Abs. 2 DBA Österreich dem Grunde nach weder schädlich ist, dass die Pensionsansprüche im Wege einer EinmalZahlung abgegolten, noch dass solche Abschlagszahlungen bereits vor Antritt des Pensionsalters getätigt werden. Entscheidend ist der Charakter der Zahlung: Liegt dieser in der Versorgung des Arbeitnehmers, ist Art. 18 Abs. 2 DBA Österreich anwendbar.[178] Die Finanzverwaltung hat allerdings zuletzt den Vorbehalt angebracht, dass in Anbetracht der unterschiedlichen Vorgehensweise auf OECD-Ebene nicht gesichert sei, dass Art. 18

177 Vgl. EAS 3259 v. 23.12.2011; EAS 3311 v. 21.12.2012.

178 Vgl. z. B. EAS 1320 v. 31.8.1998; EAS 1448 v. 10.5.1999; EAS 1767 v. 12.12.2000; EAS 2173 v. 10.12.2002; EAS 2715 v. 20.4.2006; EAS 3123 v. 17.2.2010; EAS 3248 v. 13.10.2011.

OECD-MA auch dann anwendbar ist, wenn die Pensionsabfindung bereits vor Erreichung des Pensionsantrittsalters gezahlt wird. Es komme daher auf eine korrespondierende Betrachtungsweise der beteiligten DBA-Partnerstaaten an[179]. Insoweit muss die Rechtsentwicklung in diesem Bereich im Auge behalten werden. Abschließend sei erwähnt, dass für Bezüge aus Geschäftsführerpensionen im deutsch-österreichischen Verhältnis Art. 18 Abs. 2 DBA Österreich gegenüber Art. 16 Abs. 2 DBA Österreich Anwendungsvorrang hat.[180]

4. Wegzug aus Österreich

Im Rahmen der Steuerplanung des Zuzuges von Deutschland nach Österreich sollte in aller Regel auch das Szenario mitbedacht werden, dass der Abgabepflichtige aus Österreich wieder wegziehen könnte. Besonders bei sehr mobilen Personen ist in der Praxis regelmäßig an oberster Prioritätsstufe, steuerliche Rahmenbedingungen zu schaffen, die möglichst uneingeschränkte persönliche Mobilität erlauben. Zu denken ist auch daran, dass sich Wegzugsbesteuerungsthemen in Österreich nicht nur im Zusammenhang mit der tatsächlichen Weiterverlagerung des Wohnsitzes stellen, sondern auch beim Vermögenstransfer auf Nachkommen im Rahmen einer Nachfolgeplanung eine Rolle spielen. Nachfolgend sei daher nur kurz beschrieben, welche Eckpunkte in diesem Zusammenhang aus österreichischer Sicht regelmäßig zu beachten sind.

Das österreichische Recht kennt **Wegzugsbesteuerungsregelungen im Privatvermögen** für den **Bereich des Kapitalvermögens**. Davon erfasst sind sämtliches Kapitalvermögen, das den Vorschriften der „Wertzuwachsbesteuerung" des § 27 Abs. 3 EStG unterliegt, Derivate i. S. des § 27 Abs. 4 EStG und Kryptowährungen nach § 27b Abs. 3 letzter Satz EStG[181].[182] In der Praxis wichtigster Anwendungsbereich sind Anteile an Kapitalgesellschaften, wobei auch Kapitalbeteiligungen von unter 1 % der Wegzugsbesteuerung unterliegen,[183] sowie generell Wertpapiere, Derivate und Kryptowährungen[184].[185] Treten Umstände ein, die zur Einschränkung des Besteuerungsrechtes hinsichtlich dieser Anteile führen, fingiert das Gesetz eine Veräußerung dieser Anteile zum gemeinen

179 EAS 3400 v. 3.8.2018; vgl. bereits früher EAS 3248 v. 13.10.2011.

180 Vgl. EAS 3320 v. 19.2.2013.

181 Die Regelungen zur Wegzugsteuer gelten hingegen nicht für Kryptowährungen, welche vor dem 1.3.2021 (sog. Altvermögen) erworben wurden.

182 § 27 Abs. 6 Ziffer 1 EStG.

183 Dies gilt allerdings nur für den sog. „Neubestand"; zur Abgrenzung siehe Ziffer 2.2.4.1.

184 Dies gilt nur für Kryptowährungen, welche nach dem 28.2.2021 angeschafft wurden (sog. Neubestand); Kryptowährungen, welche vor dem 1.3.2021 angeschafft wurden (sog. Altbestand), unterliegen hingegen keiner Wegzugsteuer.

185 Wiederum aber nur für sog. „Neubestand"; siehe dazu oben.

Wert.[186] Da anlässlich des Zuzuges (vgl. oben Ziffer 2.2.4.5) eine steuerneutrale Aufwertung der Anschaffungskosten auf den gemeinen Wert zum Zuzugszeitpunkt gewährt wird, sind Gegenstand der Wegzugsbesteuerung regelmäßig nur jene stillen Reserven, die während des aufrechten Bestandes des Besteuerungsrechtes Österreichs an diesen Anteilen entstanden sind.

Die Umstände, aufgrund derer das Besteuerungsrecht von Österreich eingeschränkt wird, können vielschichtig sein. Diese sind im Einzelfall nach der jeweils gegebenen DBA-Rechtslage zu untersuchen. Die maßgeblichen Umstände beschränken sich nicht nur auf Fälle der Ansässigkeitsverlagerung des Vermögensinhabers. Bei Kapitalanteilen können beispielsweise folgende Umstände die Wegzugsbesteuerung auslösen:

- Der Vermögensinhaber verlegt seine Ansässigkeit in einen Staat, mit dem Österreich hinsichtlich der Verteilung der Besteuerungsrechte auf Veräußerungsgewinne aus Kapitalanteilen eine OECD-musterabkommenskonforme DBA-Regelung vereinbart hat (d. h. exklusives Besteuerungsrecht für den Ansässigkeitsstaat des Anteilsinhabers);
- Tod des Anteilsinhabers und erbbedingter Übergang des Vermögens auf eine in einem anderen Staat ansässige Person;
- Schenkung von Anteilen an eine in einem anderen Staat ansässige Person;
- Relevant auch für bloße Zweitwohnsitze in Österreich: Bei Vorliegen von österreichischen Kapitalanteilen führt die Verlagerung der Ansässigkeit der Person von einem Nicht-DBA-Staat in einen DBA-Staat ebenso zur Wegzugsbesteuerung.

Auch ein (erstmaliges) Inkrafttreten eines neuen DBAs, welches Österreich das Besteuerungsrecht an Kapitalanteilen entzieht oder der Höhe nach einschränkt, kann nach Verwaltungspraxis[187] zu einer Wegzugsbesteuerung führen.[188] Keine Wegzugsbesteuerung soll aber dann eintreten, wenn der andere DBA-Partnerstaat die Bemerkung („observation“) Österreichs zum Kommentar des OECD-MA teilt, derzufolge ein Staat durch den Neuabschluss nicht daran gehindert sei, die bisher steuerhängigen stillen Reserven an Gesellschaftsanteilen zu besteuern.[189] Auf derselben Grundlage verneint die Finanzverwaltung das Eintreten einer Wegzugsbesteuerung wegen Umstellung von Anrechnungs- auf Befreiungsmethode.[190]

186 § 27 Abs. 6 Ziffer 1 EStG.

187 Entgegen der Literaturmeinung; vgl. zur Rechtslage vor 1.1.2016 Stadler, ÖStZ 2014 S. 198; Kanduth-Kristen, SWI 2014 S. 166; Lang, SWI 2014 S. 206.

188 EStR 2000 Rz. 2518; EAS 3157 v. 26.5.2010 zum Neuabschluss DBA Österreich-Albanien.

189 Bemerkung zu Rz. 3.1. Model Tax Convention on Income and on Capital 2017 (OECD-Musterkommentar), zu Art. 13 OECD-MA; deshalb keine Wegzugsbesteuerung wegen Neuabschluss DBA Österreich-Argentinien (EAS 3434 v. 24.1.2022).

190 EAS 3424 v. 27.5.2020 und EAS 3402 v. 8.6.2018 zum geänderten DBA Österreich-Japan.

Die Rechtsfolge des Eintretens der Wegzugsbesteuerung[191] ist im Grundsatz die Besteuerung der im Vermögen steckenden stillen Reserven im Veranlagungsjahr des Wegzuges. Geht das Besteuerungsrecht auf Kapitalvermögen zu Gunsten eines EU- oder EWR-Staates im Zuge eines körperlichen Wegzugs einer natürlichen Person oder einer unentgeltlichen Übertragung an eine natürliche Person (z. B. Erbschaften, Vermächtnisse, Schenkungen unter Lebenden oder auf den Todesfall) verloren, gewährt das österreichische Recht die Möglichkeit, die vorläufige Nichtfestsetzung der Wegzugsbesteuerung zu beantragen (sog. Nichtfestsetzungskonzept[192]). Unentgeltliche Vermögensübertragungen an ausländische Stiftungen fallen jedoch nicht unter den Anwendungsbereich des Nichtfestsetzungskonzeptes. Die derart „aufgeschobene" Wegzugsteuer wird erst dann festgesetzt, wenn das Vermögen tatsächlich veräußert wird, der Vermögensinhaber seine Ansässigkeit in einen Nicht-EU- oder EWR-Staat verlegt oder das Vermögen in einen Staat außerhalb des EU-/EWR-Raumes überführt wird. In allen anderen Entstrickungsfällen im Verhältnis zum EU-/EWR-Raum besteht nur die Möglichkeit der Beantragung einer Ratenzahlung der Steuerschuld über einen Zeitraum von fünf Jahren (sog. Ratenzahlungskonzept[193]). Findet hingegen ein Wegzug in einen Drittstaat statt und führt dieser zur Einschränkung des Besteuerungsrechts Österreichs, kommt es zur Besteuerung der im Vermögen steckenden stillen Reserven ohne Begünstigung.

Die Nichtfestsetzung währt ohne zeitliche Begrenzung. Ebenso wenig zeitlich begrenzt ist die Möglichkeit des Fiskus, die Steuer bei Eintritt eines den Steueraufschub beendenden Ereignisses (z. B. Verkauf der Kapitalanteile) festzusetzen. Die Wegzugsteuer kann daher auch dann noch zur Zahlung fällig werden, wenn die Realisation der Anteile (oder der Eintritt anderer „schädlicher" Umstände) Jahrzehnte nach dem Wegzug erfolgt. Der Eintritt eines Ereignisses, das die Festsetzung der Wegzugsteuer auslöst, ist vom Abgabepflichtigen binnen einer 1-Monats-Frist der Finanzverwaltung zu melden.[194] Erst nach Ablauf von zehn Jahren nach Eintritt dieses Ereignisses verjährt das Recht auf Steuerfestsetzung.[195]

Zu erwähnen bleibt, dass Österreich mit der Schweiz – einem der aus österreichischer Sicht bedeutendsten Wegzugstaaten – eine im Ergebnis ähnliche Regelung auf abkommensrechtlicher Basis getroffen hat, die die sofortige Wegzugsbesteuerung vermeidet. Sie gilt aber nur für den Wegzug des Vermögensinhabers, nicht für grenzüberschreitende Schenkungen oder Erbschaften, und ist sachlich auf Kapitalanteile beschränkt. Die

191 Vgl. zur aktuellen Rechtslage der Wegzugsbesteuerung seit 1.1.2016 Fugger, IStR 2016 S. 574 ff.

192 § 27 Abs. 6 Ziffer 1 Buchst. a EStG.

193 § 27 Abs. 6 Ziffer 1 Buchst. d i.V. mit § 6 Ziffer 6 Buchst. c EStG.

194 § 120 Abs. 3 BAO.

195 § 208 Abs. 5 BAO.

Regelung im DBA Österreich-Schweiz ist daher in ihrem Anwendungsbereich enger als die Wegzugsbesteuerungsregelungen im Verhältnis zur EU/des EWR.[196]

Ein Wegzug aus Österreich kann sich auch bloß über die **Auswärtsverlagerung des Mittelpunktes der Lebensinteressen** vollziehen (zum reziproken Fall des Zuzuges siehe Ziffer 3.1.3). Die Anerkennung der Verlagerung des Mittelpunktes der Lebensinteressen verlangt allerdings, dass diese nicht nur von kurzfristiger Natur ist. Die Einkommensteuerrichtlinien des BMF gehen davon aus, dass eine Auswärtsverlagerung der Ansässigkeit grds. erst dann anzunehmen ist, wenn diese für einen Zeitraum von zumindest fünf Jahren vorgenommen wird und die Familie mitzieht. Für Zeiträume zwischen zwei und fünf Jahren ist eine Überprüfung der jeweiligen Gegebenheiten im Einzelfall erforderlich.[197] Dass eine Auswärtsverlagerung des Lebensmittelpunktes langfristiger Natur sein und hohen Anforderungen genügen muss, um steuerlich anerkannt zu werden, zeigt sich auch in der Rechtsprechung.[198]

5. Erbschaft- und Schenkungsteuer

5.1 Rechtslage bis 31.7.2008

Erbschafts- und Schenkungssteuer wurde in Österreich nur bis einschließlich 31.7.2008 erhoben.

Alte Schenkungssteuerfälle verjährten (abgabenrechtlich) aufgrund der zehnjährigen Verjährungsfrist mit Ablauf des 31.12.2018. Solche Fälle haben aktuell daher in der Steuerpraxis (abgabenrechtlich) keine Relevanz mehr. Für Erwerbe von Todes wegen und Zweckzuwendungen von Todes wegen, die der Erbschaft- und Schenkungsteuer unterliegen, gilt hingegen eine Sonderregelung[199]: Für diese Erwerbsvorgänge beginnt die Verjährungsfrist frühestens mit Ablauf des Jahres, in dem die Abgabenbehörde vom Erwerb oder von der Zweckzuwendung Kenntnis erlangt, zu laufen. Solche Erwerbsvorgänge können daher theoretisch auch aktuell noch von Bedeutung sein.

196 Art. 13 Abs. 4 DBA Österreich-Schweiz; vgl. dazu EStR 2000 Rz. 6148b; EAS 3231 v. 31.10.2011; EAS 3328 v. 2.7.2013; EAS 3378 v. 3.4.2017.

197 EStR 2000 Rz. 7596.

198 Vgl. VwGH v. 25.7.2013 - 2011/15/0193; v. 16.12.2015 - 2013/15/0117; v. 15.9.2016 - Ra 2016/15/0057; dem folgt auch die Judiaktur der Finanzgerichte; vgl. z. B. jüngst BFG v. 14.4.2021 - RV/7100987/2017; v. 30.11.2020 - RV/7101559/2015 und v. 24.11.2020 - RV/1100198/2018.

199 § 208 Abs. 2 BAO.

5.2 Rechtslage ab 1.8.2008

Seit 1.8.2008 wird die Erbschaft- und Schenkungsteuer nicht mehr erhoben. Dies ist Ausfluss der Verfassungsgerichtshofsentscheidung vom 7.3.2007,[200] zufolge derer die Ungleichheiten in der Ermittlung der Bemessungsgrundlage bei verschiedenen Vermögensarten Anstoß dafür waren, den Grundtatbestand des § 1 Abs. 1 Ziffer 1 ErbStG aus verfassungsrechtlichen Gründen aufzuheben. Eine analoge Entscheidung folgte für die Schenkungsteuer.[201]

Aus der Aufhebung der Erbschaft- und Schenkungsteuer darf jedoch nicht der Schluss gezogen werden, dass Schenkungen nunmehr gänzlich unbeachtlich für österreichische steuerliche Zwecke sind. Denn der Gesetzgeber hat mit Wirkung zum 1.8.2008 eine **Schenkungsmeldepflicht** eingeführt.[202] Demzufolge sind unentgeltliche Vermögensübertragungen unter Lebenden der österreichischen Finanzverwaltung binnen einer Dreimonatsfrist zu melden, sofern einer der Beteiligten einen Wohnsitz oder gewöhnlichen Aufenthalt in Österreich hat. Ein bloßer Nebenwohnsitz genügt für das Eintreten der Schenkungsmeldepflicht. Unter den gesetzlich normierten Ausnahmen von der Schenkungsmeldepflicht sei vor allem die Übertragung von Immobilienvermögen genannt.[203] Allerdings besteht eine De-Minimis-Regelung, wonach Schenkungen zwischen nahen Angehörigen bis zu einem Wert von 50.000 € innerhalb eines Jahres keiner Schenkungsmeldung unterliegen. Diese Freigrenze reduziert sich bei Schenkungen zwischen anderen Personen auf 15.000 € innerhalb von fünf Jahren.

Es handelt sich um eine bloße Meldepflicht. Dass dieser abgabenrechtlichen Pflicht (ungeachtet einer Steuerbelastung) dennoch nachgekommen wird, wird über die drakonische Strafbestimmung sichergestellt.[204] Demnach kann die vorsätzliche Unterlassung der Meldung mit einer Geldstrafe von bis zu 10 % des geschenkten Vermögens geahndet werden (für jeden beteiligten Täter). Meldepflichtig und somit auch von der Strafandrohung betroffen sind nicht nur die am Schenkungsvorgang beteiligten Personen, sondern auch Rechtsanwälte und Notare, die beim Erwerb oder der Errichtung der Vertragsurkunde über den Erwerb mitgewirkt haben.

Abschließend bleibt zu erwähnen, dass die unentgeltliche Übertragung von Grundstücken – seit Abschaffung der Schenkungsteuer – nunmehr der Grunderwerbssteuer unterliegt (siehe unten Ziffer 6.2).

200 VfGH v. 7.3.2007 - G 54/06 u. a.

201 VfGH v. 15.6.2007 - G 23/07 u. a.

202 § 121a BAO.

203 Zu den weiteren sachlichen Befreiungen siehe § 121a Abs. 2 BAO.

204 § 49a FinStrG.

6. Sonstige Abgaben

6.1 Vermögensteuer

Eine klassische Vermögensteuer kennt das österreichische Recht nicht. Allerdings gibt es vereinzelt vermögensbezogene Steuern, wie z. B. die Grundsteuer oder eine jährlich zu entrichtende Gemeindeabgabe auf Grundbesitz.

6.2 Grunderwerbsteuer

Nicht überraschend sieht auch das österreichische Recht eine Grunderwerbsteuer vor. Nach geltender Rechtslage ist als Bemessungsgrundlage grds. die Gegenleistung heranzuziehen. Bei unentgeltlichen Übertragungen bzw. Übertragungen, deren Gegenleistung geringer ist als der Wert des Grundstückes, stellt der „Grundstückswert" die Bemessungsgrundlage dar. Als Grundstückswert ist entweder die Summe des hochgerechneten (anteiligen) dreifachen Bodenwertes („Pauschalwertmodell") oder die Höhe eines von einem einschlägigen Immobilienpreisspiegel der Bundesanstalt Statistik Österreich abgeleiteten Wertes heranzuziehen.[205] Der Grundstückswert sollte nach Abschaffung des „Einheitswertes" eine verkehrswertnahe Größe abbilden. In der Praxis ist zu beobachten, dass der Grundstückswert, vor allem bei Ermittlung aufgrund des Pauschalwertmodells, fallweise dennoch erheblich unter dem Verkehrswert zu liegen kommt. Der Steuersatz beträgt für entgeltliche Erwerbe 3,5 % („Normaltarif").[206] Bei unentgeltlichen Erwerben kommt der „Stufentarif" auf Grundlage des Grundstückswerts zur Anwendung. Demnach kommt für die ersten 250.000 € ein Steuersatz von 0,5 %, für die nächsten 150.000 € ein Steuersatz von 2 % und darüber hinaus ein Steuersatz von 3,5 % zur Anwendung. Unentgeltliche Erwerbe, die von derselben Person innerhalb von fünf Jahren durchgeführt werden, werden für die Ermittlung des Steuersatzes zusammengerechnet.[207]

Das österreichische Recht kennt – wie das deutsche Steuerrecht – auch Sondertatbestände für Immobiliengesellschaften. Die Vereinigung von mindestens 95 % aller Anteile am Gesellschaftsvermögen einer Gesellschaft (Kapital- oder Personengesellschaft) in einer Hand oder die Übertragung von mindestens 95 % der Anteile lösen Grunderwerbsteuer aus.[208] Daneben gilt für Personengesellschaften, dass die Übertragung von insgesamt mindestens 95 % der Anteile am Gesellschaftsvermögen auf neue Gesellschafter innerhalb von 5 Jahren, also auch aufgeteilt auf mehrere Rechtsvorgänge,

205 Zur Ermittlung des Grundstückswertes vgl. Grundstückswertverordnung, BGBl II 2015/442.

206 § 7 Abs. 1 Ziffer 3 GrEStG.

207 § 7 Abs. 1 Ziffer 2 Buchst. a GrEStG.

208 § 1 Abs. 3 GrEStG.

Grunderwerbsteuerpflicht auslöst.[209] Darüber hinaus ist zu beachten, dass treuhändig gehaltene Anteile am Vermögen von Kapitalgesellschaften bzw. Personengesellschaften dem Treugeber zuzurechnen sind.[210] Der Steuersatz beträgt im Rahmen der oben genannten Sondertatbestände 0,5 %. Die Bemessungsgrundlage ist der Grundstückswert.

Ergänzend sei erwähnt, dass bei Liegenschaftserwerben neben der Grunderwerbsteuer eine Gerichtsgebühr für die Eintragung des Eigentümerwechsels im Grundbuch fällig wird. Als Bemessungsgrundlage gilt bei Übertragungen im erweiterten Familienkreis, bei Erwerben zwischen Gesellschafter und Gesellschaft und bei umgründungsbedingten Übertragungen der dreifache Einheitswert, höchstens aber ein Drittel des Verkehrswertes.[211] In allen anderen Fällen kommt der gemeine Wert zur Anwendung. Der Steuersatz beträgt 1,1 %.

6.3 Gebühren

In der Praxis ist regelmäßig zu beobachten, dass sich für den Zuzug nach Österreich interessierende Personen nicht bewusst sind, dass Österreich eine Gebühr auf gewisse Rechtsgeschäfte erhebt. Zu den gebührenpflichtigen Rechtsgeschäften zählen vor allem Mietverträge, Bürgschaften, Vergleiche, Hypothekarverschreibungen und Forderungsabtretungen.[212] Es sind daher auch Rechtsgeschäfte davon erfasst, die den rein privaten Bereich des Abgabepflichtigen betreffen. Die drohende Gebührenschuld ist teilweise erheblich, so dass in der Praxis vielfach Vermeidungsgestaltungen gewählt werden (müssen).

6.4 Normverbrauchsabgabe und Kraftfahrzeugsteuer bei PKW

Das Halten eines PKWs in Österreich ist für den Fiskus ein einträgliches Geschäft. Die erstmalige Zulassung eines PKWs im Inland unterliegt der sogenannten Normverbrauchsabgabe (NOVA), die je nach Emissionswerten bis zu 60 %[213] des Nettoanschaffungswertes des PKWs betragen kann. Durch eine weiterhin in Deutschland aufrechte Zulassung des PKWs kann die Normverbrauchsabgabe nicht vermieden werden, da das Normverbrauchsabgabegesetz (NoVAG) für diese Fälle besondere Umgehungstatbestände vorsieht.[214]

209 § 1 Abs. 2a GrEStG.
210 § 1 Abs. 2a Satz 2 und Abs. 3 letzter Satz GrEStG.
211 § 26a Abs. 1 GGG.
212 Siehe die jeweiligen Tarifposten in § 33 GebG.
213 Der Höchststeuersatz soll sich bis 2024 auf 80 % erhöhen.
214 § 1 Ziffer 3 Buchst. b NoVAG.

Selbiges Problem kann bei Führen von Dienst-PKWs ausländischer Gesellschaften bestehen, sofern der Verwender (insbesondere im Fall von wesentlich beteiligten Gesellschafter-Geschäftsführern) seinen Wohnsitz in Österreich unterhält.[215] Mittlerweile liegt zu diesem Themenkreis umfangreiche Judikatur vor.[216] Dennoch besteht in der Praxis in gewissen Szenarien weiterhin Rechtsunsicherheit. Für den in diesem Beitrag interessierenden Fall eines tatsächlichen Zuzuges nach Österreich ist aber eindeutig, dass mitgebrachte Kfz der NOVA zu unterziehen sind. Diese kann betraglich erheblich ausfallen. Die Entrichtung der NOVA ist auch Voraussetzung dafür, dass das Kfz in Österreich zum Verkehr zugelassen werden kann.

Für im Ausland zugelassene Fahrzeuge, die auf Basis obiger Ausführungen der Normverbrauchsabgabepflicht unterliegen, entsteht daneben Kraftfahrzeugsteuerpflicht. Diese Steuer ist der Höhe nach ident mit der motorbezogenen Versicherungssteuer, die bei in Österreich zugelassenen Fahrzeugen über die Versicherungsprämie eingehoben wird.

6.5 Stiftungseingangssteuer

Zuwendungen an in- und ausländische Stiftungen sowie vergleichbare Rechtsträger unterliegen in Österreich einer Stiftungseingangssteuer, wenn entweder der Stifter Wohnsitz oder gewöhnlichen Aufenthalt oder die Stiftung Sitz oder Ort der Geschäftsleitung in Österreich haben.[217] Der Steuersatz beträgt im Grundsatz 2,5 %, erhöht sich jedoch auf 25 %, sofern bestimmte Voraussetzungen und Verpflichtungen nicht erfüllt werden oder die im Ausland liegende Stiftung nicht mit einer österreichischen Privatstiftung vergleichbar ist.[218]

Die Zuwendung von österreichischen Liegenschaften an eine Stiftung fällt nicht unter die Stiftungseingangsteuer, sondern ist grunderwerbsteuerpflichtig. Die Zuwendung von ausländischen Liegenschaften an eine österreichische Privatstiftung unterliegt keiner Besteuerung in Österreich (jedoch regelmäßig im Ausland einer Grunderwerbsteuer, gegebenenfalls auch einer Schenkungssteuer).

Der Stiftungseingangssteuer ist somit Beachtung zu schenken, wenn der Zuzugswillige entweder bereits Stiftungs- oder Truststrukturen innehat oder solche nach Begründung der Ansässigkeit in Österreich aufstellen will. Es handelt sich im Regelfall um eine komplexe Materie, die großen Raum im Rahmen der Zuzugsplanung einnehmen kann. Stiftungseingangssteuerpflicht kann allerdings auch bereits vor dem Zuzug nach Öster-

215 Neuerdings anderer Auffassung aber BFG v. 23.4.2021 - RV/5101041/2013 (anhängig beim VwGH).

216 Vgl. Endfellner, taxlex 2019 S. 146 mit Judikaturhinweisen.

217 § 1 Abs. 2 StiftEG.

218 § 2 StiftEG.

reich bestanden haben, wenn der Zuzügler in Österreich einen Nebenwohnsitz innehatte und Zuwendungen an Stiftungen/Trusts durchführte. Ein solcher Nebenwohnsitz ist nach Finanzverwaltungspraxis nur dann unschädlich, wenn für diesen einkommensteuerlich die sog. Zweitwohnsitzverordnung angewendet wurde (siehe Punkt 2.1.2.1).[219]

219 StiftR 2009 Rz. 311.

I. Überblick über die Besteuerung in Großbritannien[1]

Literatur: *Anzinger/Jekerle*, Entwicklungen in der Besteuerung des Carried Interest in Deutschland, Großbritannien und den USA, IStR 2008 S. 828; *Altmann*, Brexit heißt Brexit, IWB 4/2017 S. 155; *Bahns/Sommer*, Neues DBA mit Großbritannien in Kraft getreten – ein Überblick, IStR 2011 S. 201; *BDI/vbw/Deloitte*, Schriftenreihe zur Erbschaftsteuerreform, Ausgabe VI, 24.9.2007, Internationaler Vergleich; *Büttgen/Kaise/Raible*, Praxishinweis zum neuen DBA mit Großbritannien, BB 2011 S. 862; *Engel/Strothenke*, Großbritannien: Steuerliche Eckdaten und Änderungen ab dem Steuerjahr 2008/2009, IStR-LB 9/2008 S. 26; *Eisenack/Pohl*, Altes und Neues zu Immobilieninvestitionen in Großbritannien, IStR 2011 S. 259; *Ettinger/Wieder*, Steuerfolgen beim Wegzug nach Großbritannien, PIStB 2005 S. 282; *Faltings*, Das neue DBA mit Großbritannien, die UK Remittance Base Taxation und das deutsche Außensteuerrecht, IStR-LB 2010 S. 45; *ders.*, Großbritannien: Remittance Basis Taxation 2012/2013 und deutsche Rechtsprechung, IStR-LB 2012 S. 65; *Gerstenberg*, Steuerrechtliche Ansässigkeit in Großbritannien, IWB 15/2014 S. 567; *Gosch/Kroppen/Grotherr/Kraft*, DBA Kommentar, 39. Erg.-Lfg. 2019.; *Häuselmann*, Die Neureglungen im neu gefassten DBA Großbritannien vom 30.3.2010 im Überblick, Ubg 2010 S. 347; *Hubert/Hinz/j>Kilshaw/Noyes*, Erbschaftsbesteuerung bei Übertragung von Unternehmensvermögen in Großbritannien, IWB 8/2008 S. 457; *Knauf*, Determinanten und Gestaltungsansätze der internationalen Nachfolgeplanung, 2008; *Lemaitre/Brandtner*, Steuerfreiheit für Gewinne aus der Veräußerung von Anteilen an inländischen Kapitalgesellschaften nach Wohnsitzverlegung nach Großbritannien?, BB-Special 8/2005 S. 18; *Levedag*, Wegzug natürlicher Personen nach Großbritannien unter dem neuen DBA, IWB 20 (2011 S. 774; *Martin*, Einführung in das britische Einkommensteuerrecht, IWB 20/2008 S. 466; *Altmann* in Mennel/Förster, Steuern in Europa, Amerika und Asien, Länderbericht Großbritannien, 110. Erg.-Lfg. 2017; *Offerhaus/Moore*, So planen Sie bei einem Wegzug nach Großbritannien die Nachfolge richtig, PIStB 2007 S. 150; *Richter*, Die Unternehmensnachfolge im britischen Erbschaftsteuerrecht, IStR 2008 S. 59; *Schaumburg/Englisch*, Europäisches Steuerrecht, 2. Aufl. 2020.; *Wassermeyer*, DBA, 157. Erg.-Lfg. 2022.

Großbritannien als Wohnsitzstaat ist aus vielerlei Gründen attraktiv. Neben der reizenden Landschaft Südenglands, den grünen Hügeln Schottlands und der Metropole London ist das auch die grds. stabile Marktwirtschaft, die gleichsam unternehmerische Chancen sowie einen hohen Grad an Internationalität bietet – ganz abgesehen von dem reichhaltigen Kulturangebot des Landes.

Im Allgemeinen gilt Großbritannien hinsichtlich der Besteuerung natürlicher Personen aufgrund der hohen Steuersätze bis zu 45 % nicht als Niedrigsteuerland. Die steuerliche Attraktivität für natürliche Personen kann sich jedoch durch die Besonderheit der sog. Remittance-Basis-Besteuerung ergeben (vgl. unten 1.6). Außerdem gilt ab April 2017 für Kapitalgesellschaften ein Körperschaftsteuersatz von 19 % (main rate). Für Kapitalgesellschaften mit Gewinnen über 250.000 £ soll ab 2023 ein erhöhter Körperschaftsteuersatz von 25 % greifen.

1 Dieser Teil wurde durch Dr. Johannes Suttner bearbeitet.

1. Auswirkungen des Brexit auf den Wegzug nach Großbritannien

Am 31.1.2020 endete um 23 Uhr britischer Zeit die jahrzehntelange Mitgliedschaft Großbritanniens in der Europäischen Union. Das zwischen Großbritannien und der EU verhandelte Austrittsabkommen[2] sah eine Übergangsphase bis zum 31.12.2020 vor. In dieser Übergangsphase wurde Großbritannien in zahlreichen Rechtsgebieten – unter anderem auf dem Gebiet des Steuerrechts – noch wie ein EU-Mitgliedstaat behandelt. Die Umsetzung in Deutschland erfolgte im Bundesrecht durch das Brexit-Übergangsgesetz[3] bzw. für das jeweilige Landesrecht durch ein landesspezifisches Gesetz.[4] Eine mögliche Verlängerung der Übergangsphase lehnte die britische Regierung jedoch ab.[5]

Damit endete die Übergangsphase endgültig am 31.12.2020 um 23 Uhr britischer Zeit.[6]

Für die Zeit nach der Übergangsphase konnten Großbritannien und die EU ein umfassendes Handels- und Kooperationsabkommen abschließen, das wesentliche Erleichterungen für den Warenhandel im Hinblick auf Zölle und Mengenbeschränkungen vorsieht.[7] Ertragsteuerlich ist Großbritannien mit Ablauf der Übergangsphase aus EU-Sicht ein Drittstaat. Dies bedeutet grds. folgendes:

- Keine Anwendung der EU-Grundfreiheiten (Primärrecht): Nach Ablauf der Übergangsphase sind das Primärrecht der EU und damit die EU-Grundfreiheiten in Großbritannien grds. nicht mehr anwendbar. Aus steuerlicher Sicht bedeutsam ist vor allem der Wegfall der Niederlassungsfreiheit (Art. 49 AEUV), die zur Aushebelung zahlreicher Beschränkungen durch das nationale Recht führte. Im Hinblick auf Großbritannien als Drittstatt ist allein die Kapitalverkehrsfreiheit (Art. 63 AEUV) anwendbar – sofern ihr Schutzbereich eröffnet ist –, da diese Beschränkungen des Kapital- und Zahlungsverkehrs auch zwischen EU-Mitgliedstaaten und Drittstaaten verbietet. Beschränkungen der Kapitalverkehrsfreiheit können aber durch die Anwendung der „Stand-still-Klausel" (Art. 64 AEUV) gerechtfertigt sein, die im Hinblick auf Großbritannien als Drittstaat wieder auflebt.[8]

---

2 Vgl. ABl EU 2019 Nr. C 384 S. 1 ff.

3 Vgl. BGBl 2019 I S. 402 f.

4 Z. B. Bayerisches Brexit-Übergangsgesetz v. 25.3.2019, GVBl 2019 S. 60, BayRS 170-1-S.

5 Vgl. Pressemitteilung des Rats der EU v. 25.6.2020, abrufbar unter: https://www.consilium.europa.eu/en/press/press-releases/2020/06/25/eu-uk-relations-council-adopts-conclusions/?utm_source=dsms-auto&utm_medium=email&utm_campaign=EU-UK+relations%3a+Council+adopts+conclusions.

6 Vgl. Sec. 39 (1) European Union (Withdrawal Agreement) Act 2020.

7 ABl EU 2020 Nr. L 444 S. 14 ff.

8 Vgl. Herbst/Gebhardt, DStR 2016 S. 1705, 1710.

- Keine Anwendung des EU-Beihilfeverbots: Nach dem Ablauf der Übergangsphase ist auch das EU-Beihilfeverbot (Art. 107 ff. AEUV) nicht mehr anwendbar. Damit kann Großbritannien im britischen Steuerrecht selektive Maßnahmen ergreifen, die ansonsten gegen das unionsrechtliche Beihilfeverbot verstoßen hätten, um die Wettbewerbsfähigkeit der britischen Wirtschaft bzw. bestimmter Branchen zu erhöhen. Beihilferechtliche Beschränkungen würden sich allerdings wieder ergeben, wenn Großbritannien dem EWR oder der EFTA beitreten sollte.[9]
- Keine Anwendung des EU-Sekundärrechts: Für das Steuerrecht bedeutsame EU-Richtlinien wie die Mutter-Tochter-Richtlinie für Dividenden, die Zins- und Lizenzgebühren-Richtlinie oder auch die Fusionsrichtlinie für Umwandlungen finden auf Großbritannien keine Anwendung mehr. Für quellensteuerpflichtige grenzüberschreitende Zahlungen kommen damit nur die außerhalb dieser Richtlinien bzw. ihrer nationalen Umsetzungsgesetze geltenden Quellensteuerreduktionen in Betracht, z. B. auf Grundlage des DBA Großbritannien.

Allgemein entfalten deutsche Rechtsnormen, die für den Erhalt steuerlicher Vergünstigungen im grenzüberschreitenden Kontext den Status als EU-Mitgliedstaat voraussetzen, nach Ablauf der Übergangsphase keine begünstigenden Rechtsfolgen mehr für Großbritannien.[10] Damit allein die Statusänderung Großbritanniens selbst keine nachteiligen steuerlichen Folgen auslöste, verabschiedete der deutsche Gesetzgeber das Brexit-Steuerbegleitgesetz.[11] Dieses sieht im Bereich der Ertragsteuern u. a. folgende Maßnahmen für Altfälle vor:

- **Ausgleichsposten bei Entstrickung (§ 4g EStG):** Gilt ein Wirtschaftsgut bzw. ein Betrieb bei grenzüberschreitender Betriebs(stätten)verlegung in einen EU-Staat als entnommen, so kann in Höhe der zu versteuernden stillen Reserven im Wegzugszeitpunkt ein Ausgleichsposten gebildet werden, der in den folgenden fünf Wirtschaftsjahren zu je 1/5 gewinnerhöhend aufzulösen ist (vgl. hierzu oben C.2.3.2 und C.2.3.3). Er ist jedoch in voller Höhe aufzulösen, wenn das als entnommen geltende Wirtschaftsgut bzw. der als entnommen geltende Betrieb aus der Besteuerungshoheit der EU-Mitgliedstaaten ausscheidet (bzw. bei Betriebsverlegung auch der EWR-Staaten). Das Brexit-Steuerbegleitgesetz regelt hier, dass der Ablauf der Übergangsphase nicht dazu führt, dass ein als entnommen geltendes Wirtschaftsgut als aus der Besteuerung der EU-Mitgliedstaaten ausgeschieden gilt.

9 Die beihilferechtlichen Beschränkungen würden sich bei einem Beitritt zum EWR aus Art. 16 EWR-Vertrag bzw. bei einem Beitritt zur EFTA aus Art. 16 EFTA-Abkommen ergeben. Vgl. auch Herbst/Gebhardt, DStR 2016 S. 1705, 1710.

10 Für eine Übersicht relevanter Rechtsnormen vgl. Fehling in Schaumburg/Englisch, Europäisches Steuerrecht, 2. Aufl. 2020, Rz. 8.219 ff.

11 Vgl. BGBl 2019 I S. 357 ff.

- **Wegfall der Stundungsmöglichkeiten bei der Wegzugsbesteuerung von Kapitalgesellschaftsanteilen (§ 6 AStG):** Für Neufälle, d. h. bei einem Wegzug nach Großbritannien nach Ablauf der Übergangsphase (und ohne EWR-Status), entfällt grds. die Möglichkeit einer Stundung der Wegzugsteuer (siehe hierzu oben C.2.2.7). Findet der Wegzug vor Ablauf der Übergangsphase statt, kommt es allein durch das Ende der Übergangsphase nach dem Brexit-Steuerbegleitgesetz nicht zu einem Widerruf der Stundung.
- **Wegfall steuerneutraler Umwandlungen nach dem UmwStG, Auslösung von Ersatzrealisationstatbeständen:** Unternehmensumwandlungen können nach dem UmwStG steuerneutral durchgeführt werden, wenn die daran beteiligten Rechtsträger in der EU ansässig sind. Nach Ablauf der Übergangsphase sind zahlreiche Umwandlungen mit britischer Beteiligung nicht mehr steuerneutral möglich. Ein nachträglicher Wegfall der Voraussetzungen kann hierbei einen Ersatzrealisationstatbestand auslösen: So etwa bei einer Einbringung eines Betriebs, Teilbetriebs oder Mitunternehmeranteils in Kapitalgesellschaften nach § 20 UmwStG: Wenn für den Einbringenden, hier eine natürliche Person, die Ansässigkeitsvoraussetzungen in einem EU- oder EWR-Staat des § 1 Abs. 4 UmwStG nicht mehr erfüllt sind, führt dies zu einer rückwirkenden (anteiligen) Versteuerung der stillen Reserven im Rahmen des Einbringungsgewinns I. Hier ordnet das Brexit-Steuerbegleitgesetz an, dass das Ausscheiden Großbritanniens (bzw. der Ablauf der Übergangsphase) aus der Union nicht dazu führt, dass die Ansässigkeitsvoraussetzungen nach § 1 Abs. 4 UmwStG nicht mehr erfüllt sind.

Abgesehen von diesen Brexit-indizierten Sonderproblemen erwartet den Wegzügler nach Großbritannien das im Folgenden überblickartig dargestellte Steuerrecht mit den sich aus dem Doppelbesteuerungsabkommen ergebenden Modifikationen.

2. Grundzüge der Einkommensbesteuerung in Großbritannien

Großbritannien kennt drei Arten direkter Steuern bei natürlichen Personen: income tax (Einkommensteuer), capital gains tax (Veräußerungsgewinnsteuer) und inheritance tax (Erbschaftsteuer). Die im Zusammenhang mit einem Wegzug einer natürlichen Person nach Großbritannien entscheidenden steuerlichen Faktoren dieser drei Steuerarten werden im Folgenden dargestellt.

2.1 Persönliche Steuerpflicht in Großbritannien – „Residence“ und „Domicile“

Unterschieden wird in Großbritannien – ebenso wie in Deutschland – zwischen einer unbeschränkten Steuerpflicht („UK resident and domiciled“), die die Besteuerung des Welteinkommens nach sich zieht, und einer beschränkten Steuerpflicht für in Großbritannien radizierte Einkünfte nicht ansässiger Personen („Nonresident individuals“).[12]

Daneben gibt es als britische Besonderheit (ebenso z. B. in Irland und Malta) den Status als „resident but not domiciled“, sog. Non-Doms.

Während „residence“ auf einen Wohnsitz in Großbritannien abstellt, meint „domicile“ eine engere Verbindung mit dem englischen Gemeinwesen. Diese ergibt sich etwa durch eine dauerhafte Sesshaftigkeit in Großbritannien oder etwa durch Abstammung.[13]

Personen nicht britischer Abstammung können damit zwar im Land „resident“ sein (also dort wohnen) ohne jedoch dort auch „domiciled“ zu sein. Diese Personen sind gleichwohl in Großbritannien steuerpflichtig, haben allerdings die Möglichkeit ihre im Ausland erzielten Einkünfte, sofern diese nicht nach Großbritannien transferiert werden, nicht in Großbritannien versteuern zu müssen (sog. „Remittance Basis“ Besteuerung, 1.6.).

Auslandseinkünfte, die nach Großbritannien überwiesen (=„remitted“) werden, sind voll in Großbritannien mit den dort gültigen hohen Steuersätzen zu versteuern.

Der Non-Dom-Status ist somit für alle Personen interessant, die hohe Erträge im steuergünstigeren Ausland erzielen, insbesondere durch entsprechend strategisch gestaltete Auslandsgesellschaften.

Einkünfte, die eine Quelle in Großbritannien haben, müssen grds. voll in Großbritannien versteuert werden. So etwa sind Einkünfte aus einer Beschäftigung, die in Großbritannien ausgeübt wird, auch dort zu versteuern trotz eines evtl. bestehenden Non-Dom-Status.

Eine Ansässigkeit („Residence“) in Großbritannien wird seit dem Steuerjahr[14] 2013/2014 in einem dreistufigen Verfahren (sog. **„Statutory residence test“**) festgestellt. Dieser Test zielt insbesondere auf international agierende Privatpersonen ab

12 Vgl. hierzu Altmann, in Mennel/Förster, Steuern in Europa, Amerika und Asien, Länderbericht Großbritannien, Tz. 2.2, Rz. 18.

13 Näheres hierzu unter HMRC, Guidance note for residence, domicile and remittance basis: RDR1, Stand: Juli 2018, Ziffer 5.

14 Das britische Steuerjahr für natürliche Personen fängt am 6.4. an und dauert bis 5.4. des Folgejahres.

und soll es ermöglichen, die streitanfällige Frage einer möglichen Ansässigkeit im Sinne einer „residence" bereits im Voraus zu klären.[15]

Die bis dahin geltende Rechtslage, die im Rahmen der unbeschränkten Steuerpflicht drei Wohnsitzkategorien (resident, ordinary resident und ordinary resident not domiciled bzw. resident not domiciled) unterschieden hat, ist weitestgehend abgeschafft worden.

Nach dem Statutory Residence Test (SRT) liegt unbeschränkte Steuerpflicht vor, wenn im Rahmen der **„Automatic UK tests"** *einer* der folgenden Tests erfüllt ist:[16]

- „First automatic UK test": Demnach gilt im Vereinigten Königreich für das gesamte Steuerjahr (6. April bis 5. April des Folgejahres) als dort ansässig („resident"), wer sich innerhalb des Steuerjahres mehr als 183 Tage dort aufgehalten hat.
- „Second automatic UK test": Nach diesem Test wird als ansässig behandelt, wer mindestens für 91 aufeinander folgende Tage einen Wohnsitz in UK hatte, von denen mindestens 30 Tage innerhalb des betreffenden Steuerjahres liegen, und wer sich mindestens 30 Tage zu irgendeinem Zeitpunkt im Jahr an diesem Wohnsitz aufhielt. Gleichzeitig darf der Steuerpflichtige sich nicht an mehr als 30 Tagen im Steuerjahr an einem ausländischen Wohnsitz aufgehalten haben.
- „Third automatic UK test": Dieser Test ist grds. bei einer Vollzeitbeschäftigung in UK über einen Zeitraum von 365 Tagen erfüllt.

Nach den **„Automatic overseas tests"** ist eine Person steuerlich jedenfalls dann **nicht** in UK ansässig, wenn *einer* der folgenden Tests erfüllt ist:[17]

- „First automatic overseas test": Nicht ansässig ist, wer in den vorangegangenen drei Steuerjahren mindestens ein Jahr in UK ansässig war und im laufenden Steuerjahr weniger als 16 Tage in UK verbrachte.
- „Second automatic overseas test": Nicht ansässig ist, wer in den vorangegangenen drei Steuerjahren nicht in UK ansässig war und im laufenden Steuerjahr weniger als 46 Tage in UK verbrachte.
- „Third automatic overseas test": Hier ist nicht in UK ansässig, wer einer ununterbrochenen Vollzeitbeschäftigung im Ausland nachgeht und im laufenden Steuerjahr weniger als 91 Tage in UK verbrachte und an weniger als 31 Tagen für mehr als 3 Stunden in UK arbeitete.

15 Vgl. hierzu auch Gerstenberg, IWB 15/2014 S. 567 NWB GAAAE-70830; HMRC, RDR3: Statutory Residence Test (SRT) notes, Stand: Januar 2020.

16 HMRC, RDR3: Statutory Residence Test (SRT) notes, Stand: Januar 2020, Tz. 3.

17 HMRC, RDR3: Statutory Residence Test (SRT) notes, Stand: Januar 2020, Tz. 2.

Sofern weder einer der „Automatic UK tests" noch einer der „Automatic overseas tests" erfüllt ist, wird in einer weiteren Stufe ein sog. **„sufficient ties test"** durchgeführt. In diesem werden die Beziehungen zu Großbritannien („**ties**") zusammen mit der Anzahl der in Großbritannien verbrachten Tage unterschieden nach Zuziehenden („**arrivers**") und Wegziehenden („**leavers**") gewürdigt:[18]

- Für solche Personen, die innerhalb eines Zeitraums der vorangegangenen drei Steuerjahre nicht ansässig waren (**„arrivers"**) sind folgende Beziehungen („**ties**") in Abhängigkeit zur Anwesenheit in Großbritannien notwendig:[19]
  - **familiy tie** (familiäre Beziehungen zu Personen, die in Großbritannien steuerlich ansässig sind)
  - **accommodation tie** (Unterkunft in Großbritannien für einen zusammenhängenden Zeitraum von mindestens 91 Tagen)
  - **work tie** (eine Beschäftigung in Großbritannien, an mindestens 40 Tage mit mindestens 3 Stunden am Tag)
  - **90-day tie** (Aufenthalt von mehr als 90 Tagen in Großbritannien in den beiden vorangegangenen Steuerjahren)

UK ties needed if you were UK resident in none of the three tax years before the tax year under consideration[20]	
Days spent in the UK in the tax year under consideration	UK ties needed
46 - 90	All 4
91 - 120	At least 3
Over 120	At least 2

- Für solche Personen, die innerhalb eines Zeitraums der vorangegangenen drei Steuerjahre in Großbritannien ansässig waren (**„leavers"**) ist zusätzlich zu den oben genannten Beziehungen eine sog. „**country tie**" (überwiegender Aufenthalt in Großbritannien) zu beachten.

18 HMRC, RDR3: Statutory Residence Test (SRT) notes, Stand: Januar 2020, Tz. 4.

19 Für Details siehe HMRC internal manual, Residence, Domicile and Remittance Basis Manual, Stand: Juli 2020, RDRM11510 ff.

20 HMRC, RDR3: Statutory Residence Test (SRT) notes, Stand: Januar 2020, Tz. 4, Tab. B.

UK Ties needed if you were UK resident for one or more of the three tax years before the tax year under consideration[21]	
Days spent in the UK in the tax year under consideration	UK ties needed
16 - 45	At least 4
46 - 90	At least 3
91 - 120	At least 2
Over 120	At least 1

Die britische Finanzverwaltung („HMRC") hat zur Anwendung des SRT mit Wirkung für Steuerjahre ab 2013/2014 eine Art Richtlinie herausgegeben, in der die wichtigsten Kriterien für die Ansässigkeitsentscheidung mit vielen erläuternden Beispielen niedergelegt sind (sog. RDR3: Statutory Residence Test (SRT) notes).[22]

2.2 Einkunftsarten

Das britische Steuerrecht kennt keine allgemeine Definition des steuerpflichtigen Einkommens. Vielmehr ist Einkommen alles, was unter eine der in den genannten Steuergesetzen geregelten Einkunftsarten fällt.[23] Maßgebliche Rechtsquellen sind hierbei der Income Taxes Act 2007 (ITA 2007), der Income Tax (Earnings and Pensions) Act 2003 („ITEPA") sowie der Income Tax (Trading and Other Income) Act 2005 („ITTOIA"). Ergänzt werden diese Gesetze durch die Jahressteuergesetze (Finance Act). Das jetzige System hat zwar das bis 2003 geltende System der Schedulenbesteuerung abgelöst, die Ertragsquellen werden aber dennoch getrennt betrachtet und der jeweils maßgebliche Gewinn unter Anwendung jeweils eigener Ausgabenabzugsregelungen ermittelt.[24] Die Einkünfte nach den verschiedenen Einkunftsarten werden dann aber in einer einheitlichen Bemessungsgrundlage zusammengeführt, von der dann persönliche Freibeträge und Steuerermäßigungsbeträge abgezogen werden.[25]

21 HMRC, RDR3: Statutory Residence Test (SRT) notes, Stand: Januar 2020, Tz. 4, Tab. A.

22 Abrufbar unter: https://www.gov.uk/government/publications/rdr3-statutory-residence-test-srt/guidance-note-for-statutory-residence-test-srt-rdr3 (letzter Abruf: Juli 2020).

23 Vgl. Levedag, IWB 20/2011 S. 774, 778 NWB DAAAD-93913.

24 Vgl. Levedag, in Wassermeyer, DBA, Anhang DBA Großbritannien Rz. 23 ff.

25 Vgl. Levedag, IWB 20/2011 S. 774, 778 NWB DAAAD-93913.

Folgende Einkunftsarten kennt das britische Steuerrecht:[26]

- Einkünfte aus nichtselbständiger Arbeit („Employment Income"): Diese Einkunftsart umfasst Arbeitslohn in Form von Geld oder Sachbezügen, wobei es auch in Großbritannien ein Lohnsteuerabzugsverfahren („PAYE") gibt.
- Einkünfte aus selbstständiger Tätigkeit/Beteiligung an Personengesellschaften („Self Employment/Partnership Income").
- Einkünfte aus Renten („Pension Income"): Darunter fallen Renteneinkommen aus Rentenversicherungen, Leibrenten und Auszahlungen aus Renten-Lebensversicherungen.
- Einkünfte aus der Sozialversicherung („Social Security Income").
- Gewerbliche Einkünfte („Trading Income"): Hierunter fallen Einkünfte aus gewerblichen Betrieben, wobei hier eine Gewinnermittlung durch Betriebsvermögensvergleich („Accrual Basis") erfolgt.
- Einkünfte aus Vermietung und Verpachtung („Property Income"): Hierunter fallen Einkünfte aus der Vermietung und Verpachtung von Immobilien, wobei bei der Vermietung von in Großbritannien gelegenem Grundbesitz eine Quellensteuer erhoben wird.
- Einkünfte aus Kapitalvermögen („Savings and Investment Income"): Hierunter fallen Zinsen, Dividenden und sonstige Ausschüttungen.
- Sonstige Einkünfte („Miscellaneous Income"): Hier gehören alle sonstigen, nicht durch die anderen Einkunftsarten erfassten Einkünfte.

2.3 Freibeträge

In Großbritannien gibt es persönliche Freibeträge („personal allowance"), deren Höhe bis einschließlich Steuerjahr 2015/2016 vom Lebensalter des Steuerpflichtigen abhingen. Bis zur Höhe dieses Freibetrags bleibt das Einkommen im Steuerjahr steuerfrei. Seit dem Veranlagungsjahr 2016/2017 gilt ein einheitlicher Grundfreibetrag. Folgende Tabelle gibt einen Überblick über die aktuellen Freibeträge in Großbritannien.[27]

26 Vgl. Martin, IWB IWB 20/2008 S. 466, 468 f. NWB AAAAC-93486 sowie Alberts in Mennel/Förster, Steuern in Europa, Amerika und Asien, Länderbericht Großbritannien Tz. 2.3.1, Rz. 32 ff.

27 Abrufbar auf der Homepage der britischen Finanzverwaltung (HMRC): https://www.gov.uk/government/publications/rates-and-allowances-income-tax/income-tax-rates-and-allowances-current-and-past (letzter Abruf: April 2022).

Income Tax allowances	2021-2022	2022-2023
Personal Allowance	£ 12,570	£ 12,570
Income limit for Personal Allowance	£ 100,000	£100,000
Maximum amount of Married Couple's Allowance	£ 9,125	£ 9,415
Minimum amount of Married Couple's Allowance	£ 3,530	£ 3,640
Blind Person's Allowance	£ 2,520	£ 2,600

2.4 Einkommensteuertarif

Der Einkommensteuertarif auf das zu versteuernde Einkommen ist progressiv ausgestaltet und unterteilt in mehrere Tarifzonen mit unterschiedlichen Grenzsteuersätzen:[28]

Rate	20212022 Income after allowance	2022-2023 Income after allowance
Starting rate for savings: 10 %	Up to 5,000 £	Up to 5,000 £
Starter rate in Scotland: 19 %	Up to 2,097 £	Up to 2,162 £
Basic rate in Scotland: 20 %	2,098 £ to 12,726 £	2,163 £ to 13,118 £
Basic rate in England & Northern Ireland: 20 %	Up to 37,700 £	Up to 37,700 £
Basic rate in Wales: 20 %	Up to 37,700 £	Up to 37,700 £
Intermediate rate in Scotland: 21 %	12,727 £ to 31,092 £	13,119 £ to 31,092 £
Higher rate in Scotland: 40 %	31,093 £ to 150,000 £	31,093 £ to 150,000 £
Higher rate in England & Northern Ireland: 40 %	37,701 £ to 150,000 £	37,701 £ to 150,000 £
Higher rate in Wales: 40 %	37,701 £ to 150,000 £	37,701 £ to 150,000 £
Top rate in Scotland: 46 %	Over 150,000 £	Over 150,000 £
England & Northern Ireland Additional rate: 45 %	Over150,000 £	Over 150,000 £
Wales Additional rate: 45 %	Over150,000 £	Over 150,000 £

28 Abrufbar auf der Homepage der britischen Finanzverwaltung (HMRC): https://www.gov.uk/government/publications/rates-and-allowances-income-tax/income-tax-rates-and-allowances-current-and-past (letzter Abruf: April 2022).

Dividenden

Dividenden sind in Großbritannien ab dem Steuerjahr 2018/2019 bis zu einem Betrag von 2,000 £ pro Steuerjahr (6.4 bis 5.4.) steuerfrei. Darüber hinaus hängt der Steuertarif für Dividenden davon ab, in welcher Tarifzone sich der Steuerpflichtige befindet.

Eine Quellensteuer auf Dividenden britischer Gesellschaften fällt in Großbritannien nicht an. Gleichwohl gibt es eine, auf die britische Steuerschuld anrechenbare, Steuergutschrift („tax credit") bei qualifizierten Ausschüttungen (qualifying distribution).

Tarif ab 2022-2023[29]
Tax rate on dividends over 2,000 £
Basic rate: 8.75 %
Higher rate: 33.75 %
Additional rate: 39.35 %

2.5 Capital Gains Tax – Steuern auf Veräußerungsgewinne

Gewinne aus der Veräußerung von Wirtschaftsgütern (sog. „Capital Gains") werden de facto wie eine besondere Einkunftsart gesondert ermittelt und besteuert. Darunter fallen insbesondere Gewinne aus der Veräußerung von privat gehaltenen Beteiligungen und Grundstücke. Die Besteuerung von Veräußerungsgewinnen ist im Taxation of Chargeable Gains Act 1992 (TCGA 1992) geregelt.

Im englischen Recht erfolgt eine strikte Trennung von Einkommen als Ergebnis der Fruchtziehung und Einkommen aus Veräußerung der Quelle selbst („capital gains"). Von der Einkommensteuer werden nur solche Veräußerungsgewinne erfasst, bei denen der schnelle Umschlag von Vermögenswerten die Einkünfteerzielung prägt (etwa beim Händler, der Umlaufvermögen erwirbt und veräußert).[30] Im Übrigen wird die Übertragung inländischer und ausländischer Vermögensgegenstände unter der eigenständigen Capital Gains Tax besteuert. Erfasst wird nicht nur eine Veräußerung, sondern grds. sämtliche Verfügungen über das Eigentum, wie auch Schenkungen und Tausch (wobei Sonderregelungen bei Unternehmensumstrukturierungen oder bestimmten Unternehmensbeteiligungsplänen („Enterprise Investment Schemes")[31] greifen). Es erfolgt eine separate Selbstveranlagung für Zwecke der Capital Gains Tax-Besteuerung. Die Abgren-

29 Abrufbar auf der Homepage der britischen Finanzverwaltung (HMRC): https://www.gov.uk/tax-on-dividends.

30 Vgl. Levedag, IWB 20/2011 S. 774, 779 NWB DAAAD-93913.

31 Vgl. hierzu ausführlich Alberts in Mennel/Förster, Steuern in Europa, Amerika und Asien, Länderbericht Großbritannien, Tz. 2.5.4, Rz. 82.

zung zur Einkommensteuer zeigt sich in einem Verrechnungsverbot von negativen (laufenden) Einkünften aus der Einkommensteuer mit positiven Veräußerungsgewinnen, einem eigenständigen Grundfreibetrag („annual exempt amount" ab 2020/2021: 12.300 £) und eigenständigen Steuersätzen. Der Steuersatz auf Veräußerungsgewinne ist abhängig von der Höhe des zu versteuernden Einkommens zzgl. des Veräußerungsgewinns. Der Steuersatz variiert zudem abhängig vom Veräußerungsgegenstand zwischen 10 % bis 28 %.

Wird die remittance basis taxation beantragt, entfällt der TCGA („Taxation of Chargeable Gains Act")-Grundfreibetrag für britische Veräußerungsgewinne und nach Großbritannien überwiesene ausländische Veräußerungsgewinne.[32]

2.6 Remittance Basis – Transferbesteuerung

Die Remittance-Basis-Besteuerung betrifft ausschließlich **ausländisches Einkommen und ausländische Veräußerungsgewinne**. Hintergrund ist der, dass Steuerpflichtige die in Großbritannien den Status „resident" haben (siehe oben) grds. unbeschränkt steuerpflichtig sind und daher mit ihrem Welteinkommen zu veranlagen sind („arising basis"). Hinsichtlich ihrer ausländischen Einkünfte besteht aber für Steuerpflichtige, die zwar „resident", aber nicht „domiciled" sind[33] die Möglichkeit, die sog. **„remittance basis"-Besteuerung** in Anspruch zu nehmen und damit ihre Steuerpflicht auf ihr in Großbritannien erzieltes Einkommen zu beschränken und nur solche ausländischen Einkünfte/Veräußerungsgewinne in Großbritannien der Steuerpflicht zu unterwerfen, die von ihnen **nach Großbritannien transferiert** („remitted") worden sind.[34] Diese Besteuerung ist daher insbesondere für „Expatriates" interessant und für Personen, die in dem Land, in dem sie die Gewinne erwirtschaften, keine oder nur niedrigere Steuern bezahlen (etwa über legale Offshore-Gesellschaften in Steueroasen). Der Begriff des Transferierens von Einkommen ist im Einzelnen kompliziert und bedarf der sorgfältigen Planung bei der die Höhe der ausländischen Einkunftsteile, wie auch die Dauer der Ansässigkeit in Großbritannien und die Möglichkeit der Inanspruchnahme von DBA-Regelungen zu berücksichtigen sind.[35]

Begünstigt ist etwa Kapital, das der Steuerpflichtige schon vor dem Wegzug besaß. Solches Kapital kann nach Großbritannien eingeführt und dort zur Bestreitung des Lebensunterhalts verwendet werden, ohne dass dies eine Besteuerung in Großbritannien auslöst (weil ja hier gerade die Substanz, und nicht erzielte Erträge transferiert werden).

32 Vgl. Levedag, IWB 20/2011 S. 774, 779 NWB DAAAD-93913.

33 Vgl. HMRC, Guidance note for residence, domicile and the remittance basis: RDR 1,7.2018, Tz. 9.2.

34 Näher hierzu Lemaitre/Brandtner, BB-Special 8/2005 S. 18, 21 f.

35 Vgl. im Einzelnen hierzu: HMRC, Guidance note for residence, domicile and the remittance basis: RDR 1,7.2018, Tz. 9.

Die in der Praxis typische Gestaltung besteht daher darin, vor Zuzug nach Großbritannien ein Mehrkontenmodell anzulegen, in dem insbesondere vor Zuzug bestehendes Kapital separiert wird.[36]

Gegenstände, die der Steuerpflichtige im Ausland kauft und die er nach England einführt (z. B. ein Kfz), lösen die Einkommensteuer im Zeitpunkt der Überführung aus.[37] Eine Ausnahme von der Besteuerung für ausländische Gelder, die in Großbritannien investiert werden, besteht dann, wenn die Gelder in ein UK business investiert werden („business investment relief").[38] Im Detail ist die Frage, unter welchen Umständen ausländische Einkünfte mittelbar oder unmittelbar in Großbritannien als „remitted" gelten, sehr komplex.[39] Der Steuerpflichtige muss seine Einkommensströme so organisieren, dass er aus den in Großbritannien versteuerten Einkünften seinen Lebensunterhalt dort bestreiten kann, er darf die ausländischen Einkünfte weder mittel- noch unmittelbar hierfür einsetzen.[40]

Die Remittance-Basis-Besteuerung erfolgt nur auf **Antrag** (Ausnahme bei geringfügigen ausländischen Einkünften i. H. von 2.000 £[41]). Liegt kein Antrag vor, unterliegt der betreffende Steuerpflichtige mit seinem weltweiten Einkommen der britischen Einkommensteuer. Personen die nach der remittance-basis besteuert werden, können keine persönlichen Freibeträge und auch nicht den Freibetrag für Veräußerungsgewinne geltend machen.[42] Der Steuerpflichtige kann allerdings in jedem Steuerjahr neu entscheiden, ob er die Remittance-Basis-Besteuerung in Anspruch nehmen will.[43]

Naturgemäß wurde diese Möglichkeit gerade in Zeiten zunehmender Mobilität vermehrt als Steuervermeidungsmodell ausgenutzt, was die britische Regierung ab dem Steuerjahr 2008/2009 (also ab dem 6.4.2008) dazu veranlasste, die Remittance-Basis-Besteuerung erstmals zu verschärfen und ab dem Steuerjahr 2017/2018 auch zeitlich zu beschränken. So fällt seit 2008 für sog. „long term residents", das sind Steuerpflichtige, die ausgehend von dem laufenden Steuerjahr innerhalb der zurückliegenden 9 Jahre in mindestens 7 Steuerjahren den Status als „resident, but not domiciled" hatten, eine sog. **„remittance basis charge (RBC)"** an. Die Remittance-Basis-Besteuerung

36 Vgl. Ettinger/Wieder, PIStB 2005 S. 282, 283.

37 Vgl. Beckmann in Wassermeyer, DBA, Art. 24 DBA Großbritannien Rz. 6; zu aktuellen Modifikationen vgl. Faltings, IStR LB 2012 S. 65.

38 Vgl. HMRC, Guidance note for residence, domicile and the remittance basis: RDR 1,7.2018, Tz. 9.51 f.

39 Vgl. Hinweise und Beispiele in HMRC, Residence, Domicile and Remittance Basis Manual, Juni 2022, abrufbar unter: https://www.gov.uk/hmrc-internal-manuals/residence-domicile-and-remittance-basis/rdrm33000.

40 Vgl. Levedag, IWB 20/2011 S. 774, 781 NWB DAAAD-93913.

41 Vgl. HMRC, Guidance note for residence, domicile and the remittance basis: RDR 1,7.2018, Tz. 9.15.

42 Sec. 809G ITA.

43 Vgl. Faltings, IStR-LB 2010 S. 44, 45.

kann dann nur noch durch Zahlung einer Pauschalsteuer von jährlich £ 30.000 (RBC) aufrechterhalten werden. Dieser Pauschalbetrag erhöht sich auf jährlich 60.000 £ (seit April 2015, davor 50.000 £), wenn der Steuerpflichtige innerhalb der zurückliegenden 14 Jahre in mindestens 12 Steuerjahren den Status „resident, but not domiciled" hatte.[44]

Ab April 2017 tritt für das Steuerjahr 2017/2018 eine weitere Verschärfung der Remittance-Basis-Regelungen in Kraft. Demnach ist eine Inanspruchnahme der Remittance-Basis-Besteuerung dann nicht mehr möglich, wenn die Person mehr als 15 Jahre innerhalb der letzten 20 Jahre in Großbritannien ihren Wohnsitz hatte („deemed domiciled"). Für alle länger als 15 Jahre in Großbritannien wohnenden Personen wird sich deren Status in „deemed domiciled" ändern und ab 6.4.2017 die Inanspruchnahme der Remittance-Basis-Besteuerung nicht mehr möglich sein.[45] Um dies zu verhindern, müssten Betroffene ihren Wohnsitz in Großbritannien für mindestens 5 volle Steuerjahre aufgeben, um die 15-Jahre-Frist erneut in Gang zu setzen und erneut den Status als Non-Doms zu erlangen.

Wird von der RBC kein Gebrauch gemacht, unterliegt auch der „Resident, but not domiciled" der regulären britischen Besteuerung mit seinem Meldeeinkommen. Für gutverdienende Zuzügler wird aber auch nach Ablauf der Siebenjahresfrist die Inanspruchnahme der Remittance-Basis meist noch attraktiv bleiben. Hat ein Steuerpflichtiger weniger als 75.000 £ „unremitted income", sollte er von der Remittance-Basis-Besteuerung absehen, da in diesem Falle die jährliche Pauschale i. H. von 30.000 £ wohl ungünstiger als die weltweite Einkommensteuerpflicht in Großbritannien ist.[46] Es ist jedoch darauf hinzuweisen, dass andere Länder, die nach wie vor eine Besteuerung nach der Remittance-Basis kennen, eine zeitlich unlimitierte Möglichkeit der Inanspruchnahme der Remittance-Basis-Besteuerung vorsehen (namentlich die Republik Irland).

Die Remittance-Basis-Besteuerung in Großbritannien stellt aus deutscher Sicht eine **Vorzugsbesteuerung** i. S. von § 2 Abs. 2 Nr. 2 AStG dar.[47] Der deutsche Steuerpflichtige, der seinen Wohnsitz in Deutschland aufgibt und nach Großbritannien umzieht, unterliegt daher für eine Dauer von zehn Jahren nach Wegzug der erweiterten beschränkten Einkommensteuerpflicht in Deutschland, soweit er in Deutschland nach wie vor über wesentliche wirtschaftliche Interessen verfügt. Unter Umständen ist daher zu über-

44 Vgl. HMRC, Guidance note for residence, domicile and the remittance basis: RDR 1,7.2018, Tz. 9.32.

45 Vgl. HMRC, Guidance note for residence, domicile and the remittance basis: RDR 1,7.2018, Tz. 9.5.

46 Vgl. Faltings, IStR-LB 2010 S. 45, 47.

47 Zuletzt ausführlich FG München, Urteil v. 21.11.2011 - 8 K 628/08 NWB YAAAE-01124, der BFH hat mangels Korrekturvorschrift eine Stellungnahme zur Vorzugsbesteuerung in seiner hierzu getroffenen Revisionsentscheidung I R 4/12 nicht vornehmen müssen; BMF, Schreiben v. 14.5.2004, BStBl I 2004 Sondernummer 1, Tz. 2.2.2; wichtig jedoch für Altfälle: dies gilt erst beginnend ab dem Veranlagungszeitraum 2002 – nicht aber davor, vgl. FG Düsseldorf, Urteil v. 20.4.2010 - 9 K 1639/06, juris.

legen, die erweitert beschränkte Steuerpflicht durch Gestaltungsmaßnahmen zu vermeiden (z. B. Aufgabe der deutschen Staatsangehörigkeit, Vermeidung wesentlicher wirtschaftlicher Interessen in Deutschland, Verwahrung von Wertpapieren bei ausländischen Banken).

Wegzugsbesteuerung: Verlegt ein deutscher Steuerpflichtiger seinen Wohnsitz nach Großbritannien, und hält er zu diesem Zeitpunkt Beteiligungen an deutschen und ausländischen Unternehmungen, wird die Wegzugsbesteuerung nach § 6 AStG ausgelöst, soweit es sich um Beteiligungen in der Rechtsform einer Kapitalgesellschaft handelt. Die Möglichkeit der Stundung der Wegzugsteuer nach § 6 Abs. 5 AStG a. F. war längstens für einen Wegzug bis zum 31.12.2020, also bis zum Ablauf der Brexit-Übergangsphase, anwendbar. Eine Erleichterung bei Wegzügen nach Großbritannien stellt gegenwärtig lediglich die Entrichtung der Steuer nach § 6 Abs. 4 AStG n. F. in sieben gleichen Jahresraten dar. ....

2.7 Auswirkungen des DBA Großbritannien auf die Einkommensteuer

Das DBA mit Großbritannen[48] ist am 30.3.2010 neugefasst worden und in Deutschland am 30.12.2010 in Kraft getreten. Es löst das bisherige DBA aus dem Jahr 1964 ab und orientiert sich weitestgehend am OECD-MA in der Fassung vom 17.7.2008. Art. 7 (Unternehmensgewinne), 18 (Öffentlicher Dienst) und 30 (Mitglieder diplomatischer Missionen und konsularischer Vertretungen) wurden zwischenzeitlich revidiert.[49] Weitere Änderungen am DBA wurden durch das Änderungsprotokoll vom 12.1.2021 vorgenommen.[50] Beispielsweise wurde in das DBA nun mit Art. 30A eine allgemeine Klausel zur Verhinderung von Abkommensmissbrauch aufgenommen.

Das Abkommen ist in Deutschland auf Veranlagungszeiträume beginnend ab 1.1.2011 anwendbar (Art. 32 Abs. 2 Buchst. a Doppelbuchst. bb DBA 2010). In Großbritannien findet das Abkommen zum Beginn des Steuerjahrs 2011/2012, mithin zum 6.4.2011 für die Einkommensteuer und die Steuer auf Veräußerungsgewinne bzw. zum 1.4.2011 für

48 Abkommen zwischen der Bundesrepublik Deutschland und dem Vereinigten Königreich Großbritannien und Nordirland zur Vermeidung der Doppelbesteuerung und zur Verhinderung der Steuerverkürzung auf dem Gebiet der Steuern vom Einkommen und vom Vermögen (DBA 2010), BGBl 2010 II S. 1334.

49 Protokoll zur Änderung des am 30. März 2010 unterzeichneten Abkommens zwischen der Bundesrepublik Deutschland und dem Vereinigten Königreich Großbritannien und Nordirland zur Vermeidung der Doppelbesteuerung und zur Verhinderung der Steuerverkürzung auf dem Gebiet der Steuern vom Einkommen und vom Vermögen, BGBl 2015 II S. 1298.

50 Protokoll zur Änderung des am 30. März 2010 in London unterzeichneten Abkommens zwischen der Bundesrepublik Deutschland und dem Vereinigten Königreich Großbritannien und Nordirland zur Vermeidung der Doppelbesteuerung und zur Verhinderung der Steuerverkürzung auf dem Gebiet der Steuern vom Einkommen und vom Vermögen in der durch das am 17. März 2014 in London unterzeichnete Protokoll geänderten Fassung, BGBl 2021 II S. 667.

die Körperschaftsteuer erstmals Anwendung (Art. 32 Abs. 2 Buchst. b DBA 2010). Für die im Abzugsweg erhobenen Steuern ist gem. Art. 32 Abs. 2 DBA 2010 das neue DBA auch in Großbritannien bereits zum 1.1.2011 anwendbar.

Bestimmung der Ansässigkeit: Die Regelungen, nach denen eine natürliche Person für Zwecke des DBA als in einem Vertragsstaat ansässig gilt, finden sich in Art. 4 Abs. 1 und 2 DBA 2010. Die Ansässigkeit richtet sich danach, ob die Person nach dem Recht eines der Vertragsstaaten aufgrund ihres Wohnsitzes oder gewöhnlichen Aufenthaltes unbeschränkt steuerpflichtig ist (Art. 4 Abs. 1 Satz 1 DBA 2010). Konflikte bei Mehrfachansässigkeit in beiden Vertragsstaaten sind nach den Kriterien des Art. 4 Abs. 2 DBA 2010 zu entscheiden.

Erweiterte beschränkte Einkommensteuerpflicht in Deutschland: Die Remittance-Basis-Besteuerung in Großbritannien stellt aus deutscher Sicht eine Vorzugsbesteuerung i. S. von § 2 Abs. 2 Nr. 2 AStG dar.[51] Ein Ausschluss dieser erweiterten beschränkten Einkommensteuerpflicht durch das DBA Großbritannien erfolgt nicht. Um diese Regelungen zu vermeiden, müssen ggf. deutsche Einkunftsquellen wie insbesondere deutsches Kapitalvermögen in nicht-deutsche Kapitalanlagen umgeschichtet werden.

Territorialer Geltungsbereich des DBA: Das DBA 2010 gilt nicht zugunsten der Kanalinseln (Jersey, Guernsey, Alderney, Sark) sowie der Isle of Man.[52]

Allgemeine Subject-to-tax-Klausel: Für Deutschland geht der neugefasste Methodenartikel des Art. 23 Abs. 1 Buchst. a des DBA 2010 nur bei tatsächlicher Besteuerung („effectively taxed") britischer Einkünfte inkl. Veräußerungsgewinne in Großbritannien grds. von der Anwendung der Freistellungsmethode mit Progressions- und Aktivitätsvorbehalt aus.[53] Ausnahmen mit der Konsequenz der Anrechnungsmethode gelten nach Art. 23 Abs. 1 Buchst. b DBA 2010 beispielsweise für Dividendenbezüge aus Streubesitz, Aufsichtsratsvergütungen oder für Künstler und Sportler. Ist Großbritannien der Ansässigkeitsstaat, findet unter dem neuen DBA ausschließlich die Anrechnungsmethode Anwendung. Bedeutung könnte die Neuregelung des Art. 23 DBA 2010 z. B. bei Immobilieninvestitionen deutscher Steuerpflichtiger in UK haben, weil dann unter Umständen die Steuerfreistellung dieses Investments in Deutschland davon abhängt, dass die laufenden Erträge und die Veräußerungsgewinne in UK tatsächlich besteuert werden und nicht mehr nur abstrakt steuerpflichtig sind.[54] Fraglich ist auch, ob die Vo-

51 Vgl. BMF, Schreiben v. 14.5.2004, BStBl I 2004 Sondernummer 1, Tz. 2.2.2; wichtig jedoch für Altfälle: dies gilt erst beginnend ab dem Veranlagungszeitraum 2002 – nicht aber davor, vgl. FG Düsseldorf v. 20.4.2010 - Az. 9 K 1639/06, juris; Beckmann in Wassermeyer, DBA, Art. 24 DBA Großbritannien Rz. 9.

52 Vgl. Beckmann in Wassermeyer, DBA, Art. 3 DBA Großbritannien Rz. 4; Suttner in GKGK, DBA Art. 3 DBA Großbritannien Rz. 5.

53 Vgl. Bahns/Sommer, IStR 2011 S. 201, 206; Häuselmann, Ubg 2010 S. 347, 347.

54 Vgl. Häuselmann, Ubg 2010 S. 347, 347; Bahns/Sommer, IStR 2011 S. 201, 206.

raussetzungen des Art. 23 Abs. 1 Buchst. a DBA 2010 bei sog. „claw-back of capital allowance" (Rückgängigmachung von Abschreibungen bei Veräußerung) vorliegen.[55] Der BFH[56] beurteilte diese Maßnahme als Rückgängigmachung eines bisherigen Steuervorteils und sah sie im Hinblick auf Art. XVIII Abs. 2 Buchst. a Halbsatz 2 DBA UK 1964/1970 nicht als für eine Steuerfreistellung in Deutschland ausreichende Besteuerung in Großbritannien an.[57] Unterbleibt eine effektive Besteuerung in Großbritannien aufgrund der Nutzung von Freibeträgen, Verlustverrechnungen, Steueranrechnungen oder auch aufgrund von DBA-Schachteldividendenregelungen, soll dies nicht zur Versagung der Freistellungsmethode führen.[58]

Remittance-Basis-Regelung: Der neugefasste Art. 24 des DBA 2010 enthält nunmehr eine in ihrem sachlichen Anwendungsbereich erweiterte Regelung für in UK ansässige Steuerpflichtige, die dort die Remittance-Basis-Besteuerung in Anspruch nehmen. Die in Art. 24 DBA 2010 enthaltene Regelung umfasst nunmehr sämtliche laufende Einkünfte einschließlich der Veräußerungsgewinne und setzt nicht mehr voraus, dass für eine Anwendung die korrespondierende Zuteilungsnorm im DBA eine „subject to tax"-Klausel aufweist.[59] Art. 24 DBA 2010 dient der Vermeidung doppelter Nicht- bzw. Niedrigbesteuerung und sorgt dafür, dass die durch Deutschland zu gewährenden Steuerbefreiungen bzw. -ermäßigungen (Freistellung, niedrigerer Quellensteuersatz) auf den Teil der Einkünfte beschränkt werden, der tatsächlich nach Großbritannien überwiesen und dort besteuert wird.[60] Die Frage wird sein, ob in diesem Zusammenhang bei Zahlung der „remittance basis charge (RBC)" eine entsprechende Besteuerung in Großbritannien gegeben ist und Art. 24 DBA 2010 für diesen Fall leer läuft. Ansonsten kommt es zu einer Doppelbelastung mit britischer RBC und deutscher Einkommensteuer.[61]

Besteht die Ursache der Nichtbesteuerung in Großbritannien nicht auf der fehlenden Überweisung der Einkünfte nach Großbritannien, kann Deutschland das Besteuerungs-

55 Vgl. hierzu ausführlich Bahns/Sommer, IStR 2011 S. 201, 206; Eisenack/Pohl, IStR 2011 S. 259.

56 Vgl. BFH, Urteil v.. 9.12.2010 - I R 49/09, BStBl 2011 II S. 482.

57 Vgl. zur Frage der tatsächlichen Besteuerung in Großbritannien Beckmann in Wassermeyer, DBA, Art. 23 DBA Großbritannien Rz. 10 f.

58 Vgl. BMF, Schreiben v. 20.6.2013, BStBl 2013 I S. 980, Tz. 2.3 Buchst. a.

59 Vgl. Bahns/Sommer, IStR 2011 S. 201, 205; Häuselmann, Ubg 2010 S. 347, 347; Büttgen/Kaiser/Raible, BB 2011 S. 862, 866; Beckmann in Wassermeyer, DBA, Art. 24 DBA Großbritannien Rz. 3.

60 Vgl. Bahns/Sommer, IStR 2011 S. 201, 205.

61 Vgl Levedag, IWB 20/2011 S. 774, 782 NWB DAAAD-93913. Für die Position, dass die RBC keine Besteuerung i. S. des Art. 24 DBA 2010 darstellt, spricht, dass die RBC nicht mit Einkünften oder Gewinnen im Zusammenhang steht, vgl. Suttner in GKGK, DBA, Art. 24 DBA Großbritannien Rz. 13. Vgl. hierzu auch den Wortlaut von Art. 24 DBA 2010, der Abkommensvergünstigungen nur für den besteuerten *Teil der Einkünfte oder der Gewinne* gewährt. Allerdings soll für die Entlastungsrechnung nach § 2 Abs. 2 Nr. 2 AStG die RBC als Teil der ausländischen Steuerbelastung zu berücksichtigen sein, vgl. Levedag, IWB 20/2011 S. 774, 783 NWB DAAAD-93913.

recht (jedenfalls) nicht aus der abkommensrechtlichen Remittance-Basis-Klausel ableiten.[62]

Bei einem ähnlichen Wortlaut wie die Vorgängerregelung gilt die Neuregelung nunmehr generell, d. h. nicht mehr nur bei bestimmten DBA-Artikeln. Folgende Fälle sind besonders praxisrelevant:

- Für Gewinnausschüttungen aus deutschen AGs und GmbHs an in UK als resident, but non domiciled lebende Wegzügler kommt es bei Nicht-Überweisung solcher Einkunftsteile nicht zur Anwendung des reduzierten Quellensteuersatzes nach dem DBA, sondern es bleibt – insofern unverändert – beim nationalen deutschen Satz von 25 % nach § 43 Abs. 1 Nr. 1 EStG.[63]
- Auch Gewinne aus der Veräußerung solcher Beteiligungen von mehr als 1 % Beteiligungsquote können in Deutschland bei „Nicht-Remittance" nach UK – nunmehr erstmals – besteuert werden (§ 49 Abs. 1 Nr. 2 Buchst. e i.V. mit § 17 EStG).
- Einkünfte aus nichtselbständiger Arbeit können – nunmehr erstmals – uneingeschränkt nach § 49 Abs. 1 Nr. 4 Buchst. a i.V. mit § 19 EStG in Deutschland besteuert werden.[64] Hierunter fallen z. B. Fälle von Arbeitnehmern mit einem „dual contract" mit einem deutschen Arbeitgeber, die ihre Tätigkeit gelegentlich in Deutschland anwesend ausüben, oder Geschäftsführer oder Vorstände deutscher Gesellschaften.

Auslegung des alten DBA Großbritannien für Altfälle vor Inkrafttreten der DBA-Änderungen vom 30.3.2010: Das neugefasste DBA Großbritannien vom 30.3.2010 trat aus deutscher Sicht mit Wirkung ab dem VZ 2011, aus englischer Sicht mit Wirkung ab dem am 6.4.2011 beginnenden Steuerjahr 2011/2012 in Kraft. Für Altfälle sind jedoch noch die Regelungen des früheren DBA Großbritannien zu beachten. Das alte DBA Großbritannien enthielt in Art. II Abs. 2 eine Art „Subject-To-Tax-Klausel" (sog. **Repatriierungsvorbehalt**), wonach für Einkünfte aus Quellen aus Deutschland eine Steuerbefreiung nur gewährt wird, falls diese Einkünfte in Großbritannien steuerpflichtig sind und, wenn sie dort nur bei Transferierung steuerpflichtig sind, auch tatsächlich nach Großbritannien transferiert werden. Die Auslegung dieser Vorschrift war jedoch fraglich.[65] Nach wohl überwiegender Auffassung war diese Regelung **nicht als allgemeiner Subject-To-Tax-Vorbehalt zu verstehen**, der auf alle Einkünfte anzuwenden ist, auf die im Abkommen eine Steuerermäßigung oder Steuerbefreiung vorgesehen ist. Die Klausel des Art. II Abs. 2 setzte vielmehr das Vorliegen einer Subject-To-Tax-Klausel in anderen, speziellen Vorschriften des alten DBA voraus (und beschrieb dann die steuerliche

62 Vgl. Büttgen/Kaiser/Raible, BB 2011 S. 862, 866: zu prüfen bleibt dann Art. 23 DBA 2010 oder § 50d EStG; vgl. auch Levedag, IWB 20/2011 S. 774, 782 NWB DAAAD-93913.

63 Vgl. Häuselmann, Ubg 2010 S. 347, 350.

64 Vgl. Häuselmann, Ubg 2010 S. 347, 350.

65 Vgl. Lemaitre/Brandtner, BB-Special 8/2005 S. 18, 23.

Rechtsfolge), beinhaltete selbst aber keine eigenständige Subject-To-Tax-Klausel.[66] Solche speziellen Subject-To-Tax-Klauseln enthielt das alte DBA Großbritannien u. a. in Art. XV für sonstige Einkünfte (z. B. aus einem Drittstaat stammende Einkünfte).

BEISPIEL: D hatte im Jahr 2009 seine DBA-mäßige Ansässigkeit durch Verlegung seines Lebensmittelpunktes nach Großbritannien verlagert. In Deutschland unterhält er aber nach wie vor einen Wohnsitz. Er erzielte 2009 und 2010 Zinseinkünfte aus einem Konto in der Schweiz sowie Dividendeneinkünfte aus seiner Beteiligung an einer französischen Aktiengesellschaft. Zinsen und Dividenden überwies er nicht nach Großbritannien, sondern ließ sie sich jeweils auf ein Konto in der Schweiz auszahlen.

Lösung: Es handelte sich insoweit um Einkünfte aus Drittstaaten i. S. von Art. XV altes DBA Großbritannien. Diese sind grds. Großbritannien als dem Staat der DBA-mäßigen Ansässigkeit zugewiesen. Da jedoch insoweit in Großbritannien aufgrund der Inanspruchnahme der Remittance-Basis-Besteuerung eine reguläre Besteuerung unterblieb, lebt das Besteuerungsrecht Deutschlands nach dem Subject-To-Tax-Vorbehalt des Art. XV i. V. mit Art. II Abs. 2 DBA Großbritannien wieder auf. Dasselbe fiskalische Ergebnis ergäbe sich im Übrigen auch aus der deutschen Treaty-Override-Vorschrift des § 50d Abs. 9 EStG.

3. Erbschaft- und Schenkungsteuer

Im Hinblick auf deutsch-britische Erbfälle ist zu beachten, dass auf zivilrechtlicher Ebene in Deutschland ab dem 17.8.2015 die EU-ErbVO[67] anzuwenden ist. Diese trägt der Vereinheitlichung des internationalen Erbrechts bei, indem internationale Zuständigkeiten, das anzuwendende Erbrecht bzw. Erbstatut, die Anerkennung und Vollstreckung von Entscheidungen etc. einheitlich geregelt werden.[68] Die Regelung gilt in allen EU-Mitgliedstaaten mit Ausnahme von Irland und Dänemark. Großbritannien hat die EU-ErbVO ebenso nie ratifiziert und galt somit aus deutscher zivilrechtlicher Sicht betreffend grenzüberschreitender Erbfälle auch vor dem Brexit bereits als Drittstaat. Großbritannien behielt so etwa die Nachlassspaltung bei und beurteilt eine britische Immobilie, aber auch eine ausländische Immobilie eines Briten in Deutschland, weiter nach dem Lagerecht.[69]

Das englische Erbschaft- und Schenkungsteuerrecht ist im „Inheritance Tax Act" geregelt. Ein DBA auf dem Gebiet des Erbschaft- und Schenkungsteuerrechts besteht mit

66 Vgl. FG Nürnberg, Urteil v. 14.12.2010 - 1 K 1134/2008 NWB EAAAD-80237, IStR 2011 S. 51; Beckmann in Wassermeyer, DBA, Art. 24 DBA Großbritannien Rz. 11; Portner, IStR 2010 S. 837; Levedag, IWB 20/2011 S. 774, 782 NWB DAAAD-93913; Lemaitre/Brandtner, BB-Special 8/2005 S. 18, 23; Ettinger/Wieder, PIStB 2005 S. 282, 284.

67 EU-ErbVo Nr. 650/2012 v. 4.7.2012 - AB 2012 v. 27.7.2012 - L 201/107.

68 Vgl. hierzu Jülicher, PIStB 2015 S. 335 ff.

69 Vgl. zur Ermittlung des anwendbaren Erbrechts im deutsch-britischen Erbfall Fank/Atkinson, IWB 18/2015 S. 697 NWB OAAAF-02238.

Großbritannien nicht. Großbritannien kennt anders als das deutsche Recht keine Erbanfall-, sondern eine **Nachlasssteuer**. Angeknüpft wird im britischen Recht an das „domicile" des Schenkers bzw. Erblassers. Hatte dieser sein „domicile" in Großbritannien, unterliegt der **Weltnachlass** der britischen Erbschaftsteuer (vorbehaltlich von Freibeträgen, die auch nach britischem Recht bestehen). Andernfalls, d. h. wenn der Erblasser kein „domicile" in Großbritannien hatte, wird nur das **britische Inlandsvermögen** i. S. einer beschränkten britischen Erbschaftsteuerpflicht besteuert, wobei hier sämtliches in Großbritannien gelegenes Vermögen besteuert wird. Für Zwecke der britischen Erbschaftsteuer ist eine natürliche Person in Großbritannien „domiciled", wenn sie innerhalb der letzten 20 Jahre 15 Jahre lang in Großbritannien den Status „resident" (vgl. oben Ziffer 1.1) hatte.

Schenkungen unterliegen grds. keiner Schenkungsteuer, außer wenn der Schenker innerhalb von sieben Jahren nach der Schenkung verstirbt (in diesem Fall wird die entsprechende Schenkung in die Erbschaftsbesteuerung einbezogen). Die meisten Schenkungen sind somit „potentially exempt transfers". Voraussetzung für eine endgültige Steuerbefreiung ist aber, dass der Schenker die lebzeitige Verfügung um mindestens 7 Jahre überlebt.[70] Andernfalls unterliegt ein „potentally exempt transfer" zum Todeszeitpunkt rückwirkend der vollen Steuerpflicht.[71] Der Steuersatz richtet sich nach dem Abstand des Schenkungsvollzugs zum Todestag. Die Steuersätze betragen z. B. bei einer Schenkung drei Jahre vor dem Tod noch 40 %, aber sechs Jahre vor dem Tod nur noch 40 % abzüglich 60 % davon, also 16 %[72]. Steuerpflichtig sind nicht nur natürliche Personen, sondern in bestimmten Fällen auch Trustees. Schenkungen können aber der capital gains tax unterliegen (siehe oben Ziffer 1.5.). Diese kann der Beschenkte, wenn er sie trägt, vom Wert der Zuwendung abziehen.[73]

Die Erbschaftsteuer fällt an für Vermögen über £ 325,000 („nil rate band", 2013/2014) und beträgt einheitlich 40 %. Die Vererbung von Vermögen an den Ehegatten sowie den gleichgeschlechtlichen Lebenspartner unterliegen nicht der britischen Erbschaftsteuer, seit 2013 erstmals auch bei Auslandswohnsitz des überlebenden Ehegatten bzw. Lebenspartners. Inzwischen kann auch der beim ersten Todesfall vom überlebenden Ehegatten nicht benötigte Freibetrag von £ 325,000 von den Erben des zunächst überlebenden Ehegatten bei seinem Tod als zusätzlicher Freibetrag genutzt werden.[74] Die Bewertung der Vermögensgegenstände erfolgt grds. mit dem gemeinen Wert.[75] Für

70 Es gilt jedoch eine Fristanlaufhemmung bei einer Schenkung unter Nießbrauchsvorbehalt, vgl. Jülicher in Troll/Gebel/Jülicher, ErbStG, § 21 Rz. 102.

71 Vgl. Knauf, Determinanten und Gestaltungsansätze der internationalen Nachfolgeplanung, S. 144.

72 Vgl. Jülicher, PIStB 2016 S. 21, 22.

73 Vgl. Jülicher in Troll/Gebel/Jülicher, ErbStG, § 21 Rz. 102.

74 Vgl. Jülicher in Troll/Gebel/Jülicher, ErbStG, § 21 Rz. 102.

75 Vgl. Levedag in Wassermeyer, DBA, Anhang DBA Großbritannien Rz. 67.

britischen Grundbesitz besteht in Großbritannien die beschränkte Steuerpflicht, daneben in jedem Fall für Anteile an britischen, d. h. in Großbritannien registrierten Gesellschaften.[76]

Unternehmensnachfolge im britischen Erbschaftsteuerrecht: Sind Einzelunternehmen, Anteile an Personengesellschaften oder Anteile an Kapitalgesellschaften Teil der Erbmasse, gelten Sonderregelungen. Die zu entrichtende Erbschaftsteuer kann unter bestimmten Voraussetzungen gestundet werden.[77] Sodann gibt es nach dem „Business Property Relief" prozentuale Bewertungsabschläge bis zu 100 % auf das Betriebsvermögen unter bestimmten weiteren Voraussetzungen.[78] Bei grenzüberschreitenden Erbschaften von Betriebsvermögen und z. B. Belegenheitsbesteuerung in einem Staat (beschränkte Steuerpflicht) und Wohnsitzbesteuerung im anderen Staat ist darauf zu achten, dass die Steuerbefreiung für Betriebsvermögen in beiden Staaten erfüllt wird, insbesondere wenn im Wohnsitzstaat die Anrechnungsmethode greift. Anderenfalls geht der Vorteil einer Befreiung etwa durch den Bewertungsabschlag verloren, weil das höhere Steuerniveau der beiden Staaten am Ende für den Steuerpflichtigen definitiv wird.[79]

4. Sonstiges

4.1 Der Einsatz von Trusts

Vorzüge nach britischem Steuerrecht: Deutsche Wegzügler, die sich in Großbritannien niederlassen, begründen dort je nach Sachverhalt grds. noch kein „domicile", weil sie regelmäßig noch Verbindungen zu Deutschland als ihrem Heimatland pflegen. Sie gelten daher auch für Zwecke des britischen Erbschaftsteuerrechts nicht als in Großbritannien beheimatet. Jedoch regelt das britische Erbschaftsteuerrecht, dass ein Steuerpflichtiger, der in 15 Steuerjahren innerhalb von 20 Jahren vor seinem Tod in Großbritannien steuerrechtlich ansässig („resident") war, für steuerliche Zwecke als in Großbritannien beheimatet gilt („deemed domicile"). Ab diesem Zeitpunkt wird der deutsche Zuzügler nach britischem Steuerrecht unbeschränkt erbschaftsteuerpflichtig mit seinem gesamten Weltvermögen (während er vorher ja nur beschränkt erbschaftsteuerpflichtig mit seinem in Großbritannien gelegenen Vermögen war).

76 Vgl. Jülicher, PIStB 2016 S, 21: Unabhängig vom Wohnsitz des Vermögensinhabers gehört eine britische Ltd. damit zum britischen Inlandsvermögen und löst eine Steuerpflicht aus.

77 Vgl. Hubert/Hinz/Kilshaw/Noyes, IWB 8/2008 S. 457 ff.

78 Siehe dazu Richter, IStR 2008 S. 59, 59 ff.; Knauf, Determinanten und Gestaltungsansätze der internationalen Nachfolgeplanung, S. 112 f.; BDI/vbw/Deloitte-Schriftenreihe zur Erbschaftsteuerreform, Ausgabe VI, 24.9.2007, S. 87. Da diese Begünstigungen aus britischer Sicht auch z.T. auf eine EU-/EWR Mitgliedschaft abstellen, führt der Brexit hier zu entsprechenden Änderungen.

79 Vgl. Jülicher, PIStB 2016 S. 21, 23.

Hier setzt die in Großbritannien trotz einiger Änderungen im Jahr 2006 in vielen Fällen immer noch attraktive Gestaltung der Vermögensnachfolge durch Nutzung eines Trusts ein.[80] Die Gestaltungsidee ist hier, vor Erreichung des „deemed domicile"-Status das außerhalb von Großbritannien gelegene Vermögen auf einen z. B. in Jersey gelegenen Trust zu übertragen. Da das deutsche Recht einen Trust nicht als Rechtspersönlichkeit anerkennt,[81] ist hier vor Übertragung insbesondere von deutschen Immobilien auf einen Trust zu prüfen, inwieweit die Einbringung in eine vom Trust gehaltene Holding-Kapitalgesellschaft möglich ist. Ziel der Gestaltung ist, solches in den Trust eingebrachtes Vermögen auch nach Erwerb des „deemed domicile"-Status in Großbritannien aus britischer Sicht dauerhaft erbschaftsteuerbegünstigt zu halten. Zuwendungen an einen Trust sind zwar grds. steuerpflichtig. Der Steuersatz beträgt jedoch im Vergleich zum normalen Erbschaftsteuersatz nur 20 % (Entry Charge) nach einem Freibetrag von 325.000 £ und anschließend alle zehn Jahre 6 % (Ten Yearly Charge).[82] Ausnahmen bestehen für Alttrusts und für Trusts für Behinderte. Ausschüttungen von Trustvermögen kann mit bis zu 6 % (Exit Charge) besteuert werden. Eine Gestaltung könnte daher auch sein, dass eine Person durch Vermögensübertragung auf mehrere Trusts den Freibetrag mehrmals in Anspruch nimmt.

Aspekte deutschen Steuerrechts: Die Übertragung jeglichen Vermögens auf einen Trust innerhalb von fünf Jahren nach Wegzug durch einen deutschen Staatsangehörigen unterliegt nach § 2 Abs. 1 Nr. 1 Buchst. b ErbStG der unbeschränkten deutschen Schenkungsteuerpflicht, weil die Bildung oder Ausstattung eines Trusts grds. ein schenkungsteuerpflichtiger Vorgang ist (§ 7 Abs. 1 Nr. 8 ErbStG). Der Erwerb erfolgt in der Steuerklasse III (§ 15 Abs. 1 ErbStG). Des Weiteren ist die Hinzurechnungsbesteuerung von § 15 AStG zu beachten.

Erbschaft- und schenkungsteuerlich macht der in Großbritannien errichtete Trust demnach nur dann Sinn, wenn der Zuwender nicht der deutschen unbeschränkten Steuerpflicht unterliegt, der Trust seine Geschäftsleitung im Ausland hat und kein britisches Inlandsvermögen berührt ist.[83]

Der in Deutschland ansässige Begünstigte sollte im Hinblick auf die Steuerpflicht von Zwischenerwerben und des Vermögensanfalls bei Auflösung des Trusts mittelfristig seinen rechtzeitigen Fortzug erwägen. Der Trust ist insoweit auch weniger attraktiv als die ausländische Familienstiftung, bei der es keine Besteuerung von Zwischengewinnen gibt.[84]

80 Vgl. Offerhaus/Moore, PIStB 2007 S. 150, 153 ff.
81 Vgl. Jülicher, PIStB 2015 S. 335 ff.
82 Vgl. hierzu auch Jülicher, PIStB 2016 S. 21, 23, 24.
83 Vgl. Jülicher, PIStB 2016 S. 21, 24.
84 Vgl. Jülicher, PIStB 2016 S. 21, 24.

4.2 Die Besteuerung des „Carried Interest“ in Großbritannien

Nach den § 18 Abs. 1 Nr. 4 i.V. mit § 3 Nr. 40a EStG unterliegen Einkünfte von Fondsmanagern aus gesellschaftsrechtlich disproportional strukturierten Gewinnbeteiligungen („Carried Interest“) in Deutschland einer Besteuerung nach dem Teileinkünfteverfahren (also derzeit einer effektiven Steuerbelastung von rund 27 % inkl. Solidaritätszuschlag und Kirchensteuer). Die Besteuerung ist demgegenüber in Großbritannien unter Umständen günstiger zu gestalten.[85] In Großbritannien kann hier meistens eine Versteuerung als Einkünfte aus nichtselbständiger Tätigkeit vermieden werden und eine Besteuerung als „Capital Gains“ erreicht werden, die im Rahmen der Basis Rate nur mit einem Steuersatz i. H. von 18 % besteuert wird, oberhalb dieser Grenze greift eine Besteuerung i. H. von 28 %. Ausweichgestaltungen im Zusammenhang mit Großbritannien dürften daher eher uninteressant sein.

85 Siehe Anzinger/Jekerle, IStR 2008 S. 822, 828; vgl. zu dieser Thematik auch Früchtl, IStR 2009 S. 604.

J. US-Steuerrecht[1]

Literatur: *Bauen*, Das internationale Steuerrecht der USA, Wien 2007; *Bissell*, BNA 6400 T.M., U.S. Income Taxation of Nonresident Alien Individuals, Alexandria, Virginia, 2020; *Bittker and Lokken*, Federal Taxation of Income, Estates, and Gifts, Thomson Reuters/Tax & Accounting, 2d/3d ed. 1993-2012, updated July 2020; *Brix/Scherer*, USA: Neuauflage der nachträglichen Erklärungspflicht für nichtgemeldete ausländische Bankkonten, ZEV 4/2012; *Debatin/Wassermeyer*, DBA, München 2020; *Fraberger/Petriz (Hrsg.)*, Handbuch Estate Planning, Wien 2011; *Heimos*, BNA 837-4th T.M., Non-Citizens – Estate, Gift, and Generation-Skipping Transfer Taxation, Alexandria, Virginia, 2020; *Kirchhof (Hrsg.)*, EStG, Köln 2011; *Lawrence III*, International Tax and Estate Planning, 3d ed. New York 2017; *New York State Bar Association, Tax Section*, "Report on Proposed Section 2801 Regulations", Report Nr. 1364, New York, 2017; *Brix*, Die US-Steuerreform 2017 im Bereich der Einkommen- und Nachlasssteuer, Eine Würdigung wichtiger Änderungen des 2017 Tax Reconciliation Act, NWB Internationales Steuer- und Wirtschaftsrecht – IWB, Herne, 2018; *Organisation for Economic Co-operation and Development*, Corporate Tax Statistics, 2nd Edition, Paris, 2020; *United States Congress, Joint Committee on Taxation*, "Review of the Present-Law Tax and Immigration Treatment of Relinquishment of Citizenship and Termination of Long-Term Residency", Report JCS-2-03, Washington, D.C., 2003.

1. Einleitende Bemerkung

Ein Zuzug in die Vereinigten Staaten von Amerika erfolgt entweder aus persönlichen oder aus wirtschaftlichen Gründen. Aus persönlichen Gründen erfolgt der Zuzug vor allem wegen eines US-Lebenspartners. Wirtschaftliche Anreize liegen im Vorteil des US-Marktes aufgrund dessen Größe (z. B. Finanzindustrie) oder aufgrund der Ansässigkeit weltweiter Branchenführer (z. B. im Bereich IT).

Dagegen ist ein Zuzug aus rein steuerlichen Gründen eher unwahrscheinlich – die USA gelten nicht als Niedrigsteuerland. Sieht man von einigen wenigen Sonderfällen ab (z. B. Warren Buffett, der nur Dividendeneinkünfte erzielt und deshalb einem Grenzsteuersatz von nur 20 % bei der Einkommensteuer zzgl. 3,8 % Steuer auf Investment-

1 Der Länderteil USA wurde von Dipl.-Kfm. Gerald Brix, Certified Public Accountant (US Wirtschaftsprüfer / Steuerberater), Trust and Estate Practitioner, Gründungspartner der Kanzlei Brix + Partners LLC, U.S. Steuerberatung, in New York / USA, verfasst.

einkünfte[2] unterliegt), ist die Steuerbelastung der USA durchaus mit derjenigen anderer großer Industrienationen vergleichbar:

- Der Höchstsatz der Einkommensteuer auf Bundesebene beträgt derzeit 37 %. Das erscheint durchaus moderat, lässt aber die Besteuerung auf Ebene der Bundesstaaten und Kommunen unberücksichtigt. Beispielsweise beträgt diese im Staat Kalifornien 13,30 %[3] und im Staat New York 8,82 %[4]. Die auf Staats- und Kommunalebene gezahlten Steuern sind nach der Steuerreform von 2017[5] nicht mehr von der Steuerbemessungsgrundlage der Bundeseinkommensteuer abzugsfähig. Darüber hinaus kommt seit dem 1.1.2013 bei einem Einkommen über USD 200.000[6] eine zusätzliche Steuer auf Investmenteinkünfte sowie andere passive Einkünfte i. H.v. 3,8 % zum Tragen, welche die Gesamtsteuerbelastung auf deutlich über 50 % anheben kann.[7]
- Mit Wirkung für Veranlagungszeiträume, welche nach dem 31.12.2017 beginnen, wurde mit der US-Steuerreform von 2017 ein einheitlicher Körperschaftsteuersatz von 21 % implementiert. Hinzu kommt die Besteuerung auf Ebene der Einzelstaaten. Die Steuersätze liegen bei 6,5 % im Bundesstaat New York[8] und 8,84 % in Kalifornien[9]. Die auf Staats- und Kommunalebene gezahlten Steuern sind von der Steuerbemessungsgrundlage der Bundeskörperschaftsteuer abzugsfähig. Im internationalen Vergleich der Unternehmensteuerbelastung waren die USA vor der Steuerreform von 2017 das Land mit der höchsten Steuerbelastung. Nach der Steuerreform liegen sie gerade einmal im oberen Mittelfeld.[10]
- Die USA besteuern sowohl die Steuersubjekte, welche der Einkommensteuer unterliegen, als auch die Steuersubjekte, welche der Körperschaftsteuer unterliegen, grundsätzlich auf Basis ihres weltweit erzielten Einkommens als unbeschränkt steuerpflichtige natürliche Personen und Körperschaften. Eine Doppelbesteuerung wird nicht im Wege der Freistellung, sondern durch Anrechnung der im Ausland gezahlten Steuern vermieden. Mithin werden niedrigere ausländische Steuersätze auf das US-Niveau hochgeschleust, bei höheren ausländischen Steuern verbleibt ein Anrechnungsüberhang (die Steuerbelastung bemisst sich in jedem Fall nach dem jeweils

2 Auf Einkünfte aus Kapitalvermögen wird eine Net Investment Income Tax von 3,8 % erhoben. Siehe 2.2.4.3. Diese zusätzliche Steuer ist jedoch nur bei unbeschränkt Steuerpflichtigen anwendbar.

3 Cal. Rev. & Tax. Cd. § 17041 (a); Cal. Rev. & Tax. Cd. § 17043.

4 N.Y. Tax Law § 601 (a).

5 Siehe Ausführungen bei Einkommensteuer 2.2.4.2.

6 Für Ledige; andere Freigrenzen bei anderen Veranlagungsformen, siehe 2.2.4.3.

7 Internal Revenue Code (IRC) § 1411.

8 N.Y. Tax Law § 210 (1)(a).

9 Cal. Rev. & Tax. Cd. § 23151 (e).

10 OECD: Corporate Tax Statistics, 2nd Edition 2020.

höheren Steuersatz der beteiligten Länder). Hier hat jedoch die US-Steuerreform von 2017 gewisse Änderungen bewirkt, welche das US-Körperschaftsteuersystem in Richtung eines Territorialsystems bewegen. Die wichtigsten Änderungen werden deshalb bei den Ausführungen zur Unternehmensteuer kurz dargestellt.[11]

- Das US-Steuerrecht ist insbesondere geprägt von Bestimmungen, welche auf die Beseitigung von Steuervorteilen abzielen und Steuerumgehungen verhindern sollen: Zum Beispiel werden passive Einkünfte bestimmter Gesellschaften trotz Thesaurierung versteuert, um den sonst entstehenden Zinsvorteil zu reduzieren. Die Bestimmungen sind aufgrund der notwendigen Treffsicherheit komplex, werden dem eigentlichen Ziel einer gleichmäßigen Steuerbelastung jedoch oftmals nicht mehr gerecht.
- Das US-Steuersystem ist nicht nur kompliziert, sondern durch die konkurrierende Steuerhoheit zwischen Bund und Einzelstaaten sowie das Selbstveranlagungssystem sehr aufwendig. Hinzu kommen umfassende Informationspflichten über im Ausland belegene Vermögenswerte.

Nachfolgend werden die wichtigsten Konzepte des US-Steuerrechts vorgestellt, die bei Eintritt in die US-Steuerpflicht maßgebend sind. Dies umfasst auch einen Belastungsvergleich für in Deutschland realisierte unternehmerische Einkünfte nach Zuzug in die USA. Schließlich werden Planungsmöglichkeiten vor Zuzug und die Besteuerung bei Wegzug diskutiert.

2. Das US-Ertragsteuerrecht – ein Überblick

2.1 Die US-Einkommensteuer

Nach US-Einkommensteuerrecht wird grundsätzlich unterschieden zwischen der Besteuerung von in den USA Ansässigen (*Residents*) sowie US-Staatsbürgern (*U.S. Citizens*) einerseits und nichtansässigen Ausländern (*Nonresident Aliens*) andererseits. Während Ansässige und US-Staatsbürger grundsätzlich mit ihrem Welteinkommen besteuert werden, unabhängig von ihrem tatsächlichen Wohnsitz oder Aufenthalt (unbeschränkte Steuerpflicht), werden nichtansässige Ausländer nur mit ihren Einkünften aus US-Quellen und mit Einkünften aus einer US-Geschäftstätigkeit besteuert (beschränkte Steuerpflicht).

11 Siehe Ausführungen bei der Körperschaftsteuer 2.3.2.

2.1.1 Beschränkte US-Steuerpflicht

In den USA beschränkt Steuerpflichtige unterliegen nur mit US-Einkünften der US-Einkommensteuer.[12] Das US-Steuerrecht unterscheidet dabei zwischen zwei Arten von Einkünften:

1. Einkünfte aus einer US-Geschäftstätigkeit (sogenanntes *Income Effectively Connected with a Trade or Business within the United States*, ECI-*Income*)[13]

2. Einkünfte aus US-Quellen (sogenanntes *Fixed or Determinable Annual or Periodic Income*, FDAP-*Income*)[14]

Einkünfte aus einer US-Geschäftstätigkeit

Einkünfte aus einer US-Geschäftstätigkeit sind Einkünfte aus einer unselbstständigen oder selbstständigen, gewerbsmäßigen Tätigkeit. Anders als bei der Betriebsstätte nach Artikel 5 DBA D / USA[15] oder wie in anderen nationalen Rechtsordnungen, gibt es keine Legaldefinition des Begriffes *Trade or Business within the United States*.[16] Nach der Rechtsprechung muss die Tätigkeit jedenfalls auf Gewinnerzielung gerichtet sein, sowie regelmäßigen, substantiellen und kontinuierlichen Charakter besitzen.[17] Davon zu unterscheiden sind Tätigkeiten, die privaten oder Investitionszwecken dienen und keinen gewerblichen Umfang annehmen (reine Vermögensverwaltung). Für die Frage, inwieweit ein gewerblicher Umfang bereits erreicht ist, existieren derzeit keine klaren Definitionen. Auch die hierzu ergangene Rechtsprechung zeigt kein einheitliches Bild.

Sofern eine Geschäftstätigkeit im Ausland vorliegt, ist im zweiten Schritt der Ort der Erzielung des Einkommens nach folgenden Kriterien zu bestimmen: Bei der Veräußerung von Waren ist der Produktionsort oder der Ort, an dem der Eigentumsübergang stattfindet, entscheidend.[18] Bei der Erbringung von Dienstleistungen ist der Ort entscheidend, an dem die Leistung erbracht wird.[19]

12 IRC § 2 (d) mit Verweis auf IRC § 871.

13 IRC § 871 (b).

14 IRC § 871 (a).

15 Abkommen zwischen der Bundesrepublik Deutschland und den Vereinigten Staaten von Amerika zur Vermeidung der Doppelbesteuerung und zur Verhinderung der Steuerverkürzung auf dem Gebiet der Steuern vom Einkommen und vom Vermögen und einiger anderer Steuern in der Fassung der Bekanntmachung vom 4.6.2008.

16 Bittker and Lokken: Federal Taxation of Income, Estates, and Gifts (WG&L), 67.6. Income Effectively Connected With U.S. Business.

17 Vgl. US v. Balanovski, 236 F2d 298 (2d Cir. 1956); US v. Northumberland Ins. Co., 521 F. Supp. 70, 78 (DNJ 1981).

18 IRC §§ 861 (a)(6), 862 (a)(6), 863 (b)(2); Treas. Reg. § 1.861-7 (c).

19 IRC § 861 (a)(3).

Sofern Einkünfte aus einer US-Geschäftstätigkeit vorliegen, unterliegen diese dem allgemeinen progressiven Steuersatz. Steuerpflichtig ist hier der Nettoertrag; Aufwendungen, die im Zusammenhang mit der Erzielung dieser Einkünfte stehen, können als Betriebsausgaben steuerlich geltend gemacht werden (Nettobesteuerung).[20] Die US-Steuerpflicht kann durch ein anwendbares Doppelbesteuerungsabkommen beschränkt werden (z. B. aufgrund des Betriebsstättenprinzips oder im Entsendungsfall).[21]

Die Erhebung der Steuer erfolgt grundsätzlich durch Veranlagung mit quartalsweisen Vorauszahlungen[22] bzw. im Wege des Lohnsteuerabzug durch den Arbeitgeber.[23] Der beschränkt Steuerpflichtige ist grundsätzlich dazu verpflichtet, eine US-Einkommensteuererklärung (Formular 1040NR) bis zum 15.6. des Folgejahres (bzw. bei US-Lohneinkünften bis zum 15.4. des Folgejahres) beim *Internal Revenue Service* (IRS) einzureichen.[24] Es besteht die Möglichkeit einer Fristverlängerung bis maximal sechs Monate nach Abgabetermin.[25] Diese verlängert allerdings nur die Abgabefrist (und verhindert eine Strafe aufgrund der verspäteten Einreichung), nicht aber die Fälligkeit der Steuer.[26] Daher ist bis spätestens 15.6. bzw. 15.4. die – selbst bzw. durch einen steuerlichen Berater zu errechnende – Steuerschuld zu begleichen, um Verspätungszinsen oder Strafen zu vermeiden.

Sonderabzug für qualifizierte Einkünfte aus einer US-Geschäftstätigkeit (gültig vom 1.1.2018 bis zum 31.12.2025)

Eines der Ziele der Steuerreform von 2017 war es, die Besteuerung von Dividendeneinkünften sowie von Personengesellschaften bzw. natürlichen Personen mit bestimmten Einkünften aus einer US-Geschäftstätigkeit anzugleichen. Dies wurde durch die Reduzierung des Steuersatzes auf qualifizierte geschäftliche Einkünfte (*Qualified Business Income Amount*) des Steuerpflichtigen um 20 % umgesetzt. Diese Regelung findet Anwendung auf natürliche Personen, die qualifizierte geschäftliche Einkünfte als Einzelunternehmer oder aus (transparenten) Personengesellschaften erzielen.

Das nachfolgende Beispiel vergleicht Einkünfte einer natürlichen Person aus einer qualifizierten geschäftlichen Tätigkeit (Spalte 1) mit den Einkünften einer Kapitalgesellschaft (Spalte 2). Durch die Begünstigung qualifizierter geschäftlicher Einkünfte (nur bei natürlichen Personen) und die Abzugsfähigkeit der Staatssteuern bei der Ermittlung des steuerpflichtigen Einkommens auf Bundesebene (nur bei Kapitalgesellschaften) er-

20 IRC § 871 (b).
21 Vgl. DBA D / USA Art. 7 i. V. m. 5 oder Art. 15(2).
22 IRC § 6654.
23 IRC §§ 3401 bis 3404.
24 Vgl. IRC §§ 6012 und 6072 (c); Treas. Reg. § 1.6072-1 (c).
25 Treas. Reg. § 1.6081-4 (a).
26 Treas. Reg. § 1.6081-1 (a).

gibt sich eine Steuerbelastung von 35,6 % bei natürlichen Personen bzw. 25,74 % bei Kapitalgesellschaften. Betrachtet man jedoch nicht nur die Gesellschaftsebene, sondern bezieht die Ausschüttung an die Gesellschafter mit ein, dann ergibt sich eine Gesamtsteuerbelastung auf Gesellschafts- und Gesellschafterebene bei Vollausschüttung der erzielten Gewinne von 47,87 %. Auch nach der Steuerreform verbleibt also eine deutlich höhere Belastung bei Kapitalgesellschaften.

BEISPIEL

		Einzel-unternehmen	Kapital-gesellschaft
Einkünfte aus geschäftlicher Tätigkeit		$100,00	$100,00
20 % Reduzierung der Bemessungsgrundlage	20 %	-$20,00	$0,00
Steuern auf Staatenebene	6 %	$0,00	-$6,00
Steuerpflichtiges Einkommen		$80,00	$94,00
Einkommensteuer	37 %	-$29,60	
Körperschaftsteuer	21 %		-$19,74
Steuern auf Staatenebene	6 %	-$6,00	-$6,00
Gesamtsteuerbelastung		-$35,60	-$25,74
Einkünfte aus Kapitalvermögen		$0,00	$74,26
Besteuerung der Dividenden	20 %		-$14,85
Steuern auf Staatenebene	6 %		-$4,46
Net Investment Income Tax	3,80 %		-$2,82
Summe aller Steuern		-$35,60	-$47,87

Der Terminus "qualifizierte geschäftliche Einkünfte" ist grundsätzlich der Gewinn oder Verlust, welcher einer geschäftlichen Tätigkeit in den USA zuzuordnen ist und gleichzeitig in das zu versteuernde Einkommen einzubeziehen ist. In gleicher Weise werden qualifizierte REIT-Dividenden, Genossenschaftsdividenden sowie bestimmte Einkünfte aus börsennotierten Personengesellschaften behandelt. Eine qualifizierte US-Geschäftstätigkeit umfasst grundsätzlich keine spezifizierten Dienstleistungen (*Specified Services Trade and Businesses*). Der Begriff ist mit den freien Berufen (z. B. Rechtsanwälte oder Steuerberater) vergleichbar. Ausnahmen bestehen insofern, als diese Einkünfte bis zu einer bestimmten Höhe des zu versteuernden Einkommens (Freigrenze) begünstigt werden. Durch die Abschmelzung der prozentualen Abzugsbegünstigung werden Einkünfte aus spezifizierten Dienstleistungen ab einem zu versteuernden Einkommen von USD 421.400 (bei Zusammenveranlagung) mit dem regulären Steuersatz belastet.[27]

27 Vgl. IRC § 199A (d)(3)(A). Der Betrag von USD 421.400 gilt für 2019 und ist (teilweise) inflationsangepasst.

Qualifizierte geschäftliche Einkünfte umfassen keine Investmenteinkünfte oder Einkünfte aus nichtselbstständiger Arbeit.

Auf diese Einkünfte wird ein Abzugsbetrag von 20 % gewährt, womit im Endeffekt die maximale Steuerbelastung bei Einkünften aus einer US-Geschäftstätigkeit auf 29,6 % reduziert wird [(100 % - 20 %) × 37 %]. Durch den gewählten Mechanismus wird sichergestellt, dass eine entsprechende Reduzierung der Steuerbelastung auch bei niedrigeren Progressionsstufen realisiert wird.

BEISPIEL Ein unbeschränkt Steuerpflichtiger hat $50.000 Einkünfte aus Kapitalvermögen, $50.000 Einkünfte aus nichtselbständiger Arbeit und $100.000 Einkünfte aus einer geschäftlichen Tätigkeit. Das zu versteuernde Einkommen errechnet sich folgendermaßen (Sonderausgaben/Werbungskosten bleiben unberücksichtigt):

Einkünfte aus Kapitalvermögen	$50.000
Einkünfte aus nichtselbständiger Arbeit	$50.000
Einkünfte aus geschäftlicher Tätigkeit	$100.000
Abzugsbetrag für qualifizierte geschäftliche Tätigkeit	
Einkünfte aus geschäftlicher Tätigkeit x 20 %	./. $20.000
Zu versteuerndes Einkommen nach 20 %-Sonderabzug	$180.000

Im Endeffekt wird die maximale Steuerbelastung bei Einkünften aus einer US-Geschäftstätigkeit auf 29,6 % reduziert [(100 % - 20 %) × 37 %].

Der Sonderabzug für qualifizierte geschäftliche Tätigkeiten unterliegt bestimmten Beschränkungen. Die steuerbegünstigten Einkünfte für eine qualifizierte geschäftliche Tätigkeit dürfen den höheren Betrag der folgenden beiden Größen nicht überschreiten: Die Summe aus 25 % der Lohnsumme plus 2,5 % der historischen Anschaffungskosten des Betriebsvermögens oder 50 % der im Rahmen der geschäftlichen Tätigkeit gezahlten Lohnsumme.

Der 20 %-ige Abzugsbetrag ist auch bei beschränkt steuerpflichtigen Personen anwendbar, soweit diese eine Tätigkeit in den USA ausüben, die im Zusammenhang mit einer US-Geschäftstätigkeit steht und die genannten weiteren Voraussetzungen erfüllt sind.

Die US-Finanzverwaltung hat am 18.1.2019 die Richtlinien zu IRC § 199A[28] in ihrer endgültigen Fassung (*Final Regulations*) veröffentlicht.[29] Gegenüber ersten Interpretationen

28 Alle Verweise auf IRC sind Verweise auf den Internal Revenue Code von 1986 in seiner geänderten Fassung (auf Abweichungen wird gesondert hingewiesen). Alle Verweise auf Treas. Reg. sind Verweise auf die vom US-Finanzministerium erlassenen Richtlinien (Regulations).

29 Vgl. Treasury Decision 9847, 84 F.R. 2952 (8.2.2019).

nach der Steuerreform von 2017 sowie den vorläufigen Richtlinien (*Proposed Regulations*) wurden im Wesentlichen drei Bereiche spezifiziert bzw. geändert:

1. Die Kombination von verschiedenen Aktivitäten (qualifizierte US-Geschäftstätigkeiten) auf Ebene des Einzel- oder Mitunternehmers

Nach den endgültigen Richtlinien können Steuerpflichtige verschiedene qualifizierte geschäftliche Tätigkeiten kombinieren. Voraussetzung hierfür ist, dass der gleiche Personenkreis 50 % oder mehr der Anteile an den Unternehmen hält, und zwar entweder direkt oder durch Anwendung der Zurechnungsvorschriften in IRC § 267 (b). Dies umfasst also auch die Anteile, welche direkt oder indirekt über andere Personen- oder Kapitalgesellschaften gehalten werden, sowie Anteile, welche direkt oder indirekt im Eigentum von Eltern, Kindern und Geschwistern stehen.[30]

Weiterhin ist erforderlich, dass zwei der nachfolgenden drei Kriterien erfüllt sind:

a. Die Tätigkeiten sind dergestalt miteinander verbunden, dass Produkte oder Dienstleistungen normalerweise gemeinsam im Markt angeboten werden.
b. Die unterschiedlichen Geschäftsaktivitäten teilen sich bestimmte zentralisierte Bereiche (z. B. Immobilien oder bereichsübergreifende Funktionsbereiche wie Rechnungswesen).
c. Die Geschäftsaktivitäten werden zentral koordiniert oder sind von einem oder mehreren Geschäftsbereichen der Gruppe abhängig.[31]

Diese Kriterien sind sehr vage und die Richtlinien beinhalten nur ein rudimentäres Beispiel, sodass hier weiterhin eine große Rechtsunsicherheit besteht.

2. Die Kombination von verschiedenen Aktivitäten (qualifizierte US-Geschäftstätigkeiten) auf Ebene von Personengesellschaften

Die endgültigen Richtlinien erlauben nunmehr auch, dass verschiedene qualifizierte geschäftliche Tätigkeiten auf Ebene von Personengesellschaften kombiniert werden, unabhängig davon, ob diese direkt oder durch Beteiligung an anderen Personengesellschaften ausgeübt werden. Die Kombination auf Gesellschaftsebene ist für die Gesellschafter bindend.[32]

3. Die Ermittlung bestimmter Beschränkungen für die Anwendung des Abzugsbetrags

Die Richtlinien legen weiterhin fest, in welcher Reihenfolge die Kombination von mehreren qualifizierten geschäftlichen Aktivitäten und die Anwendung der Beschränkun-

30 Treas. Reg. § 1.199A-4.
31 Vgl. IRC §199A; Treas. Reg. § 1.199A-4.
32 Vgl. IRC §199A; Treas. Reg. § 1.199A-4.

gen, also 50 % der Lohnsumme bzw. 25 % der Lohnsumme **und** 2,5 % der Anschaffungskosten des Betriebsvermögens, vorzunehmen sind. Da in einem ersten Schritt die Kombination aller qualifizierten Tätigkeiten erfolgt, ergibt sich für Steuerpflichtige der Vorteil, Aktivitäten mit hoher Lohnsumme und hohem Anlagevermögen mit anderen Aktivitäten mit niedriger Lohnsumme bzw. niedrigem Anlagevermögen zu kompensieren. Erst in einem zweiten Schritt werden die Beschränkungen berechnet, die sich durch Lohnsumme (also 50 %) bzw. Lohnsumme (25 %) und Anlagevermögen (2,5 %) ergeben.[33]

Einkünfte aus Vermietung und Verpachtung

Das US-Steuerrecht kennt keine dem deutschen Steuerrecht vergleichbare Einkunftsarten. Generell sind – bis auf wenige Ausnahmen – sämtliche Einkünfte steuerpflichtig. Eine Einordnung ist lediglich für die Bestimmung erforderlich, ob die Besteuerung auf Brutto- oder Nettobasis erfolgt (Einkünfte aus Kapitalvermögen werden grundsätzlich bruttobesteuert), welcher Steuersatz anzuwenden ist (Veräußerungsgewinne und bestimmte Dividenden werden mit maximal 20 % belastet) oder wie die Verluste aus einer Tätigkeit mit Gewinnen aus anderen Einkunftsquellen verrechenbar sind.

Bei Immobilieninvestitionen kommen weitere Unterscheidungen und Konzepte hinzu, welche die Einkunftsart und damit die Besteuerung bestimmen:

- So werden Einkünfte aus der Vermietung sogenannter *Triple Net-leased Properties*, also von Immobilien, bei denen der Mieter für sämtliche Aufwendungen einschließlich Dach und Fach verantwortlich ist, bei ausländischen Investoren – und zwar sowohl bei natürlichen Personen als auch bei ausländischen juristischen Personen – als sogenanntes FDAP-*Income* (*Fixed and Determinable Annual or Periodic Income*) qualifiziert und unterliegen damit grundsätzlich als Kapitaleinkünfte der Bruttobesteuerung. Ein typisches Beispiel sind Immobilien, die zur Gänze an Lebensmittel- oder Verbrauchermärkte (z. B. Walmart) vermietet sind. Der Gesetzgeber geht davon aus, dass hier keine erhebliche, fortlaufende oder regelmäßige wirtschaftliche Tätigkeit (*Considerable, Continuous, or Regular Business Activity*) vorliegt, welche die Vorraussetzung für eine geschäftliche Tätigkeit in den USA darstellt.
- Ausländische Investoren können jedoch nach den gesetzlichen Vorschriften das Wahlrecht ausüben, dass Einnahmen aus der Vermietung von *Triple Net-leased Properties* wie Einkünfte aus einer US-Geschäftstätigkeit behandelt werden. Damit können Abschreibungen und eventuelle Ausgaben geltend gemacht werden. Auch unterliegen die Einnahmen dann nicht der Bruttobesteuerung i. H. v. 30 %, sondern werden auf Nettobasis mit den progressiven Steuersätzen belastet.[34]

33 Vgl. IRC §199A; Treas. Reg. § 1.199A-2.
34 Vgl. IRC §§ 871 (d), 882 (d).

- Einkünfte aus der Entwicklung von Immobilienprojekten sind immer als Einkünfte aus aktiver Geschäftstätigkeit zu qualifizieren mit der Folge, dass Veräußerungsgewinne nicht steuerbegünstigt sind, Verluste hingegen mit anderen Einkünften verrechnet werden können.
- Schließlich gibt es Einkünfte aus der Vermietung von Immobilien (*Rental Income*), die als passive Einkünfte (*Passive Income*) zwar auf Nettobasis besteuert werden, bei denen Verluste jedoch grundsätzlich nicht mit anderen Einkünften verrechenbar sind. Veräußerungsgewinne sind steuerbegünstigt und unterliegen der Gewinnbesteuerung von maximal 20 %. Hingewiesen wird auf die sogenannte *Active Participation*-Ausnahme, wonach Verluste bis zu USD 25.000 mit anderen Einkünften verrechenbar sind, wenn der Steuerpflichtige – sehr vereinfacht zusammengefasst – mindestens 100 Stunden pro Jahr am Management der Immobilie partizipiert.[35]

Dieses Schema gilt seit der Steuerreform von 1986, mit der die Vorschriften für Einkünfte aus der Vermietung von Immobilien als passive Einkünfte eingeführt wurden. Mit der Steuerreform 2017 kam eine zentrale Frage hinzu, inwieweit der Sonderabzug i. H. v. 20 % für qualifizierte geschäftliche Tätigkeiten auf Einkünfte aus Immobilieninvestitionen anwendbar ist, und wenn ja, unter welchen Voraussetzungen.

IRS Notice 2019-07* und *Revenue Procedure 2019-38

Das Ziel von IRC § 199A, also die Steuerbelastung bei geschäftlichen Einkünften wie bei der Körperschaftsteuer zu senken, war eindeutig. Jedoch ist das Gesetz alles andere als klar. Die Vorschrift ist reich an Einschränkungen, Ausnahmen und schlecht definierten Kunstbegriffen. Vor allem Immobilieninvestitionen konnten bis zur Veröffentlichung der *IRS Notice 2019-07* am 18.1.2019 nur schwer beurteilt werden. Mit dieser *Notice* wurde eine *Proposed Revenue Procedure* (vergleichbar etwa einer Verwaltungsanweisung) veröffentlicht, die zumindest einige Fragen klärt. Diese Verwaltungsanweisung wurde mit *Revenue Procedure 2019-38* nahezu unverändert finalisiert.

Einkünfte aus der Vermietung von *Triple Net-leased Properties* sowie aus der Vermietung von Immobilien, welche mehr als 14 Tage pro Jahr selbst genutzt werden, qualifizieren nicht für die 20 %-ige Reduzierung des Steuersatzes nach IRC § 199A. Die Option zur Nettobesteuerung ausländischer Investoren nach IRC §§ 871 (d) und 882 (d) besteht auch nach der Steuerreform von 2017 fort. Allerdings stellt die Präambel der Richtlinien klar, dass es sich trotz Ausübung des Wahlrechts zur Nettobesteuerung nicht um qualifizierte geschäftliche Einkünfte handelt und die 20 %-ige Reduzierung des Steuersatzes nach IRC § 199A nicht anwendbar ist.

35 Vgl. IRC § 469.

Einkünfte aus der Vermietung von Immobilien (*Rental Income*) können entsprechend den Richtlinien bei Vorliegen bestimmter Voraussetzungen für den reduzierten Steuersatz qualifizieren:

- Es wird vorausgesetzt, dass die Immobilie direktes Eigentum des Steuerzahlers ist oder durch eine transparente Rechtsform (*Pass-through Entity*) gehalten wird.
- Für jedes Vermietungsobjekt müssen eigene Bücher und Aufzeichnungen geführt werden.
- Der Steuerzahler muss nachweisen, dass es sich um einen qualifizierten Geschäftsbetrieb handelt. Dies kann er durch die auf die Geschäftstätigkeit verwandte Zeit nachweisen. Die *Revenue Procedure 2019-38* sieht hier eine *Safe Harbor*-Regelung vor, nach welcher ein Zeitaufwand von 250 Stunden pro Jahr für einen qualifizierten Geschäftsbetrieb erforderlich ist, damit die Vermietungstätigkeit dem um 20 % reduzierten Steuersatz unterliegt.[36]

Die 250-Stunden Regelung gilt grundsätzlich für jedes Investment bzw. jede einzelne Immobilie, jedoch können gleichartige Immobilien (z. B. Wohn- oder Gewerbeimmobilien) gruppiert werden. Der 250-Stunden *Safe Harbor* ist dann auf die verschiedenen Kategorien anzuwenden.

Im Gegensatz zu den Vorschriften für passive Einkünfte, bei denen ein Zeitaufwand von 100 Stunden pro Jahr erforderlich ist, um Verluste bis zu USD 25.000 mit anderen Einkünften verrechnen zu können, müssen diese 250 Stunden nicht vom Steuerpflichtigen selbst erbracht werden. Vielmehr ist auch die Zeit von Mitarbeitern, unabhängigen Zulieferern und Dienstleistern zu berücksichtigen. Die verwendeten Zeiten sind für Geschäftsjahre, die ab dem 1.1.2019 beginnen, zu dokumentieren und vorzuhalten. Es wird geraten, möglichst zeitnah von allen Dienstleistern einen *Rev. Proc. 2019-38 Compliance Report* anzufordern, vorzugsweise auf monatlicher Basis, um den Fortschritt für das Erfüllen des *Safe Harbor* zu überwachen. Diese Berichte sollten die Zeiterfassungen in Stunden, das jeweilige Datum, eine Beschreibung der ausgeführten Tätigkeit sowie die Personen oder Firmen umfassen, welche die Leistungen erbracht haben. Der Steuererklärung ist eine separate eidesstattliche Erklärung beizufügen, dass die quantitativen Voraussetzungen des *Safe Harbor* für die 20 %-ige Ermäßigung des Steuersatzes erfüllt wurden.

Rev. Proc. 2019-38 stellt klar, dass bestimmte Aktivitäten, die mehr der Vermögensverwaltung als dem Immobilienmanagement zuzuordnen sind, nicht in den 250-Stunden *Safe Harbor* einzubeziehen sind. Hierunter fallen die Suche nach Investitionsobjekten, die Tätigkeiten im Zusammenhang mit der Finanzierung und dem Investment Manage-

36 2019-09 I. R. B. 740.

ment, Durchsicht von Jahresabschlüssen, Planung und Management von baulichen Erweiterungsmaßnahmen (*Improvements*) sowie die Reisezeit zu und von der Immobilie.[37]

Hinzuweisen ist darauf, dass die oben genannten Beschränkungen auch für Immobilieninvestitionen gelten: Die steuerbegünstigten Einkünfte sind begrenzt durch den höheren Betrag aus 50 % der im Rahmen der geschäftlichen Tätigkeit gezahlten Lohnsumme oder der Summe aus 25 % der Lohnsumme plus 2,5 % der Anschaffungskosten des Betriebsvermögens. Hierbei bleibt jedoch die Lohnsumme einer durch den Immobilieninvestor beauftragten Verwaltungsgesellschaft unberücksichtigt. Maßgeblich ist allein die Lohnsumme des Investors selbst. Daher kann davon ausgegangen werden, dass im Normalfall bei Immobilieninvestitionen die historischen Anschaffungskosten der Immobilie für die Beschränkung des begünstigten Steuersatzes relevant sein werden.

Unterstellt man den Kaufpreis einer Immobilie von USD 10 Mio., ergibt sich hieraus ein maximal steuerbegünstigter Betrag von USD 250.000. Im derzeitigen Marktumfeld ist wohl eine Nettorendite von 3 % bis 4 % realistisch, jedoch vor Berücksichtigung von Abschreibung und Fremdkapitalzinsen. Mithin ist wohl zu erwarten, dass viele Immobilieneinkünfte steuerbegünstigt sind.

Diese Regelungen sind auch bei beschränkt Steuerpflichtigen anwendbar, wobei auch hier ein Zeitaufwand von 250 Stunden vom Steuerpflichtigen sowie seinen Mitarbeitern, unabhängigen Zulieferern und Dienstleistern zu erbringen und zu dokumentieren ist.

Die *Rev. Proc. 2019-38* hat zumindest für einige Immobilieninvestoren angemessene Klarheit darüber geschaffen, ob und in welcher Höhe ihre Aktivitäten mit dem reduzierten Steuersatz auf qualifizierte geschäftliche Einkünfte belastet werden. Umgekehrt bleiben aber viele Fragen offen, bespielsweise im Zusammenhang mit Einkünften aus der Vermietung von *Triple Net-leased Properties*. Ein Investor, der eine Vielzahl solcher Immobilien besitzt, die zu einer Gruppe zusammengefasst werden und für die nachweislich ein Aufwand von mehr als 250 Stunden pro Jahr erforderlich ist, wird nach den derzeitigen Vorschriften nicht begünstigt besteuert. Auch bei Investitionen in Farmen oder unbebaute Grundstücke besteht weiterhin Unklarheit.

Fremdfinanzierung und Abschreibung

Wie in den Ausführungen zur Unternehmensteuer beschrieben, können Steuerpflichtige mit Immobilieninvestitionen das Wahlrecht ausüben, dass die Zinsschranke nicht anzuwenden ist, Zinsen mithin unbegrenzt abzugsfähig sind. Mit Ausübung dieses Wahlrechts entfällt jedoch gleichzeitig die (bei den Änderungen zur Körperschaftsteuer

37 Vgl. Rev. Proc. 2019-38.

dargestellte) Möglichkeit, bestimmte Bonusabschreibungen in Anspruch zu nehmen.[38] Hingewiesen wird darauf, dass die aufwandswirksame Erfassung der Anschaffungskosten gewisser abschreibungsfähiger Vermögensgegenstände von dem Wahlrecht nicht beeinflusst wird.[39]

Darüber hinaus verlängert sich die Abschreibungsdauer für Immobilien geringfügig. Wird das Wahlrecht auf Nichtanwendung der Zinsschranke ausgeübt, dann sind Immobilien nach dem *Alternative Depreciation System* abzuschreiben, welches eine lineare Abschreibung von 30 Jahren für Wohnimmobilien und von 40 Jahren für geschäftliche Immobilien vorschreibt.

Das Wahlrecht auf Nichtanwendung der Zinsschranke kann auch von beschränkt steuerpflichtigen Personen ausgeübt werden. Die erstmalige Ausübung des Wahlrechts ist nicht widerrufbar.

Einkünfte aus US-Quellen

Bei beschränkt Steuerpflichtigen sind neben den Einkünften aus einer US-Geschäftstätigkeit auch andere Einkünfte aus US-Quellen steuerpflichtig. Einkünfte aus US-Quellen umfassen Investmenteinkünfte wie Zinsen, Dividenden, bestimmte Mieteinnahmen, Lizenzeinnahmen und Annuitäten.[40] Die Quelle der Einkünfte bestimmt sich nach folgenden Kriterien: Bei Zinsen und Dividenden ist die Ansässigkeit des Schuldners (Gründungsort der Körperschaft) entscheidend. Bei Mieteinnahmen ist der Belegenheitsort des Vermögens entscheidend. Bei Lizenzzahlungen kommt es darauf an, an welchem Ort die Nutzung erfolgt.[41] Zinserträge aus bestimmten Portfolio-Fremdkapitalanlagen sowie Zinserträge aus regulären Geldeinlagen auf US-Bankkonten sind im Rahmen der beschränkten Steuerpflicht von der US-Besteuerung ausgenommen.[42]

Sofern Einkünfte aus US-Quellen vorliegen, unterliegen diese im Zeitpunkt der Auszahlung grundsätzlich einem Quellensteuerabzug i. H.v. 30 %.[43] Steuerpflichtig ist der Bruttobetrag; Aufwendungen, welche mit der Einkünfteerzielung in Zusammenhang stehen, können im Rahmen des Quellensteuerabzugs nicht abgezogen werden (Bruttobesteuerung). Die US-Steuerpflicht kann durch ein anwendbares Doppelbesteuerungsabkommen eliminiert oder beschränkt werden (z. B. Besteuerungsrecht des Ansässigkeitsstaates bei Zinsen und Dividenden).[44]

38 IRC § 168 (k).
39 IRC § 179.
40 IRC § 871 (a).
41 Vgl. IRC §§ 861 und 862.
42 IRC §§ 871 (h) und (i), Treas. Reg. § 1.871-14 (a) für beschränkt steuerpflichtige Personen; IRC § 881 (c) für beschränkt steuerpflichtige Kapitalgesellschaften.
43 IRC §§ 871 (a); 1441.
44 Vgl. DBA D / USA Art. 10 und 11.

Der Quellensteuerabzug gilt als endgültige Steuerfestsetzung. Eine Einkommensteuererklärung ist daher nur erforderlich, wenn auch Einkünfte aus einer US-Geschäftstätigkeit vorliegen, der Quellensteuerabzug nicht ausreichend vorgenommen wurde oder eine Rückerstattung von zu hoch einbehaltenen Quellensteuern beantragt wird (zur Einkommensteuererklärung siehe 2.1.1).[45]

Besteuerung von Veräußerungsgewinnen

Veräußerungsgewinne von beschränkt Steuerpflichtigen unterliegen grundsätzlich nur dann der US-Steuerpflicht, sofern diese in Zusammenhang mit einer US-Geschäftstätigkeit stehen (z. B. Veräußerung von US-Betriebsvermögen). Gewinne aus der Veräußerung (privater) Investitionen (z. B. Aktien, Bonds) unterliegen dagegen prinzipiell nicht der US-Steuerpflicht.[46] Davon ausgenommen sind allerdings Immobilien: Veräußerungsgewinne aus US-Immobilien gelten auch dann als steuerpflichtig, wenn diese zu privaten Zwecken oder zu Investitionszwecken gehalten werden. Dies gilt unabhängig davon, ob die US-Immobilie vom Steuerpflichtigen direkt oder indirekt über eine Personengesellschaft gehalten wird. Auch die Veräußerung eines Anteiles an einer vorwiegend immobilienverwaltenden US-Körperschaft unterliegt der Veräußerungsgewinnbesteuerung (sogenannter *U.S. Real Property Interest*).[47] Anteile einer vorwiegend immobilienverwaltenden ausländischen Kapitalgesellschaft unterliegen hingegen nicht der Veräußerungsgewinnbesteuerung, auch wenn diese überwiegend oder ausschließlich US-Immobilien hält.[48] Die Steuer ermittelt sich entsprechend einer US-Geschäftstätigkeit nach dem progressiven Tarif.[49] Die Erhebung der Steuer erfolgt im Veranlagungsweg.

Zur Sicherstellung der Entrichtung der Steuer hat jedoch der Erwerber, der eine Immobilie von einem ausländischen, beschränkt Steuerpflichtigen erwirbt, im Wege des Steuerabzuges grundsätzlich 15 % des Bruttokaufpreises einzubehalten[50]. Ergibt sich aufgrund des steuerlichen Gewinns (Veräußerungspreis abzgl. steuerlicher Buchwert) eine tatsächliche Steuerschuld, die geringer als die Quellensteuer i. H. v. 15 % des Brut-

45 Treas. Reg. §§ 1.6012-1 (b)(2)(i), 1.6012-2 (g)(2)(i).

46 IRC § 871. Ausnahmen von der Nichtbesteuerung bestehen bei längerem Aufenthalt in den USA (IRC § 871 (a)(2)).

47 IRC § 897; aufgrund des Foreign Investment Real Property Transfer Act, FIRPTA.

48 Dies gilt nur, sofern nicht vom Wahlrecht nach IRC § 897 (i) Gebrauch gemacht wurde, die ausländische Körperschaft für Zwecke der Immobilienveräußerungsgewinnbesteuerung als US-Körperschaft zu behandeln (z. B. zur Vermeidung einer Besteuerung bei Übertragung einer US-Immobilie auf eine ausländische Körperschaft).

49 Bei der Veräußerung von Immobilien, die der Erzielung von passiven Einkünften dienen, wird außerdem ein Steuerzuschlag von 3,8 % auf den Gewinn erhoben, soweit das steuerpflichtige Gesamteinkommen einen bestimmten Betrag übersteigt. Die Net Investment Income Tax wird jedoch nur bei unbeschränkter Steuerpflicht erhoben, siehe 2.2.4.3.

50 IRC § 1445; Treas. Reg. § 1.1445-1.

tokaufpreises ist, kann der beschränkt steuerpflichtige Verkäufer bei der Finanzverwaltung einen Antrag auf verringerten Steuereinbehalt stellen.[51] Wird dieser Antrag nicht gestellt, kann der Verkäufer eine Steuerrückerstattung im Veranlagungsweg beantragen.

Gewinn oder Verlust ausländischer Personen aus dem Verkauf oder Tausch gewisser Personengesellschaftsanteile

Veräußerungsgewinne aus dem Verkauf von beweglichem Vermögen durch nicht in den USA ansässige (natürliche oder juristische) Personen sind nach US-Steuerrecht nicht steuerpflichtig.[52] Unerheblich ist, ob es sich um materielle oder immaterielle Vermögenswerte handelt. Mithin war die Veräußerung von Anteilen an Personengesellschaften nicht in den USA steuerpflichtig, auch wenn diese Gesellschaft eine US-Geschäftstätigkeit ausgeübt hat. Sondervorschriften gelten für Anteile an Personengesellschaften, welche in den USA belegene Immobilien besitzen.

Durch die US-Steuerreform von 2017 wurde mit IRC § 864 (c)(8) nunmehr die Vorschrift eingeführt, wonach im Fall der Veräußerung eines Anteils an einer Personengesellschaft mit einer Geschäftstätigkeit in den USA durch eine ausländische Person oder eine ausländische Körperschaft der aus dieser Transaktion resultierende Gewinn in den USA steuerpflichtig ist. Dabei wird unterstellt, dass die Personengesellschaft zum Veräußerungszeitpunkt sämtliche ihrer Vermögensgegenstände zum Verkehrswert (*Fair Market Value*) veräußert. In den USA steuerpflichtig ist jedoch nur der Teil des Gewinns, welcher dem US-Geschäftsbetrieb zuzuordnen ist. Hat die Personengesellschaft also noch andere Vermögenswerte (z. B. Aktien), welche im Wert gestiegen sind und durch den Verkauf des Anteils an der Personengesellschaft mitveräußert werden, dann ist der hierauf entfallende Gewinn nicht in den USA steuerpflichtig.

Sofern die Personengesellschaft in den USA belegenes Immobilienvermögen hält, ist der Geschäftstätigkeit in den USA zuzuordnende Anteil aus der Veräußerung des Personengesellschaftsanteils um den Betrag, welcher auf die Immobilien entfällt, zu reduzieren. Grund hierfür ist, dass der auf Immobilien entfallende Veräußerungspreis bzw. -gewinn nach den FIRPTA-Vorschriften zu versteuern ist.[53] Die getätigten Ausführungen gelten im Verlustfall analog.

Hingewiesen wird darauf, dass es sich bei der Veräußerung von Anteilen an US-Personengesellschaften nicht um Einkünfte aus einer US-Geschäftstätigkeit handelt. Vielmehr wird der Verkauf von Personengesellschaften nur so betrachtet (*deemed*), um die

51 IRC § 1445 (c)(2). Der Antrag erfolgt mit Form 8288-B, Application for Withholding Certificate for Dispositions by Foreign Persons of U.S. Real Property Interests.

52 IRC § 865.

53 IRC § 897.

Besteuerung sicherzustellen. Für die Verrechnung von Gewinnen oder Verlusten aus einer anderen, tatsächlichen US-Geschäftstätigkeit ist eine weitergehende Betrachtung erforderlich bezüglich der Qualifikation und Quelle der Einkünfte, welche sich aus der Veräußerung der verschiedenen Vermögenswerte ergeben.

2.1.2 Von der beschränkten zur unbeschränkten Steuerpflicht

Die beschränkte Steuerpflicht endet (und die unbeschränkte Steuerpflicht beginnt), sofern **eines der drei** folgenden Kriterien erfüllt wird:

1. der Steuerpflichtige erfüllt den *Substantial Presence Test* (Steuerpflicht aufgrund des tatsächlichen Aufenthaltes in den USA)
2. der Steuerpflichtige erhält die dauernde Aufenthaltserlaubnis (Steuerpflicht aufgrund des Einwanderungsstatus eines *Permanent Resident - Green Card*)
3. der Steuerpflichtige wird US-Staatsbürger (Steuerpflicht aufgrund der Staatsbürgerschaft)

Alternative 1 und 2 stellen auf die Ansässigkeit ab (*U.S. Resident*); Alternative 3 auf die Staatsbürgerschaft (*U.S. Citizen*).[54] Diese Unterscheidung ist für bestimmte Bereiche relevant (z. B. DBA-Anwendung).[55] Alternative 2 und 3 knüpfen an den jeweiligen formellen Status an (US-Staatsbürgerschaft, *Permanent Residency*). Dennoch kann ein anwendbares DBA die unbeschränkte Steuerpflicht einschränken.[56] Alternative 1 wird im Folgenden näher erläutert.

2.1.3 Steuerpflicht aufgrund des Aufenthaltes – *Substantial Presence Test*

Mit der Steuerreform von 1986 wurden erstmals objektivierbare Kriterien zur Bestimmung der Ansässigkeit eingeführt. Ein Steuerpflichtiger ist dann aufgrund seines Aufenthalts in den USA unbeschränkt steuerpflichtig, wenn er den *Substantial Presence Test* erfüllt. Dies ist der Fall, wenn sich die Person mindestens (1.) 31 Tage im gegenwärtigen Jahr und (2.) insgesamt 183 nach Jahren gewichtete Tage im gegenwärtigen und in den zwei vorangegangenen Jahren in den USA aufgehalten hat. Dabei werden die Tage im zweitvorangegangenen Jahr nur zu einem Sechstel, im vorangegangenen Jahr zu einem Drittel und im gegenwärtigen Jahr voll gezählt.[57] Für Zwecke des *Substantial Presence Tests* grundsätzlich nicht als Aufenthalt in den USA gezählt werden Tage, an denen sich die Person im Rahmen der Anstellung eines fremden Staates, zeitlich befris-

54 Vgl. Definition einer (unbeschränkt steuerpflichtigen) US-Person nach IRC § 7701 (a)(30)(A) als US-Staatsbürger und U.S. Resident und Definition eines U.S. Resident nach IRC § 7701 (b).

55 DBA D / USA Art. 1(4).

56 Siehe 2.1.5.

57 IRC § 7701 (b)(3).

tet als Student unter einem „F“, „J“, „M“ oder „Q“ Visum, oder zeitlich befristet als Lehrer oder Trainee unter einem „J“ oder „Q“ Visum in den USA aufhält.[58] Aufenthaltstage bleiben auch dann unberücksichtigt, sofern diese zwangsweise aufgrund einer medizinischen Notlage erfolgten (z. B. Skiunfall mit längerem Krankenhausaufenthalt in den USA).[59] Sollen Tage für Zwecke des *Substantial Presence Tests* unberücksichtigt bleiben, so muss das Formular 8843 *Statement for Exempt Individuals and Individuals With a Medical Condition* ausgefüllt und – i. d. R. zusammen mit der Steuererklärung – bei der US-Finanzbehörde eingereicht werden.[60]

BEISPIEL **DER STEUERPFLICHTIGE HIELT SICH IN DEN JAHREN 2017 BIS 2019 IN DEN USA WIE FOLGT AUF:**

	Beispiel 1		Beispiel 2	
	Anzahl	Gewichtung	Anzahl	Gewichtung
2017	150	150 / 6 = 25	120	120 / 6 = 20
2018	180	180 / 3 = 60	120	120 / 3 = 40
2019	160	160 / 1 = 160	120	120 / 1 = 120
Gesamt		**245**		**180**

In Beispiel 1 wurden insgesamt 245 Tage (gewichtet nach Jahren) in den USA verbracht, mindestens 31 Tage davon im Jahr 2019. Aufgrund dessen wird der *Substantial Presence Test* erfüllt und die Person würde grundsätzlich der unbeschränkten Steuerpflicht unterliegen (Behandlung als *U.S. Resident*).

In Beispiel 2 wurden insgesamt 180 Tage (gewichtet nach Jahren) in den USA verbracht. Aufgrund dessen wird der *Substantial Presence Test* nicht erfüllt und eine ausländische Person ohne *Green Card* unterliegt nur der beschränkten Steuerpflicht (Behandlung als *Nonresident Alien*).

Eine Ausnahme bei Vorliegen der Voraussetzungen des *Substantial Presence Test* kann im Falle engerer Beziehungen der Person zu einem anderen Staat vorliegen (*Closer Connection to a Foreign Country*).[61] Hier kommt es auch bei Erfüllen der Voraussetzungen des *Substantial Presence Tests* nicht zur unbeschränkten Steuerpflicht, soweit folgende Kriterien kumulativ erfüllt sind:

- Anwesenheit in den USA für weniger als 183 Tage im laufenden Jahr (ohne Einbeziehung von Anwesenheitstagen der beiden Vorjahre)
- Aufrechterhaltung eines steuerlichen Wohnsitzes außerhalb der USA (*Tax Home*)

58 IRC § 7701 (b)(5).

59 IRC § 7701 (b)(3)(D)(ii).

60 Treas. Reg. § 301.7701 (b)-8 (b)(2).

61 IRC § 7701 (b)(3)(B).

- eine engere Beziehung zu dem anderen Staat (in dem auch der steuerliche Wohnsitz begründet ist) während des betreffenden Jahres

Bei der Bestimmung des steuerlichen Wohnsitzes steht primär die berufliche Tätigkeit im Vordergrund. Ein steuerlicher Wohnsitz ist daher grundsätzlich der Sitz der Geschäftstätigkeit bzw. der Ort der hauptberuflichen Anstellung, unabhängig davon, wo der Familienwohnsitz begründet ist. Nur hilfsweise kommt der regelmäßige Wohnort zur Anwendung.[62]

Die engere Beziehung besteht zu demjenigen Staat, in dem der Mittelpunkt der Lebensinteressen liegt bzw. in dem mehr bedeutsame Kontakte aufrechterhalten werden. Im Rahmen der Beurteilung ist nicht ein einzelner Tatbestand entscheidend, vielmehr ist das Gesamtbild anhand verschiedener Faktoren zu betrachten. Gewichtige Faktoren sind insbesondere der auf Dokumenten und Formularen angegebene Wohnsitz sowie der tatsächliche eigene Wohnort, der Wohnort der Familie, der Ort, an dem sich persönliche Gegenstände befinden, der Ort der derzeitigen sozialen, politischen, kulturellen oder beruflichen Beziehungen, der Ort der Geschäftstätigkeit, der Ort der Führerscheinausstellung, der Ort der Wahlausübung oder auch der Ort der Ansässigkeit wohltätiger und durch den Steuerpflichtigen regelmäßig begünstigter Organisationen. Ausschlaggebend ist, dass in dem betreffenden Land eine permanente Aufenthaltsmöglichkeit (nicht nur für einige Tage) besteht, wie z. B. eine Wohnung, ein Haus oder ein eingerichtetes Zimmer.[63]

Eine Person fällt allerdings dann nicht unter diese Ausnahme, wenn sie sich während des Jahres um eine permanente Aufenthaltserlaubnis in den USA beworben hat oder andere Schritte dahingehend unternommen wurden (dazu zählen u. a. das Einreichen der Formulare I-508, I-485, I-130, I-140, ETA-750 und DS-230) oder wenn während des Jahres ein Verfahren auf Änderung des Einwanderungsstatus anhängig war.[64]

Auch im Falle der Inanspruchnahme dieser Ausnahme muss das Formular 8840 *Closer Connection Exception Statement for Aliens* ausgefüllt und – i. d. R. zusammen mit der Steuererklärung – beim IRS eingereicht werden.[65]

62 Vgl. Treas. Reg. § 301.7701 (b)-2(c).
63 Vgl. Treas. Reg. § 301.7701 (b)-2(d).
64 IRC § 7701 (b)(3)(C).
65 Treas. Reg. § 301.7701 (b)-8(b)(1).

2.1.4 Beginn der unbeschränkten Steuerpflicht aufgrund der Ansässigkeit

Bei Ansässigkeit aufgrund des *Substantial Presence Tests* beginnt die unbeschränkte Steuerpflicht grundsätzlich mit dem Tag im Steuerjahr, an dem der Steuerpflichtige das erste Mal in den USA anwesend ist.[66]

Allerdings kann sich der Steuerpflichtige bereits davor für maximal zehn Tage in den USA aufhalten, ohne bereits zu diesem Zeitpunkt die unbeschränkte Steuerpflicht auszulösen.[67] Dies soll Kurzaufenthalte vor der Ansässigkeit ermöglichen (z. B. als Tourist) und die unbeschränkte Steuerpflicht bereits ab diesem Zeitpunkt verhindern. Die zehn Tage können auch auf mehrere Aufenthalte verteilt sein (z. B. fünf Tage im Januar, vier Tage im Mai). Der Steuerpflichtige muss jedoch für alle Tage eines Aufenthaltes nachweisen können, dass sein steuerlicher Wohnsitz weiterhin in einem anderen Staat lag und er eine engere Beziehung zu diesem Staat hatte.[68] Kann dieser Nachweis nicht erbracht werden, gilt der Steuerpflichtige mit dem ersten Tag des Aufenthaltes, an dem der Nachweis nicht für sämtliche Tage des Aufenthaltes erbracht werden kann, als unbeschränkt steuerpflichtig. Für Zwecke des *Substantial Presence Tests* sind immer alle Aufenthaltstage des betreffenden Jahres in die Berechnung einzubeziehen, d. h. auch die beschriebenen zehn Tage, wenn die Ansässigkeit erst später beginnt.[69]

Bei Ansässigkeit aufgrund der dauernden Aufenthaltsgenehmigung beginnt die unbeschränkte Einkommensteuerpflicht mit dem Tag, an dem der Steuerpflichtige das erste Mal aufgrund der Aufenthaltsgenehmigung tatsächlich in den USA physisch anwesend ist.[70]

In beiden Fällen gilt der Steuerpflichtige für den Zeitraum davor als lediglich beschränkt steuerpflichtig (sofern er nicht bereits im Jahr zuvor den *Substantial Presence Test* erfüllt).[71] Daher kann ein Steuerpflichtiger für jeweils einen Teil des Jahres beschränkt und für den anderen Teil unbeschränkt steuerpflichtig sein (sogenannter *Dual Status Taxpayer*).

Unter gewissen Umständen kann ein Steuerpflichtiger das Wahlrecht ausüben, bereits im Jahr vor Beginn der unbeschränkten Steuerpflicht als in den USA ansässig zu gelten. Das heißt, der Steuerpflichtige könnte bereits in dem vorangehenden Jahr in den USA der unbeschränkten Steuerpflicht unterliegen, obwohl er in diesem Jahr noch nicht, wohl aber im nächsten Jahr, den *Substantial Presence Test* oder den *Green Card Test* er-

66 IRC § 7701 (b)(2)(A).
67 IRC § 7701 (b)(2)(C).
68 IRC § 7701 (b)(3)(C)(i).
69 Treas. Reg. § 301-7701 (b)-4 (c)(1).
70 IRC § 7701 (b)(2)(A)(ii); Treas. Reg. § 301-7701 (b)-4 (a).
71 Treas. Reg. § 301-7701 (b)-4 (a).

füllt (*First-Year-Election*).[72] Dazu muss er sich an zumindest 31 aufeinanderfolgenden Tagen und nachfolgend, mit Beginn der 31 Tage, zu zumindest 75 % bis zum Ende des Jahres in den USA aufhalten. Die unbeschränkte Steuerpflicht beginnt in diesem Fall mit Beginn der 31 Tage.[73] Das Wahlrecht auf unbeschränkte Steuerpflicht kann vorteilhaft sein, wenn die Steuer niedriger ausfallen würde als bei nur beschränkter Steuerpflicht (z. B. bei Zusammenveranlagung oder bei Geltendmachung von Verlusten).

2.1.5 Ausnahme von der unbeschränkten US-Steuerpflicht bei DBA-Anwendung

Auch wenn eine Person nach den vorgenannten Bestimmungen des US-Einkommensteuerrechts als in den USA ansässig gilt und daher in den USA der unbeschränkten Steuerpflicht unterliegen würde, kann das Besteuerungsrecht der USA dennoch durch die Anwendung eines DBAs zwischen den USA und einem anderen Staat eingeschränkt sein (z. B. DBA D / USA).

DBAs mit den USA unterscheiden grundsätzlich zwischen US-Staatsbürgern und Personen, die für US-Steuerzwecke als ansässig gelten (*U.S. Residents*, inklusive *Green Card*-Besitzer). Die USA behalten sich vor, ihre Staatsbürger auch bei Bestehen eines DBAs der unbeschränkten US-Steuerpflicht zu unterwerfen. Das DBA ist daher aufgrund der sogenannten *Saving Clause* nur eingeschränkt auf US-Staatsbürger anwendbar.[74] Die folgenden Regeln gelten mithin nur für in den USA als steuerlich ansässig geltende Personen, nicht jedoch für US-Staatsbürger.

Wird z. B. ein sowohl in Deutschland als auch in den USA Steuerpflichtiger von beiden Staaten zunächst in jedem der beiden Staaten als steuerlich ansässig angesehen, dann wird die Ansässigkeit für Zwecke der Anwendung des DBAs nur einem Staat zugeordnet (sogenannte *Tie-Breaker Rule*).[75] Dies ist erforderlich, um Besteuerungsrechte entweder dem einen oder dem anderen Staat zuordnen zu können und dadurch eine mögliche Doppelbesteuerung von Einkommen zu vermeiden. Zu unterscheiden ist somit zwischen der grundsätzlichen Steuerpflicht, die sich nach den nationalen Vorschriften des betreffenden Staates bestimmt sowie der Ansässigkeit des Steuerpflichtigen für DBA-Zwecke.

Die Ansässigkeit, die nach den Vorschriften der *Tie-Breaker Rule* des anzuwendenden DBAs nur einem Staat zugeordnet werden kann, schränkt die zuvor nach nationalen Vorschriften ermittelte Steuerpflicht in den betreffenden Staaten (beschränkt / unbeschränkt) zunächst grundsätzlich nicht ein. Das heißt, ein Steuerpflichtiger kann in

72 IRC § 7701 (b)(4).

73 IRC § 7701 (b)(4); Treas. Reg. § 301-7701 (b)-4 (c)(3).

74 Vgl. dazu z. B. Art. 1 Abs. 4 DBA D / USA.

75 Art. 4 DBA D / USA.

zwei Staaten grundsätzlich unbeschränkt steuerpflichtig sein (was eine prinzipielle Erklärungspflicht der weltweiten Einkünfte einschließt), ist für Zwecke des DBAs jedoch nur in einem Staat als ansässig zu behandeln. Eine Ausnahme bilden hier die USA, die, anknüpfend an die im DBA befindliche *Tie-Breaker Rule*, die sogenannte *Tie-Breaker Rule Exception* im nationalen Steuerrecht verankert haben. Nach dieser wird ein Steuerpflichtiger, der den *Substantial Presence Test* in den USA erfüllt und daher in den USA nach nationalem Recht unbeschränkt steuerpflichtig wäre, trotzdem in den USA als lediglich beschränkt steuerpflichtig behandelt.[76] Das heißt, eine grundsätzliche Erklärung der weltweiten Einkünfte entfällt in diesem Fall.

Die Ansässigkeit nach der in Artikel 4 DBA D / USA verankerten *Tie-Breaker Rule* bestimmt sich wie folgt:

a. Die Person gilt als in dem Staat ansässig, in dem sie über eine ständige Wohnstätte verfügt. Verfügt sie in beiden Staaten über eine ständige Wohnstätte, so gilt sie als in dem Staat ansässig, zu dem sie die engeren persönlichen und wirtschaftlichen Beziehungen hat (Mittelpunkt der Lebensinteressen).

b. Kann nicht bestimmt werden, in welchem Staat die Person den Mittelpunkt ihrer Lebensinteressen hat, oder verfügt sie in keinem der Staaten über eine ständige Wohnstätte, so gilt sie als in dem Staat ansässig, in dem sie ihren gewöhnlichen Aufenthalt hat.

c. Hat die Person ihren gewöhnlichen Aufenthalt in beiden Staaten oder in keinem der Staaten, so gilt sie als in dem Staat ansässig, dessen Staatsangehöriger sie ist.

d. Ist die Person Staatsangehöriger beider Staaten oder keiner der Staaten, so regeln die zuständigen Behörden der Vertragsstaaten die Frage in gegenseitigem Einvernehmen.

Wird das US-Besteuerungsrecht aufgrund des anwendbaren DBA eingeschränkt und möchte sich der Steuerpflichtige auf eine Abkommensposition berufen, sei es auf die *Tie-Breaker Rule* oder andere Abkommensregelungen, dann ist für US-Steuerzwecke i. d. R. das Formular 8833 *Treaty-Based Return Position Disclosure* zu vervollständigen. Das Formular ist zwingend mit einer Steuererklärung beim IRS einzureichen.

76 Field Service Advice 1998-50, Vaughn No. 1114, 4/30/1998.

2.1.6 Überblick über die beschränkte US-Steuerpflicht aufgrund der Anwesenheitstage

Beschränkte US-Steuerpflicht bei folgenden Anwesenheitstagen	Gesetzliche Grundlage	Offenlegung der Anwesenheitstage
Substantial Presence Test < 183 Tage im gewichteten Durchschnitt des laufenden und der beiden vorangegangenen Jahre	§7701 (b)(3)(A)	Offenlegung in der US-Steuererklärung, soweit diese abzugeben ist.
Closer Connection to Foreign Country < 183 Tage im laufenden Jahr	§7701 (b)(3)(B)	Offenlegung der Position in der US-Steuererklärung erforderlich (Anhang von Formular 8840). Ausweis erzwingt US-Steuererklärung.
Tie-Breaker Rule des DBAs >183 Tage im laufenden Jahr	Artikel 4 DBA D / USA	Offenlegung der Abkommensposition in der US-Steuererklärung erforderlich (Anhang von Formular 8833). Ausweis erzwingt US-Steuererklärung.

2.2 Unbeschränkte US-Steuerpflicht

2.2.1 Die US-Steuerreform von 2017

Nach der Sommerpause (*Summer Recess*) des amerikanischen Kongresses Anfang September 2017 bestand der rudimentäre Plan einer Steuerreform lediglich aus einem eineinhalbseitigen Papier von Donald J. Trump. In den wenigen Wochen bis Mitte Dezember haben sowohl das Repräsentantenhaus (am 16.11.2017) als auch der Senat (am 2.12.2017) jeweils eigene Versionen der Steuerreform verabschiedet, welche durchaus unterschiedlich waren. Nach erfolgreicher Abstimmung in beiden Kammern wurden diese Reformvorschläge dann von einem *United States Congress Joint Committee* zu einer einheitlichen Gesetzesvorlage zusammengeführt (abgeschlossen am 15.12.2017) und den beiden Häusern wiederum zur Abstimmung vorgelegt. Das Repräsentantenhaus hat dann am 19.12.2017 und der Senat am 20.12.2017 diese Version beschlossen. Donald J. Trump hat die US-Steuerreform von 2017[77] (*Tax Cuts and Jobs Act of 2017*) noch vor Weihnachten, am 22.12.2017, unterschrieben und sie damit erlassen.

77 Offizieller Titel: *An Act to provide for reconciliation pursuant to titles II and V of the concurrent resolution on the budget for fiscal year 2018.*

Die wichtigsten Ziele der Steuerreform waren:

1. Haushalte mit niedrigeren und mittleren Einkommen steuerlich zu entlasten
2. die im internationalen Vergleich hohe Körperschaftsteuer auf ein wettbewerbsfähiges Niveau zu senken und die steuerlichen Nachteile durch das Anrechnungssystem zu beseitigen
3. Steuervereinfachung

Die US-Steuerreform von 2017 ist bei weitem nicht aufkommensneutral - insgesamt wird ein weiteres Defizit i. H.v. USD 1,7 Billionen erwartet. Deshalb gab es nicht nur lautstarke Proteste von den jeweiligen *Budget Committees* der beiden Häuser. Da nach den Regeln des US-Senats eine Steuerreform nur dann permanent sein kann, wenn sie entweder mit einer *Supermajority* von 60 % der Stimmen verabschiedet wird (was aufgrund der politischen Verhältnisse ausgeschlossen war) oder aufkommensneutral ist, ist das Gros der nachfolgend aufgeführten, für den einkommensteuerlichen Bereich geltenden Neuerungen zeitlich begrenzt. Diese zeitliche Begrenzung wird als *Sunset* bezeichnet. Sofern eine Regelung einem *Sunset* unterliegt, ist die entsprechende zeitliche Begrenzung gesondert aufgeführt. Nach Erreichen dieser Frist wird das Steuerrecht automatisch in den Stand von vor dem 1.1.2018 zurückversetzt. Es bedarf hierzu keiner erneuten Gesetzesvorlage und Abstimmung. Die vor dem 1.1.2018 geltenden Regelungen werden deshalb in den nachfolgenden Ausführungen auch berücksichtigt.

2.2.2. Ermittlung der US-Einkommensteuer

Die US-Einkommensteuer ermittelt sich nach folgendem vereinfachten Schema:[78]

1)		Bruttoeinkommen (Gross Income)
2)	./.	Anpassungen (Adjustments to Gross Income)
3)	=	Bereinigtes Bruttoeinkommen (Adjusted Gross Income, AGI)
4)	./.	Abzugsbeträge (Itemized or Standard Deduction)
5)	./.	Persönlicher Grundfreibetrag (Exemptions)
6)	=	Steuerpflichtiges Einkommen (Bemessungsgrundlage)
7)		Berechnung der Einkommensteuer
8)	./.	Steueranrechnungsbeträge (Tax Credits)
9)	=	Vorläufige Steuerverbindlichkeit
10)	./.	Vorauszahlungen (z. B. einbehaltene Lohnsteuer, Quellensteuer)
11)	=	Steuerschuld oder Rückerstattungsanspruch

78 Vgl. IRC §§ 61, 62 und 63.

Der Begriff des Einkommens ist extrem weit. Zum Einkommen zählen generell alle Einkünfte unabhängig von deren Quelle (*All Income from whatever Source Derived*).[79] Dies führt sogar dazu, dass Schenkungen und Erbschaften als ausdrücklich steuerfrei erklärt werden.[80] Zu den steuerpflichtigen Einkünften zählen neben Einkünften aus unselbstständiger und selbstständiger Tätigkeit (sowohl gewerbliche, land- und forstwirtschaftliche als auch freiberufliche Einkünfte), Dividenden, Zinsen, Veräußerungsgewinne, Miet-, Zins- und Renteneinkünfte, auch Preise und Auszeichnungen, Lotteriegewinne und Arbeitslosengelder bzw. sonstige Transferleistungen.[81]

Das Bruttoeinkommen wird um bestimmte Anpassungsbeträge (*Above-the-Line Deductions*) gekürzt, um das bereinigte Bruttoeinkommen (*Adjusted Gross Income*) zu ermitteln. Dazu zählen unter anderem Aufwendungen, die nicht unmittelbar den Einkünften zuzurechnen sind, wie z. B. Sozialversicherungsbeiträge eines selbstständig Erwerbstätigen, Beiträge zu Pensionssparplänen, Unterhaltszahlungen, Umzugskosten und bestimmte Ausbildungskosten.[82]

Vom Gesamtbetrag der Einkünfte sind entweder die tatsächlichen Aufwendungen und sonstigen Belastungen (*Itemized Deductions*) oder, sofern dieser höher ist, ein pauschal gewährter Betrag (*Standard Deduction*) abzuziehen. Zu den einzelnen Aufwendungen zählen grundsätzlich Heilbehandlungskosten, bestimmte Steuern und Zinsaufwendungen, Spenden, private Verluste aufgrund von Schäden oder Diebstählen und andere Aufwendungen (z. B. nicht ersetzte Arbeitnehmeraufwendungen, Steuerberatungskosten).[83] Durch die Steuerreform von 2017 wurde die Liste dieser steuerlich abzugsfähigen Aufwendungen drastisch reduziert.

Zusätzlich ist ein persönlicher Freibetrag abzuziehen, dessen Höhe abhängig von der Anzahl der unterhaltspflichtigen Personen ist (*Personal, Spouse and Dependent Exemption*).[84] Nach Abzug dieser Beträge verbleibt das steuerpflichtige Einkommen, auf Basis dessen die Einkommensteuer durch Anwendung des progressiven Einkommensteuertarifs ermittelt ist.[85] Daraus ermittelt sich die Einkommensteuer.

Die so berechnete Einkommensteuer wird durch eine Vielzahl unterschiedlicher Anrechnungsbeträge (*Tax Credits*) vermindert.[86] Dazu zählen insbesondere Anrechnungsbeträge mit sozialem oder ausbildungsbezogenem Unterstützungscharakter, mit um-

79 IRC § 61.

80 IRC § 102 (a).

81 IRC § 61 (a), IRC §§ 71 bis 90.

82 IRC § 62.

83 IRC § 63 i.V.m. IRC §§ 161 bis 199 und IRC §§ 211 bis 224.

84 IRC § 151.

85 IRC § 63, IRC § 1.

86 IRC §§ 21 bis 54AA.

weltschutz- oder beschäftigungsbezogenem Anreizcharakter oder der Anrechnungsbetrag im Ausland gezahlter Steuern auf in den USA zu versteuerndes Einkommen (*Foreign Tax Credit*[87], siehe dazu 2.2.4.11).

Aus der berechneten Einkommensteuer abzgl. der zustehenden Anrechnungsbeträge ergibt sich die Steuerverbindlichkeit. Auf diese werden Einkommensteuervorauszahlungen (wie z. B. einbehaltene Lohn- oder Quellensteuer, sonstige i. d. R. vierteljährliche Steuervorauszahlungen) angerechnet, sodass sich eine verbleibende Steuerschuld bzw. ein Rückerstattungsanspruch ergibt.[88]

2.2.3 Erhebung der Einkommensteuer

Die Erhebung der Einkommensteuer erfolgt entweder im Abzugsweg (z. B. Lohnsteuer) oder im Veranlagungsweg mit quartalsweisen Vorauszahlungen.[89]

Allerdings gelten Steuereinbehalt (Lohnsteuer) bzw. quartalsweise Zahlungen grundsätzlich nur als Vorauszahlung und nicht als endgültige Steuerfestsetzung.[90] Daher hat generell jede in den USA unbeschränkt steuerpflichtige natürliche Person eine US-Einkommensteuererklärung (Formular 1040) zum 15.4. des Folgejahres einzureichen.[91] Es besteht die Möglichkeit einer Fristverlängerung bis maximal sechs Monate nach der Abgabefrist (i. d. R. 15.10.). Diese verlängert allerdings nur die Abgabefrist (und verhindert eine Strafe aufgrund der verspäteten Abgabe), nicht aber die Fälligkeit der Steuer.[92] Daher ist spätestens zum 15.4. die Steuerschuld zu begleichen, um Verzugszinsen sowie weitere Straf- oder / und Zinszahlungen zu verhindern.[93]

Abhängig vom Familienstand kann entweder die Einzel- oder die Zusammenveranlagung gewählt werden.[94] Ist jedoch zumindest einer der beiden Ehegatten lediglich beschränkt steuerpflichtig, dann ist zwingend getrennt zu veranlagen.[95] Bei Einzel- bzw. getrennter Veranlagung von verheirateten Steuerpflichtigen kommt ein nachteiliger Steuersatz zur Anwendung.

87 IRC § 27 i. V. m. IRC §§ 901 ff.
88 Bittker and Lokken: Federal Taxation of Income, Estates, and Gifts (WG&L), 111.5.
89 Bittker and Lokken: Federal Taxation of Income, Estates, and Gifts (WG&L), 111.5; Vorauszahlungen aufgrund von IRC §§ 3401-3404 (Lohnsteuerabzug), IRC § 6654 (quartalsweise Vorauszahlungen).
90 Vgl. IRC § 6151.
91 IRC § 6072.
92 IRC § 6081; Treas. Reg. § 1.6081-4.
93 Strafen nach IRC § 6651, Zinsen nach IRC § 6601.
94 IRC § 6013.
95 IRC § 6013 (a)(1).

2.2.4 Besteuerung von laufenden Einkünften

2.2.4.1 US-Steuersätze

Laufende Einkünfte werden grundsätzlich mit dem progressiven Steuertarif versteuert.[96] Die Tarifstufen des progressiven Steuertarifs werden jährlich an die Inflation angepasst.

Durch die US-Steuerreform von 2017 wurden sowohl Steuersätze als auch Tarifstufen verändert, und zwar für den Zeitraum vom 1.1.2018 bis zum 31.12.2025. Ob es zu einer Reduzierung oder Erhöhung der Einkommensteuerbelastung kommt, lässt sich nicht allgemein feststellen, da sich einerseits die Steuersätze - mit Ausnahme der ersten und sechsten Stufe - verringert haben, gleichzeitig aber die niedriger besteuerten Tarifzonen reduziert wurden. Exemplarisch seien nachfolgend die Änderungen für die Einzelveranlagung dargestellt.

Zwar werden die Tarife der zweiten bis fünften Tarifstufe reduziert, gleichsam jedoch werden für die vierte und fünfte Stufe die Schwellenwerte gesenkt, sodass für zu versteuernde Einkommen ab einer bestimmten Stufe fortan ein höherer, wenn auch reduzierter Steuersatz zur Anwendung kommt. Die Tarifhöhe der sechsten Stufe (35 %) wird nicht gesenkt, gleichzeitig erfolgt allerdings eine beiderseitige Ausweitung der Tarifzone, ab derer das entsprechende zu versteuernde Einkommen diesem Tarif unterworfen wird. Der Höchststeuersatz wird von 39,6 % um 2,6 Prozentpunkte auf 37 % gesenkt und wird auf ein zu versteuerndes Einkommen ab USD 518.401 (für 2020) erhoben.

Die nachfolgenden Tabellen gelten für die Einzelveranlagung (ledige Personen), Verheiratete mit getrennter Veranlagung sowie Verheiratete mit Zusammenveranlagung ab dem 1.1.2020.

96 IRC § 1; Rev. Proc. 2011-52, IRB 2011-45.

Steuer-satz	**Einzelveranlagung** von Ledigen		**Einzelveranlagung** von Ehegatten		**Zusammenveranlagung** (nur bei unbeschränkter Steuerpflicht)	
	von	**bis**	**von**	**bis**	**von**	**bis**
10 %	$0	$9.875	$0	$9.875	$0	$19.750
12 %	$9.876	$40.125	$9.876	$40.125	$19.751	$80.250
22 %	$40.126	$85.525	$40.126	$85.525	$80.251	$171.050
24 %	$85.526	$163.300	$85.526	$163.300	$171.051	$326.600
32 %	$163.301	$207.350	$163.301	$207.350	$326.601	$414.700
35 %	$207.351	$518.400	$207.351	$311.025	$414.701	$622.050
37 %	≥ $518.401		≥ $311.026		≥ $622.051	

2.2.4.2 Änderungen der abziehbaren Werbungskosten / Sonderausgaben (gültig vom 1.1.2018 bis zum 31.12.2025)

Durch *Adjustments to Income* (vergleichbar dem Abzug bestimmter Entlastungsbeträge) vom *Total Income* (vergleichbar der Summe der Einkünfte) gelangt man zum *Adjusted Gross Income* (vergleichbar dem Gesamtbetrag der Einkünfte). Hiervon sind bestimmte Ausgaben und Belastungen abzuziehen, die in etwa mit den Werbungskosten bzw. Sonderausgaben im deutschen Steuerrecht vergleichbar sind. Dabei können entweder die tatsächlichen Ausgaben (*Itemized Deductions*) oder, sofern vorteilhaft, ein pauschal gewährter Betrag (*Standard Deduction*) angesetzt werden. Zu den einzelnen Ausgaben zählen grundsätzlich Ausgaben für medizinische Versorgung, bestimmte Staats- und Kommunalsteuern, bestimmte Zinsaufwendungen, Spenden sowie bestimmte andere Ausgaben (z. B. nicht erstattete Arbeitnehmeraufwendungen oder Steuerberatungskosten).

Durch die US-Steuerreform von 2017 wurde die Abzugsfähigkeit dieser Werbungskosten bzw. Sonderausgaben drastisch modifiziert:

a) Ein Großteil der bis dato gewährten Abzüge ist künftig nicht mehr absetzbar, z. B. nicht erstattete Arbeitnehmeraufwendungen, Steuerberatungskosten oder Schuldzinsen bei Einkünften aus Kapitalvermögen.

b) Der Abzug von Einkommensteuern auf Staats- und Kommunalebene (oder alternativ der Verbrauchsteuern in Bundesstaaten ohne Einkommensteuer) sowie von

Grundsteuern wurde auf USD 10.000 (bei Zusammenveranlagung) bzw. USD 5.000 (für Ledige bzw. Verheiratete mit getrennter Veranlagung) beschränkt.[97]

c) Die Abzugsfähigkeit von Hypothekenzinsen auf privat genutzte Wohnimmobilien wurde eingeschränkt. Bislang waren Zinsen auf Hypotheken bis USD 1.000.000 abzugsfähig. Dieser Betrag wurde nun auf USD 500.000 reduziert.

d) Die Abschmelzung der *Itemized Deductions* ab einer bestimmten Einkommenshöhe wurde abgeschafft.

e) Auch wurde die Abzugspauschale durch die US-Steuerreform von 2017 von USD 6.500 auf USD 12.000 (für Ledige bzw. Verheiratete mit getrennter Veranlagung) bzw. von USD 13.000 auf USD 24.000 (bei Zusammenveranlagung) nahezu verdoppelt.[98]

f) Der Grundfreibetrag wurde abgeschafft.

Die Änderungen lassen sich folgendermaßen zusammenfassen, wobei die linksseitig dargestellten Werte diejenigen sind, welche sich ohne die US-Steuerreform von 2017 - also basierend auf dem bis 31.12.2017 geltenden Steuerrecht - für 2018 ergeben hätten.[99]

97 Diese Beträge werden nicht an die Inflation angepasst.

98 Diese Beträge werden jährlich an die Inflation angepasst.

99 Laut Revenue Procedure 2017-58, veröffentlicht am 19.10.2017.

Änderungen abziehbarer Werbungskosten / Sonderausgaben		
	Ab 1.1.2018 (laut Rev. Proc. 2017-58)	**Ab 1.1.2018 (laut US-Steuerreform)**
Abzugspauschale (Standard Deduction) - Ledige/Verheiratete mit getrennter Veranlagung - Verheiratete mit Zusammenveranlagung	 $6.500 $13.000	 $12.000 $24.000
Grundfreibetrag (Personal Exemption)	$4.150	$0
Kinderfreibetrag (Child Tax Credit) - Pro qualifiziertes Kind - Schwellenwerte des angepassten, bereinigten Bruttoeinkommens (Modified Adjusted Gross Income), ab derer der Kinderfreibetrag für jede $1.000 um $50 reduziert wird - Ledige - Verheiratete mit getrennter Veranlagung - Verheiratete mit Zusammenveranlagung - Erhöhung des gewährten Kinderfreibetrags für jeden Unterhaltsberechtigten des Steuerpflichtigen, der kein qualifiziertes Kind ist	 $1.000 $75.000 $55.000 $110.000 $0	 $2.000 $200.000 $200.000 $400.000 $500

Gewährter Abzug geleisteter bundesstaatlicher und kommunaler sowie ausländischer (persönlicher) Grund- und Einkommensteuern und allgemeiner Verbrauchsteuern **(Deduction for State and Local Taxes)** - Ledige / Verheiratete mit Zusammenveranlagung - Verheiratete mit getrennter Veranlagung Der Abzug wurde vor der Steuerreform von 2017 ab einer bestimmten Einkommenshöhe abgeschmolzen	 unbeschränkt unbeschränkt	 $10.000 $5.000
Verschiedene Abzugsbeträge (Miscellaneous Itemized Deductions) Der Abzug wurde vor der Steuerreform von 2017 ab einer bestimmten Einkommenshöhe abgeschmolzen	unbeschränkt	$0

Wie bisher auch steht beschränkt Steuerpflichtigen die Abzugspauschale nicht zu.

2.2.4.3 Zusätzliche Steuer auf Investmenteinkünfte

Erzielt ein Steuerpflichtiger mit einem Gesamteinkommen von über USD 250.000 (für Verheiratete) bzw. USD 200.000 (für Ledige) sogenannte Investmenteinkünfte, so fällt für diese seit dem 1.1.2013 eine zusätzliche Steuer (*Net Investment Income Tax*, NIIT) i. H.v. 3,8 % an.[100]

Unter den Begriff der Investmenteinkünfte fallen insbesondere Einkünfte aus Kapitalvermögen wie Zinsen, Dividenden und Veräußerungsgewinne sowie passive Einkünfte, also Einkünfte aus einem Geschäftsbetrieb, bei dem der Investor keine Mitunternehmerfunktion ausübt. Ebenfalls passive Einkünfte stellen solche aus Vermietung und Verpachtung dar, was auch für in diesem Zusammenhang entstehende Veräußerungsgewinne aus Immobilienverkäufen gilt. Des Weiteren sind hiervon Lizenzgebühren erfasst, soweit diese nicht einer aktiven Tätigkeit zugeordnet werden können.

100 IRC § 1411.

Die zusätzliche Steuer auf Investmenteinkünfte betrifft nur unbeschränkt steuerpflichtige Personen.[101] Die Schwellenbeträge, ab denen die NIIT anfällt, sind nicht inflationsangepasst.

2.2.4.4 Alternative Mindeststeuer (Änderungen gültig vom 1.1.2018 bis zum 31.12.2025)

Aufgrund der durch das US-Steuerrecht im Rahmen der *Itemized Deductions* gewährten Abzugsmöglichkeiten, des Grundfreibetrags sowie bestimmter Gewinnermittlungsvorschriften wie z. B. degressive Abschreibung, Verlustverrechnung oder Anrechnung von im Ausland gezahlter Steuer, ist es grundsätzlich möglich, dass ein ursprünglich hohes Einkommen dergestalt verringert wird, dass es effektiv einer lediglich geringen Steuerbelastung unterliegt. Zu diesem Zweck wurde die Alternative Mindeststeuer (*Alternative Minimum Tax*, AMT) implementiert, mit der eine der wirtschaftlichen Leistungsfähigkeit des Steuerzahlers entsprechende Einkommensteuerbelastung gewährleistet werden soll.[102] Auf die errechnete AMT wird die Steuer angerechnet, welche sich nach den regulären Einkommensteuervorschriften errechnet.[103] Der Differenzbetrag ist die AMT, welche sich dann ergibt, wenn die Steuerentlastung bei der (höheren) regulären Einkommensteuer größer ist als die AMT, welche sich durch Anwendung des (niedrigeren) AMT-Steuersatzes auf die Abzüge errechnet. Durch die progressiven Sätze der regulären Bundessteuer waren in der Vergangenheit die Bezieher sehr hoher Einkommen kaum von der AMT betroffen, da durch die Anrechnung der dann meist auch hohen regulären Einkommensteuer die AMT eliminiert wurde. Da die Freibeträge der AMT relativ niedrig und zudem nicht inflationsangepasst waren, hat die AMT immer mehr Bezieher mittlerer Einkommen erfasst, vor allem wenn hohe Hypothekenzinsen und Grundsteuern sowie hohe Einkommensteuern auf Staatsebene die abzugsfähigen Belastungen erhöht haben.

Ausgangspunkt für die Ermittlung der AMT ist zunächst das regulär ermittelte zu versteuernde Einkommen vor Abzug des Grundfreibetrags. Zu diesem werden die im Rahmen der *Itemized Deductions* gewährten Abzugsmöglichkeiten addiert. Weiterhin ergeben sich zahlreiche Anpassungen, da die Gewinnermittlungsvorschriften für Zwecke der regulären Einkommensteuer und der AMT unterschiedlich sind. Dies betrifft unter anderem Abschreibungen, Verlustverrechnung sowie Anrechnung von im Ausland gezahlter Steuer.[104]

101 IRC § 1411 (e)(1).

102 Bittker and Lokken: Federal Taxation of Income, Estates, and Gifts (WG&L), 111.4.1.

103 Vgl. IRC § 55.

104 IRC § 55 i. V. m. IRC §§ 56 bis 58.

Auf das so ermittelte AMT-*Income* kommt ein Freibetrag zur Anwendung, welcher jedoch ab einer bestimmten Höhe des AMT-*Income* abgeschmolzen wird (*Phase-out*).[105] Im Anschluss wird bis zu einem gewissen Schwellenwert – im Jahr 2019 liegt dieser bei USD 197.500 - ein Steuersatz von 26 % auf das ermittelte AMT-*Income* erhoben. Das über dem Schwellenwert liegende AMT-*Income* wird mit 28 % besteuert.[106] Auf diese *Tentative Minimum Tax* wird dann die reguläre Einkommensteuer angerechnet. Bei Einkünften, die generell einem begünstigten Steuersatz unterliegen (*Qualified Dividends, Net Capital Gains, Unrecaptured Gains* nach IRC §1250), kommt auch für Zwecke der AMT der begünstigte Steuersatz zur Anwendung.[107] Der Vorteil des günstigen Steuersatzes bleibt daher erhalten.

Durch die US-Steuerreform von 2017 haben sich sowohl die AMT-Freibeträge als auch die Schwellenwerte geändert, ab welcher diese Freibeträge abgeschmolzen werden.[108] Dies lässt sich zusammenfassend wie folgt darstellen, wobei die linksseitig dargestellten Werte diejenigen sind, welche sich ohne die US-Steuerreform von 2017 - also basierend auf dem bis 31.12.2017 geltenden Steuerrecht - für 2018 ergeben hätten:

Änderungen des *AMT*-Freibetrags sowie des dazugehörigen *Phase-Outs*		
	Ab 1.1.2018 (laut *RP 2017-58*)	**Ab 1.1.2018 (laut US-Steuerreform)**
***AMT*-Freibetrag (*Exemption amount*)**		
- Ledige	$55.400	$70.300
- Verheiratete mit getrennter Veranlagung	$43.100	$54.700
- Verheiratete mit Zusammenveranlagung	$86.200	$109.400
Schwellenwert des Freibetrags (*Phase-Out)*		
- Ledige	$123.100	$500.000
- Verheiratete mit getrennter Veranlagung	$82.050	$500.000
- Verheiratete mit Zusammenveranlagung	$164.100	$1.000.000

105 IRC § 55 (d).
106 IRC § 55 (B)(1)(A).
107 IRC § 55 (b)(3).
108 Alle Beträge werden jährlich an die Inflation angepasst.

Mithin bleibt festzustellen, dass durch die deutliche Reduzierung der steuerlichen Abzugsbeträge sowie die Erhöhung der AMT-Freibeträge die Auswirkungen der AMT bei mittleren Einkommen deutlich reduziert sein sollten. Allerdings kommt es bei hohen und sehr hohen Einkommen zu einer Belastung mit AMT, da der 20 %-Sonderabzug für qualifizierte Einkünfte aus einer US-Geschäftstätigkeit für Zwecke der AMT wieder hinzugerechnet wird.

2.2.4.5 Betriebliche Einkünfte

Gewinne aus einer selbstständigen Geschäftstätigkeit werden nach der Gewinnermittlung entsprechend einer Einnahmenüberschussrechnung (*Cash Basis*) oder eines Betriebsvermögensvergleiches (*Accrual Basis*) ermittelt.[109]

Um die Besteuerung von Kapitalgesellschaften sowie von Personengesellschaften bzw. natürlichen Personen mit bestimmten Einkünften aus einer US-Geschäftstätigkeit anzugleichen, wurde mit der US-Steuerreform von 2017 eine Regelung eingeführt, wonach der Steuersatz auf qualifizierte geschäftliche Einkünfte (*Qualified Business Income Amount*) des Steuerpflichtigen um 20 % reduziert wird. Details dieser Regelung wurden bei der Besteuerung beschränkt steuerpflichtiger Personen ausführlich dargestellt.[110] Diese Vorschrift ist gültig vom 1.1.2018 bis zum 31.12.2025.

2.2.4.6 Andere Einkünfte

Einkünfte aus nichtselbstständiger Arbeit sind mit dem progressiven Steuertarif zu versteuern und unterliegen grundsätzlich dem Lohnsteuerabzug, der vom Arbeitgeber einzubehalten ist. Es gilt das Zu- und Abflussprinzip.[111]

Entsprechend werden Einkünfte aus Kapitalvermögen (Zinsen, Lizenzeinnahmen), Einkünfte aus Vermietung und Verpachtung und andere Einkünfte ebenso mit dem progressiven Steuertarif besteuert. Soweit es sich um Einkünfte aus Kapitalvermögen handelt und bestimmte Einkommensgrenzen überschritten werden, fällt eine zusätzliche Steuer von 3,8 % auf Investmenteinkünfte an.[112]

109 IRC § 446.

110 Vgl. 2.1.1.

111 IRC § 446; Treas. Reg. § 1.446-1 (c)(1)(i).

112 IRC § 1.

2.2.4.7 Verlustverrechnungsbeschränkungen

Verluste aus einer (aktiven) US-Geschäftstätigkeit

Das US-Steuerrecht kennt eine Vielzahl von Beschränkungen der Verlustverrechnung, und zwar sowohl bei der horizontalen, vor allem jedoch bei der vertikalen Verlustverrechnung zwischen verschiedenen Einkunftsarten. Verluste aus einer (aktiven) US-Geschäftstätigkeit waren bislang grundsätzlich nicht beschränkt, konnten also mit Gewinnen aus einer anderen US-Geschäftstätigkeit und, soweit überschüssige geschäftliche Verluste vorlagen, mit Gewinnen aus anderen Einkunftsarten verrechnet werden. Mit der US-Steuerreform von 2017 wurde diese Verlustverrechnung für den Zeitraum vom 1.1.2018 bis zum 31.12.2025 geändert.

Bei der horizontalen Verlustverrechnung hat sich wenig geändert. Wenn also ein Steuerpflichtiger unterschiedliche Geschäftstätigkeiten ausübt, aus denen er sowohl Gewinne als auch Verluste erwirtschaftet, sind diese (horizontal) miteinander verrechenbar. Änderungen gibt es durch die US-Steuerreform von 2017 nur, wenn sich aus der Geschäftstätigkeit insgesamt ein Verlust ergibt.

Mit der zeitlich limitierten Implementierung von IRC § 461 (l) wurde die vertikale Verlustverrechnung für Steuerpflichtige, die keine Körperschaften sind, geändert. Ein überschüssiger gewerblicher Verlust wird grundsätzlich nicht gewährt. Allerdings gilt diese Regelung erst bei Verlusten von mehr als USD 250.000 (für Ledige bzw. Verheiratete mit getrennter Veranlagung) bzw. USD 500.000 (für verheiratete Personen mit Zusammenveranlagung). Die Berechnung entspricht den anderen Schemata der Verlustverrechnung: Betriebsausgaben abzgl. (Einnahmen plus Schwellenwert) ergibt einen nicht verrechenbaren, überschüssigen geschäftlichen Verlust, wobei diese Berechnung kumulativ für alle geschäftlichen Aktivitäten erfolgt. Ein im laufenden Jahr überschüssiger geschäftlicher Verlust kann nach den allgemeinen Verlustverrechnungsvorschriften vorgetragen werden.

BEISPIEL Ein unbeschränkt Steuerpflichtiger (ledig) hat $50.000 Einkünfte aus Kapitalvermögen und $50.000 Einkünfte aus nichtselbstständiger Tätigkeit. Bei den geschäftlichen Tätigkeiten (kumulativ betrachtet) verursacht er Betriebsausgaben i. H. v. $1.000.000, die Einnahmen betragen $400.000. Die Verluste werden folgendermaßen errechnet (Sonderausgaben / Werbungskosten bleiben unberücksichtigt):

Einkünfte aus Kapitalvermögen	$50.000
Einkünfte aus nichtselbstständiger Tätigkeit	$50.000
Betriebsausgaben	$1.000.000
./. Einnahmen	$400.000
./. Maximal zulässige Verlustverrechnung	$250.000
Überschüssiger (nicht abzugsfähiger) gewerblicher Verlust	./. $350.000
Abzugsfähiger Verlust	$250.000

(Kapitalverm. und nichtselbst. Tätigkeit)	./. $100.000
Zu versteuerndes Einkommen	$0
Vortragsfähiger Verlust nach IRC § 172	$150.000
Vortragsfähiger Verlust nach IRC § 461 (l)	$350.000

Im Ergebnis errechnet sich ein (wirtschaftlicher) Verlust von $600.000 aus den geschäftlichen Tätigkeiten (Einnahmen $400.000 abzgl. Ausgaben $1.000.000). Dieser kann bis zur Höhe des maximal zulässigen Verlustverrechnungsbetrags von $250.000 verrechnet werden, soweit andere Einkünfte vorliegen. Der darüber hinausgehende Betrag, im Beispiel $150.000, kann nach den allgemeinen Verlustverrechnungsvorschriften entsprechend IRC § 172 in künftige Jahre vorgetragen und (unter bestimmten Beschränkungen) dann mit anderen Einkünften verrechnet werden. Auch die überschüssigen geschäftlichen Verluste, im Beispiel $350.000, sind vortragsfähig.

In dem Beispiel entstand ein wirtschaftlicher Verlust von $600.000, von dem im laufenden Jahr $100.000 mit anderen Einkünften verrechnet werden konnten. Der Vortrag ergibt sich folglich mit $500.000 und setzt sich aus zwei Komponenten zusammen:

- Dem Vortrag von $150.000 nach IRC § 172.
- Dem Vortrag der überschüssigen geschäftlichen Verluste nach IRC § 461 (l) (im Ergebnis gemäß IRC § 461 (l)(2) ebenfalls nach IRC § 172 vortragsfähig).

Im Endeffekt bewirkt dieser komplizierte Mechanismus also nur eine Verschiebung der Verlustverrechnung in künftige Veranlagungszeiträume.

Verluste aus einer passiven Tätigkeit

Bestimmte Verluste aus passiven Tätigkeiten (z. B. Immobilienvermietung, Anteile an einer Personengesellschaft als beschränkt haftender Gesellschafter) können grundsätzlich nur mit Gewinnen aus passiven Tätigkeiten im laufenden oder in späteren Jahren verrechnet werden (*Passive Activity Loss Limitation*).[113]

Verluste sind ferner nur dann steuerlich zu berücksichtigen, soweit der Steuerpflichtige den Verlust auch tatsächlich wirtschaftlich trägt (insoweit der Steuerpflichtige *at risk* ist). Der Verlust kann daher nur bis zum eingesetzten Vermögenswert des Steuerpflichtigen selbst zzgl. bis zum Wert eines Darlehens, für das der Steuerpflichtige persönlich haftet, berücksichtigt werden (*At Risk Loss Limitation*).[114]

113 IRC § 469.

114 IRC § 465.

2.2.4.8 Anteile an Personengesellschaften – Direkte Ergebniszurechnung

Die Personengesellschaft selbst ist kein Steuersubjekt. Gewinne einer Personengesellschaft (unabhängig davon, ob mit Geschäftstätigkeit oder vermögensverwaltend) werden zwar auf Ebene der Personengesellschaft entsprechend den zwei Gewinnermittlungsarten (*Cash* oder *Accrual*) ermittelt, aber im Jahr der Realisation direkt den Partnern zugerechnet und bei ihnen versteuert (Transparenzprinzip).[115] Die Personengesellschaft selbst hat dennoch bestimmte Erklärungs- und Berichtspflichten (z. B. Erklärung der Einkünfte als Grundlage für die Gewinnverteilung mittels Formular 1065 *U.S. Return of Partnership Income*).[116]

2.2.4.9 Besteuerung von Veräußerungsgewinnen und -verlusten

Aufgrund des weiten Einkommensbegriffes unterliegen sowohl Veräußerungsgewinne aus der Veräußerung von Privatvermögen als auch von betrieblichem Vermögen der Einkommensteuer. Allerdings ist ein begünstigter Steuersatz von maximal 20 % ggf. zzgl. 3,8 % bei Veräußerungsgewinnen von privat oder zu Investitionszwecken genutzten Vermögens (*Capital Assets*) vorgesehen, sofern dieses länger als ein Jahr gehalten wird (sogenannte *Capital Gains Taxation*).[117] Veräußerungsverluste aus der Veräußerung von privat oder zu Investitionszwecken genutzten Vermögens sind mit Veräußerungsgewinnen desselben Jahres gegenzurechnen.[118] Verbleibt ein Nettoveräußerungsverlust (*Net Capital Loss*), kann dieser grundsätzlich nur bis zu einem Betrag i. H. v. USD 3.000 (für Verheiratete mit Zusammenveranlagung und für Ledige) bzw. USD 1.500 (für Verheiratete mit getrennter Veranlagung) mit anderen Einkünften des Jahres verrechnet werden.[119]

Veräußerungsgewinne aus betrieblichem Vermögen werden teilweise ebenso als *Capital Gain* behandelt, sofern die Veräußerungsgewinne die Veräußerungsverluste aus betrieblichem Vermögen insgesamt übersteigen.[120] Bei Anteilen an Personengesellschaften kommt es grundsätzlich nicht zum Durchgriff auf das Gesellschaftsvermögen.[121] Nur in manchen Fällen, beispielsweise bei Vorratsvermögen oder bestimmten Forderungen[122], wird die Höhe und der Charakter der Einkünfte durch die entsprechenden Vermögenswerte der Gesellschaft bestimmt.

115 IRC § 701.
116 IRC § 6031.
117 IRC § 1 (h) i. V. m. IRC § 1221.
118 Vgl. IRC § 1222.
119 IRC § 1211 (b).
120 IRC § 1231.
121 IRC § 702.
122 Vgl. IRC § 751.

Capital Assets werden negativ abgegrenzt. Betriebliches Umlaufvermögen (Waren, welche im Zuge des normalen Geschäftsbetriebes veräußert werden oder Forderungen, die im normalen Geschäftsbetrieb entstanden sind), unbewegliches oder abschreibbares Anlagevermögen und selbst geschaffene immaterielle Vermögenswerte (Urheber- und Markenrechte, nicht jedoch Patente) werden nicht als *Capital Assets* betrachtet.[123] *Capital Assets* sind daher vor allem private Vermögenswerte und nichtabschreibbares Anlagevermögen. Veräußerungsgewinne, die aufgrund einer bisher vorgenommenen, steuerlich begünstigten Abschreibung entstanden sind, werden als *Ordinary Income* und nicht als *Capital Gain* behandelt.[124] Dadurch soll eine „doppelte" Steuerbegünstigung vermieden werden (durch vorzeitigen Aufwand einerseits sowie einem niedrigeren Steuersatz auf den Veräußerungsgewinn andererseits).[125]

Bei der Veräußerung von Betriebsvermögen wird ein Nettoveräußerungsgewinn ausnahmsweise ebenfalls als *Capital Gain* behandelt, sofern das Vermögen länger als ein Jahr gehalten wurde. Entsteht dagegen ein Nettoveräußerungsverlust, wird dieser nicht als *Capital Loss*, sondern als *Ordinary Loss* behandelt.[126] Die unterschiedliche Behandlung soll sowohl die begünstigte Besteuerung eines Gesamtgewinnes gewährleisten, als auch die vollständige Geltendmachung eines entstandenen Verlustes (als *Ordinary Loss*).[127] Davon ausgenommen (und daher als *Ordinary Gain* zu behandeln) sind insbesondere Veräußerungsgewinne, die aus der Veräußerung von Vorratsvermögen stammen.[128] Auch die auf Vermögenswerte vorgenommenen, steuerlich geltend gemachten Abschreibungen (kumulativ über die Haltedauer) unterliegen nicht der begünstigten Steuer auf Veräußerungsgewinne.[129]

Anteile an einer Personengesellschaft gehören ausdrücklich zu den *Capital Assets.*[130] Dabei kommt es jedoch teilweise zum Durchgriff auf das Vermögen der Personengesellschaft. Ein Veräußerungsgewinn wird dann nicht als *Capital Gain* (hier: Gewinn, welcher über die historischen Anschaffungs- / Herstellungskosten hinausgeht) behandelt, soweit das Gesellschaftsvermögen „unrealisierte Gewinne" (hier: Gewinn in Höhe der Differenz zwischen Buchwert und den historischen Anschaffungs- / Herstellungskos-

123 Vgl. IRC § 1221.
124 Sogenannte IRC §§ 1245, 1250 Recapture, dazu zählen z. B. abschreibbare Mietobjekte.
125 Bittker and Lokken: Federal Taxation of Income, Estates, and Gifts (WG&L), 51.1.
126 IRC § 1231.
127 Bittker and Lokken: Federal Taxation of Income, Estates, and Gifts (WG&L), 50.1.
128 IRC § 1231 (b)(1).
129 IRC § 1245. Ausnahmen gelten für Immobilien nach IRC § 1250.
130 IRC § 1231 (b)(1).

ten) beinhaltet, die zu *Ordinary Income* führen würden. Dazu zählen u. a. unrealisierte Forderungen eines Einnahmenüberschussrechners, stille Reserven bei Warenvorräten und bisher vorgenommene, steuerlich begünstigte Abschreibungen des Gesellschaftsvermögens.[131]

Liegt ein *Net Capital Gain* vor (*Capital Gains* übersteigen *Capital Losses*) und wurde der veräußerte Vermögenswert länger als ein Jahr gehalten, dann unterliegt der Veräußerungsgewinn dem begünstigten 20 %-igen Steuersatz, bzw. bei einem niedrigen steuerpflichtigen jährlichen Gesamteinkommen (in 2019 bis USD 40.000) dem 0 %-igen Steuersatz oder (bei einem jährlichen Gesamteinkommen zwischen USD 40.001 und USD 441.450) einem 15 %-igen Steuersatz (*Capital Gains Taxation*).[132] Die genannten Schwellenwerte gelten für ledige Personen. Nach den beschriebenen Regeln kann außerdem der Zuschlag von 3,8 % zur Anwendung kommen. Andere Steuersätze gelten für *Net Capital Gains* aufgrund der Veräußerung von Sammlungen (z. B. Antiquitäten, Kunst, Gold - 28 %-iger Steuersatz) und aufgrund von bestimmten Abschreibungen (25 %-iger Steuersatz, IRC § 1250, *Unrecaptured Gain*).[133] Die Vorschrift, dass langfristige Veräußerungsgewinne nicht mehr anhand des Einkommensteuertarifes sondern anhand festgelegter Schwellenwerte des zu versteuernden Einkommens bestimmt werden, wobei diese Größe auch den Veräußerungsgewinn selbst umfasst[134], wurde durch die US-Steuerreform von 2017 eingeführt und gilt für den Zeitraum vom 1.1.2018 bis zum 31.12.2025.

Liegt hingegen ein *Net Capital Loss* vor (*Capital Losses* übersteigen *Capital Gains*), dann kann dieser Verlust in einem Jahr in Höhe eines Betrages von maximal USD 3.000 (für Verheiratete mit Zusammenveranlagung und für Ledige) bzw. USD 1.500 (für Verheiratete mit getrennter Veranlagung) mit anderen Einkünften verrechnet werden.[135] Der nicht verwendete Verlust kann in das Folgejahr vorgetragen werden.[136]

131 IRC § 741 i. V. m. IRC § 751 sowie Rev. Rul. 91-32. Die US-Steuerreform von 2017 hat die Positionen der Finanzverwaltung in Rev. Rul. 91-32 teilweise kodifiziert. Vgl. 2.1.1. Durch die US-Steuerreform von 2017 wurde auch ein Quellensteuereinbehalt bei Verkauf von Anteilen an Personengesellschaften durch beschränkt steuerpflichtige Steuersubjekte in das Gesetz aufgenommen.

132 IRC § 1 (h).

133 IRC §§ 1 (h)(4) und (6).

134 Vgl. IRC § 61 (a).

135 IRC § 1211 (b).

136 IRC § 1212 (b).

Die Besteuerung von Veräußerungsgewinnen lässt sich in folgender Übersicht zusammenfassen:

Besteuerung von Veräusserungsgewinnen 2020

Veräusserungsgegenstand	**Einzelveranlagung** von Ledigen		**Einzelveranlagung** von Ehegatten		**Zusammenveranlagung** (nur bei unbeschr. Steuerpflicht)	
Aktien, Immobilien						
• Haltedauer ≤ 12 Monate	Normaltarif		Normaltarif		Normaltarif	
• Haltedauer > 12 Monate	$0 bis $40.000	**0%**	$0 bis $40.000	**0%**	$0 bis $80.000	**0%**
(Steuersatz in Abhängigkeit vom	$40.001 bis $441.450	**15%**	$40.001 bis $248.300	**15%**	$80.001 bis $496.600	**15%**
zu versteuernden Einkommen)	≥ $441.451	**20%**	≥ $248.301	**20%**	≥ $496.601	**20%**
Auf Abschreibung entfallender Gewinnanteil						
• Betriebsvermögen	Normaltarif		Normaltarif		Normaltarif	
• Immobilien	25%		25%		25%	
Collectibles (Kunst, Antiquitäten, Gold, u. ä.)	28%		28%		28%	

2.2.4.10 Anteile an Körperschaften – Besteuerung von *Qualified Dividends*

Ausschüttungen aus inländischen und bestimmten ausländischen Köperschaften unterliegen grundsätzlich dem regulären Steuersatz.[137] Allerdings kommt auf sogenannte *Qualified Dividends* ein geringerer Steuersatz zur Anwendung.

Qualified Dividends liegen vor, wenn die Ausschüttung entweder von einer US-Körperschaft oder von einer ausländischen Körperschaft stammt, welche Anspruch auf die Begünstigungen eines anwendbaren Doppelbesteuerungsabkommens mit Informationsaustausch hat.[138] Von dem Vorteil der begünstigten Dividendenbesteuerung erfasst sind z. B. deutsche Körperschaften, die nicht aufgrund der *Limitation of Benefits Clause* von der Inanspruchnahme des DBAs ausgeschlossen sind. Ausgenommen von der be-

137 Vgl. Rechtslage vor dem Jobs and Growth Tax Relief Reconciliation Act of 2003.

138 IRC §§ 1 (h)(11)(B) und (C).

günstigten Besteuerung sind allerdings ausländische Gesellschaften, die als *Passive Foreign Investment Companies* (PFIC) zu qualifizieren sind.[139] Ausschüttungen unterliegen grundsätzlich dem Höchststeuersatz der Einkommensteuer – unabhängig vom tatsächlichen Grenzsteuersatz des Steuerpflichtigen – zzgl. einem PFIC-Zinszuschlag.[140]

Liegen keine *Qualified Dividends* vor, sondern nur *Ordinary Dividends*, dann unterliegen diese dem progressiven Steuertarif (z. B. Dividenden von ausländischen Körperschaften in Ländern mit denen kein DBA besteht).

Durch die US-Steuerreform von 2017 wurde auch die Besteuerung von *Qualified Dividends* temporär (vom 1.1.2018 bis zum 31.12.2025) geändert. Wie bei langfristigen Veräußerungsgewinnen bestimmt sich der Steuersatz nicht mehr anhand des Einkommensteuertarifes sondern anhand festgelegter Schwellenwerte des zu versteuernden Einkommens. Es gelten die gleichen Schwellenwerte, wobei diese Größe auch die *Qualified Dividends* selbst umfasst.[141]

2.2.4.11 Anrechnung von ausländischen Steuern – *Foreign Tax Credit*

Eine Doppelbesteuerung auf internationaler Ebene wird i. d. R. entweder durch die Anrechnung im Ausland gezahlter Steuern oder durch die Befreiung von der eigenen Steuer vermieden. Während kontinentaleuropäische Staaten in ihren DBAs vorwiegend die Freistellungsmethode anwenden, ist das US-Steuerrecht von der Anrechnungsmethode geprägt.[142] Dabei werden im Ausland gezahlte Steuern auf ausländische Einkünfte bis maximal zur Höhe der darauf entfallenden US-Steuer angerechnet.[143] Im Ergebnis führt dies bei positivem Einkommen regelmäßig zur Definitivbelastung mit dem höheren Steuersatz des Quellenstaates oder des Wohnsitzstaates. Als Alternative kann eine im Ausland gezahlte Steuer als Ausgabe abgesetzt werden.[144] Dies mindert allerdings nur die Einkünfte und daher nur indirekt die US-Steuerschuld. Die Anrechnungsmethode führt daher grundsätzlich zu einer geringeren US-Steuerschuld, sofern der Anrechnungsbetrag nicht limitiert ist.[145]

---

139 IRC § 1 (h)(11)(c)(iii); IRC § 1297.

140 Siehe 2.3.3.3.

141 Vgl. IRC § 61 (a).

142 Die einzige Ausnahme zur Anrechnungsmethode besteht für bestimmte ausländische Erwerbseinkünfte (Einkünfte aus selbstständiger und nichtselbstständiger Tätigkeit), sofern sich der Steuerpflichtige hauptsächlich im Ausland aufhält (im Ausland lebende Green Card-Besitzer und US-Staatsbürger). Ein Betrag von maximal USD 107.600 (im Jahr 2019, inflationsangepasst) ist von der US-Besteuerung ausgenommen. De facto kommt es daher zur Anwendung der Freistellungsmethode. Zusätzlich dazu können Aufwendungen für eine Unterkunft im Ausland (housing expenses) vom restlichen steuerpflichtigen ausländischen Erwerbseinkommen ausgenommen werden (IRC § 911).

143 IRC § 27 (b).

144 IRC § 164; IRC § 275 (a)(4).

145 IRC §§ 901 ff.

Der US-Anrechnungsbetrag vermeidet die Doppelbesteuerung, die aufgrund einer ausländischen Steuer auf im Ausland erzieltes Einkommen grundsätzlich entsteht. Dieser Anrechnungsbetrag (*Foreign Tax Credit*) wird von der ermittelten US-Steuerschuld abgezogen, um die tatsächliche Steuerverbindlichkeit zu bestimmen.[146]

Der Anrechnungbetrag ist allerdings in zweifacher Hinsicht beschränkt: Erstens steht der Anrechnungsbetrag nur bis maximal zur Höhe der US-Steuer auf ausländische Quelleneinkünfte zu. Zweitens ist der maximale Anrechnungsbetrag jeweils für alle passiven Einkünfte *(Passive Category Income)* und für alle anderen Einkünfte (*General Category Income*) getrennt zu bestimmen. Ein US-Steueranrechnungsüberhang aus der passiven Kategorie (z. B. aus passiven, niedrig besteuerten Einkünften) kann daher nicht zur Anrechnung von ausländischen Steuern aus der aktiven Kategorie führen.[147] Allgemein ermittelt sich der maximale Anrechnungsbetrag je Kategorie wie folgt:

$$\text{Maximaler Anrechnungsbetrag} = \text{US-Einkommensteuer} \times \frac{\text{Steuerpflichtige ausländische Einkünfte}}{\text{Steuerpflichtige weltweite Einkünfte}}$$

Ausländische Steuern, die aufgrund dieser Beschränkungen nicht anrechenbar waren, konnten die Verluste ein Jahr zurückgetragen werden und, soweit nicht alle Verluste verrechnet werden konnten oder rücktragsfähig waren, maximal zehn Jahre vorgetragen werden.[148] Sie sind in dem Jahr zu verwenden, in welchem der Anrechnungsbetrag des laufenden Jahres unter der maximalen Anrechnungshöchstgrenze liegt (z. B. aufgrund eines niedrigeren Steuersatzes im Ausland).

Anstelle der Anrechnung der ausländischen Steuern können diese auch als Aufwendungen geltend gemacht werden, für die keine Beschränkung besteht.[149] Dies ist vor allem dann sinnvoll, wenn der maximale Anrechnungsbetrag des laufenden Jahres überschritten und mit einer Verwendung in späteren Jahren nicht gerechnet wird oder wenn kein Anrechnungsbetrag zur Verfügung steht (z. B. wenn ein ausländischer Betrieb einen Verlust und ein anderer einen Gewinn erzielt oder die ausländische Steuer aufgrund deren Eigenschaft nicht angerechnet wird).

2.2.4.12 Auswirkungen der US-Steuerreform von 2017 auf die Einkommensteuer

Um die Auswirkungen der US-Steuerreform von 2017 auf die Steuerbelastung beurteilen zu können, sind die dargestellten Neuerungen bei den Steuersätzen, Tarifzonen, der Abzugsfähigkeit von Sonderausgaben / Werbungskosten, der AMT sowie den Einkunfts-

146 IRC § 27 (b).
147 IRC § 904.
148 IRC § 904 (c).
149 IRC § 165 i. V. m. IRC § 275 (a)(4).

arten zu berücksichtigen.[150] Hierzu wurden folgende drei Veranlagungsszenarien simuliert und mit dem Ergebnis verglichen, welches sich ohne die US-Steuerreform von 2017 ergeben hätte:

a. eine Familie erzielt Einkünfte aus nichtselbstständiger Tätigkeit
b. eine Familie erzielt Einkünfte aus selbstständiger Tätigkeit
c. eine Familie erzielt Einkünfte aus einer US-Geschäftstätigkeit

In allen drei Fällen wurde unterstellt, dass es sich um eine Familie (verheiratet mit Zusammenveranlagung, zwei Kinder) handelt. Der Wohnort liegt im Bundesstaat Kalifornien. Die Familie wohnt im Eigenheim mit einer Hypothekenzinsbelastung von USD 25.000 jährlich. Sozialabgaben bleiben unberücksichtigt.

Für die drei Szenarien werden jeweils vier verschiedene (bereinigte) Bruttoeinkommen unterstellt: USD 100.000, USD 350.000, USD 750.000 und USD 1.000.000.

Die wichtigsten Ergebnisse lassen sich folgendermaßen zusammenfassen:

a. Bei Einkünften aus nichtselbstständiger Tätigkeit i. H. v. USD 100.000 erhöht sich die durchschnittliche Gesamtsteuerbelastung von 9,07 % auf 9,84 %. Dagegen sinkt sie bei den höheren Einkünften, am deutlichsten bei einem bereinigten Bruttoeinkommen von USD 350.000. Hier geht die Gesamtsteuerbelastung von 30,81 % auf 25,20 % zurück.
b. Vergleicht man die Steuerbelastung bei einem bereinigten Bruttoeinkommen von USD 100.000 bei den verschiedenen Einkunftsarten, ergeben sich keine Unterschiede bei Einkünften aus selbstständiger Tätigkeit wohingegen bei Einkünften aus einer US-Geschäftstätigkeit eine Reduzierung um fast einen Prozentpunkt festgestellt werden kann.
c. Die deutlichste Reduzierung des durchschnittlichen Gesamtsteuersatzes ergibt sich auch bei Einkünften aus selbstständiger Tätigkeit sowie bei Einkünften aus einer US-Geschäftstätigkeit bei einem bereinigten Bruttoeinkommen i. H. v. USD 350.000. Die Reduzierung beträgt zwischen 4 und 5,8 Prozentpunkten.
d. Vergleicht man Einkünfte aus einer US-Geschäftstätigkeit mit Einkünften aus selbstständiger und nichtselbstständiger Tätigkeit, dann ergibt sich nach der US-Steuerreform von 2017 eine deutlich geringere Steuerbelastung für Einkünfte aus einer US-Geschäftstätigkeit. Diese werden durchschnittlich mit 34,02 % (bei einem bereinigten Bruttoeinkommen von USD 1.000.000) belastet, während die

150 Vgl. Brix, Gerald: Die US-Steuerreform 2017 im Bereich der Einkommen- und Nachlasssteuer, Eine Würdigung wichtiger Änderungen des 2017 Tax Reconciliation Act, in: NWB Internationales Steuer- und Wirtschaftsrecht – IWB, Heft 7 vom 13.4.2018, S. 266-277.

anderen Einkünfte jeweils mit 39,11 % belastet sind. Auch bei einem bereinigten Bruttoeinkommen von USD 750.000 ergibt sich hier eine deutliche Begünstigung.

Festzustellen bleibt, dass insbesondere Einkünfte aus einer US-Geschäftstätigkeit begünstigt werden, vor allem bei einem hohen bereinigten Bruttoeinkommen. Hingewiesen wird darauf, dass in dem Belastungsvergleich bereinigte Bruttoeinkommen unter USD 100.000 nicht berücksichtigt wurden.

2.3 US-Körperschaftsteuer

2.3.1 Einleitung

Das US-Steuerrecht unterscheidet zwischen beschränkt und unbeschränkt steuerpflichtigen Körperschaften. Als unbeschränkt steuerpflichtig gelten generell nur Körperschaften, die in den USA oder nach dem Recht eines Bundesstaates gegründet wurden.[151] Der Ort der Geschäftsführung ist daher, anders als in Deutschland[152], nicht bedeutend. Dies kann daher zur Doppelansässigkeit führen (z. B. bei Gründung in den USA und Geschäftsleitung in Deutschland), die im DBA ausdrücklich nur durch ein Verständigungsverfahren der beiden Staaten gelöst werden kann.[153] Bei doppelter Nichtansässigkeit (z. B. Gründung in Deutschland, Sitz und Geschäftsleitung jedoch in den USA)[154] oder sofern sich die Staaten bei Doppelansässigkeit im Verständigungsverfahren nicht einigen können,[155] ist das DBA nicht anwendbar. Die fehlende Anwendung des DBAs kann negative Auswirkungen auf die Steuerbelastung haben. Es ist daher zu empfehlen, eine doppelte Ansässigkeit oder doppelte Nichtansässigkeit von vornherein zu vermeiden.

Gewinne einer unbeschränkt steuerpflichtigen Körperschaft werden grundsätzlich auf Ebene der Gesellschaft besteuert.[156] Die Körperschaft ist daher Steuersubjekt. Auf Ebene des Gesellschafters unterliegen nur Ausschüttungen (Dividenden) und diese grundsätzlich erst im Zeitpunkt des Zuflusses der Besteuerung (Trennungsprinzip).[157] Ausnahmen vom Trennungsprinzip bestehen für bestimmte ausländische Körperschaften (sogenannte *Controlled Foreign Corporations*).[158]

151 IRC § 7701 (a)(4).
152 § 1 Abs. 1 KStG.
153 Vgl. Art. 4 Abs 3 DBA D / USA.
154 Art. 1 Abs 1 DBA D / USA.
155 Art. 4 Abs 3 DBA D / USA.
156 IRC § 11.
157 IRC § 301, Treas. Reg. § 1.301-1 (b).
158 Siehe 2.3.3.2.

Einer zusätzlichen Besteuerung von 20 % unterliegen bestimmte, thesaurierte Gewinne von Körperschaften. Diese Regelung zielt darauf ab, den Steuerstundungseffekt bei Gewinnthesaurierung zu verhindern.[159] Dazu zählen Gewinne aus passiven Einkünften einer vorwiegend vermögensverwaltenden Körperschaft (sogenannte *Personal Holding Companies*)[160] und Gewinne, deren Thesaurierung nicht betrieblich notwendig ist (sogenannte *Accumulated Earnings Tax*).[161]

Bei beschränkt steuerpflichtigen Körperschaften werden Einkünfte aus einer US-Geschäftstätigkeit (Betriebsstätte im Sinne des DBAs[162]) mit dem allgemeinen Körperschaftsteuertarif besteuert.[163] Einkünfte aus US-Quellen unterliegen dagegen, wie bei beschränkt steuerpflichtigen natürlichen Personen der US-Quellensteuer i. H. v. 30 % (und eventuell einem geringeren Steuersatz aufgrund der DBA-Anwendung).[164]

Die US-Steuerreform von 2017

Neben den Änderungen im Rahmen der US-Einkommensteuer wurden im Zuge der US-Steuerreform von 2017 auch die Besteuerung von Körperschaften tangierende Änderungen vorgenommen. Die Reform der Körperschaftsteuer war lange überfällig. Im internationalen Vergleich lag die Belastung amerikanischer Unternehmen mit Körperschaftsteuer viele Jahre im oberen Bereich, in den vergangenen Jahren sogar an erster Stelle aller Industrieländer. Darüber hinaus litten US-Unternehmen an den steuerlichen Nachteilen des Anrechnungssystems, welches zu geradezu abstrusen Folgen geführt hat. So wurden Milliarden von ausländischen Gewinnen in Niedrigsteuerländern geparkt, da eine Repatriierung zu hohen Steuern geführt hätte.

Die US-Steuerreform von 2017 hat signifikante Steuerrechtsänderungen bewirkt und beide Bereiche – nämlich Steuerbelastung sowie Anrechnungssystem – grundlegend verändert. Obwohl sich der Gesetzgeber nicht dazu durchringen konnte, das System der weltweiten Besteuerung mit Anrechnung der im Ausland gezahlten Steuern aufzugeben, wurden eine Reihe von Vorschriften eingeführt, welche eine Annäherung an ein Territorialsystem bewirkt haben. Ziel dieser Vorschriften war es Gestaltungsmissbrauch zu vermeiden, also Gewinne in ausländische Unternehmen zu verlagern und / oder die US-Besteuerung durch Thesaurierung in ausländischen Gesellschaften zeitlich zu verschieben. Diese Vorschriften betreffen weitgehend US-Unternehmen mit auslän-

159 Bittker and Lokken: Federal Taxation of Income, Estates, and Gifts (WG&L), 99.1.
160 IRC §§ 541 bis 547.
161 IRC §§ 531 bis 537.
162 Art. 7 i. V. m. Art. 5 DBA D / USA.
163 IRC § 882 (a).
164 IRC § 881 (a).

dischen Sachverhalten (*Outbound Taxation*). Allerdings können einige Änderungen auch für ausländische US-Investoren (*Inbound Taxation*) relevant sein.

Im Vergleich zu den die US-Einkommensteuer betreffenden Neuerungen ist die Neufassung der nachfolgenden körperschaftsteuerlichen Vorschriften nicht zeitlich limitiert.

2.3.2 Ausgewählte Regelungen der US-Körperschaftsteuer

2.3.2.1 Änderungen der Körperschaftsteuersätze

Vor der Modifizierung des amerikanischen Steuergesetzes wurden Körperschaften - analog zur Vorgehensweise bei der US-Einkommensteuer - im Rahmen eines progressiven Steuertarifs in Abhängigkeit von ihrem zu versteuernden Einkommen mit maximal 35 % belastet. Mit Wirkung für Veranlagungszeiträume, welche nach dem 31.12.017 beginnen, wurde ein einheitlicher Körperschaftsteuersatz von 21 % implementiert.[165]

Weiterhin wird die Alternative Mindeststeuer fortan nicht mehr auf Körperschaften angewendet.[166] Mit dem Ziel, die Steuerbelastung von Kapitalgesellschaften und natürlichen Personen mit geschäftlichen Einkünften vergleichbar zu machen, wurde die Einkommensteuer auf diese EInkünfte durch einen Abzug von 20 % auf die steuerliche Bemessungsgrundlage faktisch auf 29,6 % reduziert.

Vergleicht man die Gesamtsteuerbelastung auf Bundes- und Einzelstaatebene zwischen Körperschaften, welche sämtliche Gewinne thesaurieren bzw. ausschütten, mit derjenigen von natürlichen Personen, welche Einkünfte aus einer US-Geschäftstätigkeit erzielen, ergibt sich folgendes Bild:

a. Durch Körperschaft erzielte Einkünfte

Es werden die folgenden Annahmen unterstellt: Körperschaftsteuer auf Einzelstaatenebene von 10 % (auf Bundesebene abzugsfähig), Körperschaftsteuer auf Bundesebene von 21 %, Einkommensteuer auf Einzelstaatenebene von 10 % (auf Bundesebene nicht abzugsfähig), Einkommensteuer auf Bundesebene auf begünstigte Dividenden von 20 % und eine *Net Investment Income Tax* von 3,8 %.

Damit errechnet sich eine Steuerbelastung von 28,9 % auf Gesellschaftsebene. Bei Vollausschüttung aus der Kapitalgesellschaft ergibt sich auf Gesellschafts- und Gesellschafterebene eine Gesamtsteuerbelastung von 52,93 %.

b. Durch Personengesellschaft bzw. direkt erzielte geschäftliche Einkünfte

Hier werden die folgenden Annahmen unterstellt: Einkommensteuer auf Einzelstaatenebene von 10 % (auf Bundesebene nicht abzugsfähig) und Einkommensteuer auf Bundesebene auf geschäftliche Einkünfte von 29,6 %.

---

165 IRC § 11 (b).

166 IRC § 55, geändert durch P.L. 115-97, Sec. 12001.

Damit errechnet sich eine Gesamtsteuerbelastung von 39,6 %.

Die Vergleichbarkeit der beiden Alternativen hängt also ganz wesentlich davon ab, ob und in welcher Höhe Ausschüttungen aus der Kapitalgesellschaft vorgenommen werden. Trotzdem ist der Schritt, eine US-Geschäftstätigkeit nur aus steuerlichen Gründen über eine Kapitalgesellschaft zu tätigen, sorgfältig zu überlegen. Zum einen ist nicht ausgeschlossen, dass die Körperschaftsteuersätze zu einem späteren Zeitpunkt wieder erhöht werden. Zum anderen ist der Schritt aus der Kapitalgesellschaft teuer, weil der Liquidationsgewinn auch einen zwischenzeitlich geschaffenen *Goodwill* beinhaltet, der bei Liquidation oder Umwandlung einer Kapital- in eine Personengesellschaft zu versteuern wäre.[167]

2.3.2.2 Beschränkung geschäftlicher Zinsaufwendungen

Nach bisheriger Rechtslage war nach den *Earnings Stripping Rules* in IRC § 163 (j) die Abzugsfähigkeit von Zinsen zwischen verbundenen Unternehmen dann eingeschränkt, wenn (1.) der Verschuldungsgrad des Schuldners eine gewisse Höhe überschritten hatte (*Safe Harbor*), (2.) ein im Verhältnis zum Einkommen hoher Zinsaufwand vorlag und (3.) die entstandenen Zinseinkünfte nicht der US-Besteuerung unterlagen. Damit sollte sichergestellt werden, dass ein den wirtschaftlichen Gegebenheiten entsprechender Mindestanteil der Einnahmen tatsächlich in den USA versteuert wurde.

Nach den *Earnings Stripping Rules* war der Abzug von Fremdkapitalzinsen grundsätzlich dann eingeschränkt, wenn das Fremdkapital das 1,5-fache des Eigenkapitals überschritt. Lag der Verschuldungsgrad der US-Tochtergesellschaft nicht in diesem *Safe Harbor*, dann war derjenige Teil des Nettozinsaufwands (also der Saldo aus Zinseinkünften und Zinsaufwand) nicht abzugsfähig, der 50 % des *Adjusted Taxable Income* (Einkommen vor Verlustvorträgen, Abschreibungen und Fremdkapitalkosten) überschritt. Die nicht abzugsfähigen Zinsen waren unbegrenzt vortragsfähig.[168]

In den vergangenen Jahren gab es zahlreiche Diskussionen, den Zinsabzug weiter einzuschränken. Die Vorschläge umfassten eine Beschränkung auf die durchschnittliche Konzernverschuldung (*Worldwide Ratio Test*), die Abschaffung des *Safe Harbors*, die Reduzierung der Grenze der Nicht-Abzugsfähigkeit auf 35 % oder sogar auf 25 % des *Adjusted Taxable Income* oder die zeitliche Begrenzung der Vortragsfähigkeit nicht abzugsfähiger Verluste.

Nun wurde im Zuge der US-Steuerreform von 2017 eine überraschende Neuregelung eingeführt, nämlich eine der Zinsschranke nach § 4h EStG vergleichbare Regelung, wo-

167 Vgl. IRC § 336.

168 Vgl. IRC § 163 (j), vor Änderung durch P.L. 115-97, Sec. 13301 (a).

nach der Abzug von Zinsaufwendungen ganz allgemein beschränkt wird, die Stellungen als verbundene Personen oder Unternehmen jedoch unberücksichtigt bleiben. Hingewiesen wird darauf, dass bei Darlehen zwischen verbundenen Personen weiterhin der *Arm's Length Standard* bei der Höhe der Zinssätze anzuwenden ist. Dieser Standard entspricht den *Applicable Federal Rate*s (AFR), die monatlich von der Finanzverwaltung veröffentlicht werden.[169]

Der Betrag der abzugsfähigen geschäftlichen Zinsaufwendungen darf im Veranlagungszeitraum die Summe aus geschäftlichen Zinseinnahmen sowie 30 % des bereinigten zu versteuernden Einkommens (*Adjusted Taxable Income*) nicht übersteigen.[170] Bei bestimmten Branchen gehen Lagerbestandsfinanzierungskosten nicht in die Berechnung ein.[171] Der Betrag nicht abzugsfähiger Zinsaufwendungen kann ohne zeitliche Beschränkung in darauffolgende Veranlagungszeiträume vorgetragen werden.[172]

Die Größe *Adjusted Taxable Income* ist wie bisher als Einkommen vor Verlustvorträgen, Abschreibungen und Fremdkapitalkosten definiert.[173] Weiterhin bleibt die oben beschriebene Reduzierung des Steuersatzes auf qualifizierte geschäftliche Einkünfte (*Qualified Business Income Amount*) nach IRC § 199A um 20 % unberücksichtigt.[174] Diese Regelung findet auch Anwendung auf Steuerpflichtige, die keine Körperschaften sind. Für Veranlagungszeiträume, die nach dem 1.1.2022 beginnen, werden Abschreibungen auf materielle (*Depreciation*) und immaterielle Vermögenswerte (*Amortization*) nicht mehr hinzugerechnet, womit dann der Betrag der abzugsfähigen Zinsaufwendungen weiter verringert wird.[175]

Von der Zinsabzugsbeschränkung gibt es zwei wesentliche Ausnahmen:

1. Umsatz des Steuerpflichtigen

Die Zinsschranke ist gemäß IRC § 448 (c) nur dann anwendbar, wenn das Unternehmen Bruttoeinnahmen von mehr als USD 25.000.000 realisiert, wobei hier die durchschnittlichen jährlichen Bruttoeinnahmen über den Zeitraum von drei Veranlagungszeiträumen (der mit dem Veranlagungszeitraum endet, der wiederum dem Veranlagungszeitraum, für den der Bruttoeinnahmentest durchgeführt wird, vorausgeht) maßgeblich sind.[176] Bei Personengesellschaften ist die Zinsabzugsbeschränkung - analog zur Heran-

169 Vgl. IRC § 482.
170 IRC § 163 (j)(1).
171 IRC § 163 (j)(1)(C).
172 IRC § 163 (j)(2).
173 IRC § 163 (j)(8).
174 IRC § 163 (j)(8)(A)(iv).
175 Vgl. IRC § 163 (j)(8)(A)(v).
176 IRC § 163 (j)(3).

gehensweise im deutschen Steuerrecht - auf Ebene der Personengesellschaft anzuwenden.[177] Des Weiteren erfassen geschäftliche Zinsaufwendungen und -einnahmen keine Investmentzinsaufwendungen und Investmentzinseinkünfte.[178]

2. Immobilienbranche

Steuerpflichtige mit Immobilieninvestitionen können das Wahlrecht ausüben, dass die genannten Beschränkungen nicht anzuwenden sind.[179] Dieses Wahlrecht kann sowohl für Immobilien im Zusammenhang mit passiven Einkünften (*Rental Real Property*) als auch für Immobilien im Zusammenhang mit aktiven Einkünften (*Real Estate Development and Construction*) in Anspruch genommen werden. Im Gegenzug verlängert sich dann jedoch die Nutzungsdauer der Immobilien für Zwecke der Abschreibung geringfügig.[180]

Nach derzeitigem Stand kann folgendes festgehalten werden: Erstens wurden die bisherigen Standards der Mindestkapitalisierung (*Thin Capitalization Rules*) sowie der Beschränkung der Zinsaufwendungen zwischen verbundenen Personen bzw. Unternehmen (*Earnings Stripping Rules*) über Bord geworfen und mit einer Zinsschranke ersetzt, die nur für Steuerpflichtige mit einem Umsatz von mehr als USD 25.000.000 gilt und nicht zwingend bei Immobilientransaktionen anwendbar ist. Die Steuerrichtlinien zu IRC § 163 (j) wurden am 28.7.2020 in endgültiger Fassung veröffentlicht, jedoch wurden zeitgleich vorläufige Richtlinien (*Proposed Regulations*) veröffentlicht, die weitere Detailfragen behandeln.

2.3.2.3 Abzug betrieblicher Nettoverluste

Vor der US-Steuerreform von 2017 mussten Verluste grundsätzlich zunächst auf die beiden vorangegangenen Geschäftsjahre zurückgetragen werden, erst danach konnten ggf. verbleibende Verluste vorgetragen werden. Die Verlustverrechnung war in voller Höhe mit positiven Einkünften zulässig, eine Beschränkung erfolgte lediglich durch die AMT. Danach waren Verluste nur bis zur Höhe von 90 % des für AMT-Zwecke ermittelten Einkommens verrechenbar. Verluste waren 20 Jahre vortragsfähig.[181]

Mit Blick auf die Verrechnung von betrieblichen Verlusten wurde IRC § 172 durch die US-Steuerreform von 2017 wie folgt modifiziert:

- Grundsätzlich ist es fortan nicht möglich, Verluste eines Veranlagungszeitraums zurückzutragen, gleichzeitig ist jedoch ein zeitlich unbegrenzter Vortrag in künftige Veranlagungszeiträume möglich.

177 IRC § 163 (j)(4).
178 IRC § 163 (j)(5).
179 IRC § 163 (j)(7)(B).
180 IRC § 163 (j)(11)(A).
181 Vgl. IRC § 172 vor Änderung durch P.L. 115-97, Sec. 13302.

- Verluste sind künftig nur bis maximal 80 % des zu versteuernden Einkommens (ermittelt ohne Berücksichtigung eventueller Verluste) abzugsfähig, wobei das zu versteuernde Einkommen im Zuge dessen unter Nichtberücksichtigung des an dieser Stelle erläuterten, möglichen Verlustabzugs zu ermitteln ist.

Die Änderung betreffend die betragsmäßige Begrenzung der Verlustnutzbarkeit gilt für Verluste in Veranlagungszeiträumen, welche nach dem 31.12.2017 beginnen, wohingegen die neugefassten zeitlichen Restriktionen für betriebliche Nettoverluste in Veranlagungszeiträumen gelten, welche nach dem 31.12.2017 enden.[182]

2.3.2.4 Abzug für bestimmte ausländische Dividenden

Das US-Steuerrecht begegnet der Verlagerung der Besteuerung auf Ebene des Gesellschafters in künftige Veranlagungszeiträume durch zwei Maßnahmen: Die Bestimmungen zur Besteuerung von *Controlled Foreign Corporations* (CFCs)[183] sowie von *Passive Foreign Investment Companies* (PFICs)[184]. Durch die CFC-Regelungen wird bestimmtes ausschüttungsfähiges Einkommen einer Körperschaft bereits im Zeitpunkt der Realisierung auf Ebene des Steuerpflichtigen besteuert. Eine spätere tatsächliche Ausschüttung unterliegt dann nicht mehr der Besteuerung. Die PFIC-Regelungen hingegen gleichen eine verspätete Ausschüttung durch Anwendung des Höchststeuersatzes bei gleichzeitigem Zinsaufschlag auf die Dividende im Zeitpunkt der tatsächlichen Ausschüttung aus. Kommt es zur Überschneidung der beiden Bestimmungen (insbesondere bei passiven Einkünften möglich), dann gehen die CFC-Regelungen vor.[185]

Gemäß der Neuregelung nach IRC § 245A kann der Teil einer (tatsächlichen) Dividende einer ausländischen Körperschaft, soweit diese auf im Ausland realisierte Gewinne entfällt, vom zu versteuernden Einkommen abgezogen werden. Voraussetzung ist, dass die US-Körperschaft an der ausländischen Körperschaft zu mindestens 10 % beteiligt ist (und damit eine US-Anteilseignerstellung einnimmt). Weiterhin darf die ausländische Körperschaft keine PFIC sein. Erfüllt die ausländische Körperschaft die Kriterien einer PFIC, ist jedoch durch die mehr als 50 %-Beteiligung amerikanischer Steuerpflichtiger gleichzeitig eine CFC, dann ist der Abzug dennoch zu gewähren.

Der Anteil einer Dividende, der auf im Ausland realisierte Gewinne entfällt, ist der Betrag, der in dem selben Verhältnis zu der gezahlten Dividende steht wie der Betrag der nicht ausgeschütteten ausländischen Erträge der ausländischen Körperschaft zu deren

182 Hingewiesen wird auf zeitlich beschränkte Änderungen des Verlustrücktrags infolge der COVID-19 Pandemie, wonach Verluste im Jahr 2020 bis zu fünf Jahre rücktragsfähig sind. Weiterhin können Verluste, welche in die Jahre vor 2021 vor- oder rückgetragen werden, ohne 80 %-Beschränkung verrechnet werden.

183 Vgl. dazu 2.3.3.2.

184 Vgl. dazu 2.3.3.3.

185 Vgl. IRC § 1297 (d).

gesamten nicht ausgeschütteten Erträgen. Der Abzug wird für Ausschüttungen gewährt, welche nach dem 31..12.2017 vorgenommen werden.

2.3.2.5 Hybride Transaktionen und Rechtsformen

An verbundene Unternehmen geleistete Zahlungen, welche im Rahmen einer hybriden Transaktion oder durch Zahlung von einer oder an eine hybride Rechtsform aufwandswirkam erfasst werden, sind gemäß IRC § 267A in Veranlagungszeiträumen, welche nach dem 31.12.2017 beginnen, nicht mehr abzugsfähig. Es handelt sich hierbei um eine im Zuge der US-Steuerreform von 2017 neu implementierte Regelung. Im Einzelnen betrifft dies Zins- und Lizenzaufwendungen an verbundene Unternehmen.

Hybride Transaktionen sind solche Zahlungen, welche zwar nach US-steuerrechtlichen Regelungen, nicht aber unter Zugrundelegung des Steuerrechts des Landes, in dem der Empfänger steuerpflichtig ist, als Zins- oder Lizenzzahlungen zu qualifizieren sind.[186] Eine Rechtsform ist als Hybrid einzustufen, wenn sie für Zwecke der Besteuerung in den USA, nicht aber nach den Steuergesetzen ihrer Jurisdiktion transparent behandelt wird, und vice versa.[187]

Die Abzugsfähigkeit ist insofern beschränkt, als dass die aufwandswirksam erfasste Zahlung unter Anwendung des Steuerrechts der Jurisdiktion, in der der Empfänger steuerpflichtig ist, nicht als steuerpflichtiges Einkommen zu erfassen oder der erhaltene Betrag beim Empfänger unter Anwendung des für ihn gültigen Steuerrechts abzugsfähig ist.[188] Hingegen erfasst die Vorschrift keine Zahlungen, welche im Rahmen der CFC-Regelungen im Bruttoeinkommen des US-Anteilseigners enthalten sind.[189]

2.3.2.6 Erhebung einer zusätzlichen Steuer auf bestimmte Zahlungen an ausländische verbundene Unternehmen

Mit IRC § 59A wurde eine zusätzliche Steuer auf bestimmte, als *Base Erosion Payments* bezeichnete Zahlungen an ausländische verbundene Unternehmen implementiert. Diese gilt für Zahlungen, welche nach dem 31.12.2017 beginnenden Veranlagungszeiträumen aufwandswirksam erfasst werden. Die Vorschrift gilt für Körperschaften mit einem durchschnittlichen jährlichen Umsatz von mindestens USD 500.000.000 über drei Veranlagungszeiträume. Des Weiteren darf es sich bei der Körperschaft nicht um ein reguliertes Investmentunternehmen, einen Immobilieninvestmenttrust oder eine *S Corporation* handeln. Der Prozentsatz, um den die Bemessungsgrundlage gemindert wird

186 IRC § 267A (c).
187 IRC § 267A (d).
188 Vgl. IRC § 267A (b)(1)(A).
189 Vgl. IRC § 267A (b)(1).

(dieser wird nach einer bestimmten, an dieser Stelle nicht weiter erläuterten Formel errechnet), muss bei mindestens 3 % liegen.

Die Steuer ist mit der Systematik der AMT vergleichbar, indem das zu versteuernde Einkommen der Gesellschaft um den Betrag der Zahlungen an ausländische verbundene Unternehmen erhöht wird.[190] Dieser Betrag (angepasstes zu versteuerndes Einkommen) wird mit einem bestimmten Prozentsatz multipliziert und dann um die reguläre Steuerverbindlichkeit reduziert.[191] Die reguläre Steuerverbindlichkeit ist um gewährte Anrechnungsbeträge zu kürzen, unter anderem auch um die Anrechnung der ausländischen Steuern.[192]

BEISPIEL Eine US-Körperschaft leistet im Veranlagungszeitraum 2019 (1.1.2019 - 31.12.2019) eine steuerlich abzugsfähige Zahlung von $2.000.000 an ein verbundenes ausländisches Unternehmen. Sie erzielt ein zu versteuerndes Einkommen von $1.000.000, worauf eine reguläre Körperschaftsteuer von $210.000 erhoben wird. Das angepasste zu versteuernde Einkommen errechnet sich demnach mit $3.000.000. Multipliziert mit 10 % ergibt sich ein Betrag von $300.000, abzgl. der regulären Körperschaftsteuer von $210.000 errechnet sich sodann eine zusätzliche Steuer i. H.v. $90.000.

Wird die reguläre Körperschaftsteuer von $210.000 jedoch durch Anrechnung von im Ausland gezahlter Steuer auf beispielsweise $150.000 reduziert, dann errechnet sich eine zusätzliche Steuer i. H.v. $150.000.

Der Prozentsatz, mit dem das angepasste zu versteuernde Einkommen zu multiplizieren ist, verändert sich in Abhängigkeit von dem Beginn des betrachteten Veranlagungszeitraums.[193]

Beginn des Veranlagungszeitraums	Anzuwendender Prozentsatz
im Kalenderjahr 2018	5 %
nach dem 31.12.18 und vor dem 1.1.26	10 %
nach dem 31.12.25	12,5 %

Die Ausführungen gelten analog, wenn die Körperschaft abschreibungsfähige materielle oder immaterielle Vermögensgegenstände von einem verbundenen Unternehmen erwirbt. Bei der Ermittlung des angepassten zu versteuernden Einkommens werden dann die steuermindernd erfassten Abschreibungen hinzugerechnet.[194] Für lediglich kostendeckende Zahlungen gelten die Ausführungen nicht.

190 Vgl. IRC § 59A (c)(1)(A).
191 Vgl. IRC § 59A (b)(1).
192 Vgl. IRC § 59A (b)(1)(B).
193 IRC § 59A (b)(1)(A); IRC § 59A (b)(2).
194 IRC § 59A (c)(2)(A)(ii).

2.3.3 Besonderheiten bei ausländischen Gesellschaften

2.3.3.1 CFC und PFIC – ein Überblick

Hält der Steuerpflichtige Anteile an einer ausländischen Körperschaft, dann kommt es auf Ebene der Körperschaft nur insoweit zu einer US-Besteuerung, als US-Einkünfte vorliegen. Liegen hingegen keine US-Einkünfte vor, dann unterliegt lediglich eine später an den Steuerpflichtigen ausgezahlte Dividende der US-Besteuerung. Der Steuerpflichtige kann daher durch Investition in eine ausländische Körperschaft die US-Besteuerung zeitlich verzögern, sofern die Körperschaft selbst keine US-Einkünfte hat. Darüber hinaus besteht der Anreiz (insbesondere passive) Einkünfte durch Gründung einer ausländischen Körperschaft in Niedrigsteuerländer zu verlagern, um den effektiven Steuersatz zu mindern.

Das US-Steuerrecht begegnet diesen Möglichkeiten durch zwei steuerliche Mechanismen: Die *Controlled Foreign Corporation*-Bestimmungen (CFC) und die *Passive Foreign Investment Company*-Bestimmungen (PFIC).[195] Beide Regelungen zielen auf die Verhinderung des steuerlichen Vorteils aufgrund der Investition in eine ausländische Körperschaft ab[196] – mit unterschiedlichen Methoden. Durch die CFC-Regelungen wird das ausschüttungsfähige Einkommen einer Körperschaft bereits im Zeitpunkt der Realisierung auf Ebene des Steuerpflichtigen besteuert.[197] Eine spätere tatsächliche Ausschüttung unterliegt dann nicht mehr der Besteuerung.[198] Die PFIC-Regelungen hingegen gleichen eine verspätete Ausschüttung durch Anwendung des Höchststeuersatzes bei gleichzeitigem Zinsaufschlag auf die Dividende im Zeitpunkt der tatsächlichen Ausschüttung aus.[199] Kommt es zur Überschneidung der beiden Bestimmungen (insbesondere bei passiven Einkünften möglich), dann gehen die CFC-Regelungen vor.[200]

2.3.3.2 *Controlled Foreign Corporations*

Eine CFC liegt vor, wenn mehr als 50 % der Anteile an einer ausländischen Körperschaft (wert- oder stimmenmäßig) durch in den USA unbeschränkt Steuerpflichtige gehalten werden, die jeweils zumindest 10 % der Stimmrechte an der ausländischen Körperschaft halten. Sofern eine ausländische Körperschaft eine CFC darstellt, unterliegen nur

195 IRC §§ 951 ff. und IRC §§ 1291 ff.

196 Bittker and Lokken: Federal Taxation of Income, Estates, and Gifts (WG&L), 69.1. und 70.1.1.

197 IRC § 951 (a).

198 IRC § 959 (a).

199 IRC § 1291. Für alternative steuerliche Behandlung vgl. 2.3.3.3.

200 IRC § 1297 (d).

bestimmte Einkünfte (insbesondere sogenannte *Subpart F*-Einkünfte) den CFC-Bestimmungen.[201]

Die Anwendungsvoraussetzungen der CFC-Regelungen (10 % bzw. 50 % Grenze) können grundsätzlich nicht durch Übertragung eines Teiles an Familienmitglieder umgangen werden (sofern diese US-Personen sind). Zur Bestimmung des Anteiles sind sogenannte *Constructive Ownership Rules* anzuwenden. Diese Regelungen beziehen Anteile von Familienmitgliedern (Ehegatte, Kinder, Enkel, Eltern) zur Bestimmung des Anteiles eines Steuerpflichtigen mit ein.[202]

Hält z. B. ein in den USA unbeschränkt Steuerpflichtiger 11 % der Anteile an einer ausländischen Körperschaft und überträgt er 3 % an seine Ehegattin, dann werden dem Steuerpflichtigen diese 3 % zur Bestimmung des Anteils weiterhin zugerechnet. Der Steuerpflichtige gilt daher zumindest als 10 %-iger Anteilsinhaber. Halten dagegen beschrankt steuerpflichtige Familienmitglieder einen Anteil an der Körperschaft, dann werden diese Anteile nicht in die Berechnung mit einbezogen.[203] Werden die 3 % z. B. von einem nur in Deutschland steuerlich ansässigen Familienmitglied gehalten, dann werden diese Anteile nicht dem Steuerpflichtigen zugerechnet. Durch optimale Steuerplanung schon vor Zuzug könnte daher die Anwendung der CFC-Regelungen verhindert werden. Die *Constructive Ownership Rules* dienen nur zur Bestimmung der Anwendbarkeit der CFC-Regeln. Die Einkünftezurechnung selbst ändert sich dadurch allerdings nicht.[204]

Subpart F Income ist unter anderem passives Einkommen oder betriebliches Einkommen, welches auf einfachem Weg in Niedrigsteuerländer verlagert werden kann:[205]

- Der wichtigste *Subpart F*-Bestandteil ist das sogenannte *Foreign Base Company Income*.[206] Dieses setzt sich einerseits aus passiven Einkünften, wie z. B. Dividenden, Zinsen, Lizenz- und Mieteinnahmen, Annuitäten und Einkommen aus persönlichen Dienstleistungsverträgen zusammen (*Foreign Personal Holding Company Income*).
- Andererseits gehören dazu auch betriebliche Einkünfte aufgrund von bestimmten Warenverkäufen (*Foreign Base Company Sales Income*).[207] *Foreign Base Company Sales Income* entsteht bei der Veräußerung von beweglichen Waren, wenn der Umsatz unter Beteiligung eines nahestehenden Unternehmens abgewickelt wird und die Produktion oder Extraktion der Ware und der Ge- oder Verbrauch in einem Land

201 IRC § 951 i. V. m. IRC § 957
202 IRC § 958 (b) i. V. m. IRC § 318 (a).
203 IRC § 958 (b)(1).
204 Vgl. IRC § 958 (a)(2).
205 IRC § 952.
206 IRC § 952 (a).
207 IRC § 954 (a): Darüber hinaus zählt auch das Foreign Base Company Service Income dazu.

außerhalb des Gründungsstaates der CFC stattfindet.[208] Daher liegt kein *Subpart F Income* vor, wenn z. B. die veräußerten Waren durch die CFC produziert wurden oder im Gründungsstaat der CFC ge- oder verbraucht werden. *Foreign Base Company Income* bleibt außer Ansatz (daher im Ergebnis kein *Subpart F Income*), wenn es weniger als 5 % des gesamten Gewinns der Körperschaft im Steuerjahr ausmacht und den Betrag von USD 1.000.000 nicht überschreitet (De-Minimis-Regel).[209] Sofern das *Foreign Base Company Income* jedoch mehr als 70 % des gesamten Gewinnes beträgt, wird der gesamte Gewinn als *Subpart F Income* besteuert.[210]

Wird auf Ebene der Körperschaft *Subpart F Income* realisiert, dann erhöht der auf einen zumindest 10 %-igen US-Anteilsinhaber entfallende Gewinnanteil dessen steuerliche Einkünfte.[211] Der Gewinnanteil stellt keine Dividende dar, sondern ist als *Ordinary Income* zu versteuern.[212] Eine spätere tatsächliche Ausschüttung des bereits als *Subpart F Income* versteuerten Einkommens unterliegt keiner weiteren Besteuerung, mit Ausnahme möglicher Wechselkursdifferenzen.[213] Ausschüttungen von einer CFC, bei denen es sich nicht um bereits versteuertes *Subpart F Income* handelt, stellen Dividenden dar und könnten daher der begünstigten Dividendenbesteuerung (20 %, 15 % oder 0 % Steuersatz, ggf. zzgl. 3,8 %) unterliegen.[214]

Die US-Steuerreform von 2017

Auch mit Blick auf die CFC-Regelungen nach IRC §§ 951, 958 - es handelt sich hierbei um das US-amerikanische Pendant zur deutschen Hinzurechnungsbesteuerung - sind bedeutende Änderungen zu erkennen. Mit Wirkung für Veranlagungszeiträume ausländischer Körperschaften, die nach dem 31.12.2017 beginnen, sowie Veranlagungszeiträume von US-Anteilseignern (*United States Shareholders*) mit denen oder innerhalb derer die Veranlagungszeiträume der ausländischen Körperschaften enden, wurde die Definition eines US-Anteilseigners modifiziert.

Vor der US-Steuerreform von 2017 wurden nur Anteilseigner erfasst, welche mindestens 10 % der **Stimmrechte** hielten. Fortan sind als US-Anteilseigner auch US-Personen zu klassifizieren, welche mindestens 10 % des gesamten Wertes sämtlicher Anteilskategorien der ausländischen Körperschaft halten. Im Ergebnis kann es daher dazu kommen, dass bis dato nicht als CFC eingestufte ausländische Körperschaften fortan als

208 IRC § 954 (d).
209 IRC § 954 (b)(3)(A).
210 IRC § 954 (b)(3)(B).
211 IRC § 951 (a).
212 Auffassung der Finanzverwaltung: Notice 2004-70, 2004-2 CB 724, 10/08/2004, IRC § 1.
213 IRC § 959 (a).
214 IRS Notice 2004-70, 2004-2 CB 724, 10/08/2004, IRC § 1 (h)(11).

CFC - mit den damit einhergehenden Erklärungs- und Offenlegungspflichten - einzustufen sind.

Darüber hinaus wurde die Dauer, die eine ausländische Körperschaft im jeweiligen Veranlagungszeitraum die Tatbestandsvoraussetzungen einer CFC erfüllen muss, um als eine solche eingestuft zu werden, dergestalt modifiziert, dass die vor der US-Steuerreform von 2017 gültigen 30 Tage (*"for an uninterrupted period of 30 days or more"*) nun keine Notwendigkeit mehr darstellen, da die Voraussetzungen im Veranlagungszeitraum nur einmal (*"at any time"*) erfüllt sein müssen.[215]

2.3.3.3 *Passive Foreign Investment Companies*

Eine PFIC liegt vor, wenn die ausländische Körperschaft zumindest 75 % ihres Bruttoeinkommens aus passiven Investments erzielt oder 50 % des Vermögens zur Erzielung passiver Einkünfte gehalten werden.[216] Zur Besteuerung von Einkünften, welche in PFICs realisiert werden, gibt es grundsätzlich drei Möglichkeiten:

- Die PFIC-Bestimmungen unterwerfen überhöhte Ausschüttungen im Zeitpunkt ihrer Auszahlung oder der Veräußerung des Anteiles einer besonderen Besteuerung. Eine überhöhte Ausschüttung liegt vor, soweit eine Ausschüttung in einem Jahr 125 % der durchschnittlichen Ausschüttungen der letzten drei Jahre oder der kürzeren Haltedauer übersteigt.
- Die überhöhte Ausschüttung ist auf die gesamte Haltedauer rückwirkend aufzuteilen und mit dem höchsten progressiven Steuersatz jedes Jahres zu besteuern (Ausschüttungen einer PFIC unterliegen nicht der günstigeren Dividendenbesteuerung[217]). Zusätzlich dazu ist ein Zinsaufschlag fällig, der ab der Fälligkeit der Steuererklärung der einzelnen Jahre zu berechnen ist.[218] Damit soll vor allem der Vorteil aus der Verlagerung passiven Einkommens in Niedrigsteuerländer und die Verzögerung der US-Besteuerung durch Thesaurierung ausgeglichen werden.[219]

215 Vgl. IRC § 951 (a).
216 IRC §§ 1297 (a) und (b).
217 IRC § 1 (h)(11)(C)(iii).
218 Zu den komplizierten Berechnungsregeln siehe IRC § 1291.
219 Bittker and Lokken: Federal Taxation of Income, Estates, and Gifts (WG&L), 70.1.1.

Beispiel	**Jahr 1**	**Jahr 2**	**Jahr 3**	**Jahr 4**	**Bemerkung**
Gewinn	200	300	150	100	
Ausschüttung	100	90	110	245	
Normale Ausschüttung	100	90	110	125	300 / 3 = 100 100 * 125 % = 125
Überhöhte Ausschüttung	–	–	–	**120**	245 - 125 = **120**
PFIC-Besteuerung der Ausschüttung	**30**	**30**	**30**	**30**	Verteilung: 120/4=**30**
Angenommener Höchststeuersatz	**11,88**	**11,88**	**11,88**	–	Derzeit 39,6 %
Zinszuschlag PFIC	**Inkl. Verspätungszinssatz %**				

Gewinn aus der Veräußerung von PFIC-Anteilen wird insgesamt als eine überhöhte Ausschüttung qualifiziert und unterliegt der gleichen Besteuerung wie tatsächliche Ausschüttungen, also reguläre Einkommensteuer von maximal 37 % zzgl. PFIC-Zinszuschlag.[220]

- Alternativ zur zusätzlichen Besteuerung bei Ausschüttung oder Veräußerung besteht das Wahlrecht auf Behandlung der PFIC als *Qualifying Electing Funds*, QEF oder das Wahlrecht auf Besteuerung der jährlichen Verkehrswertsteigerung (*Mark-to-Market Election*).[221]

Beim QEF wird das auf Ebene der Körperschaft erzielte Einkommen dem Steuerpflichtigen bereits im Jahr der Entstehung anteilig zugerechnet und nicht erst im Zeitpunkt der späteren Ausschüttung. Das zugerechnete laufende Einkommen wird mit dem progressiven Steuersatz besteuert. Das zugerechnete Einkommen aus Nettoveräußerungsgewinnen wird als *Long-Term Capital Gain* behandelt.[222]

- Bei der *Mark-to-Market Election* ist die jährliche Wertsteigerung des PFIC-Anteils als laufendes Einkommen zu erfassen. Verluste können nur insoweit berücksichtigt werden als in den Vorjahren *Mark-to-Market* Gewinne versteuert wurden.[223] Aufgrund der notwendigen Bestimmung des jährlichen Verkehrswertes ist dieses Wahlrecht nur bei börsennotierten PFIC-Anteilen möglich.[224]

220 IRC § 1291 (a)(2).
221 IRC § 1291.
222 IRC §§ 1293 und 1295.
223 IRC § 1296 (a)(2).
224 IRC § 1296.

2.3.3.4 Globales Immaterielles Niedrigbesteuertes Einkommen (*Global Intangible Low-Taxed Income* – (*GILTI*)

Mit GILTI wurde eine neue Einkommenskategorie geschaffen, welche – vergleichbar mit dem im vorigen Absatz dargestellten *Subpart F Income* – dem Einkommen des US-Anteilseigners zugerechnet werden, und zwar unabhängig von einer tatsächlichen Ausschüttung. Dabei wird auf die auf Ebene der ausländischen Gesellschaft ermittelten Einkünfte aus immateriellen Wirtschaftsgütern abgestellt. Allerdings erfolgt diese Ermittlung nicht durch Definition von diesen Einkünften aus immateriellen Wirtschaftsgütern, vielmehr wird GILTI pauschal unterstellt, wenn der Gewinn des ausländischen Unternehmens eine bestimmte Basisrendite übersteigt. Dies wird regelmäßig als Überrendite bezeichnet.[225]

Für GILTI ist nach IRC § 951A eine neue Besteuerungsgrundlage zu ermitteln. Ausgehend vom Umsatz werden bestimmte Einkommensbestandteile abgezogen, unter anderem auch das bereits als *Subpart F Income* erfasste Einkommen, Dividenden verbundener Unternehmen sowie der sogenannte *High Tax Kick Out*-Betrag, welcher nicht als *Subpart F Income* erfasst wird (interessant hier ist, dass bei einem US-Körperschaftsteuersatz von 21 % bereits eine Steuerbelastung von knapp 19 % vom *Subpart F Income* eliminiert wird). Abgezogen wird auch eine (kalkulatorische) Nettorendite von 10 % auf (spezifiziertes) Anlagevermögen der CFC. Das Resultat entspricht dem globalen immateriellen niedrigbesteuerten Einkommen (GILTI).

	Netto CFC getestetes Einkommen des US-Anteilseigners
./.	Als materiell erachtete Nettoeinkommensrendite des US-Anteilseigners
=	Globales immaterielles niedrigbesteuertes Einkommen

Die Regelung ist auf Veranlagungszeiträume ausländischer Körperschaften in Monaten, welche nach dem 31.12.2017 beginnen, sowie auf Veranlagungszeiträume von US-Anteilseignern, in denen oder mit denen diese Veranlagungszeiträume der ausländischen Körperschaften enden, anzuwenden. Das nachfolgende Berechnungsbeispiel soll das Berechnungsschema sowie die GILTI-Hinzurechnung in Abhängigkeit von der Höhe des qualifizierten Anlagevermögens (ohne Berücksichtigung der immateriellen Vermögenswerte) darstellen.

225 Vgl. IRC § 951A.

Hinzurechnungsbesteuerung von global niedrigbesteuerten Einkünften aus immateriellen Wirtschaftsgütern - *Global Intangible Low-Taxed Income* (GILTI)
Berechnung der US-Steuerbelastung durch Hinzurechnung

				Fall 1	**Fall 2**
I.		Ermittlung der Basisrendite			
	1.	Ermittlung des qualifizierten Anlagevermögens (*Qualified Business Assets*): Materielle Vermögensgegenstände, keine immateriellen Vermögensgegenstände, kein Vorratsvermögen, keine Forderungen		$15.000.000	$1.000.000
	2.	Prozentsatz zur Ermittlung der Basisrendite	10,00%		
	3.	Basisrendite		$1.500.000	$100.000
II.		Ermittlung des Einkommens der ausländischen CFC-Gesellschaft			
	1.	Einnahmen (ermittelt nach US-Grundsätzen)		$10.000.000	$10.000.000
	2.	Abzgl. Betriebsausgaben (ermittelt nach US-Grundsätzen)		-$8.000.000	-$8.000.000
	3.	Steuerpflichtiger Gewinn		$2.000.000	$2.000.000
	4.	Abzüge			
		a. Im Ausland gezahlte Körperschaftsteuer	7,50%	-$150.000	-$150.000
		b. *Subpart F Income*		-$500.000	-$500.000
		c. Von der CFC in den USA erzieltes Einkommen		-$100.000	-$100.000
	5.	Zu berücksichtigendes Einkommen (*Net CFC-Tested Income*)		$1.250.000	$1.250.000
III.		Ermittlung des Hinzurechnungsbetrags			
	1.	Zu berücksichtigendes Einkommen (*Net CFC-Tested Income*)			$1.250.000
	2.	Zzgl. im Ausland gezahlter Körperschaftsteuer			$150.000
	3.	Abzgl. Basisrendite			-$100.000
	4.	Summe			$1.300.000
	5.	Abzgl. 50 % Steuerbefreiung	50,00%		-$650.000
	6.	Hinzurechnungsbetrag nach GILTI			-$650.000
IV.		Ermittlung der zusätzlichen Steuerbelastung der US-Muttergesellschaft			
	1.	Hinzurechnungsbetrag nach GILTI			$650.000
	2.	US-Körperschaftsteuer	21,00%		$136.500
	3.	Abzgl. 80 % Anrechnung der ausländischen Steuern	80,00%		-$120.000
	4.	Zusätzliche Steuerbelastung der US-Muttergesellschaft			**$16.500**

Hierzu folgende Anmerkungen:

- Da im Fall 1 die Basisrendite auf das (hohe) qualifizierte Anlagevermögen größer ist als die zu berücksichtigenden Einkünfte (*Net CFC-Tested Income*), kommt es hier zu keiner Hinzurechnungsbesteuerung.
- Durch die 50 %-ige Steuerbefreiung ergibt sich für die Hinzurechnung nach GILTI eine effektive Steuerbelastung i. H.v. 10,5 %, was dem halben US-Körperschaftsteuersatz entspricht.[226]
- Ab dem Jahr 2026 wird die Steuerbefreiung jedoch auf 37,5 % reduziert, womit sich für die Hinzurechnung nach GILTI eine effektive Steuerbelastung i. H.v. 13,125 % ergibt.[227]
- Die ausländischen Steuern werden in einer separaten Kategorie (*Basket*) erfasst. Sie sind nur zu 80 % anrechenbar, sie können weder vor- noch zurückgetragen werden und eine Verrechnung mit Steuern anderer Kategorien ist unzulässig.[228]
- Die GILTI-Vorschriften sind nur bei ausländischen Tochterkapitalgesellschaften anwendbar, nicht hingegen auf Zweigniederlassungen im Ausland oder auf Beteiligungen an ausländischen Personengesellschaften.
- Wie das Berechnungsbeispiel zeigt, handelt es sich bei der GILTI-Hinzurechnungsbesteuerung um einen gesetzgeberischen Rundumschlag, der nicht nur die als *Patent Box* bezeichneten IP-Holdinggesellschaften betrifft, sondern jede ausländische Gesellschaft mit niedrigem Anlagevermögen. Hierunter fallen vor allem Dienstleistungsunternehmen, Banken und Versicherungsgesellschaften, aber auch Vertriebsgesellschaften, welche durch die Nichtberücksichtigung von Forderungen und Vorratsvermögen rasch eine Überrendite erzielen.
- Der Verwaltungsaufwand für die Berechnung ist sehr hoch, weil die Gewinnermittlung der ausländischen Töchter nach US-Vorschriften zu erfolgen hat.[229] Das war zwar bislang eigentlich auch erforderlich, da die Bilanz sowie die Gewinn- und Verlustrechnung bestimmter ausländischer Gesellschaften auf Form 5471 (*Information Return of U.S. Persons With Respect to Certain Foreign Corporations*) offengelegt werden mussten. Jedoch wird die Finanzverwaltung künftig genauer hinsehen, da es jetzt nicht mehr nur um Offenlegung geht, sondern die Steuerbelastung materiell beeinflusst wird.
- Die GILTI-Vorschriften treffen natürliche Personen, welche Anteilseigner einer CFC sind, besonders hart, da die 50 %-ige Steuerbefreiung bei der Ermittlung des Hin-

226 Siehe 2.3.3.6.
227 IRC § 250 (a)(3)(B).
228 IRC § 960.
229 Vgl. Treas. Reg. § 1.951A-1; Treas. Reg. § 1.952-2 (a).

zurechnungsbetrages nur bei Kapitalgesellschaften anwendbar ist.[230] Darüber hinaus können natürliche Personen die auf CFC-Ebene gezahlte Steuer aufgrund der unterschiedlichen Identität der Steuersubjekte (indirekte Steuer) grundsätzlich nicht anrechnen. Zwar kann ein Wahlrecht nach IRC § 962 ausgeübt werden, wonach bestimmte Einkunftsteile (darunter wohl auch der Hinzurechnungsbetrag nach GILTI) so behandelt werden, als wären sie von einer US-Kapitalgesellschaft realisiert worden. Doch ist im Einzelfall die Vorteilhaftigkeit zu prüfen, da dann eine Ausschüttung fingiert wird, welche nicht notwendigerweise für den reduzierten Steuersatz von 20 % qualifiziert. Darüber hinaus sind die *Net Investment Income Tax* von 3,8 % sowie die Effekte bei den Staatssteuern zu berücksichtigen, welche bei natürlichen Personen nicht mehr abzugsfähig sind.

2.3.3.5 Anwendung von GILTI auf US-*Inbound Investments*

Die dargestellten GILTI-Regelungen sind auf US-*Inbound Investments* nur beschränkt anwendbar. Allerdings gibt es in der Praxis drei konkrete Fallgruppen, welche im Weiteren kurz dargestellt werden: das nordamerikanische Holding-Modell, die Sandwich-Struktur und die durch fiktive Zurechnung entstandene CFC.

Das Nordamerikanische Holding Modell

Nicht wenige ausländische Unternehmen sehen den nordamerikanischen Markt als eine geographische Einheit, bestehend aus den USA, Kanada und Mexiko. Dementsprechend sind auch die Firmenstrukturen aufgesetzt, und die kanadischen oder mexikanischen Gesellschaften werden von der US-Tochtergesellschaft gehalten. Oftmals werden auch Gesellschaften in anderen südamerikanischen Ländern unter die US-Gesellschaft gehängt.

230 Vgl. IRC § 250.

BEISPIEL ▸ Eine deutsche AG hat eine US-Tochtergesellschaft, die zwei Kapitalgesellschaften in Kanada und Mexiko hält.

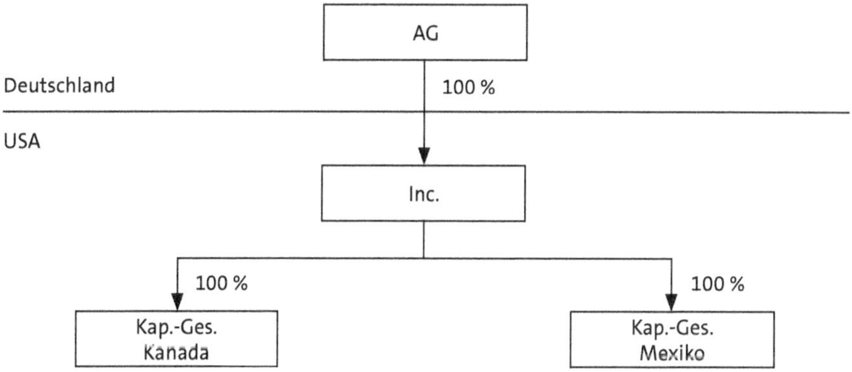

Für die GILTI-Vorschriften ist die Konzernstuktur **über** der US-Gesellschaft irrelevant. Aus US-Sicht handelt es sich jedoch bei Gesellschaften in Kanada, Mexiko oder anderen Ländern, an denen die US-Gesellschaft (oder andere US-Steuerpflichtige) mit mehr als 50 % beteiligt ist, um CFCs, mit der Folge, dass die GILTI-Vorschriften anwendbar sind. Es trifft hier vor allem auch Vertriebsgesellschaften, welche in der Regel nur geringes Anlagevermögen ausweisen, da Forderungen aus Lieferungen und Leistungen ebenso wie Vorratsvermögen nicht als qualifiziertes Anlagevermögen für die Ermittlung der Basisrendite gelten.

Die Sandwich-Struktur

Bis vor einigen Jahren waren Sandwich-Strukturen nahezu nur bei im Ausland lebenden US-Staatsangehörigen anzutreffen. Da die unbeschränkte Steuerpflicht an die Staatsbürgerschaft anknüpft und die Doppelbesteuerung nicht durch Freistellung ausländischer Einkünfte, sondern lediglich durch Anrechnung der ausländischen Steuer vermieden wird, handelt es sich bei allen (nicht-US) Gesellschaften von im Ausland lebenden Amerikanern um CFCs, wenn diese (oder andere US-Steuerpflichtige) mit mehr als 50 % beteiligt sind. Ein identisches Problem ergibt sich jedoch auch bei Zuzug in die USA von ausländischen Unternehmern bzw. an ausländischen Unternehmen beteiligten Personen.

In den letzten Jahren konnten jedoch auch einige *Startup*-Gesellschaften beobachtet werden, die eine US-Gesellschaft gegründet haben, jedoch nicht als Tochter- oder als Schwestergesellschaft des deutschen Unternehmens. Vielmehr wurden die Anteile des ausländischen Unternehmens in die US-Gesellschaft eingebracht. Die Motivation hierfür kann die Hoffnung sein, beim Börsengang an einer US-Börse eine höhere Bewertung zu erzielen oder auch eine *Venture Capital*-Finanzierung durch einen amerikanischen Geldgeber zu erhalten, die dem ausländischen Unternehmen, welches in der Regel die IP-Rechte hält, nicht zur Verfügung steht.

Aus US-Sicht ist es irrelevant, dass es sich im ersten Fall von US-Staatsbürgern oder anderen in den USA unbeschränkt steuerpflichtigen Personen um rein ausländische Konzernstrukturen ohne jeglichen US-Bezug handelt. Es genügt eine Qualifikation als CFC, wonach nicht nur die Vorschriften zu *Subpart F Income*, sondern nunmehr auch die GILTI-Vorschriften anwendbar sind. Besondere Aufmerksamkeit ist hier der Steuerplanung zu widmen, um die gegenüber Kapitalgesellschaften nachteilige Behandlung für natürliche Personen zu optimieren.

Im Fall von *Startup*-Gesellschaften ist es irrelevant, ob die Gesellschafter der US-Gesellschaft ausschließlich im Ausland ansässig sind. Da es sich um eine US-Gesellschaft mit einer CFC handelt, sind die GILTI-Vorschriften jedenfalls anwendbar.

BEISPIEL Ein deutscher Steuerpflichtiger hält die Anteile an einer US-Inc., die wiederum die Anteile an einer deutschen AG hält.

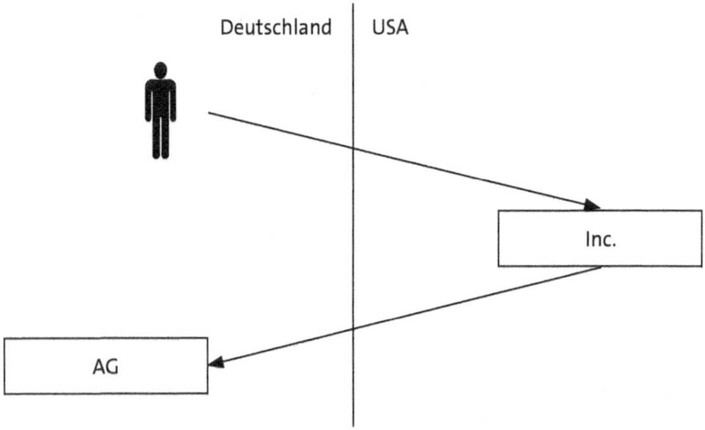

2.3.3.6 Ausländisches immaterielles Einkommen und globales immaterielles niedrigbesteuertes Einkommen

Mit IRC § 250 wurde eine neue Regelung eingeführt, welche insbesondere für US-Körperschaften mit hohem immateriellen Einkommen respektive vergleichsweise geringen materiellen Sachanlagewerten vorteilhaft ist. Für jeden Veranlagungszeitraum wird ein prozentualer Abzug auf ausländisches immaterielles Einkommen (*Foreign-Derived Intangible Income / FDII*) sowie auf das globale immaterielle niedrigbesteuerte Einkommen (GILTI) gewährt, welches den effektiven Körperschaftsteuersatz noch einmal deutlich reduziert. Der Abzug errechnet sich als Summe der folgenden beiden Größen:

- 37,5 % des ausländischen immateriellen Einkommens der US-Körperschaft für den jeweiligen Veranlagungszeitraum und
- 50 % des globalen immateriellen niedrigbesteuerten Einkommens zzgl. fiktiv hinzugerechneter ausländischer Steuer gemäß IRC § 78 (was zur Berechnung der Steueranrechnung erforderlich ist)

Was die Berechnung des ausländischen immateriellen Einkommens betrifft, so ist vom weltweiten Einkommen eine (kalkulatorische) Nettorendite von 10 % auf (spezifiziertes) Anlagevermögen abzuziehen. Das so ermittelte modifizierte Einkommen ist auf in den USA bzw. im Ausland erzieltes Einkommen aufzuteilen. Von dem ausländischen Einkommensteil ist ein Abzug von 37,5 % nach IRC § 250 zulässig.

Bevorzugt werden also US-Körperschaften mit geringem Anlagevermögen sowie mit hohen Umsatzerlösen aus immateriellen Produkten (z. B. Software). Je nach Anteil dieser beiden Größen am gesamten zu versteuernden Einkommen kann sich eine Reduzierung der effektiven Körperschaftsteuerbelastung auf 13,125 % bei ausländischem immateriellen Einkommen bzw. von 10,5 % bei globalem immateriellen niedrigbesteuerten Einkommen ergeben.

Für Veranlagungszeiträume, welche nach dem 31.12.2025 beginnen, sind lediglich 21,875 % anstatt 37,5 % respektive 37,5 % anstatt 50 % der jeweiligen Einkommen steuermindernd zu berücksichtigen. Der neu eingeführte IRC § 250 gilt für Veranlagungszeiträume, welche nach dem 31.12.2017 beginnen.

2.3.4. Anrechnung bei der Anrechnung von ausländischen Steuern

Dem US-Steuerrecht war die Freistellung von im Ausland erwirtschafteten Einkünften amerikanischer Steuerpflichtiger fremd. Vielmehr unterlagen alle ausländischen Einkünfte nach dem Welteinkommensprinzip der US-Besteuerung. Die hieraus resultierende Doppelbesteuerung wurde ausschließlich durch die Anrechnung ausländischer Steuern reduziert oder (idealerweise) eliminiert. Die wesentlichen Regelungen der bis 31.12.2017 geltenden Vorschriften, geregelt vornehmlich in IRC §§ 901 bis 908, lassen sich folgendermaßen zusammenfassen:

- Anrechenbar waren direkt gezahlte Steuern (*Direct Credit*), also beispielsweise auf Dividenden einer Tochtergesellschaft von einem ausländischen Staat einbehaltene Quellensteuern oder, im Fall einer ausländischen Zweigniederlassung oder einer Beteiligung an einer ausländischen Personengesellschaft, auf die Gewinne dieser Niederlassung oder Personengesellschaft erhobenen, ausländischen Ertragsteuern.

- Anrechenbar waren darüber hinaus auch indirekt gezahlte Steuern (*Deemed Paid Credit*), also Ertragsteuern einer ausländischen Tochterkapitalgesellschaft bei einer Beteiligung von mindestens 10 %.
- Die auf ausländische Einkünfte gezahlten ausländischen Steuern sind in verschiedene Kategorien (*Baskets*) aufzuteilen, um eine Steueranrechnung auf die tatsächliche ausländische Steuerbelastung der jeweiligen Einkommenskategorie zu begrenzen und eine Anrechnung von im Ausland höher als in den USA besteuerten Einkommenskategorien mit niedrig besteuertem Einkommen zu vermeiden. Die wichtigsten beiden *Baskets* waren:
  - Passive Einkünfte (*Passive Basket*), wobei hoch besteuerte passive Einkünfte der Kategorie für alle anderen Einkünfte zuzurechnen sind (sogenannter *High Tax Kick-out*)
  - sowie die Kategorie für alle anderen Einkünfte (*General Basket*)
- Im Rahmen der alternativen Mindeststeuer (*Alternative Minimum Tax*, AMT) wurde die Anrechnung der ausländischen Steuern auf 90 % der Anrechnung unter den regulären Vorschriften der Einkommen- bzw. Körperschaftsteuer begrenzt.[231]

Durch die Steuerreform von 2017 ergaben sich einige wesentliche Änderungen des US-Steuersystems, die auch eine Modifikation der Steueranrechnung erforderlich machte. Die wesentlichen Änderungen sowie die geplante Anwendung durch die Finanzverwaltung, wie sie im Rahmen der vorläufigen Richtlinien vom 28.11.2018 veröffentlicht wurden, sollen im Folgenden detaillierter dargestellt werden.

Einführung zwei neuer Anrechnungskategorien (*Baskets*)

Im Rahmen der US-Steuerreform von 2017 wurden zwei weitere Anrechnungskategorien unter IRC § 904 (d) eingefügt. Neben den eingangs genannten Anrechnungskategorien existieren nun auch die Anrechnungskategorien für globales immaterielles niedrig besteuertes Einkommen (GILTI)) sowie für Erträge aus ausländischen Zweigniederlassungen (*Foreign Branch Income*):

1. Globales immaterielles niedrig besteuertes Einkommen (GILTI)

Durch die Regelungen für *Controlled Foreign Corporations* (CFC) in IRC §§ 951 – 965 werden bestimmte ausschüttungsfähige (aber tatsächlich nicht ausgeschüttete) Einkunftsteile (sogenanntes *Subpart F Income*) einer ausländischen Körperschaft bereits zum Zeitpunkt der Realisierung auf Ebene des in den USA steuerpflichtigen Anteilseigners besteuert. Eine spätere Ausschüttung unterliegt dann nicht mehr der Besteuerung.

231 Vgl. IRC §§ 901 bis 908.

Hierbei handelt es sich um eine der Hinzurechnungsbesteuerung nach §§ 7 ff. des Außensteuergesetzes vergleichbare Regelung.[232]

Mit GILTI wurde eine neue Einkommenskategorie geschaffen, welche – vergleichbar mit dem *Subpart F Income* – dem Einkommen des US-Anteilseigners unabhängig von einer tatsächlichen Ausschüttung zugerechnet wird.[233] Anders als der Name vermuten lässt, bleiben jedoch die tatsächlichen Einkünfte aus immateriellen Wirtschaftsgütern unberücksichtigt. Vielmehr wird GILTI pauschal unterstellt, wenn der Gewinn des ausländischen Unternehmens eine Basisrendite von 10 % auf die materiellen Vermögenswerte übersteigt. Dies wird regelmäßig als Überrendite bezeichnet. Durch bestimmte Steuerbegünstigungen ergibt sich für die Hinzurechnung nach GILTI eine effektive Steuerbelastung i. H. v. 10,5 %, was dem halben US-Körperschaftsteuersatz entspricht. Ab dem Jahr 2026 steigt die effektive Steuerbelastung für die Hinzurechnung nach GILTI auf 13,125 %.

Die ausländischen Steuern werden in einer separaten Kategorie (*Basket*) erfasst. Sie sind nur zu 80 % anrechenbar, können weder vor- noch zurückgetragen werden und eine Verrechnung mit Steuern anderer Kategorien ist unzulässig.[234]

2. Einkommen aus einer ausländischen Niederlassung

Eine zweite Anrechnungskategorie wurde für Einkünfte aus Zweigniederlassungen im Ausland[235] eingeführt. Dabei wird eine Zweigniederlassung definiert als eine qualifizierte Geschäftseinheit (*Qualified Business Unit* (QBU)), wenn diese einen aktiven Geschäftsbetrieb (*Trade or Business*) unterhält, welcher (von der US-Gesellschaft) getrennt ist, klar identifiziert bzw. definiert werden kann und separate Bücher in Bezug auf die geschäftlichen Aktivitäten dieser Geschäftseinheit führt.[236] Unerheblich ist, ob es sich um die qualifizierte Geschäftseinheit einer Kapitalgesellschaft, Personengesellschaft, eines Trusts, Nachlasses oder einer Einzelperson handelt. Die vorläufigen Richtlinien enthalten außerdem eine Sonderregel, welche vorsieht, dass die Begründung einer Betriebsstätte (*Permanent Establishment*) nach Abkommensrecht selbst dann eine qualifizierte Geschäftseinheit begründet, wenn diese keinen aktiven Geschäftsbetrieb unterhält und keine separaten Bücher führt oder führen muss.

232 Vgl. IRC §§ 951 bis 965.

233 IRC § 250.

234 IRC § 904 (d)(1)(A).

235 IRC § 904 (d)(1)(B). In Abgrenzung zu einer Kapital- oder Personengesellschaft, die im Ausland nach dem Recht dieses Staates gegründet wurde.

236 Vgl. Treas. Reg. § 1.989 (a)-1 (b)(2)(ii).

Hat ein Steuerpflichtiger mehr als eine ausländische Niederlassung, so werden die Einnahmen der verschiedenen Niederlassungen zu einer einzigen Einkommenskategorie zusammengefasst.[237] Hierbei ist unerheblich, ob es sich um Niederlassungen in unterschiedlichen Ländern handelt. Allerdings sehen die Richtlinien eine Anti-Missbrauchs-Regelung (*Anti-abuse Rule*) vor, wonach der IRS die Einbeziehung oder Nichtaufnahme ausländischer Einkünfte bzw. Verluste dann ablehnen kann, wenn diese Entscheidung vornehmlich aus Gründen der US-Steuervermeidung getroffen wurde.[238]

Änderungen der Hinzurechnung von Steuern bei bestimmten Beteiligungen

Wie eingangs erwähnt, waren vor der US-Steuerreform von 2017 nicht nur direkt gezahlte Steuern (*Direct Credit*) anrechenbar, sondern nach IRC § 902 auch indirekt gezahlte Steuern (*Deemed Paid Credit*), also Ertragsteuern einer ausländischen Tochterkapitalgesellschaft bei einer Beteiligung von mindestens 10 %.[239] Diese indirekte Steueranrechnung wurde durch die Steuerreform von 2017 ersatzlos gestrichen.

Betroffen von den Neuregelungen der Steuerreform von 2017 war damit auch die Anrechnung indirekt gezahlter Steuern von CFCs, deren Anteilseigner S*ubpart F*-Hinzurechnungen unabhängig von einer tatsächlichen Ausschüttung in den USA versteuern müssen. Vor der Steuerreform wurde – für Zwecke der Berechnung der anzurechnenden Steuern – die Hinzurechnung des S*ubpart F Income* nach IRC § 960 wie eine Dividende der ausländischen CFC an die US-Muttergesellschaft behandelt, durch Verweis auf und Anwendung von IRC § 902 konnten dann die im Ausland auf die Gewinne der CFC erhobene Körperschaftsteuer auf die US-Steuer angerechnet werden, soweit diese auf das bei der Muttergesellschaft steuerpflichtige S*ubpart F Income* entfiel. Nach Aufhebung des IRC § 902 ist diese Vorschrift nunmehr direkt in IRC § 960 geregelt. Die operativen Bestimmungen, welche die Einbeziehung von Erträgen vorschreibt, sind weiterhin in IRC § 951 (a)(1) enthalten.

Materielle Auswirkungen könnten sich jedoch durch die Methode ergeben, nach der die auf CFC-Ebene erhobenen Steuern ermittelt werden, welche bei der US-Muttergesellschaft grundsätzlich für Zwecke der indirekten Anrechnung zur Verfügung stehen. Die Richtlinien zu (dem durch die Steuerreform von 2017 eliminierten) IRC § 902 sah die Verwendung von Gewinnpools und ausländischen Steuerpools vor zur Feststellung, inwieweit eine Einbeziehung von *Subpart F Income* zur Anrechnung einer als gezahlt geltenden ausländischen Steuer führt. Die Vorschriften wurden durch einen neuen Mechanismus ersetzt, nach welchem die von einer CFC gezahlten ausländischen Steuern zu einer Anrechnung von als gezahlt geltenden ausländischen Steuern führen, wenn diese

237 IRC § 904 (d)(2)(J)(i).

238 Vgl. IRC § 904 (d).

239 Vgl. IRC § 902 a. F. (2004).

Steuern „ordnungsgemäß" auf einen Betrag „zurückzuführen" sind (*Properly Attributable*), der als *Subpart F*-Einkommen bei der Muttergesellschaft einbezogen wurde. Für die Anwendung dieser wenig greifbaren Definition wurde in den vorläufigen Richtlinien ein sechsstufiges Verfahren vorgestellt, welches unten genauer dargestellt wird.[240]

Neben den Modifikationen im Bereich von *Subpart F Income* wurden die Anrechnungsvorschriften um die Einbeziehung von globalem immateriellen niedrig besteuerten Einkommen (GILTI *Inclusions*) erweitert.[241] Vergleichbar mit den Vorschriften zu *Subpart F Income* werden US-Steuerpflichtige nach IRC § 951A auf die (fiktive) Überrendite einer ausländischen Beteiligung besteuert, unabhängig von einer tatsächlichen Ausschüttung. Wie auch bei *Subpart F Income* kann die auf die GILTI *Inclusions* entfallende ausländische Steuer auf die US-Steuer angerechnet werden, da die ausländische Steuer – für Zwecke der Steueranrechnung – wie eine Dividende behandelt wird. Gegenüber dem *Subpart F Income* ergeben sich jedoch vier signifikante Unterschiede:

1. Das *Subpart F Income* wird getrennt für jede ausländische Tochtergesellschaft ermittelt. Dagegen werden bei der GILTI *Inclusion* die Ergebnisse aller Gesellschaften aggregiert, womit die für Zwecke von GILTI ermittelten, bereinigten Verluste (*Tested Loss*) nach IRC § 951A (c)(2) mit bereinigten Gewinnen anderer Gesellschaften verrechnet werden können.[242] Allerdings könnten sich in solchen Fällen Interdependenzen mit den *Subpart F Inclusions* ergeben, welche hier jedoch nicht weiter diskutiert werden.

2. Während das bei der ausländischen Tochter ermittelte *Subpart F Income* dem steuerpflichtigen Einkommen der US-Muttergesellschaft voll zugerechnet wird, gewährt IRC § 250 einen Abzug i. H. v. 50 % beim Hinzurechnungsbetrag für GILTI.[243]

3. Nach Änderung durch die Steuerreform von 2017 erfolgt die Qualifikation der Einkünfte einer ausländischen Tochtergesellschaft auf Ebene dieser *Controlled Foreign Corporation*. Entsprechend dieser Qualifikation wird die im Ausland gezahlte Körperschaftsteuer, welche auf *Subpart F*-Hinzurechnungen entfällt, den jeweiligen *Baskets* zugerechnet. Mithin besteht die Möglichkeit, diese Einkünfte mit anderen Einkünften in diesen *Baskets* zu verrechnen und auf Folgejahre vorzutragen. Dagegen werden GILTI-Hinzurechnungen gänzlich einer gesonderten Anrechnungskategorie zugeordnet. Die Steuern auf GILTI-Hinzurechnungen können ausschließlich mit Steuern im GILTI-*Basket* verrechnet werden, Anrechnungsüberhänge sind nicht vortragsfähig.

240 Vgl. Treas. Reg. § 1.960-1 ff.
241 IRC § 960 (d).
242 Vgl. IRC § 951A (c)(2).
243 Vgl. IRC § 250.

4. Bei *Subpart F*-Hinzurechnungen sind die indirekt gezahlten Steuern in voller Höhe verrechenbar, während die Anrechnung der ausländischen Steuern bei GILTI-Hinzurechnungen auf 80 % der als gezahlt geltenden Steuern beschränkt ist. Im Gegenzug können die Steuern, wie im vorhergehenden Punkt bereits erwähnt, weder vor- noch zurückgetragen werden oder mit Steuern anderer Kategorien verrechnet werden.

Bestimmung der als bezahlt geltenden ausländischen Steuern

Um die Änderungen durch die US-Steuerreform von 2017 zu verstehen, ist es sinnvoll, die Anrechnung indirekter Steuern nach altem Steuerrecht zusammen zu fassen. Vor Inkrafttreten der Steuerreform von 2017 erlaubte IRC § 902 die Anrechnung indirekter Ertragsteuern in den folgenden beiden Fällen:

1. Eine ausländische Tochtergesellschaft, welche als *Controlled Foreign Corporation* zu qualifizieren war, erzielte *Subpart F Income*, welches der US-Muttergesellschaft unabhängig von einer tatsächlichen Ausschüttung zuzurechnen war und der Hinzurechnungsbesteuerung unterlag.[244]
2. Eine ausländische Kapitalgesellschaft, an welcher die US-Muttergesellschaft mit mindestens 10 % beteiligt war, schüttete Dividenden an die US-Gesellschaft aus.[245]

Indirekte Steuern waren insoweit anrechenbar, als sie sich entweder auf die *Subpart F*-Hinzurechnungen von CFCs bezogen oder – im Falle von Beteilungen – auf Gewinne, die an eine US-amerikanische Gesellschaft tatsächlich ausgeschüttet wurden.

Die Höhe der indirekten Anrechnung wurde berechnet, indem zwei "Pools" für jede ausländische Gesellschaft gebildet wurden: Der erste Pool (der sogenannte "Steuerpool") spiegelte die Höhe der von der ausländischen Körperschaft gezahlten ausländischen Ertragsteuern nach 1986 wider (sofern nicht bereits eine Anrechnung dieser Steuern geltend gemacht wurde). Der zweite Pool (der sogenannte "*Earnings Pool*") spiegelt die Höhe der nicht ausgeschütteten Gewinne der ausländischen Gesellschaft nach 1986 wider.

Die Höhe der anrechenbaren Steuern wurde ermittelt durch den Anteil der *Subpart F Inclusions* des abgelaufenen Jahres am *Earnings Pool*, multipliziert mit dem Steuerpool (Steuerpool × (*Subpart F Inclusions* / *Earnings Pool*)). Im Falle von Beteiligungen von mindestens 10 % erfolgte eine vergleichbare Berechnung, bei welcher der Anteil der im abgelaufenen Jahr erhaltenen Dividenden (ohne Aufrechnung gemäß IRC § 78, siehe unten) am *Earnings Pool*, multipliziert mit dem Steuerpool, ermittelt wird (Steuerpool * (erhaltene Dividende / *Earnings Pool*)). Schließlich wurde der Vortrag jedes Pools ent-

244 Vgl. IRC § 902.
245 Vgl. IRC § 902.

sprechend angepasst und um den Betrag der zulässigen indirekten Steueranrechnung und den Betrag der ausgeschütteten Gewinne (bzw. im Falle von *Subpart F Inclusions* als ausgeschüttet geltenden Gewinne) reduziert.

Keine einfache Berechnung, aber der Gesetzgeber hat einen neuen Modus ersonnen, der die Komplexität des alten in den Schatten stellt. Nach der Steuerreform von 2017 wurden die nach IRC § 902 zulässige Anrechnung indirekter Ertragsteuern aufgehoben und durch die neue Anrechnung indirekter Ertragsteuern nach IRC § 960 (in neuer Fassung) ersetzt. Nach IRC § 960 kann eine US-Kapitalgesellschaft indirekte ausländische Steuern anrechnen, soweit diese entweder auf die *Subpart F*-Hinzurechnungen von CFCs entfallen oder auf den Betrag des GILTI-Einkommens, welches die US-Kapitalgesellschaft unabhängig von einer tatsächlichen Ausschüttung in den USA versteuern muss.[246] Wie bereits erwähnt, müssen die ausländischen Steuern diesen Hinzurechnungsbeträgen "ordnungsgemäß zuzuordnen" sein.

Um den Betrag der von einer ausländischen Kapitalgesellschaft gezahlten (ausländischen) Ertragsteuer zu bestimmen, der ordnungsgemäß auf die *Subpart F*- oder GILTI-Hinzurechnungen auf Ebene der US-Gesellschaft zurückzuführen ist, sehen die Steuerrichtlinien nach IRC § 960 ein sechsstufiges Verfahren vor, das nicht nur indirekte Steueranrechnung der ausländischen Kapitalgesellschaft, an der die US-*Corporation* direkt beteiligt ist, berücksichtigt, sondern auch indirekte Steueranrechnung einer ausländischen Kapitalgesellschaft, an der die US-*Corporation* nur indirekt beteiligt ist.[247] Das Verfahren berücksichtigt darüber hinaus die separaten Beschränkungen nach IRC § 904 und die Regeln für die Ausschüttung von zuvor versteuerten Einkünften nach IRC § 959.

1. Kategorisierung und Gruppierung des Bruttoeinkommens

Zunächst muss das Bruttoeinkommen der ausländischen Kapitalgesellschaft bestimmten separaten Einkommenskategorien zugeordnet und dann innerhalb jeder Kategorie weiter in verschiedene Einkommensgruppen aufgeteilt werden.

Die einzelnen Kategorien entsprechen im Allgemeinen den einzelnen *Baskets* für die Anrechnung ausländischer Steuern nach IRC § 904, nämlich der allgemeinen Kategorie, der passiven Kategorie und der GILTI-Kategorie.

246 Vgl. IRC § 960.
247 Vgl. Treas. Reg. § 1.960-1 ff.

Innerhalb jeder Einkommenskategorie sind die folgenden Einkommensgruppen zu unterscheiden:

a. *Subpart F*-Einkommen

b. GILTI-Hinzurechnungen, welches um *Subpart F*-Hinzurechnungen bereinigt ist (*Tested Income*)

c. sonstiges Einkommen, welches weder als *Subpart F*- noch als GILTI-Einkommen zu qualifizieren ist

Jede Einkommensgruppe kann in weitere Untergruppen untergliedert werden, basierend auf den Ertragspositionen, welche der betreffenden Gruppe zugeordnet sind. In der Praxis wird die Einkommensgruppe für *Subpart F*-Einkommen höchstwahrscheinlich die Gruppe sein, die weitere Untergruppen enthält, da beispielsweise Dividenden- und Zinserträge verschiedenen Untergruppen innerhalb von *Subpart F*-Einkommen zugeordnet werden können.

2. Zuweisung und Umlage von Abzügen

Im Weiteren müssen die Aufwands- und Abzugsposten der ausländischen Kapitalgesellschaft den einzelnen Kategorien und innerhalb jeder Kategorie den verschiedenen Einkommensgruppen (und Untergruppen) zugeordnet und entsprechend aufgeteilt werden.

Die ausländischen Steuern des laufenden Jahres der ausländischen Körperschaft werden ebenfalls den einzelnen Kategorien und innerhalb jeder Kategorie den verschiedenen Einkommensgruppen (und Untergruppen) zugeordnet und entsprechend aufgeteilt.

Diese Positionen (d. h. Aufwand und Abzugsposten einschließlich Steuern) werden im Allgemeinen nach den in den IRC §§ 861 bis 865 (und den entsprechenden Richtlinien) enthaltenen Vorschriften zur Bestimmung der Quelle von Einkünften (*Sourcing Rules*) zugeordnet und aufgeteilt.

3. Berechnung der als bezahlt geltenden Steuern

In diesem Schritt berechnet die US-Gesellschaft den Betrag der ausländischen Steuern, welcher nach IRC § 960 als gezahlt gilt. Diese Bestimmung erfolgt in Bezug auf jede einzelne Kategorie und für jede in den verschiedenen Kategorien enthaltenen Einkommensgruppen (oder Untergruppen).

In Bezug auf *Subpart F*-Hinzurechnungen, welche die US-Kapitalgesellschaft für eine bestimmte CFC zu berücksichtigen hat, entspricht der Betrag, der von dieser CFC gezahlten ausländischen Steuer, der ordnungsgemäß auf das *Subpart F*-Einkommen entfällt, dem Betrag der ausländischen Steuern, die in Schritt 2 oben auf das *Subpart F*-Einkommen der CFC zugerechnet wurde (Schritt 1), und zwar im Verhältnis des *Subpart F*-Einkommens der zu betrachtenden CFC zum **gesamten** *Subpart F*-Einkommen der US-Muttergesellschaft.

In Bezug auf das GILTI-Einkommen, welches die US-amerikanische Gesellschaft für eine bestimmte ausländische Gesellschaft zu berücksichtigen hatte, wird eine ähnliche Berechnung durchgeführt und die US-amerikanische Gesellschaft berücksichtigt im Allgemeinen ihren Anteil an den Steuern der ausländischen Gesellschaft, der in Schritt 2 oben dem GILTI-Einkommen der ausländischen Gesellschaft zugerechnet und aufgeteilt wurde.

4. Bisher versteuerte Gewinne und Verluste

Im Anschluss werden das *Subpart F*- und GILTI-Einkommen, welches die US-Gesellschaft im laufenden Jahr dem steuerpflichtigen Einkommen hinzurechnen und besteuern muss, dem Konto für zuvor versteuerte Gewinne und Gewinnrücklagen (*Previously Taxed Earnings and Profits* (PTEP)) hinzugefügt. Dieses Konto wird für jede einzelne Kategorie geführt und diese Beträge werden weiterhin den Einkommensgruppen innerhalb jeder Kategorie zugeordnet.

5. Mehrstufige CFCs

Liegt eine mehrstufige Beteiligungsstruktur vor, muss für jede Gesellschaft geprüft werden, ob es sich um eine *Controlled Foreign Corporation* handelt. Zur Bestimmung sind direkte und indirekte Beteiligungen der US-Muttergesellschaft zu berücksichtigen.

Für jede CFC werden sodann die ersten vier Schritte wiederholt, sodass hinzuzurechnende Einkommen und die anrechenbaren Steuern auf der jeweils nächsthöheren Konzernebene erfasst werden. Diese Vorgehensweise ist so oft zu wiederholen, bis alle Hinzurechnungen für *Subpart F* und GILTI und die anrechenbaren Steuern auf der obersten Konzernstufe erfasst sind.

6. Berücksichtigung zusätzlicher Steuern, die keiner Hinzurechnung zuzuordnen waren

In den Schritten 1 bis 5 berechnet die US-Muttergesellschaft alle indirekten ausländischen Steueranrechnungen des laufenden Jahres, welche auf Einkommen der ausländischen Kapitalgesellschaften entfallen und welche als *Subpart F*- oder GILTI-Hinzurechnungen bereits auf Ebene der US-Gesellschaft steuerpflichtig sind. Bei Ausschüttung der obersten CFC an die US-Muttergesellschaft handelt es sich also um Ausschüttung aus zuvor besteuertem Einkommen (*Previously Taxed Income*).

Im Schritt 6 sind jedoch weiterhin bestimmte Steuern zu berücksichtigen, die von einer CFC bezahlt wurden, welche der US-Gesellschaft nicht als eine bezahlt geltende Steuer

(*Deemed Paid Credit*) zuzurechnen waren. Die vorläufigen Richtlinien geben ein Beispiel, welches hier in sehr vereinfachter Weise dargestellt wird:

Die US-Muttergesellschaft hat *Subpart F*-Hinzurechnungen von CFC Level 3 und CFC Level 2, wobei diesen Hinzurechnungen als bezahlt geltende Steuern zuzurechnen sind. Bei einer Dividende der CFC Level 3 an die CFC Level 2 kommt es jedoch zu einer Quellensteuer. Da die Ausschüttung aus zuvor besteuertem Einkommen stammt, ist sie nicht mehr dem *Subpart F*-Einkommen auf Ebene der CFC Level 2 hinzuzurechnen, womit auch die bei Ausschüttung aus CFC Level 3 einbehaltene Quellensteuer nicht dem Hinzurechnungsbetrag der CFC Level 2 zugeordnet werden kann. Diese Quellensteuer wäre im Schritt 6 entsprechend zu berücksichtigen.[248]

Anrechnung der indirekten Steuern erhöht steuerpflichtiges Einkommen

Hat eine US-Kapitalgesellschaft Hinzurechnungen durch *Subpart F*- oder GILTI-Einkünfte zu versteuern und sind diesen Einkünfte auf Ebene der ausländischen CFC oder Beteiligungen ausländische Ertragsteuern zuzurechnen, kann die US-Gesellschaft das Wahlrecht ausüben, diese indirekten und als (von der US-Gesellschaft) bezahlt geltenden Ertragsteuern auf die US-Körperschaftsteuer anzurechnen. Übt sie dieses Wahlrecht aus, erhöht die Steueranrechnung, die auf *Subpart F*- oder GILTI-Hinzurechnungen entfällt, bei der begünstigten US-Muttergesellschaft nach IRC § 78 die steuerliche Bemessungsgrundlage. Der US-Gesellschaft wird dieser Betrag als ausländische Dividende zugerechnet (sogenannter IRC § 78 *Gross-up*). Bei GILTI-Hinzurechnungen sind nicht nur die 80 %, die tatsächlich als Steueranrechnung zulässig waren, anzusetzen, sondern der volle Betrag der auf GILTI-Hinzurechnungen entfallende Betrag der ausländischen Ertragsteuern. Um diese Einbeziehung mit anderen Vorschriften des US-Steuerrechts zu koordinieren, gilt eine als Dividende nach IRC § 78 als derselben separaten Kategorie und Einkommensgruppe zuzuordnen, der die entsprechenden ausländischen Steuern zugeordnet und gemäß Schritt 2 aufgeteilt wurden. Der *Gross-up* ist insoweit logisch, als die *Subpart F*- oder GILTI-Hinzurechnungen auf einer Nettobasis berechnet werden, also sowohl Betriebsausgaben als auch ausländische Steuern berücksichtigt werden (Schritt 2).[249]

Vortrag von anrechenbaren ausländischen Steuern auf die Jahre nach der Steuerreform

Die US-Steuerreform von 2017 enthielt keine Vorschriften, wie Steuerzahler mit Vor- bzw. Rückträgen von anrechenbaren ausländischen Steuern auf die Jahre vor bzw. nach

248 Vgl. IRC § 960.

249 Vgl. T.D. 9882, 84 FR 69022 (December 17, 2019).

der Steuerreform umzugehen haben. Die Richtlinien haben einige Klärungen vorgenommen:[250]

- Grundsätzlich gilt, dass Vor- bzw. Rückträge in den gleichen *Basket* erfolgen müssen, der die anrechenbaren Steuern im Jahr ihrer Entstehung zuzurechnen waren.
- Steuerpflichtigen ist es unter bestimmten Voraussetzungen erlaubt, eine ausländische Steuer auf den *Basket* vorzutragen, dem die ausländische Steuer zugerechnet worden wäre, wenn alle vier Anrechnungskategorien bereits vor 2018 existiert hätten.
- Alle verbleibenden und nicht verrechenbaren Steuern werden dann dem *General Basket* zugeordnet.
- Überschüssige Steuergutschriften für im Ausland gezahlte Steuern aus der Anrechnungskategorie für Einkünfte aus ausländischen Niederlassungen, welche nach der Steuerreform von 2017 entstanden sind, können auf Steuerjahre vor der Steuerreform rückgetragen werden. Dort sind sie dann dem *General Basket* zuzurechnen.
- Unproblematisch scheint der GILTI-*Basket* zu sein, da die auf GILTI entfallenden ausländischen Steuern nicht vor- oder rücktragsfähig sind.
- Die Steuerrichtlinien erlauben Steuerpflichtigen, Anrechnungsvorträge aus dem *General Basket* vor der Steuerreform von 2017 auf den *Foreign Branch Basket* vorzutragen, welcher durch die Steuerreform für die Jahre ab 2018 neu eingeführt wurde. Dies gilt jedoch nur für direkt gezahlte Steuern, also beispielsweise auf Dividenden einer Tochtergesellschaft von einem ausländischen Staat einbehaltene Quellensteuern oder, im Fall einer ausländischen Zweigniederlassung oder einer Beteiligung an einer ausländischen Personengesellschaft, auf die Gewinne dieser Niederlassung oder Personengesellschaft erhobenen, ausländischen Ertragsteuern.[251]

Die in den Richtlinien enthaltenen Verfahren zur Implementierung der Vor- bzw. Rückträge von anrechenbaren ausländischen Steuern auf die Jahre vor bzw. nach der Steuerreform von 2017 sind einerseits sehr vage, andererseits jedoch extrem beschwerlich. Beispielsweise ist es für einen Rücktrag anrechenbarer Steuern aus dem *General Basket* vor der Steuerreform auf den *Foreign Branch Basket*, welcher erst nach der Steuerreform existierte, erforderlich, für einen Zeitraum von zehn Jahren vor der Reform die Existenz der nach der Steuerreform geltenden *Baskets* zu simulieren, also das neue Gesetz auf frühere Jahre anzuwenden.

250 Treas. Reg. § 1.904-2.
251 Vgl. Treas. Reg. § 1.904-2.

2.4 Steuerliche Informationspflichten in den USA

2.4.1 Offenlegung ausländischer Bankkonten (Form *FinCEN* Form 114 *Report of Foreign Bank And Financial Accounts*, FBAR)

Jede US-Person ist zur jährlichen Offenlegung ihrer ausländischen Konten verpflichtet, sofern die kombinierten Jahreshöchststände aller Konten in der Summe den Betrag von USD 10.000 übersteigt.[252]

US-Personen sind US-Staatsbürger, jede in den USA ansässige Person (z. B. *Green Card*-Besitzer), US-Körperschaften, US-Personengesellschaften, aber auch ein US-Trust oder US-Nachlass.[253] Ausländische Konten umfassen sämtliche Konten, Wertpapiere und sonstige Finanzanlagen bei einem ausländischen (aus Sicht der USA) Finanzinstitut oder Finanzdienstleister. Es sind alle Konten unabhängig davon einzubeziehen, ob die US-Person als Eigentümer, durch Verfügungsberechtigung oder lediglich durch Zeichnungsbefugnis darüber verfügen kann.[254]

Die Erklärungs- bzw. Offenlegungspflicht besteht unabhängig von einer Steuererklärungspflicht. Auch die Verfahren sind unterschiedlich. Das FBAR Formular muss jeweils bis zum 15.4.[255] des folgenden Jahres beim IRS eingegangen sein. Jedoch wird eine automatische Verlängerung bis 15.10. gewährt, welche unabhängig von der Einreichung bzw. Verlängerung der Einkommensteuererklärung gewährt wird. Hierzu bedarf es keinem Antrag.[256]

Das Formular *FinCEN* Form 114 hat inzwischen einen beträchtlichen Umfang angenommen. Neben den allgemeinen Angaben zum Steuerpflichtigen sind detaillierte Angaben zu den Konten und Finanzanlagen zu machen: Maximaler Kontostand während des Jahres, Art des Kontos, Kontonummer sowie Name und Postanschrift des Finanzinstitutes. Der Höchststand jedes Kontos des jeweiligen Jahres muss in US-Dollar angegeben werden. Für Umrechnungszwecke ist der vom US-Finanzministerium (*Department of the Treasury*) veröffentlichte Kurs zum 31.12. des betreffenden Steuerjahres zugrunde zu legen. Bei Konten mit Verfügungsberechtigung oder Zeichnungsbefugnis müssen zusätzlich die Namen und Adressen der wirtschaftlichen Eigentümer offengelegt werden. Auch sind Angaben über alleinige oder gemeinsame Verfügungsberechtigung erforderlich, wobei die Anzahl der Verfügungsberechtigten anzugeben ist. Schließlich sind Angaben hinsichtlich der Konsolidierung von ausländischen Konten, beispielsweise

252 31 CFR § 1010.350 (a).

253 Vgl. 31 CFR § 1010.350 (b).

254 31 CFR § 1010.350 (a).

255 Für im Ausland lebende US-Staatsbürger und Green Card-Inhaber ist der Abgabetermin der 15.6., der automatisch auf den 15.10. verlängert wird.

256 Vgl. P.L. 114-41, Sec. 2006 (b)(11); FinCEN Announcement vom 16.12.2016.

bei verbundenen Unternehmen, erforderlich.[257] Verfügt eine erklärungspflichtige US-Person über mindestens 25 Konten, ist lediglich die genaue Anzahl der Konten anzugeben.

Bei fahrlässig falschen oder fehlenden Angaben drohen verwaltungsrechtliche Strafen bis zu USD 10.000. Handelt es sich um eine vorsätzliche Falschangabe, drohen Strafzahlungen von mindestens USD 100.000 oder bis zu 50 % des Vermögenswertes der betroffenen Konten im Zeitpunkt der Verletzung der Offenlegungspflicht. Neben den verwaltungsrechtlichen Strafen können strafrechtlich relevante Tatbestände erfüllt sein.[258]

Ist ein US-Steuerpflichtiger in der Vergangenheit seinen Offenlegungspflichten bezüglich nicht in den USA belegener Bankkonten nicht nachgekommen, hat er die Möglichkeit, dies im Rahmen einer Selbstanzeige nachzuholen. Das sogenannte *Offshore Voluntary Disclosure Program* (OVDP) wurde im Juli 2014 in nunmehr vierter Version aufgelegt. Es sieht grundsätzlich niedrigere Strafen vor. Seit 28.9.2018 ist nur mehr ein vereinfachtes Selbstanzeigeverfahren (*Streamlined Filing Compliance Procedures* - SFCP 2014) verfügbar. Es wird unterschieden zwischen Fällen von in den USA (*Streamlined Domestic Offshore Procedures*) bzw. im Ausland lebenden US-Steuerpflichtigen (*Streamlined Foreign Offshore Procedures*). Diese beiden Verfahren können bei fahrlässigen Vergehen angewendet werden und eliminieren etwaige Strafzuschläge völlig. In Abweichung vom vereinfachten Selbstanzeigeverfahren in seiner bis 2016 geltenden Form ist es unter den SFCP 2014 möglich, selbst betragsmäßig große ausstehende Steuerbeträge straffrei nachzuerklären. Bis Juli 2014 war die betragsmäßige Grenze zur möglichen Nachholung der steuerlichen Pflichten im vereinfachten Verfahren nur in Fällen möglich, in denen die ausstehende Steuerschuld USD 1.500 pro Steuerjahr nicht überschritt. Die derzeit verfügbaren Verfahren sehen jedoch keinen Verzicht auf strafrechtliche Verfolgung durch die Finanzverwaltung vor. [259]

2.4.2 Offenlegung bestimmter im Ausland gehaltener Vermögenswerte (Form 8938 *Statement of Specified Foreign Financial Assets*)

Jede US-Person ist ferner zur Offenlegung bestimmter im Ausland gehaltener Finanzanlagen verpflichtet, sofern bestimmte Wertgrenzen überschritten werden.[260] Die Offenlegung dieser im Ausland gehaltenen Vermögenswerte erfolgt im Gegensatz zur Of-

257 Vgl. "BSA Electronic Filing Requirements for Report of Foreign Bank and Financial Accounts (FinCEN Form 114)", Seite 10.

258 31 USC §§ 5321 (a)(5) und 5322 (a), 5322 (b); 18 USC § 1001.

259 Streamlined Filing Compliance Procedures (SFCP 2014), Delinquent FBAR Submission Procedures, Delinquent International Information Return Submission Procedures.

260 IRC § 6038D.

fenlegung ausländischer Konten (Formular *FinCEN* Form 114) im Rahmen der Steuererklärung der betroffenen US-Person.

Je nach Wohnsitz und Veranlagungsform kommen unterschiedliche Wertgrenzen zur Anwendung. Hat der Steuerpflichtige seinen Wohnsitz in den USA, müssen die Summe der Vermögenswerte bei Einzelveranlagung mindestens USD 50.000 am letzten Tag des Jahres oder mehr als USD 75.000 während des Jahres betragen.[261] Bei Zusammenveranlagung von Ehegatten mit Wohnsitz in den USA müssen die Vermögenswerte mindestens USD 100.000 am letzten Tag des Jahres oder mindestens USD 150.000 während des Steuerjahres aufweisen.[262]

Bei Wohnsitz außerhalb der USA liegen die Grenzen etwas höher. Der kumulative Wert der (im Ausland gehaltenen) Vermögenswerte bei Einzelveranlagung muss dann mindestens USD 200.000 am letzten Tag des Jahres bzw. mindestens USD 300.000 während des Steuerjahres ergeben.[263] Bei Zusammenveranlagung liegen die Grenzen für eine Offenlegung bei USD 400.000 zum 31.12. bzw. USD 600.000 während des Steuerjahres.[264]

Auch für Umrechnungszwecke der Offenlegung bestimmter im Ausland gehaltener Vermögenswerte ist der vom US-Finanzministerium veröffentlichte Kurs zum 31.12. des jeweiligen Steuerjahres zugrunde zu legen.[265] Das Formular 8938 ist der jährlichen US-Bundessteuererklärung beizulegen. Die Abgabeverpflichtung besteht zwischenzeitlich sowohl für natürliche US-Personen als auch für juristische Personen (US-Körperschaften und Personengesellschaften, US-Nachlässe und US-Trusts).[266]

Neben den allgemeinen Angaben zum Steuerpflichtigen sind grundsätzlich Angaben über getrennt gehaltene sowie gemeinschaftlich mit dem Ehegatten gehaltene Vermögenswerte und deren steuerliche Relevanz zu machen. Offenzulegen sind Vermögenswerte auf Bank- und Treuhandkonten. Dabei sind Angaben über Art des Kontos, Kontonummer, Kontoneueröffnung bzw. Schließung im jeweiligen Jahr erforderlich. Ebenso sind Höchststand, Währung, Umrechnungskurs, Quelle des Umrechnungskurses, Name und Adresse des Finanzinstituts bzw. Finanzdienstleisters und Emittenten bzw. der anderen Vertragsparteien offenzulegen.[267]

261 Treas. Reg. § 1.6038D-2 (a)(1).
262 Treas. Reg. § 1.6038D-2 (a)(2).
263 Treas. Reg. § 1.6038D-2 (a)(3).
264 Treas. Reg. § 1.6038D-2 (a)(4).
265 Treas. Reg. § 1.6038D-5 (c).
266 IRC § 6038D; Treas. Reg. § 1.6038D-6.
267 Treas. Reg. § 1.6038D-4 (a).

Darüber hinaus sind ausländische Beteiligungen an einer Gesellschaft (z. B. Personengesellschaft, Körperschaft, Trust oder Estate) mit Anschrift der Gesellschaft anzugeben. Falls es sich nicht um eine Beteiligung handelt, ist der Name des Emittenten bzw. der anderen Vertragspartei sowie dessen Anschrift offenzulegen.[268]

Neben diesen Detailangaben ist eine Zusammenfassung der Vermögenswerte zu erstellen. Dabei müssen z. B. auch Dividenden und Zinseinkünfte angegeben werden, welche mit den angegebenen Vermögenswerten im Zusammenhang stehen. Schließlich sind die Vermögenswerte anzugeben, die bereits auf einem anderen Formular der Steuererklärung ausgewiesen wurden, wie beispielsweise CFCs oder PFICs. Diese Vermögenswerte sind nicht erneut in das Formular 8938 aufzunehmen, es ist jedoch ein Verweis erforderlich.[269]

Die Strafen bei Verletzung der Offenlegungspflichten hängen davon ab, ob lediglich die Abgabefrist verletzt wurde oder ob darüber hinaus auch eine Steuerverkürzung vorliegt. Falls das Formular 8938 nicht fristgemäß eingereicht wurde, droht dem Steuerpflichtigen eine Strafzahlung i. H. v. USD 10.000. Wird der Steuerpflichtige durch den IRS aufgefordert die Offenlegungspflicht nachzuholen und wird dieser trotzdem nicht nachgekommen, so können zusätzliche Strafzahlungen von bis zu jeweils USD 50.000 die Folge sein.[270]

Führt die unvollständige Angabe gleichzeitig zu einer Verkürzung der Steuer, können 40 % des steuerverkürzenden Betrages als Strafzahlung festgesetzt werden. Bei Betrug kann es zu einer Strafzahlung von 75 % der dadurch nicht festgesetzten Steuer kommen.[271] Zusätzlich können auch strafrechtliche Konsequenzen damit verbunden sein.[272]

2.4.3 Erklärung von US-Personen mit Beteiligungen an ausländischen Kapitalgesellschaften (Form 5471 *Information Return of U.S. Persons With Respect to Certain Foreign Corporations*)

Der Erklärungspflicht unterliegen sowohl direkte und indirekte US-Anteilseigner, als auch Geschäftsführer (*Officer* und *Director*) einer ausländischen Kapitalgesellschaft (darunter fallen insbesondere Erklärungspflichten im Zusammenhang mit einer CFC).[273]

Der Umfang der Erklärungspflicht ist zum einem vom Beteiligungsverhältnis und zum anderen davon abhängig, ob eine CFC vorliegt. Offenzulegen sind z. B. die Art der gehal-

268 Treas. Reg. § 1.6038D-4 (a)(4).
269 Treas. Reg. § 1.6038D-4 (a)(10); Treas. Reg. § 1.6038D-7.
270 IRC § 6038D.
271 IRC § 6662 (j).
272 Vgl. IRC §§ 7203, 7206, 7207.
273 IRC §§ 6046, 6038.

tenen Aktien, *Subpart F*-Einkünfte, Bilanz sowie Gewinn- und Verlustrechnung, Gewinn- und Verlustvorträge, Transaktionen, Organisation bzw. Reorganisation sowie ein bestehendes *Cost-Sharing-Agreement* einer CFC. Das Formular 5471 muss zusammen mit der Steuererklärung eingereicht werden.[274] Es ist das Ergebnis eines meist komplizierten und arbeitsintensiven Prozesses, da der ausländische Jahresabschluss zunächst nach US-Handelsrecht (GAAP) übergeleitet werden muss. Danach ist dieser nach US-Steuerrecht anzupassen.

Wird die Offenlegungspflicht missachtet, können Strafen von USD 10.000 bis maximal USD 50.000 fällig werden.[275] Außerdem kann es zur Reduzierung eines auf die US-Steuerschuld anrechenbaren *Foreign Tax Credits* kommen.[276] Darüber hinaus sind auch strafrechtliche Konsequenzen vorgesehen.[277]

Änderung der Zurechnungsvorschriften durch die US-Steuerreform von 2017

Bei einer Beteiligung an einer ausländischen Körperschaft von mindestens 10 % durch US-Anteilseigner ist die Offenlegung bestimmter Sachverhalte vorgeschrieben. Bei einer Beteiligung an einer ausländischen Körperschaft von mehr als 50 % (nur Beteiligungen von 10 % oder mehr gehen in die Bestimmung ein) liegt eine CFC vor, bei der darüber hinaus auch bestimmte Einkommensteile (*Subpart F Income* sowie GILTI) unabhängig von einer tatsächlichen Ausschüttung besteuert werden.

Mit der US-Steuerreform von 2017 wurden bestehende Vorschriften zur Zurechnung von Anteilsbesitz derart geändert, dass nun auch ausländische Schwesterkapitalgesellschaften für Zwecke der Offenlegung als CFC qualifiziert werden. Dies erfolgt über die fiktive Zurechnung (*Constructive Attribution*) der Anteile an einer Schwestergesellschaft, wie das nachfolgende Beispiel zeigt.

274 Vgl. IRC § 6038; Treas. Reg. § 1.6038-2.
275 IRC § 6038 (b).
276 IRC § 6038 (c).
277 Vgl. IRC §§ 7203, 7206, 7207.

BEISPIEL ▸ Ein deutscher Steuerpflichtiger hält die Anteile an einer US-*Inc.* sowie einer Drittlandskapitalgesellschaft.

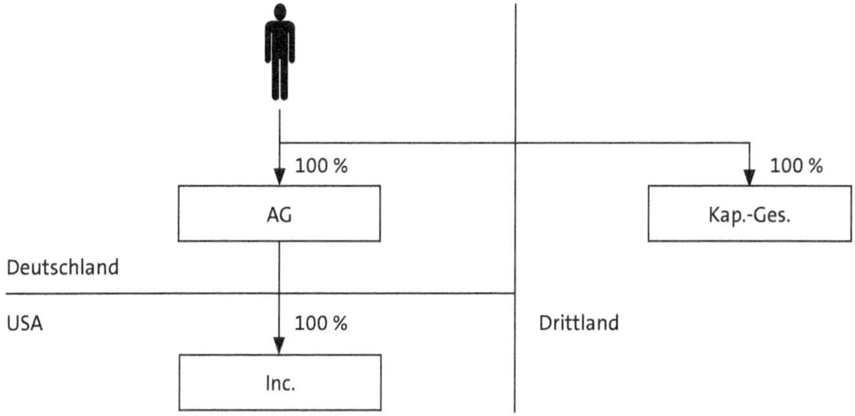

Für den Steuerpflichtigen ergeben sich durch die US-Steuerreform von 2017 die folgenden Konsequenzen:

- Da der deutsche Steuerpflichtige mindestens 50 % der AG-Anteile hält, wird die AG so behandelt, als wäre sie Eigentümerin von allen anderen Beteiligungen des deutschen Steuerpflichtigen.[278] Damit wird die GmbH so behandelt, als wäre sie eine Tochtergesellschaft der AG.[279] Dies wird lediglich für die wiederholte Anwendung der Zurechnungsvorschriften (*Attribution-Rules*) relevant, es hat jedoch keine materiell-rechtlichen Konsequenzen.
- In einem zweiten Schritt werden die Zurechnungsvorschriften erneut angewandt. Da die AG mindestens 50 % an der *Inc.* hält, wird die *Inc.* so behandelt, als würde sie alles besitzen, was die AG besitzt, mithin auch die Anteile an der GmbH (sogenannte *Downward Attribution*).
- Da die *Inc.* mehr als 50 % der GmbH hält (sogenanntes *Constructive Ownership*), ist die *Inc.* ein US-Anteilseigner (*Deemed Shareholder*) und die GmbH ist mithin eine CFC.[280] Durch diese fiktive Zurechnung resultiert zwar nicht, dass der *Inc.* etwaiges *Subpart F Income* oder GILTI-Einkünfte von der GmbH hinzugerechnet werden, jedoch ergeben sich Form 5471 - Offenlegungspflichten der Drittlands-Schwesterkapitalgesellschaft (GmbH).

278 IRC § 318 (a)(3)(C).
279 IRC § 318 (a)(5)(A).
280 IRC § 957.

Die Finanzverwaltung hat jedoch klargestellt, dass eine solche fiktive Beteiligung (*Constructive Ownership*) der Anteile von Schwesterkapitalgesellschaften nicht ausreicht, um die Offenlegungspflichten der Schwestergesellschaft auszulösen. Vielmehr ist erforderlich, dass ein US-Anteilseigner entweder direkt oder indirekt an der Gesellschaft beteiligt ist.[281]

Ein zweites, deutlich komplexeres Beispiel ist geeignet, die praktischen Probleme aufzuzeigen:

BEISPIEL ▸ Eine deutsche AG hält 100 % der Anteile an einer US-*Inc.* Die AG ist mit 80 % an einer US-Personengesellschaft beteiligt. Die AG ist mit 10 % an einer UK-Kapitalgesellschaft beteiligt. An der UK-Kapitalgesellschaft ist weiterhin eine französische Personengesellschaft mit 70 % beteiligt sowie eine weitere US-*Inc.* mit 10 %. 40 % der Anteile an der französischen Personengesellschaft werden von einer nicht verbundenen US-*Inc.* gehalten.

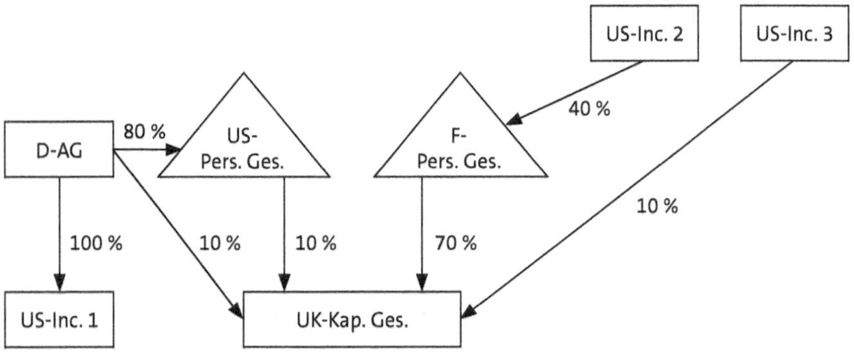

Für den Steuerpflichtigen ergeben sich durch die US-Steuerreform von 2017 die folgenden Konsequenzen:

- In einem ersten Schritt sind die Zurechnungsvorschriften (*Attribution-Rules*) anzuwenden, um festzustellen, ob die US-*Inc.* 1 durch die sogenannte *Downward Attribution* so behandelt wird, als ob sie einen Anteil an der UK-Kapitalgesellschaft hält (*Constructive Ownership*). Da die AG mindestens 50 % der US-*Inc.* 1 hält, wird die US-*Inc.* 1 so behandelt, als würde sie die 10 % Anteile an der UK-Kapitalgesellschaft halten, die von der AG gehalten werden.[282]
- In einem zweiten Schritt ist zu prüfen, ob die indirekte Beteiligung der AG an der UK-Kapitalgesellschaft durch die Beteiligung an der US-Personengesellschaft ebenfalls zu einer *Downward Attribution* führen könnte. Hierzu wird zunächst der (indi-

281 IRS Notice 2018-13.
282 IRC § 958 (b); IRC § 318 (a)(3)(C).

rekte) Anteil von 8 % (80 % Anteile an US-Personengesellschaft x 10 % Anteile an UK-Kapitalgesellschaft) durch eine sogenannte *Upward Attribution* der AG zugerechnet.[283] Danach wird die AG so behandelt, als würde sie die 8 % an der UK-Kapitalgesellschaft direkt halten.[284] Dies ist jedoch lediglich für die wiederholte Anwendung der Zurechnungsvorschriften (*Attribution-Rules*) relevant, es hat keine materiellrechtlichen Konsequenzen.

- In einem dritten Schritt werden die Zurechnungsvorschriften erneut angewandt. Da die AG mindestens 50 % an der US-*Inc.*1 hält, wird diese *Inc.* so behandelt, als würde sie alles besitzen, was die AG besitzt, mithin auch die Anteile an der UK-Kapitalgesellschaft (sogenannte *Downward Attribution*). Daraus resultiert, dass die US-*Inc.*1 insgesamt 18 % an der UK-Kapitalgesellschaft hält, also die fingiert gehaltenen Anteile i. H. v. 18 % (*Constructive Ownership*).
- In einem vierten Schritt ist zu bestimmen, ob die UK-Kapitalgesellschaft eine CFC ist. US-*Inc.* 3 hält einen Anteil von 10 % direkt und ist mithin ein Anteilseigner.[285] US-*Inc.* 2 hält einen 28 %-igen Anteil indirekt durch ihre Beteiligung an der französischen Personengesellschaft (40 % Anteile an französischer Personengesellschaft x 70 % Anteile an UK- Kapitalgesellschaft).[286] US-*Inc.* 2 ist deshalb ebenfalls ein Anteilseigner der UK- Kapitalgesellschaft.[287]

Hieraus ergibt sich folgende Eigentumsstruktur der UK-Kapitalgesellschaft durch US-Gesellschafter:

- 10 % direkte Beteiligung (US-*Inc.* 3)
- 28 % indirekte Beteiligung (US-*Inc.* 2)
- 18 % fingierte Beteiligung (US-*Inc.* 1)
- 56 % gesamte US-Anteile an UK-Kapitalgesellschaft

Mithin ist die UK-Kapitalgesellschaft nach IRC § 957 (a) eine CFC. Durch diese fiktive Zurechnung resultiert zwar nicht, dass der US-*Inc.* 1 etwaiges *Subpart F Income* oder GILTI-Einkünfte von der UK-Kapitalgesellschaft hinzugerechnet werden, jedoch ergeben sich Form 5471 - Offenlegungspflichten der UK-Kapitalgesellschaft in der US-Steuererklärung der US-*Inc.* 1.

In der Praxis wird sich für die US-*Inc.* 1 das Problem der Sachverhaltserfassung ergeben. Die AG ist in dem Beispiel nicht an der französischen Personengesellschaft beteiligt. Sie müsste also über die UK-Kapitalgesellschaft deren Gesellschafterkreis ermitteln und

283 IRC § 318 (a)(2)(A).
284 IRC § 318 (a)(5)(A).
285 IRC § 951 (b).
286 IRC § 958 (a)(2).
287 IRC § 951 (b).

würde dann möglicherweise von der Beteiligung der französischen Personengesellschaft und der Direktbeteiligung der US-*Inc.* 3 Kenntnis erhalten. Das erscheint im vorliegenden Beispiel noch möglich zu sein, da die US-Personengesellschaft auch Anteilseigner der UK-Kapitalgesellschaft ist. Allerdings darf bezweifelt werden, dass die französische Personengesellschaft ihre Eigentümerstruktur einer vollkommen unabhängigen Gesellschaft offenlegt. Noch problematischer wird die Ermittlung der Beteiligungsstruktur, wenn statt der französischen Personengesellschaft ein *Investment Fund* (beispielsweise *Private Equity* oder *Venture Capital Funds*) an der UK-Kapitalgesellschaft beteiligt sind.

Deshalb sollten die folgenden zwei Vorschläge in Erwägung gezogen werden:[288]

1. Die Geschäftsführung der US-*Inc.* 1 und der deutschen Muttergesellschaft sollten sowohl bei der US-Personengesellschaft als auch bei der UK-Kapitalgesellschaft die Eigentümerstruktur anfragen. Wenn eine der Gesellschaften von der UK-Kapitalgesellschaft diese Information erhält, sollte sie auch bei den offengelegten Gesellschaftern deren Eigentümerstruktur anfragen.

Es erscheint ratsam, die Anfragen schriftlich zu stellen und sowohl die Anfragen als auch die Antworten zu dokumentieren, vor allem, wenn es sich hierbei um Ablehnungen handelt. Sollte im Rahmen der Betriebsprüfung einer der US-Gesellschaften (US-*Inc.* 1, 2, 3 oder US-Personengesellschaft) die Offenlegungsverpflichtung festgestellt werden, kann die US-*Inc.* 1 nachweisen, dass sie alles in ihrer Macht stehende getan hat (*Best Efforts*), um den Vorschriften zur Offenlegung nachzukommen und dies nicht vorsätzlich oder fahrlässig erfolgte. Mithin sollte ein hinreichender Grund vorliegen (*Reasonable Cause*), Strafen zu vermeiden.

2. Die US-*Inc.* 1 sollte erwägen, die Nicht-Abgabe der möglicherweise erforderlichen Form 5471 in ihrer US-Steuererklärung offenzulegen. Das hierfür einschlägige Formular ist Form 8275 *Disclosure Statement*, auf welchem der Sachverhalt ausführlich dargestellt werden muss. Grundsätzlich ist es damit möglich, Strafen zu vermeiden.

Auch in diesem dritten Beispiel – der durch fiktive Zurechnung entstandenen CFC – hat die US-Steuerreform von 2017 Auswirkungen auf US-*Inbound Investments*. Zwar kann in den dargestellten Fällen der deutschen AG kein GILTI zugerechnet werden. Anders wäre dies, wenn auch die US-*Inc.* 1 an der Drittlandskapitalgesellschaft bzw. UK-Kapitalgesellschaft beteiligt wäre (eine Beteiligung von 1 % wäre hierfür ausreichend). Unabhängig davon ergibt sich jedoch ein erhöhter Aufwand bei der Bestimmung, ob eine

288 Vgl. Rev. Proc. 2019-40 sowie die Steuerrichtlinien.

Offenlegungsverpflichtung vorliegt. Und das umfaßt noch nicht einmal die Offenlegung selbst.

2.4.4 Erklärungspflicht von US-Personen über Beteiligungen an ausländischen Personengesellschaften (Form 8865 *Return of U.S. Persons With Respect to Certain Foreign Partnerships*)

US-Personen, die direkt oder indirekt an einer ausländischen Personengesellschaft beteiligt sind, unterliegen unterschiedlichen Erklärungspflichten hinsichtlich ihrer Beteiligung.[289] Diese sind im Formular 8865 zusammengefasst.

Der Umfang der Offenlegung ist vom Beteiligungsverhältnis einerseits, und andererseits davon abhängig, ob es sich um eine *Controlled Foreign Partnership* handelt. Folgende Informationen sind offenzulegen: Direkt und indirekt gehaltene Beteiligungen der ausländischen Personengesellschaft, Bilanz, Gewinn- und Verlustrechnung, Veräußerungsgewinne oder -verluste, Gesellschafterkonten, Ergebniszurechnung auf Ebene der Gesellschaft (*Schedule* K) und des Gesellschafters (*Schedule* K-1), Transaktionen zwischen *Controlled Foreign Partnership* und Gesellschaftern bzw. Gesellschaften, Informationen über Vermögensübertragungen sowie Kauf, Verkauf und Änderungen der Gesellschafterstruktur.[290] Wie bei Beteiligungen an ausländischen Kapitalgesellschaften ist das Formular 8865 das Ergebnis umfangreicher Überleitungsrechnungen des ausländischen Jahresabschlusses in US-Handels- und Steuerrecht.

Von der Verletzung der unterschiedlichen Erklärungspflichten ist auch das Strafausmaß abhängig. Dieses liegt grundsätzlich bei USD 10.000 bis maximal USD 100.000. Zudem kann auch die Anrechnung der im Ausland gezahlten Steuern limitiert werden.[291] Darüber hinaus sind strafrechtliche Konsequenzen vorgesehen.[292]

2.4.5 Erklärungspflicht von US-Personen über Beteiligungen an unselbständigen Betriebsstätten (sogenannte *Disregarded Entities*) (Form 8858 *Return of U.S. Persons With Respect To Foreign Disregarded Entities*)

Ist ein U.S.-Steuerpflichtiger zu 100 % an einer ausländischen Gesellschaft[293] beteiligt, hat dieser ein Wahlrecht, ob diese Gesellschaft steuerlich in der USA berücksichtigt werden soll (als Kapitalgesellschaft behandelt). Er kann auch optieren, dass diese Gesellschaft steuerlich transparent behandelt wird und damit steuerlich unbeachtlich ist

289 IRC §§ 6038; 6038B; 6046A; Treas. Reg § 1.6038-3 (a)(1).

290 Treas. Reg. § 1.6038-3 (g).

291 IRC § 6038.

292 Vgl. IRC §§ 7203, 7206, 7207.

293 Es darf sich nicht um eine Per Se Corporation handeln, siehe 2.5.2.

(*Disregarded Entity*). Dieses Wahlrecht übt der Steuerpflichtige aus, indem er seine Entscheidung dem IRS mit Formular 8832 *Entity Classification Election* mitteilt.

Das Formular 8858 wurde vom IRS für ausländische Gesellschaften konzipiert, die für steuerliche Zwecke nicht berücksichtigt werden (*Disregarded Entities*) und für bestimmte ausländische Niederlassungen von US-Steuerpflichtigen.

Folgende Informationen sind im Formular 8858 offenzulegen: Allgemeine Angaben des Erklärungspflichtigen und der ausländischen Gesellschaft, direkt und indirekt gehaltene Beteiligungen der Gesellschaft, Bilanz, Gewinn- und Verlustrechnung.[294]

Es können Geldstrafen i. H. v. USD 10.000 fällig werden, wenn die Form 8858 unvollständig oder falsch ausgefüllt wurde. Des Weiteren wird eine zusätzliche Gebühr von USD 10.000 bis USD 50.000 erhoben, wenn die Erklärung nicht innerhalb von 90 Tagen nach der Bekanntgabe des IRS über die Nichterfüllung der Abgabepflicht abgegeben wird.[295]

2.4.6 Offenlegung von Transaktionen zwischen ausländischen Trusts und bestimmten ausländischen Schenkungen (Form 3520 *Annual Return To Report Transactions With Foreign Trusts and Receipt Of Certain Foreign Gifts*)

Der Erklärungspflicht unterliegen US-Personen einerseits bei Vorliegen bestimmter Transaktionen und Sachverhalte im Zusammenhang mit einem ausländischen Trust, andererseits bei Schenkungen (und Erbschaften) von einem ausländischen Schenker bzw. Erblasser an eine US-Personen.[296]

Zu den Erklärungspflichten zählen unter anderem die Gründung eines ausländischen Trusts, die Übertragung von bestimmten Vermögenswerten, sowie Beteiligungen und Ausschüttungen. Darüber hinaus unterliegen auch unentgeltliche Übertragungen von ausländischen Personen, soweit diese den Wert von USD 100.000 übersteigen (bzw. USD 14.375 von ausländischen Personen- und Kapitalgesellschaften), der Erklärungspflicht. Neben allgemeinen Angaben des Erklärungspflichtigen sind Details zu den Transaktionen und Sachverhalten offenzulegen.[297]

Kommt der Steuerpflichtige seinen Erklärungspflichten von ausländischen Trusts nicht nach, können folgende Strafen festgesetzt werden: Bei nicht fristgerechter Abgabe des Formulars sowie bei unvollständigen oder falschen Angaben wird eine Strafzahlung i. H. v. mindestens USD 10.000 fällig, sofern keine rechtfertigenden Gründe für die

294 IRC § 6038.

295 Vgl. IRC § 6038.

296 IRC §§ 6048, 6039F, Formular 3520.

297 Formular 3520.

Nichteinhaltung vorliegen. Die Strafzahlung kann maximal 35 % des Wertes der Transaktion ausmachen. Bei fortgesetztem Vergehen werden weitere Strafzahlungen fällig.[298]

Im Falle von Erklärungspflichten von Schenkungen und Erbschaften beträgt die Strafe bei nicht fristgerechter Abgabe des Formulars sowie bei unvollständigen oder falschen Angaben 5 % des Wertes des Vermögens pro Monat (maximal 25 %), sofern keine rechtfertigenden Gründe für die Nichteinhaltung vorliegen.[299]

2.5 Einordnung von Gesellschaften – *Check-the-Box Election*

2.5.1 Historischer Hintergrund

In den USA unterliegt das Gesellschaftsrecht der Gesetzgebung der Einzelstaaten; jeder Staat hat eigene gesetzliche Vorschriften zur Form und Gründung von Gesellschaften. Mithin gibt es in den 50 Bundesstaaten eine Vielzahl von unterschiedlichen Gesellschaftsformen. Für Zwecke der Einkommen- / Körperschaftsteuer erwächst die Notwendigkeit, diese Gesellschaftsformen steuerlich zu qualifizieren.

Bis 1996 galten die sogenannten Kintner-Regeln[300], welche inhaltlich und konzeptionell im Wesentlichen dem Schreiben des deutschen Bundesfinanzministeriums vom 19.3.2004 zur *Limited Liability Company* entsprachen.[301] In einem formalistischen Ansatz richtete sich die steuerliche Qualifizierung einer Gesellschaft nach der Mehrheit folgender vier entscheidungsrelevanter Merkmale:

- Beschränkte Haftung
- Zentralisierte Geschäftsführung
- Freie Übertragbarkeit der Anteile
- Unbeschränkte Lebensdauer der Gesellschaft

In gleicher Weise waren ausländische Gesellschaften zu qualifizieren.

Mit der *Treasury Decision 8697* hat der IRS die sogenannten *Check-the-Box*-Richtlinien erlassen.[302] Diese gelten seit dem 1.1.1997 und haben die bisher existierenden Regelungen zur steuerlichen Qualifizierung einer Gesellschaft durch einen einfacheren Ansatz ersetzt. Dieser bietet dem Steuerpflichtigen im Allgemeinen die Wahlmöglichkeit, die Gesellschaft steuerlich entweder als Personengesellschaft (*Partnership*, Transparenz-

298 IRC § 6677.

299 IRC § 6039F.

300 Basiert auf United States v. Kintner, 46 AFTR 995 (216 F 2d 418), (CA9), October 14, 1954; Zur historischen Entwicklung siehe Bittker and Lokken: Federal Taxation of Income, Estates, and Gifts (WG&L), 85.3.1.

301 BMF-Schreiben vom 19.3.2004 (BStBl I 2004 S. 411).

302 IRS TD 8697, Definitions and Classifications—Elective Entity Classification, IRC § 7701, December 17. 1996.

prinzip) oder als Kapitalgesellschaft (*Corporation*, Trennungsprinzip) zu qualifizieren.[303]

2.5.2 *Per Se* Körperschaften

Die neuen Richtlinien geben für bestimmte Gesellschaften zwingend die Qualifizierung als Kapitalgesellschaft vor.[304] Hier hat sich gegenüber den alten Regelungen wenig geändert. Zu den US-Gesellschaften, welche ausschließlich als Körperschaften zu behandeln sind, gehören:

1. US-Gesellschaften, welche nach dem Recht eines Bundesstaates gegründet wurden und in ihren Statuten als *Incorporated* oder als *Corporation* beschrieben werden,
2. US-Gesellschaften, welche nach dem Recht eines Bundesstaates gegründet wurden und in ihren Statuten als *Joint-stock Company* oder *Joint-stock Association* beschrieben werden,
3. US-Versicherungsgesellschaften, US-Banken und US-Gesellschaften, welche sich zu 100 % im Besitz von Bundesstaaten oder deren Institutionen befinden

Die Richtlinien führen ebenfalls auf, welche ausländischen Gesellschaften als *Per Se Corporations* behandelt werden. Unter anderem werden im US-Steuerrecht Aktiengesellschaften zwingend als Körperschaften behandelt, welche nach den Gesetzen der Bundesrepublik Deutschland, der Republik Österreich, der Schweiz und dem Großherzogtum Luxemburg gegründet wurden.[305] Auch eine *Societas Europaea* (SE), welche nach dem 7.10.2004 gegründet wurde, wird als *Per Se Corporation* behandelt.[306] Gesellschaften mit beschränkter Haftung (GmbHs) sind von der zwingenden Qualifikation als Körperschaft nicht erfasst.

2.5.3 Automatische Klassifikation von US-Gesellschaften

Eine neu gegründete US-Gesellschaft mit zwei oder mehr Gesellschaftern, welche in dem oben aufgeführten Katalog der *Per Se* Gesellschaften nicht erwähnt ist, wird grundsätzlich als Personengesellschaft behandelt.[307] Die Haftungsbedingungen der Gesellschafter sind dabei unerheblich. Die Gesellschaft kann jedoch durch die so genannte *Check-the-Box Election* dazu optieren, steuerlich wie eine Körperschaft behandelt zu werden.[308]

303 Vgl. Treas. Reg. § 301.7701-1 i.V.m. Treas. Reg. § 301.7701-3.

304 Treas. Reg. § 301.7701-2 (b) i.V. m. Treas. Reg. § 301.7701-3 (a).

305 Treas. Reg. § 301.7701-2 (b).

306 IRS Notice 2004-68, 2004-43 IRB 706.

307 Treas. Reg. § 301.7701-3 (b)(1)(i).

308 Treas. Reg. § 301.7701-3 (a).

Hat eine inländische Gesellschaft nur einen Gesellschafter und ist die Gesellschaft keine *Per Se Corporation*, dann wird sie steuerlich wie eine unselbstständige Betriebsstätte (sogenannte *Disregarded Entity Separate from its Owner*) behandelt.[309] Die Gesellschaft kann jedoch ebenso durch die *Check-the-Box Election* wählen, steuerlich wie eine Körperschaft behandelt zu werden.[310]

Wird eine Gesellschaft steuerlich wie eine unselbstständige Betriebsstätte behandelt, dann wird sie für Bundessteuerzwecke einkommensteuerlich nicht separat von ihrem Gesellschafter erfasst (Transparenzprinzip). Der Geschäftsbetrieb der *Disregarded Entity* wird dem Gesellschafter zugeordnet (entspricht dem Betrieb eines Einzelunternehmers im deutschen Steuerrecht). Sämtliche Einkünfte der *Disregarded Entity* finden ihren Eingang in die Einkommensteuererklärung des Gesellschafters, wobei es unerheblich ist, ob der Gesellschafter eine Körperschaft, eine Personengesellschaft oder ein Einzelunternehmer ist.[311]

Diese Behandlung gilt jedoch nur für Zwecke der Steuern auf Bundes- und / oder Staatenebene. Sonstige steuerliche Verpflichtungen können allerdings auch die Gesellschaft selbst treffen, wie z. B. den Einbehalt der Lohnsteuer oder die Entrichtung von Verbrauchsteuern. Trotz steuerlicher Behandlung als unselbstständige Betriebsstätte ist die Gesellschaft in allen anderen Bereichen (d. h. außerhalb des Steuerrechts) als eine rechtsfähige juristische Person zu betrachten.[312]

2.5.4 Automatische Klassifikation von ausländischen Gesellschaften

Die automatische Klassifikation von ausländischen Gesellschaften knüpft an den Haftungsbedingungen an.[313]

Eine ausländische Gesellschaft mit zwei oder mehr Gesellschaftern, von denen mindestens ein Gesellschafter persönlich für die Schulden der Gesellschaft haftet und die in dem oben aufgeführten Katalog der *Per Se* Gesellschaften nicht erwähnt ist, wird grundsätzlich als Personengesellschaft behandelt.[314] Zu den deutschen Gesellschaften, welche automatisch als Personengesellschaft behandelt werden, gehören: Gesellschaft des bürgerlichen Rechts (GbR), Offene Handelsgesellschaft (OHG), Kommanditgesellschaft (KG), Partnerschaftsgesellschaft und GmbH & Co. KG. Auch diese Gesellschaften können jedoch durch die *Check-the-Box Election* dazu optieren, steuerlich wie eine Kör-

309 Treas. Reg. § 301.7701-3 (b)(1)(ii).

310 Treas. Reg. § 301.7701-3 (a).

311 Vgl. Treas. Reg. § 301.7701-2 (a): „[...] its activities are treated in the same manner as a sole proprietorship, branch, or division of the owner".

312 Vgl. Treas. Reg. § 301.7701-2 (c)(2)(iii).

313 Treas. Reg. §§ 301.7701-3 (b)(2)(i) und (ii).

314 Treas. Reg. § 301.7701-3 (b)(2)(i)(A).

perschaft behandelt zu werden.[315] Hinzuweisen ist darauf, dass die Komplementär-GmbH am Kapital der KG beteiligt sein muss, um nach US-Steuerrecht als Gesellschafter anerkannt zu sein. Die in Deutschland übliche 0%-Beteiligung mit gleichzeitiger Entschädigung für Haftungsübernahme führt im Rahmen der automatischen Qualifikation der GmbH & Co. KG dazu, dass diese wie eine Kapitalgesellschaft zu behandeln ist.[316]

Eine ausländische Gesellschaft mit zwei oder mehr Gesellschaftern, von denen keiner der Gesellschafter persönlich für die Schulden der Gesellschaft haftet und die in dem oben aufgeführten Katalog der *Per Se* Gesellschaften nicht erwähnt ist, wird grundsätzlich als Körperschaft behandelt.[317] Aufgrund der Regeln zur automatischen Klassifikation von Gesellschaften wird die GmbH wie eine Körperschaft behandelt. Die GmbH kann jedoch wiederum durch die *Check-the-Box Election* dazu optieren, steuerlich wie eine Personengesellschaft behandelt zu werden.[318]

Hat eine ausländische Gesellschaft nur einen Gesellschafter (z. B. eine andere GmbH oder eine natürliche Person) und ist die Gesellschaft keine *Per Se Corporation*, dann knüpft die Klassifikation an die Haftung an. Haftet der Gesellschafter unbeschränkt, dann wäre die Gesellschaft steuerlich wie eine Betriebsstätte zu behandeln (wobei diese Alternative praktisch keine Bedeutung hat).[319] Haftet der Gesellschafter jedoch nur beschränkt (z. B. Einmann-GmbH), dann ist die Gesellschaft steuerlich wie eine Körperschaft zu klassifizieren.[320] Die GmbH kann jedoch auch hier durch die *Check-the-Box Election* dazu optieren, steuerlich wie eine Betriebsstätte behandelt zu werden.[321]

2.5.5 Ausübung des *Check-the-Box*-Wahlrechts

Mit der Einreichung des Formulars 8832 beim IRS kann eine grundsätzlich dazu berechtigte Gesellschaft ihre steuerliche Klassifikation wählen. Die Wahl kann grundsätzlich bis zu 75 Tage rückwirkend oder bis zu einem Jahr im Voraus ausgeübt werden.[322] Für ausländische Gesellschaften ist der hierfür entscheidende Stichtag der Zeitpunkt, zu dem die Gesellschaft für US-Steuerzwecke relevant wird, was normalerweise der Beginn des US-Geschäftsbetriebs ist.[323]

315 Treas. Reg. § 301.7701-3 (a).

316 Vgl. Private Letter Ruling 200201024 (4.1.2002).

317 Treas. Reg. § 301.7701-3 (b)(2)(i)(B).

318 Treas. Reg. § 301.7701-3 (a).

319 Treas. Reg. § 301.7701-3 (b)(2)(i)(C).

320 Treas. Reg. § 301.7701-3 (b)(2)(i)(B).

321 Treas. Reg. § 301.7701-3 (a).

322 Treas. Reg. § 301.7701-3 (c). Unter Umständen kann auch nach Ablauf der Frist von 75 Tagen eine rückwirkende Klassifikation erwirkt werden, §§ 301.9100-1 bis -3.

323 Treas. Reg. § 301.7701-3 (d).

Eine Gesellschaft ist für mindestens 60 Monate an ihre Wahl bezüglich ihrer steuerlichen Klassifikation gebunden.[324] Diese Bindung wird jedoch bei einem Eigentümerwechsel aufgehoben.

Die möglichen steuerlichen Einordnungen der gängigsten deutschen und amerikanischen Gesellschaftsformen lassen sich in der folgenden Übersicht zusammenfassen.

Rechtsform	**Steuerliche Einordnung Deutschland**	**Steuerliche Einordnung USA**
Deutschland		
AG	Kapitalgesellschaft	Kapitalgesellschaft
GmbH	Kapitalgesellschaft	Kapitalgesellschaft / Personengesellschaft
GmbH & Co. KG	Personengesellschaft	Kapitalgesellschaft / Personengesellschaft
KG	Personengesellschaft	Kapitalgesellschaft / Personengesellschaft
OHG	Personengesellschaft	Kapitalgesellschaft / Personengesellschaft
USA		
Corporation	Kapitalgesellschaft	Kapitalgesellschaft
LP / LLP / LLLP	Personengesellschaft	Kapitalgesellschaft / Personengesellschaft
LLC	Kapitalgesellschaft / Personengesellschaft	Kapitalgesellschaft / Personengesellschaft
GP	Personengesellschaft	Kapitalgesellschaft / Personengesellschaft

2.6 Belastungsvergleich wichtiger Investitionsalternativen

2.6.1 Mögliche Investitionsalternativen – ein Überblick

Vor Zuzug in die USA ist eine detaillierte Analyse der existierenden Beteiligungsverhältnisse unumgänglich. Zum einen kann die Qualifikation einer Gesellschaft für Zwecke des US-Steuerrechts nicht notwendigerweise aus ihrer steuerlichen Behandlung nach deutschem Steuerrecht abgeleitet werden. Wie oben erwähnt, wäre eine GmbH & Co. KG, bei der die Komplementär-GmbH nicht am Kapital der KG beteiligt ist, sondern nur eine Entschädigung für Haftungsübernahme erhält, als Kapitalgesellschaft zu behandeln. Auch die wirtschaftlichen Aktivitäten beeinflussen die Rechtsformwahl. Handelt es sich bei einer GmbH beispielsweise um eine Beteiligungsgesellschaft, ist es nicht unwahrscheinlich, dass diese für Zwecke des US-Steuerrechts als eine *Passive Fo-*

324 Treas. Reg. § 301.7701-3 (c)(1)(iv); Ausnahmen greifen bei unmittelbarer Ausübung des Wahlrechts bei Gründung der Gesellschaft. Darüber hinaus kann ein Gesellschafterwechsel dazu berechtigen, einen Antrag auf einen Klassifikationswechsel bereits vor Ablauf der 60 Monatsfrist zu beantragen, falls mehr als 50 % der Gesellschaftsanteile auf Neugesellschafter übergehen. Ein Rechtsanspruch auf Gewährung des Klassifikationswechsels besteht jedoch nicht.

reign Investment Company zu qualifizieren wäre. Bei einer Beteiligung durch US-Personen von mehr als 50 % wäre die Beteiligungsgesellschaft eine *Controlled Foreign Corporation*. In beiden Fällen kommt es zu einer hohen Steuerbelastung (durch Anwendung der Höchststeuersätze), einer Hinzurechnungsbesteuerung (bei CFCs) bzw. einem Zinszuschlag bei Ausschüttungen (bei PFICs). Diese signifikanten steuerlichen Nachteile sind durch Ausübung des Wahlrechts, wie eine Personengesellschaft behandelt zu werden, vermeidbar.

Die genannten Beispiele betreffen existierende Beteiligungen vor einem Zuzug in die USA. Bei Investitionen, die nach Zuzug neu getätigt werden, ist die Wahl einer geeigneten Rechtsform ganz wesentlich auch davon abhängig, ob der Steuerpflichtige beabsichtigt, dauerhaft in den USA zu bleiben oder ob eine Rückkehr nach Deutschland zumindest nicht ausgeschlossen werden kann. In letzterem Fall könnte es beispielsweise sinnvoll sein, eine *Limited Liability Company* (LLC) zu vermeiden, da deren Qualifikation nach deutschem Steuerrecht problematisch ist.

Die Rechtsformwahl bei Zuzug in die USA ist also komplex und erfordert meist einen erheblichen Zeitaufwand, vor allem dann, wenn dritte Gesellschafter an den betreffenden Unternehmen beteiligt sind oder wenn es sich um ein Familienunternehmen handelt. Bei Kapitalgesellschaften muss das Wahlrechts für eine bestimmte US-steuerliche Behandlung vom Geschäftsführer ausgeübt werden, bei einer Personengesellschaft ist grundsätzlich die Zustimmung jedes einzelnen Gesellschafters erforderlich. Erfahrungsgemäß werden die Diskussionen kontrovers und teilweise irrational geführt und es ist schwierig, einen Konsens herbeizuführen.

Es ist im Rahmen dieses Beitrags nicht möglich, sämtliche Variablen wie wirtschaftliche Tätigkeit der Unternehmen oder geplante Rückkehr nach Deutschland ausführlich darzustellen. Vielmehr werden, basierend auf den obigen Ausführungen, nachfolgend die unterschiedlichen steuerlichen Gesamtbelastungen der laufenden Einkünfte gegenübergestellt, die sich für eine in den USA unbeschränkt steuerpflichtige Person (US-Staatsbürger oder US-*Resident*) aus Beteiligungen in Deutschland in den USA ergeben. Dabei wird unterschieden zwischen vermögensverwaltender und gewerblicher Tätigkeit der Gesellschaft in Deutschland. Die dargestellten Investitionsalternativen hängen darüber hinaus vom Gründungsort der Gesellschaft (Deutschland oder USA) sowie von der Rechtsform (Einzelunternehmen / Personengesellschaft oder Körperschaft) ab. Dies ergibt grundsätzlich acht Alternativen:

1. Deutsche Personengesellschaft
2. US-Personengesellschaft
3. Deutsche Körperschaft
4. US-Körperschaft

Daneben ergeben sich weitere Alternativen aufgrund der unterschiedlichen steuerlichen Qualifikation von Gesellschaften in Deutschland (z. B. Behandlung von LLCs aufgrund des Schreibens des BMF[325]) und den USA (insbesondere *Entity Classification Election*):[326]

5. US-Personengesellschaft wird in Deutschland als Körperschaft behandelt (*Domestic Hybrid*)
6. Deutsche Körperschaft wird in den USA als Personengesellschaft behandelt (*Foreign Hybrid*).
7. US-Körperschaft wird in Deutschland als Personengesellschaft behandelt (*Domestic Reverse Hybrid*)
8. Deutsche Personengesellschaft wird in den USA als Körperschaft behandelt (*Foreign Reverse Hybrid*)

2.6.2 Annahmen

Bei den Investitionsmodellen wird davon ausgegangen, dass der Steuerpflichtige die US-Staatsangehörigkeit besitzt bzw. als in den USA ansässig gilt. Demnach unterliegt er der unbeschränkten Steuerpflicht in den USA und ist dort mit seinem gesamten Welteinkommen steuerpflichtig. In Deutschland unterliegt der Steuerpflichtige mit seinen deutschen Einkünften der beschränkten Steuerpflicht.

Annahmen für die Besteuerung in Deutschland

- Der Steuerpflichtige ist eine natürliche Person, welche in den USA unbeschränkt steuerpflichtig ist (US-Staatsbürger, *Green Card*-Besitzer, dauernder Aufenthalt) und in Deutschland beschränkt steuerpflichtig ist.
- Der maximale Einkommensteuersatz beträgt 45 % (Spitzensteuersatz 42 % plus Reichensteuer von 3 %) zzgl. den darauf entfallenden Solidaritätszuschlag von 5,5 % (resultiert in einer zusätzlichen Steuerbelastung von 2,48 %). Die Hinzurechnung des Grundfreibetrag i. H. v. EUR 9.408 (2020) wird ignoriert.
- Bei der Gewerbesteuer wird ein Steuersatz von 14 % bei einem Hebesatz von 400 % unterstellt. Die auf Ebene einer Personengesellschaft anfallende Gewerbesteuer kann bei natürlichen Personen (Gesellschaftern) nach § 35 EStG bis maximal 400 % des Gewerbesteuermessbetrages angerechnet werden. Der Gewerbesteuer-Freibetrag i. H. v. EUR 25.500 bei Personengesellschaften wird außer Acht gelassen. Die

325 BMF-Schreiben vom 19.3.2004 (BStBl 2004 I S. 411).

326 Aus Sicht der USA.

Gewerbesteuer ist bei Körperschaften weder auf die Körperschaftsteuer noch auf die Einkommensteuer der Gesellschafter anrechenbar und wird daher zur Definitivbelastung.

- Die Einkünfte auf Ebene der Körperschaft werden mit einer Körperschaftsteuer i. H.v. 15 % belastet, zzgl. den darauf entfallenden Solidaritätszuschlag von 5,5 % (ergibt eine zusätzliche Steuerbelastung von 0,825 %).
- Dividendenzahlungen einer deutschen Körperschaft an eine natürliche US-Person werden aufgrund des DBAs zwischen Deutschland und den USA in Deutschland lediglich mit einem Steuersatz von 15 % besteuert.[327] Es wird Vollausschüttung aller Gewinne aus der deutschen Kapitalgesellschaft unterstellt.

Annahmen für die Besteuerung in den USA

- Der Steuerpflichtige ist eine natürliche Person, welche in den USA unbeschränkt steuerpflichtig ist (US-Staatsbürger, *Green Card*-Besitzer, dauernder Aufenthalt) und in Deutschland beschränkt steuerpflichtig ist.
- Auf Einzelstaatenebene wird für natürliche Personen und Körperschaften für sämtliche Einkünfte ein Steuersatz von 6 % angenommen. Die Einzelstaatensteuer ist bei natürlichen Personen nur bis maximal USD 10.000 von der Bemessungsgrundlage zur Ermittlung der US-Bundessteuer abzugsfähig. Bei Körperschaften ist sie in voller Höhe bei der Ermittlung der US-Bundessteuer abzugsfähig. Eine Körperschaftsteuer auf Ebene der Einzelstaaten fällt nicht an, da die Kapitalgesellschaften ihren Gewinn im Ausland erzielen (*No Income from Sources within the State*).
- Der Höchststeuersatz der Einkommensteuer auf US-Bundesebene beträgt 37 %. Dividendeneinkünfte werden mit dem begünstigten Höchststeuersatz von 20 % besteuert.
- Investmenteinkünften werden mit einer zusätzlichen *Net Investment Income Tax* i. H.v. 3,8 % belastet.
- Die Einkünfte einer Kapitalgesellschaft werden auf US-Bundesebene mit einer Körperschaftsteuer i. H.v. 21 % belastet.
- Nach dem Doppelbesteuerungsabkommen zwischen den USA und Deutschland sind grundsätzlich die in Deutschland gezahlten Steuern als *Foreign Tax Credit* auf die ermittelte US-Bundessteuer anrechenbar. Der *Foreign Tax Credit* bestimmt sich nach US-Steuerrecht und ist beschränkt. In Deutschland auf deutsche Einkünfte gezahlte Steuern können daher nur bis maximal in Höhe der auf diese Einkünfte entfallenden US-Bundessteuerschuld angerechnet werden. Anrechenbar sind nur Steu-

327 Art. 10 Abs 2 DBA D / USA

ern, die im Ausland auf Ebene des Steuerpflichtigen erhoben werden (keine Anrechnung der ausländischen Körperschaftsteuer auf die US-Dividendensteuer).[328]

- Eine Anrechnung ausländischer Steuern ist i. d. R. nicht auf Bundesstaatssteuern möglich. Auch auf die 3,8 % *Net Investment Income Tax* ist keine Anrechnung ausländischer Steuern möglich. Beide Steuern werden mithin zur Definitivbelastung.
- Aus Vereinfachungsgründen wird davon ausgegangen, dass CFC- oder PFIC-Bestimmungen nicht anzuwenden sind. Hier könnte sich eine zusätzliche Steuerbelastung auf US-Ebene bei passiven Einkünften oder sogenannten *Subpart F*-Einkünften ergeben.

2.6.3 Zusammenfassung der Ergebnisse des Steuerbelastungsvergleiches bei vermögensverwaltender Tätigkeit

Der steuerliche Belastungsvergleich der acht genannten Alternativen bei vermögensverwaltender Tätigkeit ergibt folgendes Resultat:

328 Reg. § 1.901-2 (f).

Ein amerikanischer, unbeschränkt Steuerpfl. erzielt DE-Einkünfte durch	US-Personengesellschaft	Deutsche Personengesellschaft	US-Kapitalgesellschaft	Deutsche Kapitalgesellschaft	US Domestic Hybrid	Foreign Hybrid	US Domestic Reverse Hybrid	Foreign Reverse Hybrid
DE Steuerklassif. / US Steuerklassif.	D-PersG / U-PersG	D-PersG / U-PersG	D-KapG / U-KapG	D-KapG / U-KapG	D-KapG / U-PersG	D-KapG / U-PersG	D-PersG / U-KapG	D-PersG / U-KapG
Beispiel ("CTB-Election" bedeutet, dass das Unternehmen seine US-Steuerklassifikation gewählt hat)	LP	GbR	Inc.	GmbH	LLC	GmbH (mit CTB-Election)	LP (mit CTB-Election)	GmbH & Co. KG (mit CTB-Election)
Nettogewinne	$ 1.000.000	$ 1.000.000	$ 1.000.000	$ 1.000.000	$ 1.000.000	$ 1.000.000	$ 1.000.000	$ 1.000.000
DE-KSt und DE-Est	$ (474.750)	$ (474.750)	$ (158.250)	$ (284.513)	$ (158.250)	$ (284.513)	$ (474.750)	$ (474.750)
US-KSt und US-Est	$ (98.000)	$ (98.000)	$ (287.170)	$ (124.579)	$ (306.050)	$ (179.788)	$ (445.420)	$ (98.000)
Gesamte Steuern	$ (572.750)	$ (572.750)	$ (445.420)	$ (409.092)	$ (464.300)	$ (464.300)	$ (920.170)	$ (572.750)
Gesamtsteuerbelastung	**57,28%**	**57,28%**	**44,54%**	**40,91%**	**46,43%**	**46,43%**	**92,02%**	**57,28%**

Der steuerliche Belastungsvergleich zeigt, dass eine US-Körperschaft, die in Deutschland als Personengesellschaft behandelt wird (*Domestic Reverse Hybrid*), mit 92 % die höchste Steuerbelastung hat. Dies liegt daran, dass die auf Gesellschafterebene in Deutschland gezahlte Einkommensteuer nicht auf die US-Körperschaftsteuer anrechenbar ist und die Einkommensteuer auch nicht auf die US-Einkommensteuer auf Dividenden angerechnet werden kann, weil die deutsche Einkommensteuer auf Einkünfte aus deutscher Quelle erhoben wird, die Ausschüttung aus der US-Kapitalgesellschaft jedoch aus US-Quellen stammt.[329]

Die Investitionsalternativen deutsche bzw. amerikanische Personengesellschaft sowie ein *Foreign Reverse Hybrid* liegen mit jeweils 57 % ebenfalls recht hoch, was auf die beschränkte Anrechnung der deutschen Einkommensteuer sowie die Definitivbelastung

329 IRC § 901; IRC § 864 (a)(2).

der US-Einzelstaatensteuer sowie der *Net Investment Income Tax* zurückgeführt werden kann. Der Nettogewinn stammt aus Quellen außerhalb der USA und unterliegt deshalb bei dem *Foreign Reverse Hybrid* nicht der Körperschaftsteuer.[330] Bei Ausschüttung (einschließlich der deutschen Einkommensteuer und des Solidaritätsbeitrags) unterliegt der Nettogewinn von USD 1 Mio. auf Gesellschafterebene der US-Einkommensteuer mit 37 %. Der begünstigte Steuersatz auf qualifizierte Dividenden ist nicht anwendbar.[331] Folglich entspricht die Besteuerung faktisch derjenigen von Personengesellschaften.

Die steuerlich günstigsten Varianten sind:

1. Deutsche Körperschaft mit einer Steuerbelastung i. H. v. 40,91 %
2. US-Körperschaft mit einer Steuerbelastung i. H. v. 44,54 %
3. US-Personengesellschaft, die in Deutschland wie eine Kapitalgesellschaft behandelt wird (*US Domestic Hybrid)* mit einer Steuerbelastung i. H. v. 46,43 %[332]

Im Folgenden werden die drei günstigsten Investitionsalternativen sowie die trotz der höheren Belastung äußerst praxisrelevante Alternative der Personengesellschaft dargestellt.

330 IRC § 862 (a).

331 Nach IRC § 1 (h)(11)(C)(i) ist die Gesellschaft nicht abkommensberechtigt, womit der reduzierte Steuersatz nicht anwendbar ist.

332 Eine deutsche Kapitalgesellschaft (z. B. GmbH), die in den USA wie eine Personengesellschaft behandelt wird (Foreign Hybrid) hat ebenfalls eine Gesamtsteuerbelastung i. H. v. 46.43 %, allerdings unterscheidet sich die Behandlung insoweit, als bei Ausschüttung aus der GmbH eine Quellensteuer erhoben wird. Da jedoch eine vollständige Anrechnung auf Gesellschafterebene möglich ist, entspricht die Steuerbelastung derjenigen einer US Domestic Hybrid. Die Alternative wird nachfolgend nicht detailliert dargestellt.

2.6.3.1 Deutsche Kapitalgesellschaft

Ein amerikanischer, unbeschränkt Steuerpflichtiger erzielt DE-Einkünfte durch eine DE-Kapitalgesellschaft (z.B. GmbH) (Einkünfte aus Vermögensverwaltung)

DE Steuerklassifikation: Kapitalgesellschaft
US Steuerklassifikation: Kapitalgesellschaft

Nettogewinn		$	1.000.000,00
Ebene der Gesellschaft in Deutschland			
Zu versteuerndes Einkommen Deutschland		$	1.000.000,00
DE-Körperschaftsteuer	15,00 %	$	(150.000,00)
DE-Solidaritätszuschlag	5,50 %	$	(8.250,00)
Einkommen nach DE-Unternehmensteuern		$	841.750,00
Ebene der Gesellschafter in Deutschland			
Steuerpflichtige Dividendeneinkünfte		$	841.750,00
DE-Quellensteuer	15,00 %	$	(126.262,50)
Einkommen nach DE-Unternehmen- und DE-Einkommensteuern		$	715.487,50
Ebene der Gesellschaft in den USA			
Zu versteuerndes Einkommen USA		$	-
Ebene der Gesellschafter in den USA			
Zu versteuerndes Einkommen USA		$	841.750,00
US-Staatseinkommensteuer	6,00 %	$	(50.505,00)
US-Bundeseinkommensteuer	37,00 %	$	-
Begünstige Steuer auf bestimmte (qualifizierte) Dividenden	20,00 %	$	(168.350,00)
Steuer auf Investmenteinkünfte	3,80 %	$	(31.986,50)
Anrechnung der DE-Einkommensteuern auf die US-Bundeseinkommensteuer		$	126.262,50
US-Unternehmen- und US-Einkommensteuern		$	(124.579,00)
Verbleibendes Einkommen nach Unternehmen- und Einkommensteuern			
Einkommen nach DE-Unternehmen- und DE-Einkommensteuern		$	715.487,50
US-Unternehmen- und US-Einkommensteuern		$	(124.579,00)
Einkommen nach DE- und US-Unternehmen- und -Einkommensteuern		$	590.908,50
Steuern			
DE-Unternehmen- und DE-Einkommensteuern		$	(284.512,50)
US-Unternehmen- und US-Einkommensteuern		$	(124.579,00)
Gesamte Steuern		$	(409.091,50)
Gesamtsteuerbelastung			**40,91 %**

2.6.3.2 US-Kapitalgesellschaft

Ein amerikanischer, unbeschränkt Steuerpflichtiger erzielt DE-Einkünfte durch eine US-Kapitalgesellschaft (z.B. Inc.) (Einkünfte aus Vermögensverwaltung)

DE Steuerklassifikation: Kapitalgesellschaft
US Steuerklassifikation: Kapitalgesellschaft

Nettogewinn		$	1.000.000,00
Ebene der Gesellschaft in Deutschland			
Zu versteuerndes Einkommen Deutschland		$	1.000.000,00
DE-Körperschaftsteuer	15,00 %	$	(150.000,00)
DE-Solidaritätszuschlag	5,50 %	$	(8.250,00)
Einkommen nach DE-Unternehmensteuern		$	841.750,00
Ebene der Gesellschafter in Deutschland			
Zu versteuerndes Einkommen Deutschland		$	-
DE-Einkommensteuer		$	-
Einkommen nach DE-Unternehmen- und DE-Einkommensteuern		$	841.750,00
Ebene der Gesellschaft in den USA			
Zu versteuerndes Einkommen USA		$	1.000.000,00
US-Staatskörperschaftsteuer	6,00 %	$	-
Zu versteuerndes Einkommen USA nach Staats- und Kommunalsteuern		$	1.000.000,00
US-Bundeskörperschaftsteuer	21,00 %	$	(210.000,00)
Anrechnung der DE-Körperschaftsteuer auf die US-Bundeskörperschaftsteuer		$	158.250,00
Ebene der Gesellschafter in den USA			
Zu versteuerndes Einkommen USA		$	790.000,00
US-Staatseinkommensteuer	6,00 %	$	(47.400,00)
US-Bundeseinkommensteuer	37,00 %	$	-
Begünstige Steuer auf bestimmte (qualifizierte) Dividenden	20,00 %	$	(158.000,00)
Steuer auf Investmenteinkünfte	3,80 %	$	(30.020,00)
Anrechnung der DE-Einkommensteuern auf die US-Bundeseinkommensteuer		$	-
US-Unternehmen- und US-Einkommensteuern		$	(287.170,00)
Verbleibendes Einkommen nach Unternehmen- und Einkommensteuern			
Einkommen nach DE-Unternehmen- und DE-Einkommensteuern		$	841.750,00
US-Unternehmen- und US-Einkommensteuern		$	(287.170,00)
Einkommen nach DE- und US-Unternehmen- und -Einkommensteuern		$	554.580,00
Steuern			
DE-Unternehmen- und DE-Einkommensteuern		$	(158.250,00)
US-Unternehmen- und US-Einkommensteuern		$	(287.170,00)
Gesamte Steuern		$	(445.420,00)
Gesamtsteuerbelastung			**44,54 %**

2.6.3.3 US-Domestic Hybrid

Ein amerikanischer, unbeschränkt Steuerpflichtiger erzielt DE-Einkünfte durch eine hybride DE-Gesellschaft (z.B. GmbH) (Einkünfte aus Vermögensverwaltung)

DE Steuerklassifikation: Kapitalgesellschaft
US Steuerklassifikation: Personengesellschaft (durch Ausübung des Wahlrechts)

Nettogewinne		$	1.000.000,00
Ebene der Gesellschaft in Deutschland			
Zu versteuerndes Einkommen Deutschland		$	1.000.000,00
DE-Körperschaftsteuer	15,00 %	$	(150.000,00)
DE-Solidaritätszuschlag	5,50 %	$	(8.250,00)
Einkommen nach DE-Unternehmensteuern		$	841.750,00
Ebene der Gesellschafter in Deutschland			
Steuerpflichtige Dividendeneinkünfte		$	841.750,00
DE-Quellensteuer	15,00 %	$	(126.262,50)
Einkommen nach DE-Unternehmen- und DE-Einkommensteuern		$	715.487,50
Ebene der Gesellschaft in den USA			
Zu versteuerndes Einkommen USA		$	1.000.000,00
Ebene der Gesellschafter in den USA			
Zu versteuerndes Einkommen USA		$	1.000.000,00
US-Staatseinkommensteuer	6,00 %	$	(60.000,00)
US-Bundeseinkommensteuer	37,00 %	$	(366.300,00)
Steuer auf Investmenteinkünfte	3,80 %	$	(38.000,00)
Anrechnung der DE-Einkommensteuern auf die US-Bundeseinkommensteuer		$	284.512,50
US-Unternehmen- und US-Einkommensteuern		$	(179.787,50)
Verbleibendes Einkommen nach Unternehmen- und Einkommensteuern			
Einkommen nach DE-Unternehmen- und DE-Einkommensteuern		$	715.487,50
US-Unternehmen- und US-Einkommensteuern		$	(179.787,50)
Einkommen nach DE- und US-Unternehmen- und -Einkommensteuern		$	535.700,00
Steuern			
DE-Unternehmen- und DE-Einkommensteuern		$	(284.512,50)
US-Unternehmen- und US-Einkommensteuern		$	(179.787,50)
Gesamte Steuern		$	(464.300,00)
Gesamtsteuerbelastung			**46,43 %**

2.6.3.4. Deutsche oder US-Personengesellschaft

Ein amerikanischer, unbeschränkt Steuerpflichtiger erzielt DE-Einkünfte durch eine US-Personengesellschaft (z.B. LP) (Einkünfte aus Vermögensverwaltung)

DE Steuerklassifikation: Personengesellschaft
US Steuerklassifikation: Personengesellschaft

Nettogewinn		$	1.000.000,00
Ebene der Gesellschaft in Deutschland			
Zu versteuerndes Einkommen Deutschland		$	1.000.000,00
DE-Unternehmensteuern		$	-
Einkommen nach DE-Unternehmensteuern		$	1.000.000,00
Ebene der Gesellschafter in Deutschland			
Zu versteuerndes Einkommen Deutschland		$	1.000.000,00
DE-Einkommensteuer (Veranlagung)	45,00 %	$	(450.000,00)
DE-Solidaritätszuschlag	5,50 %	$	(24.750,00)
Einkommen nach DE-Unternehmen- und DE-Einkommensteuern		$	525.250,00
Ebene der Gesellschaft in den USA			
Zu versteuerndes Einkommen USA		$	1.000.000,00
US-Staatskörperschaftsteuer	6,00 %	$	-
Zu versteuerndes Einkommen USA nach Staats- und Kommunalsteuern		$	1.000.000,00
Einkommen nach DE-Unternehmensteuern		$	1.000.000,00
Ebene der Gesellschafter in den USA			
Zu versteuerndes Einkommen USA		$	1.000.000,00
US-Staatseinkommensteuer	6,00 %	$	(60.000,00)
US-Bundeseinkommensteuer	37,00 %	$	(366.300,00)
Steuer auf Investmenteinkünfte	3,80 %	$	(38.000,00)
Anrechnung der DE-Einkommensteuern auf die US-Bundeseinkommensteuer		$	366.300,00
US-Unternehmen- und US-Einkommensteuern		$	(98.000,00)
Verbleibendes Einkommen nach Unternehmen- und Einkommensteuern			
Einkommen nach DE-Unternehmen- und DE-Einkommensteuern		$	525.250,00
US-Unternehmen- und US-Einkommensteuern		$	(98.000,00)
Einkommen nach DE- und US-Unternehmen- und -Einkommensteuern		$	427.250,00
Steuern			
DE-Unternehmen- und DE-Einkommensteuern		$	(474.750,00)
US-Unternehmen- und US-Einkommensteuern		$	(98.000,00)
Gesamte Steuern		$	(572.750,00)
Gesamtsteuerbelastung			**57,28 %**

2.6.4 Zusammenfassung der Ergebnisse des Steuerbelastungsvergleichs bei gewerblicher Tätigkeit

Der steuerliche Belastungsvergleich der acht genannten Alternativen bei gewerblicher Tätigkeit ergibt folgendes Resultat:

Ein amerikanischer, unbeschränkt Steuerpfl. erzielt DE-Einkünfte durch	**US-Personengesellschaft**	**Deutsche Personengesellschaft**	**US-Kapitalgesellschaft**	**Deutsche Kapitalgesellschaft**	**US Domestic Hybrid**	**Foreign Hybrid**	**US Domestic Reverse Hybrid**	**Foreign Reverse Hybrid**
DE Steuerklassif. / **US Steuerklassif.**	D-PersG / U-PersG	D-PersG / U-PersG	D-KapG / U-KapG	D-KapG / U-KapG	D-KapG / U-PersG	D-KapG / U-PersG	D-PersG / U-KapG	D-PersG / U-KapG
Beispiel ("CTB-Election" bedeutet, dass das Unternehmen seine US-Steuerklassifikation gewählt hat)	LP	GbR	Inc.	GmbH	LLC	GmbH (mit CTB-Election)	LP (mit CTB-Election)	GmbH & Co. KG (mit CTB-Election)
Nettogewinne	$ 1.000.000	$ 1.000.000	$ 1.000.000	$ 1.000.000	$ 1.000.000	$ 1.000.000	$ 1.000.000	$ 1.000.000
DE-KSt und DE-Est	$ (467.050)	$ (467.050)	$ (298.250)	$ (403.513)	$ (298.250)	$ (403.513)	$ (467.050)	$ (467.050)
US-KSt und US-Est	$ (60.000)	$ (60.000)	$ (209.122)	$ (103.859)	$ (128.050)	$ (60.000)	$ (305.420)	$ (84.280)
Gesamte Steuern	$ (527.050)	$ (527.050)	$ (507.372)	$ (507.372)	$ (426.300)	$ (463.513)	$ (772.470)	$ (551.330)
Gesamtsteuerbelastung	**52,71%**	**52,71%**	**50,74%**	**50,74%**	**42,63%**	**46,35%**	**77,25%**	**55,13%**

Der steuerliche Belastungsvergleich zeigt, dass eine US-Körperschaft, die in Deutschland als Personengesellschaft behandelt wird (*Domestic Reverse Hybrid*), mit 77 % die höchste Steuerbelastung hat. Dies liegt daran, dass die auf Gesellschafterebene in Deutschland gezahlte Einkommensteuer nicht auf die US-Körperschaftsteuer anrechenbar ist und die Einkommensteuer auch nicht auf die US-Einkommensteuer auf Dividenden angerechnet werden kann, weil die deutsche Einkommensteuer auf Einkünfte aus deutscher Quelle erhoben wird, die Ausschüttung aus der US-Kapitalgesellschaft jedoch aus US-Quellen stammt.[333] Vergleicht man das Ergebnis derselben Rechtsform mit Ein-

333 IRC § 901; IRC § 864 (a)(2).

künften aus Vermögensverwaltung, so wird die gewerbliche Tätigkeit um 15 % niedriger besteuert (92 % gegenüber 77 %), obwohl in Deutschland Gewerbesteuer anfällt. Ursache ist, dass die Gewerbesteuer sowohl in Deutschland auf die Einkommensteuer als auch in den USA auf Bundesebene auf die Körperschaftsteuer angerechnet wird. Für diese Behandlung spricht, dass die deutsche Personengesellschaft, die ja in den USA wie eine Kapitalgesellschaft behandelt wird, in Deutschland mit dieser Gewerbesteuer auf Gesellschaftsebene belastet wurde. Dagegen spricht, dass der Gesellschafter sie bereits in Deutschland anrechnen konnte. Es gibt keinerlei Hinweise, was die Position der Finanzverwaltung ist.

Auch die Investitionsalternativen deutsche bzw. amerikanische Personengesellschaft liegen mit jeweils knapp 53 % niedriger als bei Personengesellschaften mit vermögensverwaltender Tätigkeit, was zwei Gründe hat. Erstens ist die Gewerbesteuer in voller Höhe anrechenbar, andererseits entfällt bei gewerblicher Tätigkeit die *Net Investment Income Tax*, die eine Definitivbelastung darstellt.

Die Steuerbelastung einer deutschen, gewerblich tätigen Personengesellschaft, die in den USA wie eine Kapitalgesellschaft behandelt wird, ist mit 55 % ebenfalls geringer als bei dem vermögensverwaltenden Pendant. Dies liegt daran, dass sowohl die Steuern auf Einzelstaatenebene als auch die *Net Investment Income Tax* – beide sind nicht mit ausländischen Steuern verrechenbar und deshalb eine Definitivbelastung – niedriger sind. Die anderen Ausführungen bei einer vermögensverwaltenden *Foreign Reverse Hybrid* Gesellschaft gelten analog.

Die steuerlich günstigsten Varianten sind:

1. US-Personengesellschaft, die in Deutschland wie eine Kapitalgesellschaft behandelt wird (*US Domestic Hynbrid*) mit einer Steuerbelastung i. H.v. 42,63 %

2. US-Körperschaft mit einer Steuerbelastung i. H.v. 50,74 %

3. Deutsche und US-Personengesellschaft mit einer Steuerbelastung i. H.v. 52,71 %

Im Folgenden werden die drei günstigsten Investitionsalternativen dargestellt.

2.6.4.1 US-Domestic Hybrid

Ein amerikanischer, unbeschränkt Steuerpflichtiger erzielt DE-Einkünfte durch eine hybride US-Gesellschaft (z.B. LLC) (Einkünfte aus Gewerbebetrieb)

DE Steuerklassifikation: Kapitalgesellschaft
US Steuerklassifikation: Personengesellschaft

Nettogewinn		$	1.000.000,00
Ebene der Gesellschaft in Deutschland			
Zu versteuerndes Einkommen Deutschland		$	1.000.000,00
DE-Körperschaftsteuer	15,00 %	$	(150.000,00)
DE-Solidaritätszuschlag	5,50 %	$	(8.250,00)
DE-Gewerbesteuer	14,00 %	$	(140.000,00)
Einkommen nach DE-Unternehmensteuern		$	701.750,00
Ebene der Gesellschafter in Deutschland			
Zu versteuerndes Einkommen Deutschland		$	-
DE-Einkommensteuer	45,00 %	$	-
Einkommen nach DE-Unternehmen- und DE-Einkommensteuern		$	701.750,00
Ebene der Gesellschaft in den USA			
Zu versteuerndes Einkommen USA		$	1.000.000,00
US-Staatskörperschaftsteuer	6,00 %	$	-
Zu versteuerndes Einkommen USA nach Staats- und Kommunalsteuern		$	1.000.000,00
US-Bundeskörperschaftsteuer	21,00 %	$	-
Anrechnung der DE-Körperschaftsteuer auf die US-Bundeskörperschaftsteuer		$	-
Ebene der Gesellschafter in den USA			
Zu versteuerndes Einkommen USA		$	1.000.000,00
US-Staatseinkommensteuer	6,00 %	$	(60.000,00)
US-Bundeseinkommensteuer	37,00 %	$	(366.300,00)
Begünstige Steuer auf bestimmte (qualifizierte) Dividenden	20,00 %	$	-
Steuer auf Investmenteinkünfte	3,80 %	$	-
Anrechnung der DE-Einkommensteuern auf die US-Bundeseinkommensteuer		$	298.250,00
US-Unternehmen- und US-Einkommensteuern		$	(128.050,00)
Verbleibendes Einkommen nach Unternehmen- und Einkommensteuern			
Einkommen nach DE-Unternehmen- und DE-Einkommensteuern		$	701.750,00
US-Unternehmen- und US-Einkommensteuern		$	(128.050,00)
Einkommen nach DE- und US-Unternehmen- und -Einkommensteuern		$	573.700,00
Steuern			
DE-Unternehmen- und DE-Einkommensteuern		$	(298.250,00)
US-Unternehmen- und US-Einkommensteuern		$	(128.050,00)
Gesamte Steuern		$	(426.300,00)
Gesamtsteuerbelastung			**42,63 %**

2.6.4.2 US-Kapitalgesellschaft

Ein amerikanischer, unbeschränkt Steuerpflichtiger erzielt DE-Einkünfte durch eine US-Kapitalgesellschaft (z.B. Inc.) (Einkünfte aus Gewerbebetrieb)

DE Steuerklassifikation: Kapitalgesellschaft
US Steuerklassifikation: Kapitalgesellschaft

Nettogewinn		$	1.000.000,00
Ebene der Gesellschaft in Deutschland			
Zu versteuerndes Einkommen Deutschland		$	1.000.000,00
DE-Körperschaftsteuer	15,00 %	$	(150.000,00)
DE-Solidaritätszuschlag	5,50 %	$	(8.250,00)
DE-Gewerbesteuer	14,00 %	$	(140.000,00)
Einkommen nach DE-Unternehmensteuern		$	701.750,00
Ebene der Gesellschafter in Deutschland			
Zu versteuerndes Einkommen Deutschland		$	-
DE-Einkommensteuer	45,00 %	$	-
Einkommen nach DE-Unternehmen- und DE-Einkommensteuern		$	701.750,00
Ebene der Gesellschaft in den USA			
Zu versteuerndes Einkommen USA		$	1.000.000,00
US-Staatskörperschaftsteuer	6,00 %	$	-
Zu versteuerndes Einkommen USA nach Staats- und Kommunalsteuern		$	1.000.000,00
US-Bundeskörperschaftsteuer	21,00 %	$	(210.000,00)
Anrechnung der DE-Körperschaftsteuer auf die US-Bundeskörperschaftsteuer		$	210.000,00
Ebene der Gesellschafter in den USA			
Zu versteuerndes Einkommen USA		$	701.750,00
US-Staatseinkommensteuer	6,00 %	$	(42.105,00)
US-Bundeseinkommensteuer	37,00 %	$	-
Begünstige Steuer auf bestimmte (qualifizierte) Dividenden	20,00 %	$	(140.350,00)
Steuer auf Investmenteinkünfte	3,80 %	$	(26.666,50)
Anrechnung der DE-Einkommensteuern auf die US-Bundeseinkommensteuer		$	-
US-Unternehmen- und US-Einkommensteuern		$	(209.121,50)
Verbleibendes Einkommen nach Unternehmen- und Einkommensteuern			
Einkommen nach DE-Unternehmen- und DE-Einkommensteuern		$	701.750,00
US-Unternehmen- und US-Einkommensteuern		$	(209.121,50)
Einkommen nach DE- und US-Unternehmen- und -Einkommensteuern		$	492.628,50
Steuern			
DE-Unternehmen- und DE-Einkommensteuern		$	(298.250,00)
US-Unternehmen- und US-Einkommensteuern		$	(209.121,50)
Gesamte Steuern		$	(507.371,50)
Gesamtsteuerbelastung			**50,74 %**

2.6.4.3 Deutsche oder US-Personengesellschaft

Ein amerikanischer, unbeschränkt Steuerpflichtiger erzielt DE-Einkünfte durch eine US-Personengesellschaft (z.B. LP) (Einkünfte aus Gewerbebetrieb)

DE Steuerklassifikation: Personengesellschaft
US Steuerklassifikation: Personengesellschaft

Nettogewinn		$	1.000.000,00
Ebene der Gesellschaft in Deutschland			
Zu versteuerndes Einkommen Deutschland		$	1.000.000,00
DE-Gewerbesteuer	14,00 %	$	(140.000,00)
Einkommen nach DE-Unternehmensteuern		$	860.000,00
Ebene der Gesellschafter in Deutschland			
Zu versteuerndes Einkommen Deutschland		$	1.000.000,00
DE-Einkommensteuer	45,00 %	$	(450.000,00)
Gewerbesteueranrechnung gem. § 35 EStG	14,00 %	$	140.000,00
DE-Solidaritätszuschlag	5,50 %	$	(17.050,00)
Einkommen nach DE-Unternehmen- und DE-Einkommensteuern		$	532.950,00
Ebene der Gesellschaft in den USA			
Zu versteuerndes Einkommen USA		$	1.000.000,00
US-Staatskörperschaftsteuer	6,00 %	$	-
Zu versteuerndes Einkommen USA nach Staats- und Kommunalsteuern		$	1.000.000,00
Ebene der Gesellschafter in den USA			
Zu versteuerndes Einkommen USA		$	1.000.000,00
US-Staatseinkommensteuer	6,00 %	$	(60.000,00)
US-Bundeseinkommensteuer	37,00 %	$	(366.300,00)
Begünstige Steuer auf bestimmte (qualifizierte) Dividenden	20,00 %	$	-
Steuer auf Investmenteinkünfte	3,80 %	$	-
Anrechnung der DE-Einkommensteuern auf die US-Bundeseinkommensteuer		$	366.300,00
US-Unternehmen- und US-Einkommensteuern		$	(60.000,00)
Verbleibendes Einkommen nach Unternehmen- und Einkommensteuern			
Einkommen nach DE-Unternehmen- und DE-Einkommensteuern		$	532.950,00
US-Unternehmen- und US-Einkommensteuern		$	(60.000,00)
Einkommen nach DE- und US-Unternehmen- und -Einkommensteuern		$	472.950,00
Steuern			
DE-Unternehmen- und DE-Einkommensteuern		$	(467.050,00)
US-Unternehmen- und US-Einkommensteuern		$	(60.000,00)
Gesamte Steuern		$	(527.050,00)
Gesamtsteuerbelastung			**52,71 %**

3. Die Besteuerung von Vermögensübertragungen

3.1 Überblick über die Besteuerung von Vermögensübertragungen

Die Besteuerung von Vermögenstransfers in den USA erfolgt auf drei Arten: Bei Vermögenstransfers von Todes wegen unterliegt das Nachlassvermögen einer Nachlasssteuer. Bei Vermögenstransfers unter Lebenden unterliegt das übertragene Vermögen einer Schenkungsteuer. Der Vermögenstransfer, der den Übergang zur übernächsten Generation bewirkt, unterliegt der sogenannten *Generation-Skipping Tax*. Die US-Nachlass- und Schenkungsteuer bilden zusammen mit der *Generation-Skipping Tax* ein einheitliches Besteuerungssystem mit gemeinsamen Frei- bzw. Anrechnungsbeträgen und einem gemeinsamen Steuertarif.[334]

Neben der Besteuerung von Vermögensübertragungen auf Bundesebene haben auch die einzelnen US-Bundesstaaten das Recht auf Besteuerung dieser Übertragungen. Dabei werden Nachlasssteuern, Erbschaftsteuern oder mitunter beide Steuern erhoben. Einige Einzelstaaten erheben auch Schenkungsteuer. Der Fokus dieser Diskussion soll jedoch auf den auf Bundesebene erhobenen Steuern liegen.

Auf Bundesebene wurden im Bereich der Besteuerung von Vermögensübertragungen in der jüngeren Vergangenheit wesentliche Änderungen beschlossen. Bis zum Jahr 2001 entfaltete die Besteuerung von Vermögensübertragungen wegen der niedrigen Freibeträge (USD 1 Mio.) und der hohen Steuersätze (55 %) nahezu konfiskatorische Wirkung. Mit Wirkung zum 1.1.2002 reformierte die seinerzeitige Regierung Bush das Nachlasssteuerrecht.[335] Dabei wurden der Spitzensteuersatz der Nachlasssteuer zeitlich begrenzt bis zum Jahr 2010 von 55 % auf 45 % gesenkt und gleichzeitig die Freibeträge schrittweise von USD 1 Mio. auf USD 3,5 Mio. signifikant erhöht. Im Jahr 2010 konnten Nachlässe sogar völlig steuerfrei gestellt werden.[336] Die Schenkungsteuer wurde in modifizierter Form erhalten.

Die Abschaffung der Nachlasssteuer war nur auf ein Jahr (2010) beschränkt. Andere nur zeitlich begrenzte Änderungen wurden zunächst bis 2012 verlängert und dann perpetuiert. Dabei sah sowohl die Verlängerung bis 2012 als auch die Perpetuierung, in Form des *American Taxpayer Relief Act of 2012* (ATRA 2012)[337], signifikante Modifikatio-

334 Ausnahmen davon galten ab 2004 durch unterschiedliche Steuersätze und Frei- bzw. Anrechnungsbeträge, Economic Growth and Tax Relief Reconciliation Act of 2001.

335 Economic Growth and Tax Relief Reconciliation Act of 2001 (EGTRRA 2001).

336 Allerdings bei zeitgleicher Aussetzung der Anhebung des Buchwertes auf den Verkehrswert (sogenannter Step-up in Basis nach IRC § 1014 (a)(1)) im Zeitpunkt des Erbfalles. Stattdessen sollte der Buchwert des Rechtsvorgängers als Anschaffungswert des Rechtsnachfolgers dienen, wobei nur mehr eine betragsmäßig beschränkte Erhöhung der übernommenen Buchwerte gewährt wurde (sogenannter Modified Carryover-Basis-at-Death, IRC § 1022).

337 American Taxpayer Relief Act of 2012 (P.L. No. 112-240, 2.1.2013), (ATRA 2012).

nen vor. Diese umfassten für den Zeitraum 2011 bis 2012 niedrigere Steuersätze (35 %) bzw. höhere Freibeträge (USD 5,34 Mio., inflationsangepasst).[338] Das Nachlasssteuerrecht nach der Steuerreform von 2012 sieht wiederum eine leichte Anhebung der Steuersätze vor (Steuersätze bis 40 %). Die Anhebung auf den Verkehrswert wurde mit der Abschaffung der Nachlasssteuer ausgesetzt, wurde jedoch ab 1.1.2011 wieder eingeführt.

Der Beschluss über die ab dem Jahr 2013 geltenden Nachlassbesteuerungsregeln bildet einen Kompromiss zwischen dem demokratischen und dem republikanischen Lager im amerikanischen Kongress und wurde nach zähem Ringen in den ersten Stunden des Jahres 2013 beschlossen. Durch diesen wurde eine automatische Wiedereinsetzung der Nachlasssteuerregeln vor 2001 verhindert. Der Kernbereich dieser Reform hat die Nachlasssteuer neu geregelt und vermutlich auf eine langfristig tragfähige Grundlage gestellt. Dabei greift ATRA 2012 auf einige Neuregelungen der Steuerreform im Jahr 2010 zurück und eliminiert eine mehr als zehnjährige Planungsunsicherheit bei der Nachlasssteuer.

Weitere – temporäre – Änderungen ergaben sich durch die US-Steuerreform von 2017, welche später genauer dargestellt werden.[339]

3.2 Unbeschränkte vs. beschränkte Steuerpflicht

Auch die Steuern auf Vermögenstransfers unterscheiden zwischen der unbeschränkten und der beschränkten Steuerpflicht. Ein unbeschränkt steuerpflichtiger Erblasser unterliegt mit dem weltweiten Vermögen der Besteuerung. Ein beschränkt steuerpflichtiger Erblasser unterliegt hingegen prinzipiell nur mit seinem in den USA belegenen Vermögen der Besteuerung. Der unbeschränkten Steuerpflicht unterliegen nur US-Staatsbürger und Personen, welche in den USA als ansässig gelten (also ihr Domizil in den USA haben).[340]

Während für ertragsteuerliche Zwecke objektive Kriterien zur Bestimmung der Ansässigkeit gelten, ist die Legaldefinition des Ansässigkeitsbegriffs für die Besteuerung von Vermögensübertragungen ungenau und basiert auf subjektiven Kriterien. Im Ergebnis kann es durch die unterschiedlichen Definitionen zum Auseinanderfallen der Steuerpflichten im Bereich der Ertragsbesteuerung auf der einen und für Nachlasssteuerzwecke auf der anderen Seite kommen.

338 Tax Relief, Unemployment Insurance Reauthorization, and Job Creation Act of 2010, P.L. 111-312; Brix/Scherer, Änderungen der US-Erbschaftsteuer aufgrund der US-Steuerreform 2010, ZEV 3/2011, S. 118 – 120.

339 Vgl. 3.8.

340 IRC §§ 2103, 2511 (a): Bei der Schenkungsteuer ist darüber hinaus auch immaterielles Vermögen, unabhängig von der Belegenheit (daher auch bei US-Belegenheit) ausgenommen, nicht aber von der Nachlasssteuer.

Sowohl für die Nachlasssteuer, als auch für die Schenkungsteuer definieren die Steuerrichtlinien eine in den USA ansässige Person einheitlich als Person, welche zum Zeitpunkt des Erbfalles oder der Schenkung ihr Domizil in den USA hatte.[341] Laut den Richtlinien hat eine Person grundsätzlich dort ihr Domizil, wo der Hauptwohnsitz begründet ist, ohne der festen Absicht eines späteren Wegzugs. Die Frage, wie lange die Person ihr Domizil am betreffenden Ort bereits innehat, ist jedoch unerheblich. Auch reicht allein die Absicht eines späteren Wegzugs nicht aus, um das Vorliegen eines Domizils zu verneinen; der Wegzug muss tatsächlich erfolgt sein.[342]

Für die Bestimmung des Domizils ist kein einzelner Tatbestand entscheidend. Vielmehr beruht die Bestimmung auf der Würdigung aller Umstände des Einzelfalls und bezieht sowohl die tatsächlichen Verhältnisse als auch die Absichten der betreffenden Person ein. Um die Absicht einer Person zu ermitteln, werden unter anderem die Dauer des Aufenthalts, die Art des Wohnhauses sowie soziale und geschäftliche Lebensmittelpunkte betrachtet. Soziale und geschäftliche Lebensmittelpunkte finden sich z. B. in Familie und Freundeskreis am Wohnort, der Zugehörigkeit zu einer religiösen Gemeinschaft, einem Verein oder Klub, der Abgabe jährlicher Steuererklärungen, der Teilnahme an Wahlen, dem Ausstellungsort des Führerscheins, Einwanderungsstatus, letztwilligen Verfügungen etc. In ihrer Gesamtheit bestimmen diese Merkmale den Mittelpunkt der Lebensinteressen.[343]

So kann z. B eine natürliche Person durch den Besitz einer Daueraufenthaltsgenehmigung (*Green Card*) eine enge Verbindung zu den USA haben und dort als *Resident Alien* unbeschränkt der Einkommensteuer unterliegen. Aus den vorstehend genannten Gründen besteht jedoch die Möglichkeit, dass diese Person als nur beschränkt nachlass- bzw. schenkungsteuerpflichtig gilt.[344]

3.3 US-Nachlasssteuer

3.3.1 Allgemeines

Bei der US-amerikanischen Nachlasssteuer handelt es sich nicht um eine wie in vielen Ländern Europas verbreitete Erbanfallsteuer, welche die Verwandtschaftsverhältnisse der Begünstigten zum Erblasser sowie die Höhe der einzelnen Zuwendungen berücksichtigt. Vielmehr handelt es sich um eine Steuer auf das Privileg der unentgeltlichen

341 Für die Nachlasssteuer siehe Treas. Reg. § 20.0-1 (b)(1); für die Schenkungsteuer siehe Treas. Reg. §§ 25.2501-1 (a)(1) und (b).

342 Treas. Reg. § 20.0-1 (b)(1).

343 Vgl. Heimos, 837-4th T.M., Non-Citizens – Estate, Gift, and Generation-Skipping Transfer Taxation, at § III(C) (BNA, 2020).

344 Siehe auch Bauen, Das internationale Steuerrecht der USA, 2. Aufl., Wien 2007, Rn. 689.

Vermögensübertragung selbst. Steuerobjekt und Steuersubjekt ist die gesamte von Todes wegen übertragene Vermögensmasse, der sogenannte Nachlass.[345]

3.3.2 Ermittlung der US-Nachlasssteuer

Die US-Nachlasssteuer wird grundsätzlich in folgenden vier Schritten ermittelt:

Schritt 1: Ermittlung des Bruttonachlasses (*Determination of the Gross Estate*)

Schritt 2: Verminderung des Bruttonachlasses um berücksichtigungsfähige Abzugsbeträge (*Reduction of the Gross Estate for allowable Deductions*)

Schritt 3: Berechnung der Steuer (*Computation of the Tax*)

Schritt 4: Ermittlung berücksichtigungsfähiger Anrechnungsbeträge (*Determination of allowable Credits*)

3.3.3 Ermittlung des Bruttonachlasses (Schritt 1)

Der unbeschränkt steuerpflichtige Nachlass umfasst den Wert des gesamten Vermögens zum Todeszeitpunkt unabhängig von dessen Belegenheit.[346] Bei beschränkt steuerpflichtigen Erblassern hingegen unterliegen nur die Vermögenswerte, welche zum Zeitpunkt des Todes in den USA belegen sind, der US-Nachlasssteuer.[347]

Nach US-amerikanischem Nachlasssteuerrecht ergibt sich für die Bestimmung der Belegenheit von Vermögenswerten Folgendes:[348]

1. Grundvermögen (*Real Property*): Die Belegenheit von Grundvermögen bestimmt sich nach dem Ort, an dem es physisch gelegen ist, wobei der Begriff des Grundvermögens nach dem Recht des Belegenheitsstaates definiert wird. In welchem Maße Rechte am Grundstück zum Grundvermögen gehören, richtet sich ebenfalls nach den am Belegenheitsort geltenden Gesetzen und dem daraus bestimmten Rechtscharakter des jeweiligen Vermögensrechtes. Bei in den USA belegenen Immobilien erfasst das Grundvermögen neben den wesentlichen Bestandteilen wie Bebauung und Anlagen unter anderem auch Luftraumrechte

345 IRC § 2031; Uniform Probate Code Sec. 1-201(13); NY Estates, Powers, and Trusts § 1-2.6.; vgl. auch Tanner v. Best 40 Cal. App. 2d 442.

346 IRC § 2031 ff.

347 IRC § 2101 i. V. m. IRC §§ 2103 und 2106.

348 Für eine ausführliche Diskussion der Belegenheitsbestimmung weiterer Vermögenswerte, wie beispielsweise von offenen und geschlossenen Fonds, Anteilen an Personengesellschaften und privaten Pensionssparplänen, siehe Brix, Die US-Nachlasssteuer: Aiming at a Moving Target, in Fraberger/Petritz (Hrsg.), Handbuch Estate Planning, Wien 2011, S. 266-268 und 271-278.

und Mineralgewinnungsrechte, nicht jedoch Sicherungsrechte wie beispielsweise Hypotheken, da es sich in den USA hierbei nicht um dingliche Rechte handelt.[349]

2. Bewegliches Vermögen (*Tangible Personal Property*): Die Belegenheit von beweglichem Vermögen bestimmt sich ebenfalls grundsätzlich nach dem Ort, an dem es sich tatsächlich befindet. Von diesem Grundsatz gibt es verschiedene Ausnahmen, beispielsweise sich zu Ausstellungszwecken in den USA befindliche Kunstwerke.[350] Bargeld definiert sich gemäß verschiedener Gerichtsentscheidungen[351] auch als bewegliches Vermögen, sodass es an dem Ort als belegen gilt, an dem es tatsächlich vorgehalten wird.[352]

3. Beteiligungen an Kapitalgesellschaften (*Stock*): Die Belegenheit von Beteiligungen an Kapitalgesellschaften richtet sich danach, ob es sich um Aktien einer US-amerikanischen Gesellschaft handelt.[353] Hat der Erblasser Aktien an einer Kapitalgesellschaft mit Sitz in den USA, dann gelten diese Aktien als in den USA belegen. Dabei ist es unerheblich, wo sich die Wertpapiere tatsächlich physisch befinden. Mithin unterliegen auch Anteile von US-Kapitalgesellschaften der US-Nachlasssteuer, falls sie in einem Depot außerhalb der USA gehalten werden.

4. Schuldverschreibungen (*Bonds*): Grundsätzlich gelten Forderungen gegen US-amerikanische Schuldner als in den USA belegenes Vermögen. Schuldner in diesem Sinne sind sowohl Kapitalgesellschaften mit Sitz in den USA als Emittent von Schuldverschreibungen als auch die Bundesregierung, die Einzelstaaten oder andere staatliche Körperschaften als Emittent von Staatsanleihen.[354]

   a. Von diesem Grundsatz macht das US-Steuerrecht eine bedeutende Ausnahme. Voraussetzung für die Einbeziehung von Forderungen US-amerikanischer Emittenten ist nämlich, dass etwaige Zinsen aus diesen Anleihen nicht nach der sogenannten Portfolio-Fremdkapitalanlage (*Portfolio Interest Exception)* von der Einkommen- und Quellenbesteuerung ausgenommen sind.[355] Da diese Ausnahme für einen Großteil der von Steuerausländern im Rahmen von Portfolioinvestitionen erworbenen Schuldverschreibungen greift, werden fak-

349 Vgl. Treas. Reg. § 20.2104-1 (a)(1); Lawrence III, International Tax and Estate Planning, 3. Aufl. 2004, § 3: 21.1, sowie Debatin/Wassermeyer, DBA-Kommentar, Rn. 614.

350 IRC § 2105 (c).

351 So z. B. Blodgett v. Silberman, 277 US 1 (1928).

352 Vgl. Bittker and Lokken, Federal Taxation of Income, Estates, and Gifts (WG&L), 134.2.3; Treas. Reg. § 20.2104-1 (a)(7) (letzter Satz).

353 IRC § 2104 (a).

354 IRC § 2104 (c).

355 IRC § 2105 (b) i. V. m. IRC § 87 1(h).

tisch die meisten Staats- und Unternehmensanleihen nach US-Steuerrecht von der Nachlasssteuer ausgenommen, falls sie weitere, gesetzlich vorgeschriebene Bedingungen, wie z. B. die Registrierung der Schuldtitel, erfüllen.

b. Hinsichtlich der Sichteinlagen bei US-Geschäftsbanken oder bei US-Niederlassungen ausländischer Geschäftsbanken folgt das US-Steuerrecht der gleichen Logik. Grundsätzlich gelten Sichteinlagen zunächst als in den USA belegen, werden dann aber als Vermögen außerhalb der USA qualifiziert, da auch hier Zinsen von der US-Einkommen- und US-Quellenbesteuerung befreit sind.[356]

5. Von der Belegenheit in den USA ausdrücklich ausgenommen sind unter anderem Forderungen gegen Versicherungsgesellschaften auf Auszahlungen von Lebensversicherungen.[357]

Bewertung

Der Wert des Vermögens entspricht grundsätzlich dem Verkehrswert (*Fair Market Value*), der dem Verkaufspreis entspricht, wie er mit fremden Dritten vereinbart worden wäre.[358] Zusätzlich zu dem Vermögen, das sich im Todeszeitpunkt im Eigentum des Erblassers befand, kann der Bruttonachlass in begrenztem Umfang auch Vermögen umfassen, welches der Erblasser noch zu Lebzeiten innerhalb der letzten drei Jahre vor seinem Tode im Wege der Schenkung auf andere Personen übertragen hat.[359] Hierunter fallen beispielsweise Schenkungen mit zurückbehaltenen, lebenslänglichen Nutzungsrechten oder mit Widerrufsrecht versehene Renten sowie Lebensversicherungen. Der Stichtag für die Bewertung des Nachlasses ist grundsätzlich der Todeszeitpunkt des Erblassers. Alternativ kann der eingesetzte Nachlassverwalter jedoch einen Bewertungsstichtag von genau sechs Monaten nach dem Erbfall wählen.[360] Hierbei ist jedoch zu beachten, dass dieses Wahlrecht für das gesamte Nachlassvermögen einheitlich ausgeübt werden muss; das Wahlrecht kann nicht selektiv für einzelne Vermögenswerte beansprucht werden.[361] Werden einzelne Vermögenswerte innerhalb von sechs Monaten nach dem Erbfall veräußert, gilt – bei Wahl der Alternative – der realisierte Erlös als Wertansatz für Zwecke der Nachlasssteuer.[362]

356 Vgl. IRC § 2104 (c) alter Fassung bzw. IRC § 2105 (b)(1) neuer Fassung.
357 IRC § 2105 (a).
358 IRC § 2031 (a); Treas. Reg. § 20.2031-1 (b).
359 IRC § 2035 (a)(1).
360 IRC § 2032 (a)(2).
361 Treas. Reg. § 20.2032-1 (b)(1).
362 IRC § 2032 (a)(1); Zur Ermittlung der Buchwerte für Zwecke der Einkommensteuer, siehe 2.2.4.9.

3.3.4 Ermittlung der berücksichtigungsfähigen Abzugsbeträge (Schritt 2)

Der Wert des Bruttonachlasses kann grundsätzlich um bestimmte Abzugsbeträge gekürzt werden, wie beispielsweise Nachlassausgaben (Beerdigungskosten, Nachlassverwaltungskosten), Nachlassverbindlichkeiten (hypothekarisch besicherte Darlehen oder sonstige Verbindlichkeiten des zum Nachlass gehörenden Vermögens), sowie Zuwendungen an gemeinnützige Organisationen.[363]

Abzugsbeträge bei beschränkt steuerpflichtigen Nachlässen können jedoch grundsätzlich nur anteilsmäßig berücksichtigt werden.[364] Dabei werden die zulässigen Abzüge einzig durch das Wertverhältnis des in den USA belegenen Bruttonachlassvermögens zum gesamten weltweiten Bruttonachlassvermögen ermittelt, wobei alle Vermögensteile mit Verkehrswerten zu bewerten sind. Die Frage, inwieweit die Abzugsbeträge, beispielsweise Kosten der Nachlassverwaltung, im Zusammenhang mit innerhalb oder außerhalb der USA belegenen Vermögensteilen stehen oder von diesen verursacht wurden, ist irrelevant. Lediglich Zuwendungen an gemeinnützige Organisationen sind in voller Höhe berücksichtigungsfähig, wenn es sich hierbei um US-amerikanische Institutionen handelt.[365]

Der unbeschränkt steuerpflichtige Bruttonachlass kann grundsätzlich auch um die Vermögenswerte gemindert werden, die auf den überlebenden Ehegatten übergehen. Dieser Ehegattenabzug (*Marital Deduction*) wird dem überlebenden Ehegatten jedoch nur gewährt, sofern dieser US-Staatsangehöriger ist.[366] Der Ehegattenabzug vermeidet die Besteuerung des auf den überlebenden Ehegatten übertragenen Nachlasses, der somit erst beim Tode des zuletzt lebenden Ehegatten der Nachlasssteuer unterliegt. Interessant ist in diesem Zusammenhang, dass trotz der faktischen Steuerbefreiung bei der Übertragung auf den überlebenden Ehegatten die Vermögenswerte zum Zeitpunkt des Erbfalls auf ihren Verkehrswert angehoben werden.[367] Dies ist vor allem für die steuerliche Gewinnermittlung beim Begünstigten relevant, da die durch *Step-up* neu geschaffene Bemessungsgrundlage z. B. für Zwecke von Abschreibungen oder, im Veräußerungsfall, im Rahmen der Ermittlung des steuerpflichtigen Gewinns entsprechend genutzt werden kann.

Auch der beschränkt steuerpflichtige Bruttonachlass kann durch Inanspruchnahme des Ehegattenabzugs vollumfänglich um die Vermögensteile vermindert werden, welche an den überlebenden Ehegatten vererbt werden, jedoch grundsätzlich nur, sofern die-

363 IRC §§ 2053 bis 2055.

364 IRC § 2106 i. V. m. IRC §§ 2053 und 2054.

365 IRC § 2106 (a)(2).

366 IRC § 2056.

367 IRC § 1014 (a) und Bittker and Lokken, Federal Taxation of Income, Estates, and Gifts (WG&L), 129.5.1.

ser US-Staatsbürger ist. Ist der verbleibende Ehegatte kein US-Staatsbürger, so wird grundsätzlich kein Ehegattenabzug gewährt.[368] Allerdings kommt in Übereinstimmung mit den Vorschriften des DBA-Erb D / USA[369] ein zumindest anteiliger Ehegattenabzug in Betracht.[370]

Als Gestaltungsalternative kann bei Ehegatten ohne US-Staatsbürgerschaft ein *Qualified Domestic Trust* (QDOT) eingesetzt werden. Wird mit dem Tode des Erblassers das Vermögen auf einen QDOT übertragen und wird der überlebende Ehegatte als allein Begünstigter eingesetzt, kann im Ergebnis ebenfalls ein Aufschub der Nachlasssteuer erreicht werden.[371] Durch die Errichtung eines QDOT wird die US-Nachlasssteuer grundsätzlich bis zum Tod des letztversterbenden Ehegatten aufgeschoben, was einem Verzicht auf die Besteuerung des Vermögensübergangs auf den überlebenden Ehegatten gleichkommt. Die steuerliche Bemessungsgrundlage der in den QDOT transferierten Vermögenswerte ist konsequenterweise auch deren Verkehrswert zum Todeszeitpunkt des auf den QDOT übertragenden Erblassers, ein *Step-up in Basis* findet also auch hier statt.[372] Nach dem Tod des letztversterbenden Ehegatten unterliegt das verbleibende QDOT-Vermögen zusammen mit dem übrigen Vermögen des letztversterbenden Ehegatten, soweit es sich um in den USA belegenes Vermögen handelt, bewertet zu Verkehrswerten, der US-Nachlasssteuer.

Eine Kombination des auf nationaler Ebene gewährten Ehegattenabzugs (in Bezug auf den QDOT) und des gemäß Doppelbesteuerungsabkommens gewährten Ehegattenfreibetrags ist nicht zulässig.[373]

3.3.5 Ermittlung der vorläufigen Nachlasssteuer (Schritt 3)

Der steuerpflichtige Nachlass ist der Bruttonachlass (Schritt 1) vermindert um etwaige Abzüge einschließlich des Ehegattenabzuges bzw. der Einbringung in einen QDOT (Schritt 2) zzgl. fiktiven Vermögens (hier nicht weiter diskutiert) sowie aller steuerpflichtigen Schenkungen des Erblassers nach 1976.

Die Hinzurechnung der Schenkungen ist bei beschränkt steuerpflichtigen Nachlässen auf die in den USA steuerpflichtigen Schenkungen limitiert.[374] Zu beachten ist aller-

368 IRC § 2106 (a)(3) i. V. m. IRC Sec. 2056.

369 Abkommen zwischen der Bundesrepublik Deutschland und den Vereinigten Staaten von Amerika zur Vermeidung der Doppelbesteuerung auf dem Gebiet der Nachlass-, Erbschaft- und Schenkungsteuern in der Fassung der Bekanntmachung vom 21.12.2000.

370 Vgl. dazu auch IRC § 7815 (d)(14), PL 101-239, 12/19/89, Abschnitt bzgl. IRC § 2106; Artikel 10 Abs. 4 DBA-Erb D / USA.

371 Treas. Reg. § 20.2056A-4 (b)(3).

372 Private Letter Ruling 9309023, 12/03/1992.

373 IRC § 2056A; Treas. Reg. § 20.2056A-1 (c).

374 IRC § 2101 (b)(3)(B) i. V. m. IRC § 2511.

dings, dass die Belegenheitsregelungen des Nachlasssteuerrechts teilweise von denen des Schenkungsteuerrechts abweichen. So kann ein für US-Schenkungsteuerzwecke als nicht in den USA belegener Vermögenswert für US-Nachlasssteuerzwecke durchaus als in den USA belegen gelten.

Die US-Nachlasssteuer wird in Form eines progressiven Teilmengenstaffeltarifs erhoben. Dies bedeutet, dass jede Wertstufe eines Vermögensübergangs entsprechend der nachfolgenden Tabelle mit unterschiedlichen, progressiv ansteigenden Steuersätzen belastet wird. Beispielsweise ergibt sich bei einem steuerpflichtigen Nachlass von USD 48.000 eine vorläufige Nachlasssteuer i. H.v. USD 10.120, die wie folgt berechnet wird: USD 10.000 multipliziert mit 18 % plus USD 10.000 multipliziert mit 20 % plus USD 20.000 multipliziert mit 22 %, plus USD 8.000 multipliziert mit 24 %. Im Jahr 2017 reichen die Steuersätze von 18 % für die ersten USD 10.000 des steuerpflichtigen Nachlasses bis zu 40 % für den USD 1.000.000 übersteigenden Teil des steuerpflichtigen Nachlasses.[375] Diese Steuersätze sind aktuell unverändert gültig.

Steuerpflichtiger Vermögensübergang	Steuersatz
0 - 10.000	18 %
10.001 - 20.000	20 %
20.001 - 40.000	22 %
40.001 - 60.000	24 %
60.001 - 80.000	26 %
80.001 - 100.000	28 %
100.001 - 150.000	30 %
150.001 - 250.000	32 %
250.001 - 500.000	34 %
500.001 - 750.000	37 %
750.001 - 1.000.000	39 %
1.000.001 -	40 %

Durch Anwendung dieser Steuersätze auf den steuerpflichtigen Nachlass ergibt sich die vorläufige Nachlasssteuer (*Tentative Tax*) vor Berücksichtigung der Anrechnungsbeträge.

375 IRC § 2001 (c).

3.3.6 Ermittlung der berücksichtigungsfähigen Anrechnungsbeträge (Schritt 4)

Einheitlicher Anrechnungsbetrag, *Unified Tax Credit*

Von der im Schritt 3 ermittelten vorläufigen Nachlasssteuer kann grundsätzlich ein einheitlicher Anrechnungsbetrag (*Unified Tax Credit*) abgezogen werden. Dieser wird in der Höhe jährlich der Inflation angepasst und ist einheitlich auf Schenkungen und Nachlässe anzuwenden.[376] Die zuvor gezahlten Schenkungsteuern können auf die nach Berücksichtigung des einheitlichen Anrechnungsbetrags verbleibende Nachlasssteuer angerechnet werden, soweit die Schenkung für Zwecke der Nachlasssteuer zu berücksichtigen ist.[377] Dabei wird die Schenkungsteuer mit den zum Zeitpunkt des Erbfalles geltenden Steuersätzen neu berechnet, womit alle Verfügungen unter Lebenden und von Todes wegen einheitlich besteuert werden.[378] Die Anrechnung der auf diese Schenkungen gezahlten Schenkungsteuern ist bei beschränkt steuerpflichtigen Nachlässen konsequenterweise auf die in den USA steuerpflichtigen Schenkungen limitiert.[379]

Der einheitliche Anrechnungsbetrag steht jedem steuerpflichtigen Erblasser nur einmal im Leben zu. Der aus dem Anrechnungsbetrag resultierende steuerfrei gestellte Betrag (Abzugs- oder Freibetrag) vermindert zunächst den Wert der steuerpflichtigen Verfügungen im Wege der Schenkung. Er vermindert die Nachlasssteuer nur soweit, als dass er noch nicht zur Minderung von Schenkungsteuern des Erblassers genutzt wurde. Für diese Zwecke ist grundsätzlich der zum Zeitpunkt des Nachlassfalls gültige Wert des Anrechnungsbetrags heranzuziehen.

Für unbeschränkt steuerpflichtige Nachlässe beträgt der einheitliche Anrechnungsbetrag im Jahr 2017 USD 2.141.800.[380] Im Ergebnis vermeidet dieser Anrechnungsbetrag die Besteuerung von Vermögensübertragungen zu Lebzeiten und/oder von Todes wegen bis zu einem Wert von USD 5.490.000. Der einheitliche Anrechnungsbetrag hat zwei Effekte: Erstens sind die Eingangssteuersätze – im Jahr 2017 bis 39 % – irrelevant, da der den steuerfreien Teil (aufgrund des Anrechnungsbetrags) übersteigende Betrag mit dem für diesen Betrag anzuwendenden Steuersatz besteuert wird. Beträgt der steuerbare Nachlass beispielsweise USD 5,59 Mio., bleiben USD 5,49 Mio. steuerfrei, die darüber hinausgehenden USD 100.000 werden entsprechend der obigen Tabelle mit 40 % besteuert. Zweitens wird durch die auf die Summe aus Vermögensübertragungen zu Lebzeiten und von Todes wegen anzuwendende Steuer eine stärkere Progression erreicht. Nach derzeitiger Gesetzeslage hat das Argument einer stärkeren Progression zu-

376 IRC § 2010.

377 Vgl. IRC § 2102 (b)(5).

378 IRC §§ 2012 (a) und (b) bzw. IRC § 2102 (a) i. V. m. IRC §§ 2012 (a) und (b).

379 IRC § 210 (b)(3)(B) i. V. m. IRC § 2511.

380 Für den nach der US-Steuerreform von 2017 geltenden Anrechnungsbetrag siehe 3.8 und 3.9

mindest bei unbeschränkt steuerpflichtigen Nachlässen keine Bedeutung mehr, da nach Überschreiten des Freibetrags unmittelbar der Höchststeuersatz zur Anwendung kommt. Dagegen kann dies bei beschränkt steuerpflichtigen Nachlässen relevant sein, wenn geringere Freibeträge verfügbar sind und (in den USA belegene) Vermögenswerte bei unentgeltlichen Übertragungen im Wege der Schenkung und im Wege der Erbschaft kumuliert werden.

Im Fall eines für Nachlasssteuerzwecke nichtansässigen Erblassers, der nicht US-Staatsbürger ist, wird grundsätzlich ein einheitlicher Anrechnungsbetrag von USD 13.000 (2017) auf die US-Nachlasssteuer angerechnet. Diese Steuerermäßigung führt zur Freistellung der ersten USD 60.000 eines steuerpflichtigen Nachlasses.[381] Zu beachten ist, dass jedoch ggf. ein höherer Anrechnungsbetrag unter Anwendung eines Doppelbesteuerungsabkommens gewährt wird.[382]

Die Steuerreform von 2010 beinhaltete als gänzliche Neuerung eine Übertragung des nicht verwendeten Anrechnungsbetrags auf den letztverstorbenen Ehegatten (sogenannte *Portability of Unused Exemption*), welche auch im Rahmen der Steuerreformen von 2012 und von 2017 beibehalten wurde. Danach kann der bei der Übertragung des Nachlasses des erstverstorbenen Ehegatten nicht verwendete Teil des allgemeinen Anrechnungsbetrages bei der Berechnung der Steuer hinsichtlich der Übertragung des Nachlasses des letztverstorbenen Ehegatten verwendet werden.[383] Voraussetzung ist grundsätzlich, dass es sich bei beiden Ehegatten um unbeschränkt US-nachlasssteuerpflichtige Erblasser handelt. Für die Inanspruchnahme dieses zusätzlichen Anrechnungsbetrages bedarf es allerdings der Ausübung des Wahlrechtes in der Nachlasssteuererklärung des erstverstorbenen Ehegatten.[384]

BEISPIEL[385] Ehemann ist US-Staatsbürger und schenkt seinem Sohn in 2015 Vermögenswerte i. H. v. $1 Mio. Schenkungsteuer fällt nicht an, da der Wert der Schenkung unter dem Freibetrag liegt. In 2016 schenkt er seiner Ehefrau Vermögenswerte i. H. v. $2 Mio., die aufgrund der Staatsbürgerschaft der Ehefrau nicht steuerpflichtig sind. Später stirbt der Ehemann in 2017 mit einem steuerbaren Nachlass i. H. v. $1 Mio. Der Nachlassverwalter reicht fristgerecht eine Nachlasssteuererklärung ein und beantragt mit dieser einen Übertrag des nicht verwendeten Anrechnungsbetrags auf die Ehefrau. Der übertragene Abzugsbetrag errechnet sich mit $4,49 Mio. ($5,49 Mio. einheitlicher Freibetrag für 2017 abzgl. des Werts der Schenkung i. H. v. $1 Mio. an seinen Sohn und den dadurch bereits in Anspruch genommenen Abzugsbetrags). Beim Erbfall des letztversterbenden Ehegatten ergibt sich dann ein Gesamtfreibetrag i. H. v.

381 IRC § 2102 (b)(2).

382 Siehe 3.4.2.

383 IRC §§ 2010 (c)(2) und (4).

384 IRC § 2010 (c)(5)(A).

385 Das Beispiel ist bewusst so gewählt, dass die (temporären) Regelungen der US-Steuerreform von 2017 nicht anzuwenden sind.

$9,98 Mio. ($5,49 Mio. zzgl. $4,49 Mio.), vorausgesetzt, der Freibetrag der Ehefrau ist nicht bereits durch Schenkungen geschmälert oder aufgezehrt worden.

Eine Übertragung ist grundsätzlich ausgeschlossen, sofern zumindest einer der beiden verstorbenen Ehegatten für US-Nachlasssteuerzwecke als nichtansässig gilt. Besteht hingegen ein Doppelbesteuerungsabkommen, so wie das DBA-Erb D / USA, das auch für solche Fälle den allgemeinen Anrechnungsbetrag zumindest anteilig vorsieht, dann kann die Übertragung des nicht verwendeten, anteiligen allgemeinen Anrechnungsbetrags aus dem Gesetz abgeleitet werden. Dies ergibt sich sowohl aus IRC § 2102(3) als auch aus den erläuternden Bemerkungen zu Art. 10 Abs. 5 DBA-Erb D / USA. Beide Bestimmungen verweisen auf den für unbeschränkt Nachlasssteuerpflichtige anzuwendenden IRC § 2010, der neben dem allgemeinen Anrechnungsbetrag nunmehr auch den übertragbaren Ehegattenfreibetrag beinhaltet.

Die höchsten zu gewährenden Freibeträge im Rahmen der US-Nachlasssteuer sind in einer Tabelle in 3.9 zusammengefasst.

Anrechnung ausländischer Erbschaftsteuer, *Foreign Tax Credit*

Wie bereits erwähnt, umfasst der unbeschränkt steuerpflichtige Nachlass einer Person mit Domizil in den USA den Wert ihres gesamten, weltweiten Vermögens zum Todeszeitpunkt, unabhängig von dessen Belegenheit. Hier kann es zu einer Doppelbesteuerung kommen, wenn der ausländische Staat, in dem Teile des Nachlassvermögens belegen sind, dieses Vermögen im Erbfall ebenfalls besteuert.

Da die unbeschränkte US-Nachlasssteuer unter anderem an die US-Staatsbürgerschaft anknüpft, kann es auch dann zu einer Doppelbesteuerung kommen, wenn der Erblasser ein US-Staatsbürger mit Domizil im Ausland ist. War ein US-Staatsangehöriger zum Todeszeitpunkt beispielsweise in Deutschland domiziliert, dann unterliegt grundsätzlich das weltweite Nachlassvermögen sowohl in den USA als auch in Deutschland der unbeschränkten Nachlass- bzw. Erbschaftsteuer.

Allerdings sehen die unilateralen US-Regelungen zur Vermeidung der Doppelbesteuerung in beiden Fällen vor, dass im Ausland gezahlte Steuern auf Übertragungen von Todes wegen von dort belegenen Vermögenswerten grundsätzlich auf die US-Nachlasssteuer angerechnet werden können.[386] Eine Anrechnung wird jedoch nur auf den Teil der ausländischen Steuern, welcher aus dem Vermögensübergang der im Ausland belegenen Vermögenswerte resultiert, begrenzt, welche auch tatsächlich geschuldet und gezahlt wurden. Ferner wird eine Anrechnung grundsätzlich nur bis zur Höhe der auf diesen Vermögensübergang anfallenden inländischen (US-)Nachlasssteuer gewährt. Im

386 IRC § 2014 (a).

Ergebnis bleibt es somit beim Anrechnungsüberhang und die höhere Nachlass- oder Erbschaftsteuer der beteiligten Staaten wird zur Definitivbelastung.[387]

Voraussetzung einer Steueranrechnung ist, dass es sich um eine der US-amerikanischen Nachlasssteuer vergleichbare Steuer handelt (es wird hier der Terminus „... *substantially equivalent to an estate, inheritance, legacy, or succession tax as the term is understood in the U.S.* verwendet)[388]. Die deutsche Erbschaft- bzw. Schenkungsteuer ist eine solche vergleichbare Steuer.

Hinsichtlich der Reihenfolge der Anrechnungsbeträge ist in beiden Fällen zu beachten, dass der einheitliche Anrechnungsbetrag vor der ausländischen Erbschaftsteueranrechnung zu berücksichtigen ist.[389]

Anrechnung bzw. Abzug der einzelstaatlichen Nachlasssteuern

Vermögensübergänge von Todes wegen unterliegen zusätzlich zur Nachlassbesteuerung auf Bundesebene grundsätzlich auch der Nachlassbesteuerung auf Ebene der Einzelstaaten. Die konkurrierende Steuererhebung wurde auf Bundesebene bis einschließlich 2004 dadurch gelöst, dass die auf Ebene der Einzelstaaten erhobene Nachlasssteuer weitgehend auf die Bundesnachlasssteuerschuld angerechnet werden konnte (*State Death Tax Credit*).[390]

Die Anrechnung der auf Ebene der Einzelstaaten gezahlten Nachlasssteuern bei der Bundesnachlasssteuer führte letztlich zu einem Finanzausgleich zwischen Bund und Einzelstaaten, durch Übertragung eines Teils der Bundesnachlasssteuer auf die Staaten. Mit dem *Economic Growth and Tax Relief Reconciliation Act of 2001* – EGTRRA, der am 7.6.2001 auf Bundesebene verabschiedet wurde, wurden die Sätze der US-Nachlasssteuer deutlich reduziert sowie die Freibeträge signifikant erhöht. Gleichzeitig aber wurde die Anrechnung der auf Ebene der Einzelstaaten erhobenen Nachlasssteuer bis einschließlich dem Jahr 2004 stückweise abgeschafft. Die Abschaffung der Steueranrechnung hat grundsätzlich dazu geführt, dass eine auf Ebene der Einzelstaaten erhobene Nachlasssteuer zur Definitivbelastung wird – zusätzlich zur Nachlasssteuer auf Bundesebene. Diese Definitivbelastung wird jedoch zumindest teilweise gemildert. So wurde für Nachlassfälle ab dem Jahr 2005 die Steueranrechnung grundsätzlich durch einen gewährten Abzug vom Bruttonachlass in Höhe der auf Ebene der Einzelstaaten erhobenen Nachlasssteuer ersetzt.[391] Der Steuerabzug ist entgegen der Steueranrechnung in der Höhe grundsätzlich nicht begrenzt.

387 IRC §§ 2014 (b)(1) und (b)(2).

388 Rev. Rul. 82-82, 1982-1 C. B. 127.

389 Vgl. Private Letter Ruling 200627016 sowie General Counsel Memorandum 37543.

390 IRC § 2011.

391 IRC § 2058 (a).

Für beschränkt steuerpflichtige Nachlässe ist zu beachten, dass der ab 2005 gewährte Steuerabzug anteilsmäßig beschränkt ist. Diese Beschränkung ergibt sich aus dem Verhältnis der Vermögenswerte, die auf Ebene der Einzelstaaten besteuert werden, zu den gesamten Vermögenswerten, die auf Bundesebene steuerpflichtig sind.[392]

BEISPIEL Beträgt das in den USA steuerpflichtige Nachlassvermögen des Jahres 2019 $50 Mio., wovon $40 Mio. in einem Bundesstaat belegen sind, der eine Nachlasssteuer von 15 %, also $6 Mio., erhebt, und werden die anderen $10 Mio. auf Staatsebene nicht besteuert, dann wird der Abzugsbetrag auf Bundesebene wie folgt ermittelt: $40 Mio. dividiert durch $50 Mio. ergibt 80 %. Der maximale Abzugsbetrag ergibt sich mit 80 % von $6 Mio., also $4,8 Mio.

Die gleiche anteilsmäßige Beschränkung galt für den in den Jahren vor 2005 gewährten Steueranrechnungsbetrag.[393]

3.3.7 Erfordernis zur Abgabe von US-Nachlasssteuererklärungen

Durch die Vorschriften des DBA-Erb D / USA können Vermögenswerte im Ergebnis von der Besteuerung ausgenommen werden, die nach den nationalen Vorschriften des US-Nachlasssteuerrechts als in den USA belegen gelten und deshalb grundsätzlich US-nachlasssteuerpflichtig wären.[394]

Von der Pflicht zur Einreichung einer US-Nachlasssteuererklärung befreit dies in der Regel jedoch nicht. Zum einen muss die Inanspruchnahme einer steuerlich vorteilhaften Abkommensvorschrift (*Treaty-Based Return Position*) grundsätzlich aktiv ausgewiesen werden.[395] Dieser Ausweis erfolgt durch das Formular 8833, welches nur in Verbindung mit einer US-Steuererklärung eingereicht werden kann. Zum anderen unterliegt grundsätzlich jede US-Nachlasssteuererklärung einer Prüfung durch die US-Finanzbehörden – ganz entgegen der sonstigen Praxis des in den USA geltenden Selbstveranlagungssystems. Nach Abschluss dieser Steuerprüfung erhält der Nachlass in der Regel ein sogenanntes *Estate Tax Closing Document* zusammen mit der Unbedenklichkeitsbescheinigung, (Formular 5173, *Transfer Certificate*). Durch eine solche Unbedenklichkeitsbescheinigung wird durch die US-Finanzbehörde bestätigt, dass alle Steueransprüche (auf Bundesebene) befriedigt sind und die Vermögenswerte haftungsfrei auf die Erben übertragen werden können. Erfolgt eine Übertragung bereits vor Erhalt der Unbedenklichkeitsbescheinigung, so haftet der Übertragende ggf. für unbefriedigte Steueransprüche seitens der Finanzbehörden. Eine Unbedenklichkeitsbescheinigung ist jedoch unter anderem dann nicht erforderlich, wenn das US-Vermögen von einem in den

392 IRC § 2106 (a)(4).

393 IRC § 2102 (b) und Treas. Reg. § 20.2102-1 (b)(2).

394 Siehe 3.4 Erbschaftsteuer-DBA D / USA.

395 IRC § 6114 (a).

USA ordnungsgemäß bestellten Nachlassverwalter oder Testamentsvollstrecker (in den USA) verwaltet wird, da dieser für etwaige Steuerschulden haftet.[396]

Eine Befreiung von der Pflicht zur Einreichung einer Nachlasssteuererklärung kommt nur für beschränkt steuerpflichtige Nachlässe mit einem Bruttonachlassvermögen von bis zu USD 60.000 in Betracht. Für die Bestimmung dieser Grenze sind jedoch ausschließlich die Belegenheitsregeln des US-Steuerrechts anzuwenden. Hatte der Erblasser zum Todeszeitpunkt in den USA belegene Vermögenswerte mit einem Wert von weniger als USD 60.000, ist trotzdem in der Regel eine US-Nachlasssteuererklärung erforderlich, damit die Erben eine Unbedenklichkeitsbescheinigung erhalten und die Vermögenswerte übertragen werden können. Alternativ könnte zwar der Testamentsvollstrecker, der immer ein US-Staatsbürger oder eine US-Kapitalgesellschaft sein muss, eine eidesstattliche Erklärung darüber abgeben, dass alle Steuern des Nachlasses beglichen wurden. Dies ist bei im Ausland domizilierten Erblassern erfahrungsgemäß jedoch nicht ausreichend.

Die US-Nachlasssteuererklärung auf Bundesebene (Formular 706 *United States Estate and Generation-Skipping Transfer Tax Return* sowie Formular 706-NA *United States Estate and Generation-Skipping Transfer Tax Return* für beschränkt steuerpflichtige Nachlässe) muss grundsätzlich bis spätestens neun Monate nach Tod des Erblassers eingereicht werden. Allerdings besteht die Möglichkeit, eine sechsmonatige Fristverlängerung zu beantragen, welche sich nur auf die Abgabe der Steuererklärung, jedoch nicht auf die Begleichung der Steuerschuld bezieht.

3.4 Erbschaftsteuer-DBA

3.4.1 Grundzüge

Das deutsch-amerikanische Doppelbesteuerungsabkommen auf dem Gebiet der Erbschaft- und Schenkungsteuern (DBA-Erb D / USA) gilt gemäß Art. 1 DBA-Erb D / USA für Erbschaften und Schenkungen. Das vorrangige Besteuerungsrecht für den gesamten Nachlass eines Erblassers hat grundsätzlich der Staat, in dessen Gebiet die Person ihren Wohnsitz (Domizil) hat. Ein deutscher Staatsangehöriger, der als in den USA ansässig (domiziliert) gilt, unterliegt demnach der unbeschränkten US-Erbschaft- und Schenkungsteuer und gleichzeitig der unbeschränkten Erbschaft- und Schenkungssteuerpflicht in Deutschland.[397]

Um bei einem solchen Sachverhalt die Doppelbesteuerung von Nachlässen zu vermeiden, enthält das DBA-Erb D / USA eigene Kriterien bzw. Kollisionsregeln (*Tie-Breaker Ru-*

396 Treas. Reg. § 20.6325-1.

397 § 1 Abs. 1 lit. b) ErbStG.

les). Diese bestimmen den steuerlichen Wohnsitz, der für die Festlegung des Besteuerungsrechts der USA oder Deutschlands je nach betroffenem Vermögen maßgeblich ist.

Der steuerliche Wohnsitz ist in Art. 4 DBA-Erb D / USA geregelt. Zunächst einmal definiert Art. 4 Abs. 1 DBA-Erb D / USA den Wohnsitz. Dieser liegt in den USA, wenn eine natürliche Person dort ansässig oder US-amerikanischer Staatsangehöriger ist und in Deutschland, wenn die natürliche Person dort ihren Wohnsitz oder gewöhnlichen Aufenthalt hat oder aus anderen Gründen unbeschränkt erbschaftsteuer- bzw. schenkungsteuerpflichtig in Deutschland ist. Für den Fall, dass danach ein Wohnsitz in beiden Staaten besteht, regelt Art. 4 Abs. 2 DBA-Erb D / USA Folgendes:

- Maßgebliches Kriterium ist die ständige Wohnstätte. Besteht eine solche in beiden Staaten, sind die engeren persönlichen und wirtschaftlichen Beziehungen zu einem der beiden Staaten maßgeblich.
- Wenn danach der Wohnsitz nicht bestimmt werden kann, ist der gewöhnliche Aufenthalt bestimmend.
- War der gewöhnliche Aufenthalt in beiden oder keinem Vertragsstaat, ist die Staatsangehörigkeit für die Bestimmung des Wohnsitzes maßgeblich.
- Sofern die Staatsangehörigkeit beide oder keinen Vertragsstaat betrifft, findet eine Regelung zwischen den Behörden in gegenseitigem Einvernehmen statt.

Eine Besonderheit findet sich in Art. 4 Abs. 3 DBA-Erb D / USA: Lag die Staatsangehörigkeit nur in einem Staat vor, bestand ein Wohnsitz jedoch in Deutschland und den USA, wobei der Wohnsitz in dem Staat ohne Staatsangehörigkeit für weniger als zehn Jahre bestand, ist Wohnsitz stets der Staat der Staatsangehörigkeit.

3.4.2 Die materiell-rechtlichen Besteuerungsregelungen des DBA-Erb D / USA

Besondere Regelungen sieht das DBA-Erb D / USA für die Übertragung von unbeweglichem Vermögen,[398] für die Übertragung von Vermögen einer Betriebsstätte bzw. Vermögen einer der Ausübung einer selbständigen Arbeit dienenden festen Einrichtung[399] sowie für Beteiligung an Personengesellschaften vor.[400] Gemäß Art. 5 DBA-Erb D / USA kann unbewegliches Vermögen, das sich nach dem Recht des Belegenheitsstaats definiert, im Belegenheitsstaat besteuert werden, auch wenn sich der Wohnsitz im anderen Staat befindet. Das gleiche gilt gemäß Art. 6 DBA-Erb D / USA für Vermögen einer Betriebsstätte und ähnlich gemäß Art. 8 auch für Beteiligungen an Personengesellschaften, soweit die Gesellschaft Belegenheitsvermögen entsprechend der Art. 5 und

398 Art. 5 DBA-Erb D / USA.

399 Art. 6 DBA-Erb D / USA.

400 Art. 8 DBA-Erb D / USA.

6 DBA-Erb D / USA hält. Nach der Auffangklausel des Art. 9 DBA-Erb D / USA gilt für Vermögen, das nicht zuvor benannt wurde, wie z. B. Beteiligungen an Kapitalgesellschaften, Bankguthaben und Wertpapiere, bewegliches Vermögen wie Kunst und Schmuck, Drittstaatenvermögen, das Besteuerungsrecht des Wohnsitzstaats.

3.4.3 Abzüge und Befreiungen

Besonderheiten existieren gemäß Art. 10 DBA-Erb D / USA hinsichtlich gewährten Abzügen und Befreiungen. Dies betrifft unter anderem den Schuldenabzug, gemeinnützige Einrichtungen, aber auch Ruhegehälter, Renten, Vermögensübertragungen an Ehegatten sowie spezielle Anrechnungsbeträge.

Einheitlicher Anrechnungsbetrag

Wie bereits dargestellt, können beschränkt steuerpflichtige Nachlässe grundsätzlich nicht den einheitlichen Anrechnungsbetrag in Anspruch nehmen, der im Ergebnis dazu führt, dass Nachlässe bis zu USD 5,94 Mio. (für 2017) ohne Entstehung einer Nachlasssteuer vererbt werden können. Der einheitliche Anrechnungsbetrag kann jedoch durch Anwendung des DBA-Erb D / USA genutzt werden.[401] Danach steht er auch dem beschränkt steuerpflichtigen US-Nachlass zu, allerdings nur anteilig im Verhältnis der US-Bruttovermögenswerte zu den weltweiten Bruttogesamtvermögenswerten.

BEISPIEL ▸ Der beschränkt steuerpflichtige Erblasser A hinterlässt einen Gesamtnachlass i. H.v. $15 Mio. Der Nachlass umfasst ein in den USA belegenes Grundstück im Wert von $5 Mio. Die übrigen Vermögenswerte befinden sich außerhalb der USA. Durch die anteilige Inanspruchnahme des einheitlichen Freibetrags können im Ergebnis $1,83 Mio. des Werts des US-Grundstücks von der US-Nachlassbesteuerung ausgenommen werden ($5 Mio. / $15 Mio. x $5,49 Mio.).

Ehegattenfreibetrag

Neben dem einheitlichen Anrechnungsbetrag sind auch für den lediglich beschränkt steuerpflichtigen US-Nachlass bestimmte Ehegattenfreibeträge zu berücksichtigen. Wie bereits erwähnt, kann der unbeschränkt steuerpflichtige Nachlass zunächst, das heißt vor Anwendung des einheitlichen Anrechnungsbetrags, grundsätzlich um die Vermögenswerte gemindert werden, die auf den hinterbliebenen Ehegatten übergehen (*Marital Deduction*). Für lediglich beschränkt Steuerpflichtige gilt diese Regelung prinzipiell nicht. Allerdings enthält das DBA-Erb D / USA verschiedene Vorschriften, die geeignet sind, den Vermögensübergang zwischen beschränkt steuerpflichtigen Ehegatten mit in den USA steuerpflichtigen Vermögenswerten zu begünstigen.

---

401 Art. 10 Abs. 5 DBA-Erb D / USA.

So sind im Rahmen der Nachlassbesteuerung des erstverstorbenen Ehepartners nach Art. 10 Abs. 4 DBA-Erb D / USA die in den USA belegenen Vermögenswerte für Zwecke der US-Nachlasssteuer nur insoweit steuerpflichtig, als der begünstigte Ehepartner mehr als 50 % des in den USA belegenen und steuerpflichtigen Nachlasses erhält. Technisch gesehen handelt es sich bei dieser Regelung um einen berücksichtigungsfähigen Abzugsbetrag, welcher den Bruttonachlass entsprechend (um 50 %) vermindert. Erhält der überlebende Ehegatte weniger als 50 % des in den USA belegenen Nachlasses, vermindert sich der Abzugsbetrag entsprechend. Von dieser Regelung ist sachlich ausgenommen das Gesamtgut der Eheleute (sogenanntes *Community Property*).

Anschließend (nach Anwendung des Art. 10 Abs. 4 DBA-Erb D / USA) können darüber hinaus nach Art. 10 Abs. 6 DBA-Erb D / USA die auf den hinterbliebenen Ehegatten übergehenden Vermögenswerte vom Bruttonachlass abgezogen werden. Dieser Abzugsbetrag, der im Ergebnis ein Freibetrag ist, ist allerdings in der Höhe beschränkt und darf nicht höher sein als der allgemein geltende *Exclusion Amount* i. H. v. derzeit USD 5,49 Mio. (2017).

BEISPIEL[402] Das US-Bruttonachlassvermögen eines am 2.1.2017 verstorbenen, in den USA beschränkt steuerpflichtigen, deutschen Erblassers beträgt $20 Mio., das gesamte weltweite Bruttonachlassvermögen, das kein Gesamtgut darstellt, beträgt $40 Mio. Das US-Bruttonachlassvermögen soll vollständig auf den hinterbliebenen Ehepartner übergehen. Vom US-Bruttonachlass i. H. v. $20 Mio. ist zunächst der Abzugsbetrag nach Art. 10 Abs. 4 DBA-Erb D / USA von 50 % sowie der Abzugsbetrag nach Art. 10 Abs. 6 DBA-Erb D / USA i. H. v. hier $5,49 Mio. abzuziehen. Es ergibt sich ein steuerpflichtiges US-Nachlassvermögen i. H. v. $4,51 Mio. Hierauf errechnet sich eine vorläufige Nachlasssteuerschuld von $1.404.000. Im Anschluss ist Art. 10 Abs. 5 DBA-Erb D / USA anzuwenden, was vorliegend einen einheitlichen Anrechnungsbetrag von $1.070.900 ergibt ($2.141.800 x $20 Mio. / $40 Mio.). Es verbleibt eine tatsächliche US-Nachlasssteuerschuld i. H. v. $333.100. Diese kann nach Art. 11 DBA-Erb grundsätzlich auf die deutsche Erbschaftsteuer angerechnet werden.

Zusammenfassend lässt sich mithin feststellen, dass durch die hohen Freibeträge und die Anrechnung der in den USA gezahlten Nachlasssteuern auf die deutsche Erbschaftsteuer ein Anrechnungsüberhang an US-Nachlasssteuern nicht die Regel sein dürfte. Allerdings vermindert sich bei einem nur sehr geringen Anteil an US-Vermögen der zur Verfügung stehende Freibetrag. Umso geringer der Anteil am US-Vermögen, desto eher könnte sich ein Anrechnungsüberhang von US-Nachlasssteuern ergeben, welcher durch sorgfältige Steuerplanung vermieden werden kann.

402 Das Beispiel ist bewusst so gewählt, dass die (temporären) Regelungen der US-Steuerreform von 2017 nicht anzuwenden sind.

3.4.4 Anrechnung

Gemäß Art. 11 DBA-Erb D / USA wird die Doppelbesteuerung in der Regel durch Anrechnung vermieden. Bei einer Besteuerung durch die USA aufgrund des Wohnsitzes oder der Staatsangehörigkeit des Erblassers oder Schenkers und einer gleichzeitigen Besteuerung Deutschlands gemäß Art. 5, 6 oder 8 DBA-Erb D / USA rechnet die USA die hierauf in Deutschland festgesetzte und gezahlte Steuer an.[403] Bei amerikanischen Staatsangehörigen (Erblasser oder Schenker) mit Wohnsitz im Zeitpunkt des Todes oder der Schenkung in Deutschland gewähren die USA die Anrechnung der gezahlten Steuer insgesamt.

Erhebt Deutschland aufgrund des Wohnsitzes des Erblassers, Schenkers, Erben, Beschenkten oder sonstigen Begünstigten die Steuer und besteuert die USA gemäß Art. 5, 6 oder 8 DBA-Erb D / USA, rechnet Deutschland die in den USA hierauf festgesetzte und gezahlte Steuer an. Bei Wohnsitz des Erblassers oder Schenkers in den USA und für den Fall, dass der Erbe, Beschenkte oder sonstige Begünstigte im Zeitpunkt des Todes des Erblassers bzw. der Schenkung seinen Wohnsitz in Deutschland hat, rechnet Deutschland die gezahlte und festgesetzte amerikanische Steuer an.

Deutschland berücksichtigt (im Gegensatz zur Einkommensteuer) gemäß Art. 11 Abs. 4 DBA-Erb D / USA auch Steuern, die von Gebietskörperschaften in den USA erhoben werden.

Da aufgrund der Anrechnung der jeweils anderen Steuer feststeht, dass auch bei Anwendung der Doppelbesteuerungsabkommen stets der höchste Steuersatz zum Tragen kommt, sollte vermieden werden, dass eine Steuerpflicht in beiden Staaten besteht. Dies kann zum einen dadurch geschehen, dass bei Wegzug in die USA der Wohnsitz sowie der gewöhnliche Aufenthalt in Deutschland aufgegeben wird. Dies kann auch aus ertragsteuerlichen Erwägungen vorteilhaft sein. Zu berücksichtigen ist jedoch, dass die Aufgabe des Wohnsitzes nicht unverzüglich zu einer Beendigung der deutschen Steuerpflicht führt, sondern dass bei einem deutschen Staatsangehörigen, der in die USA verzieht, die Erbschaftsteuerpflicht in Deutschland grundsätzlich erst nach zehn Jahren beendet wird.[404]

3.5 US-Schenkungsteuer

Ursprünglich war die Schenkungsteuer lediglich als eine Ergänzung zur Nachlasssteuer konzipiert, um eine Umgehung der Nachlasssteuer durch Schenkungen zu vermeiden. Inzwischen bilden alle drei Steuern auf unentgeltliche Vermögensübertragungen – die

403 Art. 11 Abs. 2 lit. a DBA-Erb D / USA.

404 § 4 Abs. 1 AStG i.V. m. § 2 Abs. 1 Nr. 3 ErBStG.

Nachlass- und Schenkungsteuer und die *Generation-Skipping Transfer Tax* - ein einheitliches Besteuerungssystem mit gemeinsamen Frei- bzw. Anrechnungsbeträgen und einem gemeinsamen Steuertarif.[405]

Die US-Schenkungsteuer wird auf unentgeltliche Übertragungen von steuerpflichtigem Vermögen einer natürlichen Person erhoben.[406] Steuerpflichtig sind sowohl direkte als auch indirekte Schenkungen (wie beispielsweise die Übertragung auf einen Trust oder ein Schulderlass).[407] Die Schenkung muss abgeschlossen sein, das heißt der Schenkende darf keine Kontrolle mehr über das Vermögen ausüben können. Mithin sind ein einseitiges Widerrufsrecht, eine aufschiebende Bedingung oder ein Bestimmungsrecht über das übertragene Vermögen ausgeschlossen.[408] Die in Deutschland verbreitete Schenkung mit Rückforderungs- bzw. Widerrufsrechten stellt somit grundsätzlich keine wirksame Schenkung für US-Steuerzwecke dar.

Der Steuerpflicht unterliegen bei unbeschränkt steuerpflichtigen Personen der Wert des übertragenen Vermögens unabhängig von dessen Belegenheit und dessen Qualifikation als dingliches oder persönliches, materielles oder immaterielles Recht. Bei beschränkt Steuerpflichtigen unterliegt nur materielles, nicht dagegen immaterielles Vermögen mit Belegenheit in den USA der Schenkungsteuer und weicht somit in diesem Kriterium vom Anknüpfungspunkt der US-Nachlasssteuer ab.[409] Der steuerliche Anknüpfungspunkt weicht also von dem der Nachlasssteuer ab, da hier auf die Belegenheit abgestellt wird. Der maßgebliche Wert ist der Verkehrswert im Zeitpunkt der Schenkung.[410]

Ein Betrag von USD 15.000 (für das Jahr 2020) pro Empfänger kann jährlich steuerfrei geschenkt werden (*Annual Exclusion Amount*).[411] Damit sollen vor allem kleinere Schenkungen von der Schenkungsteuerpflicht ausgenommen werden.[412] Dieser Freibetrag kann auch genutzt werden, um teilbares Vermögen (Bargeld, einzelne Aktien) jährlich in Teilbeträgen steuerfrei zu übertragen, anstatt das Vermögen einmalig schenkungsteuerpflichtig oder unter Inanspruchnahme des zustehenden einheitlichen Anrechnungsbetrags zu übertragen.

Darüber hinaus sind auch bestimmte andere Schenkungen ohne betragliche Beschränkung steuerfrei. Hierzu zählen die Übernahme von Kosten für Ausbildung und medizi-

405 Bittker and Lokken: Federal Taxation of Income, Estates, and Gifts (WG&L), 120.1.1.A.
406 IRC § 2501 (a).
407 IRC § 2511 (a).
408 Treas. Reg § 25.2511-2.
409 IRC §§ 2501 (a) und 2511 (a).
410 IRC § 2512; Treas. Reg. § 25.2512-1.
411 IRC § 2503 (b); Rec Proc 2011-52.
412 Bittker and Lokken: Federal Taxation of Income, Estates, and Gifts (WG&L), 124.1.

nische Versorgung zugunsten anderer Personen,[413] Schenkungen zwischen Ehegatten (sofern der Empfänger US-Staatsbürger ist)[414] und Spenden an anerkannte gemeinnützige Organisationen (Einschränkungen bei Nichtansässigen).[415]

Die Schenkungsteuer ermittelt sich wie folgt:

1. Verkehrswert aller steuerpflichtigen Schenkungen des laufenden Jahres
2. zzgl. steuerpflichtige Schenkungen aller vorangegangenen Jahre
3. ergibt Gesamtwert aller bisherigen Schenkungen
4. Berechnung der Schenkungsteuer auf den Gesamtwert aller Schenkungen
5. Berechnung der Schenkungsteuer auf den Wert aller früheren Schenkungen
6. Differenz ergibt zu entrichtende Schenkungsteuer
7. abzgl. noch nicht verwendetem einheitlichen Anrechnungsbetrag (max. USD 2.141.800 Mio. / 2017)
8. ergibt Schenkungsteuerschuld

Die Steuerberechnung reflektiert das einheitliche Besteuerungssystem (einheitlicher Tarif und einheitlicher Anrechnungsbetrag für Schenkungen und Nachlasssteuern, siehe bereits ausführlich zur Nachlasssteuer). Die Steuer wird zuerst auf der Grundlage aller Schenkungen berechnet. Davon wird die fiktive Steuer auf die Schenkungen früherer Jahre abgezogen, um die Steuer auf Schenkungen des laufenden Jahres zu ermitteln. Damit wird sichergestellt, dass der Steuerpflichtige hinsichtlich aller Schenkungen im Laufe seines Lebens nicht mehrfach von den anwendbaren, niedrigeren Steuersätzen profitiert, sondern nur die ersten Schenkungen steuerbegünstigt sind. Darüber hinaus steht der gesamte einheitliche Anrechnungsbetrag im Laufe des Lebens nur einmal zu. Dies führt grundsätzlich dazu, dass alle Schenkungen kumulativ bis zu einem Betrag von USD 5,49 Mio. steuerfrei sind (entspricht dem Anrechnungsbetrag von USD 2.141.800 für 2017), darüber hinaus jedoch für jede weitere Schenkung der maximale Steuersatz von derzeit 40 % zur Anwendung kommt. Der einheitliche Anrechnungsbetrag steht für Zwecke der Nachlasssteuer nur insoweit zu, als dieser nicht durch Schenkungen vor Eintritt des Todesfalles aufgebraucht wurde.

Die höchsten zu gewährenden Freibeträge im Rahmen der US-Schenkungsteuer sind in einer Tabelle in 3.9 zusammengefasst.

413 IRC § 2503 (e).

414 IRC § 2523; Schenkungen an den Ehegatten ohne US-Staatsbürgerschaft sind grundsätzlich nur bis zu einem jährlichen Betrag von USD 145.000 steuerfrei (in 2014, inflationsangepasst, Rec Proc 2011-52), sofern nicht das DBA eine günstigere Bestimmung beinhaltet (siehe Art. 10 Abs 4 DBA-Erb D / USA).

415 IRC § 2522.

3.6 Vergleich zwischen Nachlass- und Schenkungsteuer

Bei der Entscheidung, ob und inwieweit Vermögenswerte im Wege der Schenkung oder der Erbschaft übertragen werden sollen, gibt es grundsätzlich zwei Faktoren zu berücksichtigen:

a. Steuerpflichtiger Vermögensübergang

Bei einer Schenkung unterliegt nur die Schenkung selbst der Besteuerung, nicht auch die Steuer. Dagegen unterliegt bei Erbschaften das gesamte Erbe vor Abzug der Nachlasssteuer der Besteuerung.

BEISPIEL ▸ Der Schenker bzw. Erblasser hat ein steuerpflichtiges Gesamtvermögen von $10.000.000, welches er auf die Begünstigten übertragen möchte. Unterstellt man einen Steuersatz von 40 % und lässt aus Vereinfachungsgründen die Freibeträge unberücksichtigt, dann ergibt sich im Falle der Schenkung eine Steuerschuld von $2.857.000 und der Begünstigte erhält $7.143.000 (Berechnung: Schenkung von $7.143.000 löst 40 % Schenkungsteuer von $2.857.000 aus). Wird das Vermögen hingegen im Wege der Erbschaft übertragen, beträgt die Steuer $4.000.000, die Zuwendung an die Begünstigten lediglich $6.000.000 (Berechnung: Nachlass von $10.000.000 löst Nachlasssteuer von $4.000.000 aus).

b. Höhe der stillen Reserven

Bei einer Schenkung übernimmt der Begünstigte die steuerliche Bemessungsgrundlage (fortgeführte Anschaffungskosten) des Rechtsvorgängers als Anschaffungswert des Rechtsnachfolgers.[416] Dagegen kommt es bei einer Übertragung im Wege der Erbschaft zu einem sogenannten *Step-Up in Basis*, wodurch der Anschaffungswert des Rechtsnachfolgers auf den Verkehrswert angehoben wird.[417]

Hier kommt es also darauf an, ob die zu übertragenden Vermögenswerte stille Reserven enthalten. Mithin ist bei der steuerlichen Entscheidung, wenn Vermögen im Wege der Schenkung oder im Wege der Erbschaft übertragen werden soll, sorgfältig zu analysieren, inwieweit die steuerlichen Vorteile eines *Step-Up* bei Vorliegen von stillen Reserven die steuerlichen Vorteile der günstigeren Schenkungsteuer übersteigen. Dies erfordert eine steuerliche Gesamtbetrachtung nicht nur der Übertragungssteuern, sondern insbesondere auch der einkommensteuerlichen Folgen bei geplanter Veräußerung durch die Begünstigten.

BEISPIEL ▸ Es wird der gleiche Sachverhalt wie im vorangegangenen Beispiel unterstellt, allerdings mit der Besonderheit, dass das steuerpflichtige Vermögen stille Reserven von $5.715.000 aufweist und die Begünstigten dieses Vermögen nach Eintritt des Erbfalls veräußern wollen, wobei die Veräußerungsgewinne mit 20 % belastet werden. Wird das Vermögen im Wege der Schenkung übertragen, fällt zunächst Schenkungsteuer von $2.857.000 an. Da der Begünstigte

416 IRC § 1015.

417 IRC § 1014.

jedoch die steuerliche Bemessungsgrundlage des Rechtsvorgängers übernimmt und die stillen Reserven von $5.715.000 bei Veräußerung mit 20 % versteuern muss, fallen in diesem Beispiel $1.143.000 Einkommensteuer an, womit sich eine Gesamtsteuerbelastung von $4.000.000 ergibt. Bei Übertragung im Wege der Erbschaft fällt Nachlasssteuer von $4.000.000 an, wegen des *Step-Up in Basis* jedoch keine Einkommensteuer bei Veräußerung.

Aus diesen Beispielen kann folgender Schluss gezogen werden: Betragen die stillen Reserven mehr als 57 % des Verkehrswerts, dann ist die Übertragung im Wege der Erbschaft steuerlich vorteilhaft. Allerdings verringert sich dieser Prozentsatz, je höher die Gesamtsteuerbelastung auf Veräußerungsgewinne ist. Die im Beispiel genannten 20 % entsprechen lediglich der Steuer auf Bundesebene.[418] Unterstellt man eine Gesamtsteuerbelastung von 30 % auf Bundes- und Staatsebene, dann wird der *Break-Even* zwischen Transfer- und Einkommensteuer bereits bei stillen Reserven von 38 % des Verkehrswerts erreicht.

3.7 *Generation-Skipping Transfer Tax*

Ziel der Nachlass- und Schenkungsteuer ist es, unentgeltliche Vermögensübertragungen zu besteuern. Unentgeltliche Vermögensübertragungen finden vorwiegend zwischen verwandten Personen statt. Jede einzelne Vermögensübertragung an die nächste Generation führt daher prinzipiell zu einer Belastung mit Nachlass- und/oder Schenkungsteuern. Überträgt allerdings eine Person ihr Vermögen nicht auf die nächste, sondern sofort auf die übernächste Generation, dann würde dies lediglich zu einer einzigen Belastung der Vermögensübertragung führen (anstelle einer zweimaligen Besteuerung bei Übertragung von einer Generation auf die nächste). Dies stellte nach Auffassung des Gesetzgebers eine Steuerumgehungsmöglichkeit dar.[419] Ziel ist es daher, natürliche Personen an der Umgehung von Schenkung- und Nachlasssteuer durch das Übergehen einer ganzen Generation zu hindern.[420] Findet keine Umgehung der nächsten Generation statt, weil eine Übertragung auf die Eltern des Empfängers aufgrund deren Ablebens nicht mehr möglich ist, ist auch die *Generation-Skipping Transfer Tax* grundsätzlich nicht anwendbar.[421]

418 Insgesamt fünf Bundesstaaten erheben keine Staatseinkommensteuer, nur neun Staaten begünstigen Veräußerungsgewinne, alle anderen besteuern diese mit dem regulären Staatssteuersatz mit bis zu 13,3 % in California, 8,97 % in New Jersey oder 8,82 % in New York.

419 Vgl. auch IRC § 2611 (b)(2)(C), der auf die Steuerumgehung explizit hinweist.

420 Bittker and Lokken: Federal Taxation of Income, Estates, and Gifts (WG&L), 134.2.

421 IRC § 2651 (e).

Erfasst von der *Generation-Skipping Transfer Tax* sind drei Arten von Übertragungen:[422]

1. Eine Übertragung von Vermögen an eine Person der übernächsten Generation (oder einer dieser nachfolgenden Generation), die ebenso der Nachlass- und Schenkungsteuer unterliegt (sogenannter *Direct Skip*)[423]
2. Die Beendigung einer Begünstigtenstellung an einem Trust, der zur Begünstigtenstellung einer Person der übernächsten Generation führt (sogenannte *Taxable Termination*)[424]
3. Die Ausschüttung aus einem Trust an eine Person der übernächsten Generation, sofern die Übertragung nicht bereits unter Punkt 1 und 2 steuerpflichtig ist (sogenannte *Taxable Distribution*)[425]

Von der *Generation-Skipping Transfer Tax* sind auch indirekte Übertragungen an einen Trust zugunsten einer Person der übernächsten Generation erfasst.[426] Übertragungen von Vermögen, die bereits davor der *Generation-Skipping Transfer Tax* unterlegen haben, unterliegen daher nicht nochmals der *Generation-Skipping Transfer Tax*.[427] Überträgt z. B. eine Person Vermögen auf einen Trust zugunsten einer Person der übernächsten Generation, dann unterliegt dieser Vorgang der *Generation-Skipping Transfer Tax*. Eine nachfolgende Ausschüttung an diese Person ist nicht mehr steuerpflichtig. Ausgenommen von der Besteuerung sind auch einige Übertragungen, die nicht der Schenkungsteuer unterliegen würden.[428]

Die *Generation-Skipping Transfer Tax* ist nur auf die Arten von Übertragungen anwendbar, die ansonsten der Nachlass- oder Schenkungsteuer unterliegen würden. Daher ist auch hier zu unterscheiden zwischen der Besteuerung von beschränkt und unbeschränkt Steuerpflichtigen. Würde die Übertragung durch einen beschränkt Steuerpflichtigen nicht der Nachlass- oder Schenkungsteuer unterliegen (z. B. aufgrund der Belegenheit im Ausland), dann kommt auf die Übertragung auch nicht die *Generation-Skipping Transfer Tax* zur Anwendung.[429]

Die Steuer ergibt sich aus dem steuerbaren Vermögenswert multipliziert mit dem anwendbaren Steuersatz. Die Ermittlung des Steuersatzes ist relativ kompliziert, weil

422 IRC § 2611 (a).

423 IRC § 2612 (c).

424 IRC § 2612 (a).

425 IRC § 2612 (b).

426 IRC § 2613 (a).

427 IRC § 2612 (b); mit demselben Ziel auch IRC § 2611 (b)(2), bei Rückübertragung auf die zweitvorangegangene Generation.

428 IRC §§ 2611 (b); 2642 (c)(1).

429 IRC § 2652 (a)(1), Reg §§ 26.2652-1 (a)(1) und (2); Bittker and Lokken: Federal Taxation of Income, Estates, and Gifts (WG&L), 134.2.6.

auch der sich aus dem Anrechnungsbetrag ergebende steuerfrei gestellte Betrag i. H. v. bis zu USD 5,49 Mio. für 2017 in den Steuersatz integriert ist. Der Steuersatz ist als *Flat-Tax* ausgestaltet und ergibt sich aus dem derzeitig höchsten Nachlasssteuersatz von 40 % multipliziert mit der *Inclusion Ratio* (jedenfalls kleiner als 1), der das Verhältnis des steuerpflichtigen (steuerbarer Betrag abzgl. des sich aus dem Anrechnungsbetrag ergebenden steuerfrei gestellte Betrags) zum gesamten steuerbaren Wert ergibt.[430]

Unterliegt daher ein Vermögenswert von USD 21,49 Mio. (vor Abzug des sich aus dem Anrechnungsbetrag ergebenden Freibetrags) der *Generation-Skipping Transfer Tax*, dann ergibt dies einen auf diesen Betrag anwendbaren Steuersatz von 29,7 % (40 % x 0,74). Die *Inclusion Ratio* von 74 % ergibt sich dabei aus dem Verhältnis des steuerpflichtigen Betrages von USD 16 Mio. (steuerbarer Betrag nach Abzug des sich aus dem Anrechnungsbetrag ergebenden Freibetrags von USD 5,49 Mio.) zum gesamten steuerbaren Vermögenswert von USD 21,49 Mio.

3.8 Die Neuregelung der US-Steuerreform von 2017 bei der Nachlasssteuer

Bei den Verhandlungen zur Steuerreform von 2017 gab es wieder einmal grundlegende Reformvorschläge. Von den Republikanern wurde die Abschaffung der Nachlasssteuer vorgeschlagen, diesmal jedoch bei gleichzeitiger Anhebung der Erbmasse auf den Verkehrswert. Die angekündigte grundlegende Reformierung der US-Nachlass- und Schenkungsteuer wurde nicht realisiert, sie war wohl mehr Verhandlungstaktik bei der Steuerreform. Zu erwähnen ist als einzige signifikante Änderung, dass der sich durch Anwendung eines einheitlichen Anrechnungsbetrags ergebende Freibetrag für Erbfälle und Schenkungen, die nach dem 31.12.2017 und vor dem 1.1.2026 anfallen, von USD 5.000.000 auf USD 10.000.000 erhöht wurde.[431] Dieser Freibetrag unterliegt einer jährlichen Inflationsanpassung, für Schenkungen und Erbfälle im Jahr 2020 beträgt er USD 11.580.000. Unklar war, welcher Freibetrag nach Ablauf der temporären Erhöhung anzuwenden war, wenn Übertragungen im Wege der Schenkung bereits vor Ablauf (*Sunset*) stattgefunden hatten.

Wie oben beschrieben, stellt die US-Nachlass- und Schenkungsteuer ein einheitliches Steuersystem für Vermögensübertragungen im Wege der Schenkung und von Todes wegen dar. Basierend auf der Summe dieser Vermögensübertragungen wird die vorläufige Nachlasssteuer berechnet. Von dieser kann ein einheitlicher Anrechnungsbetrag, der *Unified Tax Credit*, abgezogen werden, welcher einheitlich auf Schenkungen und Nachlass anzuwenden ist. Die zuvor gezahlten Schenkungsteuern können auf die nach

430 IRC § 2641.

431 IRC § 2010 (c)(3).

Berücksichtigung des einheitlichen Anrechnungsbetrags verbleibende Nachlasssteuer angerechnet werden. Durch die temporäre Erhöhung des Freibetrages wurde die Frage relevant, was passirt, wenn die Summe der Übertragungen vor und nach dem *Sunset* höher sind als der Freibetrag, der nach dem *Sunset* anzuwenden ist.

BEISPIEL Herr X schenkt seinen Kindern im Jahr 2018 $ 10 Mio. Da sich zu diesem Zeitpunkt ein Freibetrag von $ 10 Mio. ergab, war diese Schenkung nicht steuerpflichtig (Freibeträge zur Vereinfachung ohne Inflationsanpassung). Am 20.1.2026 verstirbt Herr X. Sein restliches Vermögen i. H.v. $ 5 Mio. vererbt er seinen Kindern. Damit beträgt die Summe aus Vermögensübertragungen zu Lebzeiten und von Todes wegen $ 15 Mio. Durch Anwendung des einheitlichen Anrechnungsbetrags ergibt sich nach dem *Sunset* wieder ein Freibetrag von $ 5 Mio., was dem Freibetrag von 2017 (vor der US-Steuerreform von 2017) entspricht. Mithin unterlägen $ 10 Mio. zum Zeitpunkt des Erbfalls der Nachlasssteuer, also auch (teilweise) die Übertragungen in 2018, welche durch die Steuerreform eigentlich nicht belastet wurden.

Die Steuerrichtlinien (*Treasury Regulations*) vom 22.11.2019

Am 20.11.2018 hat die Finanzverwaltung vorläufige Richtlinien erlassen, in welchen die rückwirkende Anwendung niedrigerer Freibeträge (*Clawback*) ausgeschlossen wird. Um diese – wohl ungewollte – Rechtsfolge zu vermeiden, wurde eine Sonderregelung für den Fall vorgesehen, dass Übertragungen vor und nach dem *Sunset* getätigt werden. In diesem Szenario ist nach den vorläufigen Richtlinien der höhere Freibetrag maßgeblich, welcher für Übertragungen vor bzw. nach dem *Sunset* anzuwenden wäre. Diese vorläufigen Richtlinien wurden am 22.11.2019 nahezu unverändert finalisiert.[432]

BEISPIEL Im obigen Beispiel wird eine Schenkung im Jahr 2018 i. H.v. $ 10 Mio. sowie eine Erbschaft im Jahr 2016 i. H.v. $ 5 Mio. unterstellt. Durch den erhöhten Freibetrag in 2018 unterlag die Schenkung an seine Kinder nicht der Schenkungsteuer. Zum Zeitpunkt des Erbfalls am 20.1.2026 – die Summe aus Vermögensübertragungen zu Lebzeiten und von Todes wegen beträgt $ 15 Mio. – ist nach dem *Sunset* jedoch nur mehr ein Freibetrag von $ 5 Mio. anwendbar. Aufgrund der Steuerrichtlinien ist jedoch der höhere Freibetrag von $ 10 Mio. anzuwenden, der vor dem 31.12.2025 (*Sunset*) galt.

Die Steuerrichtlinien schlagen folgende Einschränkungen vor:

1. Der erhöhte Freibetrag ist nur bis zur Höhe der tatsächlichen Übertragungen anzuwenden. Das bedeutet, dass der durch die Steuerreform von 2017 verdoppelte Freibetrag von USD 10 Mio. bei weiteren Übertragungen nach dem 31.12.2025 nur in der Höhe anzuwenden ist, als er für tatsächliche Übertragungen vor dem *Sunset* in Anspruch genommen wurde.

2. Liegen die Übertragungen bis zum 31.12.2025 (also vor Eintritt des *Sunsets*) unter USD 5 Mio., dann ergibt sich daraus kein zusätzlicher Freibetrag bei weiteren Übertragungen nach dem 31.12.2025. Das heißt, dass die Übertragungen bis

432 Vgl. Treasury Decision 9884, 84 F.R. 64995 (22.11.2019).

USD 5 Mio. durch Anwendung des vor der Steuerreform geltenden Freibetrags unbesteuert bleiben. Der temporäre zusätzliche Freibetrag geht also verloren („*use it or lose it*“).[433]

Erstmals seit Novellierung der Nachlass- und Schenkungsteuer im Jahr 1976, welche ein einheitliches Steuersystem für Vermögensübertragungen im Wege der Schenkung und von Todes wegen einführte, wurde vom bisherigen Berechnungsmodus abgewichen. Geblieben ist, dass der Steuersatz zum Zeitpunkt des Erbfalls die Steuerschuld für die lebenslangen unentgeltlichen Übertragungen des Erblassers bestimmt. Erreicht wird dies durch die Anrechnung eines einheitlichen Anrechnungsbetrags – *Unified Tax Credit* – auf die vorläufige Nachlasssteuerschuld (berechnet zum Zeitpunkt des Erbfalls mit den dann gültigen Steuersätzen und Freibeträgen) und der Anrechnung der zuvor gezahlten Schenkungsteuern. Durch einen extrem komplexen Mechanismus wird der durch die Steuerreform erhöhte Freibetrag berücksichtigt. Die vorgeschlagene Regelung könnte folgendermaßen zusammengefasst werden:

Nachlassvermögen

\+ Summe aller Vermögensübertragungen im Wege der Schenkung

\- des ab 1.1.2026 (*Sunset*) wieder geltenden Freibetrags von USD 5 Mio.

\- des temporären Freibetrag nach der US-Steuerreform von 2017 von USD 5 Mio.

(für tatsächliche Übertragungen zwischen USD 5 Mio. und USD 10 Mio.)

= steuerpflichtiges Bruttonachlassvermögen

Im Ergebnis hat die Finanzverwaltung also ein Verfahren gewählt, das zwar systemwidrig ist, aber der Intention des Gesetzgebers im Rahmen der Steuerreform von 2017 Rechnung trägt.

Mithin sollten Steuerpflichtige überlegen, die bis 31.12.2025 geltenden Freibeträge zu nutzen und Vermögenswerte zu übertragen. Neben der Versorgung des Schenkers sowie den begünstigten Personen sind dabei wichtige Planungsüberlegungen anzustellen, wie beispielsweise die Frage, wie hoch die stillen Reserven der im Wege der Schenkung übertragenen Vermögenswerte sind bzw. welche einkommensteuerlichen Nachteile bzw. nachlasssteuerlichen Vorteile sich bei einer Schenkung bzw. Erbschaft ergeben.[434]

433 Vgl. Notice of proposed rulemaking, Estate and Gift Taxes; Difference in the Basic Exclusion Amount, 83 F.R. 59343 (23.11.2018).

434 Vgl. 3.6.

Die temporär erhöhten Freibeträge gelten im Rahmen der oben genannten Beschränkungen[435] auch für beschränkte steuerpflichtige Nachlässe. Die genannten Planungsfragen sind quantifizierbar, wenngleich viele Variablen (Progression, Anlagehorizont, Diskontierungszinssatz, Höhe der stillen Reserven, usw.) beachtet werden müssen. Bei der Anrechnung der in den USA fälligen Schenkung- oder Nachlasssteuer auf die deutsche Steuer scheint eine Quantifizierung wegen der enormen Vielzahl der Variablen nicht, oder nur sehr schwer möglich zu sein. Die alle zehn Jahre erneut geltenden Freibeträge, die Verschonungsregelungen sowie die verschiedenen Steuerklassen erfordern detaillierte Planung.

3.9 Freibeträge der Nachlass- und Schenkungsteuer

Nachfolgend werden die Freibeträge der US-Nachlass- und Schenkunsteuer zusammengefasst, welche für das Jahr 2020 gelten:

Erblasser / Schenker		**Begünstigter**	
Erbschaftsteuer-freibeträge Nicht-US-Ansässiger[1]	**Nicht-US-Ansässiger, US-Ansässiger, US-Staatsbürger**[1]	**Ehegatte ohne US-Staats-bürgerschaft**	**Ehegatte mit US-Staats-bürgerschaft**
• Nicht in den USA belegenes Vermögen[2]	nicht steuerbar	nicht steuerbar	nicht steuerbar
• In den USA belegenes Vermögen[2]			
- nach US-Recht	\$60.000	\$60.000	steuerfrei
- nach DBA	\$11.580.000 [3]	\$23.160.000 [4,5]	nicht zutreffend
US-Ansässiger, US-Staatsbürger[1]	\$11.580.000 [6]	\$11.580.000 [6]	steuerfrei

435 Vgl. 3.3.6 und 3.4.3.

Schenkungsfreibeträge			
Nicht-US-Ansässiger[1]			
• Nicht in den USA belegenes Vermögen[2]	nicht steuerbar	nicht steuerbar	nicht steuerbar
• In den USA belegenes Vermögen[2]			
- nach US-Recht	$15.000[7]	$157.000[8]	steuerfrei
- nach DBA	$15.000[7]	$314,000[4,8]	steuerfrei
US-Ansässiger, US-Staatsbürger[1,9]	$11.580.000[6]	$11.580.000[6]	steuerfrei

1. Die Ansässigkeitsdefinition für Zwecke der Nachlass- und Schenkungsteuer entspricht grundsätzlich dem Lebensmittelpunkt.
2. Es gilt grundsätzlich die Belegenheitsdefinition des US-Steuerrechts; eventuell anwendbare DBA-Regelungen können entsprechend berücksichtigt werden.
3. (Einmaliger) Freibetrag nach Art. 10 Abs. 5 Erb-DBA D / USA: Der Freibetrag errechnet sich aus dem Verhältnis des in den USA belegenen Vermögens zum Wert des gesamten Nachlasses, multipliziert mit dem Freibetrag von $11.580.000 (für Erbfälle im Jahr 2020).
4. Vor Anwendung der Freibeträge (Fußnote 5) ist bei Übertragungen im Wege der Schenkung oder Erbschaft auf den Ehegatten nach Art. 10 Abs. 4 Erb-DBA D / USA bis zu 50 % des in den USA steuerpflichtigen Nachlasses (Bewertungsabschlag), wenn das Vermögen an den überlebenden Ehegatten übergeht und kein Gesamtgut (*Community Property*) darstellt.
5. 1. Schritt: (Einmaliger) Ehegattenfreibetrag von $11.580.000 (für Erbfälle im Jahr 2020) nach Art. 10 Abs. 6 Erb-DBA D / USA.

   2. Schritt: Weiterer (einmaliger) Freibetrag von $11.580.000 (für Erbfälle im Jahr 2020) nach Art. 10 Abs. 5 Erb-DBA D / USA. Zur Berechnung des zweiten Freibetrags vgl. Fußnote 3.
6. Der Freibetrag (für Erbfälle und Schenkungen im Jahr 2020) ist für jeden Erblasser / Schenker einmalig und kann für unentgeltliche Vermögensübertragungen im Wege der Schenkung und / oder Erbschaft verwendet werden.
7. Der Freibetrag (sogenannter *Annual Exclusion* - $15.000 in 2020) gilt pro Begünstigtem, steht jedes Kalenderjahr erneut zur Verfügung und unterliegt ggf. der

jährlichen Inflationsanpassung. Er gilt immer zusätzlich zu weiteren (im Kalenderjahr) ggf. zustehenden Freibeträgen der Nachlass- und Schenkungsteuer.

8. Der Freibetrag (sogenannter *Annual Exclusion* - $157.000 in 2020) steht jedes Kalenderjahr erneut zur Verfügung und unterliegt ggf. der jährlichen Inflationsanpassung. Er gilt immer zusätzlich zu weiteren (im Kalenderjahr) ggf. zustehenden Freibeträgen der Nachlass- und Schenkungsteuer.

9. Zusätzlich zu den genannten Freibeträgen kann ein US-Ansässiger / US-Staatsbürger pro Kalenderjahr und begünstigter Person eine einmalige Schenkung bis zur Höhe der *Annual Exclusion* ($15.000 in 2020) vornehmen, vgl. Fußnote 7.

4. Planung vor Eintritt in die unbeschränkte US-Steuerpflicht

4.1 Ermittlung der steuerlichen Bemessungsgrundlage bei Zuzug

Das Steuerrecht einiger Länder folgt dem Grundsatz, dass bei Vorliegen eines steuerlichen Zuzugs das Vermögen im Zeitpunkt des Zuzugs mit dem Verkehrswert anzusetzen ist. Die Übernahme zu Verkehrswerten erfolgt, um die wirtschaftlich im Wegzugsstaat entstandenen stillen Reserven von der Besteuerung im Zuzugsstaat auszunehmen.

Diesem Grundsatz folgt das Steuerrecht der USA allerdings nicht. So lassen sich diesbezüglich weder in den Steuerrichtlinien oder Stellungnahmen der Finanzverwaltung, noch in Gerichtsentscheidungen eindeutige Regelungen finden.[436] Spezielle Bestimmungen finden sich lediglich in Einzelvorschriften, die allerdings nicht allgemein zur Anwendung kommen. So sieht z. B. IRC § 877A zur Bestimmung des fiktiven Veräußerungsgewinns im Falle des steuerlichen Wegzugs aus den USA die Anhebung auf den Verkehrswert bei vormaligem Zuzug vor.[437] Die Anpassung ist jedoch ausschließlich für Zwecke der Wegzugsbesteuerung anwendbar.[438]

Eindeutige Regelungen finden sich darüber hinaus in einigen Doppelbesteuerungsabkommen. Danach kommt es wahlweise zu einer Veräußerungs- und Anschaffungsfiktion mit dem Ergebnis der Anhebung auf den Verkehrswert, sofern es im anderen Staat zu einer Wegzugsbesteuerung kommt.[439] Eine derartige Regel findet sich auch im

436 Vgl. auch Bittker and Lokken: Federal Taxation of Income, Estates, and Gifts (WG&L), 66.7. U.S. Tax Basis For Property Acquired While Not Subject To U.S. Taxation.

437 Siehe dazu 5.6.6.

438 Siehe IRC § 877A (h)(2).

439 Ausdrücklich zu Kanada siehe Bittker and Lokken: Federal Taxation of Income, Estates, and Gifts (WG&L), 66.7. U.S. Tax Basis For Property Acquired While Not Subject To U.S. Taxation.

DBA D / USA.[440] Eine Anhebung auf den Verkehrswert bei Zuzug wäre daher nur in bestimmten Fällen aufgrund einer speziellen Bestimmung im DBA möglich, nicht jedoch aufgrund des nationalen US-Steuerrechts.

Im Ergebnis sind somit aufgrund der fehlenden Bestimmungen grundsätzlich die allgemeinen US-steuerlichen Grundsätze anzuwenden, die keine Anhebung auf den Verkehrswert bei Zuzug vorsehen. Bei Zuzug ist für die betreffenden Vermögenswerte daher der Buchwert nach Maßgabe des US-Steuerrechts zu ermitteln.

Das Fehlen einer Anhebung auf den Verkehrswert bei Zuzug in die USA und der Ansatz der Buchwerte führen freilich auch dazu, dass Verluste, die wirtschaftlich im Wegzugsstaat entstanden sind, nicht verloren gehen. Hieraus ergeben sich insbesondere dann interessante Planungsmöglichkeiten, wenn diese Verluste in Deutschland unberücksichtigt blieben. Unabdingbar ist in jedem Fall eine umfassende steuerliche Planung vor dem geplanten Zuzug, um die unterschiedlichen Behandlungen nach dem deutschen sowie US-Steuerrecht zu optimieren.

In der Praxis ergeben sich bei der Ermittlung des US-steuerlich maßgebenden Buchwertes oftmals Probleme – sowohl bei der Sachverhaltsaufklärung (Wer hat wann welches Vermögen wie erhalten?) als auch beim administrativen Aufwand (z. B. der in der Vergangenheit zu berücksichtigenden Anpassungen). Dies ist insbesondere dann der Fall, wenn das Vermögen vom Steuerpflichtigen nicht entgeltlich erworben wurde, sondern er dies durch unentgeltlichen Erwerb, beispielsweise im Wege einer Schenkung oder Erbschaft, erhalten hat.

4.2 Ausgewählte Sonderfälle zur Ermittlung des US-steuerlichen Buchwertes

Nachfolgend erfolgt eine knappe Darstellung dreier Fallgestaltungen, die typischerweise bei Zuzug in die USA von in Deutschland vor Zuzug unbeschränkt Steuerpflichtigen auftreten:

1. Der Steuerpflichtige hat zuvor Vermögen im Wege einer Erbschaft erhalten
2. Der Steuerpflichtige hat zuvor Vermögen im Wege einer Schenkung erhalten
3. Der Steuerpflichtige hat zuvor Vermögen im Wege einer Schenkung erhalten, jedoch hat sich der Schenker ein Nießbrauchsrecht vorbehalten

Der Erwerb ist nach den Vorschriften des US-Steuerrechts zu würdigen, auch wenn dieser vor Zuzug (und daher vor der US-steuerlichen Relevanz) stattfand. Die Ermittlung des Buchwertes ergibt sich wie folgt:

440 Art. 13 Abs. 6 DBA D / USA.

1. Erwerb im Wege einer Erbschaft

Die begünstigten Erben übernehmen den für Zwecke der Nachlasssteuer des Erblassers ermittelten Wertansatz als steuerlichen Buchwert.[441] Dieser entspricht grundsätzlich dem Verkehrswert (*Fair Market Value*) zum Todeszeitpunkt des Erblassers.[442]

2. Erwerb im Wege einer Schenkung

Eine Anhebung auf den Verkehrswert ist nur bei Erbschaften möglich; bei Übertragungen im Wege der Schenkung gilt auch im US-Steuerrecht die sogenannte Fußstapfentheorie (*Carry Over Basis*). Ist der Verkehrswert zum Zeitpunkt der Schenkung niedriger als der Buchwert des Schenkers, dann ist dieser maßgeblich. Der steuerliche Buchwert beim Begünstigten entspricht demjenigen beim Schenker unmittelbar vor der Schenkung, zzgl. der vom Schenker gezahlten US-Schenkungsteuer.[443]

3. Erwerb im Wege einer Schenkung unter Nießbrauchsvorbehalt

Bei einer Schenkung unter Nießbrauchsvorbehalt überträgt der Schenker zwar das zivilrechtliche Eigentum an den Begünstigten, behält sich aber den Nießbrauch (Recht die Nutzungen der Sache zu ziehen) am Vermögen zurück (Nießbrauchsvorbehalt). Der Nießbrauch kann eine vollständige oder teilweise Fruchtziehung vorsehen, er kann zeitlich befristet sein oder erst zum Todeszeitpunkt des Schenkers enden.

Im Falle einer Schenkung unter Nießbrauchsvorbehalt ist der Wert des Vermögensgegenstandes in zwei unterschiedliche Komponenten geteilt: Das (beim ehemaligen Eigentümer verbleibende) Nießbrauchsrecht einerseits und das (an den Begünstigten übertragene) zivilrechtliche Eigentum an dem Vermögenswert andererseits. Im US-Steuerrecht werden hier die Begriffe *Life Estate* bzw. *Remainder Interest* verwendet. Der Wert des *Life Estate* ist der versicherungsmathematisch ermittelte (abgezinste) Ertragswert, der dem Schenker zuzurechnen ist. Der Wert des *Remainder Interest* entspricht dem Verkehrswert des Vermögenswerts zum Zeitpunkt der Schenkung abzgl. des Werts des *Life Estate*.[444]

Wird diese Steuergestaltung von in den USA unbeschränkt steuerpflichtigen Personen gewählt, ist die Schenkung in Höhe des *Remainder Interest* schenkungsteuerpflichtig. In den Nachlass des Schenkers, der wirtschaftlicher Eigentümer (*Beneficial Owner*) des Vermögens bleibt, ist dieses Vermögen (*Usufruct* und *Legal Title*) zum Todeszeitpunkt

441 IRC § 1014 (a)(1).

442 IRC § 1014 (a)(1).

443 IRC § 1015.

444 Vgl. zur Bewertung Treas. Reg. § 25.2512-5 (d)(2)(ii).

mit dessen Verkehrswert einzubeziehen.[445] Sofern in der Vergangenheit erhoben, kann die Schenkungsteuer grundsätzlich auf die Nachlasssteuer angerechnet werden.[446] Der Begünstigte übernimmt den Verkehrswert zum Zeitpunkt des Erbfalls als steuerlichen Buchwert.[447]

Bei abschreibbarem Vermögen ist darüber hinaus der ermittelte Buchwert durch Abschreibungen ab dem Zeitpunkt zu kürzen, zu dem das Vermögen in Betrieb genommen wurde. Die Abschreibung ist dabei nach US-Steuerrecht vorzunehmen.[448]

4.3 Steuerliche Maßnahmen vor Eintritt der unbeschränkten US-Steuerpflicht

In den ersten beiden Teilen dieses Beitrags, dem Überblick zum US-Einkommensteuerrecht und dem Überblick zur Besteuerung von Vermögensübertragungen, wurde deutlich, dass die steuerlichen Bemessungsgrundlagen im US-Steuerecht breiter, gleichzeitig jedoch die Steuersätze nicht notwendigerweise niedriger als in Deutschland sind. Mithin muss jede Steuerplanung vor Eintritt der unbeschränkten US-Steuerpflicht sowohl bei Fragen der materiellen Steuerpflicht in Deutschland und den USA als auch bei Belastungsunterschieden in beiden Ländern ansetzen.

Nachfolgend werden einige steuerliche Maßnahmen diskutiert, die grundsätzlich geeignet sind, um die sich aus dem Zuzug in die USA ergebende Steuerbelastung zu verringern. Diese Maßnahmen sind weder vollständig, da nicht alle Fallgestaltungen (beispielsweise Vermögenswerte in Drittländern) berücksichtigt werden können, noch ersetzen sie eine qualifizierte und umfassende Steuerberatung. Es handelt sich somit lediglich um einen Überblick über einige typische Fragestellungen, die bei steuerlichem Zuzug in die USA zu beleuchten sind. Folgende Faktoren sind im Rahmen der steuerlichen Planung zu berücksichtigen:

1. Handelt es sich um einen temporären Aufenthalt oder um eine auf Dauer ausgelegte Umsiedlung?
2. Unterliegt der Wegzug der deutschen Wegzugsbesteuerung?
3. Besitzt der Steuerpflichtige Vermögenswerte, die er mit einer gewissen Wahrscheinlichkeit in den kommenden Jahren veräußern wird?
4. Würden diese Vermögenswerte mit Gewinn oder Verlust veräußert werden? Hierbei ist das Ergebnis nach deutschen und US-steuerlichen Vorschriften zu betrachten.

445 IRC § 2036.
446 IRC § 2012.
447 IRC § 1014 (a).
448 IRC § 1016 (a)(3)(B).

5. Wie würde der Gewinn bzw. Verlust in Deutschland und den USA steuerlich behandelt werden?

Erst wenn diese Fragen in deren Grundzügen geklärt und die steuerlichen Konsequenzen zumindest mit verlässlichen Schätzungen vorliegen, kann eine Strategie für den Umzug in die USA erarbeitet werden.

Zuzug im zweiten Halbjahr für Einkommensteuerzwecke

Bei Zuzug in die USA und gleichzeitiger Aufgabe des Wohnsitzes in Deutschland kann sich das Problem der doppelten Nichtansässigkeit und daher der unlösbaren Doppelbesteuerung ergeben.

Dies ist insbesondere dann der Fall, wenn der Steuerpflichtige im zweiten Halbjahr unter gleichzeitiger Aufgabe seines deutschen Wohnsitzes in die USA zieht. Ab diesem Zeitpunkt kann der Steuerpflichtige sowohl in Deutschland (aufgrund eines fehlenden Wohnsitzes oder dauernden Aufenthaltes)[449] als auch in den USA (aufgrund des Nichterfüllens des *Substantial Presence Tests*)[450] nur als beschränkt steuerpflichtig gelten. Das DBA ist bei doppelter Nichtansässigkeit nicht anzuwenden.[451] Daher ist eine gründliche Planung dieses Zeitraumes notwendig, um sicherzustellen, dass keine steuerlichen Nachteile entstehen (z. B. Doppelbesteuerung aufgrund widersprechender *Sourcing*-Regeln).

Aus US-Sicht besteht die Möglichkeit, für diesen Zeitraum als unbeschränkt steuerpflichtig behandelt zu werden.[452] Von diesem Wahlrecht wird insbesondere dann Gebrauch zu machen sein, wenn es sonst zu einer unlösbaren Doppelbesteuerung kommen würde oder wenn die unbeschränkte Steuerpflicht in den USA zu einer niedrigeren Steuerbelastung aufgrund von bestimmten, nur unbeschränkt Steuerpflichtigen gewährten, Freibeträgen führt (z. B. *Standard Deduction*). Als Alternative kann auch ein etwaiger Wohnsitz in Deutschland erst zum Ende des Jahres aufgegeben bzw. veräußert werden. Der Veräußerungsgewinn im Falle der Veräußerung würde zu diesem Zeitpunkt lediglich der deutschen Besteuerung unterliegen, da der Steuerpflichtige für Zwecke des US-Steuerrechts nur mit seinem US-Vermögen der Besteuerung unterliegt.[453]

Umgekehrt besteht während dieses Zeitraums der doppelten Nichtansässigkeit auch die Möglichkeit, bestimmte, in den USA nicht steuerwirksame Transaktionen durchzuführen, soweit diese nicht schon vorher umgesetzt wurden.

449 § 1 Abs. 1 EStG, §§ 8 und 9 AO.

450 IRC § 7701 (b).

451 Vgl. Art. 1 DBA D / USA.

452 IRC § 7701 (b)(4).

453 IRC § 871.

Nachfolgend werden einige typische Fragestellungen bei Zuzug in die USA mit allgemeinen Handlungsempfehlungen diskutiert.

4.3.1 Immobilieneigentum in Deutschland

4.3.1.1 Wohnimmobilie (Eigennutzung)

Die Veräußerung einer ausschließlich zu eigenen Wohnzwecken genutzten Immobilie ist in Deutschland grundsätzlich steuerfrei.[454]

Dagegen sieht das US-Steuerrecht generell die Steuerpflicht des Veräußerungsgewinnes einer privat genutzten Immobilie vor.[455] Gegebenenfalls kann jedoch ein Freibetrag von USD 250.000 (bei Einzelveranlagung) bzw. USD 500.000 (bei Zusammenveranlagung) geltend gemacht werden, wenn die Immobilie mindestens zwei der vergangenen fünf Jahre als Hauptwohnsitz genutzt wurde. Für Zwecke des US-Steuerrechts ist es dabei irrelevant, ob die Immobilie in Deutschland belegen ist und / oder der Steuerpflichtige zum Zeitpunkt der Nutzung nicht in den USA ansässig und steuerpflichtig war.[456]

In der Praxis ergeben sich oftmals Probleme bei der Ermittlung der Anschaffungs- bzw. Herstellungskosten im Rahmen der Ermittlung des US-steuerlich maßgeblichen Buchwertes.

Es empfiehlt sich demnach, die deutsche Wohnimmobilie bereits vor Zuzug in die USA zu veräußern, wenn dies ohnehin geplant ist und die stillen Reserven die in USA geltenden Freibeträge überschreiten. Unterliegt die Veräußerung der US-Besteuerung, dann kommt bei einer Haltedauer von mehr als einem Jahr der begünstigte Steuersatz von derzeit 20 % (ggf. zzgl. der *Net Investment Income Tax*) zur Anwendung, sofern die genannten Freibeträge überschritten werden.[457]

Abhängig vom Wohnort in den USA kann der Verkauf zusätzlich mit Einkommensteuer auf Staatenebene belastet werden.

Ohne Bedeutung ist der Veräußerungszeitpunkt grundsätzlich dann, wenn bei Verkauf ein Verlust realisiert wird, da dieser sowohl nach den deutschen als auch den amerikanischen Regeln nicht mit anderen Einkünften verrechenbar ist. Allerdings lässt sich eine Ausgleichsfähigkeit des Verlusts unter Umständen dadurch erreichen, dass die Immobilie für einen gewissen Zeitraum vor dem Verkauf in ein Mietobjekt umgewandelt

454 Vgl. § 23 Abs. 1 Nr. 1 Satz 3 EStG.

455 Vgl. IRC § 1001, ohne Unterscheidung zwischen Immobilie im Privat- oder Betriebsvermögen.

456 Vgl. IRC § 121. Die Beträge werden nicht an die Inflation angepasst.

457 IRC § 1 (h).

wird[458], mithin zur Erzielung von Einkünften genutzt wird. Der Verkauf einer nicht zu Wohnzwecken genutzten Immobilie unterläge sodann der Steuerpflicht nach allgemeinen Regeln mit der Konsequenz, dass der Verlust grundsätzlich ausgleichsfähig ist.

4.3.1.2 Sonstige Immobilien

Das US-Steuerrecht kennt die Unterscheidung von Privatvermögen und Betriebsvermögen nicht. Es unterscheidet vielmehr zwischen Immobilien, die für Investitionszwecke gehalten werden (*Real Property held for Investment*) sowie Immobilien im Rahmen einer gewerblichen Tätigkeit (*Real Property Trade or Business*).[459] Während bei einer Investition eine längerfristige Einkunftserzielung unterstellt wird, ist eine gewerbliche Tätigkeit durch unternehmerisches Handeln bei Bau, Entwicklung, Grundstücksteilung und anschliessenden Verkauf definiert. Jedenfalls unterliegt ein Veräußerungsgewinn der US-Besteuerung. Im Falle von für Investitionszwecke gehaltenen Immobilien wird der Veräußerungsgewinn mit maximal 20 % (auf Bundesebene) besteuert, dagegen unterliegt er bei Immobilien im Rahmen einer gewerblichen Tätigkeit der regulären Einkommensteuer von maximal 37 % (auf Bundesebene). Die gleiche Unterscheidung ist bei Immobilien zu treffen, wenn diese durch eine Kapitalgesellschaft gehalten werden. Zwar werden die Gewinne einheitlich mit 21 % (auf Bundesebene) besteuert, jedoch ist die Unterscheidung für Zwecke der Verlustverwendung relevant.[460]

Der Gewinn aus der Veräußerung von Immobilien errechnet sich aus der Differenz zwischen Veräußerungspreis und Buchwert (*Adjusted Basis*).[461] Dabei ist der Veräußerungspreis in der Regel einfach zu ermitteln. Auch die Bezifferung des steuerlichen Buchwerts ist bei entgeltlichem Erwerb oder Errichtung der Immobilie relativ problemlos: Bei ausländischen Immobilien sind der Erwerbs- und Veräußerungspreis zum Stichtagskurs in US-Dollar umzurechnen. Die Immobilie ist während der Haltedauer nach den Vorschriften des US-Steuerrechts abzuschreiben.[462] Für im Ausland belegene Immobilien ist stets eine lineare Abschreibung über 40 Jahre anzusetzen,[463] wobei es unerheblich ist, ob der Besitz der Immobilie vor Eintritt in die unbeschränkte Steuerpflicht steuerliche Auswirkungen in den USA hatte.

458 Der Zeitraum sollte mindestens zwei Jahre betragen, da ansonsten eine missbräuchliche Steuergestaltung vorliegen könnte.

459 IRC § 1221; IRC § 1237.

460 Vgl. Bittker & Lokken: Federal Taxation of Income, Estates, and Gifts (WG&L), 46.1.

461 Vgl. IRC § 1001.

462 Vgl. IRC § 1016 (a)(3)(B).

463 IRC § 168 (g)(2).

BEISPIEL ▸ Herr X erwirbt am 1.1.1995 ein Mehrfamilienhaus in Frankfurt für DEM 2 Mio. Bei einem Umrechnungskurs von 1,53 DEM/USD (Stichtag 1.1.1995) ergeben sich Anschaffungskosten von rund $ 1,3 Mio. Am 1.1.2011 zieht er nach New York, am 1.1.2012 veräußert er die Immobilie für € 2 Mio.; was einem Verkaufserlös i. H.v. $ 2,6 Mio. bei einem Umrechnungskurs von 1,3 USD/EUR zum 1.1.2012 entspricht. Die Anschaffungskosten sind pro Jahr mit 2,5 % abzuschreiben (der Grundstücksanteil wird im Beispiel ignoriert). Damit hat die Immobilie am 1.1.2012 eine steuerliche Bemessungsgrundlage von $ 747.500 (Anschaffungskosten von $ 1,3 Mio. abzgl. Abschreibungen i. H.v. insgesamt $ 552.500). Es errechnet sich ein Veräußerungsgewinn i. H.v. $ 1.852.500 (Verkaufserlös i. H.v. $ 2,6 Mio. abzgl. steuerlicher Bemessungsgrundlage der Immobilie zum 1.1.2012 i. H.v. $ 747.500).

Die Handlungsempfehlung wird hier somit maßgeblich davon abhängen, ob der Gewinn aus dem Verkauf der Immobilie in Deutschland steuerfrei ist. Ist dies der Fall und der Verkauf geplant oder möglich, dann ist der Verkauf vor Zuzug die einzig vernünftige Handlungsalternative. Ist die Veräußerung in Deutschland dagegen steuerpflichtig, dann ist der Veräußerungszeitpunkt grundsätzlich unerheblich. In Deutschland unterliegen solche Veräußerungsgewinne dem regulär anwendbaren Steuersatz, der i. d. R. höher sein wird als der US-Steuersatz auf Veräußerungsgewinne (derzeit 20 % ggf. zzgl. weiterer 3,8 %). Dies wird in der Mehrheit der Fälle selbst dann gegeben sein, wenn es Unterschiede in der Berechnung des Buchwertes gibt. Da die deutsche Einkommensteuer auf die US-Steuer angerechnet werden kann, sollte es durch einen Verkauf nach Zuzug in die USA somit nicht zu einer höheren Steuerbelastung kommen, auch wenn man die Steuerbelastung auf Staatsebene berücksichtigt. Hinzuweisen ist jedoch darauf, dass die *Net Investment Income Tax* eine Definitivbelastung ist, da sie nicht mit im Ausland gezahlten Steuern verrechnet werden kann.[464] Auch auf Einzelstaatenebene ggf. erhobene Einkommensteuer ist die ausländische Steuer nicht anrechenbar, auch sie wird zur Definitivbelastung.

Kommt es bei der Veräußerung zu einem Verlust, ist der Verkauf nach Zuzug in die USA und Wechsel in die unbeschränkte US-Steuerpflicht empfehlenswert. In den USA kann der Verlust geltend gemacht und zumindest mit anderen Veräußerungsgewinnen verrechnet werden.

Steuerfreie Übertragung auf ein Ersatzobjekt (*Like Kind Exchange)*

Neben Veräußerungen gegen Barmittel führen nach amerikanischem Steuerrecht auch Tauschvorgänge zur Gewinnrealisierung.[465] Im letzteren Fall wird ein Gewinn in Höhe der Differenz zwischen dem Verkehrswert des erhaltenen Vermögens und dem steuerlichen Buchwert der veräußerten Vermögenswerte realisiert.[466]

464 Vgl. IRC § 901 (a).

465 IRC § 1001 (c).

466 IRC § 1001 (b).

Das US-Steuergesetz sieht jedoch für bestimmte Tauschgeschäfte eine Ausnahme von der Gewinnrealisierung vor: Bleibt die Investition des Steuerpflichtigen weiterhin bestehen und wird lediglich das Investitionsobjekt durch ein gleichartiges Objekt ersetzt (z. B. US-Gewerbeimmobilie für eine andere US-Gewerbeimmobilie), dann führt dies nicht zur Gewinnrealisierung.[467] Hinzu kommt, dass ein Verkäufer in solchen Tauschgeschäften keine Barmittel erhält, aus denen die Steuer gezahlt werden könnte.[468] Unter Anwendung dieser Vorschrift ist der realisierte Veräußerungsgewinn somit erst bei endgültiger Veräußerung des betreffenden Vermögensgegenstandes zu versteuern.[469]

Um sich auf die beschriebene Ausnahmeregelung berufen zu können und keine unmittelbare Steuerpflicht des im Tauschgeschäft realisierten Veräußerungsgewinns auszulösen, müssen insgesamt drei Voraussetzungen erfüllt sein:[470]

1. **Vorliegen eines qualifizierten Tauschgeschäftes**

   Ein Tauschgeschäft ist durch die gegenseitige Übertragung von Vermögenswerten gekennzeichnet und unterscheidet sich hierdurch von einem Verkauf, bei dem seitens des Verkäufers Vermögenswerte übertragen und im Gegenzug Geld erhalten wird.[471] Kein qualifiziertes Tauschgeschäft liegt vor, wenn die aus einem Verkauf stammenden Geldmittel lediglich reinvestiert werden. Ein steuerpflichtiger Verkauf mit anschließender Reinvestition liegt auch dann vor, wenn die aus einer Veräußerung realisierten Geldmittel unmittelbar in einen Trust oder in ein Notar-Anderkonto fließen und aus diesen Mitteln eine Reinvestition erfolgt. Die Rechtsprechung geht in diesen Fällen davon aus, dass der Verkäufer den Verkaufserlös faktisch erhalten hat (*Constructively Received*)[472].

   Dagegen ist eine Zuzahlung (*Boot*), durch welche die Wertunterschiede der getauschten Vermögenswerte ausgeglichen werden, grundsätzlich unschädlich für ein qualifiziertes Tauschgeschäft.

2. **Übertragung qualifizierter Vermögenswerte**

   Das Steuergesetz schreibt explizit vor, dass lediglich solche Vermögensgegenstände im Rahmen eines qualifizierten Tauschgeschäftes getauscht werden können, die als

467 IRC § 1031. Vgl. auch Bittker and Lokken: Federal Taxation of Income, Estates, and Gifts (WG&L), 44.2.

468 Aus ähnlichen Beweggründen besteht auch die Rücklage nach deutschem § 6b EStG.

469 Vgl. IRC § 1031 (a)(1): "No gain or loss shall be recognized on the exchange of property held for productive use in a trade or business, or for investment, if such property is exchanged solely for property of like kind which is held either for productive use in a trade or business or for investment."

470 IRC § 1031.

471 Treas. Reg. § 1.1002-1 (d).

472 Vgl. Joanne H. Greene, T.C. Memo. 1991-403 sowie Keith K. Klein, T.C. Memo. 1993-491.

Investition (*Investment*) oder im Rahmen eines aktiven Geschäftsbetriebes (*Property Held for Productive Use in Trade or Business*) gehalten werden.[473]

Darüber hinaus ist gesetzlich festgelegt, dass Vorratsvermögen, Aktien, Wertpapiere, Schuldverschreibungen sowie Anteile an Personengesellschaften und Trusts nicht für einen Tausch nach IRC § 1031 qualifizieren. Durch die US-Steuerreform von 2017 wurden qualifizierte Tauschgeschäfte auf Immobilien beschränkt.

3. **Tausch von ähnlichen Vermögenswerten**

Diese Voraussetzung soll den ursprünglichen Vorstellungen des Gesetzgebers Rechnung tragen, dass der durch ein Tauschgeschäft erworbene Vermögensgegenstand lediglich eine Fortsetzung der ursprünglichen Investition darstellt.

Bei Immobilien ist ein Tausch mit selbstgenutztem Wohneigentum oder mit Bestandsimmobilien im Vorratsvermögen (*Property Held for Sale*) unzulässig.

Wichtig ist vor allem die Tatsache, dass Immobilien in den USA und im Ausland keine vergleichbaren Vermögenswerte sind.[474] Aus diesem Grund ist eine steuerfreie Übertragung stiller Reserven einer in den USA belegenen Immobile auf eine ausländische Immobilie nicht zulässig. Hieraus kann jedoch der Schluss gezogen werden, dass zwei im Ausland belegene Immobilien sehr wohl vergleichbare Vermögenswerte darstellen und deshalb ein steuerfreier Tausch möglich ist.

Die Funktionsweise einer steuerfreien Übertragung auf ein Ersatzobjekt ist unter Berücksichtigung von Zuzahlungen sowie bestehenden, mit den zu tauschenden Immobilien besicherten Hypothekendarlehen sehr kompliziert. Hinzu kommt, dass der Ablauf formell aufwendig, zeitlich stark restriktiv und juristisch anspruchsvoll ist. Dies trifft insbesondere bei einem Tausch im Ausland zu, da hier sichergestellt werden muss, dass die rechtlichen Rahmenbedingungen aller Verträge und sämtliche andere Restriktionen (Trust oder ein Notar-Anderkonto) dem US-Recht vergleichbar sind.[475]

Trotzdem stellt eine solche steuerfreie Übertragung eine Planungsoption dar, welche gerade bei zeitlich beschränkten Aufenthalten in den USA geeignet ist, eine Besteuerung stiller Reserven zu vermeiden.

BEISPIEL ▸ Herr X erwirbt am 2.1.2010 ein Mehrfamilienhaus in Frankfurt für € 2 Mio. Am 2.1.2015 zieht er nach New York. Da er einen befristeten Entsendevertrag mit seinem deutschen Arbeitgeber hat, will er die im Wert stark gestiegene Immobilie nicht veräußern. Im Sommer 2018 erhält er jedoch von einem britischen Hedge Fund ein einmaliges und unwider-

473 IRC § 1031 (a)(1).
474 IRC § 1031 (h).
475 Vgl. Treas. Reg. § 1.1031 (a)-1 ff.

stehliches Angebot von € 9 Mio. Der Entsendevertrag läuft noch bis Ende 2020, im Januar 2021 wird er wieder in der Konzernzentrale in Frankfurt erwartet. Um die Besteuerung des Verkaufs in den USA zu vermeiden, überträgt Herr X die stillen Reserven nach den Vorschriften des US-Steuerrechts auf ein Ersatzobjekt in der Nähe von Frankfurt.

4.3.2 Im Privatvermögen gehaltene Anteile an Kapitalgesellschaften in Deutschland

4.3.2.1 Beteiligungshöhe weniger als 1 %

Gewinne aus der Veräußerung von Anteilen an einer Kapitalgesellschaft, die zum einen im Privatvermögen des Steuerpflichtigen gehalten wurden und an welcher der Steuerpflichtige zum anderen innerhalb der letzten fünf Jahre mit weniger als 1 %[476] beteiligt war, unterliegen in Deutschland seit dem Jahr 2009 grundsätzlich der Abgeltungsteuer i. H. v. 25 %.[477] Es kommt zu keiner zusätzlichen Belastung mit Gewerbesteuer. Daraus ergibt sich, unter Berücksichtigung des Solidaritätszuschlags, eine Gesamtsteuerbelastung i. H. v. 26,375 %. Bei in Deutschland nur beschränkt steuerpflichtigen natürlichen Personen mit steuerlicher Ansässigkeit in den USA wird das Besteuerungsrecht für solche Veräußerungsgewinne jedoch grundsätzlich den USA zugeordnet.[478]

In den USA liegt der Steuersatz für (langfristige) Veräußerungsgewinne nach einer zwischenzeitlichen Reduzierung auf 15 % ab dem Jahr 2012 wieder grundsätzlich bei 20 % zzgl. der *Net Investment Income Tax* i. H. v. 3,8 % (die zur Anwendung kommt, wenn das steuerpflichtige Einkommen des Steuerpflichtigen über einem bestimmten Schwellenwert liegt oder die Gewinne im Rahmen einer vom Steuerpflichtigen aktiv betriebenen Geschäftstätigkeit anfallen).[479] Neben der steuerlichen Belastung auf Bundesebene erheben auch die meisten Bundesstaaten eine Einkommensteuer, wobei Veräußerungsgewinne dort in der Regel nicht begünstigt werden. Im Beispiel des Bundesstaates New York und der Stadt New York ergibt sich prinzipiell folgende Steuerbelastung (alle Beträge in USD):[480]

476 Beteiligungshöhe von 1 % gilt – Wirtschaftsjahr gleich Kalenderjahr bei der betreffenden Kapitalgesellschaft unterstellt – erst für Veräußerungen nach dem 31.12.2001, vgl. Gosch, in Kirchhof, EStG, § 17 EStG Rn. 11.

477 § 20 Abs. 2 Nr. 1 EStG i. V. m. § 32d EStG.

478 Art. 13 Abs. 5 DBA D / USA.

479 Vgl. 2.2.4.3. Abweichende Steuersätze gelten bei Veräußerung bestimmter Vermögenswerte, vgl. 2.2.4.9.

480 Es wurden die Höchststeuersätze für Bundes-, Staats- und Kommunalsteuer verwendet.

Veräußerungsgewinn		100.000
Staatseinkommensteuer New York	8,82 %	8.820
Kommunale Einkommensteuer Stadt New York	3,876 %	3.876
Veräußerungsgewinnsteuer auf Bundesebene	23,8 %	23.800
Verringerung des steuerpflichtigen Einkommens auf Bundesebene durch Abzug der staatlichen und kommunalen Einkommensteuern	0[481]	
Gesamtsteuerbelastung[482]	**36,50 %**	

Die Steuerbelastung von Veräußerungsgewinnen in Deutschland (26,375 %) und den USA (36,50 %) ist, zumindest im Beispiel der Ansässigkeit im Staat und der Stadt New York, in den USA deutlich höher. Allerdings können hieraus noch keine generellen Handlungsempfehlungen abgeleitet werden, was im Wesentlichen daran liegt, dass das obige Ergebnis ausschließlich für den Bundesstaat New York gilt. Wie bereits erwähnt, erheben insgesamt fünf Bundesstaaten keine Einkommensteuer, einige wenige Bundesstaaten haben eine reduzierte Veräußerungsgewinnbesteuerung.

Demzufolge hängt die Entscheidung, Wertpapiere vor oder erst nach dem Zuzug in die USA zu besteuern vorrangig von dem geplanten Wohnort in den USA ab. Für den Staat New York wäre allerdings eine Veräußerung vor Zuzug empfehlenswert.

Zu einem anderen Ergebnis kommt man, führt der Verkauf der Wertpapiere zu einem Verlust. Die Nutzung eines solchen Veräußerungsverlustes ist in Deutschland seit 2009 nur noch stark eingeschränkt möglich; d. h. eine Verrechnung solcher Veräußerungsverluste ist nur innerhalb der Einkünfte aus Kapitalvermögen möglich, bei Aktien grundsätzlich sogar nur mit Gewinnen aus der Veräußerung von Aktien.[483] In den USA ist die Verrechnungsmöglichkeit dagegen etwas weiter gefasst. Der Verlust kann hier mit allen anderen Veräußerungsgewinnen, die *Capital Gains* darstellen, verrechnet werden. Darüber hinaus ist sogar eine Verrechnung mit anderen Einkünften bis zu einer Höhe von USD 3.000 möglich (bei Ledigen oder Verheirateten mit Zusammenveranlagung).[484] Ferner ist es für US-Steuerzwecke prinzipiell irrelevant, wann der Verlust wirtschaftlich entstanden ist.[485] Es kommt hier einzig auf den Zeitpunkt der Verlustrealisierung an.

481 Die Net Investment Income Tax von 3,8 % konnte auch vor der US-Steuerreform von 2017 nicht steuerlich geltend gemacht werden, da sie keine Sonderausgaben (Itemized Deductions) darstellt. Mit der Steuerreform von 2017 wurden nahezu alle Itemized Deductions eliminiert. Insoweit kam es auch vor der Steuerreform von 2017nicht zu einer Entlastungswirkung.

482 Es werden die jeweiligenHöchststeuersätze unterstellt.

483 § 20 Abs. 6 EStG, siehe dazu von Beckerath, in Kirchhof, EStG, § 20 EstG Rn. 69 ff.; Ausnahme: § 23 Abs. 3 S. 9, 10 EStG.

484 IRC § 1211. Vgl. 2.2.4.7.

485 IRC § 1212.

4.3.2.2 Beteiligungshöhe ab 1 %

Gewinne aus der Veräußerung von Anteilen an einer Kapitalgesellschaft, die zum einen im Privatvermögen des Steuerpflichtigen gehalten wurden und an welcher der Steuerpflichtige zum anderen innerhalb der letzten fünf Jahre mit mindestens 1 % beteiligt war, stellen in Deutschland zunächst Einkünfte aus Gewerbebetrieb dar.[486] Der Veräußerungspreis bzw. der Verkehrswert[487] unterliegt dem sogenannten Teileinkünfteverfahren. Das heißt, diese Einnahmen sind nur zu 60 % steuerpflichtig, allerdings können Veräußerungs- und Anschaffungskosten auch nur i. H. v. 60 % geltend gemacht werden.[488] Es kommt zu keiner zusätzlichen Belastung mit Gewerbesteuer.

Bei Veräußerung einer Beteiligung ergibt sich in Deutschland mithin eine Einkommensteuerbelastung von 28,485 %[489]:

Gewinn aus der Veräußerung einer Beteiligung		100
Anwendung des Teileinkünfteverfahrens	40 %	./. 40
Steuerpflichtiger Gewinn[490]		60
Einkommensteuer	45 %	./. 27
Solidaritätszuschlag (5,5 % auf ESt)	5,5 %	./. 1,485
Steuern Deutschland		./. 28,485
Gesamtsteuerbelastung nach Anwendung des Teileinkünfteverfahrens		**28,485 %**

Bei in Deutschland beschränkt steuerpflichtigen natürlichen Personen mit steuerlicher Ansässigkeit in den USA wird auch für diese Veräußerungsgewinne das Besteuerungsrecht den USA zugewiesen.[491]

Wie bei der Veräußerung von im Privatvermögen gehaltenen Beteiligungen an Kapitalgesellschaften mit einer Beteiligungshöhe unterhalb 1 % ergibt sich in den USA für Steuerpflichtige mit steuerlicher Ansässigkeit im Bundesstaat New York und in der Stadt New York eine Steuerbelastung von grundsätzlich 36,50 %. Demnach ist es, basierend auf den obigen Ausführungen, vorteilhaft die Veräußerung von im Privatvermögen gehaltenen Beteiligungen an Kapitalgesellschaften mit einer Beteiligungshöhe ab 1 % eher vor dem Zuzug in die USA vorzunehmen, sofern eine solche geplant ist.

486 § 17 Abs. 1 S. 1, 4 EStG i. V. m. § 20 Abs. 8 EStG.

487 § 17 Abs. 2 EStG.

488 § 3 Nr. 40 lit. C EStG i. V. m. § 3c Abs. 2 EStG.

489 Bei Annahme eines individuellen Steuersatzes i. H. v. 45 % und Berücksichtigung des Solidaritätszuschlags, dagegen ohne Kirchensteuer.

490 Aufgrund der Höhe des steuerpflichtigen Gewinns kommt der Freibetrag nach § 17 Abs. 3 EStG nicht zur Anwendung.

491 Art. 13 Abs. 5 DBA D / USA.

Ist im Rahmen der Veräußerung ein Verlust zu erwarten, so wäre wohl im Einzelfall zu prüfen, zu welchem Zeitpunkt der Verkauf steuerlich vorteilhaft wäre. In Deutschland können Verluste aus der Veräußerung von im Privatvermögen gehaltenen Anteilen an Kapitalgesellschaften bei Beteiligung i. H.v. wenigstens 1 %[492] zwar nur bis maximal i. H.v. 60 %, dafür jedoch prinzipiell mit sämtlichen anderen (positiven) Einkünften verrechnet werden.[493] In den USA hingegen könnte zwar grundsätzlich der volle Veräußerungsverlust genutzt werden, allerdings darf dieser grundsätzlich nur mit anderen *Capital Gains* verrechnet werden (es gilt Gleiches wie oben für Beteiligungshöhe kleiner 1 %). Ein Ausgleich mit anderen Einkünften ist in den USA nur bis zur Höhe von USD 3.000 möglich (USD 1.500 bei getrennter Veranlagung von Ehegatten).[494]

4.3.3 Anteile an deutschen Personengesellschaften

Im Rahmen der Besteuerung in Deutschland stellen Gewinne aus der Veräußerung des gesamten Gewerbebetriebs oder eines Teilbetriebs, des gesamten Anteils eines Gesellschafters, welcher als Unternehmer (Mitunternehmer) des Betriebs einer deutschen Personengesellschaft (z. B. einer GmbH & Co. KG) anzusehen ist oder des gesamten Anteils eines persönlich haftenden Gesellschafters einer Kommanditgesellschaft auf Aktien, Einkünfte aus Gewerbebetrieb dar.[495] Diese sind grundsätzlich voll steuerpflichtig.[496] Allerdings wird auf den steuerpflichtigen Teil des Betriebsveräußerungsgewinns bzw. -aufgabegewinns[497] ein ermäßigter Steuersatz angewendet.[498] Dieser sogenannte Multiplikator-Mischtarif führt zu einer rechnerischen Verteilung der außerordentlichen Einkünfte auf fünf Jahre.[499] Die Entlastungen aus der Steuersatzermäßigung nach dem Multiplikator-Mischtarif wirken sich jedoch lediglich innerhalb der Progressionszone in größerem Umfang aus; je höher die Einkünfte des Steuerpflichtigen sind, umso geringer fällt die Entlastung aus der Steuersatzermäßigung nach § 34 Abs. 1 EStG aus. Die

492 Innerhalb der letzten fünf Jahre.

493 § 3 Nr. 40 lit. c EStG i.V. m. § 3c Abs. 2 EStG und § 2 Abs. 1, 3 EStG; Ausnahme: § 17 Abs. 2 S. 6 EStG.

494 IRC § 1211.

495 § 16 EStG.

496 Ausnahme: Freibetrag nach § 16 Abs. 4 EStG von bis zu EUR 45.000, jedoch nur für Steuerpflichtige älter als 55 Jahre oder dauernd berufsunfähig. Der Freibetrag schmilzt ratierlich mit der Höhe des Veräußerungsgewinns ab; ab einem Veräußerungsgewinn von EUR 191.000 entfällt er ganz. Der Freibetrag spielt daher nur bei kleineren Transaktionen eine Rolle, vgl. Gosch, in Kirchhof, EStG, § 17 EStG Rn. 285.

497 Berechnung erfolgt nach § 16 Abs. 2 bzw.3 EStG.

498 § 34 EStG.

499 Alternative nach § 34 Abs. 3 EStG, jedoch nur für Steuerpflichtige älter als 55 Jahre oder dauernd berufsunfähig und nur einmal im Leben: Alternativ zum Multiplikator-Mischtarif kann der Steuerpflichtige beantragen, dass Betriebsveräußerungsgewinne bzw. –aufgabegewinne bis zu einem Betrag von EUR 5 Mio. mit 56 % des durchschnittlichen Steuersatzes besteuert werden. Diese Ermäßigung ist jedoch dadurch begrenzt, dass mindestens der Eingangssteuersatz i. H.v. 14 % angesetzt wird. Siehe dazu im einzelnen Mellinghoff, in Kirchhof, EStG, § 34 EStG Rn. 44 ff.

Entlastungswirkungen entfallen, wenn die nicht begünstigten Einkünfte so hoch sind, dass die „Proportionalzone" erreicht ist.[500] Ferner unterliegt ein Gewinn i. S. d. § 16 Abs. 1 EStG grundsätzlich nicht der Gewerbesteuer.[501]

Für in den USA ansässige Personen ist der Verkauf sämtlicher Vermögenswerte grundsätzlich steuerpflichtig. Unerheblich ist, ob es sich um materielle oder immaterielle Vermögenswerte handelt. Somit ist auch die Veräußerung von Anteilen an ausländischen Personengesellschaften steuerpflichtig. Dabei wird unterstellt, dass es sich um Gewinn oder Verlust aus der Veräußerung von privat oder zu Investitionszwecken genutzten Vermögen (*Capital Assets)* handelt.[502] Mithin ist grundsätzlich der begünstigte Steuersatz von maximal 20 % auf Veräußerungsgewinne anzuwenden, ggf. zzgl. 3,8 % *Net Investment Income Tax*.

Ausnahmen bestehen bei bestimmten Vermögenswerten der Personengesellschaft, wie beispielsweise Vorratsvermögen oder bestimmten Forderungen (sogenannte *„Hot Assets"*).[503] Hier wird die Höhe und der Charakter der Einkünfte durch die Vermögenswerte der Gesellschaft bestimmt. Es wird unterstellt, dass die Personengesellschaft zum Veräußerungszeitpunkt sämtliche ihrer *„Hot Assets"* zum Verkehrswert (*Fair Market Value*) veräußert (*Deemed Sale*). Der hierauf anzuwendende Steuersatz ist normalerweise der reguläre Einkommenstuersatz mit maximal 37 %.

Bei der Anrechnung der in Deutschland gezahlten Steuer auf den Verkauf eines Personengesellschaftsanteils ist eine detaillierte Betrachtung bezüglich der Qualifikation und Quelle der Einkünfte, welche sich aus der Veräußerung der verschiedenen Vermögenswerte ergeben, erforderlich. Nach US-Steuerrecht ist die Quelle der Einkünfte aus der Veräußerung von immateriellem Vermögen (Personengesellschaftsanteil) am Wohnsitz des Verkäufers.[504] Dagegen wird die Quelle der Einkünfte aus der Veräußerung von materiellem Vermögen (Vorratsvermögen) im Belegenheitsstaat angenommen, es sei denn das Vorratsvermögen wurde vom Steuerpflichtigen hergestellt. Dann wird die Quelle der Einkünfte am Produktionsort angenommen.[505]

Wird auf den Verkauf eines Anteils an einer Personengesellschaft ausländische Steuer erhoben, dann ist die Möglichkeit und Methodik einer Steueranrechnung weder im US-Steuerrecht noch in den Richtlinien geregelt. Es kann wohl argumentiert werden, dass die im Ausland gezahlte Steuer aufgeteilt werden muss auf die *„Hot Assets"* und den

500 Vgl. Scheffler; Besteuerung von Unternehmen I, 12. Auflage, C.F. Mueller Verlag, Heidelberg 2012.

501 Abschnitt 38 Abs. 3, Abschnitt 39 Abs. 1 GewStR.

502 Vgl. Grecian Magnesite Mining, Indus. & Shipping Co. SA v. Comm'r, 149 T.C. 63 (2017); das Urteil wurde durch den D.C. Circuit Court of Appeals bestätigt, 926 F. 3rd 819 (D.C. Cir. 2019).

503 Vgl. IRC § 751.

504 IRC § 864.

505 IRC § 861 (a)(6); IRC § 862 (a)(6); IRC § 863 (b).

Anteil des Veräußerungsgewinns, welcher auf die Anteile der Personengesellschaft ohne diese „*Hot Assets*“ entfällt. Letzterer geht aufgrund der Quelle der Einkünfte im Sitztsaat verloren.[506]

Ob trotz einer Mitunternehmerstellung nach deutschem Recht eine passive Beteiligung aus amerikanischer Sicht vorliegen kann, erscheint mehr als fraglich. Diese Einordnung beeinflusst die materielle US-Steuerbelastung nicht, hat aber Konsequenzen bei der Verlustverrechnung.

Im Ergebnis kommt es demnach wieder auf den Einzelfall an; eine Pauschalaussage über die steuerliche Vorteilhaftigkeit bei Veräußerung vor bzw. nach Wegzug aus Deutschland kann hier nicht getroffen werden. Gleiches gilt im Falle von Veräußerungsverlusten.

4.3.4 Andere Vermögenswerte in Deutschland

4.3.4.1 Lebensversicherungen

In Deutschland waren Kapitallebensversicherungen lange steuerlich begünstigt: Die Beiträge konnten i. d. R. als Sonderausgaben geltend gemacht werden, trotzdem blieb die Auszahlung der Überschussanteile bei einer Laufzeit von mehr als 12 Jahren steuerfrei. Seit dem 1.1.2005 sind die Beitragszahlungen neu abgeschlossener Lebensversicherungsverträge nunmehr eingeschränkt abzugsfähig, der Überschussanteil wird jedoch generell zum Zeitpunkt der Auszahlung besteuert.[507] Eine begünstigte Besteuerung i. H. d. nur hälftigen Steuersatzes kommt nur dann zur Anwendung, wenn die Laufzeit mindestens 12 Jahre beträgt und der Vertrag erst nach dem vollendeten 60. Lebensjahr des Versicherungsnehmers ausgezahlt wird.[508]

Die Vorschriften im US-Steuerrecht sind mit den derzeit gültigen Vorschriften in Deutschland vergleichbar: So sind die Beitragszahlungen nicht berücksichtigungsfähig, wie auch die Wertsteigerungen während der Laufzeit einer Kapitallebensversicherung (*Whole Life Insurance*) steuerlich nicht zu erfassen sind. Die Auszahlung im Erlebensfall am Ende der Laufzeit ist steuerpflichtig, wobei die Differenz der Auszahlung abzgl. der Einzahlungen (Sparanteil sowie Prämienanteil für die Kosten der Versicherung des Lebens) zu berücksichtigen ist. Es gibt keine Steuervergünstigungen wie bei Veräußerungsgewinnen; d. h. die regulären Steuersätze sind anwendbar.[509]

506 Vgl. IRC § 751 und den Steuerrichtlinien.

507 § 20 Abs. 1 Nr. 6 EStG.

508 Für Neuverträge ab dem Jahr 2012 muss der Versicherungsnehmer das 62. Lebensjahr vollendet haben, § 52 Abs. 36 EStG.

509 Vgl. IRC § 72.

Anders ist die steuerliche Behandlung einer Lebensversicherung im Erbfall. Die Auszahlung wird bei der Einkommensteuer nicht berücksichtigt, ist jedoch grundsätzlich Teil des Nachlasses und unterliegt deshalb ggf. der Nachlasssteuer.[510]

Das Problem bei ausländischen Versicherungsverträgen ist, dass diese den Vorschriften des US-Steuerrechts entsprechen müssen.[511] In der Praxis hat sich gezeigt, dass bei ausländischen Lebensversicherungen entweder keine exakten Versicherungsbestimmungen vorliegen, die Versicherungsbestimmungen von den US-Bestimmungen abweichen oder die Feststellung und der Vergleich der unterschiedlichen Bestimmungen einen exorbitant hohen Aufwand verursachen. Mithin kann wohl die Aussage getroffen werden, dass die meisten ausländischen Kapitallebensversicherungen aus praktischen Gründen nicht als Versicherungsverträge nach US-Steuerrecht qualifiziert werden können.

Wird eine nach ausländischem Recht qualifizierte Lebensversicherung nicht auch nach US-Steuerrecht als eine Lebensversicherung qualifiziert, dann wird die Steuerpflicht eventueller Wertsteigerungen nicht bis zur Auszahlung der Versicherung aufgeschoben. Vielmehr sind die Wertsteigerungen jährlich zu erfassen. Steuerpflichtig ist dabei die Differenz zwischen den Einlagen (Sparanteil sowie Risikoanteil) und des am Jahresende von der Versicherungsgesellschaft ausgewiesenen Wertes.[512]

BEISPIEL Herr X hat im Jahr 2006 eine Kapitallebensversicherung in Deutschland abgeschlossen. Jährlich zahlt er einen Beitrag von € 20.000 ein, wobei der Sparanteil € 17.000 beträgt. In 2011 zieht er nach New York. Die Police ist keine Lebensversicherung nach US-Steuerrecht. Im Januar 2013 erhält er von seiner Versicherung die Benachrichtigung, dass der Ansparwert[513] € 150.000 beträgt. In der entsprechenden Bestätigung vom Januar 2012 war ein Ansparwert von € 110.000 aufgeführt. Das steuerpflichtige Einkommen für US-Steuerzwecke im Jahr 2012 beträgt mithin € 20.000: Ansparwert zum 31.12.2012 (€ 150.000) abzgl. Ansparwert zum 31.12.2011 (€ 110.000), vermindert um den in 2012 geleisteten Sparanteil von € 17.000 und den Risikoanteil von € 3.000.

Die Empfehlung im Zusammenhang mit Lebensversicherungen ist deshalb eindeutig, wenn es sich um eine vor 2005 abgeschlossene und mithin in Deutschland steuerfreie Versicherung handelt. Kann die Lebensversicherung ohne deutsche steuerliche Folgen vorzeitig gekündigt werden, dann sollte dies vor Zuzug in die USA geschehen. Wenn nicht, kann die Versteuerung der Wertsteigerungen innerhalb der Versicherungspolice nicht auf den Auszahlungszeitpunkt verschoben werden, sondern würde jährlich mit den regulären Steuersätzen belastet.

510 IRC § 101; IRC § 2042; Treas. Reg. § 20.2042-1 (c)(2).

511 Vgl. IRC § 7702.

512 IRC § 7702 (g).

513 Geschäftsplanmäßiges Deckungskapital ohne Stornoabzug, zzgl. gutgeschriebener Gewinnanteile und erreichter Schlussgewinnanteile.

Hingewiesen wird in diesem Zusammenhang auf eine Planungsmöglichkeit des US-Steuerrechts, wonach eine bestehende Versicherung in eine neue Versicherung umgewandelt werden kann, um eine Steuerbelastung zu verschieben.[514] Dieses Modell ist grundsätzlich auch bei Umwandlung einer ausländischen Police in eine US-amerikanische Police möglich. Dabei kann auch eine dauerhafte Lebensversicherung (*Permanent Life Insurance*) gewählt werden, die erst bei Eintritt des Todesfalles an den Nachlass bzw. die Erben ausgezahlt wird. In diesem Fall wird vermieden, dass die Wertsteigerungen bereits während der Laufzeit der US-Einkommensteuer unterliegen, was insbesondere bei geplantem längerem Aufenthalt in den USA von Interesse sein dürfte.

4.3.4.2 Fonds in Deutschland

Das US-Steuerrecht sieht für US-Fonds besondere Bestimmungen vor. US-Fonds umfassen zum einen sogenannte *Regulated Investment Companies* (RICs), welche in den USA als solche registriert sind, sowie zum anderen *Real Estate Investment Trusts* (REITs) in der Rechtsform einer US-Körperschaft oder eines US-Trusts.[515] Gewinne werden, sofern nicht sofort ausgeschüttet, auf Fondsebene besteuert.[516]

Für ausländische Fonds hingegen sind keine speziellen Bestimmungen vorgesehen.[517] Es kommen deshalb die allgemeinen Grundsätze zur Besteuerung ausländischer Rechtsformen zur Anwendung.[518] Aus US-Sicht sind ausländische Fonds grundsätzlich als Personengesellschaft oder Körperschaft zu behandeln, sofern ihnen nicht die Eigenschaft eines Trusts zukommt.[519] Ein Trust liegt allerdings nur dann vor, wenn die Aufgabe des Trustees im Halten und Verwalten von Vermögen liegt. Der Trustee darf keine kommerziellen Aktivitäten entfalten.[520] Aus diesem Grund werden ausländische Fonds nach den allgemeinen Kriterien grundsätzlich als Personengesellschaften (sofern eine Person unbeschränkt haftet, z. B. bei KG) oder Körperschaften (sofern kein Fondsmitglied unbeschränkt haftet, z. B. AGs oder GmbHs) eingestuft.[521]

Für Planungszwecke ist zu bestimmen, ob der ausländische Fond für US-Steuerzwecke entweder als Personengesellschaft oder als Körperschaft zu behandeln ist. Bei Personengesellschaften findet das Transparenzprinzip Anwendung. Bei Körperschaften ist

514 IRC § 1035.

515 IRC § 856.

516 IRC § 852; IRC § 857 REIT.

517 Ist der Fonds jedoch als eine PFIC, dann kommen auf den Steuerpflichtigen nach Zuzug ggf. erhebliche Steuer- und Offenlegungspflichten zu. Siehe 2.3.3.3 und 2.4.5.

518 Vgl. zum offenen Investmentsfonds Private Letter Ruling 200752029, December 28, 2007.

519 Treas. Reg. § 301.7701-2 (a).

520 Treas. Reg. § 301.7701-4.

521 Vgl. Treas. Reg. § 301.7701-3; Private Letter Ruling 200752029, December 28, 2007.

weiterhin zu analysieren, ob es sich zum einen um eine *Passive Foreign Investment Company* handelt[522] ob es sich um eine *Controlled Foreign Corporation* handelt.[523] Zum anderen muss bestimmt werden, ob die Körperschaft als in Deutschland ansässige Person nach dem DBA gilt und daher auf die Begünstigungen des DBAs Anspruch hat (*Limitations on Benefits Clause*).[524] Liegt eine PFIC vor, wovon erfahrungsgemäß bei Fonds ausgegangen werden kann, dann sollte insbesondere wegen der steuerlichen Konsequenzen bei Beibehaltung des Fonds ernsthaft in Erwägung gezogen werden, den Fondsanteil vor Zuzug zu veräußern. Zum einen ergeben sich auch bei thesaurierenden PFIC-Fonds keine substantiellen steuerlichen Vorteile, zum anderen ist der Beratungsaufwand bei der Bestimmung des steuerpflichtigen Einkommens von PFIC-Fonds enorm.

Allerdings stehen einige Planungsoptionen zur Verfügung, wenn ein bestimmter Fondsmanager oder ein bestimmter Länderfonds beibehalten werden soll, wie beispielsweise Spiegelfonds oder *Tracker*-Zertifikate.

4.3.5 Alternative Maßnahmen

Wenn es beim Wegzug aus Deutschland zu keiner Wegzugsbesteuerung kommt, beispielsweise grundsätzlich im Falle der Beteiligung des Steuerpflichtigen an einer Kommanditgesellschaft, die als deutsche Betriebsstätte zurückbleibt, übernimmt das US-Steuerrecht den Buchwert aller Vermögenswerte. Dieser ist nach den Vorschriften des US-Steuerrechts zu ermitteln. Sowohl bei einem auf Dauer ausgelegten Zuzug als auch bei wahrscheinlicher Veräußerung von Vermögenswerten bei einem nur temporären Zuzug in die USA sollte Folgendes überlegt werden: Können vor Zuzug Maßnahmen ergriffen werden, um diese Vermögenswerte vollständig der US-Besteuerung zu entziehen oder aber kann durch geeignete Restrukturierungen der meist niedrigere Buchwert für Zwecke des US-Steuerrechts auf den Verkehrswert angehoben werden? Diese Maßnahmen sind komplex, weil bei jeder Transaktion, die eine Anhebung nach US-Recht ermöglicht, die Gewinnrealisierung in Deutschland vermieden werden muss. Des Weiteren haftet ihnen ein gewisses Risiko an, da eine aggressive Steuerplanung in den USA schnell einen Umgehungstatbestand darstellen kann. Trotzdem sollen nachfolgend kurz einige Möglichkeiten dargestellt werden, welche vor allem bei Zuzug von Personen mit größerem Familienvermögen sinnvoll sein können.

522 Zu den Konsequenzen siehe 2.3.3.3.

523 Zu den Konsequenzen siehe 2.3.3.2.

524 Private Letter Ruling 200752029, December 28, 2007.

4.3.5.1 Schenkungen

Geplante Schenkungen von deutschem Vermögen sollten – wenn möglich – vor Zuzug in die USA durchgeführt werden. Dies gilt vor allem wegen der grundsätzlich niedrigeren schenkungsteuerlichen Belastung in Deutschland. Dabei sollten vor allem auch in Deutschland zustehende Freibeträge[525] ausgenutzt werden, um die Steuerbelastung insgesamt so niedrig wie möglich zu halten.

Die Steuerplanung ist auch vom Umfang der Steuerpflicht in beiden Staaten abhängig (beschränkte bzw. unbeschränkte Steuerpflicht). Die Übertragung von US-Vermögen wird bei beschränkter Steuerpflicht aufgrund der limitierten Freibeträge grundsätzlich zu einer höheren US-Steuerbelastung führen, bei Übertragung von deutschem Vermögen könnte die beschränkte US-Steuerpflicht hingegen vorteilhaft sein, da dieses Vermögen nicht von der US-Steuerpflicht umfasst ist. Darüber hinaus ist die (von der einkommensteuerlichen Definition abweichende) Definition des US-Ansässigkeitsbegriffes zu beachten, welcher auf das Domizil – also auf den Lebensmittelpunkt – abstellt.[526] Daher kann eine Person auch noch nach Zuzug für Zwecke der Steuern auf Vermögensübertragungen als beschränkt steuerpflichtig gelten – die unentgeltliche Übertragung deutschen Vermögens ist in den USA steuerfrei, während die Person für Zwecke der US-Einkommensteuer bereits als unbeschränkt steuerpflichtig gilt.

4.3.5.2 Änderung der Gesellschaftsverträge

Vermögende deutsche Familien halten ihre unternehmerische Beteiligung oftmals in der Rechtsform einer Kommanditgesellschaft (GmbH & Co. KG). Die Gesellschafter der zweiten oder dritten Generation unterliegen dabei regelmäßig einer strikten *Governance*, die vom Gründer, Vertretern der verschiedenen Familienstämme oder einem Familienrat kreiert, überwacht und durchgesetzt wird. Typischerweise können die Anteile an einer solchen Familien-KG nicht veräußert oder beliehen werden. Die Gesellschafterstellung erlischt bei Eintritt bestimmter Ereignisse, beispielsweise bei der Privatinsolvenz des Gesellschafters. Manche Familien gehen noch weiter und sehen Unterbeteiligungen vor: Nur wenige Gesellschafter, meist die Vertreter der Stämme, sind direkt an der Kommanditgesellschaft beteiligt, deren Familienmitglieder sind lediglich indirekt als Unterbeteiligte an dem Unternehmen beteiligt. Damit können Stimmrechte limitiert, die Kontrolle und der Fokus auf den Geschäftsbetrieb verstärkt werden, und die oftmals divergierenden Interessen zahlreicher Familienmitglieder unterschiedlicher Generationen neutralisiert werden.

525 Z. B. Freibeträge nach § 16 ErbStG.

526 Treas. Reg. § 20.0-1 (b).

Wird einer der Gesellschafter oder Unterbeteiligten in den USA unbeschränkt steuerpflichtig, sind diese Gesellschafter- und Unterbeteiligungsverträge nach den Vorschriften des US-Steuerrechts zu beurteilen. Dabei ist sowohl die eigentumsrechtliche als auch die einkommensrechtliche Position zu analysieren.

Eine Legaldefinition des Begriffs Eigentum existiert im US-Steuerrecht nicht. Aus Gerichtsentscheidungen hat sich jedoch herausgebildet, dass Eigentum durch *Benefit and Burden of Ownership* bestimmt wird.[527] Dies beinhaltet u. a. die Verfügungsgewalt über den Vermögensgegenstand selbst. Betrachtet man sehr restriktive KG-Verträge, könnte man möglicherweise zu dem Ergebnis kommen, dass die Stellung eines Kommanditisten nicht notwendigerweise die erforderlichen Voraussetzungen für eine Eigentumsposition nach US-Steuerrecht aufweist. Doch ist die Prüfung damit noch nicht abgeschlossen. Denn zweifelsfrei besitzt der Gesellschafter einen Wert, wenn er aus seiner Beteiligung einen Gewinnanteil oder eine in der Höhe festgelegte Ausschüttung erhält. Mithin dürfte der Anteil an der Gesellschaft wohl als *Chose in Action* angesehen werden. Dieser Begriff könnte als einklagbares Eigentumsrecht definiert werden, welches nicht auf die Vermögenswerte der Gesellschaft gerichtet ist, sondern lediglich auf die Verteilung der Überschüsse der Gesellschaft.[528] Man kann sich vorstellen, dass es schwer fällt, ein derartiges *Chose in Action* exakt zu definieren und zu bewerten.

Noch schwieriger wird die rechtliche Bestimmung einer Unterbeteiligung, wenn der Unterbeteiligte keine Stimm- oder Kontrollrechte besitzt, seine Ausschüttung nicht gewinnabhängig ist und letztlich auch von der Entscheidung oder dem Wohlwollen des direkt an der Kommanditgesellschaft beteiligten Gesellschafters abhängt. Ist die Gewinnzurechnung an den beteiligten Gesellschafter jedoch gewinnabhängig und partizipieren die Unterbeteiligten anteilig an diesen Gewinnen der Unterbeiligung, dann stellt sich die Frage, ob diese eine eigene Personengesellschaft darstellt, welche wiederum an der Familien-KG beteiligt ist.[529] Die Unterbeiligten wären möglicherweise als Gesellschafter der Unterbeteiligung mit ihren Gewinnanteilen (aus der Unterbeteiligung) in den USA steuerpflichtig. Erhält der an der KG beteiligte Gesellschafter hingegen eine gewinnunabhängige Ausschüttung aus der KG, die er nach Wohlwollen an die Unterbeteiligten verteilt, dann dürfte wohl die Existenz einer Personengesellschft verneint werden. Hier stellt sich weiterhin die Frage, inwieweit eine Zuwendung an einen in den USA steuerpflichtigen Unterbeteiligten steuerlich zu behandeln ist. Wenn keinerlei Ge-

527 Siehe beispielsweise Grodt & McKay Realty, Inc. v. Comm'r, 77 T.C. 1221 (1981).

528 In dem Fall Blodgett vs. Silberman, 277 US 1 (1928) hat der Supreme Court hierzu bestimmt: „It is very plain, therefore, that the interest of the decedent in the partnership of William Openhym & Sons was simply a right to share in what would remain of the partnership assets after its liabilities were satisfied. It was merely an interest in the surplus, a chose in action. It is an intangible and carries with it a right to an accounting…".

529 Siehe beisplieswеise Holdner v. Comm'r, T.C. Memo. 2010-175.

genleistungen von dem Unterbeteiligten zu erbringen sind, erscheint es vertretbar, die Zahlung als Geschenk nach US-Steuerrecht zu qualifizieren mit der Folge, dass diese in den USA weder der Einkommen- noch der Schenkungsteuer unterliegt. Bei Gegenleistungen unterliegt die Zahlung dann vermutlich der Einkommensteuer. Wenn der zahlende KG-Gesellschafter eine Gegenleistung fordert, die nur dem Unterbeteiligten selbst zugute kommt (beispielsweise eine bestimmte Schul- oder Studienleistung des Unterbeteiligten), wird eine eindeutige steuerliche Einordnung nahezu unmöglich.

Bei der steuerrechtlichen Qualifikation des Gewinns der Kommanditgesellschaft und der Zurechnung dieses Gewinns auf die Kommanditisten ist die *Assignment of Income Doctrine* heranzuziehen, welche in einer Reihe von Entscheidungen des U.S. Supreme Courts entwickelt wurde: „*...the crucial question remains whether the assignor retains sufficient power and control over the assigned property or over receipt of the income to make it reasonable to treat him as the recipient of the income for tax purposes*".[530] Schreibt der Gesellschaftervertrag also verbindlich vor, dass ein Großteil des Gewinns unmittelbar auf Rücklagenkonten gebucht wird, auf die der Gesellschafter zu keinem Zeitpunkt Zugriff hat, und nur ein meist geringer Teil dem Gewinnkonto des Gesellschafters zugeführt wird, dann ist das sicherlich ein Indiz dafür, dass der Gesellschafter nicht über das ihm insgesamt nach Gesellschaftsvertrag zugerechnete Einkommen verfügen kann. Die Prüfung existierender Gesellschaftsverträge für Zwecke des US-Steuerrechts führt fast nie zu einem eindeutigen Ergebnis, bestenfalls zu einer Entscheidung, die überwiegend wahrscheinlich ist (*More Likely Than Not Opinion*). Allerdings könnte man daran denken, Verträge vor Beginn der unbeschränkten US-Steuerpflicht so zu gestalten, dass eine Zurechnung von Eigentum und / oder Gewinn für Zwecke des US-Nachlasssteuerechts und / oder des US-Einkommensteuerrechts ausgeschlossen oder zumindest beschränkt ist.

4.3.5.3 Reorganisation zur Minimierung von *Subpart F*-Einkünften

Wie oben dargestellt, hat das US-Steuerrecht Vorschriften entwickelt, mit denen Ausschüttungen fingiert werden, wenn ausländische Gesellschaften von US-steuerpflichtigen Personen kontrolliert werden. Diese Vorschriften sollen den Steuerstundungseffekt verhindern, welcher sich bei bestimmten passiven Einkünften sowie bei betrieblichem Einkommen aus Niedrigsteuerländern ergibt (*Subpart F Income*).[531]

Besitzt beispielsweise ein in den USA unbeschränkt Steuerpflichtiger Anteile an einer deutschen Kapitalgesellschaft mit einer Tochtergesellschaft in Bahrain, dann wären die Ausschüttungen aus der Tochter an die deutsche Mutter als *Subpart F Income* zu quali-

530 Comm'r v. Sunnen, 68 S.Ct. 715 (1948).

531 IRC § 952.

fizieren und könnten auch bei Thesaurierung als fingierte Dividenden (*Deemed Dividends*) der deutschen Mutter bei dem US-Anteilseigner steuerpflichtig sein. In gleicher Weise wären auch Einkommen aus Dienstleistungen, welche die deutsche Mutter an die Bahrain Tochter erbracht hat, als *Subpart F Income* zu qualifizieren und könnten als *Deemed Dividends* der deutschen Mutter bei dem US-Anteilseigner steuerpflichtig sein.[532]

Allerdings wären diese Konsequenzen vermeidbar, wenn die Tochter in Bahrain für Zwecke des US-Steuerrechts das Wahlrecht ausüben könnte, steuerlich wie eine unselbstständige Betriebsstätte behandelt zu werden. Wie oben dargestellt, ist dies mit einer *Check-the-Box Election* möglich, wenn es sich bei der Gesellschaft um keine *Per Se Corporation* handelt und die Mutter 100 % der Anteile an der Tochter hält. In diesem Fall wäre das Einkommen der Tochter als *Disregarded Entity* direkt bei der Mutter zu erfassen und würde nicht zur Qualifikation als *Subpart F Income* führen. Auch das Einkommen aus den für die Tochter erbrachten Dienstleistungen wäre kein *Subpart F Income*, sondern lediglich eine nicht-gewinnwirksame Zahlung zwischen verbundenen Unternehmen.

Die Vorschriften zum *Subpart F Income* sind äußerst komplex und sollten vor Beginn der unbeschränkten US-Steuerpflicht sorgfältig analysiert werden. Geeignete Restrukturierungen vor Zuzug können die Auswirkungen dieser Vorschriften reduzieren oder vermeiden.

4.3.5.4 Anhebung auf den Verkehrswert

4.3.5.4.1. Veräußerung mit Rückerwerb (*Wash Sales*)

Mit den sogenannten *Wash Sale Rules* soll verhindert werden, dass ein US-Steuerpflichtiger Aktien mit Verlust veräußert und unmittelbar danach wieder erwirbt, um mit den realisierten Verlusten andere Veräußerungsgewinne zu reduzieren. Das US-Steuerrecht sieht deshalb vor, dass Veräußerungsverluste steuerlich nicht geltend gemacht werden können, wenn der Steuerpflichtige 30 Tage vor dem Verkauf oder 30 Tage nach dem Verkauf von Aktien oder anderen Wertpapieren diese wieder erwirbt (sogenannte *61-Day-Rule*).[533] Diese Vorschrift gilt grundsätzlich für alle an Börsen gehandelten Wertpapiere.

Die *Wash Sale Rules* gelten jedoch nicht, wenn bei einer formellen Veräußerung mit Rückerwerb ein Gewinn realisiert wird. Mithin könnte überlegt werden, durch den Verkauf von Wertpapieren Gewinne zu realisieren, um vor Beginn der unbeschränkten US-

532 IRC § 954 (e).

533 IRC § 1091 (a), Treas. Reg. § 1.1091-1.

Steuerpflicht eine Anhebung auf den Verkehrswert zu erzielen. Eine solche Handlungsempfehlung wird immer auch von der steuerlichen Behandlung in Deutschland sowie der geplanten Länge des US-Aufenthaltes abhängen. Sinnvoll könnte dies bei in Deutschland nicht steuerpflichtigen Alt-Aktien sein.

4.3.5.4.2. Einlage in eine Kapitalgesellschaft

1. Fehlerhafte Einlage nach IRC § 351

Für eine optimale Steuerplanung bei Zuzug wäre die Anhebung auf den Verkehrswert für US-steuerliche Zwecke ohne Gewinnbesteuerung in beiden Ländern wünschenswert. Dies kann dadurch erreicht werden, dass aus US-Sicht eine Gewinnrealisierung vor Zuzug bewirkt wird. Dies führt zur Anhebung auf den Verkehrswert, ohne dass der realisierte Gewinn aufgrund der beschränkten US-Steuerpflicht der US-Besteuerung unterliegt. Aus deutscher Sicht sollte eine Gestaltung dagegen so erfolgen, dass es möglichst zu keiner Gewinnrealisierung und daher zu keiner Steuerpflicht in Deutschland kommt.

Nach den Vorschriften des US-Steuerrechts ist bei der Einbringung von im Wert gestiegenen Vermögenswerten in eine Kapitalgesellschaft kein Gewinn zu realisieren, wenn der Steuerpflichtige als Gegenleistung nur Anteile erhält und nach der Einbringung mindestens 80 % an der Kapitalgesellschaft hält.[534] Der Gesetzgeber geht hier davon aus, dass sich lediglich die Form, nicht aber die wirtschaftliche Vermögensposition des Gesellschafters durch die Einlage in eine von ihm mehrheitlich kontrollierte Gesellschaft ändert.[535]

Bei den erhaltenen Anteilen muss es sich um Anteile mit Eigenkapitalcharakter handeln. Vorzugsaktien, die Fremdkapitalcharakter aufweisen (Rückgabeoption des Anteilsinhabers, die Dividendenhöhe orientiert sich an Zinsraten), führen daher zur Gewinnrealisierung, weil es sich eher um eine Veräußerung des Vermögens auf Kredit handelt. Der Gewinn wäre in diesem Fall beim Übertragenden steuerpflichtig, und zwar in Höhe der Differenz zwischen dem Buchwert und dem Verkehrswert der Gegenleistung (Barmittel, Anleihe, andere fremdkapitalähnliche Wertpapiere). Die Gesellschaft übernimmt das eingebrachte Vermögen in diesem Fall zum Verkehrswert.

Bei Einbringung von Vermögen durch eine (unbeschränkt steuerpflichtige) US-Person in eine ausländische Kapitalgesellschaft kommt es aus US-Sicht generell zur Gewinnrealisierung.[536] Damit wird sichergestellt, dass die in den USA zu versteuernden stillen

534 Vgl. IRC § 351.

535 Vgl. Bittker and Lokken: Federal Taxation of Income, Estates, and Gifts (WG&L), 91.1., Portland Oil Co. v. CIR, 109 F2d 479, 488 (1st Cir.).

536 IRC § 367 (a)(1).

Reserven nicht der US-Steuerhoheit durch Übertragung an eine ausländische Körperschaft entzogen werden. Bringt dagegen eine ausländische Person Vermögen in eine ausländische Körperschaft ein, dann wäre IRC § 351 grundsätzlich anwendbar, sofern die Voraussetzungen für eine steuerfreie Behandlung vorliegen.

Aus US-Sicht ist die Transaktion daher so zu strukturieren, dass sie die Voraussetzungen des IRC § 351 nicht erfüllt, beispielsweise dann, wenn der Einbringende nach Einlage weniger als 80 % der Anteile an der übernehmenden Gesellschaft hält, damit es zu einer Anhebung auf den Verkehrswert kommt.

Aus deutscher Sicht ist jedoch zu beachten, dass die Einlage von Wirtschaftsgütern in eine Kapitalgesellschaft nur ausnahmsweise steuerfrei möglich ist. Einkommensteuerfrei möglich – aber mit deutscher Grunderwerbsteuer belastet – ist z. B. die offene und verdeckte Einlage einer länger als zehn Jahre im Privatvermögen gehaltenen Immobilie.[537] In gleicher Weise können „Alt-Aktien"[538] steuerfrei eingelegt werden. Die offene wie verdeckte Einlage von Beteiligungen[539] in Kapitalgesellschaften – egal ob unter oder über 1 % Beteiligungsquote – ist dagegen nach deutschem Recht grundsätzlich als steuerpflichtiger Veräußerungsvorgang zu qualifizieren.[540]

Im Rahmen qualifizierter Einbringungen von Beteiligungen nach dem deutschen Umwandlungssteuerrecht können – bei Fortführung der Buchwerte bzw. historischen Anschaffungskosten – Beteiligungen jedoch unter bestimmten Voraussetzungen steuerneutral in eine andere Kapitalgesellschaft eingebracht werden.[541] Darunter fällt auch eine 100 %-ige Beteiligung an einer Kapitalgesellschaft, welche in diesem Zusammenhang als Teilbetrieb zu qualifizieren ist.[542] Betriebsvermögen wie etwa ein Anteil an einer deutschen Personengesellschaft (Mitunternehmerschaft) kann ebenfalls unter bestimmten Voraussetzungen steuerneutral in eine Kapitalgesellschaft eingebracht werden.[543]

Wird also z. B. der Anteil einer gewerblichen oder gewerblich geprägten deutschen Kommanditgesellschaft auf eine deutsche GmbH übertragen, an welcher der Übertra-

537 Da dann kein Fall des § 23 Abs. 1 EStG mehr vorliegt.

538 D. h. Aktien mit einer Beteiligungsquote von unter 1 %, die vor Einführung der Abgeltungsteuer, d. h. am 31.12.2008, bereits gehalten wurden und nicht mehr der Spekulationsfrist gem. § 23 EStG a. F. unterliegen.

539 Wie z. B. GmbH-Geschäftsanteile oder Aktien.

540 § 17 Abs. 1 S. 2 EStG, § 20 Abs. 2 S. 2 EStG, Gosch, in Kirchhof, EStG, § 17 EStG Rn. 42.

541 Voraussetzung: Die übernehmende Kapitalgesellschaft ist eine deutsche oder EU- / EWR-Kapitalgesellschaft und hält nach vollzogener Einbringung mehr als 50 % der Stimmrechte an der eingebrachten Kapitalgesellschaft (§ 1 Abs. 4 S. 1 Nr. 1 i.V. m. § 21 Abs. 1 S. 2 UmwStG). Es gilt jedoch eine siebenjährige Nachversteuerungsfrist nach § 22 Abs. 2 UmwStG.

542 BMF-Schreiben vom 11.11.2011, BStBl 2011 I S. 1314, Rz. 24.03, 20.06, 15.02, 15.03, 15.07-15.10.

543 § 1 Abs. 4 i.V. m. § 20 UmwStG. Es gilt jedoch eine siebenjährige Nachversteuerungsfrist nach § 22 Abs. 1 UmwStG.

gende z. B. mit 60 % beteiligt ist, wäre diese Einlage nach deutschem Recht steuerneutral möglich, würde aber nach US-Recht zu einer Anhebung auf die Verkehrswerte führen.

Diese Modelle haben einige Fallstricke, welche in der Praxis keinesfalls außer Acht gelassen werden dürfen. Beispielsweise müssen die Kapitalisierungsvorschriften beachtet werden, die sich bei Ausgabe einer Schuldverschreibung ergeben.[544] Am wichtigsten wiegen freilich die Vorschriften zur Vermeidung einer möglichen Steuerumgehung. Nach der sogenannten *Step-Transaction Doctrine* könnte die US-Finanzverwaltung argumentieren, dass die Restrukturierung ausschließlich zu Zwecken der Steuervermeidung unternommen wurde und eine Anerkennung in Folge dessen verwehren.[545]

2. Anwendung des *Check-the-Box*-Wahlrechts

Alternativ könnte für Zwecke des US-Steuerrechts mit dem *Check-the-Box*-Wahlrecht eine Liquidation und damit wiederum eine Anhebung auf die Verkehrswerte erreicht werden: Mit dem *Check-the-Box*-Wahlrecht ist es möglich, eine deutsche GmbH auf Antrag wie eine Personengesellschaft zu behandeln.[546]

Wird dieses Wahlrecht ausgeübt, kommt es nach US-Steuerrecht zu einer steuerpflichtigen Liquidation. Unabhängig davon, welchen Wert die in die GmbH eingelegten Vermögenswerte für Zwecke des US-Steuerrechts haben (Buch- oder Verkehrswert), kommt es im Falle der Liquidation für den Gesellschafter zur Gewinnrealisierung, die wegen seines Status als beschränkt US-Steuerpflichtiger keine Steuerwirkung entfaltet. Gleichzeitig aber erfährt dieser eine Anhebung auf die Verkehrswerte bei Liquidation.

Auch diese Transaktion ist vor dem Hintergrund der Steuervermeidung mit äußerster Vorsicht zu planen, da der US-Finanzverwaltung mit der *Step-Transaction Doctrine* eine wirkungsvolle Abwehrstrategie zur Verfügung steht.

4.3.5.4.3. Einlage in eine Personengesellschaft

Eine ähnliche Transaktion ist aus US-Sicht auch durch eine Einlage in eine deutsche Personengesellschaft vorstellbar. Aus deutscher Sicht ist – ähnlich der Einlage in eine Kapitalgesellschaft – eine steuerneutrale Einlage nur in beschränktem Umfang möglich. Steuerfrei eingelegt werden können z. B. länger als zehn Jahre im Privatvermögen ge-

544 IRC § 385.
545 Vergleichbar § 42 AO.
546 Vgl. 2.5.5.

haltene Immobilien durch eine offene oder eine verdeckte Einlage.[547] Ebenso können nach deutschem Recht „Alt-Aktien"[548] steuerneutral durch offene oder verdeckte Einlage auf eine Personengesellschaft übertragen werden. Wesentliche Beteiligungen[549] können ebenso wie nicht in „Alt-Aktien" bestehende Streubesitzbeteiligungen[550] im Wege der verdeckten Einlage, unter Verbuchung auf ein gesamthänderisch gebundenes Rücklagenkonto, steuerneutral auf eine Personengesellschaft übertragen werden.[551]

Betriebsvermögen wie etwa ein Anteil an einer (anderen) deutschen Personengesellschaft (Mitunternehmerschaft) kann ebenfalls unter bestimmten Voraussetzungen steuerneutral in eine Personengesellschaft eingebracht werden.[552]

Aus US-Sicht führt eine Einlage in eine Personengesellschaft dann nicht zu einer steuerpflichtigen Realisierung, wenn der Steuerpflichtige Vermögen in die Personengesellschaft einbringt und der Steuerpflichtige als Gegenleistung einen Anteil an der Personengesellschaft erhält.[553] Mithin müssen gleichzeitig zwei Voraussetzungen erfüllt sein:

Erstens muss die Verfügungsmöglichkeit von Vermögen an die Gesellschaft übergehen. Dazu zählt die Übertragung des Eigentumsrechtes von Vermögen (Sachanlagen, Rechte, Barmittel) an die Gesellschaft. Die Erbringung von Dienstleistungen oder die bloße Nutzungsüberlassung an die Gesellschaft fallen nicht unter die steuerfreie Einlage, auch wenn als Gegenleistung ein Anteil an der Personengesellschaft gewährt wird.[554]

Zweitens muss der Steuerpflichtige in seiner Position als Gesellschafter der Personengesellschaft handeln.[555] Ein Steuerpflichtiger handelt dann nicht in seiner Position als Gesellschafter, wenn er wie ein Dritter Rechtsgeschäfte mit der Personengesellschaft begründet und die Übertragung aufgrund dieser Rechtsgeschäfte erfolgt. Dies ist insbesondere dann der Fall, wenn der Steuerpflichtige Vermögen an die Personengesellschaft veräußert. Eine steuerfreie Einlage liegt hier nicht vor, weil der Steuerpflichtige

547 Da dann kein Fall des § 23 Abs. 1 EStG mehr vorliegt.

548 D. h. Aktien mit einer Beteiligungsquote von unter 1 %, die vor Einführung der Abgeltungsteuer, d. h. am 31.12.2008, bereits gehalten wurden.

549 Beteiligungshöhe von mindestens 1 %.

550 Beteiligung von unter 1 %.

551 Insoweit nicht möglich ist dagegen die Übertragung im Wege einer offenen Einlage oder gegen Gewährung von Gegenleistungen wie z. B. Gesellschafterdarlehen, siehe Kube, in Kirchhof, EStG, § 23 EStG Rn. 12, sowie BMF-Schreiben vom 11.7..2011, BStBl I 2011, 713.

552 § 1 Abs. 4 i. V. m. § 24 UmwStG. Es gilt jedoch eine siebenjährige Nachversteuerungsfrist nach § 24 Abs. 5 UmwStG i. V. m. § 22 Abs. 1 UmwStG, vgl. BMF-Schreiben vom 11.11.2011, BStBl I 2011, Rz. 24.21.

553 IRC § 721 (a).

554 Treas. Reg. § 1.721-1.

555 Treas. Reg. § 1.721-1 (a); IRC § 707.

in diesen Fällen häufig Barmittel oder Schuldverschreibungen als Gegenleistung erhält.[556]

Während bei der steuerneutralen Einbringung in eine Kapitalgesellschaft die Frage im Mittelpunkt steht, ob und inwieweit der Gesellschafter eine Gegenleistung erhält, zielt das Steuerrecht bei Personengesellschaften darauf ab, ob die Transaktion als im Zusammenhang mit der Gesellschafterstellung des Einbringenden zu interpretieren ist oder ob ein Geschäft wie mit fremden Dritten vorliegt.[557] Damit liegt die Hürde für eine Gewinnrealisierung sehr niedrig. Sie wird bereits dann angenommen, wenn durch die Einlage eines Gesellschafters die Gewinnverteilung unproportional geändert wird oder er eine nicht gewinnabhängige Vergütung erhält.

Mithin kann auch die Einlage in eine Personengesellschaft für Zwecke des US-Steuerrechts gewinnrealisierend gestaltet werden, und zwar durch eine fehlerhafte Transaktion nach IRC § 707 (a). Dies führt zu einer Anhebung auf die Verkehrswerte, auch wenn die Gewinnrealisierung vor Zuzug in die USA stattgefunden hat und damit keine Steuerwirkung entfaltet.

Wichtig ist, dass die Transaktion wie bei der Einlage in eine Kapitalgesellschaft gleichzeitig so geplant wird, dass sie nach deutschem Steuerrecht steuerneutral erfolgt.

4.3.5.4.4. Tausch nicht zulässiger Vermögenswerte

Eine weitere Alternative bestünde darin, bestimmte Vermögenswerte zu tauschen, die nach den US-steuerlichen Vorschriften nicht vergleichbar sind und damit zur Gewinnrealisierung führen. Zum Beispiel könnte nach deutschem Steuerrecht ein Tausch von Mitunternehmeranteilen möglich sein, welcher keine Gewinnrealisierung auslöst.[558]

Nach US-Steuerrecht wäre die Transaktion hingegen als Tausch zu bewerten, welcher jedoch nicht als steuerfreie Übertragung auf ein Ersatzobjekt qualifiziert, da Anteile an Personengesellschaften explizit von den ähnlichen Vermögenswerten ausgeschlossen sind.[559] Mithin handelt es sich um eine fehlerhafte Transaktion nach IRC § 1031, die eine Gewinnrealisierung auslöst und zu einer Anhebung auf die Verkehrswerte führt. Vor Beginn der unbeschränkten US-Steuerpflicht entfaltet dies jedoch keine Steuerwirkung.

---

556 Treas. Reg. § 1.721-1 (a).

557 IRC § 707 (a).

558 Nämlich nach § 24 UmwStG. Ggf. kann im Einzelfall auch eine Realteilung nach § 16 Abs. 3 S. 2 ff. EStG in Betracht kommen.

559 Vergleiche 4.3.1.2.

5. US-Wegzugsbesteuerung

5.1 Einleitung

Personen mit US-Staatsbürgerschaft oder *Green Card* unterliegen – unabhängig von deren Ansässigkeit – der unbeschränkten Steuerpflicht in den USA. Wie auch in Deutschland gilt in den USA bei unbeschränkter Steuerpflicht das Welteinkommensprinzip, weshalb grundsätzlich das gesamte Welteinkommen des Steuerpflichtigen der US-Besteuerung zu unterziehen ist.

Die unbeschränkte US-Steuerpflicht kann allerdings bei Personen, welche nicht in den USA ansässig sind, durch Aufgabe der US-Staatsbürgerschaft oder der *Green Card* vermieden werden. Gleichzeitig mit der Besteuerung des Welteinkommens entfallen damit auch zahlreiche *Compliance*-Verpflichtungen (wie z. B. die Pflicht zur Offenlegung aller ausländischen Konten, sogenanntes FBAR). Die sich aus einem steuerlich motivierten Wegzug ergebenden Steuervorteile sollen durch die Vorschriften der Wegzugsbesteuerung reduziert oder gänzlich eliminiert werden. Bis Mitte 2008 wurden sogenannte *Expatriates* mit ihren laufenden Einkünften bis zu zehn Jahren nach dem Wegzug einer eigenen Steuerregelung unterworfen.[560] Im Juni 2008 erfolgte durch die mit dem *Heroes Earnings Assistance and Relief Tax Act 2008* neu eingeführten Regelungen eine Abkehr von der Besteuerung des laufenden Einkommens nach dem Wegzug, hin zu einer einmaligen Besteuerung der stillen Reserven im Zeitpunkt des Wegzuges mittels einer Veräußerungsfiktion.[561] Zusätzlich wurde eine neue Transfersteuer für Schenkungen und Nachlässe von *Expatriates* an US-Personen eingeführt.[562]

Der zeitliche Anwendungsbereich der neuen Regelungen wird durch den Zeitpunkt des Wegzugs definiert:[563]

1. Bei steuerlichem Wegzug vor dem 17.6.2008 sind die Regelungen des IRC § 877 und IRC § 6039F anwendbar.
2. Bei steuerlichem Wegzug am oder nach dem 17.6.2008 ist IRC § 877A anzuwenden.

Die Anwendung und Auslegung der neuen Bestimmungen sind auch mehr als zwölf Jahre nach ihrer Einführung noch immer mit relativ hoher Rechtsunsicherheit behaftet. Zwar soll die US-Finanzverwaltung Richtlinien veröffentlichen, sofern dies für die Anwendung der Bestimmungen notwendig oder angemessen ist,[564] doch wurden solche bisher nicht erlassen (Stand: 1.7.2020). Der IRS hat am 9.11.2009 lediglich eine Mittei-

560 IRC § 877.
561 IRC § 877A.
562 IRC § 2801.
563 Vgl. auch IRS Notice 2009-85.
564 IRC § 877A (i).

lung veröffentlicht,[565] auf die sich der Steuerpflichtige bis zur Veröffentlichung von Richtlinien berufen kann. Dennoch bleiben Fragen hinsichtlich der Auslegung der Bestimmungen offen.

5.2 Überblick über die Wegzugsbesteuerung nach dem 16.6.2008

Der persönliche Anwendungsbereich der Wegzugsbesteuerung nach IRC § 877A erfasst zum einen alle US-Personen, die ihre US-Staatsbürgerschaft aufgeben. Zum anderen sind jene Personen betroffen, die ihren *Green Card*-Status aufgeben und diesen Status dabei längerfristig – in mindestens acht der 15 vorangegangenen Jahre – innehatten (sogenannte *Long-Term Residents*). Zeitlich sind die aktuellen Regeln auf einen Wegzug nach dem 16.6.2008 anwendbar. Für den davor liegenden Zeitraum gilt weiterhin die Wegzugsbesteuerung nach IRC § 877.

Der sachliche Anwendungsbereich beschränkt sich grundsätzlich auf einen Wegzug, dessen Grund in einer potentiellen Steuerumgehung liegen könnte. Die Frage, ob eine solche potentielle Steuerumgehung vorliegt, richtet sich nach rein objektiven Kriterien wie der durchschnittlichen Steuerschuld des *Expatriates* in den vergangenen fünf Jahren, dem Wert seines Gesamtvermögens oder der Erfüllung aller steuerlichen Verpflichtungen in einem Fünfjahreszeitraum vor dem Wegzug (*Tax Liability Test, Net Worth Test, Certification Test*).[566] Die subjektive Absicht des Steuerpflichtigen spielt hierbei keine Rolle.

Sofern der Steuerpflichtige in den persönlichen Anwendungsbereich fällt, hat er seinen Wegzug dem IRS gegenüber zu erklären (Form 8854 *Initial and Annual Expatriation Statement*). Dies gilt unabhängig davon, ob er auch die zeitlichen oder sachlichen Anwendungsvoraussetzungen erfüllt.[567] Die mit dem Formular 8854 verbundenen Erklärungspflichten können sich unter Umständen auch auf die dem Wegzug nachfolgenden Jahre erstrecken, so z. B. wenn der *Expatriate* die Stundung der durch die Wegzugsbesteuerung entstandenen Steuerschuld beantragt hat.[568]

Ist durch den Wegzug auch der sachliche Anwendungsbereich von IRC § 877A erfüllt, erfolgt im Wesentlichen eine Besteuerung der stillen Reserven des Vermögens des Steuerpflichtigen zum Zeitpunkt des Wegzuges. Das gesamte Vermögen der Person gilt als am Tag vor der Aufgabe der Staatsbürgerschaft bzw. *Green Card* zum Verkehrswert veräußert (*Mark-to-Market* Regelung).[569] Ein zustehender Freibetrag i. H. v.

565 IRS Notice 2009-85.

566 Siehe 5.5.

567 Siehe 5.12.

568 Siehe 5.7.

569 Siehe 5.6.1.

USD 600.000 (zzgl. einer jährlichen Inflationsanpassung; USD 737.000 für 2020) kürzt einen eventuellen Nettoveräußerungsgewinn. Bestimmte Vermögensansprüche werden von der fiktiven Veräußerungsgewinnbesteuerung aufgrund ihrer Qualifikation ausgenommen und gesondert besteuert. Dazu zählen nachträgliche (nach Wegzug erhaltene) Vergütungen, steuerbegünstigte Konten und Ansprüche aus bestimmten Trusts, welche in der Regel als zum Wegzugszeitpunkt vollständig ausgeschüttet bzw. gezahlt und erhalten gelten oder bei späteren Zahlungen einer 30 %-igen Quellensteuer unterliegen.[570]

Ergibt die fiktive Besteuerung der stillen Reserven eine Steuerschuld, so kann diese unter bestimmten Bedingungen gestundet werden. Daneben sind weitere steuerliche Konsequenzen zu beachten, welche bei Wegzug eintreten, wie z. B. die Fälligstellung aller bisher gestundeten US-Steuern und das Ende bestimmter Fristen zur Übertragung stiller Reserven.[571]

5.3 Persönlicher Anwendungsbereich

Der persönliche Anwendungsbereich der Wegzugsbesteuerung zielt auf sogenannte Expatriates ab. Gemäß IRC § 877A (g)(2) ist ein Expatriate im Sinne des Gesetzes jeder

1. US-Staatsbürger, dessen US-Staatsbürgerschaft endet oder ein
2. *Long-Term Resident*, dessen dauernde Aufenthaltsgenehmigung (*Green Card*-Status) endet.[572]

Für US-Staatsbürger gilt die US-Staatsbürgerschaft für Zwecke der US-Wegzugsteuer mit dem Tag als beendet, an dem der Steuerpflichtige die Aufgabe der US-Staatsbürgerschaft vor einem diplomatischen oder konsularischen US-Beamten mündlich oder schriftlich entsprechend dem US-Einwanderungs- und Staatsbürgerschaftsrecht erklärt und der Verlust im Nachhinein durch eine Bescheinigung des *U.S. Departments of State* bestätigt wird.[573] Sofern nicht bereits eine derartige Erklärung des Steuerpflichtigen vorliegt, gilt die US-Staatsbürgerschaft auch mit dem Tag als beendet, an dem ein US-Gericht die US-Staatsbürgerschaft für beendet erklärt oder das *U.S. Department of State* einen Nachweis über den Verlust der US-Staatsbürgerschaft ausstellt.[574]

Neben US-Staatsbürgern sind auch *Long-Term Residents* vom persönlichen Anwendungsbereich der Norm erfasst. Ein *Long-Term Resident* ist eine natürliche Person mit

570 Siehe 5.8.

571 Siehe 5.9.

572 IRC § 877A (g)(2).

573 Mündlich entsprechend § 349 (a)(5) des Immigration and Nationality Acts (8 U.S.C. 1481 (a)(5) bzw. schriftlich entsprechend § 349 (a)(1) bis (4) des Immigration and Nationality Act (8 U.S.C. 1481 (a)(1) bis (4).

574 IRC § 877A (g)(4).

dauernder Aufenthaltserlaubnis (*Green Card*), die in den letzten 15 Jahren vor dem Verlust des *Green Card*-Status zumindest acht Jahre im Besitz einer *Green Card* war.[575] Der 15-Jahreszeitraum dieser 8-aus-15-Jahre-Regel endet dabei mit Ablauf des Steuerjahres (entspricht grundsätzlich dem Kalenderjahr), in dem auch der Status der dauernden Aufenthaltserlaubnis endet. Der zu betrachtende Zeitraum würde daher bei einem Wegzug im Jahr 2014 im Jahr 2000 beginnen. Für Zwecke der 8-aus-15-Jahre-Regel werden solche Steuerjahre nicht in die acht Jahre mit eingerechnet, in denen die natürliche Person für Zwecke des DBAs nach der *Tie-Breaker Rule* als in einem anderen Staat als ansässig gilt und nicht auf die aus dem DBA folgende Besteuerung verzichtet.[576] Andererseits reicht es aus, dass der Steuerpflichtige nur für einen einzigen Tag des Jahres im Besitz der *Green Card* war (insbesondere für das erste und letzte Jahr bedeutsam), womit sich der tatsächliche Zeitraum des Aufenthaltes theoretisch auf wenig mehr als sechs Jahre reduzieren kann.

Erweist sich eine Person nach der 8-aus-15-Jahre-Regel als *Long-Term Resident*, so gilt die dauernde Aufenthaltsgenehmigung als beendet, wenn der Steuerpflichtige den Status entsprechend des Einwanderungsrechts verliert. Dabei ist unerheblich, ob dies aufgrund eigener Initiative erfolgt oder gerichtlich (beispielsweise bei Begehen einer Straftat) oder verwaltungsrechtlich (beispielsweise bei Wohnsitznahme und dauerndem Aufenthalt in einem anderen Land) begründet ist.

Der Status der dauernden Aufenthaltserlaubnis kann aber auch dann als beendet gelten, wenn zwar der einwanderungsrechtliche Status nicht beendet wird, der Status für Zwecke des Steuerrechts jedoch als beendet gilt. Dies ist der Fall, wenn der Steuerpflichtige nach den Bestimmungen des DBAs (*Tie-Breaker Rule*) in einem anderen Staat als ansässig gilt, nicht auf die aus dem DBA folgende Besteuerung verzichtet und die US-Steuerbehörden (*Secretary*) von dieser Behandlung unterrichtet.[577] Dies geschieht mit Hilfe der Formulare 8833 und 8854.[578] Oftmals folgt der steuerlichen Beendigung auch die einwanderungsrechtliche Beendigung der dauernden Aufenthaltsgenehmigung.

BEISPIEL ▸ Herr X hat im Jahr 1997 die *Green Card* erhalten. In den Jahren 2000 bis 2002 war er für seine Firma in Deutschland tätig. In diesen drei Jahren hat er nach der sogenannten *Tie-Breaker Rule Exception*[579] i. S. d. Art. 4 DBA D / USA für eine beschränkte Steuerpflicht in den USA optiert. Nachdem er die übrigen Jahre in den USA gelebt hat, will er sich nach seiner Pensionierung im Jahr 2011 wieder in Deutschland niederlassen. Da Herr X in den Jahren 1997 bis 2011

575 IRC § 877A (g)(5) mit Verweis auf IRC § 877 (e)(2).

576 IRC § 877 (e)(2).

577 IRC § 7701 (b)(6).

578 IRS Notice 2009-85, Sec.2 (A), siehe 5.12.

579 Siehe 2.1.5.

(15 Jahre Prüfungszeitraum) insgesamt zwölf Jahre in den USA ansässig war (1997 bis 1999 und 2003 bis 2011), kommt die Wegzugsbesteuerung zur Anwendung. Eine Berufung auf die *Tie-Breaker Rule Exception* i. S. d. Art. 4 DBA D / USA für eine beschränkte Steuerpflicht in den USA wäre zumindest steuerlich möglich, löst dabei jedoch die Wegzugsbesteuerung aus.

Nicht von der Wegzugsbesteuerung erfasst sind Steuerpflichtige, die entweder weniger als acht Jahre innerhalb der letzten 15 Jahre im Besitz einer *Green Card* waren oder Steuerpflichtige, die nur aufgrund ihrer Ansässigkeit (Erfüllen des *Substantial Presence Tests*) in den USA als unbeschränkt steuerpflichtig gelten.

5.4 Zeitlicher Anwendungsbereich

Aus zeitlicher Sicht ist die Wegzugsbesteuerung nach IRC § 877A nur auf steuerliche Wegzüge nach dem 16.6.2008 anzuwenden. Für einen Wegzug vor dem 17.6.2008 gilt weiterhin IRC § 877.

5.5 Sachlicher Anwendungsbereich

Die Aufgabe der Staatsbürgerschaft bzw. der *Green Card* unterliegt nur dann der Wegzugsbesteuerung, wenn sie der Steuerumgehung dienen könnte. Die Beurteilung, ob dies der Fall ist, erfolgt nach rein objektiven Kriterien.

Ein steuerbarer Wegzug liegt gemäß IRC § 877A dann vor, wenn der Steuerpflichtige eine der drei folgenden Voraussetzungen erfüllt, er wird dann als *Covered Expatriate* bezeichnet:[580]

1. Die durchschnittliche Steuerschuld der letzten fünf Jahre, die dem Jahr des steuerlichen Wegzugs vorangehen, übersteigt den Betrag von USD 124.000 zzgl. einer jährlichen Inflationsanpassung – maßgeblicher Betrag von USD 171.000 im Jahr 2020 – (sogenannter *Tax Liability Test*) oder
2. das Nettovermögen des Steuerpflichtigen zum Zeitpunkt des Wegzuges ist größer oder gleich USD 2 Mio. (sogenannter *Net Worth Test*, eine Inflationsanpassung dieses Grenzbetrages erfolgt nicht) oder
3. der Steuerpflichtige kann nicht bescheinigen bzw. nachweisen, dass er in den letzten fünf Jahren allen notwendigen Verpflichtungen, die gegenüber dem IRS bestanden haben, nachgekommen ist (sogenannter *Certification Test*).

Prinzipiell sollen mit Hilfe der vorstehenden Kriterien lediglich die Sachverhalte erfasst werden, bei denen mit einem wesentlichen Steueraufkommen zu rechnen ist. Ferner soll durch den *Certification Test* aber auch gewährleistet werden, dass der *Expatriate*

580 IRC § 877A (g)(1) i. V. m. § 877 (a)(2).

seinen US-Steuerpflichten in der Vergangenheit vollumfänglich nachgekommen ist. Ist dies nicht der Fall, unterliegt der *Expatriate* unabhängig von den ansonsten einschlägigen Betragsgrenzen der Wegzugsbesteuerung.

Eine Ausnahme von den ersten zwei Kriterien betrifft bestimmte US-Staatsbürger, welche die Staatsbürgerschaft aufgrund einer Doppelstaatsbürgerschaft oder vor Erreichen der Altersgrenze von 18 ½ Jahren aufgeben. Für sie gilt nur der *Certification Test* als maßgebliche Anwendungsvoraussetzung, nicht aber die übrigen zwei quantitativen Kriterien. Kann der Steuerpflichtige die Erfüllung aller Verpflichtungen gegenüber dem IRS nachweisen, kommt es hier somit zu keiner Wegzugsbesteuerung.[581]

5.5.1 Quantitativer Test für Nettoeinkommensteuer (*Tax Liability Test*)

Der *Tax Liabiliy Test* stellt auf die durchschnittliche US Steuerschuld der letzten fünf Steuerjahre vor dem Wegzug ab. Der Test gilt als erfüllt, wenn die durchschnittliche Steuerpflicht des Fünfjahreszeitraums einen Betrag von USD 171.000 (gilt für 2020, wird jährlich an die Inflation angepasst) überschreitet.[582] Für die Ermittlung der durchschnittlichen Steuerschuld ist die US-Nettoeinkommensteuer nach IRC § 38(c)(1) der letzten fünf Jahre vor dem Verlust der Staatsbürgerschaft bzw. *Green Card* heranzuziehen.[583] Diese ermittelt sich wie folgt:

	Einkommensteuerschuld vor Alternative Minimum Tax und Tax Credits
+	Alternative Minimum Tax
./.	Bestimmte Tax Credits
=	US-Nettoeinkommensteuer für Zwecke des Tax Liability Tests

Zu den abzugsfähigen *Tax Credits* zählen nicht erstattbare persönliche *Tax Credits* nach IRC §§ 21 bis 26 und andere *Tax Credits* nach IRC §§ 27 bis 30D (darunter auch der *Foreign Tax Credit*).[584]

Sofern der Steuerpflichtige verheiratet ist und die Zusammenveranlagung gewählt hatte, ist für den *Tax Liability Test* die Nettoeinkommensteuer der Steuererklärung der Zusammenveranlagung maßgeblich.[585]

581 Siehe dazu 5.5.3.
582 IRC § 877 (a)(2); Rev. Proc. 2019-44, 2019-47 IRB 1093.
583 IRS Notice 2009-85, Sec. 2 (B), mit Verweis auf IRS Notice 97-19, Sec. 3.
584 IRC § 38 (c)(1).
585 IRS Notice 97-19, Sec. 3.

BEISPIEL Bei einem Verlust der *Green Card* im Jahr 2019 ist für Zwecke des *Tax Liability Tests* die Steuerschuld der Jahre 2014 bis 2018 heranzuziehen. Beträgt die Steuerschuld nach *Alternative Minimum Tax* und abzugsfähigen *Tax Credits* in diesen Jahren entsprechend $120.000, $140.000, $150.000, $110.000 und $125.000, dann ergibt dies eine durchschnittliche Steuerschuld von $129.000 ($645.000 / 5; Summe der Steuerschuld / Anzahl der Jahre). Der *Tax Liability Test* wäre im Beispiel somit nicht erfüllt.

5.5.2 Quantitativer Test für Nettovermögen (*Net Worth Test*)

Der *Net Worth Test* gilt als erfüllt, sofern das Nettovermögen des *Expatriates* im Zeitpunkt des Wegzuges USD 2 Mio. beträgt oder überschreitet.[586] Für Zwecke der Ermittlung des Nettovermögens wird einem Steuerpflichtigen jenes Vermögen zugerechnet, welches bei einer Schenkung vor dem Wegzug der US-Schenkungsteuer unterliegen würde.[587]

Dazu zählt jegliches Vermögen, welches im Eigentum des Steuerpflichtigen steht (z. B. Auto, Wohnhaus, Wertpapiere, Anteil an einer Personengesellschaft) oder auf das er einen sonstigen Anspruch hat (z. B. Rente, sonstige Zahlungen oder Nutzungsrechte).[588] Dies gilt unabhängig davon, ob das Vermögen als Einkunftsquelle dient oder nicht. Vermögen, welches nur anteilig im Eigentum des Steuerpflichtigen steht, ist auch nur mit dem anteiligen Wert einzubeziehen.

Die Bewertung erfolgt aufgrund der Bewertungsgrundsätze zur US-Schenkungsteuer.[589] Mithin ist grundsätzlich der Verkehrswert (*Fair Market Value*) maßgeblich. Der Steuerpflichtige hat den Verkehrswert des Vermögens unter Beachtung der Grundsätze von Treu und Glauben zu schätzen; eine formelle Bewertung durch ein Gutachten ist nicht erforderlich.[590] Allerdings bietet es sich bei größeren Vermögenswerten zur Vermeidung von Konfliktpotential mit der Finanzverwaltung, insbesondere in Verlustsituationen, gleichwohl an, eine formelle Bewertung durchführen zu lassen.

5.5.3 Qualitativer Test für Einhaltung der Steuervorschriften (*Certification Test*)

Unabhängig von *Tax Liability*- und *Net Worth Test* hat der *Expatriate* zu bescheinigen und nachzuweisen, dass er in den letzten fünf Jahren vor dem Jahr des Verlustes der Staatsbürgerschaft oder der *Green Card* allen notwendigen steuerlichen Verpflichtungen gegenüber dem IRS nachgekommen ist.[591] Erfolgt eine dahingehende Bescheini-

586 IRC § 877 (a)(2)(B).
587 IRS Notice 2009-85, Sec. 2 (B), mit Verweis auf IRS Notice 97-19, Sec. 3.
588 IRS Notice 97-19, Sec. 3.
589 Treas. Reg. § 25.2512-1 bis § 25.2512-6.
590 IRS Notice 2009-85, Sec. 2 (B), mit Verweis auf IRS Notice 97-19, Sec. 3.
591 IRC § 877 (a)(2)(C).

gung bzw. der Nachweis nicht, so kommt die Wegzugsbesteuerung ausdrücklich auch dann zur Anwendung, wenn die Wertgrenzen des *Tax Liability Tests* und des *Net Worth Tests* nicht überschritten wurden.

Zu den maßgeblichen Pflichten zählen unter anderem die Abgabe aller Steuererklärungen (z. B. Einkommensteuer, Lohnsteuer, Schenkungsteuer), die Erfüllung aller Meldepflichten (z. B. *Information Returns*, FBAR) und die Begleichung aller Steuern, Zinsen und Strafen der letzten fünf Jahre vor dem Wegzug.[592] Der Nachweis der Pflichterfüllung hat als strafbewährte Erklärung auf dem Formular 8854 zu erfolgen und ist mit der Steuererklärung des Jahres einzureichen, in dem der Wegzug erfolgt.[593] Allein für die wahrheitswidrige Erklärung der vollständigen Pflichterfüllung drohen dem *Expatriate* eine Geldstrafe von bis zu USD 100.000 und / oder eine Freiheitsstrafe von bis zu drei Jahren.[594] Zusätzliche Strafen können unter Umständen wegen Steuerhinterziehung verhängt werden, soweit der *Expatriate* durch die wahrheitswidrige Erklärung eine Besteuerung seines Wegzugs verhindert.

5.5.4 Ausnahmeregelungen für bestimmte US-Staatsbürger

Bestimmte Doppelstaatsbürger ohne ausreichenden US-Bezug, die ihre US-Staatsbürgerschaft aufgeben, unterliegen nur dem *Certification Test*. Auf sie sind der *Tax Liability Test* und der *Net Worth Test* nicht anzuwenden. Zur US-Wegzugsbesteuerung kommt es somit nur, sofern sie der Erfüllung aller Steuerverpflichtungen der letzten fünf Jahre nicht nachgekommen sind und diesbezüglich keine eidesstattliche Erklärung abgeben können.[595]

Erfasst werden jene Doppelstaatsbürger, die bereits durch Geburt US-Staatsbürger und gleichzeitig Staatsbürger eines Drittstaates sind.[596] Weitere Voraussetzung ist, dass die Person im Zeitpunkt des Wegzuges weiterhin die Staatsbürgerschaft desselben Drittstaates besitzt sowie steuerlich in genau diesem Drittstaat als ansässig gilt und daher dort unbeschränkt steuerpflichtig ist. Zusätzlich darf die Person in den USA in nicht mehr als zehn der letzten 15 Jahre aufgrund des *Substantial Presence Tests* als steuerlich ansässig gegolten haben.[597] Die Berechnung der 15 Jahre endet mit dem Steuerjahr, in dem der Wegzug stattfindet.

592 IRS Notice 2009-85, Sec. 2.
593 IRS Notice 2009-85, Sec. 2, dazu ausführlich 5.12.
594 IRC § 7206 (1).
595 IRC § 877A (g)(1)(B).
596 IRC § 877A (g)(1)(B)(i).
597 Verweis auf IRC § 7701 (b)(1)(A)(ii).

Gleiches gilt, wenn die Person ihre US-Staatsbürgerschaft vor Erreichen des Alters von 18 1/2 Jahren aufgibt und vor dieser Aufgabe in den USA steuerlich nicht mehr als zehn Jahre aufgrund des *Substantial Presence Tests* als ansässig gegolten hat.[598] Im letzteren Fall ist es nicht erforderlich, dass die Person bereits durch Geburt die Staatsbürgerschaft eines Drittstaates hatte.

BEISPIEL 1 Die Tochter des Deutschen Herrn X ist in den USA geboren und besitzt die doppelte Staatsbürgerschaft. Bis zum Erreichen der Volljährigkeit lebt sie mit ihren Eltern in den USA, entschließt sich jedoch direkt im Anschluss, nach Deutschland zu ziehen und die US-Staatsbürgerschaft aufzugeben. Da sie zuvor in den USA gelebt hat und somit nach dem *Substantial Presence Test* als ansässig galt, unterliegt sie der Wegzugsbesteuerung nach IRC § 877A.

BEISPIEL 2 Die Tochter des Österreichers Herrn Y ist in den USA geboren und besitzt neben der amerikanischen auch die österreichische Staatsbürgerschaft. Im Alter von fünf Jahren zieht sie mit ihren Eltern nach München. Nach Erreichen der Volljährigkeit entschließt sie sich zur Aufgabe der US-Staatsbürgerschaft. Zwar war die Tochter von Herrn Y vor der Aufgabe ihrer Staatsbürgerschaft nach dem *Substantial Presence Test* weniger als zehn Jahre in den USA ansässig, indes ist sie nun nicht in genau jenem Staat – Österreich – ansässig, deren weitere Staatsbürgerschaft sie besitzt. Daher unterliegt auch sie der Wegzugsbesteuerung nach IRC § 877A.

BEISPIEL 3 Die Tochter des Herrn Z ist in den USA geboren und besitzt neben der amerikanischen auch die französische Staatsbürgerschaft, die sie im Alter von 15 Jahren durch Antrag (nicht durch Geburt) erhalten hat. Unmittelbar nach Erreichen der Volljährigkeit entschließt sie sich zur Aufgabe der US-Staatsbürgerschaft. Zwar war die Tochter von Herrn Z vor der Aufgabe ihrer Staatsbürgerschaft nach dem *Substantial Presence Test* mehr als zehn Jahre in den USA ansässig, darüber hinaus hat sie die französische Staatsbürgerschaft nicht von Geburt an. Da sie die US-Staatsbürgerschaft vor Erreichen des Alters 18 1/2 Jahren aufgibt, unterliegt sie nicht der Wegzugsbesteuerung nach IRC § 877A.

5.6 Wirkung der Wegzugsbesteuerung

5.6.1 Veräußerungsfiktion / *Mark-to-Market*

Wird der Steuerpflichtige nach den vorstehenden Regeln als *Covered Expatriate* qualifiziert, gelten grundsätzlich das gesamte, weltweite Vermögen sowie sämtliche Vermögensansprüche der Person am Tag vor dem steuerlichen Wegzug als zum Verkehrswert veräußert (*Mark-to-Market, Fair Market Value*).[599] Es kommt folglich zu einer Veräußerungsfiktion, wobei grundsätzlich sämtliches Vermögen einzubeziehen ist, welches bei Eintreten des Erbfalles der unbeschränkten US-Nachlasssteuerpflicht unterliegen würde.[600] Mithin wird am Tag vor dem steuerlichen Wegzug das Eintreten des un-

598 IRC § 877A (g)(1)(B)(ii) mit Verweis auf den Substantial Presence Test in IRC § 7701 (b)(1)(A)(ii).

599 IRC § 877A (a)(1).

600 IRS Notice 2009-85.

beschränkt US-steuerpflichtigen Erbfalls der betreffenden Person fingiert.[601] Dabei wird selbst solches Vermögen in die Veräußerungsfiktion einbezogen, welches bei einem späteren Verkauf ohnehin der US-Steuerpflicht unterliegt, bei dem also aus US-Sicht eigentlich kein Verlust von Steuersubstrat zu befürchten ist. Dies trifft beispielsweise auf in den USA belegenes Grundvermögen zu.

Ausgenommen von der fiktiven Veräußerung bzw. dem fiktiven Nachlassfall sind bestimmte Vermögensgegenstände sowie bestimmte Ansprüche. Für diese gelten besondere Bestimmungen.[602] Sofern nicht bereits aufgrund der Nachlasssteuerregelungen zu berücksichtigen, ist auch ein Anspruch, der dem *Covered Expatriate* als Begünstigten eines Trusts zusteht, mit einzubeziehen.[603]

Das fiktiv veräußerte Vermögen sowie die Vermögensansprüche sind grundsätzlich mit ihrem Verkehrswert zu bewerten. Als maßgeblicher Veräußerungs- und Bewertungszeitpunkt gilt der Tag vor dem Wegzug (Tag vor dem Verlust der US-Staatsbürgerschaft oder der dauernden Aufenthaltserlaubnis).[604] Die Bewertung folgt dabei prinzipiell den Bewertungsgrundsätzen des Nachlasssteuerrechts, jedoch mit einigen wenigen Ausnahmen, welche im Wesentlichen der Berücksichtigung der Tatsache dienen, dass es sich faktisch gerade nicht um einen Erbfall handelt. So kann insbesondere die durch die Wegzugsbesteuerung entstehende Steuerlast auch konsequenterweise nicht vom Wert des Vermögens abgezogen werden, wie es bei sonstigen Steuerschulden eines Erblassers hinsichtlich des Nachlasswertes möglich ist. Ebenso finden die Regelungen des IRC § 2055 ff., welche Vergünstigungen beispielsweise. für Zuwendungen aus gemeinnützigen Zwecken, an den überlebenden Ehegatten oder von familiengeführten Unternehmen vorsehen, keine Anwendung.[605]

5.6.2 Abzug des Freibetrages

Sofern Veräußerungsgewinne entstehen, werden diese anteilig um einen Gesamtfreibetrag vermindert.[606] Letzter unterliegt der jährlichen Inflationsanpassung und wird im Jahr 2020 bis zu einer Höhe von USD 737.000 gewährt.[607] Im Ergebnis kommt es des-

601 IRS Notice 2009-85, Sec. 3; dazu zählt z. B. auch bereits übertragenes Vermögen mit Nießbrauchsvorbehalt, Schenkungen innerhalb von drei Jahren vor dem Wegzug, Vermögen mit faktischer Verfügungsmöglichkeit des Steuerpflichtigen.

602 Siehe dazu 5.8.

603 Die Höhe dieses Anspruchs bestimmt sich nach komplexen Regeln, deren Erläuterung den Zweck der vorliegenden Ausführungen übersteigt, siehe aber IRS Notice 2009-85, Sec. 3 (A) mit Verweis auf IRS Notice 97-19, Sec. 3.

604 IRC § 877A (a)(1).

605 Siehe auch IRS Notice 2009-85, Sec. 3 (A).

606 IRC § 877A (a)(3)(A).

607 IRC § 877A (a)(3)(B); Rev. Proc. 2019-44, 2019-47 IRB 1093.

halb nur zur Besteuerung eines steuerpflichtigen Gesamtveräußerungsgewinnes, sofern dieser USD 737.000 übersteigt.[608] Reicht der Freibetrag nicht aus, um die Veräußerungsgewinne zu decken, ist der Freibetrag den einzelnen Veräußerungsgewinnen wie folgt zuzuordnen:[609]

$$\text{Anteiliger Freibetrag des einzelnen Veräußerungsgewinnes} = \text{Gesamtfreibetrag} \times \frac{\text{Einzelner Veräußerungsgewinn}}{\text{Gesamtveräußerungsgewinn}}$$

BEISPIEL[610] ▸ A ist *Covered Expatriate* im Sinne des Gesetzes und gibt seine US-Staatsbürgerschaft am 1.11.2020 auf. Am 31.10.2020 ist A Eigentümer von folgenden drei Vermögensgegenständen:

1. Grundstück, Verkehrswert $2 Mio., Anschaffungskosten $200.000
2. Wertpapiere, Verkehrswert $1 Mio., Anschaffungskosten $800.000
3. PKW, Verkehrswert $50.000, Anschaffungskosten $80.000

Der fiktive Gewinn aus dem Grundstück beträgt $1.800.000, aus den Wertpapieren $200.000 und der Verlust hinsichtlich des PKW $30.000. Der Freibetrag wird wie folgt aufgeteilt:

$$\text{Grundstück} = \$737.000 \times \frac{\$1.800.000}{\$2.000.000} = \$663.300$$

$$\text{Wertpapiere} = \$737.000 \times \frac{\$200.000}{\$2.000.000} = \$73.700$$

Der steuerpflichtige Gewinn des Grundstücks liegt mithin bei $1.800.000 abzgl. des anteiligen Freibetrags von $663.300 = $1.136.700. Bei den Wertpapieren verbleibt von dem ursprünglich errechneten Gewinn von $200.000 nach Abzug des anteiligen Freibetrags von $73.700 noch ein steuerpflichtiger Gewinn von $126.300. Da die fiktive Veräußerung des PKW zu einem Verlust geführt hat, spielt dieser naturgemäß für die Aufteilung des Freibetrags keine Rolle. Mithin ergibt sich eine steuerliche Bemessungsgrundlage für Zwecke der Wegzugsbesteuerung i. H. v. $1.263.000.

Der gesamte Freibetrag steht jedem Steuerpflichtigen nur einmal im Leben zu. Kommt es zu einem späteren Zeitpunkt noch einmal zur US-Wegzugsbesteuerung, kann nur mehr ein eventuell ungenutzter Anteil des Freibetrages verwendet werden.[611]

Nicht abschließend geklärt ist bisher, ob der Freibetrag für den Veräußerungsgewinn einer zu eigenen Wohnzwecken genutzte Immobilie der nach IRC § 121 alle 2 Jahre i. H. v. USD 250.000 für Alleinstehende bzw. USD 500.000 für Verheiratete in Anspruch genommen werden kann, dem Steuerpflichtigen auch im Falle der Wegzugsbesteue-

608 IRC § 877A (a)(3).

609 IRS Notice 2009-85, Sec. 3 (B).

610 Vgl. IRS Notice 2009-85, Sec. 3 (B), Beispiel 1 (inflationsangepasster Freibetrag).

611 IRS Notice 2009-85, Sec. 3 (B).

rung zu Gute kommt.[612] Der Wortlaut der *IRS Notice 2009-85* lässt darauf schließen, dass dies der Fall ist. Diesbezüglich heißt es nämlich in Section B sinngemäß, nach der Aufteilung des Freibetrages (wie vorstehend berechnet), müsse jeder Gewinn / Verlust auf den für den Vermögensgegenstand üblicherweise zur Anwendung kommenden Formularen angezeigt werden. Die Verwendung der regulären Formulare spricht eigentlich dafür, dass insoweit auch die jeweiligen Regelungen und Freibeträge zur Anwendung kommen.

5.6.3 Veräußerungsverluste

Bei der Ermittlung der Wertgrenze von USD 2 Mio. für den *Net Worth Test* werden negative Vermögenswerte und Schulden vollumfänglich berücksichtigt. Kommt es zu einer Besteuerung nach den Regeln des IRC § 877A, werden Verluste insoweit berücksichtigt als dies unter den allgemeinen steuerlichen Bestimmungen zugelassen wird; Einschränkungen der Verlustrealisierung kommen daher auch hier zur Anwendung.[613] Dies bedeutet vor allem, dass im Falle eines Gesamtverlustes (*Net Capital Loss*) dieser Verlust mit maximal USD 3.000 mit anderen Einkünften im Jahre des Wegzugs verrechnet werden kann.[614] Der nicht verwendete Verlust (*Net Capital Loss*) kann in das Folgejahr vorgetragen werden,[615] wobei zweifelhaft und sehr einzelfallabhängig sein dürfte, inwieweit ein *Covered Expatriate* hiervon auch profitieren kann, da er in der Folge grundsätzlich nicht mehr der amerikanischen Besteuerung unterliegt.

Abweichend von den allgemeinen Bestimmungen wird ein Verlust aus sogenannten *Wash Sales* (Veräußerung und sofortiger Wiedererwerb derselben Wertpapiere aus Gründen der Verlustrealisation) in die Berechnung des finalen Gewinns einbezogen.[616]

5.6.4 Steuersatz

Der auf den nach Abzug des Freibetrags und der entstandenen Verluste entstehende steuerpflichtige Gewinn wird angesichts der Veräußerungsfiktion mit dem regulären Steuersatz für tatsächliche Veräußerungsgewinne belegt. Das bedeutet im Wesentlichen eine Unterscheidung zwischen kurzfristig und längerfristig gehaltenen Vermögenswerten, wobei die Grenze zwischen der Einordnung als kurz- oder langfristig bei exakt einem Jahr liegt. Für kurzfristig gehaltene Vermögensgegenstände kommt grundsätzlich der progressive, individuelle Steuersatz des *Expatriates* zur Anwendung. Dieser kann bis zu 37 % zzgl. 3,8 % *Net Investment Income Tax* betragen. Bei langfristig

612 Vgl. IRC § 877A (a)(2)(A), wonach der Gewinn aus einem Verkauf in dem Jahr des Verkaufs zu versteuern ist.
613 IRC § 877A (a)(2)(B).; siehe 2.2.4.7.
614 IRC § 1211 (b).
615 IRC § 1212 (b).
616 IRC § 877A (a)(2)(B) i. V. m. IRC § 1091.

(ab einem Jahr und einem Tag) gehaltenen Vermögenswerten liegt die sogenannte *Capital Gains Tax* grundsätzlich bei maximal 20 % zzgl. 3,8 % *Net Investment Income Tax*.[617] Der Zuschlag von 3,8 % auf den regulären Tarif kommt nur bei Veräußerung von Vermögensgegenständen, die zur Erzielung von passiven Einkünften dienen bzw. von Investmentvermögen, zur Anwendung, nicht jedoch bei Veräußerungen im Zusammenhang mit sogenanntem *Business Property* (zumeist Inventar). Eine Steuerplanung hinsichtlich des Zuschlags ist insbesondere bei umfangreichen Immobilieninvestitionen erforderlich, um die zusätzliche 3,8 %-ige Steuerbelastung zu reduzieren.

5.6.5 Berücksichtigung der Veräußerungsfiktion bei späterer tatsächlicher Veräußerung

Unterliegt das Vermögen einer Person der US-Wegzugsbesteuerung, so kommt es im Falle einer späteren tatsächlichen Veräußerung zur Anpassung der Buchwerte der betreffenden Vermögenswerte an die zum Zeitpunkt des Wegzugs maßgeblichen Verkehrswerte.[618] Dies führt sodann entsprechend zu einer Verringerung oder Erhöhung des Veräußerungsgewinnes bzw. -verlustes bei späterer Veräußerung dieser Vermögenswerte. Damit wird eine steuerliche Doppelerfassung des Gewinns in den USA vermieden. Nicht berücksichtigt wird bei der Korrektur der Buchwerte bzw. der Veräußerungsgewinne, wenn bestimmte Teile des fiktiven Veräußerungsgewinns im Wegzugszeitpunkt aufgrund des Freibetrages nicht besteuert wurden.[619] Folglich kommt es auch dann zur Anpassung eines späteren tatsächlichen Veräußerungsgewinnes, wenn ein vorheriger fiktiver Veräußerungsgewinn aufgrund des Freibetrages nicht besteuert wurde.[620] Diese Regelung greift freilich nur bei in den USA belegenen und dort ohnehin steuerpflichtigen Vermögensteilen, da im Ausland belegenes Vermögen nach Wegzug nicht mehr der US-Besteuerung unterliegt.

BEISPIEL[621] A ist *Covered Expatriate* im Sinne des Gesetzes und gibt seine US-Staatsbürgerschaft am 1.11.2017 auf. Am 31.10.2017 ist A Eigentümer eines in den USA belegenen Grundstücks mit einem Verkehrswert von $2 Mio. und einem Buchwert von $200.000. Durch die Veräußerungsfiktion entsteht im Zeitpunkt des Wegzugs ein Gewinn von $1.8 Mio. abzgl. des Freibetrags von $737.000, mithin von $1.063 Mio. Am 31.8.2018 verkauft A das Grundstück, welches weiterhin einen Verkehrswert von $2 Mio. hat, tatsächlich. Aufgrund der Berücksichtigung der vorangegangenen Wegzugsbesteuerung wird der Buchwert des Grundstücks im Zeitpunkt der Veräußerung fiktiv mit dem Verkehrswert im Wegzugszeitpunkt, also $2 Mio. angesetzt. Es entsteht daher kein weiterer steuerpflichtiger Gewinn.

617 Zu den Steuersätzen siehe 2.2.4.1. f. und 2.2.4.3.

618 IRS Notice 2009-85, Sec. 3 (C).

619 IRC § 877A (a).

620 IRS Notice 2009-85, Sec. 3 (C) mit Beispielen.

621 Das Beispiel entspricht der Gestzeslage vor der US-Steuerreform von 2017.

5.6.6 Buchwertkorrektur bei ursprünglichem Zuzug

Nach den allgemeinen Vorschriften des US-Steuerrechts kommt es bei Zuzug (das heißt bei Beginn der unbeschränkten US-Steuerpflicht) einer Person in die USA grundsätzlich nicht zur Anhebung des Buchwerts von Vermögenswerten des Betroffenen auf den Verkehrswert. Vielmehr wird der Buchwert für die Vermögenswerte nach den allgemeinen US-steuerlichen Grundsätzen ermittelt. Eine Ausnahme besteht für Zwecke der Ermittlung des fiktiven Veräußerungsgewinnes im Falle des Wegzugs insoweit, als dass eine Anhebung des Buchwertes auf den im Zeitpunkt des Zuzugs existierenden Verkehrswert zugelassen wird (*Step-Up in Basis*)[622]. Hat der *Covered Expatriate* also bereits vor Zuzug Vermögen gehalten, so ist grundsätzlich der Verkehrswert zum Zeitpunkt des Zuzuges als Buchwert des Vermögens heranzuziehen.

Um Streitigkeiten über den Verkehrswert von Vermögenswerten im Zuzugszeitpunkt zu vermeiden, ist die Einholung von geeigneten Wertgutachtens bei Zuzug in die USA empfehlenswert.

Der *Step-Up in Basis* kommt allerdings nur zum Tragen, sofern der dadurch maßgebliche Wert höher ist als der nach allgemeinem US-Steuerrecht zu ermittelnde Buchwert. Auf die Anhebung kann außerdem für jeden einzelnen Vermögensgegenstand (unwiderruflich) verzichtet werden (z. B. wenn die Kosten für ein Schätzungsgutachten des Verkehrswertes zum Zuzugszeitpunktes nicht übernommen werden sollen).[623] Dieses Wahlrecht ist mit Formular 8854 auszuüben.[624]

BEISPIEL A ist *Covered Expatriate* im Sinne des Gesetzes und gibt seine US-*Green Card* am 1.11.2019 auf. Am 31.10.2019 ist A Eigentümer einer in der Schweiz belegenen Wohnimmobilie mit einem Verkehrswert von $3 Mio. Die Immobilie hat sein Vater im Jahr 2007 für $1 Mio. erworben und dem A am 31.1.2009 im Wege der Schenkung übertagen, kurz bevor A seine US-*Green Card* erhalten hat. Wegen der Finanzkrise hatte die Immobilie zum Zeitpunkt der Schenkung einen Verkehrswert von $800.000. Nach den allgemeinen Regeln des US-Steuerrechts hätte A einen Buchwert von $1 Mio., was dem Wert des Schenkers entspricht (Fußstapfentheorie). Da der Wert zum Zeitpunkt des Zuzugs in die USA niedriger war, bleibt der zu diesem Zeitpunkt ermittelte Wert von $800.000 unberücksichtigt.

5.6.7 Wegzugsbesteuerung: Ausnahme von der DBA-Anwendung

Ein ehemaliger Staatsbürger oder *Long-Term Resident* kann nach Art. 1 Abs. 4 lit. b) DBA D / USA, unabhängig von anderen Bestimmungen dieses DBAs, für die Dauer von zehn Jahren nach dem Verlust des Status nach dem Recht der USA besteuert werden. Diese Regelung war zwar grundsätzlich für IRC § 877 gedacht, ist allerdings dem Wortlaut

622 IRC § 877A (h)(2).

623 Beispiel in IRS Notice 2009-85, Sec. 3(D).

624 IRS Notice 2009-85, Sec. 3 (D).

nach auch auf IRC § 877A anwendbar. Für US-Staatsbürger gilt generell die sogenannte *Saving Clause*, welche die Anwendung des DBAs D / USA einschränkt. Diese Regelungen führen dazu, dass die Besteuerung eines fiktiven Veräußerungsgewinnes nach IRC § 877A nicht durch das DBA D / USA verhindert werden kann.

5.6.8 Mögliche Doppelbesteuerung

Da die Steuerrechtsordnungen anderer Länder – wie auch Deutschland – in aller Regel Gewinne aus der Veräußerung von Vermögensgegenständen besteuern, besteht aufgrund der US-Besteuerung des fiktiven Veräußerungsgewinns bei Wegzug grundsätzlich die Gefahr einer Doppelbesteuerung bei tatsächlicher Veräußerung der Vermögensgegenstände zu einem späteren Zeitpunkt. Angesichts der Tatsache, dass die Wegzugsbesteuerung und die spätere tatsächliche Veräußerung zeitlich auseinanderfallen, kommt es zu einer Entstehung von Steuerschulden zu unterschiedlichen Zeitpunkten, die grundsätzlich nicht angerechnet werden können (Auseinanderfallen des Besteuerungszeitpunktes). Sofern das Steuerrecht des jeweiligen Zuzugsstaates nicht trotz der unterschiedlichen Besteuerungszeitpunkte eine Anrechnung der US-Steuer vorsieht, kommt es damit zu einer unvermeidbaren Doppelbesteuerung der stillen Reserven.

Das DBA D / USA löst dieses Problem über eine fiktive Buchwertkorrektur. Nach Art. 13 Abs. 6 DBA D / USA kann sich eine natürliche Person, die nach ihrem Wegzug aus einem der Vertragsstaaten einer Veräußerungsfiktion ausgesetzt ist und aufgrund dessen in diesem Staat auch besteuert wird, im Zuzugsstaat so behandeln lassen, als hätte sie unmittelbar vor ihrem Wegzug das Vermögen zu einem Betrag veräußert und rückerworben, welcher dem seinerzeitigen üblichen Marktpreis entspricht. Damit werden die stillen Reserven im Zeitpunkt der tatsächlichen Veräußerung in Deutschland kein zweites Mal besteuert.

5.7 Wahlrecht zur Stundung der Steuer

Aufgrund der Veräußerungsfiktion kann es zur Entstehung einer Steuerschuld kommen, ohne dass ausreichend liquide Mittel vorhanden sind. In diesem Fall besteht grundsätzlich ein Wahlrecht auf Stundung der Steuerschuld.[625] Um dieses Wahlrecht jedoch ausüben zu können, müssen die folgenden Kriterien erfüllt sein:

1. Für den gestundeten Betrag ist eine Sicherheit zu leisten. Die Sicherheit kann in Form einer an die Zahlung der Steuer bedingten Garantie (*Bond*) gegenüber dem

625 IRC § 877A (b).

Secretary oder auch in einer anderen Sicherheitsleistung (z. B. *Letter of Credit*, Bankbürgschaft) bestehen.[626]

2. Es muss auf solche Ansprüche aufgrund von Doppelbesteuerungsabkommen unwiderruflich verzichtet werden, welche die Veranlagung oder die Erhebung der Steuer verhindern würden.[627]

Das Wahlrecht kann für jeden Vermögensgegenstand einzeln ausgeübt werden und ist unwiderruflich. Für die Stundung fallen Stundungszinsen an, bei deren Berechnung es nach den US-amerikanischen Regeln auch zu einem Zinseszinseffekt kommt.[628]

Aufgrund der Berechnung der Steuerschuld auf Basis des gesamten Nettoveräußerungsgewinns ist die anteilige Steuerschuld für jeden einzelnen Veräußerungsgewinn wie folgt zu berechnen:[629]

$$\text{Anteilige Steuerschuld des einzelnen Veräußerungsgewinnes} = \text{Gesamtsteuerschuld aufgrund von IRC § 877A} \times \frac{\text{Einzelner Veräußerungsgewinn}}{\text{Gesamtveräußerungsgewinn}}$$

Die Stundung gilt grundsätzlich bis zum Fälligkeitsdatum der Steuererklärung für das Jahr, in dem der *Expatriate* das Vermögen tatsächlich transferiert. Überträgt der *Expatriate* das Vermögen, ohne dass dabei ein Veräußerungsgewinn realisiert wird, kann vom *Secretary* ein anderer Zeitpunkt für die Fälligkeit festgelegt werden.[630] Das ist insofern konsequent, als eine Veräußerung ohne Gewinn keine liquiden Mittel für die Begleichung der Steuerschuld schafft.

Die Stundung endet jedenfalls mit dem Ableben des Steuerpflichtigen oder in dem Zeitpunkt, in dem keine ausreichende Sicherheit mehr vorhanden ist und nicht innerhalb von 30 Tagen nachdem der IRS den Steuerpflichtigen über das Fehlen unterrichtet hat eine Ersatzleistung erbracht wird.[631] Mit dem Ende der Stundung wird die ausstehende Steuer sofort fällig. Davon unabhängig ist es dem *Expatriate* jederzeit gestattet, die Steuerschuld sowie aufgelaufene Zinsen vollständig zu begleichen.[632]

Möchte der *Expatriate* das Wahlrecht zur Stundung der Steuerschuld ausüben, so hat er mit dem IRS eine schriftliche Stundungsvereinbarung zu schließen.[633] Die Vereinbarung muss eine Aufzählung der Vermögensgegenstände, für die das Wahlrecht aus-

626 IRC § 877A (b)(4).
627 IRC § 877A (b)(5).
628 IRC § 877A (b); IRS Notice 2009-85, Sec. 3 (E).
629 Vgl. IRS Notice 2009-85, Sec. 3 (E).
630 IRC § 877A (b)(1).
631 IRC § 877A (b)(3).
632 IRC § 877A (b)(2); IRS Notice 2009-85, Sec. 3 (E).
633 IRS Notice 2009-85, Sec. 3 (E).

geübt werden soll, eine Berechnung der anteiligen Steuerschuld für den jeweiligen Gegenstand, die Auflistung der angebotenen Sicherheiten, eine Kopie der Steuererklärung für das Jahr welches den Tag vor dem Wegzug umfasst, sowie die Benennung einer zustellungsbevollmächtigten US-Person für die spätere Korrespondenz hinsichtlich der Stundung enthalten. Eine Vorlage für eine solche Vereinbarung wird vom IRS im Anhang zur Mitteilung vom 9.11.2009 zur Verfügung gestellt.[634]

5.8 Sonderbehandlung von bestimmtem Vermögen und Vermögensansprüchen

Bestimmte Vermögensteile sind von der Veräußerungsfiktion ausgeschlossen.[635] Für sie gelten spezielle Regelungen, die gewährleisten sollen, dass auch wirtschaftlich bereits entstandene, aber noch nicht zugeflossene Ansprüche der Besteuerung unterliegen. Dazu zählen:

1. Nachträgliche Vergütungen
2. Steuerbegünstigte Konten
3. Ansprüche aus bestimmten Trusts (Treuhandschaft ohne Kontrolle, sogenannte *Nongrantor Trusts*)

5.8.1 Nachträgliche Vergütungen

Bei nachträglichen Vergütungen im Sinne des Gesetzes handelt es sich um Ansprüche aus bestimmten Pensionsplänen oder Ansparmodellen,[636] Ansprüche aus ausländischen Pensionsplänen oder ähnliche Ruhestandsvereinbarungen, nachträglich ausbezahlte Vergütungen und Ansprüche auf Vermögen oder das Recht auf Vermögen (*Option*) aufgrund von erbrachten Dienstleistungen, sofern der Wert des Anspruches nicht bereits (z. B. aufgrund von IRC § 83 (b)) steuerlich berücksichtigt wurde.[637]

Nachträgliche Vergütungen werden grundsätzlich in zwei Kategorien mit unterschiedlichen Konsequenzen für die Besteuerung unterteilt. Auf der einen Seite stehen die sogenannten *Eligible Deferred Compensation Items*, das Gegenstück bilden die *Ineligible Deferred Compensation Items*.[638] Im Falle eines *Eligible Deferred Compensation Item* wird die nachträgliche Vergütung im Zeitpunkt der Auszahlung einer US-Quellensteuer unterworfen, handelt es sich um ein *Ineligible Deferred Compensation Item* so wird die

634 IRS Notice 2009-85, Appendix A.
635 IRC § 877A (c).
636 Entsprechend der Aufzählung in IRC § 219 (g)(5).
637 IRC § 877A (d)(4).
638 IRC § 877A (d)(3).

nachträgliche Vergütung im Zeitpunkt des Wegzuges mit dem aktuellen Wert des gesamten Anspruches versteuert.[639]

Eine Einordnung als *Eligible Deferred Compensation Item* und damit ein Einbehalt von US-Quellensteuer ist grundsätzlich möglich, wenn es sich beim Schuldner der nachträglichen Vergütung entweder um eine US-Person handelt oder um eine ausländische Person, die sich damit einverstanden erklärt für Zwecke von IRC § 877A (d)(1) als US-Person behandelt zu werden. In diesem Fall kann der *Expatriate* zum Quellensteuereinbehalt im Zeitpunkt des späteren steuerlichen Zuflusses optieren und damit die zeitlich unmittelbare Wegzugsbesteuerung dieser Vermögensteile vermeiden. Er hat den Schuldner auf seinen *Expatriate*-Status hinzuweisen und hinsichtlich des Quellensteuereinbehalts auf jegliche Ansprüche durch DBA-Vergünstigungen zu verzichten.[640]

Der dem Wahlrecht folgende Quellensteuereinbehalt im Auszahlungszeitpunkt entspricht dem regulären Quellensteuereinbehalt für in den USA nicht ansässige Personen i. H. v. 30 %. Es handelt sich nicht um eine Definitivbelastung, vielmehr wird der Steuereinbehalt auf eine später festzusetzende Steuer angerechnet.[641] Wäre aufgrund der gesetzlichen Regeln zweifach Quellensteuer einzubehalten, hat die Quellensteuer aufgrund des Wegzuges Vorrang und ersetzt die Quellensteuer von Nichtansässigen.[642]

Sofern das beschriebene Wahlrecht nicht ausgeübt werden kann oder nicht ausgeübt wird und es sich damit um ein *Ineligible Deferred Compensation Item* handelt, kommt es zur sofortigen Besteuerung der nachträglichen Vergütung.[643] Dabei gilt der aktuelle Wert des gesamten Anspruchs als am Tag vor dem Wegzug zugeflossen. Über den aktuellen Wert des Anspruchs hat der Zahlungsschuldner den *Expatriate* innerhalb von 60 Tagen nach ordnungsgemäßer Aufforderung durch das Formular W-8CE, zu informieren. Ansprüche auf Vermögen oder das Recht auf Vermögen (*Option*) aufgrund von erbrachten Dienstleistungen, die steuerlich bisher noch nicht berücksichtigt wurden, da sie beispielsweise nicht übertragbar sind oder noch verfallen können, gelten am Tag vor dem Wegzug als übertragen und unverfallbar, sodass auch sie der Besteuerung unterworfen werden können.[644]

Besondere Regelungen gelten für vorzeitige Ausschüttungen steuerlich begünstigter nachträglicher Vergütungen, auf die nach US-Recht grundsätzlich zusätzliche Steuern anfallen. So sehen die IRC §§ 72 (t), 220 (e)(4), 223 (f)(4), 409A (a)(1)(B), 529 (c)(6) und 530 (d)(4) bei Ausschüttungen, die vor dem ursprünglich geplanten Datum beispiels-

639 IRC § 877A (d)(2)(A); siehe auch IRS Notice 2009-85, Sec. 5 (B).
640 Vgl. IRC § 877A (d)(3).
641 Vgl. IRC § 877A (d)(6)(B).
642 IRC § 877A (d)(6).
643 IRC § 877A (d)(2).
644 Vgl. IRS Notice 2009-85, Sec. 5 (D).

weise eines Pensionsplans erfolgen, Steuerzuschläge von 10 % bis zu 20 % je nach Vermögensgegenstand vor. Da ein *Ineligible Deferred Compensation Item* nach dem vorstehend Erläuterten im Wegzugszeitpunkt als vollständig ausgeschüttet gilt, wäre daher prinzipiell ein Zuschlag nach den genannten Regelungen vorzunehmen. IRC § 877A (d)(2)(C) bestimmt jedoch, dass bei einem *Ineligible Deferred Compensation Item* die sonst fällige Steuer auf fiktive Ausschüttungen nicht festgesetzt wird. Des Weiteren werden spätere, tatsächliche Ausschüttungen aus dem *Ineligible Deferred Compensation Item* nicht noch einmal besteuert. Das Gesetz schreibt hier eine Anpassung der bereits als ausgeschüttet geltenden Beträge vor, sodass die vorzeitigen fiktiven Ausschüttungen mit einberechnet werden.[645] So wird insgesamt verhindert, dass es zu einer zweimaligen Besteuerung des gleichen Betrages kommt.

BEISPIEL Der im Jahr 1960 geborene *Covered Expatriate* A hat einen Pensionsplan in den USA, der ihm ab dem 65. Lebensjahr eine monatliche Ausschüttung von $1.000 garantiert. Bei seinem Wegzug im Jahr 2019 beträgt der aktuelle Wert des gesamten Anspruchs $100.000. Da der Pensionsplan des A die Voraussetzungen eines *Eligible Deferred Compensation Item* nicht erfüllt, wird sein Anspruch im Wegzugszeitpunkt vollständig der Besteuerung unterworfen. Da A zu diesem Zeitpunkt erst 59 Jahre alt ist, handelt es sich dem Grunde nach um eine vorzeitige Ausschüttung im Sinne des US-Steuerrechts. Jedoch erfolgt aufgrund von IRC § 877A (d)(2)(C) keine zusätzliche Besteuerung.

Nachträgliche Vergütungen sind insoweit nicht steuerpflichtig, als diese auf im Ausland erbrachten Leistungen beruhen, während derer der *Expatriate* nicht US-Staatsbürger war oder nicht als in den USA ansässig galt.[646] Diese Bestimmung ist insofern konsequent, als sie der US-Besteuerung nur jene Einkünfte unterwirft, die tatsächlich US-Einkünfte darstellen. Die Frage des Ortes der Leistungserbringung bestimmt sich nach den allgemeinen Vorschriften[647] unter vertretbarer und an Treu und Glauben ausgerichteter Interpretation des IRC § 877A (d)(5).[648]

Zu beachten ist, dass es zu Doppelbesteuerungsproblematiken kommen kann, wenn die spätere tatsächliche Auszahlung des *Deferred Compensation Item* auch in dem Zuzugsstaat des *Expatriates* besteuert wird und eine Anrechnung der Wegzugssteuer nicht vorgenommen werden kann. In jedem Fall ist eine umgekehrte Anrechnung auf amerikanischer Seite in IRC § 877A nicht vorgesehen.

645 IRC § 877A (d)(2).

646 IRC § 877A (d)(5).

647 Vgl. Treas. Reg. § 1.861-4 (b)(2), Revenue Ruling 79-388 und Revenue Procedure 2004-37.

648 IRS Notice 2009-85, Sec. 5 (D).

5.8.2 Steuerbegünstigte Konten

Als steuerbegünstigte Konten gelten *Individual Retirement Plans* (*Individual Retirement Accounts, Individual Retirement Annuities*; mit Ausnahme von *Simplified Employee Pension Plans* und *Simple Retirement Accounts*), bei denen die Einzahlungen abzugsfähig, die späteren Auszahlungen dafür aber steuerpflichtig sind, *Qualified Tuition Programs, Coverdell Education Savings Accounts, Health Savings Accounts* und *Archer Medical Savings Accounts*.[649] Auch für sie gelten vom *Mark-to-Market* Regime abweichende Regeln.

Besitzt ein *Expatriate* am Tage vor dem Wegzug aus den USA ein steuerbegünstigtes Konto, dann gilt der auf diesem Konto befindliche Betrag für steuerliche Zwecke als an diesem Tag ausgeschüttet. Auch in diesen Fällen ist der Zahlungsschuldner bzw. Verwalter des Kontos dazu verpflichtet dem *Expatriate* innerhalb von 60 Tagen nach ordnungsgemäßer Aufforderung durch das Formular W-8CE den aktuellen Wert / Kontostand mitzuteilen.[650]

Eine zusätzliche Steuer auf vorzeitige Ausschüttungen wird nicht festgesetzt, insofern gilt das zu den *Ineligible Deferred Compensation Items* Ausgeführte entsprechend. Spätere tatsächliche Ausschüttungen werden ebenfalls nicht noch einmal besteuert. Das Gesetz schreibt auch hier eine Anpassung der bereits als ausgeschüttet geltenden Beträge vor.[651] Die steuerliche Behandlung entspricht daher im Wesentlichen dem eines *Ineligible Deferred Compensation Item*, was auch für die Gefahr einer Doppelbesteuerung gilt.

5.8.3 Ansprüche aus bestimmten Trusts

Auch Trustvermögen, das dem *Expatriate* als Eigentümer für US-Steuerzwecke zugerechnet wird (sogenannter *Grantor Trust*), unterliegt dem dargestellten *Mark-to-Market*-Regime (Veräußerungsfiktion).[652] Als Eigentümer von Trustvermögen gilt eine Person generell dann, wenn die Person die Kontrolle oder die Verwaltung über den Trust, das Trustvermögen oder das Trusteinkommen ausüben kann oder sofern eine US-Person das Vermögen auf einen ausländischen Trust übertragen hat.[653]

Von der Veräußerungsfiktion nicht erfasst wird hingegen Trustvermögen, welches dem *Expatriate* nicht in dieser Weise zuzurechnen ist (sogenannter *Nongrantor Trust*), er al-

649 IRS Notice 2009-85, Sec. 6 i.V. m. IRC § 877A (e)(2).

650 IRS Notice 2009-85, Sec. 5 (D).

651 IRC § 877A (e)(1); IRS Notice 2009-85, Sec. 6.

652 IRS Notice 2009-85, Sec. 1.; siehe 5.6.1.

653 Zu den umfangreichen und detaillierten Vorschriften siehe IRC §§ 671 bis 679.

lerdings gleichwohl eine Bezugsberechtigung, mithin einen Anspruch auf Ausschüttungen hat (*Beneficiary Interest*).

Im Falle von direkten oder indirekten Ausschüttungen von jeglichem Vermögen (einschließlich Sachbezügen) durch *Nongrantor Trusts* an einen *Covered Expatriate* hat der Treuhänder (*Trustee*) vom steuerpflichtigen Betrag der Ausschüttung Quellensteuer i. H.v. 30 % einzubehalten.[654] Steuerpflichtiger Betrag der Ausschüttung ist dabei jeder Teil, der in das Bruttoeinkommen des *Covered Expatriate* einzubeziehen wäre, wenn dieser weiterhin als steuerlich in den USA ansässig gelten würde[655].

Wird die Quellensteuer nicht einbehalten, so hat der Steuerpflichtige die steuerpflichtige Ausschüttung auf seiner US-Steuererklärung zu erklären und zu besteuern.[656] Der Treuhänder (*Trustee*) haftet bei Nichteinbehalt entsprechend den Regelungen des IRC §§ 1461 ff.[657] Sollte der Trust darüber hinaus Vermögen mit stillen Reserven ausschütten, dann wird eine Veräußerung an den Begünstigten fingiert und die stillen Reserven auf Ebene des Trusts gelten als realisiert.[658]

Der Einbehalt der Quellensteuer erfolgt ähnlich wie bei nachträglichen Vergütungen: Der *Expatriate* hat den Treuhänder zunächst vor der Ausschüttung über seinen Status als *Covered Expatriate* zu informieren (Form W-8CE). Dies hat entweder am Tag vor der ersten Ausschüttung nach dem Wegzug oder 30 Tage nach dem Wegzug zu erfolgen, abhängig davon welcher der beiden Zeitpunkte früher eintritt.[659]

Im Gegensatz zu den nachträglichen Vergütungen wird der *Covered Expatriate* bei Ausschüttungen aus einem *Nongrantor Trust* bereits grundsätzlich so behandelt, als hätte er auf jegliche DBA-Vergünstigungen verzichtet. Er hat jedoch auch die Möglichkeit zu einem Erhalt der DBA-Vergünstigungen zu optieren, mit der Konsequenz, dass es zu einer sofortigen Besteuerung des gesamten ihm zuzurechnenden Wertes des Trusts kommt.[660] Eine Besteuerung der späteren Ausschüttungen erfolgt dann nicht mehr. Im Falle einer gewünschten unmittelbaren Versteuerung des Gesamtwertes ist dringend zu beachten, dass hier keine bloße Ausübung des Wahlrechts innerhalb der US-Steuererklärung möglich ist, sondern bei den US-Steuerbehörden eine verbindliche Auskunft über die Genehmigung der angestrebten steuerlichen Behandlung eingeholt wer-

654 IRC § 877A (f).
655 IRC § 877A (f)(2)
656 Vgl. IRS Notice 2009-85, Sec. 7 (C).
657 IRS Notice 2009-85, Sec. 7.
658 IRC § 877A (f)(1).
659 IRS Notice 2009-85, Sec. 7 (C).
660 IRC § 877A (f)(4)(B); IRS Notice 2009-85, Sec. 7 (D).

den muss.[661] Dies sollte daher in ausreichendem zeitlichem Abstand zu dem Wegzug in die Wege geleitet werden.

Die Behandlung von *Nongrantor Trusts* ist prinzipiell spiegelverkehrt zu nachträglichen Vergütungen einschließlich *Grantor Trusts*. Das heisst, dass die Veräußerungsfiktion bei Wegzug nicht greift. Vielmehr ist bei Ausschüttung eine Quellensteuer i. H.v. 30 % einzubehalten. Allerdings kann der *Expatriate* für eine Wegzugsbesteuerung optieren.

Die Quellensteuer entspricht den Vorschriften für nicht in den USA ansässige Personen. Sie stellt keine Definitivbelastung dar und ist eine Vorauszahlung auf eine später festzusetzende Einkommensteuer. Sofern zweifach Quellensteuer einzubehalten wäre, hat die Quellensteuer aufgrund des Wegzuges Vorrang und ersetzt die Quellensteuer von Nichtansässigen.

Kompliziert hinsichtlich der Behandlung von *Nongrantor Trusts* stellt sich die Frage dar, wie mit ausländischen *Nongrantor Trusts* zu verfahren ist. Die amerikanische Steuerbehörde geht davon aus, dass die vorstehenden Regelungen auch auf solche Trusts anwendbar sind.[662] Es ist indes durchaus fraglich, wie die US-Besteuerung von Ausschüttungen aus einem ausländischen Trustvermögen an eine ausländische Person durchzusetzen sein soll. An detaillierten Anweisungen oder Informationen durch den IRS sowie entsprechenden Hinweisen in der Fachliteratur fehlt es bisher.

5.9 Weitere Konsequenzen des Wegzugs

Der steuerliche Wegzug hat auch weitere Konsequenzen im Hinblick auf bestehende Fristen und Fälligkeiten im Zusammenhang mit der US-Besteuerung.

Wie auch in anderen Steuerrechtsordnungen besteht im US-Steuerrecht grundsätzlich die Möglichkeit, realisierte stille Reserven aus dem Abgang von Wirtschaftsgütern innerhalb eines bestimmten Zeitraumes auf Neuanschaffungen zu übertragen und eine sofortige Versteuerung zu verzögern (sogenannte *Like-Kind-Exchanges* und *Involuntary Conversions*).[663] Der Zeitraum in dem diese Möglichkeit besteht, endet einen Tag vor dem steuerlichen Wegzug.[664] Eine steuerbegünstigte Übertragung ist daher ab diesem Zeitpunkt nicht mehr möglich, sodass es zur Besteuerung der realisierten stillen Reserven kommt.

Zum gleichen Zeitpunkt endet auch die Stundung bestehender US-Steuerschulden; das heißt die ausstehenden Schulden werden prinzipiell sofort fällig. Der genaue Zeitpunkt

661 IRS Notice 2009-85, Sec. 7 (D).
662 IRS Notice 2009-85, Sec. 7 (A)
663 IRC §§ 1031, 1032; vgl. § 6 b EStG.
664 IRC § 877A (h)(1)(A).

und die Art und Weise der Begleichung ist dabei von der US-Finanzverwaltung vorzugeben.[665]

5.10 Steuer auf Vermögensübertragungen von Expatriates an US-Personen

Der Status eines *Covered Expatriate* kann auch noch geraume Zeit nach dem eigentlichen Wegzugszeitpunkt steuerliche Wirkung entfalten. Dies ist der Regelung des IRC § 2801 (a) geschuldet, welche bestimmte unentgeltliche Übertragungen eines *Covered Expatriate* im Wege der Schenkung oder Erbschaft einer besonderen Steuer (Übertragungsteuer) unterwirft, wenn es sich bei dem Begünstigten um eine US-Person handelt.[666] Verhindert werden soll Gestaltungsmissbrauch durch steuerlich motivierten Wegzug aus den USA vor einer geplanten Schenkung oder einem zu erwartenden Erbfall.

Wenn also eine Person nach Wegzug aus den USA zu einem späteren Zeitpunkt amerikanischen Staatsbürgern oder in den USA domizilierten Personen[667] Schenkungen oder Erbschaften im Wert von über USD 15.000 pro Jahr (2020) überlässt, so unterliegt die Übertragung beim Empfänger in den USA einer Übertragungsteuer. Steuerschuldner ist also der Begünstigte, was insofern bemerkenswert ist, als Schenkungen und Erbschaften in den USA grundsätzlich nicht beim Empfänger sondern beim Schenker bzw. dem Nachlass steuerpflichtig sind.[668] Aus diesem Grunde kann sich der Steuerschuldner auch nicht auf die etwaigen Vergünstigungen eines Erbschaft- und Schenkungsteuer DBAs berufen, da diese wegen der regulären Schuldnerschaft des Übertragenden Vergünstigungen auch nur hinsichtlich dessen Person vorsehen.

Gegenüber der Schenkung- bzw. Nachlassteuer ergeben sich zwei signifikante Nachteile. Erstens ist bei der Übertragungssteuer der *Unified Tax Credit* nicht anwendbar, was dazu führt, dass das Vermögen ohne einen Freibetrag steuerpflichtig ist (Ausnahme ist lediglich ein geringer, jährlicher Freibetrag von USD 15.000). Ohne den *Unified Tax Credit* unterliegen also nicht nur die über den Freibetrag hinaus gehenden Vermögensübergänge der Besteuerung, sondern auch Vermögensübergänge, bei denen normalerweise die niedrigeren Steuersätze des Stufenstaffeltarifs anzuwenden wären (welche jedoch durch den Freibetrag irrelevant sind).[669] Zweitens sind die niedrigeren Steuersätze des ansonsten heranzuziehenden progressiven Tarifs nicht anzuwenden. Vielmehr

665 IRC § 877A (h)(1)(B).

666 IRC § 2801 (e)(2).

667 Dies wird in der Praxis grundsätzlich nur auf Green Card Holders zutreffen. Vgl. Bissell, 6400 T.M., U.S. Income Taxation of Nonresident Alien Individuals, Sec. XII(H)(3).

668 IRC § 2801 (b).

669 Vgl. 3.3.6.

errechnet sich die Übertragungsteuer aus dem Verkehrswert des Vermögens im Zeitpunkt der Schenkung unter Heranziehung des stets höchsten Nachlasssteuersatzes (derzeit 40 %).[670]

Ausgenommen sind die Schenkungen oder Erbschaften, welche aufgrund anderer Vorschriften in den USA steuerpflichtig sind, wie z. B. in den USA belegenes Vermögen.[671] Auch bei Übertragungen an einen überlebenden Ehegatten mit US-Staatsbürgerschaft sowie an gemeinnützige Organisationen gelten Ausnahmen.[672] Ist der überlebende Ehegatte lediglich in den USA domiziliert, jedoch ohne US-Staatsbürgerschaft, kommt ihm bei Schenkungen unter Lebenden nach IRC § 2801 (e)(3) i. V. m. IRC § 2523 (i) ein Freibetrag von USD 157.000 (inflationsangepasster Wert des Jahres 2020) zu Gute. Der Steuerschuldner kann darüber hinaus den sogenannten *Reverse Foreign Tax Credit* in Anspruch nehmen, wonach im Ausland entrichtete Schenkung- oder Erbschaftsteuern bezüglich derselben Übertragung auf die US-Steuerschuld anrechenbar sind.[673]

5.11 DBA-Anwendung bei Steuer auf Vermögensübertragungen

5.11.1 Das Erb-DBA D / USA

Wie oben dargestellt, unterliegen nach nationalem US-Steuerrecht Schenkungen und Erbschaften von ins Ausland verzogenen Personen, welche als *Covered Expatriates* qualifizieren, bei Begünstigten einer Übertragungsteuer, wenn diese Begünstigten US-Staatsangehörige oder Personen mit US-Domizil sind.

Im Allgemeinen regelt das Erbschaftsteuerabkommen die Erhebung von Schenkungs-, Nachlass- oder Erbschaftsteuern eines Landes auf die Schenkungen und Vermächtnisse einer Person, welche in dem anderen Land ansässig ist. Das Erb-DBA D / USA gilt jedoch nicht nur für die bei Unterzeichnung des Abkommens bestehenden Schenkung-, Erbschaft- und Nachlasssteuern, sondern auch für alle "… Nachlass-, Erbschaft- und Schenkungsteuern ähnlicher Art, die nach der Unterzeichnung des Abkommens neben den bestehenden Steuern oder an deren Stelle erhoben werden".[674]

Soweit das Erbschaftsteuerabkommen auf US-amerikanische Nachlass- und Schenkungsteuern anwendbar ist, verbietet das Abkommen den USA im Allgemeinen, Schenkungen und Erbschaften zu besteuern, die von einer in Deutschland ansässigen natürlichen Person (außer einem US-Bürger oder *Green Card Holder*) getätigt werden, es sei

670 IRC § 2801 (a).
671 IRC § 2801 (e)(2).
672 IRC § 2801 (e)(3), IRC §§ 2055, 2056.
673 IRC § 2801 (d).
674 Erb-DBA D / USA, Art. 2 Abs. (2).

denn, die Schenkung oder Erbschaft umfasst bestimmtes, in den Artikel 5 bis 8 des Erb-DBA genanntes Vermögen, welches in den USA belegen ist. Alle anderen Vermögenswerte sind nur in Deutschland steuerpflichtig.[675]

Das Erbschaftsteuerabkommen enthält jedoch eine Ausnahme für ehemalige Staatsbürger und ehemalige langfristig Aufenthaltsberechtigte der USA, die in Deutschland ansässig sind. Diese Bestimmung erlaubt es den USA, Schenkungen eines Schenkers, der zum Zeitpunkt der Schenkung ein ehemaliger Staatsbürger oder langfristiger *Green Card Holder* war, und den Nachlass eines Erblassers, der zum Zeitpunkt seines Todes ein ehemaliger Staatsbürger oder langfristiger *Green Card Holder* war, auch nach Wegzug weiterhin zu besteuern, jedoch nur für einen Zeitraum von zehn Jahren nach dem Verlust der Staatsbürgerschaft oder des Status als langfristig Aufenthaltsberechtigter dieser Person.[676]

Die durch IRC § 2801 eingeführte Übertragungsteuer ist in ihrer Ausgestaltung eine Steuer auf unentgeltliche Übertragungen im Wege der Schenkung oder Erbschaft, welche erhoben wird, wenn eine US-Person Begünstigter dieser unentgeltlichen Übertragung ist und das Vermögen von einem *Covered Expatriate* geschenkt oder vererbt wird.[677] Dementsprechend sollte die durch IRC § 2801 erhobene Steuer den Bestimmungen des Erbschaftsteuerabkommens unterliegen, es sei denn, IRC § 2801 verhindert die Anwendung des Abkommens.

5.11.2 Die Wechselwirkung von IRC § 2801 und Erb-DBA D / USA

Ganz allgemein folgt das US-Steuerrecht dem Grundsatz, dass die Vorschriften des nationalen US-Rechts und das Abkommensrecht das gleiche Gewicht erhalten sollen, wobei keinem von beiden ein Vorzugsstatus eingeräumt wird.[678] Infolgedessen müssen Abkommen und der *Internal Revenue Code* grundsätzlich harmonisch ausgelegt werden, das heißt die Gerichte werden versuchen, jeden unnötigen Konflikt zwischen den beiden Gesetzen zu vermeiden, und sie werden versuchen, beiden Wirkung zu verleihen, wobei Sinn und Zweck der beiden Gesetze gewahrt bleiben. Nur wenn ein Konflikt zwischen einem Abkommen und einem US-Gesetz besteht, gilt das später in Kraft getretene Statut (sogenannte *Later in Time Rule*). Die Gerichte haben im Allgemeinen nur dann entschieden, dass ein Konflikt zwischen einem Abkommen und einem später in

675 Erb-DBA D / USA, Art. 9.

676 Erb-DBA D / USA, Art. 11 (1)(a)(iii).

677 Vgl. NY State Bar Association, Tax Section, "Report on Proposed Section 2801 Regulations", Report Nr. 1364 (23.1.2017) ("NYSBA Report"), S. 13-14.

678 Vgl. Crow v. Comm'r, 85 T.C. 376, 384 (1985) sowie NYSBA Report, S. 14.

Kraft getretenen Statut besteht, wenn der Kongress eindeutig die Absicht geäußert hat, den Vertrag außer Kraft zu setzen.[679]

IRC § 2801 wurde im Jahr 2008 erlassen, das Erb-DBA wurde im Jahr 1980 unterzeichnet. Deshalb könnte IRC § 2801 theoretisch die einschlägigen Vorschriften des Erbschaftsteuerabkommens außer Kraft gesetzt haben, mit dem Ergebnis, dass das Abkommen die Steuer, welche gemäß IRC § 2801 erhoben wird, nicht einschränken würde. Es gibt jedoch gute Argumente, die dagegen sprechen:

- Weder im Gesetzestext von IRC § 2801 noch in den Beratungen und Diskussionen vor der Verabschiedung dieses Gesetzes werden mögliche Wechselwirkungen zwischen dem US-Steuerrecht und bestehenden Abkommen angesprochen.
- Die Wegzugbesteuerung nach IRC § 877A wurde im gleichen Gesetzgebungsverfahren verabschiedet wie die Übertragungsteuer nach IRC § 2801. Der Gesetzestext in IRC § 877A (f) befasst sich jedoch speziell mit der Wechselwirkung des US-Steuerrechts und des Abkommensrechts.

Infolgedessen ist es unwahrscheinlich, dass der Gesetzgeber tatsächlich beabsichtigt hat, alle von der Gesetzesänderung tangierten Abkommen, also auch das Erbschaftsteuerabkommen, außer Kraft zu setzen.[680]

In diesem Fall ist es eher wahrscheinlich, dass der Kongress nicht die Absicht hatte, mit IRC § 2801 die anderweitig anwendbaren Erbschaftsteuerabkommen außer Kraft zu setzten. Sofern es also keinen Konflikt zwischen US-Steuerrecht und Abkommensrecht gibt – dies ist bei Schenkungen und Erbschaften innerhalb von zehn Jahren nach Wegzug der Fall – können sowohl dem US-Recht als auch dem Abkommensrecht in Übereinstimmung mit seinen jeweiligen Bestimmungen volle Wirkung verliehen werden. Übertragungen innerhalb dieser Frist von zehn Jahren sind nach beiden Gesetzen steuerpflichtig.

Tritt ein Konflikt zwischen US-Steuerrecht und Abkommensrecht auf – dies ist bei Schenkungen und Erbschaften nach Ablauf von zehn Jahren nach Wegzug der Fall – würde das Erbschaftsteuerabkommen die Vorschriften nach IRC § 2801 außer Kraft setzen. Folglich wären unentgeltliche Übertragungen im Wege der Schenkung oder Erbschaft grundsätzlich nicht steuerpflichtig, wenn sie nach diesem Zeitraum erfolgen.[681]

Dieses Ergebnis ist sehr wahrscheinlich, jedoch nicht sicher. Bislang gibt es keine Hinweise von seitens der Finanzverwaltung. Auch die Literaturmeinungen fehlen nahezu völlig. Die Steuerabteilung der *New York Bar Association* ist jedoch sehr anerkannt und

679 Vgl. Trans World Airlines, Inc. v. Franklin Mint Corp., 466 U.S. 243 (1984); Rev. Rul. 79-199.

680 Vgl. NYSBA Report, S. 14-16.

681 Eine Ausnahme sind Schenkungen von immateriellen Vermögenswerten, die Betriebsvermögen einer US-Betriebsstätte waren.

hat hohes Gewicht. Mithin ist die Position vertretbar. Fraglich ist, ob sie auf den Steuererklärungen der Begünstigten US-Steuerzahler ausgewiesen werden sollte.

5.12 *Compliance*

Das Gesetz verpflichtet einen *Expatriate*, auf den die Regeln der Wegzugsbesteuerung anzuwenden sind, bei Wegzug eine gesonderte Erklärung einzureichen. Dieses Formular 8854 ist mit der Steuererklärung des Jahres einzureichen, in dem der Wegzug erfolgt.[682] Dass die Steuererklärung des Wegzugsjahres ebenfalls einzureichen ist, wird häufig außer Acht gelassen, ist aber im Hinblick auf den *Certification Test* von großer Bedeutung.

Mit Hilfe der Formulare 8854 und 8833 erfolgt auch die Berufung auf die Ansässigkeit in einem anderen Land aufgrund eines anwendbaren DBAs sowie der beispielsweise für die Steuerstundung oder die Einordnung als *Eligible Deferred Compensation Item* erforderliche Verzicht auf Vergünstigungen nach einem DBA.[683]

Die Einordnung eines Vermögensgegenstands als *Eligible Deferred Compensation Item* hat sodann weiter die Folge, dass das Formular 8854 auch nach dem Wegzug jährlich einzureichen ist, um das Vorliegen oder Nichtvorliegen von Ausschüttungen zu bescheinigen. Gleiches gilt hinsichtlich eines *Nongrantor Trusts*. Hier muss ebenfalls über das Formular 8854 ein jährlicher Report über eventuelle Ausschüttungen erfolgen, sofern sich der *Covered Expatriate* nicht für die sofortige Versteuerung des ihm zuzurechnenden Gesamtwertes entscheidet. Und auch im Falle der Steuerstundung muss das Formular 8854 so lange jährlich eingereicht werden, bis die gestundete Steuer vollständig gezahlt worden ist. Auf diese Weise erhält der IRS die Möglichkeit zu kontrollieren, ob der *Expatriate* die Bestimmungen der Steuerstundungsvereinbarung einhält. Es ist mithin erkennbar, dass der steuerliche Wegzug zwar die Erklärungspflichten hinsichtlich der US-Steuer erleichtert, aber gleichwohl noch *Compliance*-Verpflichtungen verbleiben können.[684]

Keine direkte *Compliance*-Verpflichtung gegenüber den amerikanischen Steuerbehörden, aber dennoch bedeutsam ist das Formular W-8CE mit dem der Zahlungsschulder / Verwalter von *Deferred Compensation Items, Specified Tax Deferred Accounts* und *Nongrantor Trusts* über den Status des *Covered Expatriate* unterrichtet und zur Information über den Wert des jeweiligen Vermögensgegenstandes innerhalb von 60 Tagen verpflichtet wird.[685]

682 IRS Notice 2009-85, Sec. 8.

683 IRS Notice 2009-85, Sec. 8.

684 Vgl. IRS Notice 2009-85, Sec. 8 (C).

685 Vgl. IRS Notice 2009-85, Sec. 8 (D).

Im Gegensatz zur Wegzugsbesteuerung vor dem 16.6.2008[686] ist im Rahmen der aktuellen Regelung nicht vorgesehen, dass ein *Expatriate* bei einem Aufenthalt von mehr als 30 Tagen im Jahr in den USA wieder unbeschränkt steuerpflichtig wird. Insoweit gilt stattdessen die übliche 183-Tage-Regelung der meisten DBA.

Zusammenveranlagung bei der Wegzugsteuer

Fraglich ist inwieweit Ehegatten, die beide als *Covered Expatriates* der Wegzugsteuer unterliegen, für Zwecke dieser Wegzugsteuer gemeinsam veranlagt werden können. Dies wäre vorteilhaft, wenn einer der Ehegatten einen fiktiven Veräußerungsgewinn, der andere hingegen einen fiktiven Veräußerungsverlust hat. Durch Zusammenveranlagung könnte die auf beide Ehegatten entfallende Wegzugsteuer minimiert werden.

Die Frage ist nicht eindeutig beantwortbar und muss durch historische Interpretation beantwortet werden.

Der Gesetzestext in IRC § 877A schreibt explizit weder vor, dass die Wegzugsteuer auf die stillen Reserven für beide Ehegatten getrennt zu berechnen ist, noch dass eine Zusammenveranlagung zulässig ist. Richtlinien zu IRC § 877A wurden bislang nicht erlassen, die Schreiben der Finanzverwaltung (*IRS Notices*) behandeln das Thema nicht. Das Gesetz schreibt lediglich vor, dass das gesamte Vermögen eines *Covered Expatriate* als am Tag vor dem Wegzugsdatum als veräußert gilt und dass der Gewinn bzw. Verlust aus der fiktiven Veräußerung nach den allgemeinen Vorschriften zu behandeln ist („*... shall be taken into account for the taxable year of the sale to the extent otherwise provided by this title.*"). Das Gesetz schreibt also weder explizit noch implizit vor, dass die Wegzugsteuer eines *Covered Expatriate* mit einer von der Einkommensteuer abweichenden steuerliche Veranlagung zu erfolgen hat.

Die Wegzugsteuer wurde erstmals während der Amtszeit von Präsident Clinton im Jahr 2003 diskutiert. In einem Bericht zu verschiedenen Gesetzesvorhaben hat das Joint Committee on Taxation auf den geplanten Freibetrag von USD 600.000 Bezug genommen und festgestellt, dass im Falle verheirateter Personen, die beide die Staatsbürgerschaft aufgeben oder ihren *Green Card*-Status beenden, der Freibetrag effektiv USD 1,2 Mio. (fiktiven) Veräußerungsgewinn von der Besteuerung ausschließen würde.[687]

Das würde bedeuten, dass die allgemeinen Vorschriften in IRC § 6013 und den Richtlinien anzuwenden wären bei der Frage, ob ein *Covered Expatriate*-Ehepaar bei gemeinsamem Wegzug eine Zusammenveranlagung wählen kann. Wenn zwei Personen am

686 IRC § 877.

687 Joint Committee on Taxation, "Review of the Present-Law Tax and Immigration Treatment of Relinquishment of Citizenship and Termination of Long-Term Residency", Report JCS-2-03 (Februar 2003).

Ende des Steuerjahres (in der Regel das Kalenderjahr für natürliche Personen) verheiratet sind, sind diese grundsätzlich berechtigt, eine gemeinsame Steuererklärung einzureichen.[688] Eine Ausnahme besteht, wenn einer der Ehegatten zu irgendeinem Zeitpunkt des Jahres steuerlich nicht in den USA ansässig war.[689] Mithin sollten Eheleute, die während des ganzen Jahres als steuerlich in den USA ansässig waren, auch einer Wegzugsteuer mit Zusammenveranlagung unterliegen. Problematisch wäre, wenn einer der Ehegatten bereits vor Jahresende wegzieht und eine engere Bindung zu einem anderen Land etabliert, und damit für den Rest des Jahres als nicht in den USA ansässig gilt.[690] Hier bestünde die Gefahr, dass die Finanzverwaltung einen doppelten Steuerstatus innerhalb des Steuerjahres für unbeschränkte bzw. beschränkte Steuerpflicht (*Dual Resident Taxpayer*) annimmt und keine Zusammenveranlagung zulässt.

BEISPIEL Ehegatte A ist österreichischer Staatsbürger und hat langfristig mit einer *Green Card* in den USA gelebt. A verlässt die USA am 1.12.2020, um nach Österreich zurückzukehren. Nach den *Tie-Breaker-Rules* in Artikel 4 des Doppelbesteuerungsabkommens für die Einkommensteuer zwischen den USA und Österreich nimmt A mit Wirkung vom 2.12.2020 in Anspruch, den Lebensmittelpunkt fortan in Österreich zu haben und dort mit dem Welteinkommen steuerpflichtig zu sein, womit A für den Zeitraum vom 2. bis 31.12. in den USA beschränkt steuerpflichtig ist. Da Ehegatte B erst im Januar nach Österreich zurückzieht, ist er ab 31.12.2020 in den USA unbeschränkt steuerpflichtig. Die Eheleute A und B können deshalb keine US-Steuererklärung mit Zusammenveranlagung einreichen. Folglich können sie auch bei der Wegzugsteuer nicht gemeinsam veranlagt werden.

BEISPIEL Das erste Beispiel wird dahingehend modifiziert, dass die beiden Ehegatten A und B am 1.12.2020 die USA verlassen und dafür optieren, erst ab 1.1.2021 aufgrund von Art. 4 des DBA in den USA beschränkt steuerpflichtig zu sein, da sie ihren Lebensmittelpunkt ab diesem Zeitpunkt in Österreich haben. Da sie für das Jahr 2020 keine *Dual Resident Taxpayer* sind, können sie für das ganze Jahr eine US-Steuererklärung mit Zusammenveranlagung einreichen. Das Datum des Wegzugs sollte nach IRC § 877A (g)(3) der 1.1.2021 sein. Sind beide Ehegatten *Covered Expatriates*, dann werden sie nach IRC § 877A (a) so behandelt, als hätten sie ihr Vermögen am 31.12.2020 – also am Tag vor dem Ausreisedatum – veräußert. Da sie für Einkommensteuerzwecke zusammen veranlagt werden, sollten sie auch für Zwecke der Wegzugsteuer zusammen veranlagt werden können und damit (fiktive) Gewinne des einen Ehegatten mit (fiktiven) Gewinnen des anderen Ehegatten verrechnen zu können.

Zusammenveranlagung bei der Wegzugsteuer bezieht sich lediglich auf die Verrechnung fiktiver Veräußerungsgewinne des einen Ehegatten mit fiktiven Veräußerungsverlusten des anderen Ehegatten. Nicht übertragbar sind jedoch ungenutzte Freibeträge eines Ehegatten auf den anderen.

688 IRC § 6013, IRC § 6013 (a), IRC § 6013 (d)(1)(A).
689 IRC § 6013 (a)(1).
690 IRC § 7701 (b)(2)(B).

5.13 Wegzugsbesteuerung: Prüfschema

Die Prüfung der Anwendung, Berechnung der Wegzugsbesteuerung und die verfahrensrechtlichen Konsequenzen lassen sich grob in folgende Schritte einteilen:

Anwendung der Wegzugsbesteuerung:

1. Wird der Steuerpflichtige vom persönlichen Anwendungsbereich erfasst?
2. Findet der Wegzug nach dem 16.6.2008 statt (zeitlicher Anwendungsbereich)?
3. Wird eines der drei objektiven Kriterien erfüllt (sachlicher Anwendungsbereich)?

Berechnung der Steuer auf den Wegzug und Ermittlung der Steuerkonsequenzen:

4. Berechnung des fiktiven Veräußerungsgewinnes auf das von den *Mark-to-Market*-Regeln erfasste Vermögen
5. Abzug des Freibetrages
6. Ermittlung der steuerlichen Konsequenzen der von der fiktiven Veräußerung ausgenommenen Ansprüche

Verfahrensrechtliche Konsequenzen:

7. Einreichung der Steuererklärung (auch ohne Wegzugsbesteuerung notwendig)
8. Beantragung der Stundung der Steuer in der Erklärung
9. Beachtung der weiteren steuerlichen Konsequenzen der Wegzugsbesteuerung

K. Überblick über das Ertragsteuerrecht in Spanien[1]

Literatur: *Alberruche Herraiz*, Memento Fiscal 2022, 2022; *Behrenz/Jarfe/Frühbeck*, Investitions- und Steuerstandort Spanien, 2013; *Hellwege*, Die Besteuerung deutsch-spanischer Erb- und Schenkungsfälle, 2002; *dies.*, Die spanische Erbschaft- und Schenkungsteuer – das Ende der Diskriminierung der in Spanien nicht ansässigen Steuerpflichtigen, ErbStB 2015 S. 121; *dies.*, Die wesentlichen Änderungen des spanischen Erbschaft-und Schnekugnsteuerrechts, der Vermögensteuer und Wertzuwachssteuer im Jahre 2021, ErbStB 2022 S. 19;. juris Literaturnachweis zu Español/Kaminski/Strunk/Ramallo Palast, IStR 2016 S. 653-662; *Keuper/Kölbl*, IWB 4/2019 S. 160; *Mennel/Förster*, Steuern in Europa, Amerika und Asien, Länderbericht Spanien, 2019; *Müller*, Das neue deutsch-spanische Doppelbesteuerungsabkommen, 2012; *Strunk/Plattes*, Das neue DBA Deutschland-Spanien – praxisrelevante Änderungen, überraschende Ergänzungen und neuartige Regelungen, stgb 2011 S. 443; *dies.*, Die spanische Steuerreform ab dem 1.1.2015 und ihre Auswirkungen für deutsche Investoren, IWW, Praxis Internationale Steuerberatung.

1. Einleitung

Die Beratungspraxis zeigt, dass die Motivation des Zuzuges einer natürlichen Person nach Spanien unterschiedlich ist. Er kann private und/oder geschäftliche Gründe haben. Dies sowie weitere Aspekte, wie z. B. der Ort der Begründung des Lebensmittelpunktes, zeigen, dass pauschale Aussagen zu den ertragsteuerlichen Auswirkungen nicht möglich sind.

In die Überlegungen zu den steuerlichen Auswirkungen eines Wegzugs nach Spanien dürfen die im Juli 2021[2] eingeführten Bestimmungen zur Bekämpfung von Steuervermeidungspraktiken nicht außer Acht gelassen werden. Hierdurch setzte Spanien die Richtlinie (EU) 2016/1164 des Rates vom 12.7.2016 mit Vorschriften zur Bekämpfung von Steuervermeidungspraktiken mit unmittelbaren Auswirkungen auf das Funktionieren des Binnenmarktes[3] um und begründete die Verpflichtung der Mitgliedstaaten ihre steuerrechtlichen Regelungen zur Entstrickungs- und Wegzugsbesteuerung (Art. 5 ATAD), zur Hinzurechnungsbesteuerung (Art. 7 und 8 ATAD) sowie zur Neutralisierung von Besteuerungsinkongruenzen im Zusammenhang mit hybriden Gestaltungen (Art. 9 und 9b ATAD) Maßnahmen zur Bekämpfung der Steuervermeidung einzuführen bzw. diese an europäische Standards anzupassen (im Folgenden: Gesetz zur Bekämpfung von Steuervermeidungspraktiken). Dies hat neben wichtigen Änderungen u. a. des Ein-

1 Dieser Teil wurde durch Dr. Sabine Hellwege bearbeitet.

2 Gesetz 11/2021 v. 9.7.2021, veröffentlicht im öffentlichen Anzeiger (im Folgenden BOE) Nr. 164 v. 10.7.2021, in Kraft getreten am 11.7.2021.

3 ABl EU 2016 Nr. L 193/1 (geändert durch Art. 1 der Richtlinie (EU) 2017/952 des Rats v. 29.5.2017 bzgl. hybrider Gestaltungen mit Drittländern, ABl EU 2017 Nr. L 144/1).

kommensteuergesetzes für Ansässige[4] und nicht Ansässige[5], des Körperschaftsteuergesetzes[6], Vermögensübertragungs- und Beurkundungsgesetzes[7] sowie Vermögensteuergesetzes auch zu bedeutenden Änderungen des Erbschaft- und Schenkungsteuergesetzes[8] geführt, die in Art. 4 des Gesetzes 11/2021 vom 9.7.2021 vorgesehen sind.

Vor diesem Hintergrund werden im Rahmen der einkommensteuerrechtlichen Folgen zunächst die Grundlagen des spanischen Einkommensteuerrechtes und sodann ausgewählte Fragen des DBA vorgestellt.

Weitere Steuerarten, wie zum Beispiel die Vermögenssteuer, die infolge des Haushaltsgesetzes für 2021[9] nicht zu vernachlässigende Änderungen erfahren hat sowie die Erbschaft- und Schenkungsteuer sind für die natürliche Person, die nach Spanien ziehen möchte, ebenfalls von wesentlicher Bedeutung, so dass sie nicht unerwähnt bleiben sollen.

Zum Verständnis der nachfolgend vorgestellten Steuerarten ist die Systematik der Abgabenhoheit in Spanien zu berücksichtigen. Die Steuergesetzgebungskompetenz sowie die Verwaltungs- und die Ertragshoheit stehen grds. dem spanischen Zentralstaat zu.[10]

Die Verfassung eröffnet den Autonomen Gemeinschaften und lokalen Körperschaften die Möglichkeit, auf der Grundlage der Verfassung und der Gesetze Steuern zu erheben.[11] Demzufolge schreibt Art. 157.1a) CE als Finanzierungsquelle der Autonomen Gemeinschaften die vom Staat ganz oder teilweise übertragenen Erträge vor. Diesem verfassungsrechtlichen Auftrag folgend statuiert das Gesetz zur Finanzierung der Autonomen Gemeinschaften die allgemeinen Rahmenbedingungen zur Übertragung von Regelungsbefugnissen und Überlassung der Steuereinnahmen an die Autonomen Gemeinschaften.[12] Je nach Steuerart sieht das Übertragungsgesetz ein unterschiedlich

4 Gesetz 35/2006 v. 28.11.2006, veröffentlicht im BOE Nr. 285 v. 29.11.2006, in Kraft getreten am 1.1.2007, im Folgenden EStG.

5 Königliches Gesetzesdekret 5/2004 v. 5.3.2004, veröffentlicht im BOE Nr. 62 v. 12.3.2004, in Kraft getreten am 13.3.2004.

6 Gesetz 27/2014 v. 27.11.2014, veröffentlicht im BOE Nr. 288 v. 28.11.2014, in Kraft getreten am 1.1.2015.

7 Königliches Gesetzesdekret 1/1993 v. 24.9.1993, veröffentlicht im BOE v. 20.10.1993, in Kraft getreten am 21.10.1993, im Folgenden ITP.

8 Gesetz 19/1991 v. 6.6.1991, veröffentlicht im BOE v. 7.6.1991, in Kraft getreten am 1.1.1992, im Folgenden VStG und Gesetz 29/1987, veröffentlicht im BOE v. 19.19.1987, in Kraft getreten am 1.1.1988, im folgenden ErbStG.

9 Gesetz 11/2020 v. 30.12.2020, veröffentlicht im BOE Nr. 341 v. 31.12.2020, in Kraft getreten am 1.1.2021.

10 Art. 133.1. der spanischen Verfassung (im Folgenden CE) v. 6.12.1978, veröffentlicht im BOE Nr. 311 v. 29.12.1978.

11 Art. 133.2 CE.

12 Art. 157.3 CE i.V. mit Gesetz Nr. 22/2009 v. 18.12.2009 zur Regulierung des Finanzierungssystems der Autonomen Gemeinschaften veröffentlicht im BOE Nr. 305 v. 19.12.2009, sog. Ley de Cesión, im Folgenden Übertragungsgesetz, das die vorangegangenen Übertragungsgesetze abgelöst hat.

ausgestaltetes Mischsystem vor, um die Steuerhoheit der Autonomen Gemeinschaften zu stärken.[13]

Neben dem Steueraufkommen aus dem Mischsystem steht den Autonomen Gemeinschaften verfassungsrechtlich die Befugnis zu, eigene Steuern zu erheben. Die lokalen Körperschaften dürfen lokale Steuern regeln und erheben.[14] Welche Steuern das sind, schreibt das Gesetz der Gemeindefinanzverwaltung vor.[15] Hierzu zählen die Grundsteuer, die Gewerbesteuer, die Kfz-Steuer, die Bausteuer und die Wertzuwachssteuer.

Die oben beschriebene Finanzmittelverteilung auf die Regionalkörperschaften durch das Steueraufkommen aus eigenen Steuern sowie aus dem Mischsystem ist aus Sicht des Staats nicht optimal. Deshalb findet mittels eines Finanzausgleichs eine Korrektur der ursprünglichen Finanzmittelverteilung durch einen Ausgleichsfonds (Fondo de Compensación) und einen Ergänzungsfond (Fondo Complementario)[16] statt. Die Höhe der beiden Fonds richtet sich nach dem Umfang der öffentlichen Investitionen. Auf den Kanarischen Inseln bestehen zahlreiche steuerliche Sonderbestimmungen.[17]

Die oben beschriebene Systematik gilt für 15 der 17 autonomen Gemeinschaften. Für das Baskenland und Navarra gelten Sonderregeln. In dem Gesetz über die Wirtschaftsvereinbarung des Baskenlandes mit dem Zentralstaat[18] hat Spanien in erheblichem Umfang seine Steuergesetzgebungskompetenz an das Baskenland abgetreten. Lediglich im Bereich der nicht in Spanien ansässigen Einkommensteuerpflichtigen[19] und der Umsatzsteuer[20] hat sich der Zentralstaat seine Steuergesetzgebungskompetenz vorbehalten. Im Ergebnis bedeutet dies, dass das Baskenland insbesondere die Einkommen-, Körperschaft-, Vermögens- sowie Erbschaft- und Schenkungsteuer autonom regeln kann. Allerdings hat die Autonome Gemeinschaft des Baskenlandes die Steuergesetzgebungs-kompetenz nicht selbst ausgeübt. Stattdessen haben die drei Provinzen und „Historischen Territorien" Vizcaya, Guipúzcoa und Álava in ihrem jeweiligen Foralrecht die genannten Steuern normiert. Dies führt dazu, dass z. B. die Tarife der Einkommen-, Vermögens- sowie Erbschaft- und Schenkungsteuer in den drei Provinzen voneinander abweichen[21].

13 Vgl. Art. 15–18 des Übertragungsgesetzes.

14 Art. 133.2, 157.1 b) CE.

15 Derzeit das königliche Gesetzesdekret Nr. 2/2004 v. 5.3.2004, veröffentlicht im BOE Nr. 59 v. 9.3.2004.

16 Art. 157.1 c) i.V. mit Art. 158.2 CE.

17 Vgl. 8. Zusatzbestimmung des Übertragungsgesetzes.

18 Gesetz Nr. 12/2002 v. 23.5.2003, veröffentlicht im BOE Nr. 124 v. 24.5.2002.

19 Vgl. Art. 21 des Gesetzes Nr. 12/2002.

20 Art. 26 des Gesetzes Nr. 12/2002.

21 Vgl. Art. 1 des Gesetzes 12/2002.

Das Gesetz über die Wirtschaftsvereinbarung zwischen Navarra und dem spanischen Staat[22] regelt die steuerlichen Kompetenzen zwischen dem Zentralstaat und der Regionalkörperschaft Navarra. Auch hier tritt Spanien seine Steuergesetzgebungskompetenz hauptsächlich in Bezug auf die Einkommen-, Körperschaft-, Vermögen- sowie Erbschaft- und Schenkungsteuer an Navarra ab. Navarra hat diese Steuern in seinem Foralrecht autonom geregelt. Auch hier hat sich der Zentralstaat die Regelungskompetenzen der nicht in Spanien ansässigen Einkommensteuerpflichtigen und der Umsatzsteuer vorbehalten.[23]

2. Persönliche Anknüpfungspunkte für die Begründung der unbeschränkten Steuerpflicht

2.1 Vorbemerkung

Die für sämtliche Steuerarten geltenden Anknüpfungspunkte zur Bestimmung des Umfangs der Steuerpflicht sind im Einkommensteuergesetz[24] geregelt. Zentraler Begriff ist der des gewöhnlichen Aufenthalts.[25]

2.2. Die Regelung des gewöhnlichen Aufenthalts im Einzelnen

Eine natürliche Person hat ihren gewöhnlichen Aufenthalt in Spanien, wenn:

- sie sich während eines Kalenderjahres länger als 183 Tage in Spanien aufhält (zeitliches Kriterium)[26] oder
- der Mittelpunkt oder die Grundlage ihrer unternehmerischen oder beruflichen Aktivitäten oder ihrer wirtschaftlichen Interessen sich in Spanien befindet (wirtschaftlicher Anknüpfungspunkt).[27] Ferner wird widerlegbar vermutet, dass eine Person einen gewöhnlichen Aufenthalt in Spanien hat, wenn der rechtlich nicht getrennte Ehegatte und die minderjährigen Kinder, für die der Steuerpflichtige unterhaltspflichtig ist, ihren gewöhnlichen Aufenthalt in Spanien haben.[28]

Der Mittelpunkt der wirtschaftlichen Interessen liegt in dem Staat, in dem der Steuerpflichtige entweder den größten Teil seiner Investitionen konzentriert oder sich der Sitz

22 Gesetz Nr. 28/1990 v. 26.12.1990, veröffentlicht im BOE Nr. 310 v. 27.12.1990 in der derzeit im Gesetz Nr. 14/2015 v. 24.6.2015, veröffentlicht im BOE Nr. 151 v. 25.6.2015, vorgesehenen Fassung.

23 Art. 28 und 32 des Gesetzes Nr. 28/1990.

24 Siehe Fn. 4.

25 Art. 8.1 a) EStG.

26 Art. 8.1 a), 9.1 a) S. 1 EStG.

27 Art. 9.1 b) S. 1 EStG.

28 Art. 9.1 b) S. 2 EStG.

seiner Geschäfte befindet oder sein Vermögen verwaltet oder der größte Teil seiner Einkünfte erzielt wird. Den zeitlichen und familiären Anknüpfungspunkt in Spanien kann der Steuerpflichtige widerlegen, wenn er seine unbeschränkte Einkommensteuerpflicht in einem anderen Staat nachweist.

Für die unbeschränkte Einkommensteuerpflicht in Spanien genügt es, wenn alternativ das zeitliche, wirtschaftliche oder familiäre Tatbestandsmerkmal erfüllt ist.

Bei der Berechnung des 183-Tage-Zeitraums sind kurzfristige Auslandsaufenthalte hinzuzuaddieren,[29] es sei denn, es kann durch Vorlage einer Ansässigkeitsbescheinigung der gewöhnliche Aufenthalt in einem anderen Staat nachgewiesen werden.[30] Befindet sich der gewöhnliche Aufenthalt in einem Staat, der als Steuerparadies eingestuft wird,[31] kann die Finanzverwaltung den Nachweis anfordern, dass die natürliche Person sich dort 183 Kalendertage aufgehalten hat.[32]

Ausländische Staatsbürger mit gewöhnlichem Aufenthalt in Spanien unterliegen in Spanien keiner unbeschränkten Steuerpflicht, wenn diese sowie ihre rechtlich nicht getrennten Ehegatten und minderjährigen Kinder zum engeren Kreis der Botschafts- oder Konsulatsangehörigen zählen oder für Spanien als Delegierte oder Repräsentanten dauernd bei einer internationalen Organisation akkreditiert sind.[33]

Spanische Staatsangehörige, deren gewöhnlicher Aufenthalt außerhalb Spaniens liegt, unterliegen in folgenden Fällen der erweitert unbeschränkten Steuerpflicht:

- Die natürlichen Personen sowie ihre rechtlich nicht getrennten Ehegatten und minderjährigen Kinder, wenn sie zum engeren Kreis der Botschafts- oder Konsulatsangehörigen zählen oder für Spanien als Delegierte oder Repräsentanten dauernd bei einer internationalen Organisation akkreditiert sind.[34]
- Die natürlichen Personen, die durch Vorlage einer Bescheinigung ihre Ansässigkeit in einem Steuerparadies nachweisen, werden in dem Veranlagungsjahr, in dem sie weggezogen sind, sowie in den darauffolgenden vier Jahren weiterhin so behandelt, als ob sie ihren gewöhnlichen Aufenthalt in Spanien hätten.[35]

29 Art. 9.1 a) S. 2 EStG.

30 Art. 9.1 a) S. 2 EStG.

31 Erste Zusatzbestimmung des Gesetzes Nr. 36/2006 v. 29.11.2006 über die Maßnahmen zur Vorbeugung des Steuerbetruges, veröffentlicht im BOE Nr. 286 v. 30.11.2006 sowie Zweite Übergangsbestimmung i.V. mit Art. 1 des königlichen Dekretes Nr. 1080/1991 v. 5.7.1991, veröffentlicht im BOE v. 13.7.1991.

32 Art. 9.1 a) S. 3 EStG.

33 Art. 9.2, 10.1 EStG.

34 Art. 10 EStG.

35 Art. 8.2 EStG.

Sonderregelung für Arbeitnehmer, die in Spanien einen gewöhnlichen Aufenthalt begründen:[36] Die natürlichen Personen, die für ein Unternehmen oder eine Körperschaft mit Sitz in Spanien respektive für eine in Spanien belegene Betriebsstätte in Spanien tätig sind, können für das Wegzugsjahr und die folgenden fünf Veranlagungszeiträume wählen[37], ob sie als unbeschränkt Steuerpflichtige der Einkommensteuer oder als beschränkt Steuerpflichtige der Einkommensteuer für Nichtansässige[38] unterworfen werden wollen.

Die Option steht nur denjenigen Steuerpflichtigen zu, die innerhalb der letzten zehn vorangegangenen Jahre seit ihrem Zuzug nach Spanien nicht in Spanien ansässig waren.

Ferner müssen folgende Voraussetzungen erfüllt sein:

- Der gewöhnliche Aufenthalt in Spanien muss infolge eines Arbeitsvertrags begründet worden sein. Dies ist dann der Fall, wenn der Arbeitsvertrag mit einem in Spanien ansässigen Arbeitgeber geschlossen worden ist oder der gewöhnliche Aufenthalt in Spanien infolge einer Weisung des Arbeitgebers herbeigeführt wird. Dies gilt nicht für Arbeitsverträge, die mit einem professionellen Sportler abgeschlossen werden,[39] oder
- der gewöhnliche Aufenthalt muss infolge der Ernennung zum Geschäftsführer einer Gesellschaft entstehen, an der die natürliche Person nicht oder aber mit weniger als 25 % am Gesellschaftskapital beteiligt ist.[40] Die Beteiligung von Familienmitgliedern zu 25 % oder mehr an dieser Gesellschaft ist irrelevant[41] Unschädlich ist, wenn der Arbeitnehmer zu 25% oder mehr an einer anderen spanischen Gesellschaft beteiligt ist.[42]

Die natürliche Person darf keine Einkünfte durch eine in Spanien gelegene Betriebsstätte erzielen.

Der Wegzug muss kausal für die Begründung des Arbeitsverhältnisses oder für die Ernennung zum Geschäftsführer gewesen sein[43] Unterwirft der Arbeitnehmer oder der Geschäftsführer seine Einkünfte dem Einkommensteuergesetz für Nichtansässige, ist

36 Art. 93 EStG.

37 Art. 115 DVO EStG, vgl. Fn. 50.

38 Königliches Gesetzesdekret 5/2004 v. 5.3.2004, veröffentlicht im BOE Nr. 62 v. 12.3.2004, im Folgenden EStG für Nichtansässige.

39 Art. 93.1 b) 1. EStG.

40 Art. 93.1 b) 2. EStG.

41 Verbindliche Auskunft der Generaldirektion für Steuerangelegenheiten (im Folgenden: DGT CV) 338-2019 v. 15.2.2019.

42 DGT CV 338-2019 v. 15.2.2019.

43 DGT CV 1757-19 v. 10.7.2019.

nur diese natürliche Person in Spanien beschränkt steuerpflichtig, nicht die Familienmitglieder.[44]Die Begründung der beschränkten Steuerpflicht wirkt sich auf etwaige von Spanien abgeschlossenen Abkommen zur Vermeidung der doppelten Besteuerung aus. Der Arbeitnehmer oder Geschäftsführer wird im Rahmen der Anwendung eines Doppelbesteuerungsabkommens ebenfalls als beschränkt Steuerpflichtiger angesehen.[45]

Eine weitere Sonderregelung erlaubt die Wahl der Anwendung der Bestimmungen des EStG für ansässige eines EU- oder EWR Mitgliedstaates, das kein Steuerparadies darstellt und mit dem eine effektiver Informationsaustausch besteht. Erforderlich ist, dass nachgewiesen wird, dass mindestens 75% der erzielten Einkünfte aus unselbständiger Arbeit oder aus einer wirtschaftlichen oder selbständigen Tätigkeit in Spanien erzielt worden sind.[46]

Die Feststellung des gewöhnlichen Aufenthaltes im Baskenland, Navarra und in den übrigen Autonomen Gemeinschaften folgt den im EStG aufgeführten Kriterien. Der vorgestellten Systematik folgend haben das Baskenland und Navarra ihre eigenen Regelungen hierzu verabschiedet.[47] Für die weiteren Autonomen Gemeinschaften ist das Übertragungsgesetz maßgeblich.[48]

2.3. Die Folge der Feststellung des gewöhnlichen Aufenthaltes

Die unbeschränkte Einkommensteuerpflicht umfasst alle Einkünfte, die die in Spanien ansässige natürliche Person im Inland und im Ausland erzielt (Welteinkommensprinzip). Dies gilt analog für die erweitert unbeschränkt Einkommensteuerpflichtigen.

3. Das Einkommensteuerrecht – Systematik und Steuersätze

Rechtsgrundlage ist, wie bereits ausgeführt, das Einkommensteuergesetz.[49] Dieses wird ergänzt durch die Durchführungsverordnung zum Einkommensteuergesetz.[50]

Das spanische Einkommen einer natürlichen Person (renta) setzt sich zusammen aus den Einkünften (rendimientos) der einzelnen Einkunftsarten, den Vermögensgewinnen

44 DGT CV 275-2014 v. 5.2.2014.

45 DGT CV 1167-2019 v. 28.5.2019.

46 Art. 46.1 EStG für Nichtansässige.

47 Art. 43 des Gesetzes 12/2002 (Baskenland), Fn. 18. sowie Art. des Gesetzes 28/1990 (Navarra), Fn. 22.

48 Siehe Fn. 12.

49 Siehe Fn. 4.

50 Königliches Dekret 439/2007 v. 30.3.2007, veröffentlicht im BOE Nr. 31 v. 31.3.2007, im Folgenden: DVO EStG.

und Vermögensverlusten (ganancias und pérdidas patrimoniales) sowie den Hinzurechnungsbeträgen des Einkommens (imputaciones de renta).

Die steuerbefreiten Einkommensteile (rentas exentas) dürfen das Einkommen nicht erhöhen.

Das Einkommen mindert sich um die persönlichen und familiären Mindestbeträge und ergibt das für die steuerliche Bemessungsgrundlage (base imponible) maßgebliche verfügbare Einkommen (renta disponible), welches der wirtschaftlichen Leistungsfähigkeit des Steuerpflichtigen entsprechen soll. Die steuerliche Bemessungsgrundlage, vermindert um weitere steuerlich zulässige Abzüge, resultiert in der Besteuerungsgrundlage (base liquidable).

3.1. Einkunftsarten, andere Einkommensbestandteile und steuerbefreite Einkommensteile

Das spanische Einkommensteuerrecht untergliedert die steuerpflichtigen Einkünfte in die folgenden Einkunftsarten:

a. Einkünfte aus (nichtselbständiger) Arbeit (rendimientos del trabajo)

b. Einkünfte aus Vermögen (rendimientos de capital), die unterteilt werden in:

   aa. Einkünfte aus unbeweglichem Vermögen (rendimientos del capital inmobiliario) und

   bb. Einkünfte aus beweglichem Vermögen (rendimientos de capital mobiliario: nachfolgend Kapitaleinkünfte) und

c. Einkünfte aus wirtschaftlicher oder selbständiger Tätigkeit (rendimientos de actividades económicas).

Neben den enumerativ genannten Einkunftsarten sind die Vermögensgewinne und -verluste (ganancias y pérdidas patrimoniales) bei der Ermittlung des Einkommens zu berücksichtigen. Außerdem sind die Hinzurechnungsbeträge (z. B. Eigenmietwert einer selbstgenutzten Zweitwohnung, Hinzurechnungsbeträge der Gesellschafter an einer Auslandsgesellschaft in einem Niedrigsteuergebiet mit „passiven" Einkünften) dem Einkommen des Steuerpflichtigen hinzuzurechnen. Das Einkommen einer natürlichen Person, die in Spanien unbeschränkt einkommensteuerpflichtig ist, lässt sich somit in fünf Einkommensbestandteile gliedern, nämlich die drei Einkunftsarten, die Vermögensgewinne und -verluste sowie die Hinzurechnungsbeträge.

3.2. Die steuerbefreiten Einkommensteile

Die steuerbefreiten Einkommensteile (rentas extentas) unterliegen nicht der Einkommensteuerpflicht und dürfen folglich die steuerliche Bemessungsgrundlage nicht erhöhen. Zu den steuerbefreiten Einkommensteilen des unbeschränkt Steuerpflichtigen gehören unter anderem Entschädigungen (z. B. Abfindungen bei Kündigung, Entschädigungen bei einem Arbeitsunfall, Invalidenentschädigungen im Zusammenhang mit Terroristenanschlägen oder mit zivilrechtlichen Schäden), Lotteriegewinne von bestimmten Lotterien (z. B. ONCE, staatliche Lotterien, Lotterie des Roten Kreuzes), näher reglementierte Preise für Autoren, Artisten und Wissenschaftler, bestimmte öffentlich-rechtliche Leistungen an Invaliden sowie an Rentner ab 65 Jahre und öffentlich-rechtliche Stipendien.

3.3. Die Einkunftsarten im Einzelnen

3.3.1. Einführung

Zur Einkommensermittlung sind die fünf dargestellten Einkommensbestandteile des Steuerpflichtigen im jeweiligen Veranlagungszeitraum zu berücksichtigen. Da die fünf Einkommensbestandteile nicht einem einheitlichen Einkommensteuersatz unterliegen, können sie nicht zum einheitlichen Einkommen saldiert werden. Weiter sieht das Einkommensteuerrecht Beschränkungen beim Verlustausgleich zwischen den Vermögensgewinnen und -verlusten und zahlreichen Einkünften aus beweglichem Vermögen mit den übrigen Einkommensbestandteilen vor.

3.3.2. Das allgemeine Einkommen und das Einkommen aus Anlagekapital

Das Einkommen wird in zwei Teile untergliedert, und zwar in das allgemeine Einkommen (renta general) und das Einkommen aus Anlagekapital (renta del ahorro). Sowohl für das allgemeine Einkommen als auch für das Einkommen aus Anlagekapital ist eine gesonderte steuerliche Bemessungsgrundlage (base imponible general y base imponible del ahorro) sowie eine gesonderte Besteuerungsgrundlage (base liquidable general y base liquidable del ahorro) zu ermitteln.

Das allgemeine Einkommen ergibt sich aus der Summe der positiven oder negativen Einkunftsarten sowie der positiven oder negativen Hinzurechnungsbeträge, soweit die (Kapital-)Einkünfte nicht dem Einkommen aus Anlagekapital zuzurechnen sind, plus den Vermögensgewinnen und -verlusten, denen keine Vermögensübertragung zugrunde liegt. Eine Zusammenrechnung dieser vier Einkommensbestandteile, soweit sie nicht Teil des Einkommens aus Anlagekapital sind, sowie ein Verlustausgleich untereinander ist uneingeschränkt zulässig.

3.3.3 Einkünfte aus nichtselbständiger Arbeit

Begriff

Zu den Einkünften aus nichtselbständiger Arbeit zählt jegliche Geld- oder Sachleistung, die direkt oder indirekt aus der persönlichen Arbeitsleitung herrührt und die nicht einer gewerblichen oder selbständigen Tätigkeit zuzuordnen ist.[51] Erfasst werden demnach alle Löhne und Gehälter, nicht befreite Arbeitslosenhilfeleistungen sowie die nicht befreiten Spesen.

Ferner ordnet das EStG[52] bestimmte Gegenleistungen den Einkünften aus nichtselbständiger Arbeit auch dann zu, wenn die vorgenannten Kriterien nicht erfüllt sind. Hierzu gehören u. a. die Leistungen der Sozialversicherung, der Beamtenversorgung, aus Pensionsplänen oder aus privaten Versorgungswerken.

Die Sachzuwendungen zählen zu den Einkünften aus nichtselbständiger Arbeit, wenn sie entweder unentgeltlich oder unter Marktwert zur privaten Nutzung, d. h. nicht zur Ausübung der beruflichen Tätigkeit, zur Verfügung gestellt werden.[53]

Die Ermittlung der steuerpflichtigen Einkünfte

Die Berechnung der steuerpflichtigen Einkünfte erfolgt nach folgendem Schema:

Bruttoeinkünfte
./. Sonderfreibeträge
./. Aufwendungen
./. Allgemeine Freibeträge
= Nettoeinkünfte

Die Unterscheidung zwischen einkommensrelevanten Geld- und Sachleistungen ist relevant, da bei den in Geld erfolgten Zuwendungen die Bruttoeinkünfte (einschließlich Einbehalte, Sozialversicherungsleistungen, Beiträge an Versorgungswerken u. a.) erfasst werden.

Bei **Sachzuwendungen** ist der Wert der Zuwendung zuzüglich der vorgenommenen-Steuervorauszahlungen maßgeblich. [54] Für die Bewertung der Sachzuwendungen ist grds. der Marktwert heranzuziehen. Für bestimmte Sachleistungen wie z. B. Pkw- und

51 Art. 17.1 EStG.
52 Art. 17.2 EStG.
53 Art. 42 EStG.
54 Art. 43. 2 EStG.

Wohnungsnutzung, Darlehen, Versicherungen, Beiträge zu Pensionsplänen gelten Sonderbestimmungen.[55]

Pkw-Nutzung: Maßgeblich ist, wenn der Besitz des Pkws auf den Steuerpflichtigen übergeht, der Anschaffungswert einschließlich der infolge des Erwerbs angefallenen Steuern.[56] Wird der Wagen dem Steuerpflichtigen lediglich zur Nutzung zur Verfügung gestellt und verbleibt der Pkw im Eigentum des Arbeitgebers, sind für die Bewertung dieser Sachleistung 20 % der Anschaffungskosten heranzuziehen. Sofern es sich um ein geleastes Fahrzeug handelt, ist der Marktpreis des Neuwagens maßgeblich.

Wohnungsnutzung: Überlässt der Arbeitgeber eine in seinem Eigentum stehende Wohnung, so entspricht der Wert dieser Zuwendung 10 % des Katasterwertes. Sind die Katasterwerte überprüft und modifiziert worden, entspricht der Wert der Sachzuwendung 5 % des Katasterwertes, sofern diese Modifizierung im Veranlagungsjahr oder in den zehn vorangegangenen Veranlagungsjahren in Kraft getreten ist.[57] Ist der Arbeitgeber nicht Eigentümer der Wohnung, dürfen die vorstehenden Werte nicht unterschritten werden.

Darlehen: Werden Darlehen zu einem Zinssatz gewährt, der unterhalb des gesetzlich vorgeschriebenen Zinssatzes liegt, so ist für die Bestimmung des Wertes dieser Zuwendung die Differenz des entrichteten Zinses und des nach dem im Veranlagungsjahr geltenden gesetzlichen Zinssatzes geltenden Zinses heranzuziehen.[58]

Versicherungsleistungen: Maßgeblich ist die zu zahlende Prämie.[59]

Freibeträge und abzugsfähige Aufwendungen

Zur Ermittlung der steuerpflichtigen Einkünfte sieht das EStG bestimmte Sonderfreibeträge vor, die vor den abzugsfähigen Aufwendungen heranzuziehen sind. Im Anschluss daran können die allgemeinen Freibeträge herangezogen werden, die im Ergebnis die Nettoeinkünfte ergeben:

Sonderfreibeträge: Für **Einkünfte**, die in einem Zeitraum von mehr als zwei Jahren **unregelmäßig erzielt** worden sind, kann ein Freibetrag von 30 % herangezogen werden. Hierzu zählen auch diejenigen Einkünfte, die gesetzlich als außergewöhnlich und daher als unregelmäßige Vergütung bezeichnet werden.[60]

55 Art. 43. 1 EStG.
56 Art. 43 1.1. b) EStG.
57 Art. 43.1.1 a) EStG.
58 Art. 43 1.1. c) EStG.
59 Art. 43 1.1. d) EStG.
60 Art. 18.2. EStG.

Einkünfte aus der Sozialversicherung, den Versorgungskassen für Staatsbedienstete, die in Form einer einmaligen Kapitalauszahlung erfolgt und bei denen der erste Beitrag mindestens mehr als zwei Jahre zuvor eingezahlt wurde.[61]

Abzugsfähige Aufwendungen

Im Anschluss daran sind die abzugsfähigen Aufwendungen zu berücksichtigen.[62] Hierzu zählen die **Sozialversicherungsbeiträge**, die aufgrund einer in Spanien geleisteten unselbständigen Tätigkeit abzuführen sind. Ferner zählen hierzu auch die in einem anderen Staat geleisteten Sozialversicherungsbeiträge, die ebenfalls infolge einer unselbständigen Tätigkeit abzuführen sind. Erforderlich ist, dass die Abführung gesetzlich vorgeschrieben ist, d. h. freiwillige Leistungen sind nicht abzugsfähig.

Ferner zählen hierzu **Gewerkschaftsbeiträge** sowie die Beiträge an **Versorgungswerke** oder an **sonstige Berufsverbände**. Berücksichtigt werden diese Beiträge auch dann, wenn sie an einen **ausländischen Berufsverband** gezahlt werden.[63]

Des Weiteren können bis maximal 300 € die Kosten eines **Rechtsbeistands** in Abzug gebracht werden, die unmittelbar infolge eines Rechtsstreits mit dem Arbeitgeber oder einer sonstigen Person, die die Vergütung zu leisten hat, resultiert sind.

Schließlich sieht das EStG eine **abzugsfähige Pauschale** i. H. von 2.000 € für alle anderen Aufwendungen vor, die vorstehend nicht erwähnt werden.

Erfolgt ein Wohnsitzwechsel aus beruflichen Gründen, kann unter bestimmten Voraussetzungen unbeschadet anderweitiger abzugsfähiger Aufwendungen im Veranlagungsjahr, in dem der Wohnsitzwechsel stattfindet, eine Pauschale von derzeit 2.000 € geltend gemacht werden.[64] Erforderlich ist, dass der Steuerpflichtige arbeitslos gemeldet war und er zwecks Aufnahme seiner beruflichen Tätigkeit in eine andere Gemeinde umziehen muss.

Eine weitere abzugsfähige Pauschale **können behinderte Arbeitnehmer** geltend machen. Diese beläuft sich grds. auf 3.500 €. Ist die Beweglichkeit eingeschränkt, ist die Hilfe dritter Personen nachweislich erforderlich oder ist der Behinderungsgrad gleich oder höher als 65 %, beträgt die jährliche abzugsfähige Pauschale 7.750 €.

Allgemeine Freibeträge[65]

Weiterhin sieht das EStG unter bestimmten Voraussetzungen allgemeine Freibeträge für diejenigen Steuerpflichtigen vor, die jährlich ein Nettoeinkommen von weniger als

61 Art. 18.3. EStG.
62 Art. 19.1. und 19.2. EStG.
63 DGT CV v. 26.1.2017.
64 Art. 19.2. EStG.
65 Art. 20 EStG.

14.450 € erzielen. Erforderlich ist, dass der Steuerpflichtige keine anderen Einkünfte erzielt, die höher als 6.500 € sind. Steuerpflichtige mit einem jährlichen Nettoeinkommen von 11.250 € oder weniger können im Jahr 3.700 € abziehen.

Steuerpflichtige, deren jährlichen Nettoeinkünfte zwischen 11.250 € und 14.450 € liegen, können 3.700 € abzüglich der Summe, die aus der Multiplikation der Differenz zwischen dem Nettoeinkommen und den 11.250 € mit dem Faktor 1,15625 resultiert, geltend machen.

3.3.4. Die Einkünfte aus Vermögen

Die Einkünfte aus Vermögen unterteilen sich in Einkünfte aus unbeweglichem Vermögen[66] und Kapitaleinkünfte.[67]

3.3.4.1. Einkünfte aus unbeweglichem Vermögen

Begriff

Diese Einkünfte erzielen die natürlichen Personen, die Eigentümer einer Immobilie oder Inhaber eines Rechts auf Nutzung der Immobilie haben und aufgrund der Vermietung oder Begründung bzw. Übertragung eines Nutzungsrechts Einkünfte hieraus erzielen und nicht einer wirtschaftlichen oder selbständigen Tätigkeit zuzuordnen sind.[68]

Begründet daher ein Eigentümer zugunsten einer anderen Person ein zeitlich begrenztes Nutzungsrecht, erzielt der Eigentümer aufgrund der Gegenleistung Einkünfte aus unbeweglichem Vermögen. Überträgt der Eigentümer hingegen das Nutzungsrecht, erzielt er mit der Gegenleistung keine Einkünfte aus unbeweglichem Vermögen, sondern einen Vermögensgewinn bzw. Verlust.[69] Vermietet der Inhaber eines zeitlich begrenzten Nutzungsrechts die Immobilie, erzielt dieser aufgrund der erhaltenen Miete Einkünfte aus unbeweglichem Vermögen.[70]

Die der Einkommensteuer unterliegenden Einkünfte werden in der Weise ermittelt, dass von den Bruttoeinkünften bestimmte Aufwendungen in Abzug gebracht werden.

Die Ermittlung der steuerpflichtigen Einkünfte

Erfasst werden sämtliche Einkünfte infolge der Vermietung, Untervermietung oder Begründung oder der zeitlich begrenzten Übertragung eines Nutzungsrechts, und zwar

66 Art. 22–24 EStG.
67 Art. 25 und 26 EStG.
68 Art. 22.1. EStG.
69 Art. 37.1.k) EStG.
70 DGT CV v. 15.1.2015.

unabhängig davon, ob diese Gegenleistung in Form von Geld-oder Sachleistungen erfolgt. Unberücksichtigt bleibt hierbei z. B. die dem Mieter in Rechnung gestellte USt.[71]

Abzugsfähige Aufwendungen

Berücksichtigt werden können alle Aufwendungen, die für die Erzielung der Bruttoeinkünfte notwendig sind, einschließlich der Abschreibung.

Kosten für die Instandhaltung und für Reparaturen, sofern eine Verbindung zwischen diesen Kosten und den zukünftigen Einnahmen, z. B. aus Vermietung nachgewiesen werden kann. Erforderlich ist des Weiteren, dass diese Investitionen ausschließlich mit dem Ziel der zukünftigen Vermietung an Dritte und nicht zur Eigennutzung des Objektes vorgenommen werden. Die Reparatur- bzw. Instandhaltungsarbeiten dürfen ferner nicht zu einer Änderung der Bausubstanz oder der bewohnbaren Fläche führen. Ist dies der Fall, handelt es sich um eine Investition, die die Nutzungsdauer verlängert oder zu einer Wertsteigerung des Objekts führt.[72] Diese Aufwendungen können im Rahmen der Abschreibung oder im Fall einer Veräußerung bei der Ermittlung eines Veräußerungsgewinns von Bedeutung sein.

Die **Zinsen**, die für das für den Erwerb oder die Erhöhung des Standards des Objekts gewährten Fremdkapitals zu entrichten sind.

Diese Aufwendungen dürfen zusammen mit den Instandhaltungs- und Reparaturkosten, die in Bezug auf eine Immobilie erzielten Bruttoeinkünfte nicht übersteigen.[73]

Die **nicht staatlichen Steuern und Säumniszuschläge** sowie die **staatlichen Gebühren**, die keinen Sanktionscharakter haben. Abzugsfähig sind z. B. Grundsteuern, Müllgebühren, Sonderbeiträge für Erschließungsmaßnahmen.[74]

Die Aufwendungen für bestimmte durch Dritte geleistete Dienste wie z. B. Verwaltertätigkeit, Wachdienst. Die Kosten für den **Abschluss des Mietvertrages**, wie z. B. Anwaltshonorare, sowie Kosten der Rechtsverfolgung, wie z. B. Mietzins, Kündigung des Mietverhältnisses.[75]

Nicht geleistete Mietzinszahlungen, wenn deren Eintreibung zweifelhaft ist. Abzugsfähig ist die ausgebliebene Miete nur dann, wenn der Schuldner nachweislich insolvent ist oder wenn zwischen den ersten Beitreibungsmaßnahmen des Vermieters und der Beendigung des Veranlagungsjahres mehr als 6 Monate verstrichen sind.[76]

71 Art. 22.2. EStG.
72 DGT CV v. 12.11.2013.
73 Art. 23.1a) Nr. 1 EStG.
74 Art. 23 1a) Nr. 2 EStG.
75 Art. 23 1 a) Nr. 4 EStG.
76 Art. 23 1 a) Nr. 3 EStG.

Die **Versicherungsprämien**, die der Eigentümer oder der Nutzungsinhaber leistet. **Strom, Wasser- und Heizungskosten,** sofern diese von dem Eigentümer oder Nutzungsinhaber selbst getragen werden.

Abschreibungen[77] der vermieteten Immobilie, sofern sie einem tatsächlichen Wertverlust entsprechen. Ist die Immobilie nicht während des gesamten Veranlagungsjahres vermietet, erfolgt die Abschreibung nur im Verhältnis zu dem Zeitraum, in dem tatsächlich vermietet worden ist. Der bei Immobilien höchste Abschreibungssatz beträgt 3 %. Herangezogen wird der höchste der nachstehenden Werte: der Anschaffungswert oder der Katasterwert. In beiden Fällen ist lediglich der Wert des Bauwerkes und nicht der Bodenwert zu berücksichtigen. Lässt sich der Anschaffungswert des Bodens nicht ermitteln, kann das Verhältnis zwischen Bau- und Bodenwert anhand des Verhältnisses zwischen Katasterwert der Bebauung und des Bodenkatasterwertes geschätzt werden. Ist lediglich der gesamte Katasterwert bekannt, kann im Wege der Schätzung der Wert der Bebauung und des Bodens ermittelt werden, wobei üblicherweise angenommen wird, dass der Bodenwert zwischen 25 % und 40 % des Gesamtwertes darstellt. Der Anschaffungswert erfasst neben dem anteiligen, auf die Bebauung anfallenden Kaufpreis sämtliche anteiligen auf die Bebauung entfallenden Kosten und Steuern, die im Zusammenhang mit dem Erwerb entstanden sind, wie Notar- und Grundbuchkosten, sowie, je nach dem, die Umsatzsteuer, Grunderwerbsteuer oder Beurkundungssteuer. Abgeschrieben werden können auch die beweglichen Gegenstände, die zusammen mit der Immobilie überlassen werden. Der höchste zulässige Abschreibungssatz beträgt 10 %. Heranzuziehen ist stets der Anschaffungswert.

Die sich hieraus ergebenden positiven Nettoeinkünfte können nochmals um 60 % dieser Einkünfte reduziert werden, wenn die Immobilie zu Wohnzwecken vermietet wird.[78] Diese Regelung wurde durch das Gesetz zur Bekämpfung der Steuervermeidungspraktiken [79] um einen 2. und 3. Satz ergänzt: Die Reduzierung kann nur auf diejenigen positiven Nettoeinkünfte herangezogen werden, die der Steuerpflichtige im Rahmen seiner Selbstveranlagung angegeben hat, die vor Einleitung eines der dort erwähnten Prüfungsverfahrens abgegeben worden ist, die u a. die Prüfung dieser Nettoeinkünfte beinhaltet.[80] Sind bestimmte Nettoeinkünfte im Rahmen der zuvor beschriebenen Selbstveranlagung nicht angegeben oder Kosten unrechtmäßig in Abzug gebracht worden, kann die vorgenannte Reduzierung auch dann nicht geltend gemacht werden, wenn

77 Art. 23 1 b) EStG.
78 Art. 23.2, S. 1 EStG.
79 Siehe. Fn. 2.
80 Art. 23.2, S. 2 EStG.

der Steuerpflichtige diese im Zuge des Prüfungsverfahrens nacherklärt oder akzeptiert.[81]

Für Einkünfte, die in einem Zeitraum von mehr als zwei Jahren unregelmäßig erzielt worden sind, kann ein Freibetrag von 30 % herangezogen werden. Die Reduzierung darf im Jahr die Summe von 300.000 € nicht übersteigen.[82]

Ist die Immobilie an Ehegatten oder Verwandte bis zum dritten Grad vermietet worden, dürfen die Nettoeinkünfte nach Abzug der vorgenannten Freibeträge einen bestimmten Betrag, und zwar 2 % oder 1,1 % des Katasterwertes nicht unterschreiten. Im Fall der Selbstnutzung der Wohnung dürfen die ermittelten Einkünfte nicht unterschritten werden.[83]

3.3.4.2. Einkünfte aus Kapitalvermögen

Begriff

Die Kapitaleinkünfte (rendimientos del capital mobiliario) sind wie die Einkünfte aus Grundvermögen (rendimientos del capital inmobiliario) ein Unterfall der Einkünfte aus Vermögen (rendimientos del capital). Die Einnahmen aus Kapitalvermögen (rendimientos íntegros) abzüglich der abzugsfähigen Aufwendungen (gastos deducibles) sind die Kapitaleinkünfte (rendimientos neto), die wiederum vermindert um die Abzüge (reducciones) die steuerpflichtigen Kapitaleinkünfte ergeben.

Die **Einnahmen aus Kapitalvermögen** gliedern sich in vier Hauptgruppen, nämlich in

a. die durch eine Beteiligung am Eigenkapital einer Gesellschaft erzielten Einnahmen,[84]
b. die als Gegenleistung für die Abtretung des eigenen Kapitalvermögens an Dritte erhaltenen Einnahmen,[85]
c. die als Bar- oder Naturalleistung von einer Lebens- oder Unfallversicherung erhaltenen Einnahmen[86] und
d. die sonstigen Einnahmen aus Kapitalvermögen.[87]

Die mittels einer **Beteiligung am Eigenkapital einer Gesellschaft** erzielten Einnahmen umfassen insbesondere die Dividenden, die anderen Gewinnbeteiligungen an einer Körperschaft, die Zulagen an die Teilnehmer von Gesellschafterversammlungen sowie

81 Art. 23.2. S. 3 EStG.
82 Art. 23.3. EStG.
83 Art. 24 EStG.
84 Art. 25.1. EStG.
85 Art. 25.2. EStG.
86 Art. 25.3. EStG.
87 Art. 25.4. EStG.

die sonstigen Vorteile, die der Steuerpflichtige in seiner Eigenschaft als Aktionär, sonstiger Gesellschafter oder Mitglied einer Körperschaft erhält. Dazu gehören auch die Wirtschaftsgüter mit Ausnahme der Freiaktien, die der Steuerpflichtige als Beteiligung am Gewinn, am Verkauf oder an einer ähnlichen Transaktion der Körperschaft erhält, vorausgesetzt, es handelt sich nicht um eine Gegenleistung für eine gewerbliche oder selbständige Tätigkeit. Die Veräußerung von Zeichnungsrechten werden seit dem 1.1.2017 den Einkünften aus Vermögensgewinnen zugeordnet.[88] Schließlich zählen auch die Fondsausschüttungen dazu; allerdings kennt das spanische Steuerrecht keine „ausschüttungsgleichen Erträge" sowie „Zwischengewinne".

Die Einnahmen aus Kapitalvermögen, die als **Entgelt für die Zurverfügungstellung des eigenen Kapitalvermögens** an Dritte erzielt werden, umfassen insbesondere die Zinsen aus Darlehen, Anleihen und öffentlichen Schuldtiteln sowie die Entgelte aus partiarischen Darlehen und stillen Beteiligungen. Dabei spielt es keine Rolle, ob es sich bei dem Entgelt um eine Bar- oder Naturalleistung handelt. Das Entgelt für die Zero-Bonds zählt zu diesen Einnahmen aus Kapitalvermögen. Wenn ein Erwerber die Zero-Bonds von der Emission bis zum Ende der Laufzeit hält (Durchhalter), ist das Entgelt erst in demjenigen Veranlagungszeitraum steuerpflichtig, in dem es fällig wird, also am Ende der Laufzeit. Des Weiteren zählen auch mögliche Kursgewinne oder -verluste bei dieser Art von Wertpapieren zu den Einnahmen aus Kapitalvermögen statt zu den Vermögensgewinnen und -verlusten. Ebenso sind Stückzinsen nicht gesondert zu ermitteln. Vielmehr ist der erzielte Veräußerungsgewinn oder -verlust unabhängig davon, ob er auf ein Entgelt oder auf Kursbewegungen zurückzuführen ist, in vollem Umfang bei den Einnahmen aus Kapitalvermögen zu berücksichtigen.

Die von einer **Lebens- oder Unfallversicherung erhaltenen Leistungen** sind bei den Einnahmen aus Kapitalvermögen zu berücksichtigen. Erhält der Steuerpflichtige eine Bar- und/oder Naturalleistung, so berechnen sich die Einnahmen aus Kapitalvermögen aus den erhaltenen Leistungen abzüglich der an die Versicherung gezahlten Beiträge. Erhält der Steuerpflichtige hingegen eine Leib- oder Zeitrente von der Versicherung, die er nicht im Wege der Erbschaft, Schenkung oder durch sonstige Rechtsnachfolge erworben hat, so ist nur der Ertragsanteil der jährlich ausgezahlten Rente steuerpflichtig. Die Höhe des steuerpflichtigen Ertragsanteils hängt von dem Alter des Rentenempfängers ab, ab dem er erstmalig die Rente bezieht.

Die **sonstigen Einnahmen aus Kapitalvermögen** sind enumerativ im Einkommensteuerrecht aufgezählt. Dazu gehören die

- Lizenzzahlungen aus der Abtretung von Urheberrechten, vorausgesetzt, der Lizenzempfänger ist nicht der Autor, sowie Lizenzzahlungen aus der Abtretung des ge-

88 Art. 37.1 a) i.V. mit der 29. Übergangsbestimmung EStG.

werblichen Eigentums, vorausgesetzt, sie resultieren nicht aus einer gewerblichen oder selbständigen Tätigkeit des Lizenzempfängers,[89]

- Lizenzzahlungen im Zusammenhang mit der Erbringung technischer Assistenztätigkeit (know how), es sei denn, die Lizenzzahlungen erfolgen im Rahmen einer gewerblichen oder selbständigen Tätigkeit,[90]
- Einnahmen aus der Vermietung oder Verpachtung einschließlich Untervermietung und -verpachtung von beweglichen Wirtschaftsgütern, Geschäftsbetrieben oder Bergwerken, es sei denn, sie erfolgen im Rahmen einer gewerblichen oder selbständigen Tätigkeit,[91]
- Lizenzzahlungen aus der Abtretung des Rechtes am eigenen Bild sowie aus der Zustimmung zur Verwertung desselben, es sei denn, die Abtretung gehört zur gewerblichen oder selbstständigen Tätigkeit des Lizenzempfängers;
- Leibrenten oder Zeitrenten, deren Rechtsanspruch durch die Leistung einer Kapitaleinlage entstand und die der Berechtigte nicht mittels Erbschaft, Schenkung oder sonstiger Rechtsnachfolge erworben hat. Allerdings erhöht nur der Ertragsanteil der jährlich ausgezahlten Rente die Einnahmen aus Kapitalvermögen. Die prozentuale Höhe des Ertragsanteils an der Jahresrente bestimmt sich nach dem Zeitpunkt der erstmaligen Auszahlung der Leib- oder Zeitrente und bleibt während der gesamten Bezugsdauer der Rente unverändert bestehen.[92]

Abzugsfähige Aufwendungen

Von den Einnahmen aus Kapitalvermögen sind als Aufwendungen die Depotgebühren und Verwaltungskosten steuerlich abzugsfähig. Bezüglich der unter b) und c) genannten Einnahmen sind alle zu ihrer Erzielung erforderlichen Aufwendungen einschließlich der Abschreibungen steuerlich abzugsfähig.[93]

Für Einkünfte aus sonstigem Kapitalvermögen,[94] die in einem Zeitraum von mehr als zwei Jahren unregelmäßig erzielt worden sind, kann nach Abzug der Aufwendungen ein Freibetrag von 30 % geltend gemacht werden. Die Nettokapitaleinkünfte dürfen indes den Betrag von 300.000 € nicht überschreiten.[95]

89 Art. 25.4 a) EStG.
90 Art. 25.4 b) EStG.
91 Art. 25.4 c) EStG.
92 Art. 25.6 EStG.
93 Art. 26 EStG.
94 Art. 25.4 EStG.
95 Art. 26.2 EStG.

3.3.4.3. Einkünfte aus wirtschaftlicher oder selbständiger Tätigkeit

Begriff

Die Einkünfte aus wirtschaftlicher oder selbständiger Tätigkeit (rendimientos de actividades económicas) sind solche, die durch den Einsatz der persönlichen Arbeitskraft und/oder des Kapitals erzielt werden. Erforderlich ist, dass die Produktionsmittel und/oder die Arbeitskraft auf eigene Rechnung eingesetzt werden, um somit das Produkt oder die Dienstleistung zu erzielen.[96] Erfasst werden insbesondere die Einkünfte aus Land- und Forstwirtschaft, Gewerbebetrieb und selbständiger Arbeit.[97]

Die Vermietung sowie der Kauf und Verkauf unbeweglichen Vermögens können hierzu ebenfalls zählen. Erforderlich ist, dass die Grundstücksgeschäfte in einem gesonderten Geschäftsraum durchgeführt werden und mindestens eine Person hierfür als Vollzeitkraft angestellt ist.[98]

Die Ermittlung der steuerpflichtigen Einkünfte

Die Ermittlung der Einkünfte aus wirtschaftlicher und selbständiger Tätigkeit richtet sich nach den Regelungen des Körperschaftsteuerrechts, unbeschadet der im Einkommensteuerrecht vorgesehenen abweichenden Regelungen.[99]

Für die Ermittlung der Einkünfte aus wirtschaftlicher Tätigkeit stellt das Einkommensteuerrecht dem Steuerpflichtigen zwei Methoden zur Verfügung. Die allgemein anwendbare Methode ist die **direkte Gewinnermittlung** (estimación directa), die sich wiederum in die normale und die vereinfachte direkte Gewinnermittlung unterteilen lässt.[100] Die zweite Methode, die nur für die Steuerpflichtigen mit einem kleineren Jahresumsatz in Frage kommt, ist die **objektive Gewinnermittlung** (estimación objetiva), die auf die Gewinnermittlung nach Durchschnittssätzen abstellt.[101]

Die **direkte Gewinnermittlungsmethode** (estimación directa normal) dient allgemein zur Ermittlung der Einkünfte aus wirtschaftlicher Tätigkeit. Bis auf einzelne Ausnahmen sind die Bestimmungen des KStG[102] unmittelbar und wegen der Maßgeblichkeit des handelsbilanziellen Jahresergebnisses für die steuerliche Bemessungsgrundlage insbesondere auch die Vorschriften des HGB (Código de Comercio)[103] und des Allgemei-

96 Art. 27. 1, S. 1 EStG.
97 Art. 27 1, S. 2 EStG.
98 Art. 27.2 EStG.
99 Art. 28. 1, S. 1 EStG.
100 Art. 28.1. S. 1, Art. 30.1, S. 1 EStG.
101 Art. 28.1, S. 1, Art. 31.1 EStG.
102 Siehe Fn. 6.
103 Königliches Dekret v. 22.8.1885, veröffentlicht in der Gaceta Nr. 289 v. 16.10.1885.

nen Bilanzierungsgesetzes (Plan General de Contabilidad)[104] anwendbar. Die Einkünfte aus der wirtschaftlichen Tätigkeit sind somit mittels der handelsrechtlichen Gewinnermittlungsvorschrift festzustellen, wobei der Gewinn oder Verlust durch einen Betriebsvermögensvergleich zum Ende und zum Anfang eines Wirtschaftsjahres festzustellen ist.

Die Steuerpflichtigen, die Einkünfte aus wirtschaftlicher Tätigkeit erzielen und deren Vorjahresumsatz einen Höchstbetrag nicht überschritten hat, fallen unter die vereinfachte direkte Gewinnermittlung (estimación directa simplificada), es sei denn, sie verzichten darauf in ihrer Anmeldeerklärung (declaración censal), die zu Beginn der Erzielung von wirtschaftlichen Einkünften gegenüber der zuständigen Finanzbehörde abzugeben ist.[105] Die Voraussetzung für die Anwendung dieser Gewinnermittlungsmethode ist ein Vorjahresnettoumsatz von höchstens 600.000 € bezüglich aller wirtschaftlichen Aktivitäten des Steuerpflichtigen.[106] Des Weiteren darf der Steuerpflichtige nicht die Voraussetzungen erfüllen, seine Einkünfte aus wirtschaftlicher Tätigkeit nach der objektiven Gewinnermittlungsmethode ermitteln zu können. Ist die vereinfachte direkte Gewinnermittlung anwendbar, dann kann der Steuerpflichtige die AfA auf das materielle Anlagevermögen nach einer gesonderten AfA-Tabelle linear vornehmen. Des Weiteren kann er pauschal 5 % der Einkünfte aus wirtschaftlicher Tätigkeit als steuerlich abzugsfähige Rückstellungen und schwierig nachweisbare Betriebsausgaben geltend machen.

Die **objektive Gewinnermittlungsmethode** (estimación objetiva) findet nur Anwendung auf Einkünfte aus wirtschaftlicher Tätigkeit, soweit sie aus bestimmten Branchen der Klein- und Mittelunternehmen (PYMES) und der selbständig Tätigen oder aus der Land-, Vieh- und Forstwirtschaft stammen und die gesamten wirtschaftlichen Einkünfte des Vorjahres einen festgelegten Höchstbetrag nicht überschreiten.[107] Hinsichtlich der wirtschaftlichen Tätigkeiten dürfen in dem Veranlagungsjahr 2017 die Einkünfte des Vorjahres den Höchstbetrag von 150.000 € nicht überschreiten.[108] Hinsichtlich der Einkünfte aus Land-, Vieh- und Forstwirtschaft dürfen 250.000 € nicht überschritten werden.[109] Der Steuerpflichtige kann auf die Anwendung der objektiven Gewinnermittlungsmethode verzichten.[110] Bei der objektiven Gewinnermittlung werden die wirtschaftlichen Einkünfte z. B. auf der Basis der Anzahl des angestellten Personals, des Stromver-

104 Königliches Dekret 1514/2007 v. 16.11.2007, veröffentlicht im BOE Nr. 278 v. 20.11.2007.
105 Art. 30.1. S. 3 EStG.
106 Art. 30.1, S. 3 EStG.
107 Art. 31.1 EStG.
108 Art. 31.1 Ziffer 3 a) EStG.
109 Art. 31.1 Ziffer 3 b) EStG.
110 Art. 31.1 Ziffer 1 EStG.

brauchs, der Größe des Geschäfts, der Länge der Theke, der gefahrenen Kilometer oder der zulässigen Tonnage eines LKW mit einzelnen vom Finanzministerium festgelegten Eurobeträgen multipliziert. Der sich daraus ergebende Betrag gilt als die Einkünfte aus wirtschaftlicher Tätigkeit, die beim Einkommen des Steuerpflichtigen zu berücksichtigen sind.

Investitionsvergünstigungen

Die unbeschränkt Einkommensteuerpflichtigen, die wirtschaftliche Tätigkeiten ausüben, können als Investitionsvergünstigungen dieselben Abzüge von der tariflichen Einkommensteuer vornehmen, die im KStG auch den Körperschaftsteuerpflichtigen zustehen.[111] Die Summe der abziehbaren Investitionsvergünstigungen bei der tariflichen Einkommensteuer ist allerdings der Höhe nach begrenzt. Weitere Investitionsvergünstigungen, wie z. B. günstigere AfA-Sätze, höhere Rückstellungen für insolvente Schuldner sowie ein reduzierter Körperschaftsteuersatz sind für Kleinunternehmen (Jahresnettoumsatz unter 5 Mio. €) vorgesehen. Außerdem gelten Sonderregelungen z. B. für die Kanarischen Inseln.[112]

3.3.4.4. Vermögensgewinne und Verluste

Begriff

Die Vermögensgewinne oder -verluste (ganancias y pérdidas patrimoniales) sind neben den drei Einkunftsarten und den Hinzurechnungsbeträgen ein selbständiger Einkommensbestandteil. Sie unterliegen der progressiven Einkommensteuer. Die Vermögensgewinne und -verluste[113] sind definiert als

a. die Wertveränderungen in dem Vermögen des Steuerpflichtigen

b. mittels eines Wechsels in der Zusammensetzung dieses Vermögens,

c. die nach dem EStG nicht als Einkünfte gemäß den drei Einkunftsarten zu qualifizieren sind.

Aufgrund der Regelungen zu den einzelnen Einkunftsarten im EStG, auf welche die Begriffsdefinition expressis verbis verweist, ist die Abgrenzung zu den drei Einkunftsarten folgendermaßen vorzunehmen. Die Vermögensgewinne und -verluste, die gleichzeitig unter die Einkunftsart der nichtselbständigen Arbeit oder die Einkunftsart des (unbeweglichen oder beweglichen) Vermögens fallen, sind vorrangig als Einkünfte aus nichtselbständiger Arbeit respektive als Einkünfte aus Vermögen zu qualifizieren. Daraus

111 Art. 68.2 EStG.

112 Art. 94 des Gesetzes 20/1991 v. 7.6.1991, veröffentlicht im BOE Nr. 183 v. 8.6.1991 und Art. 27 des Gesetzes 19/1994 v. 6.7.1994, veröffentlicht im BOE 161 v. 7.7.1994.

113 Art. 33.1 EStG.

folgt insbesondere, dass die Gewinne und Verluste im Zusammenhang mit der Veräußerung eines Wertpapiers, das die Abtretung des eigenen Kapitalvermögens verbrieft (z. B. Obligationen etc.) steuerlich regelmäßig als Einnahmen aus Kapitalvermögen zu behandeln sind. Demgegenüber sind die Vermögensgewinne und -verluste, die zugleich in die Einkunftsart der wirtschaftlichen Tätigkeit fallen, seit 1999 vorrangig als Einkommensbestandteil der Vermögensgewinne und -verluste zu qualifizieren.

Nach der Definition ist eine Änderung in dem Wert des Vermögens erforderlich, die durch einen Wechsel in der Zusammensetzung des Vermögens realisiert wird. Eine reine Vermögensänderung ohne Realisierungstatbestand genügt demnach nicht. Eine Besteuerung könnte sich im Falle der Verlegung des gewöhnlichen Aufenthaltes in einem anderen Staate ergeben.[114]

Typische Realisierungstatbestände sind entgeltliche und unentgeltliche Vermögensübertragungen sowie die Eingliederung von Wirtschaftsgütern einschließlich Rechten in das Vermögen des Steuerpflichtigen (z. B. Spielgewinne oder nicht steuerbefreite Lotteriegewinne).

Ein Wechsel in der Zusammensetzung des Vermögens und damit ein Realisierungstatbestand[115] fehlen daher

a. bei der Teilung einer gemeinsamen Sache,

b. bei der Auflösung einer ehelichen Errungenschafts- oder Zugewinngemeinschaft,

c. bei der Auflösung einer Gütergemeinschaft (z. B. Erbengemeinschaft) oder eines Miteigentums und

d. bei dem Wechsel eines Wirtschaftsguts vom Betriebsvermögen in das Privatvermögen und vice versa.

Ein **Vermögensgewinn oder -verlust scheidet** in folgenden Fällen **aus**:[116]

- Die Kapitalherabsetzung bei einer Gesellschaft. Diese kann zu keinem Vermögensgewinn und -verlust führen, da sie als Rückzahlung nur die ursprünglichen Anschaffungskosten der Gesellschaftsanteile mindert. Übersteigt der durch die Kapitalherabsetzung erzielte Rückzahlungsbetrag die ursprünglichen Anschaffungskosten, dann erhöht der überschießende Betrag die Einkünfte aus beweglichem Vermögen.
- Unentgeltliche Vermögensübertragungen im Rahmen einer Schenkung und Erbschaft. Da die spanische Erbschaft- und Schenkungsteuerpflicht an den Erwerber

114 Siehe Fn. 130.

115 Art. 33.2 EStG.

116 Art. 33.3 EStG.

anknüpft, kann er mit seinem Erwerb nicht zusätzlich der Einkommensteuer unterliegen, sehr wohl aber der Erblasser oder Schenker.

Allerdings schreibt das EStG vor, dass ein Vermögensübergang aufgrund des Todes eines Steuerpflichtigen auch bei ihm keinen Vermögensgewinn und -verlust generiert. Dies gilt auch für die weitgehend von der Erbschaftsteuer befreite Übertragung eines Familienunternehmens oder einer Beteiligung an einem Familienunternehmen oder dem Nießbrauch an einer solchen Beteiligung. Folglich kann nur eine Schenkung beim Schenker zu einem einkommensteuerpflichtigen Vermögensgewinn und -verlust führen.

Vermögensgewinne sind u. a. in den nachstehenden Fällen **von der Einkommensteuer befreit** [117]:

- Vermögensgewinne im Zusammenhang mit Schenkungen an als gemeinnützig anerkannte Stiftungen.
- Die Übertragung einer (Haupt-)Wohnung (vivienda habitual) durch einen Steuerpflichtigen mit über 65 Jahren.
- Der bei der Veräußerung der Hauptwohnung erzielte Veräußerungsgewinn ist von der Einkommensteuer befreit, wenn der erzielte Erlös in den Erwerb einer neuen Hauptwohnung investiert wird. Erforderlich ist, dass diese Investition des erzielten Erlöses zwei Jahre vor oder nach dem Übertragungszeitpunkt erfolgt. Nur der tatsächlich investierte Veräußerungserlös ist von der Einkommensteuer befreit.
- Die Übertragung sonstiger Wirtschaftsgüter durch einen Steuerpflichtigen mit über 65 Jahren kann von der Einkommensteuer befreit sein, wenn er den durch die Übertragung erzielten Erlös bis zu einem maximalen Betrag von 240.000 € innerhalb von sechs Monaten zu seinen Gunsten in eine lebenslange Rente investiert. Unbeschadet der vorgenannten Obergrenze ist nur der tatsächlich investierte Veräußerungserlös von der Einkommensteuer befreit.

Folgende **Vermögensverluste** werden einkommensteuerlich **nicht berücksichtigt**:[118]

Diejenigen, die nicht nachgewiesen werden können, oder Verluste, die im Zusammenhang mit dem Lebensunterhalt oder bei Glücksspielen entstehen. Schließlich werden die infolge einer Schenkung eingetretenen Verluste nicht berücksichtigt.

Der steuerliche Missbrauch durch die Realisierung von Vermögensverlusten soll vermieden werden, indem der kurzfristige Verkauf und Rückkauf von Wirtschaftsgütern, Wertpapieren, die eine Beteiligung an dem Eigenkapital einer Gesellschaft verbriefen, und anderen Gesellschaftsbeteiligungen steuerlich nicht anerkannt wird. So kann der

117 Art. 33.4 EStG, Art. 41, 41 b) und 42 DVO EStG.

118 Art. 33.5 EStG.

Steuerpflichtige den Vermögensverlust aus einem Vermögensübergang steuerlich nicht geltend machen, wenn er innerhalb eines Jahres seit dem Vermögensübergang dasselbe Wirtschaftsgut zurückkauft. Eine Sonderregelung gilt für die oben beschriebenen Wertpapiere und andere Gesellschaftsbeteiligungen, wobei zwischen diesen Wertpapieren und anderen Gesellschaftsbeteiligungen unterschieden wird, die am öffentlichen Sekundärmarkt für Wertpapiere in der EU zugelassen sind oder nicht. Handelt es sich um nicht zugelassene Wertpapiere, dann kann der Steuerpflichtige keinen Vermögensverlust steuerlich geltend machen, wenn er gleichartige Wertpapiere innerhalb eines Jahres vor oder nach dem Vermögensübergang zurückkauft. Überträgt der Steuerpflichtige hingegen zugelassene Wertpapiere, so ist es steuerschädlich, wenn er gleichartige Wertpapiere innerhalb von zwei Monaten vor oder nach dem Vermögensübergang zurückkauft.

Die Ermittlung des Vermögensgewinns oder -verlustes

Bei der Ermittlung des Vermögensgewinns oder -verlustes ist zwischen den drei Arten des Wechsels der Vermögenszusammensetzung zu unterscheiden.

Entgeltliche und unentgeltliche Vermögensübertragungen

Der Vermögensgewinn oder -verlust der entgeltlichen oder unentgeltlichen Vermögensübertragung ist die Differenz zwischen dem Anschaffungs- und dem Übertragungswert.

Bezüglich der entgeltlichen Vermögensübertragungen folgt daraus, dass sich der Vermögensgewinn oder -verlust aus dem Saldo des Veräußerungspreises abzüglich der Anschaffungskosten des Wirtschaftsguts ergibt.

Fehlen bei der entgeltlichen oder unentgeltlichen Vermögensübertragung mangels entgeltlichen Erwerbs die Anschaffungskosten, so ist der Anschaffungswert gemäß den erbschaft- und schenkungsteuerlichen Bewertungsregeln zu ermitteln.

Die Anschaffungskosten eines Wirtschaftsguts umfassen den tatsächlichen Anschaffungspreis im Kaufzeitpunkt sowie die nachträglichen Herstellungs- und Anschaffungskosten.[119] Nicht dazu zählen die steuerlich sofort abzugsfähigen laufenden Erhaltungsaufwendungen. Auch die weiteren Aufwendungen (z. B. Transportkosten) und Abgaben (z. B. Zollgebühren, Mehrwertsteuer), die im Zusammenhang mit dem Kauf des Wirtschaftsguts stehen, gehören zu den Anschaffungskosten. Die Zinsen (z. B. im Zusammenhang mit der Finanzierung des Anschaffungspreises) dürfen die Anschaffungskosten nicht erhöhen.[120]

119 Art. 35.1, S. 1 EStG.

120 Art. 35.1, S. 1 b) EStG.

Der Anschaffungswert in Form der Anschaffungskosten oder bei einem unentgeltlichen Erwerb in Form des Werts nach dem ErbStG ist um die Abschreibungen des Wirtschaftsguts seit der Anschaffung zu mindern.[121]

Der Übertragungswert ist der Nettoveräußerungswert[122] oder bei einer unentgeltlichen Übertragung der Nettowert nach dem ErbStG.[123] Die Aufwendungen und Abgaben im Zusammenhang mit der Übertragung mindern den Veräußerungspreis[124] oder den erbschaft- und schenkungsteuerlichen Wert. Liegt der Übertragungswert unter dem normalen Marktwert, dann ist für die Ermittlung des steuerlichen Vermögensgewinns oder -verlustes der Marktwert zu berücksichtigen.[125]

In den übrigen Fällen der Eingliederung von Wirtschaftsgütern in das Vermögen des Steuerpflichtigen ist der Marktwert derselben der Vermögensgewinn oder -verlust.[126]

Hinsichtlich der unentgeltlichen Vermögensubertragung fehlt es an einem Veräußerungspreis, so dass an dessen Stelle der erbschaft- und schenkungsteuerliche Wert des Wirtschaftsguts im Sinne des ErbStG tritt, d. h. der Wert zum Zeitpunkt der Vermögensübertragung, wobei dieser den Marktwert nicht überschreiten darf.[127]

Neu ist die Verschiebung des Bewertungszeitpunktes im Falle des unentgeltlichen Erwerbs durch Erbvertrag mit gegenwärtiger Wirkung, wenn der Begünstigte den Vermögensgegenstand vor Ablauf der fünfjährigen Haltefrist oder vor dem Ableben des Erblassers, falls dieser Zeitpunkt vor Ablauf dieser Frist eintritt, überträgt. In diesen Fällen tritt der Begünstigte was den Wert und den Zeitpunkt der Anschaffung anbelangt, zwecks Bestimmung des Anschaffungswertes in die Rechtsposition des Erblassers, sofern dieser Wert niedriger ist als derjenige Anschaffungswert, der nach der Grundregel zu bestimmen ist.[128]

121 Art. 35.1, S. 2 EStG

122 Art. 35.2, S. 1 EStG.

123 Siehe Fn. 311.

124 Art. 35.2, S2 EStG.

125 Art. 35.2, S. 3 EStG.

126 Art. 34.1. b) EStG.

127 Art. 36, S. 1.EStG, siehe auch Fn. 322.

128 Art. 36, S. 2, EStG. Diese Regelung gilt nach der ersten Übergangsbestimmung Ziffer 4 des Gesetzes zur Bekämpfung von Steuervermeidungspraktiken für Übertragungen nach Inkrafttreten desselben. Zur Anwendung kommen sie in den Gebieten, deren Partikularrechte den Erbvertrag, abweichend von dem allgemein spanischen Erbrecht, als letztwillige Verfügung zulassen. Gegen beide Bestimmungen hat die Regionalregierung von Galicien, deren Erbrecht diese Form der letztwilligen Verfügung vorsieht, Verfassungsbeschwerde erhoben. Diese wurde v. Verfassungsgericht durch Verfügung v. 11.5.2022 unter dem AZ 2545-2022, veröffentlicht am 19.5.2022 im BOE Nr. 119 zugelassen.

Besondere Bewertungsvorschriften

Die besonderen Bewertungsregelungen[129] zur Ermittlung der Vermögensgewinne und -verluste sind bei den folgenden Wertveränderungen in dem Vermögen des Steuerpflichtigen anzuwenden.

Bei der **entgeltlichen Übertragung der an einer Börse der EU zum Handel zugelassenen Wertpapiere**, die eine Beteiligung am Eigenkapital einer Gesellschaft verbriefen, ist der Vermögensgewinn oder -verlust die Differenz zwischen dem Anschaffungswert und dem Übertragungswert, denen die jeweiligen Börsenkurse am Anschaffungs- und am Übertragungstag zugrunde zu legen sind. Überschreitet der vertraglich vereinbarte Preis bei der Anschaffung oder Übertragung den jeweiligen Börsenkurs, dann ist der vertraglich vereinbarte Preis bei der Ermittlung des Vermögensgewinns oder -verlustes zu berücksichtigen. Der Anschaffungswert dieser Wertpapiere ist, um den erzielten Erlös aus den veräußerten Bezugsrechten zu mindern. Sollte der aus der Veräußerung der Bezugsrechte erzielte Erlös den Anschaffungswert der zugrunde liegenden Wertpapiere übersteigen, so ist der überschießende Betrag als Vermögensgewinn zu behandeln.

Bei der **entgeltlichen Übertragung der nicht an einer Börse der EU zum Handel zugelassenen Wertpapiere,** die eine Beteiligung am Eigenkapital einer Gesellschaft verbriefen, ist der Vermögensgewinn oder -verlust aus der Differenz zwischen dem Anschaffungswert und dem Übertragungswert zu ermitteln. Weist der Steuerpflichtige den Übertragungswert nicht nach, dann gilt der zwischen unabhängigen Dritten vereinbarte Marktpreis als Übertragungswert, wobei der Höhere der beiden folgenden Beträge nicht unterschritten werden darf:

a. der theoretische Wert dieses Wertpapiers, abgeleitet aus der Gesellschaftsbilanz desjenigen Wirtschaftsjahres, das vor dem Zeitpunkt der Steuerentstehung abgeschlossen wurde, oder

b. der Ertragswert dieser Wertpapiere, berechnet nach dem durchschnittlichen Gewinn der drei vor der Steuerentstehung abgeschlossenen Wirtschaftsjahre und kapitalisiert auf der Basis des Durchschnittsgewinns von 20 % (Multiplikation des Durchschnittsgewinns mit dem Faktor 5).

Bei den Sacheinlagen in eine Gesellschaft berechnet sich der Vermögensgewinn oder -verlust aus der Differenz zwischen dem Anschaffungswert der eingebrachten Wirtschaftsgüter und dem Höheren der folgenden Beträge:

a. der Nennwert der als Gegenleistung für die Sacheinlage erhaltenen Aktien oder Beteiligungen,

129 Art. 37 EStG.

b. der Börsenkurs der erhaltenen Wertpapiere am Tag der Einlage oder am vorangegangenen Tag oder

c. der Marktwert der eingebrachten Wirtschaftsgüter.

Im Fall des **Ausscheidens eines Gesellschafters** ist der Vermögensgewinn oder -verlust aus dem Saldo des Marktwerts der erhaltenen Wirtschaftsgüter und dem Anschaffungswert der Anteile und Beteiligungen zu ermitteln. Bei der Liquidation einer Gesellschaft ist der Vermögensgewinn oder -verlust der Gesellschafter die Differenz zwischen dem Anteil an dem Liquidationserlös und dem Anschaffungswert der entsprechenden Anteile und Beteiligungen.

In den Fällen der **Spaltung, Verschmelzung oder der Aufnahme einer Gesellschaft** ergibt sich der Vermögensgewinn oder -verlust des Steuerpflichtigen aus der Differenz zwischen dem Anschaffungswert der Wertpapiere oder Rechte, die die Beteiligung des Gesellschafters manifestieren, und dem Marktwert der erhaltenen Wertpapiere, Rechte, Barbeträge und sonstigen Leistungen am Tag der Spaltung, Verschmelzung oder Aufnahme der Gesellschaft.

Beim **Tausch von Wirtschaftsgütern** ist der Übertragungswert der Höhere der beiden folgenden Werte:

a. der Marktwert der hingegebenen Wirtschaftsgüter oder

b. der Marktwert der durch den Tausch erhaltenen Wirtschaftsgüter.

Der Vermögensgewinn oder -verlust berechnet sich aus dem oben beschriebenen Übertragungswert abzüglich des Anschaffungswerts.

Bei der **Übertragung von beschränkt dinglichen Rechten an Grundstücken** (z. B. Nießbrauch) ist der Vermögensgewinn oder -verlust grds. nach den allgemeinen Grundsätzen zu ermitteln, also Übertragungswert abzüglich des Anschaffungswertes.

Erzielt der Grundstückseigentümer durch die Überlassung der beschränkt dinglichen Rechte an seinem Grundstück keine Einkünfte aus unbeweglichem Vermögen, so sind die Anschaffungskosten beim Nutzungsberechtigten, um das nicht gezahlte Entgelt zu mindern.

Bei **Entschädigungen oder Versicherungsleistungen** im Zusammenhang mit Schadensfällen besteht der Vermögensgewinn oder -verlust in der Differenz zwischen dem Betrag der erhaltenen Entschädigung oder Versicherungsleistung und dem Anteil des Anschaffungswertes, der auf den Schaden entfällt.

Bei dem **Erwerb einer Leib- oder Zeitrente** durch Umwandlung von Teilen des Vermögens in einen Rentenanspruch kann ein Vermögensgewinn oder -verlust beim Rentenberechtigten entstehen. Der Vermögensgewinn oder -verlust liegt in dem Saldo zwischen dem Rentenbarwert und den zur Anschaffung des Rentenanspruchs hingegebenen Vermögensteilen (z. B. Einmalzahlung oder Versicherungsprämien).

Bei der **Tilgung der Leib- oder Zeitrenten** entsteht beim Schuldner der Rentenleistungen regelmäßig ein Vermögensgewinn oder -verlust. Der Vermögensgewinn oder -verlust ist der Unterschied zwischen dem erhaltenen Kapital und der Summe der tatsächlich ausgezahlten Renten. Der Vermögensgewinn oder -verlust entsteht am Todestag des Rentenberechtigten. Zur steuerlichen Behandlung der Renten beim Rentenempfänger als Kapitaleinkünfte oder als Einkünfte aus nichtselbständiger Arbeit. Tritt der Mieter oder Pächter seine Rechte aus dem Miet- oder Pachtvertrag vor Ablauf der Kündigungsfrist ab, so erhält er regelmäßig eine Abfindung. Der Vermögensgewinn ist der Wert der Abfindung. Hat der Mieter oder Pächter zuvor das Abtretungsrecht aus dem Vertrag entgeltlich erworben, so handelt es sich dabei um seine Anschaffungskosten. In diesem Fall ist der Vermögensgewinn oder -verlust aus dem Saldo der Abfindung abzüglich der Anschaffungskosten zu ermitteln.

Bei der **Zuteilung von neuen Aktien zu Lasten der Rücklagen** und somit ohne Einzahlung einer Einlage durch den Aktionär (Frei- oder Gratisaktien) gilt als Anschaffungszeitpunkt die Anschaffung der zuvor gehaltenen Aktien.

Betriebliche Vermögensgewinne

Bei den betrieblichen Vermögensgewinnen und -verlusten ist zu unterscheiden zwischen den Vermögensveränderungen auf Betriebsebene und solchen im Betriebsvermögen einer natürlichen Person. Bei den Vermögensgewinnen oder -verlusten auf Betriebsebene des Körperschaftsteuersubjekts finden die Bestimmungen der Körperschaftsteuer Anwendung. Resultiert hingegen der Vermögensgewinn oder -verlust aus dem Verkauf eines Wirtschaftsguts, das zum Betriebsvermögen eines Einkommensteuersubjekts gehört, so ist dieser Vermögensgewinn oder -verlust seit 1999 nicht mehr den Einkünften aus wirtschaftlicher Tätigkeit, sondern den einkommensteuerlichen Regelungen der Vermögensgewinne oder -verluste zuzuordnen. Der Vermögensgewinn oder -verlust ergibt sich aus der Differenz zwischen dem Übertragungswert abzüglich des Buchwertes (valor contable), der dem Anschaffungswert entspricht.

Vermögensgewinne durch Wegzug und Verlegung des gewöhnlichen Aufenthaltes ins Ausland[130]

Verlegt eine in Spanien unbeschränkt einkommensteuerpflichtige Person ihren gewöhnlichen Aufenthalt ins Ausland, wird dies unter bestimmten Voraussetzungen als eine fiktive Entnahme oder Veräußerung bestimmter Vermögensgegenstände qualifiziert, die der Besteuerung des EStG unterliegt.

130 Art. 95b) EStG. Eine entsprechende Regelung für Körperschaften ist in Art. 19.1 KStG vorgesehen.

Voraussetzungen[131]

- Unbeschränkt einkommensteuerpflichtige natürliche Person
- Wegzug ins Ausland
- Mindestens zehn Veranlagungsjahre einkommensteuerpflichtig,[132] und zwar in den letzten 15 Veranlagungsjahren vor demjenigen, in dem der Steuerpflichtige letztmalig vor dem Wegzug einkommensteuerpflichtig gewesen ist. D. h. erfolgt z. B. der Wegzug 2022, unterliegt der Steuerpflichtig letztmalig für das Veranlagungsjahr 2021 der Einkommensteuer, wenn er in den letzten 15 Jahren zuvor, (2006–2020) mindestens zehn Jahre einkommensteuerpflichtig gewesen ist.
- Inhaberschaft von Aktien oder sonstigen Beteiligungen an jeglicher Art von Körperschaften.
- Der Marktwert der Aktien oder Beteiligungen übersteigt zusammen die Summe von 4 Mio €.[133] Sofern diese Voraussetzung nicht erfüllt ist, muss zum Zeitpunkt der Entstehung der Steuerpflicht für den letzten Veranlagungszeitraum, der zu erklären ist, eine Beteiligung an der Körperschaft von mehr als 2 5% bestehen, sofern der Marktwert der Aktien oder Beteiligungen 1 Mio. € übersteigen.[134]

Folgen

- Besteuert wird die positive Differenz zwischen dem Marktwert der vorstehenden Aktien oder Beteiligungen und dem Anschaffungswert.[135]
- Die Einkünfte werden den Einkünften aus Anlagekapital zugerechnet und die steuerliche Bemessungsgrundlage nach den entsprechenden Regelungen ermittelt.[136]

Feststellung des Marktwertes

Zur Berechnung des Vermögensgewinnes wird der zum Zeitpunkt der Entstehung des letzten zu versteuernden Veranlagungsjahres nach den folgenden Regeln zu ermittelnde Marktwert der Aktien oder Beteiligungen herangezogen:

a. Wertpapiere, die zum Handel an einem der in der Richtlinie 2004/39/EG des Europäischen Parlaments und des Rates vom 21.4.2004 über Märkte für Finanzinstrumente definierten geregelten Wertpapiermärkte zugelassen sind und die Beteiligungen an Unternehmen oder Einrichtungen darstellen, werden zu ihrem Marktpreis bewertet.

131 Art. 95b).1 EStG.

132 Art. 95 b).8, Art. 93 EStG: Sonderregelung für Arbeitnehmer, die für ein Unternehmen oder eine Körperschaft mit Sitz in Spanien tätig sind.

133 Art. 95b).1, Buchst. a) EStG.

134 Art. 95b).1, Buchst. b) EStG.

135 Art. 95b).1 EStG.

136 Art. 95b).2 EStG.

b. Wertpapiere, die nicht zum Handel an einem der in der Richtlinie 2004/39/EG des Europäischen Parlaments und des Rates vom 21.4.2004 über Märkte für Finanzinstrumente definierten geregelten Wertpapiermärkte zugelassen sind und die eine Beteiligung am Eigenkapital von Unternehmen oder Einrichtungen darstellen, werden, sofern kein anderer Marktwert nachgewiesen wird, mit dem höheren der beiden folgenden Werte bewertet:

- Das Nettovermögen, das den Wertpapieren entspricht, die sich aus der Bilanz des letzten vor dem Zeitpunkt der Steuerentstehung abgeschlossenen Geschäftsjahres ergeben.
- Das Ergebnis der Kapitalisierung des Durchschnitts der Ergebnisse der drei vor dem Zeitpunkt der Entstehung der Steuer abgeschlossenen Geschäftsjahre zum Satz von 20 %. Für den letztgenannten Zweck werden die ausgeschütteten Dividenden und die Zuweisungen zu den Rücklagen, mit Ausnahme derjenigen, die der Regularisierung oder der Bilanzberichtigung dienen, als Gewinne berücksichtigt.

c. Anteile oder Beteiligungen, die das Kapital oder Vermögen von Einrichtungen für gemeinsame Anlagen darstellen, werden mit dem Nettoinventarwert bewertet, der am Tag der Entstehung des letzten für diese Steuer zu erklärenden Zeitraums gilt, oder andernfalls mit dem zuletzt veröffentlichten Nettoinventarwert. Liegt kein Nettoinventarwert vor, so wird der Wert des den Aktien oder Anteilen entsprechenden Nettovermögens zugrunde gelegt, der sich aus der Bilanz des letzten vor dem vorgenannten Fälligkeitstermin abgeschlossenen Geschäftsjahres ergibt, es sei denn Beweise für einen anderen Marktwert.

Die Einkünfte sind den dem letzten vor dem Wegzug bestehendem Veranlagungsjahr steuerpflichtigen Einkommen zuzuordnen, wobei, sofern eine dieses letzte Jahr ergänzende Steuererklärung abgegeben wird, keine Säumniszuschläge oder Verzugszinsen anfallen[137].

Bei Begründung einer erneuten unbeschränkten Einkommensteuerpflicht kann der Steuerpflichtige, sofern er keine Aktien oder Beteiligungen übertragen hat, eine Berichtigung der Selbstveranlagung und eine Erstattung der entsprechenden entrichteten Steuer beantragen.[138]

137 Art. 95b).3 EStG.
138 Art. 95b).5 EStG.

Sonderregeln unter Berücksichtigung des Zwecks des Wegzugs oder des Wegzugsortes

Begründung eines gewöhnlichen Aufenthaltes im Ausland aus beruflichen Gründen[139]

Erfolgt ein zeitlich begrenzter Wegzug zu Arbeitszwecken in ein Land oder Gebiet, das nicht als Steuerparadies gilt, oder erfolgt dieser zeitlich begrenzte Wegzug aus anderen Gründen in ein Land oder Gebiet mit dem Spanien ein Doppelbesteuerungsabkommen abgeschlossen hat, das eine Klausel zum Informationsaustausch vorsieht, kann der Steuerpflichtige eine Stundung der Besteuerung der sich nach diesen Bestimmungen zur Wegzugsbesteuerung anfallenden Vermögensgewinne beantragen. [140]

Die Stundung wird grds. für fünf Veranlagungsjahre gewährt, wobei der Steuerpflichtige, sofern besondere nachweisbare Umstände dies rechtfertigen, einmalig eine Verlängerung um weitere fünf Jahre beantragen kann. Kehrt der Steuerpflichte vor Ablauf der fünf Jahren oder innerhalb der zusätzlich gewährten Fristverlängerung von weiteren fünf Jahren, die dem letzten Jahr folgen, in dem er eine Einkommensteuererklärung abgegeben hat, zurück, erlischt die Steuerverbindlichkeit einschließlich der Zinsen, es sei denn er hat in den vorgenannten Zeiträumen, die der Wegzugsbesteuerung Aktien oder Beteiligungen übertragen.

Wegzug in ein Mitgliedstaat der EU oder in einen Staat, der dem EWR angehört[141]

Eine Besteuerung der Vermögensgewinne infolge der Wegzugsbesteuerung entfällt, wenn der Wegzug in ein EU- Mitgliedstaat oder eines Staates des EWR erfolgt, mit dem ein tatsächlicher Informationsaustausch in Steuersachen besteht. Allerdings besteht während der nächsten 10 Veranlagungsjahren eine Pflicht zur Mitteilung, dass die Umstände unverändert sind. Eine Besteuerung der Vermögensgewinne durch den Wegzug fällt nur an, wenn innerhalb der 10 Jahre, dem letzten Veranlagungsjahr folgen, Nachstehendes eintritt:

- Übertragung der Aktien oder Beteiligungen durch Rechtsgeschäft unter Lebenden
- Verlust der Eigenschaft eines Ansässigen in einem EU-Mitgliedstaat oder eines Staates des EWR
- Bei Nichteinhaltung der Mitteilung des Staates, in den der Wegzug erfolgt, der Veränderungen des Vermögens und der Inhaberschaft der Aktien oder Beteiligungen.

Der Veräußerungsgewinn wird dem letzten für diese Steuer zu erklärenden Steuerzeitraum zugerechnet, und es wird gegebenenfalls eine ergänzende Selbstveranlagung ohne Straf- oder Verzugszinsen oder Zuschläge vorgenommen.

139 Art. 95b).4 EStG.
140 Art. 95b).4. EStG.
141 Art. 95b).6 EStG.

Die Selbstveranlagung ist innerhalb des Zeitraums zwischen dem Tag, an dem einer der in diesem Buchst. a genannten Umstände eintritt, und dem Ende des unmittelbar folgenden Steuererklärungszeitraums einzureichen.

Wegzug in ein sog. Steuerparadies[142]

Die Bestimmungen zur Wegzugsbesteuerung finden auch Anwendung, wenn die natürliche Person nachweist, dass sie ihre Ansässigkeit in einem Steuerparadies begründet hat. Sie werden in dem Veranlagungsjahr, in dem sie weggezogen sind und in den darauffolgenden vier Jahren so behandelt, als ob sie ihren gewöhnlichen Aufenthalt in Spanien hatten.[143]

Die Vermögensgewinne werden dem letzten Veranlagungsjahr zugerechnet, in dem der Steuerpflichtige seinen letzten tatsächlichen gewöhnlichen Aufenthalt in Spanien hatte. Der Marktwert der Aktien oder Beteiligungen wird nach den oben genannten Regelungen bewertet.[144]

Überträgt der Steuerpflichtige in dem vorgenannten Zeitraum die Aktien oder Beteiligungen, wird zwecks Berechnung des Vermögensgewinnst als Anschaffungswert der Marktwert herangezogen, der zum Zeitpunkt des letzten Jahres seiner Ansässigkeit in Spanien ergeben hätte.[145]

3.3.4.5 Die Hinzurechnung bestimmter Einkünfte

Begriff

Neben den drei Einkunftsarten sowie den Vermögensgewinnen und -verlusten gibt es als weiteren Einkommensbestandteil die hinzuzurechnenden Beträge, die jedoch gesetzlich nicht als eine Einkunftsart, sondern als spezielle Besteuerungsverfahren (regímenes especiales) zusammengefasst sind.

Zu den hinzuzurechnenden Beträgen zählen:

1. **der Eigenmietwert einer selbstgenutzten Zweitwohnung** (imputaciones de rentas inmobiliarias)[146]

   Unter bestimmten Voraussetzungen ist der Eigenmietwert einer Immobilie bei der Ermittlung der Einkommensteuer (imputación de rentas inmobiliarias) eines Immobilieneigentümers oder des Inhabers eines bzgl. einer Immobilie bestehenden Nut-

142 Art. 95 b).7 EStG.

143 Art. 8.2 EStG.

144 Art. 95 b).7, Buchst. a), EStG.

145 Art. 95 b). 7 Buchst b) EStG.

146 Art. 85 EStG.

zungsrechtes zu berücksichtigen. Voraussetzung ist, dass es sich um eine städtische oder eine ländliche Immobilie handelt, die im letzteren Fall nicht zu land- oder forstwirtschaftlichen Zwecken genutzt wird und die nicht den Einkünften aus unbeweglichem Vermögen oder den Einkünften aus gewerblicher oder selbstständiger Tätigkeit zuzuordnen sind. Erfasst werden auch das turnusmäßige Nutzungsrecht einer Immobilie (Timesharing), das für einen Zeitraum von über zwei Wochen im Jahr besteht. Ausgenommen ist die Selbstnutzung des Hauptwohnraumes (vivienda habitual). Der Eigenwert entspricht 2 % des Katasterwertes der Immobilie. Bei der Berechnung werden nur diejenigen Kalendertage des Veranlagungsjahres einbezogen, in dem die Selbstnutzung der Immobilie erfolgt. Der (anteilige) Abzug etwaiger Aufwendungen ist nicht möglich. Abschreibungen erfolgen nur für den Zeitraum, in dem die Immobilie vermietet ist und somit Einkünfte aus unbeweglichem Vermögen erzielt werden. Sonderregeln: Ist der Katasterwert überprüft und modifiziert worden, entspricht der Eigenwert der Immobilie 1,1 % des Katasterwertes, sofern der neue Katasterwert im selben Veranlagungsjahr oder innerhalb der zehn zurückliegenden Jahre in Kraft getreten ist. Besteht zum Zeitpunkt der Entstehung der Einkommensteuerpflicht kein Katasterwert oder ist die Festsetzung dem Eigentümer oder Nutzungsberechtigten noch nicht zugestellt worden, sind als Bemessungsgrundlage 50 % der höchsten der nachstehenden Werte heranzuziehen: der seitens der Finanzbehörde in Bezug auf eine andere Steuer ermittelte Wert oder der Kaufpreis bzw. der Wert der Gegenleistung. Der daraus resultierende Wert ist mit 1,1 % zu multiplizieren. Bei den turnusmäßigen Nutzungsrechten entspricht der Eigenwert 2 % oder 1,1 % des auf die tatsächliche Nutzung entfallenden Katasterwertes. Liegt kein Katasterwert vor oder wurde dieser modifiziert, wird zur Bestimmung des Eigenwertes der Kaufpreis dieses Nutzungsrechts herangezogen.

2. Bei bestimmten **Personenvereinigungen** ist das Einkommen entsprechend der Gewinn- und Verlustbeteiligung unter den jeweiligen Gesellschaftern, Erben, Mitbesitzern oder Beteiligten aufzuteilen Regimen de atribución de rentas)[147]. Zu diesen Personenvereinigungen gehört insbesondere die Gesellschaft des bürgerlichen Rechts (sociedad civil), sofern sie nicht körperschaftsteuerpflichtig ist. Dies ist dann der Fall, wenn sie nicht mit der Rechtsform einer juristischen Person ausgestattet ist oder keinen Gesellschaftszweck verfolgt. Anderenfalls unterliegen diese Gesellschaften seit dem 1.1.2016 der Körperschaftsteuer. Die Regelung findet auch auf ausländische Personenvereinigungen Anwendung, die den nach spanischem Recht gegründeten Personenvereinigungen entsprechen[148]. Ob und unter welchen Voraussetzungen auch ein Trust nach ausländischem Recht hierunter fällt, ist derzeit noch nicht

147 Art. 86–90 EStG.

148 DGT CV v. 6.2.2002, veröffentlicht im BOE Nr. 38 v. 13.2.2002.

klar. Hinsichtlich der Bestimmung der Einkunftsart ist auf die jeweilige Quelle abzustellen, aus der die Einkünfte fließen.

3. Börsennotierte Investmentfonds (Tributación de los socios o partícipes de las instituciones de inversión colectiva).[149] Basierend auf der Umsetzung der Richtlinie 2009/65 EU des Parlamentes und des Rates,[150] wonach einheitliche Vorschriften für Investmentfonds auf EU-Ebene grenzüberschreitende Angebote ermöglicht werden sollen, werden die Bestimmungen zur Behandlung der Investitionen in Investmentfonds. So werden spanische ETFs wie ausländische ETFs behandelt, und zwar unabhängig davon, wo sie notiert sind. Sofern Investitionen oder Reinvestitionen in solche Vermögenswerte vorgenommen werden, steht ihnen unter bestimmten Voraussetzungen, die durch das Gesetz zur Bekämpfung der Steuervermeidungspraktiken eingeführt worden sind,[151] der Zahlungsaufschub nicht zu.[152] Dies gilt nicht für Beteiligungen, die vor dem 1.1.2022 erworben wurden und nicht in Spanien börsennotiert sind.[153]

4. Das Einkommensteuergesetz[154] sieht eine **internationale Hinzurechnungsbesteuerung** für in Spanien unbeschränkt steuerpflichtige natürliche Personen vor (imputación de rentas en el régimen de transparencia fiscal internacional). Zweck ist es zu vermeiden, dass eine in Spanien nicht ansässige Gesellschaft, die keine unternehmerische Tätigkeit ausübt, Einkünfte erzielt, die erst zu einer Besteuerung führt, wenn Dividenden ausgeschüttet werden.

Das Gesetz zur Bekämpfung von Steuervermeidungspraktiken[155] hat die im EStG zentrale Bestimmung modifiziert und den Katalog der positiven Einkommensbestandteile[156] sofern nicht die gesamten Einkünfte heranzuziehen sind, erweitert.[157] Die Regelung, wonach bestimmte Einkommensbestandteile nicht der steuerlichen Bemessungsgrundlage des unbeschränkt steuerpflichtigen hinzuzurechnen sind, wenn ihre Summe weniger als 5 % des Gesamteinkommens der Auslandsgesellschaft beträgt, ist aufgehoben worden.[158]

149 Art. 94 EStG.

150 Gesetz 35/2003 v. 4.11.2003, veröffentlicht im BOE Nr. 265 v. 5.11.2003.

151 Siehe Fn 2.

152 Art. 94.1 a) EStG.

153 36. Übergangsbestimmung zum EStG, die durch das Gesetz zur Bekämpfung von Steuervermeidungspraktiken eingeführt worden ist.

154 Art. 91.1 EStG.

155 Siehe Fn. 2.

156 Art. 91.1 ESTG.

157 Art. 91.2 EStG. Die Bestimmungen des EStG entsprechen weitestgehend dem ebenfalls angepassten Art. 100 KStG.

158 Art. 91.4 EStG a. F.

Die Bestimmungen finden keine Anwendung, wenn die nicht ansässige Gesellschaft oder die Betriebsstätte in einem anderen EU-Mitgliedstaats oder im EWR ansässig ist, sofern der Steuerpflichtige nachweist, dass er eine unternehmerische Tätigkeit ausübt oder es sich um ein Organismus für gemeinsame Anlagen in Wertpapieren gem. der Richtlinie 2009/65/EG des Europäischen Parlamentes und des Rates vom 13.7.2009 ist.[159]Der Begriff der Steuerparadiese (paraísos fiscales) wurde durch den Begriff der nicht kooperativen Rechtsordnungen (jurisdicciones o cooperativas) ersetzt. [160]

Die Anwendbarkeit der internationalen Hinzurechnungsbesteuerung setzt erstens eine Mindestbeteiligung des unbeschränkt Steuerpflichtigen an der Auslandsgesellschaft, zweitens die Qualifizierung des Sitzstaates der Auslandsgesellschaft als Niedrigsteuergebiet und drittens die Erzielung von bestimmten (passiven) Einkünften voraus.

- Erforderlich ist, dass der in Spanien unbeschränkt Einkommensteuerpflichtige allein oder zusammen mit verbundenen Gesellschaften i. S. des Art. 18 des KStG[161] oder zusammen mit seinem Ehegatten oder Verwandten bis zum zweiten Grad unmittelbar oder mittelbar über eine verbundene Gesellschaft zum Ende eines Wirtschaftsjahres zu mindestens 50 % an einer Auslandsgesellschaft beteiligt ist.
- Die Auslandsgesellschaft muss in einem Niedrigsteuergebiet ansässig sein. Ein Niedrigsteuergebiet liegt vor, wenn die in dem Sitzstaat erhobene Steuer erstens eine mit der spanischen Körperschaftsteuer vergleichbare Steuer ist und zweitens die ausländische Steuer die spanische Körperschaftsteuer um mehr als 75 % unterschreitet.[162] Diese zweite Voraussetzung gilt automatisch, aber widerlegbar als erfüllt, wenn sich der Sitz der Auslandsgesellschaft in einem Staat oder Territorium befindet, das im Katalog der nicht kooperativen Rechtsordnungen aufgeführt ist[163] befindet.

Die Regeln der Hinzurechnungsbesteuerung finden grds. auf Auslandsgesellschaften, wenn die nicht ansässige Gesellschaft oder die Betriebsstätte in einem anderen EU-Mitgliedstaats oder im EWR ansässig ist, keine Anwendung, sofern der Steuerpflichtige nachweist, dass er eine unternehmerische Tätigkeit ausübt oder es sich um ein Orga-

159 Art. 91.14 EStG.

160 Art. 91.9 EStG.

161 Art. 91.1.a) EStG.

162 Art. 91.1. b) EStG.

163 Art. 91.9., S. 3 EStG, Art. 16 des Gesetzes 11/2021 zur Bekämpfung der Steuervermeidungspraktiken, wodurch die erste Zusatzbestimmung des EStG modifiziert worden ist. Solange der dort erwähnte Katalog, der nicht kooperativen Rechtsordnungen verabschiedet worden ist, sind die im königl. Dekret 1080/1991 v. 5.7.1991, veröffentlich tim BOE v. 13.7.1991 als Steuerparadiese qualifizierten Staaten und Territorien maßgeblich.

nismus für gemeinsame Anlagen in Wertpapieren gem. der Richtlinie 2009/65/EG des Europäischen Parlamentes und des Rates vom 13.7.2009 ist.[164]

Verfügt die nicht ansässige Körperschaft weder über eine materielle noch personelle Organisation, wird in diesen Fällen widerlegbar davon ausgegangen, dass sie keine unternehmerische Tätigkeit ausübt, so dass die gesamten Einkünfte der nicht ansässigen Körperschaft zu berücksichtigen sind.[165]

Als gesamte Einkünfte werden diejenigen betrachtet, die nach den Kriterien und Regeln des KStG die Bemessungsgrundlage bilden.[166]

Die Berücksichtigung der gesamten Einkünfte scheidet aus, wenn der Steuerpflichtige nachweist, dass er über eine materielle oder personelle Organisation verfügt, die derselben Gruppe i. S. des Art. 42 HGB angehört.[167] In diesem Fall werden nur die folgenden positiven Einkommensbestandteile hinzugerechnet:[168]

- Einkünfte aus dem Eigentum an ländlichen und städtischen Immobilien oder an dinglichen Rechten, die hierauf begründet worden sind, es sei denn, sie sind einer wirtschaftlichen Tätigkeit zugeordnet oder zur Nutzung an nicht ansässige Gesellschaften übertragen, die derselben Unternehmensgruppe wie der Eigentümer i. S. von Art. 42 HGB angehören, ungeachtet ihres Sitzes und der Verpflichtung zur Erstellung eines konsolidierten Jahresabschlusses sofern sie ebenfalls einer wirtschaftlichen Tätigkeit zugeordnet werden.[169]
- Einkünfte aus Beteiligungen an den Eigenmitteln jeder Art von Gesellschaften und die Übertragung von Eigenkapital an Dritte i. S. von Art. 25.1 und 2 EStG.[170] Hiervon nicht erfasst werden die positiven Einkünfte nachstehenden Vermögenswerte[171]:
  - die zur Erfüllung gesetzlicher und behördlicher Verpflichtungen im Zusammenhang mit der Ausübung einer wirtschaftlichen Tätigkeit gehalten werden.
  - diejenigen, die Kreditrechte aus vertraglichen Beziehungen beinhalten, die als Folge der Ausübung einer wirtschaftlichen Tätigkeit entstanden sind.
  - die infolge der Ausübung von Vermittlungstätigkeiten auf offiziellen Wertpapiermärkten gehalten werden.

164 Art. 91.14 EStG,
165 Art. 91.2. S. 1 EStG.
166 Art. 91. 2, S. 2 EStG.
167 Art. 91.2.S. 3 EStG.
168 Art. 91.3 EStG.
169 Art. 91.3, Buchst. a) EStG.
170 Art. 91.3, Buchst. b) S. 1 EStG
171 Art. 91.3, Buchst. b) S. 2 EStG.

  - die von Kreditinstituten und Versicherungsgesellschaften bei der Ausübung ihrer Tätigkeit gehalten werden, unbeschadet der in Buchst. i vorgesehenen Regelung.

Positive Einkünfte, die aus der Übertragung von Eigenkapital an Dritte resultieren, gelten als aus der Ausübung der unter Ziffer i[172] genannten Kredit- und Finanztätigkeiten stammend, wenn der Übertragende und der Erwerber einer Gesellschaftsgruppe gem. Art. 42 HGB angehören, und zwar ungeachtet des Sitzes und der Verpflichtung zur Aufstellung eines konsolidierten Jahresabschlusses und die Einkünfte des Erwerbers mindestens zu 85 % aus der Ausübung wirtschaftlicher Tätigkeiten stammen.[173]

- Kapitalisierungs- und Versicherungsgeschäfte, bei denen die Gesellschaft selbst der Begünstigte ist.
- Gewerbliches und geistiges Eigentum, technische Hilfe, bewegliches Vermögen, Bildrechte und Verpachtung oder Unterverpachtung von Betrieben oder Bergwerken i. S. von Art. 25.4 EStG. Nicht berücksichtigt werden die Einkünfte aus Bildrechten, die nach Art. 92 ETG hinzuzurechnen sind.
- Die Erzielung von Einkünften aus der Übertragung der vorstehen genannten Grund- und Kapitalvermögens.
- Einkünfte aus Finanzderivaten, ausgenommen solche, die zur Absicherung eines bestimmten Risikos aus der Ausübung wirtschaftlicher Tätigkeiten bestimmt sind.
- Einkünfte aus Versicherungs-, Kredit-, Finanzleasing- und aus sonstigen Finanzgeschäften[174], es sei denn, es handelt sich unbeschadet der Regelung in Buchst. i um Einkünfte, die in Ausübung einer wirtschaftlichen Tätigkeit erzielt werden.
- Einkünfte die aus Güter- und Dienstleistungsgeschäften mit verbundenen Personen oder Gesellschaften i. S. von Art. 18 KStG erzielt werden, bei denen die nicht ansässige Gesellschaft oder Betriebsstätte einen nur geringen oder gar keinen wirtschaftlichen Mehrwert beiträgt[175].
- Einkünfte aus Finanz-, Versicherungs- und Dienstleistungstätigkeiten, die direkt oder indirekt mit ansässigen Personen oder Gesellschaften, die i. S. des Art. 18 KStG miteinander verbunden sind, erzielt werden, vorausgesetzt, diese Einkünfte sind bei den in Spanien unbeschränkten Steuerpflichtigen steuerlich abzugsfähig sind. Diese positiven Einkünfte werden nicht hinzugerechnet, wenn mindestens zwei Drittel der Einkünfte aus der Kredit-, Finanz-, Versicherungs- oder Dienstleistungstätigkeit der nicht ansässigen Gesellschaft aus Geschäften mit nicht verbundenen Personen oder Gesellschaften i. S. des Art. 18 KStG resultieren.

172 Art. 91.3 EStG, Buchst. b) S. 2 EStG.

173 Art. 91.3, Buchst. b) S. 3 EStG.

174 Neu eingeführt durch das Gesetz zur Bekämpfung der Steuervermeidungspraktiken, Fn. 2.

175 Neu eingeführt durch das Gesetz zur Bekämpfung der Steuervermeidungspraktiken, Fn. 2.

Die beschriebenen Einkünfte sind der steuerlichen Bemessungsgrundlage des unbeschränkt Steuerpflichtigen nicht hinzuzurechnen, wenn ihre Summe weniger als 15 % der gesamten Einkünfte der nicht ansässigen Gesellschaft beträgt.[176] Ausgenommen sind die unter Buchst. h aufgeführten Einkünfte. Diese sind stets hinzuzurechnen.[177] In die steuerlichen Bemessungsgrundlage des unbeschränkt Steuerpflichtigen werden schließlich nicht die Körperschaftsteuer oder ähnliche bzw. vergleichbare Steuer hinzugerechnet, die seitens der nichtansässigen Gesellschaft für den hinzuzurechnenden Teil tatsächlich entrichtet worden ist.[178]

Der im Art 91.4 EStG a. F. vorgesehene Ausschluss der Hinzurechnung der Einkünfte aus Beteiligungen an den Eigenmitteln jeder Art von Gesellschaften und die Übertragung von Eigenkapital an Dritte i. S. von Art. 25.1. und 2 EStG und die Erzielung von Einkünften aus der Übertragung der vorstehen genannten Grund- und Kapitalvermögens, wenn es sich um Einkünfte handelt, die aus einer Beteiligung am Kapital oder am Eigenkapital von Unternehmen stammen, die mindestens 5 % des Kapitals einer Gesellschaft darstellen und während eines Zeitraums von mindestens einem Jahr gehalten werden, ist ersatzlos gestrichen worden.[179]

Die in Art. 91.1 Buchst. a EStG genannten unbeschränkt Steuerpflichtigen, die direkt oder indirekt an der oder den nicht ansässigen Gesellschaften beteiligt sind müssen die vorstehend beschriebenen Einkünfte zurechnen lassen. Sofern eine mittelbare Beteiligung besteht, entspricht der Betrag der zu berücksichtigenden positiven Einkünfte der mittelbaren Beteiligung.[180]

Die Höhe der zuzurechnenden positiven Einkünfte bestimmt sich nach dem Verhältnis der Anteile am Ergebnis und, falls dies nicht der Fall ist, nach dem Verhältnis der Anteile am Kapital, am Eigenkapital oder an den Stimmrechten.[181]

Die in Abs. 2 und 3 genannten positiven Einkünfte werden gemäß den Bestimmungen des Art. 45 EStG der allgemeinen Bemessungsgrundlage zugerechnet.[182]

5. Hinzugerechnet werden auch die Einkünfte, die durch die Abtretung des Rechts am eigenen Bild von einer dritten Person erzielt werden. Sie sind dem Abtretenden (Zedenten) hinzuzurechnen, vorausgesetzt, der Zedent ist in Spanien unbeschränkt einkommensteuerpflichtig.[183] Diese Missbrauchsregelung soll verhindern, dass der Ze-

176 Art. 91.4, S. 1 EStG.
177 Art. 91.4, S. 2 EStG.
178 Art. 91.4, S. 3 EStG.
179 Art. 91.4. a. F. EStG.
180 Art. 91.5, S. 1 EStG.
181 Art. 91.5, S. 2 EStG.
182 Art. 91.5., S. 3 EStG.
183 Art. 92 EStG.

dent sein Recht am eigenen Bild an eine dritte natürliche oder juristische Person, die im In- oder Ausland ansässig ist, abtritt, um die durch die Verwertung des Rechts am eigenen Bild erzielten steuerpflichtigen Einkommensbestandteile entweder der günstigeren spanischen Körperschaftsteuer oder der niedrigeren ausländischen Körperschaft- oder Einkommensteuer zu unterwerfen. Der Zedent kann die ausländische Steuer, die der spanischen Körperschaft- oder Einkommensteuer ähnelt, oder die inländische Körperschaft- oder Einkommensteuer auf seine Einkommensteuer anrechnen.

3.4. Die Feststellung der steuerlichen Bemessungsgrundlage

Ausgehend von den wie oben dargestellt ermittelten Einkünften ist die steuerliche Bemessungsgrundlage festzustellen. Hierzu werden die vorgestellten Einkunftsarten **zwei Einkommensklassen** zugeordnet: den allgemeinen Einkünften (renta general) und den Einkünften aus Anlagekapital (renta del ahorro).[184] Die allgemeinen Einkünfte sind all diejenigen Einkünfte, die nicht zu den Einkünften aus Anlagekapital zählen.[185]

Sowohl für **das allgemeine Einkommen** als auch für **das Einkommen aus Anlagekapital** ist eine gesonderte steuerliche Bemessungsgrundlage (base imponible general y base imponible del ahorro) zu ermitteln.

Wie bereits ausgeführt[186] werden folgende Einkünfte den **allgemeinen Einkünften zugeordnet**: die Einkünfte aus unselbständiger Arbeit, die Einkünfte aus unbeweglichem und beweglichem Vermögen, Einkünfte aus gewerblicher und selbständiger Tätigkeit, die Einkünfte, die nach den vorgestellten Hinzurechnungsregeln zu berücksichtigen sind, die Vermögensgewinne und Verluste, sofern sie nicht aus der Übertragung von Vermögensgegenständen resultieren.

Die Zusammenrechnung und ein Verlustausgleich sind in einem ersten Schritt einerseits für die vorgenannten vier Einkommensarten und andererseits für die Einkünfte aus unbeweglichem und beweglichem Vermögen getrennt vorzunehmen. Die Zusammenrechnung und der Verlustausgleich für die vier Einkommensarten untereinander sind uneingeschränkt zulässig.[187] Hierbei kann das Ergebnis positiv oder negativ ausfallen. Die Einkünfte aus unbeweglichem und beweglichem Vermögen können untereinander ebenfalls zusammengerechnet und verrechnet werden. Ist das Ergebnis negativ, so kann dieser Verlust mit dem positiven Ergebnis der vier Einkommensarten des-

184 Art. 44 EStG.
185 Art. 45 EStG.
186 S. 9.
187 Art. 48 a) EStG.

selben Veranlagungsjahres verrechnet werden, wobei die Verluste nur bis 25 % der positiven Ergebnisse aufgerechnet werden können. Ist das Ergebnis weiterhin negativ, so können die Verluste in den nächsten vier Veranlagungsjahren jeweils bis zu 25 % des positiven Ergebnisses berücksichtigt werden.[188]

Das **Einkommen aus Anlagekapital** besteht aus Kapitaleinkünften,[189] d. h. insbesondere aus Dividenden, Zinsen, Fondsausschüttungen und Ertragsanteilen aus Kapitallebens- und Unfallversicherungen sowie aus den Vermögensgewinnen und -verlusten, die infolge einer entgeltlichen oder unentgeltlichen Vermögensübertragung generiert werden.[190] Hierzu zählen auch die betrieblichen Vermögensgewinne und -verluste, die der Steuerpflichtige aus dem Vermögen realisiert hat, das seinen wirtschaftlichen Tätigkeiten zu dienen bestimmt ist (also Betriebsvermögen).

Auch hier ist in einem ersten Schritt die Zusammenrechnung und ein Verlustausgleich einerseits für die Einkommen aus Kapitaleinkünften und andererseits für die Einkünfte aus unbeweglichem und beweglichem Vermögen, die infolge einer entgeltlichen der unentgeltlichen Vermögensübertragung resultieren, getrennt vorzunehmen. Ist das Ergebnis der Zusammenrechnung und des Verlustausgleichs für die Einkommen aus Kapitaleinkünften negativ, so kann dieser Verlust mit dem im selben Veranlagungsjahr erzielten positiven Ergebnis der Zusammenrechnung und des Verlustausgleichs der Einkünfte aus den vorgenannten Vermögensübertragungen verrechnet werden, wobei die Verluste nur bis zu einer bestimmten Höhe der positiven Ergebnisse aufgerechnet werden können. Ist das Ergebnis weiterhin negativ, so können die Verluste in den nächsten vier Veranlagungsjahren ebenfalls bis zu einer bestimmten Höhe des positiven Ergebnisses berücksichtigt werden.[191]

Ist das Ergebnis der Zusammenrechnung und des Verlustausgleichs der Einkünfte aus den Vermögensübertragungen negativ, so gilt die vorstehende Regelung zur Berücksichtigung der Verluste entsprechend.[192] Grundsätzlich erfolgt die Verrechnung der Verluste bis zu 25 % des positiven Ergebnisses des jeweils anderen Einkommens. Ein Verlustausgleich mit dem allgemeinen Einkommen ist nicht zulässig.[193]

188 Art. 48 b) EStG.
189 Art. 46 a) EStG.
190 Art. 46 b) EStG.
191 Art. 49 a) EStG.
192 Art. 49 b) EStG.
193 Art. 1 Abs. 29 des Gesetzes 26/2014 v. 27.11., veröffentlicht im B.O.E Nr. 288 am 28.11.2014, wodurch das EStG modifiziert worden ist.

3.5. Die Besteuerungsgrundlage

Entsprechend der Aufgliederung der Einkommen ist sowohl für **das allgemeine Einkommen** als auch für **das Einkommen aus Anlagekapital** eine jeweils gesonderte Besteuerungsgrundlage (base liquidable general y base liquidable del ahorro) zu ermitteln.

Die **Abzüge** (reducciones) sind grds. nur insoweit von der steuerlichen Bemessungsgrundlage abziehbar, als die Besteuerungsgrundlage maximal auf null reduziert wird, wobei die Abzüge zuerst den allgemeinen Teil und dann den Teil des Anlagekapitals mindern.[194] Sollten die Abzüge zu einer negativen Besteuerungsgrundlage führen, so kann der negative Betrag mit den positiven Besteuerungsgrundlagen der folgenden vier Kalenderjahre ausgeglichen werden. Die Abzüge (reducciones) sind grds. nur insoweit von der steuerlichen Bemessungsgrundlage abziehbar, als die Besteuerungsgrundlage maximal auf null reduziert wird, wobei die Abzüge zuerst den allgemeinen Teil und dann den Teil des Anlagekapitals mindern. Sollten die Abzüge zu einer negativen Besteuerungsgrundlage führen, so kann der negative Betrag mit den positiven Besteuerungsgrundlagen der folgenden vier Kalenderjahre ausgeglichen werden.[195]

Den rechtlich nicht geschiedenen Ehegatten, die in Spanien unbeschränkt steuerpflichtig sind, steht alternativ zur getrennten Veranlagung das Wahlrecht zu, eine gemeinsame Einkommensteuererklärung im Rahmen der Zusammenveranlagung als Familieneinheit (unidad familiar) abzugeben.[196] Voraussetzung ist, dass am 31.12. des jeweiligen Veranlagungszeitraums eine Familieneinheit besteht.[197] Bei der Zusammenveranlagung einer aus Ehegatten und ggf. Kindern bestehenden Familieneinheit[198] kann der Mindestbetrag von jährlich 3.400 € geltend gemacht werden.[199] Bei der Zusammenveranlagung einer aus gesetzlich getrennt lebenden Ehegatten oder nicht Verheirateten aus Vater oder Mutter und den bei dem einen oder dem anderen Elternteil lebenden Kindern bestehende Familieneinheit,[200] kann ein Mindestbetrag von jährlich 2.150 € abgezogen werden.[201]

In beiden Fällen sind die vorgenannten Mindestbeträge zunächst von der allgemeinen Besteuerungsgrundlage abzuziehen, wobei das Ergebnis nicht negativ sein darf. Ein

194 Art. 50.1 und 2 EStG.
195 Art. 50.3 EStG.
196 Art. 83 EStG.
197 Art. 82. 3 EStG
198 Art. 82.1 Nr. 1 EStG.
199 Art. 84.2 Nr. 3 EStG.
200 Art. 82.1 Nr. 2 EStG.
201 Art. 84.2 Nr. 4 EStG.

verbleibender Restmindestbetrag ist sodann von der besonderen Besteuerungsgrundlage abzuziehen. Auch hier darf das Ergebnis aber nicht negativ sein.[202]

Im Anschluss daran sind bestimmte Vorsorgeleistungen bis zu einem Maximalbetrag[203] abzugsfähig.[204] Hierzu gehören die Einlagen und Beiträge in die Altersversicherungspläne (planes de pensión),[205] die an die Vereine auf Gegenseitigkeit zur sozialen Vorsorge erfolgten, sowie Leistungen (mutualidades de previsión social)[206] sowie die Versicherungsprämien in die Vorsorgepläne (planes de previsión).[207] Die Beiträge und Einlagen des Arbeitnehmers und des Arbeitgebers in die Altersversicherungspläne (planes de previsión social empresarial)[208] sind durch den unbeschränkt steuerpflichtigen Arbeitnehmer abzugsfähig.

Der Steuerpflichtige kann auch die Vorsorgeleistungen zu Gunsten eines mit ihm Verwandten, der zu mindestens 65 Grad körperlich oder zu mindestens 30 Grad psychisch behindert ist und Einkünfte von maximal 10.000 € jährlich erzielt, bis zu einem Maximalbetrag von 24.250 € abziehen.[209] Analog kann der Steuerpflichtige die Vorsorgeleistungen zu Gunsten seines Ehegatten, der weniger als 8.000 € Einkünfte im Jahr erzielt, bis zum Maximalbetrag i. H. von 1.000 € abziehen.[210]

Schließlich sind Ehegattenunterhalt und sonstiger Unterhalt abzugsfähig, wobei der zugunsten der Kinder zu leistende Unterhalt hiervon nicht erfasst wird, aber bei der Berechnung der konkreten Steuerschuld berücksichtigt wird.[211] Die Verpflichtung zur Unterhaltszahlung setzt in beiden Fällen eine entsprechende gerichtliche Entscheidung voraus.[212]

Nach Berücksichtigung der oben dargestellten besonderen Freibeträge können weitere persönliche und familiäre Mindestbeträge[213] abgezogen werden. Sie sind zunächst von der allgemeinen Besteuerungsgrundlage und, sofern ein Restbetrag besteht, von der

202 Art. 84. 2 Nr. 4 EStG.
203 Art. 51 Nr. 6, Nr. 8, Nr. 9 und Art. 52 EStG.
204 Art. 50 EStG.
205 Art. 51.1 EStG.
206 Art. 51.2. EStG.
207 Art. 51.3 EStG.
208 Art. 51. 4 EStG.
209 Art. 53,54 EStG.
210 Art. 51.7. EStG n. F., gültig seit dem 1.1.2021, eingeführt durch das Haushaltsgesetz 11/2020 v. 30.12.2020, veröffentlicht im BOE Nr. 341 v. 31.12.2021.
211 Art. 51.7. EStG.
212 Art. 55 EStG.
213 Art. 57–60 EStG.

besonderen Besteuerungsgrundlage abzuziehen. In beiden Fällen darf das Ergebnis nicht negativ sein.[214]

Die für 2021 und 2022 geltenden persönlichen und familiären Mindestbeträge sind Folgende:

Mindestbetrag des Steuerpflichtigen		**Mindestbetrag für Verwandte der aufsteigenden Linie**	
a) Allgemein	5.550	a) Älter als 65 Jahre	1.150
b) Über 65 Jahre	+1.150	b) Älter als 75 Jahre	+1.400
c) Über 75 Jahre	+1.400		
Mindestbetrag für Abkömmling		**Mindestbetrag wegen Behinderung**	
a) Allgemein		a) Steuerpflichtiger	
Erstes Kind	2.400	- mit Behinderung	3.000
Zweites Kind	2.700	- mit Behinderung gleich oder über 65 %	9.000
Drittes Kind	4.000	- Betreuungsaufwendungen	+3.000
Viertes und folgende	4.500	b) Aufsteigende Verwandte oder Abkömmlinge	
b) Jünger als 3 Jahre	+2.800	- mit Behinderung	3.000
		- mit Behinderung gleich oder über 65 %	9.000
		- Betreuungsaufwendungen	+3.000

3.6. Die anwendbaren Steuertarife

Auf die Besteuerungsgrundlage ist der jeweilige Steuertarif anzuwenden, um den Betrag der tariflichen Einkommensteuer (cuota íntegra) zu berechnen. Es ist einerseits zwischen der **allgemeinen und der besonderen Besteuerungsgrundlage** und andererseits zwischen den **zentralstaatlichen Steuertarifen** und den **regionalen Steuertarifen** zu unterscheiden. Auf die **allgemeine Besteuerungsgrundlage** finden die **allgemeinen zentralstaatlichen Steuertarife** (escala general) Anwendung. Auf die **besondere Besteuerungsgrundlage** finden die **besonderen zentralstaatlichen Steuertarife** Anwendung (tipo de gravamen estatal del ahorro). Dies ergibt zusammen die **staatliche tarifliche Einkommensteuer** (cuota íntegra estatal).

Im Anschluss daran sind auf die **allgemeine Besteuerungsgrundlage** die allgemeinen **regionalen Steuertarife** (escala autonómica) und auf die **besondere Besteuerungsgrundlage** die **besonderen regionalen Steuertarife** anzuwenden (tipo de gravamen au-

214 Art. 84.2 EStG.

tonómico del ahorro). Zusammen ergibt dies die regionale tarifliche Einkommensteuer (cuota íntegra autonómica).

Die Ermittlung der staatlichen tariflichen Einkommensteuer

In zwei Fällen sind bei der Berechnung der staatlichen tariflichen Einkommensteuer folgende Besonderheiten zu berücksichtigen: Steuerpflichtige, die aufgrund einer gerichtlichen Entscheidung Kindesunterhalt leisten müssen[215] und den in Art. 58 EStG festgelegten familiären Mindestbetrag nicht geltend machen können, sowie Steuerpflichtige, die aus den in Art. 8.2, 10.1 EStG vorgesehenen Gründen ihren gewöhnlichen Aufenthalt im Ausland haben[216].

- Steuerpflichtige, die infolge einer gerichtlichen Entscheidung Kindesunterhalt leisten müssen
  Die allgemeinen zentralstaatlichen Steuertarife werden auf den jährlich zu zahlenden Kindesunterhalt angewendet und erst dann auf den Rest der allgemeinen Besteuerungsgrundlage. Dies gilt allerdings nur dann, wenn der Betrag des jährlichen Kindesunterhalts geringer ausfällt als der Betrag der restlichen Besteuerungsgrundlage. Die daraus resultierende Gesamtsumme reduziert sich, indem die allgemein zentralstaatlichen Steuertarife auf den persönlichen und familiären Mindestbetrag angewendet und das daraus resultierende Ergebnis jährlich um 1.980 € erhöht wird. Das sich aus dieser Berechnung ergebende Ergebnis wird von der vorstehend genannten Gesamtsumme abgezogen, darf aber infolge dieser Reduzierung nicht negativ ausfallen.

- Steuerpflichtige, die ihren gewöhnlichen Aufenthalt im Ausland haben
  Spanische Staatsangehörige, die aus den in Art. 8.2 und Art. 10.1 EStG genannten Gründen[217] ihren gewöhnlichen Aufenthalt im Ausland haben, unterliegen trotzdem in Spanien der unbeschränkten Einkommensteuerpflicht. Es finden zur Ermittlung der Einkommensteuer ausschließlich die zentralstaatlichen Einkommensteuertarife Anwendung, d. h. auf die allgemeine Besteuerungsgrundlage werden allgemeinen zentralstaatlichen Steuertarife[218] und auf die besondere Besteuerungsgrundlage werden die besonderen zentralstaatlichen Steuertarife[219] angewendet. Die regionalen Einkommensteuertarife werden nicht herangezogen, da diese Steuerpflichtige keinen regionalen gewöhnlichen Aufenthalt haben.

215 Art. 64 EStG.
216 Art. 65 EStG.
217 S. 5, Fn. 33 und 34.
218 Art. 65 EStG.
219 Art. 66.2 EStG.

Die für die Veranlagungsjahre 2021 **und 2022** heranzuziehenden allgemeinen[220] und besonderen zentralstaatlichen Steuertarife[221] sind folgende:

Besteuerungsgrundlage (bis €)	Tarifliche ESt (€)	Restliche Besteuerungsgrundlage (bis €)	Steuersatz (%)
0,00	0,00	12.450,00	9,50
12.450,00	1.182,75	7.750,00	12,00
20.200,00	2.112,75	15.000,00	15,00
35.200,00	4.362,75	24.800,00	18,50
60.000,00	8.950,75	240.000,00	22,50
300.000,00	62.950,75	Darüber hinaus	

Besondere Besteuerungs-grundlage (bis €)	Tarifliche ESt (€)	Restl. Besondere Besteue-rungsgrundlage (bis €)	Steuersatz (%)
0	0	6.000	9,50
6.000,00	570	44.000	10,5
50.000,00	5.190,00	150.000,00	11,5
200.000,00	22.440,00	Darüber hinaus	13,00

Die regionale tarifliche Einkommensteuer wird ebenfalls nach den vorgenannten Grundsätzen ermittelt.[222] Der allgemeine Teil der Besteuerungsgrundlage unterliegt dem jeweiligen progressiven Einkommensteuertarif (escala autonómica) der einzelnen autonomen Regionalkörperschaft, vorausgesetzt, sie hat einen Einkommensteuertarif festgesetzt. Die meisten Regionalkörperschaften haben einen Einkommensteuertarif normiert, der teilweise von dem zentralstaatlichen Einkommensteuertarif abweicht Es bestehen Sonderzuschläge, deren Höhe jährlich neu festgelegt wird zugunsten der katholischen Kirche oder anderer sozialer Zwecke. Der Steuerpflichtige kann bei der Abgabe der Steuererklärung sein Wahlrecht dahingehend ausüben, ob der Zuschlag entweder der katholischen Kirche oder anderen sozialen Zwecken oder hälftig der katholischen Kirche und anderen sozialen Zwecken zugutekommen soll.[223]

220 Art. 63.1. EStG.

221 Art. 66.1 EStG.

222 Art. 73–76 EStG. Die regionalen Einkommensteuertarife sind im Memento Fiscal 2022, Rz. 2429 f. aufgeführt.

223 Art. 64 EStG.

3.7. Die Abzüge von der tariflichen Einkommensteuer

Von der tariflichen Einkommensteuer sind die **Abzüge** (deducciones) zu subtrahieren, um die festzusetzende Einkommensteuer (cuota líquida) zu berechnen. Auch die festzusetzende Einkommensteuer ist in die vom Zentralstaat festzusetzende Einkommensteuer (cuota líquida estatal)[224] und die von der Regionalkörperschaft festzusetzende Einkommensteuer (cuota líquida autonómica)[225] zu unterteilen.

Bei den Abzügen von der tariflichen Einkommensteuer ist zwischen den **zentralstaatlichen Abzügen** (deducciones estatales)[226] und den **Abzügen der Autonomen Gemeinschaften** (deducciones autonómicas)[227] zu unterscheiden. Der dem Abzug zugrundeliegende Betrag hat Einfluss auf die Höhe der seitens der Autonomen Gemeinschaften festzusetzenden Einkommensteuer, da dieser Betrag i. H. von 67 % bei der Berechnung der festzusetzenden Einkommensteuer des Zentralstaats und i. H. von 33 % bei der Berechnung der festzusetzenden Einkommensteuer der Autonomen Gemeinschaft zu berücksichtigen ist. Die Abzüge der Autonomen Gemeinschaften sind dagegen in vollem Umfang bei der Ermittlung der festzusetzenden Einkommensteuer der Autonomen Gemeinschaft zu berücksichtigen.

Die Summe für den Abzug von der tariflichen Einkommensteuer, die sich aus den Spenden und aus den Investitionen und Aufwendungen für Wirtschaftsgüter von kulturellem Interesse zusammensetzt, darf 10 % der Besteuerungsgrundlage (base liquidable) nicht überschreiten.[228] Des Weiteren darf der Abzug bei wirtschaftlichen Tätigkeiten nicht den Saldo überschreiten, der sich aus der Besteuerungsgrundlage (base liquidable) abzüglich bestimmter Abzüge ergibt.[229]

Einzelne abzugsfähige Aufwendungen

- Der Kaufpreis oder die Aufwendungen für die Renovierung der (Haupt-)Wohnung, die der unbeschränkt steuerpflichtige ununterbrochen für mindestens drei Jahre nutzt, kann seit dem 1.1.2013 grds. nicht mehr in Abzug gebracht werden, es sei denn, es liegen die Voraussetzungen der Übergangsregelung vor.[230]
- Abzüge bei Unternehmensgründungen[231]
  Bei Neugründungen kann unter bestimmten Voraussetzungen ein Steuerabzug von

224 Art. 67 EStG.
225 Art. 77 EStG.
226 Art. 68 EStG.
227 Art. 78 EStG.
228 Art. 69.1 EStG.
229 Art. 69. 2 EStG.
230 18. Übergangsregelung des Gesetzes 16/2012 v. 27.12.2012, veröffentlicht im BOE Nr. 312 v. 28.12.2012.
231 Art. 68.1 EStG.

30 % des Betrags geltend gemacht werden, der für die Zeichnung der Aktien oder der Anteile gezahlt worden ist. Der abzugsfähige Betrag ist jährlich auf 60.000 € beschränkt[232].

- Investitionen bei Einkünften aus wirtschaftlichen Tätigkeiten:[233]
- Die unbeschränkt Einkommensteuerpflichtigen, die wirtschaftliche Tätigkeiten ausüben, können die im KStG geregelten Abzüge[234] von der tariflichen Körperschaftsteuer im Zusammenhang mit unternehmerischen Investitionen mit Ausnahme der Reinvestition von außergewöhnlichen Gewinnen von der tariflichen Einkommensteuer abziehen. Der Steuerpflichtige kann die Investitionen nur dann von der tariflichen Einkommensteuer abziehen, wenn er seine Einkünfte aus wirtschaftlicher Tätigkeit im Rahmen der objektiven Gewinnermittlungsmethode[235] (estimación objetiva) bestimmt. Sofern der Steuerpflichtige im unmittelbar vorangegangenen Veranlagungsjahr einen Nettoumsatzerlös von weniger als 10 Mio. € erzielt hat, kann er die im Veranlagungszeitraum erzielten Nettoeinkünfte in Abzug bringen, die er in neues Anlagevermögen oder in Immobilien, die im Zusammenhang mit der Ausübung der wirtschaftlichen Tätigkeit des Steuerpflichtigen stehen, investiert. Die aus der wirtschaftlichen Tätigkeit erzielten Nettoeinkünfte gelten dann als abzugsfähige Investition, wenn eine dem Teil der positiven allgemeinen Besteuerungsgrundlage gleichwertige Summe investiert wird, die den in dem Veranlagungszeitraum erzielten Einkünften entspricht. Hierbei darf die Summe nur für einen Aktivposten berücksichtigt werden. Die Investition ist in dem Veranlagungszeitraum vorzunehmen, in dem die Einkünfte erzielt werden, die Gegenstand der Reinvestition sind, oder im darauffolgenden Zeitraum. Der Abzug erfolgt von dem Einkommensteuerbetrag, der dem Veranlagungszeitraum entspricht, in dem die Investition vorgenommen worden ist. Abzugsfähig sind 5 % vom Einkommensteuerbetrag, der oben dargestellten Investitionssumme entspricht. In Sonderfällen können 2,5 % vom Einkommensteuerbetrag abgezogen werden.[236] Die Investitionen können jedoch nicht uneingeschränkt in Abzug gebracht werden. Der abzugsfähige Betrag darf die Summe des zentralstaatlichen und des regionalen Einkommensteuerbetrags des Veranlagungszeitraums nicht überschreiten, in dem die Nettoeinkünfte erzielt worden sind.[237] Grundsätzlich findet der Steuerabzug nur dann Anwendung, wenn die investierten Gegenstände mindestens fünf Jahre im Vermögen des Steuer-

232 Art. 68.1. EStG
233 Art 68.2 und Art. 69.2 EStG.
234 Art. 68. 2 a) EStG.
235 Siehe Fn. 100.
236 Art. 68.2 b) EStG.
237 Art. 68. 2 b) EStG.

pflichtigen verbleiben, sofern die wirtschaftliche Nutzungsdauer nicht geringer ist.[238]

- Spenden an gemeinnützige Organisationen und Stiftungen:[239]
  Die Spenden an bestimmte Organisationen wie die Stiftung ONCE, UNICEF, Spanische Vereinigung gegen den Krebs, Caritas etc. sind bei einem Betrag bis zu 150 € i. H. von 80 % und bei einem darüber hinaus gehenden Betrag i. H. von 35 % vom Einkommensteuerbetrag abziehbar. Sofern in den zwei unmittelbar vorherigen Veranlagungszeiträumen Spenden denselben Organisationen zugekommen sind, kann seit Anfang 2020 ein Betrag, der die 150 € überschreitet, i. H. von 40 % vom Einkommensteuerbetrag abgezogen werden.[240]

  Die Spenden an rechtlich anerkannte Stiftungen sowie an gemeinnützige Vereinigungen, die nicht unter die beschriebenen qualifizierten Spenden fallen, sind i. H. von 10 % vom Einkommensteuerbetrag abziehbar.[241] Ferner sind 20 % der Mitgliedsbeiträge und Zuwendungen u. a. an politische Parteien, Koalitionen und Wählergruppen vom Einkommensteuerbetrag abziehbar.[242]

- **Einkünfte aus Ceuta und Melilla**[243]

- Der Steuerpflichtige mit gewöhnlichem und tatsächlichem Aufenthalt von mindestens drei Jahren, die Einkünfte in Ceuta oder Melilla erzielen, können 60 % des Teils der Summe der staatlichen und regionalen tariflichen Einkommensteuer in Abzug bringen, der proportional den für die Feststellung der Besteuerungsgrundlage heranzuziehenden Einkünften entspricht. Behält der steuerpflichtige seinen gewöhnlichen und tatsächlichen Aufenthalt nach Ablauf der drei Jahre bei, kann er die vorstehend genannten Abzüge für die folgenden Veranlagungsjahre auch für die Einkünfte vornehmen, die er außerhalb dieser Gebiete erzielt, wenn mindestens ein Drittel seines nach den Bestimmungen des Vermögenssteuergesetzes ermittelten Nettovermögens in diesen Gebieten gelegen ist. Die Abzugsfähigkeit der außerhalb Ceuta oder Melillas erzielten Einkünfte, ist beschränkt.[244]

- Investitionen und Aufwendungen für Wirtschaftsgüter von kulturellem Interesse:[245]
  Der Einkommensteuerpflichtige kann 15 % der Investitionen, die er im Zusammen-

238 Art. 68. 2 b) EStG.

239 Art. 68. 3 EStG.

240 Art. 68.3 a) i. V. m. dem Steuergesetz für gemeinnützige Vereinigungen und zu den steuerlichen Anreizen für das Mäzenatentum, Gesetz 49/2002 v. 23.12.2002, veröffentlicht im BOE Nr. 307 v. 24.12.2002.

241 Art. 68.3 b) EStG.

242 Art. 68.3 c) EStG.

243 Art. 68.4 EStG.

244 Art. 68.4 1 a) und b) EStG.

245 Art. 68.5 EStG.

hang mit dem Erwerb von Wirtschaftsgütern von kulturellem Interesse tätigt, von der tariflichen Einkommensteuer abziehen, wenn er das Wirtschaftsgut mindestens drei Jahre in seinem Eigentum behält. Ein Wirtschaftsgut von kulturellem Interesse liegt vor, wenn das Wirtschaftsgut in dem Allgemeinen Register der Wirtschaftsgüter von kulturellem Interesse (Registro General de Bienes de Interés Cultural) eingetragen ist. Des Weiteren hat der Steuerpflichtige den Eigentumserwerb in das Register eintragen zu lassen. Dasselbe gilt seit 2004 für die Wirtschaftsgüter, die im Allgemeinen Inventar der Mobilien (Inventario General de Bienes Muebles) eingetragen sind.

- Die einzelnen **Autonomen Gemeinschaften** haben zahlreiche Abzüge normiert, die ihre Steuerpflichtigen von der tariflichen Einkommensteuer der jeweiligen Regionalkörperschaft (base líquida autonómica) abziehen können.
  Hierzu gehören regelmäßige Abzüge im Zusammenhang mit einer Investition in oder einer Miete für die (Haupt-)Wohnung (vivienda habitual).[246]
- Weiterhin von der festzusetzenden Einkommensteuer (cuota líquida) abziehbar bzw. auf diese anrechenbar sind die **ausländischen Steuern** auf im Ausland erzielte Einkommensbestandteile[247] sowie die Auslandssteuern in den Hinzurechnungsfällen der transparencia fiscal internacional und der Abtretung des Rechts am eigenen Bild. Auch die geleisteten Steuerzahlungen (pagos a cuenta) sind auf die festzusetzende Einkommensteuer anrechenbar. Der Saldo ergibt dann die **Einkommensteuerzahlungsschuld** (cuota diferencial).[248]

3.8. Die Zahlung der Steuer

Einzelne Aspekte der Steuerzahlung

Der Veranlagungszeitraum des unbeschränkt Einkommensteuerpflichtigen ist das Kalenderjahr. Verstirbt der Einkommensteuerpflichtige, so endet der Veranlagungszeitraum mit dem Todestag.

Die Einkommensteuer entsteht am letzten Tag des Veranlagungszeitraums, also am 31.12. des jeweiligen Kalenderjahres oder am Todestag des Einkommensteuerpflichtigen.

Die unbeschränkt Einkommensteuerpflichtigen sind verpflichtet, eine unterschriebene Einkommensteuererklärung abzugeben. Hierzu sind die Einkommensteuererklärungs-

246 Art. 77 EStG.
247 Siehe Fn. 297.
248 Art. 79 EStG.

formulare des Wirtschafts- und Finanzministeriums zu verwenden, die jährlich veröffentlicht werden.

In bestimmten im EStG normierten Fällen entfällt die Pflicht zur Abgabe einer Einkommensteuererklärung. Die Regelungen gelten für Einzel- und Zusammenveranlagung.[249]

In bestimmten im EStG normierten Fällen entfällt die Pflicht zur Abgabe einer Einkommensteuererklärung. Die Regelungen gelten für Einzel- und Zusammenveranlagung.[250]

Demnach entfällt die Pflicht zur Abgabe einer Einkommensteuererklärung, wenn die Einnahmen ausschließlich aus unselbständiger Arbeit, aus Kapital oder aus selbständiger Tätigkeit stammen und diese zusammen mit den Vermögensgewinnen den Jahresbetrag von 1.000 € nicht übersteigen und die Vermögensverluste unter 500 € liegen.[251] Ebenso erübrigt sich die Abgabepflicht, falls der Hinzurechnungsbetrag aus einer einzigen Immobilie, die nicht der gewöhnliche (Haupt-)Wohnsitz des Einkommensteuerpflichtigen ist,[252] stammt und nicht die Jahressumme von 1.000 € überschreitet. Unterlagen die Einnahmen aus beweglichem Kapital und die Vermögensgewinne der Kapitalertragsteuer (retención) oder einer Steuerzahlung auf fremder Rechnung (ingreso a cuenta), dann ist keine Einkommensteuererklärung abzugeben, wenn der Jahresbetrag insgesamt 1.600 € nicht übersteigt.[253]

Bezüglich der Einnahmen aus unselbständiger Arbeit sieht das EStG eine Sonderregelung vor. Danach entfällt die Abgabepflicht, wenn die jährlichen Gesamteinnahmen aus unselbständiger Arbeit, die der Lohnsteuer unterliegen, 22.000 € nicht überschreiten[254]. Dies gilt auch bei mehreren Arbeitgebern, vorausgesetzt, die Einnahmen, die der zweite und die weiteren Arbeitergeber leisten, betragen insgesamt höchstens 1.500 €. Summieren sich die Leistungen des zweiten und der weiteren Arbeitgeber auf mehr als 1.500 € pro Veranlagungszeitraum oder unterliegen die Lohnleistungen des Arbeitgebers nicht der Lohnsteuer, dann entfällt die Abgabepflicht nur, wenn die Gesamteinnahmen aus unselbständiger Arbeit maximal 14.000 € betragen.[255]

Die für die Abgabe der Einkommensteuererklärung der unbeschränkt steuerpflichtigen zu verwendenden Formulare sowie die Zahlungsfristen werden jährlich in einem Erlass des Wirtschafts- und Finanzministeriums festgelegt[256]. In der Regel sind die Einkom-

249 Art. 96.2 EStG.
250 Art. 96.2 EStG.
251 Art. 96.2. c) S. 2 EStG.
252 Art. 96.2. c) S. 1 EStG.
253 Art. 96.2 b) S. 1 EStG.
254 Art. 96.2 a) EStG.
255 Art. 96.3 EStG.
256 Art. 96. 5 und 6 EStG.

mensteuererklärungen im Folgejahr zwischen April und Ende Juni einzureichen und die Steuern zu entrichten.[257]

Die Selbstveranlagung

Das spanische Einkommensteuerrecht verpflichtet den Steuerpflichtigen zur Selbstveranlagung (autoliquidación).[258] Sofern der Steuerpflichtige ausschließlich bestimmte Einkünfte erzielt, von denen die Finanzbehörde Kenntnis hat, stellt die Finanzbehörde einen Entwurf zur Abgabe der Steuererklärung zur Verfügung, in dem die Informationen, zu denen die Behörde Zugang hat, enthalten sind. Es kann sich hierbei um Folgende Einkünfte handeln: z. B. Einkünfte aus unselbständiger Arbeit, Einkünfte aus Kapitalerträgen, die dem Steuereinbehalt unterliegen, Vermögensgewinne, die dem Einbehalt unterliegen oder Subventionen für den Erwerb des Hauptwohnsitzes, Hinzurechnungseinkünfte.

Ist der Steuerpflichte der Ansicht, dass die in dem Entwurf vorgesehenen Daten vollständig und richtig sind, kann er diesen bestätigen oder unterzeichnen, die Erklärung abgeben und die auf der Basis ermittelte Einkommensteuer entrichten[259]. Ist der Steuerpflichtige der Meinung, dass die in dem Entwurf enthaltenen Daten nicht vollständig und/oder richtig sind, kann er eine Berichtigung des Entwurfes anfordern oder die Erklärung so vorbereiten und abgeben, wie er sie für zutreffend befindet[260]

Prinzipiell kann die Selbstveranlagung zu drei unterschiedlichen Ergebnissen führen. Bei einer positiven Steuererklärung ergibt die Selbstveranlagung nicht nur eine positive Steuerschuld, sondern nach Anrechnung der bis zum Zeitpunkt der Selbstveranlagung für den jeweiligen Veranlagungszeitraum geleisteten Steuerzahlungen (pagos a cuenta) auch eine positive Steuerzahlungsschuld (cuota diferencial). Im Fall einer Rückerstattungserklärung übersteigen die bisher für den maßgebenden Veranlagungszeitraum geleisteten Steuerzahlungen die selbst berechnete Steuerzahlungsschuld mit der Folge, dass der Einkommensteuerpflichtige einen Rückerstattungsanspruch hat. Demgegenüber ist bei einer negativen Steuererklärung die Steuerschuld null oder negativ, vorausgesetzt, der Einkommensteuerpflichtige hat für den Veranlagungszeitraum keine Steuerzahlungen geleistet und somit keinen Rückerstattungsanspruch[261].

Hat der Einkommensteuerpflichtige eine positive Steuererklärung abgegeben, kann er die Einkommensteuer in einer Summe an das zuständige Finanzamt überweisen. Er

257 Vgl. z. B. der für den Veranlagungszeitraum 2019 verabschiedete Erlass HAC/253/2020 v. 3.3.2020, veröffentlicht im staatlichen Anzeiger BOE Nr. 74 v. 19.3.2020.

258 Art. 97.1 EStG.

259 Art. 98.4 EStG.

260 Art. 98.5 EstG.

261 Art. 97.1 EStG i. V. mit Art. 62.1 DVO EStG.

kann jedoch den Steuerbetrag in zwei Raten von jeweils 60 % und 40 % der ermittelten Einkommensteuer entrichten[262]. Die zweite Rate der Steuerzahlungsschuld ist i. d. R. Anfang November des dem Veranlagungszeitraum folgenden Kalenderjahres fällig.[263] Setzt das Finanzamt eine höhere Steuerzahlungsschuld fest, dann ist die Einkommensteuernachzahlung in der vom Finanzamt festgesetzten Zahlungsfrist zu begleichen. Gibt der Einkommensteuerpflichtige eine Rückerstattungserklärung ab, so erhält er innerhalb einer Frist von sechs Monaten seit dem Ende der Abgabefrist eine provisorische Abrechnung und den Erstattungsbetrag. Falls der Steuerpflichtige die Einkommensteuererklärung erst nach Ablauf der Abgabefrist eingereicht hat, beginnt die sechsmonatige Erstattungsfrist erst mit dem Abgabetag zu laufen[264].

Die vor der Selbstveranlagung geleisteten Steuerzahlungen

Die vor der Selbstveranlagung für einen Veranlagungszeitraum geleisteten Steuerzahlungen (pagos a cuenta) gliedern sich in:

- die Kapitalertragsteuer bei einer Geldleistung (retención),
- die Steuerzahlung auf fremde Rechnung bei einer Naturalleistung (ingreso a cuenta) und
- die Steuervorauszahlung (pago fraccionado).[265]

Während die Kapitalertragsteuer und die Steuerzahlung auf fremde Rechnung von einem Dritten zugunsten des Einkommensteuerpflichtigen einbehalten und abgeführt werden, leistet der Steuerpflichtige die Vorauszahlungen im eigenen Namen und auf eigene Rechnung.

Folgende Einkünfte begründen eine **Verpflichtung zur Einbehaltung und Vorauszahlung**:[266]

- Der Arbeitgeber ist grds. verpflichtet, auf die Zahlungen (Lohn, Gehalt etc.) und Sachleistungen an seine Arbeitnehmer eine Lohnsteuer einzubehalten und an das Finanzamt abzuführen. Seit 1999 wurde die Ermittlung der Lohnsteuer umgestaltet, indem zunächst die Jahresbemessungsgrundlage zu berechnen ist (Gesamteinkünfte aus unselbständiger Arbeit minus abzugsfähiger Werbungskosten, Abzüge sowie Familienermäßigungen). Daraus lässt sich unter Berücksichtigung der Einkommensteuertabelle der einzubehaltende Steuerbetrag (cuota de retención) auf Jahresbasis ableiten. Indem nun die Jahresbemessungsgrundlage ins Verhältnis zum einbehaltenden Steuerbetrag gesetzt wird, ergibt sich der durchschnittliche Einkommen-

262 Art. 97.2 EStG i. V. mit Art. 62.2 und 63 DVO EStG.
263 Art. 97.2 EStG.
264 Art. 103.1 EStG.
265 Art. 99.1 EStG.
266 Art. 101.1 EStG i. V. mit Art. 75 DVO zum EStG.

steuersatz, der auf jede Zahlung oder Sachleistung an den Arbeitnehmer anzuwenden ist.
Der Arbeitgeber haftet gegenüber dem Finanzamt unmittelbar in Höhe der von ihm einzubehaltenden und abzuführenden Lohnsteuer.

Der unbeschränkt einkommensteuerpflichtige Arbeitnehmer kann die für ihn einbehaltene und abgeführte Lohnsteuer auf seine Einkommensteuerschuld anrechnen. Sollte der Betrag der einbehaltenen und abgeführten Lohnsteuer die Steuerschuld des Arbeitnehmers übersteigen, hat er in Höhe des überschießenden Betrages einen Rückerstattungsanspruch gegenüber dem Finanzamt[267].

- Quellensteuer auf Einkünfte aus Kapitalvermögen und auf sonstige Einkünfte
  Neben der Lohnsteuer regelt das Einkommensteuerrecht weitere **Steuereinbehalte** (retenciones) und **Steuerzahlungen auf fremde Rechnung** (ingresos a cuenta). Dabei ist regelmäßig ein Steuereinbehalt bzw. die Kapitalertragsteuer (retención) von einer Gegenleistung in Geld einzubehalten und an den Fiskus abzuführen. Demgegenüber ist die Steuerzahlung auf fremde Rechnung bei Naturalleistungen relevant, da insofern der Schuldner der Naturalleistung keinen Teil der Naturalleistung einbehält und abführt, sondern neben der Naturalleistung an den Gläubiger eine Geldleistung an den Fiskus im Namen des Gläubigers leistet.

Weitere Formen der Quellensteuern

Im Gegensatz zur Lohnsteuer sind die übrigen Formen der Quellensteuern durch einen fixen Quellensteuersatz unabhängig von der Höhe der zugrunde liegenden Einkünfte und den persönlichen und familiären Verhältnisse des Einkommensteuerpflichtigen gekennzeichnet.[268]

Obwohl die Vergütungen an Geschäftsführer und Mitglieder sowie eines Verwaltungsratsmitgliedes zu den Einkünften aus unselbständiger Arbeit gehören, unterliegen sie nicht der Lohnsteuer, sondern der Kapitalertragsteuer. Der Kapitalertragsteuersatz beträgt 35 % der Vergütungen[269]. Für Unternehmen, deren Nettoumsatz im vorangegangenen Veranlagungszeitraum bis zu 100.000 € beträgt, beträgt der Kapitalertragssteuersatz 19 %.[270] Das Unternehmen, das die Verwaltungsratsvergütungen an seine Geschäftsführer und Verwaltungsratsmitglieder auszahlt, hat die Kapitalertragsteuer einzubehalten und abzuführen.

267 Art. 103.1 EStG.
268 Art. 101.1 EStG.
269 Art. 101.2 EStG.
270 Art. 101.2 EStG.

Weitere Einkünfte aus nichtselbständiger Arbeit, die dem Kapitalertragsteuerabzug statt der Lohnsteuer unterliegen, sind die Vergütungen, die der Einkommensteuerpflichtige für Vorträge, Moderationen und ähnliche Leistungen auf Kursen, Seminaren, Kolloquien, Konferenzen und ähnlichen Veranstaltungen erhält. Voraussetzung für den Kapitalertragsteuerabzug ist, dass der Einkommensteuerpflichtige weder die Veranstaltung auf eigene Rechnung organisiert (Einkünfte aus wirtschaftlicher Tätigkeit) noch sein Arbeitgeber die Veranstaltung organisiert. Der Kapitalertragsteuersatz beläuft sich auf 15 %.[271] Die Kapitalertragsteuer behält der Veranstalter ein und führt sie ab.

Auch die Honorare, die ein Schriftsteller, Artist oder Wissenschaftler für die Erstellung oder Ausführung seines Werkes erhält, sind als Einkünfte aus nichtselbständiger Arbeit kapitalertragsteuerpflichtig, wenn ihm das originäre Urheberrecht zusteht und er sein Werk nicht auf eigene Rechnung verwertet. Das Honorar unterliegt einem Kapitalertragssteuerabzug von 15 %.[272] Kapitalertragssteuerpflichtig ist der Honorarschuldner.

Die Einkünfte aus beweglichem Kapitalvermögen wie z. B. Dividenden oder Gewinnbeteiligungen, bestimmte Zinsen, Lizenzen, Erträge aus Kapitallebens- und Kapitalinvalidenversicherungen etc. unterliegen einem Kapitalertragssteuerabzug i. H. von 19 %.[273] Kapitalertragssteuerpflichtig ist der Dividenden-, Zins- oder Lizenzschuldner bzw. die auszahlende Versicherung zum Zeitpunkt der Zahlung.

Von den Einkünften aus wirtschaftlicher Tätigkeit unterliegen die folgenden Einkünfte dem **Kapitalertragsteuerabzug**:

- Die Honorare an die Freiberufler unterliegen 2017 einem Abzug von 15 %.[274]
- Die Zahlungen an die Land-, Vieh- und Forstwirte unterliegen einem Kapitalertragssteuerabzug von 2 %.[275]

Zu den weiteren Einkommensbestandteilen, die einem Kapitalertragsteuerabzug zu unterwerfen sind, gehören:

- die Spielgewinne: Für diese gilt ein Kapitalertragssteuerabzug von19 %.[276]
- die Vermögensgewinne aus der Übertragung oder Rückgabe von Fondsanteilen: Es gilt ein Kapitalertragssteuerabzug von 19 %.[277]

271 Art. 101.3 EStG.
272 Art. 101.3 EStG.
273 Art. 101.4 EStG.
274 Art. 101.5 a) EStG.
275 Art. 101.5 b) und c) EStG.
276 Art. 101.7 EStG.
277 Art. 101.6 EStG.

- die Einkünfte im Zusammenhang mit der Vermietung oder Untervermietung von städtischen Grundstücken sowie beweglicher Wirtschaftsgüter und Geschäfte unterliegen einem Prozentsatz von 19 %.[278]
- die Lizenzgebühren, die zu den Einkünften aus wirtschaftlicher Tätigkeit statt aus beweglichem Kapitalvermögen gehören unterliegen ebenfalls einem Prozentsatz von 19 %.[279]
- die Einkünfte aus der Abtretung des Verwertungsrechts bezüglich des Rechts am eigenen Bild: Es gelten die einkünfteabhängigen Prozentsätze zwischen 24 % und 19 %.[280]

Die Vorauszahlungen sind spätestens am 20.4., 20.7. und 20.10. des laufenden Veranlagungszeitraums sowie am 30.1. des Folgejahres fällig.[281]

Die Höhe der Einkommensteuervorauszahlungen hängt von der Gewinnermittlungsmethode sowie der Anzahl der beschäftigten Arbeitnehmer ab.

Falls der Einkommensteuerpflichtige seine Einkünfte aus wirtschaftlicher Tätigkeit nach der Methode der direkten Gewinnermittlung feststellt, gelten als Bemessungsgrundlage für die quartalsweise anfallende Vorauszahlung die in dem jeweiligen Quartal erzielten Einkünfte aus wirtschaftlicher Tätigkeit. Die Bemessungsgrundlage ist einem Vorauszahlungssatz i. H. von 20 % zu unterwerfen.[282] Der daraus resultierende Bruttobetrag der Steuervorauszahlung ist dann um die zugunsten des Einkommensteuerpflichtigen einbehaltene Kapitalertragsteuer zu reduzieren. Der ermittelte Saldo ist spätestens an den genannten Fälligkeitsterminen an die zuständige Finanzbehörde zu überweisen.

Basiert die Ermittlung der Einkünfte aus wirtschaftlicher Tätigkeit hingegen auf der Methode der objektiven Gewinnermittlung, dann ist die auf Jahresbasis berechnete Bemessungsgrundlage grds. einem quartalsweisen Vorauszahlungssatz von 4 % zu unterwerfen. Hat der Einkommensteuerpflichtige seine Einkünfte aus wirtschaftlicher Tätigkeit mit nur einem Arbeitnehmer erzielt, dann mindert sich der vierteljährliche Vorauszahlungssatz auf 3 % und im Fall der Einkünfteerzielung ohne jeden Arbeitnehmer beträgt der Vorauszahlungssatz 2 % je Vierteljahr.[283]

278 Art. 101.8 EStG.
279 Art. 101.9 EStG.
280 Art. 101.10 EStG.
281 Art. 101.7 EStG.
282 Art. 101.11 a) EStG.
283 Art. 101.11 b) EStG.

Einkünfte aus Land-, Vieh- und Forstwirtschaft unterliegen einem vierteljährlichen Vorauszahlungssatz von 2 %. Welche Methode der Gewinnermittlung angewendet wird, ist irrelevant.[284]

Die zu zahlende Einkommensteuer- und Vermögensteuerschuld darf insgesamt 60 % des allgemeinen Teils der steuerlichen Bemessungsgrundlage für die Einkommensteuer nicht übersteigen.[285]

3.9. Informationspflichten hinsichtlich Auslandsvermögen

In Spanien ansässige Steuerpflichtige sind seit 2013 verpflichtet, jährlich unter Verwendung des Formulars 720 Auskunft über das im Ausland gelegene Vermögen zu erteilen.[286] Der jährlichen Auskunftspflicht unterliegen die natürlichen und öffentliche – oder privatrechtliche juristischen Personen, einschließlich Betriebsstätten, ruhende Erbschaften, Kontobevollmächtigte, Gütergemeinschaften und andere Einrichtungen, die über keine eigene Rechtspersönlichkeit verfügen, indes eine wirtschaftliche Einheit darstellen oder ein separates besteuerungsfähiges Vermögen darstellen.[287] Die Informationspflichten erfasst u. a. Barkapital, Wertpapiere, Anteile an Gesellschaftskapital sowie unbewegliches Vermögen sowie Rechte an im Ausland belegenem unbeweglichen Vermögen.[288] Im Falle einer nicht, einer nicht rechtzeitigen oder nicht vollständig Erfüllung dieser Informationspflichten drohten bislang automatisch und pauschale Geldbußen. Hinzu kamen weitere Geldbußen von 150 % der Steuer, die auf der Grundlage der Werte dieser Gegenstände oder Rechte ermittelt wurden.[289] Eine besondere Regelung galt bis vor Kurzem für Vermögensgegenstände und Rechte, die der Steuerpflichtige in der Vergangenheit nicht angegeben, dies jedoch in einer späteren Erklärung nachgeholt hat. Diese Vermögensgegenstände und Rechte galten bislang als ungerechtfertigte Vermögensgewinne, die in die allgemeine Besteuerungsgrundlage des Veranlagungsjahres, in dem sie entdeckt oder angegeben worden sind, ohne dass sich der Steuerpflichtige auf die Festsetzungsverjährungsfrist berufen konnte.[290] Der EuGH stellte in seinem Urteil vom 27.1.2022[291] fest, dass die vorgesehenen Sanktionen und die fehlende möglich der Berufung auf Verjährung unverhältnismäßig seien und gegen den

284 Art. 101. 11 c) EStG.

285 Art. 31 EStG.

286 18. Zusatzbestimmung des Allgemeinen Steuergesetzes, Gesetz 58/2003 v. 17.12.2003, veröffentlicht im BOE 302 v. 18.12.2003 (im Folgenden LGT), eingeführt durch Art. 1 Nr. 17 des Gesetz 7/2012 v. 29.10.2012, veröffentlicht im BOE Nr. 261 v. 30.10.2012, in Kraft getreten am 31.10.2012.

287 Art. 93.1 i.V. mit Art. 29, Art. 35.4 LGT.

288 Vgl. im Einzelnen 18. Zusatzbestimmung zum LGT.

289 18.2 Zusatzbestimmung zum LGT.

290 Art. 39 EStG a. F.

291 EuGH, Urteil v, 27.1.2022 - Rs. C-788/19 „Kommission/Spanien", ECLI:EU:C: 2022:55l.

Grundsatz der Kapitalverkehrsfreiheit verstoßen.[292] Der gesamte bei Verstoß gegen die Informationspflichten vorgesehen Sanktionskatalog wurde daraufhin aufgehoben.[293] Spezifische Sanktionsregelungen bei Zuwiderhandlung gegen die Auskunftspflicht sind bislang nicht ergangen, so dass auf gegenwärtig auf die im Allgemeinen Steuergesetz vorgesehenen Sanktionsbestimmungen zurückgegriffen werden muss.[294] Des Weiteren wurde die Hinzurechnung der ungerechtfertigten Vermögensgewinne auf die allgemeine Besteuerungsgrundlage an das EuGH Urteil angepasst. Demnach kann der Steuerpflichtige einer solchen Hinzurechnung entgehen, wenn er nachweisen kann, dass die Vermögengewinne in einem bereits verjährten Zeitraum erzielt worden sind.[295]

Unabhängig von der vorstehenden Anpassung der Regelungen an das EuGH Urteil vom 27.1.2022, sind auf der Grundlage des Gesetzes zur Bekämpfung von Steuervermeidungspraktiken die allgemeinen Informationspflichten erweitert worden. Erstmalig für das Veranlagungsjahr 2022 müssen in die jährlich abzugebende Informationsmeldung von im Ausland gehaltenen Vermögenswerte und Rechte Angaben zu Kryptowährungen angegeben werden.[296]

4. Maßnahmen zur Vermeidung der internationalen Doppelbesteuerung

4.1. Unilaterale Maßnahmen

Das EStG enthält eine nationale Regelung, welche die Doppelbesteuerung in Spanien und in einem anderen Staat im Wege der Anrechnung vermeiden soll.[297] Auf diese Weise können in Spanien unbeschränkt steuerpflichtige, die Einkünfte oder Vermögensgewinne im Ausland erzielen, auf die spanische Einkommensteuer die tatsächlich im Ausland gezahlte Steuer anrechnen. Eine Anrechnung kommt nur in Betracht, wenn die ausländische Steuer die persönlichen Verhältnisse des Steuerpflichtigen berücksichtigt und insofern mit der spanischen Einkommensteuer vergleichbar ist.

---

292 . Art. 63 AEUV, veröffentlicht im Amtsblatt der Europäischen Union am 26.10.2012, C 326/47 und Art. 40 des EWR Abkommen v. 2.5.1992, BGBl 1993 II S. 266.

293 Vierte Schlussbestimmung des Gesetzes 5/2022 v. 9.3.2022, veröffentlicht im BOE Nr. 59 v. 10.3.2022, in Kraft seit dem 11.3.2022, wodurch u. a. die 18. Zusatzbestimmung des LGT dem EuGH Urteil angepasst worden ist.

294 Art. 191 f. LGT.

295 Fünfte Schlussbestimmung des Gesetzes 5/2022 v. 9.3.2022, veröffentlicht im BOE 59 v. 10.3.2022, in Kraft seit dem 11.3.2022, wodurch u. a. Art. 39 span. EStG dem EuGH Urteil angepasst worden ist.

296 18. Zusatzbestimmung zur LGT.

297 Art. 80 EStG.

Allerdings ist die Anrechnung der ausländischen Steuer der Höhe nach begrenzt auf den geringeren der beiden folgenden Anrechnungsbeträge. Der in Spanien unbeschränkt Einkommensteuerpflichtige kann somit entweder den effektiv im Ausland gezahlten Steuerbetrag einer vergleichbaren Steuer anrechnen, soweit die Einkünfte oder Vermögensgewinne auch in Spanien der Einkommensteuer unterliegen, oder die spanische Einkommensteuer abziehen, die sich bei Anwendung des durchschnittlichen Einkommensteuersatzes auf den Teil der Besteuerungsgrundlage ergibt, der auf die Auslandseinkünfte und ausländischen Vermögensgewinne entfällt, soweit diese im Ausland einer vergleichbaren Steuer unterworfen werden.

4.2. Bilaterale Maßnahmen – Grundsätze zur Vermeidung der Doppelbesteuerung durch DBA

4.2.1. Einführung

Spanien hat mit etwa 60 Staaten ein Doppelbesteuerungsabkommen über die Steuern vom Einkommen und Vermögen (DBA) abgeschlossen. Die meisten DBA hat Spanien mit europäischen und südamerikanischen Vertragsstaaten vereinbart. Die spanischen DBA richten sich regelmäßig nach dem Musterabkommen der OECD.

Am 3.2.2011 wurde ein neues DBA zwischen Deutschland und Spanien unterzeichnet, das am 18.7.2012 ratifiziert und am 18.10.2012 in Kraft getreten ist (DBA 2011)[298]. Das DBA aus dem Jahr 1966 (DBA 1966) galt nur bis zum 31.12.2012. Ab dem 1.1.2013 gelten die Bestimmungen des neuen DBA. Dieses richtet sich im Wesentlichen nach dem Musterabkommen der OECD 2010.

4.2.2. Die Verteilung des Besteuerungsrechtes im DBA 2011

Die Anwendung der Freistellungsmethode wurde eingeschränkt und die Anwendbarkeit der Anrechnungsmethode erweitert. Die Veränderung bzw. Ausweitung einiger Begriffsbestimmungen sollen eine effektive Besteuerung fördern. Ferner wird auf die Quellenbesteuerung bei Zinsen und Lizenzen verzichtet. Der Quellensteuersatz bei Dividenden ist deutlich herabgesetzt worden. Des Weiteren wurde zugunsten Spaniens ein Besteuerungsrecht bei der Veräußerung von Anteilen an einer Immobiliengesellschaft eingeführt. Schließlich wurde der Informationsaustausch zwischen den Vertragsstaaten deutlich erweitert.

298 Abkommen zwischen der Bundesrepublik Deutschland und dem Spanischen Staat zur Vermeidung der Doppelbesteuerung und zur Verhinderung der Steuerverkürzung bei den Steuern vom Einkommen und vom Vermögen (DBA Spanien), v. 3.2.2011 (BGBl 2013 II S. 329).

4.2.3. Wesentliche Regelungen

4.2.3.1. Dividenden, Zinsen, Lizenzen

Art. 10 Abs. 3 hat den Ausdruck **Dividende** neu definiert und sieht daher einige Abweichungen von dem bislang geltenden Begriff vor (Art. 10 Abs. 4 DBA 1966). Während nach der vorherigen Fassung noch Einkünfte eines stillen Gesellschafters, die von einer sog. „sociedad de personas" an ihre Gesellschafter ausgeschütteten Gewinne und die Einkünfte aus Ausschüttungen auf Anteilscheine einer Kapitalanlagegesellschaft als Dividenden galten, werden diese Einkünfte nicht mehr als Dividende definiert. Andererseits fallen unter Dividenden nach dem DBA 2011 nunmehr auch Einkünfte aus Ausschüttungen auf Anteilscheine an einem deutschen Investmentvermögen.

Die Dividenden können in dem Ansässigkeitsstaat der Nutzungsberechtigten besteuert werden, Art. 10 Abs. 1. Das Besteuerungsrecht im Quellenstaat, d. h. dem Ansässigkeitsstaat der Gesellschaft, die die Dividende ausschüttet, ist begrenzt. Der Höchstsatz wurde im DBA 2011 herabgesetzt, er darf 5 % des Bruttobetrags der Dividenden nicht übersteigen, wenn der Nutzungsberechtigte eine Gesellschaft ist, die unmittelbar über mindestens 10 % des Kapitals (und nicht wie bislang 25 %) der Gesellschaft verfügt. Dies korrespondiert aus deutscher Sicht mit der Steuerbefreiung nach Art. 22 Abs. 2 Buchst. a Satz 2 DBA 2011, sofern diese Dividenden in Spanien effektiv besteuert werden (subject-to-tax-clause) und der inhaltlich erweiterte Aktivitätsvorbehalt nach Art. 22 Abs. 2 Buchst. c DBA 2011 erfüllt ist.

Sind die Nutzungsberechtigten Personengesellschaften oder REIT-Gesellschaften, ist auf die Dividendenausschüttung der bisherige Höchstsatz von 15 % des Bruttobetrags der Dividende anzuwenden, Art. 10 Abs. 2 Buchst. b DBA 2011.

Zinsen können nur noch im Ansässigkeitsstaat besteuert werden, Art. 11 Abs. 1 DBA 2011. Als Zinsen gelten nach Art. 11 Abs. 2 DBA 2011 nunmehr auch Obligationen einschließlich der damit verbundenen Aufgelder und der Gewinne aus Losanleihen. Zuschläge für verspätete Zahlung gelten nicht als Zinsen im Sinne dieses Artikels. Der Betriebsstättenvorbehalt und der Drittvergleichsvorbehalt wurden in Art. 11 Ziffer 3 und 4 DBA 2011 neu geregelt.

Lizenzgebühren können ebenfalls nur noch im Ansässigkeitsstaat der natürlichen Person besteuert werden, Art. 12 Abs. 1. Der Begriff „Lizenzgebühr" wurde in Art. 12 Abs. 2 erweitert, so dass auch Vergütungen jeder Art für die Benutzung oder das Recht auf Benutzung von Namen, Bildern oder sonstigen vergleichbaren Persönlichkeitsrechten oder für die Aufzeichnung der Veranstaltungen von Künstlern und Sportlern durch Rundfunk- oder Fernsehanstalten hiervon erfasst werden.

Nach Abschnitt V des Protokolls zum DBA 2011 können gewinnabhängige Erträge aus Genussrechten, partiarischen Darlehen, stillen Gesellschaften oder Gewinnobligationen unabhängig davon, ob sie als Dividende oder Zinsen zu qualifizieren sind, im Quellenstaat mit einem Höchstsatz von 15 % des Bruttobetrags besteuert werden, sofern sie sich bei der Gewinnermittlung des Schuldners gewinnmindernd auswirken.

4.2.3.2. Die Besteuerung von Immobilieneinkünften

Bei der Besteuerung der Immobilieneinkünfte sind drei Varianten zu unterscheiden: die Besteuerung der Einkünfte aus der Nutzung des unbeweglichen Vermögens (wie z. B. Vermietung), die Besteuerung der Gewinne aus der Veräußerung des unbeweglichen Vermögens sowie die Gewinne aus der Veräußerung von Anteilen einer Immobiliengesellschaft.

Einkünfte aus der Nutzung des unbeweglichen Vermögens: Spanien wendet bei Ansässigkeit der natürlichen oder juristischen Person in Spanien die Anrechnungsmethode auf die laufenden Einkünfte aus in Deutschland belegenen unbeweglichen Vermögen an, Art. 6 Abs. 1, Art. 22 Abs. 2 Buchst. b Nr. vii DBA 2011.

Gewinne aus der Veräußerung des unbeweglichen Vermögens: Auch nach dem DBA 2011 können Gewinne aus der Veräußerung des unbeweglichen Vermögens im Belegenheitsstaat Spanien versteuert werden, Art. 13 Abs. 1. Gehört das unbewegliche Vermögen nicht zu einer Betriebsstätte, kann der Gewinn aus der Veräußerung des unbeweglichen Vermögens auch im Ansässigkeitsstaat der natürlichen oder juristischen Person zu einer Besteuerung führen. Eine Doppelbesteuerung wird durch Anrechnung der spanischen auf die deutsche Steuer vermieden, Art. 22 Abs. 2 Buchst. b Nr. vii.

Gewinne aus der Veräußerung von Anteilen einer Immobiliengesellschaft: Eine Besteuerung durch Spanien auf die Gewinne aus der Veräußerung von Geschäftsanteilen durch einen in Deutschland ansässigen Anteilsinhaber entfiel nach den bisherigen Regelungen des DBA 1966, auch wenn das Vermögen dieser Gesellschaft im Wesentlichen aus in Spanien gelegenen Immobilien bestand. Das Besteuerungsrecht stand ausschließlich dem Ansässigkeitsstaat des Anteilsinhabers zu. Demgegenüber steht Spanien nach dem neuen DBA ein Besteuerungsrecht zu, wenn der Gewinn durch die Veräußerung eines Anteiles an einer Immobiliengesellschaft erzielt worden ist, Art. 13 Abs. 2 DBA 2011. Erforderlich ist, dass es sich um eine Immobiliengesellschaft handelt. Dies ist dann der Fall, wenn das Aktivvermögen der Gesellschaft zu mindestens 50 % unmittelbar oder mittelbar aus in Spanien belegenen unbeweglichen Vermögen besteht. Dies gilt entsprechend für den Fall, dass der Gewinn aus der Veräußerung von Anteilen oder anderen Rechten erzielt wird, die den Inhaber unmittelbar oder mittelbar zur Nutzung des unbeweglichen Vermögens berechtigen[299]. Die spanische Steuer ist nach Art. 22 Abs. 2 Buchst. b Nr. ii auf die deutsche Steuer anzurechnen.

299 Vgl. hierzu die Regelung zur Besteuerung von Vermögen, Art. 21 Abs. 4 DBA 2011, S. 67.

Handelt es sich nicht um eine Immobiliengesellschaft, findet weiterhin die Freistellungsmethode Anwendung. Die erzielten Gewinne aus dem Verkauf eines Geschäftsanteils werden somit in Spanien nicht besteuert.

Neu eingeführt ist eine Regelung zur Wegzugsbesteuerung: War eine natürliche Person in einem Vertragsstaat mindestens fünf Jahre ansässig und ist sie nunmehr in einem anderen Vertragsstaat ansässig, ist der Gewinn, der während der Ansässigkeit in dem vormaligen Ansässigkeitsstaat erzielt worden ist, nach dem Recht des vormaligen Ansässigkeitsstaates zu besteuern, wenn die Veräußerung der Anteile binnen fünf Jahren ab dem Zeitpunkt des Wegzugs der natürlichen Person aus dem ehemaligen Ansässigkeitsstaat erfolgt ist, Art. 13 Abs. 7 DBA 2011.

4.2.3.3. Unternehmensgewinne

Unternehmensgewinne, werden nur in dem Staat besteuert, in dem das Unternehmen ansässig ist, Art. 7 Abs. 1 DBA 2011. Nach Art. 3 Abs. 1 Buchst. d DBA 2011 bezieht sich der Ausdruck „Unternehmen" auf die Ausübung einer Geschäftstätigkeit. Art. 14 DBA 2011 wurde vollständig neu gefasst und die Regelung über die Einkünfte aus selbständiger Arbeit ersatzlos gestrichen. Soweit das DBA 2011 keine gesonderte Regelung vorsieht, erfasst Art. 7 Abs. 1 DBA 2011 auch die Einkünfte aus selbständiger Tätigkeit. Diese Einkünfte werden in Spanien nur dann besteuert, wenn die Person, die die Gewinne erzielt, in Spanien ansässig ist, es sei denn, sie werden durch eine Betriebsstätte in einem anderen Vertragsstaat, z. B. Deutschland ausgeübt. Art. 7 Abs. 1 DBA 2011 unterscheidet nicht, ob die Gewinne auf eigene Rechnung oder aufgrund einer Vermittlertätigkeit erzielt werden.

4.2.3.4. Einkünfte aus unselbständiger Tätigkeit

Einkünfte aus unselbständiger Tätigkeit unterliegen grds. dem Besteuerungsrecht des Ansässigkeitsstaates des Arbeitnehmers, Art. 14 Abs. 1 DBA 2011. Dem Vertragsstaat, in dem die Tätigkeit ausgeübt wird, steht indes auch ein Besteuerungsrecht zu, wenn der Arbeitnehmer sich in diesem Staat innerhalb eines Zeitraums von zwölf Monaten, der während des betreffenden Steuerjahres beginnt oder endet, länger als 183 Tage aufhält und die Vergütung von einem Arbeitgeber oder für einen Arbeitgeber, der in diesem Tätigkeitsstaate ansässig ist, gezahlt wird und die Vergütung von einer Betriebsstätte getragen wird, die der Arbeitgeber in diesem Tätigkeitsstaat innehat. Soweit diese Einkünfte daher unter eine Besteuerung in Spanien fallen, kann die spanische Steuer auf die deutsche Steuer angerechnet werden, Art. 22 Abs. 2 Buchst. b Nr. ii.

4.2.3.5. Einkünfte von Aufsichtsrats- oder Verwaltungsratsmitgliedern

Die Vergütungen oder Zahlungen an ein in Spanien ansässiges Mitglied eines Aufsichts- oder Verwaltungsrates einer deutschen Gesellschaft können in Deutschland besteuert werden, Art. 15 DBA 2011. Die in Spanien zu zahlende Steuer kann auf die deutsche Steuer angerechnet werden, Art. 22 Abs. 2 Buchst. b Nr. iv DBA 2011.

4.2.3.6. Einkünfte aus künstlerischer oder sportlicher Tätigkeit

Einkünfte aus künstlerischer- oder sportlicher Tätigkeit können unabhängig davon, ob sie dem Künstler oder Sportler selbst zufließen, in dem Vertragsstaat, in dem die Tätigkeit ausgeübt wird, besteuert werden, Art. 16 Abs. 1 und 2 DBA 2011. Unerheblich ist es, ob diese Tätigkeit berufsmäßig, d. h. auf Dauer angelegt, oder gelegentlich ausgeübt wird. Der Vertragsstaat, in dem der Künstler oder Sportler ansässig ist, kann die im jeweiligen Tätigkeitsstaat besteuerten Einkünfte anrechnen, Art. 22 Abs. 1 Buchst. a Nr. i und Abs. 2 Buchst. b Nr. v DBA 2011.

Das Besteuerungsrecht steht indes ausschließlich dem Ansässigkeitsstaat des Künstlers oder Sportlers zu, wenn die Tätigkeit im Rahmen eines Kultur- oder Sportaustauschprogramms ausgeübt wird, das von beiden Vertragsstaaten anerkannt und ganz oder im Wesentlichen aus öffentlichen Mitteln eines Vertragsstaates, eines seiner Länder oder einer seiner Gebietskörperschaften unterstützt wird, Art. 16 Abs. 3 DBA 2011.

4.2.3.7. Renten und Ruhegehälter

Grundsätzlich unterliegen die Ruhegehälter, Renten und ähnliche Vergütungen ausschließlich der Besteuerung des Staates, in dem die Person, die diese Zahlungen empfängt, ansässig ist. Art. 17 Abs. 2 DBA 2011. Ab 2015 können indes Vergütungen, die aufgrund des Sozialversicherungsrechts eines Vertragsstaates geleistet werden, auch nach dem Recht dieses Staates besteuert werden, Art. 17 Abs. 2 und 3 DBA 2011. So können z. B. Rentenzahlungen, die aufgrund des Sozialversicherungsrechts oder auf der Basis geförderter Beiträge wie z. B. Riester- und Rürup-Rente an in Spanien ansässige Personen gezahlt werden, ab 2015 mit einer Quellensteuer von zunächst 5 % und ab 2030 von 10 % belastet werden.

4.2.3.8. Gehälter, Löhne und Vergütungen

Gehälter, Löhne und ähnliche Vergütungen unterliegen grds. dem Besteuerungsrecht des Staates, der diese Vergütungen auszahlt, Art. 18 Abs. 1 DBA 2011. Dem Staat, in dem die Person, die die Vergütung erzielt, ansässig ist, steht das ausschließliche Besteuerungsrecht dann zu, wenn die Dienste in diesem Staat geleistet werden, die Person die Staatsangehörigkeit dieses Staates besitzt und nicht ausschließlich deshalb in diesem Staate ansässig geworden ist, um dort die Dienste zu leisten, Art. 18 Abs. 2 DBA 2011. Demnach ist ein ausschließliches Besteuerungsrecht des Ansässigkeitsstaates für sog. Ortskräfte des anderen Vertragsstaates eingeführt worden.

Einkünfte der Gastprofessoren, Lehrer und Studenten, die in einem Vertragsstaat ansässig sind und für einen Zeitraum von höchstens zwei Jahren bei einer Einrichtung im anderen Vertragsstaat tätig sind, sind von der Besteuerung im Tätigkeitsland befreit, es sei denn, diese Vergütungen werden von der im Tätigkeitsstaat gelegenen Einrichtung bezahlt, Art. 19 Abs. 1 und 2 DBA 2011.

4.2.3.9. Sonstige Einkünfte

Für Einkünfte, die in den Artikeln nicht geregelt sind, steht nach Art. 20 Abs. 1 DBA ausschließlich dem Ansässigkeitsstaat das Besteuerungsrecht zu. Zu berücksichtigen sind jedoch der Betriebsstättenvorbehalt (Art. 20 Abs. 2 DBA 2011) und der Drittvergleichsvorbehalt (Art. 20 Abs. 3 DBA 2011).

4.2.3.10 Informationsaustausch nach den neuen Regelungen des DBA 2011

Während das DBA 1966 in Art. 25 den Informationsaustausch ausschließlich bezüglich der unter das Abkommen fallenden Steuern vorsah, enthält Art. 26 DBA 2011 keine Beschränkung auf den Anwendungsbereich des Abkommens. Dies bedeutet, dass der Informationsaustausch auch bezüglich der Steuerarten erfolgen kann, die nicht unter den Geltungsbereich des neuen DBA fallen (z. B. Erbschaft- und Schenkungsteuer). Die Bestimmungen über den Informationsaustausch wurden an die aktuelle Version des Art. 26 OECD-MA angepasst. Der Informationsaustausch erfasst nunmehr auch die Vollstreckung, Strafverfolgung sowie die Offenlegung in Gerichtsverfahren und gerichtlichen Entscheidungen. Ergänzt werden diese Regelungen durch Abschnitt X des Protokolls zum DBA 2011, das weitere Vorschriften zur Übermittlung personenbezogener Daten enthält.

5. Weitere Steuern

5.1. Die Erbschaft- und Schenkungsteuer

5.1.1. Einführung

Rechtsgrundlagen der spanischen Erbschaft- und Schenkungsteuer sind das Erbschaft- und Schenkungsteuergesetz[300] die Rechtsverordnung zur Erbschaft- und Schenkungsteuer.[301] Diese staatlichen Regelugen finden in den meisten Autonomen Gemeinschaften Anwendung. Ausgenommen sind das Baskenland und Navarra, die ihre eigenen Erbschaft- und Schenkungsteuergesetze anwenden.[302] Wie bereits ausgeführt, ist den Autonomen Gemeinschaften die Ertragshoheit bestimmter Steuern übertragen worden.[303] Hierzu zählt auch die Erbschaft- und Schenkungsteuer.[304] Dies bedeutet, dass die autonomen Gemeinschaften abweichend vom ErbStG z. B. eigene Freibeträge, Steuertarife, den Multiplikationskoeffizienten und Vergünstigungen regeln dürfen.[305] Dies gilt nur, soweit das ErbStG und das Übertragungsgesetz auf diese Autonomen Gemeinschaften anwendbar sind. Das ErbStG und das Übertragungsgesetz sind im Baskenland und in Navarra nicht anwendbar. Die meisten Autonomen Gemeinschaften haben hiervon Gebrauch gemacht und sehen im Wesentlichen weitaus günstigere Regelungen als das ErbStG vor.[306]

5.1.2. Begriff

Der Erbschaft- und Schenkungsteuerpflicht unterliegen diejenigen natürlichen Personen, die durch eine Zuwendung von Todes wegen oder mittels Schenkung oder auf der Grundlage eines sonstigen unentgeltlichen Rechtsgeschäftes unter Lebenden unmittelbar begünstigt sind, und schließlich die Begünstigten einer Lebensversicherung, die für den Todesfall abgeschlossen worden ist.[307]

Unbeschränkt erbschaft- oder schenkungsteuerpflichtig sind alle natürlichen Personen, die eine Zuwendung von Todes wegen oder mittels Schenkung erhalten haben und deren gewöhnlicher Aufenthalt in Spanien liegt.[308] Zur Ermittlung des gewöhnlichen Auf-

300 Gesetz 29/1987 v. 18.12.1997, veröffentlicht im BOE Nr. v. 19.12.1997, im Folgenden ErbStG.

301 Rechtsverordnung, königliches Dekret 1629/1991 v. 8.11., veröffentlicht im BOE v. 16.11.1991 (im Folgenden DVO ErbStG).

302 Siehe Fn. 18.

303 Siehe Fn. 22.

304 Siehe Fn. 18.

305 Art. 48.1 a)–d) des Übertragungsgesetzes., vgl. Fn. 12.

306 Die Regelungen der Autonomen Gemeinschaften werden im Memento Fiscal 2022, Rz. 15395 f. aufgeführt.

307 Art. 2.2 ErbStG.

308 Art. 6 ErbStG.

enthalts sind die Bestimmungen des EStG heranzuziehen. Die unbeschränkte Erbschaft- und Schenkungsteuerpflicht erstreckt sich unabhängig von dem Ort der Belegenheit auf das gesamte Weltvermögen, das dem Steuerpflichtigen zugewendet wird.

5.1.3. Die Ermittlung der Erbschaft- und Schenkungsteuer

Die Berechnung der Erbschaft- oder Schenkungsteuerschuld erfolgt in mehreren Schritten. Im ersten Schritt wird die vorläufige Bemessungsgrundlage (base imponible) ausgerechnet. Ausgehend vom Marktwert[309] des Erworbenen wird der Nettowert[310] der erworbenen Vermögensgegenstände ermittelt. Als Marktwert gilt derjenige Preis, zu dem ein unbelasteter Gegenstand am wahrscheinlichsten an einen Dritten verkauft werden könnte.[311] Der Marktwert ist indes nicht heranzuziehen, wenn die Steuerpflichtigen einen höheren Wert angeben,[312] oder Gegenstand der Übertragung bestimmte Immobilien sind.[313] Maßgeblich ist im Falle der Übertragung von Immobilien grds. der Katasterreferenzwert.[314] Für welche Immobilien der Katasterreferenzwert heranzuziehen ist und die Berechnungsweise dieses Wertes werden im Gesetz zum Immobilienkataster beschrieben.[315] Der Referenzwert wird in jeder Gemeinde jährlich neu ermittelt. Festgestellt wird ein Durchschnittswert, der ausgehend von den Kaufpreisen, die in allen Kaufverträgen, die notarielle beurkundet und/oder in das Grundbuch eingetragen worden sind, aufgenommen wurden. Die Preise werden in den Jahresberichten der Generaldirektion des Katasters zum Immobilienmarkt festgehalten. Der Katasterreferenzwert darf den Marktwert nicht überschreiten. [316] Um dies zu vermeiden, ist durch Erlass des Finanzministeriums ein Reduktionskoeffizient verabschiedet worden, der aktuell 0,9 % beträgt.[317] Er ist, sofern er ermittelt worden ist, auf der Webseite des Katasters

309 Art. 4 Ziff. 1 des Gesetzes zur Bekämpfung von Steuervermeidungspraktiken ersetzte den in Art. 9 2 ErbStG bislang vorgesehene Begriff des „realen Wertes“ durch den Begriff „Marktwert“, vgl. Fn. 2.

310 Art. 12 ErbStG sieht die abzugsfähigen Belastungen vor und wurde gem. Art. 4.2 des Gesetzes zur Bekämpfung der Steuervermeidungspraktiken an die Neuregelungen der Bestimmung der allgemeinen Bemessungsgrundlage angepasst, vgl. Fn. 2.

311 Art. 9.2, S. 3 ErbStG.

312 Art. 9.2, S. 2 ErbStG.

313 Art. 9.3., S. 1 ErbStG.

314 Der Katasterreferenzwert ist darüber hinaus in das Gesetz zur Vermögensübertragungs- und Stempelsteuer, vgl. Fn. 7 und soweit es die Besteuerung der durch unentgeltliche Übertragungen von Vermögensgegenständen erzielte Vermögensgewinne anbelangt, in das EStG aufgenommen worden, Fn. 2. Mittelbar wirkt sich dieser Wert auf andere Steuerarte, wie die Vermögensteuer aus, vgl. Fn. 381.

315 9. Übergangsbestimmung und 3. Schlussbestimmung des Gesetzes zum Immobilienkataster, königliches Gesetzesdekret 41/2004 v. 5.3.2004, veröffentlicht im BOE Nr. 58 v. 8.3.2004, neugefasst durch Art. 14.8 des Gesetzes zur Bekämpfung der Steuervermeidungspraktiken.

316 3. Schlussbestimmung, Satz 3 des Gesetzes zum Immobilienkataster, 1/2004, königliches Gesetzesdekret 1/2004 v. 5.3.2004, veröffentlicht im BOE Nr. 58 v. 8.3.2004.

317 Erlass des Finanzministeriums HFP/1104/2021 v. 7.10.2021, veröffentlicht im BOE Nr. 246 v. 14.10.2021, in Kraft getreten am 15.10.2021.

unter Angabe der Katasternummer abrufbar. Liegt kein Katasterreferenzwert vor oder kann dieser nicht von der Generaldirektion des Katasters bescheinigt werden, gilt entweder der von den Steuerpflichtigen angegebene Wert oder der Marktwert.[318] Der Referenzwert gilt für Erbfälle und Schenkungen, die ab dem 1.1.2022 eintreten bzw. vorgenommen werden. Im Falle der Erbschaftsteuer wird den von Todes wegen erworbenen Vermögensgegenständen und Rechten ein Hausrat hinzugerechnet, der, sofern nicht widerlegbar, mit pauschal 3 % der erworbenen Vermögenswerte angesetzt wird. Weitere Hinzurechnungstatbestände, die ebenfalls nur für den Erwerb von Todes wegen anzuwenden sind, führen dazu, dass widerlegbar vermutet wird, dass weitere Gegenstände, die sich zum Zeitpunkt des Todes nicht mehr im Nachlass befinden, diesem zugerechnet werden.[319] Der im Anschluss daran vorgenommene Abzug von Belastungen, Schulden und im Falle eines Erwerbes von Todes wegen auch der Auslagen ergibt den Nettowert der erworbenen Vermögensgegenstände.

Ausgehend hiervon ist die bereinigte Bemessungsgrundlage (base liquidable) durch Abzug der sachlichen (exenciones) und persönlichen Steuerbefreiungen (reducciones)[320] zu berechnen. Das ErbStG kennt nur noch wenige sachliche Steuerbefreiungen.[321] Grundsätzlich sind bei der Feststellung der Schenkungsteuer keine persönlichen Steuerbefreiungen zu berücksichtigen.[322] Auf das Ergebnis sind die Steuertarife (tarifas) anzuwenden, woraus ein Zwischenbetrag (cuota íntegra) resultiert, der mit einem Koeffizienten, der sich nach dem Vorvermögen des Erwerbers und seiner Steuerklasse bestimmt, multipliziert wird (coeficiente multiplicador). Die im Anschluss daran abzugsfähigen Vergünstigungen (deducciones y bonificaciones) ergeben die zu entrichtende Steuerschuld.

5.1.4. Die Wertermittlung

Bei der Wertermittlung der von Todes wegen oder durch unentgeltliches Rechtsgeschäft unter Lebenden erworbenen Vermögensgegenstände oder Rechte ist der sog. reale Wert festzustellen.[323] Dies entspricht dem Verkehrs- oder Marktwert des zugewendeten Vermögens.[324] Bewertungsstichtag der Erbschaftsteuer ist der Zeitpunkt des Marktwerts bzw. die bestandskräftige Feststellung des Todeseintritts.[325] Bewertungs-

318 Art. 9.3 S. 3 ErbStG.

319 Art. 11 ErbStG.

320 Art. 20 ErbStG.

321 Gesetz 19/1995 v. 4.7.1995, veröffentlicht im BOE v. 5.7.1995 zur Modernisierung der Nutzung landwirtschaftlich genutzter Grundstücke.

322 Art. 20.6 ErbStG und Art. 30.1 ErbStG sowie Gesetz Nr. 19/1995.

323 Art. 9 ErbStG.

324 Art. 24 VStG.

325 Art. 24.1 ErbStG.

stichtag bei Erwerb durch ein unentgeltliches Rechtsgeschäft ist der Zeitpunkt, zu dem dieses Rechtsgeschäft abgeschlossen wird.[326]

Die Bewertung hat der Steuerpflichtige unbeschadet einer Überprüfung durch das Finanzamt[327] grds. selbst vorzunehmen, weil auch die Erbschaftsteuer im Wege der Selbstveranlagung erhoben wird.[328]

Das ErbStG und die DVO ErbStG sehen Sonderregeln für die Wertermittlung des Hausrats, für den Nießbrauch und sonstiger dinglicher Nutzungsrechte sowie für das nutzungsbelastete Eigentum vor.[329] Darüber hinaus kennen weder das ErbStG noch die DVO ErbStG detaillierte Bewertungsregeln und bieten daher kaum Hilfestellung. Lediglich Art. 18.4 ErbStG ist ein Anhaltspunkt zu entnehmen. Nach dieser Vorschrift ist ein seitens des Finanzamtes höher ermittelter Wert für die Berechnung der Erbschaftsteuer maßgeblich. Hat der Steuerpflichtige den niedrigeren Wert indes nach den im VStG vorgesehenen Bewertungsregeln ausgerechnet, so wird ihm kein Bußgeld auferlegt.[330] Daraus wird abgeleitet, dass der für die Erbschaftsteuer maßgebliche Verkehrswert den nach dem VStG zu ermittelnden Wert nicht unterschreiten darf und somit den Ausgangswert für die Feststellung des Verkehrswertes bildet.[331]

Im Übrigen verweist das ErbStG auf die Bewertungsregeln des Allgemeinen Steuergesetzes.[332] Die in der LGT vorgesehenen Maßstäbe erfassen indes nur einen Teil der zu bewertenden Vermögensgegenstände und Werte. Ein Rückgriff auf die im VStG vorgesehenen Bewertungsregeln ist daher üblich, wenn auch nicht zwingend vorgeschrieben.[333]

Anwendbarkeit des staatlichen und der regionalen Regelungen der Erbschaft- und Schenkungsteuer

Das Übertragungsgesetz[334] enthält die Vorgaben, die darüber bestimmen, welches regionale Erbschaft- und Schenkungsteuerrecht zur Anwendung kommt. Dies wirkt sich in zweierlei Hinsicht aus: Zum einen wird festgestellt, welche regionalen Bestimmungen für die Berechnung der Steuerschuld heranzuziehen sind, und daraus resultierend, welcher Autonomen Gemeinschaft die Steuer zukommt. Dies gilt im vollen Umfang für die unbeschränkt steuerpflichtigen Erwerber. Die Steuerschuld ist nach dem anzuwen-

326 Art. 24. 2 ErbStG.
327 Art. 98 DVO ErbStG.
328 Art. 34 ErbStG.
329 Art. 15 ErbStG und Art 34 DVO ErbStG sowie Art. 26 ErbStG und Art. 49 bis 51 DVO ErbStG.
330 Art. 40.7 DVO ErbStG.
331 Hellwege, Das spanische Erbschaft- und Schenkungsteuerrecht, Rz. 362 m. w. N.
332 Gesetz 58/2003 v. 17.12., veröffentlicht im BOE Nr. 302 v. 18.12.2003, im Folgenden LGT.
333 Entscheidung des TEAC (Tribunal Económico Administrativo Central) v. 16.1.2014.
334 Siehe Fn. 12.

denden regionalen Erbschaft- und Schenkungsteuerecht zu ermitteln und auch in der jeweiligen Autonomen Gemeinschaft abzuführen. Seit der Entscheidung des EuGH[335] und der Umsetzung in das ErbStG[336] können auch beschränkt steuerpflichtige Erwerber, die der ersten und der zweiten Steuerklasse[337] zuzuordnen sind, also nahe Verwandte und Ehegatten, die Erbschaft- und Schenkungsteuerregelung der zuständigen Autonomen Gemeinschaft heranziehen, wobei die so ermittelte Steuer weiterhin an den spanischen Staat[338] und nicht an die Autonome Gemeinschaft abzuführen ist. In der Praxis durften nur diejenigen in Spanien beschränkt Steuerpflichtigen die Bestimmungen der autonomen Gemeinschaften heranziehen, die ihn einem EU-, oder EWR Mitgliedstaat ansässig sind. Die in Spanien beschränkt Steuerpflichtigen mit Ansässigkeit in einem Drittstaat blieb dieser Zugang verwehrt. Das spanische Oberste Gericht (Tribunal Supremo) stellte indes in verschiedenen Entscheidungen klar[339], dass der Ausschluss der in Spanien beschränkt Steuerpflichtigen mit Ansässigkeit in einem Drittstaat ein Verstoß gegen das Diskriminierungsverbot darstelle und auch diesen Steuerpflichtigen die Anwendung der Regelungen der Autonomen Gemeinschaften bei der Ermittlung der Erbschaft- oder Schenkungsteuer zustehe. Dieser Ansicht haben sich nunmehr auch die Finanzbehörden angeschlossen.[340]

335 EuGH, Urteil v. 3.9.2014 - Rs. C-124/12, vgl. auch Hellwege, ErbStB 2015 S. 121 f.; EuGH v. 3.9.2014 - Rs. C-124/12, vgl. auch Hellwege, ErbStB 2015 S. 121 f.

336 2. Zusatzbestimmung des ErbStG, eingeführt durch das Gesetz 26/2014 v. 27.11.2014, veröffentlicht im BOE 288 v. 28.11.2014.

337 Art. 20 ErbStG.

338 Art. 70.1 a) DVO ErbStG.

339 Entscheidungen des Obersten Gerichts (STS) v. 21.3.2018 Nr. 488/2018 und v. 22.3.2018, Nr. 492/2018.

340 DGT -CV 3059/2019 v. 30.10.2019.

Nachstehende Tabellen verdeutlichen die Anwendbarkeit der staatlichen oder der regionalen Regelungen der Erbschaft- und Schenkungsteuer.

TAB. 1: Erbschaftsteuer[341]

Erblasser	Steuerpflichtiger Erwerber	Zuständigkeit	Anwendbare Vorschriften
In Spanien ansässig	In Spanien ansässig	Die Autonome Gemeinschaft, in der der Erblasser seinen Aufenthalt hatte	Die Bestimmungen der Autonomen Gemeinschaft, in der der Erblasser seinen Aufenthalt hatte
	In Spanien nicht ansässig	Der Staat	Option: a.- Die Anwendung der zentralstaatlichen Regelungen b.- Die Regelungen der autonomen Gemeinschaft, in der der Erblasser seinen Aufenthalt hatte

341 Memento 2022, Rz. 8255.

In Spanien nicht ansässig	In Spanien ansässig	Der Staat	Option: a.- Regelungen der Autonomen Gemeinschaft, in der sich der höchste Wert der in Spanien gelegenen Gegenstände und Rechte befindet. b.- Sofern kein Gegenstand oder Recht in Spanien belegen ist, finden die Regelungen der Autonomen Gemeinschaft Anwendung, in der der Steuerpflichtige ansässig ist.
	In Spanien nicht ansässig	Der Staat	Option: a.- Regelungen der Autonomen Gemeinschaft, in der sich der höchste Wert der in Spanien gelegenen Gegenstände und Rechte befindet. b.- Sofern kein Gegenstand oder Recht in Spanien belegen ist, finden die Regelungen der Autonomen Gemeinschaft Anwendung, in der der Steuerpflichtige ansässig ist.

TAB. 2: Schenkungsteuer[342]

Schenkungs-nehmer	**Gegenstand**	**Belegenheitsort**	**Zuständigkeit**	**Anwendbare Vorschriften**
In Spanien ansässig	Immobilie	Spanien	Autonome Gemeinschaft, in der die Immobilie liegt	Die Regelungen der Autonome Gemeinschaft, in der die Immobilie liegt
		Außerhalb Spaniens	Der Staat	Option: a.- Zentralstaatliche Vorschriften b.- Die Regelun gen der autonomen Gemeinschaft, in der der Steuerpflichtige ansässig ist
	Sonstige Gegenstände und Rechte	Spanien	Die autonome Gemeinschaft, in der der Steuerpflichtige ansässig ist	Die Regelungen der autonomen Gemeinschaft, in der der Steuerpflichtige ansässig ist

342 Memento Fiscal 2020 Rz. 8255.

In Spanien nicht ansässig	Immobilie	Spanien	Der Staat	Option: a.- Zentralstaatliche Vorschriften b.- Die Regelungen der autonomen Gemeinschaft, in der die Immobilie liegt
	Sonstige Gegenstände und Rechte	Spanien	Der Staat	Option: a.- Zentralstaatliche Vorschriften b.- Die Regelungne der autonomen Gemeinschaft, in denen sich die Gegenstände die meisten Tage in den letzten vorangegangenen fünf Jahren befanden

5.1.5. Vorlage und Zahlungsfristen

Die Abgabe der Erbschaftsteuererklärung und die Entrichtung der Steuer müssen binnen sechs Monaten ab dem Zeitpunkt des Erbfalles zu erfolgen.[343] Die Frist kann auf Antrag innerhalb der ersten fünf für weitere sechs Monate verlängert werden.[344]

Die Schenkungsteuererklärung und Zahlung der Schenkungsteuer hat innerhalb von dreißig Tagen nach Abschluss des Rechtsgeschäfts zu erfolgen.[345]

343 Art. 67.1.a) DVO ErbStG.

344 Art. 68. 2 DVO ErbStG.

345 Art. 67.1. b) DVO ErbStG.

Die Befugnis zur Festsetzung der Steuern verjährt binnen vier Jahren. Im Falle der Erbschaftsteuer beginnt die Frist mit Ablauf der sechsmonatigen Erklärungsfrist und bei der Schenkungsteuer grds. mit Ablauf der dreißigtägigen Erklärungsfrist.[346]

5.1.6. Die Vermeidung oder Reduzierung der Doppelbesteuerung

5.1.6.1. Einseitige Maßnahmen zur Vermeidung der Doppelbesteuerung

Die Doppelbesteuerung wird durch Anrechnung der ausländischen Erbschaft- bzw. Schenkungsteuer auf die spanische Steuer vermieden.[347]

Voraussetzung ist, dass in Spanien eine unbeschränkte Steuerpflicht besteht und die Zahlung der ausländischen Steuer nachgewiesen wird.[348]

5.1.6.2. Bilaterale Maßnahmen zur Vermeidung der Doppelbesteuerung

Ein Doppelbesteuerungsabkommen zwischen Spanien und Deutschland zur Erbschaft- und Schenkungsteuer besteht nicht. Spanien hat bezüglich der Erbschaftsteuer insgesamt drei Abkommen abgeschlossen.[349]

5.2. Die Vermögenssteuer

5.2.1. Einführung

Rechtsgrundlage für die spanische Vermögenssteuer (Impuesto sobre el Patrimonio) bildet das Vermögenssteuergesetz (VStG).[350]

Vermögenssteuerpflichtig sind ausschließlich natürliche Personen.[351]

Diese Vermögensteuerpflicht besteht indes nicht nur dann, wenn die natürliche Person zB eine spanische Immobilie direkt hält, sondern sie kann bedingt durch den im DBA 2011 eingeführte Abs. 4 des Art. 21 auch dann greifen, wenn die Immobilie Bestandteil des Vermögens einer Gesellschaft ist. Art. 21 Abs. 4, ergänzt somit, bezogen auf das Vermögen, inhaltlich Art. 13 Abs. 2. Zweck der Regelung ist, ein Besteuerungsrecht zu Gunsten des Staates zu begründen, in dem das unbewegliche Vermögen belegen ist, auch wenn es über eine Gesellschaft gehalten wird, deren Gesellschafter im anderen

346 Art. 48. DVO ErbStG, Art. 66 b) LGT.

347 Art. 23 ErbStG.

348 Art. 23 ErbStG, vgl. zu den Einzelheiten Hellwege, Das spanische Erbschaft- und Schenkungsteuerrecht, Rz. 780 f.

349 Vgl. im Einzelnen Hellwege, Das spanische Erbschaft- und Schenkungsteuerrecht, Rz. 784 f.

350 Gesetz Nr. 19/1991 v. 6.6.1991, veröffentlicht im BOE v. 7.6.1991.

351 Art. 1 S. 1 VStG.

Staat ansässig sind. Es muss sich, wie bei Art. 13 Abs. 2 um eine Gesellschaft oder einer anderen Personenvereinigung oder andere vergleichbare Beteiligungen handeln, deren Aktivvermögen zumindestens 50 vom Hundert unmittelbar oder mittelbar aus in einem Vertragsstaat gelegenem unbeweglichen Vermögen besteht oder es sich um Anteile oder andere Rechte handelt, die ihren Eigentümer unmittelbar oder mittelbar zur Nutzung eines in einem anderen Vertragsstaat gelegenen unbeweglichen Vermögen berechtigen[352].

Unbeschränkt vermögenssteuerpflichtig sind die natürlichen Personen, die ihren Wohnsitz oder gewöhnlichen Aufenthalt in Spanien haben. Zur Bestimmung des gewöhnlichen Aufenthaltes einer natürlichen Person sind ebenfalls analog die Vorschriften des EStG heranzuziehen.[353] Sie unterliegen der Vermögenssteuer mit ihrem Weltvermögen unabhängig davon, wo ihr Vermögen liegt oder ihre Rechte ausgeübt werden können.

Die Vermögenssteuer zählt zu den Steuerarten, deren Ertragshoheit aufgrund des Übertragungsgesetzes auf die Autonomen Gemeinschaften abgetreten worden ist.[354] Die Autonomen Gemeinschaften sind befugt, eigene Regelungen zur Steuerbefreiung, zu den Tarifen und Vergünstigungen zu schaffen.[355] Viele Autonome Gemeinschaften haben hiervon Gebrauch gemacht.[356] Die im EuGH-Urteil[357] festgestellte Diskriminierung der in Spanien nicht ansässiger natürlicher Personen hat auch zu einer Anpassung des VStG geführt, wonach die in Spanien nicht ansässigen natürlichen Personen, die in einem EU-Mitgliedstaat oder einem Staat, das Mitglied des EWR ist, ansässig sind, die Bestimmungen der autonomen Gemeinschaften anwenden dürfen.[358] Die Tarife der Autonomen Gemeinschaften könne, wie zB die der Balearischen Inseln, zu einer höheren Steuerbelastung führen, als die zentralstaatlichen Tarife. In diesem Fall können die in Spanien nicht ansässigen Steuerpflichtigen, zwischen der Anwendbarkeit der Regelungen der staatlichen Vermögensteuer und den Regelungen der autonomen Gemeinschaft wählen.[359]

Die Berechnung der Vermögenssteuer erfolgt in mehreren Schritten. Zunächst ist festzustellen, welche Vermögensgegenstände oder Rechte von vorneherein nicht in die Be-

352 Vgl. hierzu DGT CV 0433-19 v. 28.2.2019 und CV3178-19 v. 14.11.2019.

353 Art. 5 Nr. 2 VStG.

354 Art. 25.1.b) des Übertragungsgesetzes, vgl. S. 2.

355 Art. 47 des Übertragungsgesetzes, vgl. S. 2.

356 Vgl. Einzelheiten hierzu im Memento Fiscal 2022, Rz. 15393 f.

357 Siehe Fn. 334.

358 Vierte Schlussbestimmung des Gesetzes Nr. 26/2014 v. 27.11.2014

359 DGT CV3054-16 v. 1.7.2016.

messungsgrundlage aufzunehmen sind (exenciones).[360] Hierzu zählt u. a. die gewöhnlich genutzte (Haupt-)Wohnung (vivienda habitual) bis zu einem maximalen Freibetrag i. H. von 300.000 €.[361] Übersteigt der Wohnungswert den Höchstbetrag, dann unterliegt der überschießende Betrag der Vermögenssteuer; ferner zählen hierzu die Anteile an einer näher definierten Gesellschaft, wenn der Steuerpflichtige mindestens 5 % des Gesellschaftskapitals oder zusammen mit seinem Ehegatten und seinen Verwandten mindestens 20 % des Gesellschaftskapitals hält, eine leitende Funktion in der Direktion der Gesellschaft ausübt und seine diesbezügliche Vergütung mehr als 50 % seiner gesamten Einkünfte aus gewerblicher, selbständiger und unselbständiger Tätigkeit beträgt, sowie die Wirtschaftsgüter der natürlichen Personen, die sie zur Ausübung ihrer gewerblichen oder selbständigen Tätigkeit benötigen, wenn die Tätigkeit gewöhnlicher Weise persönlich und unmittelbar durch den Steuerpflichtigen ausgeübt wird und dessen Haupteinkunftsquelle darstellt.[362]

5.2.2. Die Ermittlung der Vermögenssteuer

Die vorläufige Bemessungsgrundlage (base imponible) für die Vermögenssteuer ist der Nettovermögenswert des Steuerpflichtigen zum Zeitpunkt der Steuerentstehung. Die Vermögenssteuer entsteht am 31.12. des jeweiligen Kalenderjahres.[363] Der Nettovermögenswert berechnet sich aus dem tatsächlichen Verkehrs- oder Marktwert der einzelnen Wirtschaftsgüter abzüglich der jeweiligen dinglichen Lasten und Belastungen (cargas y gravámentes de naturaleza real), sofern sie den Wert der jeweiligen Gegenstände oder Rechte tatsächlich mindern, sodann werden die persönlichen Schulden und Verbindlichkeiten (deudas u obligaciones personales) in Abzug gebracht.[364] Hierbei ist zu berücksichtigen, dass die dinglichen Lasten und Belastungen nicht berücksichtigt werden dürfen, soweit sie sich auf die ganz oder teilweise befreiten Wirtschaftsgüter beziehen.[365] Im Anschluss daran ist der Freibetrag in Abzug zu bringen (reducción por mínimo exento). Dies ergibt die bereinigte Bemessungsgrundlage (base liquidable). Der abzugsfähige Freibetrag beträgt 700.000 €,[366] wobei die entsprechenden Vorschriften der Autonomen Gemeinschaften, sofern sie von der Regelungsbefugnis Gebrauch gemacht haben, vorrangig anzuwenden sind.[367] Auf das Ergebnis sind die Steuertarife (tarifas) anzuwenden, woraus ein Zwischenbetrag (cuota íntegra) resultiert. Auch hier

360 Art. 4 VStG.
361 Art. 4 Nr. 9 VStG.
362 Art. 4 Nr. 8.1 VStG.
363 Art. 29 VStG.
364 Art. 9.2 VStG.
365 Art. 9.3 VStG.
366 Art. 28 VStG.
367 Art. 28.1 und 2 VStG.

sind die von den Autonomen Gemeinschaften, die von der Regelungskompetenz Gebrauch gemacht haben, vorrangig zu berücksichtigen.[368] Dieser Betrag reduziert sich wiederum um die anwendbaren Reduzierungen und Vergünstigungen (deducciones y bonificaciones) und ergibt im Ergebnis die Steuerschuld (cuota líquida). Eine Minderung der Steuerbelastung kann daraus resultieren, dass der ermittelte Zwischenbetrag zusammen mit den für die Einkommensteuer ermittelten Zwischenbeträgen insgesamt 60 % der Bemessungsgrundlagen für die Einkommensteuer nicht übersteigen dürfen.[369] Eine weitere Reduzierung der Steuerschuld kann sich ggf. infolge der Anwendung der Bestimmungen zur Vermeidung der doppelten Besteuerung ergeben, soweit die Vermögenssteuer in einem weiteren in Frage kommenden Staat überhaupt besteht.[370] Von Bedeutung ist die Anwendung der staatlichen Vergünstigung von 100 %, die im Ergebnis zu einer Reduzierung der Steuerschuld auf null führt.[371]

5.2.3. Aufhebung der temporären Verlängerungen der Vermögensteuerregelungen

Die vorstehend beschriebene Vergünstigung von 100 % wurde ursprünglich Ende 2008 eingeführt[372] und bestimmt, dass rückwirkend zum 1.1.2008 keine Vermögenssteuer mehr erhoben werden durfte. Eine Abschaffung des VStG kam deshalb nicht in Frage, weil viele andere Steuergesetze auf Regelungen des VStG verweisen.[373] Wenig später wurde bedingt durch die Wirtschaftskrise die Anwendung der staatlichen Vergünstigung wieder aufgehoben und somit die Erhebung der Vermögensteuer wieder eingeführt.[374] Dies sollte zwar nur befristet gelten, die Zusage wurde in den vergangenen Jahren nicht eingehalten. Eine Vermögenssteuer entfiel oder reduzierte sich deutlich nur, wenn die Vergünstigungen der Autonomen Gemeinschaften herangezogen werden konnten. Die Vermögensteuer sollte nunmehr letztmalig für das Veranlagungsjahr 2020 erhoben werden.[375] Im Haushaltsgesetz für das Jahr 2021 wurde die im VStG vorgesehene temporäre Verlängerung aufgehoben mit Wirkung ab dem 1.1.2021 für einen unbestimmten Zeitraum eingeführt.[376]

368 Art. 30.1. und 2 VStG.
369 Art. 31.1 VStG.
370 Art. 32 VStG.
371 Gesetz 8/2008 v. 23.12., veröffentlicht im BOE am 25.12.2008.
372 Siehe Memento Fiscal 2020, Rz. 3104.
373 Vgl. Art. 18 ErbStG.
374 Königliches Gesetzesdekret 13/2011 v. 16.9.2011, veröffentlicht im BOE 224 v. 17.9.2011.
375 Königliches Gesetzesdekret 18/2019 v. 27.12., veröffentlicht im BOE Nr. 312 v. 28.12.2019.
376 Gesetz 11/2020 v. 30.12.2020, veröffentlicht im BOE Nr. 341 v. 31.12.2020.

5.2.4. Die Wertermittlung nach dem VStG

Im Folgenden werden die im VStG vorgesehenen Bewertungsregeln vorgestellt. Sie stellen auf konkrete Vermögensgegenstände und Rechte ab. Sie führen schließlich Bewertungsregeln für Lasten und Verbindlichkeiten auf. Die Darstellung ist nicht abschließend. Daher gilt für diejenigen Vermögensgegenstände, die nicht ausdrücklich aufgeführt sind, der Grundsatz, dass diese nach dem Verkehrs- bzw. Marktwert zum Zeitpunkt der Entstehung der Steuerschuld im jeweiligen Veranlagungszeitraum anzusetzen sind.[377]

Der vermögenssteuerliche Wert des Grundeigentums[378] richtet sich nach einem der drei folgenden Werte. Dabei ist der höhere der drei folgenden Werte maßgebend:

- der Katasterwert (valor catastral),
- der durch die Finanzverwaltung im Zusammenhang mit anderen Steuern festgesetzte oder überprüfte Wert oder
- der Kaufpreis, die Gegenleistung oder der Anschaffungswert.

Die Neuformulierung des von der Finanzverwaltung nicht nur überprüfte, sondern alternativ festgesetzte Wert führt mittelbar zur Geltung des Katasterreferenzwertes bei der Ermittlung der Vermögensteuer, wenn der Katasterreferenzwert ggf. im Rahmen der Erbschaft- und Schenkungssteuer, der Vermögensübertragungs- und Stempelsteuer oder der Einkommensteuer bei unentgeltlichen Übertragungen von Vermögensgegenständen herangezogen worden ist und zur Festsetzung einer entsprechenden Steuer geführt hat.

Befindet sich ein Gebäude im Bau, so ist das Grundstück mit dem Wert von Grund und Boden plus der Herstellungskosten für das Gebäude, die im Zeitpunkt der Steuerentstehung aufgelaufen sind, anzusetzen.[379]

Die Wirtschaftsgüter einschließlich Rechte der natürlichen Personen, die ihrer wirtschaftlichen, also gewerblichen oder selbständigen Tätigkeit zu dienen bestimmt sind, sind von der Vermögenssteuer befreit. Trotzdem sind diese Wirtschaftsgüter mit dem in der Buchführung angegebenen Wert zu berücksichtigen, der sich aus dem Saldo von Aktivwert (= Buchwert) abzüglich der Verbindlichkeiten ergibt. Abweichend hiervon ist das der gewerblichen oder selbständigen Tätigkeit dienende Grundeigentum nach den Regeln der Grundstücksbewertung zu ermitteln.[380]

377 Art. 24 VStG.

378 Art. 10.1 VStG in der Neufassung nach Art. 5.1 des Gesetzes zur Bekämpfung von Steuervermeidungspraktiken.

379 Art. 10.2 VStG.

380 Art. 11 VStG.

Bankguthaben einschließlich Festgelder sind mit ihrem tatsächlichen Wert zum 31.12. des jeweiligen Kalenderjahres anzusetzen, es sei denn, der durchschnittliche Wert der Bankguthaben während des letzten Quartals des jeweiligen Kalenderjahres übersteigt den Jahresendwert.[381]

Der vermögenssteuerliche Wert von Obligationen, Schuldscheinen und sonstigen Rentenpapieren (valores representativos de la cesión a terceros de capitales propios) hängt davon ab, ob sie an einer Börse gehandelt werden oder nicht. Bei den an der Börse quotierten Rentenpapieren ist der durchschnittliche Börsenkurs im letzten Quartal des Kalenderjahres der vermögenssteuerlich relevante Wert. Das Wirtschafts- und Finanzministerium veröffentlicht jährlich den für Vermögenssteuerzwecke anzusetzenden Durchschnittskurs der Rentenpapiere. Wird ein Rentenpapier nicht an der Börse gehandelt, dann ist der Nominalwert als Vermögenssteuerwert zu berücksichtigen.[382]

Der Vermögenssteuerwert der Aktien und sonstiger Wertpapiere, die eine Beteiligung am Eigenkapital einer juristischen Körperschaft verbriefen (valores representativos de la participación en fondos propios de cualquier tipo de entidad),[383] richtet sich ebenfalls danach. Ob die Wertpapiere an der Börse gehandelt werden oder nicht, ist irrelevant. Hiervon ausgenommen sind jedoch die Fondsanteile, für die es seit 1999 eine gesonderte Regelung zur vermögenssteuerlichen Bewertung gibt. Bei den börsengehandelten Gesellschaftsanteilen ist für die Vermögenssteuer der durchschnittliche Börsenkurs im letzten Quartal des Kalenderjahres anzusetzen. Auch hier publiziert das Wirtschafts- und Finanzministerium die vermögenssteuerlich maßgebenden Werte.

Ausnahme der Fondsanteile sind die Aktien und sonstigen Wertpapiere, die eine Beteiligung am Eigenkapital einer juristischen Körperschaft verbriefen, mit ihrem Bilanzwert zu berücksichtigen, vorausgesetzt, die Bilanz enthält einen Prüfvermerk von einem Wirtschaftsprüfer. Handelt es sich hingegen um eine Bilanz ohne Prüfvermerk durch einen Wirtschaftsprüfer, dann sind die Gesellschaftsanteile mit dem Höheren der folgenden Beträge zu bewerten:[384]

- dem Nennwert,
- dem theoretischen Wert der zuletzt festgestellten Bilanz oder dem nach dem Ertrag der Gesellschaft berechneten Wert. Dabei ist der durchschnittliche Gewinn der letzten drei Geschäftsjahre, die vor dem Zeitpunkt der Entstehung der Vermögensteuer abgeschlossen wurden, heranzuziehen und durch fünf zu dividieren.

381 Art. 12 VStG.

382 Art. 13 und 15 VStG.

383 Art. 14 VStG.

384 Art. 16 VStG.

Die Lebensversicherungen sind mit dem jeweils zum Jahresende relevanten Rückkaufswert anzusetzen, den die spanischen Lebensversicherungsunternehmen den Versicherungsnehmern mitteilen. Besteht kein Rückkaufswert, dann unterliegt die Lebensversicherung nicht der Vermögenssteuer. Die Leib- und Zeitrenten sind mit ihrem abgezinsten Kapitalwert bzw. Barwert zum Steuerentstehungszeitpunkt zu berücksichtigen.[385]

Der Schmuck, die luxuriösen Pelze, Automobile, Fahrzeuge mit zwei oder drei Rädern und mindestens 125 Kubikzentimetern, Wasserfahrzeuge für Freizeit- oder Sportzwecke einschließlich Segelschiffe und Flugzeuge einschließlich Klein- und Sportflugzeuge sind mit ihrem Marktwert zum 31.12. des jeweiligen Kalenderjahres zu bewerten. Hinsichtlich der Wertermittlung der Fahrzeuge können die Bewertungstabellen des Finanzministeriums herangezogen werden.[386]

Für die nicht steuerbefreiten Kunststücke und Antiquitäten ist ihr Marktwert zum Zeitpunkt der Steuerentstehung maßgebend.[387] Die dinglichen Rechte wie z. B. das Nießbrauchsrecht einerseits und das bloße Eigentum ohne Nutzungsrecht andererseits sind am Stichtag entsprechend den Bestimmungen im Gesetz zur Vermögensübertragungs- und Beurkundungssteuer[388] zu bewerten. Während der Nießbrauchberechtigte den Wert seines Rechts vermögenssteuerlich anzusetzen hat, kann der Eigentümer des Wirtschaftsguts eine analoge Wertminderung geltend machen. Ebenfalls nach dem Gesetz zur Vermögensverkehrsteuer sind die öffentlich-rechtlichen Konzessionen (z. B. Ausschankerlaubnis) sowie vertraglich vereinbarte Optionen (z. B. Kaufoption bezüglich bestimmter Wirtschaftsgüter) zu bewerten.[389] Die Rechte an dem geistigen Eigentum (z. B. Urheberrecht) sowie an dem wirtschaftlichen Eigentum (z. B. Patent, Warenzeichen etc.), die ein Dritter entgeltlich erworben hat, sind von dem Erwerber mit dem Anschaffungswert anzusetzen.[390]

Die dinglichen Lasten mindern unmittelbar den vermögenssteuerlichen Wert des jeweiligen Wirtschaftsguts (Saldierung). Demgegenüber sind die persönlichen Schulden einschließlich Steuerverbindlichkeiten von der vermögenssteuerlichen Bemessungsgrundlage abzuziehen. Die Schulden sind mit ihrem Nennwert im Zeitpunkt der Steuerentstehung zu bewerten. Sie sind nur dann von der Vermögenssteuer abzugsfähig, wenn sie ordnungsgemäß nachgewiesen werden. Nicht abzugsfähig sind die Bürgschaftsverbindlichkeiten, es sei denn, der Bürge wird zur Zahlung in Anspruch genom-

385 Art. 17 VStG.

386 Art. 18 VStG.

387 Art. 19 VStG.

388 Art. 20 VStG i. V. mit Art. 10.2 des Vermögensübertragungs- und Stempelsteuergesetzes, siehe Fn. 7.

389 Art. 21 VStG.

390 Art. 22 VStG.

men und die Geltendmachung seines Rückforderungsanspruchs gegenüber dem Hauptschuldner ist erfolglos. Des Weiteren kann eine Hypothek zur Sicherung eines geschuldeten Kaufpreises für ein Wirtschaftsgut nicht die vermögenssteuerliche Bemessungsgrundlage mindern.[391] Vertragsoptionen werden nach Bestimmungen des Gesetzes zur Vermögensverkehrssteuer bewertet.[392]

5.2.5. Entstehung, Form und Fristen der Abgabe der Vermögenssteuererklärung und Zahlung der Steuer

Die Vermögenssteuer entsteht zum 31.12. des jeweiligen Veranlagungszeitraums.[393]

Der Steuerpflichtige hat seine Vermögenssteuer im Wege der Selbstveranlagung selbst zu ermitteln, an das zuständige Finanzamt zu überweisen und die Steuererklärung einzureichen.[394]

Die unbeschränkt Vermögenssteuerpflichtigen müssen eine Vermögenssteuererklärung abgeben, wenn entweder die subjektive Bemessungsgrundlage (base liquidable) positiv ist oder der Vermögenssteuerwert (Bruttowert ohne Abzug der dinglichen Lasten) der Wirtschaftsgüter einschließlich Rechte den Betrag von 700.000 € übersteigt. Sofern sich der Katasterwert in der oben dargestellten Weise auf die Berechnung des Wertes von unbeweglichem Vermögen auswirkt, kann sich hierdurch der die 700.000 € übersteigende und steuerpflichtige Betrag erhöhen. Ist dies nicht der Fall, muss die Vermögenssteuererklärung eingereicht werden, wenn der nach dem VStG ermittelte Wert der Vermögensgegenstände die Summe von 2 Mio. € übersteigt.[395]

Für die Abgabe der Vermögenssteuererklärung sind die jährlich vom Wirtschafts- und Finanzministerium freigegebenen Vordrucke zu verwenden. Das Ministerium legt des Weiteren jährlich die für die Abgabe und Zahlung der Steuer zu beachtenden Fristen fest.[396]

391 Art. 25 VStG.
392 Art. 23 VStG.
393 Art. 29 VStG.
394 Art. 36.1 VStG.
395 Art. 37 1. HS VStG.
396 Art. 38 VStG.

L. Überblick über die Besteuerung in Italien[1]

Literatur: *Ettinger, Hergeth und Psaier*, Die neue italienische Pauschalsteuer - Wirkung für Wegzügler aus Deutschland aus Sicht des deutschen Außensteuerrechts, IWB 2/2018 S. 47; *Frei*, Steuerliche Begünstigungen in Italien für natürliche Personen, die ab 2020 den Wohnsitz dorthin verlegen - Das „Wachstumsdekret" Nr. 34 v. 30.4.2019, IWB 21/2019 S. 854; *Hilpold/Steinmair*, Grundriss des italienischen Steuerrechts, 5. Aufl. 2017; *Lobis* in Mennel/Förster, Steuern in Europa, Amerika und Asien, Länderbericht Italien, 125. Erg.-Lfg., 2020; *Mayr*, Die steuerliche Regelung des Trusts in Italien, IWB 3/2008 S. 133; *Psaier*, Die italienische Pauschalsteuer für Zuzügler, SWI 2/2018 S. 83.

1. Einleitung

- Bei einem Zuzug nach Italien sind eine Vielzahl von unterschiedlichen Sachverhalten zu berücksichtigen. Steuerliche Themen spielen in vielen Fällen eine zentrale Rolle, sind aber nicht die einzigen. Die Beraterpraxis zeigt, dass darüber hinaus Fragen zur medizinischen Versorgung und sozialversicherungsrechtliche Themen genauso relevant sind. Neben den rechtlichen Fragen kommen praktische und verwaltungstechnische Aspekte hinzu, die in vielen Fällen auch aufgrund der kulturellen und sprachlichen Unterschiede gewisse Barrieren darstellen.
- Unter dem steuerlichen Gesichtspunkt muss ein Zuzug auch deshalb genau geplant werden, weil in den allermeisten Fällen ein gewisser Teil des Vermögens des Zuzüglers im Ausland verbleibt und sich somit internationale steuerrechtliche Sachverhalte ergeben. Aufgrund fehlender spezifischer sowie nicht auf internationale Sachverhalte abgestimmte Regelungen im italienischen Steuerrecht ergeben sich nicht selten steuerliche Mehrbelastungen bei Einkünften aus dem ausländischen Vermögen eines Zuzüglers, die möglichst vermieden werden sollen. Eine steuerliche Mehrbelastung kann zum Beispiel bei ausländischen Dividenden oder bei Einkünften aus Beteiligungen an ausländischen Personengesellschaften anfallen. Je nach Umfang des Vermögens des Zuzüglers und dessen internationale Streuung treten zudem immer auch abkommensrechtliche Fragestellungen auf.
- Während es über Jahrzehnte so gut wie keine steuerlichen Anreize für Zuzügler gegeben hat, ist es in den letzten Jahren zu einer Trendwende gekommen, und auch der italienische Staat hat unterschiedliche – jedoch zeitlich beschränkte – Begünstigungen erlassen, die einen Zuzug unter dem steuerlichen Gesichtspunkt attraktiver machen. Es hängt aber immer von einer gründlichen Einzelfallprüfung ab, ob diese Bestimmungen auch den vom Hörensagen erwarteten steuerlichen Effekt bringen.

1 Dieser Teil wurde durch Dr. Manfred Psaier bearbeitet.

- Generell kann festgehalten werden, dass das italienische Steuerrecht oftmals als Flickenteppich bezeichnet wird, weil es unzählige Ausnahmen und zum Teil nicht systematische Änderungen und Ergänzungen der steuerrechtlichen Bestimmungen mit einer fortschreitenden Anpassung der Auslegung gibt.
- Der nachfolgende Beitrag kann somit nur einen Versuch darstellen, einen allgemeinen Überblick über die steuerlichen Bestimmungen zu geben, die im Falle eines Zuzuges von natürlichen Personen nach Italien maßgeblich sein können. Auf die Erläuterung der Ermittlungsvorschriften zu den Einkünften aus dem Gewerbebetrieb, der Körperschaftsteuer und regionalen Wertschöpfungssteuer wird dabei bewusst verzichtet. Im Rahmen der Ausführung wird auf einige ausgewählte Besonderheiten des italienischen Steuerrechts eingegangen. Sozialversicherungsrechtliche und andere operative Aspekte, die im Rahmen des Zuzuges eine Rolle spielen können, werden in der Folge nicht ausgeführt. Obwohl im Besonderen beim Erwerb von Immobilien von zentraler Bedeutung, wird nachfolgend auch nicht auf die Mehrwertsteuer (IVA) sowie auf Register-, Hypothekar- und Katastersteuer (imposta di registro, ipotecaria e catastale) eingegangen.

2. Einteilung der Steuern

Italien kennt weit über hundert verschiedene unterschiedlichen Steuern und Abgaben. Die wichtigsten Steuerarten, auch in Bezug auf das nationale Steueraufkommen, sind:

- Einkommensteuer (imposta sul reddito delle persone fisiche - IRPEF)
- Körperschaftsteuer (imposta sul reddito delle società - IRES)
- Regionale Wertschöpfungssteuer (imposta regionale sulle attivitá produttive - IRAP)
- Gemeindeimmobiliensteuer (imposta municipale propria - IMU)
- Mehrwertsteuer (imposta sul valore aggiunto - IVA)
- Registersteuer (imposta di registro), Hypothekar- und Katastersteuer (imposta ipotecaria e catastale)
- Kraftfahrzeugsteuer (tassa automobilistica)

sowie eine Vielzahl von Herstellungs- und Verbrauchersteuern.

3. Einkommensteuer der natürlichen Personen (IRPEF)

Wie in den meisten Industriestaaten üblich, wird auch in Italien die Einkommensteuer (IRPEF) durch die Anwendung eines progressiven Steuertarifs auf die Bemessungsgrundlage ermittelt. Die IRPEF ist eine persönliche und progressive Steuer, die auf das Welteinkommen der in Italien ansässigen natürlichen Personen und beschränkt auf das in Italien erzielte Einkommen der nicht ansässigen Personen zur Anwendung kommt.

Nicht alle Einkünfte bilden Bestandteil des progressiv besteuerten Gesamteinkommens. Einige Einkünfte, insbesondere die Einkünfte aus Kapitalvermögen, werden getrennt, d. h. proportional besteuert, und zwar entweder im Wege einer definitiven Quellensteuer (mit Abgeltungscharakter) oder im Wege einer sogenannten proportionalen „Ersatzsteuer" (imposta sostitutiva). Aber auch die Spekulationsgewinne auf Kapitalvermögen, die unter die Einkunftskategorie der „sonstigen Einkünfte" fallen, sowie gewisse Mieteinkünfte, für die vom Steuerpflichtigen eine entsprechende Option ausgeübt wird, fließen nicht in das progressiv besteuerte Einkommen ein, sondern werden proportional besteuert.

Die Bestimmungen zur Einkommensteuer und Körperschaftsteuer sind im Einheitstext der direkten Steuern (DPR 917/86 – TUIR) enthalten, die durch eine Vielzahl von Sondergesetzen ergänzt werden.

3.1. Steuerliche Ansässigkeit

Der Anknüpfungspunkt zur unbeschränkten Steuerpflicht und damit zur Besteuerung des Welteinkommen in Italien ist die Ansässigkeit einer Person. Nach Art. 2 Abs. 2 TUIR gilt eine Person als ansässig, wenn sie für den überwiegenden Teil des Veranlagungszeitraums, der für die natürlichen Personen immer das Kalenderjahr ist, (i) entweder im Gemeinderegister der ansässigen Bevölkerung eingetragen ist oder (ii) gemäß den Vorschriften des italienischen Zivilgesetzbuches ihr Domizil (domicilio) oder (iii) ihren Wohnsitz (residenza) in Italien hat.

Art. 43 Abs. 1 ZGB definiert das Domizil einer Person mit dem Ort, an dem sie den Mittelpunkt ihrer Geschäfte und Interessen hat. Der Wohnsitz ist jener Ort, an dem die Person ihren gewöhnlichen Aufenthalt (dimora abituale) hat (Art. 43 Abs. 2 ZGB).

Es handelt sich um drei alternative persönliche Anknüpfungstatbestände zum italienischen Staatsgebiet, wobei einer allein die steuerliche Ansässigkeit begründen kann.

Die steuerliche Ansässigkeit und damit die unbeschränkte Steuerpflicht ergibt sich für eine bestimmte Steuerperiode (diese ist für natürliche Personen das Kalenderjahr) jedoch nur dann, wenn mindestens eines der drei Anknüpfungsmerkmale für den Großteil der Steuerperiode (183 Tage bzw. 184 Tage im Falle eines Schaltjahres) gegeben ist. Wenn ein Ausländer daher zum Beispiel erst ab 15.07.2020 eine der genannten Voraussetzungen erfüllt, so ist er für das Jahr 2020 noch nicht unbeschränkt steuerpflichtig. Wenn der Ausländer hingegen ab 15.05.2020 eine der Voraussetzungen erfüllt, dann wird er für die gesamte Steuerperiode (d. h. ab dem 1.1.2020) unbeschränkt steuerpflichtig (obwohl er bis zum 14.05.2020 im Ausland war).

Ist eine Person nicht in Italien ansässig, unterliegt diese mit den aus italienischen Quellen stammenden Einkünften, wie sie in Art. 23 TUIR definiert sind, der beschränkten Steuerpflicht. Die Definition der italienischen Einkünfte in Art. 23 ist von zentraler Bedeutung, weil sich dadurch im Rahmen der spiegelbildlichen Auslegung die Definition der ausländischen Einkünfte ergibt. Diese Definition der ausländischen Einkünfte ist ihrerseits für das nationale Anrechnungsverfahren zur Vermeidung der rechtlichen Doppelbesteuerung wichtig (siehe dazu § 5.1.)

Das Protokoll des DBA Italien-Deutschland enthält eine spezifische Vorschrift für den Ansässigkeitswechsel während eines Jahres. Eine ähnliche Bestimmung ist nur noch im DBA mit der Schweiz enthalten. Diese Bestimmung bewirkt, dass bei einem Wohnsitzwechsel im ersten Halbjahr das unbeschränkte Besteuerungsrecht Italiens erst nach dem Tag des Wohnsitzwechsels greift und sich nicht auf die gesamte Steuerperiode erstreckt. Im anderen Fall, bei dem hingegen der Wohnsitzwechsel in der zweiten Jahreshälfte erfolgt, ist der Zuzügler nach dem nationalen Recht nur beschränkt steuerpflichtig, weil er das zeitliche Tatbestandsmerkmal für die steuerliche Ansässigkeit nicht erfüllt. In diesem Fall wird durch die Abkommensregelung jedoch das Besteuerungsrecht Deutschlands eingeschränkt, so dass in bestimmten Fällen „weiße Einkünfte" entstehen können.

Für italienische Staatsbürger, die in Niedrigsteuerländer auswandern, gilt eine widerlegbare Vermutung für das Weiterbestehen der steuerlichen Ansässigkeit in Italien. Ein ausschließlich dafür spezifisches Verzeichnis der Niedrigsteuerländer ist im Ministerialdekret vom 4.5.1999 enthalten.

3.2. Ermittlung der Steuer

Die Bruttosteuer wird gem. Art. 11 TUIR berechnet, indem auf das Gesamteinkommen abzüglich der in Art. 10 TUIR angeführten abzugsfähigen Ausgaben (oneri deducibili) die für die einzelnen Einkommensteuerstufen vorgesehenen Steuersätze zur Anwendung kommen.

Steuertarif:

Bis 15.000 €	23 %
über 15.000 € und bis 28.000 €	25 %
Über 28.000 € und bis 50.000 €	35 %
über 50.000 €	43 %

Zusätzlich zur Einkommensteuer ist der regionale Einkommensteuerzuschlag i. H. von 1,23 bis 3,3 % geschuldet. Gemeinden können außerdem beschließen, einen Einkommensteuerzuschlag i. H. von 0,2 bis 0,8 % zu berechnen. Die Höhe des Steuersatzes hängt von den Beschlüssen der jeweiligen Region bzw. Gemeinde ab. Die Bemessungsgrundlage ist die Nettosteuer.

Art. 10 TUIR enthält die Auflistung der abzugsfähigen Ausgaben. Diese können vom Gesamteinkommen abgezogen werden, sofern sie nicht bereits bei der Ermittlung der einzelnen Einkunftsarten berücksichtigt wurden. Die wichtigsten abzugsfähigen Ausgaben sind:

- Katasterertrag der Hauptwohnung
- gesetzliche Rentenzahlungen und Zusatzrentenzahlungen
- wiederkehrende Zahlungen an den Ehegatten aufgrund gerichtlicher Trennung oder Scheidung, mit Ausnahme der Unterhaltszahlung an die Kinder
- Zuwendungen an gewisse gemeinnützige Institutionen

Die Nettosteuer wird berechnet, indem von der Bruttosteuer die vorgesehenen Steuerabsetzbeträge abgezogen werden. Es gibt eine Vielzahl von Steuerabsetzbeträgen, die u. a. von der Höhe des Gesamteinkommens und in deren maximaler Höhe gedeckelt sein können. Zu den wichtigsten Steuerabsetzbeträgen zählen:

- degressiv gestaffelte Steuerabsetzbeträge für Familienlasten; für den Ehegatten zu Lasten beträgt der Steuerabsetzbetrag maximal 800 €, für jedes Kind maximal 950 €
- degressiv gestaffelte Steuerabsetzbeträge für Einkünfte aus nichtselbständiger und selbständiger Arbeit
- Finanzierungszinsen für den Erwerb der Hauptwohnung bis maximal 2.582,28 €
- sofern die Gesundheitsausgaben den Schwellenbetrag von 129,11 € übersteigen, 19 % derselben.
- Einschreibegebühren für Universitäten, Schulen und Kindergärten mit Obergrenzen
- Zuwendungen an unterschiedliche gemeinnützige Vereine und Institutionen mit Obergrenzen
- Aufwendungen für Wiedergewinnungsmaßnahmen auf Wohnimmobilien und energetische Sanierungsmaßnahmen auf Gebäude mit Obergrenzen

Von der Nettosteuer werden anrechenbare Quellensteuern, Steuervorauszahlungen und die Steuerguthaben abgezogen. Gemäß Art. 165 TUIR können die im Ausland bezahlten Steuern auf die italienische Einkommensteuer angerechnet werden, sofern die Einkünfte in das der progressiven Einkommensteuer unterliegende Gesamteinkommen eingeflossen sind (siehe dazu § 5.1.)

Zusammenfassend ermittelt sich die Steuerschuld für Zwecke der Einkommensteuer wie folgt:

	Gesamtbetrag der Einkünfte aus den 6 Einkunftsarten
-	abzugsfähige Ausgaben
=	Bemessungsgrundlage
	darauf Anwendung des Steuertarifs
=	Bruttosteuer
-	Steuerabsetzbeträge
=	Nettosteuer
-	Steuereinbehalte und Steuerguthaben
-	geleistete Steuervorauszahlungen
=	Steuerschuld oder Steuerguthaben

Einkünfte, die über einen Zeitraum von mehreren Jahren erzielt werden, aber beim Steuerpflichtigen in einem Besteuerungszeitraum zufließen, würden im Fall der progressiven Besteuerung eine übermäßige Steuerbelastung auslösen. Aus diesem Grund ist im TUIR eine spezifische Regelung zur gesonderten Besteuerung (tassazione separata) enthalten. Die wesentlichen Einkünfte, die der gesonderten Besteuerung unterliegen, sind folgende:

- gesetzliche Abfindungen, die Arbeitnehmern bei Beendigung des Arbeitsverhältnisses ausbezahlt werden
- Nachzahlungen von Bezügen für Nichtselbständige
- Abfindungen für die Beendigungen von Handelsvertreterverhältnissen von natürlichen Personen und Personengesellschaften
- Veräußerungsgewinne, sofern sie auf den Geschäfts- und Firmenwert entfallen, die durch die Veräußerung von seit mehr als 5 Jahren geführten Betrieben entstehen; Entgelte in Form einer Einmalzahlung für die Ablöse des Kundenstamms und anderer immateriellen Werte von Künstlern oder Freiberuflern
- Einkünfte aus Personengesellschaften infolge des Austritts, Ausschlusses oder Ablebens eines Gesellschafters, sofern zwischen der Gründung und dem Ereignis, das zur Zahlung führt, mehr als 5 Jahre vergangen sind
- Veräußerungsgewinne aus dem Verkauf von bebaubaren Grundstücken
- Vergütungen als Schadenersatzleistungen für den Verlust von Einkünften, die sich auf mehrere Jahre beziehen

Mit Ausnahme der gesetzlichen Abfindungen, für die spezifische Ermittlungsvorschriften vorgesehen sind, ermittelt sich der auf die gesondert zu besteuernden Einkünfte anzuwendende Steuersatz grds. auf der Grundlage des durchschnittlichen Einkommens der beiden vorausgegangenen Steuerperioden, in denen das Anrecht dieser Einkünfte entstanden ist.

3.3. Gesamteinkommen

Eine allgemeine Definition des Gesamteinkommens gibt es im italienischen Steuerrecht nicht. Das Gesamteinkommen setzt sich gem. Art. 6 TUIR aus 6 Einkunftsarten zusammen. Einnahmen, die ein Ersatz für Einkünfte oder einen Schadenersatz für entgangene Einkünfte erzielt werden, stellen Einkünfte derselben Kategorie dar, der auch die ersetzten oder entgangenen Einkünfte angehören. Davon ausgenommen sind jene, die aufgrund von dauerhafter Invalidität oder von Todes wegen erzielt werden. Ebenfalls stellen Einkünfte derselben Kategorie die Verzugszinsen und Zinsen für Zahlungsaufschub dar, der auch die Forderungen angehören, auf die die Zinsen entstanden sind.

3.3.1 Einkünfte aus Grundvermögen (redditi fondiari)

Die Einkünfte aus dem Grundvermögen stammen gem. Art. 25 TUIR aus in Italien belegenen Grundstücken und Gebäuden – einschließlich der Einkünfte aus Land- und Forstwirtschaft, sofern bestimmte Grenzen eingehalten werden.

Sofern die Grundstücke und Gebäude nicht vermietet sind, erfolgt die Besteuerung auf der Grundlage von durchschnittlichen Schätzwerten der Grundstücks- und Gebäudeerträge, die in periodischen Abständen aufgewertet werden. Dabei ist jedoch festzuhalten, dass die Besteuerung des Grundvermögens mit der Gemeindesteuer auf Immobilien (imposta comunale sugli immobili) verzahnt ist. Grundsätzlich gilt, dass nicht vermietete Immobilien, die der Gemeindesteuer auf Immobilien unterliegen, von der Einkommensteuer befreit sind (siehe dazu § 7).

Die Einkünfte in Grundvermögen können daher unterschieden werden in

- Besitzertrag der Grundstücke (rendita dominicale), der dem Eigentümer zusteht
- Landwirtschaftlicher Ertrag der Grundstücke (rendita agraria), der durch die Bewirtschaftung von landwirtschaftlichen Grundstücken entsteht
- Ertrag der Gebäude (rendita catastale)

Bei der Vermietung unterliegen die vertraglichen Mieterträge abzüglich einer Kostenpauschale von 5 % der progressiven Einkommensteuer. Werbungskosten können dabei nicht geltend gemacht werden. Der Steuerpflichtige kann für die proportionale Ersatzsteuer von 21 % (cedolare secca) optieren, sofern der Mietgegenstand Wohnungen sind, die an natürliche Personen vermietet werden. In diesem Fall ist der Bruttobetrag der Mieteinkünfte steuerpflichtig.

Auf im Ausland belegene Immobilien werden „sonstige Einkünfte“ erzielt (siehe dazu § 3.3.6).

Unbewegliches Vermögen in Form von Anlagegütern bzw. Wirtschaftsgütern, auf deren Herstellung oder Tausch die Tätigkeit eines Gewerbebetriebes gerichtet ist, wird nicht anhand des Katasterertrages besteuert, sondern im Rahmen der Gewinnvorschriften für die Einkünfte aus dem Gewerbebetrieb.

3.3.2 Einkünfte aus Kapitalvermögen (redditi di capitale)

Eine Sonderstellung in der italienischen Einkommensbesteuerung nehmen die Einkünfte aus Kapitalvermögen ein. Der Einheitstext der direkten Steuern enthält keine allgemeine Definition dieser Einkunftskategorie, sondern eine Auflistung der Einkünfte, die als Einkünfte aus Kapitalvermögen gelten, sowie eine Auffangbestimmung, mit der sichergestellt werden soll, dass die rasche Entwicklung von neuen Finanzprodukten keine Besteuerungslücken eröffnet. Für natürliche Personen sind diese Einkünfte grds. beim Zufluss steuerpflichtig (mit Ausnahmen zum Beispiel im Falle der Hinzurechnungsbesteuerung).

Eine Besonderheit ist, dass unter die Kategorie der Einkünfte aus dem Kapitalvermögen nicht auch die Veräußerungsgewinne auf Wertschriften und Finanzinstrumenten fallen. Diese zählen zu den „sonstigen Einkünften“ (siehe dazu § 3.3.6).

Im Art. 44 TUIR werden folgende Kapitaleinkünfte aufgelistet:

- Zinsen und andere Erträge aus Darlehen, Einlagen und Kontokorrenten
- Zinsen und andere Erträge aus Schuldverschreibungen und ähnlichen Wertpapieren, aus anderen Wertpapieren, die nicht Aktien oder ähnliche Wertpapiere sind, sowie aus Massenzertifikaten
- Entgelte für Bürgschaftsleistungen oder sonstige Garantieleistungen
- Dividenden und sonstige Beteiligungserträge an Gesellschaften und Körperschaften, die der Körperschaftsteuer unterliegen – mit der Ausnahme der Gewinnanteile, die den Gründern und Gründergesellschaftern von AGs, KAAGs und Srls zustehen; letztgenannte Einkünfte stellen Einkünfte aus selbständiger Tätigkeit dar
- Gewinne aus stillen Beteiligungen - mit der Ausnahme jener, der ausschließliche Arbeitsleistung zugrunde liegt
- Erträge aus Investmentfonds
- Erträge aus Pensions- und Termingeschäften mit Wertpapieren und Währungen sowie aus garantierten Wertpapieranleihen

- Einkünfte aus Lebens- und Kapitalisierungsversicherungen
- Einkünfte aus Renten und Leibrenten mit Vorsorgecharakter sowie Dauerrenten und sonstige Leibrenten
- Einkünfte, die dem Begünstigten eines Trusts zugewiesen werden, auch wenn dieser nicht ansässig ist, sowie Einkünfte, die in Niedrigsteuerländen lokalisierte Trusts (oder vergleichbare Institute) an in Italien ansässige Person auszahlen
- Zinsen und andere Erträge aus anderen Rechtsverhältnissen, die den Einsatz von Kapital zum Gegenstand haben - mit der Ausnahme von solchen, mit denen aufgrund eines unsicheren Ereignisses positive oder negative Ergebnisse erzielt werden können. Einkünfte aus den letztgenannten Rechtsverhältnissen fallen unter die „sonstigen Einkünfte".

Die Sonderstellung der Kapitaleinkünfte ist dadurch begründet, dass diese – mit Ausnahmen – nicht der progressiven Einkommensteuer unterliegen, sondern einer definitiven Quellensteuer oder Ersatzsteuer, die für natürliche Personen Abgeltungscharakter hat. Diese Quellensteuern werden bei inländischen Titeln durch den Emittenten einbehalten; bei ausländischen Titeln, die in einem Wertschriftendepot bei einem italienischen Finanzinstitut (Banken, Postverwaltung, Treuhandgesellschaften) liegen, wird die Quellensteuer vom Finanzinstitut einbehalten. Diese Einkünfte müssen daher nicht mehr in der Steuererklärung erklärt werden.

Bei Erträgen aus ausländischen Bankguthaben und bei Kapitaleinkünften aus Wertpapieren, die in einem ausländischen Depot eingelagert sind, können unterschiedliche Besteuerungsverfahren zur Anwendung kommen:

- wenn Bankkonten und Wertpapiere einem italienischen Finanzinstitut in Verwaltung gegeben werden, ist dieses verpflichtet, die Quellensteuer oder Ersatzsteuer auf die Einkünfte aus dem Kapitalvermögen einzubehalten und abzuführen;
- wenn kein Finanzinstitut eingeschaltet wird, müssen die Einkünfte aus dem Kapitalvermögen im Rahmen der Steuererklärung erklärt werden. Der Steuerpflichtige hat gem. Art. 18 TUIR, mit der Ausnahme für Dividenden, folgende Möglichkeiten der Besteuerung:
  - Die ausländischen Kapitaleinkünfte fließen nicht in das progressiv besteuerte Gesamteinkommen ein, sondern werden getrennt und in derselben Höhe besteuern wie in dem Fall, bei dem ein Finanzvermittler eingeschaltet ist, der die Quellensteuer bzw. Ersatzsteuer mit Abgeltungscharakter einbehält. Diese Ersatzbesteuerung schließt eine Anrechnung der ausländischen Steuer aus.
  - Alternativ dazu werden die ausländischen Kapitaleinkünfte der progressiven Besteuerung unterworfen und bilden somit den Bestandteil des Gesamteinkom-

mens. Diese Option ermöglicht jedoch die Anrechnung der ausländischen Steuern auf diese Einkünfte.

Im Falle der Dividenden kann nicht für die ordentliche Besteuerung optiert werden. Werden die Dividenden nach deren Zufluss auf dem ausländischen Konto an einen italienischen Finanzvermittler weitergeleitet, so unterliegt die Dividende abzüglich der im Ausland darauf ggf. einbehaltenen Quellensteuer der italienischen Abschlagsteuer i. H. von 26 %. Eine Angabe in der Steuererklärung entfällt. Werden die Dividenden hingegen nicht an einen italienischen Finanzvermittler weitergeleitet und verbleiben somit auf dem ausländischen Konto, so kann die ggf. im Ausland bezahlte Quellensteuer nicht geltend gemacht werden; die Bruttodividende unterliegt in diesem Fall der italienischen Abschlagsteuer i. H. von 26 %. Nach Auffassung des Autors handelt es sich dabei um eine europawidrige Bestimmung.

In der nachfolgenden Übersicht ist die Besteuerung der wichtigsten Kapitaleinkünfte ersichtlich, wobei darauf verwiesen wird, dass es aufgrund der Gesetzesänderungen der vorausgehenden Jahre für verschiedene Finanzprodukte Ausnahmen und Übergangsbestimmungen gibt, die auch eine andere Form und Höhe der Besteuerung vorsehen.

- Zinsen auf Darlehen, Spar und Kontokorrentguthaben: 26 %
- Zinsen auf Gesellschafterdarlehen: progressiv
- Zinsen und Erträge aus italienischen Staatsanleihen, ausländischen Staatsanleihen, die von Staaten mit umfassendem steuerlichen Informationsaustausch emittiert wurden, und diesen gleichgestellten Titeln: 12,5 %
- Zinsen und Erträge aus Obligationen und ähnlichen Wertpapieren: 26 %
- Erträge aus EU-Investmentfonds und Investmentfonds der Staaten mit umfassendem steuerlichem Informationsaustausch und die der Aufsicht einer Behörde unterliegen: 26 %[2]
- Andere Investmentfonds als die vorausgehenden: progressiv
- Dividenden von börsennotierten Gesellschaften: 26 %
- Dividenden, die nicht aus Gesellschaften mit Sitz in Niedrigsteuerländern[3] stammen, sofern sie nicht bereits aufgrund der Hinzurechnungsbesteuerung transparent besteuert wurden bzw. für die der Nachweis erbracht wurde, dass die Beteiligung nicht den Zweck einer Gewinnverschiebung in Niedrigsteuerländer diente: 26 %

2 Wenn überwiegend in ital. Staatsanleihen ausl. Staatsanleihen, die von Staaten mit umfassendem steuerlichem Informationsaustausch emittiert wurden und diesen gleichgestellten Titeln investiert 12,5 %.

3 Unter Niedrigsteuerland versteht man jene Staaten, in denen der nominale Satz der Körperschaftssteuer weniger als die Hälfte des italienischen KSt-Satzes beträgt (in der Praxis also weniger als 12 %).

- Dividenden aus Niedrigsteuerländern ohne Nachweis: progressiv
- Lebensversicherungen: 26 %
- Gewinnzuweisungen aus transparenten Trusts sowie Erträge aus intransparenten Trusts, die in einem Niedrigsteuerland lokalisiert sind: progressiv

Analog zur italienischen Stempelsteuer auf Konto- und Wertpapierdepotauszüge unterliegen ausländische Bankkonten und Wertpapierdepots der Steuer auf das Finanzvermögen im Ausland (siehe dazu § 8). Auf Aktien und Beteiligungen mit Sitz in Italien und Finanzderivaten, denen italienische Kapitalgesellschaften zugrunde liegen, ist die Tobin-Tax geschuldet (siehe dazu § 9).

3.3.3 Einkünfte aus nichtselbständiger Tätigkeit (redditi di lavoro dipendente)

Gemäß Art. 49 TUIR sind Einkünfte aus nichtselbständiger Tätigkeit jene, die aus Rechtsverhältnissen stammen, die die Erbringung einer Arbeitsleistung in einem Abhängigkeitsverhältnis und unabhängig von jedweder Qualifikation unter der Leitung Anderer zum Gegenstand haben. Das Steuerrecht nimmt zur Qualifikation grds. Bezug auf die zivilrechtliche Definition in Art. 2094 ZGB.

Zu den Einkünften aus nichtselbständiger Arbeit zählen zudem sämtliche Arten von Renten und diesen gleichgestellte Bezüge.

Des Weiteren werden u. a. folgende Einkünfte den Einkünften aus nichtselbständiger Arbeit gleichgestellt:

- Sofern sie nicht unter die institutionellen Aufgaben der Steuerpflichtigen im Rahmen der selbständigen Tätigkeit fallen, die Vergütungen der Geschäftsführer, der Kontrollorgane oder der Abschlussprüfer von Gesellschaften, der Journalisten sowie solche Vergütungen, die im Zusammenhang mit einer Zusammenarbeit bezogen werden, die die Erbringung von Leistungen ohne Abhängigkeitsverhältnis und ohne Einsatz organisierter Mittel zu einem regelmäßigen und festgesetzten Entgelt zum Gegenstand haben
- Studienstipendien, Prämien und Zuschüsse für Studienzwecke oder für die Berufsausbildung
- Entschädigungen, Sitzungsgelder und andere Entgelte für die Ausübung öffentlicher Funktionen in öffentlichen Körperschaften sowie die Entschädigungen des nationalen und europäischen Parlaments
- die Entlohnung der Priester
- die Vergütungen für die freiberufliche Arzttätigkeit in Krankenhäusern durch die Beschäftigten des nationalen Gesundheitsdienstes

- Leibrenten und die Renten auf bestimmte Zeit, die entgeltlich begründet worden sind
- Sonstige regelmäßige Bezüge, zu deren Erwirtschaftung im Zeitpunkt des Zuflusses weder Kapitalvermögen noch Arbeit beitragen.

Zu den steuerbaren Einkünften zählen alle Vergütungen in Geld- oder Sachwerten, die Gewinnbeteiligungen und freiwilligen Zuwendungen, die im Besteuerungszeitraum und letztens bis zum 12.1. des Folgejahres bezahlt werden. Aufwendungen, die zur Erzielung des Einkommens getätigt werden, können nicht geltend gemacht werden. Für Einkommen bis 55.000 € stehen jedoch pauschale und degressiv gestaffelte Steuerabsetzbeträge zu.

Sachbezüge sind grds. nach dem gemeinen Wert steuerpflichtig. Sonderregelungen gibt es für die Nutzung von Betriebsfahrzeugen, Darlehen und für die Nutzung von Immobilien.

Gewisse Sachbezüge an die Arbeitnehmer oder Kategorien von Arbeitnehmern sind steuerbefreit, wie zum Beispiel aufgrund von gesetzlichen Bestimmungen eingezahlte Vorsorge- und Fürsorgebeiträge sowie Beiträge für das Gesundheitswesen; außerdem Mensaersatzleistungen bis 4 € pro Tag bzw. 8 € pro Tag, wenn diese mittels elektronischer Gutscheine ausbezahlt werden. Stock Options sind mit gewissen Auflagen nur bis zu einem Betrag von 2065,83 € steuerfrei.

Eine Sonderregelung gibt es für die Einkünfte aus nichtselbständiger Arbeit, wenn der Arbeitnehmer steuerlich in Italien ansässig ist (Mittelpunkt der Lebensinteressen in Italien) und ein Arbeitsverhältnis mit Aufenthalt im Ausland unterhält. Der Aufenthalt im Ausland muss dauerhaft sein, also mehr als 183 Tage im Laufe von zwölf Monaten betragen. Die Besteuerung erfolgt in diesem Fall nicht aufgrund der tatsächlich bezogenen Vergütung, sondern aufgrund eines jährlich vom Sozialversicherungsministerium und vom Finanzministerium bestätigten Konventionallohns. Diese pauschalierte Besteuerung kann sich dann als günstig erweisen, wenn die bezogenen Einkünfte höher als die in der Tabelle angeführten sind, da nur die tabellarischen Werte zu besteuern sind.

Italienische Arbeitgeber sind verpflichtet, auf die von ihnen bezahlten Einkünfte aus nichtselbstständiger Arbeit die Lohnsteuer einzubehalten und abzuführen.

3.3.4 Einkünfte aus selbständiger Tätigkeit (redditi di lavoro autonomo)

Die Einkünfte aus selbständiger Tätigkeit sind solche, die aus der nachhaltigen Ausübung von künstlerischen und freiberuflichen Tätigkeiten stammen (Art. 53 TUIR).

Die Bemessungsgrundlage der künstlerischen und freiberuflichen Einkünfte ist grds. der Unterschiedsbetrag zwischen den kassierten Vergütungen und den bezahlten Ausgaben. Für verschiedene Aufwendungen, wie z. B. Bewirtungskosten, Repräsentationsaufwendungen oder Fahrzeugspesen usw. gibt es Abzugsbeschränkungen.

Die Einkünfte aus den künstlerischen und freiberuflichen Tätigkeiten unterliegen grds. auch der regionalen Wertschöpfungssteuer IRAP (siehe dazu § 6).

Darüber hinaus zählen zu den Einkünften aus selbständiger Tätigkeit:

- die nicht gewerbsmäßige Verwertung von immateriellen Rechten durch den Urheber. Steuerpflichtig sind 75 % der Einnahmen. Erfolgt die Verwertung nicht durch den Urheber, sondern durch einen Dritten (Nichtunternehmer), handelt es sich um „sonstige Einkünfte".
- die Einkünfte der Beteiligung an stillen Gesellschaften, wenn sich die Einlage ausschließlich auf die Arbeitsleistung bezieht
- Gewinnanteile, die den Gründern und Gründergesellschaftern von AGs, KAAGs und Srls zustehen
- Die Entschädigung für die Beendigung von Handelsvertreterverträgen und Einkünfte aus der Tätigkeit der Erhebung von Wechselprotesten.

3.3.5 Einkünfte aus Gewerbebetrieb (redditi di impresa)

Einkünfte aus Gewerbebetrieb stammen aus einer nachhaltigen Ausübung einer gewerblichen Tätigkeit, wie sie vom italienischen Zivilgesetzbuch definiert ist. Ebenso fallen unter diese Einkünfte die Dienstleistungen, die in unternehmerischer Form organisiert sind, sowie Einkünfte aus einer landwirtschaftlichen Tätigkeit, wenn gewisse, für letztere Einkünfte vorgesehene Schwellen überschritten werden. Zu den Einkünften aus Gewerbebetrieb zählen zudem die Einkünfte aus der Nutzung von Bergwerken, Steinbrüchen, Torfgruben, Salinen, Seen und anderen Binnengewässern.

Die Einstufung als gewerbliche Einkünfte hat Vorrang gegenüber den anderen Einkunftskategorien und erfasst auch die im Rahmen eines gewerblichen Unternehmens anfallenden Einkünfte (zum Beispiel Einkünfte aus Grundvermögen und Kapitalerträge), die ansonsten einer anderen Einkunftskategorie zuzurechnen wären.

Kapitalgesellschaften und Personengesellschaften mit Ausnahme der einfachen Gesellschaft (società semplice) erzielen immer gewerbliche Einkünfte.

Mit Bezug auf die Gewinnermittlungsvorschriften verweisen die Bestimmungen auf jene zur Körperschaftsteuer, die durch spezifische Ergänzungen an die Einzelunternehmen sowie gewerblichen Personengesellschaften angepasst sind. Mit Ausnahme für kleinere Unternehmen, für die Vereinfachungsregelungen vorgesehen sind, erfolgt die Ermittlung der Bemessungsgrundlage auf der Grundlage des nach den zivilrechtlichen

Bestimmungen ermittelten Bilanzergebnisses, das anhand der steuerlichen Bestimmungen durch eine Hinzu- und Wegrechnung berichtigt wird.

Bei den Personengesellschaften wird die Bemessungsgrundlage auf der Ebene der Personengesellschaft ermittelt; der jeweilige Gewinnanteil wird transparent den Gesellschaftern zugewiesen, die diesen dann in der persönlichen Einkommensteuererklärung anführen und besteuern.

Auf Einkünfte aus dem Gewerbebetrieb ist zudem die regionale Wertschöpfungssteuer (IRAP) geschuldet (siehe dazu § 6)

3.3.6 Sonstige Einkünfte (redditi diversi)

Die „sonstigen Einkünfte" sind ein detailliertes Verzeichnis von verschiedenen Einkünften und Erträgen, die nicht im Rahmen einer freiberuflichen oder gewerblichen Tätigkeit bzw. eines Arbeitsverhältnisses erzielt werden (Art. 67 TUIR). Die „sonstigen Einkünfte" werden mit Ausnahme der im Ausland steuerbaren Grund- und Gebäudeerträge mit dem Zuflussprinzip besteuert. Unter diese Einkünfte fallen:

- Veräußerungsgewinne aus nicht bebaubaren Grundstücken und Gebäuden, wenn zwischen Erwerb oder Errichtung und der Veräußerung nicht mehr als 5 Jahre vergangen sind. Nicht steuerpflichtig hingegen ist die Veräußerung der Hauptwohnung oder von Gebäuden, die aufgrund von Erbschaften erworben wurden. Unabhängig von der Besitzdauer sind Veräußerungsgewinne von Baugrundstücken immer steuerpflichtig.
- Die Bemessungsgrundlage ist die Differenz zwischen dem Verkaufserlös und den Anschaffungs- bzw. Herstellungskosten. Diese unterliegt der progressiven Einkommensteuer. Der Steuerpflichtige hat jedoch die Möglichkeit, im Rahmen der notariellen Verbriefung der Urkunde für die Ersatzsteuer von 26 % zu optieren. Diese wird vom verbriefenden Notar einbehalten und abgeführt. In diesem Fall muss der Veräußerungsgewinn nicht mehr im Rahmen der Steuererklärung angegeben werden.
- Die Veräußerungsgewinne aus Baugrundstücken unterliegen der separaten Besteuerung, sofern nicht für die ordentliche Besteuerung optiert wurde.
- Veräußerungsgewinne finanzieller Natur:
  - unabhängig von der Höhe der Beteiligung – vorausgehend wurde zwischen qualifizierte und nicht qualifizierte Beteiligung unterschieden – unterliegen die nach dem 1.1.2019 realisierten Veräußerungsgewinne von Beteiligungen an Gesellschaften und Anteilen an stillen Gesellschaften der Ersatzsteuer i. H. von 26 %
  - Im Falle von Beteiligungen an Gesellschaften, die in einem Niedrigsteuerland ansässig sind, muss unterschieden werden, ob der Nachweis erbracht werden kann,

dass die Beteiligung nicht den Zweck einer Gewinnverschiebung in Niedrigsteuerländer hat. In diesem Fall unterliegt der Veräußerungsgewinn ebenfalls der Ersatzsteuer i. H. von 26 %;

- Ebenfalls der Ersatzsteuer von 26 % unterliegen die Veräußerungsgewinne aus Kreditzertifikaten (certificati di massa), Valuten und Edelmetallen (im Rohzustand), und die Veräußerungsgewinne aus Finanzderivaten.

Die Besteuerung der vorgenannten Spekulationsgewinne finanzieller Natur erfolgt nicht getrennt für jedes einzelne Geschäft, sondern am Ende des Geschäftsjahres auf das Nettoergebnis. Wenn ein Verlustüberschuss entsteht, kann dieser für 4 Jahre vorgetragen werden.

Personengesellschaften sind nach italienischem Rechtsverständnis eigenständige Rechtssubjekte, so dass eine Veräußerung der Anteile einen Veräußerungsgewinn finanzieller Natur darstellt. Damit unterscheidet sich Italien zum Beispiel zu Deutschland, wo die Veräußerung von Anteilen als Übertragung eines Betriebsteils gilt.

Eine weitere italienische Besonderheit ist bezüglich der Investmentfonds zu erwähnen: Positive Erträge stellen immer Einkünfte aus Kapitalvermögen dar, während Verluste „sonstige Einkünfte" darstellen. Somit können Erträge und Verluste aus diesen Finanzprodukten nie miteinander verrechnet werden, wenn der Steuerpflichtige nicht für eine italienische Vermögensverwaltung (regime del risparmio gestito) optiert hat.

Nachdem die Veräußerungsgewinne finanzieller Natur nicht der progressiven Einkommensteuer unterliegen, können im Ausland anfallende Steuern nicht angerechnet werden. Eine Besteuerung durch den Quellenstaat dürfte jedoch in den meisten Fällen, in denen ein DBA in Übereinstimmung mit dem Art. 13 OECD-MA besteht, ausgeschlossen sein.

Im Rahmen einer Auffangbestimmung werden zudem sonstige Spekulationsgeschäfte, die Einkünfte aus Kapitalvermögen realisieren oder die durch Veräußerung oder Einlösung von Geldforderungen oder Finanzinstrumenten erzielt werden, der progressiven Einkommensteuer unterworfen. Im Rahmen der Gewinnermittlung ist es für diese Spekulationsgeschäfte nicht möglich, Verluste gegenzurechnen.

Die Besteuerung erfolgt i. d. R. im Rahmen der Steuererklärung, sofern der Steuerpflichtige die Finanzinstrumente nicht bei einem italienischen Finanzinstitut (Banken, Postverwaltung, Treuhandgesellschaften) im Rahmen einer Depotverwaltung (regime del risparmio amministrato) oder einer Vermögensverwaltung (regime del risparmio gestito) verwalten lässt. In den beiden genannten Fällen wickelt das Finanzinstitut sämtliche steuerlichen Obliegenheiten ab, so dass in der Steuererklärung keine weiteren Angaben gemacht werden müssen.

- Bei im Ausland belegenen Immobilien muss unterschieden werden, ob diese vermietet oder nicht vermietet sind. Sind die Immobilien vermietet und sind die Mieteinnahmen im Ausland steuerpflichtig, ist die nach den im Ausland festgesetzten Steuerbestimmungen ermittelte Bemessungsgrundlage heranzuziehen. In Deutschland erfolgt die Besteuerung zum Beispiel nach der sogenannten Überschussrechnung, bei der auch die Werbungskosten abgezogen werden können. Besteuert der ausländische Staat die Mieteinnahmen nicht, gilt als Bemessungsgrundlage für italienische Zwecke der im Ausland erzielte Mietertrag abzüglich eines Abschlags von 15 %.
- Nicht vermietete ausländische Liegenschaften, die der Vermögensteuer IVIE (siehe dazu § 7) unterliegen, sind nach dem sogenannten Substitutionseffekt von der Einkommensteuer befreit – ähnlich wie beim Substitutionseffekt zwischen der Gemeindeimmobiliensteuer GIS und der Einkommensteuer. Daraus folgt, dass die nicht vermieteten Auslandsimmobilien grds. nicht der IRPEF unterliegen, sofern der IVIE. Sollten nicht vermietete Auslandsimmobilien jedoch aus irgendeinem Grund nicht der IVIE unterliegen, sind sie der Einkommensteuer zu unterwerfen.
- Weitere „sonstige Einkünfte" sind:
  - die nicht gewerbsmäßige Verwertung von immateriellen Rechten durch Andere als den Urheber;
  - Einkünfte aus Grundstücken, die katasterlich nicht erfasst sind, sowie Einkünfte aus nicht für landwirtschaftliche Zwecke verpachteten Grundstücken
  - Einkünfte aus Nießbrauch und Untervermietung von Liegenschaften, Überlassung von Fahrzeugen, Maschinen und anderen beweglichen Gütern
  - Einkünfte aus nicht Nachhaltung von ausgeübter gewerblicher und selbständiger Tätigkeit.

3.4. Sonderregelungen für Zuzügler

Sofern ein Zuzügler die entsprechenden Voraussetzungen erfüllt, kann er eine der nachfolgenden steuerlichen Begünstigungen in Anspruch nehmen.

3.4.1 Pauschalbesteuerung

Art. 24-bis TUIR sieht vor, dass Steuerausländer, die ihren Steuerwohnsitz vom Ausland nach Italien verlegen, für Pauschbesteuerung i. H. von 100.000 € pro Steuerperiode (zuzüglich 25.000 € für jedes weitere Familienmitglied, das ebenfalls für die Pauschalsteuer optiert) für im Ausland erzielte Einkünfte optieren können.

Voraussetzung für die Anwendung der Pauschalbesteuerung ist, dass:

a) natürliche Personen ihren Steuerwohnsitz gem. Art. 2 Abs. 2 TUIR nach Italien verlegen und

b) diese Personen in den letzten zehn Jahren vor der Wohnsitznahme in Italien mindestens neun Jahre nicht in Italien ansässig waren.

Die Pauschalbesteuerung kann maximal für 15 Steuerperioden beansprucht werden.

In den Anwendungsbereich der Pauschalsteuer fallen alle im Ausland erzielten Einkünfte mit der Ausnahme von Veräußerungsgewinnen aus qualifizierten Beteiligungen, die in den ersten fünf Jahren nach der Option erzielt werden, und jene im Ausland erzielten Einkünfte aus einem oder mehreren Staaten, die von der Option ausgeschlossen werden. Art. 24-bis, Abs. 1, TUIR bestimmt, dass die im Ausland erzielten Einkünfte gem. Art. 165 Abs. 2 TUIR definiert sind. Dort ist wiederum geregelt, dass die im Ausland erzielten Einkünfte aufgrund einer spiegelbildlichen Anwendung der in Art. 23 TUIR enthaltenen Anknüpfungsmerkmale als italienische Einkünfte für beschränkt Steuerpflichtige definiert werden.

Nicht unter die Pauschalbesteuerung fallen Veräußerungsgewinne aus qualifizierten Beteiligungen, die in den ersten fünf Jahren nach der Anwendung der Option erzielt werden. Wird ein Veräußerungsgewinn in den ersten fünf Jahren der Anwendung der Pauschalbesteuerung erzielt, unterliegt dieser (Verkaufserlös minus Anschaffungskosten) der Quellenbesteuerung mit Abgeltungscharakter von 26 %. Die Veräußerungsgewinne aus Gesellschaften mit Sitz in Niedrigsteuerländern werden zu 100 % besteuert – es sei denn, es greift die Ausnahmeregelung, die auch über ein Auskunftsverfahren erreicht werden kann.

Der Abgeltungscharakter der Pauschalsteuer befreit die im Ausland erzielten Einkünfte von jeder weiteren italienischen Besteuerung. Daher sind diese Einkünfte zum Beispiel von Quellensteuern befreit, die im Normalfall auf die im Ausland erzielten Einkünfte durch eine italienische Zahlstelle (typischerweise Finanzinstitute) einbehalten werden müssen. Nach der Ausübung der Option kann der Steuerpflichtige den italienischen Zahlstellen einen entsprechenden Befreiungsantrag vorlegen, damit die Quellensteuern auf die im Ausland erzielten Einkünfte nicht mehr einbehalten werden. Die ggf. bis dahin einbehaltenen Quellen-steuern können mit der Pauschalsteuer verrechnet bzw. erstattet werden.

Eine unmittelbare Folge der Pauschalsteuer ist, dass die ggf. im Ausland bezahlten Steuern nicht angerechnet bzw. erlittene Auslandsverluste (zum Beispiel bei Betriebstätten und Veräußerungsverlusten aus Beteiligungen) nicht verrechnet werden können. Daher kann die Option für die Pauschalsteuer für einen oder mehrere Staaten ausgeschlossen werden („cherry picking"). Durch den Ausschluss der ausländischen Einkünfte aus einem oder mehreren Staaten von der Pauschalbesteuerung unterliegen diese Einkünfte der ordentlichen italienischen Besteuerung. In diesem Fall kann für die im Ausland bezahlten Steuern die Anrechnungsmethode gem. Art. 165 TUIR angewandt werden, sofern die Einkünfte der progressiven Einkommensteuer unterliegen.

Der Steuerpflichtige, der beabsichtigt, seinen Wohnsitz nach Italien zu verlegen, hat die Möglichkeit (nicht die Pflicht!), im Rahmen eines Auskunftsverfahrens die Voraussetzung zur Anwendung der Pauschalbesteuerung durch das Finanzministerium bestätigen zu lassen. Die Option zur Anwendung der Pauschalbesteuerung muss im Rahmen der Steuererklärung abgewickelt werden; die Pauschalsteuer muss innerhalb der vorgesehenen Frist für die Zahlung der Einkommensteuer entrichtet werden.

Die von der Pauschalsteuer erfassten ausländischen Vermögenswerte unterliegen nicht den Bestimmungen der steuerlichen Meldepflichten für Auslandsvermögen (monitoraggio fiscale). Diese steuerlichen Meldepflichten sind jedoch für qualifizierte Beteiligungen (in den ersten 5 Jahren des Wohnsitzwechsels nach Italien) und für ausländische Vermögenswerte in Staaten einzuhalten, für die die Option für die Pauschalbesteuerung ausgeschlossen wurde.

Eine zusätzliche Besonderheit der Pauschalbesteuerung ist, dass Schenkungen und Erbschaften, die das ausländische Vermögen zum Gegenstand haben, von der bereits vergleichsweise niedrigen italienischen Erbschaft- und Schenkungsteuer befreit sind. Unter die Erbschaft- und Schenkungsteuer fallen jedoch Vermögensgegenstände, die sich in Staaten befinden, für die die Pauschalsteuer ausgeschlossen wurde. Die Regelung findet auch für die Familienmitglieder Anwendung, auf die die Option zur Pauschalbesteuerung erweitert wurde.

Es handelt sich um eine Ausnahmeregelung, denn nach den Bestimmungen der Erbschaft- und Schenkungsteuer unterliegen alle Vermögensgegenstände der Steuer – unabhängig davon, ob sich diese im Inland oder im Ausland befinden (world wide principle), wenn der Erblasser zum Zeitpunkt des Todes (bzw. Schenkende zum Zeitpunkt der Schenkung) in Italien ansässig war. Ausschlaggebend für die Steuerpflicht ist ausschließlich die Ansässigkeit des Erblassers (Schenkenden). Nicht relevant ist hingegen die Ansässigkeit des Erben bzw. des Vermächtnisnehmers.

Die Steuerpflichtigen, die für die Pauschalbesteuerung optieren, sind als ansässige Personen gem. Art. 4 OECD-MA 2014 zu erachten – auch für Zwecke der von Italien abgeschlossenen Doppelbesteuerungsabkommen.

Die Pauschalbesteuerungsregelung kann nicht zusammen mit den nachfolgend dargestellten steuerlichen Begünstigungen in Anspruch genommen werden.

3.4.2 Ermäßigte Ersatzsteuer von 7 % auf ausländische Einkünfte für Rentner

Zuzügler, die eine Rente oder ähnliche Zahlungen vom Ausland beziehen und die ihren steuerlichen Wohnsitz nach Italien verlegen, können die ausländischen Einkünfte anstelle der progressiven Einkommensteuer der proportionalen Ersatzsteuer von 7 % unterwerfen. Es können nicht nur Renteneinkünfte, sondern auch sämtliche andere ausländische Einkunftsarten der Ersatzsteuer unterworfen werden. Von der Begünstigung ausgeschlossen sind Einkünfte aus italienischen Quellen, die der normalen Besteuerung unterliegen.

Voraussetzung für die Anwendung der Begünstigung ist, dass:

a) der Zuzug in eine Gemeinde mit nicht mehr als 20.000 Einwohnern der Regionen Süditaliens (Apulien, Kalabrien, Sizilien, Sardinien, Kampanien, Basilikata, Abruzzen oder Molise) oder in einige Gemeinden mit nicht mehr als 3.000 Einwohnern der Regionen Marchen, Latium oder Umbrien erfolgt;

b) der Zuzügler in den letzten fünf Jahren vor der Wohnsitznahme in Italien mindestens neun Jahre nicht in Italien ansässig war und dass dieser seinen Wohnsitz aus einem Staat nach Italien verlegt, der gegenüber Italien auf Basis eines bestehenden Abkommens Amtshilfe gewährt.

Die Option muss in der ersten bzw. zweiten Steuererklärung nach dem Zuzug ausgeübt werden.

Bei Option für die Anwendung der Ersatzbesteuerung ist die Anrechnung der ausländischen Steuer ausgeschlossen. Der Zuzügler hat jedoch die Wahlmöglichkeit, für einzelne Staaten die Einkünfte der ordentlichen Besteuerung zu unterwerfen und somit die ausländische Steuer anzurechnen, sofern diese Einkünfte als Teil des steuerlichen Gesamteinkommens der progressiven Einkommensteuer und nicht einer Quellensteuer mit Abgeltungscharakter unterliegen.

Die Option hat maximal zehn Jahre Gültigkeit, sie kann jedoch jederzeit widerrufen werden. Die Begünstigung verfällt, wenn der Rentner in eine andere Gemeinde Italiens umzieht, die nicht die vorhin genannten Voraussetzungen erfüllt. Während der Dauer des Sonderregimes besteht keine Pflicht zur Erklärung des ausländischen Vermögens und es gilt eine Befreiung von der Vermögensteuer auf das ausländische Immobilienvermögen (IVIE) und auf das ausländische Finanzvermögen (IVAFE).

Die Begünstigung ist nicht mit den anderen Begünstigungen, die im Falle eines Zuzuges vorgesehen sind, kumulierbar.

3.4.3 Steuerbegünstigungen für Arbeitnehmer, Freiberufler und Unternehmer

Natürliche Personen (Arbeitnehmer, Freiberufler und Unternehmer), die nach Italien umziehen, können für fünf Jahre eine Freistellung von 70 % der in Italien erzielten Einkünfte aus freiberuflicher und unselbständiger Arbeit (oder Einkünften, die diesen Einkünften gleichgestellt sind) in Anspruch nehmen, wenn folgende Voraussetzungen erfüllt werden:

a) die Person darf in den letzten zwei Jahren vor dem Umzug nach Italien nicht in Italien steuerlich ansässig gewesen sein, und sie muss sich verpflichten, mindestens zwei Jahre die steuerliche Ansässigkeit in Italien beizubehalten

b) die Tätigkeit muss vorwiegend in Italien ausgeübt werden.

Nicht unter den Anwendungsbereich dieser Bestimmung fallen Berufssportler, für die es eine spezifische Sonderregelung gilt (siehe dazu § 3.4.4.).

Die Freistellung wird von 70 % auf 90 % erhöht, wenn die Person den Wohnsitz nach Süditalien verlegt. Bei Verlegung des Wohnsitzes in eine der Regionen Abruzzen, Molise, Basilikata, Kampanien, Apulien, Kalabrien, Sardinien oder Sizilien werden nur 10 % des Einkommens besteuert.

Die Dauer der Begünstigung beträgt fünf Jahre. Sie kann jedoch um weitere fünf Jahre verlängert werden, wenn der Zuzügler ein minderjähriges Kind hat oder in Italien eine Wohnimmobilie erwirbt. Die Immobilie kann entweder nach dem Umzug oder im Jahr vor dem Umzug nach Italien erworben werden, wobei die Immobilie durch den Steuerpflichtigen selbst, seinen Ehegatten, Lebensgefährten, durch die Kinder oder auch gemeinsam mit diesen erworben werden darf. Während der zusätzlichen fünf Jahre beträgt die Steuerbefreiung grds. nur 50 %. Sie wird jedoch auf 90 % erhöht, wenn der Steuerpflichtige drei minderjährige oder zu seinen Lasten lebende Kinder hat.

Die Begünstigung ist nicht mit den anderen Begünstigungen, die im Falle eines Zuzuges vorgesehen sind, kumulierbar.

3.4.4 Begünstigung für Berufssportler

Berufssportlern, deren Tätigkeit in den Anwendungsbereich des Gesetzes Nr. 91 v. 23.3.1981 fällt und die in Italien steuerlich ansässig werden, wird eine Steuerbefreiung auf 50 % des Einkommens gewährt, das aus der in Italien ausgeübten selbständigen und unselbständigen Arbeit erzielt wird.

Berufssportler sind gem. Gesetz Nr. 91/1981 Athleten, Trainer, technisch-sportliche Direktoren und Fitnesstrainer, die die sportliche Tätigkeit nachhaltig und gegen Bezahlung in jenen Sportarten ausüben, die unter bestimmten Bedingungen vom „Nationalen Olympischen Komitee Italiens" (CONI) geregelt sind. Nicht alle Sportarten sind vom

CONI geregelt, so dass bis zur entsprechenden Klärung durch das Finanzministerium nur folgende Sportarten von der Regelung erfasst sind: Fußball, Radsport, Basketball und Golf.

Folgende Voraussetzungen müssen erfüllt werden; es sind dieselben wie bei den natürlichen Personen (siehe dazu § 3.4.3).

a) Der Berufssportler darf in den letzten zwei Jahren vor dem Umzug nach Italien nicht in Italien steuerlich ansässig gewesen sein, und er muss sich verpflichten, mindestens zwei Jahre die steuerliche Ansässigkeit in Italien beizubehalten

b) die Tätigkeit muss vorwiegend in Italien ausgeübt werden.

Die Dauer der Begünstigung beträgt fünf Jahre. Sie kann jedoch um weitere fünf Jahre verlängert werden, wenn der Zuzügler ein minderjähriges Kind hat oder in Italien eine Wohnimmobilie erwirbt. Die Immobilie kann entweder nach dem Umzug oder im Jahr vor dem Umzug nach Italien erworben werden, wobei die Immobilie durch den Steuerpflichtigen selbst, seinen Ehegatten, Lebensgefährten, durch die Kinder oder auch gemeinsam mit diesen erworben werden darf. Im Gegensatz zur Regelung bei den natürlichen Personen (siehe dazu § 3.4.3) wurde die weitere Begünstigung bei drei Kindern nicht übernommen.

Sofern die Option für die begünstigte Besteuerung ausgeübt wird, sind die betroffenen Berufssportler verpflichtet, eine Abgabe i. H. von 0,5 % zu leisten, die auf der Einkommensteuerbemessungsgrundlage zu berechnen ist und zur Förderung des Jugendsports verwendet werden soll.

Die Begünstigung ist nicht mit den anderen Begünstigungen kumulierbar, die im Falle eines Zuzuges vorgesehen sind.

3.4.5 Begünstigungen für Forscher und Universitätsdozenten

Dozenten und Forscher mit einem Universitätsabschluss (oder einem gleichgestellten Titel), die mindestens zwei Jahre ununterbrochen im Ausland an öffentlichen oder privaten Universitäten unterrichtet haben bzw. an öffentlichen oder privaten Forschungsinstituten eine Forschungstätigkeit ausgeübt haben, können bei Umzug und Ausübung ihrer Tätigkeit in Italien eine Steuerfreistellung i. H. von 90 % des Einkommens aus der freiberuflichen oder unselbständigen Arbeit in Anspruch nehmen. In den Anwendungsbereich der Begünstigung gelangen alle im Ausland ansässigen Personen mit der technisch erforderlichen Qualifikation, die ihren Wohnsitz nach Italien verlegen. Es spielt weder die Staatsangehörigkeit noch das ausländische Wegzugsland eine Rolle.

Voraussetzung ist auf jeden Fall, dass der Forscher bzw. Dozent seinen steuerlichen Wohnsitz in Italien in dieser Zeit behält und die Tätigkeit vorwiegend in Italien ausübt.

Die maximale Dauer der Begünstigung beträgt sechs Jahre. Sofern der Forscher oder Dozent ein minderjähriges oder zu seinen Lasten lebendes Kind hat oder eine Wohnimmobilie in Italien erwirbt, wird die Begünstigung auf acht Jahre verlängert. Bei zwei Kindern beträgt die Dauer der Begünstigung elf Jahre und bei mindestens drei Kindern 13 Jahre.

4. Körperschaftsteuer (IRES)

4.1. Allgemeines

Ohne auf die umfassenden Ermittlungsvorschriften im Bereich der Körperschaftsteuer einzugehen, wird nachfolgend auf Grundlagen sowie auf einige Besonderheiten des italienischen Steuerrechts hingewiesen.

Der Körperschaftsteuersatz beträgt 24 %. Kleine italienische GmbHs, an denen nicht mehr als zehn natürliche Personen beteiligt sind, können für die transparente Besteuerung des auf der Ebene der Gesellschaft ermittelten Gewinns optieren. Der dem Gesellschafter zugerechnete Gewinn unterliegt wie bei einer Personengesellschaft der progressiven Besteuerung, sofern der Gesellschafter seinerseits nicht der Körperschaftsteuer unterliegt.

Der Körperschaftsteuer unterliegen Kapitalgesellschaften (AGs, KGaA und GmbHs), Genossenschaften und Versicherungsgesellschaften auf Gegenseitigkeit sowie Europäische Gesellschaften und Genossenschaften, die im Staatsgebiet ansässig sind. Ebenfalls der Körperschaftsteuer unterliegen im Staatsgebiet ansässige öffentliche und private Körperschaften sowie Trusts – unabhängig davon, ob eine gewerbliche oder nicht gewerbliche Tätigkeit ausgeübt wird. Zudem sind auch alle nicht auf dem Staatgebiet ansässigen Gesellschaften und Körperschaften jeder Art, einschließlich Trusts, Körperschaftsteuersubjekte.

Im Rahmen der Körperschaftsteuer gelten Gesellschaften und Körperschaften als ansässig, die ihren Rechtssitz, Verwaltungssitz oder den hauptsächlichen Gegenstand ihrer Tätigkeit während des überwiegenden Teils des Veranlagungszeitraums im Staatsgebiet haben. Zur Vermeidung von schädlichen Steuergestaltungen wurden schrittweise verschiedene widerlegbare Vermutungen eingeführt, nach denen im Ausland lokalisierte Gesellschaften und Körperschaften als in Italien ansässig gelten.

Der Veranlagungszeitraum ist das Geschäftsjahr oder das Wirtschaftsjahr der körperschaftsteuerpflichtigen Subjekte, das aufgrund einer Gesetzesbestimmung oder durch die Satzung festgelegt wird. Im Gegensatz zu natürlichen Personen und in Italien ansässige Personengesellschaften können körperschaftsteuerpflichtige Subjekte daher eine vom Kalenderjahr abweichende Steuerperiode haben.

Kapitalgesellschaften und gewerbliche Körperschaften realisieren ausschließlich Einkünfte aus dem Gewerbebetrieb, während nicht gewerbliche Körperschaften und ausländische Gesellschaften genauso wie natürliche Personen die Einkünfte der jeweiligen Einkunftskategorie erzielen.

4.2. Ausländische Personengesellschaften

Durch die Definition der körperschaftsteuerpflichtigen Subjekte ergibt sich, dass im Ausland ansässige Personengesellschaften, auch wenn diese dort steuerlich transparent sind, in Italien als Körperschaften qualifiziert werden. Italienische Personengesellschaften, also Personengesellschaften, deren Gesellschaftssitz in Italien ist, sind transparent für den Zweck der Einkommensteuer und Körperschaftsteuer; die von den Personengesellschaften erzielten Einkünfte werden also den Gesellschaftern unabhängig von deren Ausschüttung zugerechnet. Lediglich für die regionale Wertschöpfungsteuer IRAP sind diese Steuersubjekte.

Diese steuerrechtliche Qualifikation der im Ausland transparent besteuerten Personengesellschaften als körperschaftsteuerliche Subjekte ergibt besondere und auch eine Vielzahl von ungelösten Problemen. Eine Folge dieser italienischen Qualifikation ist, dass diese Einkünfte für die italienischen Gesellschafter Einkünfte aus Kapitalvermögen (Dividenden) sind, die erst im Zeitpunkt der Ausschüttung, d. h. des Zuflusses an den Gesellschafter, der Steuerpflicht unterliegen. Das Finanzministerium hat im Rundschreiben Nr. 9/E/2016 klargestellt, dass die vom Gesellschafter im Ausland bezahlte Steuer von der „Bruttodividende" abgezogen werden kann und dass die Differenz der Quellensteuer mit Abgeltungscharakter i. H. von 26 % unterliegt. Auch wenn durch diesen Abzug der im Ausland bezahlten Steuer eine Doppelbesteuerung vermieden wird, kommt es im Vergleich zu den italienischen Personengesellschaften mit entsprechenden transparent zugerechnetem Einkommen sowie zu den Dividenden aus Kapitalgesellschaften i. d. R. zu einer höheren steuerlichen Belastung der ausländischen Einkommen aus den Personengesellschaften.

4.3. Trusts

Italien hat mit dem Gesetz Nr. 364 vom 16.10.1989 als einer der ersten Staaten, die Haager Konvention vom 1.7.1985 ratifiziert. Nach diesem Gesetz wird in Italien ein nach ausländischem Recht anerkannter Trust anerkannt. Italien hat keine eigenen zivilrechtlichen Bestimmungen zum Trust erlassen, so dass bei einer Gründung immer auf ausländisches Recht zurückgegriffen werden muss.

Im italienischen Zivilrecht gibt es Bestimmungen zum Stiftungsrecht. Spezifische Bestimmungen zu Familienstiftungen gibt es nicht. Generell kann festgehalten werden, dass die Verbreitung von Stiftungen sich auf einige Bereiche beschränkt (zum Beispiel Stiftungen mit gemeinnützigen Zwecken).

Steuerrechtlich sind Trusts oder auch Stiftungen ein Körperschaftsteuersubjekt. Diese Steuersubjektivität ist jedoch relativ, denn wenn der bzw. die Begünstigten des Trusts identifiziert (individuato) sind, dann erfolgt die Besteuerung im Rahmen einer unmittelbaren Zurechnung der Erträge auf der Ebene der Begünstigten. Ein Begünstigter gilt nach der Auffassung der Finanzverwaltung dann als identifiziert, wenn ihm nach den Regeln des Trusts ein durchsetzbares Recht zusteht, die Zuwendung dieser Einkünfte vom Truste zu verlangen. Die Besteuerung erfolgt unabhängig vom Zufluss oder von der effektiven Zuwendung, so dass dieser Zufluss selbst nicht mehr steuerpflichtig ist.

Die Ermittlung der Bemessungsgrundlage der zuzurechnenden Einkünfte erfolgt auf der Ebene des Trusts. Das so ermittelte Einkommen wird dann den Begünstigten zugerechnet und stellt für diesen Einkünfte aus Kapitalvermögen dar, die der progressiven Einkommensteuer unterliegen.

Sind die Begünstigten der Trusts nicht identifiziert, d. h. der Trust ist intransparent, kommt es für die Besteuerung wesentlich darauf an, wo der Trust steuerlich ansässig ist. Es gelten grds. die allgemeinen Anknüpfungsmerkmale für die Körperschaftsteuer: der italienische Rechtssitz, der italienische Verwaltungssitz oder der Hauptgegenstand der Tätigkeit auf dem Staatsgebiet. Zudem gibt es widerlegbare gesetzliche Vermutungen für die steuerliche Ansässigkeit eines Trusts, wenn:

- der ausländische Trust in einem Land gegründet wurde, mit dem keine Möglichkeit eines Informationsaustausches besteht und mindestens einer der Gründer (settlor) und mindestens einer der Begünstigten in Italien steuerlich ansässig ist, oder
- ein in Italien ansässiger Steuerpflichtiger nach der Gründung eines ausländischen Trusts in einem Staat, bei dem es keine Möglichkeit eines Informationsaustausches gibt, diesem Trust das Eigentum an italienischen Immobilien oder Realrechten überträgt.

Ist der intransparente Trust in Italien ansässig, muss unterschieden werden, ob es sich um einen gewerblichen Trust oder um einen nicht gewerblichen Trust handelt. Im letztgenannten Fall erfolgt die Besteuerung der durch den intransparenten Trust erzielten Einkünfte nach den jeweiligen Regeln der Einkunftskategorie; bei Kapitalvermögen zum Beispiel kommen die Quellensteuern mit Abgeltungscharakter zur Anwendung. Handelt es sich um einen gewerblich geprägten Trust, kommen die Bestimmungen zur Gewinnermittlung im Bereich der Körperschaftsteuer zur Anwendung.

Ist der Trust nicht in Italien ansässig, unterliegen seine in Italien erzielten Einkünften der Besteuerung.

In Bezug auf die Ausschüttungen aus einem intransparenten Trust gilt Folgendes: Sofern der intransparente Trust nicht in einem Niedrigsteuerland ansässig ist, unterliegen die Ausschüttungen an den in Italien ansässigen Begünstigten nicht der Einkommensteuer. Ist der intransparente Trust hingegen in einem Niedrigsteuerland ansässig, werden die Ausschüttungen als Einkünfte aus Kapitalvermögen definiert und unterliegen der progressiven Besteuerung.

4.3.1 Übertragungen von Vermögen an den Trust und aus dem Trust

Überträgt der Settlor Vermögensgegenstände seines Privatvermögens an den Trust, hat dies keine ertragssteuerlichen Konsequenzen. Nach Auffassung der Finanzverwaltung ist bei der Übertragung der Vermögensgegenstände die Erbschaft- und Schenkungsteuer geschuldet. Diese These scheint aufgrund fast konstanter Rechtsprechung nicht mehr haltbar. In der Rechtsprechung wird die Auffassung vertreten, dass die Erbschaft- und Schenkungsteuer bei der Übertragung des Vermögens an den Begünstigten geschuldet ist.

Abschließend ist darauf hinzuweisen, dass bei Übertragungen von in Italien belegenen Immobilien aus und in den Trust die Hypothekar- und Katastersteuern anfallen.

5. Internationale Aspekte

Für natürliche Personen gibt es keine Wegzugsbesteuerung. Entsprechend sind im Falle des Zuzuges von natürlichen Personen grds. die historischen Anschaffungskosten als Grundlage für die Ermittlung der steuerpflichtigen Einkünfte zu verwenden; für Unternehmen gibt es spezifische Regeln. Unter Punkt 12 DBA Italien–Deutschland ist eine Regelung enthalten, nach der im Falle des Zuzuges nach Italien der Wertansatz einer wesentlichen deutschen Beteiligung jener ist, den der deutsche Fiskus im Rahmen der Wegzugsbesteuerung anerkannt hat. Bei der späteren Veräußerung der deutschen Beteiligung nach dem Zuzug in Italien sind daher die vom Deutschen Fiskus festgesetzten Werte als steuerliche Kosten anerkannt. Dies wurde vom italienischen Finanzministerium im Erlass Nr. 67/E vom 30.3.2007 bestätigt.

5.1. Nationale Regelung zur Vermeidung der Doppelbesteuerung

Zur Vermeidung der internationalen rechtlichen Doppelbesteuerung, die sich bei ansässigen Steuerpflichtigen aufgrund der Besteuerung nach dem Welteinkommensprinzip ergeben kann, sieht das italienische Steuerrecht (mit einer Ausnahme für ausländische Betriebstätteneinkünfte, für die die Option zur Freistellungsmethode möglich ist) die Anrechnung der ausländischen Steuer bis zur Höhe der auf die ausländischen Einkünfte anfallenden italienischen Einkommen- oder Körperschaftsteuer vor. Wenn ausländische

Einkünfte in Italien nicht der progressiven Einkommensteuer, sondern der Ersatzsteuer oder Quellensteuern mit Abschlagcharakter unterliegen, besteht keine Möglichkeit der Anrechnung einer eventuell im Ausland entrichteten Steuer auf diese Einkünfte. Die entsprechenden Bestimmungen sind in Art. 165 TUIR enthalten. Die Definition der ausländischen Einkünfte ergibt sich durch die spiegelbildliche Auslegung der Definition der inländischen Einkünfte (gegenüber Steuerausländern). Damit die im Ausland bezahlte Steuer angerechnet werden kann, muss das Einkommen und die anrechenbare Steuer in der Steuererklärung angegeben werden. Wird die Abgabe der Steuererklärung unterlassen, ist die Anrechnung verwirkt und kann auch nicht im Rahmen einer Festsetzung durch das Finanzamt geltend gemacht werden.

Mit Ausnahme für die Einkünfte aus ausländischen Betriebstätten kann die ausländische Steuer dann geltend gemacht werden, wenn diese definitiv bis zum Datum der Abgabe der italienischen Steuererklärung entrichtet wurde, in der das Einkommen erklärt wurde. Erfolgt die Zahlung der ausländischen Steuer zu einem späteren Zeitpunkt, kann die Anrechnung erst in der Steuererklärung für jene Steuerperiode erfolgen, in der die Zahlung erfolgt ist. Bei Einkünften aus einer ausländischen Betriebstätte kann die Anrechnung der ausländischen Steuer im selben Jahr der Besteuerung des ausländischen Gewinns in Italien erfolgen, auch wenn die Zahlung der ausländischen Steuer erst später erfolgt;

Die Anrechnung der ausländischen Steuer ist eingeschränkt, wenn die Einkünfte nur teilweise in Italien besteuert werden (und daher teilweise steuerfrei sind, wobei bei völliger Steuerbefreiung überhaupt keine Anrechnung der ausländischen Steuer zulässig ist). Wenn ausländische Einkünfte nur zu einem Teilbetrag ins steuerpflichtige Gesamteinkommen einfließen, so muss zwecks Ermittlung des anrechenbaren Betrags der ausländischen Steuer diese im selben Verhältnis des steuerbefreiten Betrags gekürzt werden.

5.2. Hinzurechnungsbesteuerung

Auch natürliche Personen, die direkt oder indirekt eine Mehrheitsbeteiligung (Stimmrechte oder Gewinnanteile) an einer ausländischen Gesellschaft halten, fallen unter den Anwendungsbereich der Hinzurechnungsbesteuerung, wenn:

- die tatsächliche Besteuerung weniger als die Hälfte der in Italien für denselben Sachverhalt anfallende Steuer beträgt, und
- mehr als ein Drittel der erzielten Einkünfte aus sogenannten „passiven Einkünften" (bzw. Einkünften aus passivem Erwerb) bestehen.

Die Regelung greift dann nicht, wenn der Steuerpflichtige nachweisen kann, dass die ausländische Gesellschaft, gestützt auf Personal, Ausstattung, Vermögenswerte und

Räumlichkeiten, eine wesentliche wirtschaftliche Tätigkeit ausübt. Kann der Nachweis nicht erbracht werden, so werden die Gewinne der CFC-Gesellschaft, die nach den italienischen Bestimmungen zur Gewinnermittlung für die Einkünfte aus dem Gewerbebetrieb zu bestimmen sind, dem in Italien ansässigen Gesellschafter transparent zugerechnet. Die Ausschüttung der Gewinne wird dann wie bei Personengesellschaften nicht mehr besteuert.

5.3. Verhältnis von DBA-Recht zum nationalen Recht

Aus italienischer Sicht haben die DBAs Vorrang gegenüber dem innerstaatlichen Recht. Dies geht aus Art. 75 Abgabenordung (DPR 600/73) und aus der ständigen Rechtsprechung hervor. Gemäß Art. 169 TUIR hat der Steuerpflichtige jedoch die Möglichkeit, für die nationalen Bestimmungen zu optieren, falls diese für ihn günstiger sind. Eine Treaty-override-Klausel ist im italienischen Steuerrecht nicht bekannt.

Italien wendet als Wohnsitzstaat im Unterschied zu anderen DBA-Ländern im Rahmen seiner DBAs bei allen Einkünften aus dem anderen Vertragsstaat grds. (mit einigen Ausnahmen) die Anrechnungsmethode und nie die Freistellungsmethode an. Einige DBAs mit Entwicklungsländern sehen auch die Anrechnung eines fiktiven ausländischen Steuerbetrages vor.

Wenn Italien der Quellenstaat ist, dann kann der italienische Schuldner von Einkünften, die nach dem nationalen Recht der Quellensteuer unterliegen, bereits bei der Zahlung der Einkünfte den DBA-Quellensteuersatz anwenden – unter der Voraussetzung, dass dem italienischen Schuldner der Beträge der Nachweis über die DBA-Berechtigung und über andere Voraussetzungen vorgelegt wird. Diese direkte Anwendung erfolgt auf der Grundlage von nationalen Verwaltungsanweisungen.

5.4. Doppelbesteuerungsabkommen

Italien hat zurzeit 107 DBAs abgeschlossen und somit ein sehr umfangreiches Abkommensnetz.

In Bezug auf die Auslegung der Abkommen kann grds. festgehalten werden, dass der Kommentar zum OECD-MA als Auslegungsmaterial anerkannt ist und dass sowohl das Finanzministerium als auch die Rechtsprechung einer dynamischen Auslegung der Abkommen folgt.

5.4.1 DBA Italien-Deutschland

Das Doppelbesteuerungsabkommen mit der Bundesrepublik Deutschland wurde am 18.10.1989 unterzeichnet und ist am 27.12.1992 in Kraft getreten. Aufbau und Inhalt entsprechen dem OECD-Mustertext von 1977. Die Art. 1 und 2 definieren den persönlichen, sachlichen und territorialen Geltungsbereich. In Art. 3 bis 5 werden die Begriffe definiert. So bestimmt Art. 4 die ansässigen Personen und Art. 5 den Begriff der Betriebstätte. In den Art. 6 bis 23 werden die Besteuerungsrechte zwischen Wohnsitz und Quellenstaat verteilt. Dem Quellenstaat werden folgende Besteuerungsrechte überlassen:

- Art. 6: Einkünfte aus unbeweglichem Vermögen
- Art. 7: Unternehmensgewinne, sofern diese einer Betriebstätte zuzurechnen sind
- Art. 8: Gewinne aus der internationalen Seeschifffahrt und Luftfahrt sind nur im Vertragsstaat steuerpflichtig, in dem sich die Geschäftsleitung befindet
- Art. 10: Dividenden bis zu einem Höchstsatz von 15 %;
- Art. 11: Zinsen bis zu einem Höchstsatz von 10 %;
- Art. 12: Lizenzgebühren bis zu einem Höchstsatz von 5 %
- Art. 13: Veräußerungsgewinne auf unbewegliches Vermögen
- Art. 14: Einkünfte aus selbständiger Arbeit, sofern diese einer festen Einrichtung zugerechnet werden können
- Art. 15: Einkünfte aus im Vertragsstaat ausgeübter unselbständiger Arbeit, sofern die Monteurs-Klausel nicht greift
- Art. 16: Aufsichtsrats- und Verwaltungsratsvergütungen einer Gesellschaft mit Sitz im Quellenstaat
- Art 17: Einkünfte, die Künstler und Sportler im Quellenstaat beziehen
- Art. 19: bestimmte Ruhegehälter aus öffentlichen Kassen
- Art. 21: Einkünfte aus Lehrtätigkeit unter gewissen Voraussetzungen
- Art. 23: unbewegliches Vermögen, Betriebsvermögen einer Betriebstätte oder festen Einrichtung, bestimmte Seeschiffe und Luftfahrzeuge.

Der dritte Abkommensabschnitt regelt in Art. 24 die Methode zur Vermeidung der rechtlichen Doppelbesteuerung im Ansässigkeitsstaat für jene Einkünfte, die im Quellenstaat steuerpflichtig sind. Italien wendet grds. die Anrechnungsmethode an - mit der Ausnahme für bestimmte Dividenden.

Die Art. 25 bis 32 enthalten die Bestimmungen zum Diskriminierungsverbot, dem Verständigungsverfahren (Art. 26), dem steuerlichen Informationsaustausch (Art. 27), Verfahrensvorschriften zur Erstattung von Steuern, die Bestimmungen zum In-Kraft-Treten (Art. 31) und zur Kündigung (Art. 32).

Zudem sind die im Protokoll vorgesehenen Klarstellungen zu berücksichtigen.

5.4.2 Multilaterales Instrument

Italien hat das „Multilateral Instrument" (MLI) unterzeichnet und der OECD eine vorläufige Liste von 84 Abkommen mitgeteilt, für die das MLI Anwendung finden soll. Nachdem aus der Liste der mitgeteilten Staaten 20 Vertragsstaaten Italien nicht erwähnt haben, liegt eine beidseitige Mitteilung nur für 64 italienische Abkommen vor. Darunter fallen die DBAs der wichtigsten Handelspartner wie Deutschland, Frankreich, Schweiz, Österreich usw., nicht jedoch die USA; der notwendige Ratifikationsprozess durch das Parlament ist durch Italien noch nicht erfolgt.

Tritt das MLI in Kraft, wird sich mit Bezug auf die Verteilungsnormen mit dem DBA Italien–Deutschland das Besteuerungsrecht bei den Veräußerungsgewinnen aus Beteiligungen an Gesellschaften ändern, die überwiegend Immobilienvermögen halten. Heute hat ausschließlich der Wohnsitzstaat das Besteuerungsrecht. Nach dem In-Kraft-Treten steht in diesen Fällen auch dem Quellenstaat das Besteuerungsrecht auf die Veräußerungsgewinne zu.

6. Die Regionale Wertschöpfungsteuer (IRAP)

Auf die Einkünfte aus dem Gewerbebetrieb ist zusätzlich zur Einkommensteuer bzw. zur Körperschaftsteuer die lokale Wertschöpfungssteuer (IRAP) geschuldet. Es handelt sich um eine Steuer auf die in Italien anfallende Wertschöpfung, die zwischen den Regionen anhand des jeweiligen Personalaufwands aufzuteilen ist. Die im Ausland anfallende Wertschöpfung wird nicht berücksichtigt, sofern diese über eine ausländische Geschäftseinrichtung realisiert wird, die mit Personal ausgestattet ist.

Der Regelsatz der Steuer beträgt 3,9 %. Sondersätze sind für die Landwirtschaft (1,9 %), für Banken und Finanzgesellschaften (4,65 %), Versicherungen (5,9 %) und öffentliche Körperschaften (8,5 %) vorgesehen.

Nachdem die Einnahmen dieser Steuer den Regionen zusteht und grds. zur Finanzierung des Gesundheitswesens dient, können die Regionen den Steuersatz festlegen, wobei dies innerhalb einer Bandbreite von 0,92 % erfolgen kann. Zusätzliche Aufschläge sind für Regionen mit Defiziten im Gesundheitswesen zulässig.

Die Steuer ist von Einzelunternehmen, Personengesellschaften, Kapitalgesellschaften und sonstigen gewerblichen Körperschaften, aber auch öffentlichen Körperschaften geschuldet. Die Personengesellschaften gelten daher für die regionale Wertschöpfungssteuer als Steuersubjekte, während für Zwecke der Einkommensteuer der auf der Ebene der Personengesellschaft ermittelte steuerpflichtige Gewinn anteilig den Gesellschaftern zugewiesen wird. Freiberufler ohne eigene Organisation, d. h. ohne Personal und Anlagevermögen, sind von der Steuerpflicht ausgeschlossen.

Die Bemessungsgrundlage ermittelt sich aus der Differenz zwischen den betrieblichen Erträgen und den betrieblichen Aufwendungen, wobei Personalaufwendungen, Forderungsverluste, Rückstellungen für Risiken und sonstige Rückstellungen sowie das Finanzergebnis nicht absetzbar sind. Die Nichtabsetzbarkeit der Personalaufwendungen wird im Wesentlichen durch entsprechende Absetzbeträge wieder aufgefangen.

7. Gemeindesteuer auf Immobilien (IMU) und Vermögensteuer auf ausländisches Immobilienvermögen (IVIE)

Die Gemeindesteuer auf Immobilien (imposta municipale propria) ist unabhängig von deren Verwendung auf die im Italien belegenen Gebäude und Grundstücke (Objektsteuer) geschuldet. Ausgenommen davon ist die Hauptwohnung, sofern diese nicht den Charakter einer Luxuswohnung hat.

Die Bemessungsgrundlage ist der um 5 % aufgewertete Katasterertrag (siehe dazu § 3.3.1), der mit einem Koeffizienten multipliziert wird. Der Koeffizient hängt von der Katasterkategorie des Gebäudes ab. Für Baugrundstücke ist der Verkehrswert zu Anfang des Kalenderjahres maßgebend, während für landwirtschaftliche Grundstücke auf den Besitzertrag (rendita dominicale) abzustellen ist, der mit 25 % aufzuwerten und mit dem Faktor 135 zu multiplizieren ist - sofern es sich beim Eigentümer nicht um einen Landwirt handelt. Die Steuer ist auf die Besitzdauer zu ermitteln. Wird während einer Steuerperiode eine Immobilie entweder erworben oder verkauft, ist die Steuer nur auf jenen Zeitraum zu berechnen, in dem das Eigentum oder anderes Realrecht bestand.

Der normale Steuersatz beträgt 0,76 %. Nachdem das Einkommen mit der Ausnahme bestimmter gewerblich genutzter Gebäude den Gemeinden zusteht, können diese innerhalb vorgegebener Grenzen den Steuersatz festlegen. Da es sich um eine Gemeindesteuer handelt, die den Gemeinden auch einen Ausgestaltungsspielraum zulässt, kann es gemeindespezifische Ausnahmen und Unterschiede geben.

Die Gemeinden sind für die Verwaltung dieser Steuern zuständig. Die Zahlung der Steuer erfolgt in zwei Raten am 16.6. und 16.12. eines jeden Jahres.

Unterliegen die nicht vermieteten Immobilien der IMU (Gemeinden können im Rahmen ihrer Verwaltungshoheit gewisse Ausnahmen erlassen), unterliegen diese Immobilien nicht mehr der Einkommensteuer (siehe dazu § 3.3.1). Diese Grundregel wird jedoch dann durchbrochen, wenn der Steuerpflichtige in derselben Gemeinde seine Hauptwohnung besitzt sowie weitere noch nicht vermietete Immobilien. In diesem Fall unterliegen die nicht vermieteten Immobilien der IMU und mit 50 % des Katasterertrages auch der Einkommensteuer.

Ansässige Steuerpflichtige, die im Ausland Immobilien besitzen, unterliegen mit diesen der Vermögenssteuer auf ausländisches Immobilienvermögen (imposta sul valore degli immobili situati all'estero = IVIE). Die steuerpflichtigen Tatbestände entsprechen jener der IMU. So ist zum Beispiel eine ausländische Hauptwohnung von der IVIE befreit. Besitzt der Steuerpflichtige die Immobilie nur für einen Teil der Steuerperiode, ist die Steuer nur auf den Teil der Besitzdauer zu ermitteln.

In Bezug auf die Ermittlungsvorschriften muss unterschieden werden, in welchem Staat sich die Immobilie befindet:

- für EU-Mitgliedsstaaten oder Staaten, die dem Europäischen Wirtschaftsraum angehören (Norwegen und Island) und die einen angemessenen Informationsaustausch garantieren, ist grds. der im Belegenheitsstaat festgelegte Katasterwert oder ein vergleichbarer steuerlicher Wert (z. B. Einheitswert in Deutschland) heranzuziehen. Fehlt ein Katasterwert, sind die Anschaffungskosten als Grundlage heranzuziehen; sofern auch diese fehlen, wird der Verkehrswert der Immobilie herangezogen
- für alle anderen Staaten sind die Anschaffungskosten oder, falls diese nicht vorhanden sind, der Verkehrswert die steuerliche Bemessungsgrundlage.

Die im Ausland bezahlten Grundsteuern und Vermögenssteuern auf das Immobilienvermögen können angerechnet werden.

Der Steuersatz beträgt 0,76 %, und die Steuer ist nur dann geschuldet, wenn sie mindesten 200 € beträgt. Die Steuer muss im Rahmen der Steuererklärung ermittelt werden. Dazu ist das Blatt RW auszufüllen, das auch gleichzeitig das Verzeichnis des Auslandsvermögens darstellt.

8. Stempelsteuer auf Konto- und Wertpapierdepotauszüge und Vermögensteuer auf das Finanzvermögen im Ausland (IVAFE)

Konto- und Wertpapierdepotauszüge der italienischen Banken und anderen Finanzinstituten unterliegen einer Stempelsteuer (imposta di bollo). Diese beträgt jährlich 34,20 € für die Kontoauszüge, sofern der durchschnittliche Bestand des Bankguthabens im Jahr die Schwelle 5.000 € übersteigt. Für Wertpapierauszüge beträgt diese Stempelsteuer 0,2 % des Marktwertes. Die Stempelsteuer wird von Banken und Finanzinstituten abgeführt.

Analog zur italienischen Stempelsteuer unterliegen ausländische Bankkonten und Wertpapierdepots der Steuer auf das Finanzvermögen im Ausland (imposta sul valore delle attivitá finanziarie all'estero = IVAFE). In der Substanz handelt es sich dabei um eine Vermögenssteuer. Für das Finanzvermögen, das sich im Ausland befindet und nicht einem italienischen Finanzinstitut zur Verwaltung übertragen wurde, ist die Steuer im Rahmen der Steuererklärung zu entrichten. Eine ggf. im Ausland bezahlte Vermögenssteuer kann angerechnet werden.

9. Finanztransaktionsteuer – Tobin Tax

Bei der Übertragung von Aktien und Finanzinstrumenten an Gesellschaften mit Sitz in Italien sowie auf Geschäfte mit Finanzderivaten, die diesen Aktien und Finanzinstrumenten zugrunde liegen, fällt zudem die Finanztransaktionssteuer (Imposta sulle transazioni finanziarie oder Tobin Tax) i. H. von 0,2 % an. Werden die Transaktionen an geregelten Finanzmärkten abgewickelt, beträgt die Steuer 0,1 %, wobei Transaktionen mit Aktien von Gesellschaften, die eine Marktkapitalisierung unter 500 Mio. € haben, nicht erfasst werden. Für Transaktionen strukturierter Produkte ist die Finanztransaktionsteuer ein Fixbetrag. Die Steuer wird grds. von den beteiligten Finanzdienstleistern und Notaren eingehoben und abgeführt.

10. Steuerentrichtung

10.1. Steuererklärung

Das italienische Steuersystem basiert grds. auf einem Prinzip der Selbstveranlagung. Die Steuerpflichtigen (Privatperson, Unternehmer, gewerbliche Gesellschaft oder sonstige Körperschaften) sind grds. verpflichtet, eine jährliche Einkommensteuer- bzw. Körperschaftsteuererklärung, IRAP-Erklärung, Umsatzsteuererklärung und eine Erklärung in der Eigenschaft als „Steuersubstitut" innerhalb der gesetzlichen Fristen abzugeben. Die selbst ermittelte Einkommensteuer, Körperschaftsteuer sowie IRAP müssen innerhalb der gesetzlichen Fristen aus eigener Initiative abgeführt werden. Werden die Erklärungen nicht innerhalb der gesetzlichen Fristen abgegeben, gelten diese als unterlassen. Nur Steuererklärungen, die innerhalb von 90 Tagen nach dem Fälligkeitsstichtag abgegeben werden, sind noch als gültig anzusehen, wobei allerdings eine Geldbuße zur Anwendung gelangt.

Soweit der Steuerpflichtige nicht Einkünfte aus dem Gewerbebetrieb oder Einkünfte aus der künstlerischen und freiberuflichen Tätigkeit erzielt, ist dieser grds. von der Abfassung der Steuererklärung befreit, wenn die zu entrichtende Steuerschuld den Betrag von 10,33 € nicht überschreitet, weil die Bruttosteuer durch die Summe der Quellen- und Lohnsteuer sowie der Steuerabsetzbeträge für Familienlasten abgegolten ist.

10.2. Steuerzahlung und Fristen

Die Steuerzahlung muss letztens bis zum 30.6. des der Steuerperiode – die für die natürlichen Personen das Kalenderjahr ist – folgenden Jahres geleistet werden. Die Zahlung kann mit einem Zuschlag von 0,4 % auch bis zum 30.7. entrichtet werden. Mit der Saldozahlung der Steuern muss auch die erste Rate der Steuervorauszahlung für das laufende Jahr geleistet werden. Diese beträgt 40 % der Nettosteuer. Für den Betrag der Saldozahlung und der ersten Steuervorauszahlung ist eine monatliche Ratenzahlung bis zum November möglich.

Die zweite Steuervorauszahlung i. H. von 60 % der Nettosteuer ist am 30.11. fällig. Wird erwartet, dass das Einkommen der laufenden Steuerperiode geringer ist als das vorausgehende, kann die Steuervorauszahlung entsprechend gekürzt werden. Die Zahlung der zweiten Steuervorauszahlung muss in Form einer Einmalzahlung erfolgen.

Die Steuererklärung, die grds. in elektronischer Form an das Finanzamt übermittelt werden muss, muss bis zum 31.10. des Folgejahres eingereicht werden. Nur in Ausnahmefällen kann die Steuererklärung noch in Papierform mittels Post versandt werden.

Sämtliche Fristen sowohl für die Abgabe als auch für die Zahlung der Steuern sind bindend. Die Möglichkeit einer Fristverlängerung gibt es nicht.

10.3. Steuerliche Meldepflichten für Auslandsvermögen (monitoraggio fiscale)

Besitzt der unbeschränkt Steuerpflichtige Vermögen im Ausland, so ist er verpflichtet, dieses im Blatt RW zu erklären, auch wenn daraus keine Einkünfte erzielt wurden. Diese Pflicht der Meldung des Auslandsvermögens ist daher auch dann gegeben, wenn keine Steuererklärung eingereicht werden muss. Die Angabepflicht für das ausländische Vermögen erstreckt sich nicht nur auf sämtliches Finanzanlagevermögen und auf Liegenschaften, sondern auch auf andere Vermögensgegenstände wie zum Beispiel Fahrzeuge, Schiffe und Kunstgegenstände.

Im Blatt RW werden zudem die Vermögensteuer auf ausländisches Immobilienvermögen (IVIE) und auf ausländisches Finanzvermögen (IVAFE) ermittelt.

Die Unterlassung der Vermögensangabe wird mit Geldbußen i. H. von 3 bis 15 % des nicht deklarierten Vermögens geahndet. Sollte das Vermögen in Niedrigsteuerländern angesiedelt sein, verdoppelt sich die Geldbuße auf 6 bis 30 %.

10.4. Strafzuschläge

Verspätete Zahlungen werden grds. mit einer Geldbuße von 30 % des Schuldbetrags geahndet. Der Steuerpflichtige hat jedoch die Möglichkeit, die Übertretung freiwillig zu beheben; damit reduziert sich die Geldbuße je nach Verspätung auf 0,1 % bis 6 % des Schuldbetrages. Zusätzlich sind Verzugszinsen in Höhe des gesetzlichen Zinsfußes geschuldet.

Wird die Steuererklärung zu spät eingereicht, muss unterschieden werden, ob sich eine Steuerschuld ergibt und ob diese bezahlt wurde oder nicht. Wird die Steuererklärung innerhalb von 90 Tagen nach der Abgabefrist nachgereicht, kann eine Geldbuße i. H. von 250 € bis1.000 € veranlagt werden. Wird diese Abgabefirst versäumt, gilt die Steuererklärung immer als unterlassen, auch wenn sie zu einem späteren Zeitpunkt nachgereicht wird.

Wird die Steuererklärung bis zur Abgabefrist der Steuererklärung des Folgejahres eingereicht, ohne dass zwischenzeitlich eine Prüfung stattgefunden hat, kann eine Geldbuße i. H. von 150 € bis 500 € veranlagt werden. Wird die Steuererklärung nach dieser Frist eingereicht, so ist eine Geldbuße von 250 € bis 1.000 € vorgesehen. Wird die Steuererklärung nach 90 Tagen ab der Abgabefrist eingereicht und war eine Steuer geschuldet, kann eine Geldbuße i. H. von 60 bis 120 % der geschuldeten Steuer veranlagt werden, sofern die Steuererklärung bis zur Abgabefrist der Steuererklärung des Folgejahres nachgereicht wird. Die Geldbuße erhöht sich auf 120 bis 240 %, wenn die Steuererklärung nicht oder nach dieser Frist eingereicht wird. Wenn die hinterzogene Steuer die Schwelle von 50.000 € übersteigt, liegt zudem ein strafrechtlicher Tatbestand vor.

Ist die Steuererklärung unvollständig oder fehlerhaft, besteht die Möglichkeit, diese innerhalb der Festsetzungsfristen (5 Jahre ab dem Ende des Jahres, in dem die Steuererklärung abgegeben worden ist), mittels einer neu eingereichten Erklärung zu berichtigen (dichiarazione integrativa - ravvedimento operoso). Voraussetzung dafür ist allerdings, dass noch keine Prüfungshandlungen durch die Finanzverwaltung eingetreten sind und dass die Geldbußen eingezahlt werden, die je nach Verspätung der Berichtigung auf das Mindestmaß des vorgesehenen Strafausmaßes vermindert wurde.

10.5. Festsetzungsfristen

Wenn eine gültige Steuererklärung abgegeben worden ist, gilt grds. eine Veranlagungsfrist von 5 Jahren ab dem Ende des Jahres, in dem die Steuererklärung abgegeben worden ist. Diese Frist verlängert sich automatisch auf sieben Jahre, wenn keine gültige Steuererklärung abgegeben wird.

11. Erbschaft- und Schenkungsteuern

Der Erbschaft- und Schenkungsteuer unterliegen Übertragungen von Todes wegen, Schenkungen und sonstige unentgeltliche Übertragungen sowie Zweckzuwendungen (vincoli di destinazione).

Wenn der Erblasser zum Zeitpunkt des Todes in Italien ansässig war, unterliegen alle Vermögensgegenstände der Steuer – unabhängig davon, ob sich diese im Inland oder im Ausland befinden (world wide principle). Ausschlaggebend für die Steuerpflicht ist ausschließlich die Ansässigkeit des Erblassers. Nicht relevant ist hingegen die Ansässigkeit des Erben bzw. des Vermächtnisnehmers. Erbt daher zum Beispiel ein in Italien ansässiger Sohn von seinem im Ausland ansässigen Vater eine im Ausland belegene Immobilie, so fällt in Italien keine Erbschaftsteuer an. Es bleibt somit bei der eventuell im Ausland anfallenden Erbschaftsteuerbelastung.

Im Erbschaft- und Schenkungsteuergesetz wird der Begriff der „residenza" (Ansässigkeit) nicht definiert. Laut der herrschenden Auffassung in der Fachliteratur ist die Ansässigkeit dann gegeben, wenn der Erblasser zum Zeitpunkt des Todes seinen Wohnsitz im zivilrechtlichen Sinne in Italien hatte. Der Art. 43, Abs. 2 ZGB (Codice Civile - Zivilgesetzbuch) definiert den Wohnsitz als jenen Ort, an dem eine Person ihren gewöhnlichen Aufenthalt hat.

Für Zwecke der beschränkten Steuerpflicht, d. h. wenn der Erblasser nicht in Italien ansässig war, sind nur die sich zum Todeszeitpunkt in Italien befindlichen Vermögensgegenstände (beni e diritti) steuerpflichtig.

Sowohl die Steuersätze als auch die Freibeträge sind für die Erbschaft- und Schenkungsteuer identisch.

- Übertragungen (von Todes wegen oder unentgeltlich unter Lebenden) zugunsten des Ehegatten und der Verwandten in direkter Linie: Nach Abzug des persönlichen Freibetrages i. H. von 1 Mio. € für jeden Begünstigten kommt der Steuersatz von 4 % zur Anwendung
- Übertragungen (von Todes wegen oder unentgeltlich unter Lebenden) an Geschwister: Nach Abzug des persönlichen Freibetrages i. H. von 100.000 € für jeden Begünstigten kommt der Steuersatz von 6 % zur Anwendung
- Übertragungen (von Todes wegen oder unentgeltlich unter Lebenden) zugunsten von anderen Verwandten bis zum 4. Grad, Verschwägerten in direkter Linie sowie in Nebenlinie bis zum 3. Grad: Steuersatz von 6 % (ohne Freibetrag)
- Übertragungen (von Todes wegen oder unentgeltlich unter Lebenden) zugunsten Anderer: Steuersatz von 8 % (ohne Freibetrag).

Wie durch das Rahmengesetz zur Fürsorge und sozialen Integration von Menschen mit Behinderung (Ges. 104/92) definiert, steht bei Übertragungen an Personen mit einer Behinderung unabhängig vom Verwandtschaftsgrad ein Freibetrag von 1,5 Mio. € zu.

Bei einer Übertragung von Immobilien im Privatbesitz oder im Eigentum von Einzelunternehmen fällt i. d. R. zusätzlich die Hypothekarsteuer i. H. von 2 % und Katastersteuer i. H. von 1 % an. Diese Steuern sind jeweils in der Form der Fixgebühr von je 168 € geschuldet, wenn im Rahmen der Erbschaftsteuererklärung auch nur einer der Erben die Begünstigung zur Hauptwohnung (prima abitazione) beantragt. Dazu muss der Antragsteller jedoch gewisse Voraussetzungen erfüllen.

Weitere Befreiungen von der proportionalen Hypothekar- und Katastersteuer können bei der Übertragung von Grundstücken, die landwirtschaftlichen Betrieben zuzurechnen sind, geltend gemacht werden.

Die Bemessungsgrundlage für die Hypothekar- und Katastersteuer ist der Katasterwert der Immobilien – mit Ausnahme bei Baugrundstücken, bei denen immer der Verkehrswert zum Übertragungszeitpunkt die Bemessungsgrundlage darstellt.

Die Bemessungsgrundlage für die Erbschaftsteuer ist der Gegenwert der Nettoerbmasse, d. h. die Differenz zwischen dem Verkehrswert der Vermögensgegenstände (beni e diritti) und den abzugsfähigen Verbindlichkeiten.

Zum Zweck der Ermittlung der Bemessungsgrundlage sind die von den Erben bzw. Vermächtnisnehmern erhaltenen Schenkungen zu berücksichtigen, sofern dafür der Steuerfreibetrag geltend gemacht wurde.

Der Nachlass setzt sich aus sämtlichen Vermögensgegenständen zusammen, die Gegenstand der Übertragung von Todes wegen sind. Es sind jedoch verschiedene Befreiungen vorgesehen. Die wichtigsten sind:

- die Übertragung zugunsten des Staates oder dessen Gebietskörperschaften, anerkannter gemeinnütziger Vereinigungen und Stiftungen sowie öffentlicher Körperschaften, deren ausschließlicher Zweck die Fürsorge, die Forschung, Ausbildung oder andere Tätigkeiten zum Gemeinwohl ist. Nach dem Grundsatz der Gegenseitigkeit sind auch öffentliche Körperschaften, anerkannte Stiftungen und Vereine, die im Ausland gegründet wurden, von der Erbschaftsteuer befreit
- die Übertragungen von (Teil-)Betrieben sowie von Anteilen an Personen- und Kapitalgesellschaften, wenn gewisse Voraussetzungen erfüllt werden
- Staatsanleihen und andere von der italienischen Republik emittierte, gleichgestellte (BEI, BERS, Worldbank usw.) oder garantierte Wertpapiere

- Fahrzeuge mit Straßenzulassung, die im öffentlichen Fahrzeugregister eingetragen sind
- Kunstgegenstände und historische Gebäude, die unter Denkmalschutz stehen.

Grundsätzlich sind die Vermögensgegenstände des Nachlasses mit dem Verkehrswert anzusetzen. Für Immobilien, Unternehmen und Beteiligungen sehen die Gesetzesbestimmungen Sonderregelungen vor.

- Für Immobilien und dingliche Rechte auf Immobilien ist deren Verkehrswert heranzuziehen. Das Finanzamt kann für Gebäude jedoch keine Wertberichtigung vornehmen, wenn in der Erbschaftsteuererklärung mindestens der Katasterwert der Immobilie angegeben wird. Der Katasterwert ermittelt sich aus dem aufgewerteten Katasterertrag (rendita catastale rivalutata, ein amtlich festgelegter Schätzwert der durchschnittlichen Grundstücks- und Gebäudeerträge), der mit einem Koeffizienten multipliziert wird. Der Katasterwert ist i. d. R. deutlich niedriger als der Verkehrswert der Immobilien.
- Bei Grundstücken muss unterschieden werden, ob es sich um ein Baugrundstück oder um ein anderes Grundstück handelt. Diese Angaben gehen aus dem Bebauungsplan der entsprechenden Gemeinde hervor. Bei Grundstücken, die kein Bauland sind, wird der Katasterwert (Mindestwert) herangezogen. Bei Baugrundstücken ist hingegen der Verkehrswert zum Zeitpunkt des Todes heranzuziehen.
- Für im Ausland belegene Immobilien ist der Verkehrswert heranzuziehen.
- Die Bemessungsgrundlage für Einzelunternehmen ist der Buchwert des Reinvermögens laut Handelsbilanz zum Todeszeitpunkt. Stille Reserven bzw. ein „Goodwill" (Firmenwert) werden nicht mitberücksichtigt.
- Aktien von börsennotierten Gesellschaften sind mit dem Durchschnittsbörsenkurs des letzten Quartals vor dem Todeszeitpunkt des Erblassers zu bewerten. Beteiligungen an allen anderen Gesellschaften sind dagegen mit dem anteiligen Buchreinvermögen laut der zum Todeszeitpunkt aktualisierten Handelsbilanz anzusetzen.

Sämtliche Verbindlichkeiten des Erblassers, die zum Zeitpunkt des Ablebens bestehen, einschließlich der Spesen für die ärztliche Versorgung in den letzten sechs Monaten, falls diese von den Erben getragen wurden, sowie die Spesen für die Beerdigung sind abzugsfähig. Die Abzugsfähigkeit der Spesen für die Beerdigung ist auf den Maximalbetrag von 1.032,91 € begrenzt.

Zur Abgabe einer Erbschaftsteuererklärung sind die Erben und die Vermächtnisnehmer verpflichtet. Diese ist auf einem amtlichen Vordruck ausschließlich elektronisch innerhalb von zwölf Monaten nach dem Todesfall einzureichen.

Im Bereich der Erbschaft- und Schenkungsteuer ist das Abkommensnetz Italiens nur sehr dünn: Es wurden lediglich sieben Abkommen abgeschlossen, und zwar mit den

Vereinigten Staaten von Amerika, Schweden, Griechenland, Großbritannien, Dänemark, Israel und Frankreich. Lediglich das Abkommen mit Frankreich regelt auch die Schenkungsteuer. Alle anderen italienischen Abkommen betreffen ausschließlich die Erbschaftsteuer. Die Abkommen sind dem OECD-Musterabkommen zur Erbschaft- und Schenkungsteuer nachgebildet.

M. Überblick über die Besteuerung natürlicher Personen in Portugal und das NHR-Sonderregime für Zuzügler[1]

Literatur: *Bader/Borges*, Das portugiesische NHR-Steuerregime für Zuzügler, IWB 18/2018 S. 698; *Borges/de Sousa*, Portugal: Tax Planning for incoming individual sportspersons, Global Sports Law and Taxation Reports 7/2016 S. 24; *Everaert*, Individual Taxation – Portugal, IBFD Database; *Ettinger/Hergeth/Psaier*, Die neue italienische Pauschalbesteuerung, IWB 2/2017 S. 47; *Happe/Boelsen*, Erste Erfahrungen mit der neuen Wegzugsteuer, PIStB 6/2022 S. 177; *Fuhrmann*, Außensteuergesetz-Kommentar, 3. Aufl. 2017; *Mutis*, Bulletin for International Taxation 9/2018 S. 4; *Kühn/Weiss*, Die geplante Reform der Wegzugsbesteuerung nach § 6 AStG, IWB 2/2020 S. 52; *Stieb*, Länderbericht Portugal in *Mennel/Förster*, Steuern in Europa, Amerika und Asien, Stand 11/2021.

1. Geographische, politische und wirtschaftliche Rahmenbedingungen

Die Republik Portugal verfügt über ca. 10,3 Mio. Einwohner mit einem jährlichen Bruttoinlandsprodukt pro Kopf von ca. 24.264 USD (Stand 2021) und ist von 190 Ländern auf Platz 39 im weltweiten *Doing-Business Guide* der Weltbank gelistet.[2] In den letzten Jahren wurde Portugal für seine Lebensqualität, soziale Stabilität und seinen international gut entwickelten Tourismus gelobt. Portugals Einzigartigkeit und Vielfalt ermöglichen es, die unterschiedlichen Bedürfnisse von privaten Besuchern, Zuzüglern oder Investoren zu erfüllen. Portugal verfügt über ein mildes, ausgeglichenes Klima und etwa 940 Kilometer Küstenlinie mit schönen Stränden, die dieses Land zu einem perfekten Reiseziel für alle Jahreszeiten machen. Seine Lage im Süden Europas, an der Spitze des Mittelmeers und angrenzend an den Atlantischen Ozean, sowie die 300 täglichen Abflüge aus Portugal ins Ausland machen es zu einem idealen Ort für Globetrotter.

Portugal wurde laut dem sog. Weltfriedensindex als das viertsicherste Land der Welt eingestuft (Stand 2021), in dem man gut und sicher leben kann und somit ideal ist, um eine Familie zu gründen oder sich zur Ruhe zu setzen. Seit der sog. Nelkenrevolution[3] von 1974 hat sich Portugal zu einem stabilen demokratischen Staat entwickelt, mit politischer und sozialer Stabilität sowie gemäßigten Parteien; der Präsident als Staats-

1 Dieser Teil wurde durch Prof. Dr. Axel Bader und Ricardo da Palma Borges bearbeitet.

2 Vgl. World Bank, Doing Business in Portugal 2021, abrufbar unter https://www.doingbusiness.org/content/dam/doingBusiness/country/p/portugal/PRT.pdf

3 Ein friedlicher militärischer Putsch – unterstützt von einem Großteil der Bevölkerung – beendete 1974 die mehr als 40 Jahre bestehende Diktatur in Portugal. Die „Nelkenrevolution“ brachte neue Demokratiebestrebungen in Europa hervor.

oberhaupt wird alle fünf Jahre in direkter Wahl bestimmt. Seit 1986 ist Portugal auch EU-Mitgliedsstaat. In jüngerer Zeit haben das zurück gekehrte Wirtschaftswachstum, ein sich verbesserndes strukturelles Gleichgewicht und die Konsolidierung des Bankensektors zu einer Verbesserung der Marktstimmung geführt, was sich in den sinkenden Kosten der Verschuldung und der Heraufstufung des portugiesischen Staatsschuldenratings zum „Investment-Grade" BBB mit stabilem Ausblick niederschlägt. Längerfristig dürfte Portugal auch davon profitieren, früh die Energiewende eingeleitet zu haben; bereits ca. 60 % der Stromerzeugung auf dem Festland stammt aus erneuerbaren Energiequellen. Diese sollen weiter ausgebaut werden.

Seit 2015 wird die Regierung Portugals von der regierenden, eher sozialdemokratisch orientierten „Sozialistische Partei" (PS) unter Ministerpräsident António Costa gestellt. In den vorgezogenen Parlamentswahlen vom Januar 2022 hat die „Sozialistische Partei" mit absoluter Mehrheit deutlich gewonnen. Da die Wirtschaft des Landes von der Corona-Pandemie hart getroffen wurde, steht die Regierung vor hohen Herausforderungen, wie z. B. eine Stabilisierung der öffentlichen Finanzen sowie Reduzierung der sozialen Ungleichheiten aufgrund der niedrigen Renten und des sich zuspitzenden Wohnungsmangels sowie eine öffentlich wahrgenommene Verschlechterung des öffentlichen Dienstes, effiziente Gesundheits- und Bildungsleistungen zu erbringen.

Portugal ist als ausländerfreundliches Land bekannt und wird daher von Zuzüglern sehr geschätzt. Die Tatsache, dass in den von Besuchern und Zuzüglern am meisten bevorzugten Reisezielen wie Lissabon, Cascais-Estoril und der Algarve Englisch, Spanisch und Französisch als Fremdsprachen weit verbreitet sind, erleichtert die Integration von Ausländern.

In ganz Portugal gibt es eine beträchtliche Anzahl internationaler Schulen, die sowohl von portugiesischen als auch ausländischen Schülern besucht werden, und sowohl öffentliche als auch private Schulen bieten landesweit eine qualitativ hochwertige Ausbildung. Verschiedene portugiesische Universitäten werden ebenso in internationalen Rankings anerkannt.

Einige Gründe, die den persönlichen Wohnsitz bestimmen, erweisen sich auch als Schlüsselfaktoren für sog. Expats, die nach Portugal ziehen, um dort zu arbeiten oder Investitionen zu tätigen. Im Vergleich zu anderen größeren europäischen Ländern zeichnet sich Portugal durch relativ niedrige Lebenshaltungskosten aus. Portugal verfügt auch noch über relativ preiswerte Immobilien, eine ausgezeichnete Telekommunikationsinfrastruktur und gut ausgebildete, qualifizierte und erschwingliche Fachkräfte. Der verhältnismäßig geringe Zeit- und Kostenaufwand für die Gründung von Unternehmen trägt ebenfalls zu einem unternehmerfreundlichen Umfeld bei. Der monatliche Mindestlohn beträgt im Jahr 2022 705,00 €.

Da Portugal an den Atlantischen Ozean angrenzt, existiert ein großes Angebot an fangfrischem Fisch; auf den lokalen Märkten findet der Verbraucher ein gutes Sortiment an Obst, Gemüse und anderen lokalen Produkten. Die portugiesische Gastronomie basiert auf der mediterranen Diät, wobei Brot, Olivenöl, Kräuter, Gemüse, frisches und getrocknetes Obst und Wein einige der Lebensmittel sind, die auf einem portugiesischen Tisch nicht fehlen dürfen. Portugal ist daher ein Land mit gesunden Ernährungsgewohnheiten und vielleicht ist dies auch ein Grund für die relativ hohe Lebenserwartung von ca. 81 Jahren.

2. Aspekte der Aufenthaltsgenehmigung

Portugal hat eine lange Tradition in der Aufnahme ausländischer Touristen, Investoren und Arbeitnehmer. Dieser Tradition sieht sich das portugiesische Einwanderungsrecht verpflichtet. Der Besitz eines Aufenthaltstitels kann neben anderen Vorteilen Zugang zu einer attraktiven Besteuerung bieten.

Die Regeln für einen vorübergehenden Aufenthalt oder Wohnsitz unterscheiden zwischen Staatsangehörigen aus Nicht-EU-Staaten und Staatsangehörigen der EU, des EWR, Andorras und der Schweiz. Die Regeln für Nicht-EU-Bürger, die nach Portugal einreisen wollen, gestalten sich komplexer.

2.1. Staatsangehörige der EU, des EWR, des Fürstentums Andorra und der Schweiz

Portugal gewährt allen Bürgern der EU und EWR-Länder[4], des Fürstentums Andorra und der Schweiz sowie deren Familienangehörigen das Recht auf Einreise, Aufenthalt und Niederlassung. Familienmitgliedern von EU-Bürgern und portugiesischen Staatsbürgern werden unabhängig von ihrer Staatsangehörigkeit die gleichen Rechte gewährt[5].

Dieser Personenkreis kann mit einem gültigen Personalausweis oder Reisepass ohne Visum nach Portugal einreisen und hier **bis zu drei Monate** ohne bestimmte Voraussetzungen oder Formalitäten leben. Bürger, die beabsichtigen, länger als drei Monate in Portugal zu bleiben, müssen jedoch ihr Aufenthaltsrecht durch eine Anmeldung beim Gemeinderat ihres Wohnortes formalisieren. Die Erteilung einer **Aufenthaltsbescheinigung** ist vom Status der Person in Portugal und der Überprüfung bestimmter Bedin-

4 Zum Europäischen Wirtschaftsraum gehören die EU-Länder sowie Island, Liechtenstein und Norwegen.

5 Ehegatten, Partner (gleichgestellt mit der Ehe und gemäß den in der portugiesischen Gesetzgebung festgelegten Bedingungen), direkte Nachkommen, die jünger als 21 Jahre sind oder gegenüber dem Ehegatten oder Partner unterhaltsberechtigt sind, unterhaltsberechtigte direkte Verwandte in aufsteigender Linie des Ehegatten oder Partners.

gungen abhängig.[6] Sobald die Aufenthaltsbescheinigung ausgestellt wurde, ist sie fünf Jahre lang gültig. Nach diesen fünf Jahren erwirbt die Person das Recht, einen **Daueraufenthalt** in Portugal zu beantragen. Das gleiche Aufenthaltsrecht wird den Bürgern Islands, Liechtensteins, Norwegens, des Fürstentums Andorra und der Schweiz eingeräumt.

2.2. Nicht-EU-Bürger

Staatsbürger eines Nicht-EU-Staates, die nach Portugal einreisen wollen, um einer selbstständigen oder nichtselbstständigen Tätigkeit, Forschung, einem Studium oder einer Freiwilligentätigkeit nachzugehen, müssen entweder ein Visum für einen befristeten Aufenthalt oder eine bestimmte Art von Visum zur Erlangung einer Aufenthaltsgenehmigung – je nach Aufenthaltszweck – beantragen. Diese Arten von Visa sollten nach den Standardverfahren[7] vor der Einreise nach Portugal beim portugiesischen Konsulat im Wohnsitzstaat des Antragstellers beantragt werden. Für die Beantragung eines Visums sind je nach Art des Visums mehrere Dokumente erforderlich[8].

Die *Serviço de Estrangeiros e Fronteiras* – SEF (Ausländer- und Grenzschutz-Agentur) prüft den Antrag und gibt vor der Ausstellung des Visums eine verbindliche Erklärung gegenüber dem portugiesischen Konsulat ab, in der die Anwendbarkeit auf den jeweili-

6 Gemäß Art. 7 (1) des Gesetzes Nr. 37/2006 hat *„jeder Unionsbürger das Recht auf Aufenthalt im nationalen Hoheitsgebiet für einen Zeitraum von mehr als drei Monaten, wenn er eine der folgenden Bedingungen erfüllt (a) er übt im portugiesischen Hoheitsgebiet eine abhängige oder selbständige Erwerbstätigkeit aus; (b) er verfügt für sich und seine Familienangehörigen über ausreichende finanzielle Mittel sowie über eine Krankenversicherung, sofern die portugiesischen Staatsangehörigen in dem Mitgliedstaat, dessen Staatsangehörigkeit er besitzt, dazu verpflichtet sind; c) er in einer öffentlichen oder privaten, amtlich anerkannten Bildungseinrichtung eingeschrieben ist, sofern er durch eine Erklärung oder ein anderes Beweismittels seiner Wahl nachweist, dass er für sich und seine Familienangehörigen über ausreichende finanzielle Mittel sowie über eine Krankenversicherung verfügt, sofern dies in dem Mitgliedstaat seiner Staatsangehörigkeit gegenüber portugiesischen Staatsangehörigen verlangt wird; d) er ein Familienangehöriger ist, der einen Unionsbürger, der unter die oben genannten Punkte fällt, begleitet oder ihm nachzieht."*

7 Für bestimmte Arten von Arbeitnehmern und unter bestimmten Bedingungen („Tech-Visum", „Start-up Visum" und andere) gewährt Portugal auch Aufenthaltsgenehmigungen, ohne dass ein allgemeines Visum erforderlich ist.

8 Nämlich ein Visumantragsformular, Reisepass oder ein anderes gültiges Reisedokument, zwei Passfotos (aktuell und in Farbe), Personalausweis, gültige Reiseversicherung (die eine medizinische Versorgung, einschließlich medizinischer Notfälle und Rückführung, ermöglicht), Strafregisterauszug aus dem Herkunftsland oder dem Land, in dem der Antragsteller seit über einem Jahr ansässig ist (außer für Kinder unter 16 Jahren), Antrag auf Strafregisterabfrage durch die Einwanderungs- und Grenzbehörden, den Nachweis, dass man sich in keiner Notlage befindet, wenn man einer anderen Nationalität als der des Landes angehört, in dem das Visum beantragt wird, Dokumente zum Nachweis der Mittel zur Bestreitung des Lebensunterhalts (die jährlich aktualisiert werden, wobei der portugiesische Mindestlohn als Referenz dient), die erforderlichen Dokumente, die für die spezifische Art der beabsichtigten Arbeit erforderlich sind, und ein gültiges Rückreiseticket.

gen Fall bestätigt wird. Die SEF soll zukünftig aufgelöst und durch eine andere Agentur ersetzt werden.

Es gibt Visa für den Flughafentransit, Kurzzeitvisa, Visa für den vorübergehenden Aufenthalt und Aufenthaltsvisa. Die Visa für einen befristeten Aufenthalt und die Aufenthaltsvisa ermöglichen es, anschließend eine (dauerhafte) Aufenthaltserlaubnis in Portugal zu beantragen.

Das Visum für einen **befristeten Aufenthalt** ist sowohl für Personen im Angestelltenverhältnis (im Rahmen von Mobilitätsprogrammen für Unternehmen – Entsendung nach Portugal gemäß den Regeln der Welthandelsorganisation) als auch für selbstständig tätige Personen oder für Forscher, Hochschullehrer und hochqualifizierte Arbeitnehmer (sie alle müssen einen Arbeitsvertrag oder einen Vertrag mit Arbeitsversprechen, einen Vertrag oder ein schriftliches Angebot für die Erbringung von Dienstleistungen besitzen), deren Arbeitsdauer ein Jahr nicht überschreitet. Das Visum für einen befristeten Aufenthalt ist daher bis zu einem Jahr gültig und ermöglicht die mehrfache Einreise nach Portugal. Die Dauer des Visums hängt von den im Konsulat vorgelegten Unterlagen ab. Diese Unterlagen müssen den Zeitraum bestätigen, in dem die Anwesenheit der betreffenden Person in Portugal erforderlich ist.

Nach einem Jahr kann der Besitzer des Visums für einen befristeten Aufenthalt vor der SEF (Ausländer- und Grenzschutz-Agentur) eine Aufenthaltsgenehmigung für den Aufenthalt in Portugal beantragen, sofern bestimmte Bedingungen erfüllt sind, z. B. wenn die Person eine Tätigkeit als wissenschaftlicher Forscher ausübt oder eine hochqualifizierte Person darstellt und einer selbstständigen oder nichtselbstständigen Tätigkeit nachgeht. Dies stellt allerdings nicht den Regelfall dar. Generell sollten Personen, die beabsichtigen ihren Wohnsitz für mehr als ein Jahr nach Portugal zu verlegen, eine Aufenthaltserlaubnis beantragen.

Auch eine **dauerhafte Aufenthaltserlaubnis** wird für den oben genannten Personenkreis erteilt. Allerdings muss der jeweilige Antrag strengeren Kriterien folgen, da die Verlegung des Wohnsitzes nach Portugal von der Prüfung der SEF (Ausländer- und Grenzschutz-Agentur) abhängig ist. Die Aufenthaltserlaubnis ist Personen vorbehalten, die beabsichtigen, ihren Wohnsitz nach Portugal zu verlegen. Personen, die lediglich eine begrenzte Zeit im Land verbringen wollen, können dieses Visum nicht beantragen. Die vorläufige Aufenthaltserlaubnis ermöglicht bis zu zwei Einreisen nach Portugal und ist vier Monate gültig, bevor die dauerhafte Aufenthaltserlaubnis erteilt wird oder der Antrag auf Aufenthaltsgenehmigung vor dem SEF (Ausländer- und Grenzschutz-Agentur) gestellt wird. Heutzutage werden die SEF-Termine für die Beantragung einer Aufenthaltsgenehmigung und die Erteilung einer Aufenthaltserlaubnis für eine Person i. d. R. vom Konsulat gleichzeitig festgelegt. Die von den portugiesischen Behörden ausgestellten Visa und Aufenthaltsgenehmigungen gestatten den Zugang zum gesamten Schengen-Raum[9].

Die Personen, die im Rahmen einer **Sonderaufenthalts-Genehmigung** (bekannt als sog. „Goldenes Visum"-Programm) in Portugal investieren (es werden z. B. eine Investitionssumme von 500.000 € in portugiesische Immobilien oder die Schaffung von mindestens zehn Arbeitsplätzen in Portugal gefordert), brauchen kein vorheriges befristetes Visum zu beantragen. Personen, die fünf Jahre im Besitz einer normalen Aufenthaltsgenehmigung sind, können eine Daueraufenthaltsgenehmigung beantragen. Die Daueraufenthaltsgenehmigung ist zwar nicht befristet, muss aber alle fünf Jahre erneuert werden. Zusätzlich müssen Grundkenntnisse der portugiesischen Sprache nachgewiesen werden. Nach fünf Jahren rechtmäßigen Aufenthaltes in Portugal, kann ein Antrag auf die portugiesische Staatsbürgerschaft gestellt werden. Zu diesem Zweck sind Grundkenntnisse der portugiesischen Sprache erforderlich, die von einer offiziellen Stelle bescheinigt werden müssen.

3. Grundlagen der portugiesischen Einkommensteuer

3.1 Steuerpflichtige Personen

Natürliche Personen, die auf portugiesischem Territorium ansässig sind und Personen, die zwar nicht in Portugal wohnen, aber hier Einkünfte erzielen, unterliegen einer persönlichen Einkommenssteuerpflicht (**Imposto** sobre o **Rendimento** das Pessoas **Singulares**, im Folgenden "IRS").

Gemäß Art. 16 des IRS Codes (portugiesisches EStG – im Folgenden IRSC) ist ein in Portugal **Steueransässiger** eine natürliche Person, die

I. sich entweder mehr als 183 Tage im portugiesischen Staatsgebiet[10] in einem beliebigen 12-Monatszeitraum, der in einem bestimmten Steuerjahr beginnt oder endet, aufhält, unabhängig davon, ob diese Tage ganz oder teilweise in Portugal verbracht werden, vorausgesetzt, es findet eine Übernachtung – aufeinander folgend oder nicht – statt[11]; oder

9 Dazu gehören derzeit die folgenden 26 Staaten: Österreich, Belgien, Tschechische Republik, Dänemark, Estland, Finnland, Frankreich, Deutschland, Griechenland, Ungarn, Island, Italien, Lettland, Liechtenstein, Litauen, Luxemburg, Malta, Niederlande, Norwegen, Polen, Portugal, Slowakei, Slowenien, Spanien, Schweden und die Schweiz.

10 Das Festland und die Inselgruppen von Madeira und den Azoren.

11 Vgl. Art. 16 (2) des portugiesischen IRSC.

II. eine Wohnung in Portugal an einem beliebigen Tag während des oben genannten Zeitraums zur Verfügung hat, von der angenommen wird, dass sie als Ort des gewöhnlichen Aufenthalts unterhalten und bewohnt wird[12]; oder

III. am 31.12. ein Besatzungsmitglied eines Schiffes oder Flugzeugs im Dienst einer Körperschaft mit Wohnsitz, Sitz oder tatsächlicher Geschäftsleitung in Portugal ist; oder

IV. eine öffentliche Funktion für den portugiesischen Staat ausübt (auch als Mitglied des Europäischen Parlaments); oder

V. portugiesischer Staatsangehöriger ist und seinen Wohnsitz in ein aufgelistetes Steuerparadies verlegt (in diesem Fall gilt die Person im Jahr der Abreise und in den folgenden vier Jahren als in Portugal ansässig), es sei denn, er weist nach, dass die Abreise aus einem triftigen Grund erfolgt (z. B. dass sie von ihrem Arbeitgeber zur Ausübung einer vorübergehenden Tätigkeit abgeordnet wurde).[13]

Gebietsansässige werden als **unbeschränkt Steuerpflichtige** mit ihren weltweiten Einkommen gemäß den in den folgenden Abschnitten dargelegten Bedingungen besteuert. Auf der anderen Seite unterliegen Nicht-Gebietsansässige als **beschränkt Steuerpflichtige** in Portugal der Einkommensteuer nach dem **Territorialitätsprinzip**, d. h. es wird nur das Einkommen aus portugiesischen Quellen besteuert.[14]

In Portugal fällt das **Steuerjahr** mit dem Kalenderjahr zusammen, aber der Steuerwohnsitz beginnt mit dem ersten Tag der physischen Anwesenheit in Portugal, d. h., dass im Jahr der Ankunft die Personen nur zeitanteilig mit ihrem Welteinkommen besteuert werden. Dasselbe gilt für das Jahr der Abreise[15].

Aus steuerlicher Sicht existieren in Portugal einige attraktive Regelungen, wie z. B.:

- **Sonderstatus für nicht-gewohnheitsmäßig Ansässige** (sog. *Non-Habitual Tax Residents* – „Residente Não-Habitual“, vgl. dazu im Einzelnen Kapitel 6 unten):
  Im Jahr 2009[16] führte Portugal eine IRS-Regelung für Personen mit nicht-gewohnheitsmäßigem Wohnsitz ein, definiert als Personen, die einen steuerlichen Wohnsitz in Portugal begründen, ohne diesen in den vorangegangenen fünf Steuerjahren[17] gehabt zu haben (entweder weil sie keines der oben genannten Kriterien erfüllten, um in all diesen Jahren als steuerlich ansässige Personen zu gelten, oder weil der

---

12 Im Falle von verheirateten Personen oder Personen mit unterhaltsberechtigten Kindern werden diese Bedingungen für jedes Mitglied eines Haushalts gesondert beurteilt [Art. 16 (5) des IRSC].

13 Vgl. Art. 16 (6) des portugiesischen IRSC.

14 Vgl. Art. 15 (1) und 15 (2) des portugiesischen IRSC.

15 Vgl. Art. 16 (3) und (4) des IRSC, der das Splitting-Verfahren im Veranlagungszeitraum festlegt.

16 Ministerieller Erlass Nr. 249/2009 v. 23.9.2009.

17 Art. 16 (8) des IRSC.

inländische Wohnsitz durch die Anwendung eines DBA vermieden wurde). Diese Regelung richtet sich sowohl an ausländische Personen, die wahrscheinlich einen ständigen oder vorübergehenden Wohnsitz in Portugal begründen werden, als auch an portugiesische Personen, die nach einer fünfjährigen Abwesenheit nach Portugal zurückkehren. Steuerzahler, welche unter diese Regelung fallen, haben für einen Zeitraum von zehn Jahren Anspruch auf diverse Vergünstigungen, nach deren Ablauf sie nach der Standard-Regelung wiederum regulär besteuert werden. In Kapitel 6 dieses Beitrags werden die Besonderheiten des ***Non-habitual-tax-resident Regimes*** und der damit verbundenen Fragen aus deutscher Sicht dargestellt.

- **Regelungen für Rückkehrer**, die für ehemalige in Portugal Steueransässige geschaffen wurde[18]:
  Es gewährt eine **Steuerbefreiung auf 50 %** des Einkommens aus nichtselbständiger und selbständiger Tätigkeit, die für Personen gilt, die (I.) vor dem 31.12.2015 in Portugal steuerlich ansässig waren und 2019 oder 2020 nach Portugal zurückkehrten oder (II.) die in Portugal vor dem 31.12.2017, 31.12.2018 oder 31.12.2019 steuerlich ansässig waren und die jeweils in den Jahren 2021, 2022 bzw. 2023 nach Portugal zurückkehren und (III.) die Kriterien erfüllen, um sich gemäß den geltenden Vorschriften über den steuerlichen Wohnsitz als Steuerinländer zu qualifizieren, (IV.) in den letzten drei vor dem Rückzug vorangehenden Jahren nicht in Portugal steuerlich ansässig waren und (V.) nicht den NHR-Steuerstatus beantragt haben. Diese Befreiung ist für einen Zeitraum von **fünf Jahren** gültig und kann eine interessante Option für diejenigen sein, die die Kriterien für die Erlangung des NHR-Status nicht erfüllen oder teilweise davon ausgeschlossen sind (z. B. Sportler).

3.2 Steuerpflichtiges Einkommen

Gebietsansässige, unbeschränkt Steuerpflichtige werden mit ihrem Welteinkommen mit den folgenden Einkunftsarten bzw. Kategorien besteuert:[19]

Kategorie A – Einkünfte aus nichtselbständiger Tätigkeit;

Kategorie B – Einkünfte aus gewerblicher und selbständiger Tätigkeit;

Kategorie E – Kapitaleinkünfte;

Kategorie F – Einkünfte aus Vermietung und Verpachtung;

18 Art. 12-A des IRSC.

19 Das IRSC verfolgt einen analytischen Ansatz und gliedert das Einkommen nach einem Kategoriensystem: Das zu versteuernde Einkommen wird in Art. 1 (1) des IRSC als zu den gesetzlich festgelegten Steuerkategorien gehörende Einkünfte definiert, und jeder Posten, der nicht ausdrücklich erwähnt ist, wird nicht besteuert. Es gibt keine allgemein gültige Definition des Begriffs „Einkommen“.

Kategorie G – Veräußerungsgewinne bzw. Vermögenszuwächse;

Kategorie H – Renten.

Die Ermittlung des zu versteuernden Einkommens und der Steuerschuld wird nach dem portugiesischen System im Überblick wie folgt bestimmt:

I. Bruttoeinkommen, wie in den einzelnen Kategorien definiert (mit Ausnahme von Einkommen, das Pauschalsteuersätzen unterliegt);

II. abzüglich der in den jeweiligen Kategorien zulässigen (Kosten-)Abzüge;

III. Nettoeinkommen je Kategorie;

IV. Summe des Nettoeinkommens, auf das der progressive Steuertarif angewandt wird;

V. Steuerfestsetzung abzüglich bestimmter Abzüge

VI. ergibt endgültige Steuerschuld.

Einige Einkunftsarten unterliegen besonderen oder autonomen Steuersätzen.

3.2.1 Einkünfte aus nichtselbständiger Tätigkeit (Kategorie A)

Die Kategorie A umfasst alle Arten von Vergütungen, die im Zusammenhang mit der Beschäftigung gezahlt oder als geldwerter Vorteil gewährt werden, wie Gehälter, Löhne, Boni, Provisionen, Subventionen, Preise, Bezüge, Trinkgelder und andere Nebenvergütungen (auch wenn sie periodisch, fest oder variabel, vertraglich oder nicht vertraglich festgelegt sind).

Die Vergütungen von gebietsansässigen Mitgliedern von Vorständen und Aufsichtsräten von Unternehmen werden nach der Kategorie A besteuert[20], mit Ausnahme der Vergütungen, die von gesetzlichen Abschlussprüfern in ihrer Eigenschaft als Mitglieder von Aufsichtsräten oder Prüfungsausschüssen von Unternehmen erzielt werden (die als Einkünfte aus gewerblicher oder selbstständiger Tätigkeit betrachtet werden).

Einige **Sachleistungen** sind ebenfalls als Einkünfte aus nichtselbständiger Tätigkeit steuerpflichtig, z. B. die mietfreie Nutzung einer vom Arbeitgeber zur Verfügung gestellten Wohnung, solche, die aus Aktienoptionsplänen des Arbeitgebers oder aus vom Arbeitgeber zinslos oder zu einem niedrigeren Zinssatz als dem Marktzinssatz gewährten Darlehen stammen, Prämien, die vom Arbeitgeber für Lebensversicherungen, Renten- oder andere ergänzende Altersversorgungssysteme im Namen des Arbeitnehmers gezahlt werden.

20 Art. 2 (3) (a) des IRSC.

Einkünfte aus nichtselbständiger Tätigkeit unterliegen der Besteuerung in dem Zeitpunkt, in dem sie bezahlt oder dem Arbeitnehmer gewährt werden. Die Steuerpflichtigen können vom Bruttobetrag der Einkünfte wahlweise den Betrag der obligatorischen Sozialversicherungsbeiträge (für weitere Einzelheiten vgl. Kapitel 4 unten) oder einen Betrag von 4.104 € (oder 75 % des zwölffachen Sozialunterstützungsindex, wenn die Ausgaben des Arbeitnehmers die für die Ausübung seiner beruflichen Tätigkeit erforderlichen Beiträge umfassen) abziehen, je nachdem, welcher Betrag höher ist.

3.2.2 Einkünfte aus gewerblicher und selbständiger Tätigkeit sowie aus Land- und Forstwirtschaft (Kategorie B)

Kategorie B umfasst (I.) Einkünfte aus der Ausübung jeglicher kommerzieller, industrieller, land-, forst- oder viehwirtschaftlicher Tätigkeit, (II.) Einkünfte aus der Erbringung selbständiger professioneller Dienstleistungen und (III.) Einkünfte aus geistigem oder gewerblichem Eigentum[21], soweit sie vom ursprünglichen Urheber bezogen werden, oder aus der Bereitstellung von Informationen und Know-how.[22]

Zur Kategorie B gehören auch Einkünfte aus Vermietung, Kapitaleinkünfte und Veräußerungsgewinne, die sich aus Tätigkeiten ergeben, um Einkünfte aus gewerblicher oder selbstständiger Tätigkeit zu erzielen. Die der Kategorie B zuzuordnenden Einkünfte werden daher nicht nach den für die Kategorien F, E oder G geltenden Bedingungen besteuert.

Gewinne oder Einkünfte, die von einer in einem Niedrigsteuergebiet ansässigen ausländischen Körperschaft erzielt werden und die gemäß der Hinzurechnungsbesteuerung natürlichen Personen mit einer wesentlichen Beteiligung an diesen Körperschaften zugerechnet werden, gelten ebenso als Einkünfte nach Kategorie B, vorausgesetzt, dass das Kapital oder die Rechte mit einer geschäftlichen oder beruflichen Tätigkeit verbunden sind. In den anderen Fällen gelten die zugerechneten Gewinne als Einkünfte nach Kategorie E (Kapitaleinkünfte).[23]

Einkünfte aus gewerblicher und selbstständiger Tätigkeit unterliegen der Besteuerung ab dem Zeitpunkt, in dem die Ausstellung einer ordnungsgemäßen Rechnung im Sinne des Umsatzsteuergesetzes verpflichtend ist. Falls die Ausstellung einer ordnungsgemäßen Rechnung nicht vorgeschrieben ist, greift die Besteuerung ab dem Zeitpunkt der Zahlung oder der Gewährung des Vorteils.

---

21 Dazu gehören Tantiemen bzw. Lizenzen für Urheberrechte, Patente, Marken und andere gewerbliche Schutzrechte.

22 Art. 3 (1) des IRSC.

23 Art. 20 (3) und (4) des IRSC.

Die Einkünfte aus gewerblicher und selbstständiger Tätigkeit können nach zwei Verfahren ermittelt werden:

- der vereinfachten Methode, bei der die Bestimmung des zu versteuernden Einkommens eines anspruchsberechtigten Steuerpflichtigen[24] durch Anwendung von sog. Standardkoeffizienten erfolgt;
- der direkten Methode, basierend auf den Buchführungsunterlagen des Steuerpflichtigen.

Wenn es nicht möglich ist, den zu versteuernden Betrag direkt und genau zu beziffern, können die Steuerbehörden das angenommene Mindesteinkommen einer gebietsansässigen Person auf der Grundlage externer Vermögensnachweise schätzen (indirekte Methode).

Einzelunternehmer und Freiberufler mit einer regulären Buchführung können die Ausgaben, die mit der Erzielung von Einkünften nach Kategorie B zusammenhängen, nach den für Unternehmen geltenden Regeln abziehen. Bei der Berechnung des Einkommens nach Kategorie B darf der Steuerpflichtige jedoch nur die Betriebseinnahmen und die Betriebsausgaben im Zusammenhang mit Wirtschaftsgütern oder Rechten berücksichtigen, die entweder Teil des Betriebsvermögens des Unternehmens sind oder mit den Aktivitäten des Unternehmens im Zusammenhang stehen.

3.2.3 Kapitaleinkünfte (Kategorie E)

Der Begriff der Kapitaleinkünfte ist im portugiesischen Einkommensteuerrecht[25] weit gefasst und deckt tendenziell jede Art von Einkünften aus Vermögen oder beweglichen Rechten ab, solange diese nicht nach einer anderen Kategorie besteuert werden.

Die Kapitaleinkünfte können als „passives Einkommen" bezeichnet werden, wenn der Eigentümer diese erzielt, ohne eine berufliche Tätigkeit auszuüben, die darauf abzielt, sie zu erzielen. Dazu gehören insbesondere Dividenden, Zinsen und Lizenzgebühren (wenn sie an andere Personen als den ursprünglichen „Urheber" gezahlt werden).

Die Einkünfte aus Kapitalvermögen unterliegen ab dem Zeitpunkt der Besteuerung, (i) an dem die Fälligkeit eintritt; (ii) an dem die Fälligkeit vermutlich eingetreten wäre; (iii)

24 Qualifizierte Steuerpflichtige sind Einzelunternehmer und Freiberufler, die im Vorjahr ein Bruttoeinkommen von maximal 200.000 € hatten. Gemäß Art. 28 (2) – (6) des IRSC ist das vereinfachte Besteuerungssystem anwendbar, wenn das erzielte Bruttoeinkommen (i) 200.000 € in zwei aufeinanderfolgenden Jahren oder (ii) 250.000 € in einem einzigen Jahr nicht übersteigt. In diesen beiden Fällen fällt die betreffende Person im folgenden Jahr automatisch unter diese Regelung. Berechtigte Steuerpflichtige können sich jedoch ausdrücklich dafür entscheiden, dass das Einkommen auf der Grundlage von Buchhaltungsunterlagen ermittelt wird – gem. Art. 28 (2) und (3) des IRSC.

25 Art. 5 des IRSC.

an dem es seinem Eigentümer zur Verfügung gestellt wird; (iv) an dem es liquidiert wird bzw. (v) ab dem Zeitpunkt der Festlegung des jeweiligen Betrags.[26] Bei der Berechnung dieser Art von Einkünften sind i. d. R. keine Kostenabzüge erlaubt (**Bruttoprinzip**).

3.2.4 Einkünfte aus Vermietung und Verpachtung (Kategorie F)

Kategorie F umfasst Mieten für ländliche, städtische und gemischt genutzte Gebäude, die an die Eigentümer gezahlt werden, wenn sie sich nicht für eine Besteuerung nach Kategorie B entscheiden.[27]

Die IRSC-Regeln sehen vor, von den Bruttoeinnahmen alle Ausgaben abzuziehen, die der Steuerpflichtige tatsächlich getätigt und bezahlt hat, um die Mieteinnahmen zu erzielen (mit Ausnahme von Ausgaben, die mit der Anschaffung von Möbeln, Haushaltsgeräten und Dekorationsartikeln sowie der zusätzlichen kommunalen Grundsteuer zusammenhängen).[28]

3.2.5 Einkünfte aus Veräußerungsgewinnen und Vermögenszuwächsen (Kategorie G)

Kategorie G hat gegenüber den anderen Kategorien einen „Auffangcharakter", was bedeutet, dass Veräußerungsgewinne und andere Vermögenszuwächse unter die Kategorie G fallen, sofern sie nicht Einkünfte der Kategorie B, E oder F darstellen.

Bestimmte Veräußerungsgewinne sind **steuerbefreit**, wie z. B. diejenigen aus:

a) Aktien und anderen Anteilsrechten, die vor dem 1.1.1989 erworben wurden;

b) Immobilien, mit Ausnahme von Bauland, die vor dem 1.1.1989 erworben wurden;

c) der persönlichen und ständigen Wohnung eines Steuerpflichtigen, sofern der Veräußerungserlös in eine andere persönlich genutzte Wohnung in Portugal oder im EU- oder EWR-Gebiet reinvestiert wird;

d) der persönlichen und ständigen Wohnstätte eines Steuerzahlers, sofern der Steuerzahler oder der Ehepartner mindestens 65 Jahre alt ist und der Verkaufserlös in eine Versicherungspolice oder einen offenen Pensionsfonds reinvestiert wird, die bzw. der regelmäßige Rentenzahlungen generiert.

26 Art. 7 des IRSC.
27 Art. 8 (1) des IRSC.
28 Art. 41 des IRSC.

Generell werden gemäß dem portugiesischen Steuerrecht Einkünfte eines Steuerpflichtigen in dem Jahr steuerpflichtig, in dem er diese tatsächlich empfangen hat. Im Falle von Einkünften aus Vermögenszuwächsen wird die Besteuerung jedoch in dem Jahr ausgelöst, in dem die Übertragung des betreffenden Vermögenswertes erfolgt, unabhängig davon, wann die Zahlung getätigt wird.

Das Staatshaushaltsgesetz 2022 legt fest, dass für Einkünfte aus Vermögenszuwächsen bzw. Veräußerungsgewinne aus Wertpapieren (z. B. Aktien, Anleihen), die durch Schenkungen erworben wurden, die von der portugiesischen Stempelsteuer befreit waren (für weitere Einzelheiten siehe unten Abschnitt 5), der relevante Anschaffungswert der Wert ist, der die Grundlage für die Veranlagung zur Stempelsteuer gewesen wäre (z. B. bei börsengehandelten Aktien ist der maßgebliche Wert der jeweilige Börsenkurs), falls diese bis zu zwei Jahre vor der Schenkung fällig wird.

Das Staatshaushaltsgesetz 2022 enthält keinen Hinweis auf das Datum des Inkrafttretens der oben genannten Regelung, und in Ermangelung einer ausdrücklichen Bestimmung tritt die Änderung am Tag nach der Veröffentlichung des Gesetzes in Kraft, d. h. am 28.6.2022. Es könnte strittig sein, ob diese Regel ex post auf die Bewertung von Wertpapieren Anwendung findet, die vor dem Inkrafttreten des Gesetzes erworben, aber noch nicht veräußert wurden und daher noch keine steuerpflichtigen Veräußerungsgewinne realisiert haben.

3.2.6 Renten und ähnliche Bezüge (Kategorie H)

Renten, Pensionen und ähnliche Bezüge stellen Einkünfte im Sinne der Kategorie H dar. Unter die Kategorie H fallen auch Einkünfte aus wiederkehrenden Bezügen wie z. B. Unterhaltszahlungen, Zeitrenten oder lebenslange Renten, Entschädigungen zum Ausgleich von Einkommensverlusten und Versorgungsleistungen von Versicherungsgesellschaften, Pensionsfonds oder anderen Einrichtungen, die aufgrund von Arbeitgeberbeiträgen im Rahmen von Zusatzsystemen der sozialen Sicherheit fällig sind und nicht als Einkommen der Kategorie A gelten.

Jeder Rentner (die Ansässigkeit in Portugal muss nicht erfüllt sein) kann von seinem Einkommen einen Freibetrag von 4.104 €[29] abziehen. Darüber hinaus können auch Pflichtbeiträge für die Sozialversicherung, die Krankenversicherung (die normalerweise auch im Rahmen eines Vorruhestands fällig sind) abgezogen werden, soweit sie den Betrag von 4.104 €[30] übersteigen.

29 Art. 53 (1) des IRSC.
30 Art. 53 (4) des IRSC.

Einkünfte aus Renten und wiederkehrenden Bezügen unterliegen der Besteuerung ab dem Zeitpunkt, in dem sie ausgezahlt werden.

3.2.7 Verlustverrechnung

Grundsätzlich können negative Einkünfte nur mit positiven Einkünften aus derselben Kategorie verrechnet werden.[31] Verluste aus Einkünften der Kategorie B können grds. zwölf Jahre lang, Verluste aus Einkünften der Kategorie F nur sechs Jahre lang vorgetragen werden.

„Verluste aus dem Verkauf von Immobilien, gewerblichen Schutzrechten und der Abtretung von immobiliengleichen Rechten, sog. menos-valias, können mit der Hälfte des realisierten Betrags insgesamt fünf Jahre lang vorgetragen werden und mit der Hälfte von Zugewinnen aus dem Verkauf der vorgenannten Gegenstände und Rechte verrechnet werden. Handelt es sich um die Hälfte von realisierten Verlusten aus Gesellschaftsanteilen oder Wertpapieren, Finanzderivaten, Warrants, Kreditabtretungen oder Abtretungen von Gesellschafterdarlehen, kann der ermittelte Betrag fünf Jahre lang vorgetragen werden. Voraussetzung ist, dass der Steuerpflichtige für die Einbeziehung aller positiven und negativen Einkünfte in die Gesamtbesteuerung (englobamento) optiert.“[32]

3.2.8 Exkurs: Besteuerung von Kryptowährungen

Die portugiesische Steuerverwaltung hat in einem Erlass[33] anerkannt, dass die Gewinne aus dem Handel mit Kryptowährungen weder als Kapitaleinkünfte (Kategorie E) noch als Einkünfte aus Vermögenszuwächsen (Kategorie G) zu versteuern sind, solange der Handel mit Kryptowährungen nicht „häufig“ stattfindet.

Nur wenn der Handel mit Kryptowährungen einen „bestimmten Umfang“ überschreitet, würde dieser als selbständige oder gewerblich Tätigkeit eingestuft werden, die nach Kategorie B des IRSC zu versteuern ist und den allgemeinen progressiven Steuersätzen unterliegt.

Diese Einordnung – Nichtbesteuerung von Veräußerungsgewinnen aus dem Verkauf bestimmter privat gehaltener Vermögenswerte, auch wenn diese „digital“ sind, oder aus Währungsgewinnen stammen – ist ein allgemeines Merkmal des portugiesischen Steuerrechts und keine Besonderheit der NHR-Regelung.

---

31 Vgl. Art. 55 des IRSC.

32 Stieb in Mennel/Förster, Steuern in Europa, Amerika und Asien, Stand 8/2019, Portugal Rz. 70.

33 Referat für Einkommensteuern, Vfg. v. 27.12.2016 - Az. 717/2015, verfügbar unter https://info.portaldasfinancas.gov.pt/pt/informacao_fiscal/informacoes_vinculativas/rendimento/cirs/Documents/PIV_09541.pdf.

Die portugiesische Steuerverwaltung betrachtet außerdem den Handel mit Krypto gegen Krypto (aber nicht Handel mit Krypto gegen sog. Fiat-Währungen) als nicht steuerpflichtig, auch wenn der Handel häufig stattfindet.

Einkünfte aus der Hinterlegung, dem Verleih oder der vorübergehenden Bereitstellung von Liquidität in Kryptowährungen sind im Prinzip steuerpflichtige und meldepflichtige Kapitaleinkünfte in Portugal, aber wenn solche Einkünfte als „Zinsen" eingestuft werden, können sie für NHR-Anspruchsberechtigte steuerfrei sein.

Entgegen den Erwartungen hat das Staatshaushaltsgesetz für 2022 keine diesbezüglichen Änderungen eingeführt, obwohl die portugiesische Steuerverwaltung diesen Tatbestand untersucht.

3.3 Steuererhebungsverfahren

3.3.1 Steuertarife

Für Gebietsansässige wird das zu versteuernde Einkommen, das dem gesamten Nettoeinkommen der oben genannten Kategorien entspricht, nach einem **progressiven Tarif** besteuert, der von 14,5 % (für Einkommen bis zu 7.116 €) **bis zu 48 %** (für Einkommen über 75.009 €) reicht.[34] Für zu versteuernde Einkommen über 80.000 € bzw. über 250.000 € gelten zusätzliche sog. Solidaritätsabgaben von 2,5 % bzw. 5 %.[35]

Verheiratete Personen oder Lebenspartner, die sich für eine Zusammenveranlagung entscheiden, können das sog. **Ehegattensplitting** anwenden und ihr gemeinsames zu versteuerndes Gesamt-Einkommen hälftig aufteilen. Der aufgrund des Splittings ermittelte Einkommensteuerbetrag wird sodann mit dem Faktor 2 multipliziert.[36]

Kapitaleinkünfte, Einkünfte aus Vermietung und Verpachtung und bestimmte Veräußerungs- bzw. Kapitalgewinne, speziell aus Wertpapieren (Kategorien E, F bzw. G), unabhängig von ihrer inländischen oder ausländischen Herkunft[37], unterliegen einem **pauschalen Steuersatz von 28 %,** wobei es möglich ist, für die Anwendung der progressiven IRSC-Steuersätze zu optieren.[38] In bestimmten Fällen unterliegen Kapitaleinkünfte und Veräußerungsgewinne, die in Gebieten erzielt werden, die auf der schwarzen

34 Art. 68 des IRSC.
35 Art. 68-A des IRSC.
36 Art. 69 des IRSC.
37 Art. 22 (3) (b), 71 (1) (a) und (b) sowie 72 (1) (c), (d) und (e) des IRSC.
38 Art. 71 (6) und 72 (8) des IRSC.

Liste[39] der portugiesischen Steuerparadiese stehen, einem erhöhten pauschalen Steuersatz von 35 %.[40]

Ein erhöhter Steuersatz von 60 % wird außerdem auf ungerechtfertigte, nicht erklärbare Vermögenszuwächse von mehr als 100.000 € angewandt.

Das Staatshaushaltsgesetz 2022 sieht eine **Änderung der Besteuerung von Kapitalgewinnen** vor, die sich aus dem Verkauf von Aktien (inklusive deren Rücknahme bzw. Amortisation), der Rückzahlung von Anleihen oder anderen Schuldtiteln und der Rücknahme von Anteilen an Investmentfonds oder der Liquidation solcher Fonds ergeben.

Diese Änderung wird sowohl in Portugal ansässige Personen mit normaler Besteuerung wie auch die NHR-Begünstigten betreffen, da Kapitalgewinne aus Wertpapieren grds. auch unter der NHR-Regelung in Portugal steuerpflichtig bleiben.

Nach der bisherigen Regelung wurde der Saldo aus Kapitalgewinnen und -verlusten – sofern er positiv ist – grds. mit einem **pauschalen Steuersatz von 28 %** besteuert (solche Kapitalgewinne werden jedoch mit einem Steuersatz von 35 % besteuert, wenn der Emittent der Wertpapiere in einem Land ansässig ist, das auf der „schwarzen Liste" steht). Der Steuerpflichtige kann jedoch dafür optieren, die genannten Kapitalerträge dem regulären progressiven Steuersatz (inklusive dem Solidaritätszuschlag) zu unterwerfen.

Nach dem Staatshaushaltsgesetz 2022 sollen solche Kapitalgewinne (einschließlich derjenigen, bei denen sich der Emittent in einem Land befindet, das auf der „schwarzen Liste" steht) jedoch zukünftig obligatorisch mit den regulären, progressiven Steuersätzen besteuert werden, wenn:

- die Wertpapiere für einen Zeitraum von weniger als 365 Tagen gehalten werden; und

---

39 Nach dem Ministerialerlass Nr. 292/2011 vom 8.11.2011 gehören dazu: Anguilla, Antigua und Barbuda, die Niederländischen Antillen, Aruba, Ascension, die Bahamas, Bahrain, Barbados, Belize, Bermuda, Bolivien, Brunei, die Kanalinseln (Alderney, Guernsey, Jersey, Great Sark, Herm, Little Sark, Brechou, Jethou und Lihou), die Kaimaninseln, die Cocos o Keeling-Inseln, die Cookinseln, Costa Rica, Dschibuti, Dominica, die Vereinigten Arabischen Emirate, die Falklandinseln, Fidschi, Gambia, Grenada, Gibraltar, Guam, Guyana, Honduras, Hongkong, Jamaika, Jordanien, die Queshm-Insel, Kiribati, Kuwait, Labuan, Libanon, Liberia, Liechtenstein, die Malediven, die Isle of Man, die Nördlichen Marianen, die Marshall-Inseln, Mauritius, Monaco, Montserrat, Nauru, Natal, Niue, die Insel Norfolk, Oman, Palau, Panama, die Insel Pitcairn, Französisch-Polynesien, Puerto Rico, Katar, die Salomonen, Amerikanisch-Samoa, Samoa, St. Helena, St. Lucia, St. Kitts-Nevis, San Marino, St. Pierre und Miguelon, St. Vincent und die Grenadinen, die Seychellen, Swasiland, Spitzbergen (Inselgruppe Spitzbergen und Bjornoya), Tokelau, Tonga, Trinidad und Tobago, die Insel Tristão da Cunha, die Turks- und Caicosinseln, Tuvalu, Uruguay, Vanuatu, die Britischen Jungferninseln, die US-amerikanischen Jungferninseln, Jemen und auch „andere nicht ausdrücklich erwähnte pazifische Inseln".

40 Art. 71 (12) und 72 (12) des IRSC.

- das steuerpflichtige Einkommen (d. h. bei NHR-Begünstigten auch Renten, die nicht gem. NHR-Regime steuerbefreit oder mit dem Pauschalsteuersatz von 10 % steuerbegünstigt sind, und Einkünfte aus nichtselbständiger oder selbständiger Arbeit, die nicht dem besonderen NHR-Steuersatz von 20 % für Tätigkeiten mit hoher Wertschöpfung unterliegen), einschließlich des Saldos der Kapitalgewinne und -verluste selbst (wenn positiv) aus diesen Wertpapieren, die für einen Zeitraum von weniger als 365 Tagen gehalten werden, **75.009 € oder mehr** beträgt.

Insofern hat der Steuerpflichtige die Möglichkeit verloren, die begünstigte Besteuerung zum Steuersatz von 28 % (oder zum Steuersatz von 35 % in den oben genannten Fällen von Ländern der „schwarzen Liste") für **kurzfristige Kapitalgewinne** aus dem Verkauf bzw. der Rückzahlung von Aktien, der Rückzahlung von Anleihen oder anderen Schuldtiteln und der Rücknahme von Anteilen an Investmentfonds oder der Liquidation solcher Fonds zu nutzen.

Wenn der realisierte Saldo aus den oben genannten Vorgängen insgesamt zu einem Kapitalverlust führt, kann dieser Verlust jedoch fünf Jahre lang zum Ausgleich mit künftigen Kapitalgewinnen vorgetragen werden.

Die Neuregelung gilt nicht für kurzfristige Kapitalgewinne aus Derivaten, Optionsscheinen und Zertifikaten, die dem Inhaber das Recht auf den Erhalt eines bestimmten Basiswerts einräumen. Kapitalgewinne aus solchen Transaktionen werden daher unabhängig von der Haltedauer weiterhin mit dem Steuersatz von 28 % besteuert.

Die Neuregelung tritt am 1.1.2023 in Kraft, d. h. sie gilt für Kapitalgewinne und -verluste, die ab dem Kalender- bzw. Steuerjahr 2023 erzielt werden.

Gemäß einer weiteren Änderung, die durch das Staatshaushaltsgesetz für 2022 eingeführt wurde, unterlieget der Betrag, der einem Errichter bzw. Treugeber eines **Trusts** infolge der Liquidation, des Widerrufs oder des Erlöschens dieses Trusts zugewiesen wird, sowie die Gewinne, die sich aus der Abtretung von Rechten des Trusts ergeben, einschließlich der Abtretung der Position des Begünstigten des Trusts, einem pauschalen Satz von 35 %, sofern der Trust seinen Sitz in einem Land hat, das auf der schwarzen Liste der Steueroasen steht. Ein Trust gilt als in einer schädlichen Steueroase ansässig, sofern sich der eingetragene Sitz oder der Ort der tatsächlichen Geschäftsführung des Treuhänders dort befindet oder, wenn der Treuhänder eine natürliche Person ist, für Steuerzwecke als dort ansässig gilt.

Für Personen, auf welche das **NHR-Steuerregime** Anwendung findet, gelten besondere und günstigere Steuersätze und Ausnahmen, die im Kapitel 6 (vgl. unten) näher dargestellt werden.

3.3.2 Einbehalt von Abzugssteuern

Die Einkünfte aus nichtselbstständiger Tätigkeit unterliegen einer monatlichen Einbehaltung durch den Arbeitgeber[41], die als bereits gezahlte Lohnsteuer auf die endgültige Steuerschuld der steuerpflichtigen Person anrechenbar ist.[42]

Vergütungen, die von buchführungspflichtigen Steuerpflichtigen an einen in Portugal ansässigen Einzelunternehmer oder Freiberufler gezahlt werden, unterliegen einem **Quellensteuereinbehalt** durch den Vergütungsschuldner i. H. von[43]:

- 16,5 % auf Lizenzgebühren, die für Urheberrechte, Patente, Warenzeichen und Know-how an den Rechteinhaber gezahlt werden;
- 25 % auf Gebühren aus der Erbringung von aufgeführten unabhängigen persönlichen Dienstleistungen;
- 11,5 % auf Honorare und alle damit verbundenen Zahlungen von Handwerkern und für Dienstleistungen (z. B. Schreiner, Automechaniker und Elektriker);
- 20 % auf Vergütungen an beschränkt Steuerpflichtige bzw. Nicht-Gebietsansässige, das mit Aktivitäten von hohem Mehrwert mit wissenschaftlichem, künstlerischem oder technischem Charakter verbunden ist. In diesem Fall entfällt die Umsatzsteuer auf den Bruttobetrag.

Einkünfte aus Immobilien, die von einem buchführungspflichtigen Mieter bzw. Pächter gezahlt werden, unterliegen einem Quellensteuereinbehalt i. H. von 25 %.[44]

Renten und wiederkehrende Bezüge (außer Unterhaltszahlungen) aus portugiesischen Quellen, die auf monatlicher Basis an gebietsansässige Begünstigte gezahlt werden, unterliegen einem (monatlichen) Steuereinbehalt durch den inländischen Schuldner mit Sätzen zwischen 0 % und 39,8 %.[45]

3.3.3 Deklarationsverfahren

Gebietsansässige sind gesetzlich verpflichtet, eine elektronische Einkommensteuererklärung für das Vorjahr einzureichen. Die Erklärungen müssen zwischen dem 1.4. und

41 Nach Steuersatztabellen, unter Berücksichtigung der persönlichen Verhältnisse des Steuerzahlers, mit Pauschalsteuersätzen zwischen 0 % und 43,8 %.

42 Art. 99-C und 99-F des IRSC.

43 Art. 101 des IRSC.

44 Art. 101 (1) (e) des IRSC.

45 Art. 99-D und 99-F des IRSC.

dem 30.6.[46] nach dem Jahr, auf das sich die Einkommensteuererklärung bezieht, eingereicht werden. Die Frist kann bis zum 31.12. des Folgejahres verlängert werden, wenn die natürliche Person Einkommen aus dem Ausland erzielt hat und Informationen über die in diesem Land veranlagte Steuer benötigt werden, um die entsprechende Anrechnung der bereits bezahlten Steuer in Portugal im Rahmen der Einkommensteuererklärung zu beantragen.

Steuerpflichtige, welche einer nichtselbstständigen Tätigkeit nachgehen oder Renten beziehen und ein jährliches Einkommen von **weniger als 9.870 €** erzielen, das nicht der Quellensteuer unterworfen wurde, sind von der Verpflichtung zur Abgabe einer Einkommensteuererklärung befreit.[47]

Die Steuerveranlagung wird von den zentralen Steuerbehörden auf der Grundlage der Erklärung vorgenommen. Die Veranlagung muss bis zum 31.7. für Erklärungen, die innerhalb der oben genannten Fristen eingereicht werden, und bis zum 30.11. für Erklärungen, die nicht eingereicht werden, abgeschlossen sein.

Steuerpflichtige, die Einkünfte aus der Kategorie B erzielen, müssen jeweils bis zum 20.7., 20.9. und 20.12. des laufenden Jahres jeweils Steuervorauszahlungen leisten, die insgesamt 76,5 % der portugiesischen Einkommensteuerschuld des vorletzten Jahres aufgrund ihrer endgültigen Einkommensteuer ausmacht.[48]

Generell müssen Steuerzahler offene Einkommensteuerschulden eines Steuerjahres bis zum 31.8. des folgenden Jahres (oder bis zum 31.12., falls die Steuererklärung nicht eingereicht wurde) bezahlen.[49] Wenn einbehaltene Abzugssteuern als Vorauszahlungen angerechnet werden und/oder die Summe der oben genannten Vorauszahlungen die endgültige Verbindlichkeit des Steuerzahlers für das laufende Jahr übersteigt, muss jeder überschüssige Betrag ebenfalls bis zum 31.8. (oder 31.12.) des folgenden Jahres zurückgezahlt werden.

Es werden außerdem **Abzüge auf die tarifliche Einkommensteuer** gewährt, um die persönliche und familiäre Situation und die Zahlungsfähigkeit des Steuerpflichtigen zu berücksichtigen. Diese werden insbesondere Steuerpflichtigen und deren Haushaltsmitgliedern pauschal für Familien-, Gesundheits-, Ausbildungs- und Wohnungskosten gewährt.[50] Diese Abzüge sind jedoch derzeit für Steuerzahler in den höchsten Steuerklas-

46 Art. 60 des IRSC.
47 Vgl. Art. 70 IRSC
48 Art. 102 (1) und (2) des IRSC.
49 Art. 97 des IRSC.
50 Vgl. Art. 78-A – 78-E des IRSC.

sen stark eingeschränkt.[51] Die Steuerpflichtigen können außerdem 15 % der Mehrwertsteuer abziehen, die für bestimmte Ausgaben anfallen, wobei die Gesamtobergrenze bei 250 € pro Haushalt liegt.[52]

3.3.4 Besteuerung Nicht-Ansässiger (beschränkte Steuerpflicht)

Nichtansässige, beschränkt steuerpflichtige Personen, die im Inland weder über einen Wohnsitz verfügen, noch einen gewöhnlichen Aufenthalt haben (não resident), sind mit ihren inländischen Einkünften in Portugal steuerpflichtig und werden i. d. R. auf Basis einer **Bruttobesteuerung** mit **pauschalen Steuersätzen** besteuert, die je nach Einkommensart variieren.

Zum Beispiel werden neben den Einkünften aus nichtselbständiger Tätigkeit nach Kategorie A auch Einkünften aus gewerblicher und selbstständiger Tätigkeit und aus Land- und Forstwirtschaft und Lizenzeinkünfte nach Kategorie B und Kategorie E (d. h., wenn sie an ihren originären Rechtsinhaber oder eine andere Personen gezahlt werden) mit einem Abgeltungssatz von **25 %** besteuert[53]. Inländische Kapitaleinkünfte werden mit einem Steuersatz von 28 % besteuert. Inländisches Einkommen, das von Nichtansässigen ohne Betriebsstätte erzielt wird, wird ebenso der Abgeltungssteuer unterworfen. Für Einkommen, das über die Abgeltungssteuer besteuert wird, können keine weiteren Werbungskosten abgezogen werden.

Inländische Einkünfte aus Vermietung und Verpachtung, Kapitaleinkünfte, Einkünfte aus nichtselbstständiger Tätigkeit (wenn die auszahlende Partei ein Nichtansässiger ist, aber die Beschäftigung in Portugal ausgeübt wird) und Einkünfte aus gewerblicher und selbstständiger Tätigkeit und Land- und Forstwirtschaft (wenn die auszahlende Partei nicht Buchführungspflichtig ist oder wenn die Einkünfte durch eine Betriebsstätte in Portugal erzielt werden) werden nicht über die Abgeltungssteuer besteuert, sondern im Zuge der jährlichen Steuererklärung durch das Veranlagungsverfahren der regulären Einkommensteuer unterworfen. In diesen Fällen sind steuerlich relevante Abzüge von Ausgaben möglich, falls die Einkünfte durch eine ständige Betriebsstätte in Portugal erzielt werden (Nettobesteuerung).

Im Gegensatz dazu kann eine **Nettobesteuerung** für Einkünfte aus Vermietung und Verpachtung, Kapitaleinkünfte, Einkünfte aus gewerblicher und selbständiger Tätigkeit

---

51 Gemäß Art. 78 (7) des IRSC können nur Steuerzahler der unteren Einkommensgruppe diese Abzüge in vollem Umfang in Anspruch nehmen. Steuerzahler in der höchsten Stufe können nur einen Gesamtbetrag von max. 1.000 € abziehen. Für die übrigen Steuerklassen wird der abzugsfähige Betrag anhand einer Formel berechnet.

52 Vgl. Art. 78-F des IRSC Codes.

53 Art. 5 (2) (m) und (n), 71 (4) (a) und (b) sowie 72 (2) (b) des IRSC.

und Land- und Forstwirtschaft, die nicht über eine ständige Betriebsstätte in Portugal erzielt werden, nur geltend gemacht werden, wenn eine der Sonderregelungen für EU-Bürger, die portugiesische Einkünfte erzielen, in Anspruch genommen wird. Folgende Regelungen sind dann anwendbar:

- Wenn 90 % des Welteinkommens in einem bestimmten Jahr aus einer portugiesischen Quelle stammt, können sich Nicht-Ansässige[54] dafür entscheiden, als Steueransässige besteuert zu werden. In diesem Fall ist die reguläre Veranlagung – wie bei unbeschränkt Steuerpflichtigen – und progressive Steuertarifstruktur anwendbar.
- Für die von Nicht-Ansässigen entrichtete Abgeltungssteuer auf inländisches Einkommen, können EU-Ansässige eine Rückerstattung in der Höhe beantragen, in der sie die Steuerschuld übersteigt, die sich aus der Anwendung der progressiven portugiesischen Einkommensteuersätze unter Berücksichtigung ihres Welteinkommens ergeben würde. Gemäß Art. 71 (10) des IRSC wird der progressive Steuersatz für Nichtansässige jedoch unter den gleichen Bedingungen wie für Portugiesen festgelegt[55];
- Alternativ können sich nicht-ansässige Steuerpflichtige auch dafür entscheiden, unter Berücksichtigung ihres Welteinkommens nach den progressiven Steuersätzen, die für in Portugal Ansässige gelten, besteuert zu werden.

54 Diese Option wurde durch das *Gesetz über den Staatshaushalt 2009* Nr. 64-A/2008 vom 31.12.2008 in das portugiesische Einkommensteuergesetz aufgenommen, sowohl für alleinstehende Steuerzahler als auch für verheiratete Personen oder Lebenspartner, die gemeinsame Steuererklärungen abgeben. Bis zum 31.12.2013 wurden jedoch nur die in Portugal erzielten Einkünfte der Kategorien A, B und H für die Berechnung der besagten 90 % berücksichtigt. Dadurch war es möglich, sein jeweiliges Einkommensniveau in Portugal zu erzielen und trotzdem nicht in Portugal mit seinem Welteinkommen besteuert zu werden. Dies wurde korrigiert und gegenwärtig werden alle in Portugal erzielten Einkommensarten bei der Berechnung der genannten 90 % berücksichtigt.

55 Daher werden Einkünfte aus portugiesischen und ausländischen Quellen, die bei Gebietsansässigen bei der Bestimmung des progressiven Steuersatzes nicht berücksichtigt (pauschalierte Einkünfte, wie Kapitaleinkünfte, einschließlich Lizenzgebühren, wenn sie an andere Personen als den ursprünglichen Lizenzgeber gezahlt werden, Immobilieneinkünfte und bestimmte Gewinne aus Veräußerungen, insbesondere aus Wertpapieren); sie werden auch nicht bei der Bestimmung des progressiven Steuersatzes herangezogen (Art. 22 (3) (b) des IRSC).
Obwohl dies im Gesetz nicht völlig klar ist, scheint diese Option jedoch auf der Grundlage des Einkommens pro Einkommen anwendbar zu sein (und nicht in Bezug auf alle Einkommensströme, die in Portugal in einem bestimmten Steuerjahr erzielt wurden und für eine solche Regelung infrage kommen). Nichtsdestotrotz muss das Welteinkommen berücksichtigt werden und im Prinzip wurden alle portugiesischen Einkommensquellen zum gleichen Satz einbehalten. Diese beiden Tatsachen scheinen in der Praxis ein effektives „Rosinenpicken" im Erstattungsmechanismus nicht zu ermöglichen. In diesem Fall sind planmäßige, im Voraus spezifizierte Abzüge anwendbar, aber im Falle von Einkünften aus gewerblicher und selbständiger Tätigkeit sowie aus Land- und Forstwirtschaft werden nur ordnungsgemäß dokumentierte Ausgaben berücksichtigt, die in direktem Zusammenhang mit den Einkünften aus in Portugal ausgeübten Tätigkeiten stehen.

4. Beiträge zur Sozialversicherung

Alle in Portugal Steueransässige und Personen mit NHR-Status, mit einem Beschäftigungs- oder Direktoreneinkommen sind in Portugal **sozialversicherungspflichtig**. Arbeitnehmern und Direktoren wird von ihrem Gehalt ein Beitrag von 11 % abgezogen. Der Arbeitgeber muss zusätzlich zu dem gezahlten Gehalt 23,75 % (normale Einrichtungen) bzw. 22,3 % (gemeinnützige Einrichtungen) Sozialabgaben zahlen. Das gesetzliche Rentenalter liegt ab 2022 bei 66 Jahren und sieben Monaten.

Ein in Portugal ansässiger Steuerpflichtiger, der in Portugal eine selbständige berufliche Tätigkeit ausübt, ist, auch wenn er vom NHR-Regime profitiert, ebenfalls grds. der portugiesischen Sozialversicherungspflicht unterworfen. In der Regel müssen nicht buchführungspflichtige Selbständige ihr Einkommen vierteljährlich der Sozialversicherung melden. Das relevante Einkommen entspricht dem Durchschnittseinkommen der letzten drei Monate, basierend auf einem Koeffizienten von 0,70 für Freiberufler im Dienstleistungsbereich oder einem Koeffizienten von 0,20 für Einzelunternehmer in Produktion, Verkauf oder Tourismus. Der Beitragssatz beträgt 21,4 % (25,2 % bei Einzelunternehmern) auf einer Basis, die vierteljährlich oder jährlich von den Sozialversicherungsbehörden festgelegt wird.

Selbständige können sich dafür entscheiden, die Bemessungsgrundlage um bis zu 25 % nach oben oder unten anzupassen. Im Falle von Selbständigen mit regulärer Buchhaltung entspricht das relevante Einkommen 1/12 des im Vorjahr berechneten steuerpflichtigen Gewinns, mit einer Mindestgrenze von 1,5 X IAS („Index der sozialen Unterstützung", dessen Wert im Jahr 2022 443,20 € beträgt), d. h. 664,80 €. Diese Steuerzahler können sich jedoch für die Vierteljahresregelung entscheiden. In jedem Fall darf die monatliche Beitragsgrundlage das zwölffache des IAS nicht übersteigen, so dass der maximale monatliche Beitrag für das Jahr 2022 1.138,14 € (21,4 % von 5.318,40 €) beträgt.

Die Beiträge zum portugiesischen System der sozialen Sicherheit können auf der Grundlage einer sog. **Deckungsbescheinigung** erlassen werden, die von der zuständigen Stelle des ausländischen Staates ausgestellt wird, in dem die Beiträge gemäß dem geltenden internationalen Abkommen oder gemäß den EU-Vorschriften zur sozialen Sicherheit geschuldet werden.

5. Erbschaft- und Schenkungssteuer

In Portugal gibt es keine spezifische Erbschaft- und Schenkungssteuer, aber Erbschaften und Schenkungen unterliegen in Portugal der **Stempelsteuer.** Die Stempelsteuer auf Erbschaften und Schenkungen wird mit einem **Pauschalsatz von 10 %** erhoben. Allerdings sind Erbschaften und Schenkungen zwischen nahen Familienangehörigen

(Ehepartner, Lebenspartner, Kinder, Enkel, Eltern und Großeltern) steuerfrei. Vermögenswerte, welche sich außerhalb Portugals befinden unterliegen ebenso nicht der territorialen Steuerpflicht.

Nur im Falle von Schenkungen portugiesischer Immobilien zwischen nahen Familienangehörigen gibt es eine Steuer von 0,8 % auf ihren steuerpflichtigen Wert.

Selbst wenn auf das portugiesische Vermögen (zwischen Geschwistern, Cousins, Cousinen, Onkel und Neffen usw.) Steuern fällig werden, so ist der Steuersatz niedrig. Es werden 10 % bei einer Erbschaft und 10 % plus zusätzliche 0,8 % bei einer Schenkung portugiesischer Immobilien fällig.

Gemäß dem Staatshaushaltsgesetz für 2022 unterliegen die unentgeltlichen Übertragungen von Vermögenswerten, die in Wertpapier- und Immobilienfonds oder in Wertpapier- und Immobilien-Investmentgesellschaften angelegt sind, ebenso der portugiesischen Stempelsteuer. Bisher waren diese Vorgänge von der Stempelsteuer ausgenommen. Diese unentgeltlichen Übertragungen können jedoch, obwohl sie steuerpflichtig sind, von den im Stempelsteuergesetz vorgesehenen Ausnahmen profitieren.

6. Das portugiesische NHR-Steuerregime aus deutscher Sicht

6.1 Überblick über das NHR-Steuerregime für Zuzügler in Portugal

Das sog. **N**on-**H**abitual Tax **R**esident („Residente Não-Habitual") Steuerregime (im Folgenden "**NHR-Steuerregime**") wurde in Portugal bereits mit Gesetz vom 23.9.2009 eingeführt, um die Attraktivität von Portugal als Zuzugsland bzw. Standort nicht nur für vermögende Privatpersonen, sondern auch für hochqualifizierte Arbeitskräfte, Ruheständler und Investoren zu verbessern. Das NHR-Regime wurde ursprünglich von einer Regierung der Sozialistischen Partei eingeführt und ist seitdem beibehalten geblieben. Sowohl die seit 2015 bestehende Regierung der „Sozialistischen Partei" (bestätigt durch die Neuwahlen in 2022) als auch die vorherige Regierungskoalition aus Sozialdemokraten und Christdemokraten/Volksrepublik (Mitte-Rechts-Flügel) von 2011–2015 haben das NHR-Regime nicht wesentlich verändert. In der politischen Wahrnehmung wird es von den wichtigsten politischen Parteien als ein steuerpolitisches Instrument akzeptiert.

Allerdings soll die Vielzahl von steuerlichen Vergünstigungen und Steuerbefreiungen im portugiesischen Steuerrecht kritisch geprüft werden. Zu den untersuchten Steuervorteilen gehören auch solche, die sich aus der Gewährung des NHR-Status an Vertreter bestimmter Berufsgruppen („brains") oder an Rentner, die aus dem Ausland in das Steuergebiet ziehen, ergeben.

Bis Ende 2020 gab es ca. **52.000 Steuerpflichtige,** die den NHR-Status in Portugal nutzen,[56] durch die dem Staat zwar beträchtliche Steuereinnahmen entgangen sind. Andererseits muss im Rahmen einer Kosten- und Nutzenanalyse berücksichtigt werden, dass ein großer Teil der Inhaber des NRH-Statuts in Wohnimmobilien investiert haben und in vielen Fällen die beim Erwerb fällig gewordene Grunderwerbsteuer (IMT) einen Teil des Steuerausfalls wieder kompensiert hat.[57] Darüber hinaus werden Immobilienwirtschaft, Tourismus und Freizeitaktivitäten in Portugal durch die Anwesenheit dieser NHR-Steuerzahler erheblich gefördert. Das jüngste (2022) Regierungsprogramm enthält keine spezifischen Hinweise auf eine geplante Einschränkung des NHR-Regimes.

Laut einer Statistik der portugiesischen Finanzverwaltung kamen die Zuzügler mit NHR-Status insbesondere aus folgenden **Herkunfts-Ländern** (Stand 2019):[58]

Frankreich (23 %), Großbritannien (11 %), Italien (11 %), Brasilien (10 %), Schweiz (8 %), Portugal (7 %), Spanien (4 %), Deutschland (3 %), Belgien (3 %), Niederlande (2 %), übrige Länder (18 %). Insofern ist die Nutzung durch Zuzügler aus Deutschland bisher relativ gering.

Die **steuerliche Begünstigung** nach dem NHR-Regime betrifft insbesondere folgende Bereiche:

- Eine **Steuerfreistellung** von bestimmten ausländischen Einkünften (insbesondere Kapitaleinkünfte, Einkünfte aus Vermietung und Verpachtung, Veräußerungsgewinne, Lizenzgebühren, Einkünfte aus selbständiger Arbeit), sofern sie im ausländischen Quellenstaat nach den jeweiligen abkommensrechtlichen Regelungen im ausländischen Quellenstaat beschränkt steuerpflichtig sind, unabhängig von einer tatsächlichen Besteuerung im ausländischen Quellenstaat. Einkünfte aus nichtselbstständiger Arbeit (abhängige Beschäftigung) sowie aus bestimmten selbstständigen Tätigkeiten mit hoher Wertschöpfung, die im ausländischen Beschäftigungsstaat ausgeübt und besteuert wurden.
- Eine **Pauschalbesteuerung** von 20 % für inländische Arbeitseinkünfte oder Einkünfte aus bestimmten selbständigen Tätigkeiten, die in Portugal ausgeübt werden und einen besonderen Mehrwert für Portugal beinhalten; eine solche Tätigkeit kann insbesondere in einer wissenschaftlichen, künstlerischen oder technischen Berufsausübung liegen (z. B. Architekten, Autoren, Designer, Künstler, Schauspieler, Journalis-

56 Quelle: https://www.idealista.pt/news/financas/investimentos/2021/03/22/46700-pedidos-de-adesao-ao-regime-fiscal-do-residente-nao-habitual-abranda-em-ano-de.

57 Vgl. Stieb in Mennel/Förster, Steuern in Europa, Amerika und Asien, Stand 11/2021, Portugal Rz. 17.

58 Wissenschaftliche Arbeitsgruppe „Studie zu den steuerlichen Vorteilen in Portugal" (*Grupo de Trabalho para o Estudo dos Benefícios Fiscais)* in Zusammenarbeit mit dem Portugiesischen Finanzministerium, Stand 5/2019, S. 134; abrufbar unter: https://www.portugal.gov.pt/download-ficheiros/ficheiro.aspx?v=1448be63-5771-4fe2-96bb-489648338726.

ten, Informatiker, Ingenieure, Mediziner, Professoren, Wissenschaftler sowie Mitglieder der Geschäftsführung oder des Vorstandes von Unternehmen). Die begünstigten Berufe bzw. Tätigkeiten sind in dem 2019 neugefassten Ministeriellen Erlass Nr. 230/2019 vom 23.7.2019 veröffentlicht (vgl. dazu im Einzelnen Kapitel 6.2.2.2 unten).

Andere in- und ausländische Einkünfte, die sich nicht für das NHR-Steuerregime qualifizieren, unterliegen dem regulären progressivem portugiesischen Einkommensteuertarif (max. 48 % ab einem zu versteuernden Einkommen von 75.000 € bzw. max. 53 % ab einem zu versteuernden Einkommen von 250.000 €). Andere Einkünfte (insbesondere Kapital- sowie Immobilieneinkünfte) unterliegen einem linearen Abgeltungssteuersatz von 28 %.

Maximale Zeitdauer für die Nutzung des NHR-Regimes

Das NHR-Steuerregime wird auf Antrag gewährt für alle natürlichen Personen, welche in Portugal ab dem 1.1.2009 steuerlich ansässig wurden, sofern sie nicht irgendwann in den fünf vorangegangenen Jahren bereits in Portugal steuerlich ansässig waren. Damit sollen typischerweise Zuzügler aus dem Ausland begünstigt werden, die in Portugal eine steuerlich relevante Ansässigkeit begründen wollen.

Der NHR-Status setzt voraus, dass der Interessierte sich zur unbeschränkten Steuerpflicht in Portugal angemeldet hat und ist quasi ein Unterfall der unbeschränkten Steuerpflicht; er gilt für einen Zeitraum von insgesamt max. **zehn Jahren** und ist nicht verlängerbar; danach erfolgt die Besteuerung nach dem regulären portugiesischen Steuersystem (vgl. oben). Voraussetzung für den Erhalt des Status ist, dass der Interessierte die letzten fünf Jahre vor Begründung der unbeschränkten Steuerpflicht in Portugal allenfalls beschränkt steuerpflichtig gewesen ist. Die zehnjährige Dauer des NHR-Status kann auf Antrag unterbrochen werden, z. B. dann, wenn der Inhaber des Status wegzieht und dadurch beschränkt steuerpflichtig wird und später wieder nach Portugal zurückkehrt.[59] Während der Aussetzung gilt der Steuerpflichtige als „nicht ansässig" – und kann auf Antrag den NHR-Status später jederzeit wieder aufnehmen. Die portugiesische Finanzverwaltung hat klargestellt, dass eine Wiedereinsetzung in den NHR-Status innerhalb der ersten zehn Jahre erfolgen kann, unabhängig von der Anzahl der Jahre der Aussetzung.

Abkommensrechtlich gelten auch NHR-Begünstigte als in Portugal ansässige Personen gem. der Kriterien von Art. 4 Abs. OECD-MA. Anders als regulär unbeschränkt Steuerpflichtige unterliegen aber NHR-Begünstige nicht mit ihrem weltweiten Einkommen der portugiesischen Steuerpflicht, sondern können für begünstigte ausländische Ein-

59 Vgl. auch Stieb in Mennel/Förster, Steuern in Europa, Amerika und Asien, Stand 11/2021, Portugal Rz. 36.

künfte eine komplette Steuerfreistellung oder für bestimmte in- und ausländische Einkünfte eine 20 %ige pauschale Besteuerung beanspruchen. Insbesondere die Freistellungsmethode ist für in Portugal ansässige Zuzügler von Vorteil, da abkommensrechtlich nach Art. 24 DBA Portugal für ausländische Einkünfte grdds. nur die Anrechnungsmethode vorgesehen ist. Da jedoch auch NHR-Begünstigte sich abkommensrechtlich als in Portugal ansässige Personen gem. Art. 4 DBA Portugal qualifizieren, bedeutet dies, dass sie auch die DBA-Vorteile in Bezug auf die Steuerverteilungsnormen zwischen Ansässigkeits- und Quellenstaat beanspruchen können[60].

6.2 Anwendungsvoraussetzungen

6.2.1 Persönliche Voraussetzungen

Voraussetzung für die Nutzung des NHR-Steuerregimes ist die Begründung einer steuerlich wirksamen **Ansässigkeit in Portugal** durch den Zuzügler. Die steuerliche Ansässigkeit in Portugal kann durch folgende unterschiedliche Wege erlangt werden:

- Durch einen Aufenthalt in Portugal von insgesamt länger als 183 Tagen innerhalb eines 12-Monatszeitraums, der im jeweiligen Steuerjahr beginnt oder endet. Der Aufenthalt muss hierbei nicht für einen zusammenhängenden Zeitraum vorliegen, sondern lediglich insgesamt 183 Tage im betreffenden Steuerjahr überschreiten.
- Falls die natürliche Person bei einem Aufenthalt von weniger als 184 Tagen über einen festen Wohnsitz (Mietwohnung oder Eigentum) in Portugal verfügt, der als gewöhnlicher Aufenthaltsort angesehen und dauerhaft bewohnt werden soll.
- Besatzungsmitglieder von Schiffen oder Luftfahrzeugen, sofern das betreffende Unternehmen (Reederei, Fluggesellschaft) seinen Sitz, Hauptverwaltung oder Ort der tatsächlichen Geschäftsleitung in Portugal hat.

Nicht-portugiesische Staatsangehörige benötigen außerdem eine gültige **Aufenthaltserlaubnis** oder eine Bescheinigung über einen langfristigen Aufenthalt durch die zuständige Meldebehörde, um sich als Steuerinländer in Portugal registrieren zu lassen (zum Aufenthaltsrecht vgl. Kapitel 2 oben). Die Registrierung als in Portugal ansässiger Steuerpflichtiger ist Voraussetzung für die Gewährung des NHR-Status, was bedeutet, dass deutsche Zuzügler, die den NHR-Steuerstatus beantragen möchten, zunächst i. d. R. folgende Schritte veranlassen müssen:

- Registrierung als gebietsfremder Steuerpflichtiger zur Erteilung einer lokalen Steuernummer (erforderlich für Immobilienkäufe oder Mietverträge);
- Beantragung einer sog. Langzeitaufenthaltsbescheinigung (für EU-Bürger) mit portugiesischer Meldeadresse;

60 Vgl. Mutis, Bulletin for International Taxation 9/2018 S. 4.

- Registrierung als Steuerinländer beim zuständigen Finanzamt (d. h. Statuswechsel von nicht-ansässigen zu ansässigem Steuerpflichtigen);
- Anforderung eines Passworts, um auf die Website der portugiesischen Steuerbehörde zugreifen zu können.

Die Antragstellung auf den NHR-Status erfolgt sodann grds. **online** über die Website der zuständigen Steuerbehörde. Anträge auf Gewährung des NHR-Status müssen bis zum 31.3. des Steuerjahres eingereicht werden, das auf das Jahr folgt, in dem der **portugiesische Steuerwohnsitz** erworben wurde. Außerdem ist durch den Antragsteller eine schriftliche Erklärung erforderlich, dass er in den letzten fünf Jahren in Portugal nicht steuerlich ansässig war. Bei begründeten Zweifeln können die Finanzbehörden jedoch zusätzliche Nachweise verlangen (z. B. eine steuerliche Ansässigkeitsbescheinigung aus dem Ausland).

6.2.2 Sachlicher Anwendungsbereich (präferierte Einkünfte)

6.2.2.1 Steuerbefreite Einkünfte

In den Anwendungsbereich des NHR-Steuerregimes fallen bestimmte im Ausland erzielte, präferierte Einkünfte. Für solche präferierten ausländischen Einkünfte greift unabhängig von den jeweiligen abkommensrechtlichen Regelungen eine generelle Steuerfreistellung in Portugal, sofern die Einkünfte entsprechend den Regelungen des jeweiligen DBA im anderen (Quellen-)Staat besteuert werden oder im anderen Staat, mit dem kein DBA besteht, besteuert werden und die Einkünfte als nicht in Portugal bezogen gelten.[61]

Eine **Steuerfreistellung** ausländischer Einkünfte (mit oder ohne Progressionsvorbehalt) nach dem NHR-Steuerregime betrifft im Einzelnen folgende Sachverhalte bzw. Einkunftsarten:

- Passive Investment-Einkünfte aus ausländischen Quellen (insbesondere Zinsen, Dividenden, Lizenzen, Veräußerungsgewinne aus Aktien und anderen Beteiligungen und Einkünfte aus Vermietung und Verpachtung) von NHR-Begünstigten sind in Portugal steuerfrei (ohne Anwendung eines Progressionsvorbehalts – mit Ausnahme von Veräußerungsgewinnen aus Immobilienvermögen) unter der Voraussetzung, dass diese Einkünfte im anderen Staat nach den mit Portugal anwendbaren DBA-Regelungen versteuert werden können und die entsprechenden Wertpapiere bzw. Vermögenswerte mindestens zwölf Monate gehalten wurden. Für den Fall, dass kein DBA mit dem anderen Staat existiert, sollte eine mögliche Besteuerung

61 Vgl. Stieb in Mennel/Förster, Steuern in Europa, Amerika und Asien, Stand 11/2021, Portugal Rz. 36.

des ausländischen Einkommens nach den Regelungen des OECD-Musterabkommens im anderen Staat erfolgen, sofern der andere Staat nicht auf der schwarzen Liste als schädliche Steueroase aus portugiesischer Sicht eingestuft ist. Diese Regelung erfordert nur eine mögliche Besteuerung im ausländischen Quellenstaat, ohne dass der Nachweis einer tatsächlichen Besteuerung erforderlich ist. Dividenden, Zinsen und Lizenzgebühren aus Steueroasen, die auf der „schwarzen Liste" stehen, werden jedoch in Portugal mit einem Steuersatz von 35 % besteuert werden (mit Ausnahme der Steueroasen, die mit Portugal ein Steuerabkommen geschlossen haben,[62] deren Einkünfte weiterhin steuerbefreit werden können).

- Einkünfte aus ausländischen Renten und Pensionen sind in Portugal nur für diejenigen NHR-Begünstigten noch für eine Zeitdauer von zehn Jahren steuerfrei (unter Progressionsvorbehalt), die vor dem 1.4.2020 in Portugal steuerlich ansässig wurden und die Registrierung als NHR beantragt haben. Denn mit dem Haushaltsgesetz für 2020 wurde ein pauschaler Steuersatz von 10 % auf ausländische Renteneinkommen für Neueinsteiger in das NHR-Regime eingeführt, die ab dem 1.4.2020 in Portugal steuerlich ansässig werden. Solche begünstigten Renteneinkünfte liegen vor, sofern keine Verbindung des Einkommens mit dem portugiesischen Hoheitsgebiet besteht. Dies betrifft Renten, die von im Ausland ansässigen Instituten, Körperschaften oder Unternehmen gezahlt werden (z. B. Betriebsrenten). Der Begriff der „Renteneinkünfte" wird hierbei eher weit ausgelegt. Darunter fallen klassische Pensions- und Rentenvergütungen infolge des Erreichens eines bestimmten Alters oder des Eintritts von Berufs- bzw. Arbeitsunfähigkeit. Aber auch Zahlungen aus betrieblichen Pensionsfonds, solange diese nicht als Arbeitslohn qualifiziert werden können, fallen unter den Rentenbegriff.
- Einkünfte aus ausländischer nicht-selbstständiger Tätigkeit als Arbeitnehmer sind in Portugal steuerfrei (i. d. R. mit Progressionsvorbehalt, ausgenommen „hochwertige" Berufe laut ministerialer Verordnung), vorausgesetzt, dass sie im Quellenstaat nach den Regeln des jeweiligen Steuerabkommens besteuert werden oder, wenn kein DBA besteht, dass eine tatsächliche Besteuerung im Quellenstaat nachgewiesen werden kann, wobei keine Mindestbesteuerung erforderlich ist.
- Einkünfte aus bestimmten im Ausland ausgeübten selbständigen Tätigkeiten und Dienstleistungen sind in Portugal steuerfrei (ohne Progressionsvorbehalt), sofern sie einen besonderen Mehrwert für Portugal beinhalten (insbesondere aus bestimmten wissenschaftlichen, künstlerischen oder technischen Berufen[63], sofern sie im auslän-

62 Bahrain, Barbados, Vereinigte Arabische Emirate, Kuwait, Panama, Oman, Katar, San Marino, Uruguay und Hongkong.

63 Die steuerlich privilegierten Berufe sind in einem Ministeriellen Erlass Nr. 230/2019 vom 23.7.2019 aufgelistet, der ab 1.1.2020 gilt.

dischen Quellenstaat entsprechend der Regelungen des jeweiligen DBA besteuert werden). Für den Fall, dass kein DBA mit dem anderen Staat existiert, sollte eine mögliche Besteuerung des ausländischen Einkommens nach den Regelungen des OECD-Musterabkommens im anderen Staat erfolgen können, sofern der andere Staat nicht auf der schwarzen Liste als schädliche Steueroase aus portugiesischer Sicht eingestuft ist.

- Einkünfte aus intellektuellen Urheberrechten oder gewerblichen Schutzrechten oder ähnlichen Rechten (Know-how), welches aus ausländischen Quellen stammt, ist in Portugal unter bestimmten Voraussetzungen steuerfrei (ohne Progressionsvorbehalt), sofern es im ausländischen Quellenstaat entsprechend den jeweiligen DBA-Regelungen oder dem dortigen nationalen Steuerrecht besteuert werden kann und sofern der andere Staat nicht auf der schwarzen Liste als schädliche Steueroase aus portugiesischer Sicht eingestuft ist. Für den Fall, dass kein DBA mit dem anderen Staat existiert, sollte eine mögliche Besteuerung des ausländischen Einkommens nach den Regelungen des OECD-Musterabkommens (vgl. Art. 12) im anderen Staat erfolgen, sofern der andere Staat nicht auf der schwarzen Liste als schädliche Steueroase gelistet ist.

6.2.2.2 Pauschal besteuerte Einkünfte

Andere Einkünfte aus bestimmten **unselbständigen oder selbständigen Tätigkeiten** bzw. Dienstleistungen, die aus inländischen oder ausländischen Quellen stammen (nur wenn sie nicht steuerbefreit sind – vgl. oben) und bestimmte hochwertige wissenschaftliche, künstlerische oder technische Berufsgruppen betreffen, unterliegen einer präferierten Besteuerung mit einem **Pauschalsatz von 20 %** und nicht den allgemeinen und progressiven Steuersätzen (der reguläre portugiesische ESt-Satz beträgt derzeit 48 % ab einem zu versteuernden Einkommen von 75.000 € bzw. max. 53 % ab einem zu versteuernden Einkommen von 250.000 €). Das heißt, dass NHR-Begünstigte auch mit ihren inländischen Einkünften aus in Portugal ausgeübten unselbständigen oder selbständigen Tätigkeiten nur einer 20 %igen Pauschalsteuer für einen Zeitraum von max. zehn Jahren unterliegen, sofern die Einkünfte aus bestimmten „hochwertigen" in Portugal ausgeübten selbständigen oder nicht-selbständigen Berufstätigkeiten stammen.

Am 23.7.2019 wurde eine neugefasste Liste der Aktivitäten mit „hoher Wertschöpfung" („Brain") veröffentlicht, die ab dem 1.1.2020 gilt (Ministerialverordnung Nr. 230/2019 vom 23.7.2019). Diese beinhaltet eine eingehende Überarbeitung der bisherigen Liste der Tätigkeiten, die seit 2010 in Kraft war, um die begünstigten Tätigkeiten an die Bedürfnisse des portugiesischen Arbeitsmarktes anzupassen. Diese Berufe können von einem **pauschalen Steuersatz von 20 %** profitieren. Nachfolgend sind die wichtigsten Berufsgruppen aufgeführt, die in der neuen Liste enthalten sind:

- Vorstände, Geschäftsführer („Director-Geral“) und Direktoren („Gestor Executivo“) sowie Führungskräfte für administrative, kommerzielle und technische Tätigkeiten;
- Direktoren für Hotel, Restaurant, Handel und andere Dienstleistungen;
- Ingenieure, Physiker, Mathematiker und ähnliche technische Bereiche (z. B. Chemie, Statistik, Stadtplanung und andere);
- Mediziner (Allgemein- und Fachärzte, Zahnärzte);
- Professoren und Hochschullehrer;
- Spezialisten für Informations- und Kommunikationstechnologie;
- Autoren, Journalisten und Linguisten;
- bildende Künstler und darstellende Künstler (z. B. Musiker, Filmproduzenten, Schauspieler, Tänzer usw.);
- naturwissenschaftliche und ingenieurwissenschaftliche Techniker und Berufe auf mittlerem Niveau;
- Landwirte und Fachkräfte in Industrie, Bauwesen und Handwerk (einschließlich Facharbeiter in den Bereichen Metallverarbeitung, Lebensmittelverarbeitung, Holzverarbeitung, Bekleidung, Druck, Herstellung von Präzisionsinstrumenten);
- Juweliere, Handwerker, Elektriker und Elektroniker;
- Anlagen- und Maschinenführer und Montagepersonal, einschließlich der Betreiber von ortsfesten Anlagen und Maschinen.

Die neue Ministerialverordnung hat ein Modell verabschiedet, das direkt der portugiesischen Berufsklassifikation (PPC) entspricht und auf dieser basiert. Diese Änderung ist besonders relevant für Geschäftsführer und Führungskräfte sowie für Manager von Verwaltungs- und Handelsdienstleistungen, da diese Aktivitäten jetzt begünstigt sind (solche Tätigkeiten wiesen vor 2020 einige Grauzonen auf).

Einkünfte dieser Berufstätigen, die nicht aus einer privilegierten Tätigkeit stammen sowie sonstige Einkünfte aus Portugal, werden in die Gesamtbesteuerung einbezogen und entsprechend den allgemeinen Regelungen des IRSC besteuert.[64]

Zuzügler, die von der pauschalen Besteuerung nach dem NHR-Regime für bestimmte Tätigkeiten profitieren möchten, müssen nur noch den jeweiligen **Tätigkeitscode** in der jährlichen Steuererklärung angeben, ohne dass eine vorherige Anerkennung erforderlich ist. Dieses neue Verfahren hindert die portugiesische Steuerbehörde (PTA) nicht da-

64 Vgl. Stieb in Mennel/Förster, Steuern in Europa, Amerika und Asien, Stand 11/2021, Portugal Rz. 35.

ran, die NHR-Begünstigten später zu verpflichten, nachzuweisen, dass sie die betreffenden Tätigkeiten tatsächlich ausüben.

Solche steuerlich begünstigten Tätigkeiten können auch in Form einer portugiesischen Berufsgesellschaft oder einer vermögensverwaltenden Gesellschaft, die keine Handelsgesellschaft („sociedades comerciais") ist, ausgeübt werden, da die Gesellschafter nach dem steuerlichen Transparenzprinzip für Personengesellschaften unmittelbar der Einkommensteuer unterliegen. Die steuerlich begünstigten Tätigkeiten können auch in Form einer qualifizierten portugiesischen Kapitalgesellschaft (z. B. „Sociedades por quotas") ausgeübt werden, mit einem oder mehreren Gesellschaftern, die **qualifizierte Freiberufler** entsprechend der Liste der freien Berufe gem. Art. 151 IRSC sind. Die Kapitalgesellschaft (z. B. in Form einer Einmann-GmbH) dient nach außen der Haftungsabschirmung und im Innenverhältnis wird der Gesellschafter ausschließlich nach Einkommensteuerrecht besteuert. Dadurch kann ein Gesellschafter mit NHR-Status aufgrund seiner beruflichen Qualifikation („Brain") den privilegierten Steuersatz von 20 % ausnutzen, obwohl das zu versteuernde Einkommen nach außen hin von der Gesellschaft erwirtschaftet wird. Bei diesem Sachverhalt entfällt die Besteuerung des von der Gesellschaft normalerweise auszuschüttenden Gewinns. Eine Berufsgesellschaft („Sociedade de profissionais") muss mindestens 75 % ihrer Einkünfte aus entsprechenden freiberuflichen Tätigkeiten aufweisen, darf nicht mehr als fünf Freiberufler als Gesellschafter haben und mindestens 75 % des Kapitals der entsprechenden Gesellschaft muss von Freiberuflern gehalten werden, die ihren Beruf ganz oder teilweise durch die Gesellschaft ausüben (Art. 6 IV a), 2 IRSC).[65]

Auf Einkünfte aus Arbeitnehmertätigkeit sowie gewerbliche und selbständigen Tätigkeiten, die in Portugal ausgeübt werden, sind allerdings auch von NHR-Begünstigten zusätzliche Pflichtabgaben für die **portugiesische Sozialversicherung** zu entrichten (vgl. oben Kapitel 4); für Arbeitnehmer betragen die anteiligen Abgaben 11 % und für Selbständige einkommensabhängig max. 29,6 %. Für ausländische Arbeitseinkünfte, die von einem ausländischen Arbeitgeber stammen, fallen jedoch keine Sozialabgaben an.

Nach Portugal zugezogene **Rentner und Pensionäre** profitieren nach dem NHR-Regime von der ab 1.4.2020 eingeführten pauschalen **Steuer von 10%** auf ausländische Renteneinkünfte.

65 Vgl. Stieb in Mennel/Förster, Steuern in Europa, Amerika und Asie, Stand 11/2021, Portugal Rz. 57/1.

6.3. Beurteilung aus Sicht des deutschen Steuer- und Abkommensrechts

6.3.1 Beschränkte deutsche Steuerpflicht nach Wegzug in Verbindung mit den relevanten DBA-Regelungen

Ein wesentliches Ziel der steuerlich motivierten Wohnsitzverlegung nach Portugal wird sein, dass die inländischen Einkünfte nur noch beschränkt oder bestenfalls gar nicht mehr steuerpflichtig sind und sich zugleich für das portugiesische NHR-Steuerregime qualifizieren. Im Folgenden soll die beschränkte deutsche Steuerpflicht für die wichtigsten NHR-präferierten Einkünfte in Verbindung mit dem derzeitigen DBA-Portugal 1982 untersucht werden. Es wird hierbei angenommen, dass der deutsche Wegzügler seine **abkommensrechtliche Ansässigkeit** (d. h. Lebensmittelpunkt) gem. Art. 4 DBA Portugal wirksam in Portugal begründet. Auch im Falle eines deutschen Nebenwohnsitzes würden sich abkommensrechtlichen Verteilungsnormen grds. entsprechend des Ansässigkeitsprinzips orientieren („Tie-breaker Rule" gem. Art. 4 Abs. OECD-MA).

Das bisherige **deutsche DBA mit Portugal** von 1982 (BGBl 1982 II S. 129) soll durch ein neues DBA (Revisionsabkommen) ersetzt werden; dieses neue DBA mit Portugal wurde bereits am 26.10.2017 von beiden Staaten paraphiert, aber es ist derzeit nicht bekannt wann die Ratifikation und Verkündung erfolgen wird. Struktur und Inhalt des Revisonsabkommens orientieren sich grds. in Aufbau und Wirkungsweise an dem OECD-Musterabkommen und der deutschen Verhandlungsgrundlage (dVG). Es bleibt außerdem abzuwarten, ob auch NHR-Berechtigte noch aus deutscher Sicht Abkommensschutz gewährt wird, da dem Vernehmen nach die deutsche Seite diesen Sonderstatus DBA-rechtlich eher erschweren möchte.

Die Gründe für den stockenden Umsetzungsprozess sind unklar, aber aus deutscher Sicht ist es sicher ein steuerpolitisches Ziel, den in Portugal eingeführten NHR-Status für deutsche Renteneinkünfte mit steuerlicher Freistellung oder Begünstigung in Portugal mit deutscher Quellensteuer zu belegen sowie andererseits das übliche Kassenstaatsprinzip für Beamtenpensionen zu verankern. Die portugiesische Seite wird bei den Neuverhandlungen ihrerseits versuchen den erweiterten Betriebstättenbegriff der OECD in die Neufassung zu übernehmen.

6.3.1.1 Kapitaleinkünfte

Dividenden unterliegen gem. § 49 Abs. 1 Nr. 5a EStG der deutschen beschränkten Steuerpflicht, wenn diese von inländischen Kapitalgesellschaften bezahlt werden; der Quellensteuersatz nach dem DBA Portugal 1982 beträgt max. 15 % (vgl. Art. 10 Abs. 2 DBA Portugal). In dem geplanten neuen DBA mit Portugal soll ein Quellensteuersatz für Dividenden von 10 % vereinbart werden.

Zinsen von inländischen Schuldnern sind grds. nicht beschränkt steuerpflichtig mit Ausnahme von dinglich abgesicherten Zinsforderungen und bestimmten Tafelgeschäften (§ 49 Abs. 1 Nr. 5c EStG). Der Quellensteuersatz nach dem DBA Portugal 1982 beträgt ebenso max. 15% (vgl. Art. 11 Abs. 2 DBA Portugal); der jedoch mangels deutscher beschränkter Steuerpflicht von Zinseinkünften i. d. R. nicht zur Anwendung kommt. Im Falle der **erweitert beschränkten Steuerflicht** gem. § 2 AStG (vgl. unten Kapitel 6.3.2.1) fallen jedoch auch alle inländischen Zinseinkünfte unter die beschränkte deutsche Steuerpflicht.

Dividenden und Zinsen gelten in Portugal als **NHR-präferierte Einkünfte**, welche in Portugal (ohne Progressionsvorbehalt) steuerfrei sind, sofern sie nach DBA-Recht im Quellenstaat besteuert werden können. Insofern sind Einkünfte aus deutschen Dividenden und Zinsen steuerbefreit unabhängig von einer tatsächlichen deutschen Besteuerung.

6.3.1.2 Veräußerungsgewinne aus Anteilen bzw. Wertpapieren

Veräußerungsgewinne aus Kapitalbeteiligungen unterliegen nur bei wesentlichen inländischen Beteiligungen einer beschränkten deutschen Steuerpflicht (§ 49 Abs. 1 Nr. 2 Buchst. e i.V. mit § 17 EStG); Gewinne aus der Veräußerung nicht wesentlicher Beteiligungen oder Wertpapieren im Privatvermögen (z. B. Aktien, Zertifikate) sind hingegen nicht beschränkt steuerpflichtig (Ausnahme bei erweitert beschränkter Steuerpflicht gem. § 2 AStG – vgl. unten Kapitel. 6.3.2.1).

Gemäß Art. 13 Abs. 4 DBA Portugal 1982 wird das Besteuerungsrecht für Veräußerungsgewinne (*capital gains*) – unabhängig von der Beteiligungshöhe – jedoch ausschließlich dem Ansässigkeitsstaat zugewiesen; im geplanten neuen DBA mit Portugal wird hier entsprechend der deutschen Verhandlungsgrundlage allenfalls eine Änderung für Anteile an Grundstücksgesellschaften erfolgen, für die das Belegenheitsprinzip gelten soll (vgl. Art. 13 Abs. 4 und 5 dVG).

Da die Steuerfreiheit in Portugal nach dem NHR-Steuerregime allerdings voraussetzt, dass diese Einkünfte im Quellenstaat nach den mit Portugal anwendbaren DBA-Regelungen versteuert werden können, entfällt eine Steuerfreiheit für solche Veräußerungsgewinne. Solche „capital gains" unterliegen daher in Portugal als Ansässigkeitsstaat grds. einer **28 %igen Abgeltungsbesteuerung**. Kurzfristige Kapitalgewinne, die **innerhalb einer Jahresfrist** aus der Veräußerung von Aktien oder anderen Wertpapieren (inklusive Anteilen an Investmentfonds und Schuldverschreibungen) realisiert werden, werden jedoch zukünftig nach den allgemeinen progressiven Steuersätzen in Portugal besteuert (vgl. dazu Kapitel 3.3.1 oben). Diese reguläre Besteuerung von kurzfristigen Veräußerungs- bzw. Kapitalgewinnen kommt insbesondere dann zur Anwendung, wenn das in Portugal steuerpflichtige Einkommen (inklusive des nach NHR-Regime begünstigten Einkommens) insgesamt 75.009 € in dem betreffenden Jahr übersteigt.

6.3.1.3 Immobilieneinkünfte

Sowohl laufende Mieteinkünfte wie auch Veräußerungsgewinne aus inländischen Immobilien – vor Ablauf der 10-Jahresfrist – unterliegen der beschränkten deutschen Steuerpflicht (§ 49 Abs. 1 Nr. 6 und 8 EStG). Auch abkommensrechtlich wird nach dem **Belegenheitsprinzip** das Besteuerungsrecht für solche Einkünfte uneingeschränkt Deutschland zugewiesen (Art. 6 Abs. 1 und Art. 13 Abs. 1 DBA Portugal 1982).

Die **Steuerfreistellung** (mit Progressionsvorbehalt nur für Veräußerungsgewinne aus Immobilienvermögen) nach dem NHR-Steuerregime in Portugal verdrängt daher nicht das deutsche Besteuerungsrecht, kann aber gegenüber der normalerweise anwendbaren Steueranrechnungsmethode für in Portugal ansässige Steuerpflichtige von Vorteil bei der Steuerprogression sein.

6.3.1.4 Lizenzeinkünfte

Die beschränkte deutsche Steuerpflicht für Einkünfte aus gewerblichen Schutzrechten und intellektuellen Rechten aller Art (§ 49 Abs. 1 Nr. 6 und 9 EStG) wird abkommensrechtlich (Art. 12 Abs. 2 DBA Portugal 1982) auf eine Quellensteuer von 10 % beschränkt (im neuen DBA mit Portugal ist eine Reduzierung der Abzugssteuer auf 5 % geplant).

Da insofern eine Besteuerung nach DBA-Recht im Quellenstaat sichergestellt ist, sind Lizenzeinkünfte nach dem NHR-Steuerregime in Portugal von der Besteuerung (ohne Progressionsvorbehalt) **freigestellt** und es bleibt lediglich bei der 10 %igen bzw. zukünftig 5 %igen deutschen Quellenbesteuerung.

6.3.1.5 Einkünfte aus Renten und Pensionen

Einkünfte aus sozialversicherungsrechtlichen oder berufsständischen Renten und beamtenrechtlichen Pensionen unterliegen grds. der regulären beschränkten deutschen Steuerpflicht (§ 49 Abs. 1 Nr. 7 und 10 EStG). Dies betrifft auch alle Formen von Betriebsrenten sowie Riester- bzw. Rürup-Renten.

Nach Art. 18 des bisherigen DBA Portugal 1982 wird das Besteuerungsrecht für Ruhegehälter und ähnliche Vergütungen, die für frühere unselbstständige Arbeit gezahlt werden (Betriebsrenten) ausschließlich dem Ansässigkeitsstaat Portugal zugewiesen. Renten aus der **gesetzlichen Sozialversicherung** können aufgrund der **Rückfallklausel** gem. Art. 22 Abs. 1 DBA Portugal 1982 jedoch (weiterhin) in Deutschland besteuert werden, wenn diese aufgrund des NHR-Status in Portugal nicht besteuert werden. Durch die neue Regelung der Besteuerung von Rentnern **mit pauschal 10 %**, die ihren NHR-Status **nach dem 31.3.2020** beantragt haben, läuft die subject-to-tax Klausel des Art. 22 Abs. 1 Satz 2 DBA jedoch leer. Damit dürfen Renten aus der gesetzlichen Rentenversicherung in diesen Fällen auch nicht mehr in Deutschland quellenbesteuert werden.[66]

Die Rentner, die den NRH-Status vor dem 1.4.2020 erhalten haben, haben in Portugal ein **Optionsrecht** zwischen der Beibehaltung der Steuerbefreiung in Portugal mit der Folge, dass Deutschland weiter quellenbesteuert, oder der Option für eine 10 %ige Besteuerung in Portugal mit der Folge, dass die Besteuerung in Deutschland entfällt.[67]

Nach dem geplanten neuen DBA mit Portugal soll Deutschland als Quellenstaat für Renten aus der **gesetzlichen Sozialversicherung** sowie für staatlich geförderte Renten (z. B. Rürup- und Riester-Renten) ein **Quellensteuerrecht von 5 %** (10 % für Renten ab 2030) erhalten. Die bisherige Rückfallklausel für Sozialversicherungs-Renten sollte dann wegen der neu eingeführten 5 %igen Quellensteuer im neuen DBA Portugal nicht mehr greifen.

Für **beamtenrechtliche Ruhegehälter** (Pensionen) gelten durch Rückverweis von Art. 19 DBA Portugal 1982 die gleichen Regelungen wie für private bzw. betriebliche Renten nach Art. 18. Das Besteuerungsrecht für Pensionen wird daher ausschließlich dem Ansässigkeitsstaat Portugal zugewiesen – mit dortiger 10 %igen pauschalen Besteuerung für NHR-Berechtigte seit dem 1.4.2020. Eine Rückfallklausel greift in diesem Falle – wie auch für Betriebsrenten – nicht. Es ist jedoch zu erwarten, dass im neuen DBA mit Portugal die Besteuerung für öffentliche Ruhegehälter entsprechend des üblichen Kassenstaatprinzips (gem. Art. 19 dVG) geregelt sein wird, d. h. die Besteuerung von Pensionen wird dann weiterhin dem Quellenstaat zugewiesen.

Insofern ist bei „Renteneinkünften“ wie folgt zu differenzieren:

- Renteneinkünfte aus der **gesetzlichen Sozialversicherung** (DRV-Renten) unterliegen der Rückfallklausel gem. Art. 22 Abs. 1 DBA Portugal 1982; d. h., dass sie in Deutschland weiterhin beschränkt steuerpflichtig sind (Besteuerung mit dem Ertragsanteil gem. § 22 i.V. mit § 49 Abs. 1 Nr. 7 EStG), sofern sie nach dem bisherigen NHR-Regime (Anträge vor dem 1.4.2020) in Portugal steuerbefreit sind. Durch die seit 1.4.2020 eingeführte pauschale Besteuerung von 10 % in Portugal bzw. Optionsrecht für alte NHR-Berechtigte läuft diese Rückfallklausel jedoch ins Leere.
- Für **Betriebsrenten und beamtenrechtliche Pensionen** wird das ausschließliche Besteuerungsrecht – ohne Anwendung einer Rückfallklausel – jedoch Portugal zugewiesen. Für NHR-Berechtigte vor dem 1.4.2020 sind solche Renten und Pensionen daher für zehn Jahre in Portugal steuerbefreit; falls der NHR-Status nach dem

66 Vgl. auch Stieb in Mennel/Förster, Steuern in Europa, Amerika und Asien, Stand 11/2021, Portugal Rz. 522/1.

67 Vgl. Stieb in Mennel/Förster, Steuern in Europa, Amerika und Asien, Stand 11/2021, Portugal Rz. 201/1.

31.3.2020 erlangt wurde, greift eine moderate 10 %ige Pauschalbesteuerung in Portugal – ebenso begrenzt auf zehn Jahre.

Der Freibetrag für Renteneinkünfte i. H. von 4.104 € gilt außerdem auch für NHR-Berechtigte.

Renteneinkommen ist steuerbegünstigt, sofern keine Verbindung zwischen dem Einkommen und portugiesischem Territorium besteht. Dies gilt für Renten, die von im Ausland ansässigen Institutionen, Körperschaften oder Unternehmen gezahlt werden (z. B. Betriebsrenten). Der Begriff "Renteneinkommen" wird hierbei recht weit ausgelegt. Er umfasst die traditionellen Renten- und Pensionszahlungen, die ab dem Erreichen eines bestimmten Alters oder einer Berufsunfähigkeit fällig werden. Unter den Begriff der Rente fallen jedoch auch alle Formen von laufenden und Einmal-Zahlungen aus betrieblichen Pensionsfonds, sofern sie nicht als reguläre Gehaltszahlung qualifiziert werden können.

6.3.1.6 Einkünfte aus nichtselbständiger Arbeit

Deutschland hätte als Quellenstaat nur dann das beschränkte Besteuerungsrecht (§ 49 Abs. 1 Nr. 4 i.V. mit § 19 EStG), falls der Arbeitnehmer sich mehr als 183 Tage in Deutschland als Tätigkeitstaat aufhält oder sein Arbeitslohn zulasten eines inländischen Arbeitgebers oder einer inländischen Betriebstätte wirtschaftlich getragen wird (Art. 15 Abs. 2 DBA Portugal).

Auch wenn diese Konstellation für in Portugal ansässige Steuerpflichtige in der Praxis eher weniger relevant sein dürfte, qualifizieren sich solche deutschen Tätigkeitsvergütungen wie auch von Drittstaaten erhaltene Vergütungen (z. B. auch „director fees" von einer ausländischen Kapitalgesellschaft) als steuerfreie Einkünfte nach dem NHR-Steuerregime, vorausgesetzt, dass eine tatsächliche Besteuerung im Quellenstaat nachgewiesen werden kann, wobei keine Mindestbesteuerung erforderlich ist.

6.3.1.7 Einkünfte aus selbständiger Arbeit

Deutschland hat als Quellenstaat nach den abkommensrechtlichen Regelungen nur ein beschränktes Besteuerungsrecht für Einkünfte aus selbständiger Arbeit (§ 49 Abs. 1 Nr. 3 i.V. mit § 18 EStG), falls der selbstständig Tätige für seine Berufsausübung über eine **feste Einrichtung** bzw. Betriebstätte in Deutschland verfügt (vgl. Art. 14 DBA Portugal 1982 bzw. Art. 7 dVG).

Eine Steuerfreistellung nach dem NHR-Steuerregime kommt nur dann zur Anwendung, sofern diese selbständigen Tätigkeiten bestimmte wissenschaftliche, künstlerische oder technische Katalog-Berufe (vgl. oben Kapitel 6.2.2.2) betreffen und diese Einkünfte im ausländischen Quellenstaat entsprechend der Regelungen des jeweiligen DBA besteuert werden. Falls der selbstständig Tätige daher in Deutschland über keine feste Einrichtung oder Betriebstätte verfügt, kommt anstelle der Freistellung eine **20 %ige Pauschalbesteuerung** in Portugal für Berufe mit hoher Wertschöpfung infrage; andernfalls die reguläre Besteuerung mit progressiven Tarifen.

6.3.2 Außensteuerrechtliche Folgen des Wegzugs nach Portugal

6.3.2.1 Erweitert beschränkte Steuerpflicht

Fraglich ist ob das portugiesische NHR-Steuerregime die Voraussetzungen der erweitert beschränkten Steuerpflicht gem. § 2 ff. AStG erfüllt. Falls die übrigen Voraussetzungen erfüllt sind (d. h. insbesondere die Existenz wesentlicher wirtschaftlicher Interessen gem. § 2 Abs. 3 AStG)[68], kommt es darauf an, ob das portugiesische NHR-Steuerregime als **Vorzugsbesteuerung** i. S. von § 2 Abs. 2 Nr. 2 AStG angesehen werden kann. Für die Annahme einer Vorzugsbesteuerung ist nach h. M. entscheidend, dass das betreffende Besteuerungsregime nicht im Rahmen einer allgemeinen Besteuerung auch den inländischen Steuerbürgern eingeräumt wird, sondern eine spezifische personenbezogene Vorzugsbehandlung gegenüber der allgemeinen Besteuerung darstellt, die Zuwanderern eine quantitative Privilegierung von einiger Bedeutung verschafft.[69]

Da die portugiesische NHR-Besteuerung Möglichkeiten schafft, außerhalb Portugals erzielte Einkünfte von der portugiesischen Besteuerung freizustellen sowie Einkünfte für bestimmte Berufstätigkeiten lediglich mit einem 20 %igen Pauschalsatz zu versteuern, könnte eine quantitative Privilegierung von erheblicher Bedeutung vorliegen. Es handelt sich insoweit auch um eine Vorzugsbehandlung, da das NHR-Steuerregime nur Steuerpflichtigen zugutekommt, die in den vergangenen fünf Jahren nicht in Portugal ansässig waren.

Als **Rechtsfolge** der erweitert beschränkten Steuerpflicht wird der Katalog der beschränkt steuerpflichtigen Einkünfte des Steuerpflichtigen auf alle inländischen Einkünfte ausgedehnt, die keine ausländischen Einkünfte i. S. des § 34d EStG sind (d. h. insbesondere Zinsen und private Veräußerungsgewinne). Hierbei ist zu beachten, dass die erweiterte beschränkte Steuerpflicht auch auf zwischengeschaltete, niedrig besteuerte ausländische Gesellschaften ausgedehnt werden kann, welche von dem erweitert beschränkt Steuerpflichtigen beherrscht werden (§ 5 AStG).

68 Vgl. zu den Voraussetzungen im Einzelnen oben Ettinger Kapitel C. 3.2.

69 Vgl. Ettinger/Hergeth/Psaier, IWB 2/2017, S. 47, 53 sowie Steierberg in Fuhrmann, AStG, 2017, § 2 AStG Rz. 76 f.

Allerdings haben bestehende DBA gegenüber § 2 AStG grds. Vorrang.[70] Sofern Deutschland kein begrenztes Steuerrecht nach den abkommensrechtlichen Schrankennormen innerhalb des DBA zusteht, kann auch keine erweitert beschränkte Besteuerung gem. § 2 AStG durchgreifen. Dies betrifft insbesondere Veräußerungsgewinne aus wesentlichen inländischen Beteiligungen, im Inland verwertete selbständige und nicht-selbständige Tätigkeiten, Ruhegehälter und Lizenzeinkünfte. Es ist allerdings zu erwarten, dass das neu verhandelte DBA zwischen Deutschland und Portugal der Anwendung nationaler Missbrauchsregelungen beider Staaten nicht entgegenstehen und insofern eine Öffnungsklausel für § 2 ff. AStG beinalten wird.

6.3.2.2 Wegzugsbesteuerung gem. § 6 AStG

Ein Wegzug nach Portugal kann außerdem für wesentliche in- und ausländische Beteiligungen i. S. des § 17 EStG die Anwendung der sog. Wegzugsbesteuerung auslösen. Die Anteile an solchen Beteiligungen unterliegen dann als fiktiver Veräußerungsvorgang der Wegzugsbesteuerung des § 6 AStG; d. h. ein möglicher Veräußerungsgewinn (Differenz zwischen gemeinen Wert und den ursprünglichen Anschaffungskosten) unterliegt dem Teileinkünfteverfahren (§ 3 Nr. 40c EStG), da die bisherige **zinslose Steuerstundung** für EU-Sachverhalte durch die Neufassung von § 6 AStG mit Wirkung ab 2022 entfällt. Die Wegzugsbesteuerung soll die stillen Reserven in Anteilen an Kapitalgesellschaften vor dem Wegzug sicherzustellen, bevor Deutschland nach Art. 13 Abs. 4 DBA Portugal das Besteuerungsrecht an Portugal verliert.[71]

Die Wegzugssteuer soll auf Antrag in **sieben gleichen Jahresraten** entrichtet werden können (§ 6 Abs. 4 AStG). Bei nicht fristgerechter Entrichtung der Jahresraten wird die noch nicht entrichtete Steuer innerhalb eines Monats zur Zahlung fällig. Für die Stundung der Wegzugssteuer wird außerdem i. d. R. eine Sicherheitsleistung gefordert werden.

Da der NHR-Status auf zehn Jahre begrenzt ist, ist ggfs. der (rückwirkende) Erlass der Wegzugssteuer bei **Rückkehrabsicht** interessant. Gemäß § 6 Abs. 3 AStG entfällt der Steueranspruch für eine nur **vorübergehende Abwesenheit** von maximal 7 Jahren – mit der Möglichkeit einer einmaligen Option auf Verlängerung um fünf Jahre, soweit der Wegzügler wieder unbeschränkt steuerpflichtig wird. Nach der Gesetzesbegründung kommt es hierbei auf eine Glaubhaftmachung der Rückkehrabsicht oder auf berufliche Gründe für die Abwesenheit nicht mehr an; die bloße Absicht zur Rückkehr und eine hinreichende Wahrscheinlichkeit sollen nach der Gesetzesbegründung genügen.[72]

---

70 Vgl. Steierberg in Fuhrmann, AStG, 2017, § 2 AStG Rz. 19 ff.

71 Vgl. zu den Voraussetzungen und Rechtsfolgen oben Ettinger Kapitel C. 2.2.

72 BT-Drucks. 19/28652 S. 47; näheres soll noch in einem BMF-Schreiben geregelt werden.

Bei Inanspruchnahme der Rückkehrerklausel sind grds. keine Jahresraten zu entrichten (§ 6 Abs. 4 Satz 7 AStG n. F.) – allerdings i. d. R. nur gegen Sicherheitsleistung (§ 6 Abs. 4 Satz 2 AStG). In ersten Praxisfällen wird allerdings berichtet, dass die Steuer nicht zum Zeitpunkt des Wegzugs entfallen soll, wie das Wort „Stundung" impliziert, sondern erst bei Rückkehr.[73]

Für wegziehende Einzelunternehmer sowie Freiberufler sind außerdem steuerlichen Folgen der allgemeine **Entstrickungsbesteuerung** (§ 4 Abs. 1 Satz 3 und 4 bzw. § 16 Abs. 3a EStG) zu beachten, da sich aufgrund des Wohnsitzwechsels auch das steuerliche relevante Betriebsvermögen des Wegziehenden nach Portugal verlagern wird. Der hieraus resultierende Entnahme- bzw. Aufgabegewinn ist für den Steuerpflichtigen auf Antrag über fünf Jahre verteilt zu versteuern (§ 4g und § 36 Abs. 5 EStG).[74]

6.4. Fazit

Das portugiesische ***Non-Habitual-Residence-System*** bietet im Ergebnis interessante steuerliche Rahmenbedingungen für deutsche und andere Zuzügler, wenn auch begrenzt auf einen **10-Jahreszeitraum**. Anders wie bei der italienischen Pauschalbesteuerung sollen nicht nur sehr vermögende ausländische Privatpersonen angelockt werden, sondern das portugiesische NHR-Steuerregime bietet auch bestimmten qualifizierten Berufsgruppen und Arbeitskräften (Selbständigen wie Arbeitnehmern) eine günstige 20 %ige Pauschalbesteuerung für im Land selbst ausgeübte Tätigkeiten an. Auch Ruheständlern und Rentnern bietet das NHR-Steuerregime im Zusammenspiel mit dem DBA-Recht eine sehr attraktive Besteuerung von 10 % in Portugal, die nach dem neu geplanten DBA mit Portugal im besten Fall für Sozialversicherungsenten nur zu einer 5 %igen deutschen Quellensteuerbelastung mit Anrechnung dieser Quellensteuer in Portugal führt. Außerdem greift eine zehnjährige Steuerfreistellung passiver ausländischer Einkünfte (insbesondere Kapital- und Lizenzeinkünfte), wobei hier der tatsächliche Zufluss – anders wie beim angelsächsischen Remittance-Base-System – nach Portugal unschädlich ist. Es sind jedoch im Einzelfall die außensteuerrechtlichen Missbrauchsregelungen zu beachten – insbesondere die Anwendung der Wegzugs- und Entstrickungsbesteuerung. Außerdem bleibt die Entwicklung des neu verhandelten deutschen DBA mit Portugal abzuwarten.

73 Vgl. Happe/Boelsen, PIStB 6/2022 S. 177 f.

74 Vgl. dazu im Einzelnen Ettinger oben Kapitel C. 2.3 sowie Kühn/Weiss, IWB 2/2020 S. 52 ff.

DBA Schweiz

Abkommen zwischen der Bundesrepublik Deutschland und der Schweizerischen Eidgenossenschaft zur Vermeidung der Doppelbesteuerung auf dem Gebiete der Steuern vom Einkommen und vom Vermögen

vom 11. August 1971 (BGBl 1972 II S. 1021)[1]

Änderungsdokumentation: i. d. F. des Änderungsprotokolls vom 30. November 1978 (BGBl 1980 II S. 751); des (Änderungs-)Protokolls vom 17. Oktober 1989 (BGBl 1990 II S. 766); des Protokolls vom 21. Dezember 1992 (BGBl 1993 II S. 1888); des Revisionsprotokolls vom 12. März 2002 (BGBl 2003 II S. 68); zuletzt geändert durch Änderungsprotokoll vom 27. Oktober 2010 (BGBl 2011 II S. 1092).

Artikel 1 Persönlicher Geltungsbereich

Dieses Abkommen gilt für Personen, die in einem Vertragsstaat oder in beiden Vertragsstaaten ansässig sind.

Artikel 2 Unter das Abkommen fallende Steuern

(1) Dieses Abkommen gilt, ohne Rücksicht auf die Art der Erhebung, für Steuern vom Einkommen und vom Vermögen, die für Rechnung eines der beiden Vertragsstaaten, der Länder, Kantone, Bezirke, Kreise, Gemeinden oder Gemeindeverbände (auch in Form von Zuschlägen) erhoben werden.

(2) Als Steuern vom Einkommen und vom Vermögen gelten alle (ordentlichen und außerordentlichen) Steuern, die vom Gesamteinkommen, vom Gesamtvermögen oder von Teilen des Einkommens oder des Vermögens erhoben werden, einschließlich der Steuern vom Gewinn aus der Veräußerung beweglichen oder unbeweglichen Vermögens, der Lohnsummensteuer sowie der Steuern vom Vermögenszuwachs. Das Abkommen gilt nicht für an der Quelle erhobene Steuern von Lotteriegewinnen.

(3) Zu den zurzeit bestehenden Steuern, für die das Abkommen gilt, gehören insbesondere

1. in der Bundesrepublik Deutschland:
   a. die Einkommensteuer einschließlich der Ergänzungsabgabe dazu,
   b. die Körperschaftsteuer einschließlich der Ergänzungsabgabe dazu,

1 **Anm. d. Red.:** In der Fassung des Änderungsprotokolls v. 27. 10. 2010 ist das Abkommen am 21. Dezember 2011 in Kraft getreten (BGBl 2012 II 279). Es ist im Wesentlichen anzuwenden seit dem 1. Januar 2012.

c. die Vermögensteuer,

d. die Grundsteuer und

e. die Gewerbesteuer

(im Folgenden als „deutsche Steuer" bezeichnet);

2. in der Schweiz:

die von Bund, Kantonen, Bezirken, Kreisen, Gemeinden und Gemeindeverbänden erhobenen Steuern

a. vom Einkommen (Gesamteinkommen, Erwerbseinkommen, Vermögensertrag, Geschäftsertrag, Kapitalgewinn usw.) und

b. vom Vermögen (Gesamtvermögen, bewegliches und unbewegliches Vermögen, Geschäftsvermögen, Kapital und Reserven usw.)

(im Folgenden als „schweizerische Steuer" bezeichnet).

(4) Das Abkommen gilt auch für alle Steuern gleicher oder ähnlicher Art, die künftig neben den zurzeit bestehenden Steuern oder an deren Stelle erhoben werden.

(5) Die Bestimmungen des Abkommens über die Besteuerung der Unternehmensgewinne gelten entsprechend für die nicht nach dem Gewinn oder dem Vermögen erhobene Gewerbesteuer.

Artikel 3 Allgemeine Begriffsbestimmungen

(1) Im Sinne dieses Abkommens, wenn der Zusammenhang nichts anderes erfordert:

a. bedeutet der Ausdruck „Bundesrepublik Deutschland", im geographischen Sinne verwendet, das Gebiet des Geltungsbereiches des Grundgesetzes für die Bundesrepublik Deutschland sowie das an die Hoheitsgewässer der Bundesrepublik Deutschland angrenzende und steuerrechtlich als Inland bezeichnete Gebiet, in dem die Bundesrepublik Deutschland in Übereinstimmung mit dem Völkerrecht ihre Rechte hinsichtlich des Meeresgrundes und des Meeresuntergrundes sowie ihrer Naturschätze ausüben darf;

b. bedeutet der Ausdruck „Schweiz" die Schweizerische Eidgenossenschaft;

c. bedeuten die Ausdrücke „ein Vertragsstaat" und „der andere Vertragsstaat", je nach dem Zusammenhang, die Bundesrepublik Deutschland oder die Schweiz;

d. umfasst der Ausdruck „Person" natürliche Personen und Gesellschaften;

e. bedeutet der Ausdruck „Gesellschaft" juristische Personen oder Rechtsträger, die für die Besteuerung wie juristische Personen behandelt werden;

f. bedeuten die Ausdrücke „Unternehmen eines Vertragsstaates“ und „Unternehmen des anderen Vertragsstaates“, je nachdem, ein Unternehmen, das von einer in einem Vertragsstaat ansässigen Person betrieben wird, oder ein Unternehmen, das von einer in dem anderen Vertragsstaat ansässigen Person betrieben wird;

g. bedeutet der Ausdruck „Steuer“, je nachdem, die deutsche oder die schweizerische Steuer;

h. bedeutet der Ausdruck „Staatsangehörige“:

aa) in Bezug auf die Bundesrepublik Deutschland:

alle Deutschen im Sinne des Artikels 116 Absatz 1 des Grundgesetzes für die Bundesrepublik Deutschland und alle juristischen Personen, Personengesellschaften und anderen Personenvereinigungen, die nach dem in der Bundesrepublik Deutschland geltenden Recht errichtet worden sind;

bb) in Bezug auf die Schweiz:

alle natürlichen Personen, die die schweizerische Staatsangehörigkeit besitzen, und alle juristischen Personen, Personengesellschaften und anderen Personenvereinigungen, die nach dem in der Schweiz gelten den Recht errichtet worden sind;

i. bedeutet der Ausdruck „zuständige Behörde“:

aa) in der Bundesrepublik Deutschland: der Bundesminister für Wirtschaft und Finanzen;

bb) in der Schweiz: der Direktor der Eidgenössischen Steuerverwaltung oder sein bevollmächtigter Vertreter.

(2) Bei Anwendung des Abkommens durch einen Vertragsstaat hat, wenn der Zusammenhang nichts anderes erfordert, jeder nicht anders definierte Ausdruck die Bedeutung, die ihm nach dem Recht dieses Staates über die Steuern zukommt, welche Gegenstand des Abkommens sind.

Artikel 4 Ansässige Person

(1) Im Sinne dieses Abkommens bedeutet der Ausdruck „eine in einem Vertragsstaat ansässige Person“ eine Person, die nach dem in diesem Staat geltenden Recht dort unbeschränkt steuerpflichtig ist.[2]

(2) Ist nach Absatz 1 eine natürliche Person in beiden Vertragsstaaten ansässig, so gilt Folgendes:

---

2 **Anm. d. Red.:** Art. 4 i. d. F. des Art. I Revisionsprotokoll v. 12.3.2002 (BGBl 2003 II 68).

a. Die Person gilt als in dem Vertragsstaat ansässig, in dem sie über eine ständige Wohnstätte verfügt. Verfügt sie in beiden Vertragsstaaten über eine ständige Wohnstätte, so gilt sie als in dem Vertragsstaat ansässig, zu dem sie die engeren persönlichen und wirtschaftlichen Beziehungen hat (Mittelpunkt der Lebensinteressen).

b. Kann nicht bestimmt werden, in welchem Vertragsstaat die Person den Mittelpunkt der Lebensinteressen hat, oder verfügt sie in keinem der Vertragsstaaten über eine ständige Wohnstätte, so gilt sie als in dem Vertragsstaat ansässig, in dem sie ihren gewöhnlichen Aufenthalt hat.

c. Hat die Person ihren gewöhnlichen Aufenthalt in beiden Vertragsstaaten oder in keinem der Vertragsstaaten, so gilt sie als in dem Vertragsstaat ansässig, dessen Staatsangehörigkeit sie besitzt.

d. Besitzt die Person die Staatsangehörigkeit beider Vertragsstaaten oder keines Vertragsstaates, so regeln die zuständigen Behörden der Vertragsstaaten die Frage in gegenseitigem Einvernehmen.

(3) Gilt eine natürliche Person, die in der Bundesrepublik Deutschland über eine ständige Wohnstätte verfügt oder dort ihren gewöhnlichen Aufenthalt von mindestens sechs Monaten im Kalenderjahr hat, nach Absatz 2 als in der Schweiz ansässig, so kann die Bundesrepublik Deutschland diese Person ungeachtet anderer Bestimmungen dieses Abkommens nach den Vorschriften über die unbeschränkte Steuerpflicht besteuern. Die Bundesrepublik Deutschland wendet jedoch Artikel 24 Absatz 1 Nummer 1 auf die dort genannten, aus der Schweiz stammenden Einkünfte und in der Schweiz belegenen Vermögenswerte an; auf andere aus der Schweiz stammende Einkünfte und in der Schweiz belegene Vermögenswerte rechnet die Bundesrepublik Deutschland in entsprechender Anwendung der Vorschriften des deutschen Rechts über die Anrechnung ausländischer Steuern die von diesen Einkünften oder Vermögenswerten erhobene schweizerische Steuer auf die deutsche Steuer (mit Ausnahme der Gewerbesteuer) von diesen Einkünften oder Vermögenswerten an; bei den übrigen Einkünften und Vermögenswerten rechnet die Bundesrepublik Deutschland in entsprechender Anwendung der Vorschriften des deutschen Rechts über die Anrechnung ausländischer Steuern die in Übereinstimmung mit diesem Abkommen von diesen Einkünften oder Vermögenswerten erhobene schweizerische Steuer auf den Teil der deutschen Steuer (mit Ausnahme der Gewerbesteuer) an, der auf Grund dieser Bestimmung von diesen Einkünften oder Vermögenswerten über die deutsche Steuer hinaus erhoben wird, die nach den Artikeln 6 bis 22 hierfür erhoben werden dürfte.

(4) Bei einer in der Schweiz ansässigen natürlichen Person, die nicht die schweizerische Staatsangehörigeit besitzt und die in der Bundesrepublik Deutschland insgesamt mindestens fünf Jahre unbeschränkt steuerpflichtig war, kann die Bundesrepublik Deutsch-

land in dem Jahr, in dem die unbeschränkte Steuerpflicht zuletzt geendet hat, und in den folgenden fünf Jahren die aus der Bundesrepublik Deutschland stammenden Einkünfte und die in der Bundesrepublik Deutschland belegenen Vermögenswerte, ungeachtet anderer Bestimmungen des Abkommens, besteuern. Die nach diesem Abkommen zulässige Besteuerung dieser Einkünfte oder Vermögenswerte in der Schweiz bleibt unberührt. Die Bundesrepublik Deutschland rechnet jedoch in entsprechender Anwendung der Vorschriften des deutschen Rechts über die Anrechnung ausländischer Steuern die in Übereinstimmung mit diesem Abkommen von diesen Einkünften oder Vermögenswerten erhobene schweizerische Steuer auf den Teil der deutschen Steuer (mit Ausnahme der Gewerbesteuer) an, der auf Grund dieser Bestimmung von diesen Einkünften oder Vermögenswerten über die deutsche Steuer hinaus erhoben wird, die nach den Artikeln 6 bis 22 hierfür erhoben werden dürfte. Die Bestimmungen dieses Absatzes gelten nicht, wenn die natürliche Person in der Schweiz ansässig geworden ist, um hier eine echte unselbständige Arbeit für einen Arbeitgeber auszuüben, an dem sie über das Arbeitsverhältnis hinaus weder unmittelbar noch mittelbar durch Beteiligung oder in anderer Weise wirtschaftlich wesentlich interessiert ist.

(5) Gilt eine natürliche Person nur für einen Teil des Jahres als im Sinne dieses Artikels in einem Vertragsstaat ansässig, für den Rest des gleichen Jahres aber als in dem anderen Vertragsstaat ansässig (Wohnsitzwechsel), so können in jedem Staat die Steuern auf der Grundlage der unbeschränkten Steuerpflicht nur nach Maßgabe der Zeit erhoben werden, während welcher diese Person als in diesem Staat ansässig gilt.

(6) Nicht als „in einem Vertragsstaat ansässig“ gilt eine natürliche Person, die in dem Vertragsstaat, in dem sie nach den vorstehenden Bestimmungen ansässig wäre, nicht mit allen nach dem Steuerrecht dieses Staates allgemein steuerpflichtigen Einkünften aus dem anderen Vertragsstaat den allgemein erhobenen Steuern unterliegt;

(7) Die Bestimmungen dieses Artikels gelten auch für eine bevormundete Person.

(8) Ist nach Absatz 1 eine Gesellschaft in beiden Vertragsstaaten ansässig, so gilt sie als in dem Vertragsstaat ansässig, in dem sich der Mittelpunkt ihrer tatsächlichen Geschäftsleitung befindet. Die Tatsache allein, daß eine Person an einer Gesellschaft beteiligt ist oder daß sie bei einer Gesellschaft, die einem Konzern angehört, die konzernleitenden Entscheidungen trifft, begründet für diese Gesellschaft keinen Mittelpunkt der tatsächlichen Geschäftsleitung an dem Ort, an dem diese Entscheidungen getroffen werden oder diese Person ansässig ist.

(9) Gilt eine Gesellschaft, die nach Absatz 1 in beiden Vertragsstaaten ansässig ist, nach Absatz 8 als in der Schweiz ansässig, so kann die Bundesrepublik Deutschland diese Gesellschaft ungeachtet anderer Bestimmungen dieses Abkommens nach den Vorschriften über die unbeschränkte Steuerpflicht besteuern. Die Bundesrepublik Deutschland wendet jedoch Artikel 24 Absatz 1 Nummer 1 auf die dort genannten, aus der

Schweiz stammenden Einkünfte und in der Schweiz belegenen Vermögenswerte an; auf andere aus der Schweiz stammende Einkünfte und in der Schweiz belegene Vermögenswerte rechnet die Bundesrepublik Deutschland in entsprechender Anwendung der Vorschriften des deutschen Rechts über die Anrechnung ausländischer Steuern die von diesen Einkünften oder Vermögenswerten erhobene schweizerische Steuer auf die deutsche Steuer (mit Ausnahme der Gewerbesteuer) von diesen Einkünften oder Vermögenswerten an; bei den übrigen Einkünften und Vermögenswerten rechnet die Bundesrepublik Deutschland in entsprechender Anwendung der Vorschriften des deutschen Rechts über die Anrechnung ausländischer Steuern die in Übereinstimmung mit diesem Abkommen von diesen Einkünften oder Vermögenswerten erhobene schweizerische Steuer auf den Teil der deutschen Steuer (mit Ausnahme der Gewerbesteuer) an, der auf Grund dieser Bestimmung von diesen Einkünften oder Vermögenswerten über die deutsche Steuer hinaus erhoben wird, die nach den Artikeln 6 bis 22 hierfür erhoben werden dürfte.

(10) Absatz 8 berührt nicht die Vorschriften eines Vertragsstaates über die Besteuerung von Einkünften im Sinne der Artikel 10 bis 12 und 16, die daran anknüpft, daß die Gesellschaft, von der diese Einkünfte stammen, in diesem Staat ihre Geschäftsleitung oder ihren Sitz hat; jedoch sind auf diese Einkünfte die Artikel 10 bis 12, 24 und 28 anzuwenden, wenn der Empfänger der Einkünfte in dem anderen Vertragsstaat ansässig ist.

(11) Nicht als in einem Vertragsstaat ansässig gilt eine Person in bezug auf Einkünfte und Vermögenswerte, die nicht ihr, sondern einer anderen Person zuzurechnen sind.

Artikel 5 Betriebsstätte

(1) Im Sinne dieses Abkommens bedeutet der Ausdruck „Betriebsstätte" eine feste Geschäftseinrichtung, in der die Tätigkeit des Unternehmens ganz oder teilweise ausgeübt wird.

(2) Der Ausdruck „Betriebsstätte" umfaßt insbesondere:

a. einen Ort der Leitung,

b. eine Zweigniederlassung,

c. eine Geschäftsstelle,

d. eine Fabrikationsstätte,

e. eine Werkstätte,

f. ein Bergwerk, einen Steinbruch oder eine andere Stätte der Ausbeutung von Bodenschätzen,

g. eine Bauausführung oder Montage, deren Dauer zwölf Monate überschreitet.

(3) Als Betriebsstätten gelten nicht:

a. Einrichtungen, die ausschließlich zur Lagerung, Ausstellung oder Auslieferung von Gütern oder Waren des Unternehmens benutzt werden;

b. Bestände von Gütern oder Waren des Unternehmens, die ausschließlich zur Lagerung, Ausstellung oder Auslieferung unterhalten werden;

c. Bestände von Gütern oder Waren des Unternehmens, die ausschließlich zu dem Zweck unterhalten werden, durch ein anderes Unternehmen bearbeitet oder verarbeitet zu werden;

d. eine feste Geschäftseinrichtung, die ausschließlich zu dem Zweck unterhalten wird, für das Unternehmen Güter oder Waren einzukaufen oder Informationen zu beschaffen;

e. eine feste Geschäftseinrichtung, die ausschließlich zu dem Zweck unterhalten wird, für das Unternehmen zu werben, Informationen zu erteilen, wissenschaftliche Forschung zu betreiben oder ähnliche Tätigkeiten auszuüben, die vorbereitender Art sind oder eine Hilfstätigkeit darstellen.

(4) Ist eine Person – mit Ausnahme eines unabhängigen Vertreters im Sinne des Absatzes 5 – in einem Vertragsstaat für ein Unternehmen des anderen Vertragsstaates tätig, so gilt eine in dem erstgenannten Staat gelegene Betriebsstätte als gegeben, wenn die Person eine Vollmacht besitzt, im Namen des Unternehmens Verträge abzuschließen, und die Vollmacht in diesem Staat gewöhnlich ausübt, es sei denn, daß sich ihre Tätigkeit auf den Einkauf von Gütern oder Waren für das Unternehmen beschränkt.

(5) Ein Unternehmen eines Vertragsstaates wird nicht schon deshalb so behandelt, als habe es eine Betriebsstätte in dem anderen Vertragsstaat, weil es dort seine Tätigkeit durch einen Makler, Kommissionär oder einen anderen unabhängigen Vertreter ausübt, sofern diese Personen im Rahmen ihrer ordentlichen Geschäftstätigkeit handeln.

(6) Allein dadurch, daß eine in einem Vertragsstaat ansässige Gesellschaft eine Gesellschaft beherrscht oder von einer Gesellschaft beherrscht wird, die in dem anderen Vertragsstaat ansässig ist oder dort (entweder durch eine Betriebsstätte oder in anderer Weise) ihre Tätigkeit ausübt, wird eine der beiden Gesellschaften nicht zur Betriebsstätte der anderen.

Artikel 6 Einkünfte aus unbeweglichem Vermögen

(1) Einkünfte aus unbeweglichem Vermögen können in dem Vertragsstaat besteuert werden, in dem dieses Vermögen liegt.

(2) Der Ausdruck „unbewegliches Vermögen" bestimmt sich nach dem Recht des Vertragsstaates, in dem das Vermögen liegt. Der Ausdruck umfaßt in jedem Fall das Zubehör zum unbeweglichen Vermögen, das lebende und tote Inventar land- und forstwirtschaftlicher Betriebe, die Rechte, auf die die Vorschriften des Privatrechts über Grundstücke Anwendung finden, die Nutzungsrechte an unbeweglichem Vermögen sowie die Rechte auf veränderliche oder feste Vergütungen für die Ausbeutung oder das Recht auf Ausbeutung von Mineralvorkommen, Quellen und anderen Bodenschätzen; Schiffe und Luftfahrzeuge gelten nicht als unbewegliches Vermögen.

(3) Absatz 1 gilt für die Einkünfte aus der unmittelbaren Nutzung, der Vermietung oder Verpachtung sowie jeder anderen Art der Nutzung unbeweglichen Vermögens.

(4) Die Absätze 1 und 3 gelten auch für Einkünfte aus unbeweglichem Vermögen eines Unternehmens und für Einkünfte aus unbeweglichem Vermögen, das der Ausübung eines freien Berufes dient.

Artikel 7 Unternehmensgewinne

(1) Gewinne eines Unternehmens eines Vertragsstaates können nur in diesem Staat besteuert werden, es sei denn, daß das Unternehmen seine Tätigkeit im anderen Vertragsstaat durch eine dort gelegene Betriebsstätte ausübt. Übt das Unternehmen seine Tätigkeit in dieser Weise aus, so können die Gewinne des Unternehmens in dem anderen Staat besteuert werden, jedoch nur insoweit, als sie dieser Betriebsstätte zugerechnet werden können.

(2) Übt ein Unternehmen eines Vertragsstaates seine Tätigkeit in dem anderen Vertragsstaat durch eine dort gelegene Betriebsstätte aus, so sind in jedem Vertragsstaat dieser Betriebsstätte die Gewinne zuzurechnen, die sie hätte erzielen können, wenn sie eine gleiche oder ähnliche Tätigkeit unter gleichen oder ähnlichen Bedingungen als selbständiges Unternehmen ausgeübt hätte und im Verkehr mit dem Unternehmen, dessen Betriebsstätte sie ist, völlig unabhängig gewesen wäre.

(3) Bei der Ermittlung der Gewinne einer Betriebsstätte werden die für diese Betriebsstätte entstandenen Aufwendungen, einschließlich der Geschäftsführungs- und allgemeinen Verwaltungskosten, zum Abzug zugelassen, gleichgültig, ob sie in dem Staat, in dem die Betriebsstätte liegt, oder anderswo entstanden sind.

(4) Soweit es in einem Vertragsstaat üblich ist, die einer Betriebsstätte zuzurechnenden Gewinne durch Aufteilung der Gesamtgewinne des Unternehmens auf seine einzelnen Teile zu ermitteln, schließt Absatz 2 nicht aus, daß dieser Vertragsstaat die zu besteuernden Gewinne nach der üblichen Aufteilung ermittelt; die Art der angewendeten Gewinnaufteilung muß jedoch so sein, daß das Ergebnis mit den Grundsätzen dieses Artikels übereinstimmt.

(5) Auf Grund des bloßen Einkaufs von Gütern oder Waren für das Unternehmen wird einer Betriebsstätte kein Gewinn zugerechnet.

(6) Bei Anwendung der vorstehenden Absätze sind die der Betriebsstätte zuzurechnenden Gewinne jedes Jahr auf dieselbe Art zu ermitteln, es sei denn, daß ausreichende Gründe dafür bestehen, anders zu verfahren.

(7) Dieser Artikel gilt auch für Einkünfte aus der Beteiligung an einer Personengesellschaft. Er erstreckt sich auch auf Vergütungen, die ein Gesellschafter einer Personengesellschaft von der Gesellschaft für seine Tätigkeit im Dienst der Gesellschaft, für die Gewährung von Darlehen oder für die Überlassung von Wirtschaftsgütern bezieht, wenn diese Vergütungen nach dem Steuerrecht des Vertragsstaates, in dem die Betriebsstätte gelegen ist, den Einkünften des Gesellschafters aus dieser Betriebsstätte zugerechnet werden.

(8) Gehören zu den Gewinnen Einkünfte, die in anderen Artikeln dieses Abkommens behandelt werden, so werden die Bestimmungen jener Artikel durch die Bestimmungen dieses Artikels nicht berührt.

Artikel 8 Seeschiffahrt, Binnenschiffahrt und Luftfahrt

(1) Gewinne aus dem Betrieb von Seeschiffen oder Luftfahrzeugen im internationalen Verkehr können nur in dem Vertragsstaat besteuert werden, in dem sich der Ort der tatsächlichen Geschäftsleitung des Unternehmens befindet.

(2) Gewinne aus dem Betrieb von Schiffen, die der Binnenschiffahrt dienen, können nur in dem Vertragsstaat besteuert werden, in dem sich der Ort der tatsächlichen Geschäftsleitung des Unternehmens befindet.

(3) Befindet sich der Ort der tatsächlichen Geschäftsleitung eines Unternehmens der See- oder Binnenschiffahrt an Bord eines Schiffes, so gilt er als in dem Vertragsstaat gelegen, in dem der Heimathafen des Schiffes liegt, oder, wenn kein Heimathafen vorhanden ist, in dem Vertragsstaat, in dem die Person, die das Schiff betreibt, ansässig ist.

(4) Die vorstehenden Bestimmungen gelten auch,

a. wenn der Betrieb der Schiff- oder Luftfahrt mit gecharterten oder gemieteten Fahrzeugen durchgeführt wird,

b. für Agenturen, soweit deren Tätigkeit unmittelbar mit dem Betrieb der Schiff- oder Luftfahrt oder dem Zubringerdienst zusammenhängt, und

c. für Beteiligungen von Unternehmen der Schiff- oder Luftfahrt an einem Pool, einer gemeinsamen Betriebsorganisation oder einer internationalen Betriebskörperschaft.

(5) Hat ein Unternehmen im Sinne dieses Artikels, das in Form einer Personengesellschaft betrieben wird, den Ort der tatsächlichen Geschäftsleitung in einem Vertragsstaat, ist aber einer der Teilhaber in dem anderen Vertragsstaat ansässig, so kann dieser andere Vertragsstaat diesen Teilhaber für die Einkünfte aus seiner Beteiligung an dieser Personengesellschaft besteuern, gewährt aber für die im erstgenannten Vertragsstaat erhobene Steuer Entlastung von seiner Steuer im Rahmen des Artikels 24.

Artikel 9 Verbundene Unternehmen

Wenn

a. ein Unternehmen eines Vertragsstaates unmittelbar oder mittelbar an der Geschäftsleitung, der Kontrolle oder am Kapital eines Unternehmens des anderen Vertragsstaates beteiligt ist, oder

b. dieselben Personen unmittelbar oder mittelbar an der Geschäftsleitung, der Kontrolle oder am Kapital eines Unternehmens eines Vertragsstaates und eines Unternehmens des anderen Vertragsstaates beteiligt sind,

und in diesen Fällen zwischen den beiden Unternehmen hinsichtlich ihrer kaufmännischen oder finanziellen Beziehungen Bedingungen vereinbart oder auferlegt werden, die von denen abweichen, die unabhängige Unternehmen miteinander vereinbaren würden, so dürfen die Gewinne, die eines der Unternehmen ohne diese Bedingungen erzielt hätte, wegen dieser Bedingungen aber nicht erzielt hat, den Gewinnen dieses Unternehmens zugerechnet und entsprechend besteuert werden.

Artikel 10 Dividenden

(1) Dividenden, die eine in einem Vertragsstaat ansässige Gesellschaft an eine in dem anderen Vertragsstaat ansässige Person zahlt, können in dem anderen Staat besteuert werden.[3]

(2) Diese Dividenden können jedoch in dem Vertragsstaat, in dem die die Dividenden zahlende Gesellschaft ansässig ist, nach dem Recht dieses Staates besteuert werden; die Steuer darf aber nicht übersteigen:

3 **Anm. d. Red.:** Art. 10 neugefasst gem. Änderungsprotokoll v. 17.10.1989 (BGBl 1990 II S. 766) ; Art. 10 Abs. 2 und 3 i. d. F. des Art. II Revisionsprotokoll v. 12.3.2002 (BGBl 2003 II 68); Art. 10 Abs. 3 i. d. F. des Änderungsprotokolls v. 27.10.2010 (BGBl 2011 II S. 1092) .

a. 5 vom Hundert des Bruttobetrags der Dividenden, wenn sie von einer Gesellschaft gezahlt werden, die ein Kraftwerk zur Ausnutzung der Wasserkraft des Rheinstromes zwischen dem Bodensee und Basel betreibt (Grenzkraftwerk am Rhein);

b. 30 vom Hundert des Bruttobetrags der Dividenden, wenn es sich um Einnahmen aus Beteiligungen an einem Handelsgewerbe als stiller Gesellschafter im Sinne des deutschen Rechts, aus Genußrechten, aus Gewinnobligationen oder aus partiarischen Darlehen handelt und wenn diese Beträge bei der Gewinnermittlung des Schuldners abzugsfähig sind;

c. 15 vom Hundert des Bruttobetrags der Dividenden in Fällen, die nicht unter Buchstabe a oder b fallen.

(3) Ungeachtet des Absatzes 2 dürfen Dividenden in dem Vertragsstaat, in dem die die Dividenden zahlende Gesellschaft ansässig ist, nicht besteuert werden, wenn der Empfänger der Dividenden eine im anderen Vertragsstaat ansässige Gesellschaft ist, die während eines ununterbrochenen Zeitraums von mindestens 12 Monaten unmittelbar über mindestens 10 vom Hundert des Kapitals der die Dividenden zahlenden Gesellschaft verfügt. Im Fall von Dividenden, die von einer deutschen Immobilien-Aktiengesellschaft mit börsennotierten Anteilen (REIT-AG), einem deutschen Investmentfonds oder einer deutschen Investmentaktiengesellschaft gezahlt werden, ist nicht Satz 1, sondern Absatz 2 Buchstabe c anzuwenden. Dies berührt nicht die Besteuerung der Gesellschaft in Bezug auf die Gewinne, aus denen die Dividenden gezahlt werden.

(4) Der in diesem Artikel verwendete Ausdruck „Dividenden" bedeutet Einnahmen aus Aktien, Genußrechten (wie zum Beispiel Genußaktien oder Genußscheine), Anteilen an einer Gesellschaft mit beschränkter Haftung, Kuxen, Gründeranteilen oder anderen Rechten – ausgenommen Forderungen – mit Gewinnbeteiligung sowie aus sonstigen Gesellschaftsanteilen stammende Einnahmen, die nach dem Steuerrecht des Staates, in dem die ausschüttende Gesellschaft ansässig ist, den Einnahmen aus Aktien gleichgestellt sind, einschließlich der Einnahmen aus Beteiligungen an einem Handelsgewerbe als stiller Gesellschafter im Sinne des deutschen Rechts, aus Gewinnobligationen oder aus partiarischen Darlehen sowie der Ausschüttungen auf die Anteilscheine von Kapitalanlagegesellschaften (Investmentfonds).

(5) Die Absätze 1 bis 3 sind nicht anzuwenden, wenn der in einem Vertragsstaat ansässige Empfänger der Dividenden in dem anderen Vertragsstaat, in dem die die Dividenden zahlende Gesellschaft ansässig ist, eine Betriebsstätte hat und die Beteiligung, für die die Dividenden gezahlt werden, tatsächlich zu dieser Betriebsstätte gehört. In diesem Fall ist Artikel 7 anzuwenden.

(6) Bezieht eine in einem Vertragsstaat ansässige Gesellschaft Gewinne oder Einkünfte aus dem anderen Vertragsstaat, so darf dieser andere Staat weder die Dividenden be-

steuern, die die Gesellschaft an nicht in diesem anderen Staat ansässige Personen zahlt, noch Gewinne der Gesellschaft einer Steuer für nicht ausgeschüttete Gewinne unterwerfen, selbst wenn die gezahlten Dividenden oder die nicht ausgeschütteten Gewinne ganz oder teilweise aus in dem anderen Staat erzielten Gewinnen oder Einkünften bestehen. Artikel 4 Absatz 10 bleibt vorbehalten.

Artikel 11 Zinsen

(1) Zinsen, die aus einem Vertragsstaat stammen und an eine in dem anderen Vertragsstaat ansässige Person gezahlt werden, können nur in dem anderen Staat besteuert werden.[4]

(2) Der in diesem Artikel verwendete Ausdruck „Zinsen" bedeutet, vorbehaltlich Artikel 10 Absatz 4, Einnahmen aus öffentlichen Anleihen, aus Schuldverschreibungen einschließlich Wandelanleihen, auch wenn sie durch Pfandrechte an Grundstücken gesichert sind, und aus Forderungen jeder Art sowie alle anderen Einnahmen, die nach dem Steuerrecht des Staates, aus dem sie stammen, den Einnahmen aus Darlehen gleichgestellt sind.

(3) Absatz 1 ist nicht anzuwenden, wenn der in einem Vertragsstaat ansässige Empfänger der Zinsen in dem anderen Vertragsstaat, aus dem die Zinsen stammen, eine Betriebsstätte hat und die Forderung, für die die Zinsen gezahlt werden, tatsächlich zu dieser Betriebsstätte gehört. In diesem Fall ist Artikel 7 anzuwenden.

(4) Bestehen zwischen Schuldner und Gläubiger oder zwischen jedem von ihnen und einem Dritten besondere Beziehungen und übersteigen deshalb die gezahlten Zinsen, gemessen an der zugrundeliegenden Forderung, den Betrag, den Schuldner und Gläubiger ohne diese Beziehungen vereinbart hätten, so wird dieser Artikel nur auf diesen letzten Betrag angewendet. In diesem Fall kann der übersteigende Betrag nach dem Recht jedes Vertragsstaates und unter Berücksichtigung der anderen Bestimmungen dieses Abkommens besteuert werden.

Artikel 12 Lizenzgebühren

(1) Lizenzgebühren, die aus einem Vertragsstaat stammen und an eine in dem anderen Vertragsstaat ansässige Person gezahlt werden, können nur in dem anderen Staat besteuert werden.

(2) Der in diesem Artikel verwendete Ausdruck „Lizenzgebühren" bedeutet Vergütungen jeder Art, die für die Benutzung oder für das Recht auf Benutzung von Urheberrech-

4 **Anm. d. Red.:** Art. 11 Abs. 2 i. d. F. des Änderungsprotokolls v. 17.10.1989 (BGBl 1990 II S. 766).

ten an literarischen, künstlerischen oder wissenschaftlichen Werken, einschließlich kinematographischer Filme, von Patenten, Warenzeichen, Mustern oder Modellen, Plänen, geheimen Formeln oder Verfahren oder für die Benutzung oder das Recht auf Benutzung gewerblicher, kaufmännischer oder wissenschaftlicher Ausrüstungen oder für die Mitteilung gewerblicher, kaufmännischer oder wissenschaftlicher Erfahrungen gezahlt werden.

(3) Absatz 1 ist nicht anzuwenden, wenn der in einem Vertragsstaat ansässige Empfänger der Lizenzgebühren in dem anderen Vertragsstaat, aus dem die Lizenzgebühren stammen, eine Betriebsstätte hat und die Rechte oder Vermögenswerte, für die die Lizenzgebühren gezahlt werden, tatsächlich zu dieser Betriebsstätte gehören. In diesem Fall ist Artikel 7 anzuwenden.

(4) Bestehen zwischen Schuldner und Gläubiger oder zwischen jedem von ihnen und einem Dritten besondere Beziehungen und übersteigen deshalb die gezahlten Lizenzgebühren, gemessen an der zugrundeliegenden Leistung, den Betrag, den Schuldner und Gläubiger ohne diese Beziehungen vereinbart hätten, so wird dieser Artikel nur auf diesen letzten Betrag angewendet. In diesem Fall kann der übersteigende Betrag nach dem Recht jedes Vertragsstaates und unter Berücksichtigung der anderen Bestimmungen dieses Abkommens besteuert werden.

Artikel 13 Gewinne aus der Veräußerung von Vermögen

(1) Gewinne aus der Veräußerung unbeweglichen Vermögens im Sinne des Artikels 6 Absatz 2 können in dem Vertragsstaat besteuert werden, in dem dieses Vermögen liegt.

(2) Gewinne aus der Veräußerung beweglichen Vermögens, das Betriebsvermögen einer Betriebsstätte darstellt, die ein Unternehmen eines Vertragsstaates in dem anderen Vertragsstaat hat, oder das zu einer festen Einrichtung gehört, über die eine in einem Vertragsstaat ansässige Person für die Ausübung eines freien Berufes in dem anderen Vertragsstaat verfügt, einschließlich derartiger Gewinne, die bei der Veräußerung einer solchen Betriebsstätte (allein oder zusammen mit dem übrigen Unternehmen) oder einer solchen festen Einrichtung erzielt werden, können in dem anderen Staat besteuert werden. Jedoch können Gewinne aus der Veräußerung des in Artikel 22 Absatz 3 genannten beweglichen Vermögens nur in dem Vertragsstaat besteuert werden, in dem dieses bewegliche Vermögen nach dem angeführten Artikel besteuert werden kann.

(3) Gewinne aus der Veräußerung des in den Absätzen 1 und 2 nicht genannten Vermögens können nur in dem Vertragsstaat besteuert werden, in dem der Veräußerer ansässig ist.

(4) Ungeachtet des Absatzes 3 können Gewinne aus der vollen oder teilweisen Veräußerung einer wesentlichen Beteiligung an einer Gesellschaft in dem Vertragsstaat besteuert werden, in dem die Gesellschaft ansässig ist, sofern der in dem anderen Vertragsstaat ansässige Veräußerer eine natürliche Person ist,

a. die im Laufe der fünf Jahre vor der Veräußerung im Sinne des Artikel 4 im erstgenannten Vertragsstaat ansässig war und

b. die in dem anderen Staat für den Veräußerungsgewinn keiner Steuer unterliegt.

Eine wesentliche Beteiligung ist gegeben, wenn der Veräußerer unmittelbar oder mittelbar zu mehr als einem Viertel am Kapital der Gesellschaft beteiligt war.

(5) Besteuert ein Vertragsstaat bei Wegzug einer in diesem Staat ansässigen natürlichen Person den Vermögenszuwachs, der auf eine wesentliche Beteiligung an einer in diesem Staat ansässigen Gesellschaft entstanden ist, so wird bei späterer Veräußerung der Beteiligung, wenn der daraus erzielte Gewinn in dem anderen Staat gemäß Absatz 3 besteuert wird, dieser Staat bei der Ermittlung des Veräußerungsgewinns als Anschaffungskosten den Betrag zugrunde legen, den der erstgenannte Staat im Zeitpunkt des Wegzugs als Erlös angenommen hat.

Artikel 14 Selbständige Tätigkeit

(1) Einkünfte, die eine in einem Vertragsstaat ansässige Person aus einem freien Beruf oder aus sonstiger selbständiger Tätigkeit ähnlicher Art bezieht, können nur in diesem Staat besteuert werden, es sei denn, daß die Person für die Ausübung ihrer Tätigkeit in dem anderen Vertragsstaat regelmäßig über eine feste Einrichtung verfügt. Verfügt sie über eine solche feste Einrichtung, so können die Einkünfte in dem anderen Staat besteuert werden, jedoch nur insoweit, als sie dieser festen Einrichtung zugerechnet werden können.

(2) Der Ausdruck „freier Beruf" umfaßt insbesondere die selbständig ausgeübte wissenschaftliche, literarische, künstlerische, erzieherische oder unterrichtende Tätigkeit sowie die selbständige Tätigkeit der Ärzte, Rechtsanwälte, Ingenieure, Architekten, Zahnärzte und Bücherrevisoren.

Artikel 15 Unselbständige Arbeit

(1) Vorbehaltlich der Artikel 15a bis 19 können Gehälter, Löhne und ähnliche Vergütungen, die eine in einem Vertragsstaat ansässige Person aus unselbständiger Arbeit bezieht, nur in diesem Staat besteuert werden, es sei denn, daß die Arbeit in dem anderen

Vertragsstaat ausgeübt wird. Wird die Arbeit dort ausgeübt, so können die dafür bezogenen Vergütungen in dem anderen Staat besteuert werden.[5]

(2) Ungeachtet des Absatzes 1 können Vergütungen, die eine in einem Vertragsstaat ansässige Person für eine in dem anderen Vertragsstaat ausgeübte unselbständige Arbeit bezieht, nur in dem erstgenannten Staat besteuert werden, wenn

a. der Empfänger sich in dem anderen Staat insgesamt nicht länger als 183 Tage während des betreffenden Kalenderjahres aufhält,

b. die Vergütungen von einem Arbeitgeber oder für einen Arbeitgeber gezahlt werden, der nicht in dem anderen Staat ansässig ist, und

c. die Vergütungen nicht von einer Betriebsstätte oder einer festen Einrichtung getragen werden, die der Arbeitgeber in dem anderen Staat hat.

(3) Ungeachtet der vorstehenden Bestimmungen dieses Artikels können Vergütungen für unselbständige Arbeit, die an Bord eines Seeschiffes oder Luftfahrzeuges im internationalen Verkehr oder an Bord eines Schiffes, das der Binnenschiffahrt dient, ausgeübt wird, in dem Vertragsstaat besteuert werden, in dem sich der Ort der tatsächlichen Geschäftsleitung des Unternehmens befindet. Werden diese Vergütungen in diesem Staat nicht besteuert, so können sie in dem anderen Vertragsstaat besteuert werden.

(4) Vorbehaltlich des Artikels 15a kann eine natürliche Person, die in einem Vertragsstaat ansässig, aber als Vorstandsmitglied, Direktor, Geschäftsführer oder Prokurist einer in dem anderen Vertragsstaat ansässigen Kapitalgesellschaft tätig ist, mit den Einkünften aus dieser Tätigkeit in diesem anderen Staat besteuert werden, sofern ihre Tätigkeit nicht so abgegrenzt ist, daß sie lediglich Aufgaben außerhalb dieses anderen Staates umfaßt. Besteuert dieser andere Vertragsstaat diese Einkünfte nicht, so können sie in dem Staat besteuert werden, in dem die natürliche Person ansässig ist.

Artikel 15a Grenzgänger

(1) Ungeachtet des Artikels 15 können Gehälter, Löhne und ähnliche Vergütungen, die ein Grenzgänger aus unselbständiger Arbeit bezieht, in dem Vertragsstaat besteuert werden, in dem dieser ansässig ist. Zum Ausgleich kann der Vertragsstaat, in dem die Arbeit ausgeübt wird, von diesen Vergütungen eine Steuer im Abzugsweg erheben. Diese Steuer darf 4,5 vom Hundert des Bruttobetrages der Vergütungen nicht übersteigen, wenn die Ansässigkeit durch eine amtliche Bescheinigung der zuständigen Finanz-

5 **Anm. d. Red.:** Art. 15 Abs. 1 geändert, Abs. 4 aufgehoben, bisheriger Abs. 5 wird mit Änderungen neuer Abs. 4 durch Änderungsprotokoll v. 21.12.1992 (BGBl 1993 II S. 1888).

behörde des Vertragsstaates, in dem der Steuerpflichtige ansässig ist, nachgewiesen wird. Artikel 4 Absatz 4 bleibt vorbehalten.[6]

(2) Grenzgänger im Sinne des Absatzes 1 ist jede in einem Vertragsstaat ansässige Person, die in dem anderen Vertragsstaat ihren Arbeitsort hat und von dort regelmäßig an ihren Wohnsitz zurückkehrt. Kehrt diese Person nicht jeweils nach Arbeitsende an ihren Wohnsitz zurück, entfällt die Grenzgängereigenschaft nur dann, wenn die Person bei einer Beschäftigung während des gesamten Kalenderjahres an mehr als 60 Arbeitstagen auf Grund ihrer Arbeitsübung nicht an ihren Wohnsitz zurückkehrt.

(3) Der Vertragsstaat, in dem der Grenzgänger ansässig ist, berücksichtigt die nach Absatz 1 Satz 3 erhobene Steuer ungeachtet des Artikels 24 wie folgt:

a. in der Bundesrepublik Deutschland wird die Steuer entsprechend § 36 Einkommensteuergesetz unter Ausschluß von § 34c Einkommensteuergesetz auf die deutsche Einkommensteuer angerechnet; die Steuer wird auch bei der Festsetzung von Einkommensteuer-Vorauszahlungen berücksichtigt;

b. in der Schweiz wird der Bruttobetrag der Vergütungen bei der Ermittlung der Bemessungsgrundlage um ein Fünftel herabgesetzt.

(4) Die zuständigen Behörden der Vertragsstaaten verständigen sich über die weiteren Einzelheiten sowie die verfahrensmäßigen Voraussetzungen für die Anwendung der vorstehenden Absätze.

Artikel 16 Aufsichtsrats- und Verwaltungsratsvergütungen

Bezüge und Vergütungen, die eine in einem Vertragsstaat ansässige Person von einer in dem anderen Vertragsstaat ansässigen Gesellschaft in ihrer Eigenschaft als Mitglied des Aufsichts- oder Verwaltungsrates der Gesellschaft bezieht, können in dem anderen Staat besteuert werden.

Artikel 17 Künstler, Sportler und Artisten

(1) Ungeachtet der Artikel 7, 14 und 15 können Einkünfte, die berufsmäßige Künstler, wie Bühnen-, Film-, Rundfunk- oder Fernsehkünstler und Musiker, sowie Sportler und Artisten für ihre in dieser Eigenschaft persönlich ausgeübte Tätigkeit beziehen, in dem Vertragsstaat besteuert werden, in dem sie diese Tätigkeit ausüben. Das gilt auch für die Einkünfte, die einer anderen Person für die Tätigkeit oder Überlassung des Künstlers, Sportlers oder Artisten zufließen.[7]

6 **Anm. d. Red.:** Art. 15a eingefügt durch Änderungsprotokoll v. 21.12.1992 (BGBl 1993 II S. 1888).

7 **Anm. d. Red.:** Art. 17 Abs. 2 geändert durch Änderungsprotokoll v. 21.12.1992 (BGBl 1993 II S. 1888).

(2) Absatz 1 gilt nicht für Einkünfte aus Tätigkeiten berufsmäßiger Künstler, die in erheblichem Umfang unmittelbar oder mittelbar durch Zuwendungen aus öffentlichen Mitteln des Staates, in dem der Künstler ansässig ist, gefördert werden.

Artikel 18 Ruhegehälter

Vorbehaltlich des Artikels 19 können Ruhegehälter und ähnliche Vergütungen, die einer in einem Vertragsstaat ansässigen Person für frühere unselbständige Arbeit gezahlt werden, nur in diesem Staat besteuert werden.

Artikel 19 Öffentlicher Dienst

(1) Vergütungen, einschließlich der Ruhegehälter, die von einem Vertragsstaat, einem Land, Kanton, Bezirk, Kreis, einer Gemeinde oder einem Gemeindeverband oder von einer juristischen Person des öffentlichen Rechts dieses Staates unmittelbar oder aus einem Sondervermögen an eine natürliche Person für erbrachte Dienste gewährt werden, können nur in diesem Staat besteuert werden. Jedoch können Vergütungen, ausgenommen Ruhegehälter, für Dienste, die in dem anderen Vertragsstaat von einem Staatsangehörigen dieses Staates erbracht werden, der nicht zugleich die Staatsangehörigkeit des erstgenannten Staates besitzt, nur in dem anderen Staat besteuert werden.[8]

(2) Auf Vergütungen für Dienstleistungen, die im Zusammenhang mit einer kaufmännischen oder gewerblichen Tätigkeit eines der Vertragsstaaten, eines Landes, Kantons, Bezirks, Kreises, einer Gemeinde, eines Gemeindeverbandes oder einer juristischen Person des öffentlichen Rechts dieses Staates erbracht werden, finden die Artikel 15 und 16 Anwendung.

(3) Absatz 1 findet ebenfalls Anwendung auf die Vergütungen, die von der Deutschen Bundesbank, der Deutschen Bundesbahn und der Deutschen Bundespost sowie von der Schweizerischen Nationalbank, den Schweizerischen Bundesbahnen, den schweizerischen Post-, Telephon- und Telegraphenbetrieben und der Schweizerischen Verkehrszentrale gezahlt werden.

(4) Abweichend von den Absätzen 1 und 3 können Vergütungen der dort genannten Art, wenn sie von dem in den Grenzgebieten tätigen Personal der Bahn-, Post-, Telegrafen- und Zollverwaltungen der beiden Vertragsstaaten bezogen werden, nur in dem Vertragsstaat besteuert werden, in dem diese Personen ansässig sind.

8 **Anm. d. Red.:** Art. 19 Abs. 5 geändert durch Änderungsprotokoll v. 21.12.1992 (BGBl 1993 II S. 1888).

(5) Artikel 15a gilt entsprechend für die in den Absätzen 1 und 3 genannten Vergütungen.

(6) Absatz 1 Satz 1 gilt entsprechend für Bezüge aus öffentlichen Mitteln für gegenwärtige oder frühere Erfüllung der Wehrpflicht, einschließlich der Unterhaltsbeiträge, die Angehörigen zum Wehrdienst Eingezogener gewährt werden.

(7) Ruhegehälter, Leibrenten und andere wiederkehrende oder nicht wiederkehrende Bezüge, die von einem der beiden Vertragsstaaten oder einer anderen juristischen Person des öffentlichen Rechts eines der beiden Vertragsstaaten als Vergütung für einen Schaden gewährt werden, der als Folge von Kriegshandlungen oder politischer Verfolgung entstanden ist, können nur in diesem Staat besteuert werden.

Artikel 20 Studium und Ausbildung

Zahlungen, die ein Student, Praktikant, Volontär oder Lehrling, der in einem Vertragsstaat ansässig ist oder vorher dort ansässig war und der sich in dem anderen Vertragsstaat ausschließlich zum Studium oder zur Ausbildung aufhält, für seinen Unterhalt, sein Studium oder seine Ausbildung erhält, werden in dem anderen Staat nicht besteuert, sofern ihm diese Zahlungen aus Quellen außerhalb des anderen Staates zufließen.

Artikel 21 Andere Einkünfte

Die in den vorstehenden Artikeln nicht ausdrücklich erwähnten Einkünfte einer in einem Vertragsstaat ansässigen Person können nur in diesem Staat besteuert werden.

Artikel 22 Vermögensbesteuerung

(1) Unbewegliches Vermögen im Sinne des Artikels 6 Absatz 2 kann in dem Vertragsstaat besteuert werden, in dem dieses Vermögen liegt.

(2) Bewegliches Vermögen, das Betriebsvermögen einer Betriebsstätte eines Unternehmens darstellt oder das zu einer der Ausübung eines freien Berufes dienenden festen Einrichtung gehört, kann in dem Vertragsstaat besteuert werden, in dem sich die Betriebsstätte oder die feste Einrichtung befindet.

(3) Seeschiffe und Luftfahrzeuge im internationalen Verkehr und Schiffe, die der Binnenschiffahrt dienen, sowie bewegliches Vermögen, das dem Betrieb dieser Schiffe und Luftfahrzeuge dient, können nur in dem Vertragsstaat besteuert werden, in dem sich der Ort der tatsächlichen Geschäftsleitung des Unternehmens befindet.

(4) Beteiligungen an einem Handelsgewerbe als stiller Gesellschafter im Sinne des deutschen Rechts, Gewinnobligationen und partiarische Darlehen können in dem Ver-

tragsstaat besteuert werden, in dem der Schuldner ansässig ist. Besteuert dieser Staat nicht, so können diese Vermögenswerte in dem anderen Staat besteuert werden.

(5) Jeder der beiden Vertragsstaaten behält sich das Recht vor, bewegliches Vermögen, an dem eine Nutznießung besteht, nach seiner eigenen Gesetzgebung zu besteuern. Sollte sich daraus eine Doppelbesteuerung ergeben, so werden sich die zuständigen Behörden der beiden Staaten über die Beseitigung dieser Doppelbesteuerung von Fall zu Fall verständigen.

(6) Alle anderen Vermögenswerte einer in einem Vertragsstaat ansässigen Person können nur in diesem Staat besteuert werden.

Artikel 23 Quellenstaatsbesteuerung für bestimmte Gesellschaften und Stiftungen

(1) Dieses Abkommen ist nicht so auszulegen, als hindere es einen Vertragsstaat, seine innerstaatlichen Rechtsvorschriften zur Verhinderung der Steuerumgehung oder Steuerhinterziehung anzuwenden.[9]

(2) Führen die Bestimmungen des Absatzes 1 zu einer Doppelbesteuerung, beraten die zuständigen Behörden nach Artikel 26 Absatz 3 gemeinsam darüber, ob die Doppelbesteuerung zu vermeiden ist.

Artikel 24 Vermeidung der Doppelbesteuerung

(1) Bei einer Person, die in der Bundesrepublik Deutschland ansässig ist, wird die Doppelbesteuerung wie folgt vermieden:[10]

1. Von der Bemessungsgrundlage der deutschen Steuer werden die folgenden aus der Schweiz stammenden Einkünfte, die nach den vorstehenden Artikeln in der Schweiz besteuert werden können, ausgenommen:
   a. Gewinne im Sinne des Artikels 7 aus eigener Tätigkeit einer Betriebsstätte, soweit die Gewinne nachweislich durch Herstellung, Bearbeitung, Verarbeitung oder Montage von Gegenständen, Aufsuchen und Gewinnung von Bodenschätzen, Bank- und Versicherungsgeschäfte, Handel oder Erbringung von Dienstleistungen unter Teilnahme am allgemeinen Wirtschaftsverkehr erzielt werden; gleiches gilt für die Einkünfte aus unbeweglichem Vermögen, das einer solchen Betriebsstätte dient (Artikel 6 Absatz 4), sowie für die Gewinne aus der Veräußerung dieses unbeweglichen Vermögens (Artikel 13 Absatz 1) und des beweg-

9 **Anm. d. Red.:** Art. 23 i. d. F. des Art. III Revisionsprotokoll v. 12.3.2002 (BGBl 2003 II 68).
10 **Anm. d. Red.:** Art. 24 Abs. 2 i. d. F. des Art. IV Revisionsprotokoll v. 12.3.2002 (BGBl 2003 II 68).

lichen Vermögens, das Betriebsvermögen der Betriebsstätte darstellt (Artikel 13 Absatz 2). Dies gilt nicht für Einkünfte aus einer stillen Beteiligung als Mitunternehmer an einem in der Schweiz ansässigen Unternehmen, soweit die Schweiz diese Einkünfte nicht nach Artikel 7 besteuert;

b. Dividenden im Sinne des Artikels 10, die eine in der Schweiz ansässige Gesellschaft an eine in der Bundesrepublik Deutschland ansässige Gesellschaft ausschüttet,

   - wenn die in der Bundesrepublik Deutschland ansässige Gesellschaft über mindestens 20 vom Hundert des Kapitals der die Dividenden zahlenden Gesellschaft verfügt und

   - wenn die in der Schweiz ansässige Gesellschaft in dem Wirtschaftsjahr, für das sie die Ausschüttung vorgenommen hat, ihre Bruttoerträge ausschließlich oder fast ausschließlich aus unter § 8 Absatz 1 Nr. 1 bis 6 des deutschen Außensteuergesetzes fallenden Tätigkeiten oder aus unter § 8 Absatz 2 dieses Gesetzes fallenden Beteiligungen bezieht; maßgeblich ist die am 1. Januar 1990 geltende Fassung dieses Gesetzes;

c. Einkünfte aus einem freien Beruf oder sonstiger selbständiger Tätigkeit im Sinne des Artikels 14, soweit sie nicht unter Artikel 17 fallen; gleiches gilt für die Einkünfte aus unbeweglichem Vermögen, das der Ausübung des freien Berufes dient (Artikel 6 Absatz 4), sowie für die Gewinne aus der Veräußerung dieses unbeweglichen Vermögens (Artikel 13 Absatz 1) und des beweglichen Vermögens, das zur festen Einrichtung gehört (Artikel 13 Absatz 2);

d. Gehälter, Löhne und ähnliche Vergütungen im Sinne des Artikels 15, soweit sie nicht unter Artikel 17 fallen, vorausgesetzt, die Arbeit wird in der Schweiz ausgeübt.

Die Bundesrepublik Deutschland wird jedoch diese Einkünfte bei der Festsetzung des Satzes ihrer Steuer auf die Einkünfte, die nach dieser Vorschrift nicht von der Bemessungsgrundlage der deutschen Steuer auszunehmen sind, einbeziehen.

Das Vorstehende gilt entsprechend für die in der Schweiz belegenen Vermögenswerte, wenn die daraus erzielten Einkünfte nach den Buchstaben a bis c von der Bemessungsgrundlage der deutschen Steuer auszunehmen sind oder auszunehmen wären.

2. Soweit Nummer 1 nicht anzuwenden ist, wird bei den aus der Schweiz stammenden Einkünften und bei den dort belegenen Vermögenswerten die in Übereinstimmung mit diesem Abkommen erhobene und nicht zu erstattende schweizerische Steuer nach Maßgabe der Vorschriften des deutschen Rechts über die Anrechnung ausländischer Steuern auf den Teil der deutschen Steuer (mit Ausnahme der Gewerbesteuer) angerechnet, der auf diese Einkünfte oder Vermögenswerte entfällt.

3. Bei einer nach deutschem Recht errichteten offenen Handelsgesellschaft oder Kommanditgesellschaft, an der neben in der Bundesrepublik Deutschland ansässigen Personen auch Personen beteiligt sind, die nicht in der Bundesrepublik Deutschland ansässig sind, und die ihre Geschäftsleitung in der Bundesrepublik Deutschland hat, finden hinsichtlich der aus der Schweiz stammenden Einkünfte die Vorschriften des deutschen Rechts über die Anrechnung ausländischer Steuern auch auf den Teil der Einkünfte entsprechend Anwendung, der der deutschen Besteuerung unterliegt und der auf die nicht in der Bundesrepublik Deutschland ansässigen Personen entfällt.
4. Verwendet eine in der Bundesrepublik Deutschland ansässige Gesellschaft Einkünfte aus Quellen innerhalb der Schweiz zur Ausschüttung, so stehen die Nummern 1 bis 3 der Herstellung der Ausschüttungsbelastung nach den Vorschriften des Steuerrechts der Bundesrepublik Deutschland nicht entgegen.

(2) Bei einer Person, die in der Schweiz ansässig ist, wird die Doppelbesteuerung wie folgt vermieden:

1. Bezieht eine in der Schweiz ansässige Person Einkünfte oder hat sie Vermögen und können diese Einkünfte oder dieses Vermögen nach diesem Abkommen (ausgenommen Artikel 4 Absätze 3, 4 und 9 und Artikel 23) in der Bundesrepublik Deutschland besteuert werden, so nimmt die Schweiz diese Einkünfte (ausgenommen Dividenden) oder dieses Vermögen von der Besteuerung aus; die Schweiz kann aber bei der Festsetzung der Steuer für das übrige Einkommen oder das übrige Vermögen dieser ansässigen Person den Steuersatz anwenden, der anzuwenden wäre, wenn die betreffenden Einkünfte oder das betreffende Vermögen nicht von der Besteuerung ausgenommen wären.
2. Bezieht eine in der Schweiz ansässige Person Dividenden, die nach Artikel 10 in der Bundesrepublik Deutschland besteuert werden können, so gewährt die Schweiz dieser Person auf Antrag eine Entlastung. Diese Entlastung besteht
   a. in der Anrechnung der nach Artikel 10 in der Bundesrepublik Deutschland erhobenen Steuer auf die vom Einkommen dieser Person geschuldete schweizerische Steuer, wobei der anzurechnende Betrag jedoch den Teil der vor der Anrechnung ermittelten schweizerischen Steuer nicht übersteigen darf, der auf die Dividenden entfällt, oder
   b. in einer pauschalen Ermäßigung der schweizerischen Steuer oder
   c. in einer vollen oder teilweisen Befreiung der Dividenden von der schweizerischen Steuer, mindestens aber im Abzug der in der Bundesrepublik Deutschland erhobenen Steuer vom Bruttobetrag der Dividenden.

Die Entlastung besteht jedoch im Abzug der in der Bundesrepublik Deutschland erhobenen Steuer vom Brutto-ertrag der Dividenden, wenn der in der Schweiz ansässige

Empfänger gemäß Artikel 23 die in Artikel 10 vorgesehene Begrenzung der deutschen Steuer von den Dividenden nicht beanspruchen kann.

3. Bezieht eine in der Schweiz ansässige Person Zinsen, Lizenzgebühren oder Veräußerungsgewinne, die nach Artikel 23 in der Bundesrepublik Deutschland besteuert werden können, so gewährt die Schweiz den Abzug der in der Bundesrepublik Deutschland erhobenen Steuer vom Bruttoertrag der Zinsen, Lizenzgebühren oder Veräußerungsgewinne.

4. Ungeachtet der Nummer 1 nimmt die Schweiz die einer in der Schweiz ansässigen Person gehörenden Anteile an einer in der Bundesrepublik Deutschland ansässigen Gesellschaft mit beschränkter Haftung noch während fünf Jahren vom Zeitpunkt der erstmaligen Anwendung dieses Abkommens an gerechnet von der schweizerischen Steuer vom Vermögen aus; sie behält aber das Recht, bei der Festsetzung der Steuer für das übrige Vermögen dieser ansässigen Person den Steuersatz anzuwenden, der anzuwenden wäre, wenn diese Anteile nicht von der Besteuerung ausgenommen wären.

5. Die Schweiz wird gemäß den Vorschriften über die Durchführung von zwischenstaatlichen Abkommen des Bundes zur Vermeidung der Doppelbesteuerung die Art der nach den Nummern 2 und 3 vorgesehenen Entlastung bestimmen und das Verfahren ordnen.

Artikel 25 Gleichbehandlung

(1) Die Staatsangehörigen eines Vertragsstaates dürfen in dem anderen Vertragsstaat weder einer Besteuerung noch einer damit zusammenhängenden Verpflichtung unterworfen werden, die anders oder belastender sind als die Besteuerung und die damit zusammenhängenden Verpflichtungen, denen die Staatsangehörigen des anderen Staates unter gleichen Verhältnissen unterworfen sind oder unterworfen werden können.[11]

(2) Die Besteuerung einer Betriebsstätte, die ein Unternehmen eines Vertragsstaates in dem anderen Vertragsstaat hat, darf in dem anderen Staat nicht ungünstiger sein als die Besteuerung von Unternehmen des anderen Staates, die die gleiche Tätigkeit ausüben. Diese Bestimmung ist nicht so auszulegen, als verpflichte sie einen Vertragsstaat, den in dem anderen Vertragsstaat ansässigen Personen Steuerfreibeträge, -vergünstigungen und -ermäßigungen auf Grund des Personenstandes oder der Familienlasten zu gewähren, die er den in seinem Gebiet ansässigen Personen gewährt.

11 **Anm. d. Red.:** Art. 25 Abs. 3 i. d. F. des Änderungsprotokolls v. 27.10.2010 (BGBl 2011 II 1092).

(3) Sofern nicht Artikel 9, Artikel 11 Absatz 4 oder Artikel 12 Absatz 4 anzuwenden ist, sind Zinsen, Lizenzgebühren und andere Entgelte, die ein Unternehmen eines Vertragsstaats an eine im anderen Vertragsstaat ansässige Person zahlt, bei der Ermittlung der steuerpflichtigen Gewinne dieses Unternehmens unter den gleichen Bedingungen wie Zahlungen an eine im erstgenannten Staat ansässige Person zum Abzug zuzulassen. Dementsprechend sind Schulden, die ein Unternehmen eines Vertragsstaats gegenüber einer im anderen Vertragsstaat ansässigen Person hat, bei der Ermittlung des steuerpflichtigen Vermögens dieses Unternehmens unter den gleichen Bedingungen wie Schulden gegenüber einer im erstgenannten Staat ansässigen Person zum Abzug zuzulassen.

(4) Die Unternehmen eines Vertragsstaates, deren Kapital ganz oder teilweise, unmittelbar oder mittelbar, einer in dem anderen Vertragsstaat ansässigen Person oder mehreren solchen Personen gehört oder ihrer Kontrolle unterliegt, dürfen in dem erstgenannten Vertragsstaat weder einer Besteuerung noch einer damit zusammenhängenden Verpflichtung unterworfen werden, die anders oder belastender sind als die Besteuerung und die damit zusammenhängenden Verpflichtungen, denen andere ähnliche Unternehmen des erstgenannten Staates unterworfen sind oder unterworfen werden können.

(5) In diesem Artikel bedeutet der Ausdruck „Besteuerung" Steuern jeder Art und Bezeichnung.

Artikel 26 Verständigungsverfahren

(1) Ist eine in einem Vertragsstaat ansässige Person der Auffassung, daß die Maßnahmen eines Vertragsstaates oder beider Vertragsstaaten für sie zu einer Besteuerung geführt haben oder führen werden, die diesem Abkommen nicht entspricht, so kann sie unbeschadet der nach innerstaatlichem Recht dieser Staaten vorgesehenen Rechtsbehelfe ihren Fall der zuständigen Behörde des Vertragsstaates unterbreiten, in dem sie ansässig ist.[12]

(2) Hält diese zuständige Behörde die Einwendung für begründet und ist sie selbst nicht in der Lage, eine befriedigende Lösung herbeizuführen, so wird sie sich bemühen, den Fall durch Verständigung mit der zuständigen Behörde des anderen Vertragsstaates so zu regeln, daß eine dem Abkommen nicht entsprechende Besteuerung vermieden wird.

(3) Die zuständigen Behörden der Vertragsstaaten werden sich bemühen, Schwierigkeiten oder Zweifel, die bei der Auslegung oder Anwendung des Abkommens entstehen,

12 **Anm. d. Red.:** Art. 26 Abs. 5 und 6 angefügt durch Änderungsprotokoll v. 27.10.2010 (BGBl 2011 II 1092).

in gegenseitigem Einvernehmen zu beseitigen. Sie können auch gemeinsam darüber beraten, wie eine Doppelbesteuerung in Fällen, die in dem Abkommen nicht behandelt sind, vermieden werden kann.

(4) Die zuständigen Behörden der Vertragsstaaten können zur Herbeiführung einer Einigung im Sinne der vorstehenden Absätze unmittelbar miteinander verkehren. Erscheint ein mündlicher Meinungsaustausch für die Herbeiführung der Einigung zweckmäßig, so kann ein solcher Meinungsaustausch in einer Kommission durchgeführt werden, die aus Vertretern der zuständigen Behörden der Vertragsstaaten besteht.

(5) Haben sich die zuständigen Behörden im Rahmen eines Verständigungsverfahrens nach diesem Artikel erfolglos um eine umfassende Einigung in einem Fall bemüht, so wird der Fall durch ein Schiedsverfahren beigelegt, das gemäß den Anforderungen des Absatzes 6 und den von den Vertragsstaaten vereinbarten Vorschriften oder Verfahren durchgeführt wird, wenn

a. in mindestens einem Vertragsstaat eine Steuererklärung bezüglich der Steuerjahre im streitigen Fall eingereicht oder ein Steuerabzug vorgenommen wurde,

b. die zuständigen Behörden nicht vor dem Zeitpunkt, in dem das Schiedsverfahren anderenfalls begonnen hätte, übereinkommen, dass der Fall nicht für ein Schiedsverfahren geeignet ist, und

c. alle betroffenen Personen den Bestimmungen von Absatz 6 Buchstabe d zugestimmt haben.

(6) Zum Zweck von Absatz 5 und dieses Absatzes sind folgende Bestimmungen und Definitionen anzuwenden:

a. Der Ausdruck „betroffene Person“ bedeutet diejenige Person, die den Fall der zuständigen Behörde zur Beurteilung nach diesem Artikel unterbreitet hat, sowie gegebenenfalls jede andere Person, deren Steuerpflicht in einem der beiden Vertragsstaaten unmittelbar durch die sich aufgrund dieser Beurteilung ergebende Verständigungslösung berührt wird.

b. Der Ausdruck „Anfangszeitpunkt“ eines Falles ist der früheste Zeitpunkt, in dem beide zuständigen Behörden die zur materiellen Beurteilung eines Verständigungsverfahrens nötigen Informationen erhalten haben.

c. Ein Schiedsverfahren für einen Fall beginnt

   aa) entweder drei Jahre nach dem Anfangszeitpunkt des Falles, sofern sich die zuständigen Behörden nicht vorher auf ein anderes Datum geeinigt haben,

   bb) oder sobald die beiden zuständigen Behörden die in Buchstabe d geforderte Zustimmung erhalten haben, je nachdem, welcher dieser beiden Zeitpunkte später eintritt.

d. Die betroffenen Personen und ihre bevollmächtigten Vertreter müssen vor Beginn des Schiedsverfahrens einwilligen, keine Informationen, die sie im Laufe des Schiedsverfahrens von einem der beiden Vertragsstaaten oder von der Schiedsstelle erhalten haben, mit Ausnahme der Schiedsentscheidung, anderen Personen offenzulegen.

e. Die Entscheidung der Schiedsstelle gilt als Beilegung durch Verständigung nach diesem Artikel; sie ist für beide Vertragsstaaten bezüglich dieses Falls bindend, es sei denn, dass eine betroffene Person sie nicht anerkennt.

f. Zum Zweck eines Schiedsverfahrens nach Absatz 5 und diesem Absatz sind die Mitglieder der Schiedsstelle und deren Mitarbeiter als beteiligte „Personen oder Behörden" anzusehen, denen Informationen gemäß Artikel 27 zugänglich gemacht werden dürfen.

(7) Die zuständigen Behörden der Vertragsstaaten regeln die weiteren Einzelheiten der Anwendung und Durchführung des Schiedsverfahrens durch Verständigungsvereinbarung.

Artikel 27 Informationsaustausch

(1) Die zuständigen Behörden der Vertragsstaaten tauschen die Informationen aus, die zur Durchführung dieses Abkommens oder zur Anwendung oder Durchsetzung des innerstaatlichen Rechts betreffend Steuern jeder Art und Bezeichnung, die für Rechnung der Vertragsstaaten oder ihrer Länder, Kantone, Bezirke, Kreise, Gemeinden oder Gemeindeverbände erhoben werden, voraussichtlich erheblich sind, soweit die diesem Recht entsprechende Besteuerung nicht dem Abkommen widerspricht. Der Informationsaustausch ist durch die Artikel 1 und 2 nicht eingeschränkt.[13]

(2) Alle Informationen, die ein Vertragsstaat gemäß Absatz 1 erhalten hat, sind ebenso geheim zu halten wie die aufgrund des innerstaatlichen Rechts dieses Staates beschafften Informationen und dürfen nur den Personen oder Behörden (einschließlich der Gerichte und der Verwaltungsbehörden) zugänglich gemacht werden, die mit der Veranlagung oder Erhebung, mit der Vollstreckung oder Strafverfolgung oder mit der Entscheidung von Rechtsmitteln hinsichtlich der in Absatz 1 genannten Steuern oder mit der Aufsicht über die vorgenannten Personen oder Behörden befasst sind. Diese Personen oder Behörden dürfen die Informationen nur für diese Zwecke verwenden. Sie dürfen die Informationen in einem verwaltungs- oder strafrechtlichen Ermittlungsverfahren, in einem öffentlichen Gerichtsverfahren oder in einer Gerichtsentscheidung of-

13 **Anm. d. Red.:** Art. 27 i. d. F. des Änderungsprotokolls v. 27.10.2010 (BGBl 2011 II 1092).

fen legen. Ungeachtet der vorstehenden Bestimmungen kann ein Vertragsstaat die erhaltenen Informationen für andere Zwecke verwenden, wenn solche Informationen nach dem Recht beider Staaten für solche anderen Zwecke verwendet werden dürfen und die zuständige Behörde des übermittelnden Staates dieser anderen Verwendung zugestimmt hat.

(3) Die Absätze 1 und 2 sind nicht so auszulegen, als verpflichteten sie einen Vertragsstaat,

a. Verwaltungsmaßnahmen durchzuführen, die von den Gesetzen und der Verwaltungspraxis dieses oder des anderen Vertragsstaates abweichen;

b. Informationen zu erteilen, die nach den Gesetzen oder im üblichen Verwaltungsverfahren dieses oder des anderen Vertragsstaates nicht beschafft werden können;

c. Informationen zu erteilen, die ein Handels-, Industrie-, Gewerbe- oder Berufsgeheimnis oder ein Geschäftsverfahren preisgeben würden oder deren Erteilung der öffentlichen Ordnung (ordre public) widerspräche.

(4) Ersucht ein Vertragsstaat gemäß diesem Artikel um Informationen, so nutzt der andere Vertragsstaat die ihm zur Verfügung stehenden Möglichkeiten zur Beschaffung der erbetenen Informationen, selbst wenn er diese Informationen für seine eigenen steuerlichen Zwecke nicht benötigt. Die im vorstehenden Satz enthaltene Verpflichtung unterliegt den Beschränkungen gemäß Absatz 3, wobei diese jedoch in keinem Fall so auszulegen sind, dass ein Vertragsstaat die Erteilung von Informationen nur deshalb ablehnen kann, weil er kein inländisches Interesse an solchen Informationen hat.

(5) Absatz 3 ist in keinem Fall so auszulegen, als könne ein Vertragsstaat die Erteilung von Informationen nur deshalb ablehnen, weil die Informationen sich bei einer Bank, einem sonstigen Finanzinstitut, einem Bevollmächtigten, Vertreter oder Treuhänder befinden oder weil sie sich auf das Eigentum an einer Person beziehen. Ungeachtet des Absatzes 3 oder entgegenstehender Bestimmungen des innerstaatlichen Rechts verfügen die Steuerbehörden des ersuchten Vertragsstaats, sofern dies für die Erfüllung der Verpflichtungen unter diesem Absatz erforderlich ist, über die Befugnis, die Offenlegung der in diesem Absatz genannten Informationen durchzusetzen.

Artikel 28 Quellensteuererstattung

(1) Werden in einem der beiden Vertragsstaaten die Steuern von Dividenden, Zinsen oder Lizenzgebühren im Abzugswege (an der Quelle) erhoben, so wird das Recht zur Vornahme des Steuerabzugs durch dieses Abkommen nicht berührt.

(2) Die im Abzugswege (an der Quelle) einbehaltene Steuer ist jedoch auf Antrag zu erstatten, soweit ihre Erhebung durch das Abkommen eingeschränkt wird. Anstelle ei-

ner Erstattung kann bei Lizenzgebühren auf Antrag vom Abzug der Steuer abgesehen werden.

(3) Die Frist für den Antrag auf Erstattung beträgt drei Jahre nach Ablauf des Kalenderjahres, in dem die Dividenden, Zinsen oder Lizenzgebühren fällig geworden sind.

(4) Die Anträge müssen stets eine amtliche Bescheinigung des Staates, in dem der Steuerpflichtige ansässig ist, über die Erfüllung der Voraussetzungen für die unbeschränkte Steuerpflicht in diesem Staat enthalten.

(5) Die zuständigen Behörden werden sich über die weiteren Einzelheiten des Verfahrens gemäß Artikel 26 verständigen.

Artikel 29 Diplomaten und Konsularbeamte

(1) Dieses Abkommen berührt nicht die diplomatischen und konsularischen Vorrechte, die nach den allgemeinen Regeln des Völkerrechts oder auf Grund besonderer Vereinbarungen gewährt werden.

(2) Soweit Einkünfte oder Vermögenswerte wegen der einer Person nach den allgemeinen Regeln des Völkerrechts oder auf Grund besonderer zwischenstaatlicher Verträge zustehenden diplomatischen oder konsularischen Vorrechte im Empfangsstaat nicht besteuert werden, steht das Besteuerungsrecht dem Entsendestaat zu.

(3) Bei Anwendung des Abkommens gelten die Angehörigen einer diplomatischen oder konsularischen Vertretung, die ein Vertragsstaat in dem anderen Vertragsstaat oder in einem dritten Staat unterhält, und ihnen nahestehende Personen als im Entsendestaat ansässig, wenn sie die Staatsangehörigkeit des Entsendestaates besitzen und dort zu den Steuern vom Einkommen und vom Vermögen wie in diesem Staat ansässige Personen herangezogen werden.

(4) Das Abkommen gilt nicht für zwischenstaatliche Organisationen, ihre Organe oder Beamten sowie nicht für Angehörige diplomatischer oder konsularischer Vertretungen eines dritten Staates und ihnen nahestehende Personen, die in einem Vertragsstaat anwesend sind, aber in keinem der beiden Vertragsstaaten für Zwecke der Steuern vom Einkommen und vom Vermögen wie dort ansässige Personen behandelt werden.

Artikel 30 Außerkrafttreten des DBA 1931/59

(1) Mit dem Inkrafttreten dieses Abkommens tritt das Abkommen zwischen dem Deutschen Reiche und der Schweizerischen Eidgenossenschaft zur Vermeidung der Doppelbesteuerung auf dem Gebiete der direkten Steuern und der Erbschaftsteuern vom 15. Juli 1931 in der Fassung des Zusatzprotokolls vom 20. März 1959 außer Kraft, soweit es sich nach seinem Abschnitt I auf die direkten Steuern bezieht. Seine diesbezüg-

lichen Bestimmungen finden nicht mehr Anwendung auf Steuern, auf die dieses Abkommen nach seinem Artikel 32 anzuwenden ist.

(2) Das Zusatzprotokoll vom 6. Juli 1956 zum Abkommen zwischen dem Deutschen Reiche und der Schweizerischen Eidgenossenschaft vom 15. Juli 1931 zur Vermeidung der Doppelbesteuerung auf dem Gebiete der direkten Steuern und der Erbschaftsteuern bleibt neben diesem Abkommen bestehen.

Artikel 31 (gegenstandslos)

Artikel 32 Inkrafttreten

(1) Dieses Abkommen soll ratifiziert und die Ratifikationsurkunden sollen so bald wie möglich in Bern ausgetauscht werden.[14]

(2) Dieses Abkommen tritt mit dem Austausch der Ratifikationsurkunden in Kraft und ist anzuwenden:

a. auf die im Abzugswege (an der Quelle) erhobenen Steuern von den nach dem 31. Dezember 1971 zugeflossenen Einkünften;

b. auf die sonstigen für das Jahr 1972 und die folgenden Jahre erhobenen Steuern.

(3) Jeder der beiden Vertragsstaaten erläßt die für die Durchführung des Absatzes 2 notwendigen Vorschriften.

Artikel 33 Kündigung

Dieses Abkommen bleibt in Kraft, solange es nicht von einem der Vertragsstaaten gekündigt wird. Jeder Vertragsstaat kann das Abkommen auf diplomatischem Wege unter Einhaltung einer Frist von sechs Monaten zum Ende eines Kalenderjahres kündigen. In diesem Falle findet das Abkommen letztmals Anwendung:

a. auf die im Abzugswege (an der Quelle) erhobenen Steuern von den Einkünften, die bis Ablauf des Jahres, auf dessen Ende die Kündigung ausgesprochen worden ist, zugeflossen sind;

b. auf die sonstigen Steuern, die für das Jahr erhoben werden, auf dessen Ende die Kündigung ausgesprochen worden ist.

14 **Anm. d. Red.**: In der Fassung des Änderungsprotokolls v. 27.10.2010 ist das Abkommen am 21. Dezember 2011 in Kraft getreten (BGBl 2012 II 279). Es ist im Wesentlichen anzuwenden seit dem 1. Januar 2012.

Notenwechsel zum DBA 1971

Vom 11. August 1971

Wortlaut der schweizerischen Bestätigungsnote:

Der Schweizerische Botschafter
in der Bundesrepublik Deutschland

Bonn, den 11. August 1971

Herr Staatssekretär,

Anläßlich der heutigen Unterzeichnung des Abkommens zwischen der Bundesrepublik Deutschland und der Schweizerischen Eidgenossenschaft zur Vermeidung der Doppelbesteuerung auf dem Gebiete der Steuern vom Einkommen und vom Vermögen haben Sie mir im Namen der Regierung der Bundesrepublik Deutschland folgendes mitgeteilt:

„Anläßlich der heutigen Unterzeichnung des Abkommens zwischen der Bundesrepublik Deutschland und der Schweizerischen Eidgenossenschaft zur Vermeidung der Doppelbesteuerung auf dem Gebiete der Steuern vom Einkommen und vom Vermögen beehre ich mich, Ihnen im Namen der Regierung der Bundesrepublik Deutschland folgendes mitzuteilen:

1. Es besteht Einverständnis darüber, daß, sobald einer der Vertragsstaaten oder beide Vertragsstaaten einvernehmlich von der Kündigungsmöglichkeit des Artikels 10 Absatz 5 des Abkommens Gebrauch gemacht haben, die beiden Vertragsstaaten unverzüglich miteinander in Verhandlungen darüber eintreten werden, wie die Besteuerung der Dividenden an der Quelle zu begrenzen, gegebenenfalls die Gewährung einer Steuergutschrift über die Grenze hinweg zu handhaben und die Maßnahmen zur Vermeidung der Doppelbesteuerung in dem Staat, in dem der Dividendenempfänger ansässig ist, zu gestalten sind. In einem solchen Fall soll angestrebt werden, die zu vereinbarende Regelung darauf zu richten, daß sie unmittelbar an das Auslaufen der bisherigen Regelung anschließt.
2. Es besteht Einverständnis darüber, daß die in Artikel 13 Absatz 5 des Abkommens vorgesehene Lösung davon ausgeht, daß die Besteuerung des Wertzuwachses auf wesentliche Beteiligungen an Gesellschaften, die in dem besteuernden Staat ansässig sind, und auf den Wertzuwachs beschränkt ist, der auf den Zeitraum, in dem die natürliche Person in diesem Staat ansässig war, entfällt.

Ich wäre dankbar, wenn Sie mir Ihr Einverständnis mit dem Vorstehenden bestätigen; in diesem Fall sollen das vorliegende Schreiben und Ihre Antwort als Bestandteil des Abkommens gelten."

Ich beehre mich, Ihnen bekanntzugeben, daß dieser Vorschlag die Billigung der Regierung der Schweizerischen Eidgenossenschaft findet. Ihr heutiges Schreiben und meine Antwort sind somit Bestandteil des Abkommens.

(Unterschrift)

Notenwechsel zum Protokoll 1989

Vom 17. Oktober 1989

Wortlaut der Schweizerischen Bestätigungsnote

Der Gesandte der Schweizerischen Botschaft

Bonn, 17. Oktober 1989

Exzellenz,

ich beehre mich, den Empfang Ihrer Note vom heutigen Tag zu bestätigen, die wie folgt lautet:

„Mit Bezug auf Artikel I des Protokolls besteht Einverständnis darüber, daß, falls die Bundesrepublik Deutschland in einem Abkommen mit einem anderen Staat, der Mitglied der Organisation für Wirtschaftliche Zusammenarbeit und Entwicklung ist, ihre Besteuerung von Dividenden an der Quelle auf Sätze begrenzt, die unter den im genannten Artikel vorgesehenen Sätzen liegen, oder eine Körperschaftsteuergutschrift über die Grenze gewährt, die beiden Regierungen unverzüglich die Bestimmungen des genannten Artikels überprüfen werden, um – unter sonst gleichen Bedingungen, bezogen auf die Dividendenbesteuerung – die gleiche Behandlung vorzusehen."

Ich beehre mich, Ihnen bekanntzugeben, daß dieser Vorschlag die Billigung des Schweizerischen Bundesrates findet. Ihre heutige Note und meine Antwortnote sind somit Bestandteil des Abkommens. Genehmigen Sie die Versicherung meiner ausgezeichneten Hochachtung.

(Unterschrift)

Verhandlungsprotokoll zum Änderungsprotokoll vom 21.12.1992

vom 18. Dezember 1991

Im Bestreben, die Auslegung und Anwendung des mit dem heute paraphierten Revisionsprotokoll in das Abkommen vom 11. August 1971 zwischen der Bundesrepublik Deutschland und der Schweiz zur Vermeidung der Doppelbesteuerung auf dem Gebiete der Steuern vom Einkommen und vom Vermögen aufgenommenen Artikels 15 a sicherzustellen, haben die zuständigen Behörden folgendes vereinbart:

I. Zu Artikel 15a Absatz 1 Satz 3:

Ein Muster einer Ansässigkeitsbescheinigung wird von den zuständigen Behörden noch ausgearbeitet.

II. Zu Artikel 15a Absatz 2:

1. Die Annahme einer regelmäßigen Rückkehr an den Wohnsitz im Sinne des Artikels 15 a Absatz 2 Satz 1 wird nicht dadurch ausgeschlossen, daß sich die Arbeitsausübung bedingt durch betriebliche Umstände, wie z. B. bei Schichtarbeitern oder Krankenhauspersonal mit Bereitschaftsdienst, über mehrere Tage erstreckt.
2. Arbeitstage im Sinne dieser Regelung sind die in dem Arbeitsvertrag vereinbarten Tage.
3. Ist ein Arbeitnehmer nicht während des gesamten Kalenderjahres in dem anderen Staat beschäftigt, so sind die für die Grenzgängereigenschaft nicht schädlichen Tage der Nichtrückkehr in der Weise zu berechnen, daß für einen vollen Monat der Beschäftigung 5 Tage und für jede volle Woche der Beschäftigung 1 Tag anzusetzen sind. Maßgebend für die Frage der Grenzgängereigenschaft ist die Gesamtzahl der auf diese Weise errechneten Tage.
4. Bei einem Teilzeitbeschäftigten, der stundenweise, aber an jedem betriebsüblichen Arbeitstag im anderen Staat beschäftigt ist, ist für die Frage der Grenzgängereigenschaft ebenfalls von 60 nicht schädlichen Tagen der Nichtrückkehr auszugehen. Bei einem Teilzeitbeschäftigten, der nur tageweise im anderen Staat beschäftigt ist, ist die Anzahl von 60 unschädlichen Tagen durch proportionale Kürzung im Verhältnis der Arbeitstage herabzusetzen.
5. Die Bescheinigung des Arbeitgebers über die Tage der Nichtrückkehr ist mit einem Sichtvermerk der für den Arbeitsort zuständigen Finanzbehörde zu versehen. Dies schließt Ermittlungen der für den Wohnsitz zuständigen Finanzbehörde nicht aus. Ein Muster wird von den zuständigen Behörden noch ausgearbeitet.

III. Zu Artikel 15a Absatz 3:

Der Bruttobetrag der Vergütungen und die im Tätigkeitsstaat erhobene Abzugssteuer sind für Zwecke der Berücksichtigung im Ansässigkeitsstaat durch eine Bescheinigung des Arbeitgebers nachzuweisen. Der Arbeitgeber ist verpflichtet, diese Bescheinigung auf Verlangen des Arbeitnehmers auszustellen.

Verhandlungsprotokoll zum Revisionsprotokoll vom 12.3.2002

vom 7. Dezember 2001

Im Bestreben, die Anwendung und Auslegung des Protokolls zu dem Abkommen vom 11. August 1971 zwischen der Bundesrepublik Deutschland und der Schweizerischen Eidgenossenschaft zur Vermeidung der Doppelbesteuerung auf dem Gebiete der Steuern vom Einkommen und vom Vermögen in der Fassung des Protokolls vom 21. Dezember 1992 sicherzustellen, haben die zuständigen Behörden am heutigen Tag der Paraphierung des Textes des Revisionsprotokolls folgende übereinstimmende Erklärungen abgegeben:

1. Zu Artikel 10 Absatz 3:

Nummer 1 Buchstabe a des Protokolls zu Artikel 10 Absatz 3 wird umgesetzt für Dividenden, die am oder nach dem 1. Januar des Jahres nach Inkrafttreten dieses Revisionsprotokolls fällig werden.

2. Zu Artikel 27 Absatz 1 Buchstabe b:

I. In der Schweiz:

1. Vorprüfung deutscher Ersuchen

1.1 Ersuchen der zuständigen deutschen Behörden um Informationsaustausch zur Verhütung von Betrugsdelikten nach Artikel 27 des Abkommens werden von der Eidgenössischen Steuerverwaltung vorgeprüft.

1.2 Kann einem Ersuchen um Informationsaustausch nicht entsprochen werden, so teilt die Eidgenössische Steuerverwaltung dies der zuständigen deutschen Behörde mit. Diese kann ihr Ersuchen ergänzen.

1.3 Zeigt die Vorprüfung, dass die Voraussetzungen nach Artikel 27 des Abkommens in Verbindung mit diesem Protokoll glaubhaft gemacht sind, so informiert die Eidgenössische Steuerverwaltung diejenige Person, die in der Schweiz über die einschlägigen Informationen verfügt (Informationsinhaber), über den Eingang des Ersuchens und über die darin verlangten Informationen. Der übrige Inhalt des Ersuchens darf dem Informationsinhaber nicht mitgeteilt werden.

1.4 Die Eidgenössische Steuerverwaltung ersucht den Informationsinhaber gleichzeitig, ihr die Informationen zuzustellen und die betroffene Person aufzufordern, in der Schweiz einen Zustellungsbevollmächtigten zu bezeichnen.

2. Beschaffung der Information

2.1 Übergibt der Informationsinhaber die verlangten Informationen der Eidgenössischen Steuerverwaltung, so prüft diese die Informationen und erlässt eine Schlussverfügung.

2.2 Stimmt der Informationsinhaber oder die betroffene Person bzw. ihr Zustellungsbevollmächtigter der Übergabe der verlangten Informationen innerhalb von 14 Tagen nicht zu, so erlässt die Eidgenössische Steuerverwaltung gegenüber dem Informationsinhaber eine Verfügung, mit der sie die Herausgabe der im deutschen Ersuchen bezeichneten Informationen verlangt.

3. Rechte der betroffenen Person

3.1 Die Eidgenössische Steuerverwaltung eröffnet die an den Informationsinhaber gerichtete Verfügung sowie eine Kopie des Ersuchens der zuständigen deutschen Behörde auch der betroffenen Person, die einen schweizerischen Zustellungsbevollmächtigten bezeichnet hat, soweit im Ersuchen nicht ausdrücklich die Geheimhaltung verlangt wird.

3.2 Hat die betroffene Person keinen Zustellungsbevollmächtigten bezeichnet, so ist die Eröffnung von der zuständigen deutschen Behörde nach deutschem Recht vorzunehmen. Gleichzeitig setzt die Eidgenössische Steuerverwaltung der Person eine Frist zur Zustimmung zum Informationsaustausch oder zur Bestellung eines Zustellungsbevollmächtigten.

3.3 Die betroffene Person kann sich am Verfahren beteiligen und Einsicht in die Akten nehmen. Die Akteneinsicht und die Teilnahme am Verfahren dürfen nur verweigert werden:

für Aktenstücke und Verfahrenshandlungen, für die Geheimhaltungsgründe bestehen, oder

wenn Artikel 27 des Abkommens dies erfordert.

3.4 Gegenstände, Dokumente und Unterlagen, die der Eidgenössischen Steuerverwaltung ausgehändigt oder von ihr beschafft wurden, dürfen nicht zur Durchsetzung des schweizerischen Steuerrechts verwendet werden. Ziffer 8.4. bleibt vorbehalten.

4. Zwangsmaßnahmen

4.1 Werden die in der Verfügung verlangten Informationen nicht innert der verfügten Frist der Eidgenössischen Steuerverwaltung übergeben, so können Maßnahmen unter Anwendung von Zwang durchgeführt werden. Dabei können Gegenstände, Dokumente und Unterlagen in Schriftform oder auf Bild- oder Datenträgern beschlagnahmt sowie Hausdurchsuchungen vorgenommen werden.

4.2 Zwangsmaßnahmen sind vom Direktor der Eidgenössischen Steuerverwaltung oder von dessen Stellvertreter anzuordnen. Sie sind von besonders ausgebildeten Beamten durchzuführen und es dürfen nur Gegenstände, Dokumente und Unterlagen beschlagnahmt werden, die im Zusammenhang mit dem Ersuchen um Informationsaustausch von Bedeutung sein könnten.

4.3 Ist Gefahr im Verzug und kann eine Maßnahme nicht rechtzeitig angeordnet werden, so darf der Beamte von sich aus eine Zwangsmaßnahme durchführen. Die Maßnahme ist innert drei Tagen vom Direktor der Eidgenössischen Steuerverwaltung oder von seinem Stellvertreter zu genehmigen.

4.4 Die Polizei der Kantone und Gemeinden unterstützt die Eidgenössische Steuerverwaltung bei der Durchführung der Zwangsmaßnahmen.

5. Durchsuchung von Räumen

5.1 Räume dürfen nur durchsucht werden, wenn es wahrscheinlich ist, dass sich darin die im Zusammenhang mit dem Ersuchen um Informationsaustausch stehenden Gegenstände, Dokumente oder Unterlagen befinden.

5.2 Die Durchführung richtet sich nach Artikel 49 des Bundesgesetzes vom 22. März 1974 über das Verwaltungsstrafrecht.

6. Beschlagnahme von Gegenständen, Dokumenten und Unterlagen

6.1 Gegenstände, Dokumente und Unterlagen sind mit größter Schonung der Privatgeheimnisse zu durchsuchen.

6.2 Dem Inhaber der Gegenstände, Dokumente und Unterlagen oder dem Informationsinhaber ist Gelegenheit zu geben, sich vor der Durchführung über ihren Inhalt auszusprechen. Der Informationsinhaber muss bei der Lokalisierung und Identifizierung der Gegenstände, Dokumente und Unterlagen mitwirken

6.3 Kosten, die dem Inhaber oder dem Informationsinhaber aus den Zwangsmaßnahmen entstehen, sind von diesen selber zu tragen.

7. Vereinfachte Ausführung

7.1 Stimmt die betroffene Person der Aushändigung der Informationen an die zuständige deutsche Behörde zu, so kann sie die Eidgenössische Steuerverwaltung darüber schriftlich informieren. Die Zustimmung ist unwiderruflich.

7.2 Die Eidgenössische Steuerverwaltung hält die Zustimmung schriftlich fest und schließt das Verfahren durch Übermittlung der Informationen an die zuständige Behörde.

7.3 Betrifft die Zustimmung nur einen Teil der Informationen, so werden die restlichen Gegenstände, Dokumente oder Unterlagen nach Ziffer 2 ff. und mittels Schlussverfügung übermittelt.

8. Abschluss des Verfahrens

8.1 Die Eidgenössische Steuerverwaltung erlässt eine begründete Schlussverfügung. Darin äußert sie sich zur Frage, ob ein Abgabebetrug vorliegt, und entscheidet über die Übermittlung von Gegenständen, Dokumenten und Unterlagen an die zuständige deutsche Behörde.

8.2 Die Verfügung wird der betroffenen Person über den Zustellungsbevollmächtigten eröffnet.

8.3 Ist kein Zustellungsbevollmächtigter bezeichnet worden, so erfolgt die Eröffnung durch Publikation im Bundesblatt.

8.4 Nach Eintritt der Rechtskraft der Schlussverfügung können die der zuständigen deutschen Behörde übermittelten Informationen von der Eidgenössischen Steuerverwaltung verwendet werden.

9. Rechtsmittel

9.1 Die Schlussverfügung der Eidgenössischen Steuerverwaltung über die Übermittlung von Informationen unterliegt der Verwaltungsgerichtsbeschwerde an das Bundesgericht.

9.2 Zur Beschwerde ist auch der Informationsinhaber befugt, soweit er eigene Interessen geltend macht.

9.3 Die Verwaltungsgerichtsbeschwerde hat aufschiebende Wirkung.

9.4 Jede der Schlussverfügung vorangehende Verfügung, einschließlich einer Verfügung über Zwangsmaßnahmen, ist sofort vollstreckbar und kann nur zusammen mit der Schlussverfügung angefochten werden.

II. In der Bundesrepublik Deutschland:

Es gelten die innerstaatlichen Rechtsvorschriften. Auf das Merkblatt zur zwischenstaatlichen Amtshilfe durch Auskunftsaustausch in Steuersachen vom 3. 2. 1999 – IV B 4 – S 1320 – 3/99 – BStBl 1999 I S. 228, 974 – wird hingewiesen.

Protokoll

zum Abkommen vom 11. August 1971 zwischen der Bundesrepublik Deutschland und der Schweizerischen Eidgenossenschaft zur Vermeidung der Doppelbesteuerung auf dem Gebiete der Steuern vom Einkommen und vom Vermögen in der Fassung des Protokolls vom 21. Dezember 1992 in der geänderten Fassung des Änderungsprotokolls vom 27. 10. 2010 (BGBl 2011 II S. 1092)14

Anlässlich der Unterzeichnung des Revisionsprotokolls zu dem Abkommen vom 11. August 1971 zwischen der Bundesrepublik Deutschland und der Schweizerischen Eidgenossenschaft zur Vermeidung der Doppelbesteuerung auf dem Gebiete der Steuern vom Einkommen und vom Vermögen in der Fassung des Protokolls vom 21. Dezember 1992 haben die hierzu gehörig befugten Unterzeichneten die nachstehenden Bestimmungen vereinbart, die Bestandteil des Abkommens sind:

1. Zu Artikel 10 Absatz 3:

a. Jeder Vertragsstaat wird Verfahren dafür schaffen, dass bei Dividenden, die nach Artikel 10 Absatz 3 keiner Steuer unterliegen, die Zahlung ohne den Steuerabzug erfolgen kann.

b. Klarstellend wird festgehalten, dass das Halten von Anteilen an einer Gesellschaft über eine Personengesellschaft der Anwendung von Artikel 10 Absatz 3 nicht entgegensteht.

c. Die Voraussetzung der Mindestdauer der Beteiligung gemäß Artikel 10 Absatz 3 Satz 1 ist auch dann erfüllt, wenn der Beteiligungszeitraum erst nach dem Zeitpunkt der Zahlung der Dividenden vollendet wird. Buchstabe a ist in diesen Fällen nicht anzuwenden.

1bis. Zu Artikel 15 Absatz 3:

Für die am oder nach dem Tag des Inkrafttretens des Protokolls vom 27. Oktober 2010 beginnenden Veranlagungszeiträume bis einschließlich Veranlagungszeitraum 2016 nimmt die Bundesrepublik Deutschland ihr aus Artikel 15 Absatz 3 Satz 1 folgendes Besteuerungsrecht bezogen auf diejenigen Mitglieder des Bordpersonals von im internationalen Verkehr eingesetzten Luftfahrzeugen nicht wahr, deren Ansässigkeit in der Schweizerischen Eidgenossenschaft und Anstellungsverhältnis bereits vor dem 1. Januar 2007 und seitdem ohne Unterbrechung bestanden haben. Insoweit findet Artikel 15 Absatz 3 Satz 2 Anwendung. Diese Regelung findet keine Anwendung auf Einkünfte und Einkunftsteile, bei denen sie den Eintritt einer doppelten Nichtbesteuerung zur Folge hätte.

2. Zu Artikel 23:

Es besteht Einvernehmen, dass die von der Schweiz aufgrund des Bundesratsbeschlusses vom 14. Dezember 1962 ergriffenen Maßnahmen gegen die ungerechtfertigte Inanspruchnahme von Doppelbesteuerungsabkommen auch für dieses Abkommen gelten.

Es besteht Einvernehmen, dass die deutschen Rechtsvorschriften zur Verhinderung der Steuerumgehung die Bestimmungen des § 42 Abgabenordnung und des § 50 d Absatz 3 des Einkommensteuergesetzes umfassen.

3. Zu Artikel 27:

a. Es besteht Einvernehmen darüber, dass der ersuchende Vertragsstaat ein Ersuchen auf Austausch von Informationen erst dann stellt, wenn er alle in seinem innerstaatlichen Steuerverfahren vorgesehenen üblichen Mittel zur Beschaffung der Informationen ausgeschöpft hat.

b. Es besteht Einvernehmen darüber, dass die zuständige Behörde eines Vertragsstaates bei der Stellung eines Amtshilfeersuchens nach Artikel 27 der zuständigen Behörde des ersuchten Staates die nachstehenden Angaben zu übermitteln hat:

   aa) hinreichende Angaben zur Identifizierung der in eine Überprüfung oder Untersuchung einbezogenen Person (typischerweise der Name und, soweit bekannt, Geburtsdatum, Adresse, Kontonummer oder ähnliche identifizierende Informationen),

   bb) die Zeitperiode, für welche die Informationen verlangt werden,

   cc) eine Beschreibung der verlangten Informationen sowie Angaben hinsichtlich der Art und Form, in der der ersuchende Staat diese Informationen vom ersuchten Staat zu erhalten wünscht,

   dd) den Steuerzweck, für den die Informationen verlangt werden, und

   ee) den Namen und, soweit bekannt, die Adresse des mutmaßlichen Inhabers der verlangten Informationen.

c. Der Zweck der Verweisung auf Informationen, die voraussichtlich erheblich sind, besteht darin, einen möglichst weit gehenden Informationsaustausch in Steuerbelangen zu gewährleisten, ohne den Vertragsstaaten zu erlauben, „fishing expeditions" zu betreiben oder Informationen anzufordern, deren Erheblichkeit hinsichtlich der Steuerbelange einer steuerpflichtigen Person unwahrscheinlich ist. Während Buchstabe b wichtige verfahrenstechnische Anforderungen enthält, die „fishing expeditions" vermeiden sollen, sind seine Unterabsätze so auszulegen, dass sie einen wirksamen Informationsaustausch nicht behindern.

d. Auf ausdrückliches Ersuchen der zuständigen Behörde eines Vertragsstaates erteilt die zuständige Behörde des anderen Vertragsstaates die unter Artikel 27 verlangten Informationen durch Übermittlung beglaubigter Kopien von unveränderten Originalunterlagen (einschließlich Geschäftsbüchern, Dokumenten, Berichten, Aufzeichnungen, Abschlüssen und Schriftstücken).

e. Obwohl Artikel 27 die für den Informationsaustausch möglichen Verfahrensweisen nicht einschränkt, sind die Vertragsstaaten nicht dazu verpflichtet, Informationen auf automatischer oder spontaner Basis auszutauschen. Die Vertragsstaaten erwarten voneinander, sich gegenseitig die zur Durchführung des Abkommens notwendigen Informationen zu liefern.

f. Es besteht Einvernehmen darüber, dass im Falle des Austauschs von Informationen nach Artikel 27 die im ersuchten Staat geltenden Bestimmungen des Verwaltungsverfahrensrechts über die Rechte der Steuerpflichtigen (wie zum Beispiel das Recht auf Benachrichtigung oder das Recht auf Beschwerde) vorbehalten bleiben, bevor die Informationen an den ersuchenden Staat übermittelt werden. Es besteht des Weiteren Einvernehmen darüber, dass diese Bestimmungen dazu dienen, der steuerpflichtigen Person ein ordnungsgemäßes Verfahren zu gewähren, und nicht bezwecken, den wirksamen Informationsaustausch zu verhindern oder übermäßig zu verzögern.

g. Falls nach Maßgabe des innerstaatlichen Rechts aufgrund dieses Abkommens personenbezogene Daten übermittelt werden, gelten ergänzend die nachfolgenden Bestimmungen unter Beachtung der für jeden Vertragsstaat geltenden Rechtsvorschriften:

   aa) Die Verwendung der Daten durch die empfangende Stelle ist nur zu dem angegebenen Zweck und nur zu den durch die übermittelnde Stelle vorgeschriebenen Bedingungen zulässig.

   bb) Die empfangende Stelle unterrichtet die übermittelnde Stelle auf Ersuchen über die Verwendung der übermittelten Daten und über die dadurch erzielten Ergebnisse.

   cc) Personenbezogene Daten dürfen nur an die zuständigen Stellen übermittelt werden. Die weitere Übermittlung an andere Stellen darf nur mit vorheriger Zustimmung der übermittelnden Stelle erfolgen.

   dd) Die übermittelnde Stelle ist verpflichtet, auf die Richtigkeit der zu übermittelnden Daten sowie auf die Erforderlichkeit und Verhältnismäßigkeit in Bezug auf den mit der Übermittlung verfolgten Zweck zu achten. Dabei sind die nach dem jeweils innerstaatlichen Recht geltenden Übermittlungsverbote zu beachten. Erweist sich, dass unrichtige Daten oder Daten, die nicht übermittelt werden dürften, übermittelt worden sind, so ist dies der empfangenden Stelle unverzüglich mitzuteilen. Diese ist verpflichtet, die Berichtigung oder Löschung solcher Daten vorzunehmen.

ee) Dem Betroffenen ist auf Antrag über die zu seiner Person übermittelten Daten sowie über den vorgesehenen Verwendungszweck Auskunft zu erteilen. Eine Verpflichtung zur Auskunftserteilung besteht nicht, soweit eine Abwägung ergibt, dass das öffentliche Interesse, die Auskunft nicht zu erteilen, das Interesse des Betroffenen an der Auskunftserteilung überwiegt. Im Übrigen richtet sich das Recht des Betroffenen, über die zu seiner Person vorhandenen Daten Auskunft zu erhalten, nach dem innerstaatlichen Recht des Vertragsstaats, in dessen Hoheitsgebiet die Auskunft beantragt wird.

ff) Wird jemand infolge von Übermittlungen im Rahmen des Datenaustauschs nach diesem Abkommen rechtswidrig geschädigt, haftet ihm hierfür die empfangende Stelle nach Maßgabe ihres innerstaatlichen Rechts. Sie kann sich im Verhältnis zum Geschädigten zu ihrer Entlastung nicht darauf berufen, dass der Schaden durch den übermittelnden Staat verursacht worden ist.

gg) Soweit das für die übermittelnde Stelle geltende innerstaatliche Recht in Bezug auf die übermittelten personenbezogenen Daten besondere Löschungsvorschriften vorsieht, weist diese Stelle die empfangende Stelle darauf hin. Unabhängig von diesem Recht sind die übermittelten personenbezogenen Daten zu löschen, sobald sie für den Zweck, für den sie übermittelt worden sind, nicht mehr erforderlich sind.

hh) Die übermittelnde und die empfangende Stelle sind verpflichtet, die Übermittlung und den Empfang von personenbezogenen Daten aktenkundig zu machen.

ii) Die übermittelnde und die empfangende Stelle sind verpflichtet, die übermittelten personenbezogenen Daten wirksam gegen unbefugten Zugang, unbefugte Veränderung und unbefugte Bekanntgabe zu schützen.

DBA Schweiz/ErbSt

Abkommen zwischen der Bundesrepublik Deutschland und der Schweizerischen Eidgenossenschaft zur Vermeidung der Doppelbesteuerung auf dem Gebiet der Nachlaß- und Erbschaftsteuern

vom 30. November 1978 (BGBl 1980 II S. 594; BStBl 1980 I S. 243)

Artikel 1 Geltungsbereich

Dieses Abkommen gilt für Nachlässe von Erblassern, die im Zeitpunkt ihres Todes einen Wohnsitz in einem Vertragsstaat oder in beiden Vertragsstaaten hatten.[1]

Artikel 2 Unter das Abkommen fallende Steuern

(1) Dieses Abkommen gilt, ohne Rücksicht auf die Art der Erhebung, für Nachlaß- und Erbschaftsteuern, die für Rechnung eines der beiden Vertragsstaaten, der Länder, Kantone, Bezirke, Kreise, Gemeinden oder Gemeindeverbände (auch in Form von Zuschlägen) erhoben werden.

(2) Als Nachlaß- und Erbschaftsteuern gelten alle Steuern, die von Todes wegen als Nachlaßsteuern, Erbanfallsteuern, Abgaben vom Vermögensübergang oder Steuern von Schenkungen auf den Todesfall erhoben werden.

(3) Zu den bestehenden Steuern, für die das Abkommen gilt, gehören

a. in der Bundesrepublik Deutschland:
   die Erbschaftsteuer;

b. in der Schweiz:
   die von den Kantonen, Bezirken, Kreisen und Gemeinden erhobenen Erbschaftsteuern (Erbanfall- und Nachlaßsteuern).

(4) Das Abkommen gilt auch für alle Nachlaß- und Erbschaftsteuern, die nach der Unterzeichnung dieses Abkommens neben den bestehenden Steuern oder an deren Stelle erhoben werden.

Artikel 3 Allgemeine Begriffsbestimmungen

(1) Im Sinne dieses Abkommens

a. bedeutet der Ausdruck "Bundesrepublik Deutschland", im geographischen Sinne verwendet, das Gebiet des Geltungsbereichs des Grundgesetzes für die Bundesre-

1 Die Überschriften zu den Artikeln des DBA sind nicht amtlich.

publik Deutschland sowie das an die Hoheitsgewässer der Bundesrepublik Deutschland angrenzende und steuerrechtlich als Inland bezeichnete Gebiet, in dem die Bundesrepublik Deutschland in Übereinstimmung mit dem Völkerrecht ihre Rechte hinsichtlich des Meeresgrundes und des Meeresuntergrundes sowie ihrer Naturschätze ausüben darf;

b. bedeutet der Ausdruck "Schweiz" die Schweizerische Eidgenossenschaft;

c. bedeuten die Ausdrücke "ein Vertragsstaat" und "der andere Vertragsstaat", je nach dem Zusammenhang, die Bundesrepublik Deutschland oder die Schweiz;

d. bedeutet der Ausdruck "Staatsangehörige"

   aa) in bezug auf die Bundesrepublik Deutschland:
   Deutsche im Sinne des Artikels 116 Absatz 1 des Grundgesetzes für die Bundesrepublik Deutschland und juristische Personen, Personengesellschaften und andere Personenvereinigungen, die nach dem in der Bundesrepublik Deutschland geltenden Recht errichtet worden sind;

   bb) in bezug auf die Schweiz:
   natürliche Personen, die die schweizerische Staatsangehörigkeit besitzen und juristische Personen, Personengesellschaften und andere Personenvereinigungen, die nach dem in der Schweiz geltenden Recht errichtet worden sind;

e. bedeutet der Ausdruck "zuständige Behörde"

   aa) in der Bundesrepublik Deutschland:
   der Bundesminister der Finanzen;

   bb) in der Schweiz:
   der Direktor der Eidgenössischen Steuerverwaltung oder sein bevollmächtigter Vertreter.

(2) Bei der Anwendung des Abkommens durch einen Vertragsstaat hat, wenn der Zusammenhang nichts anderes erfordert, jeder im Abkommen nicht definierte Ausdruck die Bedeutung, die ihm nach dem Recht dieses Staates über die Steuern zukommt, für die das Abkommen gilt.

Artikel 4 Steuerlicher Wohnsitz

(1) Einen Wohnsitz im Sinne dieses Abkommens hatte der Erblasser

a. in der Bundesrepublik Deutschland, wenn er Inländer im Sinne des Erbschaftsteuerrechts der Bundesrepublik Deutschland war;

b. in der Schweiz, wenn er dort im Sinne des schweizerischen Erbschaftsteuerrechts Wohnsitz oder ständigen Aufenthalt hatte oder wenn dort der Erbgang zu eröffnen ist.

(2) Hatte nach Absatz 1 ein Erblasser in beiden Vertragsstaaten einen Wohnsitz, so gilt folgendes:

a. Der Wohnsitz des Erblassers gilt als in dem Staat gelegen, in dem er über eine ständige Wohnstätte verfügte. Verfügte er in beiden Staaten über eine ständige Wohnstätte, so gilt sein Wohnsitz als in dem Staat gelegen, zu dem er die engeren persönlichen und wirtschaftlichen Beziehungen hatte (Mittelpunkt der Lebensinteressen).

b. Kann nicht bestimmt werden, in welchem Staat der Erblasser den Mittelpunkt seiner Lebensinteressen hatte, oder verfügte er in keinem der Staaten über eine ständige Wohnstätte, so gilt sein Wohnsitz als in dem Staat gelegen, in dem er seinen gewöhnlichen Aufenthalt hatte.

c. Hatte der Erblasser seinen gewöhnlichen Aufenthalt in beiden Staaten oder in keinem der Staaten, so gilt sein Wohnsitz als in dem Staat gelegen, dessen Staatsangehöriger er war.

d. War der Erblasser Staatsangehöriger beider Staaten oder keines der Staaten, so regeln die zuständigen Behörden der Vertragsstaaten die Frage in gegenseitigem Einvernehmen.

(3) Hatte ein Erblasser nach den Absätzen 1 und 2 seinen Wohnsitz in der Schweiz, verfügte er aber im Zeitpunkt seines Todes seit mindestens fünf Jahren in der Bundesrepublik Deutschland über eine ständige Wohnstätte, so kann das Nachlaßvermögen ungeachtet der Artikel 5 bis 8 Absatz 1 nach dem Recht der Bundesrepublik Deutschland besteuert werden. Die nach dem Abkommen in der Schweiz zulässige Besteuerung bleibt unberührt. Artikel 10 Absatz 1 ist entsprechend anzuwenden.

(4) Hatte ein Erblasser im Zeitpunkt seines Todes seinen Wohnsitz in der Schweiz und hatte er vorher über eine ständige Wohnstätte in der Bundesrepublik Deutschland verfügt, so kann das Nachlaßvermögen ungeachtet der Artikel 5 bis 8 Absatz 1 nach dem Recht der Bundesrepublik Deutschland besteuert werden, wenn der Erblasser in den letzten zehn Jahren vor der Aufgabe seiner letzten Wohnstätte in der Bundesrepublik Deutschland mindestens fünf Jahre über eine solche Wohnstätte verfügt hatte und sein Tod in dem Jahr, in dem er zuletzt über eine solche Wohnstätte verfügt hatte, oder in den folgenden fünf Jahren eingetreten ist. Dies gilt nicht, wenn der Erblasser

a. in der Schweiz einen Wohnsitz begründet hatte

   aa) wegen Aufnahme einer echten unselbständigen Tätigkeit in der Schweiz für einen Arbeitgeber, an dem er über das Arbeitsverhältnis hinaus weder unmittelbar noch mittelbar durch Beteiligung oder in anderer Weise wirtschaftlich interessiert war, oder

   bb) wegen Eheschließung mit einem schweizerischen Staatsangehörigen oder

b. in dem Zeitpunkt, in dem er zuletzt über eine ständige Wohnstätte in der Bundesrepublik Deutschland verfügt hatte, schweizerischer Staatsangehöriger war.

Die nach dem Abkommen in der Schweiz zulässige Besteuerung bleibt unberührt. Artikel 10 Absatz 1 ist entsprechend anzuwenden.

(5) Als ständige Wohnstätte im Sinne dieses Artikels gelten nicht eine Wohnung oder Räumlichkeiten, die Erholungs-, Kur-, Studien- oder Sportzwecken dienen und nachweislich nur gelegentlich verwendet werden.

Artikel 5 Unbewegliches Vermögen

(1) Unbewegliches Vermögen, das ein Erblasser, der im Zeitpunkt des Todes seinen Wohnsitz in einem Vertragsstaat hatte, im anderen Vertragsstaat besaß, kann im anderen Staat besteuert werden.

(2) Der Ausdruck "unbewegliches Vermögen" hat die Bedeutung, die ihm nach dem Recht des Vertragsstaats zukommt, in dem das Vermögen liegt. Der Ausdruck umfaßt in jedem Fall das Zubehör zum unbeweglichen Vermögen, das lebende und tote Inventar land- und forstwirtschaftlicher Betriebe, die Rechte, für die die Vorschriften des Privatrechts über Grundstücke gelten, Nutzungsrechte an unbeweglichem Vermögen sowie Rechte auf veränderliche oder feste Vergütungen für die Ausbeutung oder das Recht auf Ausbeutung von Mineralvorkommen, Quellen und anderen Bodenschätzen; Schiffe und Luftfahrzeuge gelten nicht als unbewegliches Vermögen.

(3) Die Absätze 1 und 2 gelten auch für unbewegliches Vermögen eines Unternehmens und für unbewegliches Vermögen, das der Ausübung eines freien Berufs oder einer sonstigen selbständigen Tätigkeit ähnlicher Art dient.

Artikel 6 Betriebsstättenvermögen

(1) Vermögen (ausgenommen das nach den Artikeln 5 und 7 zu behandelnde Vermögen), das Betriebsvermögen einer Betriebsstätte eines Unternehmens ist, die ein Erblasser, der im Zeitpunkt des Todes seinen Wohnsitz in einem Vertragsstaat hatte, im anderen Vertragsstaat hatte, kann im anderen Staat besteuert werden.

(2) Der Ausdruck "Betriebsstätte" bedeutet eine feste Geschäftseinrichtung, in der die Tätigkeit eines Unternehmens ganz oder teilweise ausgeübt wird.

(3) Der Ausdruck "Betriebsstätte" umfaßt insbesondere:

a. einen Ort der Leitung,

b. eine Zweigniederlassung,

c. eine Geschäftsstelle,

d. eine Fabrikationsstätte,

e. eine Werkstätte und

f. ein Bergwerk, ein Öl- oder Gasvorkommen, einen Steinbruch oder eine andere Stätte der Ausbeutung von Bodenschätzen.

(4) Eine Bauausführung oder Montage ist nur dann eine Betriebsstätte, wenn ihre Dauer zwölf Monate überschreitet.

(5) Ungeachtet der vorstehenden Bestimmungen dieses Artikels gelten nicht als Betriebsstätten:

a. Einrichtungen, die ausschließlich zur Lagerung, Ausstellung oder Auslieferung von Gütern oder Waren des Unternehmens benutzt werden;

b. Bestände von Gütern oder Waren des Unternehmens, die ausschließlich zur Lagerung, Ausstellung oder Auslieferung unterhalten werden;

c. Bestände von Gütern oder Waren des Unternehmens, die ausschließlich zu dem Zweck unterhalten werden, durch ein anderes Unternehmen bearbeitet oder verarbeitet zu werden;

d. eine feste Geschäftseinrichtung, die ausschließlich zu dem Zweck unterhalten wird, für das Unternehmen Güter oder Waren einzukaufen oder Informationen zu beschaffen;

e. eine feste Geschäftseinrichtung, die ausschließlich zu dem Zweck unterhalten wird, für das Unternehmen andere Tätigkeiten auszuüben, die vorbereitender Art sind oder eine Hilfstätigkeit darstellen;

f. eine feste Geschäftseinrichtung, die ausschließlich zu dem Zweck unterhalten wird, mehrere der unter den Buchstaben a bis e genannten Tätigkeiten auszuüben, vorausgesetzt, daß die sich daraus ergebende Gesamttätigkeit der festen Geschäftseinrichtung vorbereitender Art ist oder eine Hilfstätigkeit darstellt.

(6) Ist eine Person – mit Ausnahme eines unabhängigen Vertreters im Sinne des Absatzes 7 – für ein Unternehmen tätig und besitzt sie in einem Vertragsstaat die Vollmacht, im Namen des Unternehmens Verträge abzuschließen, und übt sie die Vollmacht dort

gewöhnlich aus, so wird das Unternehmen ungeachtet der Absätze 2 und 3 so behandelt, als habe es in diesem Staat für alle von der Person für das Unternehmen ausgeübten Tätigkeiten eine Betriebsstätte, es sei denn, diese Tätigkeiten beschränken sich auf die in Absatz 5 genannten Tätigkeiten, die, würden sie durch eine feste Geschäftseinrichtung ausgeübt, diese Einrichtung nach dem genannten Absatz nicht zu einer Betriebsstätte machen.

(7) Ein Unternehmen eines Vertragsstaats wird nicht schon deshalb so behandelt, als habe es eine Betriebsstätte in dem anderen Vertragsstaat, weil es dort seine Tätigkeit durch einen Makler, Kommissionär oder einen anderen unabhängigen Vertreter ausübt, sofern diese Personen im Rahmen ihrer ordentlichen Geschäftstätigkeit handeln.

(8) Vermögen (ausgenommen das nach Artikel 5 zu behandelnde Vermögen), das zu einer der Ausübung eines freien Berufs oder einer sonstigen selbständigen Tätigkeit ähnlicher Art dienenden festen Einrichtung gehört, die ein Erblasser, der im Zeitpunkt des Todes seinen Wohnsitz in einem Vertragsstaat hatte, im anderen Vertragsstaat hatte, kann im anderen Staat besteuert werden.

(9) Dieser Artikel gilt auch für Beteiligungen an Personengesellschaften. Er erstreckt sich auch auf Darlehensforderungen, die dem Gesellschafter gegenüber der Gesellschaft zustehen, und auf Wirtschaftsgüter, die der Gesellschaft von dem Gesellschafter überlassen worden sind, sofern diese Gegenstände nach dem Recht des Vertragsstaats, in dem sich die Betriebsstätte befindet, dem Betriebsvermögen der Betriebsstätte zugerechnet werden.

Artikel 7 Seeschiffe und Luftfahrzeuge

Seeschiffe und Luftfahrzeuge im internationalen Verkehr und der Binnenschiffahrt dienende Schiffe, die von einem Unternehmen betrieben werden, das einem Erblasser gehörte, der im Zeitpunkt des Todes seinen Wohnsitz in einem Vertragsstaat hatte, und bewegliches Vermögen, das dem Betrieb dieser Schiffe oder Luftfahrzeuge dient, können im anderen Vertragsstaat besteuert werden, wenn sich der Ort der tatsächlichen Geschäftsleitung des Unternehmens im anderen Staat befindet.

Artikel 8 Anderes Vermögen

(1) Das nicht nach den Artikeln 5 bis 7 zu behandelnde Vermögen kann nur in dem Vertragsstaat besteuert werden, in dem der Erblasser im Zeitpunkt des Todes seinen Wohnsitz hatte.

(2) Ungeachtet der Artikel 5 bis 7 und Absatz 1 dieses Artikels kann das Nachlaßvermögen nach dem Recht der Bundesrepublik Deutschland besteuert werden, wenn der Erwerber im Zeitpunkt des Todes des Erblassers in der Bundesrepublik Deutschland

über eine ständige Wohnstätte verfügte oder dort seinen gewöhnlichen Aufenthalt hatte. Die nach dem Abkommen in der Schweiz zulässige Besteuerung bleibt unberührt. Die Artikel 4 Absatz 5 und 10 Absatz 1 sind entsprechend anzuwenden. Die vorstehenden Bestimmungen gelten nicht, wenn im Zeitpunkt des Todes des Erblassers dieser und der Erwerber schweizerische Staatsangehörige waren.

Artikel 9 Schuldenabzug

(1) Schulden, die mit einem bestimmten Vermögensgegenstand in wirtschaftlichem Zusammenhang stehen, werden vom Wert dieses Vermögens abgezogen.

(2) Die anderen Schulden werden vom Wert des Vermögens abgezogen, das nur in dem Vertragsstaat besteuert werden kann, in dem der Erblasser seinen Wohnsitz hatte. Diese Schulden werden bei der Anwendung des Artikels 4 Absätze 3 und 4 und des Artikels 8 Absatz 2 auch in der Bundesrepublik Deutschland abgezogen, wenn der Erblasser bzw. der Erwerber Inländer im Sinne des Erbschaftsteuerrechts der Bundesrepublik Deutschland waren. War der Erblasser nicht Inländer und besteuert die Bundesrepublik Deutschland nach Artikel 4 Absatz 4 Vermögen, das nach Artikel 8 Absatz 1 nur in der Schweiz besteuert werden kann, so wird vom Wert dieses Vermögens der Teil der nach diesem Absatz von der Schweiz zu berücksichtigenden Schulden abgezogen, der dem Verhältnis dieses Vermögens nach Berücksichtigung eines Schuldenausgleichs nach Absatz 3 zum gesamten Rohvermögen nach Abzug der unter Absatz 1 fallenden Schulden entspricht.

(3) Übersteigt eine Schuld den Wert des Vermögens, von dem sie in einem Vertragsstaat nach den Absätzen 1 und 2 abzuziehen ist, so wird der übersteigende Betrag vom Wert des übrigen Vermögens, das in diesem Staat besteuert werden kann, abgezogen.

(4) Verbleibt nach den Abzügen, die aufgrund der vorstehenden Absätze vorzunehmen sind, ein Schuldenrest, so wird dieser vom Wert des Vermögens, das im anderen Vertragsstaat besteuert werden kann, abgezogen.

(5) Die vorstehenden Bestimmungen über den Schuldenabzug gelten sinngemäß auch für den Abzug der Vermächtnisse.

Artikel 10 Vermeidung der Doppelbesteuerung

(1) Hatte der Erblasser im Zeitpunkt des Todes seinen Wohnsitz in der Bundesrepublik Deutschland, so wird die Doppelbesteuerung wie folgt vermieden:

a. Die Bundesrepublik Deutschland nimmt in der Schweiz gelegenes unbewegliches Vermögen im Sinne des Artikels 5 Absatz 2 von der Besteuerung aus, wenn der Erblasser im Zeitpunkt seines Todes schweizerischer Staatsangehöriger war. Sie kann aber bei der Festsetzung der Steuer für das Vermögen, für das sie das Besteuerungsrecht behält, den Steuersatz anwenden, der anzuwenden wäre, wenn das unbewegliche Vermögen nicht von der Besteuerung ausgenommen wäre.

b. Soweit Buchstabe a nicht anzuwenden ist, rechnet die Bundesrepublik Deutschland nach Maßgabe der Vorschriften des deutschen Rechts über die Anrechnung ausländischer Steuern auf die nach ihrem Recht festgesetzte Steuer die Steuer an, die in der Schweiz für das Vermögen gezahlt wird, das nach dem Abkommen in der Schweiz besteuert werden kann. Der anzurechnende Betrag darf jedoch den Teil der vor der Anrechnung ermittelten Steuer nicht übersteigen, der auf das Vermögen entfällt, das in der Schweiz besteuert werden kann.

(2) Hatte der Erblasser im Zeitpunkt des Todes seinen Wohnsitz in der Schweiz, so wird die Doppelbesteuerung wie folgt vermieden:

Die Schweiz nimmt das Vermögen, das nach den Artikeln 5, 6 und 7 in der Bundesrepublik Deutschland besteuert werden kann, von der Besteuerung aus. Sie kann aber bei der Festsetzung der Steuer für das Vermögen, für das sie das Besteuerungsrecht behält, den Steuersatz anwenden, der anzuwenden wäre, wenn das betreffende Vermögen nicht von der Besteuerung ausgenommen wäre.

Artikel 11 Gleichbehandlung

(1) Die Staatsangehörigen eines Vertragsstaats dürfen im anderen Vertragsstaat weder einer Besteuerung noch einer damit zusammenhängenden Verpflichtung unterworfen werden, die anders oder belastender sind als die Besteuerung und die damit zusammenhängenden Verpflichtungen, denen die Staatsangehörigen des anderen Staates unter gleichen Verhältnissen unterworfen sind oder unterworfen werden können.

(2) Die Besteuerung einer Betriebsstätte, die ein Unternehmen eines Vertragsstaats im anderen Vertragsstaat hat, darf im anderen Staat nicht ungünstiger sein, als die Besteuerung von Unternehmen des anderen Staates, die die gleiche Tätigkeit ausüben. Diese Bestimmung ist nicht so auszulegen, als verpflichte sie einen Vertragsstaat, den im anderen Vertragsstaat ansässigen Personen Steuerfreibeträge, -vergünstigungen und -ermäßigungen aufgrund des Personenstandes oder der Familienlasten zu gewähren, die er den in seinem Gebiet ansässigen Personen gewährt.

(3) Die Unternehmen eines Vertragsstaats, deren Kapital ganz oder teilweise, unmittelbar oder mittelbar, einer im anderen Vertragsstaat ansässigen Person oder mehreren solchen Personen gehört oder ihrer Kontrolle unterliegt, dürfen im erstgenannten Vertragsstaat weder einer Besteuerung noch einer damit zusammenhängenden Verpflichtung unterworfen werden, die anders oder belastender sind als die Besteuerung und die damit zusammenhängenden Verpflichtungen, denen andere ähnliche Unternehmen des erstgenannten Staates unterworfen sind oder unterworfen werden können.

(4) In diesem Artikel bedeutet der Ausdruck "Besteuerung", Steuern jeder Art und Bezeichnung.

Artikel 12 Verständigungsverfahren

(1) Ist eine Person der Auffassung, daß Maßnahmen eines Vertragsstaats oder beider Vertragsstaaten für sie zu einer Besteuerung führen oder führen werden, die diesem Abkommen nicht entspricht, so kann sie unbeschadet der nach dem innerstaatlichen Recht dieser Staaten vorgesehenen Rechtsmittel ihren Fall der zuständigen Behörde eines der beiden Staaten unterbreiten.

(2) Hält die zuständige Behörde die Einwendung für begründet und ist sie selbst nicht in der Lage, eine befriedigende Lösung herbeizuführen, so wird sie sich bemühen, den Fall durch Verständigung mit der zuständigen Behörde des anderen Vertragsstaats so zu regeln, daß eine dem Abkommen nicht entsprechende Besteuerung vermieden wird.

(3) Die zuständigen Behörden der Vertragsstaaten werden sich bemühen, Schwierigkeiten oder Zweifel, die bei der Auslegung oder Anwendung des Abkommens entstehen, in gegenseitigem Einvernehmen zu beseitigen. Sie können auch gemeinsam darüber beraten, wie eine Doppelbesteuerung in Fällen vermieden werden kann, die im Abkommen nicht behandelt sind. Dies gilt auch für die Besteuerung von Schenkungen und Zweckzuwendungen unter Lebenden.

(4) Die zuständigen Behörden der Vertragsstaaten können zur Herbeiführung einer Einigung im Sinne der vorstehenden Absätze unmittelbar miteinander verkehren. Erscheint ein mündlicher Meinungsaustausch für die Herbeiführung der Einigung zweckmäßig, so kann ein solcher Meinungsaustausch in einer Kommission durchgeführt werden, die aus Vertretern der zuständigen Behörden der Vertragsstaaten besteht.

Artikel 13 Informationsaustausch

(1) Die zuständigen Behörden der Vertragsstaaten können auf Verlangen diejenigen (gemäß den Steuergesetzgebungen der beiden Staaten im Rahmen der normalen Verwaltungspraxis erhältlichen) Auskünfte austauschen, die notwendig sind für eine richtige Durchführung dieses Abkommens. Jede auf diese Weise ausgetauschte Auskunft soll geheimgehalten und niemandem zugänglich gemacht werden, der sich nicht mit der Veranlagung, der Erhebung, der Rechtsprechung oder der Strafverfolgung hinsichtlich der unter dieses Abkommen fallenden Steuern befaßt. Auskünfte, die irgendein Handels- oder Bank-, gewerbliches oder Berufsgeheimnis oder ein Geschäftsverfahren offenbaren würden, dürfen nicht ausgetauscht werden.

(2) Die Bestimmungen dieses Artikels dürfen auf keinen Fall dahin ausgelegt werden, daß sie einem der Vertragsstaaten die Verpflichtung auferlegen, Verwaltungsmaßnah-

men durchzuführen, die von seinen eigenen Vorschriften oder von seiner Verwaltungspraxis abweichen oder die seiner Souveränität, seiner Sicherheit, seinen allgemeinen Interessen oder dem Ordre public widersprechen, oder Angaben zu vermitteln, die nicht aufgrund seiner eigenen und aufgrund der Gesetzgebung des ersuchenden Staates beschafft werden können.

Artikel 14 Diplomatische Vorrechte

Dieses Abkommen berührt nicht die steuerlichen Vorrechte, die den Mitgliedern einer diplomatischen Mission oder konsularischen Vertretung oder ihren Familienangehörigen nach den allgemeinen Regeln des Völkerrechts oder aufgrund besonderer Vereinbarungen zustehen. Soweit eine Nachlaß- oder Erbschaftsteuer wegen dieser Vorrechte im Empfangsstaat nicht erhoben werden kann, steht das Besteuerungsrecht dem Entsendestaat zu.

Artikel 15 Außerkrafttreten früherer DBA

Mit dem Inkrafttreten dieses Abkommens tritt das Abkommen vom 15. Juli 1931 zwischen dem Deutschen Reich und der Schweizerischen Eidgenossenschaft zur Vermeidung der Doppelbesteuerung auf dem Gebiete der direkten Steuern und der Erbschaftsteuern in der zur Zeit gültigen Fassung außer Kraft. Es findet nicht mehr Anwendung auf Nachlässe, auf die dieses Abkommen nach Artikel 17 Absatz 2 anzuwenden ist.

Artikel 16 Berlin-Klausel

Dieses Abkommen gilt auch für das Land Berlin, sofern nicht die Regierung der Bundesrepublik Deutschland dem Schweizerischen Bundesrat innerhalb von drei Monaten nach Inkrafttreten des Abkommens eine gegenteilige Erklärung abgibt.

Artikel 17 Inkrafttreten

(1) Dieses Abkommen bedarf der Ratifikation; die Ratifikationsurkunden werden so bald wie möglich in Bern ausgetauscht.

(2) Das Abkommen tritt am 30. Tag nach dem Tag in Kraft, an dem die Ratifikationsurkunden ausgetauscht werden. Seine Bestimmungen finden auf Nachlässe von Personen Anwendung, die an oder nach diesem Tag sterben.

Artikel 18 Kündigung

Dieses Abkommen bleibt in Kraft, solange es nicht von einem der Vertragsstaaten gekündigt worden ist. Jeder Vertragsstaat kann das Abkommen auf diplomatischem Weg unter Einhaltung einer Frist von mindestens sechs Monaten zum Ende eines Kalenderjahres, frühestens zum Ende des Jahres 1983, kündigen. In diesem Fall findet das Abkommen nicht mehr auf Nachlässe von Personen Anwendung, die nach Ablauf des Kalenderjahres verstorben sind, zu dessen Ende das Abkommen gekündigt worden ist.

DBA Österreich

Abkommen zwischen der Bundesrepublik Deutschland und der Republik Österreich zur Vermeidung der Doppelbesteuerung auf dem Gebiet der Steuern vom Einkommen und vom Vermögen

vom 24. August 2000 (BGBl 2002 II S. 735) i. d. F. des Änderungsprotokolls vom 29. Dezember 2010 (BGBl 2011 II S. 1210)

Artikel 1 Persönlicher Geltungsbereich

Dieses Abkommen gilt für Personen, die in einem Vertragsstaat oder in beiden Vertragsstaaten ansässig sind.

Artikel 2 Unter das Abkommen fallende Steuern

(1) Dieses Abkommen gilt, ohne Rücksicht auf die Art der Erhebung, für Steuern vom Einkommen und vom Vermögen, die für Rechnung eines Vertragsstaats oder seiner Gebietskörperschaften erhoben werden.[1]

(2) Als Steuern vom Einkommen und vom Vermögen gelten alle Steuern, die vom Gesamteinkommen, vom Gesamtvermögen oder von Teilen des Einkommens oder des Vermögens erhoben werden, einschließlich der Steuern vom Gewinn aus der Veräußerung beweglichen oder unbeweglichen Vermögens, der Lohnsummensteuern sowie der Steuern vom Vermögenszuwachs.

(3) Zu den bestehenden Steuern, für die das Abkommen gilt, gehören insbesondere

a. in der Bundesrepublik Deutschland:

   1. die Einkommensteuer,
   2. die Körperschaftsteuer,
   3. die Gewerbesteuer und
   4. die Grundsteuer,

einschließlich der hierauf erhobenen Zuschläge (im Folgenden als "deutsche Steuer" bezeichnet);

b. in der Republik Österreich:

   1. die Einkommensteuer,
   2. die Körperschaftsteuer,

1 **Anm. d. Red.:** Vgl. Ziff. 1 des Protokolls.

3. die Grundsteuer,
4. die Abgabe von land- und forstwirtschaftlichen Betrieben und
5. die Abgabe vom Bodenwert bei unbebauten Grundstücken,

einschließlich der hierauf erhobenen Zuschläge (im Folgenden als "österreichische Steuer" bezeichnet).

(4) Das Abkommen gilt auch für alle Steuern gleicher oder im Wesentlichen ähnlicher Art, die nach der Unterzeichnung des Abkommens neben den bestehenden Steuern oder an deren Stelle erhoben werden. Die zuständigen Behörden der Vertragsstaaten teilen einander, soweit für die Abkommensanwendung erforderlich, am Ende eines jeden Jahres die in ihren Steuergesetzen eingetretenen Änderungen mit.

Artikel 3 Allgemeine Begriffsbestimmungen

(1) Im Sinne dieses Abkommens, wenn der Zusammenhang nichts anderes erfordert,[2]

a. bedeutet der Ausdruck "ein Vertragsstaat" und "der andere Vertragsstaat", je nach dem Zusammenhang, die Bundesrepublik Deutschland oder die Republik Österreich;

b. bedeutet der Ausdruck "Bundesrepublik Deutschland" das Hoheitsgebiet der Bundesrepublik Deutschland sowie das an das Küstenmeer angrenzende Gebiet des Meeresbodens, seines Untergrunds und der darüber liegenden Wassersäule, in dem die Bundesrepublik Deutschland in Übereinstimmung mit dem Völkerrecht und ihren innerstaatlichen Rechtsvorschriften souveräne Rechte und Hoheitsbefugnisse zum Zwecke der Erforschung, Ausbeutung, Erhaltung und Bewirtschaftung der lebenden und nichtlebenden natürlichen Ressourcen ausübt;

c. bedeutet der Ausdruck "Republik Österreich" das Hoheitsgebiet der Republik Österreich;

d. umfasst der Ausdruck "Person" natürliche Personen, Gesellschaften und alle anderen Personenvereinigungen;

e. bedeutet der Ausdruck "Gesellschaft" juristische Personen oder Rechtsträger, die für die Besteuerung wie juristische Personen behandelt werden;

f. bedeuten die Ausdrücke "Unternehmen eines Vertragsstaats" und "Unternehmen des anderen Vertragsstaats", je nachdem, ein Unternehmen, das von einer in einem Vertragsstaat ansässigen Person betrieben wird, oder ein Unternehmen, das von einer im anderen Vertragsstaat ansässigen Person betrieben wird;

2 **Anm. d. Red.:** Vgl. Ziff. 1 des Protokolls.

g. bedeutet der Ausdruck "internationaler Verkehr" jede Beförderung mit einem Seeschiff oder Luftfahrzeug, das von einem Unternehmen mit tatsächlicher Geschäftsleitung in einem Vertragsstaat betrieben wird, es sei denn, das Seeschiff oder Luftfahrzeug wird ausschließlich zwischen Orten im anderen Vertragsstaat betrieben;

h. bedeutet der Ausdruck "Staatsangehöriger"

aa) in Bezug auf die Bundesrepublik Deutschland

alle Deutschen im Sinne des Grundgesetzes der Bundesrepublik Deutschland sowie alle juristischen Personen, Personengesellschaften und anderen Personenvereinigungen, die nach dem in der Bundesrepublik Deutschland geltenden Recht errichtet worden sind;

bb) in Bezug auf die Republik Österreich

1. jede natürliche Person, die die Staatsangehörigkeit der Republik Österreich besitzt;

2. jede juristische Person, Personengesellschaft und andere Personenvereinigung, die nach dem in der Republik Österreich geltenden Recht errichtet worden ist;

i. bedeutet der Ausdruck "zuständige Behörde"

aa) in der Bundesrepublik Deutschland: das Bundesministerium der Finanzen oder die Behörde, auf die es seine Befugnisse delegiert hat,

bb) in der Republik Österreich: den Bundesminister für Finanzen oder dessen bevollmächtigten Vertreter.

(2) Bei der Anwendung des Abkommens durch einen Vertragsstaat hat, wenn der Zusammenhang nichts anderes erfordert, jeder im Abkommen nicht definierte Ausdruck die Bedeutung, die ihm im Anwendungszeitraum nach dem Recht dieses Staates über die Steuern zukommt, für die das Abkommen gilt, wobei die Bedeutung nach dem in diesem Staat anzuwendenden Steuerrecht den Vorrang vor einer Bedeutung hat, die der Ausdruck nach anderem Recht dieses Staates hat.

Artikel 4 Ansässige Person

(1) Im Sinne dieses Abkommens bedeutet der Ausdruck "eine in einem Vertragsstaat ansässige Person" eine Person, die nach dem Recht dieses Staates dort auf Grund ihres Wohnsitzes, ihres ständigen Aufenthalts, des Ortes ihrer Geschäftsleitung oder eines anderen ähnlichen Merkmals steuerpflichtig ist, und umfasst auch diesen Staat, seine Gebietskörperschaften und andere juristische Personen des öffentlichen Rechts. Der Ausdruck umfasst jedoch nicht eine Person, die in diesem Staat nur mit Einkünften aus

Quellen in diesem Staat oder mit in diesem Staat gelegenem Vermögen steuerpflichtig ist.[3]

(2) Ist nach Absatz 1 eine natürliche Person in beiden Vertragsstaaten ansässig, so gilt Folgendes:

a. Die Person gilt als nur in dem Staat ansässig, in dem sie über eine ständige Wohnstätte verfügt; verfügt sie in beiden Staaten über eine ständige Wohnstätte, so gilt sie als nur in dem Staat ansässig, zu dem sie die engeren persönlichen und wirtschaftlichen Beziehungen hat (Mittelpunkt der Lebensinteressen);

b. kann nicht bestimmt werden, in welchem Staat die Person den Mittelpunkt ihrer Lebensinteressen hat, oder verfügt sie in keinem der Staaten über eine ständige Wohnstätte, so gilt sie als nur in dem Staat ansässig, in dem sie ihren gewöhnlichen Aufenthalt hat;

c. hat die Person ihren gewöhnlichen Aufenthalt in beiden Staaten oder in keinem der Staaten, so gilt sie als nur in dem Staat ansässig, dessen Staatsangehöriger sie ist;

d. ist die Person Staatsangehöriger beider Staaten oder keines der Staaten, so werden sich die zuständigen Behörden der Vertragsstaaten bemühen, die Frage in gegenseitigem Einvernehmen zu regeln.

(3) Ist nach Absatz 1 eine andere als eine natürliche Person in beiden Vertragsstaaten ansässig, so gilt sie als in dem Staat ansässig, in dem sich der Ort ihrer tatsächlichen Geschäftsleitung befindet.

Artikel 5 Betriebsstätte

(1) Im Sinne dieses Abkommens bedeutet der Ausdruck "Betriebsstätte" eine feste Geschäftseinrichtung, durch die die Tätigkeit eines Unternehmens ganz oder teilweise ausgeübt wird.[4]

(2) Der Ausdruck "Betriebsstätte" umfasst insbesondere:

a. einen Ort der Leitung,

b. eine Zweigniederlassung,

c. eine Geschäftsstelle,

d. eine Fabrikationsstätte,

e. eine Werkstätte und

3 **Anm. d. Red.**: Vgl. Ziff. 1 des Protokolls.

4 **Anm. d. Red.**: Vgl. Ziff. 1 und 2 des Protokolls.

f. ein Bergwerk, ein Öl- oder Gasvorkommen, einen Steinbruch oder eine andere Stätte der Ausbeutung von Bodenschätzen.

(3) Eine Bauausführung oder Montage ist nur dann eine Betriebsstätte, wenn ihre Dauer zwölf Monate überschreitet.

(4) Ungeachtet der vorstehenden Bestimmungen dieses Artikels gelten nicht als Betriebsstätten:

a. Einrichtungen, die ausschließlich zur Lagerung, Ausstellung oder Auslieferung von Gütern oder Waren des Unternehmens benutzt werden;

b. Bestände von Gütern oder Waren des Unternehmens, die ausschließlich zur Lagerung, Ausstellung oder Auslieferung unterhalten werden;

c. Bestände von Gütern oder Waren des Unternehmens, die ausschließlich zu dem Zweck unterhalten werden, durch ein anderes Unternehmen bearbeitet oder verarbeitet zu werden;

d. eine feste Geschäftseinrichtung, die ausschließlich zu dem Zweck unterhalten wird, für das Unternehmen Güter oder Waren einzukaufen oder Informationen zu beschaffen;

e. eine feste Geschäftseinrichtung, die ausschließlich zu dem Zweck unterhalten wird, für das Unternehmen andere Tätigkeiten auszuüben, die vorbereitender Art sind oder eine Hilfstätigkeit darstellen;

f. eine feste Geschäftseinrichtung, die ausschließlich zu dem Zweck unterhalten wird, mehrere der unter den Buchstaben a bis e genannten Tätigkeiten auszuüben, vorausgesetzt, dass die sich daraus ergebende Gesamttätigkeit der festen Geschäftseinrichtung vorbereitender Art ist oder eine Hilfstätigkeit darstellt.

(5) Ist eine Person – mit Ausnahme eines unabhängigen Vertreters im Sinne des Absatzes 6 – für ein Unternehmen tätig und besitzt sie in einem Vertragsstaat die Vollmacht, im Namen des Unternehmens Verträge abzuschließen, und übt sie die Vollmacht dort gewöhnlich aus, so wird das Unternehmen ungeachtet der Absätze 1 und 2 so behandelt, als habe es in diesem Staat für alle von der Person für das Unternehmen ausgeübten Tätigkeiten eine Betriebsstätte, es sei denn, diese Tätigkeiten beschränken sich auf die in Absatz 4 genannten Tätigkeiten, die, würden sie durch eine feste Geschäftseinrichtung ausgeübt, diese Einrichtung nach dem genannten Absatz nicht zu einer Betriebsstätte machten.

(6) Ein Unternehmen wird nicht schon deshalb so behandelt, als habe es eine Betriebsstätte in einem Vertragsstaat, weil es dort seine Tätigkeit durch einen Makler, Kommissionär oder einen anderen unabhängigen Vertreter ausübt, sofern diese Personen im Rahmen ihrer ordentlichen Geschäftstätigkeit handeln.

(7) Allein dadurch, dass eine in einem Vertragsstaat ansässige Gesellschaft eine Gesellschaft beherrscht oder von einer Gesellschaft beherrscht wird, die im anderen Vertragsstaat ansässig ist oder dort (entweder durch eine Betriebsstätte oder auf andere Weise) ihre Tätigkeit ausübt, wird keine der beiden Gesellschaften zur Betriebsstätte der anderen.

Artikel 6 Einkünfte aus unbeweglichem Vermögen

(1) Einkünfte, die eine in einem Vertragsstaat ansässige Person aus unbeweglichem Vermögen (einschließlich der Einkünfte aus land- und forstwirtschaftlichen Betrieben) bezieht, das im anderen Vertragsstaat liegt, dürfen im anderen Staat besteuert werden.[5]

(2) Der Ausdruck "unbewegliches Vermögen" hat die Bedeutung, die ihm nach dem Recht des Vertragsstaats zukommt, in dem das Vermögen liegt. Der Ausdruck umfasst in jedem Fall das Zubehör zum unbeweglichen Vermögen, das lebende und tote Inventar land- und forstwirtschaftlicher Betriebe, die Rechte, für die die Vorschriften des Privatrechts über Grundstücke gelten, Nutzungsrechte an unbeweglichem Vermögen sowie Rechte auf veränderliche oder feste Vergütungen für die Ausbeutung oder das Recht auf Ausbeutung von Mineralvorkommen, Quellen und anderen Bodenschätzen; Schiffe und Luftfahrzeuge gelten nicht als unbewegliches Vermögen.

(3) Absatz 1 gilt für Einkünfte aus der unmittelbaren Nutzung, der Vermietung oder Verpachtung sowie jeder anderen Art der Nutzung unbeweglichen Vermögens.

(4) Die Absätze 1 und 3 gelten auch für Einkünfte aus unbeweglichem Vermögen eines Unternehmens und für Einkünfte aus unbeweglichem Vermögen, das der Ausübung einer selbständigen Arbeit dient.

Artikel 7 Unternehmensgewinne

(1) Gewinne eines Unternehmens eines Vertragsstaats dürfen nur in diesem Staat besteuert werden, es sei denn, das Unternehmen übt seine Tätigkeit im anderen Vertragsstaat durch eine dort gelegene Betriebsstätte aus. Übt das Unternehmen seine Tätigkeit auf diese Weise aus, so dürfen die Gewinne des Unternehmens im anderen Staat besteuert werden, jedoch nur insoweit, als sie dieser Betriebsstätte zugerechnet werden können.[6]

5 **Anm. d. Red.:** Vgl. Ziff. 1 des Protokolls.

6 **Anm. d. Red.:** Vgl. Ziff. 1 und 3 des Protokolls.

(2) Übt ein Unternehmen eines Vertragsstaats seine Tätigkeit im anderen Vertragsstaat durch eine dort gelegene Betriebsstätte aus, so werden vorbehaltlich des Absatzes 3 in jedem Vertragsstaat dieser Betriebsstätte die Gewinne zugerechnet, die sie hätte erzielen können, wenn sie eine gleiche oder ähnliche Tätigkeit unter gleichen oder ähnlichen Bedingungen als selbständiges Unternehmen ausgeübt hätte und im Verkehr mit dem Unternehmen, dessen Betriebsstätte sie ist, völlig unabhängig gewesen wäre.

(3) Bei der Ermittlung der Gewinne einer Betriebsstätte werden die für diese Betriebsstätte entstandenen Aufwendungen, einschließlich der Geschäftsführungs- und allgemeinen Verwaltungskosten, zum Abzug zugelassen, gleichgültig, ob sie in dem Staat, in dem die Betriebsstätte liegt, oder anderswo entstanden sind.

(4) Soweit es in einem Vertragsstaat üblich ist, die einer Betriebsstätte zuzurechnenden Gewinne durch Aufteilung der Gesamtgewinne des Unternehmens auf seine einzelnen Teile zu ermitteln, schließt Absatz 2 nicht aus, dass dieser Vertragsstaat die zu besteuernden Gewinne nach der üblichen Aufteilung ermittelt; die gewählte Gewinnaufteilung muss jedoch derart sein, dass das Ergebnis mit den Grundsätzen dieses Artikels übereinstimmt.

(5) Auf Grund des bloßen Einkaufs von Gütern oder Waren für das Unternehmen wird einer Betriebsstätte kein Gewinn zugerechnet.

(6) Bei der Anwendung der vorstehenden Absätze sind die der Betriebsstätte zuzurechnenden Gewinne jedes Jahr auf dieselbe Art zu ermitteln, es sei denn, dass ausreichende Gründe dafür bestehen, anders zu verfahren.

(7) Dieser Artikel gilt auch für die Einkünfte aus der Beteiligung an einer Personengesellschaft. Er erstreckt sich auch auf Vergütungen, die ein Gesellschafter einer Personengesellschaft von der Gesellschaft für seine Tätigkeit im Dienst der Gesellschaft, für die Gewährung von Darlehen oder für die Überlassung von Wirtschaftsgütern bezieht, wenn diese Vergütungen nach dem Steuerrecht des Vertragsstaats, in dem die Betriebsstätte gelegen ist, den Einkünften des Gesellschafters aus dieser Betriebsstätte zugerechnet werden.

(8) Gehören zu den Gewinnen Einkünfte, die in anderen Artikeln dieses Abkommens behandelt werden, so werden die Bestimmungen jener Artikel durch die Bestimmungen dieses Artikels nicht berührt.

Artikel 8 Seeschifffahrt, Binnenschifffahrt und Luftfahrt

(1) Gewinne aus dem Betrieb von Seeschiffen oder Luftfahrzeugen im internationalen Verkehr dürfen nur in dem Vertragsstaat besteuert werden, in dem sich der Ort der tatsächlichen Geschäftsleitung des Unternehmens befindet.[7]

(2) Gewinne aus dem Betrieb von Schiffen, die der Binnenschifffahrt dienen, dürfen nur in dem Vertragsstaat besteuert werden, in dem sich der Ort der tatsächlichen Geschäftsleitung des Unternehmens befindet.

(3) Für Zwecke dieses Artikels beinhalten die Begriffe "Gewinne aus dem Betrieb von Seeschiffen oder Luftfahrzeugen im internationalen Verkehr" und "Gewinne aus dem Betrieb von Schiffen, die der Binnenschifffahrt dienen", auch die Einkünfte aus der

a. gelegentlichen Vercharterung von Seeschiffen oder Luftfahrzeugen und
b. Einkünfte aus der Nutzung oder Vermietung von Containern (einschließlich Trailer und zugehöriger Ausstattung, die dem Transport der Container dient),

wenn diese Einkünfte den im Absatz 1 genannten Gewinnen zugerechnet werden können.

(4) Befindet sich der Ort der tatsächlichen Geschäftsleitung eines Unternehmens der See- oder Binnenschifffahrt an Bord eines Schiffes, so gilt er als in dem Vertragsstaat gelegen, in dem der Heimathafen des Schiffes liegt, oder, wenn kein Heimathafen vorhanden ist, in dem Vertragsstaat, in dem die Person ansässig ist, die das Schiff betreibt.

(5) Absatz 1 gilt auch für Gewinne aus der Beteiligung an einem Pool, einer Betriebsgemeinschaft oder einer internationalen Betriebsstelle.

Artikel 9 Verbundene Unternehmen

(1) Wenn[8]

a. ein Unternehmen eines Vertragsstaats unmittelbar oder mittelbar an der Geschäftsleitung, der Kontrolle oder dem Kapital eines Unternehmens des anderen Vertragsstaats beteiligt ist oder
b. dieselben Personen unmittelbar oder mittelbar an der Geschäftsleitung, der Kontrolle oder dem Kapital eines Unternehmens eines Vertragsstaats und eines Unternehmens des anderen Vertragsstaats beteiligt sind

7 **Anm. d. Red.:** Vgl. Ziff. 1 des Protokolls.

8 **Anm. d. Red.:** Vgl. Ziff. 1 des Protokolls.

und in diesen Fällen die beiden Unternehmen in ihren kaufmännischen oder finanziellen Beziehungen an vereinbarte oder auferlegte Bedingungen gebunden sind, die von denen abweichen, die unabhängige Unternehmen miteinander vereinbaren würden, so dürfen die Gewinne, die eines der Unternehmen ohne diese Bedingungen erzielt hätte, wegen dieser Bedingungen aber nicht erzielt hat, den Gewinnen dieses Unternehmens zugerechnet und entsprechend besteuert werden.

(2) Werden in einem Vertragsstaat den Gewinnen eines Unternehmens dieses Staates Gewinne zugerechnet – und entsprechend besteuert –, mit denen ein Unternehmen des anderen Vertragsstaats in diesem Staat besteuert worden ist, und handelt es sich bei den zugerechneten Gewinnen um solche, die das Unternehmen des erstgenannten Staates erzielt hätte, wenn die zwischen den beiden Unternehmen vereinbarten Bedingungen die gleichen gewesen wären, die unabhängige Unternehmen miteinander vereinbaren würden, so nimmt der andere Staat eine entsprechende Änderung der dort von diesen Gewinnen erhobenen Steuer vor. Bei dieser Änderung sind die übrigen Bestimmungen dieses Abkommens zu berücksichtigen; erforderlichenfalls werden die zuständigen Behörden der Vertragsstaaten einander konsultieren.

Artikel 10 Dividenden

(1) Dividenden, die eine in einem Vertragsstaat ansässige Gesellschaft an eine im anderen Vertragsstaat ansässige Person zahlt, dürfen im anderen Staat besteuert werden.[9]

(2) Diese Dividenden dürfen jedoch auch in dem Vertragsstaat, in dem die die Dividenden zahlende Gesellschaft ansässig ist, nach dem Recht dieses Staates besteuert werden; die Steuer darf aber, wenn der Nutzungsberechtigte der Dividenden eine in dem anderen Vertragsstaat ansässige Person ist, nicht übersteigen:

a. 5 vom Hundert des Bruttobetrags der Dividenden, wenn der Nutzungsberechtigte eine Gesellschaft (jedoch keine Personengesellschaft) ist, die unmittelbar über mindestens 10 vom Hundert des Kapitals der die Dividenden zahlenden Gesellschaft verfügt;

b. 15 vom Hundert des Bruttobetrags der Dividenden in allen anderen Fällen.

Dieser Absatz berührt nicht die Besteuerung der Gesellschaft in Bezug auf die Gewinne, aus denen die Dividenden gezahlt werden.

(3) Der in diesem Artikel verwendete Ausdruck "Dividenden" bedeutet Einkünfte aus Aktien, Genussrechten oder Genussscheinen, Kuxen, Gründeranteilen oder sonstige Einkünfte, die nach dem Recht des Staates, in dem die ausschüttende Gesellschaft an-

9 **Anm. d. Red.:** Vgl. Ziff. 1 und 3 des Protokolls.

sässig ist, den Einkünften aus Aktien steuerlich gleichgestellt sind. Der Ausdruck "Dividenden" umfasst auch Einkünfte eines stillen Gesellschafters aus seiner Beteiligung als stiller Gesellschafter, Einkünfte aus partiarischen Darlehen, Gewinnobligationen und ähnliche Vergütungen, wenn sie nach dem Recht des Staates, aus dem sie stammen, bei der Ermittlung des Gewinns des Schuldners nicht abzugsfähig sind, sowie Ausschüttungen auf Anteilscheine an einem Investmentvermögen.

(4) Die vorstehenden Absätze 1 und 2 sind nicht anzuwenden, wenn der in einem Vertragsstaat ansässige Nutzungsberechtigte im anderen Vertragsstaat, in dem die die Dividenden zahlende Gesellschaft ansässig ist, eine gewerbliche Tätigkeit durch eine dort gelegene Betriebsstätte oder eine selbständige Arbeit durch eine dort gelegene feste Einrichtung ausübt und die Beteiligung, für die die Dividenden gezahlt werden, tatsächlich zu dieser Betriebsstätte oder festen Einrichtung gehört. In diesem Fall ist Artikel 7 beziehungsweise Artikel 14 anzuwenden.

(5) Bezieht eine in einem Vertragsstaat ansässige Gesellschaft Gewinne oder Einkünfte aus dem anderen Vertragsstaat, so darf dieser andere Staat weder die von der Gesellschaft gezahlten Dividenden besteuern, es sei denn, dass diese Dividenden an eine im anderen Staat ansässige Person gezahlt werden oder dass die Beteiligung, für die die Dividenden gezahlt werden, tatsächlich zu einer im anderen Staat gelegenen Betriebsstätte oder festen Einrichtung gehört, noch Gewinne der Gesellschaft einer Steuer für nichtausgeschüttete Gewinne unterwerfen, selbst wenn die gezahlten Dividenden oder die nichtausgeschütteten Gewinne ganz oder teilweise aus im anderen Staat erzielten Gewinnen oder Einkünften bestehen.

Artikel 11 Zinsen

(1) Zinsen, die aus einem Vertragsstaat stammen und an eine im anderen Vertragsstaat ansässige Person gezahlt werden, dürfen, wenn diese Person der Nutzungsberechtigte ist, nur im anderen Staat besteuert werden.[10]

(2) Einkünfte aus Rechten oder Forderungen mit Gewinnbeteiligung einschließlich der Einkünfte eines stillen Gesellschafters aus seiner Beteiligung als stiller Gesellschafter oder aus partiarischen Darlehen und Gewinnobligationen dürfen jedoch auch in dem Vertragsstaat, aus dem sie stammen, nach dem Recht dieses Staates besteuert werden.

(3) Der in diesem Artikel verwendete Ausdruck "Zinsen" bedeutet Einkünfte aus Forderungen jeder Art, auch wenn die Forderungen durch Pfandrechte an Grundstücken gesichert oder mit einer Beteiligung am Gewinn des Schuldners ausgestattet sind, und insbesondere Einkünfte aus öffentlichen Anleihen und aus Obligationen einschließlich der

10 **Anm. d. Red.:** Vgl. Ziff. 1 des Protokolls.

damit verbundenen Aufgelder und der Gewinne aus Losanleihen. Zuschläge für verspätete Zahlung gelten nicht als Zinsen im Sinne dieses Artikels. Der Ausdruck "Zinsen" umfasst nicht die in Artikel 10 behandelten Einkünfte.

(4) Die vorstehenden Absätze 1 und 2 sind nicht anzuwenden, wenn der in einem Vertragsstaat ansässige Nutzungsberechtigte im anderen Vertragsstaat, aus dem die Zinsen stammen, eine gewerbliche Tätigkeit durch eine dort gelegene Betriebsstätte oder eine selbständige Arbeit durch eine dort gelegene feste Einrichtung ausübt und die Forderung, für die die Zinsen gezahlt werden, tatsächlich zu dieser Betriebsstätte oder festen Einrichtung gehört. In diesem Fall ist Artikel 7 beziehungsweise Artikel 14 anzuwenden.

(5) Zinsen gelten dann als aus einem Vertragsstaat stammend, wenn der Schuldner eine in diesem Staat ansässige Person ist. Hat aber der Schuldner der Zinsen, ohne Rücksicht darauf, ob er in einem Vertragsstaat ansässig ist oder nicht, in einem Vertragsstaat eine Betriebsstätte oder eine feste Einrichtung und ist die Schuld, für die die Zinsen gezahlt werden, für Zwecke der Betriebsstätte oder der festen Einrichtung eingegangen worden und trägt die Betriebsstätte oder die feste Einrichtung die Zinsen, so gelten die Zinsen als aus dem Staat stammend, in dem die Betriebsstätte oder die feste Einrichtung liegt.

(6) Bestehen zwischen dem Schuldner und dem Nutzungsberechtigten oder zwischen jedem von ihnen und einem Dritten besondere Beziehungen und übersteigen deshalb die Zinsen, gemessen an der zugrunde liegenden Forderung, den Betrag, den Schuldner und Nutzungsberechtigter ohne diese Beziehungen vereinbart hätten, so wird dieser Artikel nur auf den letzteren Betrag angewendet. In diesem Fall kann der übersteigende Betrag nach dem Recht eines jeden Vertragsstaats und unter Berücksichtigung der anderen Bestimmungen dieses Abkommens besteuert werden.

Artikel 12 Lizenzgebühren

(1) Lizenzgebühren, die aus einem Vertragsstaat stammen und an eine im anderen Vertragsstaat ansässige Person gezahlt werden, dürfen, wenn diese Person der Nutzungsberechtigte ist, nur im anderen Staat besteuert werden.[11]

(2) Der in diesem Artikel verwendete Ausdruck "Lizenzgebühren" bedeutet Vergütungen jeder Art, die für die Benutzung oder für das Recht auf Benutzung von Urheberrechten an literarischen, künstlerischen oder wissenschaftlichen Werken, einschließlich kinematographischer Filme, von Patenten, Marken, Mustern oder Modellen, Plänen, ge-

11 **Anm. d. Red.:** Vgl. Ziff. 1 des Protokolls.

heimen Formeln oder Verfahren oder für die Mitteilung gewerblicher, kaufmännischer oder wissenschaftlicher Erfahrungen gezahlt werden.

(3) Absatz 1 ist nicht anzuwenden, wenn der in einem Vertragsstaat ansässige Nutzungsberechtigte im anderen Vertragsstaat, aus dem die Lizenzgebühren stammen, eine gewerbliche Tätigkeit durch eine dort gelegene Betriebsstätte oder eine selbständige Arbeit durch eine dort gelegene feste Einrichtung ausübt und die Rechte oder Vermögenswerte, für die die Lizenzgebühren gezahlt werden, tatsächlich zu dieser Betriebsstätte oder festen Einrichtung gehören. In diesem Fall ist Artikel 7 beziehungsweise Artikel 14 anzuwenden.

(4) Lizenzgebühren gelten dann als aus einem Vertragsstaat stammend, wenn der Schuldner eine in diesem Staat ansässige Person ist. Hat aber der Schuldner der Lizenzgebühren, ohne Rücksicht darauf, ob er in einem Vertragsstaat ansässig ist oder nicht, in einem Vertragsstaat eine Betriebsstätte oder eine feste Einrichtung und ist die Verpflichtung zur Zahlung der Lizenzgebühren für Zwecke der Betriebsstätte oder der festen Einrichtung eingegangen worden und trägt die Betriebsstätte oder die feste Einrichtung die Lizenzgebühren, so gelten die Lizenzgebühren als aus dem Staat stammend, in dem die Betriebsstätte oder die feste Einrichtung liegt.

(5) Bestehen zwischen dem Schuldner und dem Nutzungsberechtigten oder zwischen jedem von ihnen und einem Dritten besondere Beziehungen und übersteigen deshalb die Lizenzgebühren, gemessen an der zugrunde liegenden Leistung, den Betrag, den Schuldner und Nutzungsberechtigter ohne diese Beziehungen vereinbart hätten, so wird dieser Artikel nur auf den letzteren Betrag angewendet. In diesem Fall kann der übersteigende Betrag nach dem Recht eines jeden Vertragsstaats und unter Berücksichtigung der anderen Bestimmungen dieses Abkommens besteuert werden.

Artikel 13 Gewinne aus der Veräußerung von Vermögen

(1) Gewinne, die eine in einem Vertragsstaat ansässige Person aus der Veräußerung unbeweglichen Vermögens im Sinne des Artikels 6 bezieht, das im anderen Vertragsstaat liegt, dürfen im anderen Staat besteuert werden.[12]

(2) Gewinne aus der Veräußerung von Aktien und sonstigen Anteilen an einer Gesellschaft, deren Aktivvermögen überwiegend aus unbeweglichem Vermögen in einem Vertragsstaat besteht, dürfen in diesem Staat besteuert werden.

(3) Gewinne aus der Veräußerung beweglichen Vermögens, das Betriebsvermögen einer Betriebsstätte ist, die ein Unternehmen eines Vertragsstaats im anderen Vertragsstaat hat, oder das zu einer festen Einrichtung gehört, die einer in einem Vertragsstaat

12 **Anm. d. Red.:** Vgl. Ziff. 1, 4 und 5 des Protokolls.

ansässigen Person für die Ausübung einer selbständigen Arbeit im anderen Vertragsstaat zur Verfügung steht, einschließlich derartiger Gewinne, die bei der Veräußerung einer solchen Betriebsstätte (allein oder mit dem übrigen Unternehmen) oder einer solchen festen Einrichtung erzielt werden, dürfen im anderen Staat besteuert werden.

(4) Gewinne aus der Veräußerung von Seeschiffen oder Luftfahrzeugen, die im internationalen Verkehr betrieben werden, von Schiffen, die der Binnenschifffahrt dienen, und von beweglichem Vermögen, das dem Betrieb dieser Schiffe oder Luftfahrzeuge dient, dürfen nur in dem Vertragsstaat besteuert werden, in dem sich der Ort der tatsächlichen Geschäftsleitung des Unternehmens befindet.

(5) Gewinne aus der Veräußerung des in den vorstehenden Absätzen 1 bis 4 nicht genannten Vermögens dürfen nur in dem Vertragsstaat besteuert werden, in dem der Veräußerer ansässig ist.

(6) Bei einer natürlichen Person, die in einem Vertragsstaat während mindestens fünf Jahren ansässig war und die im anderen Vertragsstaat ansässig geworden ist, berührt Absatz 5 nicht das Recht des erstgenannten Staates, bei Anteilen an Gesellschaften nach seinen innerstaatlichen Rechtsvorschriften bei der Person einen Vermögenszuwachs bis zu ihrem Ansässigkeitswechsel zu besteuern. Besteuert der erstgenannte Vertragsstaat bei Wegzug einer in diesem Staat ansässigen natürlichen Person den Vermögenszuwachs, so wird bei späterer Veräußerung der Anteile, wenn der daraus erzielte Gewinn in dem anderen Staat gemäß Absatz 5 besteuert wird, dieser Staat bei der Ermittlung des Veräußerungsgewinns als Anschaffungskosten den Betrag zu Grunde legen, den der erstgenannte Staat im Zeitpunkt des Wegzugs als Erlös angenommen hat.

Artikel 14 Selbständige Arbeit

(1) Einkünfte, die eine in einem Vertragsstaat ansässige Person aus einem freien Beruf oder aus sonstiger selbständiger Tätigkeit bezieht, dürfen nur in diesem Staat besteuert werden, es sei denn, dass der Person im anderen Vertragsstaat für die Ausübung ihrer Tätigkeit gewöhnlich eine feste Einrichtung zur Verfügung steht. Steht ihr eine solche feste Einrichtung zur Verfügung, so dürfen die Einkünfte im anderen Staat besteuert werden, jedoch nur insoweit, als sie dieser festen Einrichtung zugerechnet werden können.[13]

(2) Der Ausdruck "freier Beruf" umfasst insbesondere die selbständig ausgeübte wissenschaftliche, literarische, künstlerische, erzieherische oder unterrichtende Tätigkeit

13 **Anm. d. Red.:** Vgl. Ziff. 1 des Protokolls.

sowie die selbständige Tätigkeit der Ärzte, Rechtsanwälte, Ingenieure, Architekten, Zahnärzte und Buchsachverständigen.

Artikel 15 Unselbständige Arbeit

(1) Vorbehaltlich der Artikel 16 bis 20 dürfen Gehälter, Löhne und ähnliche Vergütungen, die eine in einem Vertragsstaat ansässige Person aus unselbständiger Arbeit bezieht, nur in diesem Staat besteuert werden, es sei denn, die Arbeit wird im anderen Vertragsstaat ausgeübt. Wird die Arbeit dort ausgeübt, so dürfen die dafür bezogenen Vergütungen im anderen Staat besteuert werden.[14]

(2) Ungeachtet des Absatzes 1 dürfen Vergütungen, die eine in einem Vertragsstaat ansässige Person für eine im anderen Vertragsstaat ausgeübte unselbständige Arbeit bezieht, nur im erstgenannten Staat besteuert werden, wenn

a. der Empfänger sich im anderen Staat insgesamt nicht länger als 183 Tage während des betreffenden Kalenderjahrs aufhält und

b. die Vergütungen von einem Arbeitgeber oder für einen Arbeitgeber gezahlt werden, der nicht im anderen Staat ansässig ist, und

c. die Vergütungen nicht von einer Betriebsstätte oder einer festen Einrichtung getragen werden, die der Arbeitgeber im anderen Staat hat.

(3) Die Bestimmungen des vorstehenden Absatzes 2 Buchstabe b finden keine Anwendung auf Vergütungen für Arbeit im Rahmen der Arbeitnehmerüberlassung, wenn sich der Arbeitnehmer im anderen Staat insgesamt nicht länger als 183 Tage während des betreffenden Kalenderjahrs aufhält.

(4) Für Zwecke dieses Artikels gilt die Arbeit im anderen Vertragsstaat nur dann als ausgeübt, wenn die Vergütungen in Übereinstimmung mit diesem Abkommen im anderen Vertragsstaat besteuert worden sind.

(5) Ungeachtet der vorstehenden Bestimmungen dieses Artikels dürfen Vergütungen für unselbständige Arbeit, die an Bord eines Seeschiffes oder Luftfahrzeuges, das im internationalen Verkehr betrieben wird, oder an Bord eines Schiffes, das der Binnenschifffahrt dient, ausgeübt wird, in dem Vertragsstaat besteuert werden, in dem sich der Ort der tatsächlichen Geschäftsleitung des Unternehmens befindet.

(6) Absatz 1 gilt nicht, wenn die Person

1. in dem einen Staat in der Nähe der Grenze ihren Wohnsitz und in dem anderen Staat in der Nähe der Grenze ihren Arbeitsort hat und

14 **Anm. d. Red.:** Vgl. Ziff. 1, 6, 7 und 8 des Protokolls.

2. täglich von ihrem Arbeitsort an ihren Wohnsitz zurückkehrt (Grenzgänger).

(7) Beiträge, die für eine in einem Vertragsstaat unselbständig tätige Person an eine in dem anderen Vertragsstaat errichtete und dort steuerlich anerkannte Einrichtung der Krankheits- und Altersvorsorge geleistet werden, sind in dem erstgenannten Staat bei der Ermittlung des von der Person zu versteuernden Einkommens in der gleichen Weise, unter den gleichen Bedingungen und Einschränkungen zu behandeln wie Beiträge an in diesem erstgenannten Staat steuerlich anerkannte Einrichtungen der Krankheits- und Altersvorsorge, sofern

a. die Person unmittelbar vor Aufnahme ihrer Tätigkeit nicht in diesem Staat ansässig war und bereits Beiträge an die Einrichtungen der Krankheits- und Altersvorsorge entrichtete, und

b. die zuständige Behörde dieses Vertragsstaats festgestellt hat, dass die Einrichtung der Krankheits- und Altersvorsorge allgemein denjenigen Einrichtungen entspricht, die in diesem Staat als solche für steuerliche Zwecke anerkannt sind.

Für die Zwecke dieses Absatzes

a. bedeutet "Einrichtung der Krankheitsvorsorge" jede Einrichtung, bei der die unselbständig tätige Person und ihre Angehörigen im Fall einer krankheitsbedingten vorübergehenden Unterbrechung ihrer unselbständigen Arbeit zum Empfang von Leistungen berechtigt sind;

b. bedeutet "Einrichtung der Altersvorsorge" eine Einrichtung, an der die Person teilnimmt, um sich im Hinblick auf die in diesem Absatz erwähnte unselbständige Arbeit Ruhestandseinkünfte zu sichern;

c. ist eine "Einrichtung der Krankheits- und Altersvorsorge" in einem Staat für steuerliche Zwecke anerkannt, wenn hinsichtlich der an diese Einrichtungen geleisteten Beiträge Steuerentlastungen zu gewähren sind.

Artikel 16 Aufsichtsrats- und Geschäftsführervergütungen

(1) Aufsichtsrats- oder Verwaltungsratsvergütungen und ähnliche Zahlungen, die eine in einem Vertragsstaat ansässige Person in ihrer Eigenschaft als Mitglied des Aufsichts- oder Verwaltungsrats einer Gesellschaft bezieht, die im anderen Vertragsstaat ansässig ist, dürfen im anderen Staat besteuert werden.[15]

(2) Ungeachtet der Artikel 14 und 15 dürfen Vergütungen, die eine in einem Vertragsstaat ansässige Person in ihrer Eigenschaft als Geschäftsführer oder als Vorstandsmit-

15 **Anm. d. Red.:** Vgl. Ziff. 1 des Protokolls.

glied einer Gesellschaft bezieht, die in dem anderen Vertragsstaat ansässig ist, im anderen Staat besteuert werden.

Artikel 17 Künstler und Sportler

(1) Ungeachtet der Artikel 7, 14 und 15 dürfen Einkünfte, die eine in einem Vertragsstaat ansässige Person als Künstler, wie Bühnen-, Film-, Rundfunk- und Fernsehkünstler sowie Musiker, oder als Sportler aus ihrer im anderen Vertragsstaat persönlich ausgeübten Tätigkeit bezieht, im anderen Staat besteuert werden. Ungeachtet auch des Artikels 12 dürfen Vergütungen jeder Art, die für die Benutzung oder das Recht auf Benutzung des Namens, des Bildes oder sonstiger Persönlichkeitsrechte dieser Person gezahlt werden, im anderen Staat auch dann besteuert werden, wenn dort keine persönliche Tätigkeit ausgeübt wird. Entsprechendes gilt für Einkünfte aus der Duldung von Aufzeichnungen und Übertragungen von künstlerischen und sportlichen Darbietungen durch Rundfunk und Fernsehen.[16]

(2) Fließen Einkünfte der in Absatz 1 genannten Art nicht dem Künstler oder Sportler selbst, sondern einer anderen Person zu, so dürfen deren Einkünfte ungeachtet der Artikel 7, 12, 14 und 15 in dem Vertragsstaat besteuert werden, aus dem sie stammen.

(3) Die Absätze 1 und 2 gelten nicht für Einkünfte aus der von Künstlern oder Sportlern in einem Vertragsstaat ausgeübten Tätigkeit, wenn der Aufenthalt in diesem Staat ganz oder überwiegend aus öffentlichen Mitteln des anderen Staates oder einem seiner Länder oder einer seiner Gebietskörperschaften oder von einer als gemeinnützig anerkannten Einrichtung unterstützt wird. In diesem Fall dürfen die Einkünfte nur in dem Vertragsstaat besteuert werden, in dem die Person ansässig ist.

Artikel 18 Ruhegehälter, Renten und ähnliche Zahlungen

(1) Erhält eine in einem Vertragsstaat ansässige Person Ruhegehälter und ähnliche Vergütungen oder Renten aus dem anderen Vertragsstaat, so dürfen diese Bezüge nur im erstgenannten Staat besteuert werden.[17]

(2) Bezüge, die eine in einem Vertragsstaat ansässige Person aus der gesetzlichen Sozialversicherung des anderen Vertragsstaats erhält, dürfen abweichend von vorstehendem Absatz 1 nur in diesem anderen Staat besteuert werden.

(3) Wiederkehrende und einmalige Vergütungen, die ein Vertragsstaat oder eine seiner Gebietskörperschaften an eine in dem anderen Vertragsstaat ansässige Person für ei-

16 **Anm. d. Red.:** Vgl. Ziff. 1, 9 und 10 des Protokolls.

17 **Anm. d. Red.:** Vgl. Ziff. 1, 5 und 11 des Protokolls.

nen Schaden zahlt, für dessen Folgen die staatliche Gemeinschaft in Abgeltung eines besonderen Opfers oder aus anderen Gründen nach versorgungsrechtlichen Grundsätzen einsteht, oder der als Folge von Kriegshandlungen oder politischer Verfolgung oder des Wehr- oder Zivildiensts entstanden ist (einschließlich Wiedergutmachungsleistungen), dürfen abweichend von Absatz 1 nur im erstgenannten Staat besteuert werden.

(4) Der Begriff "Rente" bedeutet bestimmte Beträge, die regelmäßig zu festgesetzten Zeitpunkten lebenslänglich oder während eines bestimmten oder bestimmbaren Zeitabschnitts auf Grund einer Verpflichtung zahlbar sind, die diese Zahlungen als Gegenleistung für in Geld oder Geldeswert bewirkte angemessene Leistung vorsieht.

(5) Unterhaltszahlungen, einschließlich derjenigen für Kinder, die eine in einem Vertragsstaat ansässige Person an eine im anderen Vertragsstaat ansässige Person zahlt, sind in dem anderen Staat von der Steuer befreit. Das gilt nicht, soweit die Unterhaltszahlungen im erstgenannten Staat bei der Berechnung des steuerpflichtigen Einkommens des Zahlungsverpflichteten abzugsfähig sind; Steuerfreibeträge zur Milderung der sozialen Lasten gelten nicht als Abzug im Sinne dieser Bestimmung.

Artikel 19 Öffentlicher Dienst

(1) Vergütungen, ausgenommen Ruhegehälter, die von einem Vertragsstaat oder einer seiner Gebietskörperschaften oder einer anderen juristischen Person des öffentlichen Rechts dieses Staates an eine natürliche Person für diesem Staat, einer seiner Gebietskörperschaften oder einer anderen juristischen Person des öffentlichen Rechts geleistete Dienste gezahlt werden, dürfen nur in diesem Staat besteuert werden. Diese Vergütungen dürfen jedoch nur im anderen Vertragsstaat besteuert werden, wenn die Dienste in diesem Staat geleistet werden und die natürliche Person in diesem Staat ansässig ist und[18]

a. ein Staatsangehöriger dieses Staates ist oder

b. nicht ausschließlich deshalb in diesem Staat ansässig geworden ist, um die Dienste zu leisten.

(2) Ruhegehälter, die von einem Vertragsstaat, einer seiner Gebietskörperschaften oder einer anderen juristischen Person des öffentlichen Rechts dieses Staates an eine natürliche Person für diesem Staat, einer seiner Gebietskörperschaften oder einer anderen juristischen Person des öffentlichen Rechts geleistete Dienste gezahlt werden, dürfen abweichend von Artikel 18 nur in diesem Staat besteuert werden. Diese Ruhegehälter dürfen jedoch nur im anderen Vertragsstaat besteuert werden, wenn die natürliche Person in diesem Staat ansässig ist und ein Staatsangehöriger dieses Staates ist.

18 **Anm. d. Red.:** Vgl. Ziff. 1 des Protokolls.

(3) Auf Vergütungen für Dienstleistungen und Ruhegehälter, die im Zusammenhang mit einer gewerblichen Tätigkeit eines Vertragsstaats oder einer seiner Gebietskörperschaften oder einer anderen juristischen Person des öffentlichen Rechts dieses Staates erbracht werden, sind die Artikel 15, 16, 17 und 18 anzuwenden.

(4) Dieser Artikel gilt auch für Löhne, Gehälter und ähnliche Vergütungen (sowie für Ruhegehälter), die an natürliche Personen für Dienste gezahlt werden, die dem Goethe-Institut, dem Deutschen Akademischen Austauschdienst (DAAD) und anderen ähnlichen, von den zuständigen Behörden der Vertragsstaaten im gegenseitigen Einvernehmen zu bestimmenden Einrichtungen geleistet werden, vorausgesetzt, dass diese Zahlungen in dem Vertragsstaat, aus dem sie stammen, der Besteuerung unterliegen.

Artikel 20 Gastprofessoren und -lehrer, Studenten und Auszubildende

(1) Eine natürliche Person, die sich auf Einladung eines Vertragsstaats oder einer Universität, Hochschule, Schule, eines Museums oder einer anderen kulturellen Einrichtung dieses Vertragsstaats oder im Rahmen eines amtlichen Kulturaustausches in diesem Vertragsstaat höchstens zwei Jahre lang lediglich zur Ausübung einer Lehrtätigkeit, zum Halten von Vorlesungen oder zur Ausübung einer Forschungstätigkeit bei dieser Einrichtung aufhält und die im anderen Vertragsstaat ansässig ist oder dort unmittelbar vor der Einreise in den erstgenannten Staat ansässig war, ist in dem erstgenannten Staat mit ihren für diese Tätigkeit bezogenen Vergütungen von der Steuer befreit, vorausgesetzt, dass diese Vergütungen von außerhalb dieses Staates bezogen werden.

(2) Zahlungen, die ein Student, Praktikant oder Lehrling, der sich in einem Vertragsstaat ausschließlich zum Studium oder zur Ausbildung aufhält und der im anderen Vertragsstaat ansässig ist oder dort unmittelbar vor der Einreise in den erstgenannten Staat ansässig war, für seinen Unterhalt, sein Studium oder seine Ausbildung erhält, dürfen im erstgenannten Staat nicht besteuert werden, sofern diese Zahlungen aus Quellen außerhalb dieses Staates stammen.

Artikel 21 Andere Einkünfte

(1) Einkünfte einer in einem Vertragsstaat ansässigen Person, die in den vorstehenden Artikeln nicht behandelt wurden, dürfen ohne Rücksicht auf ihre Herkunft nur in diesem Staat besteuert werden.

(2) Absatz 1 ist auf andere Einkünfte als solche aus unbeweglichem Vermögen im Sinne des Artikels 6 Absatz 2 nicht anzuwenden, wenn der in einem Vertragsstaat ansässige Empfänger im anderen Vertragsstaat eine gewerbliche Tätigkeit durch eine dort gelegene Betriebsstätte oder eine selbständige Arbeit durch eine dort gelegene feste Ein-

richtung ausübt und die Rechte oder Vermögenswerte, für die die Einkünfte gezahlt werden, tatsächlich zu dieser Betriebsstätte oder festen Einrichtung gehören. In diesem Fall ist Artikel 7 beziehungsweise Artikel 14 anzuwenden.

Artikel 22 Vermögen

(1) Unbewegliches Vermögen im Sinne des Artikels 6, das einer in einem Vertragsstaat ansässigen Person gehört und im anderen Vertragsstaat liegt, darf im anderen Staat besteuert werden.

(2) Bewegliches Vermögen, das Betriebsvermögen einer Betriebsstätte ist, die ein Unternehmen eines Vertragsstaats im anderen Vertragsstaat hat, oder das zu einer festen Einrichtung gehört, die einer in einem Vertragsstaat ansässigen Person für die Ausübung einer selbständigen Arbeit im anderen Vertragsstaat zur Verfügung steht, darf im anderen Staat besteuert werden.

(3) Seeschiffe und Luftfahrzeuge, die im internationalen Verkehr betrieben werden, und Schiffe, die der Binnenschifffahrt dienen, sowie bewegliches Vermögen, das dem Betrieb dieser Schiffe oder Luftfahrzeuge dient, dürfen nur in dem Vertragsstaat besteuert werden, in dem sich der Ort der tatsächlichen Geschäftsleitung des Unternehmens befindet.

(4) Alle anderen Vermögensteile einer in einem Vertragsstaat ansässigen Person dürfen nur in diesem Staat besteuert werden.

Artikel 23 Vermeidung der Doppelbesteuerung

(1) Bei einer in der Bundesrepublik Deutschland ansässigen Person wird die Steuer wie folgt festgesetzt:

a. Von der Bemessungsgrundlage der deutschen Steuer werden die Einkünfte aus der Republik Österreich sowie die in der Republik Österreich gelegenen Vermögenswerte ausgenommen, die nach diesem Abkommen in der Republik Österreich besteuert werden dürfen und nicht unter Buchstabe b fallen. Die Bundesrepublik Deutschland behält aber das Recht, die so ausgenommenen Einkünfte und Vermögenswerte bei der Festsetzung des Steuersatzes für andere Einkünfte und Vermögenswerte zu berücksichtigen. Für Einkünfte aus Dividenden gelten die vorstehenden Bestimmungen nur dann, wenn diese Dividenden an eine in der Bundesrepublik Deutschland ansässige Gesellschaft (jedoch nicht an eine Personengesellschaft) von einer in der Republik Österreich ansässigen Gesellschaft gezahlt werden, deren Kapital zu mindestens 10 vom Hundert unmittelbar der deutschen Gesellschaft gehört, und bei der Ermittlung der Gewinne der ausschüttenden Gesellschaft nicht abgezogen worden sind.

b. Für die Zwecke der Steuern vom Vermögen werden von der Bemessungsgrundlage der deutschen Steuer ebenfalls Beteiligungen ausgenommen, deren Ausschüttungen, falls solche gezahlt werden würden, nach den vorhergehenden Sätzen von der Steuerbemessungsgrundlage auszunehmen wären.

   Auf die deutsche Steuer vom Einkommen für die folgenden Einkünfte wird unter Beachtung der Vorschriften des deutschen Steuerrechts über die Anrechnung ausländischer Steuern die österreichische Steuer angerechnet, die nach österreichischem Recht und in Übereinstimmung mit diesem Abkommen für diese Einkünfte gezahlt worden ist:

   aa) Dividenden, die nicht unter Buchstabe a fallen,

   bb) Zinsen,

   cc) Lizenzgebühren,

   dd) Einkünfte, die nach Artikel 13 Absatz 2 in der Republik Österreich besteuert werden dürfen,

   ee) Einkünfte, die nach Artikel 15 Absatz 5 in der Republik Österreich besteuert werden dürfen,

   ff) Vergütungen, die nach Artikel 16 Absatz 1 in der Republik Österreich besteuert werden dürfen,

   gg) Einkünfte, die nach Artikel 17 in der Republik Österreich besteuert werden dürfen.

c. Einkünfte oder Vermögen einer in der Bundesrepublik Deutschland ansässigen Person, die nach dem Abkommen von der Besteuerung in der Bundesrepublik Deutschland auszunehmen sind, dürfen gleichwohl in der Bundesrepublik Deutschland bei der Festsetzung der Steuer für das übrige Einkommen oder Vermögen der Person einbezogen werden.

(2) Bei einer in der Republik Österreich ansässigen Person wird die Steuer wie folgt festgesetzt:

a. Bezieht eine in der Republik Österreich ansässige Person Einkünfte oder hat sie Vermögen und dürfen diese Einkünfte oder dieses Vermögen nach diesem Abkommen in der Bundesrepublik Deutschland besteuert werden, so nimmt die Republik Österreich vorbehaltlich der Buchstaben b und c diese Einkünfte oder dieses Vermögen von der Besteuerung aus.

b. Bezieht eine in der Republik Österreich ansässige Person Einkünfte, die nach den Artikeln 10, 11, 13 Absatz 2 und 17 Absatz 1 Satz 2 und 3 in der Bundesrepublik Deutschland besteuert werden dürfen, so rechnet die Republik Österreich auf die vom Einkommen dieser Person zu erhebende Steuer den Betrag an, der der in der Bundesrepublik Deutschland gezahlten Steuer entspricht. Der anzurechnende Betrag darf jedoch den Teil der vor der Anrechnung ermittelten Steuer nicht übersteigen, der auf die aus der Bundesrepublik Deutschland bezogenen Einkünfte entfällt.

c. Dividenden im Sinne des Artikels 10 Absatz 2 Buchstabe a, die von einer in der Bundesrepublik Deutschland ansässigen Gesellschaft an eine in der Republik Österreich ansässige Gesellschaft gezahlt werden und die bei Ermittlung der Gewinne der ausschüttenden Gesellschaft nicht abgezogen worden sind, sind, vorbehaltlich der entsprechenden Bestimmungen des innerstaatlichen Rechts der Republik Österreich, aber ungeachtet etwaiger nach diesem Recht abweichender Mindestbeteiligungserfordernisse, in der Republik Österreich von der Besteuerung ausgenommen.

d. Einkünfte oder Vermögen einer in der Republik Österreich ansässigen Person, die nach dem Abkommen von der Besteuerung in der Republik Österreich auszunehmen sind, dürfen gleichwohl in der Republik Österreich bei der Festsetzung der Steuer für das übrige Einkommen oder Vermögen der Person einbezogen werden.

Artikel 24 Gleichbehandlung

(1) Staatsangehörige eines Vertragsstaats dürfen im anderen Vertragsstaat keiner Besteuerung oder damit zusammenhängenden Verpflichtung unterworfen werden, die anders oder belastender ist als die Besteuerung und die damit zusammenhängenden Verpflichtungen, denen Staatsangehörige des anderen Staates unter gleichen Verhältnissen, insbesondere hinsichtlich der Ansässigkeit, unterworfen sind oder unterworfen werden können. Diese Bestimmung gilt ungeachtet des Artikels 1 auch für Personen, die in keinem Vertragsstaat ansässig sind.[19]

(2) Staatenlose, die in einem Vertragsstaat ansässig sind, dürfen in keinem Vertragsstaat einer Besteuerung oder damit zusammenhängenden Verpflichtung unterworfen werden, die anders oder belastender ist als die Besteuerung und die damit zusammenhängenden Verpflichtungen, denen Staatsangehörige des betreffenden Staates unter gleichen Verhältnissen, insbesondere hinsichtlich der Ansässigkeit, unterworfen sind oder unterworfen werden können.

(3) Die Besteuerung einer Betriebsstätte, die ein Unternehmen eines Vertragsstaats im anderen Vertragsstaat hat, darf im anderen Staat nicht ungünstiger sein als die Besteuerung von Unternehmen des anderen Staates, die die gleiche Tätigkeit ausüben.

Diese Bestimmung ist nicht so auszulegen, als verpflichte sie einen Vertragsstaat, den im anderen Vertragsstaat ansässigen Personen Steuerfreibeträge, -vergünstigungen

19 **Anm. d. Red.:** Vgl. Ziff. 12 des Protokolls.

und -ermäßigungen auf Grund des Personenstandes oder der Familienlasten zu gewähren, die er seinen ansässigen Personen gewährt.

(4) Sofern nicht Artikel 9 Absatz 1, Artikel 11 Absatz 6 oder Artikel 12 Absatz 5 anzuwenden ist, sind Zinsen, Lizenzgebühren und andere Entgelte, die ein Unternehmen eines Vertragsstaats an eine im anderen Vertragsstaat ansässige Person zahlt, bei der Ermittlung der steuerpflichtigen Gewinne dieses Unternehmens unter den gleichen Bedingungen wie Zahlungen an eine im erstgenannten Staat ansässige Person zum Abzug zuzulassen. Dementsprechend sind Schulden, die ein Unternehmen eines Vertragsstaats gegenüber einer im anderen Vertragsstaat ansässigen Person hat, bei der Ermittlung des steuerpflichtigen Vermögens dieses Unternehmens unter den gleichen Bedingungen wie Schulden gegenüber einer im erstgenannten Staat ansässigen Person zum Abzug zuzulassen.

(5) Unternehmen eines Vertragsstaats, deren Kapital ganz oder teilweise unmittelbar oder mittelbar einer im anderen Vertragsstaat ansässigen Person oder mehreren solchen Personen gehört oder ihrer Kontrolle unterliegt, dürfen im erstgenannten Staat keiner Besteuerung oder damit zusammenhängenden Verpflichtung unterworfen werden, die anders oder belastender ist als die Besteuerung und die damit zusammenhängenden Verpflichtungen, denen andere ähnliche Unternehmen des erstgenannten Staates unterworfen sind oder unterworfen werden können.

(6) Dieser Artikel gilt ungeachtet des Artikels 2 für Steuern jeder Art und Bezeichnung.

Artikel 25 Verständigungsverfahren

(1) Ist eine Person der Auffassung, dass Maßnahmen eines Vertragsstaats oder beider Vertragsstaaten für sie zu einer Besteuerung führen oder führen werden, die diesem Abkommen nicht entspricht, so kann sie unbeschadet der nach dem innerstaatlichen Recht dieser Staaten vorgesehenen Rechtsmittel ihren Fall der zuständigen Behörde des Vertragsstaats, in dem sie ansässig ist, oder, sofern ihr Fall von Artikel 24 Absatz 1 erfasst wird, der zuständigen Behörde des Vertragsstaats unterbreiten, dessen Staatsangehöriger sie ist. Der Fall muss innerhalb von drei Jahren nach der ersten Mitteilung der Maßnahme unterbreitet werden, die zu einer dem Abkommen nicht entsprechenden Besteuerung führt.

(2) Hält die zuständige Behörde die Einwendung für begründet und ist sie selbst nicht in der Lage, eine befriedigende Lösung herbeizuführen, so wird sie sich bemühen, den Fall durch Verständigung mit der zuständigen Behörde des anderen Vertragsstaats so zu regeln, dass eine dem Abkommen nicht entsprechende Besteuerung vermieden wird. Die Verständigungsregelung ist ungeachtet der Fristen des innerstaatlichen Rechts der Vertragsstaaten durchzuführen.

(3) Die zuständigen Behörden der Vertragsstaaten werden sich bemühen, Schwierigkeiten oder Zweifel, die bei der Auslegung oder Anwendung des Abkommens entstehen, in gegenseitigem Einvernehmen zu beseitigen. Sie können auch gemeinsam darüber beraten, wie eine Doppelbesteuerung in Fällen vermieden werden kann, die im Abkommen nicht behandelt sind.

(4) Die zuständigen Behörden der Vertragsstaaten können zur Herbeiführung einer Einigung im Sinne der vorstehenden Absätze unmittelbar miteinander verkehren. Erscheint ein mündlicher Meinungsaustausch für die Herbeiführung der Einigung zweckmäßig, so kann ein solcher Meinungsaustausch in einer Kommission durchgeführt werden, die aus Vertretern der zuständigen Behörden der Vertragsstaaten besteht.

(5) Können Schwierigkeiten oder Zweifel, die bei der Auslegung oder Anwendung dieses Abkommens entstehen, von den zuständigen Behörden nicht im Verständigungsverfahren nach den vorstehenden Absätzen dieses Artikels innerhalb einer Frist von 3 Jahren ab der Verfahrenseinleitung beseitigt werden, sind auf Antrag der Person im Sinne des Absatzes 1 die Staaten verpflichtet, den Fall im Rahmen eines Schiedsverfahrens entsprechend Artikel 239 EG-Vertrag vor dem Gerichtshof der Europäischen Gemeinschaften anhängig zu machen.

Artikel 26 Informationsaustausch

(1) Die zuständigen Behörden der Vertragsstaaten tauschen die Informationen aus, die zur Durchführung dieses Abkommens oder zur Verwaltung beziehungsweise Vollstreckung des innerstaatlichen Rechts betreffend Steuern jeder Art und Bezeichnung, die für Rechnung der Vertragsstaaten oder ihrer Gebietskörperschaften erhoben werden, voraussichtlich erheblich sind, soweit die diesem Recht entsprechende Besteuerung nicht dem Abkommen widerspricht. Der Informationsaustausch ist durch Artikel 1 und 2 nicht eingeschränkt.[20]

(2) Alle Informationen, die ein Vertragsstaat gemäß Absatz 1 erhalten hat, sind ebenso geheim zu halten wie die aufgrund des innerstaatlichen Rechts dieses Staates beschafften Informationen und dürfen nur den Personen oder Behörden (einschließlich der Gerichte und der Verwaltungsbehörden) zugänglich gemacht werden, die mit der Veranlagung oder Erhebung, der Vollstreckung oder Strafverfolgung oder mit der Entscheidung von Rechtsmitteln hinsichtlich der in Absatz 1 genannten Steuern oder mit der Aufsicht darüber befasst sind. Diese Personen oder Behörden dürfen die Informationen nur für diese Zwecke verwenden. Sie dürfen die Informationen in einem öffentlichen Gerichtsverfahren oder in einer Gerichtsentscheidung offenlegen. Ungeachtet der vor-

20 **Anm. d. Red.:** Vgl. Ziff. 13 des Protokolls; vgl. Ziff. 13a des Protokolls. Art. 26 neu gefasst durch Änderungsprotokoll vom 29. Dezember 2010.

stehenden Bestimmungen können die Informationen für andere Zwecke verwendet werden, wenn sie nach dem Recht beider Staaten für diese anderen Zwecke verwendet werden können und die zuständige Behörde des übermittelnden Staates dieser Verwendung zugestimmt hat. Ohne vorherige Zustimmung der zuständigen Behörde des übermittelnden Staates ist eine Verwendung für andere Zwecke nur zulässig, wenn sie zur Abwehr einer im Einzelfall bestehenden dringenden Gefahr für das Leben, die körperliche Unversehrtheit oder die persönliche Freiheit einer Person oder für bedeutende Vermögenswerte erforderlich ist und Gefahr im Verzug besteht. In diesem Fall ist die zuständige Behörde des übermittelnden Staates unverzüglich um nachträgliche Genehmigung der Zweckänderung zu ersuchen. Wird die Genehmigung verweigert, ist die weitere Verwendung der Informationen für den anderen Zweck unzulässig; ein durch die zweckändernde Verwendung der Informationen entstandener Schaden ist zu ersetzen.

(3) Die Absätze 1 und 2 sind nicht so auszulegen, als verpflichteten sie einen Vertragsstaat,

a. für die Erteilung von Informationen Verwaltungsmaßnahmen durchzuführen, die mit den Gesetzen und der Verwaltungspraxis dieses oder des anderen Vertragsstaates unvereinbar sind;

b. Informationen zu erteilen, die nach den Gesetzen oder im üblichen Verwaltungsverfahren dieses oder des anderen Vertragsstaates nicht beschafft werden können;

c. Informationen zu erteilen, die ein Handels-, Industrie-, Gewerbe- oder Berufsgeheimnis oder ein Geschäftsverfahren offenlegen würden oder deren Erteilung der öffentlichen Ordnung widerspräche.

(4) Ersucht ein Vertragsstaat gemäß diesem Artikel um Informationen, so nutzt der andere Vertragsstaat die ihm zur Verfügung stehenden Möglichkeiten zur Beschaffung der erbetenen Informationen, selbst wenn er diese Informationen für seine eigenen steuerlichen Zwecke nicht benötigt. Die im vorstehenden Satz enthaltene Verpflichtung unterliegt den Beschränkungen gemäß Absatz 3, wobei diese jedoch in keinem Fall so auszulegen sind, dass ein Vertragsstaat die Erteilung von Informationen nur deshalb ablehnen kann, weil er kein inländisches Interesse an solchen Informationen hat.

(5) Absatz 3 ist in keinem Fall so auszulegen, dass ein Vertragsstaat die Erteilung von Informationen nur deshalb ablehnen kann, weil die Informationen sich bei einer Bank, einem sonstigen Finanzinstitut, einem Bevollmächtigten, Vertreter oder Treuhänder befinden oder sich auf Eigentumsanteile an einer Person beziehen.

Artikel 27 Erstattung der Abzugsteuern

(1) Werden in einem Vertragsstaat die Steuern von Dividenden, Zinsen, Lizenzgebühren oder sonstigen von einer im anderen Vertragsstaat ansässigen Person bezogenen Einkünften im Abzugsweg (an der Quelle) erhoben, so wird das Recht des erstgenannten Staates zur Vornahme des Steuerabzugs zu dem nach seinem innerstaatlichen Recht vorgesehenen Satz durch dieses Abkommen nicht berührt. Die im Abzugsweg (an der Quelle) erhobene Steuer ist auf Antrag des Steuerpflichtigen zu erstatten, wenn und soweit sie durch das Abkommen ermäßigt wird oder entfällt.[21]

(2) Die Anträge auf Erstattung müssen vor dem Ende des vierten auf das Kalenderjahr der Festsetzung der Abzugsteuer auf Dividenden, Zinsen, Lizenzgebühren oder anderen Einkünfte folgenden Jahres eingereicht werden.

(3) Der Vertragsstaat, aus dem die Einkünfte stammen, kann eine Bescheinigung der zuständigen Behörde über die Ansässigkeit in dem anderen Vertragsstaat verlangen.

(4) Die zuständigen Behörden können in gegenseitigem Einvernehmen die Durchführung dieses Artikels regeln und gegebenenfalls andere Verfahren zur Durchführung der im Abkommen vorgesehenen Steuerermäßigungen oder -befreiungen festlegen.

Artikel 28 Anwendung des Abkommens in bestimmten Fällen

(1) Der Ansässigkeitsstaat vermeidet die Doppelbesteuerung durch Steueranrechnung nach Artikel 23 und nicht durch Steuerbefreiung nach dem genannten Artikel,[22]

a. wenn in den Vertragsstaaten Einkünfte oder Vermögen unterschiedlichen Abkommensbestimmungen zugeordnet oder verschiedenen Personen zugerechnet werden (außer nach Artikel 9) und dieser Konflikt sich nicht durch ein Verfahren nach Artikel 25 regeln lässt und wenn auf Grund dieser unterschiedlichen Zuordnung oder Zurechnung die betreffenden Einkünfte oder Vermögenswerte unbesteuert blieben oder zu niedrig besteuert würden.

b. wenn die Bundesrepublik Deutschland nach gehöriger Konsultation und vorbehaltlich der Beschränkungen ihres innerstaatlichen Rechts der Republik Österreich auf diplomatischem Weg andere Einkünfte notifiziert hat, auf die sie diesen Absatz anzuwenden beabsichtigt, um die steuerliche Freistellung von Einkünften in beiden Vertragsstaaten oder sonstige Gestaltungen zum Missbrauch des Abkommens zu verhindern.

21 **Anm. d. Red.:** Vgl. Ziff. 14 des Protokolls.
22 **Anm. d. Red.:** Vgl. Ziff. 15 des Protokolls.

Im Fall einer Notifikation nach Buchstabe b kann die Republik Österreich vorbehaltlich einer Notifikation auf diplomatischem Weg diese Einkünfte auf Grund dieses Abkommens entsprechend der Qualifikation der Einkünfte durch die Bundesrepublik Deutschland qualifizieren. Eine Notifikation nach diesem Absatz wird erst ab dem ersten Tag des Kalenderjahrs wirksam, das auf das Jahr folgt, in dem die Notifikation übermittelt wurde und alle rechtlichen Voraussetzungen nach dem innerstaatlichen Recht des notifizierenden Staates für das Wirksamwerden der Notifikation erfüllt sind. Die Bundesrepublik Deutschland wird von dem Recht zur Notifikation nicht vor Ablauf von fünf Jahren nach Inkrafttreten des Abkommens Gebrauch machen.

(2) Der Ansässigkeitsstaat ist berechtigt, seine innerstaatlichen Rechtsvorschriften zur Abwehr von Steuerumgehungen anzuwenden, um missbräuchlichen Gestaltungen oder unfairem Steuerwettbewerb zu begegnen.

(3) Wenn die vorstehenden Bestimmungen zur Doppelbesteuerung führen, konsultieren die zuständigen Behörden einander nach Artikel 25 Absatz 3, wie die Doppelbesteuerung zu vermeiden ist.

Artikel 29 Mitglieder diplomatischer Missionen und konsularischer Vertretungen

(1) Dieses Abkommen berührt nicht die steuerlichen Vorrechte, die den Mitgliedern diplomatischer Missionen und konsularischer Vertretungen sowie internationaler Organisationen nach den allgemeinen Regeln des Völkerrechts oder auf Grund besonderer Übereinkünfte zustehen.

(2) Soweit Einkünfte oder Vermögen im Empfangsstaat wegen der den Diplomaten und Konsularbeamten nach den allgemeinen Regeln des Völkerrechts oder auf Grund besonderer zwischenstaatlicher Übereinkünfte zustehenden steuerlichen Vorrechte nicht besteuert werden, steht das Besteuerungsrecht dem Entsendestaat zu.

(3) Ungeachtet der Vorschriften des Artikels 4 gilt eine natürliche Person, die Mitglied einer diplomatischen Mission, einer konsularischen Vertretung oder einer Ständigen Vertretung eines Vertragsstaats ist, die im anderen Vertragsstaat oder in einem dritten Staat gelegen ist, für Zwecke des Abkommens als eine im Entsendestaat ansässige Person, wenn sie

a. nach dem Völkerrecht im Empfangsstaat mit Einkünften aus Quellen außerhalb dieses Staates oder mit außerhalb dieses Staates gelegenem Vermögen nicht steuerpflichtig ist und

b. im Entsendestaat den gleichen Verpflichtungen bezüglich der Steuern von ihrem gesamten Einkommen oder vom Vermögen unterworfen ist wie in diesem Staat ansässige Personen.

(4) Das Abkommen gilt nicht für zwischenstaatliche Organisationen, ihre Organe oder Beamte sowie nicht für Mitglieder diplomatischer Missionen oder konsularischer Vertretungen eines dritten Staates und ihnen nahe stehende Personen, die sich in einem Vertragsstaat aufhalten, aber in keinem der beiden Vertragsstaaten für Zwecke der Steuern vom Einkommen und vom Vermögen wie dort ansässige Personen behandelt werden.

Artikel 30 Nebenurkunden

Das beiliegende Protokoll ist Bestandteil des Abkommens.

Artikel 31 Inkrafttreten

(1) Das Abkommen bedarf der Ratifikation; die Ratifikationsurkunden werden so bald wie möglich in Wien ausgetauscht.[23]

(2) Dieses Abkommen tritt einen Monat nach Austausch der Ratifikationsurkunden in Kraft und ist in beiden Vertragsstaaten anzuwenden

a. bei den im Abzugsweg erhobenen Steuern von Dividenden, Zinsen und Lizenzgebühren auf die Beträge, die am oder nach dem 1. Januar des Kalenderjahrs gezahlt werden, das dem Jahr folgt, in dem das Abkommen in Kraft getreten ist;

b. bei den übrigen Steuern auf die Steuern, die für Zeiträume ab dem 1. Januar des Kalenderjahrs erhoben werden, das auf das Jahr folgt, in dem das Abkommen in Kraft getreten ist.

(3) Das zwischen der Republik Österreich und der Bundesrepublik Deutschland am 4. Oktober 1954 unterzeichnete Abkommen zur Vermeidung der Doppelbesteuerung auf dem Gebiete der Steuern vom Einkommen und vom Vermögen sowie der Gewerbesteuern und der Grundsteuern in der Fassung des Abkommens vom 8. Juli 1992 findet ab dem Zeitpunkt nicht mehr Anwendung, in dem dieses Abkommen gemäß Absatz 2 dieses Artikels Wirksamkeit erlangt.

---

23 Das Abkommen ist am 18. August 2002 in Kraft getreten (BGBl 2002 II S. 2435; i. d. F. des Änderungsprotokolls vom 29. Dezember 2010 ist es am 1. März 2012 in Kraft getreten. Es ist mit diesem Inhalt anzuwenden auf Steuerjahre oder VZ, die am oder nach dem 1. Januar 2011 beginnen (BGBl 2012 II S. 146).

Artikel 32 Registrierung

Die Registrierung dieses Abkommens beim Sekretariat der Vereinten Nationen nach Artikel 102 der Charta der Vereinten Nationen wird unverzüglich nach seinem Inkrafttreten von dem Vertragsstaat veranlasst, in dem die Unterzeichnung des Abkommens erfolgte. Der andere Vertragsstaat wird unter Angabe der VN-Registrierungsnummer von der erfolgten Registrierung unterrichtet, sobald dies vom Sekretariat der Vereinten Nationen bestätigt worden ist.

Artikel 33 Kündigung

Dieses Abkommen ist auf unbestimmte Zeit geschlossen, jedoch kann jeder der Vertragsstaaten bis zum 30. Juni eines jeden Kalenderjahrs nach Ablauf von fünf Jahren, vom Tag des Inkrafttretens an gerechnet, das Abkommen gegenüber dem anderen Vertragsstaat auf diplomatischem Weg schriftlich kündigen. Maßgebend für die Berechnung der Frist ist der Tag des Einganges der Kündigung bei dem anderen Vertragsstaat. Im Fall der Kündigung ist das Abkommen nicht mehr anzuwenden

a. bei den im Abzugsweg erhobenen Steuern von Dividenden, Zinsen und Lizenzgebühren auf die Beträge, die am oder nach dem 1. Januar des Kalenderjahrs gezahlt werden, das auf das Kündigungsjahr folgt;

b. bei den übrigen Steuern auf die Steuern, die für Zeiträume ab dem 1. Januar des Kalenderjahrs erhoben werden, das auf das Kündigungsjahr folgt.

Protokoll

Die Bundesrepublik Deutschland und die Republik Österreich haben anlässlich der Unterzeichnung des Abkommens zwischen den beiden Staaten zur Vermeidung der Doppelbesteuerung auf dem Gebiet der Steuern vom Einkommen und vom Vermögen am 24. August 2000 in Berlin die nachstehenden Bestimmungen vereinbart, die Bestandteil des Abkommens sind:

(1) Zu den Artikeln 2 bis 19

Der Ausdruck "Gebietskörperschaften" umfasst auf Seiten der Bundesrepublik Deutschland die Länder und Gemeinden und auf Seiten der Republik Österreich die Bundesländer und Gemeinden.

(2) Zu Artikel 5

Es besteht Einverständnis, dass im Fall verbundener Unternehmen keines dieser Unternehmen als Vertreterbetriebsstätte eines anderen verbundenen Unternehmens behandelt wird, wenn die jeweiligen – ohne dieses Einverständnis sonst zur Vertreterbetriebsstätte führenden – Funktionen durch Ansatz angemessener Verrechnungspreise, einschließlich eines diesem verbleibenden Gewinns, abgegolten werden.

(3) Zu den Artikeln 7 und 10

Ein stiller Gesellschafter wird wie ein Unternehmer behandelt, wenn mit seiner Einlage eine Beteiligung am Vermögen des Unternehmens verbunden ist.

(4) Zu Artikel 13 Absatz 2

Die Höhe des Aktivvermögens bestimmt sich nach der letzten, vor der Veräußerung der Aktien und sonstigen Anteile zu erstellenden Handelsbilanz.

(5) Zu den Artikeln 13 und 18

Wiederkehrende Bezüge, die auf der Veräußerung von Vermögen beruhen, aber nur wegen der dabei eingehaltenen Rentenform steuerpflichtig sind, fallen stets unter Artikel 18.

(6) Zu Artikel 15 Absatz 2 und 3

Es besteht Einvernehmen, dass im Fall der in Absatz 3 erwähnten Arbeitnehmerüberlassung die "183-Tage-Klausel" zur Anwendung kommt. Die Wirkung der "183- Tage-Klausel" geht nur dann verloren, wenn das in einem Vertragsstaat ansässige arbeitnehmerüberlassende Unternehmen im anderen Vertragsstaat eine Betriebsstätte unterhält, die die Vergütungen trägt.

(7) Zu Artikel 15 Absatz 4

Es besteht Einverständnis darüber, dass der Begriff "Vergütungen, wenn sie im anderen Vertragsstaat besteuert worden sind" sich auf jegliche Arbeit bezieht, die im anderen Vertragsstaat steuerlich erfasst worden ist. Durch die Bestimmung werden die Besteuerungsrechte des Tätigkeitsstaats nicht eingeschränkt. Erfolgt eine Besteuerung im Tätigkeitsstaat erst im Nachhinein, wird ein hierdurch ausgelöster Besteuerungskonflikt auf der Grundlage von Artikel 25 behandelt.

(8) Zu Artikel 15 Absatz 6

Als Nähe der Grenze gilt die Lage in einer Zone von je 30 Kilometern beiderseits der Grenze.

(9) Zu Artikel 17 Absatz 2

Es besteht Einverständnis, dass nach Absatz 2 der Gesamtbetrag der der "anderen Person" zufließenden Vergütungen einer Bruttoabzugsbesteuerung unterzogen werden darf, wobei dem Einkünfteempfänger (der "anderen Person") das Recht auf Entlastung von der Bruttoabzugsbesteuerung nach den Grundsätzen einer Nettobesteuerung nach Maßgabe des Rechts des Quellenstaats zugestanden wird. Das Quellenbesteuerungsrecht besteht auch für solche Vergütungen, die auf Tätigkeiten der in Drittstaaten ansässigen Künstler und Sportler zurückzuführen sind.

(10) Zu Artikel 17 Absatz 3

Es besteht Einvernehmen, dass Absatz 3 auch für die Trägerkörperschaften von Orchestern, Theatern, Balletten sowie für die Mitglieder solcher Kulturträger gilt, wenn diese Trägerkörperschaften auf Dauer im Wesentlichen ohne Gewinnerzielung tätig sind und dies durch die zuständige Behörde im Ansässigkeitsstaat bestätigt wird.

(11) Zu Artikel 18 Absatz 3

a. Zu den Vergütungen im Sinne des Absatzes 3 gehören auch Vergütungen für einen Schaden, der als Folge von Straftaten, Impfungen oder ähnlichen Gründen entstanden ist.

b. Die in dieser Bestimmung angeführten Bezüge sind bei Ermittlung des Progressionsvorbehalts außer Ansatz zu lassen.

(12) Zu Artikel 24

a. In der Bundesrepublik Deutschland ansässige Unternehmen, denen nach den Bestimmungen des Abkommens vom 4. Oktober 1954 zwischen der Republik Österreich und der Bundesrepublik Deutschland zur Vermeidung der Doppelbesteuerung auf dem Gebiete der Steuern vom Einkommen und vom Vermögen sowie der Gewerbesteuern und der Grundsteuern Entlastung von der österreichischen Kommunalsteuer zu gewähren gewesen wäre, steht diese Entlastung auch weiterhin so lange zu, wie Mitgliedstaaten der Europäischen Union auf Grund ihrer Doppelbesteuerungsabkommen mit der Republik Österreich von dieser Abgabe entlastet werden.

b. Erleiden in der Bundesrepublik Deutschland ansässige Personen ab dem Wirtschaftsjahr 1990 (1989/90) Verluste in österreichischen Betriebsstätten, werden bis einschließlich des Wirtschaftsjahres 1997 (1996/97) entstandene Verluste nach den Vorschriften des § 2a Absatz 3 des deutschen Einkommensteuergesetzes berücksichtigt. Ab der Veranlagung 1994 unterbleiben Hinzurechnungen gemäß § 2a Absatz 3 dritter Satz des deutschen Einkommensteuergesetzes. Soweit eine steuerliche Verwertung nach diesen Vorschriften in der Bundesrepublik Deutschland nicht vorgenommen werden kann, weil bereits Rechtskraft eingetreten und eine Verfahrenswiederaufnahme wegen Ablaufs der Festsetzungsfrist nicht mehr möglich ist, ist eine Berücksichtigung in der Republik Österreich im Wege des Verlustabzugs zulässig. Ab dem Wirtschaftsjahr 1998 (1997/98) entstehende Verluste sind auf der Grundlage der Gegenseitigkeit im Betriebsstättenstaat zu berücksichtigen. Die vorstehenden Regelungen sind nur insoweit wirksam, als dies nicht zu einer Doppelberücksichtigung der Verluste führt.

(13) Zu Artikel 26

Soweit auf Grund dieses Abkommens nach Maßgabe des innerstaatlichen Rechts personenbezogene Daten übermittelt werden, gelten ergänzend die nachfolgenden Bestimmungen unter Beachtung der für jede Vertragspartei geltenden Rechtsvorschriften:

a. Der Empfänger unterrichtet die übermittelnde Stelle auf Ersuchen über die Verwendung der übermittelten Daten und über die dadurch erzielten Ergebnisse.

b. Die übermittelnde Stelle ist verpflichtet, auf die Richtigkeit der zu übermittelnden Daten sowie auf die Erforderlichkeit und Verhältnismäßigkeit in Bezug auf den mit der Übermittlung verfolgten Zweck zu achten. Dabei sind die nach dem jeweils innerstaatlichen Recht geltenden Übermittlungsverbote zu beachten. Erweist sich, dass unrichtige Daten oder Daten, die nicht übermittelt werden durften, übermittelt worden sind, so ist dies dem Empfänger unverzüglich mitzuteilen. Er ist verpflichtet, die Berichtigung oder Vernichtung vorzunehmen.

c. Dem Betroffenen ist auf Antrag über die zu seiner Person übermittelten Informationen sowie über den vorgesehenen Verwendungszweck Auskunft zu erteilen. Eine Verpflichtung zur Auskunftserteilung besteht nicht, soweit eine Abwägung ergibt, dass das öffentliche Interesse, die Auskunft nicht zu erteilen, das Interesse des Betroffenen an der Auskunftserteilung überwiegt. Im Übrigen richtet sich das Recht des Betroffenen, über die zu seiner Person vorhandenen Daten Auskunft zu erhalten, nach dem nationalen Recht des Vertragsstaats, in dessen Hoheitsgebiet die Auskunft beantragt wird.

d. Wird jemand infolge von Übermittlungen im Rahmen des Datenaustauschs nach diesem Abkommen rechtswidrig und schuldhaft geschädigt, haftet ihm hierfür die empfangende Stelle nach Maßgabe ihres innerstaatlichen Rechts. Sie kann sich im Verhältnis zum Geschädigten zu ihrer Entlastung nicht darauf berufen, dass der Schaden durch die übermittelnde Stelle verursacht worden ist. Leistet die empfangende Stelle Schadensersatz wegen eines Schadens, der durch die Verwendung von unrichtig übermittelten Daten verursacht wurde, so ist die übermittelnde Stelle verpflichtet, der empfangenden Stelle den geleisteten Schadensersatz, einschließlich der damit in Zusammenhang stehenden Aufwendungen, zu erstatten.

e. Die übermittelten personenbezogenen Daten sind zu löschen, sobald sie für den Zweck, für den sie übermittelt worden sind, nicht mehr erforderlich sind.

f. Die übermittelnde und die empfangende Seite sind verpflichtet, die Übermittlung und den Empfang von personenbezogenen Daten aktenkundig zu machen.

g. Die übermittelnde und die empfangende Stelle sind verpflichtet, die übermittelten personenbezogenen Daten wirksam gegen unbefugten Zugang, unbefugte Veränderung und unbefugte Bekanntgabe zu schützen.

(13a) Zu Artikel 26

Soweit[24]

a. Die zuständige Behörde des ersuchenden Staates stellt der zuständigen Behörde des ersuchten Staates im Rahmen der Darlegung der voraussichtlichen Erheblichkeit der Auskünfte die folgenden Informationen zur Verfügung, wenn diese ein Auskunftsersuchen gemäß dem Abkommen stellt:

   aa) die Bezeichnung der Person, der die Ermittlung oder Untersuchung gilt;

   bb) die Art der erbetenen Auskünfte und die Form, in der die Auskünfte dem ersuchenden Staat vorzugsweise zur Verfügung zu stellen sind;

   cc) den steuerlichen Zweck, für den um die Auskünfte ersucht wird;

   dd) die Gründe für die Annahme, dass die erbetenen Auskünfte dem ersuchten Staat vorliegen oder sich im Besitz oder in der Verfügungsmacht einer Person im Hoheitsbereich des ersuchten Staates befinden;

24 Ziff. 13a des Protokolls ergänzt durch Änderungsprotokoll vom 29. Dezember 2010.

ee) den Namen und die Anschrift von Personen, soweit bekannt, in deren Besitz sich die erbetenen Auskünfte vermutlich befinden;

ff) eine Erklärung, dass der ersuchende Staat alle ihm im eigenen Gebiet zur Verfügung stehenden Maßnahmen zur Einholung der Auskünfte ausgeschöpft hat, ausgenommen solche, die unverhältnismäßig große Schwierigkeiten mit sich bringen würden.

b. Es besteht Einvernehmen, dass die in Artikel 26 vorgesehene Amtshilfe nicht Maßnahmen einschließt, die lediglich der Beweisausforschung durch anlasslose Ermittlungen „ins Blaue" dienen („fishing expeditions").

c. Es besteht Einvernehmen, dass Artikel 26 Absatz 5 des Abkommens den Vertragsstaaten erlaubt, sie jedoch nicht dazu verpflichtet, Informationen im Sinne dieses Absatzes auf automatischer oder spontaner Basis auszutauschen.

d. Es besteht Einvernehmen, dass nach diesem Abkommen erteilte Auskünfte im Rahmen der in Artikel 26 Absatz 1 genannten Zwecke zur weiteren Beurteilung auch für Zeiträume herangezogen werden können, auf die die erteilten Auskünfte nicht bezogen waren.

e. Es besteht Einvernehmen, dass zur Auslegung des Artikels 26 neben den oben angeführten Grundsätzen auch die aus den für den Informationsaustausch maßgeblichen Kommentaren der OECD in ihrer jeweils geltenden Fassung abzuleitenden Anwendungsgrundsätze zu berücksichtigen sind.

(14) Zu Artikel 27

Diese Abkommensbestimmung hat klarstellenden Inhalt. Sie ist nicht so auszulegen, dass hierdurch gegenüber der Republik Österreich erstattungspflichtige Steuerabzugsverfahren angewendet werden könnten, die auf Grund von Doppelbesteuerungsabkommen gegenüber anderen Staaten der Europäischen Union nicht erhoben werden dürfen.

(15) Zu Artikel 28

Eine "missbräuchliche Gestaltung" ist eine solche, die im Hinblick auf den angestrebten wirtschaftlichen Erfolg ungewöhnlich und unangemessen ist und ihre Erklärung in der Absicht der Steuervermeidung findet. Sie liegt in Fällen vor, in denen der gewählte Weg nicht mehr sinnvoll erscheint, wenn man den abgabensparenden Effekt wegdenkt oder wenn er ohne das Resultat der Steuerminderung einfach unverständlich wäre.

"Unfairer Steuerwettbewerb" liegt vor, wenn eine Steuerpraxis eines Vertragsstaats in einer Art und Weise gestaltet ist, dass sie im Sinne der einschlägigen Arbeiten in der OECD oder in der Europäischen Union als schädlich eingestuft worden ist.

(16) Auslegung des Abkommens

Es gilt als vereinbart, dass den Abkommensbestimmungen, die nach den entsprechenden Bestimmungen des OECD-Musterabkommens auf dem Gebiete der Steuern vom Einkommen und vom Vermögen abgefasst sind, allgemein dieselbe Bedeutung zukommt, die im OECD-Kommentar dazu dargelegt wird. Die Vereinbarung im vorstehenden Satz gilt nicht hinsichtlich der nachstehenden Punkte:

a. alle Bemerkungen der beiden Vertragsstaaten zum OECD-Muster oder dessen Kommentar;

b. alle gegenteiligen Auslegungen in diesem Protokoll;

c. alle gegenteiligen Auslegungen, die einer der beiden Vertragsstaaten in einer veröffentlichten Erklärung vornimmt, die der zuständigen Behörde des anderen Vertragsstaats vor In-Kraft-Treten des Abkommens übermittelt worden ist;

d. alle gegenteiligen Auslegungen, auf die sich die zuständigen Behörden nach Inkrafttreten des Abkommens geeinigt haben.

Der OECD-Kommentar – der von Zeit zu Zeit überarbeitet werden kann – stellt eine Auslegungshilfe im Sinne des Wiener Übereinkommens über das Recht der Verträge vom 23. Mai 1969 dar.

DBA Großbritannien

Abkommen zwischen der Bundesrepublik Deutschland und dem Vereinigten Königreich Großbritannien und Nordirland zur Beseitigung der Doppelbesteuerung auf dem Gebiet der Steuern vom Einkommen und vom Vermögen sowie zur Verhinderung der Steuerverkürzung und -umgehung

vom 30.3.2010 i. d. F. des Änderungsprotokolls v. 12.1.2021 (BGBl 2021 II S. 667)[1]

Die Bundesrepublik Deutschland

und

das Vereinigte Königreich Großbritannien und Nordirland –

in der Absicht, auf dem Gebiet der Steuern vom Einkommen und vom Vermögen eine Doppelbesteuerung zu beseitigen, ohne Möglichkeiten zur Nicht- oder Niedrigbesteuerung durch Steuerverkürzung oder -umgehung (unter anderem durch missbräuchliche Gestaltungen mit dem Ziel des Erhalts von in diesem Abkommen vorgesehenen Erleichterungen zum mittelbaren Nutzen von in Drittstaaten ansässigen Personen) zu schaffen –

haben Folgendes vereinbart:

Artikel 1 Unter das Abkommen fallende Personen

Dieses Abkommen gilt für Personen, die in einem Vertragsstaat oder in beiden Vertragsstaaten ansässig sind.

Artikel 2 Unter das Abkommen fallende Steuern

(1) Dieses Abkommen gilt, ohne Rücksicht auf die Art der Erhebung, für Steuern vom Einkommen und vom Vermögen, die für Rechnung eines Vertragsstaats, eines seiner Länder oder einer der Gebietskörperschaften eines Landes oder Vertragsstaats erhoben werden.

(2) Als Steuern vom Einkommen und vom Vermögen gelten alle Steuern, die vom Gesamteinkommen, vom Gesamtvermögen oder von Teilen des Einkommens oder des Vermögens erhoben werden, einschließlich der Steuern vom Gewinn aus der Veräuße-

1 **Anm. d. Red.:** Dieses Abkommen in seiner ursprünglichen am 30.12.2010 in Kraft getretenen Fassung (BGBl 2011 II S. 536) ist zwischenzeitlich durch Änderungsprotokoll v. 17.3.2014 (BGBl 2015 II S. 1298) geändert worden. Das nachfolgende Änderungsprotokoll v. 12.1.2021 (BGBl 2021 II S. 667) ist am 17.12.2021 in Kraft getreten (BGBl 2022 II S. 124). Das Abkommen ist in dieser Fassung anzuwenden ab 1.1.2022.

rung beweglichen oder unbeweglichen Vermögens, der Lohnsummensteuern sowie der Steuern vom Vermögenszuwachs.

(3) Zu den zurzeit bestehenden Steuern, für die dieses Abkommen gilt, gehören insbesondere

a. in der Bundesrepublik Deutschland:

  aa) die Einkommensteuer,

  bb) die Körperschaftsteuer,

  cc) die Gewerbesteuer und

  dd) die Vermögensteuer

einschließlich der hierauf erhobenen Zuschläge

(im Folgenden als „deutsche Steuer" bezeichnet);

b. im Vereinigten Königreich:

  aa) die Einkommensteuer („income tax"),

  bb) die Körperschaftsteuer („corporation tax") und

  cc) die Steuer vom Veräußerungsgewinn („capital gains tax")

  (im Folgenden als „Steuer des Vereinigten Königreichs" bezeichnet).

(4) Dieses Abkommen gilt auch für alle Steuern gleicher oder im Wesentlichen ähnlicher Art, die nach der Unterzeichnung des Abkommens neben den bestehenden Steuern oder an deren Stelle erhoben werden. Die zuständigen Behörden der Vertragsstaaten teilen einander die in ihren Steuergesetzen eingetretenen wesentlichen Änderungen mit.

Artikel 3 Allgemeine Begriffsbestimmungen

(1) Im Sinne dieses Abkommens, wenn der Zusammenhang nichts anders erfordert,

a. bedeuten die Ausdrücke „ein Vertragsstaat" und „der andere Vertragsstaat" je nach dem Zusammenhang die Bundesrepublik Deutschland oder das Vereinigte Königreich;

b. bedeutet der Ausdruck „Deutschland" die Bundesrepublik Deutschland und, wenn im geografischen Sinne verwendet, das Hoheitsgebiet der Bundesrepublik Deutschland sowie das an das Küstenmeer angrenzende Gebiet des Meeresbodens, des Meeresuntergrunds und der darüber befindlichen Wassersäule, soweit die Bundesrepublik Deutschland dort in Übereinstimmung mit dem Völkerrecht und ihren innerstaatlichen Rechtsvorschriften souveräne Rechte und Hoheitsbefugnisse zum

Zwecke der Erforschung, Ausbeutung, Erhaltung und Bewirtschaftung der lebenden und nicht lebenden natürlichen Ressourcen ausübt;

c. bedeutet der Ausdruck „Vereinigtes Königreich" Großbritannien und Nordirland, einschließlich des sich außerhalb des Küstenmeeres des Vereinigten Königreichs erstreckenden Gebiets, das nach seinem Recht betreffend den Festlandsockel sowie nach dem Völkerrecht als ein Gebiet ausgewiesen ist, in dem die Rechte des Vereinigten Königreichs hinsichtlich des Meeresbodens und des Meeresuntergrunds sowie ihrer natürlichen Ressourcen ausgeübt werden dürfen;

d. umfasst der Ausdruck „Person" natürliche Personen, Gesellschaften und alle anderen Personenvereinigungen;

e. bedeutet der Ausdruck „Gesellschaft" juristische Personen oder Rechtsträger, die für die Besteuerung wie juristische Personen behandelt werden;

f. bezieht sich der Ausdruck „Unternehmen" auf die Ausübung einer Geschäftstätigkeit;

g. schließt der Ausdruck „Geschäftstätigkeit" die Ausübung einer freiberuflichen oder sonstigen selbständigen Tätigkeit ein;

h. bedeuten die Ausdrücke „Unternehmen eines Vertragsstaats" und „Unternehmen des anderen Vertragsstaats", je nachdem, ein Unternehmen, das von einer in einem Vertragsstaat ansässigen Person betrieben wird, oder ein Unternehmen, das von einer im anderen Vertragsstaat ansässigen Person betrieben wird;

i. bedeutet der Ausdruck „internationaler Verkehr" jede Beförderung mit einem Seeschiff oder einem Luftfahrzeug, das von einem Unternehmen eines Vertragsstaats betrieben wird, es sei denn, das Seeschiff oder Luftfahrzeug wird ausschließlich zwischen Orten im anderen Vertragsstaat betrieben;

j. bedeutet der Ausdruck „Staatsangehöriger"

   aa) in Bezug auf Deutschland alle Deutschen im Sinne des Grundgesetzes für die Bundesrepublik Deutschland und alle juristischen Personen, Personengesellschaften und andere Personenvereinigungen, die nach dem in Deutschland geltenden Recht errichtet worden sind;

   bb) in Bezug auf das Vereinigte Königreich alle Bürger des Vereinigten Königreichs oder alle britischen Untertanen, die nicht die Staatsbürgerschaft eines anderen Landes oder Gebiets des Commonwealth besitzen, sofern sie das Aufenthaltsrecht im Vereinigten Königreich besitzen; sowie alle juristischen Personen, Personengesellschaften, Personenvereinigungen und anderen Rechtsträger, die nach dem im Vereinigten Königreich geltenden Recht errichtet worden sind;

k. bedeutet der Ausdruck „zuständige Behörde“

aa) in Deutschland das Bundesministerium der Finanzen oder die Behörde, an die es seine Befugnisse delegiert hat;

bb) im Vereinigten Königreich die „Commissioners for Her Majesty’s Revenue and Customs“ oder ihre bevollmächtigten Vertreter.

(2) Bei der Anwendung des Abkommens durch einen Vertragsstaat hat, wenn der Zusammenhang nichts anderes erfordert, jeder im Abkommen nicht definierte Ausdruck die Bedeutung, die ihm im Anwendungszeitraum nach dem Recht dieses Vertragsstaates über die Steuern zukommt, für die das Abkommen gilt, wobei die Bedeutung nach dem in diesem Staat anzuwendenden Steuerrecht den Vorrang vor einer Bedeutung hat, die der Ausdruck nach anderem Recht dieses Staates hat.

Artikel 4 Ansässige Person

(1) Im Sinne dieses Abkommens bedeutet der Ausdruck „eine in einem Vertragsstaat ansässige Person“ eine Person, die nach dem Recht dieses Staates dort aufgrund ihres Wohnsitzes, ihres ständigen Aufenthalts, des Ortes ihrer Geschäftsleitung, des Ortes ihrer Gründung oder eines anderen ähnlichen Merkmals steuerpflichtig ist, und umfasst auch diesen Staat und seine Gebietskörperschaften. Der Ausdruck umfasst jedoch nicht eine Person, die in diesem Vertragsstaat nur steuerpflichtig ist, wenn sie Einkünfte oder Veräußerungsgewinne aus Quellen in diesem Vertragsstaat oder mit in diesem Vertragsstaat gelegenem Vermögen erzielt.

(2) Ist nach Absatz 1 eine natürliche Person in beiden Vertragsstaaten ansässig, so gilt Folgendes:

a. Die Person gilt als nur in dem Vertragsstaat ansässig, in dem sie über eine ständige Wohnstätte verfügt; verfügt sie in beiden Vertragsstaaten über eine ständige Wohnstätte, so gilt sie als nur in dem Vertragsstaat ansässig, zu dem sie die engeren persönlichen und wirtschaftlichen Beziehungen hat (Mittelpunkt der Lebensinteressen);

b. kann nicht bestimmt werden, in welchem Vertragsstaat die Person den Mittelpunkt ihrer Lebensinteressen hat, oder verfügt sie in keinem der Vertragsstaaten über eine ständige Wohnstätte, so gilt sie als nur in dem Vertragsstaat ansässig, in dem sie ihren gewöhnlichen Aufenthalt hat;

c. hat die Person ihren gewöhnlichen Aufenthalt in beiden Vertragsstaaten oder in keinem der Vertragsstaaten, so gilt sie als nur in dem Vertragsstaat ansässig, dessen Staatsangehöriger sie ist;

d. ist die Person Staatsangehöriger beider Vertragsstaaten oder keines der Vertragsstaaten, so regeln die zuständigen Behörden der Vertragsstaaten die Frage in gegenseitigem Einvernehmen.

(3) Ist nach Absatz 1 eine andere als eine natürliche Person in beiden Vertragsstaaten ansässig, so gilt sie als nur in dem Staat ansässig, in dem sich der Ort ihrer tatsächlichen Geschäftsleitung befindet.

(4) Befindet sich der Ort der tatsächlichen Geschäftsleitung eines Unternehmens der Seeschifffahrt an Bord eines Schiffes, so gilt er als in dem Vertragsstaat gelegen, in dem der Heimathafen des Schiffes liegt.

Artikel 5 Betriebsstätte

(1) Im Sinne dieses Abkommens bedeutet der Ausdruck „Betriebsstätte" eine feste Geschäftseinrichtung, durch die die Geschäftstätigkeit eines Unternehmens ganz oder teilweise ausgeübt wird.

(2) Der Ausdruck „Betriebsstätte" umfasst insbesondere:

a. einen Ort der Leitung,

b. eine Zweigniederlassung,

c. eine Geschäftsstelle,

d. eine Fabrikationsstätte,

e. eine Werkstätte und

f. ein Bergwerk, ein Öl- oder Gasvorkommen, einen Steinbruch oder eine andere Stätte der Ausbeutung natürlicher Ressourcen.

(3) Eine Bauausführung oder Montage ist nur dann eine Betriebsstätte, wenn ihre Dauer zwölf Monate überschreitet.

(4) Ungeachtet der vorstehenden Bestimmungen dieses Artikels gelten nicht als Betriebsstätten:

a. Einrichtungen, die ausschließlich zur Lagerung, Ausstellung oder Auslieferung von Gütern oder Waren des Unternehmens benutzt werden;

b. Bestände von Gütern oder Waren des Unternehmens, die ausschließlich zur Lagerung, Ausstellung oder Auslieferung unterhalten werden;

c. Bestände von Gütern oder Waren des Unternehmens, die ausschließlich zu dem Zweck unterhalten werden, durch ein anderes Unternehmen bearbeitet oder verarbeitet zu werden;

d. eine feste Geschäftseinrichtung, die ausschließlich zu dem Zweck unterhalten wird, für das Unternehmen Güter oder Waren einzukaufen oder Informationen zu beschaffen;

e. eine feste Geschäftseinrichtung, die ausschließlich zu dem Zweck unterhalten wird, für das Unternehmen andere Tätigkeiten auszuüben, die vorbereitender Art sind oder Hilfstätigkeiten darstellen;

f. eine feste Geschäftseinrichtung, die ausschließlich zu dem Zweck unterhalten wird, mehrere der unter den Buchstaben a bis e genannten Tätigkeiten auszuüben, vorausgesetzt, dass die sich daraus ergebende Gesamttätigkeit der festen Geschäftseinrichtung vorbereitender Art ist oder eine Hilfstätigkeit darstellt.

(4A) Absatz 4 gilt nicht für eine von einem Unternehmen genutzte oder unterhaltene feste Geschäftseinrichtung, wenn dasselbe Unternehmen oder ein eng verbundenes Unternehmen an demselben Ort oder an einem anderen Ort in demselben Vertragsstaat eine Geschäftstätigkeit ausübt und

a) dieser Ort oder der andere Ort für das Unternehmen oder das eng verbundene Unternehmen nach diesem Artikel eine Betriebsstätte darstellt oder

b) die Gesamttätigkeit, die sich aus den von den beiden Unternehmen an demselben Ort oder von demselben Unternehmen oder eng verbundenen Unternehmen an den beiden Orten ausgeübten Tätigkeiten ergibt, weder vorbereitender Art ist noch eine Hilfstätigkeit darstellt,

sofern die von den beiden Unternehmen an demselben Ort oder von demselben Unternehmen oder eng verbundenen Unternehmen an den beiden Orten ausgeübten Geschäftstätigkeiten sich ergänzende Funktionen darstellen, die Teil eines zusammenhängenden Geschäftsbetriebs sind.

(5) Ist eine Person (mit Ausnahme eines unabhängigen Vertreters im Sinne des Absatzes 6) für ein Unternehmen tätig und besitzt sie in einem Vertragsstaat die Vollmacht, im Namen des Unternehmens Verträge abzuschließen, und übt sie die Vollmacht dort gewöhnlich aus, so wird das Unternehmen ungeachtet der Absätze 1 und 2 so behandelt, als habe es in diesem Staat für alle von der Person für das Unternehmen ausgeübten Tätigkeiten eine Betriebsstätte, es sei denn, diese Tätigkeiten beschränken sich auf die im Absatz 4 genannten Tätigkeiten, die, würden sie durch eine feste Geschäftseinrichtung ausgeübt, diese Einrichtung nach dem genannten Absatz nicht zu einer Betriebsstätte machten.

(6) Ein Unternehmen wird nicht schon deshalb so behandelt, als habe es eine Betriebsstätte in einem Vertragsstaat, weil es dort seine Geschäftstätigkeit durch einen Makler, Kommissionär oder einen anderen unabhängigen Vertreter ausübt, sofern diese Personen im Rahmen ihrer gewöhnlichen Geschäftstätigkeit handeln.

(7) Allein dadurch, dass eine in einem Vertragsstaat ansässige Gesellschaft eine Gesellschaft beherrscht oder von einer Gesellschaft beherrscht wird, die im anderen Vertragsstaat ansässig ist oder dort (entweder durch eine Betriebsstätte oder auf andere Weise) ihre Tätigkeit ausübt, wird keine der beiden Gesellschaften zur Betriebsstätte der anderen.

(8) Im Sinne dieses Artikels ist eine Person oder ein Unternehmen mit einem Unternehmen eng verbunden, wenn allen maßgeblichen Tatsachen und Umständen zufolge einer den anderen beherrscht oder beide von denselben Personen oder Unternehmen beherrscht werden. In jedem Fall gilt eine Person oder ein Unternehmen als mit einem Unternehmen eng verbunden, wenn einer von beiden mittelbar oder unmittelbar mehr als 50 vom Hundert der Eigentumsrechte am anderen (oder bei einer Gesellschaft mehr als 50 vom Hundert der Gesamtstimmrechte und des Gesamtwerts der Anteile der Gesellschaft oder der Eigentumsrechte an der Gesellschaft) besitzt oder wenn eine weitere Person oder ein weiteres Unternehmen mittelbar oder unmittelbar mehr als 50 vom Hundert der Eigentumsrechte an der Person und dem Unternehmen beziehungsweise an den beiden Unternehmen (oder bei einer Gesellschaft mehr als 50 vom Hundert der Gesamtstimmrechte und des Gesamtwerts der Anteile der Gesellschaft oder der Eigentumsrechte an der Gesellschaft) besitzt.

Artikel 6 Einkünfte aus unbeweglichem Vermögen

(1) Einkünfte, die eine in einem Vertragsstaat ansässige Person aus unbeweglichem Vermögen (einschließlich der Einkünfte aus land- und forstwirtschaftlichen Betrieben) bezieht, das im anderen Vertragsstaat liegt, können im anderen Staat besteuert werden.

(2) Der Ausdruck „unbewegliches Vermögen" hat die Bedeutung, die ihm nach dem Recht des Vertragsstaats zukommt, in dem das Vermögen liegt. Der Ausdruck umfasst in jedem Fall das Zubehör zum unbeweglichen Vermögen, das lebende und tote Inventar land- und forstwirtschaftlicher Betriebe, die Rechte, für die die Vorschriften des Privatrechts über Grundstücke gelten, Nutzungsrechte an unbeweglichem Vermögen sowie Rechte auf veränderliche oder feste Vergütungen für die Ausbeutung oder das Recht auf Ausbeutung von Mineralvorkommen, Quellen und anderen natürlichen Ressourcen; Schiffe und Luftfahrzeuge gelten nicht als unbewegliches Vermögen.

(3) Absatz 1 gilt für Einkünfte aus der unmittelbaren Nutzung, der Vermietung oder Verpachtung sowie jeder anderen Art der Nutzung unbeweglichen Vermögens.

(4) Die Absätze 1 und 3 gelten auch für Einkünfte aus unbeweglichem Vermögen eines Unternehmens.

Artikel 7 Unternehmensgewinne

(1) Gewinne eines Unternehmens eines Vertragsstaats können nur in diesem Staat besteuert werden, es sei denn, das Unternehmen übt seine Geschäftstätigkeit im anderen Vertragsstaat durch eine dort gelegene Betriebsstätte aus. Übt das Unternehmen seine Geschäftstätigkeit auf diese Weise aus, so können die Gewinne, die der Betriebsstätte in Übereinstimmung mit Absatz 2 zugerechnet werden können, im anderen Staat besteuert werden.

(2) Im Sinne dieses Artikels und des Artikels 23, handelt es sich bei den Gewinnen, die in jedem Vertragsstaat einer in Absatz 1 genannten Betriebsstätte zugerechnet werden können, um die Gewinne, die die Betriebsstätte, insbesondere in ihren wirtschaftlichen Beziehungen mit anderen Teilen des Unternehmens, voraussichtlich erzielen würde, wenn sie ein selbständiges und unabhängiges Unternehmen wäre, das die gleichen oder ähnlichen Tätigkeiten unter den gleichen oder ähnlichen Bedingungen ausübt, unter Berücksichtigung der von dem Unternehmen durch die Betriebsstätte und durch die anderen Teile des Unternehmens ausgeübten Funktionen, genutzten Vermögenswerte und übernommenen Risiken.

(3) Wenn in Übereinstimmung mit Absatz 2 ein Vertragsstaat die Gewinne, die der Betriebsstätte eines Unternehmens eines Vertragsstaats zugerechnet werden können, berichtigt und dementsprechend Gewinne des Unternehmens besteuert, die bereits im anderen Staat besteuert wurden, wird der andere Vertragsstaat, soweit zur Beseitigung einer Doppelbesteuerung dieser Gewinne erforderlich, eine entsprechende Änderung vornehmen, wenn er der Berichtigung des erstgenannten Staats zustimmt; stimmt der andere Vertragsstaat nicht zu, werden sich die Vertragsstaaten bemühen, eine sich daraus ergebende Doppelbesteuerung durch Verständigung zu beseitigen.

(4) Gehören zu den Gewinnen Einkünfte oder Veräußerungsgewinne, die in anderen Artikeln dieses Abkommens behandelt werden, so werden die Bestimmungen jener Artikel durch die Bestimmungen dieses Artikels nicht berührt.

Artikel 8 Seeschifffahrt und Luftfahrt

(1) Gewinne eines Unternehmens eines Vertragsstaats aus dem Betrieb von Seeschiffen oder Luftfahrzeugen im internationalen Verkehr können nur in diesem Staat besteuert werden.

(2) Für Zwecke dieses Artikels umfassen Gewinne aus dem Betrieb von Seeschiffen oder Luftfahrzeugen im internationalen Verkehr auch

a. Gewinne aus der Vermietung von leeren Seeschiffen oder Luftfahrzeugen und

b. Gewinne aus der Nutzung, Wartung oder Vermietung von Containern (einschließlich Trailern und zugehöriger Ausstattung für den Transport von Containern), die für den Transport von Gütern oder Waren eingesetzt werden,

wenn diese Vermietung beziehungsweise diese Nutzung, Wartung oder Vermietung zum Betrieb von Seeschiffen oder Luftfahrzeugen im internationalen Verkehr gehören.

(3) Absatz 1 gilt auch für Gewinne aus der Beteiligung an einem Pool, einer Betriebsgemeinschaft oder einer internationalen Betriebsstelle, jedoch nur für den Anteil an den so erzielten Gewinnen, die dem Beteiligten entsprechend seiner Beteiligung an der gemeinsamen Aktivität zugerechnet werden können.

Artikel 9 Verbundene Unternehmen

(1) Wenn

a. ein Unternehmen eines Vertragsstaats unmittelbar oder mittelbar an der Geschäftsleitung, der Kontrolle oder dem Kapital eines Unternehmens des anderen Vertragsstaats beteiligt ist oder

b. dieselben Personen unmittelbar oder mittelbar an der Geschäftsleitung, der Kontrolle oder dem Kapital eines Unternehmens eines Vertragsstaats und eines Unternehmens des anderen Vertragsstaats beteiligt sind

und in diesen Fällen die beiden Unternehmen in ihren kaufmännischen oder finanziellen Beziehungen an vereinbarte oder auferlegte Bedingungen gebunden sind, die von denen abweichen, die unabhängige Unternehmen miteinander vereinbaren würden, dürfen die Gewinne, die eines der Unternehmen ohne diese Bedingungen erzielt hätte, wegen dieser Bedingungen aber nicht erzielt hat, den Gewinnen dieses Unternehmens zugerechnet und entsprechend besteuert werden.

(2) Werden in einem Vertragsstaat den Gewinnen eines Unternehmens dieses Staates Gewinne zugerechnet – und entsprechend besteuert –, mit denen ein Unternehmen des anderen Vertragsstaats in diesem Staat besteuert worden ist, und handelt es sich bei den zugerechneten Gewinnen um solche, die das Unternehmen des erstgenannten Staates erzielt hätte, wenn die zwischen den beiden Unternehmen vereinbarten Bedingungen die gleichen gewesen wären, die unabhängige Unternehmen miteinander vereinbaren würden, so nimmt der andere Staat eine entsprechende Änderung der dort von diesen Gewinnen erhobenen Steuer vor. Bei dieser Änderung sind die übrigen Bestimmungen dieses Abkommens zu berücksichtigen; erforderlichenfalls konsultieren die zuständigen Behörden der Vertragsstaaten einander.

Artikel 10 Dividenden

(1) Dividenden, die eine in einem Vertragsstaat ansässige Gesellschaft an eine im anderen Vertragsstaat ansässige Person zahlt, können im anderen Staat besteuert werden.

(2) Diese Dividenden können jedoch auch in dem Vertragsstaat, in dem die die Dividenden zahlende Gesellschaft ansässig ist, nach dem Recht dieses Staates besteuert werden; die Steuer darf aber, wenn der Nutzungsberechtigte der Dividenden im anderen Vertragsstaat ansässig ist, nicht übersteigen:

a. 5 vom Hundert des Bruttobetrags der Dividenden, wenn der Nutzungsberechtigte eine Gesellschaft (jedoch keine Personengesellschaft) ist, die unmittelbar über mindestens 10 vom Hundert des Kapitals der die Dividenden zahlenden Gesellschaft verfügt,

b. 10 vom Hundert des Bruttobetrags der Dividenden, wenn der Nutzungsberechtigte eine Altersvorsorgeeinrichtung ist,

c. 15 vom Hundert des Bruttobetrags der Dividenden in allen anderen Fällen.

Dieser Absatz berührt nicht die Besteuerung der Gesellschaft in Bezug auf die Gewinne, aus denen die Dividenden gezahlt werden.

(3) Der in diesem Artikel verwendete Ausdruck „Dividenden" bedeutet Einkünfte aus Aktien, Genussrechten oder Genussscheinen, Kuxen, Gründeranteilen oder sonstige Einkünfte, die nach dem Recht des Staates, in dem die ausschüttende Gesellschaft ansässig ist, den Einkünften aus Aktien steuerlich gleichgestellt sind, sowie Einkünfte aus Ausschüttungen auf Anteilscheine an einem deutschen Investmentvermögen.

(4) Die Absätze 1 und 2 sind nicht anzuwenden, wenn der in einem Vertragsstaat ansässige Nutzungsberechtigte im anderen Vertragsstaat, in dem die die Dividenden zahlende Gesellschaft ansässig ist, eine Geschäftstätigkeit durch eine dort gelegene Betriebsstätte ausübt und die Beteiligung, für die die Dividenden gezahlt werden, tatsächlich zu dieser Betriebsstätte gehört. In diesem Fall ist Artikel 7 anzuwenden.

(5) Erzielt eine in einem Vertragsstaat ansässige Gesellschaft Gewinne oder Einkünfte aus dem anderen Vertragsstaat, so darf dieser andere Staat weder die von der Gesellschaft gezahlten Dividenden besteuern, es sei denn, dass diese Dividenden an eine im anderen Staat ansässige Person gezahlt werden oder dass die Beteiligung, für die die Dividenden gezahlt werden, tatsächlich zu einer im anderen Staat gelegenen Betriebsstätte gehört, noch Gewinne der Gesellschaft einer Steuer für nicht ausgeschüttete Gewinne unterwerfen, selbst wenn die gezahlten Dividenden oder die nicht ausgeschütteten Gewinne ganz oder teilweise aus im anderen Staat erzielten Gewinnen oder Einkünften bestehen.

Artikel 11 Zinsen

(1) Zinsen, die aus einem Vertragsstaat stammen und deren Nutzungsberechtigter eine im anderen Vertragsstaat ansässige Person ist, können nur im anderen Staat besteuert werden.

(2) Der in diesem Artikel verwendete Ausdruck „Zinsen" bedeutet Einkünfte aus Forderungen jeder Art, auch wenn die Forderungen durch Pfandrechte an Grundstücken gesichert oder mit einer Beteiligung am Gewinn des Schuldners ausgestattet sind, und insbesondere Einkünfte aus öffentlichen Anleihen und aus Obligationen einschließlich der damit verbundenen Aufgelder und der Gewinne aus Losanleihen. Der Ausdruck Zinsen umfasst nicht die Einkünfte, die nach Artikel 10 als Dividenden behandelt werden. Zuschläge für verspätete Zahlung gelten nicht als Zinsen im Sinne dieses Artikels.

(3) Absatz 1 ist nicht anzuwenden, wenn der in einem Vertragsstaat ansässige Nutzungsberechtigte im anderen Vertragsstaat, aus dem die Zinsen stammen, eine Geschäftstätigkeit durch eine dort gelegene Betriebsstätte ausübt und die Forderung, für die die Zinsen gezahlt werden, tatsächlich zu dieser Betriebsstätte gehört. In diesem Fall ist Artikel 7 anzuwenden.

(4) Bestehen zwischen dem Schuldner und dem Nutzungsberechtigten oder zwischen jedem von ihnen und einem Dritten besondere Beziehungen und übersteigen deshalb die gezahlten Zinsen ungeachtet der Gründe den Betrag, den Schuldner und Nutzungsberechtigter ohne diese Beziehungen vereinbart hätten, so wird dieser Artikel nur auf den letzteren Betrag angewendet. In diesem Fall kann der übersteigende Betrag nach dem Recht eines jeden Vertragsstaats und unter Berücksichtigung der anderen Bestimmungen dieses Abkommens besteuert werden.

Artikel 12 Lizenzgebühren

(1) Lizenzgebühren, die aus einem Vertragsstaat stammen und deren Nutzungsberechtigter eine im anderen Vertragsstaat ansässige Person ist, können nur im anderen Staat besteuert werden.

(2) Der in diesem Artikel verwendete Ausdruck „Lizenzgebühren" bedeutet Vergütungen jeder Art, die für die Benutzung oder für das Recht auf Benutzung von Urheberrechten an literarischen, künstlerischen oder wissenschaftlichen Werken, einschließlich kinematografischer Filme, von Patenten, Marken, Mustern oder Modellen, Plänen, geheimen Formeln oder Verfahren oder für die Mitteilung gewerblicher, kaufmännischer oder wissenschaftlicher Erfahrungen gezahlt werden.

(3) Absatz 1 ist nicht anzuwenden, wenn der in einem Vertragsstaat ansässige Nutzungsberechtigte im anderen Vertragsstaat, aus dem die Lizenzgebühren stammen,

eine Geschäftstätigkeit durch eine dort gelegene Betriebsstätte ausübt und die Rechte oder Vermögenswerte, für die die Lizenzgebühren gezahlt werden, tatsächlich zu dieser Betriebsstätte gehören. In diesem Fall ist Artikel 7 dieses Abkommens anzuwenden.

(4) Bestehen zwischen dem Schuldner und dem Nutzungsberechtigten oder zwischen jedem von ihnen und einem Dritten besondere Beziehungen und übersteigen deshalb die Lizenzgebühren ungeachtet der Gründe den Betrag, den Schuldner und Nutzungsberechtigter ohne diese Beziehungen vereinbart hätten, so wird dieser Artikel nur auf den letzteren Betrag angewendet. In diesem Fall kann der übersteigende Betrag nach dem Recht eines jeden Vertragsstaats und unter Berücksichtigung der anderen Bestimmungen dieses Abkommens besteuert werden.

Artikel 13 Gewinne aus der Veräußerung von Vermögen

(1) Gewinne, die eine in einem Vertragsstaat ansässige Person aus der Veräußerung unbeweglichen Vermögens im Sinne des Artikels 6 erzielt, das im anderen Vertragsstaat liegt, können im anderen Staat besteuert werden.

(2) Gewinne, die eine in einem Vertragsstaat ansässige Person aus der Veräußerung von Aktien außer solchen, mit denen ein wesentlicher und regelmäßiger Handel an einer Börse stattfindet, oder vergleichbaren Anteilen an einer Gesellschaft oder einer anderen Personenvereinigung bezieht, deren Aktivvermögen zu mehr als 50 vom Hundert unmittelbar oder mittelbar aus unbeweglichem Vermögen besteht, das im anderen Vertragsstaat liegt, können im anderen Staat besteuert werden.

(3) Gewinne aus der Veräußerung beweglichen Vermögens, das Betriebsvermögen einer Betriebsstätte ist, die ein Unternehmen eines Vertragsstaats im anderen Vertragsstaat hat, einschließlich derartiger Gewinne, die bei der Veräußerung einer solchen Betriebsstätte (allein oder mit dem übrigen Unternehmen) erzielt werden, können im anderen Staat besteuert werden.

(4) Gewinne, die eine in einem Vertragsstaat ansässige Person aus der Veräußerung von Seeschiffen oder Luftfahrzeugen erzielt, die von einem Unternehmen dieses Staates im internationalen Verkehr betrieben werden, oder von beweglichem Vermögen, das dem Betrieb dieser Schiffe oder Luftfahrzeuge dient, können nur in diesem Staat besteuert werden.

(5) Gewinne aus der Veräußerung von in den Absätzen 1, 2 und 3 nicht genanntem Vermögen können nur in dem Vertragsstaat besteuert werden, in dem der Veräußerer ansässig ist.

Artikel 14 Einkünfte aus unselbständiger Arbeit

(1) Vorbehaltlich der Artikel 15, 17, 18 und 19 können Gehälter, Löhne und ähnliche Vergütungen, die eine in einem Vertragsstaat ansässige Person aus unselbständiger Arbeit bezieht, nur in diesem Staat besteuert werden, es sei denn, die Arbeit wird im anderen Vertragsstaat ausgeübt. Wird die Arbeit dort ausgeübt, so können die dafür bezogenen Vergütungen im anderen Staat besteuert werden.

(2) Ungeachtet des Absatzes 1 können Vergütungen, die eine in einem Vertragsstaat ansässige Person für eine im anderen Vertragsstaat ausgeübte unselbständige Arbeit bezieht, nur im erstgenannten Staat besteuert werden, wenn

a. der Empfänger sich im anderen Staat insgesamt nicht länger als 183 Tage innerhalb eines Zeitraums von 12 Monaten, der während des betreffenden Steuerjahres beginnt oder endet, aufhält und

b. die Vergütungen von einem Arbeitgeber oder für einen Arbeitgeber gezahlt werden, der nicht im anderen Staat ansässig ist, und

c. die Vergütungen nicht von einer Betriebsstätte getragen werden, die der Arbeitgeber im anderen Staat hat.

(3) Ungeachtet der vorstehenden Bestimmungen dieses Artikels können Vergütungen, die eine in einem Vertragsstaat ansässige Person für eine an Bord eines im internationalen Verkehr betriebenen Seeschiffs oder Luftfahrzeugs ausgeübte unselbständige Arbeit bezieht, nur in diesem Staat besteuert werden.

Artikel 15 Aufsichtsrats- oder Verwaltungsratsvergütungen

Aufsichtsrats- oder Verwaltungsratsvergütungen und ähnliche Zahlungen, die eine in einem Vertragsstaat ansässige Person in ihrer Eigenschaft als Mitglied des Aufsichts- oder Verwaltungsrats einer Gesellschaft bezieht, die im anderen Vertragsstaat ansässig ist, können im anderen Staat besteuert werden.

Artikel 16 Künstler und Sportler

(1) Ungeachtet der Artikel 7 und 14 können Einkünfte, die eine in einem Vertragsstaat ansässige Person als Künstler, wie Bühnen-, Film-, Rundfunk- und Fernsehkünstler sowie Musiker, oder als Sportler aus ihrer im anderen Vertragsstaat persönlich ausgeübten Tätigkeit bezieht, im anderen Staat besteuert werden.

(2) Fließen Einkünfte aus einer von einem Künstler oder Sportler in dieser Eigenschaft persönlich ausgeübten Tätigkeit nicht dem Künstler oder Sportler selbst, sondern einer anderen Person zu, so können diese Einkünfte ungeachtet der Artikel 7 und 14 in dem

Vertragsstaat besteuert werden, in dem der Künstler oder Sportler seine Tätigkeit ausübt.

(3) Die Absätze 1 und 2 gelten nicht für Einkünfte aus der von Künstlern oder Sportlern in einem Vertragsstaat ausgeübten Tätigkeit, wenn der Aufenthalt in diesem Staat ganz oder überwiegend aus öffentlichen Mitteln des anderen Vertragsstaats, einem seiner Länder oder einer Gebietskörperschaft eines Landes oder eines Vertragsstaats oder von einer im anderen Staat als gemeinnützig anerkannten Einrichtung finanziert wird. In diesem Fall können die Einkünfte nur in dem Vertragsstaat besteuert werden, in dem die Person ansässig ist.

Artikel 17 Ruhegehälter, Renten und ähnliche Vergütungen

(1) Vorbehaltlich des Artikels 18 Absatz 2 können Ruhegehälter, ähnliche Vergütungen oder Renten, die aus einem Vertragsstaat stammen und an eine im anderen Vertragsstaat ansässige Person gezahlt werden, nur in diesem anderen Staat besteuert werden.

(2) Vergütungen, die aufgrund der Sozialversicherungsgesetzgebung eines Vertragsstaats gezahlt werden, können abweichend von Absatz 1 nur in diesem Staat besteuert werden.

(3) Die aus einem Vertragsstaat stammenden Ruhegehälter, ähnlichen Vergütungen oder Renten, die ganz oder teilweise auf Beiträgen beruhen, die in diesem Staat länger als 15 Jahre

a. nicht zu den steuerpflichtigen Einkünften aus unselbständiger Arbeit gehörten oder

b. steuerlich abziehbar waren oder

c. in anderer Weise einer Steuervergünstigung unterlagen,

können abweichend von Absatz 1 nur in diesem Staat besteuert werden. Dieser Absatz ist nicht anzuwenden, wenn dieser Staat die Ruhegehälter, ähnlichen Vergütungen oder Renten tatsächlich nicht besteuert, wenn die Steuervergünstigung aus irgendeinem Grund zurückgefordert wurde oder wenn die 15-Jahre-Bedingung in beiden Vertragsstaaten erfüllt ist.

(4) Wiederkehrende und einmalige Vergütungen, die ein Vertragsstaat oder eine seiner Gebietskörperschaften an eine im anderen Vertragsstaat ansässige Person als Entschädigung für politische Verfolgung oder für Unrecht oder Schäden aufgrund von Kriegshandlungen (einschließlich Wiedergutmachungsleistungen) oder des Wehr- oder Zivildienstes oder eines Verbrechens, einer Impfung oder ähnlicher Vorkommnisse zahlt, können abweichend von Absatz 1 nur im erstgenannten Staat besteuert werden.

(5) Der Ausdruck „Renten“ bedeutet bestimmte Beträge, die regelmäßig zu festgesetzten Zeitpunkten auf Lebenszeit oder während eines bestimmten oder bestimmbaren Zeitabschnitts aufgrund einer Verpflichtung zahlbar sind, die diese Zahlungen als Gegenleistung für eine in Geld oder Geldeswert bewirkte angemessene Leistung vorsieht.

Artikel 18 Öffentlicher Dienst

(1) Gehälter, Löhne und ähnliche Vergütungen, die von einem Vertragsstaat, einem seiner Länder oder einer Gebietskörperschaft eines Landes oder eines Vertragsstaats oder einer anderen juristischen Person des öffentlichen Rechts dieses Staates an eine natürliche Person für die diesem Staat, einem seiner Länder, einer ihrer Gebietskörperschaften oder einer anderen juristischen Person des öffentlichen Rechts geleisteten Dienste gezahlt werden, können nur in diesem Staat besteuert werden. Diese Gehälter, Löhne und ähnlichen Vergütungen können jedoch nur im anderen Vertragsstaat besteuert werden, wenn die Dienste in diesem Staat geleistet werden und die natürliche Person in diesem Staat ansässig ist und ein Staatsangehöriger dieses Staates ist, ohne dass sie ebenfalls ein Staatsangehöriger des erstgenannten Staates ist.

(2) Ruhegehälter und ähnliche Vergütungen, die von einem Vertragsstaat, einem seiner Länder oder einer Gebietskörperschaft eines Landes oder eines Vertragsstaats oder einer anderen juristischen Person des öffentlichen Rechts dieses Staates oder aus von diesem Staat, einem seiner Länder, einer ihrer Gebietskörperschaften oder einer anderen juristischen Person des öffentlichen Rechts errichtetem Sondervermögen an eine natürliche Person für die diesem Staat, einem seiner Länder, einer ihrer Gebietskörperschaften oder einer anderen juristischen Person des öffentlichen Rechts geleisteten Dienste gezahlt werden, können abweichend von Absatz 1 nur in diesem Staat besteuert werden. Diese Ruhegehälter und ähnlichen Vergütungen können jedoch nur im anderen Vertragsstaat besteuert werden, wenn die natürliche Person in diesem Staat ansässig und ein Staatsangehöriger dieses Staates ist.

(3) Auf Gehälter, Löhne, Ruhegehälter und ähnliche Vergütungen für Dienstleistungen, die im Zusammenhang mit einer Geschäftstätigkeit eines Vertragsstaats, eines seiner Länder, einer ihrer Gebietskörperschaften oder einer anderen juristischen Person des öffentlichen Rechts dieses Staates erbracht werden, sind die Artikel 14, 15, 16 und 17 anzuwenden.

(4) Die Absätze 1 und 2 sind auch für Löhne, Gehälter, Ruhegehälter und ähnliche Vergütungen anzuwenden, die an natürliche Personen für Dienste gezahlt werden, die dem Goethe-Institut, dem Deutschen Akademischen Austauschdienst (DAAD) und anderen ähnlichen von den zuständigen Behörden der Vertragsstaaten im gegenseitigen Einvernehmen bestimmten Einrichtungen geleistet werden.

Artikel 19 Gastprofessoren, Lehrer und Studenten

(1) Eine natürliche Person, die sich höchstens zwei Jahre lang zur Ausübung einer Lehr- oder Forschungstätigkeit oder im Rahmen eines amtlichen Kulturaustausches an einer Universität, Hochschule, Schule, einem Museum oder einer anderen Kultur- oder Bildungseinrichtung in einem Vertragsstaat aufhält und die im anderen Vertragsstaat ansässig ist oder dort unmittelbar vor der Einreise in den erstgenannten Staat ansässig war, ist im erstgenannten Staat mit ihren für diese Tätigkeit bezogenen Vergütungen von der Steuer befreit, vorausgesetzt, dass diese Vergütungen von außerhalb dieses Staates bezogen werden.

(2) Zahlungen, die ein Student, Praktikant oder Lehrling, der sich in einem Vertragsstaat ausschließlich zum Studium oder zur Ausbildung aufhält und der im anderen Vertragsstaat ansässig ist oder dort unmittelbar vor der Einreise in den erstgenannten Staat ansässig war, für seinen Unterhalt, sein Studium oder seine Ausbildung erhält, dürfen im erstgenannten Staat nicht besteuert werden, sofern diese Zahlungen aus Quellen außerhalb dieses Staates stammen.

Artikel 20 Tätigkeiten vor der Küste

(1) Dieser Artikel findet unbeschadet anderer Bestimmungen dieses Abkommens Anwendung.

(2) Bei einem Unternehmen eines Vertragsstaats, das im anderen Vertragsstaat im Zusammenhang mit der Erforschung oder Ausbeutung des Meeresbodens, des Meeresuntergrunds und ihrer natürlichen Ressourcen Tätigkeiten vor der Küste in Gebieten ausübt, die nach dem Völkerrecht der Hoheitsbefugnis des anderen Vertragsstaats unterliegen, wird vorbehaltlich der Absätze 3 und 5 bezüglich dieser Tätigkeiten davon ausgegangen, dass es im anderen Vertragsstaat eine Geschäftstätigkeit durch eine dort gelegene Betriebsstätte ausübt; dies gilt nicht für die Anwendung des Artikels 14 Absatz 2.

(3) Absatz 2 ist nicht anzuwenden, wenn die darin genannten Tätigkeiten in den in diesem Absatz bezeichneten Gebieten für die Dauer eines Zeitraums ausgeübt werden, der

a. bei Tätigkeiten in Zusammenhang mit der Erforschung insgesamt 90 Tage innerhalb eines Zeitraums von zwölf Monaten, der während des betreffenden Steuerjahres beginnt oder endet, und

b. bei Tätigkeiten in Zusammenhang mit der Ausbeutung insgesamt 30 Tage innerhalb eines Zeitraums von zwölf Monaten, der während des betreffenden Steuerjahres beginnt oder endet,

nicht übersteigt.

(4) Ist jedoch ein Unternehmen, das Tätigkeiten nach Absatz 2 in den bezeichneten Gebieten ausübt, mit einem anderen Unternehmen verbunden, das dort Tätigkeiten im Wesentlichen ähnlicher Art ausübt, so wird im Sinne des Absatzes 3 davon ausgegangen, dass das erstgenannte Unternehmen alle diese Tätigkeiten des letztgenannten Unternehmens ausübt, es sei denn, diese Tätigkeiten werden zur gleichen Zeit wie seine eigenen Tätigkeiten ausgeübt. Ein Unternehmen gilt als mit einem anderen Unternehmen verbunden, wenn das eine unmittelbar oder mittelbar der Kontrolle des anderen unterliegt beziehungsweise beide unmittelbar oder mittelbar der Kontrolle eines Dritten oder mehrerer Dritter unterliegen.

(5) Gewinne, die eine in einem Vertragsstaat ansässige Person aus der Beförderung von Hilfs- und Betriebsstoffen oder Mitarbeitern an einen Ort bezieht, an dem Tätigkeiten in Zusammenhang mit der Erforschung oder Ausbeutung des Meeresbodens, des Meeresuntergrunds und ihrer natürlichen Ressourcen in Gebieten ausgeübt werden, die der Hoheitsbefugnis eines Vertragsstaats unterliegen, oder aus dem Betrieb von Schleppern oder ähnlichen Seefahrzeugen in Zusammenhang mit diesen Tätigkeiten, können nur in dem Vertragsstaat besteuert werden, in dem die Person ansässig ist.

Artikel 21 Andere Einkünfte

(1) Einkünfte, deren Nutzungsberechtigter eine in einem Vertragsstaat ansässige Person ist und die in den vorstehenden Artikeln nicht behandelt wurden, können ohne Rücksicht auf ihre Herkunft nur in diesem Staat besteuert werden.

(2) Ungeachtet des Absatzes 1 finden die folgenden Bestimmungen Anwendung auf Einkünfte, die aus einem Treuhandvermögen oder einer Nachlassverwaltung gezahlt werden:

Werden diese Einkünfte von im Vereinigten Königreich ansässigen Treuhändern oder persönlichen Vertretern an einen in Deutschland ansässigen Begünstigten aus Einkünften dieser Treuhänder oder persönlichen Vertreter gezahlt, die bei Ansässigkeit dieser Treuhänder oder persönlichen Vertreter in Deutschland unter andere Artikel dieses Abkommens fallen würden, wird der Begünstigte so behandelt, als habe er einen Teil der Einkünfte der Treuhänder oder persönlichen Vertreter bezogen, dessen Höhe den von ihm bezogenen Einkünften entspricht, und von den Treuhändern oder persönlichen Vertretern auf diesen Betrag entrichtete Steuern gelten als vom Begünstigten entrichtet.

(3) Absatz 1 ist auf andere Einkünfte als solche aus unbeweglichem Vermögen im Sinne des Artikels 6 Absatz 2 nicht anzuwenden, wenn der in einem Vertragsstaat ansässige Empfänger im anderen Vertragsstaat eine Geschäftstätigkeit durch eine dort gelegene Betriebsstätte ausübt und die Rechte oder Vermögenswerte, für die die Einkünfte ge-

zahlt werden, tatsächlich zu dieser Betriebsstätte gehören. In diesem Fall ist Artikel 7 anzuwenden.

(4) Bestehen zwischen der in Absatz 1 bezeichneten Person und einer anderen Person oder zwischen jedem von ihnen und einem Dritten besondere Beziehungen und übersteigen deshalb die in Absatz 1 bezeichneten Einkünfte den Betrag (sofern zutreffend), den diese Personen ohne diese Beziehungen vereinbart hätten, so wird dieser Artikel nur auf den letztgenannten Betrag angewendet. In diesem Fall kann der übersteigende Betrag nach dem Recht eines jeden Vertragsstaats und unter Berücksichtigung der anderen anwendbaren Bestimmungen dieses Abkommens besteuert werden.

Artikel 22 Vermögen

(1) Unbewegliches Vermögen im Sinne des Artikels 6, das einer in einem Vertragsstaat ansässigen Person gehört und im anderen Vertragsstaat liegt, kann im anderen Staat besteuert werden.

(2) Bewegliches Vermögen, das Betriebsvermögen einer Betriebsstätte ist, die ein Unternehmen eines Vertragsstaates im anderen Vertragsstaat hat, kann im anderen Staat besteuert werden.

(3) Seeschiffe oder Luftfahrzeuge, die im internationalen Verkehr betrieben werden, und bewegliches Vermögen, das dem Betrieb dieser Schiffe oder Luftfahrzeuge dient, können nur in dem Vertragsstaat besteuert werden, in dem nach Artikel 8 die Gewinne besteuert werden können.

(4) Alle anderen Vermögensteile einer in einem Vertragsstaat ansässigen Person können nur in diesem Staat besteuert werden.

Artikel 23 Vermeidung der Doppelbesteuerung

(1) Bei einer in Deutschland ansässigen Person wird die Steuer wie folgt festgesetzt:

a. Von der Bemessungsgrundlage der deutschen Steuer werden die Einkünfte aus dem Vereinigten Königreich sowie die im Vereinigten Königreich gelegenen Vermögenswerte ausgenommen, die nach diesem Abkommen im Vereinigten Königreich tatsächlich besteuert werden und nicht unter Buchstabe b fallen.

   Für Einkünfte aus Dividenden gelten die vorstehenden Bestimmungen nur dann, wenn diese Dividenden an eine in Deutschland ansässige Gesellschaft (jedoch nicht an eine Personengesellschaft) von einer im Vereinigten Königreich ansässigen Gesellschaft gezahlt werden, deren Kapital zu mindestens 10 vom Hundert unmittelbar der deutschen Gesellschaft gehört, und bei der Ermittlung der Gewinne der ausschüttenden Gesellschaft nicht abgezogen worden sind.

Für die Zwecke der Steuern vom Vermögen werden von der Bemessungsgrundlage der deutschen Steuer ebenfalls Beteiligungen ausgenommen, deren Ausschüttungen, falls solche gezahlt würden, nach den vorhergehenden Sätzen von der Steuerbemessungsgrundlage auszunehmen wären.

b. Auf die deutsche Steuer vom Einkommen für die folgenden Einkünfte wird unter Beachtung der Vorschriften des deutschen Steuerrechts über die Anrechnung ausländischer Steuern die Steuer des Vereinigten Königreichs angerechnet, die nach dem Recht des Vereinigten Königreichs und in Übereinstimmung mit diesem Abkommen für diese Einkünfte gezahlt worden ist:

   aa) Dividenden, die nicht unter Buchstabe a fallen;

   bb) Einkünfte, die nach Artikel 13 Absatz 2 (Veräußerungsgewinne) im Vereinigten Königreich besteuert werden können;

   cc) Aufsichtsrats- und Verwaltungsratsvergütungen;

   dd) Einkünfte, die nach Artikel 16 (Künstler und Sportler) im Vereinigten Königreich besteuert werden können.

c. Statt der Bestimmungen des Buchstabens a sind die Bestimmungen des Buchstabens b anzuwenden auf Einkünfte im Sinne der Artikel 7 und 10 und die diesen Einkünften zugrunde liegenden Vermögenswerte, wenn die in Deutschland ansässige Person nicht nachweist, dass die Betriebsstätte in dem Wirtschaftsjahr, in dem sie den Gewinn erzielt hat, oder die im Vereinigten Königreich ansässige Gesellschaft in dem Wirtschaftsjahr, für das sie die Ausschüttung vorgenommen hat, ihre Bruttoerträge ausschließlich oder fast ausschließlich aus unter § 8 Absatz 1 des deutschen Außensteuergesetzes fallenden Tätigkeiten bezogen hat; Gleiches gilt für unbewegliches Vermögen, das einer Betriebsstätte dient, und die daraus erzielten Einkünfte (Artikel 6 Absatz 4) sowie für die Gewinne aus der Veräußerung dieses unbeweglichen Vermögens (Artikel 13 Absatz 1) und des beweglichen Vermögens, das Betriebsvermögen der Betriebsstätte darstellt (Artikel 13 Absatz 3).

d. Deutschland behält aber das Recht, die nach den Bestimmungen dieses Abkommens von der deutschen Steuer ausgenommenen Einkünfte und Vermögenswerte bei der Festsetzung seines Steuersatzes zu berücksichtigen.

e. Ungeachtet der Bestimmungen des Buchstabens a wird die Doppelbesteuerung durch Steueranrechnung nach Buchstabe b vermieden, wenn

   aa) in den Vertragsstaaten Einkünfte oder Vermögen unterschiedlichen Abkommensbestimmungen zugeordnet oder verschiedenen Personen zugerechnet werden (außer nach Artikel 9) und dieser Konflikt sich nicht durch ein Verfahren nach Artikel 26 Absatz 3 regeln lässt und wenn aufgrund dieser unterschiedlichen Zuordnung oder Zurechnung die betreffenden Einkünfte oder Vermögenswerte unbesteuert blieben oder niedriger als ohne diesen Konflikt besteuert würden; oder

bb) Deutschland nach gehöriger Konsultation mit der zuständigen Behörde des Vereinigten Königreichs auf diplomatischem Weg dem Vereinigten Königreich andere Einkünfte notifiziert, bei denen Deutschland die Anrechnungsmethode nach Buchstabe b anzuwenden beabsichtigt. Die Doppelbesteuerung wird für die notifizierten Einkünfte durch Steueranrechnung vom ersten Tag des Kalenderjahres vermieden, das auf das Kalenderjahr folgt, in dem die Notifikation übermittelt wurde.

(2) Im Rahmen der Rechtsvorschriften des Vereinigten Königreichs über die Anrechnung der in einem Gebiet außerhalb des Vereinigten Königreichs zu zahlenden Steuer auf die Steuer des Vereinigten Königreichs (jedoch unbeschadet der hierin enthaltenen allgemeinen Grundsätze) wird folgende Steueranrechnung gewährt:

a. Die nach dem Recht Deutschlands und in Übereinstimmung mit diesem Abkommen von Gewinnen, Einkünften oder steuerpflichtigen Veräußerungsgewinnen aus Quellen innerhalb Deutschlands unmittelbar oder im Abzugswege zu zahlende deutsche Steuer (bei Dividenden aber nicht die Steuer von den Gewinnen, aus denen die Dividenden gezahlt werden) wird auf die Steuern des Vereinigten Königreichs angerechnet, die anhand der Gewinne, Einkünfte oder steuerpflichtigen Veräußerungsgewinne berechnet werden, die der Berechnung der deutschen Steuer dienen;

b. Bei Dividenden, die von einer in Deutschland ansässigen Gesellschaft an eine im Vereinigten Königreich ansässige Gesellschaft gezahlt werden, welcher unmittelbar oder mittelbar mindestens 10 vom Hundert der stimmberechtigten Anteile der die Dividenden auszahlenden Gesellschaft gehören, wird in die Anrechnung (neben den nach Buchstabe a anrechnungsfähigen deutschen Steuern) auch die deutsche Steuer einbezogen, die die Gesellschaft von den Gewinnen zu entrichten hat, aus denen die Dividenden gezahlt werden.

(3) Für Zwecke des Absatzes 2 gelten Gewinne, Einkünfte und Veräußerungsgewinne einer im Vereinigten Königreich ansässigen Person, die nach diesem Abkommen in Deutschland besteuert werden können, als aus deutschen Quellen stammend.

Artikel 24 Einschränkung der Abkommensvergünstigung

Gilt nach diesem Abkommen für Einkünfte oder Gewinne in einem Vertragsstaat eine Steuervergünstigung und ist nach dem im anderen Vertragsstaat geltenden Recht eine Person hinsichtlich dieser Einkünfte oder Gewinne mit dem Betrag dieser Einkünfte oder Gewinne steuerpflichtig, der in den anderen Staat überwiesen oder dort bezogen wird, nicht aber unter Zugrundelegung des Gesamtbetrags dieser Einkünfte oder Gewinne, so ist die nach diesem Abkommen im erstgenannten Staat zu gewährende Steuervergünstigung nur auf den Teil der Einkünfte oder Gewinne anzuwenden, der in dem anderen Staat besteuert wird.

Artikel 25 Gleichbehandlung

(1) Staatsangehörige eines Vertragsstaats dürfen im anderen Vertragsstaat keiner Besteuerung oder damit zusammenhängenden Verpflichtung unterworfen werden, die anders oder belastender ist als die Besteuerung und die damit zusammenhängenden Verpflichtungen, denen Staatsangehörige des anderen Staates unter gleichen Verhältnissen insbesondere hinsichtlich der Ansässigkeit unterworfen sind oder unterworfen werden können.

(2) Staatenlose, die in einem Vertragsstaat ansässig sind, dürfen in keinem Vertragsstaat einer Besteuerung oder damit zusammenhängenden Verpflichtung unterworfen werden, die anders oder belastender ist als die Besteuerung und die damit zusammenhängenden Verpflichtungen, denen Staatsangehörige des betreffenden Staates unter gleichen Verhältnissen unterworfen sind oder unterworfen werden können.

(3) Die Besteuerung einer Betriebsstätte, die ein Unternehmen eines Vertragsstaats im anderen Vertragsstaat hat, darf im anderen Staat nicht ungünstiger sein als die Besteuerung von Unternehmen des anderen Staates, die die gleiche Tätigkeit ausüben.

(4) Sofern nicht Artikel 9 Absatz 1, Artikel 11 Absatz 4, Artikel 12 Absatz 4 oder Artikel 21 Absatz 4 anzuwenden ist, sind Zinsen, Lizenzgebühren und andere Entgelte, die ein Unternehmen eines Vertragsstaats an eine im anderen Vertragsstaat ansässige Person zahlt, bei der Ermittlung der steuerpflichtigen Gewinne dieses Unternehmens unter den gleichen Bedingungen wie Zahlungen an eine im erstgenannten Staat ansässige Person zum Abzug zuzulassen. Desgleichen sind Schulden, die ein Unternehmen eines Vertragsstaats gegenüber einer im anderen Vertragsstaat ansässigen Person hat, bei der Ermittlung des steuerpflichtigen Vermögens dieses Unternehmens unter den gleichen Bedingungen wie Schulden gegenüber einer im erstgenannten Staat ansässigen Person zum Abzug zuzulassen.

(5) Unternehmen eines Vertragsstaats, deren Kapital ganz oder teilweise unmittelbar oder mittelbar einer im anderen Vertragsstaat ansässigen Person oder mehreren solchen Personen gehört oder ihrer Kontrolle unterliegt, dürfen im erstgenannten Staat keiner Besteuerung oder damit zusammenhängenden Verpflichtung unterworfen werden, die anders oder belastender ist als die Besteuerung und die damit zusammenhängenden Verpflichtungen, denen andere ähnliche Unternehmen des erstgenannten Staates unterworfen sind oder unterworfen werden können.

(6) Dieser Artikel ist nicht so auszulegen, als verpflichte er einen der beiden Vertragsstaaten, nicht in diesem Staat ansässigen natürlichen Personen Steuerfreibeträge, -vergünstigungen und -ermäßigungen zu gewähren, die er ansässigen natürlichen Personen oder seinen Staatsangehörigen gewährt.

(7) Dieser Artikel gilt für die Steuern, die Gegenstand dieses Abkommens sind.

Artikel 26 Verständigungsverfahren

(1) Ist eine Person der Auffassung, dass Maßnahmen eines Vertragsstaats oder beider Vertragsstaaten für sie zu einer Besteuerung führen oder führen werden, die diesem Abkommen nicht entspricht, so kann sie unbeschadet der nach dem innerstaatlichen Recht dieser Staaten vorgesehenen Rechtsmittel ihren Fall der zuständigen Behörde des Vertragsstaats, in dem sie ansässig ist, oder, sofern ihr Fall von Artikel 25 Absatz 1 erfasst wird, der zuständigen Behörde des Vertragsstaats unterbreiten, dessen Staatsangehöriger sie ist. Der Fall ist innerhalb von drei Jahren ab der ersten Mitteilung der Maßnahme zu unterbreiten, die zu einer dem Abkommen nicht entsprechenden Besteuerung führt, oder, bei späterer Unterbreitung, innerhalb von sechs Jahren nach Ablauf des Steuerjahrs oder Veranlagungszeitraums, für den die Steuern erhoben oder vorgesehen werden.

(2) Hält die zuständige Behörde die Einwendung für begründet und ist sie selbst nicht in der Lage, eine befriedigende Lösung herbeizuführen, so wird sie sich bemühen, den Fall durch Verständigung mit der zuständigen Behörde des anderen Vertragsstaats so zu regeln, dass eine dem Abkommen nicht entsprechende Besteuerung vermieden wird. Die Verständigungsregelung ist ungeachtet der Fristen des innerstaatlichen Rechts der Vertragsstaaten durchzuführen.

(3) Die zuständigen Behörden der Vertragsstaaten werden sich bemühen, Schwierigkeiten oder Zweifel, die bei der Auslegung oder Anwendung des Abkommens entstehen, in gegenseitigem Einvernehmen zu beseitigen. Sie können auch gemeinsam darüber beraten, wie eine Doppelbesteuerung in Fällen vermieden werden kann, die im Abkommen nicht behandelt sind.

(4) Die zuständigen Behörden der Vertragsstaaten können zur Herbeiführung einer Einigung im Sinne der vorstehenden Absätze unmittelbar miteinander verkehren.

(5) Wenn

a. eine Person der zuständigen Behörde eines Vertragsstaats nach Absatz 1 einen Fall vorgelegt hat, weil die Maßnahmen eines oder beider Vertragsstaaten für sie zu einer dem Abkommen nicht entsprechenden Besteuerung geführt haben, und

b. die zuständigen Behörden sich innerhalb von zwei Jahren ab Vorlage des Falls bei der zuständigen Behörde des anderen Vertragsstaats erfolglos um eine Einigung zur Regelung des Falls nach Absatz 2 bemüht haben,

werden noch offene Fragen des Falls auf Antrag der Person einem Schiedsverfahren unterworfen. Die noch offenen Fragen werden jedoch nicht dem Schiedsverfahren unterworfen, wenn ein Gericht oder ein Verwaltungsgericht eines Vertragsstaats bereits in diesen Fragen entschieden hat. Diese Entscheidung ist für beide Vertragsstaaten verbindlich und ungeachtet der Verjährungsfristen des innerstaatlichen Rechts dieser Staaten umzusetzen, es sei denn, eine unmittelbar von dem Fall betroffene Person erkennt die Einigung über die Durchführung der Entscheidung des Schiedsgerichts nicht an. Die zuständigen Behörden der Vertragsstaaten regeln in gegenseitigem Einvernehmen, wie dieser Absatz durchzuführen ist.

Artikel 27 Informationsaustausch

(1) Die zuständigen Behörden der Vertragsstaaten tauschen die Informationen aus, die zur Durchführung dieses Abkommens oder zur Verwaltung oder Durchsetzung des innerstaatlichen Rechts betreffend Steuern jeder Art und Bezeichnung, die für Rechnung der Vertragsstaaten oder ihrer Gebietskörperschaften erhoben werden, voraussichtlich erheblich sind, insbesondere zur Verhinderung von Steuerhinterziehung und zur besseren Handhabung gesetzlicher Vorschriften gegen Steuergestaltung, soweit die diesem Recht entsprechende Besteuerung nicht dem Abkommen widerspricht. Der Informationsaustausch ist durch Artikel 1 und 2 nicht eingeschränkt.

(2) Alle Informationen, die ein Vertragsstaat nach Absatz 1 erhalten hat, sind ebenso geheim zu halten wie die aufgrund des innerstaatlichen Rechts dieses Staates beschafften Informationen und dürfen nur den Personen oder Behörden (einschließlich der Gerichte und Verwaltungsbehörden) zugänglich gemacht werden, die mit der Veranlagung oder Erhebung, der Vollstreckung oder Strafverfolgung, der Entscheidung über Rechtsmittel hinsichtlich der in Absatz 1 genannten Steuern oder mit der Aufsicht darüber befasst sind. Diese Personen oder Behörden dürfen die Informationen nur für diese Zwecke verwenden. Sie dürfen die Auskünfte in einem öffentlichen Gerichtsverfahren oder für eine Gerichtsentscheidung offen legen. Ungeachtet der vorstehenden Bestimmungen können die Informationen für andere Zwecke verwendet werden, wenn sie nach dem Recht beider Staaten für diese anderen Zwecke verwendet werden können und die zuständige Behörde des übermittelnden Staates dieser Verwendung zugestimmt hat.

(3) Absätze 1 und 2 sind nicht so auszulegen, als verpflichteten sie einen Vertragsstaat,

a. Verwaltungsmaßnahmen durchzuführen, die von den Gesetzen und der Verwaltungspraxis dieses oder des anderen Vertragsstaats abweichen;

b. Informationen zu erteilen, die nach den Gesetzen oder im üblichen Verwaltungsverfahren dieses oder des anderen Vertragsstaats nicht beschafft werden können;

c. Informationen zu erteilen, die ein Handels-, Industrie-, Gewerbe- oder Berufsgeheimnis oder ein Geschäftsverfahren preisgeben würden oder deren Erteilung der öffentlichen Ordnung widerspräche.

(4) Ersucht ein Vertragsstaat gemäß diesem Artikel um Informationen, so nutzt der andere Vertragsstaat die ihm zur Verfügung stehenden Möglichkeiten zur Beschaffung der erbetenen Informationen, selbst wenn er diese Informationen für seine eigenen steuerlichen Zwecke nicht benötigt. Die in Satz 1 enthaltene Verpflichtung unterliegt den Beschränkungen nach Absatz 3, aber diese Beschränkungen sind in keinem Fall so auszulegen, als könne ein Vertragsstaat die Erteilung von Informationen nur deshalb ablehnen, weil er kein innerstaatliches Interesse an diesen Informationen hat.

(5) Absatz 3 ist in keinem Fall so auszulegen, als könne ein Vertragsstaat die Erteilung von Informationen nur deshalb ablehnen, weil sich die Informationen bei einer Bank, einem sonstigen Finanzinstitut, einem Bevollmächtigten, Vertreter oder Treuhänder befinden oder weil sie sich auf das Eigentum an einer Person beziehen.

Artikel 28 Amtshilfe bei der Erhebung von Steuern

(1) Die Vertragsstaaten leisten sich gegenseitige Amtshilfe bei der Erhebung von Steueransprüchen. Diese Amtshilfe ist durch Artikel 1 und 2 nicht eingeschränkt. Die zuständigen Behörden der Vertragsstaaten können in gegenseitigem Einvernehmen regeln, wie dieser Artikel durchzuführen ist.

(2) Der in diesem Artikel verwendete Ausdruck „Steueranspruch" bedeutet einen Betrag, der aufgrund von Steuern jeder Art und Bezeichnung, die für Rechnung der Vertragsstaaten, eines Landes oder einer Gebietskörperschaft eines Landes oder eines Vertragsstaats erhoben werden, geschuldet wird, soweit die Besteuerung diesem Abkommen oder anderen Übereinkünften, denen die Vertragsstaaten als Vertragsparteien angehören, nicht widerspricht, sowie mit diesem Betrag zusammenhängende Zinsen, Geldbußen und Kosten der Erhebung oder Sicherung.

(3) Ist der steuerliche Anspruch eines Vertragsstaats nach dem Recht dieses Staates vollstreckbar und wird er von einer Person geschuldet, die zu diesem Zeitpunkt nach dem Recht dieses Staates die Erhebung nicht verhindern kann, wird dieser steuerliche Anspruch auf Ersuchen der zuständigen Behörde dieses Staates von der zuständigen

Behörde des anderen Vertragsstaats für die Zwecke der Erhebung anerkannt. Der Steueranspruch wird vom anderen Staat nach dessen Rechtsvorschriften über die Vollstreckung und Erhebung seiner eigenen Steuern erhoben, als handele es sich bei dem Steueranspruch um einen Steueranspruch des anderen Staates.

(4) Handelt es sich bei dem Steueranspruch eines Vertragsstaats um einen Anspruch, bei dem dieser Staat nach seinem Recht Maßnahmen zur Sicherung der Erhebung einleiten kann, wird dieser Steueranspruch auf Ersuchen der zuständigen Behörde dieses Staates zum Zwecke der Einleitung von Sicherungsmaßnahmen von der zuständigen Behörde des anderen Vertragsstaats anerkannt. Der andere Staat leitet nach seinen Rechtsvorschriften Sicherungsmaßnahmen in Bezug auf diesen Steueranspruch ein, als wäre der Steueranspruch ein Steueranspruch dieses anderen Staates, selbst wenn der Steueranspruch im Zeitpunkt der Einleitung dieser Maßnahmen im erstgenannten Staat nicht vollstreckbar ist oder von einer Person geschuldet wird, die berechtigt ist, die Erhebung zu verhindern.

(5) Ungeachtet der Absätze 3 und 4 unterliegt ein von einem Vertragsstaat für Zwecke der Absätze 3 oder 4 anerkannter Steueranspruch als solcher in diesem Staat nicht den Verjährungsfristen oder den Vorschriften über die vorrangige Behandlung eines Steueranspruchs nach dem Recht dieses Staates. Ferner hat ein Steueranspruch, der von einem Vertragsstaat für Zwecke der Absätze 3 oder 4 anerkannt wurde, in diesem Staat nicht den Vorrang, den dieser Steueranspruch nach dem Recht des anderen Vertragsstaats hat.

(6) Verfahren im Zusammenhang mit dem Bestehen, der Gültigkeit oder der Höhe des Steueranspruchs eines Vertragsstaats können nicht bei den Gerichten oder Verwaltungsbehörden des anderen Vertragsstaats eingeleitet werden.

(7) Verliert der betreffende Steueranspruch, nachdem das Ersuchen eines Vertragsstaats nach den Absätzen 3 oder 4 gestellt wurde und bevor der andere Vertragsstaat den betreffenden Steueranspruch erhoben und an den erstgenannten Staat ausgezahlt hat,

a. im Falle eines Ersuchens nach Absatz 3 seine Eigenschaft als Steueranspruch des erstgenannten Staates, der nach dem Recht dieses Staates vollstreckbar ist und von einer Person geschuldet wird, die zu diesem Zeitpunkt nach dem Recht dieses Staates die Erhebung nicht verhindern kann, oder

b. im Falle eines Ersuchens nach Absatz 4 seine Eigenschaft als Steueranspruch des erstgenannten Staates, für den dieser Staat nach seinem Recht Maßnahmen zur Sicherung der Erhebung einleiten kann, teilt die zuständige Behörde des erstgenannten Staates dies der zuständigen Behörde des anderen Staates unverzüglich mit und nach Wahl des anderen Staates setzt der erstgenannte Staat das Ersuchen entweder aus oder nimmt es zurück.

(8) Dieser Artikel ist nicht so auszulegen, als verpflichte er einen Vertragsstaat,

a. Verwaltungsmaßnahmen durchzuführen, die von den Gesetzen und der Verwaltungspraxis dieses oder des anderen Vertragsstaats abweichen;

b. Maßnahmen durchzuführen, die der öffentlichen Ordnung widersprächen;

c. Amtshilfe zu leisten, wenn der andere Vertragsstaat nicht alle angemessenen Maßnahmen zur Erhebung oder Sicherung, die nach seinen Gesetzen oder seiner Verwaltungspraxis möglich sind, ausgeschöpft hat,

d. Amtshilfe in Fällen zu leisten, in denen der Verwaltungsaufwand für diesen Staat in einem eindeutigen Missverhältnis zu dem Nutzen steht, den der andere Vertragsstaat dadurch erlangt,

e. Amtshilfe zu leisten, wenn die Steuern, für die die Amtshilfe erbeten wird, nach Auffassung dieses Staates entgegen allgemein anerkannten Besteuerungsgrundsätzen erhoben werden.

Artikel 29 Verfahrensregeln für die Quellenbesteuerung

(1) Werden in einem Vertragsstaat die Steuern von Dividenden, Zinsen, Lizenzgebühren oder sonstigen von einer im anderen Vertragsstaat ansässigen Person bezogenen Einkünften im Abzugsweg erhoben, so wird das Recht des erstgenannten Staates zur Vornahme des Steuerabzugs zu dem nach seinem innerstaatlichen Recht vorgesehenen Satz durch dieses Abkommen nicht berührt. Die im Abzugsweg erhobene Steuer ist auf Antrag des Steuerpflichtigen zu erstatten, wenn und soweit sie durch dieses Abkommen ermäßigt oder aufgehoben wird.

(2) Die Anträge auf Erstattung müssen vor dem Ende des vierten auf das Steuerjahr der Festsetzung der Abzugsteuer auf die Dividenden, Zinsen, Lizenzgebühren oder anderen Einkünfte folgenden Jahres eingereicht werden.

(3) Ungeachtet des Absatzes 1 kann jeder Vertragsstaat Verfahren dafür schaffen, dass Zahlungen von Einkünften, die nach diesem Abkommen im Quellenstaat keiner oder nur einer ermäßigten Steuer unterliegen, ohne oder nur mit dem Steuerabzug erfolgen können, der im jeweiligen Artikel vorgesehen ist.

(4) Der Vertragsstaat, aus dem die Einkünfte stammen, kann eine amtliche Bescheinigung des anderen Vertragsstaats verlangen, dass der Steuerpflichtige nach Artikel 4 im anderen Vertragsstaat ansässig ist.

(5) Die zuständigen Behörden können in gegenseitigem Einvernehmen die Durchführung dieses Artikels regeln und gegebenenfalls andere Verfahren zur Durchführung der im Abkommen vorgesehenen Steuerermäßigungen oder -befreiungen festlegen.

Artikel 30 Mitglieder diplomatischer Missionen und konsularischer Vertretungen

(1) Vorbehaltlich des Absatzes 2 berührt dieses Abkommen nicht die steuerlichen Vorrechte, die den Mitgliedern diplomatischer Missionen und konsularischer Vertretungen nach den allgemeinen Regeln des Völkerrechts oder aufgrund besonderer Übereinkünfte zustehen.

(2) Ungeachtet des Artikels 14 Absatz 1 Buchstabe c des am 30. Juli 1956 in Bonn unterzeichneten Konsularvertrags zwischen der Bundesrepublik Deutschland und dem Vereinigten Königreich von Großbritannien und Nordirland gelten Artikel 18 Absatz 1 und Artikel 23 Absatz 1 Buchstabe d dieses Abkommens für die von Konsulatsangehörigen bezogenen Dienstbezüge, Gehälter, Löhne und Vergütungen.

Artikel 30A Verhinderung von Abkommensmissbrauch

Ungeachtet der sonstigen Bestimmungen dieses Abkommens wird eine Vergünstigung nach diesem Abkommen nicht für bestimmte Einkünfte oder Vermögenswerte gewährt, wenn unter Berücksichtigung aller maßgeblichen Tatsachen und Umstände die Feststellung gerechtfertigt ist, dass der Erhalt dieser Vergünstigung einer der Hauptzwecke einer Gestaltung oder Transaktion war, die unmittelbar oder mittelbar zu dieser Vergünstigung geführt hat, es sei denn, es wird nachgewiesen, dass die Gewährung dieser Vergünstigung unter diesen Umständen mit dem Ziel und Zweck der einschlägigen Bestimmungen dieses Abkommens im Einklang steht.

Artikel 31 Protokoll

Das angefügte Protokoll ist Bestandteil dieses Abkommens.

Artikel 32 Inkrafttreten

(1) Dieses Abkommen bedarf der Ratifikation; die Ratifikationsurkunden werden so bald wie möglich in Berlin ausgetauscht.[2]

2 **Anm. d. Red.:** Dieses Abkommen in seiner ursprünglichen am 30.12.2010 in Kraft getretenen Fassung (BGBl 2011 II S. 536) ist zwischenzeitlich durch Änderungsprotokoll v. 17.3.2014 (BGBl 2015 II S. 1298) geändert worden. Das nachfolgende Änderungsprotokoll v. 12.1.2021 (BGBl 2021 II S. 667) ist am 17.12.2021 in Kraft getreten (BGBl 2022 II S. 124). Das Abkommen ist in dieser Fassung anzuwenden ab 1.1.2022.

(2) Das Abkommen tritt am Tag des Austausches der Ratifikationsurkunden in Kraft und ist anzuwenden

a. in Deutschland

aa) bei den im Abzugsweg erhobenen Steuern auf die Beträge, die am oder nach dem 1. Januar des Kalenderjahrs gezahlt werden, das dem Jahr folgt, in dem das Abkommen in Kraft tritt;

bb) bei den übrigen Steuern auf die Steuern, die für Zeiträume ab dem 1. Januar des Kalenderjahrs erhoben werden, das dem Jahr folgt, in dem das Abkommen in Kraft tritt;

b. im Vereinigten Königreich

aa) bei der Einkommensteuer und der Steuer vom Veräußerungsgewinn für alle Veranlagungsjahre, die am oder nach dem 6. April des Kalenderjahrs beginnen, das dem Jahr folgt, in dem das Abkommen in Kraft tritt;

bb) bei der Körperschaftsteuer für alle Wirtschaftsjahre, die am oder nach dem 1. April des Kalenderjahrs beginnen, das dem Jahr folgt, in dem das Abkommen in Kraft tritt;

cc) bei den im Abzugsweg erhobenen Steuern auf Einkünfte, die am oder nach dem 1. Januar des Kalenderjahrs bezogen werden, das dem Jahr folgt, in dem das Abkommen in Kraft tritt.

(3) Das am 26. November 1964 in Bonn unterzeichnete Abkommen zwischen der Bundesrepublik Deutschland und dem Vereinigten Königreich Großbritannien und Nordirland in der Fassung des am 23. März 1970 in London unterzeichneten Protokolls (im Folgenden als das „Abkommen von 1964" bezeichnet) tritt mit Inkrafttreten dieses Abkommens außer Kraft; es ist ab diesem Zeitpunkt nicht mehr auf Steuern anzuwenden, auf die dieses Abkommen nach den Bestimmungen des Absatzes 2 anwendbar ist.

(4) Ungeachtet der Absätze 2 und 3 hat eine natürliche Person, der bei Inkrafttreten dieses Abkommens Vergünstigungen nach Artikel XIII des Abkommens von 1964 zustehen, weiterhin Anspruch auf diese Vergünstigungen, als wäre das Abkommen von 1964 in Kraft geblieben.

(5) Ungeachtet der Absätze 2 und 3 sowie des Artikels 17 kann eine natürliche Person, die unmittelbar vor dem Inkrafttreten dieses Abkommens Zahlungen nach Artikel X des Abkommens von 1964 erhielt, bezüglich dieser Zahlungen weiterhin Artikel X anstelle von Artikel 17 anwenden.

Artikel 33 Kündigung

Dieses Abkommen bleibt in Kraft, solange es nicht von einem der Vertragsstaaten gekündigt wird. Jeder der Vertragsstaaten kann dieses Abkommen unter Einhaltung einer Frist von sechs Monaten zum Ende eines Kalenderjahrs nach Ablauf von fünf Jahren, vom Tag des Inkrafttretens an gerechnet, auf diplomatischem Wege kündigen. In diesem Fall findet das Abkommen nicht mehr Anwendung

a. in Deutschland

  aa) bei den im Abzugsweg erhobenen Steuern auf die Beträge, die am oder nach dem 1. Januar des Kalenderjahres gezahlt werden, das dem Kündigungsjahr folgt;

  bb) bei den übrigen Steuern auf die Steuern, die für Zeiträume ab dem 1. Januar des Kalenderjahrs erhoben werden, das dem Kündigungsjahr folgt;

b. im Vereinigten Königreich

  aa) bei der Einkommensteuer und der Steuer vom Veräußerungsgewinn für alle Veranlagungsjahre, die am oder nach dem 6. April des Kalenderjahrs beginnen, das dem Kündigungsjahr folgt;

  bb) bei der Körperschaftsteuer für alle Wirtschaftsjahre, die am oder nach dem 1. April des Kalenderjahres beginnen, das dem Kündigungsjahr folgt;

  cc) bei den im Abzugsweg erhobenen Steuern auf Einkünfte, die am oder nach dem 1. Januar des Kalenderjahres bezogen wurden, das dem Kündigungsjahr folgt.

Maßgebend für die Wahrung der Frist ist der Tag des Eingangs der Kündigung beim anderen Vertragsstaat.

Geschehen zu London am 30. März 2010 in zwei Urschriften, jede in deutscher und englischer Sprache, wobei jeder Wortlaut gleichermaßen verbindlich ist.

DBA Spanien

Abkommen zwischen der Bundesrepublik Deutschland und dem Königreich Spanien zur Vermeidung der Doppelbesteuerung und zur Verhinderung der Steuerverkürzung auf dem Gebiet der Steuern vom Einkommen und vom Vermögen

[1]vom 3. Februar 2011

Die Bundesrepublik Deutschland

und

das Königreich Spanien –

von dem Wunsch geleitet, ein Abkommen zur Vermeidung der Doppelbesteuerung und zur Verhinderung der Steuerverkürzung auf dem Gebiet der Steuern vom Einkommen und vom Vermögen zu schließen –

sind wie folgt übereingekommen:

Artikel 1 Unter das Abkommen fallende Personen

Dieses Abkommen gilt für Personen, die in einem Vertragsstaat oder in beiden Vertragsstaaten ansässig sind.

Artikel 2 Unter das Abkommen fallende Steuern

(1) Dieses Abkommen gilt, ohne Rücksicht auf die Art der Erhebung, für Steuern vom Einkommen und vom Vermögen, die für Rechnung eines Vertragsstaats, eines seiner Länder oder einer ihrer Gebietskörperschaften erhoben werden.

(2) Als Steuern vom Einkommen und vom Vermögen gelten alle Steuern, die vom Gesamteinkommen, vom Gesamtvermögen oder von Teilen des Einkommens oder des Vermögens erhoben werden, einschließlich der Steuern vom Gewinn aus der Veräußerung beweglichen oder unbeweglichen Vermögens, der Lohnsummensteuern sowie der Steuern vom Vermögenszuwachs.

(3) Zu den zurzeit bestehenden Steuern, für die das Abkommen gilt, gehören insbesondere

a. im Königreich Spanien:

   i. die Einkommensteuer der natürlichen Personen,

1 **Anm. d. Red.:** Dieses Abkommen ist am 18. Oktober 2012 in Kraft getreten (BGBl 2013 II S. 329). Das Abkommen ist anzuwenden ab 1. Januar 2013.

ii. die Körperschaftsteuer,

iii. die Einkommensteuer der Auslandsansässigen,

iv. die Vermögensteuer und

v. örtliche Einkommen- und Vermögensteuern

(im Folgenden als „spanische Steuer“ bezeichnet);

b. in der Bundesrepublik Deutschland:

i. die Einkommensteuer,

ii. die Körperschaftsteuer,

iii. die Gewerbesteuer und

iv. die Vermögensteuer

einschließlich der hierauf erhobenen Zuschläge

(im Folgenden als „deutsche Steuer“ bezeichnet).

(4) Das Abkommen gilt auch für alle Steuern gleicher oder im Wesentlichen ähnlicher Art, die nach der Unterzeichnung des Abkommens neben den bestehenden Steuern oder an deren Stelle erhoben werden. Die zuständigen Behörden der Vertragsstaaten teilen einander die in ihren Steuergesetzen eingetretenen bedeutsamen Änderungen mit, soweit dies für die Anwendung des Abkommens erforderlich ist.

Artikel 3 Allgemeine Begriffsbestimmungen

(1) Im Sinne dieses Abkommens, wenn der Zusammenhang nichts anderes erfordert,

a. bedeuten die Ausdrücke „ein Vertragsstaat“ und „der andere Vertragsstaat“ je nach dem Zusammenhang die Bundesrepublik Deutschland, nachfolgend „Deutschland“, oder das Königreich Spanien, nachfolgend „Spanien“, und umfassen, im geografischen Sinne verwendet, das Hoheitsgebiet dieser Staaten sowie das an das Küstenmeer angrenzende Gebiet des Meeresbodens, des Meeresuntergrunds und der darüber befindlichen Wassersäule, soweit der jeweilige Staat dort in Übereinstimmung mit dem Völkerrecht und seinen innerstaatlichen Rechtsvorschriften souveräne Rechte und Hoheitsbefugnisse zum Zwecke der Erforschung, Ausbeutung, Erhaltung und Bewirtschaftung der lebenden und nicht lebenden natürlichen Ressourcen ausübt;

b. umfasst der Ausdruck „Person“ natürliche Personen, Gesellschaften und alle anderen Personenvereinigungen;

c. bedeutet der Ausdruck „Gesellschaft“ juristische Personen oder Rechtsträger, die für die Besteuerung wie juristische Personen behandelt werden;

d. bezieht sich der Ausdruck „Unternehmen“ auf die Ausübung einer Geschäftstätigkeit;

e. bedeuten die Ausdrücke „Unternehmen eines Vertragsstaats“ und „Unternehmen des anderen Vertragsstaats“, je nachdem, ein Unternehmen, das von einer in einem Vertragsstaat ansässigen Person betrieben wird, oder ein Unternehmen, das von einer im anderen Vertragsstaat ansässigen Person betrieben wird;

f. bedeutet der Ausdruck „internationaler Verkehr“ jede Beförderung mit einem Beförderungsmittel jeder Art, das von einem Unternehmen mit tatsächlicher Geschäftsleitung in einem Vertragsstaat betrieben wird, es sei denn, die Beförderungsmittel werden ausschließlich zwischen Orten im anderen Vertragsstaat betrieben;

g. bedeutet der Ausdruck „zuständige Behörde“

   i. in Spanien der Minister für Wirtschaft und Finanzen oder sein Bevollmachtigter;

   ii. in Deutschland das Bundesministerium der Finanzen oder die Behörde, an die es seine Befugnisse delegiert hat;

h. bedeutet der Ausdruck „Staatsangehöriger“

   i. in Bezug auf Deutschland alle Deutschen im Sinne des Grundgesetzes für die Bundesrepublik Deutschland sowie alle juristischen Personen, Personengesellschaften oder anderen Personenvereinigungen, die nach dem in Deutschland geltenden Recht errichtet worden sind;

   ii. in Bezug auf Spanien

      – alle natürlichen Personen, die die spanische Staatsangehörigkeit besitzen sowie

      – alle juristischen Personen, Personengesellschaften und anderen Personenvereinigungen, die nach dem in Königreich Spanien geltenden Recht errichtet worden sind;

i. schließt der Ausdruck „Geschäftstätigkeit“ auch die Ausübung einer freiberuflichen oder sonstigen selbständigen Tätigkeit ein.

(2) Bei der Anwendung des Abkommens durch einen Vertragsstaat hat, wenn der Zusammenhang nichts anderes erfordert, jeder im Abkommen nicht definierte Ausdruck die Bedeutung, die ihm im Anwendungszeitraum nach dem Recht dieses Staates über die Steuern zukommt, für die das Abkommen gilt, wobei die Bedeutung nach dem in diesem Staat anzuwendenden Steuerrecht den Vorrang vor einer Bedeutung hat, die der Ausdruck nach anderem Recht dieses Staates hat.

Artikel 4 Ansässige Person

(1) Im Sinne dieses Abkommens bedeutet der Ausdruck „eine in einem Vertragsstaat ansässige Person" eine Person, die nach dem Recht dieses Staates, eines seiner Länder oder einer ihrer Gebietskörperschaften dort aufgrund ihres Wohnsitzes, ihres ständigen Aufenthalts, des Ortes ihrer Geschäftsleitung oder eines anderen ähnlichen Merkmals steuerpflichtig ist, und umfasst auch diesen Staat, seine Länder und ihre Gebietskörperschaften. Der Ausdruck umfasst jedoch nicht eine Person, die in diesem Staat nur mit Einkünften aus Quellen in diesem Staat oder mit in diesem Staat gelegenem Vermögen steuerpflichtig ist.

(2) Ist nach Absatz 1 eine natürliche Person in beiden Vertragsstaaten ansässig, so gilt Folgendes:

a. Die Person gilt als nur in dem Staat ansässig, in dem sie über eine ständige Wohnstätte verfügt; verfügt sie in beiden Staaten über eine ständige Wohnstätte, so gilt sie als nur in dem Staat ansässig, zu dem sie die engeren persönlichen und wirtschaftlichen Beziehungen hat (Mittelpunkt der Lebensinteressen);

b. kann nicht bestimmt werden, in welchem Staat die Person den Mittelpunkt ihrer Lebensinteressen hat, oder verfügt sie in keinem der Staaten über eine ständige Wohnstätte, so gilt sie als nur in dem Staat ansässig, in dem sie ihren gewöhnlichen Aufenthalt hat;

c. hat die Person ihren gewöhnlichen Aufenthalt in beiden Staaten oder in keinem der Staaten, so gilt sie als nur in dem Staat ansässig, dessen Staatsangehöriger sie ist;

d. ist die Person Staatsangehöriger beider Staaten oder keines der Staaten, so regeln die zuständigen Behörden der Vertragsstaaten die Frage in gegenseitigem Einvernehmen.

(3) Ist nach Absatz 1 eine andere als eine natürliche Person in beiden Vertragsstaaten ansässig, so gilt sie als nur in dem Staat ansässig, in dem sich der Ort ihrer tatsächlichen Geschäftsleitung befindet.

Artikel 5 Betriebsstätte

(1) Im Sinne dieses Abkommens bedeutet der Ausdruck „Betriebsstätte" eine feste Geschäftseinrichtung, durch die die Tätigkeit eines Unternehmens ganz oder teilweise ausgeübt wird.

(2) Der Ausdruck „Betriebsstätte" umfasst insbesondere

a. einen Ort der Leitung,

b. eine Zweigniederlassung,

c. eine Geschäftsstelle,

d. eine Fabrikationsstätte,

e. eine Werkstätte und

f. ein Bergwerk, ein Öl- oder Gasvorkommen, einen Steinbruch oder eine andere Stätte der Ausbeutung natürlicher Ressourcen.

(3) Eine Bauausführung oder Montage ist nur dann eine Betriebsstätte, wenn ihre Dauer zwölf Monate überschreitet.

(4) Ungeachtet der vorstehenden Bestimmungen dieses Artikels gelten nicht als Betriebsstätten:

a. Einrichtungen, die ausschließlich zur Lagerung, Ausstellung oder Auslieferung von Gütern oder Waren des Unternehmens benutzt werden;

b. Bestände von Gütern oder Waren des Unternehmens, die ausschließlich zur Lagerung, Ausstellung oder Auslieferung unterhalten werden;

c. Bestände von Gütern oder Waren des Unternehmens, die ausschließlich zu dem Zweck unterhalten werden, durch ein anderes Unternehmen bearbeitet oder verarbeitet zu werden;

d. eine feste Geschäftseinrichtung, die ausschließlich zu dem Zweck unterhalten wird, für das Unternehmen Güter oder Waren einzukaufen oder Informationen zu beschaffen;

e. eine feste Geschäftseinrichtung, die ausschließlich zu dem Zweck unterhalten wird, für das Unternehmen andere Tätigkeiten auszuüben, die vorbereitender Art sind oder eine Hilfstätigkeit darstellen;

f. eine feste Geschäftseinrichtung, die ausschließlich zu dem Zweck unterhalten wird, mehrere der unter den Buchstaben a bis e genannten Tätigkeiten auszuüben, vorausgesetzt, dass die sich daraus ergebende Gesamttätigkeit der festen Geschäftseinrichtung vorbereitender Art ist oder eine Hilfstätigkeit darstellt.

(5) Ist eine Person – mit Ausnahme eines unabhängigen Vertreters im Sinne des Absatzes 6 – für ein Unternehmen tätig und besitzt sie in einem Vertragsstaat die Vollmacht, im Namen des Unternehmens Verträge abzuschließen, und übt sie die Vollmacht dort gewöhnlich aus, so wird das Unternehmen ungeachtet der Absätze 1 und 2 so behandelt, als habe es in diesem Staat für alle von der Person für das Unternehmen ausgeübten Tätigkeiten eine Betriebsstätte, es sei denn, diese Tätigkeiten beschränken sich auf die im Absatz 4 genannten Tätigkeiten, die, würden sie durch eine feste Geschäftseinrichtung ausgeübt, diese Einrichtung nach dem genannten Absatz nicht zu einer Betriebsstätte machten.

(6) Ein Unternehmen wird nicht schon deshalb so behandelt, als habe es eine Betriebsstätte in einem Vertragsstaat, weil es dort seine Tätigkeit durch einen Makler, Kommissionär oder einen anderen unabhängigen Vertreter ausübt, sofern diese Personen im Rahmen ihrer ordentlichen Geschäftstätigkeit handeln.

(7) Allein dadurch, dass eine in einem Vertragsstaat ansässige Gesellschaft eine Gesellschaft beherrscht oder von einer Gesellschaft beherrscht wird, die im anderen Vertragsstaat ansässig ist oder dort (entweder durch eine Betriebsstätte oder auf andere Weise) ihre Tätigkeit ausübt, wird keine der beiden Gesellschaften zur Betriebsstätte der anderen.

Artikel 6 Einkünfte aus unbeweglichem Vermögen

(1) Einkünfte, die eine in einem Vertragsstaat ansässige Person aus unbeweglichem Vermögen (einschließlich der Einkünfte aus land- und forstwirtschaftlichen Betrieben) bezieht, das im anderen Vertragsstaat liegt, können im anderen Staat besteuert werden.

(2) Der Ausdruck „unbewegliches Vermögen“ hat die Bedeutung, die ihm nach dem Recht des Vertragsstaats zukommt, in dem das Vermögen liegt. Der Ausdruck umfasst in jedem Fall das Zubehör zum unbeweglichen Vermögen, das lebende und tote Inventar land- und forstwirtschaftlicher Betriebe, die Rechte, für die die Vorschriften des Privatrechts über Grundstücke gelten, Nutzungsrechte an unbeweglichem Vermögen sowie Rechte auf veränderliche oder feste Vergütungen für die Ausbeutung oder das Recht auf Ausbeutung von Mineralvorkommen, Quellen und anderen natürlichen Ressourcen; See-, Binnenschiffe und Luftfahrzeuge gelten nicht als unbewegliches Vermögen.

(3) Absatz 1 gilt für Einkünfte aus der unmittelbaren Nutzung, der Vermietung oder Verpachtung sowie jeder anderen Art der Nutzung unbeweglichen Vermögens.

(4) Berechtigt das Eigentum an Aktien oder anderen Anteilen den Eigentümer dieser Aktien oder Anteile unmittelbar oder mittelbar zur Nutzung des unbeweglichen Vermögens, so können die Einkünfte aus der unmittelbaren Nutzung, der Vermietung oder Verpachtung sowie jeder anderen Art der Ausübung dieses Nutzungsrechts in dem Vertragsstaat besteuert werden, in dem das unbewegliche Vermögen liegt.

(5) Die Absätze 1, 3 und 4 gelten auch für Einkünfte aus unbeweglichem Vermögen eines Unternehmens.

Artikel 7 Unternehmensgewinne

(1) Gewinne eines Unternehmens eines Vertragsstaats können nur in diesem Staat besteuert werden, es sei denn, das Unternehmen übt seine Tätigkeit im anderen Vertragsstaat durch eine dort gelegene Betriebsstätte aus. Übt das Unternehmen seine Tätigkeit auf diese Weise aus, so können die Gewinne des Unternehmens im anderen Staat besteuert werden, jedoch nur insoweit, als sie dieser Betriebsstätte zugerechnet werden können.

(2) Übt ein Unternehmen eines Vertragsstaats seine Tätigkeit im anderen Vertragsstaat durch eine dort gelegene Betriebsstätte aus, so werden vorbehaltlich des Absatzes 3 in jedem Vertragsstaat dieser Betriebsstätte die Gewinne zugerechnet, die sie hätte erzielen können, wenn sie eine gleiche oder ähnliche Tätigkeit unter gleichen oder ähnlichen Bedingungen als selbständiges Unternehmen ausgeübt hätte und im Verkehr mit dem Unternehmen, dessen Betriebsstätte sie ist, völlig unabhängig gewesen wäre.

(3) Bei der Ermittlung der Gewinne einer Betriebsstätte werden die für diese Betriebsstätte entstandenen Aufwendungen, einschließlich der Geschäftsführungs- und allgemeinen Verwaltungskosten, zum Abzug zugelassen, gleichgültig, ob sie in dem Staat, in dem die Betriebsstätte liegt, oder anderswo entstanden sind.

(4) Aufgrund des bloßen Einkaufs von Gütern oder Waren für das Unternehmen wird einer Betriebsstätte kein Gewinn zugerechnet.

(5) Bei der Anwendung der vorstehenden Absätze sind die der Betriebsstätte zuzurechnenden Gewinne jedes Jahr auf dieselbe Art zu ermitteln, es sei denn, dass ausreichende Gründe dafür bestehen, anders zu verfahren.

(6) Gehören zu den Gewinnen Einkünfte, die in anderen Artikeln dieses Abkommens behandelt werden, so werden die Bestimmungen jener Artikel durch die Bestimmungen dieses Artikels nicht berührt.

Artikel 8 Seeschifffahrt, Binnenschifffahrt und Luftfahrt

(1) Gewinne aus dem Betrieb von Seeschiffen oder Luftfahrzeugen im internationalen Verkehr können nur in dem Vertragsstaat besteuert werden, in dem sich der Ort der tatsächlichen Geschäftsleitung des Unternehmens befindet.

(2) Gewinne aus dem Betrieb von Schiffen, die der Binnenschifffahrt dienen, können nur in dem Vertragsstaat besteuert werden, in dem sich der Ort der tatsächlichen Geschäftsleitung des Unternehmens befindet.

(3) Für die Zwecke dieses Artikels beinhaltet der Begriff „Gewinne aus dem Betrieb von Seeschiffen, Luftfahrzeugen oder Binnenschiffen“ auch die Gewinne aus

a. der gelegentlichen Vermietung leerer Seeschiffe, Luftfahrzeuge oder Binnenschiffe und

b. der Nutzung oder Vermietung von Containern (einschließlich Trailern und zugehöriger Ausstattung, die dem Transport dieser Container dienen),

wenn diese Tätigkeiten zum Betrieb von Seeschiffen oder Luftfahrzeugen im internationalen Verkehr oder Binnenschiffen gehören.

(4) Befindet sich der Ort der tatsächlichen Geschäftsleitung eines Unternehmens der Seeschifffahrt oder der Binnenschifffahrt an Bord eines Schiffes, so gilt er als in dem Vertragsstaat gelegen, in dem der Heimathafen des Seeschiffes oder des Binnenschiffes liegt, oder, wenn kein Heimathafen vorhanden ist, in dem Vertragsstaat, in dem die Person ansässig ist, die das Seeschiff oder das Binnenschiff betreibt.

(5) Die Absätze 1 und 2 gelten auch für Gewinne aus der Beteiligung an einem Pool, einer Betriebsgemeinschaft oder einer internationalen Betriebsstelle.

Artikel 9 Verbundene Unternehmen

(1) Wenn

a. ein Unternehmen eines Vertragsstaats unmittelbar oder mittelbar an der Geschäftsleitung, der Kontrolle oder dem Kapital eines Unternehmens des anderen Vertragsstaats beteiligt ist oder

b. dieselben Personen unmittelbar oder mittelbar an der Geschäftsleitung, der Kontrolle oder dem Kapital eines Unternehmens eines Vertragsstaats und eines Unternehmens des anderen Vertragsstaats beteiligt sind

und in diesen Fällen die beiden Unternehmen in ihren kaufmännischen oder finanziellen Beziehungen an vereinbarte oder auferlegte Bedingungen gebunden sind, die von denen abweichen, die unabhängige Unternehmen miteinander vereinbaren würden, dürfen die Gewinne, die eines der Unternehmen ohne diese Bedingungen erzielt hätte, wegen dieser Bedingungen aber nicht erzielt hat, den Gewinnen dieses Unternehmens zugerechnet und entsprechend besteuert werden.

(2) Werden in einem Vertragsstaat den Gewinnen eines Unternehmens dieses Staates Gewinne zugerechnet – und entsprechend besteuert –, mit denen ein Unternehmen des anderen Staats in dem anderen Vertragsstaat besteuert worden ist, und stimmt der andere Staat zu, dass es sich bei den zugerechneten Gewinnen um solche handelt, die das Unternehmen des erstgenannten Staates erzielt hätte, wenn die zwischen den beiden Unternehmen vereinbarten Bedingungen die gleichen gewesen wären, die unabhängige Unternehmen miteinander vereinbaren würden, so nimmt der andere Staat eine entsprechende Änderung der dort von diesen Gewinnen erhobenen Steuer vor. Bei

dieser Änderung sind die übrigen Bestimmungen dieses Abkommens zu berücksichtigen; erforderlichenfalls werden die zuständigen Behörden der Vertragsstaaten einander konsultieren.

Artikel 10 Dividenden

(1) Dividenden, die eine in einem Vertragsstaat ansässige Gesellschaft an eine im anderen Vertragsstaat ansässige Person zahlt, können im anderen Staat besteuert werden.

(2) Diese Dividenden können jedoch auch in dem Vertragsstaat, in dem die die Dividenden zahlende Gesellschaft ansässig ist, nach dem Recht dieses Staates besteuert werden; die Steuer darf aber, wenn der Nutzungsberechtigte der Dividenden im anderen Vertragsstaat ansässig ist, nicht übersteigen:

a. 5 vom Hundert des Bruttobetrags der Dividenden, wenn der Nutzungsberechtigte eine Gesellschaft (jedoch keine Personengesellschaft oder REIT-Gesellschaft) ist, die unmittelbar über mindestens 10 vom Hundert des Kapitals der die Dividenden zahlenden Gesellschaft verfügt;

b. 15 vom Hundert des Bruttobetrags der Dividenden in allen anderen Fällen.

Dieser Absatz berührt nicht die Besteuerung der Gesellschaft in Bezug auf die Gewinne, aus denen die Dividenden gezahlt werden.

(3) Der in diesem Artikel verwendete Ausdruck „Dividenden" bedeutet Einkünfte aus Aktien, Genussrechten oder Genussscheinen, Kuxen, Gründeranteilen oder anderen Rechten – ausgenommen Forderungen – mit Gewinnbeteiligung und sonstige Einkünfte, die nach dem Recht des Staates, in dem die ausschüttende Gesellschaft ansässig ist, den Einkünften aus Aktien steuerlich gleichgestellt sind, sowie Einkünfte aus Ausschüttungen auf Anteilscheine an einem deutschen Investmentvermögen.

(4) Die Absätze 1 und 2 sind nicht anzuwenden, wenn der in einem Vertragsstaat ansässige Nutzungsberechtigte im anderen Vertragsstaat, in dem die die Dividenden zahlende Gesellschaft ansässig ist, eine gewerbliche Tätigkeit durch eine dort gelegene Betriebsstätte ausübt und die Beteiligung, für die die Dividenden gezahlt werden, tatsächlich zu dieser Betriebsstätte gehört. In diesem Fall ist Artikel 7 anzuwenden.

(5) Erzielt eine in einem Vertragsstaat ansässige Gesellschaft Gewinne oder Einkünfte aus dem anderen Vertragsstaat, so darf dieser andere Staat weder die von der Gesellschaft gezahlten Dividenden besteuern, es sei denn, dass diese Dividenden an eine im anderen Staat ansässige Person gezahlt werden oder dass die Beteiligung, für die die Dividenden gezahlt werden, tatsächlich zu einer im anderen Staat gelegenen Betriebsstätte gehört, noch Gewinne der Gesellschaft einer Steuer für nicht ausgeschüttete Gewinne unterwerfen, selbst wenn die gezahlten Dividenden oder die nicht ausgeschütte-

ten Gewinne ganz oder teilweise aus im anderen Staat erzielten Gewinnen oder Einkünften bestehen.

Artikel 11 Zinsen

(1) Zinsen, die aus einem Vertragsstaat stammen und deren Nutzungsberechtigter im anderen Vertragsstaat ansässig ist, können nur im anderen Vertragsstaat besteuert werden.

(2) Der in diesem Artikel verwendete Ausdruck „Zinsen“ bedeutet Einkünfte aus Forderungen jeder Art, auch wenn die Forderungen durch Pfandrechte an Grundstücken gesichert oder mit einer Beteiligung am Gewinn des Schuldners ausgestattet sind, und insbesondere Einkünfte aus öffentlichen Anleihen und aus Obligationen einschließlich der damit verbundenen Aufgelder und der Gewinne aus Losanleihen. Zuschläge für verspätete Zahlung gelten nicht als Zinsen im Sinne dieses Artikels.

(3) Absatz 1 ist nicht anzuwenden, wenn der in einem Vertragsstaat ansässige Nutzungsberechtigte im anderen Vertragsstaat, aus dem die Zinsen stammen, eine Geschäftstätigkeit durch eine dort gelegene Betriebsstätte ausübt und die Forderung, für die die Zinsen gezahlt werden, tatsächlich zu dieser Betriebsstätte gehört. In diesem Fall ist Artikel 7 anzuwenden.

(4) Bestehen zwischen dem Schuldner und dem Nutzungsberechtigten oder zwischen jedem von ihnen und einem Dritten besondere Beziehungen und übersteigen deshalb die Zinsen, gemessen an der zugrunde liegenden Forderung, den Betrag, den Schuldner und Nutzungsberechtigter ohne diese Beziehungen vereinbart hätten, so wird dieser Artikel nur auf den letztgenannten Betrag angewendet. In diesem Fall kann der übersteigende Betrag nach dem Recht eines jeden Vertragsstaates und unter Berücksichtigung der anderen Bestimmungen dieses Abkommens besteuert werden.

Artikel 12 Lizenzgebühren

(1) Lizenzgebühren, die aus einem Vertragsstaat stammen und deren Nutzungsberechtigter im anderen Vertragsstaat ansässig ist, können nur im anderen Staat besteuert werden.

(2) Der in diesem Artikel verwendete Ausdruck „Lizenzgebühren“ bedeutet Vergütungen jeder Art, die für die Benutzung oder das Recht auf Benutzung von Urheberrechten, einschließlich kinematographischer Filme sowie Filmen, Tonbändern oder anderen Trägern für die Bild- oder Tonwiedergabe, von Patenten, Warenzeichen, Mustern oder Modellen, Plänen, geheimen Formeln oder Verfahren oder für die Benutzung oder das Recht auf Benutzung gewerblicher, kaufmännischer oder wissenschaftlicher Ausrüstungen oder für die Mitteilung gewerblicher, kaufmännischer oder wissenschaftlicher Er-

fahrungen gezahlt werden. Der Ausdruck „Lizenzgebühren“ beinhaltet auch Vergütungen jeder Art für die Benutzung oder das Recht auf Benutzung von Namen, Bildern oder sonstigen vergleichbaren Persönlichkeitsrechten oder für die Aufzeichnung der Veranstaltungen von Künstlern und Sportlern durch Rundfunk- oder Fernsehanstalten.

(3) Absatz 1 ist nicht anzuwenden, wenn der in einem Vertragsstaat ansässige Nutzungsberechtigte im anderen Vertragsstaat, aus dem die Lizenzgebühren stammen, eine Geschäftstätigkeit durch eine dort gelegene Betriebsstätte ausübt und die Rechte oder Vermögenswerte, für die die Lizenzgebühren gezahlt werden, tatsächlich zu dieser Betriebsstätte gehören. In diesem Fall ist Artikel 7 anzuwenden.

(4) Bestehen zwischen dem Schuldner und dem Nutzungsberechtigten oder zwischen jedem von ihnen und einem Dritten besondere Beziehungen und übersteigen deshalb die Lizenzgebühren, gemessen an der zugrunde liegenden Leistung, den Betrag, den Schuldner und Nutzungsberechtigter ohne diese Beziehungen vereinbart hätten, so wird dieser Artikel nur auf den letzteren Betrag angewendet. In diesem Fall kann der übersteigende Betrag nach dem Recht eines jeden Vertragsstaats und unter Berücksichtigung der anderen Bestimmungen dieses Abkommens besteuert werden.

Artikel 13 Gewinne aus der Veräußerung von Vermögen

(1) Gewinne, die eine in einem Vertragsstaat ansässige Person aus der Veräußerung unbeweglichen Vermögens im Sinne des Artikels 6 erzielt, das im anderen Vertragsstaat liegt, können im anderen Staat besteuert werden.

(2) Gewinne, die eine in einem Vertragsstaat ansässige Person aus der Veräußerung von Anteilen an einer Gesellschaft – oder vergleichbarer Beteiligungen – erzielt, deren Aktivvermögen zu mindestens 50 vom Hundert unmittelbar oder mittelbar aus unbeweglichem Vermögen besteht, das im anderen Vertragsstaat liegt, können im anderen Staat besteuert werden.

(3) Gewinne aus der Veräußerung von Anteilen oder anderen Rechten, die den Eigentümer unmittelbar oder mittelbar zur Nutzung des unbeweglichen Vermögens berechtigten, das in einem Vertragsstaat liegt, können in diesem Staat besteuert werden.

(4) Gewinne aus der Veräußerung beweglichen Vermögens, das Betriebsvermögen einer Betriebsstätte ist, die ein Unternehmen eines Vertragsstaats im anderen Vertragsstaat hat, einschließlich derartiger Gewinne, die bei der Veräußerung einer solchen Betriebsstätte (allein oder mit dem übrigen Unternehmen) erzielt werden, können in dem anderen Vertragsstaat besteuert werden.

(5) Gewinne aus der Veräußerung von Seeschiffen oder Luftfahrzeugen, die im internationalen Verkehr betrieben werden, von Schiffen, die der Binnenschifffahrt dienen, und von beweglichem Vermögen, das dem Betrieb dieser Schiffe oder Luftfahrzeuge dient,

können nur in dem Vertragsstaat besteuert werden, in dem sich der Ort der tatsächlichen Geschäftsleitung des Unternehmens befindet.

(6) Gewinne aus der Veräußerung von in den Absätzen 1, 2, 3, 4 und 5 nicht genannten Vermögenswerten können nur in dem Vertragsstaat besteuert werden, in dem der Veräußerer ansässig ist.

(7) Bei einer natürlichen Person, die in einem Vertragsstaat während mindestens fünf Jahren ansässig war und im anderen Vertragsstaat ansässig geworden ist, berührt Absatz 6 nicht das Recht des erstgenannten Staates, den Vermögenszuwachs, den diese Person während ihrer Ansässigkeit im erstgenannten Staat aus Anteilen an einer Gesellschaft erzielt, nach seinen innerstaatlichen Rechtsvorschriften zu besteuern, vorausgesetzt, die Veräußerung der Anteile erfolgt innerhalb von fünf Jahren ab dem Zeitpunkt des Wegzugs der natürlichen Person aus dem erstgenannten Staat.

Artikel 14 Einkünfte aus unselbständiger Arbeit

(1) Vorbehaltlich der Artikel 15, 17 und 18 können Gehälter, Löhne und ähnliche Vergütungen, die eine in einem Vertragsstaat ansässige Person aus unselbständiger Arbeit bezieht, nur in diesem Staat besteuert werden, es sei denn, die Arbeit wird im anderen Vertragsstaat ausgeübt. Wird die Arbeit dort ausgeübt, so können die dafür bezogenen Vergütungen im anderen Staat besteuert werden.

(2) Ungeachtet des Absatzes 1 können Vergütungen, die eine in einem Vertragsstaat ansässige Person für eine im anderen Vertragsstaat ausgeübte unselbständige Arbeit bezieht, nur im erstgenannten Staat besteuert werden, wenn

a. der Empfänger sich im anderen Staat insgesamt nicht länger als 183 Tage innerhalb eines Zeitraums von zwölf Monaten, der während des betreffenden Steuerjahres beginnt oder endet, aufhält und

b. die Vergütungen von einem Arbeitgeber oder für einen Arbeitgeber gezahlt werden, der nicht im anderen Staat ansässig ist, und

c. die Vergütungen nicht von einer Betriebsstätte getragen werden, die der Arbeitgeber im anderen Staat hat.

(3) Ungeachtet der vorstehenden Bestimmungen dieses Artikels können Vergütungen für unselbständige Arbeit, die an Bord eines Seeschiffes, Luftfahrzeuges oder Straßenfahrzeugs, das im internationalen Verkehr betrieben wird, oder an Bord eines Schiffes, das der Binnenschifffahrt dient, ausgeübt wird, in dem Vertragsstaat besteuert werden, in dem sich der Ort der tatsächlichen Geschäftsleitung des Unternehmens befindet.

Artikel 15 Aufsichtsrats- und Verwaltungsratsvergütungen

Aufsichtsrats- oder Verwaltungsratsvergütungen und ähnliche Zahlungen, die eine in einem Vertragsstaat ansässige Person in ihrer Eigenschaft als Mitglied des Aufsichts- oder Verwaltungsrats einer Gesellschaft bezieht, die im anderen Vertragsstaat ansässig ist, können im anderen Staat besteuert werden.

Artikel 16 Künstler und Sportler

(1) Ungeachtet der Artikel 7 und 14 können Einkünfte, die eine in einem Vertragsstaat ansässige Person als Künstler, wie Bühnen-, Film-, Rundfunk- und Fernsehkünstler sowie Musiker, oder als Sportler aus ihrer im anderen Vertragsstaat persönlich ausgeübten Tätigkeit bezieht, im anderen Staat besteuert werden.

(2) Fließen Einkünfte aus einer von einem Künstler oder Sportler in dieser Eigenschaft persönlich ausgeübten Tätigkeit nicht dem Künstler oder Sportler selbst, sondern einer anderen Person zu, so können diese Einkünfte ungeachtet der Artikel 7 und 14 in dem Vertragsstaat besteuert werden, in dem der Künstler oder Sportler seine Tätigkeit ausübt.

(3) Die Absätze 1 und 2 sind nicht anzuwenden, wenn die von einem Künstler oder Sportler in einem Vertragsstaat ausgeübten Tätigkeiten im Rahmen von Kultur- oder Sportaustauschprogrammen, die von beiden Vertragsstaaten anerkannt werden, ganz oder in wesentlichem Umfang aus den öffentlichen Kassen eines der Vertragsstaaten, eines seiner Länder oder einer ihrer Gebietskörperschaften unterstützt werden. In diesem Fall werden die Einkünfte aus diesen Tätigkeiten nur in dem Vertragsstaat besteuert, in dem der Künstler oder Sportler ansässig ist.

Artikel 17 Ruhegehälter und Renten

(1) Vorbehaltlich des Artikels 18 Absatz 2 können Ruhegehälter, Renten und ähnliche Vergütungen, die aus einem Vertragsstaat stammen und an eine im anderen Vertragsstaat ansässige Person gezahlt werden, nur in dem anderen Staat besteuert werden.

(2) Jedoch können Vergütungen, die auf Grund des Sozialversicherungsrechts eines Vertragsstaats geleistet werden, auch in diesem Staat und nach dem Recht dieses Staates besteuert werden, wenn das den Anspruch auf die Vergütungen begründende Ereignis nach dem 31. Dezember 2014 eintritt. Die Steuer darf aber 5 vom Hundert des Bruttobetrags der Vergütungen nicht übersteigen, wenn das den Anspruch auf die Einkünfte begründende Ereignis zwischen dem 1. Januar 2015 und dem 31. Dezember 2029 eintritt. Tritt das Ereignis am oder nach dem 1. Januar 2030 ein, darf die Steuer 10 vom Hundert des Bruttobetrags der Vergütungen nicht übersteigen.

(3) Absatz 2 gilt auch für andere nach dem 31. Dezember 2014 bezogene Vergütungen, soweit sie

a. auf Seiten Deutschlands

   i. auf geförderten Beiträgen beruhen, die nicht zu den steuerpflichtigen Einkünften aus nichtselbständiger Arbeit in diesem Staat gehörten, die steuerlich abziehbar waren oder für die in anderer Weise eine staatliche Förderung gewährt wurde, und

   ii. die Beiträge über einen Zeitraum von mehr als zwölf Jahren geleistet wurden.

Die vorstehende Bestimmung ist nicht anzuwenden, wenn die Förderung zurückgefordert wurde, weil die Person aus diesem Staat weggezogen ist;

b. auf Seiten Spaniens auf Beiträgen beruhen, die nicht zu den steuerpflichtigen Einkünften in diesem Staat gehörten oder die steuerlich abziehbar waren, und soweit die Beiträge über einen Zeitraum von mehr als zwölf Jahren geleistet wurden.

(4) Ungeachtet des Absatzes 1 können wiederkehrende und einmalige Vergütungen, die ein Vertragsstaat oder eine seiner Gebietskörperschaften an eine in dem anderen Vertragsstaat ansässige Person als Entschädigung für politische Verfolgung oder aufgrund von Kriegshandlungen und Terrorismus (einschließlich Wiedergutmachungsleistungen) zahlt, nur im erstgenannten Staat besteuert werden.

(5) Der Begriff „Rente" bedeutet bestimmte Beträge, die regelmäßig zu festgesetzten Zeitpunkten lebenslänglich oder während eines bestimmten oder bestimmbaren Zeitabschnitts aufgrund einer Verpflichtung zahlbar sind, die diese Zahlungen als Gegenleistung für eine in Geld oder Geldeswert bewirkte angemessene Leistung vorsieht.

Artikel 18 Öffentlicher Dienst

(1)

a. Gehälter, Löhne und ähnliche Vergütungen, die von einem Vertragsstaat, einem seiner Länder oder einer ihrer Gebietskörperschaften oder einer anderen juristischen Person des öffentlichen Rechts dieses Staates an eine natürliche Person für die diesem Staat, einem seiner Länder oder einer ihrer Gebietskörperschaften oder einer anderen juristischen Person des öffentlichen Rechts geleisteten Dienste gezahlt werden, können nur in diesem Staat besteuert werden.

b. Diese Gehälter, Löhne und ähnlichen Vergütungen können jedoch nur im anderen Vertragsstaat besteuert werden, wenn die Dienste in diesem Staat geleistet werden und die natürliche Person in diesem Staat ansässig ist und

   i. ein Staatsangehöriger dieses Staates ist, oder

ii. nicht ausschließlich deshalb in diesem Staat ansässig geworden ist, um die Dienste zu leisten.

(2)

a. Ungeachtet des Absatzes 1 können Ruhegehälter und ähnliche Vergütungen, die von einem Vertragsstaat, einem seiner Länder, einer ihrer Gebietskörperschaften oder einer anderen juristischen Person des öffentlichen Rechts dieses Staates oder aus einem von diesem Staat, einem seiner Länder, einer ihrer Gebietskörperschaften oder einer anderen juristischen Person des öffentlichen Rechts errichteten Sondervermögen an eine natürliche Person für die diesem Staat, einem seiner Länder, einer ihrer Gebietskörperschaften oder einer anderen juristischen Person des öffentlichen Rechts geleisteten Dienste gezahlt werden, nur in diesem Staat besteuert werden.

b. Diese Ruhegehälter und ähnlichen Vergütungen können jedoch nur im anderen Vertragsstaat besteuert werden, wenn die natürliche Person in diesem Staat ansässig und ein Staatsangehöriger dieses Staates ist.

(3) Auf Gehälter, Löhne, Ruhegehälter und ähnliche Vergütungen für Dienstleistungen, die im Zusammenhang mit einer Geschäftstätigkeit eines Vertragsstaats, eines seiner Länder, einer ihrer Gebietskörperschaften oder einer anderen juristischen Person des öffentlichen Rechts dieses Staates erbracht werden, sind die Artikel 14, 15, 16 oder 17 anzuwenden.

(4) Die Absätze 1 und 2 gelten auch für Löhne, Gehälter, Ruhegehälter und ähnliche Vergütungen, die an eine natürliche Person für Dienste gezahlt werden, die dem Goethe-Institut, dem Deutschen Akademischen Austauschdienst (DAAD) oder dem Instituto Cervantes geleistet werden. Eine entsprechende Behandlung der von anderen vergleichbaren Einrichtungen der Vertragsstaaten gezahlten Vergütungen kann durch die zuständigen Behörden im gegenseitigen Einvernehmen vereinbart werden.

Artikel 19 Gastprofessoren, Lehrer und Studenten

(1) Eine natürliche Person, die sich auf Einladung eines Vertragsstaats oder einer Universität, Hochschule, Schule, eines Museums oder einer anderen kulturellen Einrichtung dieses Vertragsstaats oder im Rahmen eines amtlichen Kulturaustausches in diesem Vertragsstaat höchstens zwei Jahre lang lediglich zur Ausübung einer Lehrtätigkeit, zum Halten von Vorlesungen oder zur Ausübung einer Forschungstätigkeit bei dieser Einrichtung aufhält und die im anderen Vertragsstaat ansässig ist oder dort unmittelbar vor der Einreise in den erstgenannten Staat ansässig war, ist in dem erstgenannten Staat mit ihren für diese Tätigkeit bezogenen Vergütungen von der Steuer befreit, vorausgesetzt, dass diese Vergütungen von außerhalb dieses Staates bezogen werden.

(2) Zahlungen, die ein Student, Praktikant oder Lehrling, der sich in einem Vertragsstaat ausschließlich zum Studium oder zur Ausbildung aufhält und der im anderen Vertragsstaat ansässig ist oder dort unmittelbar von der Einreise in den erstgenannten Staat ansässig war, für seinen Unterhalt, sein Studium oder seine Ausbildung erhält, dürfen im erstgenannten Staat nicht besteuert werden, sofern diese Zahlungen aus Quellen außerhalb dieses Staates stammen.

Artikel 20 Andere Einkünfte

(1) Einkünfte einer in einem Vertragsstaat ansässigen Person, die in den vorstehenden Artikeln dieses Abkommens nicht behandelt wurden, können ohne Rücksicht auf ihre Herkunft nur in diesem Staat besteuert werden.

(2) Absatz 1 ist auf andere Einkünfte als solche aus unbeweglichem Vermögen im Sinne des Artikels 6 Absatz 2 nicht anzuwenden, wenn der in einem Vertragsstaat ansässige Empfänger im anderen Vertragsstaat eine Geschäftstätigkeit durch eine dort gelegene Betriebsstätte ausübt und die Rechte oder Vermögenswerte, für die die Einkünfte gezahlt werden, tatsächlich zu dieser Betriebsstätte gehören. In diesem Fall ist Artikel 7 anzuwenden.

(3) Bestehen zwischen der in Absatz 1 bezeichneten Person und einer anderen Person oder zwischen jedem von ihnen und einem Dritten besondere Beziehungen und übersteigt deshalb der in Absatz 1 bezeichnete Betrag der Einkünfte den Betrag (gegebenenfalls), den sie ohne diese Beziehungen untereinander vereinbart hätten, so wird dieser Artikel nur auf den letzteren Betrag angewendet. In diesem Fall kann der übersteigende Betrag der Einkünfte nach dem Recht eines jeden Vertragsstaats und unter Berücksichtigung der anderen anwendbaren Bestimmungen dieses Abkommens besteuert werden.

Artikel 21 Vermögen

(1) Unbewegliches Vermögen im Sinne des Artikels 6, das einer in einem Vertragsstaat ansässigen Person gehört und im anderen Vertragsstaat liegt, kann im anderen Staat besteuert werden.

(2) Bewegliches Vermögen, das Betriebsvermögen einer Betriebsstätte ist, die ein Unternehmen eines Vertragsstaates im anderen Vertragsstaat hat, kann im anderen Staat besteuert werden.

(3) Seeschiffe oder Luftfahrzeuge, die im internationalen Verkehr betrieben werden, und Schiffe, die der Binnenschifffahrt dienen, sowie bewegliches Vermögen, das dem Betrieb dieser Schiffe oder Luftfahrzeuge dient, können nur in dem Vertragsstaat be-

steuert werden, in dem sich der Ort der tatsächlichen Geschäftsleitung des Unternehmens befindet.

(4) Anteile an einer Gesellschaft oder einer anderen Personenvereinigung oder andere vergleichbare Beteiligungen, deren Aktivvermögen zu mindestens 50 vom Hundert unmittelbar oder mittelbar aus in einem Vertragsstaat gelegenem unbeweglichen Vermögen besteht, oder Anteile oder andere Rechte, die ihren Eigentümer unmittelbar oder mittelbar zur Nutzung eines in einem Vertragsstaat gelegenem unbeweglichen Vermögens berechtigen, können in dem Vertragsstaat besteuert werden, in dem das unbewegliche Vermögen liegt.

(5) Alle anderen Vermögensteile einer in einem Vertragsstaat ansässigen Person können nur in diesem Staat besteuert werden.

Artikel 22 Vermeidung der Doppelbesteuerung

(1) In Spanien wird die Doppelbesteuerung durch Anwendung seiner nationalen Rechtsvorschriften oder der folgenden Bestimmungen gemäß den nationalen Rechtsvorschriften Spaniens vermieden:

a. Bezieht eine in Spanien ansässige Person Einkünfte oder besitzt sie Vermögensteile und können diese Einkünfte oder diese Vermögensteile nach diesem Abkommen in Deutschland besteuert werden, so rechnet Spanien

   i. auf die vom Einkommen dieser Person zu erhebende Steuer den Betrag an, der der in Deutschland gezahlten Steuer vom Einkommen entspricht;

   2. auf die vom Vermögen dieser Person zu erhebende Steuer den Betrag an, der der in Deutschland auf dieselben Vermögensteile gezahlten Steuer entspricht;

   3. die Anrechnung der zugrunde liegenden Körperschaftsteuer erfolgt gemäß den nationalen Rechtsvorschriften Spaniens.

   Der anzurechnende Betrag darf jedoch den Teil der vor der Anrechnung ermittelten Steuer vom Einkommen oder vom Vermögen nicht übersteigen, der auf die Einkünfte, die in Deutschland besteuert werden können, oder auf die Vermögensteile, die dort besteuert werden können, entfällt.

b. Einkünfte oder Vermögen einer in Spanien ansässigen Person, die nach dem Abkommen von der Besteuerung in Spanien auszunehmen sind, können dort gleichwohl bei der Festsetzung der Steuer für das übrige Einkommen oder Vermögen der Person einbezogen werden.

(2) Bei einer in der Bundesrepublik Deutschland ansässigen Person wird die Steuer wie folgt festgesetzt:

a. Von der Bemessungsgrundlage der deutschen Steuer werden die Einkünfte aus dem Königreich Spanien sowie die im Königreich Spanien gelegenen Vermögenswerte ausgenommen, die nach diesem Abkommen im Königreich Spanien tatsächlich besteuert werden und nicht unter Buchstabe b fallen.

Für Einkünfte aus Dividenden gilt die vorstehende Bestimmung nur dann, wenn diese Dividenden an eine in der Bundesrepublik Deutschland ansässige Gesellschaft (jedoch nicht an eine Personengesellschaft) von einer im Königreich Spanien ansässigen Gesellschaft gezahlt werden, deren Kapital zu mindestens 10 vom Hundert unmittelbar der deutschen Gesellschaft gehört, und bei der Ermittlung der Gewinne der ausschüttenden Gesellschaft nicht abgezogen worden sind.

Für die Zwecke der Steuern vom Vermögen werden von der Bemessungsgrundlage der deutschen Steuer ebenfalls Beteiligungen ausgenommen, deren Ausschüttungen, falls solche gezahlt würden, nach den vorhergehenden Sätzen von der Steuerbemessungsgrundlage auszunehmen wären.

b. Auf die deutsche Steuer für die folgenden Einkünfte oder für im Königreich Spanien gelegenes Vermögen wird unter Beachtung der Vorschriften des deutschen Steuerrechts über die Anrechnung ausländischer Steuern die spanische Steuer angerechnet, die nach dem Recht des Königreichs Spanien und in Übereinstimmung mit diesem Abkommen gezahlt worden ist:

   i. Dividenden, die nicht unter Buchstabe a fallen;

   ii. Einkünfte, die nach Artikel 13 Absätze 2 und 3 im Königreich Spanien besteuert werden können;

   iii. Einkünfte, die nach Artikel 14 Absatz 3 im Königreich Spanien besteuert werden können;

   iv. Einkünfte, die nach Artikel 15 im Königreich Spanien besteuert werden können;

   v. Einkünfte, die die nach Artikel 16 im Königreich Spanien besteuert werden können;

   vi. Einkünfte, die nach Artikel 17 Absätze 2 und 3 im Königreich Spanien besteuert werden können;

   viii. Einkünfte aus unbeweglichem Vermögen (einschließlich Einkünften aus der Veräußerung dieses Vermögens) oder die Vermögenswerte, soweit dieses Vermögen nicht tatsächlich zu einer Betriebsstätte im Königreich Spanien gehört.

c. Statt der Bestimmungen des Buchstabens a sind die Bestimmungen des Buchstabens b anzuwenden auf Einkünfte im Sinne der Artikel 7 und 10 und die diesen Einkünften zugrunde liegenden Vermögenswerte, wenn die in der Bundesrepublik Deutschland ansässige Person nicht nachweist, dass die Betriebsstätte in dem Wirtschaftsjahr, in dem sie den Gewinn erzielt hat, oder die im Königreich Spanien ansässige Gesellschaft in dem Wirtschaftsjahr, für das sie die Ausschüttung vorgenommen hat, ihre Bruttoerträge ausschließlich oder fast ausschließlich aus unter § 8 Absatz 1 des deutschen Außensteuergesetzes fallenden Tätigkeiten bezogen hat; Gleiches gilt für unbewegliches Vermögen, das einer Betriebsstätte dient, und die daraus erzielten Einkünfte (Artikel 6 Absatz 3) sowie für die Gewinne aus der Veräußerung dieses unbeweglichen Vermögens (Artikel 13 Absatz 1) und des beweglichen Vermögens, das Betriebsvermögen der Betriebsstätte darstellt (Artikel 13 Absatz 4).

d. Die Bundesrepublik Deutschland behält aber das Recht, die nach den Bestimmungen dieses Abkommens von der deutschen Steuer ausgenommenen Einkünfte und Vermögenswerte bei der Festsetzung ihres Steuersatzes zu berücksichtigen.

e. Ungeachtet der Bestimmungen des Buchstabens a wird die Doppelbesteuerung durch Steueranrechnung nach Buchstabe b vermieden, wenn

  i. in den Vertragsstaaten Einkünfte oder Vermögen unterschiedlichen Abkommensbestimmungen zugeordnet oder verschiedenen Personen zugerechnet werden (außer nach Artikel 9) und dieser Konflikt sich nicht durch ein Verfahren nach Artikel 24 Absatz 3 regeln lässt und wenn aufgrund dieser unterschiedlichen Zuordnung oder Zurechnung die betreffenden Einkünfte oder Vermögenswerte unbesteuert blieben oder niedriger als ohne diesen Konflikt besteuert würden; oder

  ii. die Bundesrepublik Deutschland nach Konsultation mit der zuständigen Behörde des Königreichs Spanien auf diplomatischem Weg dem Königreich Spanien andere Einkünfte notifiziert, bei denen sie die Anrechnungsmethode nach Buchstabe b anzuwenden beabsichtigt. Die Doppelbesteuerung wird für die notifizierten Einkünfte durch Steueranrechnung vom ersten Tag des Kalenderjahres vermieden, das dem Kalenderjahr folgt, in dem die Notifikation übermittelt wurde.

Artikel 23 Gleichbehandlung

(1) Staatsangehörige eines Vertragsstaats dürfen im anderen Vertragsstaat keiner Besteuerung oder damit zusammenhängenden Verpflichtung unterworfen werden, die anders oder belastender ist als die Besteuerung und die damit zusammenhängenden Verpflichtungen, denen Staatsangehörige des anderen Staates unter gleichen Verhältnissen, insbesondere hinsichtlich der Ansässigkeit, unterworfen sind oder unterworfen

werden können. Diese Bestimmung gilt ungeachtet des Artikels 1 auch für Personen, die in keinem Vertragsstaat ansässig sind.

(2) Die Besteuerung einer Betriebsstätte, die ein Unternehmen eines Vertragsstaates im anderen Vertragsstaat hat, darf in dem anderen Staat nicht ungünstiger sein als die Besteuerung von Unternehmen des anderen Staates, die die gleiche Tätigkeit ausüben. Diese Bestimmung ist nicht so auszulegen, als verpflichte sie einen Vertragsstaat, den in dem anderen Vertragsstaat ansässigen Personen Steuerfreibeträge, -vergünstigungen und -ermäßigungen auf Grund des Personenstandes oder der Familienlasten zu gewähren, die er seinen ansässigen Personen gewährt.

(3) Sofern nicht Artikel 9 Absatz 1, Artikel 11 Absatz 4 oder Artikel 12 Absatz 4 anzuwenden ist, sind Zinsen, Lizenzgebühren und andere Entgelte, die ein Unternehmen eines Vertragsstaats an eine im anderen Vertragsstaat ansässige Person zahlt, bei der Ermittlung der steuerpflichtigen Gewinne dieses Unternehmens unter den gleichen Bedingungen wie Zahlungen an eine im erstgenannten Staat ansässige Person zum Abzug zuzulassen. Dementsprechend sind Schulden, die ein Unternehmen eines Vertragsstaats gegenüber einer im anderen Vertragsstaat ansässigen Person hat, bei der Ermittlung des steuerpflichtigen Vermögens dieses Unternehmens unter den gleichen Bedingungen wie Schulden gegenüber einer im erstgenannten Staat ansässigen Person zum Abzug zuzulassen.

(4) Unternehmen eines Vertragsstaats, deren Kapital ganz oder teilweise unmittelbar oder mittelbar einer im anderen Vertragsstaat ansässigen Person oder mehreren solchen Personen gehört oder ihrer Kontrolle unterliegt, dürfen im erstgenannten Staat keiner Besteuerung oder damit zusammenhängenden Verpflichtung unterworfen werden, die anders oder belastender ist als die Besteuerung und die damit zusammenhängenden Verpflichtungen, denen andere ähnliche Unternehmen des erstgenannten Staates unterworfen sind oder unterworfen werden können.

(5) Dieser Artikel gilt ungeachtet des Artikels 2 für Steuern jeder Art und Bezeichnung.

Artikel 24 Verständigungsverfahren

(1) Ist eine Person der Auffassung, dass Maßnahmen eines Vertragsstaats oder beider Vertragsstaaten für sie zu einer Besteuerung führen oder führen werden, die diesem Abkommen nicht entspricht, so kann sie unbeschadet der nach dem innerstaatlichen Recht dieser Staaten vorgesehenen Rechtsmittel ihren Fall der zuständigen Behörde des Vertragsstaats, in dem sie ansässig ist, oder, sofern ihr Fall von Artikel 23 Absatz 1 erfasst wird, der zuständigen Behörde des Vertragsstaats unterbreiten, dessen Staatsangehöriger sie ist. Der Fall muss innerhalb von drei Jahren nach der ersten Mitteilung

der Maßnahme unterbreitet werden, die zu einer dem Abkommen nicht entsprechenden Besteuerung führt.

(2) Hält die zuständige Behörde die Einwendung für begründet und ist sie selbst nicht in der Lage, eine befriedigende Lösung herbeizuführen, so wird sie sich bemühen, den Fall durch Verständigung mit der zuständigen Behörde des anderen Vertragsstaats so zu regeln, dass eine dem Abkommen nicht entsprechende Besteuerung vermieden wird. Die Verständigungsregelung ist ungeachtet der Fristen des innerstaatlichen Rechts der Vertragsstaaten durchzuführen.

(3) Die zuständigen Behörden der Vertragsstaaten werden sich bemühen, Schwierigkeiten oder Zweifel, die bei der Auslegung oder Anwendung des Abkommens entstehen, in gegenseitigem Einvernehmen zu beseitigen. Sie können auch gemeinsam darüber beraten, wie eine Doppelbesteuerung in Fällen vermieden werden kann, die im Abkommen nicht behandelt sind.

(4) Die zuständigen Behörden der Vertragsstaaten können zur Herbeiführung einer Einigung im Sinne der vorstehenden Bestimmungen dieses Artikels unmittelbar miteinander verkehren, ggf. durch eine aus ihnen oder ihren Vertretern bestehende gemeinsame Kommission.

Artikel 25 Informationsaustausch

(1) Die zuständigen Behörden der Vertragsstaaten tauschen die Informationen aus, die zur Durchführung dieses Abkommens oder zur Anwendung oder Durchsetzung des innerstaatlichen Rechts betreffend Steuern jeder Art und Bezeichnung, die für Rechnung der Vertragsstaaten, einer seiner Länder oder einer ihrer Gebietskörperschaften erhoben werden, voraussichtlich erheblich sind, soweit die diesem Recht entsprechende Besteuerung nicht dem Abkommen widerspricht. Der Informationsaustausch ist durch die Artikel 1 und 2 nicht eingeschränkt.

(2) Alle Informationen, die ein Vertragsstaat nach Absatz 1 erhalten hat, sind ebenso geheim zu halten wie die aufgrund des innerstaatlichen Rechts dieses Staates beschafften Informationen und dürfen nur den Personen oder Behörden (einschließlich der Gerichte und der Verwaltungsbehörden) zugänglich gemacht werden, die mit der Veranlagung oder Erhebung, der Vollstreckung oder Strafverfolgung, der Entscheidung über Rechtsmittel hinsichtlich der in Absatz 1 genannten Steuern oder mit der Aufsicht darüber befasst sind. Diese Personen oder Behörden dürfen die Informationen nur für diese Zwecke verwenden. Sie dürfen die Informationen in einem öffentlichen Gerichtsverfahren oder in einer Gerichtsentscheidung offen legen. Ungeachtet der vorstehenden Bestimmungen können die Informationen für andere Zwecke verwendet werden, wenn sie nach dem Recht beider Staaten für diese anderen Zwecke verwendet werden

können und die zuständige Behörde des übermittelnden Staates dieser Verwendung zugestimmt hat.

(3) Absätze 1 und 2 sind nicht so auszulegen, als verpflichteten sie einen Vertragsstaat,

a. Verwaltungsmaßnahmen durchzuführen, die von den Gesetzen und der Verwaltungspraxis dieses oder des anderen Vertragsstaats abweichen;

b. Informationen zu erteilen, die nach den Gesetzen oder der Verwaltungspraxis dieses oder des anderen Vertragsstaates nicht beschafft werden können;

c. Informationen zu erteilen, die ein Handels-, Industrie-, Gewerbe- oder Berufsgeheimnis oder ein Geschäftsverfahren preisgeben würden oder deren Erteilung der öffentlichen Ordnung widerspräche.

(4) Ersucht ein Vertragsstaat gemäß diesem Artikel um Informationen, so nutzt der andere Vertragsstaat die ihm zur Verfügung stehenden Möglichkeiten zur Beschaffung der erbetenen Informationen, selbst wenn dieser andere Staat diese Informationen für seine eigenen steuerlichen Zwecke nicht benötigt. Die im vorhergehenden Satz enthaltene Verpflichtung unterliegt den Beschränkungen gemäß Absatz 3, aber diese Beschränkungen sind nicht so auszulegen, als könne ein Vertragsstaat die Erteilung von Informationen nur deshalb ablehnen, weil er kein innerstaatliches Interesse an diesen Informationen hat.

(5) Absatz 3 ist in keinem Fall so auszulegen, als könne ein Vertragsstaat die Erteilung von Informationen nur deshalb ablehnen, weil sich die Informationen bei einer Bank, einem sonstigen Finanzinstitut, einem Bevollmächtigten, Vertreter oder Treuhänder befinden oder weil sie sich auf das Eigentum an einer Person beziehen.

Artikel 26 Amtshilfe bei der Erhebung von Steuern

(1) Die Vertragsstaaten leisten sich gegenseitige Amtshilfe bei der Erhebung von Steueransprüchen. Diese Amtshilfe ist durch Artikel 1 und 2 nicht eingeschränkt. Die zuständigen Behörden der Vertragsstaaten können in gegenseitigem Einvernehmen regeln, wie dieser Artikel durchzuführen ist.

(2) Der in diesem Artikel verwendete Ausdruck „Steueranspruch“ bedeutet einen Betrag, der auf Grund von Steuern jeder Art und Bezeichnung, die für Rechnung der Vertragsstaaten, einer seiner Länder oder einer ihrer Gebietskörperschaften erhoben werden, geschuldet wird, soweit die Besteuerung diesem Abkommen oder anderen völkerrechtlichen Übereinkünften, denen die Vertragsstaaten beigetreten sind, nicht widerspricht, sowie mit diesem Betrag zusammenhängende Zinsen, Geldbußen und Kosten der Erhebung oder Sicherung.

(3) Ist der Steueranspruch eines Vertragsstaats nach dem Recht dieses Staates vollstreckbar und wird er von einer Person geschuldet, die zu diesem Zeitpunkt nach dem Recht dieses Staates die Erhebung nicht verhindern kann, wird dieser Steueranspruch auf Ersuchen der zuständigen Behörde dieses Staates für die Zwecke der Erhebung von der zuständigen Behörde des anderen Vertragsstaats anerkannt. Der Steueranspruch wird vom anderen Staat nach dessen Rechtsvorschriften über die Vollstreckung und Erhebung seiner eigenen Steuern erhoben, als handele es sich bei dem Steueranspruch um einen Steueranspruch des anderen Staates.

(4) Handelt es sich bei dem Steueranspruch eines Vertragsstaats um einen Anspruch, bei dem dieser Staat nach seinem Recht Maßnahmen zur Sicherung der Erhebung einleiten kann, wird dieser Steueranspruch auf Ersuchen der zuständigen Behörde dieses Staates zum Zwecke der Einleitung von Sicherungsmaßnahmen von der zuständigen Behörde des anderen Vertragsstaats anerkannt. Der andere Staat leitet nach seinen Rechtsvorschriften Sicherungsmaßnahmen in Bezug auf diesen Steueranspruch ein, als wäre der Steueranspruch ein Steueranspruch dieses anderen Staates, selbst wenn der Steueranspruch im Zeitpunkt der Einleitung dieser Maßnahmen im erstgenannten Staat nicht vollstreckbar ist oder von einer Person geschuldet wird, die berechtigt ist, die Erhebung zu verhindern.

(5) Ungeachtet der Absätze 3 und 4 unterliegt ein von einem Vertragsstaat für Zwecke der Absätze 3 oder 4 anerkannter Steueranspruch als solcher in diesem Staat nicht den Verjährungsfristen eines Steueranspruchs nach dem Recht dieses Staates. Ferner hat ein Steueranspruch, der von einem Vertragsstaat für Zwecke der Absätze 3 oder 4 anerkannt wurde, in diesem Staat nicht den Vorrang, den dieser Steueranspruch nach dem Recht des anderen Vertragsstaats hat.

(6) Verfahren im Zusammenhang mit dem Bestehen, der Gültigkeit oder der Höhe des Steueranspruchs eines Vertragsstaats können nicht bei den Gerichten oder Verwaltungsbehörden des anderen Vertragsstaats eingeleitet werden.

(7) Verliert der betreffende Steueranspruch, nachdem das Ersuchen eines Vertragsstaats nach den Absätzen 3 oder 4 gestellt wurde und bevor der andere Vertragsstaat den betreffenden Steueranspruch erhoben und an den erstgenannten Staat ausgezahlt hat,

a. im Falle eines Ersuchens nach Absatz 3 seine Eigenschaft als Steueranspruch des erstgenannten Staates, der nach dem Recht dieses Staates vollstreckbar ist und von einer Person geschuldet wird, die zu diesem Zeitpunkt nach dem Recht dieses Staates die Erhebung nicht verhindern kann, oder

b. im Falle eines Ersuchens nach Absatz 4 seine Eigenschaft als Steueranspruch des erstgenannten Staates, für den dieser Staat nach seinem Recht Maßnahmen zur Sicherung der Erhebung einleiten kann,

teilt die zuständige Behörde des erstgenannten Staates dies der zuständigen Behörde des anderen Staates unverzüglich mit und nach Wahl des anderen Staates setzt der erstgenannte Staat das Ersuchen entweder aus oder nimmt es zurück.

(8) Dieser Artikel ist nicht so auszulegen, als verpflichte er einen Vertragsstaat,

a. Verwaltungsmaßnahmen durchzuführen, die von den Gesetzen und der Verwaltungspraxis dieses oder des anderen Vertragsstaats abweichen;

b. Maßnahmen durchzuführen, die der öffentlichen Ordnung widersprächen;

c. Amtshilfe zu leisten, wenn der andere Vertragsstaat nicht alle angemessenen Maßnahmen zur Erhebung oder Sicherung, die nach seinen Gesetzen oder seiner Verwaltungspraxis möglich sind, ausgeschöpft hat;

d. Amtshilfe in Fällen zu leisten, in denen der Verwaltungsaufwand für diesen Staat in einem eindeutigen Missverhältnis zu dem Nutzen steht, den der andere Vertragsstaat dadurch erlangt.

Artikel 27 Mitglieder diplomatischer Missionen und konsularischer Vertretungen

Dieses Abkommen berührt nicht die steuerlichen Vorrechte, die den Mitgliedern diplomatischer Missionen und konsularischer Vertretungen nach den allgemeinen Regeln des Völkerrechts oder aufgrund besonderer Übereinkünfte zustehen.

Artikel 28 Schranken für die Abkommensvergünstigungen

(1) Dieses Abkommen ist nicht so auszulegen, als hindere es

a. einen Vertragsstaat, seine innerstaatlichen Rechtsvorschriften zur Verhinderung der Steuerumgehung oder Steuerhinterziehung anzuwenden;

b. die Bundesrepublik Deutschland daran, die Beträge zu besteuern, die nach dem Vierten, Fünften und Siebenten Teil des deutschen Außensteuergesetzes den Einkünften einer in der Bundesrepublik Deutschland ansässigen Person zuzurechnen sind, oder das Königreich Spanien, die Rechtsvorschriften über beherrschte ausländische Unternehmen nach Titel VII Kapitel XI des spanischen Körperschaftsteuergesetzes („texto refundido de la Ley del Impuesto sobre sociedades, aprobado por Real Decreto Legislativo 4/2004, del 5 de marzo") anzuwenden.

(2) Die Vergünstigungen nach diesem Abkommen werden Personen nicht gewährt, die nicht der Nutzungsberechtigte der aus dem anderen Vertragsstaat stammenden Einkünfte oder der dort gelegenen Vermögenswerte sind.

(3) Führen die vorstehenden Bestimmungen zu einer Doppelbesteuerung, konsultieren die zuständigen Behörden einander nach Artikel 24 Absatz 3, wie die Doppelbesteuerung zu vermeiden ist.

Artikel 29 Protokoll

Das angefügte Protokoll ist Bestandteil dieses Abkommens.

Artikel 30 Inkrafttreten

(1) Dieses Abkommen bedarf der Ratifikation; die Ratifikationsurkunden werden so bald wie möglich in Berlin ausgetauscht.[2]

(2) Das Abkommen tritt nach einem Zeitraum von drei Monaten ab dem Tag des Austausches der Ratifikationsurkunden in Kraft und ist anzuwenden

a. bei den im Abzugsweg erhobenen Steuern auf die Beträge, die am oder nach dem 1. Januar des Kalenderjahrs gezahlt werden, das dem Jahr folgt, in dem das Abkommen in Kraft getreten ist;

b. bei den übrigen Steuern auf die Steuern, die für Zeiträume ab dem 1. Januar des Kalenderjahrs erhoben werden, das dem Jahr folgt, in dem das Abkommen in Kraft getreten ist.

(3) Mit dem Inkrafttreten dieses Abkommens tritt das am 5. Dezember 1966 in Bonn unterzeichnete Abkommen zwischen der Bundesrepublik Deutschland und dem Spanischen Staat zur Vermeidung der Doppelbesteuerung und zur Verhinderung der Steuerverkürzung bei den Steuern vom Einkommen und vom Vermögen hinsichtlich der Steuern außer Kraft, die nach Absatz 2 unter das vorliegende Abkommen fallen.

(4) Ungeachtet der Bestimmungen dieses Artikels gelten die Artikel 23, 24, 25, 26 und 28 dieses Abkommens für alle in diesen Artikeln bezeichneten Steuern, Verständigungsverfahren, Informationen oder Steueransprüche, auch wenn diese Informationen, Steuern oder Steueransprüche dem Inkrafttreten dieses Abkommens oder dem Wirksamwerden einer seiner Bestimmungen zeitlich vorausgehen.

2 **Anm. d. Red.:** Dieses Abkommen ist am 18. Oktober 2012 in Kraft getreten (BGBl 2013 II S. 329). Das Abkommen ist anzuwenden ab 1. Januar 2013.

Artikel 31 Kündigung

Das Abkommen bleibt in Kraft, solange es nicht von einem der Vertragsstaaten gekündigt wird. Nach Ablauf von fünf Jahren, vom Tag seines Inkrafttretens an gerechnet, kann jeder Vertragsstaat das Abkommen mit einer Frist von sechs Monaten zum Ablauf eines jeden Kalenderjahres auf diplomatischem Weg schriftlich kündigen. In diesem Fall ist das Abkommen nicht mehr anzuwenden:

a. bei den im Abzugsweg erhobenen Steuern auf die Beträge, die am oder nach dem 1. Januar des Kalenderjahrs gezahlt werden, das dem Kündigungsjahr folgt;

b. bei den übrigen Steuern auf die Steuern, die für Zeiträume ab dem 1. Januar des Kalenderjahrs erhoben werden, das dem Kündigungsjahr folgt.

Die Kündigung gilt als an dem Tag durch einen Vertragsstaat ausgesprochen, an dem der andere Vertragsstaat sie erhält.

Artikel 32 Registrierung

Die Registrierung dieses Abkommens beim Sekretariat der Vereinten Nationen nach Artikel 102 der Charta der Vereinten Nationen wird unmittelbar nach seinem Inkrafttreten von dem Vertragsstaat veranlasst, in dem das Abkommen unterzeichnet wurde. Der andere Vertragsstaat wird unter Angabe der VN-Registrierungsnummer über die erfolgte Registrierung unterrichtet, sobald die Bestätigung des Sekretariats der Vereinten Nationen vorliegt.

Zu Urkund dessen haben die hierzu gehörig befugten Unterzeichneten dieses Abkommen unterzeichnet.

Geschehen zu Madrid am 3.2.2011 in zwei Urschriften, jede in deutscher und spanischer Sprache, wobei jeder Wortlaut gleichermaßen verbindlich ist. Bei unterschiedlicher Auslegung der beiden Wortlaute werden diese gemäß dem Verfahren nach Artikel 24 dieses Abkommens behoben.

Protokoll

zum Abkommen zwischen der Bundesrepublik Deutschland und dem Königreich Spanien zur Vermeidung der Doppelbesteuerung und zur Verhinderung der Steuerverkürzung auf dem Gebiet der Steuern vom Einkommen und vom Vermögen

Anlässlich der Unterzeichnung des Abkommens zwischen der Bundesrepublik Deutschland und dem Königreich Spanien zur Vermeidung der Doppelbesteuerung und zur Verhinderung der Steuerverkürzung auf dem Gebiet der Steuern vom Einkommen und vom Vermögen haben die Unterzeichneten die nachstehenden Bestimmungen vereinbart, die Bestandteil des Abkommens sind:

I. Zu den Artikeln 4 und 24:

Wenn ein Investmentvermögen („Collective Investment Vehicle") nicht als ansässige Person nach Artikel 4 gelten kann, können die beiden zuständigen Behörden in gegenseitigem Einvernehmen die Anspruchsvoraussetzungen für die Abkommensvergünstigungen festlegen.

II. Zu Artikel 4:

Die Artikel 4 und 6 bis 21 dieses Abkommens gelten nicht für spanische Steuerpflichtige, die sich für die Besteuerung nach dem Steuerrecht für Nichtansässige gemäß Artikel 93 des spanischen Einkommensteuergesetzes für natürliche Personen („Ley 35/2006, del 28 de noviembre, del Impuesto sobre la Renta de las Personas Físicas y de modificación parcial de las Leyes de los Impuestos sobre Sociedades, sobre la Renta de no Residentes y sobre el Patrimonio") entschieden haben. Das Gleiche würde für den Fall gelten, dass Deutschland eine ähnliche Regelung einführt.

III. Zu Artikel 7:

Sobald die OECD einen neuen Artikel 7 verabschiedet hat, kommen beide Delegationen erneut zusammen, um die Anpassung dieses Artikels an den „Authorised OECD Approach" zu prüfen.

IV. Zu Artikel 8:

Artikel 8 Absatz 3 wird entsprechend den Textziffern 5 und 9 des Kommentars zu Artikel 8 des OECD-Musterabkommens zur Vermeidung der Doppelbesteuerung auf dem Gebiet der Steuern vom Einkommen und vom Vermögen ausgelegt.

V. Zu den Artikeln 10 und 11:

Ungeachtet der Artikel 10 und 11 können Dividenden und Zinsen in dem Vertragsstaat, aus dem sie stammen, nach dem Recht dieses Staates besteuert werden, wenn sie

a. auf Rechten oder Forderungen mit Gewinnbeteiligung, einschließlich der Einkünfte aus Genussrechten oder Genussscheinen, der Einkünfte eines stillen Gesellschafters aus seiner Beteiligung als stiller Gesellschafter oder der Einkünfte aus einem partiarischen Darlehen oder aus Gewinnobligationen, beruhen und

b. bei der Ermittlung der Gewinne des Schuldners der Einkünfte abzugsfähig sind,

die Steuer darf aber, wenn der Nutzungsberechtigte im anderen Vertragsstaat ansässig ist, 15 vom Hundert des Bruttobetrags der Dividenden und Zinsen nicht übersteigen.

VI. Zu Artikel 17 Absatz 2:

Das „Ereignis" gilt als an dem Tag eingetreten, an dem die Person, die Anspruch auf die Leistungen hat, erstmals die Zahlung erhält.

VII. Zu Artikel 17 Absatz 3:

Auf Seiten Deutschlands bezieht sich der Ausdruck „geförderte Beiträge" auf die folgenden staatlich geförderten Altersvorsorgebeiträge:

a. Altersvorsorgebeiträge im Sinne des Altersvorsorgeverträge-Zertifizierungsgesetzes sowie des § 82 Absatz 2 Einkommensteuergesetz, und

b. Altersvorsorgebeiträge an Altersvorsorgesysteme nach dem Ersten Abschnitt des Ersten Teils des Betriebsrentengesetzes (BetrAVG). Hierbei handelt es sich um Pensionskassen nach § 1b Absatz 3 BetrAVG, Pensionsfonds nach § 1b Absatz 3 BetrAVG, Direktversicherungen nach § 1b Absatz 2 Satz 1 BetrAVG, Unterstützungskassen nach § 1b Absatz 4 BetrAVG sowie unmittelbar vom Arbeitgeber eingeführte Altersvorsorgesysteme (Direktzusagen) nach § 1 BetrAVG.

VIII. Zu den Artikeln 17 und 25:

Die Umsetzung von Artikel 17 Absätze 2 und 3 erfordert die Einrichtung eines Verfahrens für den Austausch von Informationen über Ruhegehälter und Renten, die jeder Vertragsstaat an im anderen Vertragsstaat ansässige Personen leistet. Die ausgetauschten Informationen umfassen alle zur Identifizierung des Zahlungsempfängers erforderlichen Angaben (z. B. Steuernummer, Name, Geburtsdatum, Wohnsitz) sowie Angaben zu den gezahlten Beträgen und zum Altersvorsorgesystem, für das diese gezahlt werden. Die besonderen Anforderungen dieses Verfahrens werden mithilfe des in Artikel 24 Absatz 3 bezeichneten Verfahrens (Schriftwechsel) vereinbart, um die Anwendung von Artikel 17 Absätze 2 und 3 zu ermöglichen.

IX. Zu den Artikeln 18 und 30:

Artikel 18 gilt für Vergütungen an Ortskräfte diplomatischer Missionen, konsularischer Vertretungen, des Instituto Cervantes und des Goethe-Instituts, die zum Zeitpunkt des Inkrafttretens dieses Abkommens dort bereits Dienste leisteten, sofern sie sich nicht für die bereits angewendeten Regelungen des am 5. Dezember 1966 in Bonn unterzeichneten Abkommens zur Vermeidung der Doppelbesteuerung und zur Verhinderung der Steuerverkürzung auf dem Gebiet der Steuern vom Einkommen und vom Vermögen entscheiden. Diese Wahlmöglichkeit kann innerhalb der ersten sechs Monate ab Inkrafttreten dieses Abkommens einmal wahrgenommen werden.

X. Zu Artikel 25:

Soweit nach Artikel 25 personenbezogene Daten übermittelt werden, gelten ergänzend die nachfolgenden Bestimmungen:

a. Allgemein ist die Verwendung der Informationen – abgesehen von den Einschränkungen nach Artikel 25 Absatz 2 – nicht eingeschränkt. Nur in außergewöhnlichen Fällen kann die übermittelnde Stelle für die Verwendung der Informationen bestimmte Einschränkungen festlegen. Diese Einschränkungen dürfen von der übermittelnden Stelle nur auferlegt werden, wenn dem konkreten Ersuchen ohne diese Einschränkungen nicht entsprochen werden kann. Die empfangende Stelle wird über geänderte Gegebenheiten so schnell wie möglich unterrichtet.

b. Die übermittelnde Stelle ist verpflichtet, auf die Richtigkeit der zu übermittelnden Daten und ihre voraussichtliche Erheblichkeit im Sinne des Artikels 25 Absatz 1 Satz 1 und Verhältnismäßigkeit in Bezug auf den mit der Übermittlung verfolgten Zweck zu achten. Voraussichtlich erheblich sind die Daten, wenn im konkreten Fall die ernstliche Möglichkeit besteht, dass der andere Vertragsstaat ein Besteuerungsrecht hat und keine Anhaltspunkte dafür vorliegen, dass die Daten der zuständigen Behörde des anderen Vertragsstaats bereits bekannt sind oder dass die zuständige Behörde des anderen Vertragsstaates ohne die Auskunft von dem Gegenstand des Besteuerungsrechts Kenntnis erlangt. Erweist sich, dass unrichtige Daten oder Daten, die nicht übermittelt werden durften, übermittelt worden sind, so ist dies der empfangenden Stelle unverzüglich mitzuteilen. Diese ist verpflichtet, die Berichtigung oder Löschung dieser Daten gemäß der umgesetzten Richtlinie 95/46/EG vorzunehmen. Sind Daten ohne Ersuchen übermittelt worden, hat die empfangende Stelle unverzüglich zu prüfen, ob die Daten für den Zweck erforderlich sind, für den sie übermittelt worden sind; nicht benötigte Daten hat sie unverzüglich zu löschen.

c. Die empfangende Stelle unterrichtet den Betroffenen gemäß ihren innerstaatlichen Rechtsvorschriften über die Datenerhebung bei der übermittelnden Stelle; es sei denn, dass die Daten ohne Ersuchen übermittelt wurden. Die Unterrichtung kann unterbleiben, sofern und solange insgesamt davon ausgegangen wird, dass das öffentliche Interesse an der Nichtunterrichtung des Betroffenen gegenüber seinem Informationsinteresse überwiegt.

d. Dem Betroffenen ist auf Antrag über die zu seiner Person übermittelten Daten sowie über den vorgesehenen Verwendungszweck gemäß den innerstaatlichen Rechtsvorschriften des übermittelnden Vertragsstaats Auskunft zu erteilen. Buchstabe c Satz 2 gilt entsprechend.

e. Die übermittelnde und die empfangende Stelle sind verpflichtet, die Übermittlung und den Empfang von personenbezogenen Daten aktenkundig zu machen.

f. Soweit das für die übermittelnde Stelle geltende innerstaatliche Recht in Bezug auf die übermittelten personenbezogenen Daten besondere Löschungsvorschriften vorsieht, weist diese Stelle die empfangende Stelle darauf hin. In jedem Fall können die übermittelten personenbezogenen Daten nach der umgesetzten Richtlinie 95/46/EG gelöscht werden, sobald sie für den Zweck, für den sie übermittelt worden sind, nicht mehr erforderlich sind.

XI. Verfahrensregeln für die Quellenbesteuerung:

1. Die zuständigen Behörden können in gegenseitigem Einvernehmen die Bestimmungen über die Entlastung von der Quellenbesteuerung regeln und gegebenenfalls andere Verfahren zur Durchführung der im Abkommen vorgesehenen Steuerermäßigungen oder -befreiungen festlegen.

2. Der Vertragsstaat, aus dem die Einkünfte stammen, fordert eine von der zuständigen Behörde des anderen Vertragsstaats ausgestellte Bescheinigung über die Ansässigkeit im Sinne des Abkommens an.

3. Für die Zwecke von Artikel 4 hat jede Person, die über eine von der zuständigen Behörde eines Vertragsstaats ausgestellte Ansässigkeitsbescheinigung im Sinne dieses Abkommens verfügt, Anspruch auf die Abkommensvergünstigungen. Diese Bestimmung gilt auch für (nach spanischem Recht errichtete) „Sociedades Colectivas", deren Anteilseigner nicht in Deutschland ansässig sind. Befinden sich unter den Anteilseignern in Deutschland ansässige Personen, sollte die „Sociedad Colectiva" das Abkommen nur auf die Einkünfte anwenden können, die nicht als einer in Deutschland ansässigen Person zuzurechnen gelten.

Geschehen zu Madrid am 3.2.2011 in zwei Urschriften, jede in deutscher und spanischer Sprache, wobei jeder Wortlaut gleichermaßen verbindlich ist. Bei unterschiedlicher Auslegung der beiden Wortlaute werden diese gemäß dem Verfahren nach Artikel 24 dieses Abkommens behoben.

DBA USA

Abkommen zwischen der Bundesrepublik Deutschland und den Vereinigten Staaten von Amerika zur Vermeidung der Doppelbesteuerung und zur Verhinderung der Steuerverkürzung auf dem Gebiet der Steuern vom Einkommen und vom Vermögen und einiger anderer Steuern

in der Bekanntmachung der Neufassung vom 4. 6. 2008 (BGBl 2008 II S. 611, ber. BGBl 2008 II S. 851) [1]

i. d. F. des Änderungsprotokolls vom 1. Juni 2006[2]

Artikel 1 Allgemeiner Geltungsbereich

(1) Dieses Abkommen gilt, soweit es nichts anderes vorsieht, für Personen, die in einem Vertragsstaat oder in beiden Vertragsstaaten ansässig sind.

(2) Das Abkommen schränkt Steuerbefreiungen und -ermäßigungen, Freibeträge oder Steuerabzugsbeträge, Anrechnungsbeträge oder andere Vergünstigungen nicht ein, die jetzt oder später gewährt werden aufgrund

a. der Gesetze eines Vertragsstaats oder

b. einer anderen Vereinbarung, der die Vertragsstaaten angehören.

(3)

a. Ungeachtet des Absatzes 2 Buchstabe b

aa) kommen die Vertragsstaaten überein, dass Fragen zur Auslegung oder Anwendung des Abkommens und insbesondere die Frage, ob eine Besteuerungsmaßnahme in den Anwendungsbereich des Abkommens fällt, ausschließlich nach Artikel 25 (Verständigungsverfahren) des Abkommens geregelt werden; und

bb) gelten die Bestimmungen eines anderen Abkommens nur dann für eine Besteuerungsmaßnahme, wenn die zuständigen Behörden übereinkommen, dass die Maßnahme nicht in den Geltungsbereich von Artikel 24 (Gleichbehandlung) dieses Abkommens fällt.

---

1 Die Neufassung berücksichtigt:
1. das Abkommen vom 29. August 1989 zwischen der Bundesrepublik Deutschland und den Vereinigten Staaten von Amerika zur Vermeidung der Doppelbesteuerung und zur Verhinderung der Steuerverkürzung auf dem Gebiet der Steuern vom Einkommen und vom Vermögen und einiger anderer Steuern (BGBl 1991 II S. 354) und
2. das Protokoll vom 1. Juni 2006 zur Änderung des in Nummer 1 genannten Abkommens.

2 **Anm. d. Red.:** Diese aktualisierte deutsche Sprachfassung des Änderungsprotokolls enthält die zwischen den Vertragstaaten am 17. August 2006 vereinbarten Korrekturen des unterzeichneten Protokolls.

b. Im Sinne dieses Absatzes ist eine „Maßnahme“ ein Gesetz, eine Vorschrift, eine Regel, ein Verfahren, eine Entscheidung, eine Verwaltungsmaßnahme oder eine ähnliche Bestimmung oder Vorgehensweise.

(4)

a. Soweit nicht Absatz 5 gilt, berührt dieses Abkommen nicht die Besteuerung durch die Vereinigten Staaten von dort ansässigen Personen (im Sinne des Artikels 4 (Ansässigkeit)) und Staatsbürgern der Vereinigten Staaten.

b. Ungeachtet der sonstigen Bestimmungen dieses Abkommens kann ein ehemaliger Staatsbürger oder langfristig Aufenthaltsberechtigter der Vereinigten Staaten für einen Zeitraum von zehn Jahren nach dem Verlust dieses Status gemäß dem Recht der Vereinigten Staaten besteuert werden.

(5) Nicht berührt werden durch Absatz 4 die Vergünstigungen, die die Vereinigten Staaten

a. nach Artikel 9 Absatz 2 (Verbundene Unternehmen), Artikel 13 Absatz 6 (Veräußerungsgewinne), Artikel 18 Absätze 3, 4 und 5 (Ruhegehälter, Renten, Unterhaltszahlungen und Sozialversicherung), Artikel 18A Absätze 1 und 5 (Altersvorsorgepläne), Artikel 19 Absatz 3 (Öffentlicher Dienst) und nach den Artikeln 23 (Vermeidung der Doppelbesteuerung), 24 (Gleichbehandlung) und 25 (Verständigungsverfahren) gewähren, und

b. nach Artikel 18A Absatz 2 (Altersvorsorgepläne), Artikel 19 Absatz 1 Buchstabe b (Öffentlicher Dienst) und nach den Artikeln 20 (Gastprofessoren und -lehrer; Studenten und Auszubildende) und 30 (Mitglieder diplomatischer Missionen und konsularischer Vertretungen) natürlichen Personen gewähren, die weder Staatsbürger der Vereinigten Staaten sind noch dort den Status von Einwanderern haben.

(6) Das Abkommen ist nicht so auszulegen, als hindere es die Bundesrepublik Deutschland daran, ihre Steuern auf Beträge zu erheben, die nach dem Vierten, Fünften und Siebten Teil des deutschen Außensteuergesetzes dem Einkommen einer in der Bundesrepublik Deutschland ansässigen Person zuzurechnen sind. Wenn diese Besteuerung zu einer Doppelbesteuerung führt, beraten die zuständigen Behörden gemäß Artikel 25 Absatz 3 (Verständigungsverfahren) über die Vermeidung der Doppelbesteuerung.

(7) Werden Einkünfte oder Gewinne von einer oder über eine Person erzielt, die nach dem Recht eines der Vertragsstaaten als solche nicht steuerpflichtig ist, gelten diese als von einer in einem Staat ansässigen Person erzielt, soweit sie im Sinne der Steuergesetze dieses Staates als Einkünfte oder Gewinne einer ansässigen Person gelten.

Artikel 2 Unter das Abkommen fallende Steuern

(1) Zu den bestehenden Steuern, für die dieses Abkommen gilt, gehören

a. in den Vereinigten Staaten

aa) die auf Grund des Internal Revenue Code erhobenen Bundeseinkommensteuern mit Ausnahme der Steuer auf thesaurierte Gewinne (accumulated earnings tax), der Steuer auf personenbezogene Holdinggesellschaften (personal holding company tax) und der Sozialabgaben und

bb) die Abgabe auf Versicherungsprämien (federal excise tax), die an ausländische Versicherer gezahlt werden

(im Folgenden als „Steuer der Vereinigten Staaten" bezeichnet);

dieses Abkommen gilt jedoch für die Abgabe auf Versicherungsprämien, die an ausländische Versicherer gezahlt werden, nur insoweit, als die durch die Prämien gedeckten Risiken nicht bei einer Person rückversichert sind, die nicht berechtigt ist, die Vergünstigungen dieses oder eines anderen Abkommens, das eine Freistellung von dieser Abgabe vorsieht, in Anspruch zu nehmen;

b. in der Bundesrepublik Deutschland

aa) die Einkommensteuer,

bb) die Körperschaftsteuer,

cc) die Gewerbesteuer und

dd) die Vermögensteuer

(im Folgenden als „deutsche Steuer" bezeichnet).

(2) Dieses Abkommen gilt auch für alle Steuern gleicher oder im Wesentlichen ähnlicher Art, die nach der Unterzeichnung des Abkommens neben den bestehenden Steuern oder an deren Stelle erhoben werden. Die zuständigen Behörden der Vertragsstaaten teilen einander die in ihren Steuergesetzen eingetretenen bedeutsamen Änderungen mit.

Artikel 3 Allgemeine Begriffsbestimmungen

(1) Im Sinne dieses Abkommens, wenn der Zusammenhang nichts anderes erfordert,

a. bedeuten die Ausdrücke „ein Vertragsstaat" und "der andere Vertragsstaat" je nach dem Zusammenhang die Vereinigten Staaten oder die Bundesrepublik Deutschland;

b. bedeutet der Ausdruck „Vereinigte Staaten", im geographischen Sinne verwendet, die Vereinigten Staaten von Amerika, umfasst jedoch nicht Puerto Rico, die Jungferninseln, Guam und die anderen Besitzungen und Territorien der Vereinigten Staaten von Amerika;

c. bedeutet der Ausdruck „Bundesrepublik Deutschland", im geographischen Sinne verwendet, das Gebiet, in dem das Steuerrecht der Bundesrepublik Deutschland gilt;

d. umfasst der Ausdruck „Person" unter anderem natürliche Personen und Gesellschaften;

e. bedeutet der Ausdruck „Gesellschaft" juristische Personen oder Rechtsträger, die für die Besteuerung wie juristische Personen behandelt werden;

f. bedeuten die Ausdrücke „Unternehmen eines Vertragsstaats" und „Unternehmen des anderen Vertragsstaats", je nachdem, ein Unternehmen, das von einer in einem Vertragsstaat ansässigen Person betrieben wird, oder ein Unternehmen, das von einer im anderen Vertragsstaat ansässigen Person betrieben wird;

g. bedeutet der Ausdruck „internationaler Verkehr" jede Beförderung mit einem Seeschiff oder Luftfahrzeug, es sei denn, das Seeschiff oder Luftfahrzeug wird ausschließlich zwischen Orten in einem der Vertragsstaaten betrieben;

h. bedeutet der Ausdruck „Staatsangehöriger"

aa) in Bezug auf die Vereinigten Staaten die Staatsbürger der Vereinigten Staaten und alle juristischen Personen, Personengesellschaften oder anderen Personenvereinigungen, die nach dem in den Vereinigten Staaten geltenden Recht errichtet worden sind, und

bb) in Bezug auf die Bundesrepublik Deutschland alle Deutschen im Sinne des Artikels 116 Absatz 1 des Grundgesetzes für die Bundesrepublik Deutschland und alle juristischen Personen, Personengesellschaften oder anderen Personenvereinigungen, die nach dem in der Bundesrepublik Deutschland geltenden Recht errichtet worden sind, und

i. bedeutet der Ausdruck „zuständige Behörde"

aa) in den Vereinigten Staaten den Secretary of the Treasury oder seinen Vertreter und

bb) in der Bundesrepublik Deutschland den Bundesminister der Finanzen oder seinen Vertreter.

(2) Bei der Anwendung dieses Abkommens durch einen Vertragsstaat hat, außer wenn es der Zusammenhang anders erfordert oder die zuständigen Behörden sich nach Arti-

kel 25 (Verständigungsverfahren) auf eine gemeinsame Auslegung geeinigt haben, jeder im Abkommen nicht definierte Ausdruck die Bedeutung, die ihm nach dem Recht dieses Staates über die Steuern zukommt, für die dieses Abkommen gilt.

Artikel 4 Ansässigkeit

(1) Im Sinne dieses Abkommens bedeutet der Ausdruck „eine in einem Vertragsstaat ansässige Person" eine Person, die nach dem Recht dieses Staates dort aufgrund ihres Wohnsitzes, ihres ständigen Aufenthalts, des Ortes ihrer Geschäftsleitung, des Ortes der Gründung oder eines anderen ähnlichen Merkmals steuerpflichtig ist, und umfasst auch diesen Staat und seine Gebietskörperschaften. Der Ausdruck umfasst jedoch nicht eine Person, die in diesem Staat nur mit Einkünften aus Quellen in diesem Staat, mit den einer Betriebstätte in diesem Staat zuzurechnenden Gewinnen oder mit in diesem Staat gelegenem Vermögen steuerpflichtig ist.

(2) Ist nach Absatz 1 eine natürliche Person in beiden Vertragsstaaten ansässig, so gilt Folgendes:

a. Die Person gilt als in dem Staat ansässig, in dem sie über eine ständige Wohnstätte verfügt; verfügt sie in beiden Staaten über eine ständige Wohnstätte, so gilt sie als in dem Staat ansässig, zu dem sie die engeren persönlichen und wirtschaftlichen Beziehungen hat (Mittelpunkt der Lebensinteressen);

b. kann nicht bestimmt werden, in welchem Staat die Person den Mittelpunkt ihrer Lebensinteressen hat, oder verfügt sie in keinem der Staaten über eine ständige Wohnstätte, so gilt sie als in dem Staat ansässig, in dem sie ihren gewöhnlichen Aufenthalt hat;

c. hat die Person ihren gewöhnlichen Aufenthalt in beiden Staaten oder in keinem der Staaten, so gilt sie als in dem Staat ansässig, dessen Staatsangehöriger sie ist; und

d. ist die Person Staatsangehöriger beider Staaten oder keines der Staaten, so regeln die zuständigen Behörden der Vertragsstaaten die Frage in gegenseitigem Einvernehmen.

(3) Ist nach Absatz 1 eine andere als eine natürliche Person in beiden Vertragsstaaten ansässig, so bemühen sich die zuständigen Behörden der Vertragsstaaten, durch Konsultation den Vertragsstaat zu bestimmen, in dem die Person im Sinne dieses Abkommens als ansässig gilt; sehen sie sich dazu nicht in der Lage, so gilt die Person für Zwecke der Inanspruchnahme der Vergünstigungen nach diesem Abkommen als in keinem der beiden Vertragsstaaten ansässig.

Artikel 5 Betriebsstätte

(1) Im Sinne dieses Abkommens bedeutet der Ausdruck „Betriebsstätte" eine feste Geschäftseinrichtung, durch die die Tätigkeit eines Unternehmens ganz oder teilweise ausgeübt wird.

(2) Der Ausdruck „Betriebsstätte" umfaßt insbesondere:

a. einen Ort der Leitung,

b. eine Zweigniederlassung,

c. eine Geschäftsstelle,

d. eine Fabrikationsstätte,

e. eine Werkstätte und

f. ein Bergwerk, ein Öl- oder Gasvorkommen, einen Steinbruch oder eine andere Stätte der Ausbeutung von Bodenschätzen.

(3) Eine Bauausführung oder Montage ist nur dann eine Betriebsstätte, wenn ihre Dauer zwölf Monate überschreitet.

(4) Ungeachtet der vorstehenden Bestimmungen dieses Artikels gelten nicht als Betriebsstätten:

a. Einrichtungen, die ausschließlich zur Lagerung, Ausstellung oder Auslieferung von Gütern oder Waren des Unternehmens benutzt werden;

b. Bestände von Gütern oder Waren des Unternehmens, die ausschließlich zur Lagerung, Ausstellung oder Auslieferung unterhalten werden;

c. Bestände von Gütern oder Waren des Unternehmens, die ausschließlich zu dem Zweck unterhalten werden, durch ein anderes Unternehmen bearbeitet oder verarbeitet zu werden;

d. eine feste Geschäftseinrichtung, die ausschließlich zu dem Zweck unterhalten wird, für das Unternehmen Güter oder Waren einzukaufen oder Informationen zu beschaffen;

e. eine feste Geschäftseinrichtung, die ausschließlich zu dem Zweck unterhalten wird, für das Unternehmen zu werben, Informationen zu erteilen, wissenschaftliche oder ähnliche Tätigkeiten auszuüben, die vorbereitender Art sind oder eine Hilfstätigkeit darstellen; oder

f. eine feste Geschäftseinrichtung, die ausschließlich zu dem Zweck unterhalten wird, mehrere der unter den Buchstaben a bis e genannten Tätigkeiten auszuüben, vorausgesetzt, daß die sich daraus ergebende Gesamttätigkeit der festen Geschäftseinrichtung vorbereitender Art ist oder eine Hilfstätigkeit darstellt.

(5) Ist eine Person (mit Ausnahme eines unabhängigen Vertreters im Sinne des Absatzes 6) für ein Unternehmen tätig und besitzt sie in einem Vertragsstaat die Vollmacht, im Namen des Unternehmens Verträge abzuschließen, und übt sie die Vollmacht dort gewöhnlich aus, so wird das Unternehmen ungeachtet der Absätze 1 und 2 so behandelt, als habe es in diesem Staat für alle von der Person für das Unternehmen ausgeübten Tätigkeiten eine Betriebsstätte, es sei denn, diese Tätigkeiten beschränken sich auf die in Absatz 4 genannten Tätigkeiten, die, würden sie durch eine feste Geschäftseinrichtung ausgeübt, diese Einrichtung nach dem genannten Absatz nicht zu einer Betriebsstätte machten.

(6) Ein Unternehmen wird nicht schon deshalb so behandelt, als habe es eine Betriebsstätte in einem Vertragsstaat, weil es dort seine Tätigkeit durch einen Makler, Kommissionär oder einen anderen unabhängigen Vertreter ausübt, sofern diese Personen im Rahmen ihrer ordentlichen Geschäftstätigkeit handeln.

(7) Allein dadurch, daß eine in einem Vertragsstaat ansässige Gesellschaft eine Gesellschaft beherrscht oder von einer Gesellschaft beherrscht wird, die im anderen Vertragsstaat ansässig ist oder dort (entweder durch eine Betriebsstätte oder auf andere Weise) ihre Tätigkeit ausübt, wird keine der beiden Gesellschaften zur Betriebsstätte der anderen.

Artikel 6 Einkünfte aus unbeweglichem Vermögen

(1) Einkünfte, die eine in einem Vertragsstaat ansässige Person aus unbeweglichem Vermögen (einschließlich der Einkünfte aus land- und forstwirtschaftlichen Betrieben) bezieht, das im anderen Vertragsstaat liegt, können im anderen Staat besteuert werden.

(2) Der Ausdruck „unbewegliches Vermögen" hat die Bedeutung, die ihm nach dem Recht des Vertragsstaats zukommt, in dem das Vermögen liegt. Der Ausdruck umfaßt in jedem Fall das Zubehör zum unbeweglichen Vermögen, das lebende und tote Inventar land- und forstwirtschaftlicher Betriebe, die Rechte, für die die Vorschriften des Privatrechts über Grundstücke gelten, Nutzungsrechte an unbeweglichem Vermögen sowie Rechte auf veränderliche oder feste Vergütungen für die Ausbeutung oder das Recht auf Ausbeutung von Mineralvorkommen, Quellen und anderen Bodenschätzen. Seeschiffe und Luftfahrzeuge gelten nicht als unbewegliches Vermögen.

(3) Absatz 1 gilt für Einkünfte aus der unmittelbaren Nutzung, der Vermietung oder Verpachtung sowie jeder anderen Art der Nutzung unbeweglichen Vermögens.

(4) Die Absätze 1 und 3 gelten auch für Einkünfte aus unbeweglichem Vermögen eines Unternehmens und für Einkünfte aus unbeweglichem Vermögen, das der Ausübung einer selbständigen Arbeit dient.

Artikel 7 Gewerbliche Gewinne

(1) Gewerbliche Gewinne eines Unternehmens eines Vertragsstaats können nur in diesem Staat besteuert werden, es sei denn, das Unternehmen übt seine Tätigkeit im anderen Vertragsstaat durch eine dort gelegene Betriebsstätte aus. Übt das Unternehmen seine Tätigkeit auf diese Weise aus, so können die gewerblichen Gewinne des Unternehmens im anderen Staat besteuert werden, jedoch nur insoweit, als sie dieser Betriebsstätte zugerechnet werden können.

(2) Übt ein Unternehmen eines Vertragsstaats seine Tätigkeit im anderen Vertragsstaat durch eine dort gelegene Betriebsstätte aus, so werden vorbehaltlich des Absatzes 3 in jedem Vertragsstaat dieser Betriebsstätte die gewerblichen Gewinne zugerechnet, die sie hätte erzielen können, wenn sie eine gleiche oder ähnliche Tätigkeit unter gleichen oder ähnlichen Bedingungen als selbständiges und unabhängiges Unternehmen ausgeübt hätte.

(3) Bei der Ermittlung der gewerblichen Gewinne einer Betriebstätte werden die für diese Betriebstätte entstandenen Aufwendungen, einschließlich der Geschäftsführungs- und allgemeinen Verwaltungskosten, zum Abzug zugelassen, gleichgültig, ob sie in dem Staat, in dem die Betriebstätte liegt, oder anderswo entstanden sind.

(4) Auf Grund des bloßen Einkaufs von Gütern oder Waren für das Unternehmen wird einer Betriebsstätte kein gewerblicher Gewinn zugerechnet.

(5) Im Sinne dieses Abkommens umfassen die der Betriebsstätte zuzurechnenden gewerblichen Gewinne nur die Gewinne aus dem Vermögen oder der Tätigkeit der Betriebsstätte.

(6) Gehören zu den gewerblichen Gewinnen Einkünfte, die in anderen Artikeln dieses Abkommens behandelt werden, so werden die Bestimmungen jener Artikel durch die Bestimmungen dieses Artikels nicht berührt.

(7) Im Sinne dieses Abkommens umfaßt der Ausdruck „gewerbliche Gewinne" Einkünfte aus der Vermietung beweglicher Sachen und der Vermietung oder Lizenzerteilung im Fall von kinematographischen Filmen oder Werken auf Film, Tonband oder einem anderen Reproduktionsträger für Rundfunk- oder Fernsehsendungen und Einkünfte aus der Ausübung einer freiberuflichen oder sonstigen selbstständigen Tätigkeit.

Artikel 8 Seeschiffahrt und Luftfahrt

(1) Gewinne eines Unternehmens eines Vertragsstaats aus dem Betrieb von Seeschiffen oder Luftfahrzeugen im internationalen Verkehr können nur in diesem Staat besteuert werden.

(2) Gewinne eines Unternehmens eines Vertragsstaats aus der Benutzung oder Vermietung von Containern (einschließlich Trailerschiffen, Leichtern und ähnlichem Gerät für die Beförderung von Containern) im internationalen Verkehr können nur in diesem Staat besteuert werden.

(3) Die Absätze 1 und 2 gelten auch für Gewinne aus der Beteiligung an einem Pool, einer Betriebsgemeinschaft oder einer internationalen Betriebsstelle.

Artikel 9 Verbundene Unternehmen

(1) Wenn

a. ein Unternehmen eines Vertragsstaats unmittelbar oder mittelbar an der Geschäftsleitung, der Kontrolle oder dem Kapital eines Unternehmens des anderen Vertragsstaats beteiligt ist oder

b. dieselben Personen unmittelbar oder mittelbar an der Geschäftsleitung, der Kontrolle oder dem Kapital eines Unternehmens eines Vertragsstaats und eines Unternehmens des anderen Vertragsstaats beteiligt sind

und in diesen Fällen die beiden Unternehmen in ihren kaufmännischen oder finanziellen Beziehungen an vereinbarte oder auferlegte Bedingungen gebunden sind, die von denen abweichen, die unabhängige Unternehmen miteinander vereinbaren würden, so dürfen die Gewinne, die eines der Unternehmen ohne diese Bedingungen erzielt hätte, wegen dieser Bedingungen aber nicht erzielt hat, den Gewinnen dieses Unternehmens zugerechnet und entsprechend besteuert werden.

(2) Werden in einem Vertragsstaat den Gewinnen eines Unternehmens dieses Staates Gewinne zugerechnet – und entsprechend besteuert –, mit denen ein Unternehmen des anderen Vertragsstaats in diesem Staat besteuert worden ist, und stimmt der andere Vertragsstaat zu, daß es sich bei den zugerechneten Gewinnen um solche handelt, die das Unternehmen des erstgenannten Staates erzielt hätte, wenn die zwischen den beiden Unternehmen vereinbarten Bedingungen die gleichen gewesen wären, die unabhängige Unternehmen miteinander vereinbaren würden, so nimmt der andere Staat eine entsprechende Änderung der dort von diesen Gewinnen erhobenen Steuer vor. Bei dieser Änderung sind die übrigen Bestimmungen dieses Abkommens zu berücksichtigen; erforderlichenfalls werden die zuständigen Behörden der Vertragsstaaten einander konsultieren.

Artikel 10 Dividenden

(1) Dividenden, die eine in einem Vertragsstaat ansässige Gesellschaft an eine im anderen Vertragsstaat ansässige Person zahlt, können im anderen Staat besteuert werden.

(2) Diese Dividenden können jedoch auch in dem Vertragsstaat, in dem die die Dividenden zahlende Gesellschaft ansässig ist, nach dem Recht dieses Staates besteuert werden; die Steuer darf aber, wenn die Dividenden von einer im anderen Vertragsstaat ansässigen Person als Nutzungsberechtigtem bezogen werden, nicht übersteigen:

a. 5 vom Hundert des Bruttobetrags der Dividenden, wenn der Nutzungsberechtigte eine Gesellschaft ist, der unmittelbar mindestens 10 vom Hundert der stimmberechtigten Anteile der die Dividenden zahlenden Gesellschaft gehören, und

b. 15 vom Hundert des Bruttobetrags der Dividenden in allen anderen Fällen.

Dieser Absatz berührt nicht die Besteuerung der Gesellschaft in Bezug auf die Gewinne, aus denen die Dividenden gezahlt werden.

(3) Ungeachtet des Absatzes 2 werden solche Dividenden in dem Vertragsstaat, in dem die die Dividenden zahlende Gesellschaft ansässig ist, nicht besteuert, wenn der Nutzungsberechtigte

a. eine im anderen Vertragsstaat ansässige Gesellschaft ist, die zum Zeitpunkt des Entstehens des Dividendenanspruchs seit einem Zeitraum von 12 Monaten unmittelbar Anteile in Höhe von mindestens 80 vom Hundert der Stimmrechte an der die Dividenden auszahlenden Gesellschaft hält und

   aa) die Voraussetzungen des Artikels 28 Absatz 2 Buchstabe c Doppelbuchstabe aa oder bb (Schranken für die Abkommensvergünstigungen) erfüllt;

   bb) die Voraussetzungen des Artikels 28 Absatz 2 Buchstabe f Doppelbuchstaben aa und bb erfüllt, vorausgesetzt, die Gesellschaft erfüllt hinsichtlich der Dividenden die Voraussetzungen des Artikels 28 Absatz 4;

   cc) nach Artikel 28 Absatz 3 Anspruch auf Vergünstigungen hinsichtlich der Dividenden hat; oder

   dd) hinsichtlich dieses Absatzes eine Bewilligung gemäß Artikel 28 Absatz 7 erhalten hat; oder

b. ein im anderen Vertragsstaat ansässiger Pensionsfonds ist, vorausgesetzt, die Dividenden stammen nicht unmittelbar oder mittelbar aus einer gewerblichen Tätigkeit dieses Pensionsfonds.

(4) Absatz 2 Buchstabe a und Absatz 3 Buchstabe a sind nicht bei Dividenden anzuwenden, die von einer Person der Vereinigten Staaten, bei der es sich um eine Regulated

Investment Company (RIC) der Vereinigten Staaten oder einen Real Estate Investment Trust (REIT) der Vereinigten Staaten handelt, oder von einem deutschen Investmentfonds oder einer deutschen Investmentaktiengesellschaft (zusammenfassend als Investmentvermögen bezeichnet) gezahlt werden. Im Fall von Dividenden, die von einer RIC oder einem Investmentvermögen gezahlt werden, sind Absatz 2 Buchstabe b und Absatz 3 Buchstabe b anzuwenden. Im Fall von Dividenden, die von einem REIT gezahlt werden, sind Absatz 2 Buchstabe b und Absatz 3 Buchstabe b nur anzuwenden, wenn

a. der Nutzungsberechtigte der Dividenden eine natürliche Person oder ein Pensionsfonds ist und die natürliche Person oder der Pensionsfonds mit nicht mehr als 10 vom Hundert an dem REIT beteiligt ist;

b. die Dividenden für eine börsengehandelte Aktiengattung gezahlt werden und der Nutzungsberechtigte der Dividenden eine Person ist, die einen Anteil von nicht mehr als 5 vom Hundert an einer Gattung des Aktienbestands des REIT hält;

c. der Nutzungsberechtigte der Dividenden eine Person ist, die mit nicht mehr als 10 vom Hundert an dem REIT beteiligt ist, und es sich um einen diversifizierten REIT handelt.

Im Sinne dieses Absatzes gilt ein REIT als diversifiziert, wenn kein einziger Anteil an unbeweglichem Vermögen 10 vom Hundert der gesamten Anteile an unbeweglichem Vermögen übersteigt. Im Sinne dieses Absatzes gilt in der Zwangsvollstreckung befindliches Vermögen nicht als Anteil an unbeweglichem Vermögen. Ist ein REIT an einer Personengesellschaft beteiligt, wird er so behandelt, als gehöre ihm unmittelbar ein seiner Beteiligung an der Personengesellschaft entsprechender Teil der Anteile der Personengesellschaft an unbeweglichem Vermögen.

(5) Der in diesem Artikel verwendete Ausdruck „Dividenden" bedeutet Einkünfte aus Aktien, Genussrechten oder Genussscheinen, Gründeranteilen oder anderen Rechten (ausgenommen Forderungen) mit Gewinnbeteiligung sowie aus sonstigen Rechten stammende andere Einkünfte, die nach dem Recht des Vertragsstaates, in dem die ausschüttende Gesellschaft ansässig ist, den Einkünften aus Aktien steuerlich gleichgestellt sind. Der Ausdruck "Dividenden" umfasst in der Bundesrepublik Deutschland auch Einkünfte aus einer stillen Gesellschaft, aus partiarischen Darlehen oder Gewinnobligationen sowie Ausschüttungen auf Anteilscheine an einem Investmentvermögen.

(6) Ungeachtet des Absatzes 2 Satz 1, des Absatzes 3 und des Artikels 11 Absatz 1 (Zinsen) können Einkünfte aus Rechtsbeziehungen, die ein Recht auf Gewinnbeteiligung verleihen (in der Bundesrepublik Deutschland einschließlich der Einkünfte aus einer stillen Gesellschaft, aus partiarischen Darlehen, Gewinnobligationen oder Genussrechten oder Genussscheinen und in den Vereinigten Staaten einschließlich Zinsen, deren Höhe sich nicht in einem Bruchteil des Kapitals bemisst und die keine Portfoliozinsen

sind („contingent interest"), in dem Vertragsstaat, aus dem sie stammen, nach dessen Recht besteuert werden, wenn die Einkünfte bei der Ermittlung des Gewinns der zahlenden Person abzugsfähig sind.

(7) Die Absätze 2 und 3 sind nicht anzuwenden, wenn der in einem Vertragsstaat ansässige Nutzungsberechtigte der Dividenden im anderen Vertragsstaat, in dem die die Dividenden zahlende Gesellschaft ansässig ist, eine gewerbliche Tätigkeit durch eine dort gelegene Betriebstätte ausübt und die Beteiligung, für die die Dividenden gezahlt werden, Betriebsvermögen dieser Betriebsstätte ist. In diesem Fall ist Artikel 7 (Gewerbliche Gewinne) anzuwenden.

(8) Ein Vertragsstaat darf weder die von einer im anderen Vertragsstaat ansässigen Gesellschaft gezahlten Dividenden besteuern, es sei denn, dass diese Dividenden an eine im erstgenannten Staat ansässige Person gezahlt werden oder dass die Beteiligung, für die die Dividenden gezahlt werden, Betriebsvermögen einer in diesem Staat gelegenen Betriebsstätte ist, noch darf er, soweit Absatz 9 nichts anderes vorsieht, Steuern auf die nicht ausgeschütteten Gewinne einer Gesellschaft erheben, selbst wenn die gezahlten Dividenden oder die nicht ausgeschütteten Gewinne ganz oder teilweise aus in diesem Staat erzielten Gewinnen oder Einkünften bestehen.

(9) Eine in einem Vertragsstaat ansässige Gesellschaft, die eine Betriebsstätte im anderen Vertragsstaat hat oder die im anderen Vertragsstaat mit Einkünften auf Nettobasis steuerpflichtig ist, die dort nach Artikel 6 (Einkünfte aus unbeweglichem Vermögen) oder Artikel 13 Absatz 1 (Veräußerungsgewinne) besteuert werden können, kann im anderen Vertragsstaat neben der nach anderen Bestimmungen dieses Abkommens zulässigen Steuer einer weiteren Steuer unterliegen. Diese Steuer darf jedoch nur

a. von dem Teil der der Betriebsstätte zurechenbaren gewerblichen Gewinne der Gesellschaft und

b. von dem Teil der im vorhergehenden Satz genannten Einkünfte, die nach Artikel 6 oder Artikel 13 Absatz 1 besteuert werden können, erhoben werden, der dem ausschüttungsgleichen Betrag („dividend equivalent amount") der Gewinne oder Einkünfte entspricht; der Ausdruck "ausschüttungsgleicher Betrag", für Zwecke dieses Buchstabens,

    aa) hat im Fall der Vereinigten Staaten die Bedeutung, die ihm nach dem Recht der Vereinigten Staaten (unter Beachtung künftiger, seine tragenden Prinzipien wahrenden Änderungen) zukommt; und

    bb) ist im Fall der Bundesrepublik Deutschland der Teil der in Buchstabe a genannten Einkünfte, der, falls eine inländische Tochtergesellschaft die Einkünfte bezogen hätte, als ausgeschüttet anzusehen wäre.

(10) Der Steuersatz darf im Fall des Absatzes 9 Buchstaben a und b den in Absatz 2 Buchstabe a vorgesehenen Satz nicht übersteigen. In jedem Fall wird die Steuer nicht von einer Gesellschaft erhoben, die

a. die Voraussetzungen des Artikels 28 Absatz 2 Buchstabe c Doppelbuchstabe aa oder bb (Schranken für die Abkommensvergünstigungen) erfüllt;

b. die Voraussetzungen des Artikels 28 Absatz 2 Buchstabe f Doppelbuchstabe aa und bb erfüllt, vorausgesetzt, die Gesellschaft erfüllt die Voraussetzungen nach Absatz 4 jenes Artikels betreffend die in Absatz 9 bezeichneten Einkünfte oder Gewinne;

c. nach Artikel 28 Absatz 3 Anspruch auf Vergünstigungen in Bezug auf Einkünfte und Gewinne nach Absatz 9 hat; oder

d. hinsichtlich dieses Absatzes eine Bewilligung gemäß Artikel 28 Absatz 7 erhalten hat.

(11) Der in diesem Artikel verwendete Ausdruck „Pensionsfonds" bedeutet eine Person, die

a. nach dem Recht eines Vertragsstaats errichtet wurde;

b. in diesem Vertragsstaat vorwiegend zu dem Zweck errichtet und unterhalten wird, Ruhegehälter oder ähnliche Vergütungen, einschließlich Sozialversicherungsleistungen, Invaliditätsrenten und Witwenrente, zu verwalten oder zu gewähren oder zugunsten einer oder mehrerer dieser Personen Einkünfte zu erzielen; und

c. entweder

   aa) im Fall der Vereinigten Staaten dort hinsichtlich der unter Buchstabe b genannten Tätigkeiten von der Steuer befreit ist oder

   bb) im Fall der Bundesrepublik Deutschland ein Vorsorgeplan ist, bei dem für geleistete Beiträge Vergünstigungen nach dem Einkommensteuergesetz gewährt werden.

Artikel 11 Zinsen

(1) Zinsen, die eine in einem Vertragsstaat ansässige Person als Nutzungsberechtigter bezieht, können nur in diesem Staat besteuert werden.

(2) Der in diesem Artikel verwendete Ausdruck „Zinsen" bedeutet Einkünfte aus Forderungen jeder Art, auch wenn die Forderungen durch Pfandrechte an Grundstücken gesichert sind, und insbesondere Einkünfte aus öffentlichen Anleihen und aus Obligationen einschließlich der damit verbundenen Aufgelder und der Gewinne aus Losanleihen sowie alle sonstigen Einkünfte, die nach dem Steuerrecht des Vertragsstaats, aus dem sie stammen, als Einkünfte aus Darlehen behandelt werden. Zuschläge für verspätete Zah-

lung gelten nicht als Zinsen im Sinne dieses Abkommens. Der Ausdruck „Zinsen" umfaßt jedoch nicht Einkünfte, die in Artikel 10 (Dividenden) behandelt sind.

(3) Absatz 1 ist nicht anzuwenden, wenn der in einem Vertragsstaat ansässige Nutzungsberechtigte im anderen Vertragsstaat eine gewerbliche Tätigkeit durch eine dort gelegene Betriebsstätte, für die die Zinsen gezahlt werden, Betriebsvermögen dieser Betriebsstätte. In diesem Fall ist Artikel 7 (Gewerbliche Gewinne) anzuwenden.

(4) Bestehen zwischen dem Schuldner und dem Nutzungsberechtigten oder zwischen jedem von ihnen und einem Dritten besondere Beziehungen und übersteigen deshalb die Zinsen, gemessen an der zugrundeliegenden Forderung, den Betrag, den Schuldner und Nutzungsberechtigter ohne diese Beziehungen vereinbart hätten, so wird dieser Artikel nur auf den letzteren Betrag angewendet. In diesem Fall kann der übersteigende Betrag nach dem Recht eines jeden Vertragsstaats und unter Berücksichtigung der anderen Bestimmungen dieses Abkommens besteuert werden.

(5) Bezieht eine in einem Vertragsstaat ansässige Gesellschaft Gewinne oder Einkünfte aus dem anderen Vertragsstaat, so darf dieser andere Staat die von der Gesellschaft gezahlten Zinsen nicht besteuern, es sei denn, daß diese Zinsen von einer in diesem anderen Staat gelegenen Betriebsstätte dieser Gesellschaft oder aus Einkünften im Sinne von Artikel 10 Absatz 9 Buchstabe b (Dividenden) oder an eine im anderen Staat ansässige Person gezahlt werden oder daß die Forderung, für die die Zinsen gezahlt werden, Betriebsvermögen einer im anderen Staat gelegenen Betriebsstätte ist.

(6) Ungeachtet des Absatzes 1 können Zinsen, bei denen es sich um Überschussanteile („excess inclusion with respect to a residual interest") aus der Verbriefung von Hypothekenanleihen in den Vereinigten Staaten (U.S. Real Estate Mortgage Investment Conduit) handelt, von den Vereinigten Staaten gemäß ihrem innerstaatlichen Recht besteuert werden.

Artikel 12 Lizenzgebühren

(1) Lizenzgebühren, die eine in einem Vertragsstaat ansässige Person als Nutzungsberechtigter bezieht, können nur in diesem Staat besteuert werden.

(2) Der in diesem Artikel verwendete Ausdruck „Lizenzgebühren" bedeutet Vergütungen jeder Art, die für die Benutzung oder für das Recht auf Benutzung von Urheberrechten an literarischen, künstlerischen oder wissenschaftlichen Werken (jedoch ausgenommen kinematographische Filme und Werke auf Film, Tonband oder einem anderen Reproduktionsträger für Rundfunk- und Fernsehsendungen), von Patenten, Warenzeichen, Mustern oder Modellen, Plänen, geheimen Formeln oder Verfahren oder für andere ähnliche Rechte oder Vermögenswerte oder für die Mitteilung gewerblicher, kaufmännischer oder wissenschaftlicher Erfahrungen gezahlt werden. Der Ausdruck

"Lizenzgebühren" umfaßt auch Gewinne aus der Veräußerung dieser Rechte oder Vermögenswerte, soweit sie von der Ertragskraft, Nutzung oder der Weiterveräußerung der Rechte oder Vermögenswerte abhängen.

(3) Absatz 1 ist nicht anzuwenden, wenn der in einem Vertragsstaat ansässige Nutzungsberechtigte im anderen Vertragsstaat eine gewerbliche Tätigkeit durch eine dort gelegene Betriebsstätte ausübt und die Rechte oder Vermögenswerte, für die die Lizenzgebühren gezahlt werden, Betriebsvermögen dieser Betriebsstätte sind. In diesem Fall ist Artikel 7 (Gewerbliche Gewinne) anzuwenden.

(4) Bestehen zwischen dem Schuldner und dem Nutzungsberechtigten oder zwischen jedem von ihnen und einem Dritten besondere Beziehungen und übersteigen deshalb die Lizenzgebühren, gemessen an der zugrundeliegenden Leistung, den Betrag, den Schuldner und Nutzungsberechtigter ohne diese Beziehungen vereinbart hätten, so wird dieser Artikel nur auf den letzteren Betrag angewendet. In diesem Fall kann der übersteigende Betrag nach dem Recht eines jeden Vertragsstaats und unter Berücksichtigung der anderen Bestimmungen dieses Abkommens besteuert werden.

Artikel 13 Veräußerungsgewinne

(1) Gewinne, die eine in einem Vertragsstaat ansässige Person aus der Veräußerung unbeweglichen Vermögens im Sinne des Artikels 6 (Einkünfte aus unbeweglichem Vermögen) bezieht, das im anderen Vertragsstaat liegt, können im anderen Staat besteuert werden.

(2) Im Sinne dieses Artikels umfaßt der Ausdruck „unbewegliches Vermögen, das im anderen Vertragsstaat liegt",

a. unbewegliches Vermögen im Sinne des Artikels 6 (Einkünfte aus unbeweglichem Vermögen); und
b. Anteile oder vergleichbare Beteiligungen an einer Gesellschaft, die in diesem anderen Vertragsstaat ansässig ist oder als dort ansässig behandelt wird und deren Vermögen ganz oder überwiegend aus im anderen Vertragsstaat gelegenem unbeweglichem Vermögen besteht oder bestand, und Beteiligungen an einer Personengesellschaft, einem Treuhandvermögen (trust) oder einem Nachlaß (estate), soweit deren Vermögen aus im anderen Vertragsstaat gelegenem unbeweglichem Vermögen besteht.

(3) Gewinne aus der Veräußerung beweglichen Vermögens, das Betriebsvermögen einer Betriebsstätte, die ein Unternehmen eines Vertragsstaats im anderen Vertragsstaat hat, einschließlich derartiger Gewinne, die bei der Veräußerung einer solchen Betriebsstätte (allein oder mit dem übrigen Unternehmen) erzielt werden, können im anderen Staat besteuert werden.

(4) Gewinne aus der Veräußerung von Seeschiffen, Luftfahrzeugen oder Containern, die im internationalen Verkehr betrieben werden, und von beweglichem Vermögen, das dem Betrieb dieser Schiffe, Luftfahrzeuge oder Container dient, können nur in dem Vertragsstaat besteuert werden, in dem die Gewinne des Unternehmens, das diese Einkünfte bezieht, gemäß Artikel 8 (Seeschiffahrt und Luftfahrt) besteuert werden können.

(5) Gewinne aus der Veräußerung des in den vorhergehenden Absätzen nicht genannten Vermögens können nur in dem Vertragsstaat besteuert werden, in dem der Veräußerer ansässig ist.

(6) Wird eine natürliche Person nach ihrem Wegzug aus einem der Vertragsstaaten nach den Steuergesetzen dieses Staates so behandelt, als habe sie Vermögen veräußert, und wird sie in diesem Staat aufgrund dessen besteuert, so ist diese Person berechtigt, für Besteuerungszwecke im anderen Vertragsstaat so behandelt zu werden, als hätte sie unmittelbar vor ihrem Wegzug aus dem erstgenannten Staat das Vermögen zu einem Betrag veräußert und rückerworben, der dem seinerzeitigen üblichen Marktpreis entspricht.

Artikel 14 Selbständige Arbeit (weggefallen)

Artikel 15 Unselbständige Arbeit

(1) Vorbehaltlich der Artikel 16 (Aufsichtsrats- und Verwaltungsratsvergütungen), 17 (Künstler und Sportler), 18 (Ruhegehälter, Renten und Unterhaltszahlungen), 19 (Öffentlicher Dienst; Sozialversicherung) und 20 (Gastprofessoren und -lehrer; Studenten und Auszubildende) können Gehälter, Löhne und ähnliche Vergütungen, die eine in einem Vertragsstaat ansässige Person aus unselbständiger Arbeit bezieht, nur in diesem Staat besteuert werden, es sei denn, die Arbeit wird im anderen Vertragsstaat ausgeübt. Wird die Arbeit dort ausgeübt, so können die dafür bezogenen Vergütungen im anderen Staat besteuert werden.

(2) Ungeachtet des Absatzes 1 können Vergütungen, die eine in einem Vertragsstaat ansässige Person für eine im anderen Vertragsstaat ausgeübte unselbständige Arbeit bezieht, nur im erstgenannten Staat besteuert werden, wenn

a. der Empfänger sich im anderen Staat insgesamt nicht länger als 183 Tage während des betreffenden Kalenderjahres aufhält und

b. die Vergütungen von einem Arbeitgeber oder für einen Arbeitgeber gezahlt werden, der nicht im anderen Staat ansässig ist, und

c. die Vergütungen nicht von einer Betriebsstätte getragen werden, die der Arbeitgeber im anderen Staat hat.

(3) Ungeachtet der vorstehenden Bestimmungen dieses Artikels können Vergütungen, die eine in einem Vertragsstaat ansässige Person für unselbständige Arbeit als Mitglied der regulären Besatzung eines Seeschiffes oder Luftfahrzeuges bezieht, das im internationalen Verkehr betrieben wird, nur in diesem Staat besteuert werden.

Artikel 16 Aufsichtsrats- und Verwaltungsratsvergütungen

Aufsichtsrats- oder Verwaltungsratsvergütungen und ähnliche Zahlungen, die eine in einem Vertragsstaat ansässige Person für Dienste bezieht, die sie im anderen Vertragsstaat in ihrer Eigenschaft als Mitglied des Aufsichts- oder Verwaltungsrats einer im anderen Vertragsstaat ansässigen Gesellschaft leistet, können im anderen Vertragsstaat besteuert werden.

Artikel 17 Künstler und Sportler

(1) Ungeachtet der Artikel 7 (Gewerbliche Gewinne) und 15 (Unselbständige Arbeit) können Einkünfte, die eine in einem Vertragsstaat ansässige Person als Künstler (wie Bühnen-, Film-, Rundfunk- und Fernsehkünstler sowie Musiker) oder als Sportler aus ihrer im anderen Vertragsstaat persönlich ausgeübten Tätigkeit bezieht, im anderen Staat besteuert werden, es sei denn, daß der Betrag der von dem Künstler oder Sportler bezogenen Einnahmen aus dieser Tätigkeit einschließlich der ihm erstatteten oder für ihn übernommenen Kosten 20 000 $ (zwanzigtausend US-Dollar) oder den Gegenwert in Euro für das betreffende Kalenderjahr nicht übersteigt.

(2) Fließen Einkünfte aus einer von einem Künstler oder Sportler in dieser Eigenschaft persönlich ausgeübten Tätigkeit nicht dem Künstler oder Sportler, sondern einer anderen Person zu, so können diese Einkünfte der anderen Person ungeachtet der Artikel 7 (Gewerbliche Gewinne) in dem Vertragsstaat besteuert werden, in dem der Künstler oder Sportler seine Tätigkeit ausübt, es sei denn, es wird nachgewiesen, daß weder der Künstler oder Sportler noch eine ihm nahestehende Person unmittelbar oder mittelbar in irgendeiner Weise an den Gewinnen jener anderen Person – einschließlich später zu zahlender Vergütungen, Gratifikationen, Honorare, Dividenden, Anteile am Gewinn einer Personengesellschaft oder anderer Einkünfte oder sonstiger Ausschüttungen – beteiligt ist.

(3) Die Absätze 1 und 2 gelten nicht für Einkünfte aus der von Künstlern oder Sportlern in einem Vertragsstaat ausgeübten Tätigkeit, wenn der Aufenthalt in diesem Staat in wesentlichem Umfang unmittelbar oder mittelbar aus öffentlichen Kassen des anderen Vertragsstaats oder einer seiner Gebietskörperschaften unterstützt wird. In diesem Fall können die Einkünfte nur in dem Vertragsstaat besteuert werden, in dem der Künstler oder Sportler ansässig ist.

Artikel 18 Ruhegehälter, Renten, Unterhaltszahlungen und Sozialversicherung

(1) Vorbehaltlich des Artikels 19 (Öffentlicher Dienst; Sozialversicherung) können Ruhegehälter und ähnliche Vergütungen, die eine in einem Vertragsstaat ansässige Person für frühere unselbständige Arbeit als Nutzungsberechtigter bezieht, nur in diesem Staat besteuert werden.

(2) Vorbehaltlich des Artikels 19 (Öffentlicher Dienst; Sozialversicherung) können Renten, die eine in einem Vertragsstaat ansässige Person als Nutzungsberechtigter bezieht, nur in diesem Staat besteuert werden. Der in diesem Absatz verwendete Ausdruck „Renten" bedeutet einen bestimmten Betrag, der regelmäßig zu festgesetzten Zeitpunkten während einer bestimmten Anzahl von Jahren auf Grund einer Verpflichtung gegen angemessene und bewirkte Leistungen (ausgenommen geleistete Dienste) gezahlt wird.

(3) Unterhaltszahlungen, die von einer in einem Vertragsstaat ansässigen Person an eine im anderen Vertragsstaat ansässige Person gezahlt werden und die im erstgenannten Staat abzugsfähig sind, können nur im anderen Staat besteuert werden. Der in diesem Artikel verwendete Ausdruck „Unterhaltszahlungen" bedeutet regelmäßige Zahlungen (auf Grund einer schriftlichen Trennungsvereinbarung, eines Scheidungsurteils oder eines Urteils zur Leistung von Unterhaltszahlungen an getrennt lebende Ehepartner oder von Pflichtunterhaltszahlungen), die nach dem Recht des Staates, in dem der Empfänger ansässig ist, bei diesem besteuert werden können.

(4) Nichtabzugsfähige Unterhaltszahlungen und regelmäßige Zahlungen für den Unterhalt eines minderjährigen Kindes (auf Grund einer schriftlichen Trennungsvereinbarung, eines Scheidungsurteils oder eines Urteils zur Leistung von Unterhaltszahlungen an getrennt lebende Ehepartner oder Pflichtunterhaltszahlungen), die eine in einem Vertragsstaat ansässige Person an eine im anderen Vertragsstaat ansässige Person leistet, können nur im erstgenannten Staat besteuert werden.

(5) Leistungen aufgrund der Sozialversicherungsgesetzgebung eines Vertragsstaats und andere öffentliche Ruhegehälter (soweit sie nicht in Artikel 19 (Öffentlicher Dienst) behandelt sind), die ein Vertragsstaat an eine im anderen Vertragsstaat ansässige Person zahlt, können nur im anderen Vertragsstaat besteuert werden. Ist der vorhergehende Satz anzuwenden, so behandelt der andere Vertragsstaat diese Leistungen oder Ruhegehälter so, als handele es sich um Leistungen aufgrund der Sozialversicherungsgesetzgebung dieses anderen Vertragsstaats.

Artikel 18A Altersvorsorgepläne

(1) Ist eine in einem Vertragsstaat ansässige natürliche Person Teilnehmer oder Begünstigter eines im anderen Vertragsstaat errichteten Altersvorsorgeplans, können die im Rahmen des Plans erzielten Einkünfte nur als Einkünfte dieser Person besteuert werden, sofern und soweit sie aus diesem Plan an diese oder zugunsten dieser Person gezahlt werden (und nicht einem anderen Plan in dem anderen Vertragsstaat zugeführt werden).

(2) Übt eine natürliche Person, die Teilnehmer oder Begünstigter eines in einem Vertragsstaat errichteten Altersvorsorgeplans ist, im anderen Vertragsstaat eine unselbstständige oder selbstständige Arbeit aus,

a. sind Beiträge zum Altersvorsorgeplan, die von dieser oder für diese Person während des Zeitraums oder für den Zeitraum, in dem sie eine unselbstständige oder selbstständige Arbeit im anderen Staat ausübt, gezahlt werden, im anderen Staat bei der Ermittlung ihres steuerpflichtigen Einkommens abzugsfähig (oder davon auszunehmen) und

b. gelten während dieses Zeitraums im Rahmen des Altersvorsorgeplans erworbene Ansprüche oder von dem oder für den Arbeitgeber der natürlichen Person an den Altersvorsorgeplan gezahlte Beiträge nicht als Teil des steuerpflichtigen Einkommens des Arbeitnehmers; solche Beiträge werden bei der Berechnung der Unternehmensgewinne seines Arbeitgebers in dem anderen Staat zum Abzug zugelassen.

Die nach diesem Absatz zu gewährende Entlastung darf die Entlastung nicht übersteigen, die von dem anderen Staat dort ansässigen Personen für Beiträge an in diesem Staat errichtete Altersvorsorgepläne oder für im Rahmen von in diesem Staat errichteten Altersvorsorgeplänen erworbene Ansprüche gewährt würde. Die zuständigen Behörden der Vertragsstaaten legen die nach diesem Absatz zu gewährende Entlastung gemäß dem vorhergehenden Satz fest.

(3) Absatz 2 gilt nur, sofern

a. Beiträge von der natürlichen oder für die natürliche Person oder von dem oder für den Arbeitgeber der natürlichen Person vor Aufnahme einer unselbstständigen oder selbstständigen Arbeit im anderen Staat durch die Person gezahlt wurden, und

b. die zuständige Behörde dieses Staates festgestellt hat, dass der Altersvorsorgeplan allgemein einem Altersvorsorgeplan entspricht, der in diesem Staat als solcher für steuerliche Zwecke anerkannt ist.

(4) Der Ausdruck „Altersvorsorgeplan" bedeutet eine Einrichtung in einem Vertragsstaat, die vorwiegend dazu dient, Ruhegehälter zu verwalten und zu gewähren oder Einkünfte zugunsten einer oder mehrerer solcher Einrichtungen zu erzielen.

(5)

a. Übt ein in der Bundesrepublik Deutschland ansässiger Staatsbürger der Vereinigten Staaten in der Bundesrepublik Deutschland eine Beschäftigung aus, für die er Einkünfte bezieht, die in der Bundesrepublik Deutschland steuerpflichtig sind und von einem in der Bundesrepublik Deutschland ansässigen Arbeitgeber oder einer in der Bundesrepublik Deutschland gelegenen Betriebstätte getragen werden, und ist die Person Teilnehmer oder Begünstigter eines in der Bundesrepublik Deutschland errichteten Altersvorsorgeplans,

   aa) sind Beiträge, die von dieser oder für diese Person während des Zeitraums oder für den Zeitraum der Tätigkeit in der Bundesrepublik Deutschland gezahlt werden und dieser Tätigkeit zuzurechnen sind, in den Vereinigten Staaten bei der Ermittlung ihres steuerpflichtigen Einkommens abzugsfähig (oder davon auszunehmen) und

   bb) gelten während dieses Zeitraums oder für diesen Zeitraum im Rahmen des Altersvorsorgeplans erworbene Ansprüche oder von dem oder für den Arbeitgeber der Person an den Altersvorsorgeplan geleistete Beiträge, die der Tätigkeit zuzurechnen sind, bei der Ermittlung des steuerpflichtigen Einkommens des Arbeitnehmers in den Vereinigten Staaten nicht als Teil seines steuerpflichtigen Einkommens.

Dieser Absatz gilt nur, soweit für die Beiträge oder Ansprüche in der Bundesrepublik Deutschland eine Steuerentlastung gewährt wird.

b. Die Entlastung gemäß diesem Absatz darf nicht die Entlastung übersteigen, die von den Vereinigten Staaten dort ansässigen Personen für Beiträge an einen in den Vereinigten Staaten errichteten, allgemein vergleichbaren Altersvorsorgeplan oder für im Rahmen eines solchen Altersvorsorgeplans erworbene Ansprüche gewährt würde.

c. Für Zwecke der Feststellung, ob eine natürliche Person berechtigt ist, an einem in den Vereinigten Staaten errichteten Altersvorsorgeplan teilzunehmen und hinsichtlich eines solchen Plans Steuervergünstigungen zu erhalten, gelten an einen in der Bundesrepublik Deutschland errichteten Altersvorsorgeplan geleistete Beiträge oder im Rahmen eines solchen Altersvorsorgeplans erworbene Ansprüche als Beiträge oder Ansprüche im Rahmen eines in den Vereinigten Staaten errichteten, allgemein vergleichbaren Altersvorsorgeplans, soweit der Person gemäß diesem Absatz Entlastungen gewährt werden.

d. Dieser Absatz gilt nur, wenn die zuständige Behörde der Vereinigten Staaten bestätigt hat, dass der Altersvorsorgeplan allgemein einem in den Vereinigten Staaten errichteten Altersvorsorgeplan entspricht.

Artikel 19 Öffentlicher Dienst

(1) Ungeachtet der Artikel 15 (Unselbstständige Arbeit), 16 (Aufsichtsrats- und Verwaltungsratsvergütungen) und 17 (Künstler und Sportler)

a. können vorbehaltlich des Buchstabens b Gehälter, Löhne und ähnliche Vergütungen, ausgenommen Ruhegehälter, die von einem Vertragsstaat, einer seiner Gebietskörperschaften oder einem ihrer Organe an eine natürliche Person für die diesem Vertragsstaat, der Gebietskörperschaft oder dem Organ geleisteten Dienste gezahlt werden, nur in diesem Staat besteuert werden;

b. können diese Vergütungen jedoch nur im anderen Vertragsstaat besteuert werden, wenn die Dienste in diesem Staat geleistet werden und die natürliche Person in diesem Staat ansässig ist und

   aa) ein Staatsangehöriger dieses Staates ist oder

   bb) nicht ausschließlich zu dem Zweck der Leistung der Dienste in diesem Staat ansässig geworden ist.

(2)

a. Ungeachtet des Absatzes 1 können Ruhegehälter und ähnliche Vergütungen, die von einem Vertragsstaat, einer seiner Gebietskörperschaften oder einem ihrer Organe oder aus von diesem Staat, der Gebietskörperschaft oder dem Organ errichteten Sondervermögen an eine natürliche Person für die diesem Staat, der Gebietskörperschaft oder dem Organ geleisteten Dienste gezahlt werden, nur in diesem Staat besteuert werden.

b. Diese Ruhegehälter und ähnlichen Vergütungen können jedoch nur im anderen Vertragsstaat besteuert werden, wenn die natürliche Person

   aa) in diesem Staat ansässig und ein Staatsangehöriger dieses Staates ist oder

   bb) das Ruhegehalt in dem Vertragsstaat, für den die Dienste geleistet wurden, nicht der Steuer unterliegt, da die Dienste vollständig im anderen Vertragsstaat geleistet wurden.

(3) Ruhegehälter, Renten und andere Beträge, die einer der Vertragsstaaten oder eine juristische Person des öffentlichen Rechts dieses Staates als Ausgleich für Schäden zahlt, die als Folge von Kriegshandlungen oder politischer Verfolgung entstanden sind, sind im anderen Staat steuerbefreit.

(4) Auf Gehälter, Löhne und ähnliche Vergütungen sowie Ruhegehälter für Dienste, die im Zusammenhang mit einer gewerblichen Tätigkeit eines Vertragsstaats, einer seiner Gebietskörperschaften oder einer ihrer Organe erbracht werden, sind die Artikel 15 (Unselbstständige Arbeit), 16 (Aufsichtsrats-und Verwaltungsratsvergütungen), 17 (Künst-

ler und Sportler) und 18 (Ruhegehälter, Renten, Unterhaltszahlungen und Sozialversicherung) anzuwenden.

(5) In diesem Artikel bedeutet der Ausdruck „Organ" jeden Vertreter oder Rechtsträger, der von einem Vertragsstaat, einem seiner Einzelstaaten oder einer ihrer Gebietskörperschaften zur Wahrnehmung öffentlicher Aufgaben geschaffen oder eingerichtet wurde und in einem Briefwechsel zwischen den zuständigen Behörden der Vertragsstaaten bezeichnet und vereinbart wird.

Artikel 20 Gastprofessoren und -lehrer; Studenten und Auszubildende

(1) Hält sich ein in einem Vertragsstaat ansässiger Hochschullehrer oder Lehrer vorübergehend im anderen Vertragsstaat zum Zweck fortgeschrittener Studien oder Forschungsarbeiten oder zur Ausübung einer Lehrtätigkeit an einer anerkannten Universität oder anderen anerkannten Lehranstalt oder einer Einrichtung für Forschungsarbeiten zum öffentlichen Nutzen auf, so können die für diese Tätigkeit bezogenen Vergütungen für höchstens zwei Jahre ab dem Zeitpunkt seiner Ankunft nur im erstgenannten Vertragsstaat besteuert werden. Dieser Artikel gilt nicht für Einkünfte aus Forschungstätigkeit, wenn die Forschungstätigkeit nicht im öffentlichen Interesse, sondern in erster Linie zum privaten Nutzen einer bestimmten Person oder bestimmter Personen ausgeübt wird. Personen, die im unmittelbar vorhergehenden Zeitraum in den Genuss der Vergünstigungen der Absätze 2, 3 oder 4 gekommen sind, erhalten die Vergünstigungen dieses Absatzes nicht.

(2) Zahlungen – ausgenommen Vergütungen für persönliche Dienstleistungen –, die ein Student oder Lehrling (in der Bundesrepublik Deutschland einschließlich der Volontäre und Praktikanten), der sich in einem Vertragsstaat zum Vollzeitstudium oder zur Vollzeitausbildung aufhält und der im anderen Vertragsstaat ansässig ist oder dort unmittelbar vor der Einreise in den erstgenannten Staat ansässig war, für seinen Unterhalt, sein Studium oder seine Ausbildung erhält, werden in diesem Staat nicht besteuert, sofern die Zahlungen aus Quellen außerhalb dieses Staates stammen oder von außerhalb dieses Staates überwiesen werden.

(3) Zahlungen – ausgenommen Vergütungen für persönliche Dienstleistungen –, die eine Person, die sich in einem Vertragsstaat aufhält und die im anderen Vertragsstaat ansässig ist oder dort unmittelbar vor der Einreise in den erstgenannten Staat ansässig war, als Zuschuß, Unterhaltsbeitrag oder Stipendium von einer gemeinnützigen, religiösen, mildtätigen, wissenschaftlichen, literarischen oder erzieherischen privaten Organisation oder einer vergleichbaren öffentlichen Einrichtung erhält, werden im erstgenannten Staat nicht besteuert.

(4) Ein Student oder Lehrling im Sinne des Absatzes 2 oder der Empfänger eines Zuschussses, Unterhaltsbeitrags oder Stipendiums im Sinne des Absatzes 3, der sich in einem Vertragsstaat höchstens vier Jahre aufhält, ist in diesem Staat von der Steuer auf alle Einkünfte aus unselbständiger Arbeit befreit, die 9000 $ (neuntausend US-Dollar) oder den Gegenwert in Euro je Steuerjahr nicht übersteigen, vorausgesetzt, die Arbeit wird zum Zweck der Ergänzung von Geldmitteln ausgeübt, die anderweitig für den Unterhalt, das Studium oder die Ausbildung zur Verfügung stehen.

(5) Eine in einem Vertragsstaat ansässige Person, die Angestellter eines Unternehmens dieses Staates oder einer in Absatz 3 genannten Organisation oder Einrichtung ist und die sich vorübergehend höchstens ein Jahr im anderen Vertragsstaat ausschließlich zu dem Zweck aufhält, technische, berufliche oder geschäftliche Erfahrungen von einer anderen Person als dem Unternehmen, der Organisation oder Einrichtung zu erwerben, ist im anderen Staat von der Steuer auf Vergütungen für persönliche Dienstleistungen – ohne Rücksicht darauf, wo sie erbracht wurden – befreit, wenn die Vergütungen 10 000 $ (zehntausend US-Dollar) oder den Gegenwert in Euro nicht übersteigen und sie von außerhalb dieses anderen Staates von dem Unternehmen, der Organisation oder Einrichtung für Dienstleistungen dieser Person gezahlt werden.

Artikel 21 Andere Einkünfte

(1) Einkünfte einer in einem Vertragsstaat ansässigen Person, die in den vorstehenden Artikeln nicht behandelt wurden, können ohne Rücksicht auf ihre Herkunft nur in diesem Staat besteuert werden.

(2) Absatz 1 ist auf andere Einkünfte als solche aus unbeweglichem Vermögen im Sinne des Artikels 6 Absatz 2 (Einkünfte aus unbeweglichem Vermögen) nicht anzuwenden, wenn der in einem Vertragsstaat ansässige Empfänger im anderen Vertragsstaat eine gewerbliche Tätigkeit durch eine dort gelegene Betriebsstätte ausübt und die Rechte oder Vermögenswerte, für die die Einkünfte gezahlt werden, Betriebsvermögen der Betriebsstätte sind.

Artikel 22 Vermögen

(1) Unbewegliches Vermögen im Sinne des Artikels 6 (Einkünfte aus unbeweglichem Vermögen), das einer in einem Vertragsstaat ansässigen Person gehört und im anderen Vertragsstaat liegt, kann im anderen Staat besteuert werden.

(2) Bewegliches Vermögen, das Betriebsvermögen einer Betriebsstätte ist, die ein Unternehmen eines Vertragsstaats im anderen Vertragsstaat hat, kann im anderen Staat besteuert werden.

(3) Seeschiffe, Luftfahrzeuge oder Container, die im internationalen Verkehr betrieben werden, sowie bewegliches Vermögen, das dem Betrieb dieser Schiffe, Luftfahrzeuge oder Container dient, können nur in dem Vertragsstaat besteuert werden, in dem die Gewinne des Unternehmens, dem das Vermögen gehört, nach Artikel 8 (Seeschiffahrt und Luftfahrt) besteuert werden können.

(4) Alle anderen Vermögensteile einer in einem Vertragsstaat ansässigen Person können nur in diesem Staat besteuert werden.

Artikel 23 Vermeidung der Doppelbesteuerung

(1) In Übereinstimmung mit dem Recht der Vereinigten Staaten und vorbehaltlich der dort vorgesehenen Begrenzungen (unter Beachtung künftiger, seine tragenden Prinzipien wahrender Änderungen) rechnen die Vereinigten Staaten bei einer in den Vereinigten Staaten ansässigen Person oder einem Staatsbürger der Vereinigten Staaten auf die Einkommensteuer der Vereinigten Staaten Folgendes an:

a. die von dem Staatsbürger oder der ansässigen Person oder für diese Personen an die Bundesrepublik Deutschland gezahlte oder ihr geschuldete Einkommensteuer und

b. im Fall einer Gesellschaft der Vereinigten Staaten, der mindestens 10 vom Hundert der stimmberechtigten Anteile einer in der Bundesrepublik Deutschland ansässigen Gesellschaft gehören, von der die Gesellschaft der Vereinigten Staaten Dividenden bezieht, die von der Gesellschaft oder für die Gesellschaft an die Bundesrepublik Deutschland gezahlte oder ihr geschuldete Einkommensteuer auf die Gewinne, aus denen die Dividenden gezahlt werden.

Im Sinne dieses Absatzes gelten die in Artikel 2 Absatz 1 Buchstabe b (Unter das Abkommen fallende Steuern) und Artikel 2 Absatz 2 genannten Steuern, ausgenommen die Vermögensteuer, als Einkommensteuern.

(2) Für die Anwendung des Absatzes 1 gelten nach dem Recht der Vereinigten Staaten von einer in den Vereinigten Staaten ansässigen Person bezogene Bruttoeinkünfte, die nach diesem Abkommen in der Bundesrepublik Deutschland besteuert werden können, als Einkünfte aus Quellen in der Bundesrepublik Deutschland.

(3) Bezieht eine in der Bundesrepublik Deutschland ansässige Person Einkünfte oder hat sie Vermögen und können diese Einkünfte oder dieses Vermögen nach diesem Abkommen in den Vereinigten Staaten besteuert werden oder sind nach Artikel 10 Absatz 3 (Dividenden) von der Steuer der Vereinigten Staaten befreit, wird die Steuer wie folgt festgesetzt:

a. Soweit Buchstabe b nichts anderes vorsieht, werden die Einkünfte oder das Vermögen von der Bemessungsgrundlage der deutschen Steuer ausgenommen. Die Bundesrepublik Deutschland behält aber das Recht, die nach den Bestimmungen dieses Abkommens von der Steuer ausgenommenen Einkünfte und Vermögenswerte bei der Festsetzung ihres Steuersatzes zu berücksichtigen. Bei Einkünften aus Dividenden gelten die vorstehenden Bestimmungen nur für diejenigen Einkünfte aus nach dem Recht der Vereinigten Staaten körperschaftsteuerpflichtigen Gewinnausschüttungen auf Anteile an Kapitalgesellschaften, die von einer in den Vereinigten Staaten ansässigen Gesellschaft an eine in der Bundesrepublik Deutschland ansässige Gesellschaft (mit Ausnahme von Personengesellschaften) gezahlt werden, der unmittelbar mindestens 10 vom Hundert der stimmberechtigten Anteile der in den Vereinigten Staaten ansässigen Gesellschaft gehören. Die im ersten Satz dieses Buchstabens vorgesehene Ausnahme gilt nicht für Dividenden, die von einer Regulated Investment Company (RIC) der Vereinigten Staaten oder einem Real Estate Investment Trust (REIT) der Vereinigten Staaten gezahlt werden, sowie für Ausschüttungen, die von der ausschüttenden Gesellschaft für Zwecke der Steuer der Vereinigten Staaten abgezogen werden können. Für Zwecke der Steuern vom Vermögen werden von der Bemessungsgrundlage der deutschen Steuer ebenfalls Beteiligungen ausgenommen, deren Dividenden, falls solche gezahlt werden, nach Maßgabe der beiden vorhergehenden Sätze von der Steuerbemessungsgrundlage auszunehmen wären.

b. Auf die deutsche Steuer vom Einkommen wird unter Beachtung der Vorschriften des deutschen Steuerrechts über die Anrechnung ausländischer Steuern die Steuer der Vereinigten Staaten angerechnet, die nach dem Recht der Vereinigten Staaten und in Übereinstimmung mit diesem Abkommen von den nachstehenden Einkünften gezahlt wurde:

   aa) Einkünfte aus Dividenden im Sinne des Artikels 10 (Dividenden), auf die Buchstabe a nicht anzuwenden ist;

   bb) Veräußerungsgewinne, auf die Artikel 13 (Veräußerungsgewinne) anzuwenden ist, vorausgesetzt, dass sie in den Vereinigten Staaten nur nach Artikel 13 Absatz 2 Buchstabe b besteuert werden können;

   cc) Einkünfte, auf die Artikel 16 (Aufsichtsrats- und Verwaltungsratsvergütungen) anzuwenden ist;

   dd) Einkünfte, auf die Artikel 17 (Künstler und Sportler) anzuwenden ist;

   ee) Einkünfte, die, soweit nicht Artikel 28 (Schranken für die Abkommensvergünstigungen) anzuwenden ist, nach diesem Abkommen von der Steuer der Vereinigten Staaten befreit bleiben.

Im Sinne dieses Absatzes gelten Einkünfte oder Gewinne einer in der Bundesrepublik Deutschland ansässigen Person, die nach diesem Abkommen in den Vereinigten Staaten besteuert werden können, als Einkünfte aus Quellen innerhalb der Vereinigten Staaten.

(4)

a. Ungeachtet des Absatzes 3 Buchstabe a wird die Doppelbesteuerung durch Steueranrechnung nach Absatz 3 Buchstabe b vermieden, wenn Einkünfte oder Vermögenswerte aufgrund ihrer Zuordnung zu unterschiedlichen Abkommensbestimmungen doppelt besteuert würden und sich dieser Konflikt nicht durch ein Verfahren nach Artikel 25 (Verständigungsverfahren) regeln lässt.

b. Absatz 3 Buchstabe b und nicht Buchstabe a gilt für Einkünfte oder Vermögen, wenn die Vereinigten Staaten das Abkommen so anwenden, dass sie diese Einkünfte oder dieses Vermögen von der Besteuerung ausnehmen oder Artikel 10 Absätze 2 oder 3 (Dividenden) auf diese Einkünfte anwenden, oder wenn sie diese Einkünfte oder dieses Vermögen nach dem Abkommen besteuern können, durch ihr innerstaatliches Recht jedoch daran gehindert werden.

c. Für Einkünfte oder Vermögenswerte, die die Bundesrepublik Deutschland nach gehöriger Konsultation den Vereinigten Staaten auf diplomatischem Weg notifiziert hat, gilt Absatz 3 Buchstabe b und nicht Buchstabe a. In diesem Fall gilt Buchstabe b für alle Steuerjahre nach dem Jahr, in dem diese Notifikation erfolgte.

(5) Ist ein Staatsbürger der Vereinigten Staaten in der Bundesrepublik Deutschland ansässig, so gilt Folgendes:

a. Bei den nicht nach Absatz 3 von der Bemessungsgrundlage der deutschen Steuer auszunehmenden Einkünften, die bei Bezug durch eine in der Bundesrepublik Deutschland ansässige Person ohne Staatsbürgerschaft der Vereinigten Staaten von der Steuer der Vereinigten Staaten befreit wären oder einem ermäßigten Satz der Steuer der Vereinigten Staaten unterlägen, rechnet die Bundesrepublik Deutschland unter Beachtung der Vorschriften des deutschen Steuerrechts über die Anrechnung ausländischer Steuern auf die deutsche Steuer nur die in den Vereinigten Staaten gezahlte Steuer an, die die Vereinigten Staaten nach diesem Abkommen erheben können; dabei werden die Steuern nicht berücksichtigt, die lediglich nach Artikel 1 Absatz 4 (Allgemeiner Geltungsbereich) aufgrund der Staatsbürgerschaft erhoben werden können;

b. für Zwecke der Berechnung der Steuer der Vereinigten Staaten rechnen die Vereinigten Staaten auf die Steuer der Vereinigten Staaten die Einkommensteuer an, die nach der in Buchstabe a genannten Anrechnung an die Bundesrepublik Deutschland gezahlt worden ist; die so gewährte Anrechnung darf den Teil der Steuer der

Vereinigten Staaten nicht schmälern, der nach Buchstabe a auf die deutsche Steuer angerechnet werden kann; und

c. ausschließlich zum Zweck der Vermeidung der Doppelbesteuerung in den Vereinigten Staaten nach Buchstabe b gelten Einkünfte, die in Buchstabe a genannt sind, als aus der Bundesrepublik Deutschland stammend, soweit dies erforderlich ist, um die Doppelbesteuerung dieser Einkünfte nach Buchstabe b zu vermeiden.

Artikel 24 Gleichbehandlung

(1) Staatsangehörige eines Vertragsstaats dürfen im anderen Vertragsstaat keiner Besteuerung oder damit zusammenhängenden Verpflichtung unterworfen werden, die anders oder belastender ist als die Besteuerung und die damit zusammenhängenden Verpflichtungen, denen Staatsangehörige des anderen Staates unter gleichen Verhältnissen unterworfen sind oder unterworfen werden können. Ungeachtet des Artikels 1 gilt diese Bestimmung auch für Personen, die in keinem Vertragsstaat ansässig sind.

(2) Die Besteuerung einer Betriebsstätte, die ein Unternehmen eines Vertragsstaates im anderen Vertragsstaat hat, darf im anderen Staat nicht ungünstiger sein als die Besteuerung von Unternehmen des anderen Staates, die die gleiche Tätigkeit ausüben. Diese Bestimmung ist nicht so auszulegen, als verpflichte sie einen Vertragsstaat, den im anderen Vertragsstaat ansässigen Personen Steuerfreibeträge, -vergünstigungen und -ermäßigungen auf Grund des Personenstandes oder der Familienlasten zu gewähren, die er seinen ansässigen Personen gewährt.

(3) Sofern nicht Artikel 9 Absatz 1 (Verbundene Unternehmen), Artikel 11 Absatz 4 (Zinsen) oder Artikel 12 Absatz 4 (Lizenzgebühren) anzuwenden ist, sind Zinsen, Lizenzgebühren und andere Entgelte, die ein Unternehmen eines Vertragsstaats an eine im anderen Vertragsstaat ansässige Person zahlt, bei der Ermittlung der steuerpflichtigen Gewinne dieses Unternehmens unter den gleichen Bedingungen wie Zahlungen an eine im erstgenannten Staat ansässige Person zum Abzug zuzulassen. Dementsprechend sind Schulden, die ein Unternehmen eines Vertragsstaats gegenüber einer im anderen Vertragsstaat ansässigen Person hat, bei der Ermittlung des steuerpflichtigen Vermögens dieses Unternehmens unter den gleichen Bedingungen wie Schulden gegenüber einer im erstgenannten Staat ansässigen Person zum Abzug zuzulassen.

(4) Unternehmen eines Vertragsstaats, deren Kapital ganz oder teilweise unmittelbar oder mittelbar einer im anderen Vertragsstaat ansässigen Person oder mehreren solchen Personen gehört oder ihrer Kontrolle unterliegt, dürfen im erstgenannten Staat keiner Besteuerung oder damit zusammenhängenden Verpflichtung unterworfen werden, die anders oder belastender ist als die Besteuerung und die damit zusammenhän-

genden Verpflichtungen, denen andere ähnliche Unternehmen des erstgenannten Staates unterworfen sind oder unterworfen werden können.

(5) Dieser Artikel steht der Erhebung der in Artikel 10 Absatz 8 (Dividenden) bezeichneten Steuer durch einen Vertragsstaat nicht entgegen.

(6) Dieser Artikel gilt ungeachtet des Artikels 2 (Unter das Abkommen fallende Steuern) für Steuern jeder Art und Bezeichnung, die von einem Vertragsstaat oder einer seiner Gebietskörperschaften erhoben werden.

Artikel 25 Verständigungsverfahren

(1) Ist eine Person der Auffassung, daß Maßnahmen eines Vertragsstaats oder beider Vertragsstaaten für sie zu einer Besteuerung führen oder führen werden, die diesem Abkommen nicht entspricht, so kann sie unbeschadet der nach dem innerstaatlichen Recht dieser Staaten vorgesehenen Rechtsbehelfe ihren Fall der zuständigen Behörde des Vertragsstaats, in dem sie ansässig ist, oder, sofern ihr Fall von Artikel 24 Absatz 1 (Gleichbehandlung) erfaßt wird, der zuständigen Behörde des Vertragsstaats unterbreiten, dessen Staatsangehöriger sie ist. Der Fall muß innerhalb von vier Jahren nach der Bekanntgabe der Steuerfestsetzung unterbreitet werden, die zur Doppelbesteuerung oder einer diesem Abkommen nicht entsprechenden Besteuerung führt.

(2) Hält die zuständige Behörde die Einwendung für begründet und ist sie selbst nicht in der Lage, eine befriedigende Lösung herbeizuführen, so wird sie sich bemühen, den Fall durch Verständigung mit der zuständigen Behörde des anderen Vertragsstaats so zu regeln, daß eine diesem Abkommen nicht entsprechende Besteuerung vermieden wird. Die Verständigungsregelung ist ungeachtet der Fristen oder anderen verfahrensrechtlichen Beschränkungen des innerstaatlichen Rechts der Vertragsstaaten durchzuführen.

(3) Die zuständigen Behörden der Vertragsstaaten werden sich bemühen, Schwierigkeiten oder Zweifel, die bei der Auslegung oder Anwendung dieses Abkommens entstehen, in gegenseitigem Einvernehmen zu beseitigen. Insbesondere können sich die zuständigen Behörden der Vertragsstaaten einigen über:

a. die übereinstimmende Zurechnung von Einkünften, Abzügen, Anrechnungs- oder Freibeträgen bei der Betriebsstätte eines Unternehmens eines Vertragsstaats, die im anderen Vertragsstaat liegt;

b. die übereinstimmende Abgrenzung von Einkünften, Abzügen, Anrechnungs- oder Freibeträgen zwischen verbundenen Unternehmen und anderen Personen nach den in Artikel 9 (Verbundene Unternehmen) niedergelegten Grundsätzen;

c. die Beilegung von Anwendungskonflikten bei diesem Abkommen, einschließlich der

aa) Qualifikation bestimmter Einkünfte,

bb) Qualifikation von Personen,

cc) Anwendung von Regelungen über die Quelle bestimmter Einkünfte und

dd) der Behandlung von Einkünften, die nach dem Steuerrecht des Quellenstaates den Einkünften aus Aktien gleichgestellt sind und im anderen Staat anderen Einkünften zugeordnet werden;

d. die gemeinsame Auslegung eines Ausdrucks;

e. eine den Zielen dieses Abkommens entsprechende Anwendung von Verfahrensvorschriften des innerstaatlichen Rechts (einschließlich der Vorschriften über Zuschläge, Geldstrafen und Verzinsung); und

f. eine Erhöhung der in den Artikeln 17 (Künstler und Sportler) und 20 (Gastprofessoren und -lehrer; Studenten und Auszubildende) genannten Beträge zur Berücksichtigung der wirtschaftlichen und monetären Entwicklung.

Sie können auch gemeinsam darüber beraten, wie eine Doppelbesteuerung in den Fällen vermieden werden kann, die in diesem Abkommen nicht behandelt sind.

(4) Die zuständigen Behörden der Vertragsstaaten können zur Herbeiführung einer Einigung im Sinne der vorstehenden Absätze unmittelbar miteinander verkehren. Bezieht sich das Verfahren auf einen Einzelfall, so haben die Betroffenen das Recht, ihren Standpunkt der zuständigen Behörde eines Vertragsstaats oder beider Vertragsstaaten darzulegen. Erscheint ein mündlicher Meinungsaustausch für die Herbeiführung der Einigung zweckmäßig, so kann ein solcher Meinungsaustausch in einer Kommission durchgeführt werden, die aus Vertretern der zuständigen Behörden der Vertragsstaaten besteht.

(5) Haben sich die zuständigen Behörden im Rahmen eines Verständigungsverfahrens nach diesem Artikel erfolglos um eine umfassende Einigung in einem Fall bemüht, so wird der Fall durch ein Schiedsverfahren beigelegt, das entsprechend und gemäß den Anforderungen des Absatzes 6 und den von den Vertragsstaaten vereinbarten Vorschriften oder Verfahren durchgeführt wird, wenn

a. in mindestens einem der Vertragsstaaten Steuererklärungen für die in diesem Fall betroffenen Steuerjahre eingereicht wurden;

b. der Fall

aa) ein Fall ist, bei dem

A. ein oder mehrere Artikel anzuwenden sind, auf die sich die Vertragsstaaten geeinigt haben, dass sie einem Schiedsverfahren unterworfen werden sollen, und

B. es sich nicht um einen Einzelfall handelt, in dem die zuständigen Behörden vor dem Zeitpunkt, zu dem das Schiedsverfahren anderenfalls begonnen hätte, übereinkommen, dass er für eine Entscheidung durch ein Schiedsverfahren nicht geeignet ist, oder

bb)ein Einzelfall ist, in dem die zuständigen Behörden übereinstimmen, dass er für eine Entscheidung durch ein Schiedsverfahren geeignet ist, und

alle betroffenen Personen gemäß Absatz 6 Buchstabe d zustimmen.

(6) Für die Zwecke des Absatzes 5 und dieses Absatzes gelten die folgenden Vorschriften und Begriffsbestimmungen:

a. Der Ausdruck „betroffene Person“ bedeutet eine Person, die einer zuständigen Behörde einen Fall zur Prüfung gemäß diesem Artikel vorlegt, und gegebenenfalls alle weiteren Personen, deren Steuerpflicht gegenüber einem Vertragsstaat von einer sich aus dieser Prüfung ergebenden Verständigung unmittelbar betroffen sein kann.

b. Der "Verfahrensbeginn“ in einem Fall ist der früheste Zeitpunkt, zu dem die für eine sachliche Prüfung hinsichtlich einer Verständigung erforderlichen Informationen beiden zuständigen Behörden zugegangen sind.

c. Das Schiedsverfahren in einem Fall beginnt zum späteren der beiden folgenden Zeitpunkte:

   aa) zwei Jahre nach Verfahrensbeginn in diesem Fall, wenn die beiden zuständigen Behörden sich nicht vorher auf einen anderen Zeitpunkt geeinigt haben, oder

   bb)der früheste Zeitpunkt nach Eingang des nach Buchstabe d vorgeschriebenen Einverständnisses bei beiden zuständigen Behörden.

d. Die betroffene(n) Person(en) und ihre bevollmächtigten Vertreter müssen sich vor Beginn des Schiedsverfahrens bereit erklären, anderen Personen keine im Laufe des Schiedsverfahrens von einem der Vertragsstaaten oder der Schiedsstelle erhaltenen Informationen, mit Ausnahme der Entscheidung der Schiedsstelle, offen zu legen.

e. Die Entscheidung gilt als Beilegung durch Verständigung nach diesem Artikel, die für beide Vertragsstaaten bezüglich dieses Falls bindend ist, es sei denn, dass eine betroffene Person die Entscheidung der Schiedsstelle nicht anerkennt.

f. Für Zwecke eines Schiedsverfahrens nach Absatz 5 und dieses Absatzes gelten die Mitglieder der Schiedsstelle und ihre Mitarbeiter als „Personen oder Behörden“, denen nach Artikel 26 (Informationsaustausch und Amtshilfe) des Abkommens Informationen offen gelegt werden dürfen.

Artikel 26 Informationsaustausch und Amtshilfe

(1) Die zuständigen Behörden der Vertragsstaaten tauschen die Informationen aus, die zur Durchführung dieses Abkommens und des innerstaatlichen Rechts der Vertragsstaaten betreffend die unter dieses Abkommen fallenden Steuern erforderlich sind, soweit die diesem Recht entsprechende Besteuerung nicht diesem Abkommen widerspricht. Der Informationsaustausch ist durch Artikel 1 (Persönlicher Geltungsbereich) nicht eingeschränkt. Alle Informationen, die ein Vertragsstaat erhalten hat, sind ebenso geheimzuhalten wie die auf Grund des innerstaatlichen Rechts dieses Staates beschafften Informationen und dürfen nur den Personen oder Behörden (einschließlich der Gerichte und der Verwaltungsbehörden) zugänglich gemacht werden, die mit der Veranlagung, Erhebung oder Verwaltung, der Vollstreckung oder Strafverfolgung oder mit der Entscheidung von Rechtsbehelfen hinsichtlich der unter dieses Abkommen fallenden Steuern befaßt sind. Diese Personen oder Behörden dürfen die Informationen nur für diese Zwecke verwenden. Sie dürfen die Informationen in einem öffentlichen Gerichtsverfahren oder in einer Gerichtsentscheidung offenlegen, sofern die zuständige Behörde des die Information erteilenden Vertragsstaats keine Einwendungen erhebt.

(2) Absatz 1 ist nicht so auszulegen, als verpflichte er einen Vertragsstaat,

a. Verwaltungsmaßnahmen durchzuführen, die von den Gesetzen und der Verwaltungspraxis dieses oder des anderen Vertragsstaats abweichen;

b. Informationen zu erteilen, die nach den Gesetzen oder im üblichen Verwaltungsverfahren dieses oder des anderen Vertragsstaats nicht beschafft werden können;

c. Informationen zu erteilen, die ein Handels-, Industrie-, Gewerbe- oder Berufsgeheimnis oder ein Geschäftsverfahren preisgeben würden oder deren Erteilung der öffentlichen Ordnung widerspräche.

(3) Ersucht ein Vertragsstaat nach diesem Artikel um Informationen, so beschafft der andere Vertragsstaat die Information, auf die sich das Ersuchen bezieht, auf die gleiche Weise und im gleichen Umfang, als handle es sich bei der Steuer des erstgenannten Staates um eine Steuer des anderen Staates und als würde sie von ihm erhoben. Auf entsprechendes Ersuchen der zuständigen Behörde eines Vertragsstaats stellt die zuständige Behörde des anderen Vertragsstaats, wenn möglich, Informationen nach diesem Artikel in Form von Zeugenaussagen und beglaubigten Kopien von Originaldokumenten (einschließlich Bücher, Papiere, Erklärungen, Aufzeichnungen, Kontoauszüge und Schriftstücke) im gleichen Umfang zur Verfügung, wie diese Aussagen und Dokumente nach dem Recht und der Verwaltungspraxis des anderen Staates in bezug auf seine eigenen Steuern beschafft werden können.

(4) Jeder der Vertragsstaaten bemüht sich, für den anderen Vertragsstaat die Steuerbeträge zu erheben, die erforderlich sind, um sicherzustellen, daß die durch dieses Ab-

kommen gewährte Entlastung von der Steuer des anderen Staates keinen Personen zugute kommt, die hierauf keinen Anspruch haben.

(5) Absatz 4 verpflichtet keinen der Vertragsstaaten, Verwaltungsmaßnahmen durchzuführen, die von seinen Maßnahmen bei der Erhebung seiner eigenen Steuern abweichen oder die seiner Souveränität, Sicherheit oder öffentlichen Ordnung widersprechen.

(6) Die Vertragsstaaten können durch Notenwechsel auf diplomatischem Weg vorsehen, daß sie gemäß den Bestimmungen dieses Artikels Informationen für Zwecke von Steuern austauschen können, die von einem Vertragsstaat erhoben werden und die nicht in Artikel 2 (Unter das Abkommen fallende Steuern) genannt sind.

Artikel 27 Befreite Organisationen

(1) Ungeachtet des Artikels 28 (Schranken für die Abkommensvergünstigungen) sind Einkünfte einer deutschen Gesellschaft oder Organisation, die ausschließlich religiöse, mildtätige, wissenschaftliche, erzieherische oder öffentliche Zwecke verfolgt, in den Vereinigten Staaten steuerbefreit, wenn und soweit sie

a. in der Bundesrepublik Deutschland steuerbefreit ist und

b. bezüglich dieser Einkünfte in den Vereinigten Staaten steuerbefreit wäre, sofern sie in den Vereinigten Staaten errichtet worden und ausschließlich dort tätig wäre.

(2) Ungeachtet des Artikels 28 (Schranken für die Abkommensvergünstigungen) sind Einkünfte einer Gesellschaft oder Organisation in den Vereinigten Staaten, die ausschließlich religiöse, mildtätige, wissenschaftliche, erzieherische oder öffentliche Zwecke verfolgt, in der Bundesrepublik Deutschland steuerbefreit, wenn und soweit sie

a. in den Vereinigten Staaten steuerbefreit ist und

b. bezüglich dieser Einkünfte in der Bundesrepublik Deutschland steuerbefreit wäre, sofern sie eine deutsche Gesellschaft oder Organisation wäre, die ausschließlich in der Bundesrepublik Deutschland tätig ist.

Artikel 28 Schranken für die Abkommensvergünstigungen

(1) Soweit dieser Artikel nichts anderes vorsieht, hat eine in einem Vertragsstaat ansässige Person, die Einkünfte aus dem anderen Vertragsstaat bezieht, nur dann im anderen Vertragsstaat Anspruch auf alle Vergünstigungen nach diesem Abkommen, die in einem Vertragsstaat ansässigen Personen ansonsten gewährt werden, wenn sie eine „berechtigte Person" im Sinne von Absatz 2 ist und alle sonstigen Voraussetzungen dieses Abkommens für den Erhalt dieser Vergünstigungen erfüllt.

(2) Eine in einem Vertragsstaat ansässige Person ist nur dann eine berechtigte Person für ein Steuerjahr, wenn sie entweder

a. eine natürliche Person ist;

b. ein Vertragsstaat oder eine seiner Gebietskörperschaften ist;

c. eine Gesellschaft ist, sofern

   aa) ihre Hauptaktiengattung (und alle Vorzugsaktiengattungen) regelmäßig an einer oder mehreren anerkannten Börsen gehandelt wird, und entweder

      A. ihre Hauptaktiengattung hauptsächlich an einer in dem Vertragsstaat, in dem die Gesellschaft ansässig ist, gelegenen Börse gehandelt wird oder

      B. der hauptsächliche Ort der Geschäftsführung und Überwachung der Gesellschaft sich in dem Vertragsstaat befindet, in dem sie ansässig ist; oder

   bb) Aktien, die mindestens 50 vom Hundert der gesamten Stimmrechte und des Werts (und mindestens 50 vom Hundert jeder Vorzugsaktiengattung) der Gesellschaft darstellen, unmittelbar oder mittelbar von fünf oder weniger Gesellschaften gehalten werden, die Anspruch auf Vergünstigungen gemäß Doppelbuchstabe aa haben, vorausgesetzt, dass bei mittelbarer Beteiligung jeder zwischengeschaltete Beteiligte in einem der beiden Vertragsstaaten ansässig ist;

d. ein nach den Rechtsvorschriften eines der Vertragsstaaten errichteter Rechtsträger ist, der in diesem Vertragsstaat ausschließlich zu religiösen, mildtätigen, erzieherischen, wissenschaftlichen oder ähnlichen Zwecken gegründet wurde und unterhalten wird;

e. ein nach den Rechtsvorschriften eines Vertragsstaats errichteter Rechtsträger ist, der in diesem Vertragsstaat gegründet wurde und unterhalten wird, um Arbeitnehmern und Selbstständigen gemäß einem Vorsorgeplan Ruhegehälter und ähnliche Leistungen zu gewähren, sofern

   aa) mehr als 50 vom Hundert der Begünstigten oder Teilnehmer in einem der Vertragsstaaten ansässige, natürliche Personen sind oder

   bb) der Träger dieser Person gemäß diesem Absatz Anspruch auf die Vergünstigungen nach diesem Abkommen hat; oder

f. eine andere als eine natürliche Person ist, sofern

   aa) an mindestens der Hälfte der Tage des Steuerjahrs mindestens 50 vom Hundert jeder Aktiengattung oder sonstigen wirtschaftlichen Eigentums an der Person unmittelbar oder mittelbar von in diesem Vertragsstaat ansässigen Personen gehalten werden, die gemäß Buchstabe a, Buchstabe b, Buchstabe c Doppelbuchstabe aa, Buchstabe d oder Buchstabe e Anspruch auf die Vergünstigungen nach diesem Abkommen haben, sofern bei mittelbarer Beteiligung jeder zwischengeschaltete Beteiligte in diesem Vertragsstaat ansässig ist, und

bb)weniger als 50 vom Hundert des Rohgewinns der Person für das Steuerjahr unmittelbar oder mittelbar in Form von Zahlungen, die für Zwecke der unter das Abkommen fallenden Steuern im Ansässigkeitsstaat der Person abzugsfähig sind, an Personen gezahlt werden oder diesen geschuldet sind, die in keinem der Vertragsstaaten ansässig sind und keinen Anspruch auf die Vergünstigungen nach dem Abkommen gemäß Buchstabe a, Buchstabe b, Buchstabe c Doppelbuchstabe aa, Buchstabe d oder Buchstabe e haben.

(3) Ist eine in einem Vertragsstaat ansässige Gesellschaft keine berechtigte Person, so hat sie dennoch Anspruch auf alle Vergünstigungen nach diesem Abkommen, die in einem Vertragsstaat ansässigen Personen ansonsten für Einkünfte gewährt werden, wenn sie alle anderen Voraussetzungen für den Erhalt dieser Vergünstigungen erfüllt und

a. Anteile, die mindestens 95 vom Hundert der gesamten Stimmrechte und des Werts (und mindestens 50 vom Hundert aller Vorzugsaktiengattungen) der Gesellschaft darstellen, unmittelbar oder mittelbar von sieben oder weniger Personen gehalten werden, die gleichberechtigte Begünstigte sind, und

b. weniger als 50 vom Hundert des Rohgewinns der Gesellschaft für das Steuerjahr, in dem die Einkünfte erzielt werden, unmittelbar oder mittelbar in Form von Zahlungen, die für Zwecke der unter das Abkommen fallenden Steuern im Ansässigkeitsstaat der Gesellschaft abzugsfähig sind, an Personen gezahlt werden oder diesen geschuldet sind, die keine gleichberechtigten Begünstigten sind.

(4)

a. Ist eine in einem Vertragsstaat ansässige Person keine berechtigte Person, so hat sie dennoch Anspruch auf alle Vergünstigungen nach diesem Abkommen, die in einem Vertragsstaat ansässigen Personen ansonsten für aus dem anderen Vertragsstaat bezogene Einkünfte gewährt werden, wenn die ansässige Person im erstgenannten Vertragsstaat aktiv gewerblich tätig ist (außer wenn die Tätigkeit in der Platzierung oder Verwaltung von Kapitalanlagen für eigene Rechnung besteht, es sei denn, es handelt sich bei dieser Tätigkeit um Bank- oder Versicherungstätigkeiten oder Wertpapierhandel einer Bank oder Versicherungsgesellschaft oder eines zugelassenen Wertpapierhändlers), die aus dem anderen Vertragsstaat bezogenen Einkünfte im Zusammenhang mit dieser gewerblichen Tätigkeit bezogen werden oder aus Anlass dieser Tätigkeit anfallen und die ansässige Person alle anderen Voraussetzungen für den Erhalt dieser Vergünstigungen erfüllt.

b. Übt eine in einem der Vertragsstaaten ansässige Person oder eines ihrer verbundenen Unternehmen im anderen Vertragsstaat eine gewerbliche Tätigkeit aus, durch die Einkünfte erzielt werden, gilt Buchstabe a nur dann für diese Einkünfte, wenn die gewerbliche Tätigkeit im erstgenannten Vertragsstaat gegenüber der gewerblichen Tätigkeit im anderen Vertragsstaat erheblich ist.

c. Bei der Feststellung, ob eine Person gemäß Buchstabe a in einem Vertragsstaat aktiv gewerblich tätig ist, gelten Tätigkeiten von mit dieser Person verbundenen Personen als Tätigkeiten dieser Person. Eine Person gilt als mit einer anderen Person verbunden, wenn einer Person mindestens 50 vom Hundert des wirtschaftlichen Eigentums an der anderen Person (oder im Fall einer Gesellschaft Anteile, die mindestens 50 vom Hundert der gesamten Stimmrechte und des Werts der Gesellschaft oder des wirtschaftlichen Eigentums an der Gesellschaft darstellen) gehören oder einer anderen Person unmittelbar oder mittelbar mindestens 50 vom Hundert des wirtschaftlichen Eigentums an jeder Person (oder im Fall einer Gesellschaft Anteile, die mindestens 50 vom Hundert der gesamten Stimmrechte und des Werts der Gesellschaft oder des wirtschaftlichen Eigentums an der Gesellschaft darstellen) gehören. In jedem Fall gilt eine Person als mit einer anderen Person verbunden, wenn eine Person sämtlichen Tatsachen und Umständen zufolge die andere Person beherrscht oder beide Personen von derselben Person oder denselben Personen beherrscht werden.

(5) Bezieht ein Unternehmen eines Vertragsstaats Einkünfte aus dem anderen Vertragsstaat und sind diese Einkünfte einer in einem Drittstaat gelegenen Betriebsstätte des Unternehmens zuzurechnen, so werden die nach den anderen Bestimmungen des Abkommens zu gewährenden Steuervergünstigungen ungeachtet der vorstehenden Bestimmungen dieses Artikels nicht gewährt, sofern die für diese Einkünfte im erstgenannten Vertragsstaat und im Drittstaat tatsächlich gezahlte Steuer weniger als 60 vom Hundert der Steuer beträgt, die im erstgenannten Staat zu entrichten gewesen wäre, wenn das Unternehmen die Einkünfte in diesem Staat erzielt hätte und sie nicht der im Drittstaat gelegenen Betriebsstätte zuzurechnen wären. Dividenden, Zinsen oder Lizenzgebühren, auf die dieser Absatz anzuwenden ist, dürfen zu einem Satz besteuert werden, der 15 vom Hundert des Bruttobetrags dieser Einkünfte nicht übersteigt. Andere Einkünfte, auf die dieser Absatz anzuwenden ist, können ungeachtet anderer Bestimmungen dieses Abkommens nach dem innerstaatlichen Recht des anderen Vertragsstaats besteuert werden. Dieser Absatz ist nicht anzuwenden auf

a. Lizenzgebühren, die als Vergütung für die Nutzung oder das Recht auf Nutzung immaterieller Wirtschaftsgüter gezahlt werden, die von der Betriebsstätte selbst hergestellt oder entwickelt wurden, oder

b. sonstige Einkünfte, die aus dem anderen Vertragsstaat stammen und im Zusammenhang mit einer von der Betriebsstätte im Drittstaat ausgeübten aktiven gewerblichen Tätigkeit erzielt werden oder aus Anlass dieser Tätigkeit anfallen (außer wenn die Tätigkeit in der Platzierung, der Verwaltung oder dem bloßen Besitz von Kapitalanlagen für eigene Rechnung besteht, es sei denn, es handelt sich um Banktätigkeiten oder Wertpapierhandel einer Bank oder eines zugelassenen Wertpapierhändlers).

(6) Ungeachtet der vorstehenden Bestimmungen dieses Artikels können einem deutschen Investmentfonds oder einer deutschen Investmentaktiengesellschaft (zusammenfassend als Investmentvermögen bezeichnet) nur dann die Vergünstigungen aus diesem Abkommen gewährt werden, wenn mindestens 90 vom Hundert der Aktien oder anderen Eigentumsrechte an dem deutschen Investmentvermögen unmittelbar oder mittelbar in der Bundesrepublik Deutschland ansässigen Personen gehören, die Anspruch auf die Vergünstigungen nach diesem Abkommen gemäß Absatz 2 Buchstabe a, Buchstabe b, Buchstabe c Doppelbuchstabe aa, Buchstabe d oder Buchstabe e haben, oder Personen, die hinsichtlich der Einkünfte des deutschen Investmentvermögens, für das Vergünstigungen beansprucht werden, gleichberechtigte Begünstigte sind. Bei der Anwendung dieses Absatzes werden Mitglieder oder Begünstigte der in § 1 Absatz 1 Nummern 3 und 5 des deutschen Körperschaftsteuergesetzes genannten Rechtsträger als Personen angesehen, die indirekt Anteile an dem deutschen Investmentvermögen halten. Bei der Feststellung, ob das deutsche Investmentvermögen die 90 vom Hundert-Beteiligungsgrenze erfüllt, werden die in § 1 Absatz 1 Nummer 5 des deutschen Körperschaftsteuergesetzes genannten Stiftungen, soweit sie nicht unter Absatz 2 Buchstabe d dieses Artikels fallen, nicht berücksichtigt.

(7) Einer in einem der Vertragsstaaten ansässigen Person, die aufgrund der vorstehenden Absätze nicht alle oder keine Vergünstigungen aus diesem Abkommen beanspruchen kann, können diese Vergünstigungen gleichwohl gewährt werden, wenn die zuständige Behörde des Staates, aus dem die betreffenden Einkünfte stammen, dies zulässt. Bei dieser Entscheidung zieht die zuständige Behörde in Betracht, ob die Errichtung, der Erwerb oder das Bestehen dieser Person oder die Tätigkeit als solche hauptsächlich dazu dient, Vergünstigungen nach diesem Abkommen zu erhalten. Die zuständige Behörde des Vertragsstaats, aus dem die Einkünfte stammen, konsultiert die zuständige Behörde des anderen Vertragsstaats, bevor sie nach dem Abkommen zu gewährende Vergünstigungen nach diesem Absatz versagt.

(8) Für die Zwecke dieses Artikels gelten folgende Vorschriften und Begriffsbestimmungen:

a. der Ausdruck "anerkannte Börse" bedeutet

aa) das NASDAQ-System und jede Börse, die bei der U.S. Securities and Exchange Commission als nationale Effektenbörse im Sinne des Securities Exchange Act of 1934 registriert ist;

bb) jede deutsche Börse, an der Aktien amtlich gehandelt werden;

cc) jede sonstige Börse, deren Anerkennung im Sinne dieses Artikels die zuständigen Behörden vereinbaren;

b aa) der Ausdruck „Hauptaktiengattung" bedeutet die Stammaktien der Gesellschaft, sofern diese Aktiengattung die Mehrheit der Stimmrechte und des Werts der Gesellschaft darstellt. Stellt keine einzelne Stammaktiengattung die Mehrheit der gesamten Stimmrechte und des Gesamtwerts der Gesellschaft dar, so gelten die Gattung oder Gattungen als „Hauptaktiengattung", die insgesamt die Mehrheit der gesamten Stimmrechte und des Gesamtwerts der Gesellschaft darstellen;

bb) der Ausdruck „Aktien" umfasst auch Hinterlegungsscheine („depository receipts") und Anteilsscheine an einem Treuhandvermögen („trust certificates");

c. der Ausdruck „Vorzugsaktiengattung" bedeutet jede Aktiengattung einer in einem der Vertragsstaaten ansässigen Gesellschaft, die dem Anteilseigner durch Dividenden, Rückzahlungen oder anderweitig eine unverhältnismäßig höhere Beteiligung an den im anderen Vertragsstaat durch besondere Vermögenswerte oder Tätigkeiten der Gesellschaft erzielten Einkünften einräumt;

d. der hauptsächliche Ort der Geschäftsführung und Überwachung der Gesellschaft befindet sich nur dann in dem Vertragsstaat, in dem diese ansässig ist, wenn die leiten-den Angestellten und Mitarbeiter der Geschäftsführung in diesem Vertragsstaat für einen größeren Teil der strategie-, finanz-und geschäftspolitischen Entscheidungen bezüglich der Gesellschaft (einschließlich ihrer unmittelbaren und mittelbaren Tochtergesellschaften) die laufende Verantwortung übernehmen als in jedem anderen Staat und die Mitarbeiter in diesem Vertragsstaat einen größeren Teil der zur Vorbereitung und Herbeiführung dieser Entscheidungen erforderlichen laufenden Tätigkeiten ausüben als in jedem anderen Staat;

e. als gleichberechtigter Begünstigter gilt eine in einem Mitgliedstaat der Europäischen Union, einem Staat des Europäischen Wirtschaftsraums oder einem Vertragsstaat des Nordamerikanischen Freihandelsabkommens ansässige Person, jedoch nur, wenn sie

aa) A. Anspruch auf alle Vergünstigungen eines umfassenden Doppelbesteuerungsabkommens zwischen einem Mitgliedstaat der Europäischen Union, einem Staat des Europäischen Wirtschaftsraums oder einem Vertragsstaat des Nordamerikanischen Freihandelsabkommens und dem Staat hätte, von dem die Vergünstigungen aus diesem Abkommen nach Bestimmungen, die Absatz 2 Buchstabe a, Buchstabe b, Buchstabe c Doppelbuchstabe aa, Buchstabe d oder Buchstabe e entsprechen, beansprucht werden, sofern die Person, sollte ein solches Abkommen keinen umfassenden Artikel zu Schranken für die Abkommensvergünstigungen enthalten, eine berechtigte Person nach Absatz 2 Buchstabe a, Buchstabe b, Buchstabe c Doppelbuchstabe aa, Buchstabe d oder Buchstabe e wäre, wenn sie nach Artikel 4 (Ansässigkeit) dieses Abkommens in einem der Staaten ansässig wäre, und

B. hinsichtlich Versicherungsprämien und Einkünften nach Artikel 10 (Dividenden), 11 (Zinsen) oder 12 (Lizenzgebühren) dieses Abkommens in Bezug auf die bestimmte Einkunftsart, für die nach diesem Abkommen Vergünstigungen beansprucht werden, nach einem solchen Abkommen Anspruch auf einen Steuersatz hätte, der mindestens ebenso niedrig ist wie der nach diesem Abkommen geltende Steuersatz, oder

bb)eine in einem Vertragsstaat ansässige Person ist, die aufgrund von Absatz 2 Buchstabe a, Buchstabe b, Buchstabe c Doppelbuchstabe aa, Buchstabe d oder Buchstabe e als berechtigte Person gilt.

Bei Anwendung des Artikels 10 Absatz 3 (Dividenden) wird eine Person, der unmittelbar oder mittelbar Anteile an der die Vergünstigungen aus diesem Abkommen beanspruchenden Gesellschaft gehören, für die Feststellung, ob sie ein gleichberechtigter Begünstigter ist, so behandelt, als halte sie dieselben Stimmanteile an der die Dividenden zahlenden Gesellschaft wie die die Vergünstigungen beanspruchende Gesellschaft;

f. hinsichtlich Dividenden, Zinsen oder Lizenzgebühren, die aus der Bundesrepublik Deutschland stammen und deren Nutzungsberechtigter eine in den Vereinigten Staaten ansässige Gesellschaft ist, wird eine in einem Mitgliedstaat der Europäischen Union ansässige Gesellschaft so behandelt, als erfülle sie die Voraussetzungen des Buchstabens e Doppelbuchstabe aa Großbuchstabe B hinsichtlich der Feststellung, ob eine solche in den Vereinigten Staaten ansässige Person Anspruch auf die Vergünstigungen nach diesem Absatz hat, wenn eine Zahlung von aus der Bundesrepublik Deutschland stammenden und unmittelbar an diese in einem Mitgliedstaat der Europäischen Union ansässige Person gezahlten Dividenden, Zinsen oder Lizenzgebühren gemäß einer Richtlinie der Europäischen Union von der Steuer befreit wäre, auch wenn das Doppelbesteuerungsabkommen zwischen der Bundesrepublik Deutschland und diesem anderen Mitgliedstaat der Europäischen Union für eine solche Zahlung einen höheren Steuersatz vorsehen würde als den für diese Gesellschaft der Vereinigten Staaten nach Artikel 10 (Dividenden), 11 (Zinsen) oder 12 (Lizenzgebühren) dieses Abkommens geltenden Steuersatz.

Artikel 29 Erstattung der Abzugsteuern

(1) Werden in einem der Vertragsstaaten die Steuern von Dividenden, Zinsen, Lizenzgebühren oder sonstigen Einkünften im Abzugsweg erhoben, so wird das Recht zur Vornahme des Steuerabzugs zu dem im innerstaatlichen Recht dieses Staates vorgesehenen Satz durch dieses Abkommen nicht berührt.

(2) Diese im Abzugsweg erhobene Steuer wird auf Antrag erstattet, soweit ihre Erhebung durch dieses Abkommen eingeschränkt wird.

(3) Die Frist für den Antrag auf Erstattung beträgt vier Jahre nach Ablauf des Kalenderjahrs, in dem die Dividenden, Zinsen, Lizenzgebühren oder sonstigen Einkünfte bezogen worden sind.

(4) Der Vertragsstaat, aus dem die Einkünfte stammen, kann eine amtliche Bescheinigung des Vertragsstaats, in dem der Steuerpflichtige ansässig ist, über die Erfüllung der Voraussetzungen für die unbeschränkte Steuerpflicht in diesem Staat verlangen.

(5) Die zuständigen Behörden der Vertragsstaaten führen die vorstehenden Bestimmungen in gegenseitigem Einvernehmen gemäß Artikel 25 (Verständigungsverfahren) durch.

(6) Die zuständigen Behörden der Vertragsstaaten können in gegenseitigem Einvernehmen auch andere Verfahren zur Durchführung der in diesem Abkommen vorgesehenen Steuerermäßigungen festlegen.

Artikel 30 Mitglieder diplomatischer Missionen und konsularischer Vertretungen

(1) Dieses Abkommen berührt nicht die steuerlichen Vorrechte, die den Diplomaten und Konsularbeamten nach den allgemeinen Regeln des Völkerrechts oder auf Grund besonderer Übereinkünfte zustehen.

(2) Soweit Einkünfte oder Vermögenswerte wegen dieser Vorrechte im Empfangsstaat nicht besteuert werden, steht das Besteuerungsrecht dem Entsendestaat zu.

(3) Ungeachtet des Artikels 4 (Ansässigkeit) gilt eine natürliche Person, die Mitglied einer diplomatischen Mission oder einer konsularischen Vertretung eines Vertragsstaats im anderen Vertragsstaat oder in einem dritten Staat ist, im Sinne dieses Abkommens als im Entsendestaat ansässig, wenn sie

a. nach dem Völkerrecht im Empfangsstaat mit ihren Einkünften aus Quellen außerhalb dieses Staates oder mit ihrem außerhalb dieses Staates gelegenen Vermögen nicht zur Steuer herangezogen wird und

b. im Entsendestaat mit ihrem gesamten Einkommen oder mit ihrem Vermögen wie in diesem Staat ansässige Personen zur Steuer herangezogen wird.

(4) Dieses Abkommen gilt nicht für internationale Organisationen, ihre Organe oder Bediensteten oder für Mitglieder einer diplomatischen Mission, einer konsularischen Vertretung oder einer ständigen Vertretung eines dritten Staates, die sich in einem Vertragsstaat aufhalten, aber in keinem der beiden Vertragsstaaten zu den Steuern vom Einkommen oder vom Vermögen wie dort ansässige Personen herangezogen werden.

Artikel 31 Berlin-Klausel (gegenstandslos)

Artikel 32 Inkrafttreten

(1) Dieses Abkommen bedarf der Ratifikation; die Ratifikationsurkunden werden so bald wie möglich in Washington ausgetauscht.

(2) Dieses Abkommen tritt an dem Tag in Kraft, an dem die Ratifikationsurkunden ausgetauscht werden, und ist in beiden Vertragsstaaten anzuwenden

a. bei den im Abzugsweg erhobenen Steuern sowie der Abgabe auf Versicherungsprämien auf die Beträge, die am oder nach dem 1. Januar 1990 gezahlt oder gutgeschrieben werden;

b. bei den übrigen Steuern vom Einkommen auf die Veranlagungszeiträume beziehungsweise Steuerjahre (taxable years), die am oder nach dem 1. Januar 1990 beginnen, ausgenommen jedoch die vor diesem Datum beginnenden Wirtschaftsjahre; und

c. bei den Steuern vom Vermögen auf die Steuern, die von Vermögenswerten erhoben werden, die am oder nach dem 1. Januar 1990 vorhanden sind.

(3) Hätten einer Person, die Anspruch auf die Vergünstigungen aus dem am 22. Juli 1954 unterzeichneten Abkommen zwischen der Bundesrepublik Deutschland und den Vereinigten Staaten von Amerika zur Vermeidung der Doppelbesteuerung auf dem Gebiete der Steuern vom Einkommen und einiger anderer Steuern in der Fassung des Protokolls vom 17. September 1965 („das Abkommen von 1954") hat, nach dem genannten Abkommen weitergehende Steuerentlastungen zugestanden als nach diesem Abkommen, so ist das Abkommen von 1954 als Ganzes auf Antrag der Person auch noch auf den ersten Veranlagungszeitraum beziehungsweise das erste Steuerjahr anzuwenden, auf das dieses Abkommen sonst nach Absatz 2 Buchstabe b anzuwenden wäre.

(4) Ungeachtet der vorstehenden Bestimmungen dieses Artikels darf die Steuer, die nach Artikel 10 Absatz 2 Buchstabe a (Dividenden) von vor dem 1. Januar 1992 gezahlten oder gutgeschriebenen Dividenden (im Sinne des Absatzes 4 des genannten Arti-

kels) erhoben wird, zwar 5 vom Hundert, nicht aber 10 vom Hundert des Bruttobetrags der Dividenden übersteigen.

(5) Ungeachtet der vorstehenden Bestimmungen dieses Artikels

a. ist Artikel 10 Absatz 8 (Dividenden) auf die Steuern anzuwenden, die von dem ausschüttungsgleichen Betrag für die am oder nach dem 1. Januar 1991 beginnenden Veranlagungszeiträume beziehungsweise Steuerjahre erhoben werden, ausgenommen jedoch die vor diesem Datum beginnenden Wirtschaftsjahre; für Zwecke des vorhergehenden Satzes wird der ausschüttungsgleiche Betrag so behandelt, als werde er am letzten Tag des Wirtschaftsjahres der Gesellschaft gezahlt;

b. ist Artikel 23 Absatz 2 Buchstabe a Satz 4 (Befreiung von der Doppelbesteuerung) nicht auf Dividenden anzuwenden, die von einer Regulated Investment Company vor dem 1. Januar 1991 gezahlt werden, sofern die Regulated Investment Company am 1. Oktober 1988 bestand.

(6) Ungeachtet der vorstehenden Bestimmungen dieses Artikels gilt für die in Artikel 11 (Zinsen) und in Artikel 10 Absätze 4 und 5 (Dividenden) genannten Einkünfte folgendes:

a. Auf Zinsen im Sinne des Abkommens von 1954 einschließlich der Zinsen aus partiarischen Darlehen oder Gewinnobligationen, die vor dem 1. Januar 1991 gezahlt oder gutgeschrieben werden, ist anstelle dieses Abkommens das Abkommen von 1954 anzuwenden;

b. Einkünfte aus Schuldverpflichtungen, auf die Artikel 10 Absatz 4 (Dividenden) anzuwenden ist, und Einkünfte aus partiarischen Darlehen oder Gewinnobligationen, auf die Artikel 10 Absatz 5 (Dividenden) nicht anzuwenden ist, können in dem Vertragsstaat, aus dem sie stammen, mit den in Artikel 10 Absätze 2 und 3 vorgesehenen Sätzen besteuert werden, sofern diese Einkünfte am oder nach dem 1. Januar 1991 gezahlt oder gutgeschrieben werden;

c. Einkünfte aus einer stillen Gesellschaft und Einkünfte aus Genußrechten oder Genußscheinen, auf die Artikel 10 Absatz 5 (Dividenden) anzuwenden ist, können in dem Vertragsstaat, aus dem sie stammen, mit einem Satz besteuert werden, der 15 vom Hundert des Bruttobetrags nicht übersteigt, sofern diese Einkünfte vor dem 1. Januar 1991 gezahlt oder gutgeschrieben werden;

d. Einkünfte aus einer stillen Gesellschaft und Einkünfte aus Genußrechten oder Genußscheinen, auf die Artikel 10 Absatz 5 (Dividenden) nicht anzuwenden ist, können in dem Vertragsstaat, aus dem sie stammen, mit den in Artikel 10 Absatz 2 und 3 vorgesehenen Sätzen besteuert werden, wenn die Einkünfte am oder nach dem 1. Januar 1990 gezahlt oder gutgeschrieben werden; und

e. die vorstehenden Bestimmungen dieses Absatzes sind nicht auf die in Artikel 10 Absatz 6 (Dividenden) oder Artikel 11 Absatz 3 (Zinsen) genannten Einkünfte anzuwenden.

(7) Das Abkommen von 1954 tritt außer Kraft, wenn die Bestimmungen dieses Abkommens gemäß diesem Artikel in Kraft treten.

Artikel 33 Kündigung

Dieses Abkommen bleibt auf unbestimmte Zeit in Kraft, jedoch kann jeder der Vertragsstaaten am oder vor dem dreißigsten Juni eines jeden Kalenderjahres nach Ablauf von fünf Jahren, vom Tag des Inkrafttretens an gerechnet, das Abkommen gegenüber dem anderen Vertragsstaat auf diplomatischem Weg schriftlich kündigen; in diesem Fall ist dieses Abkommen nicht mehr anzuwenden

a. bei den im Abzugsweg erhobenen Steuern sowie der Abgabe auf Versicherungsprämien auf die Beträge, die am oder nach dem 1. Januar des Kalenderjahrs gezahlt oder gutgeschrieben werden, das auf das Kündigungsjahr folgt;

b. bei den übrigen Steuern vom Einkommen auf die Steuern, die für die Steuerjahre oder Veranlagungszeiträume erhoben werden, die am oder nach dem 1. Januar des Kalenderjahrs beginnen, das auf das Kündigungsjahr folgt, ausgenommen jedoch die vor diesem Zeitpunkt beginnenden Wirtschaftsjahre; und

c. bei den Steuern vom Vermögen auf die Steuern, die von Vermögenswerten erhoben werden, die am oder nach dem 1. Januar des Kalenderjahres vorhanden sind, das auf das Kündigungsjahr folgt.

Protokoll

Anläßlich der heutigen Unterzeichnung des Abkommens zwischen der Bundesrepublik Deutschland und den Vereinigten Staaten von Amerika zur Vermeidung der Doppelbesteuerung und zur Verhinderung der Steuerverkürzung auf dem Gebiet der Steuern vom Einkommen und vom Vermögen und einiger anderer Steuern haben die Unterzeichneten die nachstehenden Bestimmungen vereinbart, die Bestandteil des Abkommens sind:

(1) Zu Artikel 1 Absatz 4 Buchstabe b (Allgemeiner Geltungsbereich)

Der Ausdruck „langfristig Aufenthaltsberechtigter" bezeichnet eine natürliche Person, der während der vorangegangenen 15 Steuerjahre für mindestens acht Steuerjahre der rechtmäßige Aufenthalt in den Vereinigten Staaten gestattet war. Um zu bestimmen, ob die Voraussetzung des im vorstehenden Satz genannten Mindestzeitraums erfüllt wird, gilt eine natürliche Person hinsichtlich eines Steuerjahrs, in dem sie nach den Bestimmungen eines Doppelbesteuerungsabkommens der Vereinigten Staaten in einem anderen Land als den Vereinigten Staaten als dort ansässige Person behandelt wird, sofern sie nicht auf die von den Vereinigten Staaten einer im anderen Land ansässigen Person nach diesem Abkommen gewährten Vergünstigungen verzichtet, nicht als eine Person, der der rechtmäßige Aufenthalt in den Vereinigten Staaten gestattet war. Somit gilt eine natürliche Person, die in jedem der 15 Steuerjahre vor dem Verlust ihres Status als zum rechtmäßigen Aufenthalt berechtigte Person in der Bundesrepublik Deutschland ansässig war (im Sinne des Artikels 4 (Ansässigkeit)) und die die von den Vereinigten Staaten einer in der Bundesrepublik Deutschland ansässigen Person gewährten Vergünstigungen in Anspruch genommen hat, nicht als langfristig Aufenthaltsberechtigter.

(2) Zu Artikel 4 Absatz 1 (Ansässigkeit)

a. Die Bundesrepublik Deutschland behandelt einen Staatsbürger der Vereinigten Staaten oder einen Ausländer, dem die Einreise zur Gründung eines ständigen Wohnsitzes rechtmäßig gestattet worden ist (Inhaber einer „grünen Karte"), nur dann als in den Vereinigten Staaten ansässig, wenn er in den Vereinigten Staaten einen längeren Aufenthalt nimmt ("substantial presence") oder dort eine ständige Wohnstätte oder seinen gewöhnlichen Aufenthalt hat.

b. Ein deutscher Investmentfonds und eine deutsche Investmentaktiengesellschaft (zusammenfassend als Investmentvermögen bezeichnet), auf die die Vorschriften des Investmentgesetzes anzuwenden sind, gelten als in der Bundesrepublik Deutschland ansässig; eine Regulated Investment Company (RIC) der Vereinigten Staaten und ein Real Estate Investment Trust (REIT) der Vereinigten Staaten gelten als in den Vereinigten Staaten ansässig.

(3) Zu Artikel 5 (Betriebsstätte)

Eine in einem Vertragsstaat ansässige Person, die im anderen Vertragsstaat Konzerte oder Theateraufführungen gibt oder als Unterhaltungskünstler auftritt oder ähnliche Darbietungen und Revuen veranstaltet und die im anderen Vertragsstaat nicht nach Artikel 17 (Künstler und Sportler) besteuert werden kann, wird nicht so behandelt, als habe sie eine Betriebsstätte in diesem Staat, wenn sie sich dort nicht länger als insgesamt 183 Tage im betreffenden Kalenderjahr aufhält.

(4) Zu Artikel 7 (Gewerbliche Gewinne)

Die einer Betriebsstätte zuzurechnenden gewerblichen Gewinne umfassen nur die Gewinne, die aus dem von der Betriebsstätte eingesetzten Kapital, den von ihr übernommenen Risiken und den von ihr ausgeübten Tätigkeiten erzielt werden. Zur Ermittlung der einer Betriebsstätte zuzurechnenden Gewinne sind die OECD-Verrechnungspreisleitlinien unter Berücksichtigung der unterschiedlichen wirtschaftlichen und rechtlichen Gegebenheiten eines Einheitsunternehmens anzuwenden. Daher kann zur Ermittlung der Einkünfte einer Betriebsstätte jede der dort zur Berechnung eines fremdvergleichskonformen Ergebnisses als geeignet beschriebenen Methoden angewendet werden, sofern die Anwendung dieser Methoden gemäß den Leitlinien erfolgt. Insbesondere wird die Betriebsstätte bei der Ermittlung der ihr zuzurechnenden Gewinne so behandelt, als verfüge sie über denselben Kapitalbetrag, den sie zur Aufrechterhaltung ihrer Tätigkeit benötigen würde, wenn sie eine gleiche oder ähnliche Tätigkeit als selbstständiges Unternehmen ausüben würde. Bei Finanzinstituten, bei denen es sich nicht um Versicherungsgesellschaften handelt, kann ein Vertragsstaat den einer Betriebsstätte zuzurechnenden Kapitalbetrag durch Aufteilung des gesamten Eigenkapitals des Instituts auf seine einzelnen Geschäftsstellen auf der Grundlage des ihnen jeweils zuzurechnenden Anteils an den risikogewichteten Vermögenswerten des Finanzinstituts ermitteln. Ein Finanzinstitut kann den seiner Betriebsstätte zuzurechnenden Kapitalbetrag nur dann anhand seiner risikogewichteten Vermögenswerte ermitteln, wenn es im Rahmen seiner ordentlichen Geschäftstätigkeit Risikogewichtungen seiner Vermögenswerte vornimmt.

(5) Zu Artikel 7 Absätze 1 und 2 (Gewerbliche Gewinne) und Artikel 13 Absatz 3 (Veräußerungsgewinne)

Einnahmen, Veräußerungsgewinne oder Ausgaben, die einer Betriebsstätte zuzurechnen sind, sind bei der Durchführung der Artikel 7 Absätze 1 und 2 und Artikel 13 Absatz 3 im Staat der Betriebsstätte auch dann zu versteuern oder abzuziehen, wenn ihre Zahlung aufgeschoben wird, bis die Betriebsstätte nicht mehr besteht. Der vorhergehende Satz schließt es nicht aus, auf die aufgeschobenen Zahlungen innerstaatliche Regelungen eines Vertragsstaats über die periodengerechte Zurechnung von Einnahmen und Ausgaben anzuwenden.

(6) Zu Artikel 7 (Gewerbliche Gewinne) und Artikel 13 (Veräußerungsgewinne)

Gewinne aus der Veräußerung beweglichen Vermögens, das während einer bestimmten Zeit Betriebsvermögen einer Betriebsstätte war, die eine in einem Vertragsstaat ansässige Person im anderen Vertragsstaat hat oder hatte, können vom anderen Staat nur bis zur Höhe des Gewinns besteuert werden, der auf diese Zeit entfällt. Ungeachtet der Bestimmungen des Artikels 7 oder des Artikels 13 kann die Steuer auf diese Gewinne zu dem Zeitpunkt erhoben werden, zu dem die Gewinne nach dem Recht des anderen Staates realisiert und steuerlich erfasst werden, wenn dieser Zeitpunkt innerhalb von zehn Jahren nach dem Datum liegt, von dem ab das Vermögen nicht mehr Betriebsvermögen der Betriebsstätte ist (oder innerhalb des von dem Recht eines der beiden Vertragsstaaten vorgesehenen kürzeren Zeitraums).

(7) Zu Artikel 9 (Verbundene Unternehmen)

Jeder Vertragsstaat kann die Bestimmungen seines innerstaatlichen Rechts, nach denen Einnahmen, abzuziehende Beträge, Steueranrechnungs- oder Freibeträge zwischen verbundenen Personen aufzuteilen oder zuzurechnen sind, anwenden, um abzuziehende Beträge, Steueranrechnungs- oder Freibeträge nach den allgemeinen Grundsätzen des Artikels 9 Absatz 1 aufzuteilen oder zuzurechnen. Artikel 9 ist nicht so auszulegen, als beschränke er einen Vertragsstaat bei der Aufteilung von Einkünften zwischen Personen, die auf andere Weise als durch mittelbare oder unmittelbare Beteiligung im Sinne des Absatzes 1 miteinander verbunden sind (zum Beispiel durch kommerzielle oder vertragliche Beziehungen, die zu beherrschendem Einfluss führen); die Aufteilung muss aber sonst den allgemeinen Grundsätzen des Artikels 9 Absatz 1 entsprechen.

(8) Zu Artikel 10 Absatz 3 (Dividenden)

a. Führt die Bundesrepublik Deutschland eine Regelung ein, nach der Grundstücksgesellschaften (Real Estate Investment Companies) von der Besteuerung freigestellt sind, findet Artikel 10 Absatz 3 Buchstabe b auf Ausschüttungen einer solchen in der Bundesrepublik Deutschland ansässigen Gesellschaft keine Anwendung.

b. Im Fall der Bundesrepublik Deutschland ist Artikel 10 Absatz 3 Buchstabe b auf die Person anzuwenden, die nach § 39 der Abgabenordnung als Eigentümer des Vermögens des Pensionsfonds gilt, sofern die Dividenden ausschließlich zur Gewährung von Ruhegehältern durch einen solchen Fonds genutzt werden können.

(9) Zu Artikel 10 Absatz 9 (Dividenden)

Das tragende Prinzip des „ausschüttungsgleichen Betrages" nach dem Recht der Vereinigten Staaten besteht darin, den Teil der in Artikel 10 Absatz 9 genannten Einkünfte darzustellen, der dem Betrag vergleichbar ist, der als Dividende ausgeschüttet würde, wenn eine inländische Tochtergesellschaft diese Einkünfte erzielt hätte.

(10) Zu Artikel 11 (Zinsen)

Bei einer in den Vereinigten Staaten gelegenen Betriebsstätte einer deutschen Gesellschaft ist der Überschuss der bei der Betriebsstätte abzugsfähigen Zinsen über die von ihr tatsächlich gezahlten Zinsen als Zins zu behandeln, der von einer in der Bundesrepublik Deutschland ansässigen Person als Nutzungsberechtigtem bezogen wird.

(11) Zu Artikel 12 (Lizenzgebühren)

Wird bei einem in einem Vertragsstaat ansässigen Künstler eine Darbietung im anderen Vertragsstaat aufgezeichnet, hat er ein Recht in Bezug auf die Nutzung der Aufzeichnung und bezieht er dafür ein nach Verkauf oder öffentlicher Aufführung bemessenes Entgelt, so wird das Entgelt nach Maßgabe dieses Artikels behandelt.

(12) Zu Artikel 13 Absatz 2 (Veräußerungsgewinne)

Der Ausdruck „unbewegliches Vermögen, das im anderen Vertragsstaat liegt" im Sinne dieses Absatzes umfasst, wenn es sich bei dem anderen Vertragsstaat um die Vereinigten Staaten handelt, ein "real property interest" nach dem Recht der Vereinigten Staaten.

(13) Zu Artikel 13 Absatz 3 (Veräußerungsgewinne)

Dieser Artikel ist nicht so auszulegen, als verhindere er die Behandlung von Gewinnen als Veräußerungsgewinn im Sinne von Absatz 3, wenn der Gewinn durch eine in einem Vertragsstaat ansässige Person aus der Veräußerung einer Beteiligung an einer Personengesellschaft, einem Treuhandvermögen (trust) oder einem Nachlass (estate) erzielt wird, welche(r) eine im anderen Vertragsstaat gelegene Betriebsstätte hat.

(14) Zu Artikel 17 Absatz 1 (Künstler und Sportler)

Kann nach Artikel 17 Absatz 1 ein Künstler oder Sportler in der Bundesrepublik Deutschland nicht besteuert werden, so wird eine in der Bundesrepublik Deutschland im Abzugsweg erhobene Steuer dem Steuerpflichtigen nur auf Antrag am Ende des betreffenden Kalenderjahrs erstattet. Artikel 29 Absatz 6 (Erstattung der Abzugsteuern) bleibt unberührt.

(15) Zu Artikel 18 Absatz 3 (Ruhegehälter, Renten, Unterhaltszahlungen und Sozialversicherung)

Bei der Festsetzung des steuerpflichtigen Einkommens einer in der Bundesrepublik Deutschland ansässigen natürlichen Person wird in Bezug auf Unterhaltszahlungen oder ähnliche Leistungen, die an eine in den Vereinigten Staaten ansässige natürliche Person gezahlt werden, der Betrag zum Abzug zugelassen, der zum Abzug zugelassen würde, wenn die letztgenannte Person in der Bundesrepublik Deutschland unbeschränkt steuerpflichtig wäre.

(16) Zu Artikel 18A Absatz 4 (Altersvorsorgepläne)

a. Im Sinne des Artikels 18A Absatz 4 umfasst der Ausdruck „Altersvorsorgeplan" die folgenden Pläne sowie Pläne gleicher oder ähnlicher Art, die aufgrund von nach Unterzeichnung dieses Protokolls erlassenen Rechtsvorschriften errichtet werden:

   aa) Im Fall der Vereinigten Staaten anerkannte Pläne („qualified plans") nach § 401(a) Internal Revenue Code, individuelle Altersvorsorgepläne (einschließlich individueller Altersvorsorgepläne, die Teil eines vereinfachten betrieblichen Altersvorsorgeplans („simplified employee pension plan") nach § 408 (k) sind, individueller Rentensparpläne („individual retirement accounts"), individueller Rentenversicherungen („individual retirement annuities") und Pläne („accounts") nach § 408(p) sowie Roth-IRAs nach § 408A), steuerrechtlich anerkannte Rentenpläne („qualified annuity plans") nach § 403(a), Pläne nach § 403(b) und staatliche Pläne („governmental plans") nach § 457(b).

   bb) Im Fall der Bundesrepublik Deutschland Altersvorsorgepläne im Sinne des § 1 des Betriebsrentengesetzes.

b. Für Zwecke des Artikels 18A Absatz 3 Buchstabe b und Absatz 5 Buchstabe d gilt:

   aa) Die Bundesrepublik Deutschland erkennt die in Buchstabe a Doppelbuchstaben aa gesondert aufgeführten steuerlich anerkannten Vorsorgepläne, bei denen es sich nicht um Roth-Individual Retirement Accounts (IRAs) handelt, als Altersvorsorgepläne an, die den in § 1 des Betriebsrentengesetzes genannten Altersvorsorgeplänen entsprechen. Die Bundesrepublik Deutschland gewährt die entsprechende Steuerbefreiung nach § 3 Nr. 63 des Einkommensteuergesetzes; und

   bb) die Vereinigten Staaten erkennen Altersvorsorgepläne im Sinne des § 1 des Betriebsrentengesetzes als den in Buchstabe a Doppelbuchstabe aa bezeichneten Altersvorsorgeplänen entsprechende Altersvorsorgepläne an.

(17) Zu Artikel 20 Absatz 2 (Gastprofessoren und -lehrer; Studenten und Auszubildende)

Zahlungen, die aus öffentlichen Mitteln eines Vertragsstaats oder von einer mit öffentlichen Mitteln ausgestatteten Organisation zur Vergabe von Stipendien geleistet werden, gelten in voller Höhe als aus Quellen außerhalb des anderen Vertragsstaates stammend. Der vorstehende Satz gilt auch für Zahlungen, die im Rahmen von Programmen geleistet werden, die von Organisationen beider Vertragsstaaten gemeinsam finanziert werden, wenn mehr als 50 vom Hundert dieser Gelder aus öffentlichen Mitteln des erstgenannten Staates oder von einer mit diesen Mitteln ausgestatteten Organisation zur Vergabe von Stipendien bereitgestellt werden. Die zuständigen Behörden bestimmen die Stipendienprogramme, deren Zahlungen auf Grund der vorstehenden

Bestimmungen als aus Quellen außerhalb eines Vertragsstaats stammend zu behandeln sind.

(18) Zu Artikel 21 Absatz 2 (Andere Einkünfte)

Wenn der Empfänger und der Schuldner einer Dividende in der Bundesrepublik Deutschland ansässig sind und die Dividende einer Betriebsstätte zuzurechnen ist, die der Empfänger der Dividende in den Vereinigten Staaten hat, kann die Bundesrepublik Deutschland die Dividende zu den in Artikel 10 Absätze 2 und 3 (Dividenden) vorgesehenen Sätzen besteuern. Die Vereinigten Staaten rechnen die Steuer nach Artikel 23 (Vermeidung der Doppelbesteuerung) an.

(19) Zu Artikel 23 Absatz 1 (Vermeidung der Doppelbesteuerung)

Im Sinne des Artikels 23 Absatz 1 bedeutet die „tragenden Prinzipien" die Vermeidung der Doppelbesteuerung durch Anrechnung der Steuern, die von aus der Bundesrepublik Deutschland stammenden Einkünften erhoben werden, wie sie auf der Grundlage der geltenden, durch das Abkommen modifizierten Quellenvorschriften der Vereinigten Staaten gewährt wird. Während sich Einzelheiten und Begrenzungen der Anrechnung durch Neufassung von Rechtsvorschriften der Vereinigten Staaten ändern dürfen, muss ungeachtet solcher Neufassungen gewährleistet bleiben, dass im Rahmen des genannten Absatzes die deutschen Steuern von Einkünften, die die Bundesrepublik Deutschland gemäß dem Abkommen besteuern kann, angerechnet werden.

(20) Zu Artikel 24 Absatz 1 (Gleichbehandlung)

Artikel 24 Absatz 1 verpflichtet die Vereinigten Staaten nicht, einer nicht in den Vereinigten Staaten ansässigen natürlichen Person deutscher Staatsangehörigkeit die gleiche steuerliche Behandlung zuteil werden zu lassen wie einem nicht in den Vereinigten Staaten ansässigen Staatsbürger der Vereinigten Staaten.

(21) Zu Artikel 24 Absatz 4 (Gleichbehandlung)

Artikel 24 Absatz 4 ist nicht so auszulegen, als verpflichte er einen Vertragsstaat, die grenzüberschreitende Konsolidierung von Einkünften oder vergleichbare Vergünstigungen zwischen Unternehmen zuzulassen.

(22) Zu Artikel 25 Absätze 5 und 6 (Verständigungsverfahren)

Haben sich die zuständigen Behörden in einem Fall hinsichtlich der Anwendung der Artikel 4 (Ansässigkeit), (jedoch nur, soweit die Ansässigkeit einer natürlichen Person betroffen ist), 5 (Betriebsstätte), 7 (Gewerbliche Gewinne), 9 (Verbundene Unternehmen) und 12 (Lizenzgebühren) erfolglos um eine Verständigung nach Artikel 25 bemüht, wird die Anwendung der Artikel durch ein bindendes Schiedsverfahren entschieden, es sei denn, die zuständigen Behörden kommen überein, dass der konkrete Sachverhalt nicht für ein Schiedsverfahren geeignet ist. Darüber hinaus können die zuständigen Behörden auf Ad-hoc-Basis bindende Schiedsverfahren auch in anderen unter Artikel 25 fallenden Angelegenheiten vereinbaren. Wird ein Schiedsverfahren (das Verfahren) nach Artikel 25 Absatz 5 eingeleitet, gelten die folgenden Vorschriften und Verfahren:

a. Das Verfahren wird in der in Artikel 25 Absätze 5 und 6 vorgeschriebenen Art und Weise und gemäß den dort festgelegten Voraussetzungen sowie nach den folgenden Regeln und Verfahren in der jeweils durch die zuständigen Behörden nach nachstehendem Buchstaben q vereinbarten oder ergänzten Fassung durchgeführt.

b. Die von einer Schiedsstelle in dem Verfahren getroffene Entscheidung ist auf eine Entscheidung über die Höhe der den Vertragsstaaten zu erklärenden Einkünfte, Ausgaben oder Steuern beschränkt.

c. Ungeachtet der Einleitung des Verfahrens können die zuständigen Behörden zur Beilegung des Falls eine Verständigung erzielen und das Verfahren beenden. Entsprechend kann eine betroffene Person einen Antrag auf Einleitung eines Verständigungsverfahrens durch die zuständigen Behörden jederzeit zurückziehen (und dadurch das Verfahren beenden).

d. Die Anforderungen des Artikels 25 Absatz 6 Buchstabe d sind erfüllt, sobald die zuständigen Behörden jeweils von jeder betroffenen Person eine Zusicherung erhalten haben, dass die betroffene Person und jede in ihrem Auftrag handelnde Person keiner anderen Person im Laufe des Schiedsverfahrens von einem der Vertragsstaaten oder der Schiedsstelle erhaltenen Informationen, mit Ausnahme der Entscheidung der Schiedsstelle, offen legt. Eine betroffene Person, die befugt ist, eine oder mehrere andere betroffene Personen in Bezug auf diesen Sachverhalt rechtlich zu binden, kann dies in Form einer umfassenden Erklärung tun.

e. Jedem Vertragsstaat wird ein Zeitraum von 60 Tagen ab Verfahrensbeginn gewährt, um dem anderen Vertragsstaat eine schriftliche Mitteilung über die Ernennung eines Mitglieds der Schiedsstelle zuzuleiten. Binnen 60 Tagen ab dem Zeitpunkt der Übersendung der zweiten Mitteilung ernennen die beiden von den Vertragsstaaten ernannten Mitglieder ein drittes Mitglied zum Vorsitzenden der Schiedsstelle. Wird von einem der Vertragsstaaten kein Mitglied ernannt oder können sich die von den Vertragsstaaten ernannten Mitglieder nicht in der in diesem Absatz vorgesehenen Weise auf das dritte Mitglied einigen, erfolgt die Ernennung des oder der verbleibenden Mitglieder durch den höchstrangigen Bediensteten der Abteilung für Steuerpolitik und verwaltung der Organisation für wirtschaftliche Zusammenarbeit und Entwicklung (OECD), der nicht Staatsbürger eines der Vertragsstaaten ist, mittels schriftlicher Mitteilung an beide Vertragsstaaten binnen 60 Tagen ab dem Zeitpunkt des Ausbleibens der Ernennung. Die zuständigen Behörden erarbeiten eine nicht abschließende Auflistung der Personen, die mit internationalen Steuersachen vertraut sind und als Vorsitzender der Schiedsstelle in Frage kommen. Keinesfalls darf der Vorsitzende Staatsbürger eines der Vertragsstaaten sein.

f. Die Schiedsstelle kann die zur Ausübung ihrer Tätigkeit erforderlichen Verfahren festlegen, soweit diese nicht mit einer Bestimmung des Artikels 25 oder des Protokolls zum Abkommen unvereinbar sind.

g. Beide Vertragsstaaten können der Schiedsstelle innerhalb von 90 Tagen ab der Ernennung des Vorsitzenden der Schiedsstelle einen Lösungsvorschlag zur Aufteilung der in dem Fall streitigen Einkunfts-, Ausgaben und Steuerbeträge sowie ein ergänzendes Positionspapier zur Prüfung vorlegen. Die Schiedsstelle übermittelt dem jeweils anderen Vertragsstaat zum Zeitpunkt des Eingangs der zuletzt bei der Schiedsstelle eingereichten Vorlage Kopien des Lösungsvorschlags und des ergänzenden Positionspapiers. Legt nur ein Vertragsstaat innerhalb der vorgesehenen Zeit einen Lösungsvorschlag vor, so gilt dieser Lösungsvorschlag als die Entscheidung der Schiedsstelle im konkreten Fall und das Verfahren wird beendet. Jeder Vertragsstaat kann der Schiedsstelle, falls gewünscht, innerhalb von 180 Tagen ab der Ernennung des Vorsitzenden der Schiedsstelle eine Erwiderung vorlegen, um auf Fragen einzugehen, die sich aus dem vom anderen Vertragsstaat eingereichten Lösungsvorschlag oder Positionspapier ergeben. Zusätzliche Informationen können der Schiedsstelle auf Aufforderung vorgelegt werden und Kopien einer solchen Aufforderung der Schiedsstelle und der Antwort des Vertragsstaats werden dem anderen Vertragsstaat zum Zeitpunkt der Vorlage der Aufforderung oder der Antwort zugeleitet. Vorbehaltlich logistischer Fragen, wie sie in den nachstehenden Buchstaben l, n und o dargelegt werden, erfolgen sämtliche Mitteilungen der Vertragsstaaten an die Schiedsstelle und umgekehrt nur durch Schriftverkehr zwischen den beauftragten zuständigen Behörden und dem Vorsitzenden der Schiedsstelle.

h. Die Schiedsstelle übermittelt den Vertragsstaaten binnen neun Monaten ab der Ernennung ihres Vorsitzenden schriftlich eine Entscheidung. Die Schiedsstelle übernimmt einen der Lösungsvorschläge der Vertragsstaaten als ihre Entscheidung.

i. Die Schiedsstelle trifft ihre Entscheidung, soweit erforderlich und in absteigender Rangfolge, durch Anwendung

aa) der Bestimmungen des Doppelbesteuerungsabkommens;

bb) der vereinbarten Kommentare oder Erläuterungen der Vertragsstaaten zum Doppelbesteuerungsabkommen;

cc) der Gesetze der Vertragsstaaten, soweit sie einander nicht widersprechen; und

dd) der OECD-Kommentare, -Leitlinien oder -Berichte zu den jeweils einschlägigen Teilen des OECD-Musterabkommens.

j. Die Entscheidung der Schiedsstelle ist für die Vertragsstaaten bindend. In der Entscheidung der Schiedsstelle ist keine Begründung enthalten. Sie hat keinen Präzedenzcharakter.

k. Gemäß Artikel 25 Absatz 6 Buchstabe e gilt die Entscheidung einer Schiedsstelle als Beilegung durch Verständigung nach diesem Artikel. Jede betroffene Person hat binnen 30 Tagen ab dem Zeitpunkt, an dem sie die Entscheidung der Schiedsstelle von der zuständigen Behörde, der der Fall zuerst vorgelegt wurde, erhalten hat, dieser zuständigen Behörde mitzuteilen, ob sie die Entscheidung der Schiedsstelle annimmt. Übermittelt eine betroffene Person der zuständigen Behörde ihre Zustimmung nicht innerhalb dieser Frist, gilt die Entscheidung der Schiedsstelle als nicht angenommen. Wird die Entscheidung der Schiedsstelle nicht angenommen, kann der Fall danach nicht Gegenstand eines Verständigungsverfahrens werden.

l. Räumlichkeiten für Sitzungen der Schiedsstelle werden von dem Vertragsstaat bereitgestellt, dessen zuständige Behörde das Verständigungsverfahren im jeweiligen Fall eingeleitet hat.

m. Für die Behandlung von Zinsen oder Strafzuschlägen gelten die Vorschriften des innerstaatlichen Rechts des oder der beteiligten Vertragsstaaten.

n. Informationen über das Verfahren (einschließlich der Entscheidung der Schiedsstelle) dürfen weder von den Mitgliedern der Schiedsstelle noch von ihren Mitarbeitern oder von einer der zuständigen Behörden offen gelegt werden, außer soweit dies nach dem Abkommen oder dem innerstaatlichen Recht der Vertragsstaaten zulässig ist. Darüber hinaus gelten alle im Verlauf des Verfahrens erstellten oder das Verfahren betreffenden Unterlagen als zwischen den Vertragsstaaten ausgetauschte Informationen. Alle Mitglieder der Schiedsstelle und ihre Mitarbeiter müssen sich in den Erklärungen, die sie den beiden Vertragsstaaten als Bestätigung ihrer Ernennung zuleiten, bereit erklären, die Bestimmungen des Artikels 26 (Informationsaustausch und Amtshilfe) des Abkommens und die geltenden innerstaatlichen Rechtsvorschriften der Vertragsstaaten betreffend die Vertraulichkeit und die Offenlegung von Informationen zu beachten und sich diesen zu unterwerfen. Weichen diese Bestimmungen voneinander ab, gilt die jeweils strengere Regelung.

o. Die Honorare und Aufwendungen werden von den Vertragsstaaten zu gleichen Anteilen getragen. Grundsätzlich werden die Honorare der Mitglieder der Schiedsstelle vorbehaltlich Änderungen durch die zuständigen Behörden – auf den festen Betrag von 2.000 $ (zweitausend US-Dollar) pro Tag oder den entsprechenden Betrag in Euro festgesetzt. Grundsätzlich werden die Aufwendungen der Mitglieder der Schiedsstelle – vorbehaltlich Änderungen durch die zuständigen Behörden – gemäß der Honoraraufstellung für Schiedsrichter des Internationalen Zentrums zur Beilegung von Investitionsstreitigkeiten (ICSID) (in der bei Beginn des Schiedsverfahrens gültigen Fassung) festgesetzt. Übersetzungskosten werden ebenfalls von den Vertragsstaaten zu gleichen Anteilen getragen. Die Sitzungseinrichtungen, zugehörige Betriebsmittel, das Finanzmanagement, den sonstigen logistischen Bedarf und die allgemeine administrative Koordination des Verfahrens stellt der Vertragsstaat auf eigene Kosten bereit, dessen zuständige Behörde das Verständigungsverfahren im jeweiligen Fall eingeleitet hat. Alle anderen Kosten werden von dem Vertragsstaat getragen, dem sie entstehen.

p. Für Zwecke des Artikels 25 Absätze 5 und 6 sowie dieses Absatzes bestätigt jede der zuständigen Behörden der jeweils anderen zuständigen Behörde sowie der oder den betroffenen Personen schriftlich den Zeitpunkt, zu dem die für eine sachliche Prüfung zur Herbeiführung einer Verständigung erforderlichen Informationen bei ihr eingegangen sind. Bei diesen Informationen handelt es sich

aa) in den Vereinigten Staaten um Informationen, deren Vorlage bei der zuständigen Behörde der Vereinigten Staaten nach Section 4.05 Revenue Procedure 2002-52 (oder gegebenenfalls geltenden Nachfolgebestimmungen) erforderlich ist, und bei Sachverhalten, die ursprünglich als Antrag auf eine Vorabvereinbarung über Verrechnungspreise (Advance Pricing Agreement) eingebracht wurden, um die dem Internal Revenue Service gemäß Section 4 Revenue Procedure 2006-9 (oder gegebenenfalls geltenden Nachfolgebestimmungen) vorzulegenden Informationen; und

bb) in der Bundesrepublik Deutschland um die Informationen, deren Vorlage bei der zuständigen Behörde in der Bundesrepublik Deutschland gemäß Schreiben des Bundesministeriums der Finanzen vom 1. Juli 1997 - IV C 5 - S 1300 -189/96 (oder einem gegebenenfalls geltenden späteren Schreiben) erforderlich ist.

Diese Informationen gelten jedoch erst dann als erhalten, wenn beide zuständige Behörden Kopien aller Unterlagen erhalten haben, die den beiden Vertragsstaaten jeweils von der oder den betroffenen Personen im Zusammenhang mit dem Verständigungsverfahren vorgelegt wurden.

q. Die zuständigen Behörden der Vertragsstaaten können die vorstehenden Vorschriften und Verfahren ändern und ergänzen, soweit dies für eine wirksamere Umsetzung der durch Artikel 25 Absatz 5 angestrebten Beseitigung der Doppelbesteuerung erforderlich ist.

(23) Zu Artikel 26 (Informationsaustausch und Amtshilfe)

a. Die Befugnisse der zuständigen Behörden jedes Vertragsstaats zur Beschaffung von Informationen umfassen auch die Befugnis zur Beschaffung von Informationen bei Finanzinstituten, Bevollmächtigten, Vertretern oder Treuhändern sowie von Informationen über die Eigentumsverhältnisse an juristischen Personen; die zuständige Behörde jedes Vertragsstaats kann solche Informationen gemäß dem Artikel 26 austauschen.

b. Die Bundesrepublik Deutschland tauscht nach diesem Artikel Informationen auf Ersuchen oder ohne Ersuchen in dem Umfang aus, in dem dies in dem EG-Amtshilfe-Gesetz vom 19. Dezember 1985 (vorbehaltlich gelegentlicher Änderungen unter Wahrung der tragenden Prinzipien) vorgesehen ist.

(24) Zu Artikel 28 Absatz 6 (Schranken für die Abkommensvergünstigungen)

Die zuständigen Behörden werden Verfahren erarbeiten, wie die in Artikel 28 Absatz 6 enthaltene 90 von Hundert-Beteiligungsgrenze zu ermitteln ist. Es wird davon ausgegangen, dass in diese Ermittlung auch statistische Verfahren einbezogen werden können.

DBA USA/ErbSt

Abkommen zwischen der Bundesrepublik Deutschland und den Vereinigten Staaten von Amerika zur Vermeidung der Doppelbesteuerung auf dem Gebiet der Nachlass-, Erbschaft- und Schenkungsteuern

in der Bekanntmachung der Neufassung vom 21. 12. 2000 (BGBl 2001 II S. 65)[1]

Die Bundesrepublik Deutschland

und

die Vereinigten Staaten von Amerika –

von dem Wunsch geleitet, bei den Nachlass-, Erbschaft- und Schenkungsteuern die Doppelbesteuerung zu vermeiden –

haben Folgendes vereinbart:

Abschnitt I

Artikel 1 Geltungsbereich

Dieses Abkommen gilt für

a. Nachlässe von Erblassern, die im Zeitpunkt ihres Todes einen Wohnsitz in einem Vertragsstaat oder in beiden Vertragsstaaten hatten, und

b. Schenkungen von Schenkern, die im Zeitpunkt der Schenkung einen Wohnsitz in einem Vertragsstaat oder in beiden Vertragsstaaten hatten.

Artikel 2 Unter das Abkommen fallende Steuern

(1) Die bestehenden Steuern, für die das Abkommen gilt, sind

a. in den Vereinigten Staaten von Amerika: die Bundeserbschaftsteuer (Federal estate tax) und die Bundesschenkungsteuer (Federal gift tax) einschließlich der Steuer auf Übertragungen, bei denen eine oder mehrere Generationen übersprungen werden;

b. in der Bundesrepublik Deutschland: die Erbschaftsteuer (Schenkungsteuer).

---

1 Die Neufassung berücksichtigt: 1. das Abkommen vom 3. Dezember 1980 zwischen der Bundesrepublik Deutschland und den Vereinigten Staaten von Amerika zur Vermeidung der Doppelbesteuerung auf dem Gebiet der Nachlass-, Erbschaft- und Schenkungsteuern (BGBl 1982 II S. 846) und 2. das Protokoll vom 14. Dezember 1998 zur Änderung des in Nummer 1 genannten Abkommens sowie den Notenwechsel vom 30. 8. 1999 (BGBl 2000 II S. 1170).

(2) Dieses Abkommen gilt auch für alle Nachlass-, Erbschaft- und Schenkungsteuern ähnlicher Art, die nach der Unterzeichnung des Abkommens neben den bestehenden Steuern oder an deren Stelle erhoben werden.

Abschnitt II

Artikel 3 Allgemeine Begriffsbestimmungen

(1) Im Sinne dieses Abkommens

a. bedeutet der Ausdruck „Vereinigte Staaten von Amerika", im geographischen Sinne verwendet, die Bundesstaaten und den Distrikt Columbia. Der Ausdruck umfasst auch das Küstenmeer der Vereinigten Staaten von Amerika und den Meeresboden und Meeresuntergrund der an die Küste der Vereinigten Staaten von Amerika angrenzenden, aber jenseits des Küstenmeers gelegenen Unterwassergebiete, über die die Vereinigten Staaten von Amerika in Übereinstimmung mit dem Völkerrecht für die Zwecke der Erforschung und Ausbeutung der Naturschätze dieser Gebiete Hoheitsrechte ausüben;

b. bedeutet der Ausdruck „Bundesrepublik Deutschland", im geographischen Sinne verwendet, den Geltungsbereich des Grundgesetzes für die Bundesrepublik Deutschland sowie die an die Hoheitsgewässer der Bundesrepublik Deutschland angrenzenden und in Übereinstimmung mit dem Völkerrecht in Bezug auf die Rechte, welche die Bundesrepublik Deutschland hinsichtlich des Meeresbodens und des Meeresuntergrunds sowie ihrer Naturschätze ausüben darf, steuerrechtlich als Inland bezeichneten Gebiete;

c. bedeutet der Ausdruck „Unternehmen" ein gewerbliches Unternehmen;

d. bedeutet der Ausdruck „Unternehmen eines Vertragsstaats" ein Unternehmen, das von einer Person mit Wohnsitz in einem Vertragsstaat betrieben wird;

e. bedeutet der Ausdruck „zuständige Behörde"

   i) auf Seiten der Vereinigten Staaten von Amerika den Finanzminister (Secretary of the Treasury) oder seinen bevollmächtigten Vertreter und

   ii) auf Seiten der Bundesrepublik Deutschland den Bundesminister der Finanzen.

(2) Bei der Anwendung des Abkommens durch einen Vertragsstaat hat, wenn der Zusammenhang nichts anderes erfordert, jeder im Abkommen nicht definierte Ausdruck die Bedeutung, die ihm nach dem Recht dieses Vertragsstaats über die Steuern zukommt, für die das Abkommen gilt.

Artikel 4 Steuerlicher Wohnsitz

(1) Eine natürliche Person hat im Sine dieses Abkommens einen Wohnsitz

a. in den Vereinigten Staaten von Amerika, wenn sie dort ansässig ist oder Staatsangehöriger der Vereinigten Staaten von Amerika ist;

b. in der Bundesrepublik Deutschland, wenn sie dort ihren Wohnsitz oder gewöhnlichen Aufenthalt hat oder aus anderen Gründen für die Zwecke der deutschen Erbschaftsteuer (Schenkungsteuer) als unbeschränkt steuerpflichtig gilt.

(2) Hatte nach Absatz 1 eine natürliche Person in beiden Vertragsstaaten einen Wohnsitz, so gilt vorbehaltlich des Absatzes 3 Folgendes:

a. Der Wohnsitz der natürlichen Person gilt als in dem Vertragsstaat gelegen, in dem sie über eine ständige Wohnstätte verfügte. Verfügte sie in beiden Vertragsstaaten oder in keinem der Vertragsstaaten über eine ständige Wohnstätte, so gilt ihr Wohnsitz als in dem Vertragsstaat gelegen, zu dem sie die engeren persönlichen und wirtschaftlichen Beziehungen hatte (Mittelpunkt der Lebensinteressen);

b. kann nicht bestimmt werden, in welchem Vertragsstaat die natürliche Person den Mittelpunkt ihrer Lebensinteressen hatte, so gilt ihr Wohnsitz als in dem Vertragsstaat gelegen, in dem sie ihren gewöhnlichen Aufenthalt hatte;

c. hatte die natürliche Person ihren gewöhnlichen Aufenthalt in beiden Vertragsstaaten oder in keinem der Vertragsstaaten, so gilt ihr Wohnsitz als in dem Vertragsstaat gelegen, dessen Staatsangehöriger sie war;

d. war die Person Staatsangehöriger beider Vertragsstaaten oder keines der Vertragsstaaten, so regeln die zuständigen Behörden der Vertragsstaaten die Frage in gegenseitigem Einvernehmen.

(3) War eine natürliche Person im Zeitpunkt ihres Todes oder der Schenkung

a. Staatsangehöriger eines Vertragsstaats, ohne gleichzeitig Staatsangehöriger des anderen Vertragsstaats zu sein, und

b. hatte sie auf Grund des Absatzes 1 einen Wohnsitz in beiden Vertragsstaaten und

c. hatte sie im anderen Vertragsstaat ihren Wohnsitz auf Grund des Absatzes 1 für die Dauer von nicht mehr als zehn Jahren gehabt,

so gilt der Wohnsitz dieser Person und der zu ihrem Haushalt gehörenden Familienmitglieder, bei denen die gleichen Voraussetzungen vorliegen, ungeachtet des Absatzes 2 als in dem Vertragsstaat gelegen, dessen Staatsangehörige sie waren.

(4) Eine natürliche Person, die im Zeitpunkt ihres Todes oder der Schenkung in einer Besitzung der Vereinigten Staaten von Amerika ansässig war und nur deshalb Staatsangehöriger der Vereinigten Staaten von Amerika wurde, weil sie

a. Staatsbürger einer solchen Besitzung war oder

b. in einer solchen Besitzung geboren wurde oder dort ansässig war,

wird für die Zwecke dieses Abkommens so behandelt, als habe sie in dem genannten Zeitpunkt keinen Wohnsitz in den Vereinigten Staaten von Amerika gehabt und als sei sie in dem genannten Zeitpunkt kein Staatsangehöriger der Vereinigten Staaten von Amerika gewesen.

(5) Für die Zwecke dieses Abkommens wird die Frage, ob eine andere als eine natürliche Person ihren Wohnsitz in einem Vertragsstaat hatte, nach dem Recht dieses Staates bestimmt. Hat diese Person ihren Wohnsitz in beiden Vertragsstaaten, so regeln die zuständigen Behörden der Vertragsstaaten den Fall in gegenseitigem Einvernehmen.

Abschnitt III

Artikel 5 Unbewegliches Vermögen

(1) Unbewegliches Vermögen, das Teil des Nachlasses oder einer Schenkung einer Person mit Wohnsitz in einem Vertragsstaat ist und das im anderen Vertragsstaat liegt, kann im anderen Staat besteuert werden.

(2) Der Ausdruck „unbewegliches Vermögen" hat die Bedeutung, die ihm nach dem Recht des Vertragsstaats zukommt, in dem das Vermögen liegt. Der Ausdruck umfasst in jedem Fall das Zubehör zum unbeweglichen Vermögen, das lebende und tote Inventar land- und forstwirtschaftlicher Betriebe, die Rechte, für die die Vorschriften des Privatrechts über Grundstücke gelten, Nutzungsrechte an unbeweglichem Vermögen sowie Rechte auf veränderliche oder feste Vergütungen für die Ausbeutung oder das Recht auf Ausbeutung von Mineralvorkommen, Quellen und anderen Bodenschätzen; Schiffe und Luftfahrzeuge gelten nicht als unbewegliches Vermögen.

(3) Die Absätze 1 und 2 gelten auch für unbewegliches Vermögen eines Unternehmens und für unbewegliches Vermögen, das der Ausübung einer selbständigen Arbeit dient.

Artikel 6 Vermögen einer Betriebstätte und Vermögen einer der Ausübung einer selbständigen Arbeit dienenden festen Einrichtung

(1) Vermögen eines Unternehmens, das Teil des Nachlasses oder einer Schenkung einer Person mit Wohnsitz in einem Vertragsstaat ist und das Betriebsvermögen einer im an-

deren Vertragsstaat gelegenen Betriebstätte darstellt – ausgenommen das nach den Artikeln 5 und 7 zu behandelnde Vermögen – kann im anderen Staat besteuert werden.

(2)

a. Der Ausdruck „Betriebstätte" bedeutet eine feste Geschäftseinrichtung, in der die Tätigkeit eines Unternehmens eines Vertragsstaats ganz oder teilweise ausgeübt wird.

b. Der Ausdruck „Betriebstätte" umfasst insbesondere

   einen Ort der Leitung,

   eine Zweigniederlassung,

   eine Geschäftsstelle,

   ein Ladengeschäft oder eine andere Verkaufseinrichtung,

   eine Fabrikationsstätte,

   eine Werkstätte,

   ein Bergwerk, einen Steinbruch oder eine andere Stätte der Ausbeutung von Bodenschätzen,

   eine Bauausführung oder Montage, deren Dauer zwölf Monate überschreitet.

c. Ungeachtet des Buchstabens a begründet eine oder mehrere der folgenden Tätigkeiten keine Betriebstätte:

   das Benutzen von Einrichtungen zur Lagerung, Ausstellung oder Auslieferung von Gütern oder Waren des Unternehmens;

   das Unterhalten eines Bestands von Gütern oder Waren des Unternehmens zur Lagerung, Ausstellung oder Auslieferung;

   das Unterhalten eines Bestands von Gütern oder Waren des Unternehmens zu dem Zweck, sie durch ein anderes Unternehmen bearbeiten oder verarbeiten zu lassen;

   das Unterhalten einer festen Geschäftseinrichtung zu dem Zweck, für das Unternehmen Güter oder Waren einzukaufen oder Informationen zu beschaffen;

   das Unterhalten einer festen Geschäftseinrichtung zu dem Zweck, für das Unternehmen zu werben, Informationen zu erteilen, wissenschaftliche Forschung zu betreiben oder ähnliche Tätigkeiten auszuüben, wenn sie vorbereitender Art sind oder eine Hilfstätigkeit darstellen.

d. Hat ein Unternehmen eines Vertragsstaats im anderen Staat keine Betriebstätte im Sinne der Buchstaben a bis c, so wird es dennoch so behandelt, als habe es im letztgenannten Staat eine Betriebstätte, wenn es in diesem Staat durch einen Vertreter gewerblich tätig ist, der eine Vollmacht besitzt, im Namen des Unternehmens Verträge abzuschließen, und die Vollmacht in diesem Staat regelmäßig ausübt, es sei denn, dass sich die Ausübung der Vollmacht auf den Einkauf von Gütern oder Waren für das Unternehmen beschränkt.

e. Ein Unternehmen eines Vertragsstaats wird nicht schon deshalb so behandelt, als habe es eine Betriebstätte im anderen Staat, weil es dort seine gewerbliche Tätigkeit durch einen Makler, Kommissionär oder einen anderen unabhängigen Vertreter ausübt, sofern diese Person im Rahmen ihrer ordentlichen Geschäftstätigkeit handelt.

f. Der Umstand, dass eine in einem der Vertragsstaaten ansässige Person oder eine Körperschaft eines der Vertragsstaaten

   i) eine Körperschaft des anderen Staates beherrscht, von ihr beherrscht wird oder mit ihr gemeinsam beherrscht wird oder

   ii) eine Körperschaft beherrscht, von ihr beherrscht wird oder mit ihr gemeinsam beherrscht wird, die im anderen Staat (entweder durch eine Betriebstätte oder auf andere Weise) gewerblich tätig ist,

wird bei der Feststellung, ob diese Person oder Körperschaft eine Betriebstätte im anderen Staat hat, nicht berücksichtigt.

(3) Vermögen, das Teil des Nachlasses oder einer Schenkung eine Person mit Wohnsitz in einem Vertragsstaat ist und das zu einer der Ausübung einer selbständigen Arbeit dienenden festen Einrichtung im anderen Vertragsstaat gehört – ausgenommen das unter Artikel 5 fallende Vermögen – kann im anderen Staat besteuert werden.

Artikel 7 Schiffe und Luftfahrzeuge

Seeschiffe und Luftfahrzeuge eines Unternehmens, die Teil des Nachlasses oder einer Schenkung einer Person mit Wohnsitz in einem Vertragsstaat sind und die im internationalen Verkehr betrieben werden, sowie bewegliches Vermögen, das dem Betrieb dieser Schiffe und Luftfahrzeuge dient, können nur in diesem Staat besteuert werden.

Artikel 8 Beteiligungen an Personengesellschaften

Ist eine Beteiligung an einer Personengesellschaft Teil des Nachlasses oder einer Schenkung einer Person mit Wohnsitz in einem Vertragsstaat und gehört der Personengesellschaft unter Artikel 5 oder 6 fallendes Vermögen, so kann die Beteiligung in dem Staat besteuert werden, in dem das betreffende Vermögen liegt, jedoch nur mit dem diesem Teil des Vermögens zuzurechnenden Teil ihres Wertes.

Artikel 9 Nicht ausdrücklich erwähntes Vermögen

Vermögen, das Teil des Nachlasses oder einer Schenkung einer Person mit Wohnsitz in einem Vertragsstaat ist und nicht unter Artikel 5, 6, 7 oder 8 fällt, kann ohne Rücksicht auf seine Belegenheit nur in diesem Staat besteuert werden Artikel 11 Absatz 1 bleibt unberührt.

Artikel 10 Abzüge und Befreiungen

(1) Bei Vermögen, das Teil eines Nachlasses oder einer Schenkung ist und das lediglich in Übereinstimmung mit Artikel 5, 6 oder 8 in einem Vertragsstaat der Besteuerung unterliegt, sind Schulden mindestens in Höhe der nachstehend vorgesehenen Beträge bei der Wertermittlung mindernd zu berücksichtigen oder als Abzüge vom Vermögenswert zuzulassen:

a. bei dem in Artikel 5 genannten Vermögen die Schulden, die für den Erwerb, die Instandsetzung oder die Instandhaltung des Vermögens aufgenommen wurden;

b. bei dem in Artikel 6 genannten Vermögen die Schulden, die im Zusammenhang mit dem Betrieb einer Betriebstätte oder einer festen Einrichtung aufgenommen wurden, und

c. bei der in Artikel 8 genannten Beteiligung an einer Personengesellschaft die Schulden, auf die Buchstabe a oder Buchstabe b Anwendung fände, wenn das in dem erwähnten Artikel genannte Vermögen einer Personengesellschaft dem Erblasser oder Schenker unmittelbar gehörte.

(2) Vermögen, das einer Körperschaft oder Organisation eines Vertragsstaats, die ausschließlich religiösen, mildtätigen, wissenschaftlichen, erzieherischen oder öffentlichen Zwecken dient, oder einer öffentlichen Einrichtung eines Vertragsstaats zur Verwendung für diese Zwecke oder zur Nutzung übertragen wurde, ist von der Steuer des anderen Vertragsstaats befreit, wenn und soweit die Übertragung des Vermögens an die Körperschaft, Organisation oder Einrichtung

a. im erstgenannten Vertragsstaat steuerbefreit ist und

b. im anderen Vertragsstaat steuerbefreit wäre, wenn sie an eine ähnliche Körperschaft, Organisation oder öffentliche Einrichtung dieses anderen Staates vorgenommen worden wäre.

Die zuständigen Behörden der Vertragsstaaten regeln die Anwendung dieser Bestimmung in gegenseitigem Einvernehmen.

(3) Ruhegehälter, Renten und andere Beträge, die von einem Vertragsstaat, einem Bundesstaat, einem Land oder ihren Gebietskörperschaften oder aus einer öffentlichen Kas-

se, die nach dem öffentlichen Recht des Staates, des Landes oder der Gebietskörperschaft errichtet worden ist, oder auf Grund einer Regelung, die eine in diesem Staat ansässige Person getroffen hat,

a. nach dem Sozialversicherungsrecht dieses Staates oder

b. als Vergütung für geleistete Dienste oder

c. als Ausgleich erlittener Schäden

gezahlt werden, sind im anderen Vertragsstaat insoweit steuerbefreit, als sie im erstgenannten Vertragsstaat steuerbefreit wären, wenn der Erblasser dort seinen Wohnsitz hätte. Die so steuerbefreiten Beträge können jedoch auf den Versorgungsfreibetrag nach dem deutschen Erbschaftsteuer- und Schenkungsteuerrecht angerechnet werden.

(4) Vermögen (ausgenommen Gesamtgut), das von einem Erblasser oder Schenker, der seinen Wohnsitz in einem Vertragsstaat hatte oder Staatsangehöriger dieses Staates war, auf den Ehegatten übergeht und das lediglich auf Grund des Artikels 5, 6 oder 8 im anderen Vertragsstaat besteuert werden kann, wird bei der Festsetzung der Steuer dieses anderen Staates nur insoweit in die Besteuerungsgrundlage einbezogen, als sein Wert (nach Berücksichtigung der zulässigen Abzüge) 50 vom Hundert des Wertes des gesamten in die Besteuerungsgrundlage einbezogenen Vermögens übersteigt, das von dem anderen Staat besteuert werden kann. Der vorhergehende Satz darf aber nicht dazu führen,

a. dass aus der Besteuerungsgrundlage in der Bundesrepublik Deutschland ein Betrag ausgenommen wird, der den Freibetrag des Ehegatten übersteigt, der bei Übertragungen an unbeschränkt steuerpflichtige Ehegatten nach dem deutschen Erbschaftsteuer- und Schenkungsteuerrecht gewährt wird;

b. dass die in den Vereinigten Staaten von Amerika geschuldete Steuer auf einen Betrag senkt, der niedriger ist als die Steuer, die bei Anwendung der für eine Person mit Wohnsitz in den Vereinigten Staaten von Amerika geltenden Steuersätze auf die nach dem genannten Satz ermittelte Besteuerungsgrundlage zu zahlen wäre.

Dieser Absatz findet keine Anwendung auf Staatsangehörige der Vereinigten Staaten von Amerika mit Wohnsitz in der Bundesrepublik Deutschland oder ehemalige Staatsangehörige oder langfristig Ansässige der Vereinigten Staaten von Amerika im Sinne des Artikels 11 Absatz 1 Buchstabe a.

(5) Bei der Festsetzung der von den Vereinigten Staaten von Amerika erhobenen Erbschaftsteuer wird auf den Nachlass eines Erblassers (der nicht Staatsangehöriger der Vereinigten Staaten von Amerika ist), der im Zeitpunkt seines Todes seinen Wohnsitz in der Bundesrepublik Deutschland hatte, ein Anrechnungsbetrag in Höhe des größeren der folgenden Beträge gewährt:

a. des Betrags, der das gleiche Verhältnis zu der nach dem Recht der Vereinigten Staaten von Amerika auf den Nachlass eines Staatsangehörigen der Vereinigten Staaten von Amerika gewährten Anrechnung ergibt wie der Wert des Teils des Bruttonachlasses des Erblassers, der sich im Zeitpunkt seines Todes in den Vereinigten Staaten von Amerika befindet, zu dem Wert des gesamten Bruttonachlasses des Erblassers, ungeachtet dessen, wo er sich befindet; oder

b. der Anrechnungsbetrag, der nach dem Recht der Vereinigten Staaten von Amerika auf den Nachlass einer nicht ansässigen Person gewährt wird, die kein Staatsangehöriger der Vereinigten Staaten von Amerika ist.

Ein andernfalls nach diesem Absatz zulässiger Anrechnungsbetrag wird um den Betrag einer früher auf eine vom Erblasser vorgenommene Schenkung gewährten Anrechnung gekürzt. Für die Zwecke des Buchstabens a darf der in den Vereinigten Staaten von Amerika befindliche Teil des Bruttonachlasses des Erblassers den Teil seines Bruttonachlasses nicht übersteigen, der von den Vereinigten Staaten von Amerika nach Maßgabe dieses Abkommens besteuert werden kann. Ein andernfalls nach Buchstabe a zulässiger Anrechnungsbetrag wird nur gewährt, wenn alle erforderlichen Informationen zur Überprüfung und Berechnung des Anrechnungsbetrags zur Verfügung gestellt werden.

(6) Bei der Festsetzung der von den Vereinigten Staaten von Amerika erhobenen Erbschaftsteuer wird der Wert des Nachlasses eines Erblassers ermittelt, indem vom Wert des Bruttonachlasses ein Betrag in Höhe des Wertes von Vermögensanteilen abgezogen wird, die auf den überlebenden Ehegatten des Erblassers (im Sinne des Rechts der Vereinigten Staaten von Amerika) übergehen und für die nach dem Recht der Vereinigten Staaten von Amerika Anspruch auf einen Ehegattenfreibetrag bei der Erbschaftsteuer bestehen würde, wenn der überlebende Ehegatte ein Staatsangehöriger der Vereinigten Staaten von Amerika wäre und alle zur Verfügung stehenden Wahlrechte ordnungsgemäß wahrgenommen würden (im Folgenden als "anspruchsberechtigtes Vermögen" bezeichnet). Für den Nachlass des Erblassers besteht Anspruch auf einen solchen Ehegattenfreibetrag, sofern

a. der Erblasser im Zeitpunkt seines Todes seinen Wohnsitz entweder in der Bundesrepublik Deutschland oder in den Vereinigten Staaten von Amerika hatte,

b. der überlebende Ehegatte im Zeitpunkt des Todes des Erblassers seinen Wohnsitz entweder in der Bundesrepublik Deutschland oder in den Vereinigten Staaten von Amerika hatte,

c. falls sowohl der Erblasser als auch sein überlebender Ehegatte ihren Wohnsitz im Zeitpunkt des Todes des Erblassers in den Vereinigten Staaten von Amerika hatten, einer von ihnen oder beide deutsche Staatsangehörige waren, und

d. der Nachlassverwalter die Vergünstigungen nach diesem Absatz beansprucht und unwiderruflich auf die Vergünstigungen anderweitiger Ehegattenfreibeträge bei der Erbschaftsteuer verzichtet, die nach dem Recht der Vereinigten Staaten von Amerika auf Grund einer amerikanischen Erbschaftsteuererklärung gewährt würden, die bis zu dem Tag, bis zu dem nach dem Recht der Vereinigten Staaten von Amerika ein Treuhandvermögen (qualified domestic trust) errichtet werden könnte, für den Nachlass des Erblassers abgegeben wird.

Der nach diesem Absatz gewährte Ehegattenfreibetrag entspricht dem Wert des anspruchsberechtigten Vermögens oder dem geltenden Steuerfreibetrag (im Sinne des Rechts der Vereinigten Staaten von Amerika, der ohne Rücksicht auf eine etwaige vom Erblasser früher vorgenommene Schenkung festgesetzt wird), je nachdem, welcher geringer ist.

Abschnitt IV

Artikel 11 Anrechnung

(1) Dieses Abkommen schließt nicht aus, dass

a. die Vereinigten Staaten von Amerika den Nachlass (die Schenkung) eines Erblassers (Schenkers), der im Zeitpunkt seines Todes oder der Schenkung

   i) Staatsangehöriger der Vereinigten Staaten von Amerika war,

   ii) seinen Wohnsitz im Sinne des Artikels 4 in den Vereinigten Staaten von Amerika hatte oder

   iii) ein ehemaliger Staatsangehöriger oder langfristig Ansässiger war, der diesen Status unter anderem hauptsächlich wegen der Umgehung von Steuern (im Sinne des Rechts der Vereinigten Staaten von Amerika) verloren hat, jedoch nur für einen Zeitraum von zehn Jahren nach dem Verlust,

nach ihrem Recht besteuern;

b. die Bundesrepublik Deutschland einen Erben, Beschenkten oder sonstigen Begünstigten, der im Zeitpunkt des Todes des Erblassers oder der Schenkung seinen Wohnsitz im Sinne des Artikels 4 in der Bundesrepublik Deutschland hatte, nach ihrem Recht besteuert.

Artikel 10 Absätze 2, 3 und 4, die Absätze 2, 3, 4 und 5 dieses Artikels und Artikel 13, beziehungsweise Artikel 10 Absätze 5 oder 6 in Bezug auf Nachlässe von anderen Personen als den im vorhergehenden Satz genannten ehemaligen Staatsangehörigen oder langfristig Ansässigen, bleiben unberührt.

(2) Erheben die Vereinigten Staaten von Amerika Steuern auf Grund der Tatsache, dass der Erblasser oder Schenker dort seinen Wohnsitz hatte oder Staatsangehöriger der Vereinigten Staaten von Amerika war, so wird die Doppelbesteuerung wie folgt vermieden:

a. Besteuert die Bundesrepublik Deutschland Vermögen auf Grund des Artikels 5, 6 oder 8, so rechnen die Vereinigten Staaten auf die nach ihrem Recht festgesetzte Steuer von diesem Vermögen einen Betrag in Höhe der in der Bundesrepublik Deutschland auf dieses Vermögen gezahlten Steuer an.

b. War der Erblasser oder Schenker Staatsangehöriger der Vereinigten Staaten von Amerika und hatte er im Zeitpunkt des Todes oder der Schenkung seinen Wohnsitz in der Bundesrepublik Deutschland, so gewähren die Vereinigten Staaten von Amerika die Anrechnung der gezahlten deutschen Steuer auf die nach ihrem Recht festgesetzte Steuer über Buchstabe a hinaus für die Steuer von allem Vermögen, das nicht auf Grund des Artikels 5, 6 oder 8 in den Vereinigten Staaten von Amerika besteuert werden kann.

(3) Erhebt die Bundesrepublik Deutschland Steuern auf Grund des Wohnsitzes des Erblassers, Schenkers, Erben, Beschenkten oder sonstigen Begünstigten, so wird die Doppelbesteuerung wie folgt vermieden:

a. Besteuern die Vereinigten Staaten von Amerika Vermögen auf Grund des Artikels 5, 6 oder 8, so rechnet die Bundesrepublik Deutschland auf die nach ihrem Recht festgesetzte Steuer von diesem Vermögen einen Betrag in Höhe der in den Vereinigten Staaten von Amerika auf dieses Vermögen gezahlten Steuer an.

b. Hatte der Erblasser oder Schenker seinen Wohnsitz in den Vereinigten Staaten von Amerika und hatte der Erbe, Beschenkte oder sonstige Begünstigte im Zeitpunkt des Todes des Erblassers oder der Schenkung seinen Wohnsitz in der Bundesrepublik Deutschland, so gewährt die Bundesrepublik Deutschland die Anrechnung der gezahlten amerikanischen Steuer auf die nach ihrem Recht festgesetzte Steuer über Buchstabe a hinaus für die Steuer von allem Vermögen, das nicht auf Grund des Artikels 5, 6 oder 8 in der Bundesrepublik Deutschland besteuert werden kann.

(4) Bei der Anrechnung durch die Bundesrepublik Deutschland nach Absatz 3 werden auch die Steuern berücksichtigt, die von Gebietskörperschaften der Vereinigten Staaten von Amerika erhoben worden sind. Können diese Steuern nach Absatz 3 nicht angerechnet werden, so können die zuständigen Behörden über die Vermeidung der Doppelbesteuerung nach Artikel 13 beraten.

(5) Zur Vermeidung der Doppelbesteuerung berücksichtigt jeder Vertragsstaat bei der Anrechnung nach den Absätzen 2, 3 und 4 in angemessener Weise

a. alle Steuern, die der andere Vertragsstaat auf eine frühere vom Erblasser vorgenommene Schenkung von Vermögen erhoben hat, wenn das betreffende Vermögen zu dem im erstgenannten Staat steuerpflichtigen Nachlass gehört;

b. alle vom anderen Vertragsstaat angerechneten Erbschaft- und Schenkungsteuern, die in Bezug auf frühere Steuertatbestände gezahlt worden sind.

Schwierigkeiten und Zweifel bei der Anwendung dieser Bestimmung werden von den zuständigen Behörden nach Artikel 13 beseitigt.

(6) Der nach diesem Artikel anzurechnende Betrag darf den Teil der vor der Anrechnung ermittelten Steuer eines Vertragsstaats nicht übersteigen, der auf das Vermögen entfällt, für das nach diesem Artikel eine Anrechnung gewährt werden kann.

(7) Ein Anspruch auf Steueranrechnung oder -erstattung nach diesem Artikel kann innerhalb eines Jahres nach der endgültigen Festsetzung (durch Verwaltungsakt oder auf gerichtlichem Wege) und Zahlung der Steuer, für die eine Anrechnung nach diesem Artikel beantragt wird, geltend gemacht werden, vorausgesetzt, dass die Festsetzung und Zahlung innerhalb von zehn Jahren nach dem Tode des Erblassers oder nach der Schenkung erfolgen. Die zuständigen Behörden können die Zehn-Jahres-Frist in gegenseitigem Einvernehmen verlängern, wenn Umstände, die der Steuerpflichtige nicht zu vertreten hat, die Festsetzung der dem Anspruch auf Anrechnung oder Erstattung zugrunde liegenden Steuer innerhalb dieser Frist verhindern. Auf Erstattungen, die lediglich auf Grund dieses Abkommens vorgenommen werden, werden keine Zinsen gezahlt.

Artikel 12 Nachlässe (Estates) und Treuhandvermögen (Trusts)

(1) Dieses Abkommen hindert keinen der beiden Vertragsstaaten, seine für die Anerkennung eines Steuertatbestands maßgebenden Bestimmungen auf Vermögensübertragungen an einen Nachlass oder ein Treuhandvermögen oder aus einem Nachlass oder Treuhandvermögen anzuwenden.

(2) Lösen auf Grund von Unterschieden zwischen den Gesetzesvorschriften der Vertragsstaaten Vermögensübertragungen an einen Nachlass oder ein Treuhandvermögen oder aus einem Nachlass oder Treuhandvermögen eine Besteuerung zu verschiedenen Zeitpunkten aus, so können die zuständigen Behörden den Fall nach Artikel 13 erörtern, um Härten zu vermeiden, vorausgesetzt, dass der zeitliche Unterschied bei der Besteuerung höchstens fünf Jahre beträgt.

(3) Führt eine Vermögensübertragung an einen Nachlass oder ein Treuhandvermögen nach dem deutschen Erbschaft- und Schenkungsteuerrecht zum Zeitpunkt der Übertragung nicht zu einer Besteuerung, so kann der Begünstigte aus dem Nachlass oder Treu-

handvermögen innerhalb von fünf Jahren nach der Übertragung verlangen, dass er zur deutschen Steuer (einschließlich der Einkommensteuer) so herangezogen wird, als habe im Zeitpunkt der Übertragung ein steuerpflichtiger Vorgang stattgefunden.

Artikel 13 Verständigungsverfahren

(1) Ist eine Person der Auffassung, dass die Maßnahmen eines Vertragsstaats oder beider Vertragsstaaten für sie zu einer Besteuerung führen oder führen werden, die diesem Abkommen nicht entspricht, so kann sie unbeschadet der nach dem innerstaatlichen Recht dieser Vertragsstaaten vorgesehenen Rechtsmittel ihren Fall der zuständigen Behörde eines der beiden Staaten unterbreiten. Der Fall muss innerhalb eines Jahres nach der endgültigen Regelung oder Ablehnung eines Anspruchs auf Befreiung, Anrechnung oder Erstattung nach diesem Abkommen unterbreitet werden.

(2) Hält die zuständige Behörde die Einwendung für begründet und ist sie selbst nicht in der Lage, eine befriedigende Lösung herbeizuführen, so wird sie sich bemühen, den Fall durch Verständigung mit der zuständigen Behörde des anderen Vertragsstaats so zu regeln, dass eine dem Abkommen nicht entsprechende Besteuerung vermieden wird.

(3) Die zuständigen Behörden der Vertragsstaaten werden sich bemühen, Schwierigkeiten oder Zweifel, die bei der Auslegung oder Anwendung des Abkommens entstehen, in gegenseitigem Einvernehmen zu beseitigen. Sie können auch gemeinsam darüber beraten, wie eine Doppelbesteuerung in Fällen vermieden werden kann, die im Abkommen nicht behandelt sind.

(4) Die zuständigen Behörden der Vertragsstaaten können zur Herbeiführung einer Einigung im Sinne dieses Artikels unmittelbar miteinander verkehren. Erscheint es zur Herbeiführung der Einigung zweckmäßig, so können sich die zuständigen Behörden zu einem mündlichen Meinungsaustausch treffen.

(5) Erzielen die zuständigen Behörden eine solche Verständigung, so werden die Vertragsstaaten die Steuern entsprechend der Verständigung erheben und ungeachtet der nach ihrem Recht geltenden Verfahrensregelungen (einschließlich Verjährungsfristen) erstatten oder anrechnen.

Artikel 14 Informationsaustausch

(1) Die zuständigen Behörden der Vertragsstaaten tauschen die Informationen aus, die zur Durchführung dieses Abkommens oder des innerstaatlichen Rechts der Vertragsstaaten betreffend die unter das Abkommen fallenden Steuern erforderlich sind, soweit die diesem Recht entsprechende Besteuerung nicht dem Abkommen widerspricht. Der Informationsaustausch ist durch Artikel 1 nicht eingeschränkt. Alle Informationen, die

ein Vertragsstaat erhalten hat, sind ebenso geheim zu halten wie die auf Grund des innerstaatlichen Rechts dieses Staates beschafften Informationen und dürfen nur den Personen oder Behörden (einschließlich der Gerichte und der Verwaltungsbehörden) zugänglich gemacht werden, die mit der Veranlagung oder Erhebung, der Vollstreckung oder Strafverfolgung oder mit der Entscheidung von Rechtsmitteln hinsichtlich der unter das Abkommen fallenden Steuern befasst sind. Diese Personen oder Behörden dürfen die Informationen nur für diese Zwecke verwenden. Sie dürfen die Informationen in einem öffentlichen Gerichtsverfahren oder in einer Gerichtsentscheidung offen legen.

(2) Absatz 1 ist nicht so auszulegen, als verpflichte er einen Vertragsstaat,

a. Verwaltungsmaßnahmen durchzuführen, die von den Gesetzen und der Verwaltungspraxis dieses oder des anderen Vertragsstaats abweichen;

b. Angaben zu übermitteln, die nach den Gesetzen oder im üblichen Verwaltungsverfahren dieses oder des anderen Vertragsstaats nicht beschafft werden können;

c. Informationen zu erteilen, die ein Handels-, Industrie-, Gewerbe- oder Berufsgeheimnis oder ein Geschäftsverfahren preisgeben würden oder deren Erteilung der öffentlichen Ordnung widerspräche.

(3) Bei Auskunftsersuchen eines Vertragsstaats auf Grund dieses Artikels holt der andere Vertragsstaat die entsprechenden Informationen (einschließlich Zeugenaussagen und Kopien einschlägiger Unterlagen) auf die gleiche Weise und im gleichen Umfang ein, als wenn es sich bei der Steuer des ersuchenden Staates um die Steuer des anderen Staates handelte und sie von diesem anderen Staat erhoben würde.

(4) Kann nach Artikel 7 oder 9 Vermögen ungeachtet des Artikels 11 Absatz 1 nur in dem Vertragsstaat besteuert werden, in dem der Schenker oder Erblasser ansässig war, und wird die in diesem Staat fällige Steuer nicht gezahlt, so können die zuständigen Behörden vereinbaren, dass dieses Vermögen ungeachtet des Artikels 7 oder 9 im anderen Vertragsstaat besteuert wird.

Artikel 15 Mitglieder diplomatischer Missionen und konsularischer Vertretungen

(1) Dieses Abkommen berührt nicht die steuerlichen Vorrechte, die den Mitgliedern diplomatischer Missionen und konsularischer Vertretungen nach den allgemeinen Regeln des Völkerrechts oder auf Grund besonderer Übereinkünfte zustehen.

(2) Dieses Abkommen gilt nicht für Beamte internationaler Organisationen oder Mitglieder einer diplomatischen Mission oder konsularischen Vertretung eines dritten Staates, die sich in einem Vertragsstaat befinden und nicht so behandelt werden, als

hätten sie für die Zwecke der Nachlass-, Erbschaft- oder Schenkungsteuer ihren Wohnsitz in einem der Vertragsstaaten.

Artikel 16 Land Berlin (gegenstandslos)

Abschnitt V

Artikel 17 Inkrafttreten

(1) Dieses Abkommen bedarf der Ratifikation nach Maßgabe der geltenden Verfahrensvorschriften jedes Vertragsstaats; die Ratifikationsurkunden werden so bald wie möglich in Washington ausgetauscht.[2]

(2) Das Abkommen tritt mit dem Austausch der Ratifikationsurkunden in Kraft und findet allgemein Anwendung auf Nachlässe von Personen, die am oder nach dem 1. Januar 1979 sterben, und auf Schenkungen, die am oder nach dem 1. Januar 1979 vorgenommen werden.

(3) Darüber hinaus können bei Nachlässen von Personen, die am oder nach dem 1. Januar 1974 und vor dem 1. Januar 1979 gestorben sind, die zuständigen Behörden der Vertragsstaaten gemeinsam darüber beraten, wie die durch innerstaatliche Vergünstigungen nicht vermiedene Doppelbesteuerung verhindert werden kann. Zu diesem Zweck können sie im Rahmen des Artikels 13 vorsehen, dass Steuern eines Vertragsstaats ungeachtet der Unterschiede in den innerstaatlichen Rechtsvorschriften über Belegenheit und Wohnsitz auf die Steuern des anderen Vertragsstaats angerechnet werden.

Artikel 18 Kündigung

Dieses Abkommen bleibt in Kraft, solange es nicht von einem der Vertragsstaaten gekündigt wird. Jeder Vertragsstaat kann das Abkommen auf diplomatischem Weg jederzeit nach Ablauf von drei Jahren nach Inkrafttreten des Abkommens unter Einhaltung

---

2 Das Abkommen in der Fassung vom 3. Dezember 1980 ist am 27. Juni 1986 in Kraft getreten (Bekanntmachung vom 24. Juli 1986 – BGBl II S. 860). Das Protokoll vom 14. Dezember 1998 ist am 14. Dezember 2000 in Kraft getreten (Bekanntmachung vom 18. Dezember 2000 – BGBl 2001 II S. 62) und ist bei den danach eintretenden Todesfällen und danach gemachten Schenkungen anzuwenden.
Die durch das Protokoll angefügten Absätze 5 und 6 des Artikels 10 und der ersetzte Artikel 11 Abs. 1 des Abkommens sind ungeachtet einer nach dem Recht eines Vertragsstaats festgesetzten Befristung für die Veranlagung, Neuveranlagung oder Erstattung im Zusammenhang mit der Erklärung einer Person oder eines Nachlasses bei Todesfällen und Schenkungen anzuwenden, die nach dem 10. November 1988 eingetreten sind beziehungsweise gemacht wurden, vorausgesetzt, die Erklärung oder der Erstattungsantrag, mit denen ein Anspruch auf die Vergünstigungen nach diesem Protokoll geltend gemacht wird, wird innerhalb eines Jahres nach Inkrafttreten dieses Protokolls oder innerhalb der sonst für diese Anträge nach dem innerstaatlichen Recht geltenden Frist eingereicht.

einer Frist von mindestens sechs Monaten kündigen. In diesem Fall findet das Abkommen nicht mehr Anwendung auf Nachlässe von Personen, die nach dem 31. Dezember sterben, der auf den Ablauf der sechsmonatigen Kündigungsfrist folgt, und auf Schenkungen, die nach diesem Zeitpunkt vorgenommen werden.

DBA Italien

Abkommen zwischen der Bundesrepublik Deutschland und der Italienischen Republik zur Vermeidung der Doppelbesteuerung auf dem Gebiet der Steuern vom Einkommen und vom Vermögen und zur Verhinderung der Steuerverkürzung

vom 18. Oktober 1989 (BGBl 1990 II S. 742; BStBl 1990 I S. 396)

Artikel 1 Persönlicher Geltungsbereich

Dieses Abkommen gilt für Personen, die in einem Vertragsstaat oder in beiden Vertragsstaaten ansässig sind.

Artikel 2 Unter das Abkommen fallende Steuern

(1) Dieses Abkommen gilt, ohne Rücksicht auf die Art der Erhebung, für Steuern vom Einkommen und vom Vermögen, die für Rechnung eines Vertragsstaates, eines seiner Länder oder einer ihrer Gebietskörperschaften erhoben werden.

(2) Als Steuern vom Einkommen und vom Vermögen gelten alle Steuern, die vom Gesamteinkommen, vom Gesamtvermögen oder von Teilen des Einkommens oder des Vermögens erhoben werden, einschließlich der Steuern vom Gewinn aus der Veräußerung beweglichen oder unbeweglichen Vermögens, der Lohnsummensteuern sowie der Steuern vom Vermögenszuwachs.

(3) Zu den bestehenden Steuern, für die das Abkommen gilt, gehören

a. in der Italienischen Republik

   i) die Steuer vom Einkommen natürlicher Personen (imposta sul reddito delle persone fisiche),

   ii) die Steuer vom Einkommen juristischer Personen (imposta sul reddito delle persone giuridiche)

   iii) und die lokale Steuer vom Einkommen (imposta locale sui redditi),

   auch wenn sie im Abzugsweg erhoben werden (im folgenden als "italienische Steuer" bezeichnet);

b. in der Bundesrepublik Deutschland

   i) die Einkommensteuer,

   ii) die Körperschaftsteuer,

   iii) die Vermögensteuer,

   iv) die Gewerbesteuer

v) und die Grundsteuer

(im folgenden als "deutsche Steuer" bezeichnet).

(4) Das Abkommen gilt auch für alle Steuern gleicher oder im wesentlichen ähnlicher Art, die nach der Unterzeichnung des Abkommens neben den in Absatz 3 genannten Steuern oder an deren Stelle erhoben werden. Die zuständigen Behörden der Vertragsstaaten teilen einander die in ihren Steuergesetzen eingetretenen wesentlichen Änderungen mit.

Artikel 3 Allgemeine Begriffsbestimmungen

(1) Im Sinne dieses Abkommens, wenn der Zusammenhang nichts anderes erfordert,

a. bedeuten die Ausdrücke "ein Vertragsstaat" und "der andere Vertragsstaat" je nach dem Zusammenhang die Italienische Republik oder die Bundesrepublik Deutschland;

b. bedeutet der Ausdruck "Italienische Republik", im geographischen Sinne verwendet, das Gebiet der Italienischen Republik, in dem das Steuerrecht der Italienischen Republik gilt;

c. bedeutet der Ausdruck "Bundesrepublik Deutschland", im geographischen Sinne verwendet, das Gebiet der Bundesrepublik Deutschland, in dem das Steuerrecht der Bundesrepublik Deutschland gilt;

d. umfaßt der Ausdruck "Person" natürliche Personen, Gesellschaften und alle anderen Personenvereinigungen;

e. bedeutet der Ausdruck "Gesellschaft" juristische Personen oder Rechtsträger, die für die Besteuerung wie juristische Personen behandelt werden;

f. bedeuten die Ausdrücke "Unternehmen eines Vertragsstaats" und "Unternehmen des anderen Vertragsstaats", je nachdem, ein Unternehmen, das von einer in einem Vertragsstaat ansässigen Person betrieben wird, oder ein Unternehmen, das von einer im anderen Vertragsstaat ansässigen Person betrieben wird;

g. bedeutet der Ausdruck "internationaler Verkehr" jede Beförderung mit einem Seeschiff oder Luftfahrzeug, das von einem Unternehmen mit tatsächlicher Geschäftsleitung in einem Vertragsstaat betrieben wird, es sei denn, das Seeschiff oder Luftfahrzeug wird ausschließlich zwischen Orten im anderen Vertragsstaat betrieben;

h. bedeutet der Ausdruck "Staatsangehöriger"

   i) in bezug auf die Italienische Republik alle natürlichen Personen, die die italienische Staatsangehörigkeit besitzen;

ii) in bezug auf die Bundesrepublik Deutschland alle Deutschen im Sinne des Artikels 116 Absatz 1 des Grundgesetzes für die Bundesrepublik Deutschland;

iii) alle juristischen Personen, Personengesellschaften und anderen Personenvereinigungen, die nach dem in einem Vertragsstaat geltenden Recht errichtet worden sind;

i. bedeutet der Ausdruck "zuständige Behörde"

i) in Italien das Finanzministerium;

ii) in der Bundesrepublik Deutschland den Bundesminister der Finanzen.

(2) Bei der Anwendung des Abkommens durch einen Vertragsstaat hat, wenn der Zusammenhang nichts anderes erfordert, jeder im Abkommen nicht definierte Ausdruck die Bedeutung, die ihm nach dem Recht dieses Staates über die Steuern zukommt, für die das Abkommen gilt.

Artikel 4 Ansässige Person

(1) Im Sinne dieses Abkommens bedeutet der Ausdruck "eine in einem Vertragsstaat ansässige Person" eine Person, die nach dem Recht dieses Staates dort auf Grund ihres Wohnsitzes, ihres ständigen Aufenthalts, des Ortes ihrer Geschäftsleitung oder eines anderen ähnlichen Merkmals steuerpflichtig ist. Der Ausdruck umfaßt jedoch nicht eine Person, die in diesem Staat nur mit Einkünften aus Quellen in diesem Staat oder mit in diesem Staat gelegenem Vermögen steuerpflichtig ist.

(2) Ist nach Absatz 1 eine natürliche Person in beiden Vertragsstaaten ansässig, so gilt folgendes:

a. Die Person gilt als in dem Staat ansässig, in dem sie über eine ständige Wohnstätte verfügt; verfügt sie in beiden Staaten über eine ständige Wohnstätte, so gilt sie als in dem Staat ansässig, zu dem sie die engeren persönlichen und wirtschaftlichen Beziehungen hat (Mittelpunkt der Lebensinteressen);

b. kann nicht bestimmt werden, in welchem Staat die Person den Mittelpunkt ihrer Lebensinteressen hat, oder verfügt sie in keinem der Staaten über eine ständige Wohnstätte, so gilt sie als in dem Staat ansässig, in dem sie ihren gewöhnlichen Aufenthalt hat;

c. hat die Person ihren gewöhnlichen Aufenthalt in beiden Staaten oder in keinem der Staaten, so gilt sie als in dem Staat ansässig, dessen Staatsangehöriger sie ist;

d. ist die Person Staatsangehöriger beider Staaten oder keines der Staaten, so regeln die zuständigen Behörden der Vertragsstaaten die Frage in gegenseitigem Einvernehmen.

(3) Ist nach Absatz 1 eine andere als eine natürliche Person in beiden Vertragsstaaten ansässig, so gilt sie als in dem Staat ansässig, in dem sich der Ort ihrer tatsächlichen Geschäftsleitung befindet.

Artikel 5 Betriebsstätte

(1) Im Sinne dieses Abkommens bedeutet der Ausdruck "Betriebsstätte" eine feste Geschäftseinrichtung, in der die Tätigkeit des Unternehmens ganz oder teilweise ausgeübt wird.

(2) Der Ausdruck "Betriebsstätte" umfaßt insbesondere:

a. einen Ort der Leitung,

b. eine Zweigniederlassung,

c. eine Geschäftsstelle,

d. eine Fabrikationsstätte,

e. eine Werkstätte,

f. ein Bergwerk, einen Steinbruch oder eine andere Stätte der Ausbeutung von Bodenschätzen,

g. eine Bauausführung oder Montage, deren Dauer zwölf Monate überschreitet.

(3) Als Betriebsstätten gelten nicht:

a. Einrichtungen, die ausschließlich zur Lagerung, Ausstellung oder Auslieferung von Gütern oder Waren des Unternehmens benutzt werden;

b. Bestände von Gütern oder Waren des Unternehmens, die ausschließlich zur Lagerung, Ausstellung oder Auslieferung unterhalten werden;

c. Bestände von Gütern oder Waren des Unternehmens, die ausschließlich zu dem Zweck unterhalten werden, durch ein anderes Unternehmen bearbeitet oder verarbeitet zu werden;

d. eine feste Geschäftseinrichtung, die ausschließlich zu dem Zweck unterhalten wird, für das Unternehmen Güter oder Waren einzukaufen oder Informationen zu beschaffen;

e. eine feste Geschäftseinrichtung, die ausschließlich zu dem Zweck unterhalten wird, für das Unternehmen zu werben, Informationen zu erteilen, wissenschaftliche Forschung zu betreiben oder ähnliche Tätigkeiten auszuüben, die vorbereitender Art sind oder eine Hilfstätigkeit darstellen.

(4) Ist eine Person – mit Ausnahme eines unabhängigen Vertreters im Sinne des Absatzes 5 – in einem Vertragsstaat für ein Unternehmen des anderen Vertragsstaats tätig, so gilt eine im erstgenannten Staat gelegene Betriebsstätte als gegeben, wenn die Person eine Vollmacht besitzt, im Namen des Unternehmens Verträge abzuschließen, und die Vollmacht in diesem Staat gewöhnlich ausübt, es sei denn, daß sich ihre Tätigkeit auf den Einkauf von Gütern oder Waren für das Unternehmen beschränkt.

(5) Ein Unternehmen eines Vertragsstaats wird nicht schon deshalb so behandelt, als habe es eine Betriebsstätte im anderen Vertragsstaat, weil es dort seine Tätigkeit durch einen Makler, Kommissionär oder einen anderen unabhängigen Vermittler ausübt, sofern diese Personen im Rahmen ihrer ordentlichen Geschäftstätigkeit handeln.

(6) Allein dadurch, daß eine in einem Vertragsstaat ansässige Gesellschaft eine Gesellschaft beherrscht oder von einer Gesellschaft beherrscht wird, die im anderen Vertragsstaat ansässig ist oder dort (entweder durch eine Betriebsstätte oder auf andere Weise) ihre Tätigkeit ausübt, wird keine der beiden Gesellschaften zur Betriebsstätte der anderen.

Artikel 6 Einkünfte aus unbeweglichem Vermögen

(1) Einkünfte, die eine in einem Vertragsstaat ansässige Person aus unbeweglichem Vermögen (einschließlich der Einkünfte aus land- und forstwirtschaftlichen Betrieben) bezieht, das im anderen Vertragsstaat liegt, können im anderen Staat besteuert werden.

(2) Der Ausdruck "unbewegliches Vermögen" hat die Bedeutung, die ihm nach dem Recht des Vertragsstaats zukommt, in dem das Vermögen liegt. Der Ausdruck umfaßt in jedem Fall das Zubehör zum unbeweglichen Vermögen, das lebende und tote Inventar land- und forstwirtschaftlicher Betriebe sowie die Rechte, für die die Vorschriften des Privatrechts über Grundstücke gelten. Als unbewegliches Vermögen gelten ferner Nutzungsrechte an unbeweglichem Vermögen sowie Rechte auf veränderliche oder feste Vergütungen für die Ausbeutung oder das Recht auf Ausbeutung von Mineralvorkommen, Quellen und anderen Bodenschätzen. Schiffe und Luftfahrzeuge gelten nicht als unbewegliches Vermögen.

(3) Absatz 1 gilt für Einkünfte aus der unmittelbaren Nutzung, der Vermietung oder Verpachtung sowie jeder anderen Art der Nutzung unbeweglichen Vermögens.

(4) Die Absätze 1 und 3 gelten auch für Einkünfte aus unbeweglichem Vermögen eines Unternehmens und für Einkünfte aus unbeweglichem Vermögen, das der Ausübung einer selbständigen Arbeit dient.

Artikel 7 Unternehmensgewinne

(1) Gewinne eines Unternehmens eines Vertragsstaats können nur in diesem Staat besteuert werden, es sei denn, das Unternehmen übt seine Tätigkeit im anderen Vertragsstaat durch eine dort gelegene Betriebsstätte aus. Übt das Unternehmen seine Tätigkeit auf diese Weise aus, so können die Gewinne des Unternehmens im anderen Staat besteuert werden, jedoch nur insoweit, als sie dieser Betriebsstätte zugerechnet werden können.

(2) Übt ein Unternehmen eines Vertragsstaats seine Tätigkeit im anderen Vertragsstaat durch eine dort gelegene Betriebsstätte aus, so werden vorbehaltlich des Absatzes 3 in jedem Vertragsstaat dieser Betriebsstätte die Gewinne zugerechnet, die sie hätte erzielen können, wenn sie eine gleiche oder ähnliche Tätigkeit unter gleichen oder ähnlichen Bedingungen als selbständiges Unternehmen ausgeübt hätte und im Verkehr mit dem Unternehmen, dessen Betriebsstätte sie ist, völlig unabhängig gewesen wäre.

(3) Bei der Ermittlung der Gewinne einer Betriebsstätte werden die für diese Betriebsstätte entstandenen Aufwendungen – einschließlich der Geschäftsführungs- und allgemeinen Verwaltungskosten – zum Abzug zugelassen, gleichgültig, ob sie in dem Staat, in dem die Betriebsstätte liegt, oder anderswo entstanden sind.

(4) Soweit es in einem Vertragsstaat üblich ist, die einer Betriebsstätte zuzurechnenden Gewinne durch Aufteilung der Gesamtgewinne des Unternehmens auf seine einzelnen Teile zu ermitteln, schließt Absatz 2 nicht aus, daß dieser Vertragsstaat die zu besteuernden Gewinne nach der üblichen Aufteilung ermittelt; die gewählte Gewinnaufteilung muß jedoch derart sein, daß das Ergebnis mit den Grundsätzen dieses Artikels übereinstimmt.

(5) Auf Grund des bloßen Einkaufs von Gütern oder Waren für das Unternehmen wird einer Betriebsstätte kein Gewinn zugerechnet.

(6) Bei der Anwendung der vorstehenden Absätze sind die der Betriebsstätte zuzurechnenden Gewinne jedes Jahr auf dieselbe Art zu ermitteln, es sei denn, daß ausreichende Gründe dafür bestehen, anders zu verfahren.

(7) Gehören zu den Gewinnen Einkünfte, die in anderen Artikeln dieses Abkommens behandelt werden, so werden die Bestimmungen jener Artikel durch die Bestimmungen dieses Artikels nicht berührt.

Artikel 8 Seeschiffahrt und Luftfahrt

(1) Gewinne aus dem Betrieb von Seeschiffen oder Luftfahrzeugen im internationalen Verkehr können nur in dem Vertragsstaat besteuert werden, in dem sich der Ort der tatsächlichen Geschäftsleitung des Unternehmens befindet.

(2) Befindet sich der Ort der tatsächlichen Geschäftsleitung eines Unternehmens der Seeschiffahrt an Bord eines Schiffes, so gilt er als in dem Vertragsstaat gelegen, in dem der Heimathafen des Schiffes liegt, oder, wenn kein Heimathafen vorhanden ist, in dem Vertragsstaat, in dem die Person ansässig ist, die das Schiff betreibt.

(3) Absatz 1 gilt auch für Gewinne aus der Beteiligung an einem Pool, einer Betriebsgemeinschaft oder einer internationalen Betriebsstelle.

Artikel 9 Verbundene Unternehmen

Wenn

a. ein Unternehmen eines Vertragsstaats unmittelbar oder mittelbar an der Geschäftsleitung, der Kontrolle oder dem Kapital eines Unternehmens des anderen Vertragsstaats beteiligt ist oder

b. dieselben Personen unmittelbar oder mittelbar an der Geschäftsleitung, der Kontrolle oder dem Kapital eines Unternehmens eines Vertragsstaats und eines Unternehmens des anderen Vertragsstaats beteiligt sind

und in diesen Fällen die beiden Unternehmen in ihren kaufmännischen oder finanziellen Beziehungen an vereinbarte oder auferlegte Bedingungen gebunden sind, die von denen abweichen, die unabhängige Unternehmen miteinander vereinbaren würden, so dürfen die Gewinne, die eines der Unternehmen ohne diese Bedingungen erzielt hätte, wegen dieser Bedingungen aber nicht erzielt hat, den Gewinnen dieses Unternehmens zugerechnet und entsprechend besteuert werden.

Artikel 10 Dividenden

(1) Dividenden, die eine in einem Vertragsstaat ansässige Gesellschaft an eine im anderen Vertragsstaat ansässige Person zahlt, können im anderen Staat besteuert werden.

(2) Diese Dividenden können jedoch auch in dem Vertragsstaat, in dem die die Dividenden zahlende Gesellschaft ansässig ist, nach dem Recht dieses Staates besteuert werden; die Steuer darf aber, wenn der Empfänger der Dividenden der Nutzungsberechtigte ist, 15 vom Hundert des Bruttobetrags der Dividenden nicht übersteigen.

Dieser Absatz berührt nicht die Besteuerung der Gesellschaft in bezug auf die Gewinne, aus denen die Dividenden gezahlt werden.

Die zuständigen Behörden der Vertragsstaaten regeln in gegenseitigem Einvernehmen, wie diese Begrenzungsbestimmung durchzuführen ist.

(3) Abweichend von Absatz 2 darf die Steuer auf Dividenden, die eine in der Italienischen Republik ansässige Kapitalgesellschaft an eine Gesellschaft der Bundesrepublik

Deutschland zahlt, die unmittelbar über mindestens 25 vom Hundert des Gesellschaftskapitals der erstgenannten Gesellschaft verfügt, 10 vom Hundert des Bruttobetrags der Dividenden nicht übersteigen.

(4) In der Italienischen Republik ansässige Personen, die nach dem Steuerrecht der Bundesrepublik Deutschland mit den Dividenden, die ihnen von einer in der Bundesrepublik Deutschland ansässigen Gesellschaft gezahlt werden, nicht unbeschränkt steuerpflichtig sind, haben Anspruch auf Vergütung des Erhöhungsbetrags der Körperschaftsteuer nach den in § 52 des Körperschaftsteuergesetzes der Bundesrepublik Deutschland vorgesehenen Regelungen.

(5) Eine Gesellschaft der Bundesrepublik Deutschland, die unmittelbar über mindestens 25 vom Hundert des Gesellschaftskapitals einer in der Italienischen Republik ansässigen Kapitalgesellschaft verfügt und die von dieser Kapitalgesellschaft ausgeschüttete Dividenden bezieht, hat vorbehaltlich des Abzugs der in Absatz 3 vorgesehenen Steuer Anspruch auf Erstattung eines Betrags in Höhe der "maggiorazione di conguaglio", die auf diese Dividenden entfällt, soweit diese "maggiorazione" von der Gesellschaft auf diese Dividenden tatsächlich gezahlt worden ist. Die Erstattung ist innerhalb der nach italienischem Recht vorgesehenen Fristen über die ausschüttende Gesellschaft zu beantragen, die in diesem Fall namens und für Rechnung der in der Bundesrepublik Deutschland ansässigen Gesellschaft handelt.

Diese Bestimmung findet Anwendung auf die Dividenden, deren Ausschüttung ab dem Datum des Inkrafttretens des Abkommens beschlossen worden ist.

Die ausschüttende Gesellschaft kann den Erstattungsbetrag an eine Gesellschaft der Bundesrepublik Deutschland gleichzeitig mit den der letztgenannten Gesellschaft zustehenden Dividenden auszahlen und den Betrag in der ersten auf die Zahlung folgenden Einkommenserklärung abziehen.

Eine Gesellschaft der Bundesrepublik Deutschland hat Anspruch auf Zahlung eines Betrags in Höhe der "maggiorazione di conguaglio", wenn sie im Zeitpunkt des Beschlusses über die Dividendenausschüttung Nutzungsberechtigter der Dividenden ist und wenn sie die Aktien für die Dauer von mindestens zwölf Monaten vor diesem Zeitpunkt gehalten hat.

Im Fall einer späteren Erhöhung des steuerpflichtigen Einkommens der ausschüttenden Gesellschaft oder im Fall einer Nachbesteuerung von Rücklagen oder anderen Mitteln beschränkt sich die Ermäßigung der Steuer, die die Gesellschaft für den Besteuerungszeitraum schuldet, in dem die Berichtigung bestandskräftig geworden ist, auf den Teil der Steuer, der auf die der "maggiorazione di conguaglio" unterliegenden Dividenden entfällt (und tatsächlich an die Staatskasse gezahlt worden ist).

(6) Der in diesem Artikel verwendete Ausdruck "Dividenden" bedeutet

a. Gewinnausschüttungen auf Aktien einschließlich Einkünfte aus Aktien, Genußrechten oder Genußscheinen, Kuxen, Gründeranteilen oder anderen Rechten – ausgenommen Forderungen – mit Gewinnbeteiligung (unter Einschluß der Einkünfte aus Beteiligungen an Gesellschaften mit beschränkter Haftung), und

b. sonstige Einkünfte, die nach dem Recht des Staates, in dem die ausschüttende Gesellschaft ansässig ist, den Gewinnausschüttungen auf Aktien steuerlich gleichgestellt sind, und für die Zwecke der Besteuerung in der Bundesrepublik Deutschland Einkünfte eines stillen Gesellschafters im Sinne des deutschen Steuerrechts aus seiner Beteiligung als stiller Gesellschafter an einem gewerblichen Unternehmen und Ausschüttungen auf Anteilscheine an einem Investmentvermögen.

(7) Die Absätze 1 bis 3 sind nicht anzuwenden, wenn der in einem Vertragsstaat ansässige Nutzungsberechtigte im anderen Vertragsstaat, in dem die die Dividenden zahlende Gesellschaft ansässig ist, eine gewerbliche Tätigkeit durch eine dort gelegene Betriebsstätte oder eine selbständige Arbeit durch eine dort gelegene feste Einrichtung ausübt und die Beteiligung, für die die Dividenden gezahlt werden, tatsächlich zu dieser Betriebsstätte oder festen Einrichtung gehört. In diesem Fall können die Dividenden im anderen Vertragsstaat nach dem Recht dieses Staates besteuert werden.

(8) Bezieht eine in einem Vertragsstaat ansässige Gesellschaft Gewinne oder Einkünfte aus dem anderen Vertragsstaat, so darf dieser andere Staat weder die von der Gesellschaft gezahlten Dividenden besteuern, es sei denn, daß diese Dividenden an eine im anderen Staat ansässige Person oder an eine im anderen Staat gelegene Betriebsstätte oder feste Einrichtung gezahlt werden, noch Gewinne der Gesellschaft einer Steuer für nichtausgeschüttete Gewinne unterwerfen, selbst wenn die gezahlten Dividenden oder die nichtausgeschütteten Gewinne ganz oder teilweise aus im anderen Staat erzielten Gewinnen oder Einkünften bestehen.

Artikel 11 Zinsen

(1) Zinsen, die aus einem Vertragsstaat stammen und an eine im anderen Vertragsstaat ansässige Person gezahlt werden, können im anderen Staat besteuert werden.

(2) Diese Zinsen können jedoch auch in dem Vertragsstaat, aus dem sie stammen, nach dem Recht dieses Staates besteuert werden; die Steuer darf aber, wenn der Empfänger der Zinsen der Nutzungsberechtigte ist, 10 vom Hundert des Bruttobetrags der Zinsen nicht übersteigen.

Die zuständigen Behörden der Vertragsstaaten regeln in gegenseitigem Einvernehmen, wie diese Begrenzungsbestimmung durchzuführen ist.

(3) Ungeachtet des Absatzes 2 können die in Absatz 1 genannten Zinsen nur in dem Vertragsstaat, in dem der Empfänger der Zinsen ansässig ist, besteuert werden, wenn der Empfänger der Nutzungsberechtigte ist und die Zinsen

a. im Zusammenhang mit dem Verkauf von Gütern oder Waren, die von einem Unternehmen an ein anderes Unternehmen geliefert werden, auf Kredit,

b. im Zusammenhang mit dem Verkauf gewerblicher, kaufmännischer oder wissenschaftlicher Ausrüstungen auf Kredit,

c. für Schuldverschreibungen oder ähnliche Verpflichtungen der Regierung eines Vertragsstaats, einer seiner Länder oder einer ihrer Gebietskörperschaften oder

d. an die Regierung eines Vertragsstaates oder eines seiner Länder oder an eine ihrer Gebietskörperschaften oder an die Zentralbank eines Vertragsstaats

gezahlt werden.

(4) Der in diesem Artikel verwendete Ausdruck "Zinsen" bedeutet Einkünfte aus öffentlichen Anleihen, aus Obligationen, auch wenn sie durch Pfandrechte an Grundstücken gesichert oder mit einer Gewinnbeteiligung ausgestattet sind, und aus Forderungen jeder Art sowie alle anderen Einkünfte, die nach dem Steuerrecht des Staates, aus dem sie stammen, den Einkünften aus Darlehen gleichgestellt sind. Der Ausdruck "Zinsen" umfaßt jedoch nicht die in Artikel 10 genannten Einkünfte.

(5) Die Absätze 1, 2 und 3 sind nicht anzuwenden, wenn der in einem Vertragsstaat ansässige Nutzungsberechtigte im anderen Vertragsstaat, aus dem die Zinsen stammen, eine gewerbliche Tätigkeit durch eine dort gelegene Betriebsstätte oder eine selbständige Arbeit durch eine dort gelegene feste Einrichtung ausübt und die Forderung, für die die Zinsen gezahlt werden, tatsächlich zu dieser Betriebsstätte oder festen Einrichtung gehört. In diesem Fall können die Zinsen im anderen Vertragsstaat nach dem Recht dieses Staates besteuert werden.

(6) Zinsen gelten dann als aus einem Vertragsstaat stammend, wenn der Schuldner dieser Staat selbst, eines seiner Länder oder eine ihrer Gebietskörperschaften oder eine in diesem Staat ansässige Person ist. Hat aber der Schuldner der Zinsen, ohne Rücksicht darauf, ob er in einem Vertragsstaat ansässig ist oder nicht, in einem Vertragsstaat eine Betriebsstätte oder eine feste Einrichtung und ist die Schuld, für die die Zinsen gezahlt werden, für Zwecke der Betriebsstätte oder der festen Einrichtung eingegangen worden und trägt die Betriebsstätte oder die feste Einrichtung die Zinsen, so gelten die Zinsen als aus dem Staat stammend, in dem die Betriebsstätte oder die feste Einrichtung liegt.

(7) Bestehen zwischen dem Schuldner und dem Nutzungsberechtigten oder zwischen jedem von ihnen und einem Dritten besondere Beziehungen und übersteigen deshalb

die Zinsen, gemessen an der zugrundeliegenden Forderung, den Betrag, den Schuldner und Nutzungsberechtigter ohne diese Beziehungen vereinbart hätten, so wird dieser Artikel nur auf den letzteren Betrag angewendet. In diesem Fall kann der übersteigende Betrag nach dem Recht eines jeden Vertragsstaates und unter Berücksichtigung der anderen Bestimmungen dieses Abkommens besteuert werden.

Artikel 12 Lizenzgebühren

(1) Lizenzgebühren, die aus einem Vertragsstaat stammen und an eine im anderen Vertragsstaat ansässige Person gezahlt werden, können im anderen Staat besteuert werden.

(2) Diese Lizenzgebühren können jedoch auch in dem Vertragsstaat, aus dem sie stammen, nach dem Recht dieses Staates besteuert werden, die Steuer darf aber, wenn der Empfänger der Lizenzgebühren der Nutzungsberechtigte ist, 5 vom Hundert des Bruttobetrags der Lizenzgebühren nicht übersteigen.

Die zuständigen Behörden der Vertragsstaaten regeln in gegenseitigem Einvernehmen, wie diese Begrenzungsbestimmung durchzuführen ist.

(3) Ungeachtet des Absatzes 2 können Lizenzgebühren für Urheberrechte und andere ähnliche Zahlungen für die Schaffung oder die Vervielfältigung literarischer, dramaturgischer, musikalischer oder künstlerischer Werke, einschließlich kinematographischer Filme und Filme oder Bandaufnahmen für Rundfunk oder Fernsehen, die aus einem Vertragsstaat stammen und an eine im anderen Vertragsstaat ansässige Person gezahlt werden, die der Nutzungsberechtigte der Lizenzgebühren ist, nur im anderen Staat besteuert werden.

(4) Der in diesem Artikel verwendete Ausdruck "Lizenzgebühren" bedeutet Vergütungen jeder Art, die für die Benutzung oder für das Recht auf Benutzung von Urheberrechten an literarischen, künstlerischen oder wissenschaftlichen Werken, einschließlich kinematographischer Filme und Filme oder Bandaufnahmen für Rundfunk oder Fernsehen, von Patenten, Warenzeichen, Mustern oder Modellen, Plänen, geheimen Formeln oder Verfahren oder für die Benutzung oder das Recht auf Benutzung gewerblicher, kaufmännischer oder wissenschaftlicher Ausrüstungen oder für die Mitteilung gewerblicher, kaufmännischer oder wissenschaftlicher Erfahrungen gezahlt werden.

(5) Die Absätze 1, 2 und 3 sind nicht anzuwenden, wenn der in einem Vertragsstaat ansässige Nutzungsberechtigte im anderen Vertragsstaat, aus dem die Lizenzgebühren stammen, eine gewerbliche Tätigkeit durch eine dort gelegene Betriebsstätte oder eine selbständige Arbeit durch eine dort gelegene feste Einrichtung ausübt und die Rechte oder Vermögenswerte, für die die Lizenzgebühren gezahlt werden, tatsächlich zu dieser

Betriebsstätte oder festen Einrichtung gehören. In diesem Fall können die Lizenzgebühren im anderen Vertragsstaat nach dem Recht dieses Staates besteuert werden.

(6) Lizenzgebühren gelten dann als aus einem Vertragsstaat stammend, wenn der Schuldner dieser Staat selbst, eines seiner Länder oder eine ihrer Gebietskörperschaften oder eine in diesem Staat ansässige Person ist. Hat aber der Schuldner der Lizenzgebühren ohne Rücksicht darauf, ob er in einem Vertragsstaat ansässig ist oder nicht, in einem Vertragsstaat eine Betriebsstätte oder feste Einrichtung und gehört die Verpflichtung zur Zahlung der Lizenzgebühren zu der Betriebsstätte oder festen Einrichtung und trägt die Betriebsstätte oder feste Einrichtung die Lizenzgebühren, so gelten die Lizenzgebühren als aus dem Staat stammend, in dem die Betriebsstätte oder feste Einrichtung liegt.

(7) Bestehen zwischen dem Schuldner und dem Nutzungsberechtigten oder zwischen jedem von ihnen und einem Dritten besondere Beziehungen und übersteigen deshalb die Lizenzgebühren, gemessen an der zugrundeliegenden Leistung, den Betrag, den Schuldner und Nutzungsberechtigter ohne diese Beziehungen vereinbart hätten, so wird dieser Artikel nur auf den letzteren Betrag angewendet. In diesem Fall kann der übersteigende Betrag nach dem Recht eines jeden Vertragsstaates und unter Berücksichtigung der anderen Bestimmungen dieses Abkommens besteuert werden.

Artikel 13 Gewinne aus der Veräußerung von Vermögen

(1) Gewinne, die eine in einem Vertragsstaat ansässige Person aus der Veräußerung unbeweglichen Vermögens im Sinne des Artikels 6 bezieht, das im anderen Vertragsstaat liegt, können im anderen Staat besteuert werden.

(2) Gewinne aus der Veräußerung beweglichen Vermögens, das Betriebsvermögen einer Betriebsstätte ist, die ein Unternehmen eines Vertragsstaats im anderen Vertragsstaat hat, oder das zu einer festen Einrichtung gehört, die einer in einem Vertragsstaat ansässigen Person für die Ausübung einer selbständigen Arbeit im anderen Vertragsstaat zur Verfügung steht, einschließlich derartiger Gewinne, die bei der Veräußerung einer solchen Betriebsstätte (allein oder mit dem übrigen Unternehmen) oder einer solchen festen Einrichtung erzielt werden, können im anderen Staat besteuert werden.

(3) Gewinne aus der Veräußerung von Seeschiffen oder Luftfahrzeugen, die im internationalen Verkehr betrieben werden, und von beweglichem Vermögen, das dem Betrieb dieser Schiffe oder Luftfahrzeuge dient, können nur in dem Vertragsstaat besteuert werden, in dem sich der Ort der tatsächlichen Geschäftsleitung des Unternehmens befindet.

(4) Gewinne aus der Veräußerung des in den Absätzen 1, 2 und 3 nicht genannten Vermögens können nur in dem Vertragsstaat besteuert werden, in dem der Veräußerer ansässig ist.

Artikel 14 Selbständige Arbeit

(1) Einkünfte, die eine in einem Vertragsstaat ansässige Person aus einem freien Beruf oder aus sonstiger selbständiger Tätigkeit bezieht, können nur in diesem Staat besteuert werden, es sei denn, daß der Person im anderen Vertragsstaat für die Ausübung ihrer Tätigkeit gewöhnlich eine feste Einrichtung zur Verfügung steht. Steht ihr eine solche feste Einrichtung zur Verfügung, so können die Einkünfte im anderen Staat besteuert werden, jedoch nur insoweit, als sie dieser festen Einrichtung zugerechnet werden können.

(2) Der Ausdruck "freier Beruf" umfaßt insbesondere die selbständig ausgeübte wissenschaftliche, literarische, künstlerische, erzieherische oder unterrichtende Tätigkeit sowie die selbständige Tätigkeit der Ärzte, Rechtsanwälte, Ingenieure, Architekten, Zahnärzte und Buchsachverständigen.

Artikel 15 Unselbständige Arbeit

(1) Vorbehaltlich der Artikel 16, 18 und 19 können Gehälter, Löhne und ähnliche Vergütungen, die eine in einem Vertragsstaat ansässige Person aus unselbständiger Arbeit bezieht, nur in diesem Staat besteuert werden, es sei denn, die Arbeit wird im anderen Vertragsstaat ausgeübt. Wird die Arbeit dort ausgeübt, so können die dafür bezogenen Vergütungen im anderen Staat besteuert werden.

(2) Ungeachtet des Absatzes 1 können Vergütungen, die eine in einem Vertragsstaat ansässige Person für eine im anderen Vertragsstaat ausgeübte unselbständige Arbeit bezieht, nur im erstgenannten Staat besteuert werden, wenn

a. der Empfänger sich im anderen Staat insgesamt nicht länger als 183 Tage während des betreffenden Steuerjahrs aufhält und

b. die Vergütungen von einem Arbeitgeber oder für einen Arbeitgeber gezahlt werden, der nicht im anderen Staat ansässig ist, und

c. die Vergütungen nicht von einer Betriebsstätte oder einer festen Einrichtung getragen werden, die der Arbeitgeber im anderen Staat hat.

(3) Ungeachtet der vorstehenden Bestimmungen dieses Artikels können Vergütungen für unselbständige Arbeit, die an Bord eines Seeschiffs oder Luftfahrzeugs, das im internationalen Verkehr betrieben wird, ausgeübt wird, in dem Vertragsstaat besteuert wer-

den, in dem sich der Ort der tatsächlichen Geschäftsleitung des Unternehmens befindet.

Artikel 16 Aufsichtsrats- und Verwaltungsratsvergütungen

Aufsichtsrats- und Verwaltungsratsvergütungen und ähnliche Zahlungen, die eine in einem Vertragsstaat ansässige Person in ihrer Eigenschaft als Mitglied des Aufsichts- oder Verwaltungsrats einer Gesellschaft bezieht, die im anderen Vertragsstaat ansässig ist, können im anderen Staat besteuert werden.

Artikel 17 Künstler und Sportler

(1) Ungeachtet der Artikel 7, 14 und 15 können Einkünfte, die eine in einem Vertragsstaat ansässige Person als Künstler, wie Bühnen-, Film-, Rundfunk- und Fernsehkünstler sowie Musiker, oder als Sportler aus ihrer im anderen Vertragsstaat persönlich ausgeübten Tätigkeit bezieht, im anderen Staat besteuert werden.

(2) Fließen Einkünfte aus einer von einem Künstler oder Sportler in dieser Eigenschaft persönlich ausgeübten Tätigkeit nicht dem Künstler oder Sportler selbst, sondern einer anderen Person zu, so können diese Einkünfte ungeachtet der Artikel 7, 14 und 15 in dem Vertragsstaat besteuert werden, in dem der Künstler oder Sportler seine Tätigkeit ausübt.

(3) Die Absätze 1 und 2 gelten nicht, wenn der Aufenthalt der berufsmäßigen Künstler oder Sportler in einem Vertragsstaat ganz oder in wesentlichem Umfang aus öffentlichen Kassen des anderen Vertragsstaats, eines seiner Länder oder einer ihrer Gebietskörperschaften finanziert wird.

Artikel 18 Ruhegehälter

Vorbehaltlich des Artikels 19 Absätze 2, 3 und 4 können Ruhegehälter und ähnliche Vergütungen, die einer in einem Vertragsstaat ansässigen Person für frühere unselbständige Arbeit gezahlt werden, nur in diesem Staat besteuert werden.

Artikel 19 Öffentlicher Dienst

(1)

a. Vergütungen, ausgenommen Ruhegehälter, die von einem Vertragsstaat, einem seiner Länder oder einer ihrer Gebietskörperschaften an eine natürliche Person für die diesem Staat, dem Land oder der Gebietskörperschaft geleisteten Dienste gezahlt werden, können nur in diesem Staat besteuert werden.

b. Diese Vergütungen können jedoch nur in dem Staat besteuert werden, in dem die Dienste geleistet werden, wenn der Empfänger der Vergütung in diesem Staat ansässig ist und

   i) Staatsangehöriger dieses Staates ist, ohne Staatsangehöriger des anderen Staates zu sein, oder,

   ii) ohne Staatsangehöriger des anderen Staates zu sein, im erstgenannten Staat ansässig war, bevor er dort Dienste leistete.

(2)

a. Ruhegehälter, die von einem Vertragsstaat, einem seiner Länder oder einer ihrer Gebietskörperschaften unmittelbar oder aus einem von dem Staat, dem Land oder der Gebietskörperschaft errichteten Sondervermögen an eine natürliche Person für die dem Staat, dem Land oder der Gebietskörperschaft geleisteten Dienste gezahlt werden, können nur in diesem Staat besteuert werden.

b. Diese Ruhegehälter können jedoch nur im anderen Vertragsstaat besteuert werden, wenn der Empfänger in diesem Staat ansässig und Staatsangehöriger dieses Staates ist, ohne Staatsangehöriger des Staates zu sein, aus dem die Ruhegehälter stammen.

(3) Auf Vergütungen und Ruhegehälter für Dienstleistungen, die im Zusammenhang mit einer gewerblichen Tätigkeit eines Vertragsstaats, eines seiner Länder oder einer ihrer Gebietskörperschaften erbracht werden, sind die Artikel 15, 16 und 18 anzuwenden.

Die Absätze 1 und 2 sind jedoch auf die Vergütungen und Ruhegehälter anzuwenden, die die folgenden Verwaltungen oder Organisationen an ihre Bediensteten zahlen:

a. auf seiten der Italienischen Republik
   - die "Banca d'Italia"
   - die "Ferrovie dello Stato (F.S.)"
   - die "Amministrazione delle poste e delle telecomunicazioni (PP.TT.)";

b. auf seiten der Bundesrepublik Deutschland
   - die Deutsche Bundesbank
   - die Deutsche Bundesbahn
   - die Deutsche Bundespost.

(4) Ruhegehälter und alle anderen wiederkehrenden oder einmaligen Bezüge, die auf Grund der Sozialversicherungsgesetzgebung eines Vertragsstaats von diesem Staat, einem seiner Länder, einer ihrer Gebietskörperschaften oder einer ihrer juristischen Personen des öffentlichen Rechts gezahlt werden, können nur in diesem Staat besteuert

werden, wenn der Empfänger Staatsangehöriger dieses Staates ist, ohne Staatsangehöriger des anderen Vertragsstaats zu sein.

(5) Entschädigungen, die ein Vertragsstaat, eines seiner Länder oder eine ihrer Gebietskörperschaften in Form von Ruhegehältern, Leibrenten und anderen wiederkehrenden oder einmaligen Leistungen für Schäden zahlt, die als Folge von Kriegshandlungen oder politischer Verfolgung entstanden sind, können nur in diesem Staat besteuert werden.

Artikel 20 Studenten, Praktikanten und Lehrlinge

Zahlungen, die ein Student, Praktikant oder Lehrling, der sich in einem Vertragsstaat ausschließlich zum Studium oder zur Ausbildung aufhält und der im anderen Vertragsstaat ansässig ist oder dort unmittelbar vor der Einreise in den erstgenannten Staat ansässig war, für seinen Unterhalt, sein Studium oder seine Ausbildung erhält, dürfen im erstgenannten Staat nicht besteuert werden, sofern diese Zahlungen aus Quellen außerhalb dieses Staates stammen.

Artikel 21 Lehrer

Eine natürliche Person, die sich auf Einladung eines Vertragsstaats oder einer Universität, einer Hochschule, einer Schule, eines Museums oder einer anderen kulturellen Einrichtung dieses Vertragsstaats oder im Rahmen eines amtlichen Kulturaustausches in diesem Vertragsstaat höchstens zwei Jahre lang lediglich zur Ausübung einer Lehrtätigkeit, zum Halten von Vorlesungen oder zur Ausübung einer Forschungstätigkeit bei dieser Einrichtung aufhält und die im anderen Vertragsstaat ansässig ist oder dort unmittelbar vor der Einreise in den erstgenannten Staat ansässig war, ist in dem erstgenannten Staat mit ihren für diese Tätigkeit bezogenen Vergütungen von der Steuer befreit, vorausgesetzt, daß diese Vergütungen von außerhalb dieses Staates bezogen werden.

Artikel 22 Andere Einkünfte

(1) Einkünfte einer in einem Vertragsstaat ansässigen Person, die in den vorstehenden Artikeln nicht behandelt wurden, können ohne Rücksicht auf ihre Herkunft nur in diesem Staat besteuert werden.

(2) Absatz 1 ist auf andere Einkünfte als solche aus unbeweglichem Vermögen im Sinne des Artikels 6 Absatz 2 nicht anzuwenden, wenn der in einem Vertragsstaat ansässige Empfänger im anderen Vertragsstaat eine gewerbliche Tätigkeit durch eine dort gelegene Betriebsstätte oder eine selbständige Arbeit durch eine dort gelegene feste Einrichtung ausübt und die Rechte oder Vermögenswerte, für die die Einkünfte gezahlt werden, tatsächlich zu dieser Betriebsstätte oder festen Einrichtung gehören. In diesem

Fall können die Einkünfte im anderen Vertragsstaat nach dem Recht dieses Staates besteuert werden.

Artikel 23 Vermögen

(1) Unbewegliches Vermögen im Sinne des Artikels 6, das einer in einem Vertragsstaat ansässigen Person gehört und im anderen Vertragsstaat liegt, kann im anderen Staat besteuert werden.

(2) Bewegliches Vermögen, das Betriebsvermögen einer Betriebsstätte ist, die ein Unternehmen eines Vertragsstaats im anderen Vertragsstaat hat, oder das zu einer festen Einrichtung gehört, die einer in einem Vertragsstaat ansässigen Person für die Ausübung einer selbständigen Arbeit im anderen Vertragsstaat zur Verfügung steht, kann im anderen Staat besteuert werden.

(3) Seeschiffe und Luftfahrzeuge, die im internationalen Verkehr betrieben werden, sowie bewegliches Vermögen, das dem Betrieb dieser Schiffe oder Luftfahrzeuge dient, können nur in dem Vertragsstaat besteuert werden, in dem sich der Ort der tatsächlichen Geschäftsleitung des Unternehmens befindet.

(4) Alle anderen Vermögensteile einer in einem Vertragsstaat ansässigen Person können nur in diesem Staat besteuert werden.

Artikel 24 Vermeidung der Doppelbesteuerung

(1) Es besteht Einverständnis darüber, daß die Doppelbesteuerung nach Maßgabe der folgenden Absätze vermieden wird.

(2)

a. Bezieht eine in der Italienischen Republik ansässige Person Einkünfte, die in der Bundesrepublik Deutschland besteuert werden können, so kann die Italienische Republik bei der Festsetzung der in Artikel 2 genannten Einkommensteuern diese Einkünfte vorbehaltlich des Buchstabens b in die Bemessungsgrundlage dieser Steuern einbeziehen, es sei denn, daß dieses Abkommen dem entgegenstehende Vorschriften enthält.

   In diesem Fall zieht die Italienische Republik von den auf diese Weise festgesetzten Steuern die in der Bundesrepublik Deutschland gezahlte Einkommensteuer (gegebenenfalls einschließlich der Gewerbesteuer, soweit sie vom Ertrag erhoben wird) ab; der abzuziehende Betrag darf aber den Teil der italienischen Steuer nicht übersteigen, der dem Verhältnis der genannten Einkünfte zu den gesamten Einkünften entspricht.

Kein Abzug wird jedoch gewährt, wenn die Einkünfte in der Italienischen Republik nach italienischem Recht auf Antrag des Empfängers der Einkünfte der im Abzugsweg erhobenen Steuer unterliegen.

b. Von der Bemessungsgrundlage der italienischen Steuer werden die Einkünfte aus Dividenden nach Artikel 10 Absatz 6 Buchstabe a ausgenommen, die an eine in der Italienischen Republik ansässige Gesellschaft (jedoch nicht an eine Personengesellschaft) von einer in der Bundesrepublik Deutschland ansässigen Gesellschaft gezahlt werden, deren Kapital zu mindestens 25 vom Hundert unmittelbar der italienischen Gesellschaft gehört.

(3) Bei einer in der Bundesrepublik Deutschland ansässigen Person wird die Steuer wie folgt festgesetzt:

a. Soweit nicht Buchstabe b anzuwenden ist, werden von der Bemessungsgrundlage der deutschen Steuer die Einkünfte aus der Italienischen Republik sowie die in der Italienischen Republik gelegenen Vermögenswerte ausgenommen, die nach diesem Abkommen in der Italienischen Republik besteuert werden können. Die Bundesrepublik Deutschland behält aber das Recht, die so ausgenommenen Einkünfte und Vermögenswerte bei der Festsetzung des Steuersatzes zu berücksichtigen.

   Auf die Einkünfte aus Dividenden nach Artikel 10 Absatz 6 Buchstabe a sind die vorstehenden Bestimmungen nur dann anzuwenden, wenn die Dividenden an eine in der Bundesrepublik Deutschland ansässige Gesellschaft (jedoch nicht an eine Personengesellschaft) von einer in der Italienischen Republik ansässigen Gesellschaft gezahlt werden, deren Kapital zu mindestens 10 vom Hundert unmittelbar der deutschen Gesellschaft gehört.

   Für die Zwecke der Steuern vom Vermögen werden von der Bemessungsgrundlage der deutschen Steuer ebenfalls Beteiligungen ausgenommen, deren Dividenden, falls solche gezahlt werden, nach dem vorhergehenden Satz von der Steuerbemessungsgrundlage auszunehmen wären.

b. Die italienische Steuer, die nach dem Recht der Italienischen Republik und in Übereinstimmung mit diesem Abkommen von den nachstehenden Einkünften aus der Italienischen Republik erhoben wird, wird auf die deutsche Einkommensteuer oder Körperschaftsteuer von den nachstehenden Einkünften angerechnet:

   i) Dividenden im Sinne des Artikels 10, soweit sie nicht unter Buchstabe a genannt sind;

   ii) Zinsen im Sinne des Artikels 11;

   iii) Lizenzgebühren im Sinne des Artikels 12;

   iv) Einkünfte und Vergütungen, die unter die Artikel 16 und 17 fallen.

Die auf Grund der vorstehenden Bestimmung anzurechnende italienische Steuer darf jedoch den Teil der vor der Anrechnung ermittelten deutschen Steuer nicht übersteigen, der auf die Einkünfte entfällt, die in der Italienischen Republik besteuert werden können.

Artikel 25 Gleichbehandlung

(1) Staatsangehörige eines Vertragsstaats dürfen im anderen Vertragsstaat keiner Besteuerung oder damit zusammenhängenden Verpflichtung unterworfen werden, die anders oder belastender ist als die Besteuerung und die damit zusammenhängenden Verpflichtungen, denen Staatsangehörige des anderen Staates unter gleichen Verhältnissen unterworfen sind oder unterworfen werden können. Diese Bestimmung gilt ungeachtet des Artikels 1 auch für Personen, die in keinem Vertragsstaat ansässig sind. Insbesondere werden den Staatsangehörigen eines Vertragsstaats, die der Besteuerung im anderen Vertragsstaat unterliegen, die Steuerbefreiungen, -freibeträge, -abzüge und -ermäßigungen auf Grund der Familienlasten gewährt, die den Staatsangehörigen des anderen Staates unter gleichen Verhältnissen gewährt werden.

(2) Die Besteuerung einer Betriebsstätte, die ein Unternehmen eines Vertragsstaats im anderen Vertragsstaat hat, darf im anderen Staat nicht ungünstiger sein als die Besteuerung von Unternehmen des anderen Staates, die die gleiche Tätigkeit ausüben. Diese Bestimmung ist nicht so auszulegen, als verpflichte sie einen Vertragsstaat, den im anderen Vertragsstaat ansässigen Personen Steuerfreibeträge, -vergünstigungen und -ermäßigungen zu gewähren, die er seinen ansässigen Personen gewährt.

(3) Sofern nicht Artikel 9, Artikel 11 Absatz 7 oder Artikel 12 Absatz 7 anzuwenden ist, sind Zinsen, Lizenzgebühren und andere Entgelte, die ein Unternehmen eines Vertragsstaats an eine im anderen Vertragsstaat ansässige Person zahlt, bei der Ermittlung der steuerpflichtigen Gewinne dieses Unternehmens unter den gleichen Bedingungen wie Zahlungen an eine im erstgenannten Staat ansässige Person zum Abzug zuzulassen. Dementsprechend sind Schulden, die ein Unternehmen eines Vertragsstaats gegenüber einer im anderen Vertragsstaat ansässigen Person hat, bei der Ermittlung des steuerpflichtigen Vermögens dieses Unternehmens unter den gleichen Bedingungen wie Schulden gegenüber einer im erstgenannten Staat ansässigen Person zum Abzug zuzulassen.

(4) Unternehmen eines Vertragsstaates, deren Kapital ganz oder teilweise unmittelbar oder mittelbar einer im anderen Vertragsstaat ansässigen Person oder mehreren solchen Personen gehört oder ihrer Kontrolle unterliegt, dürfen im erstgenannten Staat keiner Besteuerung oder damit zusammenhängenden Verpflichtung unterworfen werden, die anders oder belastender ist als die Besteuerung und die damit zusammenhän-

genden Verpflichtungen, denen andere ähnliche Unternehmen des erstgenannten Staates unterworfen sind oder unterworfen werden können.

(5) Dieser Artikel gilt ungeachtet des Artikels 2 für Steuern jeder Art und Bezeichnung.

Artikel 26 Verständigungsverfahren

(1) Ist eine Person der Auffassung, daß Maßnahmen eines Vertragsstaates oder beider Vertragsstaaten für sie zu einer Besteuerung führen oder führen werden, die diesem Abkommen nicht entspricht, so kann sie unbeschadet der nach dem innerstaatlichen Recht dieser Staaten vorgesehenen Rechtsmittel ihren Fall der zuständigen Behörde des Vertragsstaates, in dem sie ansässig ist, oder, sofern ihr Fall von Artikel 25 Absatz 1 erfaßt wird, der zuständigen Behörde des Vertragsstaats unterbreiten, dessen Staatsangehöriger sie ist. Der Fall muß innerhalb von zwei Jahren nach der ersten Mitteilung der Maßnahme unterbreitet werden, die zu einer dem Abkommen nicht entsprechenden Besteuerung führt.

(2) Hält die zuständige Behörde die Einwendung für begründet und ist sie selbst nicht in der Lage, eine befriedigende Lösung herbeizuführen, so wird sie sich bemühen, den Fall durch Verständigung mit der zuständigen Behörde des anderen Vertragsstaats so zu regeln, daß eine dem Abkommen nicht entsprechende Besteuerung vermieden wird.

(3) Die zuständigen Behörden der Vertragsstaaten werden sich bemühen, Schwierigkeiten oder Zweifel, die bei der Auslegung oder Anwendung des Abkommens entstehen, in gegenseitigem Einvernehmen zu beseitigen.

(4) Die zuständigen Behörden der Vertragsstaaten können zur Herbeiführung einer Einigung im Sinne der vorstehenden Absätze unmittelbar miteinander verkehren. Erscheint ein mündlicher Meinungsaustausch für die Herbeiführung der Einigung zweckmäßig, so kann ein solcher Meinungsaustausch in einer Kommission durchgeführt werden, die aus Vertretern der zuständigen Behörden der Vertragsstaaten besteht.

Artikel 27 Informationsaustausch

(1) Die zuständigen Behörden der Vertragsstaaten tauschen die Informationen aus, die erforderlich sind, um dieses Abkommen oder das innerstaatliche Recht der Vertragsstaaten betreffend die unter das Abkommen fallenden Steuern, soweit die diesem Recht entsprechende Besteuerung nicht dem Abkommen widerspricht, durchzuführen und die Steuerverkürzung zu verhindern. Der Informationsaustausch ist durch Artikel 1 nicht eingeschränkt. Alle Informationen, die ein Vertragsstaat erhalten hat, sind ebenso geheimzuhalten wie die auf Grund des innerstaatlichen Rechts dieses Staates beschafften Informationen und dürfen nur den Personen oder Behörden (einschließlich der Gerichte und der Verwaltungsbehörden) zugänglich gemacht werden, die mit der Ver-

anlagung oder Erhebung, der Vollstreckung oder Strafverfolgung oder mit der Entscheidung von Rechtsmitteln hinsichtlich der unter das Abkommen fallenden Steuern befaßt sind. Diese Personen oder Behörden dürfen die Informationen nur für diese Zwecke verwenden. Sie dürfen die Informationen in einem öffentlichen Gerichtsverfahren oder in einer Gerichtsentscheidung offenlegen, falls die zuständige Behörde des anderen Vertragsstaates keine Einwendungen dagegen erhebt.

(2) Abs. 1 ist nicht so auszulegen, als verpflichte er einen Vertragsstaat,

a. Verwaltungsmaßnahmen durchzuführen, die von den Gesetzen und der Verwaltungspraxis dieses oder des anderen Vertragsstaates abweichen;

b. Informationen zu erteilen, die nach den Gesetzen oder im üblichen Verwaltungsverfahren dieses oder des anderen Vertragsstaats nicht beschafft werden können;

c. Informationen zu erteilen, die ein Handels-, Industrie-, Gewerbe- oder Berufsgeheimnis oder ein Geschäftsverfahren preisgeben würden oder deren Erteilung der öffentlichen Ordnung widerspräche.

Artikel 28 Mitglieder diplomatischer Missionen und konsularischer Vertretungen

Dieses Abkommen berührt nicht die steuerlichen Vorrechte, die den Mitgliedern diplomatischer Missionen und konsularischer Vertretungen nach den allgemeinen Regeln des Völkerrechts oder auf Grund besonderer Übereinkünfte zustehen.

Artikel 29 Antrag auf Erstattung

(1) Die in einem Vertragsstaat im Abzugsweg erhobenen Steuern werden auf Antrag des Steuerpflichtigen oder des Staates, in dem er ansässig ist, erstattet, wenn das Recht zur Erhebung dieser Steuern durch dieses Abkommen eingeschränkt ist.

(2) Den Erstattungsanträgen, die innerhalb der nach dem Recht des zur Erstattung verpflichteten Vertragsstaats festgelegten Fristen zu stellen sind, ist eine amtliche Bescheinigung des Vertragsstaats, in dem der Steuerpflichtige ansässig ist, beizufügen, aus der hervorgeht, daß die Voraussetzungen für die Gewährung der Befreiungen oder Ermäßigungen nach diesem Abkommen erfüllt sind.

(3) Die zuständigen Behörden der Vertragsstaaten regeln die Durchführung dieses Artikels nach Artikel 26 in gegenseitigem Einvernehmen.

Artikel 30 Berlin-Klausel

Dieses Abkommen gilt auch für das Land Berlin, sofern nicht die Regierung der Bundesrepublik Deutschland gegenüber der Regierung der Italienischen Republik innerhalb von drei Monaten nach Inkrafttreten des Abkommens eine gegenteilige Erklärung abgibt.

Artikel 31 Inkrafttreten

(1) Dieses Abkommen bedarf der Ratifikation; die Ratifikationsurkunden werden so bald wie möglich in Rom ausgetauscht.

(2) Das Abkommen tritt einen Monat nach Austausch der Ratifikationsurkunden in Kraft und ist anzuwenden auf

a. die Steuern vom Einkommen und vom Vermögen, die für die Steuerjahre erhoben werden, die am oder nach dem ersten Januar des Kalenderjahrs beginnen, das auf das Kalenderjahr folgt, in dem die Ratifikationsurkunden ausgetauscht werden;

b. die im Abzugsweg erhobenen Steuern von Dividenden, Zinsen und Lizenzgebühren, die am oder nach dem ersten Januar des Kalenderjahrs gezahlt werden, das auf das Kalenderjahr folgt, in dem die Ratifikationsurkunden ausgetauscht werden.

(3) Das am 31. Oktober 1925 in Rom unterzeichnete Abkommen zwischen dem Deutschen Reiche und Italien zur Vermeidung der Doppelbesteuerung und zur Regelung anderer Fragen auf dem Gebiete der direkten Steuern tritt mit Inkrafttreten dieses Abkommens außer Kraft und findet nicht mehr Anwendung auf die Steuern, auf die dieses Abkommen nach Absatz 2 anzuwenden ist. Das gleiche gilt für das am 17. September 1968 in Rom unterzeichnete Abkommen zwischen der Bundesrepublik Deutschland und der Italienischen Republik zur Vermeidung der Doppelbesteuerung auf dem Gebiet der direkten Steuern bei den Unternehmungen der Luftfahrt.

(4) Ist aber in dem Abkommen vom 31. Oktober 1925 eine günstigere steuerliche Behandlung als in den Artikeln 11 und 12 dieses Abkommens vorgesehen, so kann das erstgenannte Abkommen auf Antrag der Betroffenen bis zum 31. Dezember 1992 Anwendung finden, vorausgesetzt, daß der Empfänger der in Frage stehenden Einkünfte der Nutzungsberechtigte im Sinne der Nummer 9 des Protokolls zu diesem Abkommen ist.

Artikel 32 Kündigung

Dieses Abkommen bleibt in Kraft, solange es nicht von einem Vertragsstaat gekündigt wird. Jeder Vertragsstaat kann das Abkommen vom fünften Jahr nach dem Jahr des Inkrafttretens an auf diplomatischem Weg unter Einhaltung einer Frist von mindestens sechs Monaten zum Ende eines Kalenderjahrs kündigen. In diesem Fall findet das Abkommen letztmals Anwendung auf

a. die im Abzugsweg erhobenen Steuern von den Einkünften, die bis zum 31. Dezember des Kündigungsjahrs zu zahlen sind;

b. die anderen Einkommen- und Vermögensteuern, die für spätestens am 31. Dezember des genannten Jahres endende Veranlagungszeiträume erhoben werden.

Protokoll

Anläßlich der Unterzeichnung des am heutigen Tage geschlossenen Abkommens zwischen der Bundesrepublik Deutschland und der Italienischen Republik zur Vermeidung der Doppelbesteuerung auf dem Gebiet der Steuern vom Einkommen und vom Vermögen und zur Verhinderung der Steuerverkürzung haben die Unterzeichneten die nachstehenden Bestimmungen vereinbart, die Bestandteil des Abkommens sind.

(1) Zu Artikel 2

Es besteht Einverständnis darüber, daß bei Einführung einer Vermögensteuer in der Italienischen Republik das Abkommen auch auf diese Steuer Anwendung findet.

(2) Zu den Artikeln 4 bis 23

Eine Personengesellschaft gilt im Sinne des Artikels 4 Absatz 1 als in dem Vertragsstaat ansässig, wenn sie nach dem Recht dieses Staates gegründet worden ist oder sich der Hauptgegenstand ihrer Tätigkeit in diesem Staat befindet. Die in den Artikeln 6 bis 23 vorgesehenen Beschränkungen des Besteuerungsrechts des anderen Vertragsstaats gelten jedoch nur insoweit, als die Einkünfte aus diesem Staat oder das dort gelegene Vermögen der Besteuerung im erstgenannten Staat unterworfen sind.

(3) Zu Artikel 4

Gilt eine natürliche Person in einem Vertragsstaat nur während eines Teils des Jahres und im anderen Vertragsstaat während des übrigen Jahres als ansässig im Sinne des Artikels 4 (Wohnsitzwechsel), so endet die Steuerpflicht, sofern für diese die Ansässigkeit maßgebend ist, im erstgenannten Staat mit Ablauf des Tages, an dem der Wohnsitzwechsel stattgefunden hat. Im anderen Staat beginnt die Steuerpflicht, sofern für diese die Ansässigkeit maßgebend ist, am Tag nach dem Wohnsitzwechsel.

(4) Zu den Artikeln 6 und 24

Bei der Besteuerung von Einkünften aus deutschem Grundvermögen im Sinne des Artikels 6, die in der Bundesrepublik Deutschland der Steuer unterliegen, wird die Italienische Republik die Steuerbemessungsgrundlagen, die der deutschen Besteuerung zugrunde gelegt werden, übernehmen, soweit sich nicht nach italienischem Recht eine niedrigere Besteuerung ergibt.

(5) Zu Artikel 7

a. Einer Betriebsstätte, die ganz oder teilweise aus einer Bauausführung oder Montage besteht, dürfen in dem Vertragsstaat, in dem sich die Betriebsstätte befindet, auf Grund ihrer Bau- oder Montagetätigkeit nur die sich aus dieser Tätigkeit unmittelbar ergebenden Gewinne zugerechnet werden. Ihr dürfen auf Grund dieser Tätigkeit insbesondere keine Gewinne zugerechnet werden, die aus einer mit dieser Tätigkeit im Zusammenhang stehenden oder davon unabhängig erfolgten Materiallieferung der Hauptbetriebsstätte oder einer anderen Betriebsstätte des Unternehmens oder einer dritten Person herrühren.

b. Bei Verträgen, insbesondere Verträgen über die Planung, die Lieferung, den Einbau oder die Fertigung von Ausrüstungen gewerblicher, kaufmännischer oder wissenschaftlicher Einrichtungen, oder bei öffentlichen Bauarbeiten werden, wenn das Unternehmen eine Betriebsstätte hat, die Gewinne der Betriebsstätte nicht unter Zugrundelegung des gesamten Vertragswerts, sondern nur unter Zugrundelegung desjenigen Teils des Vertrags ermittelt, der tatsächlich von der Betriebsstätte in dem Staat ausgeführt wird, in dem die Betriebsstätte liegt. Die Gewinne, die auf den Teil des Vertrags entfallen, der in dem Staat ausgeführt wird, in dem sich der Ort der tatsächlichen Geschäftsleitung befindet, können nur in diesem Staat besteuert werden.

c. In bezug auf Absatz 3 besteht Einverständnis darüber, daß der Ausdruck "die für diese Betriebsstätte entstandenen Aufwendungen" solche Aufwendungen bedeutet, die mit der eigentlichen Tätigkeit der Betriebsstätte tatsächlich zusammenhängen.

(6) Zu Artikel 8

Dieser Artikel ist auch für die Gewinne anzuwenden, die ein Unternehmen eines Vertragsstaates aus der Vermietung von Containern für die Beförderung von Gütern oder Waren im internationalen Verkehr bezieht.

(7) Zu Artikel 9

Berichtigt ein Vertragsstaat die Gewinne eines Unternehmens nach Artikel 9, so nimmt der andere Staat eine Gegenberichtigung der Gewinne des verbundenen Unternehmens in diesem anderen Staat vor, soweit er anerkennt, daß die Berichtigung Bedingungen entspricht, die zwischen unabhängigen Unternehmen vereinbart worden wären. Die Gegenberichtigung wird nur gemäß den Bestimmungen des Artikels 26 über das Verständigungsverfahren und den diesbezüglichen Bestimmungen dieses Protokolls vorgenommen.

(8) Zu den Artikeln 10 und 11

Abweichend von den Artikeln 10 und 11 können Dividenden und Zinsen in dem Vertragsstaat, aus dem sie stammen, nach dem Recht dieses Staates besteuert werden, wenn sie

a. auf Rechten oder Forderungen mit Gewinnbeteiligung (einschließlich der Einkünfte eines stillen Gesellschafters aus seiner Beteiligung oder der Einkünfte aus partiarischen Darlehen oder Gewinnobligationen im Sinne des Rechts der Bundesrepublik Deutschland) beruhen und
b. bei der Gewinnermittlung des Schuldners der Dividenden oder Zinsen abzugsfähig sind.

(9) Zu den Artikeln 10, 11 und 12

Der Empfänger von Dividenden, Zinsen und Lizenzgebühren ist Nutzungsberechtigter im Sinne der Artikel 10, 11 und 12, wenn ihm das diesen Zahlungen zugrundeliegende Recht zusteht und ihm die Einkünfte hieraus nach dem Steuerrecht beider Staaten zuzurechnen sind.

(10) Zu den Artikeln 10, 11, 12 und 22

In bezug auf Artikel 10 Absatz 7, Artikel 11 Absatz 5, Artikel 12 Absatz 5 und Artikel 22 Absatz 2 gilt, daß der darin enthaltene letzte Satz nicht so ausgelegt werden kann, daß die in den Artikeln 7 und 14 des Abkommens enthaltenen Grundsätze unberücksichtigt bleiben.

(11) Zu Artikel 11

Zinsen im Sinne des Artikels 11 Absatz 1, die für Darlehen jeder Art gezahlt werden, die ein Bankinstitut einem anderen Bankinstitut gewährt, sind in dem Vertragsstaat, aus dem sie stammen, von der Steuer befreit. Wird das innerstaatliche Recht eines der Vertragsstaaten geändert, so können die zuständigen Behörden gemeinsam beraten, um die in der vorstehenden Bestimmung vorgesehene Befreiung zu ändern.

(12) Zu Artikel 13

Besteuert ein Vertragsstaat anläßlich des Wegzugs einer in diesem Staat ansässigen natürlichen Person den Wertzuwachs einer wesentlichen Beteiligung an einer in diesem Staat ansässigen Gesellschaft, so legt der andere Staat im Falle einer späteren Veräußerung dieser Beteiligung, sofern er den Gewinn aus einer solchen Veräußerung nach Absatz 4 besteuert, als Anschaffungskosten für die Ermittlung des Veräußerungsgewinns den Betrag zugrunde, den der erstgenannte Staat als fiktiven Wert der Beteiligung im Zeitpunkt des Wegzugs der natürlichen Person ermittelt hat. Der Ausdruck "wesentliche Beteiligung" bedeutet eine Beteiligung von mindestens 25 vom Hundert am Kapital der Gesellschaft.

(13) Zu den Artikeln 15 und 24

Ungeachtet des Artikels 15 können die Vergütungen, die ein in einem Vertragsstaat ansässiger Arbeitnehmer auf Grund einer unselbständigen Arbeit erhält, die er im anderen Vertragsstaat im Rahmen eines Vertrags mit einem Arbeitnehmerverleiher ausübt, im anderen Staat besteuert werden. Diese Vergütungen können ungeachtet des Artikels 24 auch in dem Staat besteuert werden, in dem der Arbeitnehmer ansässig ist. Dieser Staat rechnet die Steuer des anderen Staates nach den Grundsätzen des Artikels 24 Absatz 2 Buchstabe a oder Absatz 3 Buchstabe b an. Die Vertragsstaaten können die Zahlung der auf diese Vergütungen entfallenden Steuer nach Maßgabe ihres innerstaatlichen Rechts vom Verleiher oder vom Entleiher verlangen oder sie dafür haftbar machen.

(14) Zu Artikel 19

a. Artikel 19 Absätze 1 und 2 sind auch auf die Vergütungen und Ruhegehälter anzuwenden, die das "Ente Nazionale Italiano per il Turismo (E.N.I.T.)" und das "Istituto Nazionale per il Commercio Estero (I.C.E.)" an ihre Bediensteten zahlen. Dieselben Bestimmungen sind auch auf die Vergütungen und Ruhegehälter anzuwenden, die die Deutsche Zentrale für Tourismus und die Deutsch-Italienische Handelskammer an ihre Bediensteten zahlen, sofern die Vergütungen und Ruhegehälter aus deutschen öffentlichen Kassen gezahlt werden und in der Bundesrepublik Deutschland der Besteuerung unterliegen.

b. Artikel 19 Absatz 1 Buchstabe b Ziffer i ist nur auf die nach dem 1. Januar 1990 geschlossenen Verträge anzuwenden.

c.

i) Artikel 19 Absatz 1 ist auch auf Vergütungen anzuwenden, die an Personen italienischer Staatsangehörigkeit (auch wenn sie zugleich die deutsche Staatsangehörigkeit besitzen), die ihre Tätigkeit bei italienischen kulturellen Einrichtungen oder an Schulen ausüben, gezahlt werden, sofern diese Vergütungen aus italienischen öffentlichen Kassen gezahlt werden und in der Italienischen Republik der Besteuerung unterliegen.

ii) Artikel 19 Absatz 1 ist auch auf Vergütungen anzuwenden, die an Personen deutscher Staatsangehörigkeit (auch wenn sie zugleich die italienische Staatsangehörigkeit besitzen) gezahlt werden, die ihre Tätigkeit bei deutschen kulturellen Einrichtungen oder an Schulen ausüben, sofern diese Vergütungen aus deutschen öffentlichen Kassen gezahlt werden und in der Bundesrepublik Deutschland der Besteuerung unterliegen.

d. Die zuständigen Behörden der Vertragsstaaten können die Bestimmungen dieses Artikels auch auf die Bediensteten anderer ähnlicher Einrichtungen ausdehnen.

e. Bei Ruhegehältern und allen anderen wiederkehrenden oder einmaligen Bezügen, die auf Grund der Sozialversicherungsgesetzgebung eines Vertragsstaats an Personen gezahlt werden, die im anderen Vertragsstaat ansässig sind und dessen Staatsangehörigkeit besitzen,

   i) wird die italienische Steuer nur auf den Betrag erhoben, der nach deutschem Recht zu besteuern wäre, wenn der Empfänger in der Bundesrepublik Deutschland ansässig wäre;

   ii) darf die nach deutschem Recht ermittelte Bemessungsgrundlage der deutschen Steuer den Betrag nicht übersteigen, der der italienischen Steuer unterliegen würde.

Die zuständigen Behörden regeln in gegenseitigem Einvernehmen, wie diese Begrenzungsbestimmung durchzuführen ist.

(15) Zu Artikel 22

Die Vergütungen, die von einer in einem Vertragsstaat ansässigen Person für den Unterhalt einer im anderen Vertragsstaat ansässigen Person, auch eines Kindes, gezahlt werden, können nur im erstgenannten Staat besteuert werden.

(16) Zu Artikel 24

a. Wird in der Italienischen Republik eine Vermögensteuer eingeführt, so wird die in Übereinstimmung mit dem Abkommen erhobene deutsche Vermögensteuer nach Artikel 24 Absatz 2 von der italienischen Vermögensteuer abgezogen.

b. Verwendet eine in einem Vertragsstaat ansässige Gesellschaft Einkünfte aus Quellen innerhalb des anderen Vertragsstaats zur Ausschüttung von Dividenden, so schließt Artikel 24 die Herstellung der Ausschüttungsbelastung nach den Vorschriften des Steuerrechts des einen oder des anderen Vertragsstaats nicht aus.

c. Der von einem Vertragsstaat nach Artikel 24 Absatz 2 oder Absatz 3 Buchstabe b anzurechnende Gesamtbetrag wird nicht ermäßigt, wenn der andere Vertragsstaat zum Ausgleich einer Erhöhung des Körperschaftsteuersatzes seine im Abzugsweg erhobene Steuer auf Dividenden aufhebt.

d. Für die Zwecke des Artikels 24 Absatz 3 Buchstabe a gelten die Einkünfte einer in einem Vertragsstaat ansässigen Person als aus dem anderen Vertragsstaat stammend, wenn sie im anderen Vertragsstaat in Übereinstimmung mit dem Abkommen effektiv besteuert worden sind.

e. Bezieht eine in einem der Vertragsstaaten ansässige Person zwischen dem 1. Januar 1989 und dem Zeitpunkt, ab dem das Abkommen nach Artikel 31 Absatz 2 anzuwenden ist, Einkünfte aus unselbständiger Arbeit im Sinne des Artikels 15 Absatz 2, so können diese Einkünfte ungeachtet der Artikel 7 und 11 des Abkommens vom 31. Oktober 1925 auch in diesem Staat besteuert werden. Dieser Staat vermeidet eine Doppelbesteuerung dadurch, daß er die im Staate der Arbeitsausübung erhobene Steuer auf seine eigene Steuer von diesen Einkünften anrechnet. Die Grundsätze des Artikels 24 Absatz 2 und Absatz 3 Buchstabe b gelten entsprechend.

(17) Zu den Artikeln 24 und 6 bis 22

Es besteht Einverständnis darüber, daß die Artikel 24 und 6 bis 22 des Abkommens die Bundesrepublik Deutschland nicht hindern,

a. bei deutschen Staatsangehörigen, die unter die §§ 2, 3 und 5 des Außensteuergesetzes vom 8. September 1972 fallen, aus der Bundesrepublik Deutschland stammende Einkünfte und dort belegenes Vermögen nach den Vorschriften des deutschen Steuerrechts zu besteuern; dies gilt auch für deutsche Staatsangehörige, die nach Artikel 4 Absatz 2 des Abkommens als in der Italienischen Republik ansässig gelten und lediglich deshalb nicht unter die §§ 2, 3 und 5 des Außensteuergesetzes vom 8. September 1972 fallen, weil sie in der Bundesrepublik Deutschland noch einen Wohnsitz oder ihren gewöhnlichen Aufenthalt haben.

   Hierbei besteht Einverständnis darüber, daß die in der Italienischen Republik erhobene Einkommensteuer keine niedrige Besteuerung im Sinne des § 2 Absatz 2 Nummer 1 des Außensteuergesetzes vom 8. September 1972 darstellt. Das gilt nicht für Personen, die nur mit den Einkünften aus italienischen Quellen besteuert werden;

b. die Beträge zu besteuern, die nach dem Vierten Teil des Außensteuergesetzes vom 8. September 1972 einer in der Bundesrepublik Deutschland ansässigen Person zuzurechnen sind.

Die Besteuerung dieser Einkünfte oder dieser Vermögenswerte durch die Italienische Republik nach den Bestimmungen des Abkommens bleiben hiervon unberührt.

Die Bundesrepublik Deutschland rechnet in entsprechender Anwendung der Vorschriften des deutschen Steuerrechts über die Anrechnung ausländischer Steuern die italienische Steuer an, die nach den Bestimmungen des Abkommens von diesen Einkünften oder Vermögenswerten erhoben wird. Die deutsche Steuer kann jedoch in der Höhe erhoben werden, wie sie sich aus der Anwendung des Abkommens ergäbe.

(18) Zu den Artikeln 24 und 26

In bezug auf Artikel 24 Absatz 3 und Artikel 26 gilt folgende Regelung: Werden Einkünfte in der Italienischen Republik und in der Bundesrepublik Deutschland unterschiedlich qualifiziert oder unterschiedlich zugerechnet und kann dieser Unterschied nicht durch ein Verständigungsverfahren nach Artikel 26 beseitigt werden, so gilt folgendes:

a. Würden die betreffenden Einkünfte doppelt besteuert, so vermeidet die Bundesrepublik Deutschland diese Doppelbesteuerung durch Steueranrechnung nach den Grundsätzen des Artikels 24 Absatz 3 Buchstabe b;

b. würden die betreffenden Einkünfte in der Italienischen Republik nicht oder nur ermäßigt besteuert und gleichzeitig von der deutschen Steuer befreit, so gewährt die Bundesrepublik Deutschland für diese Einkünfte nicht eine Steuerbefreiung nach Artikel 24 Absatz 3 Buchstabe a, sondern eine Steueranrechnung nach den Grundsätzen des Artikels 24 Absatz 3 Buchstabe b.

(19) Zu Artikel 26

Der Ausdruck "unbeschadet der nach dem innerstaatlichen Recht . . . vorgesehenen Rechtsmittel" in Artikel 26 Absatz 1 bedeutet, daß die Eröffnung des Verständigungsverfahrens das innerstaatliche Rechtsmittel nicht ersetzen kann.

(20) Zu Artikel 27

In bezug auf den in Artikel 27 vorgesehenen Informationsaustausch besteht Einverständnis darüber, daß dieser Austausch nach Maßgabe des innerstaatlichen Rechts beider Vertragsstaaten erfolgt, durch das die Richtlinie 77/799/EWG vom 19. Dezember 1977 über die gegenseitige Amtshilfe zwischen den zuständigen Behörden der Mitgliedstaaten im Bereich der direkten Steuern umgesetzt worden ist oder zukünftige EWG-Richtlinien auf diesem Gebiet umgesetzt werden.

(21) Zu Artikel 29

a. Der Quellensteuerabzug für Lizenzgebühren nach Artikel 12 des Abkommens kann auf Antrag des Gläubigers der Lizenzgebühren zu dem im Abkommen vorgesehenen Satz statt dem im innerstaatlichen Recht der Vertragsstaaten vorgesehenen Satz vorgenommen werden. Der Antrag kann jedoch auch vom Schuldner der Lizenzgebühren oder von einem Dritten gestellt werden, wenn diese von dem Gläubiger hierzu schriftlich bevollmächtigt sind und die Vollmacht der zuständigen Steuerbehörde vorgelegt wird. Für die Anträge sind die hierzu vorgesehenen Vordrucke zu verwenden, die vollständig ausgefüllt, unterschrieben und mit der Wohnsitzbestätigung des Staates, in dem der beschränkt steuerpflichtige Gläubiger der Lizenzgebühren ansässig ist, versehen sein müssen.

   Für alle anderen Einkünfte, die einem Quellensteuerabzug unterliegen, kann ein ähnliches Verfahren nach Artikel 29 Absatz 3 eingeführt werden.

b. Artikel 29 Absatz 3 schließt nicht die Auslegung aus, wonach die zuständigen Behörden der Vertragsstaaten in gegenseitigem Einvernehmen auch andere Verfahren für die Anwendung der Steuerermäßigungen, zu denen das Abkommen berechtigt, festlegen können.

(22) Zu Artikel 31

a. Artikel 5 Absatz 2 Buchstabe g findet nur auf Bauausführungen und Montagen Anwendung, die nach Inkrafttreten des Abkommens begonnen werden.

b. Abweichend von Artikel 31 Absatz 2 Buchstabe a des Abkommens findet Nummer 16 Buchstabe e dieses Protokolls ab 1. Januar 1989 Anwendung.

(23) Die zuständigen Behörden der Vertragsstaaten werden sich bemühen, die besonderen Schwierigkeiten, die sich ergeben können, wenn das Abkommen zu einer neuen Aufteilung der Besteuerungsrechte führt, in gegenseitigem Einvernehmen zu beseitigen. Dies gilt auch in den Fällen, in denen das alte Abkommen unterschiedlich ausgelegt wurde.

DBA Portugal

Abkommen zwischen der Bundesrepublik Deutschland und der Portugiesischen Republik zur Vermeidung der Doppelbesteuerung auf dem Gebiet der Steuern vom Einkommen und vom Vermögen

vom 15. Juli 1980 (BGBl 1982 II S. 130; BStBl 1982 I S. 348)

Abschnitt I Geltungsbereich des Abkommens

Artikel 1 Persönlicher Geltungsbereich

Dieses Abkommen gilt für Personen, die in einem Vertragsstaat oder in beiden Vertragsstaaten ansässig sind.

Artikel 2 Unter das Abkommen fallende Steuern

(1) Die zur Zeit bestehenden Steuern, für die das Abkommen gilt, sind

a. in Portugal:

1– die Steuer auf Grundbesitz (contribuição predial);

2– die Steuer auf landwirtschaftliche Einkünfte (imposto sobre a indústria agricola);

3– die Gewerbeeinkommensteuer (contribuição industrial);

4– die Steuer auf Einkommen aus beweglichem Vermögen (imposto de capitais);

5– die Berufseinkommensteuer (imposto profissional);

6– die Ergänzungsteuer (imposto complementar);

7– die Steuer auf Veräußerungsgewinne (imposto de mais-valias);

8– die Steuer auf Einkünfte aus Mineralöl (imposto sobre o rendimento do petróleo);

9– die Ergänzungsabgaben zu den vorgenannten Steuern;

10– andere Steuern, die in Anlehnung an die vorgenannten Steuern zugunsten von Gebietskörperschaften erhoben werden, und die entsprechenden Ergänzungsabgaben

(im folgenden als "portugiesische Steuer" bezeichnet);

b. in der Bundesrepublik Deutschland:

1– die Einkommensteuer;

2– die Körperschaftsteuer;

3– die Vermögensteuer;

4– die Grundsteuer;

5– die Gewerbesteuer;

6– die Ergänzungsabgaben zu den vorgenannten Steuern

(im folgenden als "deutsche Steuer" bezeichnet).

(2) Das Abkommen gilt auch für alle Steuern gleicher oder im wesentlichen ähnlicher Art, die nach der Unterzeichnung des Abkommens neben den bestehenden Steuern oder an deren Stelle erhoben werden. Die zuständigen Behörden der Vertragsstaaten teilen einander zu Beginn eines jeden Jahres die während des vorhergegangenen Jahres in ihren Steuergesetzen eingetretenen wesentlichen Änderungen mit.

Abschnitt II Begriffsbestimmungen

Artikel 3 Allgemeine Begriffsbestimmungen

(1) Im Sinne dieses Abkommens, wenn der Zusammenhang nichts anderes erfordert,

a. bedeuten die Ausdrücke "ein Vertragsstaat" und "der andere Vertragsstaat" je nach dem Zusammenhang die Bundesrepublik Deutschland oder die Portugiesische Republik;

b. bedeutet der Ausdruck "Portugal", im geographischen Sinne verwendet, das auf dem europäischen Festland gelegene Hoheitsgebiet der Portugiesischen Republik sowie den Azoren-Archipel und den Madeira-Archipel; der Ausdruck umfaßt ferner das Gebiet außerhalb des portugiesischen Küstenmeers, das in Übereinstimmung mit dem Völkerrecht nach den portugiesischen Rechtsvorschriften über den Festlandsockel als Gebiet bezeichnet wurde oder wird, in dem die Rechte Portugals hinsichtlich des Meeresbodens und Meeresuntergrunds sowie ihrer Naturschätze ausgeübt werden dürfen;

c. bedeutet der Ausdruck "Bundesrepublik Deutschland", im geographischen Sinne verwendet, den Geltungsbereich des Grundgesetzes für die Bundesrepublik Deutschland sowie das an die Hoheitsgewässer der Bundesrepublik Deutschland angrenzende und in Übereinstimmung mit dem Völkerrecht in bezug auf die Rechte, welche die Bundesrepublik Deutschland hinsichtlich des Meeresbodens und des Meeresuntergrunds sowie ihrer Naturschätze ausüben darf, steuerrechtlich als Inland bezeichnete Gebiet;

d. umfaßt der Ausdruck "Person" natürliche Personen und Gesellschaften;

e. bedeutet der Ausdruck "Gesellschaft" juristische Personen oder Rechtsträger, die für die Besteuerung wie juristische Personen behandelt werden;

f. bedeuten die Ausdrücke "Unternehmen eines Vertragsstaats" und "Unternehmen des anderen Vertragsstaats", je nachdem, ein Unternehmen, das von einer in einem Vertragsstaat ansässigen Person betrieben wird, oder ein Unternehmen, das von einer im anderen Vertragsstaat ansässigen Person betrieben wird;

g. bedeutet der Ausdruck "internationaler Verkehr" jede Beförderung mit einem Seeschiff oder Luftfahrzeug, das von einem Unternehmen mit tatsächlicher Geschäftsleitung in einem Vertragsstaat betrieben wird, sei es denn, das Seeschiff oder Luftfahrzeug wird ausschließlich zwischen Orten im anderen Vertragsstaat betrieben;

h. bedeutet der Ausdruck "Staatsangehöriger"

   i) in bezug auf Portugal

      aa) alle natürlichen Personen, die die portugiesische Staatsangehörigkeit besitzen;

      bb) alle juristischen Personen, Personengesellschaften und anderen Personenvereinigungen, die nach dem in der Portugiesischen Republik geltenden Recht errichtet worden sind;

   ii) in bezug auf die Bundesrepublik Deutschland alle Deutschen im Sinne des Artikels 116 Absatz 1 des Grundgesetzes für die Bundesrepublik Deutschland sowie alle juristischen Personen, Personengesellschaften und anderen Personenvereinigungen, die nach dem in der Bundesrepublik Deutschland geltenden Recht errichtet worden sind;

i. bedeutet der Ausdruck "zuständige Behörde"

   i) auf seiten Portugals den Minister der Finanzen, den Generaldirektor für Steuern (Director-General das Contribuições e Impostos) oder deren bevollmächtigten Vertreter;

   ii) auf seiten der Bundesrepublik Deutschland den Bundesminister der Finanzen.

(2) Bei der Anwendung des Abkommens durch einen Vertragsstaat hat, wenn der Zusammenhang nichts anderes erfordert, jeder im Abkommen nicht definierte Ausdruck die Bedeutung, die ihm nach dem Recht dieses Staates über die Steuern zukommt, für die das Abkommen gilt.

Artikel 4 Ansässige Person

(1) Im Sinne dieses Abkommens bedeutet der Ausdruck "eine in einem Vertragsstaat ansässige Person" eine Person, die nach dem Recht dieses Staates dort auf Grund ihres

Wohnsitzes, ihres ständigen Aufenthalts, des Ortes ihrer Geschäftsleitung oder eines anderen ähnlichen Merkmals steuerpflichtig ist. Der Ausdruck umfaßt jedoch nicht eine Person, die in diesem Staat nur mit Einkünften aus Quellen in diesem Staat oder mit in diesem Staat gelegenem Vermögen steuerpflichtig ist.

(2) Ist nach Absatz 1 eine natürliche Person in beiden Vertragsstaaten ansässig, so gilt folgendes:

a. Die Person gilt als in dem Staat ansässig, in dem sie über eine ständige Wohnstätte verfügt; verfügt sie in beiden Staaten über eine ständige Wohnstätte, so gilt sie als in dem Staat ansässig, zu dem sie die engeren persönlichen und wirtschaftlichen Beziehungen hat (Mittelpunkt der Lebensinteressen);

b. kann nicht bestimmt werden, in welchem Staat die Person den Mittelpunkt ihrer Lebensinteressen hat, oder verfügt sie in keinem der Staaten über eine ständige Wohnstätte, so gilt sie als in dem Staat ansässig, in dem sie ihren gewöhnlichen Aufenthalt hat;

c. hat die Person ihren gewöhnlichen Aufenthalt in beiden Staaten oder in keinem der Staaten, so gilt sie als in dem Staat ansässig, dessen Staatsangehöriger sie ist;

d. ist die Person Staatsangehöriger beider Staaten oder keines der Staaten, so regeln die zuständigen Behörden der Vertragsstaaten die Frage in gegenseitigem Einvernehmen.

(3) Ist nach Absatz 1 eine andere als eine natürliche Person in beiden Vertragsstaaten ansässig, so gilt sie als in dem Staat ansässig, in dem sich der Ort ihrer tatsächlichen Geschäftsleitung befindet.

(4) Bei Anwendung der Artikel 5 bis 23 wird der Gesellschafter einer Personengesellschaft hinsichtlich der Besteuerung seiner Einkünfte aus dieser Gesellschaft und des Vermögens, das er über diese Gesellschaft – ihre Ausschüttungen ausgenommen – besitzt, so behandelt, als sei er in dem Vertragsstaat ansässig, in dem sich der Ort der tatsächlichen Geschäftsleitung der Gesellschaft befindet. Diese Einkünfte und dieses Vermögen können, soweit sie nicht in diesem Staat der Besteuerung unterliegen, im anderen Staat besteuert werden.

Artikel 5 Betriebsstätte

(1) Im Sinne dieses Abkommens bedeutet der Ausdruck "Betriebsstätte" eine feste Geschäftseinrichtung, durch die die Tätigkeit eines Unternehmens ganz oder teilweise ausgeübt wird.

(2) Der Ausdruck "Betriebsstätte" umfaßt insbesondere:

a. einen Ort der Leitung,

b. eine Zweigniederlassung,

c. eine Geschäftsstelle,

d. eine Fabrikationsstätte,

e. eine Werkstätte und

f. ein Bergwerk, ein Öl- oder Gasvorkommen, einen Steinbruch oder eine andere Stätte der Ausbeutung von Bodenschätzen.

(3) Eine Bauausführung oder Montage ist nur dann eine Betriebsstätte, wenn ihre Dauer sechs Monate überschreitet.

(4) Ungeachtet der vorstehenden Bestimmungen dieses Artikels gelten nicht als Betriebsstätten:

a. Einrichtungen, die ausschließlich zur Lagerung, Ausstellung oder Auslieferung von Gütern oder Waren des Unternehmens benutzt werden;

b. Bestände von Gütern oder Waren des Unternehmens, die ausschließlich zur Lagerung, Ausstellung oder Auslieferung unterhalten werden;

c. Bestände von Gütern oder Waren des Unternehmens, die ausschließlich zu dem Zweck unterhalten werden, durch ein anderes Unternehmen bearbeitet oder verarbeitet zu werden;

d. eine feste Geschäftseinrichtung, die ausschließlich zu dem Zweck unterhalten wird, für das Unternehmen Güter oder Waren einzukaufen oder Informationen zu beschaffen;

e. eine feste Geschäftseinrichtung, die ausschließlich zu dem Zweck unterhalten wird, für das Unternehmen andere Tätigkeiten auszuüben, die vorbereitender Art sind oder eine Hilfstätigkeit darstellen;

f. eine feste Geschäftseinrichtung, die ausschließlich zu dem Zweck unterhalten wird, mehrere der unter den Buchstaben a bis e genannten Tätigkeiten auszuüben, vorausgesetzt, daß die sich daraus ergebende Gesamttätigkeit der festen Geschäftseinrichtung vorbereitender Art ist oder eine Hilfstätigkeit darstellt.

(5) Ist eine Person – mit Ausnahme eines unabhängigen Vertreters im Sinne des Absatzes 6 – für ein Unternehmen tätig und besitzt sie in einem Vertragsstaat die Vollmacht, im Namen des Unternehmens Verträge abzuschließen und übt sie die Vollmacht dort gewöhnlich aus, so wird das Unternehmen ungeachtet der Absätze 1 und 2 so behandelt, als habe es in diesem Staat für alle von der Person für das Unternehmen ausgeübten Tätigkeiten eine Betriebsstätte, es sei denn, diese Tätigkeiten beschränken sich auf

die in Absatz 4 genannten Tätigkeiten, die, würden sie durch eine feste Geschäftseinrichtung ausgeübt, diese Einrichtung nach dem genannten Absatz nicht zu einer Betriebsstätte machten.

(6) Ein Unternehmen wird nicht schon deshalb so behandelt, als habe es eine Betriebsstätte in einem Vertragsstaat, weil es dort seine Tätigkeit durch einen Makler, Kommissionär oder einen anderen unabhängigen Vertreter ausübt, sofern diese Personen im Rahmen ihrer ordentlichen Geschäftstätigkeit handeln.

(7) Allein dadurch, daß eine in einem Vertragsstaat ansässige Gesellschaft eine Gesellschaft beherrscht, oder von einer Gesellschaft beherrscht wird, die im anderen Vertragsstaat ansässig ist oder dort (entweder durch eine Betriebsstätte oder auf andere Weise) ihre Tätigkeit ausübt, wird keine der beiden Gesellschaften zur Betriebsstätte der anderen.

Abschnitt III Besteuerung des Einkommens

Artikel 6 Einkünfte aus unbeweglichem Vermögen

(1) Einkünfte, die eine in einem Vertragsstaat ansässige Person aus unbeweglichem Vermögen (einschließlich der Einkünfte aus land- und forstwirtschaftlichen Betrieben) bezieht, das im anderen Vertragsstaat liegt, können im anderen Staat besteuert werden.

(2) Der Ausdruck "unbewegliches Vermögen" hat die Bedeutung, die ihm nach dem Recht des Vertragsstaats zukommt, in dem das Vermögen liegt. Der Ausdruck umfaßt in jedem Fall das Zubehör zum unbeweglichen Vermögen, das lebende und tote Inventar land- und forstwirtschaftlicher Betriebe, die Rechte, für die die Vorschriften des Privatrechts über Grundstücke gelten, Nutzungsrechte an unbeweglichem Vermögen sowie Rechte auf veränderliche oder feste Vergütungen für die Ausbeutung oder das Recht auf Ausbeutung von Mineralvorkommen, Quellen und anderen Bodenschätzen; Schiffe und Luftfahrzeuge gelten nicht als unbewegliches Vermögen.

(3) Absatz 1 gilt für Einkünfte aus der unmittelbaren Nutzung, der Vermietung oder Verpachtung sowie jeder anderen Art der Nutzung unbeweglichen Vermögens.

(4) Die Absätze 1 und 3 gelten auch für Einkünfte aus unbeweglichem Vermögen eines Unternehmens und für Einkünfte aus unbeweglichem Vermögen, das der Ausübung einer selbständigen Arbeit dient.

(5) Die vorstehenden Bestimmungen gelten auch für Einkünfte aus beweglichem Vermögen, das nach dem Steuerrecht des Vertragsstaats, in dem das Vermögen liegt, den Einkünften aus unbeweglichem Vermögen gleichgestellt ist.

Artikel 7 Unternehmensgewinne

(1) Gewinne eines Unternehmens eines Vertragsstaats können nur in diesem Staat besteuert werden, es sei denn, das Unternehmen übt seine Tätigkeit im anderen Vertragsstaat durch eine dort gelegene Betriebsstätte aus. Übt das Unternehmen seine Tätigkeit auf diese Weise aus, so können die Gewinne des Unternehmens im anderen Staat besteuert werden, jedoch nur insoweit, als sie dieser Betriebsstätte zugerechnet werden können.

(2) Übt ein Unternehmen eines Vertragsstaats seine Tätigkeit im anderen Vertragsstaat durch eine dort gelegene Betriebsstätte aus, so werden vorbehaltlich des Absatzes 3 in jedem Vertragsstaat dieser Betriebsstätte die Gewinne zugerechnet, die sie hätte erzielen können, wenn sie eine gleiche oder ähnliche Tätigkeit unter gleichen oder ähnlichen Bedingungen als selbständiges Unternehmen ausgeübt hätte und im Verkehr mit dem Unternehmen, dessen Betriebsstätte sie ist, völlig unabhängig gewesen wäre.

(3) Bei der Ermittlung der Gewinne einer Betriebsstätte werden die für diese Betriebsstätte entstandenen Aufwendungen, einschließlich der Geschäftsführungs- und allgemeinen Verwaltungskosten, zum Abzug zugelassen, gleichgültig, ob sie in dem Staat, in dem die Betriebsstätte liegt, oder anderswo entstanden sind.

(4) Soweit es in einem Vertragsstaat üblich ist, die einer Betriebsstätte zuzurechnenden Gewinne durch Aufteilung der Gesamtgewinne des Unternehmens auf seine einzelnen Teile zu ermitteln, schließt Absatz 2 nicht aus, daß dieser Vertragsstaat die zu besteuernden Gewinne nach der üblichen Aufteilung ermittelt; die gewählte Gewinnaufteilung muß jedoch derart sein, daß das Ergebnis mit den Grundsätzen dieses Artikels übereinstimmt.

(5) Auf Grund des bloßen Einkaufs von Gütern oder Waren für das Unternehmen wird einer Betriebsstätte kein Gewinn zugerechnet.

(6) Bei der Anwendung der vorstehenden Absätze sind die der Betriebsstätte zuzurechnenden Gewinne jedes Jahr auf dieselbe Art zu ermitteln, es sei denn, daß ausreichende Gründe dafür bestehen, anders zu verfahren.

(7) Gehören zu den Gewinnen Einkünfte, die in anderen Artikeln dieses Abkommens behandelt werden, so werden die Bestimmungen jener Artikel durch die Bestimmungen dieses Artikels nicht berührt.

Artikel 8 Seeschiffahrt und Luftfahrt

(1) Gewinne aus dem Betrieb von Seeschiffen oder Luftfahrzeugen im internationalen Verkehr können nur in dem Vertragsstaat besteuert werden, in dem sich der Ort der tatsächlichen Geschäftsleitung des Unternehmens befindet.

(2) Befindet sich der Ort der tatsächlichen Geschäftsleitung eines Unternehmens der Seeschiffahrt an Bord eines Schiffes, so gilt er als in dem Vertragsstaat gelegen, in dem der Heimathafen des Schiffes liegt, oder, wenn kein Heimathafen vorhanden ist, in dem Vertragsstaat, in dem die Person ansässig ist, die das Schiff betreibt.

(3) Absatz 1 gilt auch für Gewinne aus der Beteiligung an einem Pool, einer Betriebsgemeinschaft oder einer internationalen Betriebsstelle.

Artikel 9 Verbundene Unternehmen

Wenn

a. ein Unternehmen eines Vertragsstaats unmittelbar oder mittelbar an der Geschäftsleitung, der Kontrolle oder dem Kapital eines Unternehmens des anderen Vertragsstaats beteiligt ist oder

b. dieselben Personen unmittelbar oder mittelbar an der Geschäftsleitung, der Kontrolle oder dem Kapital eines Unternehmens eines Vertragsstaats und eines Unternehmens des anderen Vertragsstaats beteiligt sind

und in diesen Fällen die beiden Unternehmen in ihren kaufmännischen oder finanziellen Beziehungen an vereinbarte oder auferlegte Bedingungen gebunden sind, die von denen abweichen, die unabhängige Unternehmen miteinander vereinbaren würden, so dürfen die Gewinne, die eines der Unternehmen ohne diese Bedingungen erzielt hätte, wegen dieser Bedingungen aber nicht erzielt hat, den Gewinnen dieses Unternehmens zugerechnet und entsprechend besteuert werden.

Artikel 10 Dividenden

(1) Dividenden, die eine in einem Vertragsstaat ansässige Gesellschaft an eine im anderen Vertragsstaat ansässige Person zahlt, können im anderen Staat besteuert werden.

(2) Diese Dividenden können jedoch auch in dem Vertragsstaat, in dem die die Dividenden zahlende Gesellschaft ansässig ist, nach dem Recht dieses Staates besteuert werden; die Steuer darf aber, wenn der Empfänger der Dividenden der Nutzungsberechtigte ist, 15 vom Hundert des Bruttobetrags der Dividenden nicht übersteigen. Die zuständigen Behörden der Vertragsstaaten regeln in gegenseitigem Einvernehmen, wie diese Begrenzungsbestimmung durchzuführen ist. Dieser Absatz berührt nicht die Besteuerung der Gesellschaft in bezug auf die Gewinne, aus denen die Dividenden gezahlt werden.

(3) Der in diesem Artikel verwendete Ausdruck "Dividenden" bedeutet Einkünfte aus Aktien, Genußrechten oder Genußscheinen, Kuxen, Gründeranteilen oder anderen Rechten – ausgenommen Forderungen – mit Gewinnbeteiligung sowie aus sonstigen

Gesellschaftsanteilen stammende Einkünfte, die nach dem Recht des Staates, in dem die ausschüttende Gesellschaft ansässig ist, den Einkünften aus Aktien steuerlich gleichgestellt sind, sowie Ausschüttungen auf Anteilscheine an einem Investmentvermögen.

(4) Die Absätze 1 und 2 sind nicht anzuwenden, wenn der in einem Vertragsstaat ansässige Nutzungsberechtigte im anderen Vertragsstaat, in dem die die Dividenden zahlende Gesellschaft ansässig ist, eine gewerbliche Tätigkeit durch eine dort gelegene Betriebsstätte oder eine selbständige Arbeit durch eine dort gelegene feste Einrichtung ausübt und die Beteiligung, für die die Dividenden gezahlt werden, tatsächlich zu dieser Betriebsstätte oder festen Einrichtung gehört. In diesem Fall können die Dividenden im anderen Staat nach dem Steuerrecht dieses Staates besteuert werden.

(5) Bezieht eine in einem Vertragsstaat ansässige Gesellschaft Gewinne oder Einkünfte aus dem anderen Vertragsstaat, so darf dieser andere Staat weder die von der Gesellschaft gezahlten Dividenden besteuern, es sei denn, daß diese Dividenden an eine im anderen Staat ansässige Person gezahlt werden oder daß die Beteiligung, für die die Dividenden gezahlt werden, tatsächlich zu einer im anderen Staat gelegenen Betriebsstätte oder festen Einrichtung gehört, noch Gewinne der Gesellschaft einer Steuer für nichtausgeschüttete Gewinne unterwerfen, selbst wenn die gezahlten Dividenden oder die nichtausgeschütteten Gewinne ganz oder teilweise aus im anderen Staat erzielten Gewinnen oder Einkünften bestehen.

Artikel 11 Zinsen

(1) Zinsen, die aus einem Vertragsstaat stammen und an eine im anderen Vertragsstaat ansässige Person gezahlt werden, können im anderen Staat besteuert werden.

(2) Diese Zinsen können jedoch auch in dem Vertragsstaat, aus dem sie stammen, nach dem Recht dieses Staates besteuert werden; die Steuer darf aber, wenn der Empfänger der Zinsen der Nutzungsberechtigte ist, nicht übersteigen

a. 10 vom Hundert des Bruttobetrages der Zinsen, wenn die Zinsen für Bankdarlehen jeder Art gezahlt werden. Auf Zinsen, die aus Portugal stammen, findet dieser Buchstabe nur Anwendung, wenn das Vorhaben, für welches das Darlehen gewährt wird, nach Auffassung der portugiesischen Regierung von wirtschaftlichem oder sozialem Interesse für das Land ist; diese Voraussetzung gilt stets dann als erfüllt, wenn das Vorhaben zu Entwicklungsplänen gehört, denen die genannte Regierung zugestimmt hat;

b. 15 vom Hundert des Bruttobetrages der Zinsen in allen anderen Fällen.

Die zuständigen Behörden der Vertragsstaaten regeln in gegenseitigem Einvernehmen, wie diese Begrenzungsbestimmung durchzuführen ist.

(3) Ungeachtet des Absatzes 2 sind Zinsen, die aus der Bundesrepublik Deutschland stammen und an die Banco de Portugal gezahlt werden, von der deutschen Steuer befreit, und Zinsen, die aus Portugal stammen und an die Deutsche Bundesbank gezahlt werden, von der portugiesischen Steuer befreit. Die zuständigen Behörden können die Bestimmungen dieses Absatzes in gegenseitigem Einvernehmen auf die an andere ähnliche Einrichtungen gezahlten Zinsen erstrecken.

(4) Der in diesem Artikel verwendete Ausdruck "Zinsen" bedeutet Einkünfte aus öffentlichen Anleihen, aus Schuldverschreibungen, auch wenn sie durch Pfandrechte an Grundstücken gesichert oder mit einer Gewinnbeteiligung ausgestattet sind und aus Forderungen jeder Art sowie alle anderen Einkünfte, die nach dem Steuerrecht des Staates, aus dem sie stammen, den Einkünften aus Darlehen gleichgestellt sind.

(5) Die Absätze 1 und 2 sind nicht anzuwenden, wenn der in einem Vertragsstaat ansässige Nutzungsberechtigte im anderen Vertragsstaat, aus dem die Zinsen stammen, eine gewerbliche Tätigkeit durch eine dort gelegene Betriebsstätte oder eine selbständige Arbeit durch eine dort gelegene feste Einrichtung ausübt und die Forderung, für die die Zinsen gezahlt werden, tatsächlich zu dieser Betriebsstätte oder festen Einrichtung gehört. In diesem Fall können die Zinsen im anderen Staat nach dem Steuerrecht dieses Staates besteuert werden.

(6) Zinsen gelten dann als aus einem Vertragsstaat stammend, wenn der Schuldner dieser Staat selbst, eine seiner Gebietskörperschaften oder eine in diesem Staat ansässige Person ist. Hat aber der Schuldner der Zinsen, ohne Rücksicht darauf, ob er in einem Vertragsstaat ansässig ist oder nicht, in einem Vertragsstaat eine Betriebsstätte oder eine feste Einrichtung und ist die Schuld, für die die Zinsen gezahlt werden, für Zwecke der Betriebsstätte oder der festen Einrichtung eingegangen worden und trägt die Betriebsstätte oder die feste Einrichtung die Zinsen, so gelten die Zinsen als aus dem Staat stammend, in dem die Betriebsstätte oder die feste Einrichtung liegt.

(7) Bestehen zwischen dem Schuldner und dem Nutzungsberechtigten oder zwischen jedem von ihnen und einem Dritten besondere Beziehungen und übersteigen deshalb die Zinsen, gemessen an der zugrundeliegenden Forderung den Betrag, den Schuldner und Nutzungsberechtigter ohne diese Beziehungen vereinbart hätten, so wird dieser Artikel nur auf den letzteren Betrag angewendet. In diesem Fall kann der übersteigende Betrag nach dem Recht eines jeden Vertragsstaats und unter Berücksichtigung der anderen Bestimmungen dieses Abkommens besteuert werden.

Artikel 12 Lizenzgebühren

(1) Lizenzgebühren, die aus einem Vertragsstaat stammen und an eine im anderen Vertragsstaat ansässige Person gezahlt werden, können im anderen Staat besteuert werden.

(2) Die Lizenzgebühren können jedoch auch in dem Vertragsstaat, aus dem sie stammen, nach dem Recht dieses Staates besteuert werden; die Steuer darf aber, wenn der Empfänger der Lizenzgebühren der Nutzungsberechtigte ist, 10 vom Hundert des Bruttobetrags der Lizenzgebühren nicht übersteigen. Die zuständigen Behörden der Vertragsstaaten regeln in gegenseitigem Einvernehmen, wie diese Begrenzungsbestimmung durchzuführen ist.

(3) Der in diesem Artikel verwendete Ausdruck "Lizenzgebühren" bedeutet Vergütungen jeder Art, die für die Benutzung oder für das Recht auf Benutzung von Urheberrechten an literarischen, künstlerischen oder wissenschaftlichen Werken, einschließlich kinematographischer Filme und Filme oder Bandaufnahmen für Rundfunk oder Fernsehen, von Patenten, Warenzeichen, Mustern oder Modellen, Plänen, geheimen Formeln oder Verfahren oder für die Benutzung oder das Recht auf Benutzung gewerblicher, kaufmännischer oder wissenschaftlicher Ausrüstungen oder für die Mitteilung gewerblicher, kaufmännischer oder wissenschaftlicher Erfahrungen gezahlt werden.

(4) Die Absätze 1 und 2 sind nicht anzuwenden, wenn der in einem Vertragsstaat ansässige Nutzungsberechtigte im anderen Vertragsstaat, aus dem die Lizenzgebühren stammen, eine gewerbliche Tätigkeit durch eine dort gelegene Betriebsstätte oder eine selbständige Arbeit durch eine dort gelegene feste Einrichtung ausübt und die Rechte oder Vermögenswerte, für die die Lizenzgebühren gezahlt werden, tatsächlich zu dieser Betriebsstätte oder festen Einrichtung gehören. In diesem Fall können die Lizenzgebühren im anderen Staat nach dem Steuerrecht dieses Staates besteuert werden.

(5) Lizenzgebühren gelten dann als aus einem Vertragsstaat stammend, wenn der Schuldner dieser Staat selbst, eine seiner Gebietskörperschaften oder eine in diesem Staat ansässige Person ist. Hat aber der Schuldner der Lizenzgebühren, ohne Rücksicht darauf, ob er in einem Vertragsstaat ansässig ist oder nicht, in einem Vertragsstaat eine Betriebsstätte oder eine feste Einrichtung und ist die Verpflichtung zur Zahlung der Lizenzgebühren für Zwecke der Betriebsstätte eingegangen und trägt die Betriebsstätte oder die feste Einrichtung die Lizenzgebühren, so gelten die Lizenzgebühren als aus dem Staat stammend, in dem die Betriebsstätte oder feste Einrichtung liegt.

(6) Bestehen zwischen dem Schuldner und dem Nutzungsberechtigten oder zwischen jedem von ihnen und einem Dritten besondere Beziehungen und übersteigen deshalb die Lizenzgebühren, gemessen an der zugrundeliegenden Leistung, den Betrag, den Schuldner und Nutzungsberechtigter ohne diese Beziehungen vereinbart hätten, so

wird dieser Artikel nur auf den letzteren Betrag angewendet. In diesem Fall kann der übersteigende Betrag nach dem Recht eines jeden Vertragsstaats und unter Berücksichtigung der anderen Bestimmungen dieses Abkommens besteuert werden.

Artikel 13 Gewinne aus der Veräußerung von Vermögen

(1) Gewinne, die eine in einem Vertragsstaat ansässige Person aus der Veräußerung unbeweglichen Vermögens im Sinne des Artikels 6 bezieht, das in einem anderen Vertragsstaat liegt, können im anderen Staat besteuert werden.

(2) Gewinne aus der Veräußerung beweglichen Vermögens, das Betriebsvermögen einer Betriebsstätte ist, die ein Unternehmen eines Vertragsstaats im anderen Vertragsstaat hat, oder das zu einer festen Einrichtung gehört, die einer in einem Vertragsstaat ansässigen Person für die Ausübung einer selbständigen Arbeit im anderen Vertragsstaat zur Verfügung steht, einschließlich derartiger Gewinne, die bei der Veräußerung einer solchen Betriebsstätte (allein oder mit dem übrigen Unternehmen) oder einer solchen festen Einrichtung erzielt werden, können im anderen Staat besteuert werden.

(3) Gewinne aus der Veräußerung von Seeschiffen oder Luftfahrzeugen, die im internationalen Verkehr betrieben werden und von beweglichem Vermögen, das dem Betrieb dieser Schiffe oder Luftfahrzeuge dient, können nur in dem Vertragsstaat besteuert werden, in dem sich der Ort der tatsächlichen Geschäftsleitung des Unternehmens befindet.

(4) Gewinne aus der Veräußerung des in den Absätzen 1, 2 und 3 nicht genannten Vermögens können nur in dem Vertragsstaat besteuert werden, in dem der Veräußerer ansässig ist.

Artikel 14 Selbständige Arbeit

(1) Einkünfte, die eine in einem Vertragsstaat ansässige Person aus einem freien Beruf oder aus sonstiger selbständiger Tätigkeit bezieht, können nur in diesem Staat besteuert werden. Unter den folgenden Umständen können diese Einkünfte jedoch dann im anderen Vertragsstaat besteuert werden,

a. wenn der Person für die Ausübung ihrer Tätigkeit im anderen Vertragsstaat gewöhnlich eine feste Einrichtung zur Verfügung steht; in diesem Fall können die Einkünfte im anderen Vertragsstaat besteuert werden, jedoch nur insoweit, als sie dieser festen Einrichtung zugerechnet werden können; oder

b. wenn die Person sich im anderen Vertragsstaat insgesamt mindestens 183 Tage während des Kalenderjahres aufhält.

(2) Der Ausdruck "freier Beruf" umfaßt insbesondere die selbständig ausgeübte wissenschaftliche, literarische, künstlerische, erzieherische oder unterrichtende Tätigkeit sowie die selbständige Tätigkeit der Ärzte, Rechtsanwälte, Ingenieure, Architekten, Zahnärzte und Buchsachverständigen.

Artikel 15 Unselbständige Arbeit

(1) Vorbehaltlich der Artikel 16, 18, 19, 20 und 21 können Gehälter, Löhne und ähnliche Vergütungen, die eine in einem Vertragsstaat ansässige Person aus unselbständiger Arbeit bezieht, nur in diesem Staat besteuert werden, es sei denn, die Arbeit wird im anderen Vertragsstaat ausgeübt. Wird die Arbeit dort ausgeübt, so können die dafür bezogenen Vergütungen im anderen Staat besteuert werden.

(2) Ungeachtet des Absatzes 1 können Vergütungen, die eine in einem Vertragsstaat ansässige Person für eine im anderen Vertragsstaat ausgeübte unselbständige Arbeit bezieht, nur im erstgenannten Staat besteuert werden, wenn

a. der Empfänger sich im anderen Staat insgesamt nicht länger als 183 Tage während des betreffenden Kalenderjahres aufhält und

b. die Vergütungen von einem Arbeitgeber oder für einen Arbeitgeber gezahlt werden, der nicht im anderen Staat ansässig ist und

c. die Vergütungen nicht von einer Betriebsstätte oder einer festen Einrichtung getragen werden, die der Arbeitgeber im anderen Staat hat.

(3) Ungeachtet der vorstehenden Bestimmungen dieses Artikels können Vergütungen für unselbständige Arbeit, die an Bord eines im internationalen Verkehr betriebenen Seeschiffes oder Luftfahrzeuges ausgeübt wird, in dem Vertragsstaat besteuert werden, in dem sich der Ort der tatsächlichen Geschäftsleitung des Unternehmens befindet.

Artikel 16 Aufsichtsrats- und Verwaltungsratsvergütungen

Aufsichtsrats- oder Verwaltungsratsvergütungen und ähnliche Zahlungen, die eine in einem Vertragsstaat ansässige Person in ihrer Eigenschaft als Mitglied des Aufsichts- oder Verwaltungsrats (in Portugal: conselho fiscal) oder eines ähnlichen Organs einer Gesellschaft bezieht, die im anderen Vertragsstaat ansässig ist, können im anderen Staat besteuert werden, vorausgesetzt, daß die Vergütungen, die die Gesellschaft an ein Mitglied ihrer Organe für die Ausübung einer fortlaufenden Tätigkeit zahlt, nach Artikel 15 besteuert werden können.

Artikel 17 Künstler und Sportler

(1) Ungeachtet der Artikel 14 und 15 können Einkünfte, die eine in einem Vertragsstaat ansässige Person als Künstler, wie Bühnen-, Film-, Rundfunk- und Fernsehkünstler sowie Musiker, oder als Sportler aus ihrer im anderen Vertragsstaat persönlich ausgeübten Tätigkeit bezieht, im anderen Staat besteuert werden.

(2) Fließen Einkünfte aus einer von einem Künstler oder Sportler in dieser Eigenschaft persönlich ausgeübten Tätigkeit nicht dem Künstler oder Sportler selbst, sondern einer anderen Person zu, so können diese Einkünfte ungeachtet der Artikel 7, 14 und 15 in dem Vertragsstaat besteuert werden, in dem der Künstler oder Sportler seine Tätigkeit ausübt.

Artikel 18 Ruhegehälter

Ruhegehälter und ähnliche Vergütungen, die einer in einem Vertragsstaat ansässigen Person für frühere unselbständige Arbeit gezahlt werden, können nur in diesem Staat besteuert werden.

Artikel 19 Öffentlicher Dienst

(1) Vorbehaltlich des Artikels 18 können Vergütungen, die von einem Vertragsstaat, einem seiner Länder oder einer ihrer Gebietskörperschaften unmittelbar oder aus einem von diesem Staat, dem Land oder der Gebietskörperschaft errichteten Sondervermögen an eine natürliche Person für unselbständige Arbeit gewährt werden, nur in diesem Staat besteuert werden. Wird aber die unselbständige Arbeit im anderen Vertragsstaat von einem Angehörigen dieses Staates ausgeübt, der nicht Angehöriger des erstgenannten Staates ist, so können die Vergütungen nur in diesem anderen Staat besteuert werden.

(2) Auf Vergütungen für Dienstleistungen, die im Zusammenhang mit einer gewerblichen Tätigkeit eines Vertragsstaats, eines seiner Länder oder einer ihrer Gebietskörperschaften erbracht werden, sind die Artikel 15, 16 und 17 anzuwenden.

Artikel 20 Hochschullehrer

Vorbehaltlich des Artikels 19 ist ein Hochschullehrer oder Lehrer, der in einem Vertragsstaat ansässig ist oder unmittelbar vorher dort ansässig war und der sich auf Einladung der Regierung des anderen Vertragsstaats oder einer nicht auf Gewinnerzielung gerichteten Universität oder anderen anerkannten, nicht auf Gewinnerzielung gerichteten Lehranstalt des anderen Vertragsstaats oder im Rahmen eines amtlichen Kulturaustauschprogramms für höchstens zwei Jahre nur deshalb in den anderen Vertragsstaat begibt, um an dieser Universität oder Lehranstalt im öffentlichen Interesse eine Lehrtätigkeit oder Forschungstätigkeit auszuüben oder Vorlesungen zu halten, im anderen Staat mit seinen für diese Tätigkeit bezogenen Vergütungen von der Steuer befreit, vorausgesetzt, daß die Vergütungen von außerhalb des anderen Staates bezogen werden.

Artikel 21 Studenten

(1) Ist eine natürliche Person in einem Vertragsstaat ansässig oder war sie dort unmittelbar vor der Einreise in den anderen Vertragsstaat ansässig und hält sie sich im anderen Staat ausschließlich als Student einer Universität, Hochschule, Schule oder anderen ähnlichen Lehranstalt dieses anderen Staates oder als Lehrling eines gewerblichen, landwirtschaftlichen, forstwirtschaftlichen oder technischen Betriebs (in der Bundesrepublik Deutschland einschließlich der Volontäre und Praktikanten) vorübergehend auf, so ist sie vom Tag ihrer ersten Ankunft im anderen Staat im Zusammenhang mit diesem Aufenthalt an von der Steuer dieses anderen Staates befreit

a. hinsichtlich der für ihren Unterhalt, ihr Studium oder ihre Ausbildung bestimmten Überweisungen aus dem Ausland und

b. während der Dauer von insgesamt höchstens drei Jahren hinsichtlich aller Vergütungen bis zu 7 200 DM oder deren Gegenwert in portugiesischer Währung je Kalenderjahr für Arbeit, die sie im anderen Vertragsstaat ausübt, um die Mittel für ihren Unterhalt, ihr Studium oder ihre Ausbildung zu ergänzen.

(2) Ist eine natürliche Person in einem Vertragsstaat ansässig oder war sie dort unmittelbar vor der Einreise in den anderen Vertragsstaat ansässig und hält sie sich im anderen Vertragsstaat ausschließlich zum Studium, zur Forschung oder zur Ausbildung als Empfänger eines Zuschusses, Unterhaltsbeitrags oder Stipendiums einer wissenschaftlichen, pädagogischen, religiösen oder mildtätigen Organisation oder im Rahmen eines Programms der Zusammenarbeit, das von der Regierung eines Vertragsstaats durchgeführt wird, vorübergehend auf, so ist sie vom Tag ihrer ersten Ankunft im anderen Staat an von der Steuer dieses Staates befreit

a. hinsichtlich dieses Zuschusses, Unterhaltsbeitrags oder Stipendiums;

b. hinsichtlich der für ihren Unterhalt oder ihre Ausbildung bestimmten Überweisungen aus dem Ausland und

c. während der Dauer von insgesamt höchstens drei Jahren hinsichtlich aller Vergütungen bis zu 7 200 DM oder deren Gegenwert in portugiesischer Währung je Kalenderjahr für Arbeit, die sie im anderen Vertragsstaat ausübt, um die Mittel für ihren Unterhalt, ihr Studium oder ihre Ausbildung zu ergänzen.

(3) Eine in einem Vertragsstaat ansässige Person, die bei einem Unternehmen dieses Staates oder bei einer der in Absatz 2 erwähnten Organisationen angestellt ist oder in einem Vertragsverhältnis zu dem Unternehmen oder der Organisation steht und die sich im anderen Vertragsstaat vorübergehend nicht länger als ein Jahr ausschließlich zu dem Zweck aufhält, fachliche, berufliche oder geschäftliche Erfahrungen außerhalb des Unternehmens oder der Organisation zu sammeln, ist im anderen Staat mit Vergütungen für Arbeit – gleichgültig, wo diese ausgeübt wird – von der Steuer befreit, es sei denn, daß die Vergütungen 15 000 DM oder deren Gegenwert in portugiesischer Währung übersteigen.

Artikel 22 Andere Einkünfte

(1) Einkünfte einer in einem Vertragsstaat ansässigen Person, die in den vorstehenden Artikeln nicht behandelt wurden, können ohne Rücksicht auf ihre Herkunft nur in diesem Staat besteuert werden. Unterliegen die Einkünfte jedoch in diesem Staat nicht der Steuer, so können sie im anderen Vertragsstaat besteuert werden.

(2) Absatz 1 Satz 1 ist auf andere Einkünfte als solche aus unbeweglichem Vermögen im Sinne des Artikels 6 Absatz 2 nicht anzuwenden, wenn der in einem Vertragsstaat ansässige Empfänger im anderen Vertragsstaat eine gewerbliche Tätigkeit durch eine dort gelegene Betriebsstätte oder eine selbständige Arbeit durch eine dort gelegene feste Einrichtung ausübt und die Rechte oder Vermögenswerte, für die die Einkünfte gezahlt werden, tatsächlich zu dieser Betriebsstätte oder festen Einrichtung gehören. In diesem Fall können die Einkünfte im anderen Staat nach dem Steuerrecht dieses Staates besteuert werden.

Abschnitt IV Besteuerung des Vermögens

Artikel 23 Vermögen

(1) Unbewegliches Vermögen im Sinne des Artikels 6, das einer in einem Vertragsstaat ansässigen Person gehört und im anderen Vertragsstaat liegt, kann im anderen Staat besteuert werden.

(2) Bewegliches Vermögen, das Betriebsvermögen einer Betriebsstätte ist, die ein Unternehmen eines Vertragsstaats im anderen Vertragsstaat hat oder das zu einer festen Einrichtung gehört, die einer in einem Vertragsstaat ansässigen Person für die Ausübung einer selbständigen Arbeit im anderen Vertragsstaat zur Verfügung steht, kann im anderen Staat besteuert werden.

(3) Seeschiffe und Luftfahrzeuge, die im internationalen Verkehr betrieben werden, sowie bewegliches Vermögen, das dem Betrieb dieser Schiffe oder Luftfahrzeuge dient,

können nur in dem Vertragsstaat besteuert werden, in dem sich der Ort der tatsächlichen Geschäftsleitung des Unternehmens befindet.

(4) Alle anderen Vermögensteile einer in einem Vertragsstaat ansässigen Person können nur in diesem Staat besteuert werden.

Abschnitt V Behebung der Doppelbesteuerung

Artikel 24 Methoden

(1)

a. Bezieht eine in Portugal ansässige Person Einkünfte, die nach diesem Abkommen in der Bundesrepublik Deutschland besteuert werden können, so rechnet Portugal auf die vom Einkommen dieser Person zu erhebende Steuer den Betrag an, der der in der Bundesrepublik Deutschland gezahlten Einkommensteuer entspricht. Der anzurechnende Betrag darf jedoch den Teil der vor der Anrechnung ermittelten Einkommensteuer nicht übersteigen, der auf die Einkünfte entfällt, die in der Bundesrepublik Deutschland besteuert werden können.

b. Einkünfte einer in Portugal ansässigen Person, die nach dem Abkommen von der Besteuerung in diesem Staat auszunehmen sind, können gleichwohl in Portugal bei der Festsetzung der Steuer für das übrige Einkommen der Person einbezogen werden.

(2) Bei einer in der Bundesrepublik Deutschland ansässigen Person wird die Steuer wie folgt festgesetzt:

a. Soweit nicht Buchstabe b anzuwenden ist, werden von der Bemessungsgrundlage der deutschen Steuer die Einkünfte aus Portugal sowie die in Portugal gelegenen Vermögenswerte ausgenommen, die nach diesem Abkommen in Portugal besteuert werden können. Die Bundesrepublik Deutschland behält aber das Recht, die so ausgenommenen Einkünfte und Vermögenswerte bei der Festsetzung des Steuersatzes zu berücksichtigen. Auf Dividenden sind die vorstehenden Bestimmungen nur anzuwenden, wenn die Dividenden an eine in der Bundesrepublik Deutschland ansässige Gesellschaft von einer in Portugal ansässigen Gesellschaft gezahlt werden, deren Kapital zu mindestens 25 vom Hundert unmittelbar der deutschen Gesellschaft gehört. Bei der Vermögensteuer werden von der Bemessungsgrundlage der deutschen Steuer ebenfalls Beteiligungen ausgenommen, deren Dividenden, falls solche gezahlt werden, nach dem vorhergehenden Satz von der Bemessungsgrundlage der deutschen Steuer auszunehmen wären.

b. Auf die von den nachstehenden Einkünften aus Portugal zu erhebende deutsche Einkommensteuer und Körperschaftsteuer und auf die von den nachstehenden in

Portugal gelegenen Vermögenswerten zu erhebende deutsche Vermögensteuer wird die entsprechende portugiesische Steuer angerechnet, die nach dem Recht Portugals und in Übereinstimmung mit diesem Abkommen gezahlt worden ist für

aa) Dividenden, die nicht unter Buchstabe a fallen und auf die Artikel 10 Absatz 2 Anwendung findet;

bb) Zinsen, auf die Artikel 11 Absatz 2 Anwendung findet;

cc) Lizenzgebühren, auf die Artikel 12 Absatz 2 Anwendung findet;

dd) Vergütungen, auf die Artikel 16 Anwendung findet;

ee) Einkünfte, auf die Artikel 17 Anwendung findet.

Der anzurechnende Betrag darf jedoch nicht den Teil der vor der Anrechnung ermittelten deutschen Steuer übersteigen, der auf diese Einkünfte oder Vermögenswerte entfällt.

c. Für die Zwecke der Anrechnung nach Buchstabe b wird in jedem Fall davon ausgegangen, daß die nach den Doppelbuchstaben aa, bb und cc anzurechnende portugiesische Steuer 15 vom Hundert des Bruttobetrags der Dividenden, Zinsen und Lizenzgebühren beträgt.

Abschnitt VI Besondere Bestimmungen

Artikel 25 Gleichbehandlung

(1) Staatsangehörige eines Vertragsstaats dürfen im anderen Vertragsstaat keiner Besteuerung oder damit zusammenhängenden Verpflichtung unterworfen werden, die anders oder belastender ist als die Besteuerung und die damit zusammenhängenden Verpflichtungen, denen Staatsangehörige des anderen Staates unter gleichen Verhältnissen unterworfen sind oder unterworfen werden können. Diese Bestimmung gilt ungeachtet des Artikels 1 auch für Personen, die in keinem Vertragsstaat ansässig sind.

(2) Die Besteuerung einer Betriebsstätte, die ein Unternehmen eines Vertragsstaats im anderen Vertragsstaat hat, darf im anderen Staat nicht ungünstiger sein als die Besteuerung von Unternehmen des anderen Staates, die die gleiche Tätigkeit ausüben. Diese Bestimmung ist nicht so auszulegen, als verpflichte sie einen Vertragsstaat, den im anderen Vertragsstaat ansässigen Personen Steuerfreibeträge, -vergünstigungen und -ermäßigungen auf Grund des Personenstandes oder der Familienlasten zu gewähren, die er seinen ansässigen Personen gewährt.

(3) Sofern nicht Artikel 9, Artikel 11 Absatz 7 oder Artikel 12 Absatz 6 anzuwenden ist, sind Zinsen, Lizenzgebühren und andere Entgelte, die ein Unternehmen eines Vertragsstaats an eine im anderen Vertragsstaat ansässige Person zahlt, bei der Ermittlung der

steuerpflichtigen Gewinne dieses Unternehmens unter den gleichen Bedingungen wie Zahlungen an eine im erstgenannten Staat ansässige Person zum Abzug zuzulassen. Dementsprechend sind Schulden, die ein Unternehmen eines Vertragsstaats gegenüber einer im anderen Vertragsstaat ansässigen Person hat, bei der Ermittlung des steuerpflichtigen Vermögens dieses Unternehmens unter den gleichen Bedingungen wie Schulden gegenüber einer im erstgenannten Staat ansässigen Person zum Abzug zuzulassen.

(4) Unternehmen eines Vertragsstaats, deren Kapital ganz oder teilweise unmittelbar oder mittelbar einer im anderen Vertragsstaat ansässigen Person oder mehreren solchen Personen gehört oder ihrer Kontrolle unterliegt, dürfen im erstgenannten Staat keiner Besteuerung oder damit zusammenhängenden Verpflichtung unterworfen werden, die anders oder belastender ist als die Besteuerung und die damit zusammenhängenden Verpflichtungen, denen andere ähnliche Unternehmen des erstgenannten Staates unterworfen sind oder unterworfen werden können.

Artikel 26 Verständigungsverfahren

(1) Ist eine Person der Auffassung, daß Maßnahmen eines Vertragsstaats oder beider Vertragsstaaten für sie zu einer Besteuerung führen oder führen werden, die diesem Abkommen nicht entspricht, so kann sie unbeschadet der nach dem innerstaatlichen Recht dieser Staaten vorgesehenen Rechtsmittel ihren Fall der zuständigen Behörde des Vertragsstaats, in dem sie ansässig ist, oder, sofern ihr Fall von Artikel 25 Absatz 1 erfaßt wird, der zuständigen Behörde des Vertragsstaats unterbreiten, dessen Staatsangehöriger sie ist. Der Fall muß innerhalb von zwei Jahren nach der ersten Mitteilung der Maßnahme unterbreitet werden, die zu einer dem Abkommen nicht entsprechenden Besteuerung führt.

(2) Hält die zuständige Behörde die Einwendung für begründet und ist sie selbst nicht in der Lage, eine befriedigende Lösung herbeizuführen, so wird sie sich bemühen, den Fall durch Verständigung mit der zuständigen Behörde des anderen Vertragsstaats so zu regeln, daß eine dem Abkommen nicht entsprechende Besteuerung vermieden wird.

(3) Die zuständigen Behörden der Vertragsstaaten werden sich bemühen, Schwierigkeiten oder Zweifel, die bei der Auslegung oder Anwendung des Abkommens entstehen, in gegenseitigem Einvernehmen zu beseitigen.

(4) Die zuständigen Behörden der Vertragsstaaten können zur Herbeiführung einer Einigung im Sinne der vorstehenden Absätze unmittelbar miteinander verkehren. Erscheint ein mündlicher Meinungsaustausch für die Herbeiführung der Einigung zweckmäßig, so kann ein solcher Meinungsaustausch in einer Kommission durchgeführt werden, die aus Vertretern der zuständigen Behörden der Vertragsstaaten besteht.

Artikel 27 Informationsaustausch

(1) Die zuständigen Behörden der Vertragsstaaten tauschen die Informationen aus, die zur Durchführung dieses Abkommens und des innerstaatlichen Rechts der Vertragsstaaten betreffend die unter das Abkommen fallenden Steuern erforderlich sind, soweit die diesem Recht entsprechende Besteuerung mit dem Abkommen im Einklang steht. Alle so ausgetauschten Informationen sind geheimzuhalten und dürfen nur solchen Personen oder Behörden (einschließlich der Gerichte) zugänglich gemacht werden, die mit der Veranlagung oder Erhebung der unter das Abkommen fallenden Steuern befaßt sind.

(2) Absatz 1 ist nicht so auszulegen, als verpflichte er einen Vertragsstaat,

a. Verwaltungsmaßnahmen durchzuführen, die von den Gesetzen und der Verwaltungspraxis dieses oder des anderen Vertragsstaats abweichen;

b. Informationen zu erteilen, die nach den Gesetzen oder im üblichen Verwaltungsverfahren dieses oder des anderen Vertragsstaats nicht beschafft werden können;

c. Informationen zu erteilen, die ein Handels-, Industrie-, Gewerbe- oder Berufsgeheimnis oder ein Verfahren preisgeben würden oder deren Erteilung der öffentlichen Ordnung widerspräche.

Artikel 28 Diplomaten und Konsularbeamte

(1) Dieses Abkommen berührt nicht die steuerlichen Vorrechte, die den Diplomaten und Konsularbeamten nach den allgemeinen Regeln des Völkerrechts oder auf Grund besonderer Übereinkünfte zustehen.

(2) Ungeachtet des Artikels 4 gelten natürliche Personen, die Mitglieder einer diplomatischen Mission, konsularischen Vertretung oder ständigen Vertretung eines Vertragsstaats im anderen Vertragsstaat oder in einem dritten Staat sind, für die Zwecke dieses Abkommens als im Entsendestaat ansässig, wenn sie

a. nach dem Völkerrecht im Empfangsstaat mit den Einkünften aus Quellen außerhalb dieses Staates oder mit dem außerhalb dieses Staates gelegenen Vermögen nicht steuerpflichtig sind und

b. im Entsendestaat zu den Steuern vom Gesamteinkommen und vom Vermögen wie in diesem Staat ansässige Personen herangezogen werden.

Artikel 29 Land Berlin

Dieses Abkommen gilt auch für das Land Berlin, sofern nicht die Regierung der Bundesrepublik Deutschland gegenüber der Regierung der Portugiesischen Republik innerhalb von drei Monaten nach Inkrafttreten des Abkommens eine gegenteilige Erklärung abgibt.

Abschnitt VII Schlußbestimmungen

Artikel 30 Inkrafttreten

(1) Dieses Abkommen bedarf der Ratifikation; die Ratifikationsurkunden werden so bald wie möglich in Bonn ausgetauscht.

(2) Das Abkommen tritt einen Monat nach Austausch der Ratifikationsurkunden in Kraft und seine Bestimmungen finden erstmals Anwendung

a. bei den im Abzugsweg erhobenen Steuern, wenn der Steuertatbestand nach dem 31. Dezember des Jahres eintritt, in dem die Ratifikationsurkunden ausgetauscht werden;

b. bei den anderen Steuern auf die Einkünfte, die in dem Kalenderjahr entstehen, das dem Jahr folgt, in dem die Ratifikationsurkunden ausgetauscht werden, und auf die Vermögenswerte, die in dem genannten Kalenderjahr gehalten werden.

Artikel 31 Kündigung

Dieses Abkommen bleibt in Kraft, solange es nicht von einem Vertragsstaat gekündigt wird. Jeder Vertragsstaat kann vom zweiten Jahr an, das dem Jahr folgt, in dem die Ratifikationsurkunden ausgetauscht werden, das Abkommen auf diplomatischem Weg unter Einhaltung einer Frist von mindestens sechs Monaten zum Ende eines Kalenderjahres kündigen. In diesem Fall findet das Abkommen nicht mehr Anwendung

a. bei den im Abzugsweg erhobenen Steuern, wenn der Steuertatbestand nach dem 31. Dezember des Kündigungsjahres eintritt;

b. bei den anderen Steuern auf die Einkünfte, die nach dem 31. Dezember des Kündigungsjahres entstehen, oder auf die Vermögenswerte, die nach dem 31. Dezember des Kündigungsjahres gehalten werden.

Protokoll

Die Bundesrepublik Deutschland und die Portugiesische Republik haben anläßlich der Unterzeichnung des Abkommens zwischen den beiden Staaten zur Vermeidung der Doppelbesteuerung auf dem Gebiet der Steuern vom Einkommen und vom Vermögen am 15. Juli 1980 in Lissabon die nachstehenden Bestimmungen vereinbart, die Bestandteil des Abkommens sind.

1. Zu Artikel 2

Sollte Portugal eine der deutschen Vermögensteuer vergleichbare Steuer einführen, so werden die Vertragsstaaten einander bezüglich einer etwaigen Erstreckung des Geltungsbereichs des Abkommens auf diese Steuer konsultieren. Erklärt sich Portugal außerstande, die Steuer in den Geltungsbereich des Abkommens einzubeziehen, so kann die Bundesrepublik Deutschland unverzüglich durch eine auf diplomatischem Weg zuzustellende Mitteilung Artikel 2 Absatz 1 Buchstabe b mit der Maßgabe kündigen, daß vom Zeitpunkt der Einführung der neuen portugiesischen Steuer an das Abkommen nicht mehr auf die deutsche Vermögensteuer und die deutsche Gewerbekapitalsteuer anzuwenden ist.

2. Zu Artikel 3

Der in Artikel 3 Absatz 1 Buchstabe b verwendete Ausdruck "Archipel" wird in rein geographischem Sinn verwendet. Die Vertragsparteien beabsichtigen nicht, in bezug auf Inseln oder Inselgruppen Rechte zuzuerkennen, die über die nach dem Völkerrecht bestehenden Rechte hinausgehen.

3. Zu Artikel 10

Der in Artikel 10 Absatz 3 verwendete Ausdruck "Dividenden" umfaßt im Fall der Bundesrepublik Deutschland auch Einkünfte eines stillen Gesellschafters aus seiner Beteiligung als stiller Gesellschafter und im Fall Portugals auch Gewinne, die auf Grund einer Regelung über die Gewinnbeteiligung (conta em participação) zugewiesen werden.

4. Zu den Artikeln 10 Absatz 2 und 11 Absatz 2

Ungeachtet dieser Bestimmungen können Einkünfte in dem Vertragsstaat, aus dem sie stammen, nach dem Recht dieses Staates besteuert werden, wenn sie aus Rechten oder Forderungen mit Gewinnbeteiligung (in der Bundesrepublik Deutschland einschließlich der Einkünfte eines stillen Gesellschafters aus seiner Beteiligung als stiller Gesellschafter oder aus partiarischen Darlehen und Gewinnobligationen) bezogen werden, vorausgesetzt, daß diese Einkünfte bei der Ermittlung der Gewinne des Schuldners abgezogen werden können.

5. Zu den Artikeln 10, 11 und 12

Bei der Anwendung der Artikel 10, 11 und 12 in Portugal ist es unerheblich, ob die von dort stammenden Dividenden, Zinsen oder Lizenzgebühren tatsächlich gezahlt wurden oder nach portugiesischem Recht zuzurechnen sind.

6. Zu Artikel 13

Artikel 13 ist nicht so auszulegen, als schränke er das Recht Portugals zur Besteuerung der Gewinne ein, die Gesellschaften mit Sitz oder tatsächlicher Geschäftsleitung in Portugal aus Kapitalerhöhungen durch Umwandlung von Rücklagen oder die Ausgabe von Aktien beziehen.

7. Zu Artikel 14

Im Fall des Artikels 14 Absatz 1 Buchstabe b kann nur der Teil der Einkünfte, welcher der dort genannten Tätigkeit zuzurechnen ist, im anderen Vertragsstaat besteuert werden.

8. Zu Artikel 24

a. Nur Artikel 24 Absatz 2 Buchstabe b unter Nichtberücksichtigung des Absatzes 2 Buchstabe c des genannten Artikels gilt für die Gewinne einer Betriebsstätte und für das Vermögen, das Betriebsvermögen einer Betriebsstätte darstellt; für die von einer Gesellschaft gezahlten Dividenden und für die Beteiligung an einer Gesellschaft oder für die in Artikel 13 Absätze 1 und 2 des Abkommens erwähnten Gewinne, sei es denn, daß die in der Bundesrepublik Deutschland ansässige Person nachweist, daß die Einnahmen der Betriebsstätte oder Gesellschaft ausschließlich oder fast ausschließlich aus einer der folgenden innerhalb Portugals ausgeübten Tätigkeiten, nämlich Herstellung, Verkauf oder Vermietung von Gütern oder Waren (auch wenn die Güter oder Waren an Kunden außerhalb Portugals verkauft oder vermietet werden), Exploration, Ausbeutung oder Verarbeitung von Mineralien, Betrieb von Steinbrüchen, Urproduktion, technische Beratung, technische oder kaufmännische Dienstleistung, Bank- oder Versicherungsgeschäfte, oder aus Zinsen oder Lizenzgebühren, die aus Portugal stammen und mit den oben genannten Tätigkeiten in Zusammenhang stehen, aus von der Regierung Portugals oder einer ihrer Gebietskörperschaften gezahlten Zinsen oder aus Zinsen und Dividenden bezogen werden, die eine in Portugal ansässige Gesellschaft zahlt, wenn diese Gesellschaft ihre Einnahmen ausschließlich oder fast ausschließlich aus den oben genannten Tätigkeiten bezieht.

b. Wenn eine in der Bundesrepublik Deutschland ansässige Gesellschaft Einkünfte ausschüttet, die sie aus Quellen innerhalb Portugals bezogen hat, steht Artikel 24 Absatz 2 des Abkommens nicht der Herstellung der Ausschüttungsbelastung im Rahmen der Körperschaftsteuer auf Grund des deutschen Steuerrechts entgegen.

9. Zu Artikel 30

Ungeachtet des Artikels 30 finden Artikel 8, Artikel 13 Absatz 3 und Artikel 23 Absatz 3 in beiden Vertragsstaaten auf die Veranlagungszeiträume Anwendung, die am oder nach dem 1. Januar 1970 beginnen.

STICHWORTVERZEICHNIS

E

F

G

H

I

K

L

N

O

P

R

S

T

U